METZLER GOETHE LEXIKON

»Der junge Goethe auf dem Eise«. Karton von Wilhelm von Kaulbach

Ein sehr harter Winter hatte den Main völlig mit Eis bedeckt und in einen festen Boden verwandelt. Der lebhafteste, notwendigste und lustig gesellige Verkehr regte sich auf dem Eise. Grenzenlose Schlittschuhbahnen, glattgefrorne weite Stellen wimmelten von bewegter Versammlung. Ich fehlte nicht vom frühen Morgen an und war also, wie späterhin meine Mutter, dem Schauspiel zuzusehen, angefahren kam, als leichtgekleidet wirklich durchgefroren. Sie saß im Wagen mit ihrem roten Sammetpelze, der, auf der Brust mit starken goldenen Schnüren und Quasten zusammengehalten, ganz stattlich aussah. »Geben Sie mir, liebe Mutter, Ihren Pelz!« rief ich aus dem Stegreife, ohne mich weiter besonnen zu haben, »mich friert grimmig«. Auch sie bedachte nichts weiter; im Augenblick hatte ich den Pelz an, der purpurfarb bis an die Waden reichend, mit Zobel verbrämt und mit Gold geschmückt, zu der braunen Pelzmütze, die ich trug, gar nicht übel kleidete. So fuhr ich sorglos auf und ab, auch war das Gedränge so groß, daß man die seltene Erscheinung nicht einmal sonderlich bemerkte, obschon einigermaßen: denn man rechnete sie mir unter meinen Anomalien im Ernst und im Scherze wohl einmal wieder vor. (DuW, IV.16)

METZLER GOETHE LEXIKON

Mit 150 Abbildungen

Herausgegeben von Benedikt Jeßing,
Bernd Lutz und Inge Wild

Redaktion: Sabine Matthes

Verlag J.B. Metzler
Stuttgart · Weimar

Inhalt

Die Deutsche Bibliothek – CIP-Einheitsaufnahme

Metzler-Goethe-Lexikon : alles über Personen, Werke, Orte, Sachen,
Begriffe, Alltag und Kurioses ; mit 2200 Artikeln / hrsg. von
Benedikt Jeßing ... – Stuttgart ; Weimar : Metzler, 1999
  ISBN 3-476-01589-0

© 1999 J.B. Metzlersche Verlagsbuchhandlung und Carl Ernst Poeschel Verlag GmbH in Stuttgart
Satz: Typomedia Satztechnik GmbH, Ostfildern
Druck und Bindung: Franz Spiegel Buch GmbH, Ulm
Printed in Germany
© Für die Artikel von GGÜ, HGM, M-LK, SS, WH, WST, WT: Verlag Hermann Böhlaus Nachfolger Weimar

Verlag J.B. Metzler Stuttgart · Weimar

»In tausend Formen magst du dich verstecken«: Von der Belebung der Welt durch Poesie und Liebe

Die Arbeit, das Schreiben an diesem *Goethe-Lexikon* hat allen beteiligten Autorinnen und Autoren – Kulturwissenschaftler, Historiker, Musikwissenschaftler, Dramaturgen, Literaturwissenschaftler, Museumspädagogen – viel Freude bereitet. Die Aufgabe bestand darin, ein Großwerk der europäischen Literatur aus Anlaß des 250. Geburtstags seines Verfassers kompakt und kompetent einem an der Sache der Literatur interessierten Publikum neu zugänglich zu machen.

Das Lexikon versucht, unsere gegenwärtige, moderne Lesart Goethes, seines Lebens, seiner Werke, seiner Zeit, wiederzugeben; die Tatsache also, daß die interpretierenden Lektüren von Lyrik, Dramatik und Prosa sowie der Briefe, Amtlichen Schriften usf. immer auch zu einem Teil die subjektive Lesart der jeweiligen Autoren repräsentieren – hier werden nicht nur Fakten geboten, sondern auch mögliche Verständnisweisen der heutigen Zeit.

Nachzuzeichnen war der Lebensweg eines frühzeitig – nach dem Erscheinen des Briefromans *Die Leiden des jungen Werthers* und der Uraufführung des *Götz von Berlichingen* – mit dem Prädikat des »Genialen« versehenen Autors, auf dem das Auge der deutschen und – erstmals im geschichtlichen Verlauf der deutschsprachigen Literatur – der europäischen Öffentlichkeit ruhte und daher einzigartig dicht dokumentiert und kommentiert ist. Um dieses universalistische Konzept – G. Auffassung seiner Persönlichkeit selbst – als kulturhistorisch interessierter Leser nachvollziehen zu können, enthält das *Goethe-Lexikon* zahlreiche Schlüsselartikel: Die »Chronik: Goethes Leben und Werk« (am Schluß des *Goethe-Lexikons*), »Amtliche Tätigkeiten«, »Bildende Künste«, »Bühnenbearbeitungen«, »Carl August, Herzog von Sachsen-Weimar-Eisenach«, »Deutschunterricht«, »Dramatiker«, »Einkommen«, »Erlösung«, »Frauen um G.«, »Gesellschaft«, »Haushaltsführung«, »Hoftheater«, »Lied«, »Lyriker«, »Macht«, »Maschinenwesen«, »Metternich«, »Moderne«, »Musikalität«, Musiktheater«, »Napoleon«, »Naturwissenschaften«, »Prosaschriftsteller«, »Selbstmord«, »Tod«, »Weimar«, »West-östlicher Divan«, »Zukunft«. Dies nur zur vorläufigen Auswahl und zur Erweckung von Entdeckerlust.

Die Werktitel und Textzitate folgen der Hamburger Ausgabe (Hg. Erich Trunz), der heute am weitesten verbreiteten Goethe-Ausgabe, wenn nicht anders angegeben. Brief- und Gesprächszitate werden den Kalenderdaten nach genannt und sind somit auch in anderen Werkausgaben auffindbar. Von den mit einem Pfeil versehenen Verweisen auf andere Artikel wurde sparsam Gebrauch gemacht: Sowohl bei Werknennungen (kursiv) als auch bei Namensnennungen ist in der Regel auf einen Verweispfeil verzichtet worden, es sei denn, es ergebe sich ein besonders signifikanter, weiterführender Informationsbezug.

Die Autorinnen und Autoren dieses *Goethe-Lexikons* haben keineswegs bei »null«, bei den »Quellen« beginnen müssen. Sie stützen sich, zu vielfältigstem Dank verpflichtet, auf die reich vorhandene Goethe-Literatur, die großen Ausgaben, deren Kommentare und das neue, mehrbändige Goethe-Handbuch, das im selben Verlag erschienen ist. Die für dieses *Goethe-Lexikon* grundlegende und zugleich weiterführende Literatur wurde in der abschließenden Bibliographie verzeichnet.

Wenn es den Autorinnen und Autoren dieses *Goethe-Lexikons* gelungen sein sollte, in einem Jahr der sich überschlagenden »Neuigkeiten zu Goethe« den beeindruckenden Kosmos der Goetheschen Welterfahrung auf ein verträgliches Maß beschränkt zu haben, das nachvollziehbar ist, damit begeistert und zur Lektüre Goethes selbst verpflichtet, gleichzeitig aber die Spannweite eines Denkens und Schaffens spürbar macht, das im modernen Europa seiner Zeit – andere Große waren früher da oder kamen später – seinesgleichen zu suchen hatte, würden Herausgeber, Redakteurin, Autorinnen und Autoren ihre darstellerische Absicht, die letzten Endes eine historische, eine bescheiden erzählende ist, gelungen sehen.

Dennoch bleibt ein wenig Lampenfieber, über das der Theaterdirektor, zumindest rhetorisch betroffen und sich vor seinem zahlenden Publikum verbeugend, in der Vorrede zu *Faust. Der Tragödie erster Teil*, v. 41–48, berichtet:

Sie sitzen schon, mit hohen Augenbrauen,
Gelassen da und möchten gern erstaunen.
Ich weiß, wie man den Geist des Volks versöhnt;
Doch so verlegen bin ich nie gewesen:
Zwar sind sie an das Beste nicht gewöhnt,
Allein sie haben schrecklich viel gelesen.
Wie machen wir's, daß alles frisch und neu
Und mit Bedeutung auch gefällig sei?

Bochum, Karlsruhe, Stuttgart, im März 1999.

Benedikt Jeßing, Bernd Lutz, Sabine Matthes, Inge Wild.

Verzeichnis der Autorinnen und Autoren

AD:	Amadeus Deutsch	HGM:	Herbert Greiner-Mai
AE:	Annette Eberhard	HM:	Heike Meyer
AK:	Anja Krutinat	IA:	Ingo Anhenn
AR:	Alexander Reck	IW:	Inge Wild
AV:	Albert Vinzenz	JAS:	Jan-Arne Sohns
AvG:	Amelie von Graevenitz	JK:	Johannes Kunsemüller
BB:	Brigitte Bader	KHF:	Karl-Heinz Fingerhut
BJ:	Benedikt Jeßing	M–LK:	Marie-Luise Kahler
BL:	Bernd Lutz	NH:	Niklaus Helbling
BS:	Barbara Seeger	NvS:	Nadja von Samson
CA:	Christine Axmann	PO:	Petra Oberhauser
CS:	Carola Sedlacek	SM:	Sabine Matthes
DF:	Dieter Fuchs	SS:	Siegfried Seifert
DH:	David M. Hoffmann	WH:	Wolfram Huschke
DO:	Diana Otterbach	WM:	Wenka von Miculicz
FT:	Felix Tebbe	WS:	Walter Salmen
GBS:	Gabriele Busch-Salmen	WST:	Walter Steiner
GG:	Gerhard Gönner	WT:	Wolfgang Timpel
GGÜ:	Gitta Günther		

Siglenliste

ALH:	Ausgabe letzter Hand	Lj:	Wilhelm Meisters Lehrjahre
CiFr:	Campagne in Frankreich	MuR:	Maximen und Reflexionen
DuW:	Dichtung und Wahrheit	Tb:	Tagebücher
Fl:	Farbenlehre	TuJ:	Tag- und Jahreshefte
GJb:	Goethe-Jahrbuch	WA:	Weimarer Ausgabe
HuD:	Hermann und Dorothea	Wj:	Wilhelm Meisters Wanderjahre
KuA:	Kunst und Altertum		

A la carte: Das 18.Jh. war gewiß nicht arm an Aufklärung, Wissenschaft und Revolution, doch rückblickend würdigt G. eine ganz andere Entwicklung, wenn er den Oheim in den *Wanderjahren* (I.6) behaupten läßt, »keine Erfindung des Jahrhunderts verdiene mehr Bewunderung, als daß man in Gasthäusern, an besonderen kleinen Tischchen, nach der Karte speisen könne«. DF

Abbé: Figur in den *Wilhelm Meister*-Romanen, neben ↗Lothario und ↗Jarno die dritte Zentralgestalt der ↗Turmgesellschaft, vertritt das Moment der Pädagogik. Der Abbé erscheint immer wieder zufällig an Wilhelms Seite; er behauptet zwar, der Lernende müsse aus eigenem Irrtum lernen, praktisch greift er aber häufiger lenkend in Erziehungsprozesse ein. Seine Erziehung fruchtet bei Wilhelm, beim Harfner jedoch versagt sie; er entzieht sich ihr durch ↗Selbstmord. BJ

Abend: Tageszeit, die für G. mit dem Einbruch der Dunkelheit endet. Die Zeitangabe wird in Briefen und literarischen Texten zum poetischen Motiv, vor allem in Verbindung mit dem Mondaufgang. In dem ↗Sesenheimer Lied *Willkommen und Abschied* erfindet G. ein berühmtes und literaturgeschichtlich revolutionäres Abend-Bild, die Natur ist nicht mehr Kulisse, sondern aktives, belebtes Element: »Der Abend wiegte schon die Erde,/Und an den Bergen hing die Nacht,/Schon stund im Nebelkleid die Eiche/Wie ein getürmter Riese da,/Wo Finsternis aus dem Gesträuche/Mit hundert schwarzen Augen sah«. In G.s lyrischem Werk gibt es verschiedentlich Abend-Lieder: *Jägers Abendlied*, das Dornburger Lied *Dem aufgehenden Vollmonde* (1828); etwa im *Werther*, in *Hermann und Dorothea* und im *Faust* gibt es Abendszenen: Mephisto tritt nach gefallener Dämmerung auf, die Szene ›Klassische Walpurgisnacht‹ beansprucht die ganze Nacht. BJ

Abend- und Nachtlieder gehören zum Inbegriff G.scher Liebeslyrik; sie entstanden in einschneidenden biographischen Situationen oder markieren, wie *Jägers Nachtlied* (»Im Felde schleich ich […]«) Übergänge in seinem lyrischen Schaffen und haben bis heute für die Komponisten ihre große Anziehungskraft nicht verloren. *Wandrers Nachtlied* (»Der du von dem Himmel bist«) fand über nicht weniger als 150 Vertonungen hinaus 1812 sogar Eingang in das Gesangbuch der Bremer Kirchengemeinde; die angeschlossene Strophe »Über allen Gipfeln/Ist Ruh« (*Ein gleiches*) wurde sogar mehr als 200mal vertont. Als *Notturno*: »O gib vom weichen Pfühle«, *Künstlers Abendlied* (»Ach daß die innre Schöpfungskraft durch meinen Sinn erschölle!«), *An den Mond* (»Füllest wieder Busch und Tal«) oder *Jägers Nachtlied* gingen sie 1809 in die Ausgabe der *Lieder, Oden, Balladen und Romanzen* Johann Friedrich Reichardts ein und wurden vor allem durch ihn »mit Ernst und Stetigkeit […] ins Allgemeine« (G.) befördert.

Zelter sandte dem Dichter seine Vertonung von *Um Mitternacht* mit den Worten, in jeder Note stecke »ein Gedanke an Dich: wie Du bist, wie Du warst und wie der Mensch sein soll. Besser kann ichs nicht machen« (1.3.1818) und überreichte ihm damit eines der vorromantischen Stimmungslieder, in denen es gelang, einen Ton für die Tagesmüdigkeit und den Lebensüberdruß, verbunden mit Liebeshoffnung, zu finden, an deren musikalischer Umsetzung G. besonders hing. Es ist gewiß kein Zufall, daß sich eine plastische Schilderung des spezifischen Liedvortrags, wie ihn G. stets erreicht wissen wollte, um *Jägers Nachtlied* dreht, in der der Sänger-Schauspieler Eduard Genast das Verhalten G.s während seines Vortrages beschreibt (*Aus Weimars klassischer Zeit, Erinnerungen*, 1904): »Ich sang zuerst *Des Jägers Abendlied*, von Reichardt komponiert. Er [G.] saß dabei in einem Lehnstuhl und bedeckte sich mit Hand die Augen. Gegen Ende des Liedes sprang er auf und rief: ›Das Lied singst du ganz schlecht!‹ Dann ging er, vor sich hinsummend eine Weile im Zimmer auf und ab und fuhr dann fort, indem er vor mich hintrat und mich mit seinen wunderschönen Augen anblitzte: ›Der erste Vers sowie der dritte müssen markig, mit einer Art Wildheit vorgetragen werden; der zweite und vierte weicher, denn da tritt eine andere Empfindung ein‹«. GBS

Abendmahl, anläßlich Wilhelm Meisters Gang durch die Bildergalerie in den *Wanderjahren* (II.2) als Wendepunkt zwischen Leben und Tod des »wahren Philosophen« Jesus interpretiert, also als »prägnanter Augenblick« im Sinne Lessings (*Laokoon*, XVI), der den erstarrten Übergang zwischen zwei Zuständen festhält, bzw. als »plot point« im Sinne moderner Filmdramaturgie, als welcher ein Moment angesehen wird, in dem sich durch Eintreten neuer Umstände der Handlungsverlauf entscheidend ändert. Der Wendepunkt manifestiert sich für G. im zentralen Satz: »Einer ist unter euch, der mich verrät!«, um den der Aufsatz *Joseph Bossi über Leonardo da Vincis Abendmahl in Mailand* kreist. Abendmahlsdarstellungen, allen voran die von Leonardo, die G. 1788 im Original sah, haben ihn immer wieder beschäftigt und auch den Aufsatz *La Cena, Pittura in Muro di Giotto* angeregt. Nachbildungen des Leonardo-Werks von Johann Hürlemann und Francesco Putinati befanden sich in G.s Sammlung, außerdem der Stich Scacciatis nach Palma Vecchio und der Holzschnitt Dürers.   DF

Aberglaube, sowohl ein Motiv in einigen literarischen Texten G.s als auch ein wichtiger Bestandteil seiner Auffassung der Weltbeziehung des Menschen und insbesondere des Künstlers. Aberglaube ist zunächst die abseits von einem religiösen Glauben liegende Ahnung, daß in den Dingen der Welt, in bestimmten Ereignissen eine Vorbedeutung liege, allgemeiner: daß geheimnisvolle Bezüge existierten, die sich der Vernunft ganz entziehen und vom Glauben ausgeschlossen sind. Im 3. Buch von *Dichtung und Wahrheit* berichtet G., seinem Großvater Textor habe man die Gabe der Prophetie zugeschrieben, am Ende des 9. Buches verflucht die Tanzlehrerstochter, von G. abgelehnt, diejenige, die den Mund G.s als nächste küsse: Der Aberglaube an diesen Fluch läßt G. etwa bei Pfänderspielen mit Friederike Brion jedem Kußpfand empfindlich aus dem Wege gehen. Noch in den *Tag- und Jahresheften 1801* erwähnt G. seinen Aberglauben, »daß ich ein Unternehmen nicht aussprechen dürfe, wenn es gelingen solle«, erst das vollendete Werk darf vorgezeigt werden. Der aufgeklärt-pragmatische Hobby-Schiedsmann ⁊ Mittler in den *Wahlverwandtschaften* wehrt jede Form des Aberglaubens ab: »Wir spielen mit Voraussagungen und machen dadurch das alltägliche Leben bedeutend« (I.18), Traumdeutungen und Ahnungen lehnt er als irrational ab.

Über diese bloß motivische Verwendung hinaus aber hat der Aberglaube bei G. eine anthropologische Bedeutung; er steht in engem Zusammenhang mit dem Unbewußten, mit Ängsten und Ahnungen. In einer der *Betrachtungen im Sinne der Wanderer* (*Wj*, 2. Buch) wird der anthropologische Status des Aberglaubens erklärt: »Der Aberglaube gehört zum Wesen des Menschen und flüchtet sich, wenn man ihn ganz und gar zu verdrängen denkt, in die wunderlichsten Ecken und Winkel, von wo er auf einmal, wenn er einigermaßen sicher zu sein glaubt, wieder hervortritt.« Und weil der Aberglaube zum Menschen gehört, muß er auch als produktive Energie interpretierbar sein – wenngleich nicht immer mit über längere Zeit haltbaren Effekten. In der *Geschichte der Farbenlehre* deutet G. den Aberglauben als das falsche Mittel, ein richtiges Bedürfnis zu befriedigen; die mathematisch-spekulativen Wissenschaften der frühen Neuzeit

(⁊ Alchimie, ⁊ Magie) brächten zwar falsche Schlußfolgerungen hervor, im gleichen Aberglauben aber läge die Wahrheit der richtigen Frage an die Natur. Motive und Figurationen des Aberglaubens in seinen unterschiedlichsten historischen, regionalen oder mythischen Ausprägungen sind darüber hinaus für die Poesie unverzichtbar: In seinem kleinen Aufsatz *Justus Möser* (1823) schließt sich G. ausdrücklich Mösers Verteidigung des Aberglaubens als Analogon zur poetischen Fabelwelt an: »Der Aberglaube ist die Poesie des Lebens.«   BJ

Abglanz, optisches Phänomen. Im Kontext seiner Farbenlehre und Lichttheorie bezeichnet G. reflektiertes Licht oder ein optisch zurückgeworfenes Bild als Abglanz: »Wenn Dünste oder Wolken um den Mond schweben; so spiegelt sich der Abglanz der Scheibe in denselben«. In metaphorischer Bedeutung steht Abglanz für den Widerschein des Wahren, Naturgesetzlichen, des Göttlichen, das niemals unmittelbar der Anschauung zugänglich ist: »Am farbigen Abglanz haben wir das Leben« (*Faust II*, v. 4727).   BJ

Abschied: Wichtiges poetisches Motiv in Dramen, Romanen und lyrischen Gedichten: »Schon mit der Morgensonne verengt der *Abschied* mir das Herz«, heißt es etwa in dem später *Willkomm und Abschied* betitelten Gedicht – wobei diese beiden Begriffe pikanterweise auch die Prügelstrafen bezeichnen, die nach dem G. bekannten Preußischen Landrecht den Delinquenten bei Antritt und Ende einer Gefängnisstrafe erwarteten, sofern er über Standesgrenzen hinweg sich sittlicher Vergehen schuldig gemacht hatte (was auf die Interpretation des Gedichtes ein interessantes Licht wirft). Iphigenie erbittet sich einen freundlichen Abschied von Thoas: »Leb’ wohl! O wende dich zu uns und gib/Ein holdes Wort des Abschieds uns zurück!« (v. 2169). Das in Karlsbad am 12. August 1805 geschriebene Gedicht *An Gräfin Tina Brühl* weist eines der schönsten Abschieds-Bilder auf: »Am Hügel schwebt des Abschieds Laut,/Es bringt der West den Fluß hinab/Ein leises Lebewohl«. Die Auswanderer der *Wanderjahre* nehmen Abschied von Europa, G. flieht ohne Abschied nach Italien, Ottilie aus den *Wahlverwandtschaften*, im Sterben liegend, »scheint Abschied nehmen zu wollen, ihre Gebärden drücken den Umstehenden die zarteste Anhänglichkeit aus, Liebe, Dankbarkeit, Abbitte und das herzlichste Lebewohl«.   BJ

Absolutismus. G. hat sich im *Egmont* mit dem Für und Wider des Absolutismus beschäftigt, ohne allerdings den Begriff zu verwenden, der erst in den 30er Jahren des 19.Jh.s aufkam. Seinen rebellischen und doch königstreuen Titelhelden ließ er im IV. Akt die sich für ihn stellende zentrale Problematik einer an eine Einzelperson und ihre Exekutive gebundene Staatsform artikulieren: »Nicht dem Könige widersetzt man sich; man stellt sich nur dem Könige entgegen, der einen falschen Weg zu wandeln die ersten unglücklichen Schritte macht«. Dieser falsche Weg zeichnet sich durch despotisch-willkürliches Handeln aus, das weitergehenden Machtmißbrauch (auch durch den Adel) vorbereitet und in der absolutistischen Ständeordnung von vornherein angelegt ist. Egmont hält es für »natürlich«, also der menschlichen Natur gemäß, »daß der Bürger von dem regiert sein will, der mit ihm geboren und erzogen ist, der gleichen Begriff mit ihm von Recht und Unrecht gefaßt hat, den er als einen Bruder ansehen kann«. Ungeachtet der hier anklingenden Motive *fraternité* und *égalité* war G. jedoch weder demokratisch noch revolutionsfreundlich gesinnt. Doch es erschien ihm logisch, daß der Widerstand im Volk proportional zum Maß der Unterdrückung bzw. Ausbeutung wachsen müsse.

Einer gewaltsamen Umwälzung vorzubeugen, indem von Regierungsseite aus den Bedürfnissen der Bevölkerung entsprechend gehandelt wurde und »zeitgemäße Verbesserungen« (Eckermann, 5.5. 1824) vonstatten gingen, war für G. unabdingbar. Er war aus diesem Grund kein Freund des Absolutismus, wie er in Frankreich geherrscht hatte, bevor der gewaltsame Umsturz – die Französische Revolution – zwangsläufig und »von unten« erfolgte. Vielmehr sympathisierte er mit dem sogenannten aufgeklärten Absolutismus, wie ihn Friedrich II. von Preußen, Joseph II. von Österreich und auch – dies betraf G. am stärksten – Carl August von Sachsen-Weimar-Eisenach praktizierten. Über seinen Herzog soll G. kurz nach dessen Tod geäußert haben: »Er dachte immer zuerst an das Glück des Landes und ganz zuletzt erst ein wenig an sich selber« (Eckermann, 23.10.1828). Dieser aufgeklärte Absolutismus zeichnete sich durch Volksnähe, Reformpolitik und »von oben« gesteuerte Veränderungen aus. Das /Geheime Consilium, dem G. als Minister angehörte, war ein politisches Gremium, das dem Fürsten als erstem Diener des Staates gegenüber verantwortlich war.

G. entstammte einer Freien Reichsstadt, die direkt dem Kaiser unterstellt war, und ein Halbbruder seines Vaters trug im Rat der Stadt politische Verantwortung. Es war ihm also von früher Jugend an selbstverständlich, daß kommunale wie staatliche Interessen nicht allein von einem Souverän und gegen den Willen des Volkes vertreten wurden. In Weimar konnte er diese Erfahrungen umsetzen, und er übte seine Tätigkeit als Minister deshalb so engagiert aus, weil Carl August ein liberal Regiment führte. Die Führungsrolle des Fürsten und die Privilegiertheit der Aristokratie stellte G. jedoch nicht in Frage. Die ideale, idyllisch-unrealistisch anmutende Staatsform hat er in den *Noten und Abhandlungen* beschrieben: »Glücklich die gemäßigten, bedingten Regierungen, die ein Herrscher selbst zu lieben und zu fördern Ursache hat, weil sie ihn mancher Verantwortung überheben, ihm gar manche Reue ersparen« (*Pietro della Valle*). Summa summarum: der Fürst als Staatsoberhaupt – ja; der Fürst als Despot – nein; Verantwortung und Engagement des Einzelnen – unbedingt; überhaupt kein Fürst – wer kommt auf die Idee? DF

Abstieg, sozialer s. Maschinenwesen, Zukunft

absurd: Von G. mit zunehmendem Alter gern und oft im Zusammenhang mit den zu beobachtenden gesellschaftlichen und politischen Veränderungen gebraucht, gegen die er polemisiert, weil sie die Grenzen des Verstandes und der Vernunft überschreiten, als sei seine wohl geordnete Welt plötzlich aus den Fugen geraten. G. empfindet sich als modern – gegenüber der Antike, dem Mittelalter und der Renaissance –, mit dem offensichtlichen Modernisierungsschub (/Moderne), deutlich sichtbar seit 1815 (/Maschinenwesen), aber handelt er sich zunehmend Schwierigkeiten ein. Freund Zelter vertraut er seine Distanz an: »Die Gegenwart hat wirklich etwas Absurdes; man meint das wär' es nun, man sehe, man fühle sich, darauf ruht man; was aber aus solchen Augenblicken zu gewinnen sei, darüber kommt man nicht zur Besinnung. Wir wollen uns hierüber so ausdrücken: der Abwesende ist die ideale Person; die Gegenwärtigen kommen sich einander ganz trivial vor. Es ist ein närrisch Ding, daß durchs Reale das Ideelle gleichsam aufgehoben wird, daher mag denn wohl kommen, daß den Modernen ihr Ideelles nur als Sehnsucht erscheint« (19.10.1829). Er spricht aber auch er von seinem skeptischen »Haß gegen die absurden Endursachen«, in dem ihn Spinoza bestärkt habe (an Zelter, 29.1.1830); aus Tennstedt schreibt er, unwirsch alles verdammend, als dem »eigentlichsten, klassischen Boden grenzenloser Absurditäten aller Art. Religiöse, revolutionäre, fürstliche, städtische, edelmännische« (an Boisserée, 7.8.1816); an Rochlitz meldet er aus dem burschenschaftsbewegten Jena, daß »das Absurde sich selbst überbietet« und verbindet es mit dem

»Zeitwahnsinn verrückter Söhne« (1.6. 1817); dem Sohn August im fernen Rom teilt er schließlich – unterschwellig auf die politische Signatur der Gegenwart anspielend – mit: »Die Menschen sind ebenso absurd wie 1806« (14.1. 1814). Noch in seinem letzten Brief berichtet er von seinem »konfusen« und »absurden« Tag, an dem nichts gedeihen will (an Wilhelm von Humboldt, 15.3. 1832).   BL

Abt von Fulda: Figur aus *Götz von Berlichingen*, Mitglied der Hofgesellschaft von Bamberg. ↗Liebetraut nennt ihn spöttisch »das Weinfaß von Fuld« (I.4). G. zeichnet den Würdenträger wie eine Karikatur, seine Trunkenheit und das tumbe Verhalten stehen in krassem Widerspruch zu seinem Ornat.   WM

Achilleis: Fragment eines Versepos, mit dem G. die Lücke zwischen Homers *Ilias*, die mit dem Tode Hektors endet, und der *Odyssee*, die mit der Zerstörung Trojas beginnt, schließen wollte. Von Dezember 1797 bis zum März 1799 arbeitete G. verschiedentlich an dem Projekt, führte aber schließlich nur die 651 Verse des 1. Gesangs aus und skizzierte den Rest in einem Schema. Der Text beginnt mit der Trauer um den trojanischen Helden Hektor; nach dem olympischen Beschluß über das Schicksal Achills und Trojas reflektiert der Held über die Tragik des Heldenstandes. Der Planung nach sollte die *Achilleis* in einer Waffenstillstands-Ruhephase des Trojanischen Krieges spielen und sich um eine Liebesleidenschaft Achills und die Intrigen bis zu seinem Tod drehen; G. wollte also auf große homerische Schlachtbeschreibungen u.ä. verzichten. Einige Jahre nach dem Scheitern des Projekts überlegte G. 1806/07 kurz, das Epos in einen Roman zu verwandeln.   BJ

Adel legitimierte sich für G. grundsätzlich weniger durch Geburt als vielmehr durch Leistung und Geisteshaltung. Vor der »bloßen Fürstlichkeit als solcher« hatte er »nie viel Respekt« (Eckermann, 26.9.1827). So wird eine verschwenderische, ausbeuterische und korrupte Adelswelt abgelehnt, in den *Lehrjahren* wird sie gar verspottet. Hingegen werden laut Gesellschaftsvertrag Höherstehende, die bereit sind, Verantwortung im Sinne eines aufgeklärten Absolutismus zu übernehmen und ihre Privilegien zum Wohle aller einzusetzen, bedingungslos geachtet. Der Adel als gesellschaftliche Schicht wird von G. nicht in Frage gestellt, nur bessern soll er sich, da sein Versagen zu Unmut in der Bevölkerung und somit zur Revolution führt.   DF

Adelsnominierung: Mit an Überheblichkeit grenzender Lässigkeit bekundete G., der Frankfurter Bürgersohn, der – auf Anregung Carl Augusts – mit Wirkung vom 10. April 1782 von Kaiser Joseph II. in den Adelsstand erhoben worden war, im hohen Alter: »Als man mir das Adelsdiplom gab, glaubten viele, wie ich mich dadurch möchte erhoben fühlen. Allein, unter uns, es war mir nichts, gar nichts! Wir Frankfurter Patrizier hielten uns immer dem Adel gleich, und als ich das Diplom in Händen hielt, hatte ich in meinen Gedanken eben nichts weiter, als was ich längst besessen« (Eckermann, 26.9.1827). Trotzdem muß G. Genugtuung empfunden haben: Immerhin hatte er 32jährig seinen Vater, der noch wenige Jahre zuvor bezüglich der Weimarer Pläne seines erstgeborenen Sohnes größte Bedenken geäußert hatte, nun endgültig an gesellschaftlichem Rang übertroffen.   DF

Adler und die Taube, Der: *Ein Adlerjüngling*, entstanden wohl 1772/73, Erstdruck 1773 im Göttinger *Musen-Almanach auf das Jahr 1774*. Adler und Taube sind traditionelle Bilder für den freien Flug des Geistes im Kontrast zur »Genügsamkeit« irdischer Freuden. Die zärtliche Gesellichkeit des Taubenpaars im »Myrtenhain« entspricht der idyllischen Szenerie der ↗Rokokolyrik. Der Adler jedoch ist der Vogel Jupiters und Pindars, dessen Oden für den jungen G. zum literarischen Vorbild werden. Im Kompositum »Adlerjüngling« wird die Vision der jungen Stürmer und Dränger vom großen Ich aufgerufen. Im Stil und in der Motivik erinnert das Gedicht an eine Fabel; dazu paßt auch die abschließende Lehre, die jedoch einen Doppelcharakter hat. Im sentenzhaften »O Weisheit! du redst wie eine Taube« weist der Adler die Lehre des »Täubers« zur Bescheidung als unangemessen zurück. Das Gedicht nimmt den Künstler-Bürger-Gegensatz des 19.Jh.s vorweg, wie er ähnlich in Charles Baudelaires Gedicht *L'Albatros* aus den *Fleurs du Mal* gestaltet wird.   IW

Aesop, griechischer Fabeldichter des 6.Jh.s vor Chr., dessen moralisch-lehrhafte Tierfabeln in ungebrochener Tradition über Spätantike, Mittelalter, Renaissance und Barock ins 18.Jh. hinein wirkten: In der Aufklärung waren sie didaktisch verwendbare Literatur *par excellence* und gleichzeitig Vorbild für die neue Fabeldichtung, so für Gellert, Lessing. G., der als Kind noch mit dem Nacherzählen und Übersetzen aesopischer Fabeln traktiert worden war, lieferte mit seinem Versepos *Reineke Fuchs* (1794) im Gewand der Tierfabel eine Gesellschaftssatire, stand aber prinzipiell der parabolischen Redeweise der ↗Fabel distanziert gegenüber. BJ

Ägyptische Kunst hat G. zeitlebens nicht sonderlich interessiert. Weder Kunst noch Natur veranlaßten ihn, seine »Aufmerksamkeit nach Ägypten zu wenden, einem allzuernsten Lande, welches die wunderlichsten Bild- und Schriftzüge für ewig zu versiegeln schienen« (an Rühle von Lilienstern, 12.8.1827). G. folgte in dieser Einschätzung ↗Winckelmann, für den der Versuch einer Entzifferung der Hieroglyphen reine Zeitverschwendung darstellte. ↗Obelisken fanden zwar im Zusammenhang mit G.s Studien zum Granit Beachtung, doch insgesamt galt: »Chinesische, indische, ägyptische Altertümer sind immer nur Kuriositäten [...]; zu sittlicher und ästhetischer Bildung aber werden sie uns wenig fruchten« (*MuR*). DF

Ahasver, sagenumwobener Schuster, vor dessen Tür Jesus unter dem Gewicht des Kreuzes auf dem Weg nach Golgatha zusammenbricht; er wird von Ahasver heftig beschimpft und abgewiesen, weshalb Ahasver nun ewig ruhelos durch die Welt ziehen muß. Mit der Figur des Ahasver, die symbolisch das Volk der Juden zu verkörpern scheint, beschäftigte sich G. 1774 in seinem epischen Fragment *Der ewige Jude*, das er 1786 weiterzuführen gedachte und in dem eine Begegnung Ahasvers mit dem von G. hochgeschätzten Religionskritiker Spinoza geplant war. G., der sich gern auf die Seite der Ketzer schlug, fühlte sich neben Prometheus, Faust und Mahomet auch Ahasver besonders verbunden. DF

Ahnung, von G. meist in der älteren Wortform »Ahndung« gebraucht (↗Ästhetik), intuitive, gefühlsmäßige Wahrnehmung ohne klare Begriffe, wie G. sie v.a. als Kennzeichen der Jugend denkt. Darüber hinaus bezeichnet er die Tätigkeit des Dichters, ↗Einbildungskraft historisch Entferntes nachzuerleben, ebenfalls als Ahnung. Schließlich ist Ahnung ein Grenzbegriff (natur-)wissenschaftlicher Erkenntnis: Das ↗Urphänomen und das Unerforschliche können nur mehr geahndet werden, die bloße Ahnung ist zwar eine Erkenntnisstufe, über die hinaus man streben, deren Grenze man aber im Blick haben sollte. BJ

Aischylos (525/24–456/55 v.Chr.), griechischer Dramatiker mit eher mittelbarem Einfluß auf G. Charakteristisch wohl *Prometheus. Dramatisches Fragment*, in dem G. den mythologischen Stoff eher aus Sulzers Lexikon zu beziehen scheint als aus Aischylos'

Stück *Der gefesselte Prometheus*. Folgerichtig wertet G. ihn gegenüber Euripides ab (*Tb*, 22.11.1831). Zuvor hat er zahlreiche Stücke des Aischylos studiert, besonders eingehend den *Agamemnon*, den er als »das Kunstwerk der Kunstwerke« bezeichnet (an W. v. Humboldt, 1.9.1816), und dessen Übertragung durch Wilhelm von Humboldt er über Jahre hinweg begleitete. Auch mit dem *Philoktet*-Stoff beschäftigt sich G., angeregt durch den Altertumsforscher Gottfried Hermann, doch eingehende Studien versagt er sich: »sie hätten mich ein Vierteljahr gekostet, das ich nicht mehr nebenher auszugeben habe« (an Zelter, 20.5.1826). Während der Entstehung von *Iphigenie auf Tauris* (1779) liest G. zwei Stücke der *Orest*-Trilogie: *Agamemnon* und die *Eumeniden*. JAS

Akademiemitgliedschaften: In der Auflistung *Gelehrter Gesellschaften dem Herausgeber gewidmete Diplome* hielt G. die Namen aller Forschungsverbände fest, deren Präsident oder Ehrenmitglied er 1788–1826 war. Mit dieser – um den Zusatz *Fortgesetztes Verzeichniß der später eingegangenen Diplome wissenschaftlicher Vereine* bis 1829 erweiterten, von ihm jedoch unveröffentlichten – Liste wollte G. (vermutlich in *Kunst und Altertum*) »ein- für allemal der würdigen Gesellschaften gedenken«, die ihn »ihrer Aufmerksamkeit würdigten und in ihren theuren Kreis aufnehmen« wollten. Das heute im ↗G.- und Schiller-Archiv befindliche Dokument verzeichnet 53 Diplome gelehrter Gesellschaften in Deutschland (29), Österreich (3), Frankreich (7), England und Rußland (je 4), Italien, Holland und Amerika (je 1), außerdem das von den Frankfurter Bürgern am 28.8.1819 mit einem goldenen Lorbeerkranz übersandte Diplom. G. war demnach u.a. Ehrenmitglied der Königlich preußischen Akademie der Künste (Ernennung am 10.2.1789), seit 1806 auch der Akademie der Wissenschaften; die Königliche Akademie der Wissenschaften in München ernannte G. 1808 zum ordentlichen auswärtigen Mitglied; zum Ehrenmitglied wurde G. von der Akademie nützlicher Wissenschaften zu Erfurt (15.3.1811), der Akademie der vereinigten bildenden Künste zu Wien (12.2.1812; Metternich persönlich teilte G. dies mit), der Königlich Baierischen Akademie der bildenden Künste (12.10.1814) und der Kurfürstlich Hessischen Zeichnungs-Akademie zu Hanau ernannt (25.1.1816); Mitglied der Leopoldinisch-Carolinischen Akademie der Naturforscher (mit Nees von Esenbeck als Präsident) wurde G. am 26.8.1818 (er steuerte für deren Publikationsorgan drei naturwissenschaftliche Beiträge bei); Ehrenmitgliedschaften bei ausländischen Institutionen ergaben sich u.a. bezüglich der Royal Irish Academy in Dublin (30.11.1825), der Kaiserlichen Akademie der Wissenschaften in St. Petersburg (29.12.1826) sowie der Kaiserlichen Universität Charkow (September 1827). In eine weniger offizielle, pastoral orientierte literarische Gesellschaft war G. – wie er im *Zweiten Römischen Aufenthalt* mitteilte – bereits 1787 in Italien aufgenommen worden: die Accademia d'Arcadia (sein Schäfername war Megalio Melpomenio).   DF

Akademiestreit, ein wissenschaftlicher Streit zwischen zwei Wissenschaftlern am Pariser Nationalmuseum für Naturgeschichte, der im Frühsommer 1830 seinen Höhepunkt erreichte. G. verfolgte die Auseinandersetzung zwischen Cuvier und Geoffroy, zwischen analytisch-exakter Naturwissenschaft und ganzheitlicher Naturphilosophie, mit größter Aufmerksamkeit, wobei er die Partei des Letzteren ergriff. Seine Anteilnahme am Akademiestreit überdeckte sogar längere Zeit die Wahrnehmung der Pariser Julirevolution (vgl. Eckermann, 28.3.1831).   BJ

Alba, Herzog von, Figur aus *Egmont*. Statthalter des spanischen Königs in den Niederlanden, schärfster Widersacher Egmonts. Das ›Gesprächsangebot‹, das Herzog von Alba Egmont und Oranien macht, ist als Falle geplant – Oranien ahnt dies und bleibt fern. Alba führt dieses Gespräch so geschickt, daß Egmont seine ursprüngliche Loyalität gegenüber dem König aufgibt und sich zu antispanischen und antityrannischen Äußerungen hinreißen läßt. Alba reagiert auf Egmonts Forderungen nach Freiheit mit Spott, grausame Durchsetzung der Staatsraison kennzeichnet sein Politikverständnis. Nach Egmonts Ausfall ›muß‹ Alba den Niederländer gefangensetzen, er läßt ihn, trotz des Goldnen Vlieses, das Egmont eigentlich Immunität gewährt, und in Anmaßung königlicher Rechte, hinrichten.   BJ

Albrecht, Johann Georg (1694–1770), Rektor des Barfüßergymnasiums in Frankfurt und etwa von 1762 bis 1765 G.s Hebräischlehrer; vom Rat G. als Privatlehrer engagiert, weil sein Sohn das Alte Testament im Original lesen wollte. Albrecht ist der einzige Lehrer aus der Schulzeit, den G. in *Dichtung und Wahrheit* (4. Buch) ausführlicher darstellt: »eine der originalsten Figuren von der Welt, klein, nicht dick aber breit, unförmlich ohne verwachsen zu sein, kurz ein Äsop mit Chorrock und Perücke«, ein »Sonderling« mit einem »Naturell, das sich zum Aufpassen auf Fehler und Mängel und zur Satire hinneigte«, wobei er

kritische Textstellen durch ein »hohles bauchschütterndes Lachen« kommentierte. Wenn G. ihm »die Widersprüche der Überlieferung mit dem Wirklichen und Möglichen« mitteilte, »war sein gewöhnliches Lachen alles, wodurch er meinen Scharfsinn erwiderte«.   PO

Alcest, Figur aus der frühen Komödie *Die Mitschuldigen*; der Typ des unglücklich aber innig Liebenden. Er ist Teil der verwickelten Verwechslungen, behält aber soviel Übersicht, um am Ende die Auflösung führen zu können. G. spielte diese Figur bei der Uraufführung der zweiten Fassung am 28.11.1776 im Liebhabertheater in Weimar.   WM

Alceste: Singspiel in fünf Aufzügen von Christoph Martin Wieland, Musik von Anton Schwei(t)zer. Die Uraufführung am 28. Mai 1773 markierte einen Höhepunkt der Geschichte des Weimarer Hoftheaters vor dem Brand (am 6. Mai 1774), sie war jedoch auch Ausgangspunkt heftiger Kontroversen um ihren Autor und die Gattung der deutschen Oper. Besonders G., damals noch nicht in Weimar, beteiligte sich mit der Farce *Götter, Helden und Wieland* (1773) an dem Streit, weil er dem Konzept Wielands nicht folgen konnte und wollte. Die aus vielen Episoden bestehende erste Tragikomödie des Euripides um den Opfertod Alcestes für ihren Gemahl, König Admet, und ihre wunderbare Befreiung aus der Unterwelt auf die »rührendsten Szenen« reduziert zu sehen, entsprach nicht seinen Vorstellungen. Das Urteil über dieses Werk ist bis heute geteilt geblieben, dennoch wurde es zu einem Modell. Als Auftakt der Geschichte der deutschen Oper gehört es zu den Schlüsselwerken der Operngeschichte.   GBS

Alchimie, auch Alchymie, Bezeichnung für die magische Naturwissenschaft vor allem des Mittelalters, deren größte Spekulation darin bestand, mittels einer fünften Essenz (›Quintessenz‹), die zu den vier Elementen hinzukäme, praktisch alles in Gold verwandeln zu können. Die Basis der Alchimie ist die aus der Antike übernommene Lehre von den vier Elementen, den vier Körpersäften und den entsprechenden körperlich-psychischen Komplexionen. Vor allem während des Heilungsprozesses der schweren Erkrankung nach dem Leipziger Studienaufenthalt kam G. mit der Alchimie in Berührung. Die pietistische Freundin der Familie, Susanna Katharina von Klettenberg, hatte selber eines der Hauptwerke der Alchimie, Wellings *Opus mago-cabbalisticum*, studiert, aus ihrem Umfeld stammte jener Arzt Dr. ↗Metz, der den jungen G.

»Aus dem Laboratorium eines Alchimisten«. Geräte für die Magia naturalis.

mit seiner ›Universalmedizin‹ heilte. G. selber las Wellings Werk, versuchte, es durch Werke von Paracelsus und Valentinus zu ergänzen; G.s Interesse an der Alchimie als früher Naturwissenschaft hielt sich zeitlebens: So studierte er Anfang 1809 etwa Dalla Portas *Magie naturelle* (1668). Später schätzte G. die Alchimie allerdings eher distanziert oder kritisch ein: Er beschreibt etwa das Spätmittelalter als »eine noch halb dunkle Zeit, wo die Medizin, die Alchimie, die Magie, selbst die Technik sich noch gern ins Geheimniß hüllt« (WA II.5.2, S. 261). Polemisch heißt es in der *Geschichte der Farbenlehre*: »Betrachtet man die Alchimie überhaupt; so findet man in ihr dieselbe Entstehung, die wir oben bei andrer Art Aberglauben bemerkt haben. Es ist der Mißbrauch des Echten und Wahren, ein Sprung von der Idee, vom Möglichen, zur Wirklichkeit, eine falsche Anwendung echter Gefühle, ein lügenhaftes Zusagen, wodurch unsern liebsten Hoffnungen und Wünschen geschmeichelt wird«. G. verspottete die Spekulation der alchimistischen Lehre auf das »Universal-Recipe« der *quinta essentia* als naturwissenschaftlich gänzlich unbrauchbar. – Als Dichter jedoch konnte er sie durchaus schätzen: »Es führt zu sehr angenehmen Betrachtungen, wenn man

den poetischen Theil der Alchymie [...] mit freiem Geiste behandelt. Wir finden ein aus allgemeinen Begriffen entspringendes, auf einen gehörigen Naturgrund aufgebautes Mährchen« (WA II.3, S. 208). Die gleichsam erkenntnistheoretische Grundlage der Alchimie war G. also viel näher, als ihre spätere strikte Ablehnung als naturwissenschaftliche oder medizinische Praxis vermuten läßt. So verwundert es auch nicht, daß Motive der Alchimie an höchst prominenter Stelle in G.s Werk auftauchen: Faust als spätmittelalterlicher Magier steht u.a. im Bann der Alchimie, seine Suche nach der Weltformel – »Daß ich erkenne, was die Welt/Im Innersten zusammenhält« (v. 382f.) – darf durchaus in Zusammenhang mit dem magisch-kabbalistischen Streben nach dem Stein der Weisen gesehen werden. ↗Homunculus, der im 2. Akt des *Faust II* künstlich erschaffene ›Mensch‹, wird durch die sprachlichen Anleihen des Dramas bei der Sprache der Alchimisten und durch die Szene des mittelalterlichen Labor als ›großes Werk‹ alchimistischer Kunst gekennzeichnet. Im ersten Akt des *Faust II* gelingt G. die genialste Einsetzung alchimistischer Motive: Nach der Erfindung des ↗Papiergelds läßt sich Mephisto über die Qualität des Geldes überhaupt aus:

Es mache den Tauschhandel überflüssig, da es in der Lage sei, für ein jegliches Ding und Erzeugnis, ja sogar für Liebesdienste einzustehen, kurzum, das Geld verwandle alles in seinen bloßen Tauschwert, verwandle alles zu Gold. Die *quinta essentia* der Alchimie wird hier sozusagen metaphorisch auf das Leitmedium der bürgerlichen Gesellschaft übertragen, Faust und Mephisto gelingt mit der Erfindung des Papiergeldes vermittelt die Entdeckung der Quintessenz, bürgerliche Ökonomie wird damit auch als magisch-alchimistischer Prozeß charakterisiert. BJ

Aldobrandinische Hochzeit: Im Jahr 1605 entdecktes Wandgemälde aus augusteischer Zeit (eine rituelle Hochzeitsszene), das im Zuge der Rezeption antiker Kunst seit dem 17.Jh. eine bewegte Karriere machte, mehrfach restauriert, immer wieder kopiert, als Ölbild, als Kupferstich oder Kupferstichserie ständiger Gesprächsgegenstand, wenn es um die Grundzüge antiker Kunst, um den Klassizismus ging. Als G. 1786–88 Italien bereiste, befand sich das Wandgemälde unzugänglich in Privatbesitz. Der Malerfreund Johann Heinrich Meyer überbrachte im Oktober 1797 eine von ihm selbst gefertigte Kopie nach Stäfa, wo sich G. gerade – auf seiner dritten Schweizer Reise – aufhielt. G. berichtete seinem Tübinger Verleger Cotta: »Besonders wichtig ist die Copie des antiken Gemähldes der sogenannten Aldobrandinischen Hochzeit, die im eigentlichsten Sinne mit Kritik gemacht ist, um darzustellen, was das Bild in seiner Zeit gewesen seyn kann und was an dem jetzigen, nach so mancherley Schicksalen, noch übrig ist. Er (Meyer) hat dazu einen so ausführlichen Commentar geschrieben, der alles enthält, was noch über die Vergleichung des alten und leider so oft restaurirten Bildes, seiner gegenwärtigen Copie und einer älteren Copie von Poussin, nach der die Kupferstiche gemacht sind, zu sagen ist« (17.10.1797). Aufgenommen ist der Kommentar Meyers, besonders die Farbgebung betreffend, in die *Geschichte der Farbenlehre*. G. war sich durchaus bewußt, daß interpretierende und damit moderne Momente die Rezeption dieses Bildes bestimmten; dennoch war er von der Bildkomposition so beeindruckt, daß er die »Kopie« ins ↗Juno-Zimmer seines Hauses am Frauenplan hängen ließ. BL

Alectrüogallonax, von G. bevorzugtes, da von einer melodischeren Sprache, griechisch-lateinisches Kunstwort für ↗Gickelhahn, gebildet aus dem griechischen *alektryon* für den mundartlichen *Gickel*, also den Gockel, und dem lateinischen *gallus* für Hahn. AK

Alexanders Fest oder die Macht der Musik [»Alexander's Feast or The Power of Musick«, 1736, HWV 75], Ode zum St. Caecilien Tag von G. F. Händel nach dem Text von John Dryden. Neben seinem *Messias* war es dieses große Händelsche Kantatenwerk, durch das in der Neuübersetzung durch J. G. Herder auch in Weimar eine intensive Händelverehrung entstand, an der G. mit nachhaltigem Interesse Anteil nahm. Die Aufführung, von der als sicher gilt, daß Corona Schröter einen Solopart übernommen hatte, wird von G. im Tagebuch unter dem 19. Januar 1780 erwähnt: »bei Anna Amalia Conzert. Alexanders Fest.« Man kann davon ausgehen, daß das Werk während eines Hofkonzertes im Festsaal des Wittumspalais der Herzoginmutter erklang. GBS

Alexis und Dora: *Ach! unaufhaltsam strebet das Schiff*, entstanden zwischen dem 12. und 14. Mai 1796; Erstdruck in Schillers *Musen-Almanach für das Jahr 1797*. G. schätzte die Liebeselegie in elegischen Distichen sehr (↗Elegien, klassische; ↗Versmaß, klassisches); auch von Schiller wurde sie begeistert aufgenommen. Das Gedicht entwirft die Szenerie eines antiken Mittelmeerhafens, aus dem soeben ein Segelschiff ausläuft. Noch mit Blick auf das Ufer sehnt sich der junge Kaufmann Alexis nach Dora zurück, seiner schönen jungen Nachbarin, die erst in der letzten Stunde an Land seine Braut geworden war. Die Erinnerung hat ihr Zentrum im glücklichen Augenblick in der Laube; was zwischen den beiden geschehen ist, bleibt offen, doch verweist Doras Abschiedsgeschenk, ein Körbchen mit Orangen, Feigen und einem darübergelegten Myrtenzweig, anspielungsreich auf Sexualität und Ehe. Doras Welt ist ein abgeschlossener, idyllischer Ort; mit »Garten« wird deutlich auf die Verführung im Paradies angespielt. Alexis dagegen wird von den Schiffsgenossen in die männliche Welt von Aufbruch und Tätigkeit hinaus gerufen. Durch die Verführung der Frau werden jedoch die männlichen Phantasien von der Ferne wieder an den heimatlichen Ort zurück gelenkt. Dies entspricht dem mäßigenden und zivilisierenden Einfluß, den G. immer dem weiblichen Element zuerkannte. Die innere Logik der Bilder erweist das Gedicht als poetische Reflexion über die Beziehungsformen zwischen Mann und Frau: Verliebtheit, Liebe und Ehe, Schmücken des Hauses, Schwangerschaft, Eifersucht. Häufig ist die Elegie daher mit G.s Beziehung zu Christiane Vulpius in Verbindung gebracht worden. In den Schlußversen, die G. im Brief an Schiller vom 21./22.6.1796 »die Abschiedsverbeugung des Dichters« nennt, wird die Funktion der Dichtung als Trost in den Gefühlsturbulenzen der Liebe beschworen. Das Gedicht spielte in den poetologischen Diskussionen dieser Jahre mit Schiller über Idylle und Elegie eine wichtige Rolle; es muß daher als artifizielles und literarisch hoch bewußtes Spiel mit den Möglichkeiten von Poesie und Liebe gelesen werden. Darauf verweisen auch die berühmten ›Rätselverse‹ »So legt der Dichter ein Rätsel«; der Dichter schafft die poetischen Bilder und lädt zu ihrer Deutung ein. IW

Alexis, Willibald (1798–1871), Publizist, Redakteur und Schriftsteller (v. a. historischer Romane). Der erste Besuch am 13.9.1824 bei »Exzellenz« glich einer steifen Audienz mit tiefen Verbeugungen. Warmherzig dagegen war der zweite Besuch am 12.8.1829 im Weimarer Gartenhaus, von dem Alexis »das Bild des edlen Greises, in dessen Zügen noch volle Erinnerung an die Götterkraft seiner Jugend blitzte«, sich bewahrte (*Dreimal in Weimar*). AR

Allegorie: Die bildliche Darstellung abstrakter Begriffe oft in einer menschlichen Figur, z. B. die Gerechtigkeit als Frau Justitia mit Augenbinde und Waage. G. liefert in einer seiner *Maximen und Reflexionen* eine Definition der Allegorie: »Die Allegorie verwandelt die Erscheinung in einen Begriff, den Begriff in ein Bild, doch so, daß der Begriff im Bilde immer noch begrenzt und vollständig zu halten und zu haben sei«. Er faßte die Allegorie als »vielleicht geistreich und witzig« auf, »aber doch meist rhetorisch und conventionell« *(MuR)*, stand ihr also distanziert gegenüber. Das erkenntnistheoretische und künstlerische Prinzip, als das er die Allegorie verstand, beschreibt er als eines, das zu einem allgemeinen Begriff ein Besonderes sucht, ein Beispiel. Diesem Verfahren setzt er sein Verständnis des ↗Symbols entgegen. Nichtsdestoweniger finden sich in G.s Werken allegorische Figuren: Z.B. läßt sich die »Mummenschanz« im 1. Akt des *Faust II* als ›Tanz der Allegorien‹ beschreiben. BJ

Allgemeine deutsche Bibliothek, von Friedrich Nicolai 1765 gegründete Zeitschrift und führendes Organ der Aufklärung in Deutschland. Nicolai stand den jungen Genies (den späteren Klassikern) kritisch-ablehnend gegenüber, deshalb zahlte G. mit gleicher Münze zurück (*Xenien*, »A.d.B.«, und *Faust*, v. 4155, wo die Zeitschrift als »alte Mühle« verunglimpft wird). 1810, bei Anfertigung seiner Autobiographie, schmökerte G. erneut in den Bänden, um dann sowohl positiv (»bedeutend«, »großer Eindruck«; 9. Buch) als auch abfällig (»wo nicht erbärmlich, doch wenigstens sehr schwach«; 7. Buch) zu urteilen. DF

Allgemeine Literatur-Zeitung, Redaktion 1785 bis 1803 in Jena ansässig, nach der Entlassung des Philosophen Johann Gottlieb Fichte 1799 auf Betrieben der beiden Herausgeber Friedrich Justin Bertuch und Christian Gottfried Schütz in Halle erscheinend. Die Versuche von Vertretern der Jenenser Romantik, Einfluß auf das Blatt zu nehmen, waren ein weiterer Grund für den Weggang nach Halle. Jena verlor ein Sprachrohr von unübersehbarem Rang für die deutsche Klassik und Romantik (↗Jenaische Allgemeine Literaturzeitung). BL

Allgemeines/Besonderes: Daß hinter den konkreten Erscheinungen der Natur und alltäglichen Welt etwas Abstrakteres, Gesetzmäßiges existiere, war schon ein Gedanke Platos: Er dachte hinter allem Besonderen die die Wirklichkeit regelnde Welt der Ideen. G. trennt Allgemeines und Besonderes nicht wie Plato in zwei Welten, die des Besonderen und die der Ideen, sondern meint, daß im Einzelnen das Allgemeine »geschaut« werden könne, im Naturphänomen das ↗Urphänomen. Allgemeines und Besonderes faßt er im Sinne einer energetischen ↗Polarität jedes Naturwesens auf, die erst dessen Entstehung, dessen Gestaltbildung ermögliche. So darf auch die ↗Metamorphose der Pflanzen als ein steter Durchgang des Allgemeinen durch Stufen des Besonderen gesehen werden. In seinem kleinen Aufsatz *Der Versuch als Vermittler* warnt G. vor zu schnellen Schlußfolgerungen auf ein vermutetes Allgemeines hinter konkreten Beobachtungen. Besonderes und Allgemeines sind für G.s ästhetische Vorstellungen v. a. im Zusammenhang mit seinem Begriff des ↗Symbols von zentraler Bedeutung: »Die Symbolik verwandelt die Erscheinung in Idee, die Idee in ein Bild, und so, daß die Idee im Bild immer unendlich wirksam und unerreichbar bleibt und […] doch unaussprechlich bliebe« *(MuR)*. Damit wird der Künstler in G.s Vorstellung zum in Rätseln sprechenden Offenbarer des Allgemeinen im schönen Besonderen. BJ

Alpen, zentraleuropäisches Hauptgebirge, das G. auf seinen Reisen in die Schweiz und nach Italien kennenlernte. Die Alpen waren durch Haller, Geßner u. a. schon als Gegenstand künstlerischer Darstellung eingeführt; bei G. werden sie einerseits zur Kulisse ästhetischer Erfahrung (*Auf dem See*), sind rauhe Lebenswelt (»Lenardos Tagebuch« in *Wilhelm Meisters Wanderjahren*) oder, im hauptsächlichen Sinne, bedeutende Grenzscheide zwischen Norden und Süden (*IR* 8.9.1786), die in Mignons Lied »Kennst du das Land« sogar mythisch belebt wird: »In Höhlen wohnt

Albrecht Dürers Werk prägte Goethes Vorstellung von Altdeutscher Kunst. Den Kupferstich »Ritter, Tod und Teufel« kannte der Dichter

der Drachen alte Brut,/Es stürzt der Fels und über ihn die Flut« (*Lj.*). Darüber hinaus steht das Wort »Alpen« sinnbildlich für durch seismisch-vulkanische Kräfte entstandene Gebirge; in einem Paralipomenon zu *Faust II* heißt es über Seismos: »Wenn er mit seinem Weibe kost/Dann sprüht der Erdkreis von Vulkanen/ Und Alpen steigen spizzig auf«.   BJ

Altdeutsche Kunst ist G.s relativ ungenauer Begriff für die deutsche und niederländische Kunst des Mittelalters und der frühen Neuzeit. Im Zentrum seiner Wahrnehmung altdeutscher Kunst stehen Albrecht ↗Dürer und seine Zeit, im Zusammenhang mit Lavaters Sammlung lernte G. eine Reihe Holzschnitte und Radierungen der Dürerzeit kennen. G.s. eigene Kunstsammlungen (↗Sammlungen) verfügten dann auch nach und nach über ca. 250 Werke von Dürers Hand, daneben auch solche von Albrecht Altdorfer, Lucas Cranach d. Ä. und Martin Schongauer. Gemälde dieser Meister kannte G. nur aus verschiedenen Sammlungen, die er in Basel, München, Nürnberg und Dresden besuchte, vor allem die Sammlungstätigkeit der Gebrüder Boisserée in Heidelberg brachte ihm

eine große Zahl altdeutscher Kunstwerke zur Kenntnis.

Ebenfalls im Kontakt zu Sulpiz Boisserée entstand von 1810 an G.s Anteilnahme am Weiterbau des Kölner Doms, der langsam an die Stelle rückte, die für den jungen G. das Straßburger Münster innehatte: In seinem kleinen Aufsatz *Von deutscher Baukunst* (1772) hatte er die mittelalterliche Architektur verklärt und den Baumeister des Münsters zum Genie stilisiert. G.s Wahrnehmung altdeutscher Kunst wurde Zeit seines Lebens von der Hochschätzung der Antike dominiert, in seinen letzten Lebensjahrzehnten konnte er jedoch die (spät-) mittelalterlichen Meister historisch-distanziert würdigen.   BJ

Altdeutsche Literatur: G.s Lektüre in jungen Jahren reichte nur bis an die Schwelle zum Mittelalter oder wie er sagte, zur »altdeutschen« Zeit, nicht jedoch weiter in die finsteren Jahrhunderte hinein. Die namhaften Professoren Oberlin und Koch in Straßburg konnten ihn ebensowenig für die Literatur dieser Zeit erwärmen, wie ↗Klopstocks und ↗Bodmers Interessen daran auf G. übersprangen. Die Beschäftigung mit der altdeutschen Literatur stand für G. in engem Zusammenhang mit der – lebenslang zwiespältigen – Auseinandersetzung mit dem Mittelalter. In den 1790er Jahren versuchten die Romantiker, ihn an die Dichtung des Mittelalters heranzuführen, doch sein Interesse erstreckte sich bis zur Jahrhundertwende nur auf deren Stoffe: Sie regten ihn zum *Faust* und zu seinem Versepos *Reineke Fuchs* an. Erst ab 1805 begann G.s intensivere Auseinandersetzung mit der altdeutschen Literatur, die bis ungefähr 1812 reichte. Im Gegensatz zur nationalpatriotischen Begeisterung der damaligen Zeit suchte er jedoch einen sachlichen Zugang zum Mittelalter. F. H. von der Hagens *Proben der Nibelungen nebst Auszug des Inhalts vom Ganzen* in der Zeitschrift *Eunomia* (1805) regten G. 1806 zu einer ersten intensiven Beschäftigung mit dem mittelhochdeutschen Epos an: »Aber einen eigentlichen Nationalanteil hatten doch die Nibelungen gewonnen; sie sich anzuzeigen, sich ihnen hinzugeben, war die Lust mehrerer Männer, die mit uns gleiche Vorliebe teilten« (*TuJ*, 1806). In den folgenden Jahren setzte sich G. so intensiv mit dem *Nibelungenlied* auseinander, daß er 1808 und 1809 in der Mittwochsgesellschaft Vorträge darüber hielt: »Unmittelbar ergriff ich das Original und arbeitete mich bald dermaßen hinein, daß ich, den Text vor mir habend, Zeile für Zeile eine verständliche Übersetzung vorlesen konnte. Es blieb der Ton, der Gang, und vom Inhalt ging auch nichts verloren. [...] Doch indem ich in das Ganze des poetischen Werks auf diese Weise einzudringen dachte, so versäumte ich nicht, mich auch dergestalt vorzubereiten, daß ich auf Befragen über das Einzelne einigermaßen Rechenschaft zu geben imstande wäre« (*TuJ*, 1807). Im Jahre 1809 entlieh sich G., der vor allem Wilhelm Karl Grimm ein tieferes Verständnis für die Literatur des Mittelalters verdankte, aus der Weimarer Bibliothek Hartmanns von Aue *Iwein* und Wolframs von Eschenbach *Parzival*, später dann auch mehrere Bände Minnelieder. Mit Hartmanns *Armem Heinrich*, den er 1811 las, konnte G. nicht viel anfangen: »[Mir brachte] Büschings [der Herausgeber] ›Armer Heinrich‹, ein an und für sich betrachtet höchst schätzenswertes Gedicht, physisch-ästhetischen Schmerz. Den Ekel gegen einen aussätzigen Herrn, für den sich das wackerste Mädchen aufopfert, wird man schwerlich los; wie denn durchaus ein Jahrhundert, wo die widerwärtigste Krankheit in einem fort Motive zu leidenschaftlichen Liebes- und Rittertaten reichen muß, uns mit Abscheu erfüllt. Die dort einem Heroismus zum Grunde liegende schreckliche Krankheit wirkt wenigstens auf mich so gewaltsam, daß ich mich vom bloßen Berühren eines solchen Buchs schon angesteckt glaube« (*TuJ*, 1811). Wenn G. dann auch Hans ↗ Sachs rühmte und sich an Sebastian Brant erfreute, fühlte er sich – trotz aller Belesenheit – in der altdeutschen Literatur doch nie recht heimisch. AR

Alter: G.s gelassen anmutender Umgang mit dem Älterwerden und der Zeit des Alters kann nicht darüber hinweg täuschen, daß sein Blick stets auch wehmütig auf die Jugend gerichtet war. »Einem bejahrten Manne verdachte man, daß er sich noch um Frauenzimmer bemühte. ›Es ist das einzige Mittel‹, versetzte er, ›sich zu verjüngen, und das will doch jedermann‹« (*MuR*). G. war 73, als er sich haltlos in die 55 Jahre jüngere Ulrike v. Levetzow verliebte. In der Unmöglichkeit einer erfüllten Beziehung – ein Heiratsantrag wurde abgelehnt! – mußte G. 1823 sein fortgeschrittenes Alter bitter erfahren, und die in der Folge entstandene *Marienbader Elegie* beschreibt nicht nur den Abschied von der Geliebten, sondern auch eine Trennung vom Leben (»Mir ist das All, ich bin mir selbst verloren«). G. empfand das Erreichen eines hohen Alters durchaus als Privileg, durch den Tod Nahestehender – 1828 starb Carl August, 1830 gar sein eigener Sohn – nahm aber das Gefühl des Verlustes und der Vereinsamung immer mehr zu. DF

Amerika, G.s Bezeichnung meist für Nordamerika bzw. die sich nach den Unabhängigkeitskriegen konsolidierenden USA (1775–1783); die Reisen, Berichte und Briefe Alexander v. Humboldts machten G. auch mit Süd-Amerika bekannt. Amerika ist zunächst, in G.s Jugend, Bild für Ferne, Abenteuer und Freiheit; im 19. Buch von *Dichtung und Wahrheit* berichtet G. sogar von eigenen Auswanderungsgedanken im Zusammenhang mit der unglücklichen Liebe zu Lili Schönemann. G. war stets gut informiert über die politischen Veränderungen in Amerika, von 1790 an empfing er immer wieder Besucher, hatte verschiedentlich Kontakte in die USA, etwa zur Harvard University. Der zweite Sohn Carl Augusts, Prinz Bernhard von Weimar, besuchte 1825/26 Nord-Amerika; G. las dessen Reisetagebuch mit großer Aufmerksamkeit. Amerika erschien ihm als Alternative zum erstarrten Europa des *ancien régime* wie auch zur Revolution, die reformadlige ↗ Turmgesellschaft der *Lehrjahre* ist in den *Wanderjahren* zum Auswandererbund mutiert, der jenseits des Meeres einen Staat ohne die traditionellen ständischen Beschränkungen begründen will. Ein berühmt gewordenes Gedicht aus den *Zahmen Xenien* von 1827 bringt die andersartigen Möglichkeiten Amerikas auf eine poetische Formel: »Amerika, du hast es besser/Als unser Continent, das alte,/Hast keine verfallenen Schlösser/Und keine Basalte./Dich stört nicht im Innern/Zu lebendiger Zeit/Unnützes Erinnern/Und vergeblicher Streit«. BJ

Amine, Figur aus *Die Laune des Verliebten*.

Amor, römischer Liebesgott, meist in Gestalt eines geflügelten Knaben, von dessen Pfeilen getroffen die Herzen in Leidenschaft entflammen. G. kannte das Amor-Motiv aus Mythos und griechisch-römischer Literatur schon seit Kindertagen und verwendete es schon in seiner frühesten Lyrik; in der spielerisch-erotischen Lyrik der ↗ Anakreontik gehörte es gewissermaßen zum Pflichtbereich poetischer Bilder oder Theatergestalten. Vor allem aber in einigen der *Römischen Elegien* wird Amor zum Schutzgott des vor der bürgerlich-politischen Welt und seinem literarischen Ruhm fliehenden lyrischen Sprechers: »Nun entdeckt ihr mich nicht so bald in meinem Asyle,/Das mir Amor der Fürst, königlich schützend, verlieh« (*Elegie II*). Der Bezirk des Liebesgottes wird zum Tempel stilisiert, in dem neue erotische und ästhetische Erfahrungen gerade auch im engsten Zusammenhang mit der Kunst der Antike möglich werden. BJ

Amor als Landschaftsmaler: *Saß ich früh*, entstanden wahrscheinlich im Februar 1788, neben *Cupido, loser, eigensinniger Knabe* eines der wenigen Gedichte, die G. in Italien schrieb; Erstdruck in *Schriften* 1789. Das Gedicht entwirft in leichtem Erzählfluß, mit thematischer und stilistischer Nähe zur ↗Rokokolyrik, eine idyllische Naturszenerie, in der Amor dem Künstler, der die Fähigkeit »zum Malen und zum Bilden« verloren hat, eine Malstunde gibt. Die vom kindlichen Liebesgott gezeichnete Welt und das Mädchen werden jedoch erst in der Anschauung und Imagination des Dichters lebendig. In diesem scherzhaft vorgetragenen Gedicht spiegelt sich die gerade in Italien besonders intensive Beschäftigung G.s mit der Malerei und seine Entscheidung für die Dichtkunst.

IW

Amtliche Schriften, im Rahmen seiner amtlichen Tätigkeiten als Minister, Mitglied des ↗Geheimen Conseils und später als Oberaufseher der unmittelbaren Anstalten für Wissenschaften und Kunst im Herzogtum verfaßte G. eine große Anzahl mehr oder weniger umfänglicher Schriften amtlicher Art.

In seinem ersten Weimarer Jahrzehnt schrieb er etwa ein Gutachten im politischen Streit um die Anwerbung von Rekruten durch Preußen auf weimarischem Gebiet (1779); 1782 schlug er die Bestrafung säumiger Steuerzahler durch Strafarbeit im Wegebau vor, verfertigte knappe juristische Notizen zum Problem des Kindsmords (1783) und kümmerte sich vielfach um die Universität Jena – begutachtete die dortigen Naturalienkabinette und Labors oder sprach sich für ein Verbot landsmannschaftlicher Verbindungen an der Universität aus (1786). Der dienstliche Schriftwechsel des Ministers G. betraf alle seine Ressorts: ökonomische, cameralistische und fiskalische Belange, Wasser- und Wegebau, Fabrikwesen und v.a. den ↗Bergbau in Ilmenau.

Die Sorge um Ilmenau ließ G. auch nach Italien und der Freistellung von seinen früheren Ministerämtern immer wieder Briefe, Gutachten und Berichte über Hoffnungen, Pläne, praktische Vorschläge und die schließlich sich einstellenden Niederlagen in der Bergwerksangelegenheit anfertigen. Die ihm übertragene Aufsicht über die ↗Zeichenschule in Weimar und die Mitarbeit in der ↗Schloßbaukommission verlangten Berichte an den Herzog, die Wiederbegründung der ↗Freitagsgesellschaft ist in Statuten und Protokollen belegt (1791/95). G. gutachtete über die Gründung eines Erziehungsinstituts in Weimar und über die Möglichkeiten in Berka eine Kur-Badeanstalt zu begründen. Presserecht und ↗Pressefreiheit werden immer wieder thematisiert (vgl. an Carl August, 5.10.1816). Nach 1800 dominiert die Jenenser Universität seine Amtlichen Schriften: Berufungen, Bibliothekswesen und studentische Disziplin; darüber hinaus die naturwissenschaftlichen Institute in Jena, die Museen, die Sternwarte und der botanische Garten. Seine Erfahrungen mit der Universität konnte G. in einem von ihm erbetenen Gutachten über den besten Standort einer neu zu gründenden Universität in der preußischen Rheinprovinz umsetzen – er schlug entschieden Bonn vor (vgl. das ausführliche Schreiben an Sack, 15.1.1816).

Die Sprache, in der die amtlichen Schriften abgefaßt sind, unterscheidet sich stark von den literarischen Arbeiten G.s. In seiner amtlichen Tätigkeit war er eingebunden in den obersten oder innersten Führungszirkel eines Hofes, dessen Kommunikationsformen noch in starkem Maße von fast barockem Zeremoniell geprägt waren; amtliche Schreiben hatten, je nach Adressat, im gehobenen, im Kurialstil abgefaßt zu werden. Diese Differenz zwischen der alltäglichen Rede und der amtlichen, höfischen Kommunikation wird v.a. deutlich beim Blick auf G.s briefliches Werk, zu dem auch eine Reihe seiner amtlichen Schriften, Gutachten etwa oder Bittgesuche, gehört. So heißt es etwa gegenüber dem Herzog (und Freund) in einem Bittgesuch vom 22. April 1815 – gleichzeitig in ironischer Distanzierung vom offiziellen Stil: »Ereignet sich's nun daß Höchstdenselben, für so vielfaches, redliches inneres Bemühen, auch von außen ein gebührendes Beywort ertheilt wird; so benutzen wir mit Freude, wenn die Hof- und Canzleysprache uns nunmehr erlaubt dasjenige als ein Anerkanntes auszusprechen, was sonst bey aller Wahrheit als Schmeicheley hätte erscheinen können. Ew. Königl. Hoheit haben bisher . . .«.

G. ist vielfach nicht der alleinige Urheber seiner amtlichen Schriften: Die Zusammenarbeit im Conseil, bei der Ilmenauer Bergwerksangelegenheit oder auch im Blick auf die Jenenser Universität macht oft die gemeinschaftliche Abfassung der Schriftstücke notwendig (etwa mit Voigt) oder die Übernahme ganzer Passagen aus den Berichten Dritter.

BJ

Amtliche Tätigkeiten: Sie haben einen erheblichen Anteil an G.s Lebenswerk und werden von ihm mit großer Sorgfalt, Sachkenntnis und Umsicht ausgeübt. Sie setzen ein mit seiner Ernennung zum Geheimen Legationsrat am 11.6. 1776, am 25.6. erhält er Sitz und Stimme im ↗Geheimen Consilium, der obersten Landesinstanz, die den Herzog in allen landesfürstlichen Fragen (Außenpolitik, Innenpolitik, Finanzverwaltung, Personalpolitik, Verwaltungsangelegenheiten, Kirchen-, Schul- und Gerichtsbarkeitsfragen u.a.m.) zu beraten hat. »Ich bin nun ganz in alle Hof- und politische Händel verwickelt und werde fast nicht wieder weg können. Meine Lage ist vortheilhaft genug, und die Herzogthümer Weimar und Eisenach immer ein Schauplatz, um zu versuchen, wie einem die Weltrolle zu Gesichte stünde«, schreibt er am 22. 1. 1776 über die positive und ehrgeizige Tragweite seiner Aufgaben an ↗ Merck. In der Tat: Im ersten Jahrzehnt seiner Weimarer Tätigkeit bekommt G. einen höchst intimen Einblick in den labilen Zustand des Staates und die anstehenden Aufgaben und Probleme.

Dabei blieb es jedoch nicht. 1782 mußte der Präsident der Weimarischen Kammer (Finanzverwaltung) Johann August Alexander von ↗ Kalb wegen Unfähigkeit im Amt entlassen werden. Unter seiner Ägide war die Staatsverschuldung auf die enorme Summe von 130 000 Reichstalern angewachsen. G. wurde am 11. 6. 1782 damit beauftragt, den Staatshaushalt wieder auszugleichen. Der Herzog entsprach dieser Vertrauensstellung G.s dadurch, daß er ihn am 11. 6. 1776 zum Geheimen Rat und am 13. 9. 1804 zum Wirklichen Geheimen Rat, zur »Exzellenz« ernannte. Damit stiegen auch G.s Einkünfte aus seinen amtlichen Tätigkeiten (↗ Einkommen).

Kommissionstätigkeiten waren neben ↗ Geheimem Consilium und Kammeramt an der Tagesordnung. So wurde G. im Laufe des Jahres 1777 die Leitung der Bergwerkskommission mit dem Ziel übertragen, den Betrieb des Ilmenauer Silber- und Kupferbergwerks wieder aufzunehmen und damit eine staatliche Einnahmequelle zu eröffnen. Um sich ein Bild von der Lage im Bergwerk, das mit ständigen Wassereinbrüchen zu kämpfen hatte, zu verschaffen, ist er auf nassen und rutschigen Leitern in den senkrechten Schacht hinabgestiegen, so tief es der Wasserstand zuließ. Ein Pumpwerk wurde eingesetzt, zusätzlich waren unterirdische Radstuben notwendig, um den Betrieb der vier gewaltigen Wasserräder zu ermöglichen. Am 24. 2. 1784 offiziell wieder eröffnet, war der Schacht erst am 28. 6. 1792 frei von Wasser – über acht Jahre lang hatte man also mit »investiven Anfangsschwierigkeiten« zu tun gehabt –, die erste Tonne Kupferschiefer wurde mit Pauken und Trompeten begrüßt. Schließlich führten aber die hohen technischen Aufwendungen, der minimale Kupferertrag und die ständigen neuen geologischen Schwierigkeiten nach einem Stollenbruch in der Nacht vom 22./23. 10. 1796 – zwölf Bergleute konnten sich knapp vor dem einbrechenden Wasser retten – zur

Einstellung des Förderbetriebs und zu einem finanziellen Fiasko.

Die Leitung der Wege- und Wasserbaukommission hatte G. von 1779 bis 1786 inne. Da dringend zur Verbesserung der Infrastruktur Sachsen-Weimars notwendige Straßenneubauten und Uferbefestigungen aus Geldmangel kaum möglich waren, blieb es bei Reparaturarbeiten, bis ab 1782 die Chausseen nach Erfurt und Jena angelegt werden konnten.

Als G. am 5. 1. 1779 in die Kriegskommission eintrat, fand er ein verwahrlostes Amt vor. Als dessen Leiter 1781 wegen Unfähigkeit entlassen wurde, hatte G. freie Hand. Er senkte die Sachkosten der herzoglichen Streitmacht, verringerte den militärischen Verwaltungsapparat und entließ nach und nach 36 Offiziere. Dadurch wurde mehr als die Hälfte der gesamten Militärkosten eingespart, die Infanterie hatte schließlich nur noch eine Stärke von 248 Mann.

Mit dem plötzlichen Aufbruch nach Italien setzte G. diesen Tätigkeiten ein zuvor wohl geordnetes Ende, erörterte aber brieflich mit Carl August die Fortführung seiner Ämter und die sich laufend ergebenden notwendigen Maßnahmen. Dem Geheimen Consilium gehörte er nach seiner Rückkehr Mitte Juni 1788 nur noch nominell an, besuchte aber dennoch gelegentlich dessen Sitzungen. Er blieb in der Ilmenauer Steuerkommission, deren 1784 begonnener Kampf gegen Korruption, Steuerwillkür und Steuerschuld im Amt Ilmenau erst 1796 beendet werden konnte. Vor allem aber übernahm er neue Aufgaben, bei deren Erfüllung sein gestiegener geistiger und gesellschaftlicher Rang von größerem Nutzen sein konnte.

So gehörte er seit dem 23. 3. 1789 der Schloßbaukommission an, die den Wiederaufbau des 1774 abgebrannten Schlosses sicherstellen sollte. Als das Schloß 1804 rechtzeitig zum Einzug der herzoglichen Schwiegertochter ↗ Maria Pawlowna fertiggestellt war, hatten sich die ursprünglich veranschlagten Baukosten auf 690 000 Reichstaler mehr als verfünffacht – zustande gekommen war aber das bedeutendste Bauwerk Weimars im Stil des Klassizismus. Seit 1791 kam die Leitung des Weimarer ↗ Hoftheaters, eine Initiative Carl Augusts für eine ortsansässige Theatertruppe, hinzu, ein öffentliches Theater, das jedermann besuchen konnte und mit dem Wort »Hof« nur noch an den Geldgeber erinnerte. Als sich die von Caroline ↗ Jagemann eingefädelten Einmischungen in Spielplan, Rollenbesetzung und Theaterkonzeption zu sehr häuften, legte G. die Intendanz 1817 endgültig nieder.

Eine besondere Rolle spielten die Ämter, die G. bei der Leitung der künstlerischen und wissenschaftlichen Institutionen ausübte, die dem Herzogtum direkt unterstanden. In Weimar die ↗Freie Zeichenschule und die herzogliche Bibliothek (↗Herzogin Anna Amalia Bibliothek), in Jena der Botanische Garten, die naturwissenschaftlichen ↗Sammlungen, das Chemische Institut (↗Döbereiner), die Sternwarte (↗Astronomie), die Tierarzneischule und die Universitätsbibliothek, während die Universität selbst von Sachsen-Weimar, Sachsen-Gotha, Sachsen-Coburg-Saalfeld und Sachsen-Meiningen gemeinsam betrieben wurde. Carl August und G. sahen es als ihre Aufgabe an, die Universität Jena mit den modernsten optisch-physikalischen Instrumenten auszustatten, der sich der Hofmechanikus Johann Christoph Friedrich Körner (1778–1847) annahm. Körner war nicht nur ein äußerst geschickter Instrumentenbauer und Messinggießer, er richtete mit bescheidenen Mitteln eine kleine Glashütte ein, die zunächst experimentellen Zwecken (u. a. der Verarbeitung von Milchquarzvorkommen am Saale-Ufer) diente. Der Grundstein zum späteren Aufstieg Jenas als Mittelpunkt der optischen Industrie war damit gelegt. Am 12.12. 1815 wurde G. wegen seiner großen Verdienste »um die Beförderung der Künste und Wissenschaften und der denselben gewidmeten Anstalten« zum Staatsminister mit eigenem Ressort ernannt. Künftig nahm er deren »Oberaufsicht« wahr, zusammen mit dem bereits lange vertrauten Christian Gottlob ↗Voigt, der in allen Fragen der Finanzen und der Verwaltung das offizielle Bindeglied zum seit dem Wiener Kongreß existierenden Staatsministerium bildete, dem G. nicht mehr angehörte.   BL

Amyntas: *Nikias, trefflicher Mann*, die Liebeselegie (↗Elegien, klassische) in Distichen (↗Versmaß, klassisches) entstand 1797; Erstdruck in Schillers *Musen-Almanach für das Jahr 1799*, mit Überarbeitungen in *Neue Schriften* 1800. In der *Reise in die Schweiz* notiert G. unter dem 19.9.1797: »Ein Apfelbaum mit Efeu umwunden, gab Anlaß zur Elegie *Amyntas.*« Die literarische Formung dieses Natureindrucks steht jedoch in einer motivischen Tradition, die bis in die Antike zurückreicht; auch die Namen Amyntas und Nikias sind aus der antiken Dichtung vertraut. Das Bild des starken Baums, der parasitär umschlungen wird, ist auch von G. selbst mehrmals gestaltet worden; in dieser Elegie bildet die Anrede des Kranken an den Arzt den Rahmen. Die Weigerung, dem ärztlichen Rat zu folgen, wird mit einem Naturgleichnis begründet, das erzählerisch im Mittelteil des Gedichts als Rede des Baums entfaltet wird, der auf den ihn umschlingenden und kräftezehrenden Efeu dennoch nicht verzichten will. In gleicher Weise hält das Ich

des Gedichts an einer verzehrenden Liebe fest. In einer biographischen Sicht ist das umschlingende Efeu häufig mit Christiane Vulpius gleichgesetzt worden; doch symbolisiert Efeu auch die Unvergänglichkeit der Poesie. Neuere Deutungen sehen Amyntas und Nikias als Allegorie der Beziehung zwischen G. und Schiller und als lyrisch verknappten Ausdruck ihrer poetologischen Diskussionen. Entgegen den ästhetischen Ordnungsprinzipien Schillers lauten die Schlußdistichen der Elegie »Süß ist jede Verschwendung; o laß mich der schönsten genießen!/Wer sich der Liebe vertraut, hält er sein Leben zu Rat?«, das organische Wachstum des Kunstwerks und mit der Verschwendung des Dichters an Leben und Kunst eine poetische Grundhaltung G. s.   IW

An Belinden: *Warum ziehst du mich*, Erstdruck kurz nach der Entstehung im Märzheft von *Iris* 1775. Das Gedicht reflektiert den spannungsvollen Charakter der Beziehung zu Lili Schönemann (*Lili-Lyrik*). Die Erfahrung von Entfremdung ist die entscheidende Aussage des Gedichts. Das träumerische Künstler-Ich sieht sich durch die Geliebte in das grelle Licht des Spieltischs gezogen, also in eine ihm nicht adäquate gesellschaftliche Lebenswelt. Der Titel ist beziehungsreich; als Belinde, einem beliebten Namen der ↗Rokokolyrik, gehört die Geliebte zur Sphäre heiter-spielerischer Geselligkeit, als »Engel« wird sie in der letzten Strophe dem Ich zum Ersatz für Natur. Dies ist eine Verengung gegenüber den *Sesenheimer Liedern*, in denen die Liebe zur Steigerung des Ich- und Naturgefühls diente.   IW

An den Mond: *Füllest wieder Busch und Tal.* Eine erste Fassung (»Füllest wieder's liebe Tal«), entstanden zwischen 1776 und 1778, wurde aus dem Nachlaß Charlotte von Steins 1848 publiziert. Die zweite, allgemein bekannte Fassung wurde für den Erstdruck in den *Schriften* 1789 wesentlich verändert und erweitert. Charlotte von Stein schrieb ein Gegengedicht »An den Mond« nach meiner Manier«. Diese drei Varianten geben einige Deutungsrätsel auf. In der ersten Fassung findet ein Wechsel statt vom zeittypischen Vergleich des Mondlichts mit dem milden Blick der »Liebsten« zum Lob männlicher Freundschaft. Die zweite Fassung ist in der Folge der Bilder und evozierten Stimmungen geschlossener; es ist nur noch vom Freund die Rede, woraus abgeleitet wurde, es handle sich nun um ein weibliches Rollengedicht. Charlotte von Stein hat jedenfalls in ihrer Variante das Thema von Trennung und Treulosigkeit spezifisch weiblich und wohl mit Anspielung auf G.s Flucht nach Italien 1786 ausgeformt: »Da des Freundes Auge mild/Nie mehr kehrt zurück.« Zu den Denkspielen um die verschiedenen Fassungen gehört andererseits die Vermutung, G. habe mit dem milden Freund auf den Herzog Carl August angespielt. Jenseits solcher spekulativer biographischer Bezüge hat das Gedicht zeitlosen Charakter durch die Evokation einer Stimmung, bei der Bilder der Natur zu Bildern einer Seelenlandschaft werden. Das Wandern am Fluß spiegelt den Lauf der Zeit mit ihren schmerzlichen Verlusterfahrungen. Die letzten beiden Strophen über die stabilisierende Kraft der Freundschaft sind ein frühes Beispiel für die zunehmende Neigung G.s zur Formulierung von Lebensweisheiten im knappen lyrischen Aussagemodus.   IW

An Schwager Kronos: *Spude dich, Kronos!* Entstanden laut Untertitel »In der Postchaise den 10. Oktober 1774«, Erstdruck in den *Schriften* 1789 mit sprachlicher Glättung. Vom 27.–29.9.1774 machte der berühmte Autor Friedrich Gottlieb Klopstock auf einer Reise nach Karlsruhe im G.schen Hause Station und erwies damit dem jungen Autor, dessen Ruhm eben erst begann, seine Reverenz. Wohl um die Hochstimmung des Zusammentreffens mit dem Dichterfürsten zu verlängern, begleitete G. ihn eine Strecke weit, kehrte dann um und hielt sich einige Tage bei seinem Freund Merck in Darmstadt auf. Auf der Heimreise schrieb er das Gedicht, in dem die Fahrt in der Postkutsche umgedeutet wird zu einem visionären Bild der raschen Fahrt durchs Leben. Im Titel kompiliert er Schwager (umgangssprachlich für Kutscher) mit Chronos, dem Gott der Zeit, und dem Titanen Kronos, dem Vater des Zeus. Wegen des Gleichklangs der Namen wurde der Mythos von Kronos, der seine Kinder frißt, bereits früh allegorisch umgedeutet als zerstörende Wirkung der Zeit. Rasches Voraneilen, Antreiben des Kutschers ist der Gestus des Gedichts, der seinen Ausdruck auch in der stammelnden, abgerissenen, wie im Dahineilen verkürzten Rede findet. Der Mühsal des Aufstiegs folgt im »Weit hoch herrlich« der selbstbewußt-besitzergreifende Blick vom Gipfel »ins Leben hinein«. Für dieses voranstürmende Ich ist die Liebe nur eine Episode; durch die Verbindung mit dem Trunk und dem »freundlichen Gesundheitsblick« wird sie zur punktuellen, gleichsam diätetischen Glückserfahrung. Wohl als Kontrast zum bereits alternden Dichter Klopstock formuliert der junge Stürmer und Dränger G. seine Abwehr des Alterns und phantasiert seinen eigenen Tod auf der Höhe jugendlicher Kraft als genialisch-provokative Fahrt in die Unterwelt.   IW

An Suleika: *Dir mit Wohlgeruch zu kosen*, entstanden in Wiesbaden am 27.5.1815 auf der zweiten Rhein-Main-Reise. Das Gedicht bildet zusammen mit *Der Winter und Timur* das fragmentarische *Buch des Timur* im *West-östlichen Divan*. Kontrapunktisch zum kriegerischen Wintergedicht weist dieses Liebesgedicht auf das sich anschließende *Buch Suleika* voraus. Mit Rosen und Nachtigall (persisch ›bulbul‹) werden Topoi der persischen, aber auch der europäischen Liebeslyrik aufgegriffen; der Wohlgeruch eines Fläschchens Rosenöl, das aus tausend knospenden Rosen gewonnen wird, versinnbilicht den ambivalenten Charakter der Liebe. Der Liebende ist bereit, eine »Welt von Lebenstrieben« zu vernichten, um der Geliebten mit Wohlgeruch zu kosen«. Die damit einhergehende Vorstellung, daß das Schöne aus dem Opfer von Lebendigem entsteht, erweist dieses Liebesgedicht auch als Reflexion über die Entstehungsbedingungen von Kunst und Poesie. In der umstrittenen und schwierig zu deutenden letzten Strophe wird dieses Rosenopfer zu den Menschenopfern des Gewaltherrschers Timur in Beziehung gesetzt. In dieses Gedicht ist so die Liebes- und Dichtungskonzeption des *Divan* eingeschrieben, die geprägt ist von Gegensätzen: Zärtlichkeit und Grausamkeit, Lust und Schmerz, Ewigkeit und Vergänglichkeit, Trennung und Wiederfinden. Im durchgängigen *Divan*-Motiv des Übermuts, der kontrapunktisch zur (politischen) Übermacht steht, werden Dichtung und Liebe zu einem exklusiven und durchaus auch egoistischen Erfahrungskomplex, der die engen zivilisatorischen Schranken des normalen, politisch und sozial regulierten Lebens überschreitet.   IW

An vollen Büschelzweigen, entstanden am 24.9.1815, inspiriert wohl von den herbstlichen Kastanienbäumen im Heidelberger Schloßgarten. Dieses Gedicht des *West-östlichen Divans* ist typisch für G.s Alterslyrik: Ein Naturphänomen, hier der Reifeprozeß von Kastanien, der in einer eindrucksvollen poetischen Bildersprache entwickelt wird, gewinnt als poetisches Sinnbild Bedeutung, wird – nach einem Lieblingswort des alten G. – »bedeutend«. Das Gedicht ist in erster Linie eine Kreativitätsphantasie; naturhafte Reifeprozesse werden in Analogie gesetzt zu künstlerischen Schaffensprozessen. Im langsamen Reifen des Kerns in der stachligen, also nach außen abgeschirmten Schale veranschaulicht das Gedicht sehr genau G.s poetischen Produktionsmodus: Dem langsamen Reifen vieler seiner dichterischen Pläne folgt der Augenblick des kreativen Schöpfungsaktes: »Die Schale platzt«. Doch handelt es sich auch um ein

Liebesgedicht; wie in der *Metamorphose der Pflanzen*, »Dich verwirret, Geliebte«, so wird auch hier die Geliebte in einem liebevoll-belehrenden Ton angeredet: »An vollen Büschelzweigen,/Geliebte, sieh nur hin!« Die Belehrung über ein Naturphänomen geschieht in beiden Fällen in einer erotischen Situation, bis hin zur deutlichen sexuellen Anspielung am Schluß, welche den künstlerischen Schöpfungsakt in Analogie setzt zum Zeugungsakt: »So fallen meine Lieder/Gehäuft in deinen Schoß«. Die Verbindung von Natur, Liebe und Poesie, seit jeher ein Merkmal von G.s Lyrik, erfährt im Kastanien-Symbol einen Grad an poetischer Verdichtung, die ihrerseits wieder den Reifeprozeß des Lyrikers G. seit den frühen emphatischen Natur- und Liebesgedichten (vgl. *Mailied*) dokumentiert.   IW

Anachronismus. In Kunstwerken nicht streng historisch vorzugehen, fand G. keineswegs verwerflich, sondern vielmehr ein notwendiges literarisches Mittel. »Wozu wären denn die Poeten, wenn sie bloß die Geschichte eines Historikers wiederholen wollten!«, fragte er Eckermann am 31.1.1827 und verwies auf Sophokles und Shakespeare, deren Werke sich wie die seinigen auch durch Anachronismen auszeichnen.   DF

Anakreontik: Um die Mitte des 18.Jh.s bis in die siebziger Jahre dichtete man im Stil der pseudo-anakreontischen Sammlung, die Henri Etienne bereits 1554 seiner Anakreon-Ausgabe beigegeben hatte. Im Lauf des Winters 1763/64 hat G. seinem Vater eine erste Sammlung von Gedichten überreicht: »Ich hatte eine gute Zahl sogenannter anakreontischer Gedichte verfertigt, die mir wegen der Bequemlichkeit des Silbenmaßes und der Leichtigkeit des Inhalts sehr wohl von der Hand gingen« (*DuW*, 4. Buch), sich allerdings nicht reimten und von geringerem strategischen Wert (»dem Vater etwas Angenehmes zu erzeigen«) waren. Er entschied sich jedoch für einen Vorrat geistlicher Oden, weil sie sich reimten und hatte damit Erfolg. Die großen Vorbilder dürften für den in vielen Stillagen übenden G. Gleims *Versuch in scherzhaften Liedern* (1744), der Anakreon-Übersetzung durch Götz, Lessings *Kleinigkeiten* (1751) bestanden haben. Das Buch *Annette* (1767), die Gedichte der Leipziger Zeit (↗Neue Lieder), die ↗Sesenheimer Lieder, die ↗Lili-Lyrik legen durch das Spiel mit Erotik und griechischer Mythologie davon Zeugnis ab, wie stark der frühe G. unter dem Einfluß anakreontischen Dichtens gestanden hat. Im Rückblick freilich äußert er sich kritisch: »Den Stoff, der

auf diese Weise mehr oder weniger die Form bestimmte, suchten die Deutschen überall auf [...]. Die idyllische Tendenz verbreitete sich unendlich. Das Charakterlose der Geßnerschen, bei großer Anmut und kindlicher Herzlichkeit, machte jeden glauben, daß er etwas Ähnliches vermöge. [...] Bodmers ›Noachide‹ war ein vollkommenes Symbol der um den deutschen Parnaß angeschwollenen Wasserflut, die sich nur langsam verlief. Das Anakreontische Gegängel ließ gleichfalls unzählige mittelmäßige Köpfe im Breiten herumschwanken«(*DuW*, 7. Buch).   BL

Analyse/Synthese: Kleiner Aufsatz von 1829, zuerst veröffentlicht in der *Ausgabe letzter Hand*, in dem sich G. wissenschaftsgeschichtlich und wissenschaftstheoretisch mit dem sich gegenseitig korrigierenden Wechselspiel von Analyse und Synthese befaßt. Beide Aussagemodi können keinen autonomen Wert an sich beanspruchen, sondern verhalten sich zueinander wie ↗Systole und Diastole; andernfalls sind sie falsifizierbar. Er erläutert dieses naturnotwendige Wechselspiel anhand der Geschichte der Dekomposition des Lichts und an dessen Polarisation und beschäftigt sich erneut kritisch mit der ↗Newtonschen Lehre und der neueren Chemie, die er in der Gefahr atomisierten Einzelwissens sieht und der das Bewußtsein für natürlich-lebendige Zusammenhänge schwindet (↗Homunculus): »Was ist eine höhere Synthese als ein lebendiges Wesen; und was haben wir uns mit Anatomie, Physiologie und Psychologie zu quälen, als um uns von dem Komplex nur einigermaßen einen Begriff zu machen, welcher sich immerfort herstellt, wir mögen ihn in noch so viele Teile zerfleischt haben« (*Analyse und Synthese*). In seinem unbeugsamen Synkretismus, der aus seinen *Principes de philosophie zoologique* (1830, ↗Akademiestreit zwischen ↗Cuvier und ↗Geoffroy de Saint-Hilaire) und selbst noch aus seinem letzten Brief an Wilhelm von Humboldt vom 15.3. 1832 deutlich hervorgeht, hat er nicht mehr bemerken wollen, daß die experimentellen, analytischen Naturwissenschaften, nicht zuletzt dank ihrer weitergehenden universitären und kommerziellen Institutionalisierung Wahrnehmungs- und Ausdrucksformen entwickelten, denen gegenüber die Sprache der Literatur ins Hintertreffen geriet, Analyse und Synthese nicht mehr so ohne weiteres zusammenzuführen waren.   BL

Anarchie: Laut G. ein Zustand, in dem »sich jeder dahin drängt und stellt, wohin er nicht gehört, an einen hübschen Platz, den er nicht ausfüllen kann«

(an Zelter, 28.6.1831), war G. von Jugend auf »verdrießlicher gewesen als der Tod selbst« (*IR*, 14.5. 1787). Ein Staat, der in Anarchie »gerät«, ebnet automatisch den Weg für »kühne, sittenverachtende Menschen«, die – auch »gewaltsam« – die ↗Macht an sich reißen. Republikanische Staatsform und wahlweise auch Despotie sind deshalb unbedingt vorzuziehen (*Noten und Abhandlungen*, Fortleitende Bemerkung). Im Bereich der Kunst ist Anarchie, die in fragwürdiger »Originalität« ihren Ausdruck findet, nach G. abzulehnen, weil unmöglich »aus fortgesetztem Spielen und Pfuschen […] zuletzt ein Kunstresultat hervorgehen« könne (an Boisserée, 27.5.1817).   DF

Anatomie, ursprünglich die Technik, Kenntnisse über den menschlichen Körper durch dessen Zergliederung zu gewinnen, zur G.-Zeit schon Name für diese Kenntnisse selber und deren zeichnerische Wiedergabe. Voraussetzungen dafür waren feine Beobachtungsgabe, Aufmerksamkeit auf symmetrische, gesetzmäßige Formen und körperliche Proportionen. Schon während seines Studiums übte G. sich in der Anatomie, erweiterte die Kenntnisse mit den osteologischen Studien des ersten Weimarer Jahrzehnts (↗Loder) und ästhetisierte die Anatomie schließlich während der Italienreise: Nicht nur der Aufbau der Teile sei wahrzunehmen und anschaulich zu machen, sondern die »edle schöne Form« (*IR*, 20.1.1787) als etwas, das »sich als ein schönes ungetrenntes Ganze, in lebendigen Wellen vor unserm Auge bewegt« (*Einleitung in die Propyläen*). G. betont also die lebendige und schöne Zusammengehörigkeit der Körperglieder, er läßt dementsprechend den ›plastischen Anatom‹ in den *Wanderjahren* künstliche Körpermodelle in feinster Arbeit anfertigen, da der künftige Arzt nicht das Zergliedern, sondern das Zusammenfügen des Körpers erlernen müsse.   BJ

Anaxagoras (um 500–um 428 v. Chr.), in Ionien aufgewachsen, verbringt drei Jahrzehnte in Athen, wird dort wegen »Gottlosigkeit« angeklagt und verläßt die Stadt. Er steht im Gegensatz zur Naturlehre und zur Logik der Eleaten. Die Welt entsteht aus einer Mischung aller sich später entwickelnden Dinge. Damit geht er über die Vier-Elemente-Lehre des Empedokles hinaus (↗Alchimie). Bewegung und Veränderung der Materie erklärt er durch eine elementare Kraft, die auf den kosmischen Prozeß einwirkt, den rationalen Geist. Bei G. dagegen erscheint er in der ↗»Klassischen Walpurgisnacht« des *Faust II* als Vertreter der vulkanistischen Weltentstehungstheorie

und als Gegenspieler des milesischen Naturphilosophen ↗Thales: Alles Natürliche hat seinen Ursprung im Feuer. G. wird damit dem philosophischen Rang von Anaxagoras nicht ganz gerecht.   BL

Andenken. Dem Andenken Verstorbener hat G. mehrere Werke gewidmet, darunter Gedichte wie den *Epilog zu Schillers Glocke*, *Auf Miedings Tod* und *Euphrosyne* sowie die Logenrede *Zu brüderlichem Andenken Wielands*. In diesen Nekrologen, von G. geradewegs als Heldengedichte gestaltet, wird die Trauer über den Tod der Dahingeschiedenen durch eine feierlich-hymnische Darstellung von Leben und Taten gemäßigt. Doch auch lebenden geliebten Personen wurde Andenken zuteil, real (an Reinhard, 26.12.1825) und poetisch (»Ich denke dein«; *Nähe des Geliebten*). Dem Andenken seiner eigenen Person lieferte G. mittels seiner autobiographischen Schriften und der – von ihm selbst angeregten – Aufzeichnung der Gespräche durch Eckermann umfangreiches Material. Seinen in Rom selbstgezogenen Dattelpalmen, die an der Via Sistina eingepflanzt wurden, wünschte er, sie mögen »zu meinem Andenken grünen, wachsen und gedeihen« (*Zweiter Römischer Aufenthalt*). Andenken im Sinne von Souvenirs schließlich hat G. in Form von Steinen, Pflanzen und Kunstgegenständen regelmäßig von seinen Reisen mitgebracht.   DF

André, Johann A. (1741–1799), Komponist, Kapellmeister, Musikverleger, bis 1774 Seidenfabrikant in Offenbach, den G. im Umfeld Lili Schönemanns kennenlernte und bei dem er wohnte, wenn er in Offenbach zu Besuch war. André komponierte 1775 auf Anregung G.s die Musik des Singspiels *Erwin und Elmire*, das 1782 in Berlin zweiundzwanzigmal aufgeführt wurde, aber der französischen Operette und der italienischen *opera buffa* den Rang nicht ablaufen konnte – bestimmten diese doch seit Jahrzehnten den höfisch-bürgerlichen Geschmack der preußischen Residenzstadt.   BL

Andreae, Johann Benjamin (1735–1793), Nachbar der Familie G. am Großen Hirschgraben in Frankfurt, Erbe und ab 1774 Inhaber eines Verlags. Obwohl keine unmittelbaren Beziehungen Andreaes zu G. nachgewiesen werden können, gehörte er in den Frankfurter Umkreis G.s, vermittelt über dessen Freund Horn. Sein Verlag druckte vornehmlich Rechtssachen, u.a. Texte des Anwalts Hieronymus Peter Schlosser, des Schwagers von G.s Schwester Cornelia.   BJ

*Herzogin Anna Amalia von Sachsen-Weimar-Ei-
senach. Gemälde von J. E. Heinsius. Das Porträt
zeigt eine selbstbewußte Dame, die ihre musika-
lisch-literarischen Neigungen zu dominierenden
Bildattributen erhob.*

Anekdote, in ursprünglicher Wortbedeutung »noch
nicht Veröffentlichtes«, ungenaue Bezeichnung einer
erzählerischen Kleinform, die pointiert Charaktereigenschaften einer Person oder Situation treffend darstellt. Anekdoten bieten damit gesellschaftlichen Un-
terhaltungsstoff, wie etwa G.s Erzählungen in Briefen
aus der Leipziger Studienzeit, gegenüber Bettina Brentano erläutert er am 25.10.1810: »Wir lieben […] das
Individuelle; daher die große Freude an Vorträgen,
Bekenntnissen, Memoiren, Anekdoten abgeschiede-
ner, selbst unbedeutender Menschen«. In ihrer knapp
und treffend charakterisierenden Funktion baut G. die
Anekdote oft in ein größeres erzählendes Werk ein;
etwa die Anekdote um die abgehauenen Nußbäume
im *Werther*, welche die neue Pfarrerin polemisch
charakterisiert.   BJ

**Anekdote zu den Freuden des jungen Wer-
thers**, eine nicht publizierte, polemisch-poetische

Reaktion G.s auf Friedrich Nicolais aufgeklärt pädagogische Wertherparodie. Die *Anekdote zu den
Freuden des jungen Werthers* stellt eine Szene zwischen Lotte und Werther »nach dem Schuß« dar, Lotte
trägt Negligé, Werther Hausrock und Augenbinde.
Albert hatte die Pistolen vorsorglich mit Blutbeutel-
chen gefüllt, Lotte beklagt sich jetzt über diese In-
famie, da Werther sich an den Augen verletzt und die
feine Zeichnung seiner Brauen zerrissen habe.
Schließlich nehmen beide Bezug auf eine schäbige
Schrift Alberts über den Vorgang, mit der Nicolais
Roman gemeint ist.   BJ

Anmut. Von G. im Sinne von »Schönheit«, »Würde«,
»Vollendung« gebrauchter Begriff; eine Eigenschaft,
die eine Steigerung des Lebensgefühles hervorruft
und die geistigen und seelischen Kräfte anregt: beim
Menschen als Kennzeichen des Äußeren, als wichtiges
Kriterium der Kunstbetrachtung und als Kennzeichen
schöner Natur. Bezeichnend, daß das Attribut – bis auf
wenige Ausnahmen – erst nach der Italienischen
Reise auftaucht, besonders in den *Wanderjahren*,
Dichtung und Wahrheit und den kunst- und litera-
turkritischen Schriften.   SM

Anna-Amalia-Bibliothek s. **Herzogin Anna
Amalia Bibliothek**

Anna Amalia von Sachsen-Weimar-Eisenach
(1739–1807), geb. Prinzessin von Braunschweig-
Wolfenbüttel, fünftes von dreizehn Kindern des Herzogs Carl I. und Philippine Charlotte, geb. Prinzessin
von Preußen. Gründliche, dem Gedankengut der Aufklärung verpflichtete Ausbildung (Sprachen, Literatur, Musik, Zeichnen, Geschichte, Naturwissenschaften, Religion, Tanzen, Regeln des Hofzeremoniells).
Vermählung mit Herzog Ernst August II. Constantin
von Sachsen-Weimar-Eisenach, geb. 1737, am
16.3.1756 in Braunschweig, Einzug in Weimar am
24.3.; Ernst August starb nach zweijähriger Ehe am
28.5.1758. Zwei Söhne waren da: Carl August
(1757–1828) und Constantin (1758–1793). Nicht zur
Regentin bestimmt, »fing die größte Epoche meines
Lebens an […] ich wurde […] Wittib, Obervormünde-
rin und Regentin« (*Meine Gedanken*, 1772). Sie
regierte von 1758–1775. Ihre Regierungszeit war gekennzeichnet durch die Konsolidierung von Verwaltung, Finanzen, Sozialwesen, die Förderung von Wissenschaft und Kunst (Theater, Bibliothek, Jenaer Universität). Besondere Sorgfalt legte sie auf die Erziehung ihrer Söhne. »Vortreffliche, verdienstvolle
Lehrer« wurden angestellt (Johann Wilhelm Seidler,

Graf Görtz, beide zuvor Lehrer am Braunschweiger Collegium Carolinum, Wieland 1772, Knebel 1774). G. im Rückblick: »Ihre Regentschaft brachte dem Lande mannigfaltiges Glück. [...] Ein ganz anderer Geist war über Hof und Land gekommen. Bedeutende Fremde von Stande, Gelehrte, Künstler wirkten besuchend oder bleibend« (*Zum feierlichen Andenken der durchlauchtigsten Fürstin und Frau Anna Amalia*, 1807). Nach Übergabe der Regentschaft an Carl August (3.9.1775) als Herzoginmutter frei von Regierungsgeschäften, spielte Anna Amalia – ausgleichend vermittelnd, zum Stiften dauerhafter Beziehungen fähig – weiterhin eine bedeutende Rolle (Abbau von Widerständen gegen G.s Berufung in das Geheime Consilium). Vor allem aber war die »alles um sich her auswärts und zu Hause belebende Fürstin« (*Tuf*, 1790) Mittelpunkt ihres Wissenschaften, Künste und Gesellichkeit pflegenden Musenhofs. Ein Höhepunkt ihres Lebens, die Italienreise (1788–90), brachte vielfältige Anregungen, Kenntnisse, Erfahrungen, Bekanntschaften, führte zu spürbarer Belebung der höfischen Gesellichkeit Weimars nach 1790. G.s Beziehungen zu Anna Amalia waren zeitlebens persönlich, vertraut, herzlich, durch gegenseitige Achtung und Toleranz geprägt (Besuche, Gespräche, Briefe, gemeinsame Freunde und Interessen). Er war das wohl bedeutendste Mitglied ihres geselligen Kreises (↗Tafelrunde, ↗Liebhabertheater). CS

Annalen s. **Tag- und Jahreshefte**

Annette-Lieder s. **Neue Lieder**

Anschauung, die von G. vehement verteidigte Möglichkeit, die Welt wahrnehmen und darüber hinaus erkennen zu können. Entgegen einem Kantschen Kritizismus, wie ihn auch Schiller vertrat und nach dem das Wesen oder die ↗Ideen der Dinge in ihren Gesetzmäßigkeiten nur im Geiste konstruierbar seien, pochte G. auf die Diesseitigkeit der Phänomene und ihre Erfahrbarkeit. Wichtigstes Sinnesorgan des Menschen ist dabei das ↗Auge, wichtigstes Objekt der Betrachtung der Gegenstand, wenngleich das Sehen sich nicht in der bloßen Rezeption von Lichtimpulsen erschöpft, sondern mit Denken und Erkenntnis einhergeht. Dem Verfasser eines *Lehrbuchs der Anthropologie*, Johann Christian Friedrich August Heinroth, für den G.s »Anschauen selbst ein Denken« und sein »Denken ein Anschauen« war, dankte G. im Aufsatz *Bedeutende Fördernis durch ein einziges geistreiches Wort* überschwenglich. Der Begriff Anschauung hat bei G. insgesamt eine stark irrationale

und mystische Komponente – man denke an den archaischen Seher und seine Schau bzw. Vision. DF

Anthroposophie, gemäß ihrem Begründer Rudolf Steiner »ein Erkenntnisweg, der das Geistige im Menschenwesen zum Geistigen im Weltenall führen möchte«. Von Steiner in seinen philosophischen und meditativ-spirituellen Grundwerken (*Philosophie der Freiheit*,1894; *Theosophie*,1904; *Wie erlangt man Erkenntnisse der höheren Welten*, 1904/05; *Die Geheimwissenschaft*, 1910 u.a.) systematisch entwickelt, inhaltlich G.s einheitlicher, monistischer Welt-, Menschen- und Naturanschauung nahe stehend. Zentrum der Anthroposophischen Gesellschaft ist das ↗Goetheanum in Dornach/Schweiz. DH

antik/modern: Nicht rückwärtsgewandte Imitation, sondern zeitgemäßes Leben und Schaffen in antikischer Geisteshaltung war G.s künstlerisches Ideal in einer Zeit, in der man sich zusehends kritisch mit den Leitideen und dem normativen Geltungsanspruch der antiken Kunst auseinanderzusetzen begann. In seinen Dichtungen um eine Synthese von zeitgenössisch Modernem und (antikisch) Klassischem bemüht, verteidigte G. in den theoretischen Schriften die Kunst der »Alten«, von deren Kontinuität und Bedeutung für seine Gegenwart er überzeugt war, gegen moderne Eigenständigkeitsbehauptungen. Im Jahr 1818 verfaßte G. einen Aufsatz mit dem Titel *Antik und modern*, in dem er sich mit dem gegen ihn erhobenen Vorwurf der zu weitreichenden Idealisierung des »Griechen« auseinandersetzte. Darin rechtfertigt er seine Hochachtung vor dem »Altertum« im Verweis auf Kunstwerke namhafter ›moderner‹ Künstler wie Raffael: Hinsichtlich der Wahl des Stoffes, des Gehalts, der Freiheit der künstlerischen Anverwandlung und Ausführung sowie der darin zum Ausdruck kommenden Lebenshaltung seien sie den Werken der Griechen vollauf ebenbürtig und doch zugleich durch und durch modern. Und so fordert er: »Jeder sei auf seine Art ein Grieche! Aber er sei's«. FT

Antike: Das geistige und materielle Erbe des klassischen Altertums in Griechenland und Rom prägte das kulturelle Leben des 18.Jh.s auf eine für heutige Verhältnisse kaum noch vorstellbare Weise. Seit dem 15. und 16.Jh. gehörten die Geschichte und Philosophie, Literatur, Architektur und Bildende Kunst der Antike ebenso zum festen Bildungskanon wie klassische Rhetorik und antike Mythologie. Schon früh wurde G., der im Alter von sieben Jahren Latein- und als Neunjähriger Griechischunterricht erhielt (↗Fremdsprachen), mit der *Vulgata* und klassischer Literatur bekannt gemacht. Für sein künstlerisches Werk indes war dies so wenig ausschlaggebend wie die Lektüre deutscher Übertragungen der *Ilias* und der *Odyssee*, mythologischer, literatur- und philosophiegeschichtlicher Schriften oder G.s erste Begegnung mit antiken Plastiken im Mannheimer Antikensaal. Denn die geistige Anverwandlung und Auseinandersetzung mit der Antike über viele Generationen hinweg hatte im Lauf der Jahrhunderte immer deutlicher Widersprüche von stilisiert klassizistischem Ideal und historischer Wirklichkeit, die kulturellen und gesellschaftlichen Unterschiede von Antike und Neuzeit zu Tage treten lassen. Prägend wirkten dabei im 18. Jh. vor allem J.J. Winckelmann (Abwertung des Römischen zugunsten der Kunst und des kulturellen Selbstverständnisses der Griechen), G.E. Lessing (Kritik am klassizistischen Drama, Ablehnung der als verbindlich geltenden Lehre von den drei Einheiten, Streben nach einem national eigenständigen Theater) und J.G. Herder. Wie Lessings Kritik in einem engem Zusammenhang mit der energischen Selbstbehauptung und schroffen Zurückweisung aller poetischen Normen, Regeln und Verbindlichkeiten des ↗Sturm und Drang steht, so hat auch Herders Beobachtung, daß die großen Weltkulturen geographisch, gesellschaftlich, historisch und damit auch kulturell weitgehend eigenständig und einmalig seien, G.s Generation stark beeinflußt. Herder war es, der G. während seiner Straßburger Studienzeit für die Schriften der Griechen begeistern konnte. Zur Rechtfertigung und autoritativen Legitimierung ihrer dezidierten Absage an alles Überkommene und die Entfaltung des genialischen Künstlers hemmende Regelwerk haben G. und andere Dichter des *Sturm und Drang* neben den Dramen Shakespeares die Literatur der Griechen als Vorbild für ihre neuen Kunstauffassung in Anspruch genommen. Prometheus galt G. dabei als charakteristisches Beispiel des schöpferisch unmittelbaren, ganz der Natur verhafteten, göttergleichen und kämpferisch aufbegehrenden ↗Genies, das er in seinen in den 1770er Jahren entstandenen *Hymnen* mehrfach thematisierte. Nach 1780 scheint G. diesen künstlerischen Anspruch allmählich in Frage zu stellen, auch der früher emphatisch verherrlichten Titanengestalt begegnet er nun skeptisch-distanziert (*Grenzen der Menschheit, Ilmenau*).   FT

Antike Literatur lernte G. schon als Kind kennen. Der Lateinunterricht, den er mit sieben Jahren erhielt, und der zwei Jahre später folgende Griechischunter-

richt ermöglichten ihm schnell die übende Lektüre der alten Schriftsteller. Eine Anthologie mit Auszügen antiker Texte, die *Acerra philologica* Peter Laurembergs, gehörte ebenso zu seinen frühen Lesestoffen wie das *Buch der Metamorphosen* Ovids. Homer las er zunächst in Übersetzungen. Das Studium in Leipzig, pflichtweise hauptsächlich Jurisprudenz, nutzte er zum Besuch von Vorlesungen des dortigen Altphilologen Ernesti über Ciceros Rhetorik, ohne jedoch die erwartete Begeisterung zu empfinden. Während der Studienzeit in Straßburg vermittelte Herder ihm den enthusiastischen Zugang zur griechischen und römischen Literatur. Homer, Pindar, Platon, Anakreon und Theokrit wurden endlich im Original gelesen. Vor allem die Pindar- und Homer-Rezeption schlug sich nachhaltig in G.s frühen literarischen Projekten nieder: Motive, literarische Bilder und auch Formelemente pindarischer Oden (wie die freie Rhythmik) kennzeichnen etwa die Hymne *Wanderers Sturmlied*; noch in der *Harzreise im Winter* (1777) und in dem Geburtstagsgedicht für Carl August *Ilmenau* (1783) finden sich deutliche Anlehnungen an Pindar. Werther liest Homer – und ist begeistert. Hier findet er die sinnhafte Ruhe einer »patriarchalischen« guten Zeit, die ihm das eigene Herz nicht gewährt; G.s Roman ist eines der bedeutendsten Dokumente der Homer-Rezeption im Sturm und Drang.

Trotz der das Literarische in den Hintergrund drängenden administrativen Geschäfte seines ersten Jahrzehnts in Weimar setzte G. hier die produktive Rezeption antiker Literatur fort. Neben der *Proserpina*, dem Fragment *Elpenor* und einer Bearbeitung der Komödie *Die Vögel* von Aristophanes dokumentiert v.a. die *Iphigenie* diese kreative Aneignung: Im Unterschied zu der Vorlage von Euripides psychologisiert und vermenschlicht G. sowohl die mythischen Mächte als auch den Ausgang des Dramas in der Vermeidung der Tragödie.

Nachdem G. sich in Italien u.a. der Überarbeitung der Prosa-Dramen *Iphigenie* und *Tasso* widmete – diese neuen Versfassungen stellen den gelungenen Versuch dar, in intensiver Aneignung antiker Metrik einen eleganten deutschen Dramenvers zu schaffen –, griff er nach der Rückkehr verstärkt auf römische Lyrik zurück. Er begleitete kritisch Knebels Properz-Übersetzung, die Beschäftigung mit den Elegikern Tibull, Catull und Properz schlägt sich in den *Römischen Elegien* (1788–1790) nieder, die *Venezianischen Epigramme* wie die *Xenien* greifen auf Martial zurück. Die Homer-Übersetzung durch Voß brachte G. dem Epenvers näher, *Reineke Fuchs* und *Hermann und Dorothea* erweisen sich als souveränes Spiel mit der epischen Form. Im Kontext seiner Griechenlandbegeisterung um 1800 las G. Hesiod, Herodot, nochmals Aristophanes und Platon und immer wieder Homer, die *Achilleis* (1797–99) sollte die Lücke zwischen der *Ilias* und der *Odyssee* schließen. G.s Lukrez-Lektüre schlägt sich in der Elegie *Die Metamorphose der Pflanzen* nieder, Aischylos und Euripides etwa in dem *Helena*-Fragment. Szenen und Episoden meist aus Homerischen Epen liefern G. die Vorlagen für die ⁊ Preisaufgaben nach 1800.

Für die *Geschichte der Farbenlehre* arbeitete G. sich in die antike Philosophie ein: Pythagoras, Platon, Aristoteles und Seneca; die beginnende Altphilologe begleitete er wiederum mit intensiver Homer-Lektüre, griff erneut zu Euripides und Aischylos und mischte sich mit kleinen Aufsätzen in altphilologische Diskussionen ein (*Die tragischen Tetralogien der Griechen*, 1823; *Philoktet dreifach*, 1826). Die antike Literatur bot G. einen schier unerschöpflichen Vorrat an Stoffen, Motiven sowie literarischen Formen und Verfahren, mit denen er sehr frei und souverän verfuhr. Gleichzeitig sah er in vielen Texten der Antike das ästhetische Ideal der ⁊ Klassik realisiert, was um so mehr die Würde dieser Literatur unterstrich.　BJ

Antike Malerei, ein Teilbereich antiker Kunst, dem G. seit der Italienreise seine Aufmerksamkeit zuwandte. Auffällig ist, daß die wenigen Zeugnisse antiker Malerei in Italien G. nicht zugänglich waren; von dem augusteischen Wandgemälde ⁊ Aldobrandinische Hochzeit erhielt er erst 1797 ein Kopie, die der Freund Joh. Heinrich Meyer angefertigt hatte; bei seinem Besuch in Pompeji und Herculaneum fielen ihm keine Malereien auf, erst in den 1820er Jahren ließ er sich die bei weiteren Ausgrabungen entdeckten Wandgemälde und Mosaike durch Kopien zugänglich machen. Zwei antike Gemäldearrangements, die allerdings nur in erzählenden Bildbeschreibungen überliefert waren, nahm G. zum Anlaß zu eigenen Aufsätzen über antike Malerei: *Polygnots Gemälde in der Lesche zu Delphi* und *Philostrats Gemälde*.　BJ

Antike Plastik: Architektur und Plastik der Antike waren G. seit seiner Kindheit und Jugend vertraut: Im Elternhaus hingen die Architekturprospekte, die der Vater aus Italien mitgebracht hatte, Oeser machte den Leipziger Studenten mit Gipsabgüssen antiker Statuen und Büsten bekannt, in Leipzig sah G. eine Sammlung antiker Gemmen und las erstmals Winckelmanns *Geschichte der Kunst des Alterthums*. Eigentlich stand er aber der antiken Plastik noch distanziert gegenüber: Bei einem Besuch in Dresden ließ er die antiken

Plastiken im großen Garten links liegen. Erst auf der Rückreise von Straßburg 1771, anläßlich eines Besuchs im Mannheimer Antikensaal, fühlte er sich erstmalig tatsächlich beeindruckt von der Faszination, die von den Reproduktionen der Laokoongruppe oder des Apolls von Belvedere ausging (*DuW*, 11. Buch). Die Folge davon war, daß G. 1771/72 die ersten Gipsabgüsse antiker Köpfe für sein Frankfurter Zimmer erwarb.

Die *Italienische Reise* dokumentiert die unendliche Fülle der Wahrnehmungen antiker Skulptur und Architektur eindrucksvoll: griechische Grabreliefs in Verona, das dortige Amphitheater, Skulpturen in Venedig und vor allem Plastiken und Gebäude in Rom begeisterten G. so, daß er sein kleines Zimmer am Corso mit z. T. kolossalischen Gipsabgüssen vollstopfte. Der Besuch des Poseidontempels von Paestum in Süditalien, Pompeji und Herculaneum, Taormina und Agrigent brachten ihn mit den Resten westgriechischer Kultur in Kontakt. Die unmittelbare Anschauung der Überreste antiker Skulptur und Architektur faßt eine der *Maximen und Reflexionen* zusammen: »Denn wenn wir uns dem Altertum gegenüber stellen und es ernstlich mit der Absicht anschauen, uns daran zu bilden, so gewinnen wir die Empfindung, als ob wir erst eigentlich zu Menschen würden«.

In der Zeit seiner klassizistischen Projekte deklarierte G., vor allem in dem Aufsatz *Über Laokoon* in den *Propyläen*, die antike Kunst als vorbildlich für die seiner Gegenwart; die ästhetischen Kriterien, nach denen bei den Weimarischen Preisaufgaben entschieden wurde, richteten sich relativ eng an dieser Vorstellung aus. Seit dem Italienaufenthalt betrieb er intensiv die Sammlung einer Unzahl von Gemmen und Plastiken in Reproduktionen; 1792 ließ er den Eingangsbereich seines Hauses am Frauenplan mit Skulpturen und Abbildungen antiker Plastiken symbolisch gestalten – wobei der Treppenaufgang zum Arbeitszimmer G.s als Aufstieg zum Olymp erschien. Durch Ankäufe und Geschenke konnte seine Sammlung nach und nach etwa über Abgüsse und Nachbildungen des »Zeus von Otricoli«, der »Juno Ludovisi« oder der »Medusa Rondanini« verfügen (⁊ Sammlungen).

Gerade in Plastik und Architektur der Antike sah G. in idealer Weise das Zusammenfallen von Natur und Kunst, das Aufscheinen des Allgemeinen im schönen Besonderen, die ästhetische Repräsentation innerer Gesetzmäßigkeit realisiert – weshalb ihm die Vorbildhaftigkeit dieser Kunst völlig fraglos war.　BJ

Äolsharfe – vermutlich Mitte des 19. Jahrhunderts. Starker Wind erweckte auf den meist im Freien aufgehängten Instrumenten unheimlich wirkende Geräusche, schwache Luftbewegung den Eindruck eines »Geisterhauchs«

Antiker Form sich nähernd, von G. gewählte Sammelbezeichnung für eine Gruppe von 23 Gedichten, 17 entstammen der »Zweiten Sammlung« der *Vermischten Gedichte* von 1789, sechs sind später hinzugekommen. Die ganz unterschiedlichen Texte demonstrieren die Entwicklung eigener poetischer Formen zumeist in der voritalienischen Zeit, Formen, die aber, etwa als Metrumstudien, sich Elementen antiker Poesie anzunähern suchen.   BJ

Antiope, Königin eines fiktiven antiken Reiches, die ihren Gatten auf einem Feldzug und ihren Sohn durch Entführung verlor. Sie zieht ihren Neffen ↗Elpenor auf, ohne zu wissen, daß er ihr Sohn ist und sein Vater Lykus der Brudermörder ihres Mannes. Eine melancholische Verwandte der Königin der Nacht *(Zauberflöte)*, deren Güte sich plötzlich in Blutrünstigkeit verwandelt, wenn sie sich auf Rache besinnt.   NH

Antixenien s. **Xenien**

Anton Reiser, vierteiliger Roman (1785–1790) von Karl Philipp ↗Moritz. Der autobiographisch geprägte

Text erzählt die psychologische Leidensgeschichte eines jungen Mannes aus ärmlichen Verhältnissen, der, von Lehrherren ausgebeutet, aus der seelischen Isolation in eine emphatisch besetzte Theaterleidenschaft flieht – und schließlich auch hier, mit dem ökonomischen Bankrott der Truppe, scheitert. Damit ist der *Anton Reiser* Gegenmodell zu G.s *Wilhelm Meister*.   BJ

Anzeigen: Kurztexte, mit denen G., wie zu seiner Zeit üblich, eigene Werke ankündigte, nicht selten auch solche geschätzter Kollegen, etwa Werke Manzonis oder Carlyles. Publikationsorgan solcher Anzeigen ist meist das *Morgenblatt für gebildete Stände* oder das dort angehängte *Intelligenzblatt*; am 4. September 1809 etwa fanden Leserin und Leser des *Morgenblattes* eine ausführliche Ankündigung der *Wahlverwandtschaften* vor. Die Anzeigen zur 20bändigen Werkausgabe vom April 1816 weisen, neben Inhaltsangabe und technischen Hinweisen zu Papier- und Bindequalität, hohes Selbstbewußtsein des Verfassers auf: »Schon lange Jahre genießt der Verfasser das Glück, daß die Nation an seinen Arbeiten nicht nur freundlich Theil nimmt, sondern daß auch mancher

Leser, den Schriftsteller in den Schriften aufsuchend, die stufenweise Entwicklung seiner geistigen Bildung zu entdecken bemüht ist« (WA I.41.1, S. 96). Die ausführliche Anzeige der *Ausgabe letzter Hand* im *Intelligenzblatt* N$^{ro.}$ 25 von 1826 enthält interessanterweise Hinweise auf die Bitte um Druckprivilegien bei der Bundesversammlung in Frankfurt und dokumentiert damit einen entscheidenden Schritt hin zum modernen Urheberrecht.   BJ

Äolsharfe, nach dem antiken Windgott Aeolus benannte autophone, vom Zufall der jeweiligen Luftbewegung abhängige, meist im Freien aufgehängte, rechteckige Kastenzither. Durch die durch einen Luftzug erzeugten Schwingungen der Saiten ergeben sich unterschiedliche Zusammenklänge der Partialtöne. Das Instrument wurde nach 1746 auf den britischen Inseln als ein die Natur, ja sogar die Sphärenharmonie repräsentierendes Symbol in den Parks beliebt; in Weimar eiferten die Parkgestalter um 1788 diesem Vorbild nach und installierten in Belvedere ein solches Instrument. Seit der 1797 verfaßten letzten Stanze der »Zueignung« (v. 25–32) seiner *Faust*-Tragödie waren Äolsharfen auch für G. sonderbare »Künder«, die er mehrfach in sein Spätwerk einbezog. Im *Faust II*, 1. Akt ließ er den Gesang des Luftgottes Ariel, »Wenn der Blüten Frühlingsregen/Über alle schwebend sinkt«, von Äolsharfen begleiten, die Faust den erlösenden Heilschlaf verheißen. Mit dem Klang der Äolsharfe assoziierte er das Sehnen nach dem Geisterreich, sie war ihm aber auch, etwa in seinem 1822 entstandenen Dialoggedicht *Äolsharfen*, tröstende Metapher für den Abschied von der Geliebten.   GBS

Apenninen, Hauptgebirge Italiens mit einer Länge von fast 1200 km. G. empfindet die Apenninen als befremdliche Landschaft und beschreibt sie als »merkwürdiges Stück Welt«, »zu steil, zu hoch [...] so sonderbar verschlungen«: »ein seltsam Gewebe aus Bergrücken«. Dem geologischen Befremden stellt er die angenehme Natur gegenüber: »Castanien kommen hier sehr schön, der Waizen ist trefflich [...]. Immergrüne Eichen mit kleinen Blättern stehen am Wege, um die Kirchen und Capellen aber schlanke Cypressen« (*IR*, 22.10.1786).   BJ

Aperçu, von G. nicht im heutigen Sprachgebrauch einer geistreichen, prägnanten Formulierung, die eine plötzliche Erkenntnis faßt, gebraucht. Vor allem im naturwissenschaftlichen Denken steht es bei G. für die plötzliche, gelegentlich intuitive Erkenntnis des Zusammenhangs von Ursache und Wirkung, Grund und Erscheinung, Vermutung und Wissen.   BL

Apolda, östlich von Weimar, im 18. Jh. bedeutende Textilmanufaktur (Strumpfwaren). Im März 1779 arbeitete G. dort, u.a. auch mit der Inspektion der Fahrwege und der herzoglichen Truppenaushebung beschäftigt, an der *Iphigenie*: »Hier ist ein bös Nest und lärmig, und ich bin aus aller Stimmung. Kinder und Hunde, alles lärmt durcheinander« (an Charlotte von Stein, 5.3.1779). Inmitten dieser städtisch-kapitalistischen Geschäftigkeit kam G. mit seinem großen Humanitätsdrama nicht so recht zu Ende. »Hier will das Drama gar nicht fort, es ist verflucht, der König von Tauris soll reden, als wenn kein Strumpfwürcker in Apolda hungerte« (an Charlotte von Stein, 6.3.1779).   BL

Apoll von Belvedere, römische Kopie einer Skulptur wahrscheinlich des Leochares (4.Jh. v. Chr.), die G. 1786 in Rom (in Marmorausführung) bewunderte, nachdem schon 1769 und dann 1771 im Mannheimer Antikensaal ein Gipsabguß »über unsre Empfindung vor allen andern den Sieg« davongetragen hatte (*DuW*, 11. Buch). Neben ↗ *Laokoon* und *Herkules*-Torso einer der meistdiskutierten Werke der G.-Zeit und klarer Favorit des Kunstpapstes Winckelmann. Zu besichtigen in den Vatikanischen Sammlungen in Rom.   DF

apollinisch/dionysisch: Bereits 1755 diskutierte Winckelmann in seinen *Gedanken über die Nachahmung der griechischen Werke in der Malerei und Bildhauerkunst* die in der bildenden Kunst notwendigerweise entschärfte Darstellung der zugrundeliegenden Leidenschaften und zettelte damit die sogenannte Laokoon-Debatte an, an der sich Lessing, Herder und auch G. (*Über Laokoon*) beteiligten. Der Gegensatz von Inhalt und Darstellungsform bzw. eine Aussöhnung beider beschäftigte G. jahrelang nicht zuletzt anläßlich der Umarbeitung seiner Prosa-*Iphigenie* in ein Versdrama, dem er immer »noch mehr Harmonie im Stil« zu verschaffen beabsichtigte (an Lavater, 13.10.1780). Dem Endresultat, der *Iphigenie auf Tauris*, die G. 1787 in Italien fertigstellte und mit der Bitte um letzte Korrekturen an Herder sandte, warf Schiller später vor, sie schlage »in das epische Feld hinüber« (an G., 26.12.1797). Für Nietzsche wurde die *Iphigenie* bei der Entwicklung des Begriffspaares apollinisch/dionysisch – Schönheit/Ordnung/Maß/Ruhe (Apoll, Plastik und Epos) und Entfesselung/Zerstörung/Rausch/Bewegung (Dionysos, Tragödie) – als »Ideal des rein apollinischen Dramas« bedeutsam (*Sokrates und die griechische Tragoedie*).   DF

Appiani, Andrea (1754–1817), italienischer Maler, der in Napoleons Auftrag Fresken für den Königlichen Palast zu Mailand schuf. Kanzler von Müller vermerkt für den 18.12.1823: »Von 6 1/2–8 1/2 Abends bei Goethe, allein. Appianische Schlacht-Gemälde Napoleons in einer Sammlung schöner Kupferstiche« – beschrieben in G.s Aufsatz *Siegesglück Napoleons in Oberitalien. Zweiunddreißig Kupferblätter nach Appiani von verschiedenen Meistern.* Dort rühmt G. an Appianis Gemälden, daß er sie »mit fertiger Kunst und ganzer Seele gemalt, von der Macht und Kraft seines Helden durchdrungen«.   PO

Aquarellmalerei, das Malen mit Wasserfarben, G.s bevorzugte Maltechnik, auch zum Kolorieren eigener Skizzen und Zeichnungen. Wertvolle Tips bezüglich Farbmischung lieferte während der Überfahrt von Neapel nach Sizilien Christoph Heinrich Kniep, in Entwürfen zur *Farbenlehre* finden sich auch theoretische, positive Äußerungen G.s zu dieser Malmethode.   DF

Arabien, das Morgenland, kannte der junge G. aus der Bibel und den geliebten Erzählungen aus *Tausendundeiner Nacht.* Zwölfjährig beschäftigte er sich mit arabischer Sprache, und noch im Alter bewunderte er die enge Zusammengehörigkeit von deren »Geist, Wort und Schrift« (an C.H. Schlosser, 23.1.1815). G. kannte Reisebeschreibungen, beschäftigte sich eingehend mit dem ↗Islam, dem ↗Koran, Mohammed sowie – vor allem während der Entstehung des *West-östlichen Divans* – mit arabischer Dichtung und unterstützte die Ablösung der entstehenden Arabistik von der Theologie. Der arabischen Erzähltechnik einer lockeren Reihung von Episoden und Fortsetzungen sind G.s *Unterhaltungen deutscher Ausgewanderten* und *Wilhelm Meisters Wanderjahre* verpflichtet.   DF

Arbeitsweise: 6 Uhr Arbeitsbeginn; 10 Uhr Frühstück; Besuche empfangen, Korrespondenz erledigen, ansonsten Fortführung des Begonnenen; 13 oder 14 Uhr Mittagessen; Nachmittag und früher Abend sonstige Geschäfte, Besuche, Spaziergänge, Theaterbesuche; nach Einbruch der Dunkelheit Lektüre; 22 Uhr Nachtruhe – ein ganz normaler G.-Tag. Gedanken und Einfälle für Werke (und Briefe) werden nebenbei notiert, dann schematisiert, (größtenteils) diktiert (ohne Satzzeichen!), schließlich eigenhändig korrigiert, wenn nötig mehrmals. Einseitig oder nicht vollständig beschriebene Blätter werden weiterverwertet. Erst in den jeweiligen Überarbeitungsphasen Austausch mit anderen über Entstandenes. Neben der schriftstellerischen Tätigkeit Bewältigung familiärer sowie amtlicher und gesellschaftlicher Verpflichtungen.   DF

Arbeitszeitverkürzung, bei vollem Lohnausgleich: Gemäß Privatvertrag G.s mit seinem Arbeitgeber, gültig seit Herbst 1788, sehr zur Unzufriedenheit des Jenaer »Gewercke-Conseils Schrifft-Setzerey, Poeterey, Communication«, einer frühen Vorläuferorganisation der heutigen »IG Medien«. Während seines erst nachträglich als beantragte Dienstreise anerkannten Italienaufenthalts formuliert G. das schriftliche Gesuch auf 100prozentige Arbeitszeitverkürzung: »Vielmehr wünschte ich, Sie entbänden mich, mit einem freundlichen Worte, meiner bisherigen Inkumbenz [Dienstpflicht]. [...] Wie Sie mich bisher getragen haben, sorgen Sie ferner für mich und tun Sie mir sehr wohl, als ich selbst kann [...]. Ich lege mein ganzes Schicksal zutraulich in Ihre Hände« (an Herzog Carl August, 27.–29.5.1787). Für die »Gewercke-Räthe« aus Jena war im Nachhinein einerseits überraschend, daß die bodenlose Unterwürfigkeit der Forderung ihre Dreistigkeit überbot und der Arbeitgeber dem Gesuch stattgab, andererseits erschien schon damals gerade der Abschluß derartig individueller Arbeitsverträge als tarifpolitisch in hohem Maße fragwürdig.   BJ

Arcadia (Accademia degli Arcadi), 1690 in Rom gegründet, kultivierte die Schäferpoesie, den Schäferkult in Italien, widmete sich der volkssprachigen Literatur und der italienischen Sprache. G. wurde mit großem Pomp als Schäfer Megalio Melpomenio am 4.1.1787 in diese Akademie aufgenommen, ließ es aber bei der Mitgliedschaft bewenden.   BL

Architektur s. **Baukunst**

Ariosto, Lodovico (1474–1533), italienischer Dichter; sein *Orlando Furioso* ist eines der Hauptwerke der Renaissanceliteratur. In der Bibliothek des Vaters stieß G. auf Werke Ariosts und anderer italienischer Klassiker. Das Studium ↗italienischer Literatur pflegte G. in allen Phasen seines Lebens. Aus Venedig berichtete er begeistert über »den famosen Gesang der Schiffer [...], die den Tasso und Ariost auf ihre eigenen Melodien singen«; in Ferrara, wo Ariosto gelebt hatte und gestorben war, besuchte G. dessen Grabmal (*IR*, 6.10.1786 und 16.10.1786).   CA

Aristokratie s. **Absolutismus**, **Adel**

Aristophanes (ca. 445 v. Chr. – ca. 385): Die alltäglich-realistischen Inszenierungen der menschlichen Irrungen und Wirrungen, die der attische Komödiendichter auf der Bühne vorstellte, haben G. wie viele seiner Zeitgenossen fasziniert, nicht zuletzt dadurch, daß hier das klassische griechische Drama mit volkstümlicher Stimme sprach und in der Werteskala des Lebens vor das erhabene Schicksal den ernüchternden banalen Alltag rückte, das hohe, abstrakte Pathos des »Helden« mit der verqueren, einfachen Lebensklugheit des »kleinen Mannes« konfrontierte. G.s Bearbeitung der *Vögel* wurde am 18.8.1780 in Ettersburg unter Mitwirkung G.s aufgeführt. Zwei Athener Bürger, Treufreund und Hoffegut, denen es zu Hause nicht mehr behagt und die den Kopf in den Wolken haben, unverbesserliche Idealisten also, machen sich auf die Suche nach dem idealen Staat (»Wolkenkuckucksheim«), ein spöttisches Stück mit zahlreichen aktuellen Anspielungen auf Weimar, die eigene, mit Herzog Carl August unternommene Schweizreise, den Sturm und Drang, in dem jedoch die von G. so sehr geschätzte, auf die realistischen Erfordernisse und Möglichkeiten des kleinen Alltags gerichtete »aristophanische Bosheit«, die ihn gelegentlich an den bis heute üblichen, lautstark, leidenschaftlich und engagiert argumentierenden italienischen Straßendisput erinnert haben mag (*Schriften zur Literatur. Plato als Mitgenosse einer christlichen Offenbarung*), kaum einmal aufblitzt.   BL

Aristoteles (384 v.Chr.–322), griechischer Philosoph, dessen Werk naturwissenschaftliche, ethisch-politische, ästhetische, logische und metaphysische Schriften umfaßt. Für G. ist an Aristoteles v.a. dessen Naturphilosophie interessant, in der er in »Forscherblick und Methode« sowohl die eigene Anschauung von Empirie und Erfahrung als auch sein analytisches Denken wiedererkennt. Auch in Hinsicht auf die eigene Farbenlehre erscheint Aristoteles für G. als Vorläufer, wenngleich »die antike Behandlungsart« nicht dazu kommen könne, die gemachten »Erfahrungen zu reinigen«. Obwohl Aristoteles neben Platon und Bibel in G.s Auffassung den dritten Teil der wichtigsten antiken Überlieferung darstellte, macht G. gewichtige Differenzen aus: Aristoteles' Poetik ziele eher auf die Wirkungen eines Kunstwerkes, wohingegen G. selbst und seine Mitstreiter es ganz auf die »Vollkommenheit eines Kunstwerks, in und an sich selbst« abgesehen hätten (an Zelter, 29.1.1830).   BJ

Arkadien, eigentlich karge Landschaft auf dem Peleponnes, in der vornehmlich Hirten lebten. Der aus Arkadien stammende antike Geschichtsschreiber Polybios besang seine Heimat derart hymnisch, daß deren Name seit Vergil für das Urbild geselliger Einfachheit und menschlichen Glückes stand. Das poetische Arkadien hat keinen zeitlich und räumlich konkreten Ort, ist aber irdisch, entspricht also gerade nicht dem jüdisch-christlichen Paradies. Wesentliche Merkmale des arkadischen Lebens sind die fast symbiotische Beziehung des Menschen zur Natur, die Muße im schäferlichen Alltag, die Freiraum schafft für Flötenspiel, Gesang und sinnliche Liebe. Bei G. spielt Arkadien eine wichtige Rolle im 3. Akt des *Faust II*: Faust flieht mit Helena vor dem Krieg nach Arkadien. Die Erstausgabe der *Italienischen Reise* (1816/17) trägt das Motto »Auch ich in Arcadien!«, G. (und mit ihm viele andere) sehen in Italien das Wunschland ihrer Sehnsüchte – und nennen es Arkadien.   BJ

Arkadische Gesellschaft zu Phylandria: Man trug arkadische Schäfernamen, gab sich künstlerisch ambitioniert, war von Stand und Adel in diesem Offenbacher Edelschäferclub, einer späteren Freimaurerloge. Der junge G. bewarb sich 1764 vergeblich um Aufnahme.   BL

Arndt, Ernst Moritz (1769–1860), Historiker und Schriftsteller: patriotische Gedichte und Flugschriften während der Befreiungskriege (*Kriegs- und Wehrlieder; Aufruf an die Deutschen zum gemeinschaftlichen Kampf gegen die Franzosen*). Obwohl G. anerkennt, daß Arndt »Einiges gewirkt habe« (Eckermann, 14.3.1830), teilte er dessen nationalpatriotischen Eifer und Napoleon-Haß nicht. Arndt berichtet in seinen *Erinnerungen aus dem äußeren Leben* (1840) über eine Begegnung mit G. 1813 bei Körners in Dresden: »Der junge Körner war da, freiwilliger Jäger bei den Lützowern; der Vater sprach sich begeistert und hoffnungsreich aus, da erwiderte Göthe ihm gleichsam erzürnt: ›Schüttelt nur an Euren Ketten, der Mann [Napoleon] ist Euch zu groß, Ihr werdet sie nicht zerbrechen‹« (Karl Theodor ↗ Körner).   PO

Arnim, Bettina (Bettine) von, geb. Brentano (1785–1859), Schriftstellerin, Frankfurter Kaufmannstochter, Schwester Clemens von Brentanos. Angefangen hat alles mit dem Tip ihres Bruders, G. zu lesen. Überdies wird sie fündig auf dem Dachboden der Großmutter: Sie entdeckt dort G.s Liebesbriefe an ihre Mutter Maximiliane von La Roche. 1806 sucht Bettina, getrieben von Neugier, G.s Mutter auf, die ihr viel über den Sohn erzählt. Die dabei entstandenen Gesprächsprotokolle nutzte G. später für *Dichtung und Wahrheit*. 1807 Reise zu ihrem Idol nach Weimar: herzlicher Empfang durch G., fortan Liebes- und Eifersuchtsbekundungen durch Bettina. 1811 Heirat mit Achim von Arnim; ihre Vermählungsanzeige an G. schließt sie mit den Worten: »Dein ewig treues Kind, das keinerlei andern Weg weiß als zu Dir« (11.5.1811). Im selben Jahr soll es beim Besuch einer Gemäldeausstellung in Weimar zum Eklat gekommen sein: abfällige Bemerkungen Bettinas über Werke Johann Heinrich Meyers, eine wütende Christiane, die Bettinas Brille zertrümmert, und Bettina, die »in ganz Weimar« erzählt, »es wäre eine Blutwurst toll geworden« (M.H. von Kügelgen an Familie Volkmann, 12.10.1812). Von G. gibt's dafür Hausverbot. Einen Annäherungsversuch der Arnims beantwortet er mit *Den Zudringlichen*: »Was nicht zusammen geht,/das soll man meiden!« Nach Christianes Tod nimmt Bettina wieder Kontakt auf; G. empfängt die »leidige Bremse« (an Carl August, 13.9.1826), weist sie aber wegen »Zudringlichkeit« erneut ab (*Tb*, 7.8.1830). Die G.-Verehrerin erschüttert das nicht: 1835 erscheint ihr schwärmerisches Buch *Goethes Briefwechsel mit einem Kinde*. Es geht zurück auf Briefe an sie von G. und seiner Mutter, die oft jedoch nur auf ihrer Phantasie beruhen.   PO

Arnim, Ludwig Joachim (Achim) von (1781–1831), Quereinsteiger: nach dem Studium der Jura, Mathematik, Chemie und Physik führender romantischer Dichter und Literarhistoriker; Bekanntschaft mit G. seit 1801: Ehemann Bettina Brentanos, mit deren Bruder Clemens er die erste große Sammlung deutscher Volkslieder herausgab: *Des Knaben Wunderhorn* (3 Bde., 1806–08). Bd. 1 widmeten sie »Sr. Exzellenz des Herrn Geheimerath von Goethe«. Dieser nahm die Sammlung mit Beifall auf, rezensierte den ersten Band »mit freundlicher Behaglichkeit« (*TuJ 1806*) und beeinflußte mit Hinweisen die Folgebände. Die anderen Werke des Romantikers beurteilte G. wenig positiv. Und nicht sehr freundlich: »Er ist wie ein Faß, wo der Böttcher vergessen hat, die Reifen fest zu schlagen, da läuft's denn auf allen Seiten heraus« (K.A. Varnhagen von Ense, Tagebuch vom 8.7.1825).   PO

Arsch, in den Ausgaben meist als »A.« oder »A...«, Kraftwort v.a. des jungen G. Meist in Versdichtungen, aber auch gesprächsweise: »Gottlob! [...] daß Gott

nicht ein zweites solches Arschgesicht geschaffen hat« (über Carl August Böttiger). G. hat bei anderen Gelegenheiten kein Blatt vor den Mund genommen. Als Friedrich Nicolai den überaus erfolgreichen Briefroman *Die Leiden des jungen Werthers* (1774) mit den *Freuden des jungen Werthers* parodistisch auf die Schippe nahm, antwortete G.:

Ein junger Mensch ich weis nicht wie
Starb einst an der Hypochondrie
Und war denn auch begraben.
Da kam ein schöner Geist herbey
Der hatte seinen Stuhlgang frey
Wie's denn so Leute haben.
Der sezt nothdürftig sich auf's Grab,
Und legte da sein Häuflein ab,
Beschaute freundlich seinen Dreck,
Ging wohl erathmet wieder weg,
Und sprach zu sich bedächtiglich:
»Der gute Mensch wie hat er sich verdorben!
«Hätt er geschissen so wie ich,
»Er wäre nicht gestorben!

Am bekanntesten ist die Stelle aus dem *Götz von Berlichingen*, in der Götz, aus dem Fenster gelehnt, dem gegnerischen Trompeter zuruft: «Mich ergeben! [...] Sag deinem Hauptmann: vor Ihro Kaiserliche Majestät hab' ich [...] schuldigen Respekt. Er aber, sag's ihm, er kann mich im Arsch lecken» (Ende III. Akt). Die Wirkung dieses Grußes auf der zeitgenössischen Bühne muß durchschlagend gewesen sein: «Die Bauern ergaben sich unmäßigstem Gelächter, die Dienstleute erschraken [...]. Wahrhaft furchtbar traf der Schlag das Parterre noble». Ohnmachten, Schreikrämpfe, schließlich Abbruch der Aufführung, so skizziert Ludwig Tieck im Theaterroman *Der junge Tischlermeister* diesen theatralischen Effekt.   JK

Artischocken: G.s bevorzugte Gemüsesorte; er nennt sie »Distelfrüchte, Distelköpfe, Stachelköpfe, Stachelgewächse«; mit erotischem Unterton schreibt er in etwas unbeholfenen Versen – und in fortgeschrittenem Alter – an seine Frau Christiane: »Ein Liebchen ist der Zeitvertreib, auf den ich mich jetzt spitze,/Sie hat einen schlanken Leib und trägt eine Stachelmütze« (18.7.1814).   BL

Arzneikunde. G. beschäftigte sich schon in jungen Jahren unter der Anleitung von Susanna Katharina von Klettenberg mit alchimistischen Schriften und praktischen Experimenten, in Weimar führten ihn dann botanische Interessen unter Anleitung Friedrich

Gottlieb Dietrichs an die Pflanzen- und somit auch Kräuterkunde heran. Zu G.s Zeit gehörte die Kenntnis von Hausmitteln zum Allgemeinwissen, deshalb verwundert es nicht, daß Äußerungen über deren Verwendung spärlich vorkommen. Eigene Anwendungen umfaßten – neben Trinkkuren in den böhmischen Bädern – den Einsatz von Kampfer gegen Rheuma. Von Karlsbad aus empfahl er seiner Frau Kamille und Schafgarbe als Badezusätze, wobei er sich einer fundierteren Indikation des Arztes Christian Erhard Kapp anschloß (1.8.1808). Für die Zusendung einer *Geschichte der Heilkunde* dankte G. dem Autor, da »eine der wichtigsten, nie unterbrochenen Bemühungen des Menschengeistes uns auf dem Wege, den sie genommen«, dargestellt ist (an Hecker, 7.10.1829).

DF

Ärzte G.s: Er war überzeugt davon, daß kein Arzt das Leben auch nur einen Tag verlängern könne; er mißtraute aller medizinischen Spekulation, auch der modernen romantischen und bevorzugte den klinisch erfahrenen Praktiker. J.G.L. Abel (1750–1822); Hausarzt der Jacobis in Pempelfort, kurierte G. im November 1792 vom Hexenschuß; K.A.W. Berends (1759–1826), 1818/19 G.s Kurarzt in Karlsbad; ein Crisp, seines Zeichens Chirurgus (Bader), befreite 1768/69 G. von seiner Halsgeschwulst; K.J. Heidler (1792–1866), Kurarzt in Marienbad, betreute G. 1821–23; Ch.W. ↗Hufeland, G.s Hausarzt; W.E. Huschke (1760–1828), herzoglicher Leibarzt in Weimar, rettete G. 1823 durch die Verordnung einer Arnika-Mixtur; J.F. ↗Metz (1721–1728) therapierte G. während seiner schweren Erkrankung 1768/69; W. Rehbein (–1825), großherzoglicher Leibarzt, häufiger Gesprächspartner G.s in medizinischen Fachfragen; G. Ch. Reichel (1717–1771) betreute G. im Leipziger Sommer 1768 nach seinem Zusammenbruch; J.Ch. Reil (1759–1813) stand G. bei, als ihn 1805 in Halle eine Nierenkolik befiel; K. Vogel (1798–1864), Hofmedicus, Hausarzt, fühlte sich G. dankbar verpflichtet: »Daß ich mich jetzt so gut halte, verdanke ich Vogel; ohne ihn wäre ich längst abgefahren. Vogel ist zum Arzt wie geboren und überhaupt einer der genialsten Menschen, die mir je vorgekommen sind« (Eckermann, 24.1.1830); Vogel war es schließlich, der 1833 eine Studie *Die letzte Krankheit Goethes* veröffentlichte.

BL

Ästhetik heißt die wissenschaftliche, philosophische Beschäftigung mit Kunstwerken, ihren Formen und Gattungen, ihrer Entstehung und Wirkung. G. stand dem begrifflichen, theoretischen Zugriff auf die Kunst

sehr skeptisch gegenüber: Die Regelpoetik Gottscheds lehnte er ebenso ab wie Sulzers *Allgemeine Theorie der Schönen Künste*, über deren Nachahmungsbegriff und aufklärerisches Belehrungs- und Nutzkonzept er in den *Frankfurter Gelehrten Anzeigen* spottete. Der philosophische Zugang zum Kunstwerk erschien ihm vielmehr als grundfalsch, weil er das Eigentliche des Kunstwerks verfehlen mußte: Das eben nicht in einem Begriff aufzulösende »Ahndungsvolle«, das nur empfindbare Schöne, das Geheimnis, das nur im künstlerischen Schein offenbar wird. »Das Schöne ist eine Manifestation geheimer Naturgesetze, die uns ohne dessen Erscheinung ewig wären verborgen geblieben« (*MuR*). Insofern darf man G. eine große Theorieferne bescheinigen – die philosophische Ästhetik, von Nicht-Künstlern betrieben und ohne jede Form sinnlicher Erfahrung, mußte an der Kunst (im Sinne G.s) vorbeigehen.

Gleichwohl hat G. selbst zur Fortschreibung der Ästhetik des 18. Jh.s beigetragen – sei es ausdrücklich in kunsttheoretischen Auslassungen, sei es implizit über die Etablierung ästhetischer Vorbilder. Die Vorstellung vom Künstler als ↗Genie, die G. sowohl mit seinem Aufsatz *Von deutscher Baukunst* (1772) und seiner Rede *Zum Schäkespears Tag* (1771) als auch mit den großen Hymnen der frühen 1770er Jahre (*Wanderers Sturmlied*, *Prometheus*) maßgeblich beeinflußte, hat natürlich Anteil an der ästhetischen Reflexion im 18. Jh. Zentrale These dieser ästhetischen Konzeption ist die Abkehr vom Gedanken der Nachahmung des Naturgegenstandes im Kunstwerk, ersetzt wird dieser Gedanke von der Vorstellung, Kunst ahme den Schöpfungsprozeß der Natur nach. Die Kunst- und Naturerfahrungen seiner Italienreise haben G. zwar einerseits auf die Vorbildlichkeit antiker Kunst verwiesen, mit seiner Konzeption der Begriffe ↗Stoff, ↗Form und ↗Gehalt schließt er aber konsequent an die produktionsästhetischen Vorstellungen der Geniezeit an. Die gleichnishafte Offenbarung der Naturgesetze im Kunstwerk, auf die G. mit diesen Begriffen abzielt, schließt im Begriff des ↗Symbols zusammen, dem wichtigsten Begriff seiner Ästhetik. Auch der Aufsatz über *Einfache Nachahmung der Natur, Manier und Stil* formuliert, aus stärker zum Künstler hin verschobener Perspektive, die klassizistische Version der Abkehr von der alten Nachahmungsästhetik.

Im Projekt der Kunstzeitschrift *Propyläen* wird einerseits wiederum das nachitalienische Kunstideal G.s proklamiert – Kunst erscheint zudem als Allerheiligstes einer säkularen Religion –, andererseits ist die Zeitschrift Instrument einer Kunstpolitik von Weimar aus, die, im Verein mit den ↗Preisaufgaben um 1800, mit der Orientierung an der Antike eine neue ästhetische Normativität durchsetzen wollte. Der mangelnde Erfolg dieser Bemühungen brachte die Projekte zwar schnell zum Erliegen, die aber schon hier deutlich werdende Auseinandersetzung G.s mit der Frühromantik zieht sich bis zu G.s Tod als Leitkonflikt durch die ästhetischen Diskussionen, an denen er teilhatte: Ist Kunst zuallererst der Objektivität der Naturgesetze verpflichtet oder der Subjektivität des Künstlers? G.s Deutung der »Romantiker« Byron und Manzoni als »Klassiker« aber deutet schon darauf hin, in wie geringem Maße er die eigene Position verabsolutierte.

In gattungspoetologischer Hinsicht lieferte G. ebenfalls – meist implizite – Beiträge zur Ästhetik. Neben dem gemeinsam mit Schiller verfaßten Aufsatz *Über epische und dramatische Dichtung* finden sich in den *Maximen und Reflexionen* und vor allem in vielen seiner Werke verstreute Anmerkungen zu Geschichte, Form und Gehalt verschiedener literarischer Gattungen: Werther und Lotte unterhalten sich über zeitgenössische Romane, Wilhelm Meister diskutiert ausführlich über Roman und Drama, in der Rahmenerzählung der *Unterhaltungen deutscher Ausgewanderten* ist eine Gattungstheorie der Novelle versteckt. In einem ganz praktischen Sinne können die verschiedenen Modifikationen einzelner literarischer Gattungen, Versformen usf., die G.s Arbeit mit den literarischen Traditionen ausmachten, ebenfalls als Beitrag zur Gattungstheorie, mithin zur Ästhetik gerechnet werden.   BJ

Astrologie: In *Dichtung und Wahrheit* (I,1) schildert G. die Planetenkonstellation am Tag seiner ↗Geburt: »Die Sonne stand im Zeichen der Jungfrau, und kulminierte für den Tag; Jupiter und Venus blickten sie freundlich an, Merkur nicht widerwärtig; Saturn und Mars verhielten sich gleichgültig: nur der Mond, der soeben voll ward, übte die Kraft seines Gegenscheins um so mehr, als zugleich seine Planetenstunde eingetreten war. Er widersetzte sich meiner Geburt, die nicht eher erfolgen konnte, als bis diese Stunde vorübergegangen«. Er kokettiert an dieser Stelle im Rückblick mit einer seit der tiefsten Antike anerkannten metaphysischen Determination des menschlichen Lebenswegs, des Schicksals, ein Glaube, den er nie so richtig geteilt hat, im Gegenteil: »Der astrologische Aberglaube ruht auf dem dunklen Gefühl eines ungeheuren Weltganzen. Die Erfahrung spricht, daß die nächsten Gestirne einen entscheidenden Einfluß auf Witterung, Vegetation usw. haben,

man darf nur stufenweise immer aufwärts steigen und es läßt sich nicht sagen wo diese Wirkung aufhört (an Schiller, 8.12.1798). Gegen Ende seines Lebens, im *Versuch einer Witterungslehre* (1825), spricht er von »astrologischen Grillen, als regiere der gestirnte Himmel die Schicksale der Menschen«. G. als naturwissenschaftlicher Rationalist und Skeptiker ist längst über diesen absoluten Determinismus – das Räderwerk, in das die Protagonisten der griechischen Tragödie geraten sind – hinaus und benutzt ihn nur noch als dichterisches Bild. Mit ↗Makarie in *Wilhelm Meisters Wanderjahre* hat er eine zwischen dem »gestirnten Himmel über mir und dem moralischen Gesetz in mir« (Kant) vermittelnde Gestalt geschaffen, die eine lebenspraktische Perspektive eröffnet (vgl. G.s Kritik an Schillers *Wallenstein*). Mit den *Urworten.Orphisch*, insbesondere der Stanze »Daimon«, unterlegt er der deterministischen antiken Orphik einen modernen, aufklärerischen Sinn: »So mußt du sein, du kannst dir nicht entfliehen« (v. 5). Damit ist der antike Begriff des Schicksals suspendiert, ja auf den Kopf gestellt, von der ihm in der griechischen Mythologie zugeordneten Götterwelt bleibt nur der Halbgott Dämon; der Mensch besitzt plötzlich eine Alternative der Gestaltung und Entwicklung eines »eigenen« Schicksals, in dem freilich Scheitern und Gelingen spannungsgeladen, widersprüchlich, gelegentlich ratlos noch nahe genug beieinander wohnen (↗Entelechie, ↗Metamorphose). G. hat mit den *Urworten. Orphisch* von 1817 durch die Erfahrungen eigenen Scheiterns und Gelingens hindurch eine persönliche »Herausforderung für alle zukünftigen Leser« (Theo Buck) formuliert.   BL

Astronomie: G. hat den neuzeitlichen Konsequenzen und Inkonsequenzen der kopernikanischen Wende vom geozentrischen zum heliozentrischen Kosmos fast das gesamte 10. Kapitel der *Wanderjahre* gewidmet. Er greift das traditionelle, über Jahrtausende hinweg vermittelte Bild der Welt und des Menschen als Mittelpunkt der Erde an seinem erschütterndsten Punkt auf, wie ihn Zeitgenossen – Blaise Pascal z.B. – des 16. und 17.Jh.s erlebt und artikuliert haben: dem furchtbaren Erschrecken des aus einer angesichts der Unendlichkeit des neuen Universums aus seiner Natürlichkeit von Horizont und Gestirnen, von Mittelpunkt und Peripherie entlassenen Menschen: »Was bin ich denn gegen das All […] wie kann ich ihm gegenüber, wie kann ich in seiner Mitte stehen? […] Wie kann sich der Mensch gegen das Unendliche stellen, als wenn er alle geistigen Kräfte, die nach vielen Seiten hingezogen werden, in seinem

Innersten, Tiefsten versammelt, wenn er sich fragt: ›Darfst du dich in der Mitte dieser ewig lebendigen Ordnung auch nur denken, sobald sich nicht gleichfalls in dir ein beharrlich Bewegtes, um einen reinen Mittelpunkt kreisend, hervortut? Und selbst wenn es dir schwer würde, diesen Mittelpunkt in deinem Busen aufzufinden, so würdest du ihn daran erkennen, daß eine wohlwollende, wohltätige Wirkung von ihm ausgeht und von ihm Zeugnis gibt« (*Wj.*, I.10).

Wenig später gebraucht G. das Bild vom »eröffneten Deckengewölb« des Kosmos und dem darüber befindlichen Sternenhimmel; er gibt damit – einer populären Vorstellung des 15. Jh.s zufolge (sphera celestis), der gemäß ein Neugieriger seinen Kopf durch den Fixsternhimmel steckt und die Sphären der Planetenbahnen erblickt – zu erkennen, daß er in diesem Roman-Kapitel nicht nur die Geschichte der kopernikanischen Wende in der neuzeitlichen Naturwissenschaft beschreibt, sondern auch die Geschichte der sie begleitenden Angst und des Entsetzens, ihre Psychologie. Das moderne Ich scheint in eine kosmische Leere zu fallen, wenn nicht – spiegelbildlich – im Menschen selbst ein neuer erkennender und orientierender Mittelpunkt aufgebaut wird, der seiner neuen, ungeheuerlichen Situation eine bescheidene, (ur-)menschliche, sinnliche Gerechtigkeit widerfahren läßt: den am frühen Morgen voll unendlicher Freude erlebten, schlaftrunkenen Anblick des gerade erst »aufgegangenen« Morgensterns. G. verwandelt den Menschen in den Zustand unbedachter Naivität zurück; damit wird er wieder welt- und erlebnisfähig.

BL

Atheismus und Spinozismus wurden von G. streng unterschieden, wie er im Zusammenhang mit dem Pantheismusstreit am 21.10.1785 seinem Freund Jacobi gegenüber deutlich macht. Spinozas Gedanke, daß Gott und Natur ein und dasselbe seien, wurde von G. wohlwollend aufgenommen und gegen den Vorwurf der Gottlosigkeit verteidigt. Wenn jedoch engstirnige Glaubenskämpfer ihn, G., vor die Wahl stellen wollten: »Entweder Christ oder Atheist!«, dann würde er letzteres wählen (*DuW*, 14. Buch). Den christlichen Gott in Form einer außerweltlichen Person hat G. nicht akzeptiert. Gegen öffentliche Gottesleugnungen wie die Fichtes, die zum Atheismusstreit führten, sprach sich G. in seiner Funktion als für die Jenaer Universität zuständiger Minister aus; immerhin bestand er darauf, daß im Privaten wie in der Kunst Religion und Kirche keine Ansprüche anzumelden hätten. Das reichte, um G. als Atheisten abzustempeln.

DF

Atheismusstreit s. **Fichte**, Johann Gottlieb

Athenaeum: Die freche, geistreiche und oft auch »naseweise« Zeitschrift, welche die Brüder Schlegel 1798–1800 in Jena als Organ der heute Frühromantik genannten Bewegung herausgaben und damit dem sowieso schon kränkelnden Schiller »physisch wehe« machten (an G., 23.7. 1798), war für G. angesichts des erbärmlichen Zustands »deutschen Journalwesens«, wie er in seinem Antwortbrief beschwichtigte, »nicht zu verachten«, zudem könne man »den Verfassern einen gewissen Ernst, eine gewisse Tiefe und von der andern Seite Liberalität nicht ableugnen«. G.s Wertschätzung hing nicht zuletzt damit zusammen, daß er selbst im *Athenaeum* eingehend gewürdigt und als »wahrer Statthalter des poetischen Geistes auf Erden« apostrophiert wurde. Die Hefte sorgten zu einem Zeitpunkt, als die heute so genannte Weimarer Klassik ihren Höhepunkt erreichte, für »soviel Rumor« (Wieland an G., 25.12.1800), daß G. sich – bei aller Sympathie – immer mehr Schillers ablehnender Haltung anschloß.

DF

Atmosphäre s. **Erlösung, Metereologie, Sphäre**

Ätna: G. erblickt ihn erstmals am 30.4.1787, besteigt ihn am 3.5., widmet dem tätigen Vulkan als faszinierend-mächtiger Naturerscheinung größte Aufmerksamkeit (↗Vulkanismus), verwendet ihn aber auch als lyrisches Bild heftig ausbrechender Liebesgefühle, als phallische Metapher.

BL

Auerbachs Keller, Szene in *Urfaust* (v. 445 ff.; Faust ist hier noch Zauberkünstler) und *Faust I* (v. 2073 ff.), erste Station auf Fausts Flucht aus der Gelehrtenwelt. Studentenspäße, Saufereien und Mephistos Zaubertricks, mit denen er die Tölpel hereinlegt, bedeuten Faust nur derbe Abgeschmacktheiten. Eventuell spielte G. damit auf Verhältnisse im revolutionären Frankreich an (Leipzig als »Klein Paris«). Auerbachs Keller ist ein historisches Weinlokal in Leipzig seit 1530, Ausmalungen mit Bezügen zum Faust-Stoff aus dem 17. Jh. (bis 1930 erhalten); G. aus seiner Studienzeit bekannt.

GG

Auf dem See: *Und frische Nahrung*, Erstdruck in *Schriften* 1789. Eine erste Fassung mit dem metaphorisch kühnen Eingang »Ich saug' an meiner Nabelschnur/Nun Nahrung aus der Welt« entstand nach der Datierung des Tagebucheintrags der *Reise in die Schweiz* am 15.6.1775. Die gemäßigte Fassung von

1789 eliminiert zwar den embryonalen Zustand, gestaltet aber mit »Saug' ich« und »Die Welle wieget« den alten Topos von der ›Mutter Natur‹ und ihren Brüsten in origineller Weise. Die Fahrt auf dem Zürichsee unternahm G. mit einer Freundesgruppe im Gedenken an Friedrich Gottlieb Klopstocks ähnliches Unternehmen. Im Vergleich zu dessen berühmter Ode *Der Zürchersee* von 1750 fällt die Dynamisierung der Naturerfahrung bei G. auf, die in ausdrucksstarken Verben, Neologismen wie »Berge wolkenangetan«, »Morgenwind umflügelt« und dem wechselnden Rhythmus der drei Strophen ihren Ausdruck findet. Der Einklang von Ich und Natur ist stärker als die bedrückende Erinnerung an die problematische Liebe zu Lili Schönemann (↗ *Lili-Lyrik*), die in der kürzeren Mittelstrophe angesprochen wird. Das Gedicht gilt als einer der überzeugendsten Texte der deutschen Naturlyrik des 18. Jh.s.   IW

Auf Miedings Tod: *Welch ein Getümmel*, entstanden Februar/März 1782, Erstdruck in *Schriften* 1789. Totenklage auf Johann Martin Mieding, zuständig für Bühnenbild und Maschinerie am Weimarer Liebhabertheater, der am 27.1.1782 während der Vorbereitungen zum Geburtstag der Herzogin Luise starb. Das lange Gedicht, in dem Fleiß und Erfindungsreichtum Miedings gerühmt werden, bietet eine Fülle von theatergeschichtlich interessanten Details und gibt ein lebendiges Bild der Atmosphäre der von G. bis 1782 geleiteten Bühne. Die Erstveröffentlichung im handschriftlichen *Tiefurter Journal* vom März 1782 enthält eine ironische Weimar-Strophe, die in den *Schriften* fehlt, in die späteren Werkausgaben aber wieder aufgenommen wurde: »O Weimar! dir fiel ein besonder Los:/Wie Bethlehem in Juda, klein und groß!« Höhepunkt des Gedichts ist der Auftritt der Sängerin und Schauspielerin Corona Schröter, die G. 1776 nach Weimar geholt hatte; sie ist die Sprecherin der eigentlichen Totenehrung, die so ästhetisch überhöht wird.   IW

Aufgeregten, Die: In größeren Teilen unvollendet gebliebenes Revolutionsdrama von 1793 über einen Bauernaufstand gegen einen adligen Grundherrn. Agitator der Bauern ist der Chirurg Breme von Bremenfeld - wobei ihn stärker als die politische Situation stört, daß der Baron die Tochter Karoline zudringlich belästigt. Der Hintergrund des Streits zwischen Bauern und Grundherrn ist ein Prozeß der Gemeinde gegen die Herrschaft, der seit mehr als vier Jahrzehnten bei den Gerichten anhängig ist. Vor zwei Generationen hatten sich beide Parteien vertraglich auf die zu leistenden Fron- und Abgabendienste geeinigt, mit dem Tod des damaligen Herrn ging allerdings dieser Vertrag verloren, Willkürherrschaft zog ein. Die Eskalation des Konflikts kann jedoch durch gütliche Überzeugungstätigkeit eines bürgerlichen Hofrats vermieden werden, dessen bestes Argument der wiederaufgefundene Vertrag selbst ist.

Als literarische Reaktion G.s auf die ↗ Französische Revolution sind die *Aufgeregten* ein zwiespältiges Gebilde: Die Übergriffe der Herren des *ancien régime* werden sowohl im Bild (sexueller) Kavaliersdelikte als auch in der offensichtlichen Mißachtung einmal erreichter Rechtssicherheit dargestellt; ob dies allerdings die Situation im *régime* vor 1789 angemessen darstellen kann, bleibt zu fragen. Im Umgang mit der berechtigten, aber auch unnötig aufgestachelten ›Aufregung‹ empfiehlt das Stück aufgeklärte Reformen, konkret: die Rückkehr zur alten Rechtssicherheit eines *contrat social*.   BJ

Aufklärung: Immanuel Kant lieferte als Antwort auf die Frage »Was ist Aufklärung?« eine mittlerweile berühmt gewordene Definition: »Aufklärung ist der Ausgang des Menschen aus seiner selbst verschuldeten Unmündigkeit. Unmündigkeit ist das Unvermögen, sich seines Verstandes ohne Leitung eines anderen zu bedienen«. Als Kant im Jahre 1783 diese Antwort gab, war das Jh. der Aufklärung, das 18. Jh., schon fast vorbei. G.s erste literarische Veröffentlichungen lagen schon ein Jahrzehnt zurück - und mit ihnen war gewissermaßen die Aufklärung in ein neues Stadium getreten. Der rationalistischen Philosophie der Früh- und Hochaufklärung, wie sie in Deutschland v.a. Christian Thomasius und Christian Wolff und ihre Adepten vertraten, war G. seit seiner Studienzeit in Leipzig kritisch entgegen getreten, sie erschien ihm allzu theoretisch, systematisch und lebensfremd. Die ästhetische Philosophie der Aufklärung, ihre Poetik, wie sie vor allem aus den Werken Gottscheds und Sulzers spricht, wehrte G. vor allem zur Zeit seines Frühwerkes vehement ab. Im Gegensatz dazu steht die spätere hohe Wertschätzung, die G. dem Werk Kants zukommen ließ, das ihm v.a. durch Schiller nähergebracht worden war. Gleichwohl war G. sich sehr bewußt, wie unterschiedlich einerseits Schiller und Kant, andererseits er selber dachten: die Differenz zwischen ideengeleitetem theoretischen Denken und anschauender konkreter Erfahrung orientiertem symbolischen Denken.

G.s Frühwerk, allem voran der *Werther*, ist lange Zeit als antirationalistisch mißverstanden worden, als literarische Kritik an der Aufklärung schlechthin. Die

Kritik des Romans an bestimmten Formen von Aufklärung ist auch gar nicht zu übersehen: Eine kalte
Theologie wird ebenso der überschäumenden Fülle
des eigenen Herzens gegenübergestellt wie der pla-
nerische Umgang mit Natur im französischen Garten.
Werther bezieht deutlich Position gegen die Verabsolutierung des rationalen Umgangs mit der Welt –
und betreibt gleichzeitig die Fortsetzung der Aufklärung mit anderen Mitteln: Mit dem *Werther* beginnt
die Aufklärung über die Kräfte des Seelischen, die
Psyche wird als Feld wachsender Erkenntnis entdeckt,
und genau an dieser Aufklärung hat der *Werther*
größten Anteil. Daß G. damit weit vor seinen traditio-
nell-aufklärerischen literarischen Zeitgenossen rangiert, zeigen die vielfältigen Reaktionen. Die Wer-
theriade des Aufklärungsschriftstellers Friedrich ↗Ni-
colai etwa umgeht nicht nur mit einer peinlichen
Pointe den Selbstmord des Helden, der Roman wird,
ganz in der Tradition aufgeklärter Bildungsliteratur,
auch noch als didaktisches Werk gedruckt: Die wichtigsten Merksätze und Sentenzen des Textes werden
durch eine größere Schrifttype hervorgehoben. Auch
daß Joachim Heinrich Campe zeitgleich mit dem *Werther* sein Erziehungsbuch *Robinson der Jüngere* publiziert, zeigt deutlich die Ungleichzeitigkeiten im
Übergang von Hoch- zu Spätaufklärung.
   Aufklärungskritik übt die *Iphigenie* auf die komplexeste Weise: Der Verlauf der Handlung auf Tauris
demonstriert die Durchsetzung von Humanität und
Aufklärung gegenüber Barbarei und Mythos (Orests
Kampfwunsch, Thoas' Opferzwang); gleichzeitig aber
wird auch deutlich, daß dieser Sieg der Aufklärung
von den Unaufgeklärten ein Opfer erzwingt, also selber wieder das mythische Muster des gewaltsamen
Sieges darstellt. Als Stellvertreter einer mythischen,
nicht aufgeklärten Welt dürfen auch Mignon und der
Harfner in den *Lehrjahren* interpretiert werden; ihr
Erscheinungsbild, ihre Lieder und v.a. ihre inzesthafte
Verwandtschaft weisen sie als Gegenbilder der ver-
nunftgeleiteten, planerischen ↗Turmgesellschaft aus;
konsequenterweise müssen beide sterben, als Wilhelm in die Turmgesellschaft integriert wird. Ähnlich
wie durch Mignon wird auch durch Ottilie in den
Wahlverwandtschaften in das ›Reich der heitern Vernunftfreiheit‹ – wie G. in der Selbstanzeige des Romans schrieb – eine mythische, leidenschaftliche Ge-
genmacht eingetragen. Aufklärung als Naturbeherrschung spielt gerade am Hofe Eduards und Charlottes
eine große Rolle: vor allem Charlotte und der Hauptmann zeichnen sich durch einen planerischen, ver-
nunftgeleiteten Umgang mit der Natur aus: Das Landgut wird vermessen, der Friedhof aus ästhetischen

Gründen umgelegt. Im Schlußakt von *Faust II* wird
Naturbeherrschung, in Tateinheit mit dem Mord an
↗Philemon und Baucis, als Gewaltakt denunziert –
eine kritische Perspektive auf den aufgeklärt-wissenschaftlichen Umgang mit Natur, der auch G.s Kritik
der modernen Naturwissenschaft und die eigene Konzeption von Naturerkenntnis entscheidend mitbeein-
flußte.   BJ

Auge, für G. das wichtigste Sinnesorgan des Menschen, über das Mensch und Welt miteinander in
Beziehung treten. »Das Ohr ist stumm, der Mund ist
taub; aber das Auge vernimmt und spricht«, schreibt
G. in einem Paralipomenon zur *Farbenlehre*. Vernehmen kann es, weil es dem Licht ähnelt; sprechen,
weil die Seele des Menschen sich im Auge zeigt. Die
dem Auge zugeschriebene Tätigkeit ist nicht nur die
Wahrnehmung der Gegenstände, sondern vielmehr
deren ↗Anschauung, die zur Erkenntnis führt. G. hat
seinen *Beiträgen zur Optik* eine Vignette seines Au-
genselbstporträts vorangestellt, welches von Sonnenstrahlen, einem Regenbogen und optischem Werkzeug
eingerahmt ist und – wahrscheinlich G.s Intention
entsprechend – unwillkürlich an das Auge Gottes
denken läßt. Zeitgenossen rühmten immer wieder die
schwarzen, forschenden Augen G.s, Schopenhauer bezeichnete sie als »Jupitersaugen«. In Sachen ↗Erotik
spielte das Auge für G. eine bedeutende Rolle: Poten-
tielle Liebschaften nannte er »Äugelchen« (an Christiane von G., 1.8.1808), im *Divan*-Gedicht *Wink*
offenbart sich das ganze »Mädchen« im »Schönsten,
was sie besitzt«, ihrem Auge, das hinter dem Fächer
hervor »mir ins Auge blitzt«.   DF

Augenblick: Ein abgelöst vom Fluß der Zeit erfah-
rener Moment, in dem für G. im Falle von Liebe oder
Erkenntnis Vergangenheit, Gegenwart und Zukunft
eins werden können und sich ein Gefühl von Ewigkeit
einstellt (erfüllter Augenblick, ↗Aperçu). Paradox,
aber Vergänglichkeit schwingt dabei immer mit
(flüchtiger Augenblick). Den Begriff »prägnanter Augenblick«, der den erstarrten Übergang zwischen zwei
Zuständen beispielsweise in der Plastik festhält, übernahm G. von Lessing, u.a. aus dessen Laokoon-
Studien.   DF

Aulhorn, Johann Adam (1729–1808): Bis um 1803
der tonangebende ↗Tanzmeister in Weimar, der für
alle Aktivitäten im Bereich des gesellschaftlichen und
theatralischen Tanzes zuständig war. Der 1892 in
München herausgegebenen *Familienchronik* ist zu
entnehmen, daß er vom Vater bestimmt war, Fleisch-

Das Auge Goethes (?) Holzschnitt nach einer Zeichnung von Goethe

hauer zu werden, eine Auflage, der er sich durch die Flucht entzog. Er schloß sich einer Schauspielergesellschaft an, mit der er 1756 in Weimar eintraf, als das gerade vermählte Herzogspaar begann, seinen Hofstaat einzurichten. Den komplexen Anforderungen gemäß, die ein Mitglied einer wandernden Komödiantentruppe zu erfüllen hatte, war Aulhorn zu einem vielseitigen Komödianten und Tänzer ausgebildet worden, und entsprechend vielfältig waren seine Verpflichtung am Hofe. In Weimar bezog er ein monatliches Salär von »15 Reichsthalern 4 Groschen«, und ab 1758 wurde er im »Hof- und Adreß-Kalender« als zum Hoftheater Personal gehöriger »Solotänzer und Intermezzo-Sänger« geführt; 1760 rückte er in die Position eines »Hof Tanzmeisters« auf, in der er sich über den Regierungsantritt Herzog Carl Augusts hinaus hielt. Er blieb verantwortlich für die Einstudierung der Ballette wie der oft aufwendigen ↗Redouten und ↗Hofbälle. Im Jahr 1762 gab er »Informations Stunden bey den Hl. Erbprinzen«, erteilte ihnen also den notwendigen Unterricht in tanzorientierter Courtoisie und nahm 1775 die Aufgaben eines Exercitienmeisters am Gymnasium illustre wahr. In seiner Funktion als Choreograph aller Tänze in den Dramen,

den ↗Maskenzügen und ↗Singspielen, war er ein, wenn auch bisweilen kauziger Ansprechpartner auch für G., der etwa am 13. Mai 1780 im Tagebuch notiert: »Lies mir von Aulhorn die Tanz Terminologie erklären«. Darüber hinaus war er Darsteller und Sänger im ↗Liebhabertheater, der viele der G.schen Singspielrollen übernahm.   GBS

Aurelie, Figur in *Wilhelm Meisters Lehrjahre*, Schwester des Theaterdirektors ↗Serlo und Schauspielerin in dessen städtischer Truppe. Sie entwickelt schnell eine Freundschaft zu Wilhelm, erzählt ihm ihre leidenschaftlich-unglückliche Beziehung zu dem Adligen ↗Lothario. Von radikal melancholischem Temperament, fällt sie nach einer Aufführung von Lessings *Emilia Galotti* in ein schweres Fieber und stirbt, nachdem sie Wilhelm mit einem Brief zu Lothario geschickt hat.   BJ

Aus Goethes Brieftasche, mehrere kleine Aufsätze, ein Brief und ein Gedicht (*Künstlers Morgenlied*), abgedruckt im Anhang der 1776 in Leipzig erschienenen Übersetzung von Louis Sébastien Merciers *Neuem Versuch über die Schauspielkunst*, zu der G. ursprünglich kommentierende Anmerkungen beisteuern wollte. Wichtig vor allem der Beitrag zum französischen Bildhauer Falconet und ein weiterer zum Baumeister des Straßburger Münsters, *Die dritte Wallfahrt nach Erwins Grabe im Juli 1775.* BJ

Aus Makariens Archiv, Sammlung von Sinnsprüchen und Aphorismen am Ende des 3. Buches der *Wanderjahre*, die in der Umgebung der Frauengestalt ↗Makarie gesammelt werden. Wie schon in den »Betrachtungen im Sinne der Wanderer« stellt G. hier Weisheiten und Sinnsprüche zusammen, die aus eigener Feder oder teilweise aus Übersetzungen aus dem Griechischen, Lateinischen und Englischen stammen. Die Themengebiete sind weit gestreut: Philosophie und Lebensklugheit, Physik, Mathematik und Geometrie, Wissenschaftsgeschichte, Geschichte und Politik, Antike, Kunst, Theater, Literatur und nicht zuletzt G.s Konzept einer ↗Weltliteratur. BJ

Aus Wilhelm Meister: Für die *Werke* 1815 stellte G. eine Gruppe von Gedichten aus dem Roman *Wilhelm Meisters Lehrjahre* zusammen, die besonders durch Liedkompositionen bekannt geworden waren. Die ebenfalls populären Gedichte *Mignon* und *Der Sänger* stellte er in der gleichen Ausgabe an den Anfang der »Balladen«. Den Anfang der Gedichtgruppe machen Lieder Mignons: »Heiß mich nicht reden«, das Gedicht mit den bekannten Eingangsversen »Nur, wer die Sehnsucht kennt,/Weiß, was ich leide!«, ihr Abschiedslied »So laßt mich scheinen«. Es folgen die Lieder des Harfners: »Wer sich der Einsamkeit ergibt«, »An die Türen will ich schleichen« sowie das populäre »Wer nie sein Brot mit Tränen aß«, in dem der Harfner von seiner Schuld singt. Den Abschluß bildet ein Lied Philines, »Singet nicht in Trauertönen«, das ihre Rolle als heitere und erotische Muse der Theatergruppe spiegelt und im Roman ihren nächtlichen Besuch bei Wilhelm vorbereitet. Die Harfner- und Mignon-Lieder sind poetischer Ausdruck des rätselhaften und geheimnisvollen Schicksals dieser Außenseiterfiguren, das mit Schuld und Tod verbunden ist und in der Romanhandlung erst spät enthüllt wird. IW

Auslassungen: Kraftausdrücke, obszöne Anspielungen, Wortwitze waren G. aus der Alltagssprache und der Literatur mehr als geläufig und wurden von ihm in der alltäglichen Unterhaltung, aber auch dichterisch genüßlich verbreitet, freilich meist in Gestalt der dezenten Auslassung, die über den Reim erschlossen werden konnte.

In *Hanswursts Hochzeit oder der Lauf der Welt* äußert sich Kilian Brustfleck über sein heiratswilliges Mündel Hanswurst: »Seine Lust in den Weeg zu …/ Hab nicht können aus der Wurzel reissen«; Hanswurst über die Hochzeitsgäste: »Indess was hab ich mit den Flegeln/Sie mögen fressen und ich will …«. Das berühmteste Beispiel stammt aus dem *Götz von Berlichingen*: »[Götz:] Mich ergeben! Auf Gnad und Ungnad! Mit wem redet Ihr! Bin ich ein Räuber! Sag deinem Hauptmann: Vor Ihro Kaiserliche Majestät hab ich, wie immer, schuldigen Respekt. Er aber, sag'ss ihm, er kann mich … [Schmeißt das Fenster zu]« (III, Jaxthausen). Weiteres Beispiel: »So geht es über Stein und Stock,/Es f-t die Hexe, es stinkt der Bock« (*Faust I*, v. 3960f.). Nicht zimperlich im Gebrauch von Kraftausdrücken in seiner Jugendzeit – allein das Wort ↗Arsch hat nach dem *Goethe-Wörterbuch* zahlreiche Belege – bemüht sich G., seinen volkstümlichen Sprachgebrauch, wie es einem Hofbeamten zukommt, in Weimar zu mäßigen. BL

Autobiographie, erzählerische Darstellung des eigenen Lebens insgesamt oder in entscheidenden Teilen. Für die literarische Gattung der Autobiographie war seit Augustinus' *Confessiones* der Charakter der Bekenntnisschrift bestimmend, vor allem im Pietismus war sie seit dem Ende des 17. Jh.s eine religiöse Bekehrungsgeschichte, in der das eigene Leben in einen sinnvollen Zusammenhang zur göttlichen Heilsordnung gesetzt werden sollte. Diese Tradition der Selbstbeobachtung in Briefen, Tagebüchern und in der Autobiographie war G. spätestens seit dem Kontakt zu Susanne Katharina von Klettenberg 1769 geläufig. Etwa Rousseaus *Confessions* stehen, wenn auch unter Ersetzung des Religiösen durch das Empfindsame, in der Nachfolge der pietistischen Autobiographie, auch Moritz' *Anton Reiser* und die Lebensgeschichte Jung-Stillings. Neben der stark psychologisierenden und gleichzeitig religiös dominierten Autobiographie – sie diente der Gewissenserforschung und der Rechtfertigung vor Gott – existierte vom 16. Jh. an die Tradition der chronikartig aufgebauten Gelehrten-Autobiographie und die der radikal diesseitigen, anekdotenhaften Renaissance-Autobiographie.

Die Reihe der Autobiographien, die G. kannte, ist lang: Sie reicht von Augustinus bis Zelter, schließt u.a. Götz von Berlichingen, Cardano, Cellini, Diderot, Hackert, Susanna von Klettenberg, Marc Aurel, Montaigne, Moritz, Napoleon, Rousseau, Bernhard von Sachsen-Weimar, Madame de Staël und Tasso ein; viele seiner Werke wären ohne die unmittelbare Benutzung solcher ›Quellen‹ nicht denkbar. Das Zentrum von G.s Interesse an der Autobiographie war die

Bedeutung, die er dem Individuellen beimaß: »Wie sehr wir uns auch von vergangenen Dingen zu unterrichten bestrebt sind und uns mit Geschichte von Jugend auf im Allgemeinsten und Allgemeinen beschäftigen, so finden wir doch zuletzt, daß das Einzelne, Besondere, Individuelle uns über Menschen und Begebenheiten den besten Aufschluß gibt« (WA I.42.1, S. 105).

Historische und anthropologische Kenntnis können also am besten dort erworben werden, wo am Beispiel eines Individuums eine Epoche o.ä. zur Darstellung kommt, autobiographische Texte dienen dem Verständnis für die eigene und die nationale Geschichte. Im Individuellen, im Besonderen wird nämlich nach G.s Auffassung Allgemeines anschaulich: Die Autobiographie läßt aus dem dargestellten eigenen Leben etwas für die jeweilige historische, politische oder kunstgeschichtliche Epoche Repräsentatives werden: In seiner Autobiographie stilisiert G. sich selbst zum Repräsentanten seiner Zeit – insofern, als *Dichtung und Wahrheit* die großen zeitgeschichtlichen und literar- wie kulturhistorischen Bewegungen miterzählt.

Ein Aphorismus aus »Makariens Archiv« am Schluß der *Wanderjahre* kritisiert polemisch bloße und rein innerliche Selbstbezüglichkeit, »die Heautognosie unserer modernen Hypochondristen, Humoristen und Heautontimorumenen«, dagegen setzt G. sein Programm einer Wahrnehmung »von dir selbst, damit du gewahr werdest, wie du zu deines Gleichen und der Welt zu stehen kommst«. Die eigene Identität muß in Geschichte und Gesellschaft verankert werden. »Denn dieses scheint die Hauptaufgabe der Biographie zu sein, den Menschen in seinen Zeitverhältnissen darzustellen, und zu zeigen, inwiefern ihm das Ganze widerstrebt, inwiefern es ihn begünstigt, wie er sich eine Welt- und Menschenansicht daraus gebildet und wie er sie, wenn er Künstler, Dichter, Schriftsteller ist, wieder nach außen abgespiegelt. Hierzu wird aber ein kaum Erreichbares gefordert, daß nämlich das Individuum sich und sein Jahrhundert kenne« (*DuW*, 1. Buch). Mit dieser Historisierung der Autobiographie ist umgekehrt die Verlebendigung des Historischen verbunden – insofern es nämlich in Bezug auf die eigene Individualität dargestellt werden kann. Zum unterdrückten Vorwort des dritten Teils von *Dichtung und Wahrheit* existiert eine Diktatnotiz von Riemers Hand: »Soll aber und muß Geschichte seyn, so kann der Biograph sich um sie ein großes Verdienst erwerben, daß er ihr das Lebendige, das sich ihren Augen entzieht, aufbewahren und mittheilen mag« (WA I, 28, S. 358).

Um die Kenntnis der Geschichte zu vermehren, um die vorbildhafte und erzieherische Wirkung, die er der Gattung zuschreibt, zu verstärken, fordert G. von allen bedeutenden Mitlebenden eine Autobiographie: »Die Anforderung an lebende Gelehrte, kurze Selbstbiographien zu schreiben, in der Absicht das Publicum sogleich damit zu beschenken, ist ein sehr glücklicher Gedanke. Wir nehmen das Wort Gelehrte hier im weitesten Sinne und verstehen alle diejenigen darunter, die sich dem Wissen, der Wissenschaft und den Künsten widmen« (WA I.40, S. 360).   BJ

Autodafé: Eine aus der spanischen Inquisition herrührende Urteilsform: Tod durch Verbrennen. So umfangreich der handschriftliche Nachlaß G.s erscheinen muß – vieles hat G. schon zu Lebzeiten verbrannt und immer wieder aus Gefühlen der Scham, des Ungenügens und der Eitelkeit dem Ofen überantwortet: Briefe, Entwürfe, Skizzen natürlich, aber auch fast abgeschlossene Manuskripte mit ersten, zweiten, dritten Fassungen von Gedichten, Dramen und Prosastücken, phönixhafte Lust der Zerstörung und der Auferstehung, die ihn von früher Jugend an bis ins hohe Alter wach hielt. Zwei der wertvollsten Werke G.s, der *Urfaust* und der *Urmeister*, sind nur durch Abschriften der Nachwelt erhalten geblieben. Beinahe hätte er auch den *Werther* verbrannt – aus »entschiedener Abneigung gegen Publikation des stillen Gangs freundschaftlicher Mitteilung« überantwortete er vor Antritt seiner dritten Schweizreise 1797 fast alle seit 1772 an ihn gerichteten Briefe dem Feuer – im Falle seiner dichterischen Entwürfe aus dem deutlichen Gefühl des Ungenügens heraus: »Ich muß von ihm (dem *Belsazer*-Entwurf) sagen, was ich von allen meinen Riesen Arbeiten sagen muß, die ich als ohnmächtiger Zwerg unternommen habe« (an Cornelia, 11.5. 1767). Monate später: »Belsatzer, Isabel, Ruth, Selima, ppppp haben ihre Jugendsünden nicht anders als durch Feuer büsen können«(an Cornelia, 13.10. 1767).   BL

Autor: »Die größte Achtung, die ein Autor für sein ↗Publikum haben kann, ist, daß er niemals bringt, was man erwartet, sondern was er selbst auf der jedesmaligen Stufe eigener und fremder Bildung für recht und nützlich hält« (*MuR*), erklärte G. ganz im Sinne des ästhetischen Erziehungsprogramms, dabei allerdings nicht zuletzt auf die Autonomie des Künstlers allgemein und speziell auch die eigene abzielend. Die Aussage bekräftigt außerdem die Erkenntnis, daß »Autoren und Publikum durch eine ungeheure Kluft getrennt sind«, was G. erstmals im Falle seines *Werther* bitter erfahren mußte (*DuW*, 13. Buch).

Die »ungeheuere Kluft« konnte er nicht nur beim eher passiven Teil des Lesepublikums feststellen, sondern auch beim aktiven Teil desselben – den Konkurrenzautoren wie Nicolai, dessen *Werther*-Parodie G. ganz unpassend fand und mit hämischen Kommentaren bedachte (u. a. *Anekdote zu den Freuden des jungen Werthers*), und den Kritikern, die er mit einer griechischen Unheilsgöttin verglich: »Die Kritik erscheint wie Ate: Sie verfolgt die Autoren, aber hinkend« (*MuR*). Mit dem Mißverhältnis zwischen der eigenen Progressivität (bzw. in manchen Fällen einem Klassizismus) und der Ablehnung derselben durch sein Publikum hatte G. zeitlebens zu kämpfen, auch wenn er 1817 rückblickend meinte, er hätte »wenig Genuß am Beifall und von der Mißbilligung wenig Ärger« gefühlt (*Drei günstige Rezensionen*).

So erhaben wie G. tat, verhielt er sich aber nicht. In Weimar war er zwar der gefeierte Autor des *Werther*, doch zur Unterhaltung seines kleinen höfischen Publikums wurden von ihm keine weiteren Geniestreiche verlangt, er hatte die jeweiligen gesellschaftlichen Anlässen entsprechende Auftragsarbeiten zu erledigen: Die im *Tasso* behandelte Problematik des Hofdichters war also bis zu einem gewissen Grad auch die eigene. Als Theaterautor war G. viel weniger erfolgreich als Schiller, und Kotzebue lag mit seinen simplen modischen Rührstücken in der Gunst eines breiteren Publikums weit vor den beiden Klassikern. Kein Wunder, daß G. 1795 für die *Horen* des Freundes und Rivalen Schiller Madame de Staëls *Essai sur les fictions* übersetzte, in welchem er als Autor gefeiert und gleichrangig mit Rousseau behandelt wurde. Auch seine wohlwollende Haltung gegenüber dem naseweisen Friedrich Schlegel rührte teilweise aus dem Umstand, daß dieser als Sprecher einer neuen Schriftstellergeneration, die Schiller verhöhnte bzw. vorsätzlich ignorierte, 1798 ausgerechnet G. als dem »wahren Statthalter des poetischen Geistes auf Erden« huldigte, und zwar in seiner Rezension *Über Goethe's Meister*.

»Die lieben Deutschen kenn ich schon: erst schweigen sie, dann mäkeln sie, dann beseitigen, dann bestehlen und verschweigen sie« (an Zelter, 9.8. 1816), lautete die bittere Beschwerde über das deutschsprachige Publikum. Vor allem bezüglich seiner naturwissenschaftlichen Schriften und namentlich der *Farbenlehre* fühlte sich G. weitgehend mißverstanden, umso enthusiastischer reagierte er auf Lob und Zustimmung (vgl. *Bedeutende Fördernis durch ein einziges geistreiches Wort* und *Drei günstige Rezensionen*). In den *Maximen und Reflexionen* faßte er sein Wissen um die Unmöglichkeit

eines kreativen Miteinander von Autor und Leser ironisch-abgeklärt zusammen: »Das Publikum will wie Frauenzimmer behandelt sein: man soll ihnen durchaus nichts sagen, als was sie hören wollen«.

DF

Baccalaureus: Setzt die Rolle des bescheidenen, wißbegierigen Schülers aus *Faust I* (v. 1868-2050) fort (*Faust II*, v. 6688-6818). Der großspurige Auftritt des soeben Examinierten gerät zur Satire auf den akademischen Generationenkonflikt und die neuen Universitätsdiskurse am Ende des 1820er Jahre. Der Blick auf die Erfahrungswirklichkeit ist versagt, Spekulation und Subjektivität triumphieren: »Dies ist der Jugend edelster Beruf;/Die Welt, sie war nicht, eh ich sie erschuf;/Die Sonne führt' ich aus dem Meer herauf;/ Mit mir begann der Mond des Wechsels Lauf« (v. 6792-6796).

BL

Bach, Johann Sebastian (1685-1750, 1703 im Weimarer Hofdienst, 1708-1717 Hoforganist und Konzertmeister der Herzöge Wilhelm Ernst und Ernst August von Sachsen-Weimar). »Ich sprach mir's aus: als wenn die ewige Harmonie sich mit sich selbst unterhielte«. Dieses denkwürdige Urteil G.s über den »Großmeister« Bach, das als kassiertes Mundum zu dem Brief vom 21. Juni 1827 an Carl Friedrich Zelter gehört, gilt als eine der gültigen Äußerungen über den Leipziger Thomaskantor; der Zeitpunkt seiner Niederschrift als ein markantes Datum für die Bachrenaissance, die durch die Wiederaufführung der *Matthäuspassion* in der Berliner Singakademie am 11. März 1829 unter der Leitung von Felix Mendelssohn Bartholdy einen entscheidenden Impuls bekam. Die Meinungen darüber, ob man in G. den überragenden Bachinterpreten zu sehen hat, sind allerdings geteilt. G.s musikalische Vorlieben und Erfahrungen sind mit anderen Namen, etwa G. F. Händel, vor allem Mozart verbunden und erst spät, auf die Anregung Zelters und Friedrich Rochlitz' hin, begann er, sich für die musikgeschichtliche Bedeutung Bachs zu interessieren. Er entwickelte von der ersten Tagebuchnotiz am 23. August 1810 bis zu den tiefen Erlebnissen, die er beim Anhören etwa des *Wohltemperierten Klaviers* empfand, ein eigenwilliges Urteil.

GBS

Bacon, Francis Baron von Verulam (1561-1626), englischer Staatsmann, Jurist und Philosoph, dessen naturwissenschaftliche und philosophische Schriften vor allem einen vorurteilsfreien, scharfen Erfahrungsbegriff lehrten (Empirismus). Genau zu diesem hatte G. den eigenen Begriff der Empirie zunächst als nah

Alles drängte sich um den Neubrunn in Karlsbad. Goethe traf hier die »große Welt«, die »VIPs« Europas

verwandt interpretiert, nach 1800 bezog er aber immer deutlicher Stellung gegen Bacon, wenn er etwa zu dessen Rolle in der Wissenschaftsgeschichte notiert, er komme ihm vor »wie ein Hercules [...], der einen Stall von dialectischem Miste reinigt, um ihn mit Erfahrungsmist füllen zu lassen« (an F. H. Jacobi, 7.3.1808). Gegen Bacons vereinseitigten Erfahrungsbegriff steht bei G. die Einsicht in die Untrennbarkeit von Idee und Erfahrung (↗Empirie, ↗Urphänomen), in der *Geschichte der Farbenlehre* bezog G. vehement Stellung gegen Bacon.   BJ

Bad Berka, südlich von Weimar im Ilmtal gelegen, war G. längst bekannt, als er 1812 den Auftrag erhielt, die dortigen schwefelhaltigen Quellen analysieren zu lassen. Erbprinz Carl Friedrich trug sich mit dem Gedanken, dort ein Kurbad einzurichten. G. verfaßte eine Denkschrift (22.11.1812), in der er zur Zurückhaltung riet. Dennoch eröffnete Carl August am

24.6.1813 das Bad, das G. einmal – vom 13.5.–25.6.1814 – zur Kur aufsuchte, weitere Kuraufenthalte aber aufgrund der unübertrefflichen Langeweile des Ortes unterließ. Allerdings: G.s letzte Reise – ein Tagesausflug – führte ihn am 28.10.1831 nochmals dahin.   BL

Baden s. **Schwimmen**

Badereisen unternahm G. vom 36.–74. Lebensjahr, die erste nach Karlsbad 1785, die letzte, 38 Jahre später, 1823 nach Marienbad. Bevorzugte Badeorte waren die nordböhmischen Bäder; insgesamt 16 Aufenthalte, 1114 Tage: zwölfmal Karlsbad (1785, 1786, 1806–1808, 1810–1812, 1818–1820) dreimal Marienbad (1821–1823), einmal Teplitz (1813). Zu Nebenkuren nutzte G. 1808 Franzensbad, 1810 und 1812 Teplitz, 1823 Karlsbad, wohnte mehrmals in Eger (1822, 4 Wochen). Längster Aufenthalt in Böhmen:

1812 Karlsbad/Teplitz (136 Tage). Weitere Badeorte: Pyrmont (1801), Bad Lauchstädt (1805), Bad Berka (1814), Wiesbaden (1814/15), Bad Tennstedt (1816). »Gar manche Gebrechen« – rheumatische Übel, Gicht, Magen-Darm- und Nierenbeschwerden – ließen G. Heilquellen aufsuchen. Neben Bädern (z.b. Karlsbad, warme Sprudelbäder, 40–50 pro Kur) gebrauchte G. Trinkkuren. »Der Brunnen fegt alles Böse aus, ich hoffe recht ausgespült zu Dir zu kommen« (an Christiane, 15.7.1795). Hinzu kam ein regelmäßiger Tagesablauf: »um 5 Uhr stehe ich auf und gehe an den Brunnen. Zwischen 8 und 9 wird gefrühstückt, dann etwas geruht, angezogen, dictiert, wieder ein wenig spaziert und dann gegessen. Nach Tische wird im Zimmer gezeichnet, gegen Abend auf der Promenade und sonst die Zeit [...] hingebracht« (an Christiane, 2.6.1807).

Aß G. nicht »auswärts«, ließ er das Essen aus dem Speisehaus holen, »wo ich sechs Schüsselchen erhalte und mir so viel auswählen kann, daß ich satt werde, alles ist gut und schmackhaft gekocht [...] Der Graveswein ist sehr gut [...] es findet sich angenehmer Lünel und Ungarischer« (an August, 8.7.1823). Frei von Alltagspflichten waren ihm Badereisen eine ruhige Zeit, »wo man sich pflegen, eine heilsame Quelle gebrauchen und dabei gar vieles thun und abthun kann« (an Christiane, 19.5.1810). In »heilsamer Klausur« wurden wichtige Arbeiten, auch Poetisches befördert (u.a. Karlsbad: *Iphigenie*/Versfassung, 1786; *Wilhelm Meisters Lehrjahre*, 1795; *Wanderjahre*, 1807; *Wahlverwandschaften*, 1808; *Dichtung und Wahrheit*, 1810/12; *Divan*-Gedichte, Rhein-Main-Reisen 1814/15, Karlsbad 1818). Badereisen waren G. zugleich Studienreisen. In Böhmen: Geologie-, Botanik-, Meteorologiestudien und Mineralogie (Exkursionen mit Naturfreunden, »Gebirge durchgeklopft«, Mineralien gezeichnet, gesammelt, katalogisiert, Sammlungen besichtigt). Rhein-Main-Reise: Altdeutsche Baudenkmäler, Malerei und Sammlungen studiert. 1801 Reise nach Pyrmont: Studium der Universitätseinrichtungen in Göttingen, Kunstsammlungen in Kassel. Als »geistigen« Jung- und Gesundbrunnen empfand G. das gesellige Leben im Bad. »Man kann hier in großer Gesellschaft und allein sein. [...] alles was mich interessiert und mir Freude macht, kann ich hier finden und treiben« (an Christiane, 14.7.1807); »gebildete Gesellschaft ist zahlreich, die Art zu leben ungeniert und angenehm« (an August, 8.7.1823). Promenaden, Spazierfahrten, Konzerte, Theater, Tee und Tanz, Tafeln »boten Gelegenheit zu »bedeutenden Gesprächen«, zu einem »kleinen Roman«, einer »kleinen Liebschaft«: »viele

Menschen gesehen, in gar manche Zustände hineingeblickt auch vieles genossen« (an Staatsrat Schultz, 8.9.1823). G. traf im Bad die »große Welt«, den Hochadel Europas: gekrönte Häupter, Fürsten, Minister, Diplomaten, Militärs, daneben Künstler und Gelehrte. Badebekanntschaften von Bedeutung waren neben vielen anderen: Graf Reinhard, Friedrich von Gentz, Kaiserin Maria Ludovica von Österreich, Gräfin O'Donell, Feldmarschall Fürst von Ligne, Staatskanzler Fürst von Metternich, Beethoven, Madam Szymanowska, Bergrat Grüner, die Levetzows, Silvie von Ziegesar, Marianne von Eybenberg, Graf Auersperg. G. war mit dem Herzog und Angehörigen des Weimarer Hofes im Bad, mit Knebel, Meyer, Zelter, Riemer, dem Sohn und mit Christiane in Karlsbad (1811), Bad Berka und Bad Lauchstädt; dort entstanden die Verse: »Beim Baden ist die erste Pflicht,/Daß man sich nicht den Kopf zerbricht,/Und daß man höchstens nur studiere,/Wie man das lustigste Leben führe« (*Was wir bringen*, 1802).   CS

Bad Lauchstädt, »ein klein Städtgen liegt im Stifte Merseburg fast in dem Mittelpunkte von lauter berühmten Städten«, schrieb 1768 Bade-Medicus Daniel Gottfried Frenzel. Ab 1710 Badeort, kam Lauchstädt, seit 1738 kursächsisch, nach 1775 zu Glanz und Aufschwung, als der Dresdner Hof es für einige Jahre zur Sommerresidenz wählte. Rege Bautätigkeit ließ 1776–82 ein heiteres, spätbarockes Ensemble entstehen: Gebäude zum Baden, zu »Bade-Ergötzlichkeiten«, Promenaden, Kolonnaden, Garten- und Parkanlagen (unter Aufsicht des Grafen Marcolini, nach Plänen des Merseburger Stiftbaumeisters Chryselius).

Wandernde Theatertruppen gastierten seit 1761 in Lauchstädt, 1776 entstand eine erste »Komödienbude«. ↗Bellomo, Direktor der seit 1784 als Nachfolger des fürstlichen ↗Liebhabertheaters in Weimar spielenden Theatertruppe, erwarb 1785 die Konzession für die Sommerspielzeit in Lauchstädt. 1790 ließ er höchst wirtschaftlich ein Theater ohne jeden Luxus errichten. Konzession und Theater gingen 1791 für 1200 Taler an das neu gegründete Weimarer ↗Hoftheater unter G.s Leitung.

Damit begann die Glanzzeit des Lauchstädter Theaters (bis 1811, 1814 letztes Gastspiel). Theaterleitung, Spielplangestaltung und Einstudierung der Stücke erfolgte von Weimar aus. G. sah auf gute aber publikumswirksame Stücke, die »klingenden Beifall« in Form gefüllter Kassen erwarten ließen (40 Vorstellungen in Lauchstädt erbrachten etwa so viel wie 100 in Weimar). Gleichzeitig bemühte er sich gemeinsam mit Schiller, das Theater zu einer höheren Kunstanstalt zu entwickeln, wobei er in Lauchstädt »ein neues Publikum, »aus Fremden, aus dem gebildeten Teil der Nachbarschaft, den kenntnisreichen Gliedern einer nächstgelegenen Akademie (Halle) und leidenschaftlich fordernden Jünglingen zusammengesetzt« (*TuJ*, 1791) als Vorteil sah.

Glanzpunkte der Saison waren ab 1798 wiederholte Aufführungen der Werke G.s und Schillers. 1802 wurde innerhalb weniger Monate neben dem Theater ein würdiges Lokal errichtet (nach Plänen von Heinrich Gentz). G. besichtigte den Bauplatz (17.4.), nahm am Richtfest teil (25.5.), reiste zur Eröffnung mit Christiane, August und Johann Heinrich Meyer nach Lauchstädt. Mit seinem Vorspiel »Der Anfang ist in allen Sachen schwer« wurde das neue Haus feierlich eröffnet (26.6.).

G. blieb bis zum 28.7. in Lauchstädt, nahm Bäder, besuchte gelehrte Freunde in Halle, überwachte den Theaterbetrieb. Nach dem Kurzbesuch 1803 hielt sich G. letztmals 1805 (2.7.–5.9.) in Lauchstädt auf, wo er am 10.8. die Feier zum Andenken Schillers inszenierte: Der Aufführung der letzten drei Akte von *Maria Stuart* folgten Schillers *Glocke* als Melodram sowie G.s Epilog dazu, der mit den Worten »Denn er war unser!« endete. Christiane gebrauchte zwischen 1802–10 mehrmals die Wasser- und Tanzkur in Lauchstädt, wo sie Badefreuden und gesellschaftliche Anerkennung genoß und ein waches Auge auf Theater und »Theatervolk« hatte. »Es ist mir von großem Werth, daß Du wieder in Lauchstädt warst. Denn gewöhnlich kochen sie im Sommer einen garstigen Hexenbrei, den ich im Winter schmackhaft machen soll« (G. an Christiane, 1.8.1810).

Nach dem Wiener Kongreß fiel das Stift Merseburg mit Bad Lauchstädt an Preußen, das 1818 das Theater für 5000 Taler erwarb. Theater und Bad verloren rasch an Bedeutung; erst 1966–68 konnten die historischen Kuranlagen und das Theater wieder hergestellt werden.   CS

Baggesen, Jens Immanuel (1764–1826), dänisch-deutscher Dichter, Professor in Kiel und Kopenhagen, mehrere deutsch geschriebene Werke. G. kannte dessen Gedichte und das Epos *Parthenais* (1803), eine idyllische Alpenreise. Persönlich begegnet sind sie sich nicht. Bei beiden wechseln sich Anerkennung und Ablehnung für das Werk des anderen ab. Baggesens Drama *Der vollendete Faust oder Romanien in Jauer* – mit Bissigkeiten gegen die Brüder Schlegel, gegen Schelling, Fichte und Tieck – hat auch G. nicht verschont. Ärgern mußte er sich darüber jedoch nicht; veröffentlicht wurde das Ganze erst 1836.   PO

Bahnhof G.s: Einen Eisenbahnanschluß hat Weimar erst 1846 erhalten. Dennoch schaffte der Journalist Fritz J. Raddatz in seinem Artikel zur Frankfurter Buchmesse 1985 den Brückenschlag, als gerade das Buch von Jürgen Habermas, *Die neue Unübersichtlichkeit*, erschienen war: »Unübersichtlich ist sie [die Buchmesse] allemal. Das hat einer schon, lange ist's her, konstatiert über jene Epoche, die wir heute gern die klassische nennen – und der Entstehen der Messestadt Frankfurt beobachtete: ›Man begann damals das Gebiet hinter dem Bahnhof zu verändern. Die alten Schreberhäuslein wurden niedergelegt. Verleger hielten mit ihren Bücherständen Einzug. Aber bald herrschte, wo vordem des Lebens Rankenwerk gewuchert, die neue Unübersichtlichkeit des Geistes. Modische Eitelkeit‹. Goethe hieß der Mann. Auf zum Jahrmarkt der Eitelkeiten« (Die Zeit, 11.10.1985, *Bücher-Babylon. Die Buchmesse läßt viele Fragen offen*). Weiß Gott!   AD

Ball, Hausball, Hofball, Kinderball: »Komödien, Bälle, Aufzüge, Redouten ec. Das alles hat sich gejagt«, schrieb die erste Hofdame Herzogin Anna Amalias, Luise von Göchhausen, am 11. Februar 1782 an Heinrich Merck, um ihn davon in Kenntnis zu setzen, daß wieder einmal eine Ballsaison ihren Höhepunkt überschritten hatte. Redouten, Hofbälle en masque und Bälle gehörten vom Spätherbst bis Aschermittwoch selbstverständlich zum geselligen Leben in Weimar und waren, im Gegensatz zu öffentlichen Tänzen oder den beliebten Vauxhalls streng reglementierte und inszenierte Veranstaltungen, die der offiziellen Ankündigung oder Einladung bedurften. Jährlich konnte man den *Weimarischen Wöchentlichen Anzeigen* die *Avertissements* für die kommende Ballsaison entnehmen, verbunden mit der amtlich festgelegten Ballordnung, den Preislisten für das Entrée, der Tanzabfolge und den Einlaßzeiten. Bälle, die im Redoutenhaus des Entrepreneurs Anton Hauptmann an der Esplanade, im Fürstenhaus, im Saal des Wittumspalais oder ab 1780 im neugebauten Herzoglichen ↗Comödien- und Redoutenhaus stattfanden, begannen meist um 6 Uhr abends. Zur Tanzmusik waren die Hofkapellisten gegen festes Salär verpflichtet, verstärkt durch die Bläser der Stadtpfeiferei. Man unterschied zeremonielle Hofbälle, Balls en masque, Redouten, Assembléen, Hausbälle, Tanzmeisterbälle, Studentenbälle, Bälle, die sich etwa Theater- oder Konzertveranstaltungen anschlossen, Subskriptionsbälle oder gesellige informelle Thés dansants und Kinderbälle, zu denen G. bisweilen in sein »Gärtgen vorm Thore« lud. Redouten wurden unter-

ACADEMIE ET SALLE DE DANSE.

LES GRACES PARISIENNES.

Der Tanzunterricht erforderte von den Eleven erheblichen Einsatz. Man hielt besonders auf körperliche Grazie und anmutig-komische Auswärtshaltung der Füße

schieden in reich ausgestattete exklusive Hofredouten, ›bals en masque‹, Redouten, zu denen »Auswärtige« zugelassen wurden, sowie die Freiredouten, die ebenfalls von nicht zum Hofe Gehörenden besucht werden konnten. Zur Fastnachtszeit waren sie der Inbegriff aller Lustbarkeiten. Aufsicht führende Tanzordner oder ↗Tanzmeister sorgten für die Einhaltung der Regeln und wachten über dem gesellschaftlich Schicklichen. Sie übernahmen freilich auch das Einstudieren der szenischen Einlagen, z.B. der ↗Maskenzüge, die G. ab 1781 inszenierte, durch die eine Ballgesellschaft mit lebenden Bildern und Tableaus bisweilen zu einem choreographierten Gesamtkunstwerk wurde. G. nahm aktiv so bereitwillig an allen Ballformen teil, daß Johann Gottfried Herder ihn nicht ohne Neid in einem Brief vom 11. Juli 1782 als einen Mann charakterisiert, der »überall der erste Akteur, Tänzer« sei. Daß das so war, ist nicht verwunderlich, da er von Kindesbeinen an in das Tanzen als einem Medium der Selbstdarstellung und der gesellschaftlichen Ortung, aber auch der Selbstfindung eingewöhnt war. Er hatte geregelten Tanzunterricht bei verschiedenen Tanzmeistern genossen, so daß ihm die Teilnahme am

Tanz so selbstverständlich war, daß er seine Rolle als »directeur des plaisirs«, wie ihn Herder ebenfalls nannte, perfekt einzunehmen verstand. Diese Vertrautheit prädestinierte ihn natürlich, mit dem gesellschaftlich brisanten Thema Ball als literarischem Sujet brillant umzugehen. Nicht nur im *Werther* spielt die Schilderung eines bürgerlichen Balls eine zentrale Rolle, sondern er arbeitete die anonyme Wiener Sozialsatire *Der Hausball* über den desaströsen Verlauf eines privaten Balls sogar zu einer »Deutschen Nationalgeschichte« um, die er 1781 zum *Tiefurter Journal* als Fortsetzungsgeschichte beisteuerte.   GBS

Ballade. G.s Balladendichtung geht auf die von Johann Gottfried Herder zu Beginn der 1770er Jahre in Straßburg angeregte Beschäftigung mit der Volksdichtung zurück. Wichtig für die Generation des ↗Sturm und Drang war auch Gottfried August Bürgers Schauerballade *Lenore* (1773), die formbildend für die Literarisierung des Bänkelsangs und damit die neue Gattung der Kunstballade war. G.s häufig ›naturmagisch‹ genannte Balladen *Der Fischer* von 1778 und *Erlkönig* von 1782 gehören zu seinen bis heute bekanntesten und populärsten Gedichten überhaupt. Die meisten Balladen G.s entstanden 1797 im Wettstreit mit Schiller (↗ Balladenjahr). G. hat in der Folge noch vereinzelt Balladen geschrieben, so die *Ballade*, der er eine *Betrachtung und Auslegung* beigab. In dieser berühmt gewordenen Gattungspoetik, erschienen 1821 in *Über Kunst und Altertum* III, vergleicht er die Ballade mit »einem lebendigen Ur-Ei«, das alle Möglichkeiten der Poesie in sich enthalte: Der Sänger »bedient sich daher aller drei Grundarten der Poesie, um zunächst auszudrücken, was die Einbildungskraft erregen, den Geist beschäftigen soll; er kann lyrisch, episch, dramatisch beginnen und, nach Belieben die Formen wechselnd, fortfahren, zum Ende hineilen oder es weit hinausschieben. Der Refrain, das Wiederkehren ebendesselben Schlußklanges, gibt dieser Dichtart den entschiedenen lyrischen Charakter.« G. hat die Form analog zu Herders Vorstellung vom kulturellen Erbe der Völker mit Stoffen von unterschiedlichster kultureller und kulturhistorischer Herkunft gefüllt. Die Aufwertung gerade der altdeutschen volkstümlichen Dichtung ist eine der poetischen Gemeinsamkeiten, die G. mit der deutschen Romantik verbindet.   IW

Ballade: *Herein, o du Guter!* Die ersten neun Strophen entstanden 1813, die letzten beiden 1816; Erstdruck in *Über Kunst und Altertum* II, 1820. G. schrieb dazu einen erläuternden Kommentar: *Ballade. Betrachtung und Auslegung*, der 1821 in *Über Kunst und Altertum* III erschien. Versuche, den Stoff zu einer Oper mit dem Titel *Der Löwenstuhl* auszugestalten, blieben Fragment. Mit diesem Gedicht nach dem Vorbild einer altschottischen Ballade, dem er den Gattungstitel *Ballade* gab, kehrte G. zu einer Form zurück, die er vor allem gemeinsam mit Schiller gepflegt hatte (↗ Balladenjahr). In seinem Kommentar zum Gedicht vergleicht er die Ballade mit »einem lebendigen Ur-Ei« (↗ Ballade). G. schreibt zur Ballade vom vertriebenen und zurückkehrenden Grafen mit dem Refrain »Die Kinder, sie hören es gerne«: »sie ist zwar keineswegs mysteriös, allein ich konnte doch beim Vortrag öfters bemerken, daß selbst geistreichgewandte Personen nicht gleich zum erstenmal ganz zur Anschauung der dargestellten Handlung gelangten.« In seinem Kommentar zu den einzelnen Strophen gibt er präzise Hinweise zum Verständnis, so zu Strophe zehn, in der sich die Identität des Sängers klärt: »Der Greis, der in seiner Würde unangetastet stehen geblieben, eröffnet den Mund und erklärt sich als Vater und Großvater, auch als ehemaliger Herr der Burg; das Geschlecht des gegenwärtigen Besitzers hat ihn vertrieben.«

Die Ballade thematisiert in mittelalterlicher Verkleidung das Thema der gestörten politischen und rechtlichen Ordnung, das für die Generation der napoleonischen Kriege so bedeutsam war; gerade für G. war ›Ordnung‹ ein zivilisatorischer Leitbegriff. In der *Ballade* stellt sich eine Koalition von Großvater, Tochter und Enkeln her, die den Usurpator der Macht vertreiben, und man mag dabei an die von G. als faszinierend-dämonisch erfahrene Gestalt Napoleons denken.   IW

Balladenjahr: 1797 dichteten G. und Schiller in poetischem Wettstreit eine Reihe von Balladen, die zu den bis heute bekanntesten Gedichten beider Autoren und als Gipfelpunkt deutschsprachiger Balladendichtung zum kulturellen Kanon gehören. In Schillers *Musen-Almanach für 1798*, dem ›Balladen-Almanach‹, erschienen von G.: *Der Schatzgräber, Legende, Die Braut von Corinth, Der Gott und die Bajadere, Der Zauberlehrling*; von Schiller: *Der Ring des Polykrates, Der Handschuh, Ritter Toggenburg, Der Taucher, Die Kraniche des Ibykus* und *Der Gang nach dem Eisenhammer*. Die antiken oder mittelalterlichen Szenerien bilden jeweils die Folie für die Veranschaulichung abstrakt-weltanschaulicher oder human-sittlicher Probleme mit dem klassischen Anspruch allgemeingültiger Aussage. Die Absicht beider Autoren, Literatur einem breiteren Publikum zugänglich zu machen, wurde mit ihren Balladen erfolgreich verwirklicht.   IW

Ballordnung: Öffentlich bekanntgegebenes Reglement zur Durchführung von repräsentativen Ballveranstaltungen. In Weimar entnahm man diese Ordnung gewöhnlich den *Weimarischen Wöchentlichen Anzeigen*. Aber auch die Fürstliche Commission des Hoftheaters, die den Saal des Comödienhauses für Hof- und andere Bälle nutzte, konnte solche »Ankündigungen« veröffentlichen, aus denen man etwa die Kosten für das »Entrée in den Tanzsaal« entnehmen konnte (Acta 1798: *»Entrée in den Tanzsaal 12gr; Entrée in die Logen 12gr; Entrée auf die Galerie 4gr«*). Immer wieder wurde deutlich gemacht, daß nur »die Ehrbarkeit nicht beleidigende Masquen« eingelassen und »der Livree und den Dienstmägden […] der Zutritt in Maske nicht gestattet« wurde. Die Demaskierung im Saal war streng untersagt. Über das festgelegte Abfolge der Tänze kann man in einer *Acta die bey den Redouten getroffene Einrichtung betreffend* (1798) lesen: »Man tanzt Menuets bis halb Acht bis 8 Uhr Dreher dann fängt ein Englischer an, welchen Herr von

Fritzsch vortanzen will. Ein solcher Englischer dauert keine ganze Stunde [...] darauf wiederum Dreher«. Ab 1791 Leiter des Hoftheaters, hatte sich auch G. um derartige Regelungen zu kümmern und war zuständig für die Finanzierung seines Hauses, das nach dem kostspieligen Umbau im Jahre 1798 auf Einnahmen durch »Redouten-Verpachtungen« angewiesen war.

GBS

Balsamo, Giuseppe (1743–1795), bekannt als Alexander Graf von Cagliostro; Abenteurer, Schwindler und Hochstapler aus Palermo; verwickelt in die ↗Halsbandaffäre 1785/86 in Paris, die G. u.a. im Lustspiel *Der Groß-Cophta* (1791) gestaltete. G. erkundete 1787 in Palermo Balsamo-Cagliostros Stammbaum und suchte dessen Familie auf – beschrieben in der *Italienischen Reise* vom 13./14.4.1787. Damit wird das Mystische seiner Person und Abstammung zerstört. Was bleibt: G.s Warnung vor Betrügern und Phantasten, sein Erschrecken über die Rolle des Unvernünftigen und Abnormen in Geschichte und Gesellschaft, sein Entsetzen über die Korrumpierbarkeit der Mächtigen. *Des Joseph Balsamo, genannt Cagliostro, Stammbaum* liest G. in der Weimarer ↗Freitagsgesellschaft, dabei sammelt er Geld für dessen notleidende Familie in Palermo. PO

Barometer s. **Metereologie, Naturwissenschaften, Wolkenlehre**

Barth, Johann Georg (1793–1852), Bauernsohn aus der Nähe Weimars, seit 1816 als Diener, vornehmlich als Kutscher im Haushalt G.s angestellt. Barth mußte 1823 aufgrund von Spannungen unter der Dienerschaft entlassen werden, bei seiner 1825 geborenen Tochter Luise wurde sein früherer Dienstherr G. Pate. BJ

Basalt, Gesteinsart, die in den Forschungen G.s v.a. deshalb eine bedeutende Rolle spielt, weil am Basalt der Geologenstreit zwischen den ↗Neptunisten (Abraham G. Werner) und ↗Vulkanisten (Johann C. W. Voigt) entbrannte. Auf Exkursionen in Thüringen und in der Rhön, auf der Italienreise, oder an Orten wie Stolpen, Karlsbad und Marienbad lernt G. sowohl die von den Neptunisten favorisierten vorgranitischen Basalte als vulkanische Meeressubstanz kennen als auch die Vulkanbasalte, die an lokalen Punkten der Erde durch Vulkanismus an die Erdoberfläche gedrungen sind. Durch Kenntnis beider Typen findet G. Vergleichsvorschläge zwischen den streitenden geologischen Parteien. Über die problematische Wirkung

des Vulkanismus auf den Menschen äußert sich G. im Gedicht *Den vereinigten Staaten* (1815), wo er als Vorteil des amerikanischen Kontinents hervorhebt, daß dieser »keine verfallenen Schlösser und keine Basalte« habe. AV

Basedow, Johann Bernhard (1724–1790), Pädagoge, der 1774 das Philanthropinum in Dessau gründete und dessen pädagogische Absichten G. zwar schätzte, »allein er war nicht der Mann, weder die Gemüter zu erbauen, noch zu lenken«. G. lernte ihn 1774 in Frankfurt kennen, dann von Ems aus gemeinsame Rheinreise mit ihm und Lavater – die Gegensätzlichkeit seiner Gefährten im 14. Buch von *Dichtung und Wahrheit* beschreibend und das Trio bedichtend: »Und, wie nach Emmaus, weiter ging's/Mit Sturm- und Feuerschritten:/Prophete rechts, Prophete links,/Das Weltkind in der Mitten«. PO

Bassompierre, François de (1579–1646), französischer Marschall, der auf Betreiben Kardinal Richelieus 1631 in die Bastille kam, wo er bis zu dessen Tod 1643 verblieb. Hier schrieb er seine Memoiren, die G. im Winter 1794/95 las. Ein Pariser Liebesabenteuer des Marschalls mit einer schönen Krämerin findet sich – neugestaltet – in G.s *Unterhaltungen deutscher Ausgewanderten*. Auch G.s Ballade *Ritter Kurts Brautfahrt* geht auf Bassompierres Memoiren zurück: »Soll ich heute mich gedulden?/Die Verlegenheit ist groß./Widersacher, Weiber, Schulden,/Ach! kein Ritter wird sie los«. PO

Batsch, August Johann Georg Carl s. **Naturforschende Gesellschaft**

Batteux, Charles (1713–1780), französischer Kritiker und Kunstphilosoph der aufgeklärt klassizistischen Richtung, der das Hauptprinzip der Kunst in der Naturnachahmung sah. U.a. Gottsched brachte Batteux nach Deutschland, G. hörte in Leipzig Gellerts Vorlesungen über Batteux. In einem Brief an Langer über eigene Lieder (Anfang 1770) machte G. den programmatischen Unterschied zwischen der eigenen und Batteux' Ästhetik deutlich: »Die Geschichte meines Herzens in kleinen Gemählden! Wenn je Gedichte nicht unter Batteux Grundsaz gegangen sind, so sind's diese, nicht ein Strich Nachahmung, alles Natur.« In den Anmerkungen zu *Rameaus Neffe* heißt es schärfer, Batteux sei ein »Apostel des halbwahren Evangeliums der Nachahmung der Natur«. BJ

Battista, Genofee (1795–1877): Steinalt ist sie geworden und war zuletzt von niemandem mehr gekannt. Im romantischen Neckarsteinach, nahe Heidelberg, liegt sie unter einem stolzen und starken Kastanienbaum begraben, nur der Priester ist dem Sarg, der ihren schütteren, zarten Körper barg, bei strömendem Juliregen gefolgt. G. allerdings begegnete ihr – einer damals noch unbekannten, blendend schönen Tänzerin, Sängerin und Schauspielerin – im Oktober 1815; sie war kaum 20 Jahre alt und verdiente ihren Unterhalt durch Aufwartung bei allerlei Gelegenheit; als ihn sein Weg entlang der Murg durch Offenburg führte, berichtete er »enthusiasmiert« von der Begegnung mit Genofee und dem unverhofften Wiedersehen mit Johann Peter Hebel:

»Welchen Liebreiz dieses Tal doch birgt; wie gefällig sich Fluß und Ufer aneinander schmiegen, als wollten sie einander spielerisch, verständig, zuletzt doch leidenschaftlich begegnen. Bruder Heinsius kann nur Recht haben mit seiner Verschwisterung von gegenwärtigem Gefühl des Menschen und ewiger Natur. Genofee, Tochter aufrichtiger deutsch-italienischer Spezereiwaren-Eltern, der Kunst zugeneigt und als Kalligraphin nicht ungeschickt, außerordentlich gewandt in der Konversation, kurz, ich lernte sie erst, bei einem ausgelassenen, fröhlichen Nachtmahl mit dem aus Karlsruhe eigens herbeigeeilten Johann Peter Hebel, bei dem dieser seine wunderbaren Kalendergeschichten vom Löffeldieb und vom Zundelheiner erzählte, besagte Schöne eifrig Braten, Nudeln, sogar meine geliebten Artischocken nachlegte und uns mit ihrem hellen, kecken Witz unterbrach, peinlich darauf bedacht, die Gläser nicht leer werden zu lassen, zu später Stunde, ein wenig bezecht, kennen. Bis der große Hebel, der mit dem Wein in die eigene alemannische Gurgel nicht gespart hatte, endlich stumm und trunken in die Federn krachte, mit unruhigem Kopf schlafwandlerisch um sich schlug und schließlich, an den Gliedern still geworden, laut wie ein brünftiger Hirsch im Wald zu schnarchen begann. Ich ließ ihn ungeachtet seines Mißgeschicks im Nebenzimmer, denn bald überzeugte mich Genofee, von der ich am Morgen noch nicht wußte und am Mittag nicht ahnte, durch den abends allmählich von mir ersehnten und des Nachts endlich entdeckten Liebreiz davon, daß ich jede marmorne Aphrodite, jede bronzene Apolla, selbst wenn sie nach des Phidias Hand vollkommen gelungen wären und mein innerstes Bild ausdrückten, gleichgültig hätte zurück lassen müssen« (8.11.1815).
AD

Batty, George (gest. 1821), seit 1779 als Landkommissar in Weimar und Eisenach, v.a. als Bewässerungsingenieur tätig. G. schätzte Batty als erfolgreichen Verbesserer der Lebensverhältnisse und wegen seines menschlichen Umgangs mit allen Mitarbeitern (Brief an Merck, 11.10.1780). Überschwenglich (und mit einiger Selbstüberschätzung) notiert G. am 13.5.1780 ins Tagebuch: »Brief von Baty. das ist mein fast einziger lieber Sohn an dem ich Wohlgefallen habe, so lange ich lebe solls ihm weder fehlen an nassem noch trocknem«.
BJ

Bauern. »Man beschreibt den Zustand des Landmanns kläglich und er ist's gewiß, mit welchen Übeln hat er zu kämpfen«, schrieb G. am 26. Dezember 1784 an Carl August und setzte sich dafür ein, daß doch wenigstens die am Fuße des Ettersbergs gehaltene Wildschweinrotte, welche die umliegenden landwirtschaftlichen Nutzflächen verwüstete, entfernt wurde. Die feudalen Weide- und Jagdrechte stellten eine zusätzliche Behinderung für die Bauern dar, die die Hauptsteuerlast des Herzogtums Sachsen-Weimar-Eisenach tragen mußten, als Stand erst ab 1816 im Landtag vertreten waren und noch bis 1821 Frondienste zu leisten hatten. In seiner Tätigkeit als Minister konnte G. zumindest teilweise zur Entlastung des dritten Standes beitragen, den er – in der Maske eines Bauern – dem Herzog in dem Gedicht *Durchlauchtigster! Es nahet sich* schon 1777 ans Herz gelegt hatte. Obgleich im 18. Jh. das Bild der Städte noch stark von der Landwirtschaft geprägt war, diese also in all ihrer Mühsamkeit dem Frankfurter Bürgersohn genauso wie dem Weimarer Minister tagtäglich vor Augen trat, ist die harte Landarbeit im Werk kaum thematisiert, das bäuerliche Leben wird eher idyllisch dargestellt, scheint es doch einem natürlichen Dasein – einem Leben in und mit der Natur – am wenigsten entfremdet.
DF

Baukunst: Titel von zwei Aufsätzen G.s (1788; 1796, postum veröffentlicht); weiter publizierte G. *Von deutscher Baukunst* (1772, Aufsatz), *Von deutscher Baukunst* (1823, Aufsatz), *Altdeutsche Baukunst* (1817, Nachwort zu einem Aufsatz von Sulpiz Boisserée). Seine ersten Erfahrungen mit Architektur machte G. als sechsjähriger Knabe beim Umbau des Elternhauses in Frankfurt. Später (1770) kam es angesichts von G.s Einmischung in Fragen der väterlichen Hauseinrichtung und -architektur zu einem unglaublichen Zornesausbruch des Vaters, was G.s Abreise ins Elsaß massiv beschleunigte. Dort folgten das entscheidende Erlebnis angesichts des Straßburger

Münsters und der hymnische Aufsatz *Von deutscher Baukunst* (1772; *Dichtung und Wahrheit*, II.9). Die größten architektonischen Eindrücke empfing G. in Italien, wo er ↗Palladio als den Höchsten und Größten studierte und sich auch intensiv mit ↗Vitruv beschäftigte. Nach der Begegnung mit Palladios Bauwerken in Vicenza schrieb G., diese »sollen ja durch ihre wirkliche Grösse und Körperlichkeit das Auge füllen und durch die Schönheit ihrer Dimensionen [...] den Geist befriedigen« (*IR*, 19.9.1786). Das Gewicht dieser Erfahrungen beschreibt G.: »Die Baukunst steigt wie ein alter Geist aus dem Grabe hervor, sie heisst mich ihre Lehren wie die Regeln einer ausgestorbenen Sprache studieren, nicht um sie auszuüben oder mich in ihr lebendig zu erfreuen, sondern nur um die ehrwürdige, für ewig abgeschiedene Existenz der vergangenen Zeitalter in einem stillen Gemüte zu verehren« (*IR*, 12.10.1786).

Ganz im Sinne des klassischen Erziehungs- und Bildungsideals formuliert Wilhelm in den *Lehrjahren* (VIII.3) angesichts der »reinsten, schönsten, würdigsten Baukunst«, die er je gesehen hat: »Ist doch wahre Kunst wie gute Gesellschaft: sie nötigt uns auf die angenehmste Weise, das Maß zu erkennen, nach dem und zu dem unser Innerstes gebildet ist«. An den Kölner Dom erinnert sich G. in *Dichtung und Wahrheit* (III.14) mißmutig als einer Ruine »denn ein nichtfertiges Werk ist einem zerstörten gleich«, nahm aber lebhaften Anteil an der von Sulpiz Boisserée geplanten Vollendung des Domes (1842–1880). Zur Charakteristik der Architektur hat G. einige *Xenien* hinterlassen (175–179) und in den *Maximen und Reflexionen* in Anknüpfung an Schelling von einer »verstummten Tonkunst« gesprochen.   DH

Baumannshöhle: Tropfsteinhöhle bei Ruhland im Harz, seit dem 16. Jh. bekannt und oft besucht, u.a. von Peter dem Großen; auch von G. mehrfach besichtigt, weil ihn die zahlreichen Grotten, die sich aus im Verlauf von Jahrtausenden zusammengewachsenen Stalaktiten und Stalagmiten gebildet hatten, als Naturgeheimnis faszinierten.   BL

Beaumarchais kommt aus Frankreich nach Madrid, um die Beleidigung seiner Schwester ↗Marie an ↗Clavigo zu rächen und muß erkennen, daß er den spanischen Intrigen nicht gewachsen ist. Ohnmächtig vor Wut versteigt er sich in kannibalistische Phantasien: »Meine Zähne gelüstet's nach seinem Fleisch, meinen Gaumen nach seinem Blut«, und kann doch den Tod Maries nicht abwenden. Tragisch-sympathischer Heißsporn.   NH

Beaumarchais, Marie: Verlobte von ↗Clavigo, erst von ihm hingehalten, dann wieder geliebt und schließlich fallengelassen. Im allgemeinen als sentimental leidende Figur auf dem Theater gespielt, obwohl sie in den Dialogen mit ihrer Schwester Sophie und mit ↗Guilbert durchaus über Scharfsinn und Witz verfügt. Ihr Tod kann im Sinn des ↗Sturm und Drang als Akt des Widerstands gegen eine gefühlskalte Welt gelten.   NH

Beccaria, Cesare di s. **Todesstrafe**

Becker, Christiane, geb. Neumann (1778–1797), Schauspielerin in Weimar und G.s »Euphrosyne«, Tochter eines Schauspielerpaars, die schon als Kind auf der Weimarer Bühne stand. Im Alter von 15 Jahren heiratete sie den Weimarer Schauspieler Heinrich Becker. Ihre Ausbildung erhielt sie vom Vater, von Corona Schröter, ab 1791 von G.: »das liebenswürdigste, natürlichste Talent, das mich um Ausbildung anflehte« (*TuJ 1791*). 19jährig stirbt sie an einem Lungenleiden. G.: »Liebende haben Thränen und Dichter Rhythmen zur Ehre der Todten« (an Böttiger, 25.10.1797). Ihrem Andenken widmet er die Elegie *Euphrosyne*, da er sie letztmals als Euphrosyne in der Oper *Das Petermännchen* sah.   PO

Bedeutende Fördernis durch ein einziges geistreiches Wort, kleiner Prosatext von 1823. Reaktion G.s auf das Anthropologie-Lehrbuch des Leipziger Professors Heinroth, in dem G.s Umgang mit der Welt als »gegenständliches Denken« bezeichnet wurde. G. begründet hier nochmals, wie wichtig ihm die Abkehr von übertriebener, subjektivistischer Innenschau ist: Selbsterkenntnis sei nur in der Erkenntnis der Welt, der Natur wie der »Nebenmenschen« möglich. Ein bedächtiger Aufsatz in bezauberndem Stil.   BJ

Beerdigung G.s: Sein Tod wurde mit einer von Ottilie im Namen der Kinder unterzeichneten Karte angezeigt, sein Leichnam, den man vier Tage lang mit Eisstücken kühl gehalten hatte, am 26. März den Vormittag über im Haus am Frauenplan öffentlich aufgebahrt; am Nachmittag bewegte sich der unabsehbare Trauerzug von dort aus mit dem Sarg unter Glockengeläut in Richtung der Fürstengruft, wo G. neben Carl August und Friedrich Schiller beigesetzt wurde. Auf die feierliche Beerdigung folgte eine Aufführung des *Tasso* am 27. März, am 19. April ein feierlicher Musikakt, das Wilhelm-Ernst-Gymnasium hielt am 17. Mai eine Feierstunde ab, am 9. November die Loge »Anna Amalia zu den drei Rosen«, der G. seit 1780 angehört hatte. Die Nachricht von G.s Tod löste eine nachhaltige Stimmung der Trauer in den deutschen Ländern aus. BL

Beethoven, Ludwig van (1770–1827), Komponist. Obwohl das Urteil G.s über den Musiker seit ihrer denkwürdigen Begegnung im Böhmischen Badeort ↗Teplitz im Juli 1812 ambivalent blieb, regten ihre Beziehungen zueinander und die Reflexionen über seine Werke, die sich im Briefwechsel zwischen Zelter und G. immer wieder entspannen, stets zu Spekulationen und Mutmaßungen an. So enthusiastisch das Zusammentreffen von beider Freundin Bettine von Arnim auch herbeigesehnt wurde, so eigenwillig muß es sich gestaltet haben, so daß g. schließlich in einem Brief vom 2. September 1812 an Zelter resümierte: »Beethoven habe ich in Töplitz kennen gelernt. Sein Talent hat mich in Erstaunen gesetzt; allein er ist leider eine ganz ungebändigte Persönlichkeit, die zwar gar nicht Unrecht hat, wenn sie die Welt detestabel findet, aber sie freilich dadurch weder für sich noch für andere genußreicher macht.«

Diesem Fazit gingen am 19. Juli die spontanen Zeilen an seine Frau voraus: »Zusammengefaßter, energischer, inniger habe ich noch keinen Künstler gesehen. Ich begreife recht gut, wie er gegen die Welt wunderlich stehen muß.« Da es während des täglich mehrstündigen Miteinanders beider Künstler offenbar zu unangenehmen Szenen gekommen ist, holte Beethoven am 9.8.1812 an seinen Verleger Breitkopf zu dem barschen Satz aus: »Göthe behagt die Hofluft zu sehr mehr als es einem Dichter ziemt [...]« und rückte fortan in größere Distanz. Er hatte sich dem Dichter in seinem ersten Schreiben vom 12. April 1811 als »großer Verehrer« empfohlen und ihm versichert, ihn seit seiner Kindheit zu kennen. Sein Schreiben galt der Ankündigung der Musik zu G.s Trauerspiel *Egmont* (op. 84), das er »durch Sie gedacht, gefühlt und in Musik gegeben« habe. Der Drucklegung der Ouverture, der Lieder und Zwischenaktmusiken zu diesem Werk, die in Weimar spätestens 1813 erklangen (von E.T.A. Hoffmann in einer Rezension gewürdigt), gingen die Komposition des *Maigesang* und der *Marmotte* in seinem op. 52 (Wien 1805) sowie die 1810 in Leipzig edierten *6 Klavierlieder* (op. 75) mit drei gewichtigen Vertonungen voraus (*Mignon, Neue Liebe, neues Leben, Aus Goethes Faust*).

Der ernüchternden Teplitzer Begegnung folgten nur noch wenige G.-Vertonungen: die Kantate *Meeres Stille und Glückliche Fahrt* (op. 112, 1814/1815), 1822 mit der Widmung an den »unsterblichen Goe-

the« herausgegeben und die Orchesterfassung des *Bundesliedes* (op. 122). Der letzte Brief, den Beethoven am 8. 2.1823 an G. richtete, geriet fast zu einem versöhnlichen Bekenntnis, in dem es heißt: »die Verehrung Liebe u. Hochachtung welche ich für den einzigen Unsterblichen Göthe von meinen Jünglingsjahren schon hatte, ist immer mir geblieben«.

Das schwierige Verhältnis zwischen Beethoven und G. hatte Zelter bereits am 14.9.1812 treffend mit dem Satz formuliert: »Auch ich bewundere ihn (Beethoven) mit Schrecken«, womit er auf die ästhetischen Differenzen anspielte, die G. von Beethoven trennten und die noch Felix Mendelssohn Bartholdy auffielen, wenn er 1830 bemerkte: »An den Beethoven wollte er gar nicht heran.« Auf Unverständnis traf bei dem Dichter nicht nur der »grandiose« Zugriff in seinen Instrumentalwerken (»Man möchte sich fürchten, das Haus fiele ein«, 1830), sondern vor allem jener Umgang mit seiner Lyrik, bei dem er das Primat der Dichtung gefährdet sah. Er konnte, bezogen auf die Komposition des Liedes der Mignon: »Kennst du das Land« »nicht begreifen, wie Beethoven und Spohr das Lied gänzlich mißverstehen konnten, als sie es durchkomponierten« (an Jan Václav Tomášek am 6. 8.1822). GBS

Befreiungskriege: Die militärischen Bemühungen Europas, sich 1812–1815 der napoleonischen Herrschaft zu entledigen. G. stand den Kriegen eher ablehnend gegenüber. Nicht nur, daß er grundsätzlich den Frieden liebte, ihm waren die – vor allem in Preußen auszumachenden – nationalen und liberalen Motive suspekt (»Deutschland erwache!« war die Parole des von Jahn/Friesen 1810 in Berlin gegründeten Deutschen Bundes), außerdem schien es ihm unmöglich, gegen die Genialität des Kaisers, des »Halbgottes« (Eckermann, 11.3.1828), anzukommen. Doch der von G. so verehrte Napoleon machte Fehler: Der desaströse Rußlandfeldzug 1812 war der Anfang vom Ende, nach der Völkerschlacht bei Leipzig (16.–18.10.1813), in dem Imperator seine ehemaligen Verbündeten als feindliche Entente gegenüberstanden, mußte er sich über den Rhein zurückziehen. Die alliierten Truppen unter General Blücher setzten in der Neujahrsnacht nach, drangen schließlich bis Paris vor und zwangen Napoleon Ende März 1814 zur Abdankung (1815 gab es noch ein kleines Nachspiel – die Herrschaft der Hundert Tage). Europa war frei und konnte sich nun – im Rahmen des Wiener Kongresses – um eine Wiederherstellung (Restauration) des vornapoleonischen Zustandes kümmern. Die durch die Französische Revolution entstandenen demokratischen Regungen in Deutschland sowie die durch Napoleon durchgesetzten strukturellen und organisatorischen Verbesserungen blieben dabei weitgehend auf der Strecke.   DF

Begebenheit, unerhörte: »Was ist eine Novelle anders als eine sich ereignete, unerhörte Begebenheit«, notiert Eckermann G.s Äußerung aus einem Gespräch vom 29.1.1827. Mittlerweile ist diese Kurzdefinition beinahe zum geflügelten Wort geworden.
                                        AK

Begeisterung s. **Enthusiasmus**

Behrisch, Ernst Wolfgang (1738–1809), G.s Freund während seiner Leipziger Zeit. G. lernt den Hofmeister des Leipziger Grafen Lindenau 1767 im Weinlokal der Schönkopfs kennen. Der knapp 30jährige Behrisch ist dem 18jährigen G. an Bildung, Erfahrung und Lebensart voraus, imponierend humorvoll und ausgeprägt individuell: »einer der wunderlichsten Käuze, die es auf der Welt geben kann« (*DuW*, 7. Buch). Ihm verdankt G. Anregungen zu Literatur und Philosophie, er ist sein Vertrauter in Herzensdingen. Durch Spottgedichte auf den Leipziger Philosophie-Professor Christian August Clodius, eine freie Lebensweise und üble Nachrede verliert Behrisch im Herbst 1767 seine Stelle in Leipzig und geht als Prinzenerzieher nach Dessau. G. schreibt für Behrisch drei *Oden an meinen Freund* (1767), die er ihm bei der Abreise schenkt. Behrisch ist die Überlieferung der Gedichtsammlung *Annette* zu verdanken – 19 Gedichte in kalligraphischer Kopie, 1895 im Nachlaß der Göchhausen gefunden.   PO

Beireis, Gottfried Christoph (1730–1809) war Professor für Physik und Medizin an der Universität Helmstedt, Universalgenie und Sammler, dessen Haus (»Hamsternest«) mit wahllos zusammengetragenen Raritäten bis unter das Dach und unter das Bett vollgestopft war. Besonderen Ruf genossen seine mechanischen Automaten, die nur noch zum Teil funktionierten. So bot seine mechanische Ente ohne Federkleid den desolaten Anblick eines Metallgerippes, das zwar noch Körner fressen, diese aber nicht mehr verdauen und ausscheiden konnte. G. besuchte Beireis im August 1805 und verbrachte drei unterhaltsame Tage mit der Besichtigung der Beireisschen Schätze, unter denen sich reichlich Plunder befand. G. hat diesen skurrilen, allwissenden Sonderling in den *Tag- und Jahresheften 1805* ausführlich und liebevoll porträtiert.   BL

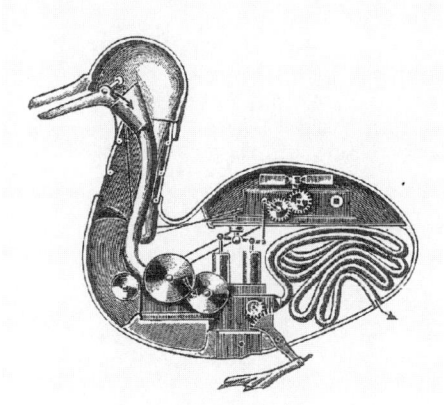

Die »Beireis'sche« Ente im Querschnitt, mit noch funktionierendem Abschiß

Beiträge zur Optik und Schriften zur Farbenlehre vor 1810, insgesamt 43 meist kleine Aufsätze, die G.s Annäherung an die Phänomene der Farbentstehung und -wahrnehmung seit Beginn der 1790er Jahre dokumentieren und die Fertigstellung und Publikation der physikalisch-physiologischen Vermächtnisschrift *Zur Farbenlehre* (1810) vorbereiten. Von den *Beiträgen zur Optik* wurden zu G.s Lebzeiten nur drei veröffentlicht: zwei Teile der *Beiträge zur Optik* 1791/92 und als frühester die *Ankündigung eines Werks über die Farben* (1791). Die weiteren Texte, oft erst Ende des 19. oder im 20. Jh. gedruckt, referieren etwa über unterschiedliche Versuche der Versuchsanordnungen, dokumentieren die Auseinandersetzung v.a. mit Newton und die Konzeption der Verhältnisse der Farben untereinander oder gehen auf Besonderheiten der . Farbwahrnehmung ein.   BJ

Bekenntnisse einer Schönen Seele: 6. Buch der *Lehrjahre*, autobiographische Schrift einer pietistischen Dame, die mit der ↗Turmgesellschaft in verwandtschaftlichen Beziehungen steht. Der Text wird ↗Wilhelm vom Arzt ↗Aurelies überreicht. G. orientiert sich bei der Abfassung der *Bekenntnisse* (1795) locker an der Biographie der Frankfurter Pietistin Susanna Katharina von ↗Klettenberg, einer Freundin seiner Mutter, die er nach der Rückkehr aus Leipzig näher kennenlernte. Die *Bekenntnisse* sind die Lebensbeichte einer Frau, die sich nach einer zunächst heiß entflammten und bis zum Heiratsantrag gehenden Liebesgeschichte immer mehr zu dem durch den tiefsten Glauben gelenkten eigenen Weg in den äußeren gesellschaftlichen Verhältnissen hingezogen fühlt. Schließlich widmet sie sich der Erziehung der verwaisten Kinder ihrer Schwester, die in den *Lehrjahren* als zentrale Figuren begegnen: die schöne Gräfin, Lothario und Wilhelms spätere Frau Natalie.

BJ

Bekleidung: Als G. 1775 nach Weimar kam, genoß er vor allem als Autor des Romans *Die Leiden des jungen Werthers* bereits große Sympathien. Die sog. ↗Werthertracht, mit der er sich selbst zum stürmisch-drängerischen »enfant terrible« gemacht hatte, war unter den Studenten, den sog. »Musensöhnen« und gelehrten »Genialen«, längst zum provokativen Habit und zugleich zu einer Identifikation mit dem Romanhelden geworden. Die in der Residenzstadt herrschende Kleiderordnung und die Orientierung der Oberschicht an der französischen, später der englischen Mode, die bis in die Zeit um 1800 verpflichtend war, wurde durch das Tragen der zur Werthertracht gehörenden hohen Stulpenstiefel mit Kappe, der gelben ledernen Beinkleider, der gelben Westen und dem blauen Rock bei unbedeckt gelassenem Hals und offenem Haar empfindlich kompromittiert. Denn bei Hofe bestimmten bis dahin – von den außergewöhnlichen Bekleidungseinfällen einzelner Persönlichkeiten – etwa den einfachen Gewandungen Corona Schröters einmal abgesehen –, die Schönheitspflästerchen, kunstvoll toupierten, gepuderten Haare und Reifröcke die Damengarderobe.

Für die Herren waren entweder die Hofuniform mit Zopfperücke und Degen verbindlich oder die Prachtwesten, seidenen Beinkleider und weißen Strümpfe, langsam abgelöst durch die anfangs vielerorts verbotenen Pantalons der Französischen Revolution. Das alles unterlag einer hierarchischen Kleiderordnung, der sich in der Ständegesellschaft jeder zu beugen hatte. Danach blieb die Bekleidung der Weimarer Kleinbürger im allgemeinen farblos und sehr einfach. Einfach gab sich auch G., dessen häusliche Erscheinung von Karl August Böttiger 1795 sogar despektierlich karikierend mit den Worten beschrieben wird: »Abends sitzt er in einer wohlgeheizten Stube eine weise Fuhrmannsmütze auf dem Kopf, ein Moltumjäckchen u. lange Flauschpantalons an, in nieder getretnen Pantoffeln u. herabhängenden Strümpfen im Lehnstuhl.«

Dieses Bild widerspricht den Beschreibungen, die wir nicht nur aus der Feder Johann Peter Eckermanns kennen, der am 10. Juni 1823 nach seiner ersten Begegnung mit G. niederlegt, er sei ihm in »einem blauen Oberrock und in Schuhen« als »erhabene Gestalt« entgegengetreten, entsprechend dem Gesamteindruck, den seine bürgerliche Haushaltung am Frauenplan auf ihn gemacht hatte: »ohne glänzend zu sein, war alles höchst edel und einfach.« G. hatte ein überaus geschärftes Auge für das äußere Erscheinungsbild eines Menschen. Sein eigenes Auftreten in der Öffentlichkeit, in seinen Ämtern als Geheimer Legationsrat, später als mit dem Falkenorden ausgezeichneter Staatsminister, als Direktor des Hoftheaters oder während der mit den geforderten weißglacierten Handschuhen und den Abzeichen, die über den erreichten maurerischen Grad Auskunft gaben, durchmaß gemäß der überaus bewegten Zeit, viele Stadien.

Ist uns seine imposante Erscheinung in den 1820er Jahren mit bürgerlichem Gehrock und Zylinder geläufig, so war er mit Campagnahut und weitem Reiseumhang, wie ihn Johann Heinrich Tischbein auf seinem Ölgemälde von 1786/1788 während der Italienreise festhält, auch gern an andere, die weimarischen Kleiderzwänge hinter sich lassende Rollen geflohen. Gelegenheit dazu boten ihm vor allem die zahlreichen alljährlichen ↗Redouten und ↗Bälle, deren ↗Maskenzüge mit aufwendigen Kostümierungen er selbst entwarf. Geschildert wird er dann als ein Mann, der »sehr oft in dem geschmackvollsten Theateranzug« erschien und »sich durch seine majestätische Gestalt, zugleich aber auch durch seine steife Haltung bemerkbar machte (Karl von Lyncker, *Am Weimarischen Hof*). Johanna Schopenhauer berichtet am 4. Februar 1809 von einer Ballveranstaltung: »Göthen mit Uniform und Ordensband mitten drunter voll Leben und Feuer, er mustert jeden einzeln, ob sich wo fehle, hernach hat er uns exercirt, arrangirt, commandirt, nach Herzenslust«. Normalerweise ging es in G.s Haus jedoch sehr konventionell, später sogar betont traditionsbewußt zu.

GBS

Belagerung von Mainz: Autobiographischer Kurztext, Entstehungszeit 1820, Erstveröffentlichung 1822. Die monarchistische Belagerung von Mainz nach der jakobinischen Revolution in der Stadt 1793 führte G. mit dem Heer in die Landschaft seiner Kindheit zurück. Wie bei der *Campagne in Frankreich* liegt hier wieder eine Art Kriegstagebuch vor, das im Bombardement der Stadt, dem Niederbrennen und ihrer Kapitulation gipfelt. Als G. die zerstörte Stadt besichtigt, findet er, über die baulichen Verwüstungen hinaus, auch die Orte vieler Kindheitserinnerungen zerstört. Verantwortlich dafür macht er die Mainzer »Klubisten«: »der durch Unsinn aufgelöste bürgerliche Zustand hatte ein solches Unglück bereitet und herbeigeführt«. G. erweist sich hier (wieder einmal) als Gegner jeder gewaltsamen und somit der Natur widersprechenden gesellschaftlichen Umwälzung.   BJ

Bellomosche Theatertruppe, unter dem vollständigen Namen »Teutsche Schauspieler-Gesellschaft des Direkteurs Joseph Bellomo« nach einem Probespiel Ende 1783 von Carl August für das Weimarische Theater verpflichtet. In regelmäßigen Vorstellungen dienstags, donnerstags und sonnabends führte die Truppe in ihren knapp acht Weimarer Jahren 282 Stücke auf, darunter Shakespeare-Dramen, aktuelle Stücke des Sturm und Drang und Singspiele. G. war mehr und mehr unzufrieden mit der Truppe, für seine 1791 begründete »Hof-Schauspieler-Gesellschaft«, die an die Stelle der Bellomoschen Truppe trat, übernahm er einzelne ihrer Schauspielerinnen und Schauspieler.
BJ

Belsazer, Titel eines 1767 einem ↗Autodafé zum Opfer gefallenen Trauerspiels aus G.s Jugend. In Briefen aus dem Dezember 1765 an den Freund Riese und die Schwester Cornelia erwähnt G. die Arbeit am 5. Akt, vier Akte des Stückes hatte er schon mit nach Leipzig gebracht. Diese arbeitete G. aus einer Prosa- in eine Alexandriner-Fassung um, im Brief an seine Schwester vom 7.12.1765 zitiert er die ersten zwanzig Verse. Der 5. Akt wurde in Blankversen gearbeitet. Das biblische Thema entnahm G. Xenophon und vor allem Daniel (5. Buch); der babylonische König Belsazar bekam während eines nächtlichen Gelages durch die geheimnisvolle Inschrift »Mene mene tekel u-pharsin« den eigenen Tod geweissagt und wurde in selbiger Nacht ermordet.   BJ

Belvedere: Schloß, Park- und Gartenanlagen, Orangerie, 3 km südlich von Weimar. Sommerresidenz und Jagdschloß der Weimarer Herzöge. Ursprünglich streng angelegtes Barockensemble, der Hofhaltung und Repräsentation dienend, mit französischen Garten- und Parkanlagen, Volièren, Menagerie, Orangerie, Fasanenhäusern, Stallungen, Remisen, Wirtschaftsgebäuden, Wach- und Kavaliershäusern, daneben Wirts-, Reit- und Ballhaus.
Im wesentlichen 1724/32 nach Entwürfen von Johann Adolf Richter und Gottfried Krohne errichtet, danach über Jahre ergänzt und umgebaut. Nach 1758 war Belvedere Sommerresidenz Anna Amalias, 1776–1797 die von Carl August und Luise. 1799–1801

waren Schloß und Kavaliershäuser Domizil eines Erziehungsinstitutes für Söhne vermögender Aristokraten und Bürger, danach für drei Jahre das einer Militärakademie. 1806 überließ Carl August Belvedere seinem Sohn und dessen Gemahlin Maria Pawlowna. Hingegen blieben Orangerie sowie die Hofgärtnerei mit Treibhäusern bis zu seinem Tod (1828) unter seiner Aufsicht.
Nach 1758 begann die Umgestaltung des Parks zum englischen Landschaftspark, 1843/53 unter Mitwirkung des Fürsten Pückler zu heutiger Gestalt vollendet. Über 50 Jahre führten G. Hofdienst, Geselligkeit und Freundschaft nach Belvedere. Dort vollendete er den *Tasso* (1789). Mit dem Herzog teilte G. botanische Interessen. Carl August betrieb Orangerie und Hofgärtnerei als wissenschaftlicher Sammler, zugleich aber auch aus wirtschaftlichen Gründen: Zucht von Frühgemüsen in Erden – und transportablen Glashäusern, Einrichtung von Saat- und Pflanzschulen, dem Handel mit Samen, Stauden, Topfpflanzen, Gehölzen, schließlich Herausgabe des Kataloges *Hortus Belvedereanus*.
1828 nannte Fürst Pückler die Belvederer Sammlung (über 6000 verschiedene Arten) die nach Schönbrunn reichhaltigste in Deutschland, fand die Orangerie prächtig (heute noch wertvoller Pflanzenbestand, etwa 130 Arten von Kübelpflanzen, darunter ca. 150 Jahre alte Zypressen).
G. entwarf 1824 ein »Schema, die Pflanzenkultur im Großherzogtum Weimar darzustellen« und berichtet darin über Belvedere, »das zur Freude der Einheimischen, zur Bewunderung der Fremden grünt und blüht«. Schloß, Park und Orangerie waren seit 1798 beliebtes Ausflugsziel der Weimarer Bürger und unzähliger Fremder (Spaziergänge, Tanz, Kegeln und Lustbarkeiten in herrschaftlichen Gasthof). G., Christiane, August, später Ottilie und die Enkel weilten häufig in Belvedere, auch mit Gästen. Den Belvederer Gasthof führten von 1816 (auf Vermittlung G.s) bis 1829 Johann Heinrich Dienemann und dessen Frau Johanna, geb. Höpfner, ehemals Kutscher und Köchin im Hause G. Das Gedicht *Die Lustigen von Weimar* (1813), in dem G. die Wochenvergnügen seiner Frau und deren Freundinnen beschreibt, beginnt mit den Versen: »Donnerstag nach Belvedere«.   CS

Béranger, Pierre-Jean de (1780–1857), populärer französischer Chanson-Dichter, dessen gegenwartsbezogenen, sozialen, frivolen, antiklerikalen und pro-napoleonischen Witz G. schätzte: »Er ist der Sohn armer Eltern, der Abkömmling eines armen Schneiders, dann armer Buchdruckerlehrling, dann mit ei-

Salzbergwerk; das Bild zeigt die waghalsige Organisation eines Bergwerks im 18. Jh.

nem kleinen Gehalt angestellt in irgendeinem Büro; er hat nie eine gelehrte Schule, nie eine Universität besucht, und doch sind seine Lieder so voll reifer Bildung, so voll Grazie, so voll Geist und feinster Ironie, und von einer solchen Kunstvollendung und meisterhaften Behandlung der Sprache, daß er nicht nur die Bewunderung von Frankreich, sondern des ganzen gebildeten Europa ist« (Eckermann, 3.5.1827). Als Béranger wegen des bürgerlich-oppositionellen Inhalts seiner Lieder vor Gericht stand und sich auf G.s positives Urteil berief, wurde er dennoch verurteilt.   BL

Bergbau: Arbeitsbereich des Ministers G., der das Ressort für Straßenwesen, Bergswerksangelegenheiten u.a.m. innehatte. Das Interesse G.s an Mineralogie und Geologie traf mit seinen Plänen zusammen, der Bergwerksregion um Weimar aufzuhelfen; der Plan, das Bergwerk in Ilmenau wieder in Betrieb zu nehmen, stammt schon aus G.s erster Weimarer Zeit (an Merck, 24.7.1776). Mit dem Weimarer Bergbeamten Friedrich Wilhelm Trebra verbanden G. fachlicher Kontakt sowie allmählich daraus resultierende Freundschaft. Die gemeinsam beförderte Wiederinbetriebnahme Ilmenaus an Faßnacht 1784 begleitete G. mit größten Hoffnungen, noch am 25.1.1788 ist er im Glauben an »das nunmehr versicherte Glück des Bergwerks« (an Carl August). Der erhoffte Erfolg für Schacht und

ökonomisch krisengeschüttelte Region blieb allerdings aus, bei stets nur geringster Ausbeute wurde der letzte Ilmenauer Schacht 1812 geschlossen.   BJ

Bergbau in Ilmenau, Nachrichten und Berichte, die G. und der weimarische Bergrat Voigt über das Projekt der Wiederbelebung der Ilmenauer Bergbaubetriebe verfaßten. Nach der Stillegung der Schächte 1739 gebot vor allem die Armut der Region, zumindest den Versuch ihrer Wiederbelebung zu unternehmen. Die Berichte betreffen Probleme, Hoffnungen und erste Erfolge des Vorhabens und enthalten gleichermaßen theoretische Exkurse zur Geologie, Gesteinskunde und Gebirgsentstehung wie auch praktische Erwägungen und technische Vorschläge – deren Umsetzung allerdings nicht das Abteufen des letzten Ilmenauer Schacht im Jahre 1812 verhindern konnte.
                                                                        BJ

Bergwerkskommission s. **Amtliche Tätigkeiten**

Berlin/Potsdam, Hauptstadt Preußens, die ihre Bevölkerung in G.s Lebenszeit mehr als verdoppelte, bzw. Residenz- und Garnisonsstadt. Am 10.5.1778 fuhr G. mit Carl August nach Berlin, in diplomatischer Mission, man besichtigte in Potsdam Sanssouci und das Neue Palais, in Berlin besuchte G. u.a. eine Porzelanmanufaktur, das Zeughaus, den Tiergarten und das Theater; gesellschaftliche Ereignisse ergaben Begegnungen mit Chodowiecki und der Karschin. Berlin war der Ort des ersten literarischen Erfolgs: *Götz* wurde hier uraufgeführt. Berlin war einer der Verlagsorte der Werke G.s; Mylius druckte *Stella* und *Claudine von Villa Bella*, Unger die *Neuen Schriften* (7 Bde. 1792–1800). Einige Freunde bzw. Korrespondenten G.s lebten in Berlin: Zelter, Brühl, Schinkel und Hegel. Die Berliner literarischen Salons der Rahel Varnhagen und Sara Meyer waren (u.a.) Orte schwärmerischer G.-Verehrung.   BJ

Bertuch, Friedrich Justin (1747–1822), Schriftsteller, Übersetzer und Weimars bedeutendster Unternehmer der G.-Zeit; 1775–1796 Carl Augusts Geheimsekretär und Schatullier, der »die Genies kleiden und füttern mußte« (K. A. Böttiger, *Literarische Zustände und Zeitgenossen*, S.35); zusammen mit Wieland Herausgeber des ↗ *Teutschen Merkur*, Mitbegründer und Herausgeber der ↗ *Allgemeinen Literatur-Zeitung* und des ↗ *Journals des Luxus und der Moden*; 1791 Gründung eines eigenen Verlags, des Landes-Industrie-Comptoirs. Bertuch leitete etliche Unternehmen, so auch die Blumenfabrik, in der Christiane Vulpius gearbeitet hat. G. schätzte den umtriebigen »Allerweltskerl«, fürchtete aber zugleich, daß dessen »mercantilische Seele« die Literatur »verbertuchen« werde (an Charlotte von Stein, 20. 10. 1779).   PO

Beruf wurde von G. noch synonym zu Berufung verwendet, dabei aber in einen inneren (das was man will und kann) und einen äußeren (was man tatsächlich macht bzw. machen muß) unterteilt. Optimal ist eine Übereinstimmung beider, doch dieses Glück wird wenigen Menschen zuteil – Lavater ist eine Ausnahme (*DuW*, 14. Buch). Die Diskrepanz zwischen der notwendigen Existenzsicherung und der Neigung zu einer freien künstlerischen Tätigkeit hat G. nicht nur in den *Wilhelm Meister*-Romanen verfolgt – Wilhelm soll Kaufmann werden, wendet sich jedoch der Schauspielerei zu und findet erst später im Beruf des Wundarztes eine sinnvolle praktische Betätigung –, sie prägte auch in starkem Ausmaß sein eigenes Leben: Die vom Vater geforderte und von G. aufgenommene Juristentätigkeit tauschte er 1775 gegen die sich am Weimarer Hof bietenden literarischen und »von Detail überhäuften« administrativen Betätigungsfelder ein (an Carl August, 27.–29. 5. 1787). In den ersten Jahren schien G. die »eng-weite Situation«, in der »die manigfaltigen Fasern meiner Existenz alle durchgebeizt werden können und müssen« (an Knebel, 3. 2. 1782), noch zu schätzen, doch mit der Italienreise suchte er sich seiner amtlichen Aufgaben weitgehend zu entledigen. Vor der Heimkehr aus Rom sah er sich dem Herzog gegenüber zu einer Vorbeugungsmaßnahme genötigt, als er schrieb, er habe sich »selbst wiedergefunden; aber als was? – Als Künstler!« (17. 3. 1788). Dennoch übte G., wenngleich weniger intensiv, auch weiterhin ↗ amtliche Tätigkeiten aus.
    DF

Berzelius, Jöns Jacob Freiherr von (1779–1848), Stockholmer Chemiker von weitem Ruf, den G. am 30. 7. 1822 in Eger kennenlernt. Gemeinsame geologisch-mineralogische Interessen (*Der Kammerberg bei Eger*); Bereicherung der Mineraliensammlung durch schwedische Stücke, die Berzelius schickt; letzter Besuch bei G. – gemeinsam mit Döbereiner – am 20. 8. 1828 in Dornburg (↗ Homunculus).   BL

Besitz, ein Begriff, den G. zunächst im Sinne von Eigentum, Grundbesitz und Hab und Gut verwendet. So zählt er etwa in den *Tag- und Jahresheften 1794* die Hinterlassenschaft seines Vaters auf: »Der schöne bürgerliche Besitz, [...] ein [...] anständiges Haus

[...] Hausgeräth [...] Büchersammlungen, Gemählde [...] Landkarten«. Besitz erscheint darüber hinaus als durch eigene Leistung oder soziale Verdienste gerechtfertigt, er wird durch Naturkatastrophen, Feuer, durch militärische Operationen oder revolutionäre Umtriebe bedroht. Vor allem adliger Landbesitz wird bei G. zur sozialen Verpflichtung: Im *Wilhelm Meister* tritt ein bürgerlich gewordener Reformadel auf, der seinen Besitz kapitalisiert hat und die juristische Abhängigkeit der Untergebenen tendenziell auflöste. Zuletzt gibt es für G. auch ideellen Besitz: Erfahrung, Wahrnehmung, Wissen und Erkenntnis deutet er als Besitztum der Einbildungskraft und des Verstandes.   BJ

Besonderes s. Allgemeines

Betrachtungen im Sinne der Wanderer: Sammlung von Sinnsprüchen und Aphorismen am Ende des 2. Buches der *Wanderjahre*, die etwa Thomas Mann dazu verleitet haben, den Roman als »sklerotisches Sammelsurium« und »Repositorium für G.s Altersweisheit« zu denunzieren. Die *Betrachtungen im Sinne der Wanderer* enthalten knapp und oft pointiert formulierte Einsichten, die angeblich als Weisheitsschatz der Auswanderergesellschaft archiviert sind, zu den verschiedensten Themengebieten wie etwa Kunst, Ethisches, Natur.   BJ

Bettnässer: »G. macht die Betten voll« war die sehr zweifelhafte Devise einer Gruppe von Frankfurter Hoteliers, die mit dieser Parole – vergeblich – die Einrichtung von G.-Festspielen zur Hebung des Umsatzes forderten.   IA

Bibel: Sie war zu G.s Zeiten in weit größerem Ausmaß als heute ein Volksbuch, also verbindlicher Gegenstand des Allgemeinwissens und für Schriftsteller eine wichtige Materialquelle. Die heilige Schrift wurde von G. – auch als Textgrundlage der westlichen Zivilisation und Religion – sehr geschätzt, wenngleich er sie als von Kirchenseite aus dogmatisch verordnetes Wort Gottes nicht akzeptierte (im 18. Jh. mehrten sich die Stimmen, die das Werk als Literatur und nicht mehr als Offenbarung behandelt wissen wollten). Man hat behauptet, die Bibel sei für G. (neben der ↗ *Aldobrandinischen Hochzeit*) das einflußreichste Kunstwerk überhaupt gewesen – und dies nicht nur in »kritisch-historisch-poetischer« Hinsicht (an Schiller, 15. 4. 1797), sondern auch wegen seines Interesses am Orient.

In G.s Werken wird 600 mal auf ca. 300 Schriftstellen des Alten (bevorzugt aus den Geschichts-

Bei der Öffnung des Goethe-Hauses umfaßte die Bibliothek noch 5424 Titel mit über 6000 Bänden

büchern) und 500 mal auf 285 Stellen des Neuen Testaments angespielt (mit Vorliebe aus dem Matthäus-Evangelium, wenngleich das Johannes-Evangelium für G. inhaltlich von größerer Bedeutung ist). Von G. bearbeitete biblische Stoffe waren Jesabel, Ruth, Esther, die Thronfolge Pharaos, Belsazar, Selima, Joseph sowie der Auszug Israels aus Ägypten (in die *Noten und Abhandlungen* aufgenommen); er übersetzte teilweise das ↗Hohelied Salomos, der *Prolog im Himmel* orientierte sich dramaturgisch am Buch Hiob, in den *Wanderjahren* inszenierte G. ein Treffen Wilhelms mit der Heiligen Familie (*Sankt Joseph der Zweite*). Seine Kenntnis der Bibel – »fast ihr allein war ich meine sittliche Bildung schuldig« (*DuW*, 7. Buch) – gab G. in dem *Divan*-Gedicht *Beiname* Anlaß und Legitimation, sich dem aufs Höchste geschätzten Hafis gleichzustellen, dessen herrliche Poesie wie die eigene auch das »Vermächtnis« eines »heil'gen Buches« – des Korans – transportierte.   DF

Biberrepublik. Beim Castor fiber, dem Biber, handelt es sich um ein bis zu einem Meter langes Nagetier. Bekanntheit hat es vor allem wegen seines geschickten Baus von Wohnburgen im Wasser erlangt. Wen wundert's also, daß in der *Italienischen Reise* mit »Biberrepublik« Venedig gemeint ist?   AK

Bibliothek: Etwa 300 Bücher G.s entstammten der Bibliothek seines Vaters; um 1800 begann er mit dem gezielteren Aufbau einer eigenen. Von nahezu allen wichtigen Autoren seiner Zeit (Dichtern, Philosophen, Naturwissenschaftlern) erhielt G. Bücher geschenkt, eigene Neuerwerbungen waren weniger bibliophil als vielmehr inhaltlich-praktisch motiviert (gegenüber poetischen Werken überwiegen deutlich naturwissenschaftliche). Ab 1821 wurden Bücher-Vermehrungslisten für geplante Einkäufe geführt, ab 1822 erstellte G.s Mitarbeiter Kräuter einen fast 1000seitigen *Catalogus bibliothecae Goethianae*. 1885, bei Öffnung des G.-Hauses und Sichtung der Sammlungen, die G.s Enkel dem Land Sachsen-Weimar vermacht hatte, umfaßte die Bibliothek 5424 Titel mit über 6000 Bänden (dokumentiert in Hans Rupperts Katalog). Etliche Bücher, die sich mit Sicherheit in G.s Besitz befunden haben, waren jedoch nicht mehr vorhanden (z.B. Erstausgaben eigener Werke).   DF

Bibliothekar der Herzogin Anna Amalia Bibliothek: Die 1691 von Herzog Wilhelm Ernst gegründete Bibliothek befand sich zunächst im Weimarer Schloß und wurde 1766 unter Herzogin Anna Amalia, der Mutter Carl Augusts, in das eigens dafür umgebaute »Grüne Schlößchen« überführt. Seit 1991 heißt sie Herzogin Anna Amalia Bibliothek. Von 1797 bis zu seinem Tod stand die Bibliothek auf Carl Augusts Initiative unter G.s Leitung. G. gab ihr eine moderne Benutzungsordnung (Öffnung für jedermann), sorgte für den systematischen Ausbau der Bestände und legte den Grund für den allgemeinen Aufschwung der Bibliothek, die 1832 mit 140 000 Bänden zu den bedeutendsten Büchersammlungen Deutschlands zählte. G. selbst gehörte zu den eifrigsten Benutzern der Bibliothek: die Ausleihjournale verzeichnen 2276 Eintragungen.   DH

bieder, Biedermann, gegen die verfeinerte französische Galantheit als deutsch-bürgerliche Tugend gesetzt. Die gradlinig-redliche Rechtschaffenheit eines Biedermanns findet etwa in ↗Götz von Berlichingen ihre positive Gestalt, die negative Seite der Tugend spricht G. in einem Brief an Reichardt deutlich aus: »Die Deutschen sind im Durchschnitt rechtliche, biedere Menschen aber von Originalität, Erfindung, Character, Einheit und Ausführung eines Kunstwerks haben sie nicht den mindesten Begriff« (28.2.1790).

BJ

Bier war nicht gerade G.s Lieblingsgetränk – ist doch sein Weinkonsum beinahe schon sprichwörtlich –, doch abgeneigt war er dem Gerstensaft keineswegs. Der Bierverzehr des Leipziger Studenten führte dazu, daß sich sein »Gehirn verdüsterte« (*DuW*, 8. Buch), im *Faust* sind für einen Schüler die drei Dinge, die ein Mann braucht, »Ein starkes Bier, ein beizender Toback/Und eine Magd im Putz« (v. 830 f.), und noch in hohem Alter ließ G. die Weimarer Hofkellerei englisches Bier anliefern. Ob das »*Einfalle*-Bier«, das G. in einem undatierten Schreiben an seine Schwiegertochter erwähnt (WA IV, 50, S. 111), zur Gedankenanregung eingesetzt wurde, ist ungeklärt. DF

Bierkaltschale, weimarische: Diese ungewöhnliche Gaumenfreude setzte G. anläßlich eines Festes für Herzogin Louise 1778 bei Weimar den höfischen Damen vor, auf grobem Leinen und mit Blechlöffeln in einer dürftigen Hütte serviert. Als bürgerlicher Aushilfs-Maître-de-plaisir trieb er den im festlichen Rahmen erlaubten Scherz allerdings nicht zu weit, d.h. zum Vollzug des Verzehrs: Nachdem die Damen den Anblick verdaut hatten, wurden sie hinter die Hütte, zum tatsächlichen fürstlichen Mahl geführt.

IA

Bilden, Bildung, eine für G.s Auffassung von naturhaften Entwicklungsprozeß, ästhetischer Formgebung und psychologisch-pädagogischer Entwicklung zentrale Kategorie. Die zur G.-Zeit gängige Bedeutung war zunächst die der äußeren Gestalt, der ↗ Form. Damit war aber auch der natürliche Wachstumsprozeß etwa pflanzlicher Formen gemeint: »Die Metamorphose der Pflanzen [...] zeigt uns die Gesetze, wornach die Pflanzen gebildet werden« (WA II.6, S. 286). In Analogie zur organologischen Entwicklung versteht G. auch die Ausbildung der Individualität eines Menschen als innere Formung aus keimhaften Anlagen, als Vervollkommnung, die auf der Bildung des Herzens, auf kulturellem Wissen und geistigen Erkenntnissen beruht. Bildung als künstlerische Gestaltung und Formgebung ist ebenfalls ganz eng an jenes organologische Denkmodell angelehnt. Bildende Künstler als Genies, bemerkt G. einmal, »bilden die Regeln aus sich selbst, nach Kunstgesetzen, die ebenso wahr in der Natur des bildenden Genies liegen, als die große allgemeine Natur die organischen Gesetze ewig thätig bewahrt« (*Diderot*, WA I.45, S. 258).

BJ

Bildende Künste, also Plastik (inklusive Medaillen- und Gemmenkunst), Malerei (und die verwandten graphischen Künste) sowie Architektur, waren für G., wie er im Rückblick auf seine Jugend erklärte, dasjenige, »worin ich die größte Zufriedenheit meines Lebens finden sollte« (*DuW*, 8. Buch). Sein Interesse war über weite Strecken nicht nur theoretischer, sondern auch praktischer Art. Bezeichnend ist dabei der Umstand, daß G. erst in Italien, als er schon auf die vierzig zuging, zu der Einsicht gelangte, es in den Bildenden Künsten zu nichts mehr bringen zu können.

In der Kindheit sorgt G.s Vater für einen beinahe alltäglichen Umgang mit Bildender Kunst: ab 1753 legt er eine Gemäldesammlung an, die vor allem Werke zeitgenössischer Frankfurter Maler umfaßt. Deren stark an der ↗ niederländischen Kunst des 17. Jh.s orientierte Arbeit kann der Knabe hautnah verfolgen, als sie für den ab 1759 im Elternhaus einquartierten Grafen ↗ Thoranc malen. G. selbst hat schon 1758 den ersten Zeichenunterricht erhalten.

1765 lernt er in Leipzig Adam Friedrich Oeser kennen, der ihm weiteren Zeichenunterricht erteilt, ihn jedoch vor allem mit den Kunsttheorien des Frühklassizismus vertraut macht (insbesondere mit Winckelmanns edler Einfalt und stiller Größe). In die Kunst des Kupferstechens wird G. 1767 von Johann Michael Stock eingeweiht. 1768 reist G. nach Dresden, um die Kunstschätze des damals sogenannten Elb-Florenz zu sehen. Sein Interesse gilt nach wie vor den Niederländern; Italiener und antike Skulpturen ignoriert er. Erst im Mannheimer Antikensaal, der damals berühmtesten deutschen Sammlung von Gipsabgüssen antiker Plastiken, erwacht 1769 G.s Faszination an der Kunst des Altertums: er sieht u. a. die ↗ *Laokoon*-Gruppe und den ↗ *Apoll von Belvedere*.

1770 hinterläßt das Straßburger Münster einen tiefen Eindruck, der sich im zwei Jahre später erschienenen Prosa-Hymnus *Von Deutscher Baukunst* niederschlägt. Hier wie auch in den 1771/72 veröffentlichten Rezensionen für die *Frankfurter Gelehrten Anzeigen* mißt G. der individuellen Schöpferkraft des Künstlers, dem ↗ Genie, größte Bedeutung bei. Neben dem Baumeister des Münsters, Erwin von Steinbach, huldigt G. außerdem Albrecht Dürer. In Straßburg kommt G. das erste Mal mit Werken von Raffael in Berührung; insbesondere die *Schule von Athen* ist ausschlaggebend dafür, daß G. für sich selbst »eine neue Epoche meiner Kenntnisse« anbrechen sieht (an

Langer, 29.4.1770). 1774 besucht G. den Kölner Dom, in Düsseldorf beschäftigt er sich erneut mit niederländischen Meistern, und erste Versuche in Ölmalerei werden unternommen: »Das Schicksaal meines Lebens hängt sehr an dem Augenblick« (an Sophie von La Roche, 20.11.1774).

Mit dem Umzug nach Weimar rückt G.s Beschäftigung mit Bildenden Künsten in den Hintergrund, nicht jedoch aus dem Blickfeld. Dem ausführlichen Brief an einen ehemaligen Sturm-und-Drang-Weggefährten, den Maler Friedrich Müller, läßt sich sein mittlerweile gewandeltes Kunstverständnis entnehmen. Übertriebener Subjektivität erteilt G. jetzt eine Absage, mündet sie doch in Willkür. G. empfiehlt dem Freund, sich an »Raphael und Albrecht Dürer«, des weiteren an den »Antiken und der Natur« zu orientieren (21.6.1781). Er selbst zeichnet und engagiert sich bei der Neugestaltung der Weimarer Parkanlagen.

1786 bricht G. nach Italien auf, er reist unter dem Pseudonym Filippo Miller, Pittore. In Verona erblickt er erstmals ein antikes Bauwerk – das Amphitheater aus dem 1.Jh. n. Chr. In Vicenza sieht er Bauten des Renaissance-Architekten Andrea Palladio, die ihn derart begeistern, daß er kurz darauf in Padua dessen *Quattro libri dell' architettura* erwirbt und studiert. Auch in Venedig, Bologna, Florenz und vielen anderen Städten besichtigt G. Kunstwerk um Kunstwerk. In Rom lebt er mit Malern wie Tischbein und Friedrich Bury in einer – wie man heute sagen würde – Künstler-WG und verkehrt auch ansonsten vornehmlich in Künstlerkreisen (Angelika Kauffmann, Alexander Trippel u.v.m.). G. versucht sich selber in Landschaftszeichnungen, außerdem modelliert er in Ton. Besondere Bedeutung kommt – im Hinblick auf G.s späteren Umgang mit Bildenden Künsten - der in Rom erfolgten Bekanntschaft mit Johann Heinrich Meyer zu. In Neapel lernt er den Landschaftsmaler Philipp Hackert kennen, nimmt bei ihm Zeichenunterricht und reist mit dessen Schüler Kniep nach Sizilien. Er liest Winckelmanns *Geschichte der Kunst des Altertums* und zum wiederholten Mal die Schriften des klassizistischen Malers und Winckelmann-Freundes Anton Raphael Mengs, beschäftigt sich des weiteren anläßlich der Lektüre von Leonardo da Vincis *Trattato della pittura* mit dem Problem der Farben in der Malerei. Die Stationen und Eindrücke der mehr als eineinhalb Jahre dauernden Fahrt sind in der *Italienischen Reise* beschrieben, G.s bedeutendstem Werk zur Bildenden Kunst und seinem Verhältnis zu ihr.

Aus Italien kehrt G. verändert zurück. Das Gesehene und Erfahrene hat die Vorliebe für Antike und Renaissance geprägt, und an deren Vorbildfunktion

wird G. lebenslang festhalten. Für den Bereich der Architektur hat er in Palladio den unübertroffenen Meister gefunden, in der Malerei hat Raffael gegenüber Michelangelo als schärfstem Konkurrenten endgültig die Führungsrolle errungen, das in der plastischen Kunst Machbare hat G. in den antiken Skulpuren vollendet vorgefunden. Nach der Italienreise, an deren Ende er sich vornahm, die Bildenden Künste selbst nicht mehr ernsthaft auszuüben, setzt seine eifrige Tätigkeit als Kunstsammler ein, sowohl den Privathaushalt als auch die herzoglich weimarischen Museumsbestände betreffend. 1788 übernimmt er die Oberaufsicht über das Freie Zeicheninstitut. Im *Teutschen Merkur* rezensiert er 1789 das für die Ausbildung der Autonomieästhetik wichtige Werk *Über die bildende Nachahmung des Schönen* von Karl Philipp Moritz, das möglicherweise aus dem Gedankenaustausch der beiden in Rom resultierte. Seine gewonnenen Erkenntnisse legt G. in kleinen Aufsätzen dar, darunter *Zur Theorie der bildenden Künste* und *Einfache Nachahmung der Natur, Manier, Stil.*

Mit Schiller, den G. 1794 in Jena kennenlernt, und Meyer, der seit 1791 in G.s Haus lebt, wird G.s Klassizismus gefestigt, und mit der Gründung der Kunstzeitschrift *Propyläen* tritt er 1798 in seine programmatische Phase. Hier veröffentlicht G. wichtige Aufsätze zur Bildenden Kunst, darunter *Über Laokoon, Diderots Versuch über die Malerei* und *Über den Dilettantismus.* Reibungsfläche bietet dabei die um sich greifende romantische Kunstauffassung, die sich auf das Mittelalter rückbesinnt und insgesamt Standpunkte vertritt, die G. ablehnt oder zumindest überwunden hat. 1798 setzt die Arbeit an seiner *Farbenlehre* ein. Hier 1799–1805 organisieren G. und Meyer als ↗Weimarer Kunstfreunde Preisaufgaben für Nachwuchskünstler und dazugehörige Ausstellungen, die hauptsächlich Themen der griechischen Mythologie behandeln. Die *Propyläen* werden wegen mangelnder Nachfrage 1800 aufgegeben, auch die Preisaufgaben erweisen sich zur Erziehung der jüngeren Generation als untauglich – Künstler wie Philipp Otto Runge und Caspar David Friedrich gehen unbeirrt eigene Wege. Kurz vor Schillers Tod vollendet G. 1805 das Sammelwerk *Winckelmann und sein Jahrhundert*, mit dem er noch einmal seinem Ideal der griechischen Antike huldigt. Einer der vielen Maler, die G. kennenlernt, ist der Landschafter Carl Ludwig Kaaz, der ihm weitere praktische Kenntnisse von Maltechniken vermittelt.

1810 erscheint die *Farbenlehre.* Der mehrjährige Umgang mit nachgelassenen Papieren Philipp Hakkerts resultiert 1811 in der Biographie des in G.s Augen letzten großen Landschaftsmalers. Sie zeigt keine große öffentliche Wirkung; immerhin beginnt G. im Anschluß die Sammlung seiner Unterlagen aus der italienischen Zeit, und 1816 erscheint der erste Teil der *Italienischen Reise*. Der Hartnäckigkeit Sulpiz Boisserées ist es zuzuschreiben, daß G. sich 1814/15 wieder mit ↗altdeutscher Kunst beschäftigt und in Folge erneut einer Kunstzeitschrift widmet, *Über Kunst und Altertum* (1816–1832), in der neben G. vor allem Meyer Schriften zur Bildenden Kunst veröffentlicht. Die Vorbildlichkeit der antiken Kunst stellt G. nach wie vor nicht in Frage, doch der reine Nachahmungsklassizismus der Jahrhundertwende ist überwunden. G.s bis zu seinem Tod während Beharrlichkeit in puncto Antike resultiert aus der Erkenntnis der griechischen Kunstwerke als Naturprodukte, und zur Hervorbringung solcher bedarf es eines Rückgriffs auf ästhetische Bedingungen, wie sie einstmals gegeben waren. Als beispielhaft wird 1818 wiederum Raffael angeführt: »Er gräzisiert nirgends, fühlt, denkt, handelt aber durchaus wie ein Grieche« (*Antik und modern*). G.s Umgang mit den Bildenden Künsten zeichnet sich lebenslang durch das Interesse aus, die Möglichkeiten der Produktion echter Kunst, sie sei bildend oder nicht, zu ergründen – auch der eigenen.

DF

Bilde Künstler s. **Sprüche**

Bildung s. **Bilden, Bildungstrieb**

Bildungsroman, am Verlauf der Biographie eines Helden, einer Heldin ausgerichtete Prosaerzählung größeren Umfangs. Gegenstand ist die innere Entwicklung der Zentralfigur von ihrer Jugend bis zur Reife der Persönlichkeit, im Idealfall gelingt der Versuch eines Ausgleichs von individuellem Streben und gesellschaftlichen Ansprüchen. G. hat den Begriff des Bildungsromans selbst nicht verwendet, aber im Zusammenhang mit seinem Konzept organologischer Bildung sowohl in seinem *Wilhelm Meister* das Muster für die literarische Gattung geliefert, als auch in *Dichtung und Wahrheit* den Versuch gemacht, das eigene Leben als Bildungsroman zu schreiben. Mit Wilhelm Meisters ursprünglicher Absicht, auf dem Theater seine Wunschidentität zu realisieren (auch wenn gerade das schließlich nicht gelingen soll), gibt G. eine besondere Ausprägung der Gattung des Bildungsromans vor: Er ist häufig Künstlerroman (z.B. Gottfried Kellers *Grüner Heinrich*).

BJ

Bildungstrieb. Der Begriff findet sich bei G. in drei Bedeutungen. Einerseits bezeichnet er als »poetischen Bildungstrieb« im heute üblichen Sinne den inneren Antrieb zur (praktischen) Beschäftigung mit Kunst, Wissenschaft und »thätigem Leben«. Zum anderen benennt G., Karl Philipp Moritz folgend, so einen schöpferischen Impetus, den er vom Äußerungs-, Lust- und Nachahmungstrieb insofern unterscheidet, als er auf reine Gestaltung, nicht auf ästhetisches Vergnügen am fertigen Werk zielt: Wo ein Kunstwerk nicht um seiner selbst, sondern um des Genusses des Schönen willen, den der Künstler sich von ihm verspricht, geschaffen wird, ist der Bildungstrieb nicht rein. Die häufigste Verwendung findet der Begriff allerdings im Bereich der Naturwissenschaften.

Zu G.s Zeit gab es zweierlei Vorstellungen über die Entstehung von Lebewesen, die der Evolution, Präformation oder Einschachtelungslehre einerseits, nach der bereits im Keimling eines Wesens die Individuen der Folgegeneration in Miniaturgestalt angelegt sind, andererseits die der Epigenese. Letztere geht von der Vorstellung aus, daß sich die Entwicklung eines Individuums von einer zunächst amorphen Masse durch Zuführung von Nährstoffen von außen und unter Einwirkung eines »nisus formativus« vollziehe (Johann Friedrich Blumenbach), wodurch sich Mißbildungen und Regenerationserscheinungen erklären lassen. G. übernimmt von Blumenbach die Idee einer gestaltenden Kraft, die er als Bildungstrieb bezeichnet, in seine Arbeiten *Zur Morphologie*. Dieser Trieb ist bestimmend bei der Entwicklung der Arten, erlaubt er doch Variierbarkeit und Flexibilität – in einem »zwar beschränkten, doch wohleingerichteten Reich«: So hat der Bildungstrieb bei der Giraffe Hals und Extremitäten zu Lasten des Körpers bevorzugt, beim Maulwurf verhält es sich umgekehrt, denn »[d]ie Rubriken seines Etats, in welche sein Aufwand zu vertheilen ist, sind ihm vorgeschrieben, was er auf jedes wenden will, steht ihm [...] frei«. In seiner Beschränkung stellt der Bildungstrieb das Bindeglied zwischen Gesetz (↗Typus) und Freiheit (↗Metamorphose) dar.

AvG

Billardkugel: Ob G. selbst Billard spielte, ist unbekannt, auf jeden Fall kannte er das Spiel aus Karlsbad (vgl. an Carl August, 10.6.1810); zudem mußte G. den amtlichen Antrag eines Jenaer Gastwirts auf Aufstellungserlaubnis eines Billardtisches behandeln (vgl. an Voigt, 13.3.1796). »Ein merckwürdig Cabinetstück« weiß G. von einer elfenbeinernen Billardkugel zu berichten, »die ein Hund zufällig verschluckte und nach 24 Stunden um zwey Drittel verdaut von sich gab. Sie ist sphäroidisch geworden, hat eine wunderbar fein-ungleiche Oberfläche« (an Carl August, 12.6.1797).   BJ

Biographie G.s s. **Chronik: Leben und Werk G.s** am Schluß dieses Lexikons

Birkenstock, Johann Melchior von (1738–1809), österreichischer Staatsmann und Kunstsammler in Wien, in dessen Besitz sich etwa 200 Gemälde und 7000 Kupferstiche befanden. Nach seinem Tode gingen die Bilder an Franz Brentano in Frankfurt, ein Stiefbruder Clemens Brentanos, wo G. 1814 und 1815 die Sammlungen begeistert studierte.   PO

Birnengeschichte: Sie illustriert – wir befinden uns im Jahr 1820 – die noch immer zwiespältige Rolle, die G. als literarisch-künstlerisches Genie von Weltrang und als Weimarer Hofbeamter einnahm. Gelegentlich hatte er als »Diener« zu fungieren, wenn es der Herzog so wollte. So befahl er seinem Minister, Kerne von Holzbirnen zu beschaffen, um eine Hecke pflanzen zu lassen, eine Ehre, um die sich jeder Obstbauer oder Förster gerissen hätte. G. fühlte sich unterschätzt und beleidigt. Aber Befehl war Befehl, den er zunächst listig und geschickt umging, bis er schließlich am 8. Oktober an Serenissimus lakonisch und seinerseits herablassend bürokratisch meldet, daß mehrere Säcke Holzbirnen nach Weimar unterwegs seien: »Wie die Kerne draus zu gewinnen und wie ferner damit zu verfahren sey, werden die Gartenverständigen gar wohl ermessen«.   BL

Bischof von Bamberg: Figur aus *Götz von Berlichingen*, Arbeitgeber von Adelbert von ↗Weislingen. Mit ihm stellt G. Götzens aufrichtiger Haltung zu Kaiser und Gott ein Negativbild gegenüber. Das oberste Interesse des Bischofs ist der eigene Nutzen, wobei der kaiserliche Wille bei Bedarf ignoriert wird. Bei der Darstellung des bischöflichen Hofes, der in einer Szene im 1. Akt feucht-fröhlich gezeigt wird, hat sich G. mehr an seinem eigenen Umfeld als an der höfischen Welt des 16.Jh.s orientiert.   WM

Blankvers: Reimloser, jambischer Vers mit fünf Hebungen, in der englischen Literatur im 14.Jh. entwickelt, mit William Shakespeare zu *dem* Vers des elisabethanischen Theaters geworden. Von Johann Christoph Gottsched und Christoph Martin Wieland propagiert, von Gotthold Ephraim Lessing aufgenommen (*Nathan der Weise*), wird er zum Hauptvers des klassischen deutschen Theaters; von G. in vielfachen

Tonlagen verwendet (*Iphigenie auf Tauris, Torquato Tasso, Die natürliche Tochter, Faust*).   BL

Blatt: Bei seinen botanischen Studien während der Italienreise machte G. die – naturwissenschaftlich gar nicht so falsche – Entdeckung, daß das Blatt die Urform aller Pflanzenorgane sei: »Hypothese Alles ist Blat« (WA II.7, S. 282f.). »Es war mir nämlich aufgegangen, daß in demjenigen Organ der Pflanze, welches wir als Blatt gewöhnlich anzusprechen pflegen, der wahre Proteus verborgen liege, der sich in allen Gestaltungen verstecken und offenbaren könne. Vorwärts und rückwärts ist die Pflanze immer nur Blatt« (WA I.32, S. 44).   BJ

Blick, für G. eine aktive Wahrnehmung sowohl des ↗Auges als auch der ↗Seele, mit der das Wesentliche des Gegenübers erfaßt werden kann, wobei auch dessen Aktivität gefragt ist – Blicke müssen sich treffen (das schließt jedoch nicht aus, daß der Blick auch Zugang zu Dingen wie etwa Kunstwerken verschafft). Eine erotische Komponente – wie im Gedicht *Warum gabst du uns die Tiefen Blicke* – ist dabei deutlich, ausschlaggebend ist jedoch die Erkenntnis von Gemeinsamkeit bzw. Übereinstimmung, die – wie im *Divan*-Gedicht *Es ist gut* – weitergehend auf das Göttliche verweist. Was Italien anging, wollte sich G. einführender Literatur enthalten, um »mit eignen Augen und nach eigner Art« zu sehen, denn: »Auf den ersten sichern Blick kommt alles an, das übrige gibt sich, und durch Schrifft und Tradition hat man keinen sichern Blick« (an Charlotte von Stein, 29.12.1786).   DF

Blitzableiter, von Benjamin Franklin 1749 entwickelt, hatte die Erfindung große Wirkung auf G.s Zeitgenossen, da sie eine fast mythische Naturmacht zu bändigen wußte. G. nannte den Blitzableiter meist Wetter- oder Gewitterableiter und zeigte insgesamt großes Interesse für dieses technische Gerät. Hintergrund der überragenden Wirkung des Blitzableiters im späten 18. Jh. ist die große Gewitterangst, wie sie noch die Gewitterszene im *Werther* dokumentiert.   BJ

Blocksberg: Im Volksaberglauben so genannter Versammlungsort der Teufel, Hexen und bösen Geister während der ↗Walpurgisnacht. Geographisch ist der ↗Brocken im Harz gemeint.   BL

Blumen- und Zeichenwechsel: Liebesbotschaften in der symbolischen Sprache der Blumen, die G. in den *Noten und Abhandlungen zu besserem Verständnis des West-östlichen Divan* zu »Haupteigenschaften der orientalischen Poesie« vertieft: »die Leichtigkeit zu reimen, sodann aber eine gewisse Lust und Richtung der Nation, Rätsel aufzugeben, wodurch sich zugleich die Fähigkeit ausbildet, Rätsel aufzulösen, welches denjenigen deutlich sein wird, deren Talent sich dahin neigt, Scharaden, Logogryphen und dergleichen zu behandeln«. Ein Spiel zwischen Liebenden, das mit einem Losungswort des Absenders, der Absenderin beginnt, worauf der Empfänger, die Empfängerin eine passende, sich reimende Antwort zu finden hat: »Amarante/Ich sah und brannte«; »Ein Faden/Bist eingeladen«; »Bohnenblüte/Du falsch Gemüte«.   BL

Boccaccio, Giovanni, (1313-1375), italienischer Dichter, aus dessen *Decamerone* (1348-53) G. vor allem die Technik der Rahmenerzählung übernimmt und in die deutsche Literatur einführt; in seiner Novellensammlung *Unterhaltungen deutscher Ausgewanderten* (1795) entwickelt er dabei die deutsche Novellistik. 1776 verwarf G. den Plan, ein Stück *Der Falke* nach dem Stoff der Falknernovelle Boccaccios zu schreiben.   JAS

Bode, Johann Joachim Christoph (1730-1793), Verleger, Übersetzer und Musiker, der 48jährig Charitas Emilie Gräfin von Bernstorff als Sekretär und Hausminister von Hamburg nach Weimar folgt. Hier hat er rasch Zutritt zum Kreis um Anna Amalia, richtet für sie in Ettersburg eine Handdruckerei ein und musiziert in ihrem ↗Liebhabertheater. G. und Carl August nahm Bode als eifriger Freimaurer die Ordensgelübde ab. Befreundet mit Wieland, Herder und Bertuch, war er auch Mitglied der ↗Freitagsgesellschaft.   PO

Bode, Theodor Heinrich August (1778-1804), von 1802 an öfter bei G. eingeladen, um diesem als studentische Hilfskraft bei der Sichtung des Nachlasses des Göttinger Professors Christian Wilhelm Büttner zu helfen, den der Herzog erworben hatte. Bode trat auch als Übersetzer französischer Klassizisten sowie als Autor von Satiren und Lustspielen und einer Travestie von G.s *Hermann und Dorothea* hervor.   BJ

Bodmer, Johann Jakob (1689-1783), der Schweizer Schriftsteller und Kritiker, kämpfte mit Johann Christoph ↗Gottsched um die führende Rolle in der deutschen Literatur. Bodmer betonte in seiner *Critischen Abhandlung von dem Wunderbaren in der Poesie* die Möglichkeiten der freien Phantasie eines Dichters.

Zusammen mit seinem Studienfreund Johann Jacob Breitinger wird Bodmer somit Wegbereiter eines neuen Literaturverständnisses, das gegen die Regelpoetik Gottscheds die Subjektivität zur Triebkraft dichterischer Produktivität erklärt. Die Schweizer bewirken durch ihre Polemik gegen Gottsched ein literarisches Umdenken, das erst die folgenden Dichtergenerationen mit dem ↗Sturm und Drang, dem Shakespeare-Kult Wielands und der Mittelalterbegeisterung der Romantiker umsetzen sollten.

G. lernte Bodmer, der da schon ein Greis von über 80 Jahren war, Mitte Juni 1775 während seiner ersten Schweiz-Reise in Zürich kennen. Trotz seines hohen Alters war Bodmer immer noch außerordentlich streitbar und neugierig und wollte durchaus den Dichter, von dem er gehört hatte, daß dieser an einem »Faust« arbeitete, kennenlernen. Sie wurden einander durch den Begründer der Physiognomik und Bodmer-Anhänger Johann Kaspar Lavater vorgestellt. G. sah in Bodmer eine einst in Leipzig in Gottsched eine schon halb veraltete Größe und gab sich sehr zurückhaltend. Auch eine zweite Begegnung 1779 verlief sehr kühl.   BB

Böhmen: Zur österreichischen Krone gehörendes Königreich, südöstlich von Weimar gelegen, das G. einerseits wegen der dortigen Heilquellen und Bäder aufsuchte (↗Karlsbad, ↗Marienbad, Eger, ↗Franzensbad, ↗Teplitz), in denen er sich immer wieder im »böhmischen Zauberkreise« wähnte (an Zelter, 24.8.1823). Andererseits verfolgte er in Böhmen verschiedene naturwissenschaftliche Interessen, v.a. Mineralogie und Geologie. Die Zeitschrift *Zur Naturwissenschaft überhaupt* enthielt in ihrem 3. Heft (1820), nach kleinen Beiträgen in den ersten Heften, einige Aufsätze, die G. unter dem Titel *Zur Geologie, besonders der Böhmischen* zusammenfaßte. Dem durch fast vollständig umlaufende Gebirgsketten zur Außenwelt abgeschlossenen Böhmen widmete G. 1822 den Text *Böhmen vor der Entdeckung Amerikas ein kleines Peru*.   BJ

Boie, Heinrich Christian (1744-1806), Schriftsteller, Mitbegründer des ↗Göttinger Hains und Herausgeber des *Göttinger Musenalmanachs*, in dem G. so bedeutende Gedichte wie *Der Wandrer* und *Mahomets Gesang* veröffentlichte. 1774 besuchte Boie G. in Frankfurt: »Er hat mir viel vorlesen müssen [...], alles mit dem Stempel des Genies geprägt«, wobei der *Doktor Faust* für Boie »das Größte und Eigentümlichste von allem« war. Und über den Menschen: »Goethes Herz ist so groß als sein Geist« (*Gespräche* 1, S. 125).   PO

Boisserée, Sulpiz (1783–1854) und Melchior (1786–1851), Kunstsammler und Kunstschriftsteller, Wiederentdecker mittelalterlicher Kunst; ihre Privatsammlung umfaßte ca. 200 altdeutsche und niederländische Gemälde. Sulpiz Boisserée bewirkte mit seinem Rekonstruktionsentwurf die Fertigstellung des Kölner Doms (1842–1880). Durch Vermittlung des Grafen Reinhard sandte er G. 1810 Skizzen dazu. Der zollt ihm »aufrichtiges und unbewundenes Lob« (G. an Reinhard, 14.5. 1810) und läßt 1811 eine Einladung nach Weimar folgen. Der Gast hat Zeichnungen der Dome u.a. von Köln, Straßburg, Amiens, Reims und Wien bei sich, weckt so G.s Interesse für gotische Baukunst. 1814 und 1815 besuchte G. Sulpiz Boisserée in Heidelberg und besichtigt die Gemäldesammlung.

Diese Begegnungen schärfen G.s Verständnis für mittelalterliche Kunst. In seiner Schrift *Ueber Kunst und Alterthum in den Rhein und Mayn-Gegenden* würdigt er die Boisseréesche Sammlung. Mit Hilfe von Lithographien versuchte man ab 1821, die Bilder einer größeren Öffentlichkeit bekannt zu machen. Melchior Boisserée leitete die lithographische Anstalt in Stuttgart. Die Sammlung der Boisserées ging 1827 in bayerischen Staatsbesitz über und ist heute Teil der Alten Pinakothek in München.   PO

Bologna: G. machte auf seinem Weg nach Rom vom 18.–20.10.1786 halt in der Stadt, wobei ihn v.a. die *Hl. Cäcilia* von Raffael faszinierte: »Trifft man denn gar wieder einmal auf eine Arbeit von Raffael, [...] so ist man gleich vollkommen geheilt und froh« (*IR*, 19.10.1786). Das Gemälde befand sich zur Zeit G.s in einer Kapelle von S. Giovanni in Monte. Auch auf seiner Rückreise nach Deutschland hielt sich G. im Mai 1788 erneut in Bologna auf.   CA

Bonn: »naß« war G.s Begegnung mit der Geburtsstadt Beethovens. Auf der Rückkehr aus Frankreich Ende 1792 fuhr G. auf einem Kahn von Koblenz rheinabwärts nach Düsseldorf. Der Sturz des Fährmanns in den Rhein infolge eines Streites mit einem Passagier machte einen Halt in Bonn nötig, damit sich der Durchnäßte in einer Schifferkneipe aufwärmen konnte. G. aber beharrte darauf, die Nacht im Kahn zu verbringen. Daß dieser ein Leck hatte, bemerkte er erst, als er selbst pudelnaß war! Nun betrat er doch das Wirtshaus, um sich »in Tabak schmauchender, Glühwein schlürfender Gesellschaft so gut als möglich zu trocknen« (*CiFr*, Oktober 1792). Bei einem in *Kunst und Altertum* beschriebenen zweitägigen Besuch im Juli 1815 besichtigte G. die vielseitige Sammlung des Kanonikus Pick und hörte Argumente für die Wiedereinrichtung der 1797 geschlossenen Bonner Universität (*KuA*, WA I,3).   CA

Bonnet, Charles (1720–1793), schweizerischer Naturforscher und Philosoph, entdeckte den Generationswechsel bei Blattläusen und war Vertreter der sogenannten Einschachtelungslehre, deren Befürworter davon ausgingen, daß alle Teile des künftigen Organismus bereits im Keim vorgebildet seien. Diese Theorie war G. seit seiner Jugend geläufig, und obwohl er sie nicht bedingungslos annahm, stellte er doch bei der Niederschrift seiner Entwürfe zur Botanik fest, daß es hier nötig sei, »der Einschachtelungs-Hypothese zu schmeicheln weil wirklich der menschliche Verstand gewisse Phänomene auf eine andere Weise zu begreifen kaum fähig ist«.   AE

Bononischer Stein (Bologneser Schwerspat, Bariumsulfat), ein phosphoreszierendes Mineral, über das G. in der *Italienischen Reise* berichtet. G. stellte fest, daß nach Sonneneinwirkung Leuchteffekte nur im violetten Teil des Spektrums auftreten. Werther freut sich an seinem Diener, der geradewegs von Lotte kommt, wie an einem Stein, der die Sonnenstrahlen noch in sich trägt (18.7.1771).   DF

Borghese: Haupt der wohlhabenden und einflußreichen italienischen Adelsfamilie war zu G.s Zeit Fürst Marco Antonio III. Borghese (1730–1800). Ihm gehörte die am Monte Pincio in Rom gelegene Villa mit Park, der berühmt war durch seine zahllosen antiken Statuen. Auch das »Casino« genannte Hauptgebäude enthielt eine wertvolle Sammlung von Antiken und Gemälden. Gerne hielt sich G. im Park der Villa auf – seit 1902 steht dort ein G.-Denkmal –, unter anderem, um an seinen Dramen *Torquato Tasso* und *Egmont* zu arbeiten; ebenso am *Faust*. Über einen Stadtplan von Rom gebeugt, erklärt er Eckermann am 10.4.1829: »›Dies [...] ist der Farnesische Garten.‹ War es nicht hier, sagte ich, wo Sie die Hexenszene des *Faust* geschrieben? ›Nein, sagte er, das war im Garten Borghese.‹«   AR

Borghesischer Fechter, Skulptur des Agasias von Ephesus (1.Jh. v. Chr.), an die G. sich beim Anblick ballspielender Veroneser erinnert fühlte *(IR)*. Bezug-

Von der ursprünglichen Anlage des »Louisenklosters« blieb nichts als das Borkenhäuschen erhalten

nehmend auf den Fechter u.a. wetterte G. anläßlich seiner Besprechung der Kupfer *La Cena, Pittura di Giotto* gegen die Krittel-Sucht überpenibler Kunstkritiker (die Rückenlinie stimmt angeblich nicht).

DF

Borkenhäuschen: Oval gestaltetes Holzhaus, mit Baumrinde verkleidet, entstand zu Beginn der Gartengestaltung des Ilmtals (↗Park an der Ilm). Als rousseauistische Einsiedelei gedacht, wurde es in das heute nicht mehr erhaltene »Louisenkloster« einbezogen, vor dessen Kulisse G. am Namenstag der Herzogin Louise 1778 ein allegorisches Spiel aufführen ließ. Romantisierender Kontrapunkt zum ↗Römischen Haus.

BL

Böses s. **Gutes**

Botanik: Zehn Jahre, nachdem er sein erstes eigenes Besitztum in Weimar in einen blühenden Kleingarten verwandelt hatte, trieb G. intensive botanische Studien; er las Linné und andere Botaniker, fand eine eigene Form der wissenschaftlichen Erschließung des Pflanzenreichs, nämlich die Phänomenologie, und steigerte die Erlebnisse seiner *Italienreise* zu wegweisenden Erkenntnissen. Nachdem er sich zu Beginn dieser Reise bezüglich seines Pflanzenstudiums noch

im Stand der »Schülerschaft« sah, vertiefte sich G. auf dem Weg über Venedig (*IR*, v.a. 8.10.1786), Rom (2.12.86) und Neapel, um in Palermo am 17.4.1787 endgültig der ↗Urpflanze auf der Spur zu sein. Früchte des botanischen Studiums sind die Abhandlung *Versuch, die Metamorphose der Pflanze zu erklären* (123 Paragraphen, entstanden 1789), das Lehrgedicht gleichen Namens von 1798, die *Allgemeine Spiraltendenz der Vegetation* (1831) und die Gesetze von ↗Polarität und ↗Steigerung in einem dreigliedrig organisierten Pflanzenwachstum.

AV

Böttiger, Karl August (1760–1835), Archäologe und Altphilologe, der 31jährig durch Vermittlung Herders in Weimar Gymnasiallehrer wurde und rasch Kontakt zu G. und Schiller fand: Mitglied der ↗Freitagsgesellschaft, Mitarbeiter der *Horen* und *Propyläen*, 1795–1803 Leitung des *Journals des Luxus und der Moden*, 1797–1809 des *Merkur* sowie Mitarbeit an englischen und französischen Zeitschriften. Böttigers Klatsch und Tratsch, die Weitergabe ihm anvertrauter Manuskripte wie das von Schillers *Wallensteins Lager*, so daß dies noch vor dem Druck in Kopenhagen aufgeführt wurde, sowie seine Rezension zur Aufführung von Schlegels *Ion*, wodurch G. seine Theaterarbeit verunglimpft sah, machte ihn für G. – neben Kotzebue – zu einem der »gründlichsten

Schufte, die Gott erschuf« (*[K.] und [B.]*). G.s Abneigung sieht Böttiger gelassen: »Er bleibt sich gegen mich bis auf den letzten Augenblick gleich. Mag er!« (*Gespräche* 1, S. 906). – Und geht 1804 nach Dresden. Dort hatte man für ihn schon eine Stelle geschaffen: als Studiendirektor der kurfürstlichen Silberpagen. G. seinerseits fühlt sich »in Weimar wie im Himmel«, da »der Böttigersche Kobold weggebannt« war (an W. von Humboldt, 30. 7. 1804).   PO

Boxen, der den antiken Faustkampf neu belebende, im England des 18. Jh.s aufkommende Sport (1743 Einführung von Boxhandschuhen), der bald auch in Deutschland bekannt wurde. G. war einer der ersten, die das Wort für poetische Zwecke gebrauchten: »Zwei Gegner sind es, die sich boxen,/Die Arianer und die Orthodoxen« (*Zahme Xenien*). Anläßlich seiner *Nachlese zu Aristoteles' Poetik* vermutete G., daß Box- genau wie Stierkämpfe Überreste heidnischer Rituale seien.   DF

Brackenburg, Figur aus *Egmont*. Brackenburg ist ein unglücklicher junger Bürgerlicher, der sich lange Hoffnung auf die Liebe ↗Klärchens macht, bis sie die Geliebte Egmonts wird. Sein erster Auftritt (I.3) zeigt ihn, wie er der strickenden Geliebten das Garn hält; er begleitet Klärchen beim Versuch, das Volk zur Befreiung Egmonts aufzuwiegeln; vor ihrem Selbstmord übergibt sie ihm gleichsam ihr politisches Mandat.   BJ

Brahe, Tycho de (1546-1601), dänischer Astronom, berühmt durch seine revolutionäre Erkenntnis, daß sich die Kometen außerhalb der Erdatmosphäre bewegen. Das von ihm entwickelte Tychonische Weltsystem geht davon aus, daß die Erde als ruhender Mittelpunkt von Mond und Sonne umkreist wird, während alle anderen Planeten die Sonne umrunden. G. übte nicht nur in der *Geschichte der Farbenlehre* scharfe Kritik an Brahes Erkenntnissen, sondern auch in den *Maximen und Reflexionen*: »Tycho de Brahe, ein großer Mathematiker, vermochte sich nur halb von dem alten System loszulösen, das wenigstens dem Sinnen gemäß war, das er aber aus Rechthaberei durch ein kompliziertes Uhrwerk ersetzen wollte, das weder den Sinnen zu schauen noch den Gedanken zu erreichen war«.   HM

Branconi, Maria Antonia von (1746-1793), gefeierte italienische Schönheit, herzens- und allgemeingebildet, die – mit 20 Witwe – Geliebte des Herzogs Karl Wilhelm Ferdinand von Braunschweig wird. G. lernt

sie 1779 in Lausanne kennen. Gegenüber Charlotte von Stein schwärmt er: »Sie kommt mir so schön und angenehm vor dass ich mich etlichemal in ihrer Gegenwart stille fragte, obs auch wahr seyn möchte« (21. 10. 1779). Auf seiner zweiten Harzreise bezieht er 1783 Quartier auf ihrem Gut Langenstein bei Halberstadt – diesmal ist der zehnjährige Fritz von Stein dabei.   PO

Brand des Hoftheaters: Das Weimarer Hoftheater brennt in der Nacht vom 21. auf den 22. März 1825 nieder – fristgerecht, wie die Forschung inzwischen meint. Ein Plan zum neuen Theater, zwischen G. und dem Oberbaudirektor Coudray vereinbart, liegt bereits vor, während die Trümmer noch rauchen. Der Herzog allerdings zögert, wegen seiner Gesundheit, wegen der Konzeption. G. hielt an einem fürstlich-großbürgerlichen Logentheater fest, allgemein wird, auch von Herzog Carl August, aber ein Volkstheater mit niedrigen Rängen bevorzugt. G. muß sich, widersinnig genug, erneut als »Fürstenknecht« beschimpfen lassen und gibt sich dem Herzog gegenüber verstimmt, sieht sich einer Intrige der herzoglichen Mätresse, der Schauspielerin Caroline Jagemann ausgesetzt, die auf der Seite ihres Herrn und Gebieters steht. G. nimmt die Niederlage zuletzt leicht: »Mir kann es ganz recht sein. Ein neues Theater ist am Ende doch immer nur ein neuer Scheiterhaufen, den irgend ein Ungefähr über kurz oder lang in Brand steckt. Damit tröste ich mich« (Eckermann, 1. 5. 1825).   BL

Brandt, Susanna Margaretha (1748-1772), Frankfurter Dienstmagd, tötete am 1. 8. 1771 ihr uneheliches Kind unmittelbar nach der Geburt. Zwei Tage später wurde sie aufgegriffen und im Katharinenturm eingekerkert. Sie wurde zum Tod verurteilt und am 14. 1. 1772 auf dem Richtplatz in der Nähe der Hauptwache auf dem Schafott hingerichtet. Dieser Fall hat sich, wenngleich ein zeittypisches Verbrechen, dem damaligen Gerichtsreferendar G. besonders eingeprägt und für die Akzentuierung der Gretchen-Gestalt als Kindsmörderin in *Faust I* gesorgt.   BL

Braunschweig: Herzogliche Residenz, durch Anna Amalia mit dem Weimarer Herzogshaus verwandt. Als Geheimschreiber begleitete G. Herzog Carl August vom 16. 8. bis 1. 9. 1784 in diplomatischer Mission (↗Fürstenbund) an den dortigen Hof, dessen Enge G. deutlich empfand.   BL

Braut von Corinth, Die: *Nach Corinthus von Athen gezogen*, entstand am 4./5. 1797; unmittelbar danach, vom 6.–9.6.1797, schrieb G. *Der Gott und die Bajadere: Mahadöh, der Herr der Erde*. Beide Balladen erschienen in Schillers *Musen-Almanach für das Jahr 1798* und sind wegen des fremd und exotisch anmutenden Themas und der artifiziellen Gestaltung die bemerkenswertesten Beiträge G.s zum ↗ Balladenjahr. Beide Gedichte, die immer als komplementäre Texte verstanden wurden, riefen beim zeitgenössischen Publikum Bewunderung, aber auch Befremden hervor. Johann Gottfried Herder kommentierte in einem Brief an Karl Ludwig von Knebel die freizügige Erotik ironisch: »Einmal als Gott mit einer Bajadere; das zweite Mal als ein Heidenjüngling mit seiner christlichen Braut, die als Gespenst zu ihm kommt und die er, eine kalte Leiche ohne Herz, zum warmen Leben priapisiert – das sind Heldenballaden!« In einem anderen zeitgenössischen Briefurteil wird die Ambivalenz noch drastischer formuliert; eine Partei nenne die Ballade *Der Gott und die Bajadere* »die ekelhafteste aller Bordellszenen«, die andere »das vollendetste aller kleinen Kunstwerke Goethes«.

Das Thema des Wiedergängertums, das bereits Gottfried August Bürger in seiner von G. geschätzten Schauerballade *Lenore* (1773) gestaltet hatte, wird in *Die Braut von Corinth* weiblich ausgeformt. Die Ballade bezieht ihre gattungstypische Spannung aus der sukzessiven Enthüllung des schrecklichen Geheimnisses, daß die Braut, die dem ihr fremden, aber von Kindheit an versprochenen Bräutigam eine Liebesnacht schenkt, eine Tote ist. Die Tochter war von der Mutter geopfert worden, die sie zum Dank für ihre eigene Genesung dem Kloster geweiht hatte. In einer langen Anklagerede an die Mutter erzählt die Tochter ihre Geschichte, die zugleich den kulturhistorisch bedeutsamen Übergang von der antiken zur christlichen Religion spiegelt. Die Brisanz der Ballade liegt in der Entgegensetzung einer sinnlich-heiteren antiken Welt, »Als noch Venus' heitrer Tempel stand«, und dem Bild eines strengen Christentums, das »Menschenopfer unerhört« fordert: »Und ein Heiland wird am Kreuz verehrt;/Opfer fallen hier«. Im Feuer des Scheiterhaufens will die Tochter mit dem todgeweihten Bräutigam »den alten Göttern« zueilen.

Mit der Himmelfahrt zweier Liebender aus dem tödlichen Feuer endet auch die zweite Ballade *Der Gott und die Bajadere*, die mit dem Untertitel *Indische Legende* auf einen exotischen Schauplatz verweist, der jedoch wiederum offen ist für Anspielungen auf christliche Glaubens- und Moralvorstellungen. Mit der menschlichen Inkarnation von Mahadöh (Beiname des Shiva, einer der Hauptgötter des Hinduismus) wird auf die Menschwerdung Christi angespielt;

die Bajadere, eine Tempeltänzerin, im europäischen Verständnis jedoch ein Freudenmädchen, ist Maria Magdalena verwandt, der großen Sünderin des Neuen Testaments, die von Jesus Vergebung erlangt.

Diese Kompilation indischer und christlicher Überlieferung verschleiert die brisante Aussage, daß Liebe und Sexualität zum Bild des Mensch gewordenen Gottes gehören. In Rede und Gegenrede zwischen der Bajadere und den Priestern wird Liebe allein auf eine grenzenlose Hingabe gegründet. Solche emotionalen und erotischen Kühnheiten waren für die Zeitgenossen unbegreiflich; aus heutiger, insbesondere feministischer Sicht sind andere Darstellungselemente der Ballade befremdlich. Die Erprobung unbedingter weiblicher Hingabe, »Und er fordert Sklavendienste«, ist Bedingung »zu des Lagers vergnüglicher Feier«. Solche Unterwerfung der Frau unter männliche Macht-, ja Gewaltphantasien sind Ausdruck eines männlich dominierten Geschlechterverhältnisses. Doch sind auch unter diesem Aspekt die beiden Balladen komplementär; in der *Braut von Corinth* ist der Mann das Opfer der mütterlichen Religiosität und des töchterlichen Begehrens. IW

Bräutigam, Der: *Um Mitternacht*, Entstehungszeit unsicher, wohl Ende 1824/Anfang 1825. Das Gedicht wurde im September 1829 anonym in der Privatzeitschrift ↗ *Chaos*, die G.s Schwiegertochter Ottilie für einen kleinen Weimarer Kreis herausgab, veröffentlicht. Sein rätselhafter Charakter, der sich im Titel verdichtet, hat immer wieder zu biographischen Deutungsversuchen geführt. Wegen motivischer Anklänge an das *Hohelied Salomons*, wie sie auch in der Lili Schönemann-Episode im 17. Buch von *Dichtung und Wahrheit* zu finden sind, wurde das Gedicht häufig mit Lili Schönemann und G.s kurzer Lebensphase als Bräutigam in Verbindung gebracht (*Lili-Lyrik*). Bezogen wurde es jedoch auch auf die späte Liebe zu Ulrike von Levetzow (*Trilogie der Leidenschaft/Marienbader Elegie*), auf Charlotte von Stein und G.s 1816 verstorbene Frau Christiane.

Über biographische Konkretisierung hinaus ist der Titel jedoch weit eher Metapher für eine erotische Grundstimmung von G.s Leben, für die gespannte Erwartung, die niemals in völliger Erfüllung aufgeht. *Der Bräutigam* ist ein Lebens- und Liebeslied, dem die Trauer über den Verlust oder den Tod der Geliebten eingeschrieben ist: »Sie fehlte ja, mein emsig Tun und Streben/Für sie allein ertrug ich's durch die Glut/Der heißen Stunde«. Die Erwähnung von Nacht und »holdem Traum« erweist das Gedicht zudem als eine Reflexion über poetische Imagination.

In für G.s Alterslyrik typischer Weise gleiten verschiedene Zeitebenen, Erinnerungsbilder und poetische Bilder ineinander. Das Leitwort »Mitternacht« bezeichnet den Gleichstand der Zeit, den herausgehobenen Augenblick im unaufhörlichen Fließen der Zeit. Der Kreislauf eines Tages von Mitternacht, Morgen, Abend und wieder Mitternacht wird zum Bild für das menschliche Leben (vgl. *Um Mitternacht*). Auf der Erinnerungsebene des Gedichts ist Mitternacht die Schwelle zur Liebeserfüllung, auf der Gegenwartsebene die Schwelle zum Tode und damit zur Wiedervereinigung mit der Geliebten. Diese Kreisform, die Einheit von Beginn und Ende, ist ein G. zutiefst vertrauter Gedanke. Aus ihm erwächst auch die sinnstiftende Schlußsequenz, in der die Melancholie des Gedichts aufgehoben scheint: »Wie es auch sei das Leben es ist gut.«   IW

Breitinger, Johann Jakob (1701–1776), schweizerischer Ästhetiker und Literaturkritiker, dessen *Critische Dichtkunst* (2 Bde., 1740, zusammen mit Johann Jakob ↗Bodmer) ein Versuch war, Prinzipien der bildenden Kunst auf die Poesie zu übertragen. Für G. waren das »ausgerenkte Maximen« von einem »tüchtigen, gelehrten, einsichtsvollen Mann«, der »die Mängel seiner Methode dunkel fühlen mochte« (*DuW*, 7. Buch).   PO

Breitkopf, Bernhard Theodor (1749- um 1820) »wohlgestalteter junger Mann, der Musik ergeben« (G.). Bei Johann Adam Hiller musikalisch ausgebildeter Sohn des Leipziger Verlegers Johann Gottlob Immanuel Breitkopf, dem es nicht gelang, den väterlichen Betrieb weiterzuführen. G. traf sich häufig und gern während seiner Leipziger Studienzeit mit der Verlegerfamilie; das *Leipziger Liederbuch*, die Vertonung der Käthchen Schönkopf zugedachten Gedichte durch Bernhard Theodor Breitkopf ist die erste in Musik gesetzte Lyrik G.s. Unter dem Titel *Neue Lieder* wurde die Ausgabe 1770 im väterlichen Verlagshaus in dem gerade entwickelten Notentypensatz ediert.   GBS

Brenner, zur G.-Zeit der wichtigste Alpenpass nach Italien, für G. eine »Felskluft […], in der ich auf die Gränzscheide des Südens und Nordens eingeklemmt bin« (*IR*, 8.9.1786). So trägt auch der erste Teil der *Italienischen Reise* die Überschrift »Von Karlsbad bis zum Brenner«.   BJ

Brentano, Clemens (1778–1842), Dichter, Sohn des Frankfurter Kaufmanns Peter Anton Brentano und

Maximiliane von La Roches, Bruder Bettina von Arnims, der gemeinsam mit Achim von Arnim die – auch von G. gelobte – Volksliedersammlung *Des Knaben Wunderhorn* (1. Bd. 1806, 2. Bd. 1808) herausgab. Während Brentano ein G.-Verehrer ist, steht G. den Stücken Brentanos und der anderen Romantiker eher ablehnend gegenüber: »Deswegen [gemeint ist die Bühnenuntauglichkeit dieser Stücke] bringen mich ein halb Dutzend jüngere poetische Talente zur Verzweiflung, die bey außerordentlichen Naturanlagen schwerlich viel machen werden was mich erfreuen kann. Werner, Öhlenschläger, Arnim, Brentano und andere arbeiten und treibens immerfort; aber alles geht durchaus ins form- und charakterlose« (an Zelter, 30.10.1808).   PO

Breslau, Hauptstadt der preußischen Provinz Schlesien, wo G. auf seiner Schlesienreise 1790 zweifach Station machte: »Nun sind wir wieder in dem lärmenden, schmutzigen, stinkenden Breslau, aus dem ich bald erlöst zu sein wünsche« (an Herder, 11.9.1790). Der jüngste Sohn Charlottes von Stein und Zögling G.s, Fritz von Stein, ging 1795 zur weiteren Ausbildung nach Breslau, wo er sich später als schlesischer Verwaltungsbeamter etablierte.   BJ

Brief des Pastors *zu*** an den neuen Pastor zu****, kurzer Prosatext, entstanden 1772, Erstdruck 1773; angeblich aus dem Französischen übersetzt, jedoch keine Vorlage bekannt. Ein älterer Geistlicher schreibt an den jungen Amtsbruder in der Nachbarschaft, der auf die Stelle eines unbeliebten, kaltorthodoxen Pastors gerückt ist. Der *Brief des Pastors* ist insgesamt ein Lob friedliebender und liebevoller Gesinnung, ein Lob der ↗Toleranz gegenüber anderen Konfessionen und Religionen und ein Programm einer einfachen, menschlichen und psychologisch verstehenden Gläubigkeit, zugleich eine scharfe Ablehnung rein rationaler Philosophie und Theologie. Der Brief ist ein wichtiges Dokument für G.s Auseinandersetzung mit religiösen Fragen Anfang der 1770er Jahre – etwa auch vor dem Hintergrund der Intoleranz-Erfahrungen, die er mit der pietistischen Brüder-Gemeine in Straßburg machen mußte.   BJ

Briefe aus der Schweiz, Prosatext in zwei Abteilungen über die zweite Reise in die Schweiz, die G. zwischen dem 1. Oktober und dem 8. Dezember 1779 mit dem Herzog Carl August unternahm; G. stellte die *Briefe aus der Schweiz* für teilnehmende Freunde zusammen, auf Wunsch Schillers wurden sie 1796 in dessen Zeitschrift *Die Horen* gedruckt. In der ersten

Abteilung fingiert ein Herausgeber eine Serie von Briefen Werthers aus der Zeit vor der Bekanntschaft mit Lotte. Der Text ist deutlich im Werther-Stil abgefaßt, die Darstellung der prosaischen bürgerlichen Verhältnisse wie die der Natur ist von entsprechender Abneigung bzw. Begeisterung getragen.

Diesem am Genre der empfindsamen Reisebeschreibung orientierten Teil steht die zweite Abteilung als Tagebuch einer Bildungsreise entgegen. Für den schon 1780 abgefaßten Text dieses Teils hat G. die eigenen Briefe an Charlotte von Stein, sein Tagebuch und das des Herzogs zu einem literarischen Text umgearbeitet, der die Brief- bzw. Tagebuchstruktur behält. Der Text fungiert hier, in naturwissenschaftlich-sachlichem, beschreibendem Stil gehalten, als Reiseführer für Nicht-Reisende, die sich über das Land informieren wollen. In der typologischen Gegenüberstellung von empfindsamer und Bildungsreise aber reflektieren die *Briefe aus der Schweiz* zwei historisch wie biographisch unterschiedene Wahrnehmungsweisen und literarische Modelle.　　BJ

Briefgedicht. Der Brief ist ein wichtiges Ausdrucksmittel der bürgerlichen Gefühls- und Geselligkeitskultur, wie sie sich im 18. Jh. herausbildet. Im Zeichen der Empfindsamkeit mit ihrem Freundschaftskult und ihrem Bedürfnis nach intimer Selbstaussprache, Selbstdarstellung und Kommunikation wird auch die Verbindung von Briefprosa und eingefügten oder beigelegten Gedichten vielfach gepflegt. Gemäß Gellerts Forderung, der Brief solle ein lebendiges Gespräch unter Abwesenden sein, ist dieses Medium gerade auch für Frauen der sprachliche Ort, an dem die eigenen Empfindungen, Probleme und Affekte ausgesprochen werden können. Daneben ist die seit der Antike vertraute Tradition von Briefen in Versen, für die insbesondere die Episteln des Horaz Orientierungsmuster sind, weiter lebendig.

G. hat das ältere Ausdrucksmittel der Briefepistel, insbesondere aber die Verbindung von Prosa und Versen Zeit seines Lebens genutzt. Die Gedichte in den Briefen haben dabei häufig eine Doppelfunktion; sie haben rein privaten Charakter als ästhetisch geformte, herausgehobene Mitteilung an einen bestimmten Adressaten, und sie werden immer wieder aus diesem individualistischen Kontext gelöst und in das lyrische Werk integriert. Das zeigt sich bereits in den Briefen des jungen Studenten aus Leipzig.

Typisch für G.s Briefstil dieser Zeit ist ein langer Brief an die Schwester Cornelia, geschrieben zwischen dem 11. und 15.5.1767, in dem er von der deutschen Sprache in die französische und englische wechselt

und mehrere Gedichte einstreut, darunter das Gedicht *An meine Mutter,* das Cornelia als Gruß übermitteln soll, und das Rokokogedicht *An den Schlaf,* das ins Liederbuch *Annette* (↗ *Neue Lieder*) aufgenommen wurde. Die Vermischung von privatem und literarischem Schreiben zeigt sich auch in den Briefen der späteren Zeit; beides ist Selbstvergewisserung einer sich entwickelnden Individualität und einer neuen Subjektivität des Ausdrucks. So wurden wohl die meisten *Sesenheimer Lieder* mit Briefen übermittelt; erhalten sind allein die Gedichte, während die Briefe G.s aus Straßburg von Friederike Brions jüngerer Schwester Sophie vernichtet wurden.

Das Gedicht *Mit einem gemalten Band* benennt den Vorgang des brieflichen Kommunizierens mit der Geliebten bereits in der Überschrift. Auch in der Folge fungieren Gedichte als ästhetische Aufwertung des Liebesbriefs, so insbesondere in der über zehnjährigen Beziehung zu Charlotte von Stein, in der die Verbindung von Brief und Gedicht immer wieder Ausdrucksmöglichkeit der komplexen Emotionalität ist. Ein herausragendes Beispiel ist das Gedicht ↗ *Warum gabst du uns die Tiefen Blicke,* Beigabe zu einem Brief vom April 1776. Ein großer Teil dieser Gedichte wurde von G. nicht publiziert und erst nach seinem Tode aus dem Nachlaß von Charlotte von Stein herausgegeben. Eine spielerische Form der brieflich-lyrischen Kommunikation praktizierten G. und Marianne von Willemer; im Abschnitt »Chiffer« der *Noten und Abhandlungen zu besserem Verständnis des West-östlichen Divans* schreibt G. zur Praxis der Chiffernbriefe: »Liebende werden einig, Hafisens Gedichte zum Werkzeug ihres Gefühlwechsels zu legen; sie bezeichnen Seite und Zeile, die ihren gegenwärtigen Zustand ausdrückt, und so entstehen zusammengeschriebene Lieder vom schönsten Ausdruck«.

In G.s umfangreichem, mit der Ausdehnung seines literarischen Ruhmes ständig wachsendem Briefwechsel mit Freunden, Gleichgesinnten, Partnern des intellektuellen, künstlerischen und naturwissenschaftlichen Gesprächs, Verehrern und Verehrerinnen, mit Herzog Carl August und anderen Angehörigen des Weimarer Hofes dienten beigefügte Gedichte oder die Form der Epistel immer wieder zur Pointierung der Aussage. So schickte G. zur Berufung Johann Gottfried Herders als Generalsuperintendent nach Weimar im Februar 1776 eine witzige Briefepistel in Paarreimen, die dem feierlichen Anlaß gerecht wird, ihn zugleich aber in einem ironischen Gratulationsstil parodiert. Häufig wird das Gedicht auch zum Medium des in der Prosa schwer Sagbaren. In einem Brief an Auguste Gräfin zu Stolberg vom 17.7.1777 wird der Tod der

Schwester Cornelia im Prosatext neben anderen Aussagen nur kurz erwähnt; die schmerzlichen Empfindungen finden ihren überzeugenden Ausdruck erst in der lyrischen Formung. Privater Austausch mit »Gustgen« vermischt sich so mit großer Lyrik: »Alles geben Götter die unendlichen/Ihren Lieblingen ganz/Alle Freuden die unendlichen/Alle Schmerzen die unendlichen ganz.«

In einem Falle nutzte G. die Epistel im Horazischen Sinne auch zur öffentlichen Äußerung; zwei Hexameter-Episteln leiten 1795 als eine Art offener Brief an den Freund und Herausgeber Friedrich Schiller die ersten beiden Hefte der Zeitschrift *Die Horen* ein.

IW

Briefroman: Romanform, die sich im 18. Jh. entwickelte und in der Briefe mehrerer oder nur einer Figur hintereinandergeschaltet werden, meist unter Verzicht auf einen Erzähler. Die Ausbildung des Briefromans steht in engstem Zusammenhang mit der bürgerlichen Briefkultur im 18. Jh., das ohne Übertreibung als Jh. des Briefes bezeichnet werden darf. Der Brief, der noch zu Beginn des Jh.s unter Anleitung sogenannter ›Briefsteller‹ – streng regelhafter Lehrwerke des Briefeschreibens, die Worte und Wendungen für bestimmte Absichten und zum Ausdruck bestimmter Affekte vorschrieben – verfaßt worden war, entwickelte sich zu einem zentralen Medium bürgerlicher Öffentlichkeit. Die Erfindung einer Sprache der Innerlichkeit durch die Strömung des Pietismus und durch Dichter wie Klopstock machten plötzlich den Ausdruck persönlichster, intimster, empfindsamster Dinge möglich – und nötig. Mitteilungsform dieser Dinge war, neben dem Tagebuch, der Brief.

In der zweiten Hälfte des 18. Jh.s entstanden in Frankreich, in England und vor allem in Deutschland eine Fülle authentischer empfindsamer Briefwechsel, die in salonartigen Brieflesezirkeln einer größeren privaten Öffentlichkeit zugänglich gemacht wurden: Da wurde gemeinsam gelesen, gemeinsam mitgelitten und -empfunden und gemeinsam geweint. Vor allem in Deutschland und im vorrevolutionären Frankreich hatten diese Zirkel eine Ersatzfunktion: Die repressive absolutistische Struktur erlaubte einerseits nicht die politische Teilhabe des Bürgertums an einer Diskussion des öffentlichen Wohls, andererseits wurden sowohl die Zeitungspresse als auch die Literatur noch in hohem Maße kontrolliert. Die Suche nach einem Medium für die Selbstverständigung des Bürgertums über die eigene, auch neue Identität führte zum Brief: In den Lesezirkeln konnten Einzelne sich und andere als empfindende Individuen erfahren, die in ihrer

Empfindsamkeit und deren Versprachlichung einer Autonomie teilhaftig wurden, die ihnen das politische System versagte.

Die zeitgenössische bürgerliche Literatur griff auf diesen Modus bürgerlicher Selbstverständigung zurück: Die Romane des Engländers Samuel Richardson ahmen einen authentischen Briefwechsel nach, in dem sich mehrere Mitglieder einer oder zweier Familien vorrangig über die Liebesgeschichte zweier ihrer Mitglieder verständigen. Der Autor versteckt sich und seinen Erzähler hinter dem Herausgeber der Briefe, der dem Lauf der erzählten Ereignisse von außen zuschaut und nur selten in einer Fußnote auftritt, um zu begründen, daß er einen Brief ausspart, der ähnliches berichtet wie ein anderer. Der englische Briefroman der vierziger Jahre des 18. Jh.s traf somit einerseits auf die gespannte Erwartung eines bürgerlichen Publikums (in Deutschland zeitversetzt in den sechziger Jahren), das im Briefroman eigene Umgangsformen wiedererkannte. Andererseits aber verhalf gerade die Form des Briefwechsels dem Roman als literarischer Gattung zu neuem Wert: Der Brief verlieh ihm den Status des Authentischen, was die Gattung vom Vorurteil des Phantastischen, bloß Fiktionalen befreite.

Den Briefromanen Richardsons, *Pamela* (1740) und *Clarissa* (1747/48) folgten in Frankreich Rousseaus *Nouvelle Heloïse* (1761) und in Deutschland Sophie von La Roches *Geschichte des Fräuleins von Sternheim* (1771); auch Gellerts *Leben der schwedischen Gräfin von G**** (1747) nahm Elemente des Briefromans auf. G. radikalisierte mit seinen *Die Leiden des jungen Werthers* den Briefroman. Der *Werther* besteht nicht mehr aus einem Briefwechsel, er beschränkt sich auf die Briefe ausschließlich einer Person: des Titelhelden. Im herkömmlichen Briefroman wurde die eine Figurenperspektive durch eine oder mehrere andere relativiert, korrigiert oder ergänzt; der *Werther* beschränkt sich dagegen auf den Wirklichkeitsausschnitt einer Figur. Subjektivität, Innerlichkeit, Begeisterung, Verzweiflung und schließliches Scheitern sprechen sich unkontrolliert und unmittelbar aus. Hierin liegt einerseits der Hauptgrund für den überwältigenden Erfolg des Romans: Die Leserinnen und Leser wurden so nahe und so intensiv wie nie zuvor mit dem Schicksal eines Romanhelden konfrontiert. Andererseits verlangt diese ausschließliche Zentralperspektive aber einen technischen Kunstgriff. Derjenige, der die ganze Zeit spricht, verliert zum Ende hin seine Sprachfähigkeit und schließlich sein Leben. An die Stelle seiner Briefe tritt nun der Bericht des Herausgebers, der auf Tagebuchnotizen des Helden und eigene Recherchen zurückgreift: Der Tod Werthers läßt sich nur von außen berichten.

Die Form des Briefromans greift G. nochmals auf: Die kunsttheoretische Schrift *Der Sammler und die Seinigen* ist als Briefwechsel einer kunstliebenden Familie konzipiert, in den *Wanderjahren* werden die Briefe verschiedenster Figuren mit erzählenden Abschnitten, Tagebuchnotizen u.v.m. zusammengestellt.

BJ

Briefschreiber, G. als: Die Briefe G.s stellen gewissermaßen sein größtes Werk dar, die insgesamt knapp 14 000 noch erhaltenen Briefe füllen 53 Bände der Weimarer Ausgabe. Damit markiert G. gewiß den Höhepunkt der reichen Briefkultur im Deutschland des 18. Jh.s., als der Brief zum wichtigsten und beliebtesten Medium bürgerlichen und individuellen Selbstausdrucks wurde. Die weit über 1 300 Adressaten der Briefe können repräsentativ für einen großen Teil des politischen, wissenschaftlichen und kulturellen Lebens stehen: Politiker, Hofleute, Künstler, Naturwissenschaftler, Historiker, Philologen, Verleger, Kaufleute u.v.a.m. Viele der Briefe G.s stehen im Zusammenhang mit seiner dienstlichen Tätigkeit in Weimar, andere wiederum sind erzählende Dokumente von autobiographischem Charakter. Eine weitere Gruppe gehört in den Entstehungszusammenhang dichterischer oder naturwissenschaftlicher Projekte; schließlich bilden die Liebesbriefe an die Ehefrau und v.a. diejenigen an Charlotte von Stein sowie die Briefwechsel mit Schiller und Zelter wohl die berühmtesten der Briefe.

BJ

Briefwechsel mit einem Kinde, 1835 erschienenes Werk von Bettina von ↗Arnim, das einerseits auf ihren Briefwechsel mit G. und G.s Mutter zwischen 1807 und 1811 zurückgeht, andererseits auf die wenigen unbeantworteten Briefe zwischen 1817 und 1824, denen im dritten Teil ein fiktives Tagebuch unter dem Titel *Buch der Liebe* beigesellt wird. Bis zum Bruch der lockeren Bekanntschaft 1811 hatte G. zwar seltener und distanzierter, aber immerhin geantwortet, ihre eigenen Briefe überarbeitet von Arnim für die Buchausgabe und komplettiert sie durch eine Reihe fiktiver Schreiben. Die Briefe und das Tagebuch sind ganz von einer Verherrlichung und schwärmerischen Idolisierung G.s getragen, wie der Untertitel des Buches anzeigt: »Seinem Denkmal«.

BJ

Briefwechsel mit Schiller: Er umfaßt etwas mehr als 1000 Briefe, die zwischen dem 13.6.1794 und dem 26.4.1805 hin- und hergingen, Zeugnisse

einer umso tiefgreifenderen Freundschaft, als sich hier zwei höchst unterschiedliche Temperamente gegenüberstanden, deren Freundschaft erst allmählich entstanden war: G.s Abneigung gegenüber allem Spekulativen, aller bodenlosen Theorie, angetan von einer kultivierten Zurückhaltung gegenüber persönlichen Vermutungen haben diesen anspruchsvollen Briefwechsel geprägt. Mit den Erörterungen beider Dichter über naive und sentimentalische Dichtung, über epische und dramatische Dichtung, über Literaturkriege (*Xenien*) und volksliedhafte Dichtungsformen wie die Ballade, Kritisches wie zu G.s *Wilhelm Meister*, zu Schillers Dramen, zur dichterischen Selbstauffassung, zu Arbeitsplänen und Ideen, in persönlichem und umgänglichem Ton vorgetragen, ist dieser Briefwechsel zum eindrucksvollen Zeugnis der künstlerischen Absichten deutscher Klassik geworden.

BL

Brille, Sehhilfe der Neuzeit, der G., obwohl er selber manchmal eine gebraucht hätte (wg. Kurzsichtigkeit), ablehnend gegenüberstand. Er deutete die Brille als Maske, das Brille-Tragen als (Selbst-)Täuschungsversuch: Man mache sich selbst und anderen vor, klüger zu sein als man ist. Lediglich die dunkel getönte Schutz-Brille gegen grelles Licht bei optischen Beobachtungen (etwa der Sonne) fand Gnade in G.s unbebrillten Augen.

BJ

Brion, Friederike (1752–1813). Der 21jährige G. lernt die 18jährige Pfarrerstochter bei einem Besuch in Sesenheim kennen, als ihn sein Straßburger Studienfreund Friedrich Leopold Weyland im Hause der Brions einführt. Was im Oktober 1770 begann, endet im August 1771: G. verläßt Friederike. Was zwischen beiden passierte? Die Literaturwissenschaft ist sich einig: alles kann, nichts muß. Von G.s etwa 30 Briefen an sie hat ihre Schwester Sophie – bis auf eine Ausnahme – alle verbrannt. Was bleibt? Glück und Leid auf beiden Seiten – dargestellt in den Büchern 10 und 11 von *Dichtung und Wahrheit*. Und: die Friederiken-Lieder, mit dem wohl bekanntesten: *Willkommen und Abschied*. Friederike Brion starb unverheiratet, ihr Herz hat sie ihren zahlreichen Patenkindern geschenkt. Doch die Verse auf ihrem Grabstein weisen aus, womit die Nachwelt ihren Namen verbindet: »Ein Strahl

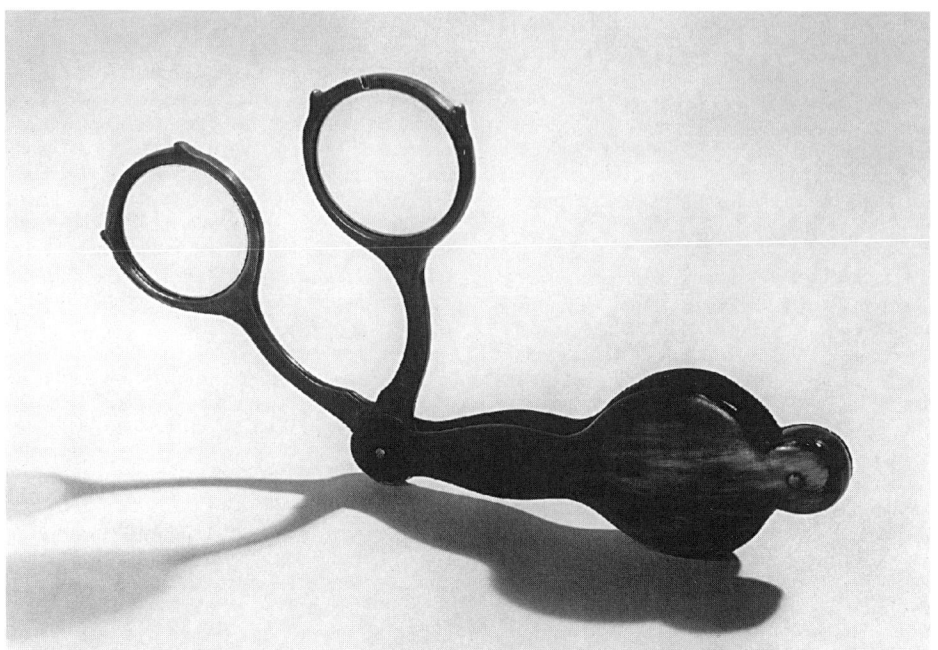

Goethe besaß keine Brille und benutzte zur Kompensation seiner Kurzsichtigkeit eine Scherenbrille, auch »Lorgnon« genannt

der Dichtersonne fiel auf sie/So reich, daß er Unsterblichkeit ihr lieh«.   PO

Brocken, höchster Berg des Harzes (1142 m), galt im 18.Jh. noch als im Winter unbesteigbar. G. unternahm im Dezember 1777 eine Harzreise, deren Höhepunkt die Besteigung des eingeschneiten Brocken war; deren Gelingen interpretierte er als Bestätigung seiner neuen Existenz am Weimarer Hof (*Auf dem Harz im December 1777*). Als ↗ »Blocksberg« ist der Brocken Ort volksmythologischer Überlieferungen, denen zufolge sich in der Nacht vom 30. April auf den 1. Mai, der ↗ Walpurgisnacht, alle Hexen zum teuflischen Stelldichein auf dem Brocken treffen - was G. in der »Walpurgisnacht«-Szene des *Faust I* eindrucksvoll ausgenutzt hat.   BJ

Brühl, Karl Friedrich Moritz Paul Graf von (1772-1837), von 1815 an NachfolgerIfflands als Intendant der Königlichen Schauspiele Berlins; die eher glanzlose Intendanz dauerte bis 1828. G. kannte Brühl bereits seit 1785, von 1799 bis 1801 arbeitete Brühl mit am Weimarer Theater. G. wechselte mit

Brühl, den er als »teurer Freund« ansprach, Briefe über Theaterfragen, Brühl inszenierte am 24.5.1819 *Faust*, am 7.11.1823 sogar eine Bühnenadaption von *Hermann und Dorothea*.   BJ

Brun, Friederike, geb. Münter (1765-1835), Dichterin in Kopenhagen: sentimentale Gedichte à la Matthisson. Ihr Gedicht *Ich denke dein* (nach Matthissons *Adelaide*) hörte G. 1795 in einer Vertonung Zelters, die ihn tief beeindruckte: »Ich denke dein, wenn sich im Blütenregen/Der Frühling malt/Und wenn des Sommers mildgereifter Segen/In Ähren strahlt«. Unter diesem Eindruck entstand G.s *Nähe des Geliebten*: »Ich denke dein, wenn mir der Sonne Schimmer/Vom Meere strahlt;/Ich denke dein, wenn sich des Mondes Flimmer/In Quellen malt«.   PO

Bruno, Giordano (1548-1600), italienischer Theologe und Philosoph, bis 1576 Dominikanermönch in Neapel, dann Austritt und Lehrtätigkeit an verschiedenen Universitäten. Seine pantheistischen Gedanken standen im Widerspruch zur katholischen Lehre, was schließlich 1600 zu seiner Verbrennung als Ketzer führte. G. würdigte Bruno in seinem Frühwerk *Ephemerides* als großen Mann und sprach sich für dessen Ansichten aus. Pantheistisches Denken wurde das Fundament von G.s ↗Naturphilosophie. CA

Brustfleck, Kilian: Ende des 17. Jh.s erfundener, komischer Bauerntypus, benannt nach dem Brustlatz bzw. Lederfleck unter den Hosenträgern; Vertreter der konventionellen Gesellschaftsmoral. Bei G. tritt Kilian Brustfleck in *Hanswursts Hochzeit* auf. PO

Bryophyllum calycinum s. G.-Pflanze

Buchdruck: Mit Typographie, Druck- und Bindetechnik wurde G. in Leipzig (Breitkopfsche Offizin) bekannt; ein Liebhaber schön ausgestatteter und gebundener Bücher ist er immer gewesen, Schriften beurteilte er, seinen Verlegern gegenüber hartnäckig und unnachsichtig, nach seinem früh an der Kalligraphie geschulten Auge. BL

Bücherverbrennung: G. schildert ein Ereignis um 1765, die öffentliche Exekution eines französischen komischen Romans, dessen Autor sich wohl über »Religion und Sitten« lustig gemacht hatte: »Es hatte wirklich etwas Fürchterliches, eine Strafe an einem leblosen Wesen ausgeübt zu sehen. Die Ballen platzten im Feuer, und wurden durch Ofengabeln aus einander geschürt und mit den Flammen mehr in Berührung gebracht. Es dauerte nicht lange, so flogen die angebrannten Blätter in der Luft herum, und die Menge haschte gierig darnach. Auch ruhten wir nicht, bis wir ein Exemplar auftrieben, und es waren nicht wenige, die sich das verbotne Vergnügen gleichfalls zu verschaffen wußten« (*DuW*, 4. Buch). BL

Buchhandel, Buchhändler: »Die Buchhändler sind alle des Teufels, für sie muß es eine eigene Hölle geben«, beklagt sich G. am 17.5.1829 anläßlich einer technischen Verzögerung bei der Cottaschen Ausgabe letzter Hand, ein kurzfristiger Unmut nur, der seine lebenslange kritische Distanz zu seinen Verlegern, wenn es um Fragen der Typographie, der Ausstattung und der Honorierung seiner Bücher ging, bezeichnet. Mit seinem wichtigsten Verleger, Friedrich Georg ↗Cotta, hat er erfolgreich aufwendige und hartnäckige Briefwechsel über die Zahlungsweise und die Höhe seiner Honorare geführt. BL

Buchorakel: Ein faszinierendes, »aufregendes« Spiel mit »sibyllinischen«, die Zukunft bestimmenden Bedeutungen, die sich für G. als »zweideutiges Doppel-

licht« aus Johann Heinrich Hamanns schriftstellerischer Technik des Andeutens und Anspielens ergeben. In den *Noten und Abhandlungen zu besserem Verständnis des West-östlichen Divans* beschreibt G. die mantische Technik des Buchstechens (Fa'l) und vergleicht sie mit der weitverbreiteten Praxis des Bibelstechens. Man sticht mit einem spitzen Gegenstand willkürlich auf eine Seite des Buchs und nimmt das getroffene Wort oder den ganzen Satz als Aussage über künftige Ereignisse. BL

Büchse der Pandora s. Pandora

Buenco, spanischer Nachbar der ↗Guilberts in *Clavigo*, der in wachsender Sorge und heimlicher Liebe das Leiden ↗Maries beobachtet. Er versucht der französischen Familie zu raten und wird gleichzeitig von der freien Denkungsart der Schwestern verwirrt. Oft steht er stumm dabei und traut sich nicht, etwas zu sagen. Zu genaue Kenntnisse der lokalen Verhältnisse machen impotent. NH

Buff, Charlotte (1753–1828), Tochter des Amtmanns im Deutschordenshaus zu Wetzlar, Heinrich Adam Buff; nach dem Tod der Mutter ersetzt sie die Verstorbene bei den Geschwistern und im Haushalt. 1768 Verlobung mit Johann Christian Kestner, den sie 1773 heiratet. Die Familie zieht nach Hannover um, Charlotte bekommt während der 27jährigen Ehe 12 Kinder. Bei seinem Aufenthalt in Wetzlar faßt G. eine tiefe Zuneigung zu Lotte, der er sich nur durch eine überstürzte Flucht entziehen kann. G. hält den Kontakt nach Wetzlar allerdings eng; v.a. mit Kestner verbindet ihn eine tiefe Freundschaft; G. besorgt in Frankfurt die Trauringe für das Paar. Die Ähnlichkeit zwischen dem Haus der Buffs und der Familie der Lotte im *Werther* führt zunächst zu tiefen Irritationen in der Beziehung zwischen G. und den Kestners, die G. nur mit Mühe zerstreuen kann. Der Briefwechsel bricht mit Kestners Tod im Jahre 1800 ab, der Besuch Lottes in Weimar 1816, bei dem sie distanziert bleibt, bildet die Vorlage für den berühmten Roman Thomas Manns *Lotte in Weimar* (1946). BJ

Bühnenbearbeitungen. Als Direktor des Weimarer ↗Hoftheaters bemühte sich G. um den Aufbau eines anspruchsvollen Repertoires und bearbeitete dafür Stücke, um sie »teils der Bühne überhaupt, teils dem Sinn und Geist der Gegenwart gemäß« zu machen. Die Resultate waren nicht unumstritten und werden auch heute noch kritisch beurteilt. Als Beispiele seien *Mahomet*, *Götz von Berlichingen* und *Romeo und Julia* genauer betrachtet.

Die Übersetzung und Bearbeitung von Voltaires *Mahomet* kam einerseits auf Wunsch Herzog Carl Augusts zustande, sie paßte aber auch in G.s Konzept, den Weimarer Spielplan um formal geschlossene Versdramen zu erweitern. Voltaire erfüllte die Form der klassisch französischen Tragödie, sein Umgang mit dem Stoff verfolgte aber eine stark aufklärerische, ja polemische Tendenz. Für ihn war Mahomet, der mit seinem Allmachtsanspruch eine polytheistische, tolerantere Religion überwindet, »Tartuffe der Große«. Voltaire wollte zeigen, »zu welchen furchtbaren Ausschweifungen der Fanatismus schwache Seelen führt, wenn sie unter der Leitung eines Schuftes stehen«. G. übertrug nicht nur die Alexandriner in ↗Blankverse, er versuchte auch, Voltaires Polarisierung abzuschwächen, seinen Hang zum grausamen Detail zu mildern und den tyrannischen Charakter des Religionsstifters zu differenzieren, indem er ihn Palmire ausdrücklicher lieben ließ. Gleichzeitig etablierte er im jungen Gefolgsmann Seïde, bei Voltaire nur das verblendete Werkzeug des Propheten, einen soliden tragischen Konflikt zwischen der Pflicht gegen Mahomet und der Liebe zu Palmire. 1801 wurde die Bearbeitung aufgeführt und gemischt aufgenommen. G.s Übertragung wurde gelobt, Voltaires Überzeichnung trotz G.s Eingriffen kritisiert.

Daß Bearbeitungen immer Gefahr laufen, die Veränderbarkeit der Vorlage zu überschätzen und oft als zwitterhafte Renovationen auf die Bühne kommen, war G. vor allem bei der Auseinandersetzung mit seinem *Götz* bewußt. Er nannte ihn »das wiedergeborene Mondkalb«. 1804 machte er sich daran, das kraftgenialische Lesedrama bühnengerecht zu machen, ein merkwürdiger Akt der Selbstverstümmelung in mehreren Anläufen. Zunächst mußte der Aufführungspraxis zuliebe die Zahl der Einzelszenen und Schauplätze reduziert werden, aus 56 wurden 25 Auftritte. G. zog die Lager- und Belagerungsszenen zusammen und strich ganze Passagen der Adelheid-Entwicklung. Weislingens Wechsel von der ihm verlobten Maria zur Heirat mit Adelheid wurde in Form eines Berichtes bewältigt. Neben den Eingriffen zugunsten eines einheitlicheren Szenenablaufs nahm G. aber auch inhaltliche Änderungen vor. Der Charakter des rauhbeinigen Götz wurde weicher und reflektier-

ter, der nationale emanzipatorische Gehalt, der vor 30 Jahren den Erfolg des Stückes mitbewirkt hatte, trat in den Hintergrund, die Anklage gegen die Fürsten fiel weg. Und statt »Es lebe die Freiheit« im 3. Akt riefen Götz und seine Männer jetzt: »Es lebe der Reuterstand«. Auch das Ende wird entschärft. Nicht Götzens Todesszene (»Freiheit! Freiheit!«) schließt das Stück, sondern die Sitzung des Femegerichts mit den Worten: »Zum Pfande gesetzlicher Freiheit walte von oben im Lichtglanz Gerechtigkeit.« Im Oktober 1804 wurde die Bearbeitung auf zwei Abende verteilt gespielt, im Dezember nochmals mit einer weiteren Kürzung. 1809 brachte G. den Stoff in zwei Stücken auf die Bühne, *Adalbert von Weislingen* und *Götz von Berlichingen*, und war wohl bei der richtigen Einschätzung angelangt, daß sich diese beiden Stränge nicht in einer klassischen fünfaktigen Dramaturgie vereinen ließen.

Die Adaption von Shakespeares *Romeo und Julia* (1812) ist G.s radikalste und umstrittenste Bühnenbearbeitung. »Die Maxime, der ich folgte, war, das Interessante zu konzentrieren und in Harmonie zu bringen, da Shakespeare nach seinem Genie, seiner Zeit und seinem Publikum viele disharmonische Allotria zusammenstellen durfte, ja mußte, um den damals herrschenden Theatergenius zu versöhnen.« Die Domestizierung Shakespeares fällt umfassend aus. Statt in der ersten Szene die Fehde zwischen den beiden Familien, die Grundlage der tragischen Liebesgeschichte, zu exponieren, wird mit einem singspielhaften Aufzug eröffnet. Die geschwätzige Amme und der visionäre Spieler Mercutio haben durch Kürzungen ihre charakteristische und poetische Komik weitgehend verloren. Die Straßenszenen sind reduziert. Der Scheintod Julias mit seiner tragikomischen Wirkung auf die Eltern und Gäste fällt weg. Statt der Versöhnung der Familien am Schluß hält Pater Lorenzo einen moralisierenden Monolog. Die dramatische Höhe wird in der Vereinheitlichung (Harmonie) gesucht und nicht wie bei Shakespeare im Kontrast. Damit geht dem Stück seine Universalität abhanden, es wird sentimental. Trotz starker Kritik waren die Aufführungen ein Erfolg. An seinen Verleger schrieb G., das Stück sei nicht für den Druck geeignet; den »abgöttischen Übersetzern und Konservatoren Shakespeares« wolle er keinen Anlaß bieten, ihren »Dünkel« daran auslassen zu können.   NH

Bühnenmusik (Inzidenzmusik): Gehörte bis ins 20.Jh. selbstverständlich zu jeder Theateraufführung, die in der Regel von Ouvertüren (Symphonien), Entreactes, Zwischenaktmusiken und eingefügten Tänzen, Liedern, Balladen und Couplets begleitet wurden. Von den Akteuren konnten Fähigkeiten als Sänger, Sprecher und Tänzer erwartet werden. Auch die Musiker standen häufig auf oder hinter der Szene. Die Spartentrennung vollzog sich erst im Verlauf des 19. Jh.s. Da die theoretische Grundlegung der Qualität, die eine Schauspielmusik haben sollte, durch Gotthold Ephraim Lessing und den Musiktheoretiker und Komponisten Johann Adolph Scheibe (*Hamburgische Dramaturgie*, 1767/1769) neu definiert wurde, bekam die Musik als integraler Bestandteil des Theaters ab diesem Zeitpunkt ein neues, stärker »auf den Inhalt und die Beschaffenheit des Schauspiels« bezogenes Gepräge. Carl Friedrich Zelters Brief vom 27. 2.1813, den er nach Weimar sandte, um G. nach dem neuerlichen Erlebnis von »Beethovens Ouvertüre ›Egmont‹ (op. 84) [...] ohne das Stück« über seine Eindrücke zu informieren, liest sich wie ein Programm, das den G.schen Intentionen vollkommen entsprochen haben dürfte: »Von Rechts wegen müßte jedes bedeutende deutsche Theaterstück seine eigene Musik haben. Es läßt sich kaum berechnen, wie viel Gutes daraus entstehn könnte für Dichter Komponisten und Publikum. Der Dichter hat den Komponisten auf eigenem Felde, kann ihn leiten, verstehn lehren, ja ihn verstehn lernen; der Komponist arbeitet nach einer Totalidee«. Damit thematisierte Zelter, was für G. stets zum dramatischen Zusammenhang eines Stückes gehörte, um dessen Einlösung er bei allen Komponisten buhlte, mit denen er zusammenarbeitete (vor allem J.F. Reichardt). Er ging mit seinen Forderungen bisweilen so weit, daß sich die Grenzen zum Singspiel verwischten. Kaum eine seiner dramatischen Arbeiten kam ohne musikalische Einlagen aus, die den Affekt oder das Pantomimische einer Szene unterstreichen sollten. So gehörten zum 1774 uraufgeführten *Götz von Berlichingen* stets Lieder, Signale und Tanzmusik (J.F. Reichardt, 1791), 1804 erneut mit Zelter diskutiert, der vom sich G. »feierlich und sanfte, ins Traurige ziehende« Chöre wünscht und zur Trauungsszene sogar schreibt: »eine Orgel kann man recht gut von weitem hören« (8.8. 1804). *Clavigo* (1774) hatte einen melodramatischen Schluß, der Eröffnungsmonolog und das Parzenlied der *Iphigenie auf Tauris* waren von Reichardt als »eine Probe musikalischer Behandlung jenes Meisterwerks« in Musik gesetzt worden (1787, nicht erhalten). Erst recht verlangte G. für die Realisation seines *Faust* seit seiner ursprünglichen Gestalt (1775/76) Chöre, instrumentale Zwischenspiele, Lieder, Balladen und den Klang der Äolsharfe, die er sich im Charakter des Mozartschen *Don Juan* vorstellte. GBS

Bundestag. Deutsche Bundesversammlung, die 1815-1866 in Frankfurt am Main tagte und an die G. sich 1824 wandte, um für seine Ausgabe letzter Hand ein Privileg zum Schutz gegen unerlaubten Nachdruck – also ein Copyright – erteilt zu bekommen. Die Bundesversammlung erklärte sich für nicht zuständig und verwies G. an die einzelnen Staaten des Bundes, die dann 1825 und 1826 nach und nach ihre Zusicherung gaben. DF

Bürger von Brüssel, Figuren aus *Egmont*, Handwerker, Händler und Soldaten, die zu Beginn des Dramas die militärischen, politischen und menschlichen Qualitäten ihres Herrn hervorheben. G. läßt sie am Schluß der ersten Szene fundamentale Bürgerrechte laut rufend einklagen: Frieden, Sicherheit und Ruhe, Ordnung und Freiheit. Die Behaglichkeit dieses Bürgertums führen die Szenen in Klärchens Haus deutlich vor Augen. Für die Erkämpfung der oben proklamierten Rechte selber ein Risiko einzugehen, trauen sich die Bürger von Brüssel nicht: Auf Klärchens Aufruf, Egmont zu befreien, bleiben sie still zu Hause. BJ

Bürger, Gottfried August (1747-1794), Dichter, Professor und Justizbeamter. Begeistert von G.s *Götz*, nennt Bürger ihn einen »deutschen Shakespear« (an Boie, 8.7.1773). Der junge G. seinerseits bewundert Bürgers Ballade *Lenore* und rezitiert sie gern. Für eine Homerübersetzung bietet ihm G. die finanzielle Unterstützung des Weimarer Hofs an. Nach einiger – nicht erfolgloser – Übersetzung der *Ilias* stellt Bürger diese Arbeit ein, ohne sie beendet zu haben. Bürger, ärmlich lebend, erhält von G. trotzdem das volle Honorar, doch geht G. von nun an auf Distanz. Die erste und einzige Begegnung 1789 verläuft kühl. Von dem den Idealen der Klassik nicht folgenden Stürmer und Dränger grenzt G. sich schließlich moralisch und ästhetisch ab. Bürger sei zwar ein Talent, »aber ohne Grund und ohne Geschmack, so platt wie sein Publicum« (an Zelter, 6.11.1830). PO

Bürgergeneral, Der: Lustspiel in einem Aufzug, entstand 1793 innerhalb einer knappen Woche als Produktion für das Weimarer Hoftheater. G. schrieb eine Fortsetzung der erfolgreich gespielten französischen Lustspiele *Die beyden Billets* (1. Teil) und *Der Stammbaum* (2. Teil) unter Verwendung der gleichen Figuren.

Die 14 Szenen spielen um das Haus Märtens, eines Bauern, der durch einen Lotteriegewinn reich geworden ist. In Gestalt einer alten Jakobineruniform, ein Kostüm, das G. selbst von seiner Reise nach Mainz mitgebracht hatte, schleicht sich das revolutionäre Element ein. Der Barbier Schnaps zieht sie sich als Zeugnis seines vermeintlichen Aufstiegs zum Bürgergeneral über. In einem clownesken »Gleichnis« spielt Schnaps nun Revolution: Statt einer Festung wird das Frühstück erobert: »Und so ist die sauersüße Milch der Freiheit und Gleichheit fertig« (9. Auftritt). Sein leibliches Wohl ist das einzige, was Schnaps wirklich interessiert. Märten ist dem Rüpel nicht gewachsen, aber sein Schwiegersohn Görge, der von der Feldarbeit heimkehrt, jagt Schnaps durchs ganze Haus. Der Krach alarmiert den Richter: Aus der Verkleidungsnummer wird nun fast ein Skandal. Erst der Edelmann, ein freundlicher Herrscher, kann den Fall klären und beschließen: »Wir werden in der Stille dankbar sein, daß wir einen heitern Himmel über uns sehen, indes unglückliche Gewitter unermeßliche Fluren verhageln [...]. Und wieviel will das schon heißen, daß wir über diese Kokarde, diese Mütze, diesen Rock, die soviel Übel in der Welt gestiftet haben, einen Augenblick lachen konnten« (14. Auftritt).

In der beschworenen ländlichen Idylle Deutschlands können die Ideen der Französischen Revolution keine Sprengkraft entfalten: G. zeigt das im komischen Auftritt des Schnaps allzu deutlich. Die komödiantische Auflösung verhindert eine tragische Zuspitzung. Wie der *Groß-Cophta* wurde auch dieses Stück kein Erfolg und selten gespielt.   WM

Bürgerrecht: G. ist – wie es üblich war – Zeit seines Lebens Frankfurter Bürger gewesen. Nach dem Tod seiner Mutter am 13.9.1808 will er das Bürgerrecht auch für seine Frau, die er erst 1806 geheiratet hat, während Sohn August zu studieren beginnt, erwerben, nimmt davon aber schließlich mit Rücksicht auf seine Stellung in Weimar und den guten Ruf der Familie in der Heimatstadt Frankfurt Abstand.   BL

Bürgertum, die gesellschaftliche Klasse, die mit dem 18.Jh. ihre endgültige politische Bedeutung errang und in die G. hineingeboren wurde. Bei aller – vom *Werther* bis hin zu *Wilhelm Meisters Lehrjahren* geäußerten - Kritik an der kleinbürgerlichen Bourgeoisie hielt G. die bürgerliche Lebensform für die angemessenste, war ihm doch die Emanzipation des Einzelnen (und damit gekoppelt eine Übernahme von Verantwortung) innerhalb der Gesellschaft wichtig. Der wahre Bürgersinn war ihm dann auch gleichbedeutend mit dem wahren Patriotismus: sich zum Wohle aller um die eigenen Angelegenheiten zu kümmern (»Ein jeder kehre vor seiner Tür,/Und rein ist

jedes Stadtquartier./Ein jeder übe sein' Lektion,/So wird es gut im Rate stohn«; *Bürgerpflicht*). Die Rolle des Adels wird dabei aber nicht in Frage gestellt, auch bezieht sich die Hochschätzung des Bürgers nicht auf dessen französische Spielart, den Citoyen der von G. aufs Heftigste abgelehnten Französischen Revolution.   DF

Burns, Robert (1759–1796), schottischer Volksliededichter, auf den G. durch Carlyle 1828 aufmerksam gemacht wurde. G. schätzte ihn als einen »ersten Dichtergeist« seiner Gegenwart (*Tb* 9.10.1828, 14.4. 1830).   BL

Burschenschaften: In den 1810er Jahren geht ein Gespenst um in Deutschland – das Gespenst der Freiheit und Einheit. Haben Studenten bereits in den Befreiungskriegen (1812–1815) als Freiwillige gegen das napoleonische Joch gekämpft, organisieren sie sich ab Juni 1815 – in Jena, dann auch an anderen Universitäten – unter dem schwarz-rot-goldenen Banner in Burschenschaften, die den Ideen u.a. Turnvater Jahns folgen und vom nationalen Gedanken getragen sind (Motto: Ehre, Freiheit, Vaterland). Dabei wird durchaus gedeutschtümelt, Juden bleibt der Beitritt verwehrt. Die einer demokratischen Verfassung unterliegenden Organisationen besitzen, wenngleich zahlenmäßig gering (maximal 1500 der insgesamt 8000 deutschen Studenten), doch eine gewisse politische Sprengkraft.

1817 kommt es zu einer Großkundgebung in Gestalt des ↗Wartburgfestes, 1818 legt die mittlerweile zur Einheit formierte Allgemeine Deutsche Burschenschaft ein Programm vor, das wegen seiner Forderungen - staatliche Einheit Deutschlands, konstitutionelle Monarchie, Rechtsgleichheit des Einzelnen, Meinungs- und Pressefreiheit - bei den konservativ-restaurativen Kräften Handlungsbedarf entstehen läßt. Die Ermordung des russischen Gesandten Kotzebue im März 1819, die als burschenschaftlich motiviert gilt, ist der Tropfen, der das Faß zum Überlaufen bringt. Mit den ↗Karlsbader Beschlüssen werden die Burschenschaften - wie von G. vorhergesehen (an Voigt, 6.2.1818) und ganz in seinem nicht nur ministerial begründeten Sinne (*TuJ, 1819*) - Ende 1819 per Gesetz verboten.
DF

Büsten. Bewegliche Büsten und Medaillen waren G. lieber als feststehende Denkmäler: »Eine gute Büste in Marmor ist mir mehr wert als alles Architektonische«. G.-Büsten von Gottlieb Martin Klauer wurden schon in den 1780er Jahren in Tiefurt bei Weimar und

Seifersdorf bei Dresden denkmalartig im Freien aufgestellt. Daneben schufen Alexander Trippel (1787/88), Christian Friedrich Tieck (1801, 1807/08 und 1820), Christian Daniel Rauch (1820), Johann Gottfried Schadow (1823) und Pierre Jean David d'Angers (1829–31) die bekanntesten G.-Büsten. AR

Byron, George Gordon Noel, Lord (1788–1824), englischer Romantiker, dessen Leben und Werk ihn zu einem der wichtigsten literarischen Zeitgenossen für den alten G. werden ließ. Persönlich begegnet sind sich die beiden Dichter nie; auch die Korrespondenz der Genies gering: 1820 schreibt Byron, von G.s Rezension seines dramatischen Gedichts *Manfred* (*KuA*) begeistert, einen ersten Brief an G., dem erst zwei Jahre später eine erstmals im *Werner* veröffentlichte, handschriftliche Widmung folgt, in der der englische Romantiker den Deutschen als seinen *liege-lord*, seinen Lehnsherren, bezeichnet. G. war von diesem Schreiben so beglückt, daß er es lithographieren ließ und an seine Freunde verteilte; ferner verfaßte er das Dankgedicht *Ein freundlich Wort kommt eines nach dem anderen*, das er Byron sandte und für das sich der Lord seinerseits brieflich bedankt. Die Korrespondenz reißt ab; der Lord ist auf dem Weg in den griechischen Befreiungskrieg und stirbt im April 1824 nach kurzer Krankheit vor Missalunghi.

»I [...] please myself with thinking there is some analogy between our characters and writings«, äußert Byron über sich und G., wie Thomas Medwin im *Journal of the Conversations of Lord Byron* verzeichnet. Die Beschäftigung mit dem Nachrufband, in dem auch *Goethe's Beitrag zum Andenken Lord Byrons* erschien, mag Anstoß dafür gewesen sein, daß G. seine Gespräche von Eckermann aufzeichnen ließ.

»Analogien« zwischen dem deutschen und englischen Dichter bestehen hinsichtlich des vom jungen G. ausgelösten »Wertherismus«, der im ebenfalls europaweiten Byronismus seine Fortsetzung und Entsprechung findet. Auf Analogien verweisen auch dem *Faust* des »liege-lords« entlehnte, v.a. die Gestalt des Mephisto betreffende Motive in Byrons Dichtung, so im *Manfred*, wie G. in seiner Rezension mit Bewunderung bemerkt: »Er hat die seinen Zwecken zusagenden Motive auf eigne Weise benutzt, so daß keins mehr dasselbe ist« (WA I, 41.1, 180), im *Cain* und *Don Juan* und, von Byron im Vorwort selbst hervorgehoben, seinem letzten Drama *The Deformed Transformed*. Auf eine seltsame Identifikation G.s mit Byron weist das von Eckermann überlieferte Wort

»Byron ist nicht antik und ist nicht romantisch, sondern er ist wie der gegenwärtige Tag selbst« (5.7.1827), das eher ihn selbst als den englischen Romantiker beschreibt. G. liest viele Werke Byrons, rezensiert sie meist positiv und versucht sich teilweise an Übersetzungen. Über ein Jahr nach dem Tod des Engländers, dessen Teilnahme am griechischen Befreiungskampf er zunächst mit Unverständnis begegnet war, verfaßt G. das Gedicht *Stark von Faust, gewandt im Rath*. Der Trauergesang auf Euphorion im *Faust II*, »Nicht allein! – wo du auch weilest« (v. 9907–9938), läßt auf eine Identifikation Byrons mit Euphorion schließen. AvG

Byzantinische Kunst, den oströmischen Kirchen verbundene, dabei die »unschätzbaren Werke hellenischer Kunst« ignorierende Darstellung »alt- und neutestamentlicher Überlieferungen«, von G. als »mumisiert«, »orientalisch düstere Trockenheit« und »Pinselei« bezeichnet. Wenngleich er also »wenig Löbliches zu sagen« wußte, schätzte er doch die Vorzüge der »griechischen Malerschulen« – »symmetrische Komposition und den Unterschied der Charaktere« – und deren (im Spätmittelalter) europaweite Ausbreitung als bedeutend für die Entstehung der italienischen Renaissance ein (*KuA*, Heidelberg). Außerdem faszinierte ihn, daß »ein, aus den ältesten Zeiten von Constantinopel her abgeleiteter Kunstzweig, bis auf unsere Tage sich unverändert durch eine stetige Nachahmung erhalten« habe (*Russische Heiligenbilder*). G. hatte in der seit 1803, dem Jahr des Einzugs der Großfürstin ↗Maria Pawlowna, bestehenden russisch-orthodoxen Kapelle in Weimar Heiligenbilder kennengelernt und durch Vermittlung der Zarenschwester weiteres Anschauungsmaterial aus Rußland erhalten – auch in der Heidelberger Sammlung der Brüder Boisserée fand er 1814/15 Anregung. DF

Cäcilie, Madame Sommer, Gattin des ↗Fernando in *Stella*, wurde von diesem vor neun Jahren verlassen, trifft ihn nun aber im Hause seiner Geliebten wieder. Alle drei Personen, Fernando, Stella und Cäcilie lieben einander. In dieser emotionalen Patt-Situation hat Cäcilie den rettenden Einfall: die Ehe zu dritt. Ein Frauenideal G.s: die schwesterliche, weltoffene Gattin, Heldin der seelischen Liebe und wahren Ehe, nicht zu verwechseln mit der bürgerlichen Institution Ehe, an der Werther zerbricht. NH

Caesar, Gaius Julius (100–44 v. Chr.), neben Friedrich II. und Napoleon die dritte weltgeschichtliche Persönlichkeit, die G. außerordentlich beeindruckt und beschäftigt hat. Er verurteilt dessen Ermordung durch Brutus: »was Regieren heißt, sieht man an der abgeschmacktesten Tat, die jemals begangen worden, an der Ermordung Cäsars« (*Geschichte der Farbenlehre*, Römer) und erkennt ihn als zielstrebige, zur Größe sich entwickelnde Natur, die durch einen »niederträchtigen« Verräter gestürzt wird. Den Gedanken einer Caesar-Tragödie, dem Beispiel von Shakespeares *Julius Caesar* folgend, hatte G. schon während seiner Straßburger Studienzeit. Napoleon schließlich ermunterte ihn in der Unterredung am 2.10.1808 anläßlich der bevorstehenden Aufführung von Voltaires *La mort de César* zu einem solchen Stück. G. wollte nicht, weil ein Caesar-Stück zu diesem Zeitpunkt wie eine Reverenz an Napoleon aufgefaßt worden wäre. Statt dessen schrieb er die kunsthistorische Betrachtung *Julius Cäsars Triumphzug, gemalt von Mantegna* (1823).   BL

Cagliostro, Alexander Graf von s. **Balsamo**

Calderón de la Barca, Pedro (1600–1681), spanischer Dramatiker, mit dem sich G. in den letzten 30 Jahren seines Lebens beschäftigte und dessen Stücke er in Weimar aufführen ließ. Von der Erstaufführung des *Standhaften Prinzen* am 30.1.1811 war G. so ergriffen, daß er in Tränen ausbrach. G. zu Eckermann: »Calderon ist unendlich groß im Technischen und Theatralischen« (12.5.1825). Im *Divan* würdigt er ihn als Mittler zwischen östlicher und westlicher Kultur: »Herrlich ist der Orient/Übers Mittelmeer gedrungen;/Nur wer Hafis liebt und kennt,/Weiß, was Calderon gesungen«(*Buch der Sprüche*).   PO

Camarupa, indische Gestaltwandelgottheit, mit deren Namen G. 1817 seinen Versuch, das Howardische System populär zu machen, überschrieb. G.s Beschäftigung mit dem britischen Forscher Luke Howard von 1815 an veranlaßte ihn zu einer Reihe von Überlegungen und Beobachtungen im Bereich der Meteorologie sowie zu dem Gedicht *Howards Ehrengedächtnis*, in dessen Eingangszeilen »Wenn Gottheit Camarupa, hoch und hehr,/Durch Lüfte schwankend wandelt leicht und schwer« er ebenfalls jener indischen Gottheit huldigt.   AK

Camera obscura, optisches Gerät, kleine, manchmal sogar transportable Dunkelkammer, bei der durch ein kleines Loch Licht einfällt, so daß auf der gegenüberliegenden Wandfläche ein Abbild der äußeren Gegenstände entsteht. G. benutzte eine camera obscura seit 1790 immer wieder für eigene optische

Versuche und für die Erklärung verschiedener Phänomene des Sehens und der Farbwahrnehmung. »Indessen werden die Gesetze des Sehens näher bekannt. Die Camera obscura giebt einen Begriff wie es auf der Retina [Netzhaut] zugehen möge« (WA II.5.2, S. 267). Gleichzeitig konnte die camera obscura auch als Hilfsmittel beim Zeichnen eingesetzt werden, indem etwa die Landschaft, die sich auf der Innenwand abbildete, nachgezogen wurde (vgl. an Cotta, 14. Juni 1807).   BJ

Campagna, die Rom umgebende, sanft hügelige Landschaft bzw. die von der Via Appia durchzogene Gegend zwischen Rom, den Pontinischen Sümpfen und den Albaner Bergen. Die Campagna war in der Antike reich bebaut und landwirtschaftlich genutzt, wovon Besiedlungsreste und zahlreiche Ruinen zeugen. Deshalb wurde sie in der G.-Zeit auch zum Sinnbild der Melancholie. Die Campagna bildet den Hintergrund eines der berühmtesten G.-Porträts, Tischbeins *Goethe in der Campagna*: »Ich soll [...] auf einem umgestürzten Obelisken sitzend, vorgestellt werden, die tief im Hintergrunde liegenden Ruinen der Campagna di Roma überschauend« (*IR*, 29.12. 1786).   BJ

Campagne in Frankreich, autobiographischer Kurztext, Entstehungszeit 1820–1822, Erstveröffentlichung 1822. G. vermischt in der *Campagne in Frankreich* eigene Erinnerungen an den erfolglosen Feldzug der antirevolutionären Alliierten gegen Frankreich 1792 mit vielfältigem historischen Material aus der Weimarer Bibliothek. Die Kriegsereignisse sowie die Darstellung des Lagerlebens, Not, Hunger, Dreck und Kälte, gruppieren sich um die Kanonade von Valmy, den historischen Wendepunkt, nach welchem das alliierte Heer hastig fliehen muß. Das Kriegstagebuch wird angereichert durch allerlei Anekdoten und politisch-philosophische Reflexionen, durch Berichte über kleinere naturwissenschaftliche Experimente und Entdeckungen. Die *Campagne in Frankreich* wird so zu einem lakonischen autobiographischen Bericht, in dem politisch-militärisch bewegte Zeitgeschichte aus der Perspektive des Naturwissenschaftlers und Dichters geschildert wird.   BJ

Campe, Joachim Heinrich (1746–1818), Pädagoge, Schriftsteller und Verlagsbuchhändler in Braunschweig. Campe war Purist – wollte die deutsche Sprache »pur« – und leitete eine »Sprachreinigungsgesellschaft«. Dafür gab's Xenienspott: »die furchtbare

Waschfrau«, »welche die Sprache [...] säubert mit Lauge und Sand« – die ist Campe. Und ein Extra-Xenion obendrauf: *Der Purist*: »Sinnreich bist du, die Sprache von fremden Wörtern zu säubern;/Nun, so sage doch, Freund, wie man Pedant uns verdeutscht«. Ebenfalls nicht d'accord war G. mit Campes positiver Haltung zur Französischen Revolution. Campe war der bedeutendste Jugendbuchautor seiner Zeit – zumindest auf diesem Feld zollte ihm G. Anerkennung: »Er hat den Kindern unglaubliche Dienste geleistet; er ist ihr Entzücken und so zu sagen ihr Evangelium« (Eckermann, 29.3.1830).   PO

Carl Alexander (1818–1901), Weimarer Prinz, Sohn von Carl Friedrich und Maria Pawlowna, von G. mit dem *Maskenzug 1818* begrüßt. G. nahm lebhaften Anteil an der Erziehung des Prinzen, in die auch G.s Enkel Walther und Wolfgang und der Enkel Herders einbezogen wurden. Er durchlief die standesgemäße Militärkarriere und studierte in Leipzig und Jena Rechtswissenschaft, Naturwissenschaft, Geschichte und Sprachen. Seine Neigungen entwickelte er auf kulturellem und geistigem Gebiet. 1842 vermählte er sich mit seiner Kusine, der niederländischen Prinzessin Sophie Wilhelmine Maria. Nach dem Tod seines Vaters übernahm Carl Alexander 1853 als Großherzog von Sachsen-Weimar-Eisenach die Regierungsgeschäfte. Er förderte zahlreiche öffentliche Bauten und Einrichtungen (1859 Deutsche Schillerstiftung, 1860 Kunstschule, 1864 Deutsche Shakespeare-Gesellschaft, 1875 Lehrerseminar, 1885 G.-Gesellschaft, G.-Nationalmuseum, 1896 G.- und Schiller-Archiv, Denkmäler). Das wieder erwachte Kulturleben der Stadt zog zahlreiche Künstler, Musiker und Schriftsteller nach Weimar, u.a. Franz Liszt, Peter Cornelius, Hans Christian Andersen u.a.m.   BL

Carl August, Herzog (ab 1815 Großherzog) von Sachsen-Weimar-Eisenach (1757–1828): Sohn des Herzogs Ernst August II. Constantin (1737–1758) und seiner Gemahlin ↗ Anna Amalia, war im Gegensatz zu seinem ein Jahr jüngeren Bruder ↗ Constantin zu ungestüm, um sich widerspruchslos in den höfischen Comment zu fügen. Pedantisch und bis ins Kleinste reglementiert durch den Fürstenerzieher Graf Görtz – später an etwas längerer Leine durch Christoph Mar-

Carl August, von der Jagd zurückkehrend. Tuschezeichnung von Carl August Schwerdgeburth

tin ↗Wieland über die Welt als solche belehrt –, schlug sein Herz eher bei wilden Parforceritten und Jagden, u.a. im Thüringer Wald, dem nächtlichen Lager in der ursprünglichen Natur, derben Scherzen und Streichen – ein libertines ↗Sturm-und-Drang-Klima, das eine emotionale Brücke zu G. schlagen sollte. Anna Amalia, die bis zur Volljährigkeit von Carl August als Vormund fungierte und G.s *Werther* begeistert gelesen hatte, knüpfte erste Kontakte nach Frankfurt, weil sie sich einen besänftigenden Einfluß des älteren und überlegeneren G. auf ihren Sohn erhoffte. Man traf sich mehrere Male (am 11.12. 1774 in Frankfurt, am 13.–15.12. in Mainz, im Mai darauf in Karlsruhe – Carl August nun in Begleitung seiner Braut ↗Louise von Hessen-Darmstadt), bis G. am 22.9. 1775 offiziell an den Weimarer Hof eingeladen wurde. Man hatte sich über die großen und die kleinen Dinge der Welt ausgetauscht und zueinander Achtung und Vertrauen gefaßt. Die Einladung wurde wenig später wiederholt, G. sollte sogar abgeholt werden, befand sich aber bereits auf dem Weg nach Italien, wurde in Heidelberg am 3.11. von der herzoglichen Reiterstaffette eingeholt, zur Umkehr bewogen und traf am 7.11. 1775 morgens gegen fünf Uhr ohne feste Absicht in Weimar ein. Aber Carl August hatte einen für die Zukunft seines Herzogtums wichtigen Freund gewonnen, wenngleich das Warum und Wozu noch offen war. Inzwischen volljährig geworden und mit Louise verheiratet, hatte Carl August im September die Regierungsgeschäfte übernommen, seine Mutter Anna Amalia sich zurückgezogen.

Der junge Herzog gebärdete sich nicht nur wild und ungestüm, er war auch klug, ehrgeizig, weitsichtig, hörte auf den Rat seiner Mutter, nahm eifrig an den höfischen Gesellschaften teil und hatte einen Blick für den desolaten Zustand seines 100 000-Seelen-Herzogtums, das nicht nur unter den Folgen des Siebenjährigen Kriegs gelitten hatte, sondern auch infolge seiner geographisch-politischen Randlage wirtschaftlich und damit auch seiner Sozialstruktur nach unterentwickelt war. Der Zustand der Staatsfinanzen war desolat.

↗Weimar selbst: Das Schloß abgebrannt, Ackerbürger mit ihren Fuhrwerken und Viehtrieben beherrschten das Straßenbild, daneben Hofbediente, Knechte, Mägde, Tagelöhner, wenige handeltreibende Bürger, Handwerker, die nicht leistungsfähig waren, ein »unseliges Mittelding zwischen Hofstadt und Dorf« (Herder an Knebel, 28.8. 1785). Seit 1756 stand dem absolut herrschenden Fürsten aber ein Kabinett zur Seite, das ↗Geheime Consilium, das Carl August nun als Instrumentarium nutzte, um frischen Wind in die Staatsgeschäfte zu bringen. Gegen zum Teil heftigen Widerstand setzte er G. als Legationsrat und als Mitglied des Geheimen Consiliums durch. Dahinter stand kein ausgemachtes politisches Kalkül; vielmehr wollte Carl August G. in Amt und Würden wissen. Dahinter stand aber auch eine Neigung, die ihm den Ruf einbrachte, er sammle mit unzulässig großzügiger Leidenschaft bedeutende Köpfe der Gegenwart. G. beschloß nach seiner Ernennung zum Legationsrat, in Weimar zu bleiben, und nahm seine Arbeit auf. Die praktisch-politische Arbeit im Geheimen Consilium nahm rasch deutliche Umrisse an (↗Amtliche Tätigkeiten). Carl August war mit großem persönlichem Eifer dabei, sein Herzogtum trotz schmaler Kassen zu modernisieren. Dies war die innenpolitische Seite, die dank des herzoglichen und des G.schen Engagements vielversprechend in Schwung kam. Carl August zeigte sich dankbar: 1776 erhielt G. das ↗Gartenhaus zum Geschenk, wurde mit dem Weimarer Bürgerrecht ausgestattet, 1782 wurde er in den Adelsstand erhoben (↗Adelsnominierung), die heimliche Reise nach ↗Italien wurde gnädig verziehen, 1794 schenkte Carl August G. das großzügige ↗Haus am Frauenplan.

Diese Umtriebigkeit im Innern des Herzogtums genügte Carl Augusts politischem Ehrgeiz aber bei weitem nicht. Er engagierte sich für die Schaffung eines deutschen ↗Fürstenbundes mit Sitz und Stimme seines Herzogtums, für die Reformierung des Reichstags und des Reichsgerichts, die Aufhebung der Landesschranken, die nicht nur territorial, sondern oft auch noch konfessionell festgelegt waren, für Handelserleichterungen, um den kleinen deutschen Fürstentümern zwischen den beiden Großmächten Preußen und Österreich eine politische und wirtschaftliche Chance zu eröffnen. 1788 trat er in das preußische Heer ein und nahm 1792 im Generalsrang an der ↗Campagne in Frankreich – die verloren – teil, 1793 an der Belagerung von ↗Mainz – die gewonnen wurde; beide Male hat G. ihn auf diesen Feldzügen gegen die französischen Revolutionstruppen begleitet. Er beklagte die unzureichende politische und militärische Führung der antifranzösischen Allianz, betrachtete von nun an die Reichsidee als verlorene Sache, wurde 1796 zum Parteigänger der preußischen Neutralitätspolitik. Damit war die äußere, einigermaßen friedliche Voraussetzung für das klassische Weimarer Jahrzehnt zwischen 1794 und 1805 geschaffen, das nicht nur durch den Freundschaftsbund G.s und Schillers und das damit entstehende Konzept einer klassischen deutschen Literatur bestimmt ist, sondern ebenso durch den konsequenten, immer wieder über die finanziellen Verhältnisse des Herzogtums hinausgehenden Ausbau der Universität ↗Jena zur erstrangigen Bildungsanstalt. Richtungweisende philosophische (die Trias der idealistischen deutschen Philosophie, ↗Fichte, ↗Schelling, ↗Hegel, lehrte dort zeitweilig), literarische (Jenenser Romantik, v.a. die Brüder ↗Schlegel) und naturwissenschaftliche Impulse (v.a. Biologie, ↗Chemie, Botanik und Optik) gingen von dieser Universität aus. Das kleine, zunächst unbedeutende Herzogtum Sachsen-Weimar-Eisenach hatte die Giganten Preußen und Österreich auf den Gebieten der Literatur und Kunst und der Wissenschaften ein- und überholt.

Auf Schillers Tod 1805 folgte die Doppelschlacht von Jena und Auerstedt 1806, der Sieg Napoleons über die Allianz Preußen, Österreich, Rußland, in dessen Folge das Herzogtum wirtschaftlich und politisch in die Enge getrieben wurde. Dem Mut und der Tapferkeit der Gemahlin Carl Augusts, ↗Louise, wohl auch dem Respekt Napoleons vor der Zarentochter ↗Maria Pawlowna ist es zu verdanken, daß sich die Zerstörungslust des Eroberers in Grenzen hielt – die Städte Weimar, Jena und Eisenach jedenfalls wurden Plünderungen und Brandschatzungen ausgesetzt. Auch das Haus am Frauenplan erhielt ungebetenen Besuch von siegestrunkenen französischen Soldaten - sie richteten aber keinen größeren Schaden an, weil das Haus von Frau Christiane standhaft verteidigt wurde. Der Kaiser der Franzosen feierte seinen Triumph während des ↗Erfurter Fürstentags, das Herzogtum unterstand nun dem von Napoleon dirigierten Rheinbund - aufgrund der hohen Kontributionen, die an Frankreich geleistet werden mußten, kam das Land nun kaum noch von Stelle. Carl August machte gute Miene zum bösen Spiel, bis sich 1813 nach dem verlorenen Rußlandfeldzug das Blatt gewendet hatte. Er war als Befehlshaber eines Armeekorps bei den Kampfhandlungen in Belgien dabei und hat sein Teil zur endgültigen militärischen Niederlage Napoleons beigetragen.

Im Zuge des Wiener Kongresses 1815 wurde Carl August die Würde eines Großherzogs verliehen, das Territorium Sachsen-Weimar-Eisenach verdoppelt, die Zahl der Einwohner ebenso. Der politische Spielraum war nun vorhanden, um dem Großherzogtum eine neue Staatsverfassung zu geben. Carl August zog damit auch auf staatsrechtlicher Ebene die Konsequenz aus dem Untergang des alten Reichs. Er berief am 7.4. 1816 eine verfassunggebende Versammlung ein; sie war nicht repräsentativ im modernen Verständnis; sie setzte sich vielmehr aus den alten ständischen Eliten der Verwaltung, der Beamten- und Professorenschaft, des Militärs und des Besitzbürgertums

zusammen, immerhin aber war der Bauernstand nun im Landtag vertreten; kaum einen Monat später lag das »Grundgesetz über die landständische Verfassung des Großherzogtums Sachsen-Weimar-Eisenach« vor. Was Carl August damit beabsichtigte, war mit dem Blick auf England, die Schweiz und vor allem Amerika zum politischen Entwurf der ersten konstitutionellen Monarchie in Deutschland mit parlamentarischem Zuschnitt geraten. Den Geist dieser Verfassung hat der Verfassungshistoriker Fritz Hartung 1923 mit dem Stichwort »autokratischer Liberalismus« umschrieben, den Landtag hat er als wirtschaftliche und soziale Interessenvertretung und noch nicht als liberale Opposition gegen Deutschen Bund und Heilige Allianz verstanden, die von Carl August auch nicht gewollt gewesen ist. Aber der Herzog hat sich mit diesem Verfassungskonzept weit ins 19. Jh. hineingewagt und sich vom politischen Status des klassischen Weimar – damit auch von G. – entfernt. Er hat das Maß des politisch Möglichen und Machbaren zugunsten seines Landes voll ausgeschöpft.

Dieser Fortschritt hatte sich am Konflikt zu messen: Carl August hat nicht übersehen, daß zu einer modernen Verfassung auch die Presse- und Meinungsfreiheit gehört - für Preußen, Österreich und Rußland ein Dorn im Auge – für die Großmächte der Heiligen Allianz stand die Restauration der feudalabsolutistischen Machtverhältnisse vor der Französischen Revolution im Vordergrund, eine Zielsetzung, die mit kompromißloser Härte verfochten wurde. Es war nicht vorgesehen, landesherrliche Grundrechte überhaupt an die Öffentlichkeit zu »veräußern«. Die treibende Kraft gegen Carl August war Fürst ↗Metternich, der von Weimar als einem Ort der Wandlung vom Hort der klassischen Kultur zur »kleinen Brutanstalt des Jakobinismus« verkommenen Land sprach und damit die Stimmung gegen die liberale Handhabung der Presse- und Meinungsfreiheit im Herzogtum anheizte. Gemeint waren damit nationalliberale Zeitschriften wie ↗Okens *Isis*, ↗Ludens *Nemesis*, aber auch unbequeme Lehrmeinungen und studentische Protestaktionen der Universität Jena. Carl August wehrte sich vergeblich unter Berufung auf die Wiener Kongreßakten und den Hinweis auf die Richtlinienkompetenz des Frankfurter Bundestags. Die Ermordung des russischen Gesandten Kotzebue durch den Studenten Sand am 23.3. 1819 war hoch willkommener Anlaß, um im Eilverfahren der ↗Karlsbader Beschlüsse in Sachsen-Weimar-Eisenach anderswo mit der Presse- und Meinungsfreiheit ein Ende zu machen. Bundesweit wurden die Burschenschaften verboten, die Universitäten der Staatskontrolle unterstellt. G. hat dabei nicht auf der Seite seines Freunds und Dienstherrn Carl August gestanden, sondern sich skeptisch zurückgehalten.

Carl August, der die Freiheitskriege als Fanal einer aufgeklärteren politischen Zukunft empfunden hatte, sah sich nun endgültig von der politischen Zukunft in Europa enttäuscht. Jahre später nahm er in Berlin, meist in Begleitung des von ihm seit vielen Jahren hochgeschätzten Alexander von Humboldt, Abschied von der politischen Bühne. In der Aufzeichnung eines Gesprächs mit G., das sich auf einen Brief Alexanders von Humboldt bezog, hat Eckermann die resignative, zerrüttete Stimmung des Herzogs – hell wach, Wein trinkend, scharfsinnige Fragen stellend, dann wieder mitten im Gespräch abbrechend und kurz oder für längere Zeit schlafend – eindringlich geschildert (23. 10. 1828). Auf der Rückreise von Berlin ist Carl August am 14. Juni 1828 plötzlich zusammengebrochen und verstorben. G., der sich noch vor der Beisetzung Carl Augusts in der Weimarer Fürstengruft, aufs Äußerste durch dessen Tod betroffen, nach Dornburg (↗ *Dornburger Gedichte*) zurückgezogen hatte, wenige Monate später: »Der Großherzog war freilich ein geborener großer Mensch, womit alles gesagt und getan ist« (Eckermann, 28. 10. 1828).   BL

Carl Friedrich, Großherzog von Sachsen-Weimar-Eisenach (1783–1853): Ältester Sohn von Carl August, in vertrauter Nähe zu g. aufgewachsen, heiratete im Sommer 1804 die russische Zarentochter und Großfürstin ↗ Maria Pawlowna, eine glückliche, außerordentlich vermögende und politisch bedeutende Partie. Am 9. 11. 1804 zog das junge Paar achtspännig in Weimar ein, vorab achzig russische Planwagengespanne mit der Aussteuer der Prinzessin. Unter seinen Vettern galt Carl Friedrich, im Gegensatz zur geistreichen, kultivierten Maria Pawlowna, als »der Marie platter Mann«, ein bläßlicher, wenig überzeugender Thronfolger, der im Schatten seines Vaters stand und es infolge der vielfältigen sozialen und gesellschaftlichen Aktivitäten seiner Gemahlin schwer hatte, in der Öffentlichkeit an Kontur zu gewinnen. Nach dem Tod seines Vaters 1828 übernahm er die Regentschaft und ließ G. neben Carl August in der Fürstengruft beisetzen.   BL

Carlos, Freund und Ratgeber, der ↗ Clavigo einredet, Marie fallenzulassen und damit den unglücklichen Verlauf des Stücks in Gang bringt. Wie vielen großen Bühnenintriganten fehlt auch ihm das überzeugende, ausschlaggebende Motiv. Gewiß ist seine Karriere an die des jungen Stars Clavigo geknüpft, aber seine

individuelle Disposition ist schwer zu erkennen. Die Persönlichkeit verschwindet hinter der rhetorischen Virtuosität.   NH

Carlyle, Thomas (1795–1881): Schottischer Historiker, Schriftsteller, Übersetzer, wirkte bahnbrechend für die britische G.-Rezeption; in zahlreichen Publikationen baute er Vorurteile gegen die deutsche Literatur und Philosophie ab und wurde zum Propagator und Übersetzer. So veröffentlichte er 1824 die englische Übersetzung der *Lehrjahre*, 1827 eine vierbändige Ausgabe *German Romance* (darin *Wilhelm Meisters Wanderjahre*), 1832 *G. Works*, *G.s Portrait*, *Death of G.* Er schrieb mehrere Arbeiten zu G.s *Faust* und veröffentlichte 1825 *The life of Schiller*.

Mit G. stand er seit 1824 im Briefwechsel – G. nun schon fünfundsiebzig Jahre alt, Carlyle neunundzwanzigjährig – letzte Briefe werden im August 1831 gewechselt. Carlyle empfindet »Dankbarkeit und Ehrfurcht eines Jüngers vor seinem Meister, ja eines Sohnes vor seinem geistigen Vater« (an G., 15. 4. 1827). »Mich […] als den Freund Goethes hingestellt zu sehen, ist eine Ehre« (an G., 15. 11. 1830). Für Carlyle waren Geschichte und Kultur das Werk großer einzelner (Shakespeare, Napoleon, G. z.B.). G. förderte Carlyles Studien deutscher Literatur, sah in ihn als »Interpreten« seiner Werke, als Mitstreiter bei der Verwirklichung seiner Idee von ↗ Weltliteratur, schickte eigene Werke sowie die deutsche Ausgabe der Schillerbiografie *Thomas Carlyle. Leben Schillers. Aus dem Englischen, eingeleitet durch Goethe, Frankfurt am Main 1830* an die Adresse des Carlyleschen Landsitzes Craigenputtock/Falkenklippe. Man interessierte sich für die gegenseitigen Lebensumstände, Carlyles Frau Jane und Ottilie von G. waren am Briefwechsel beteiligt, Geschenksendungen gingen hin und her: Handarbeiten der Damen wurden getauscht, G. sandte Zeichnungen seines Hauses am Frauenplan und des Gartenhauses, Jane ihren Schattenriß nebst Haarlocke und Versen in einer Briefmappe. Die Bitte um Gegengabe ist von G. nicht zu erfüllen: »Ich brauche meinen Schädel nur zu berühren, um zu wissen, daß daselbst nur Stoppeln sich hervortun« (an Carlyle, 13. 4. 1830).

Das von Ottilie von G. herausgegebene *Chaos, Wochenblatt, Manuskript für Freunde. Gesellige Scherze einer geistreichen weimarischen Gesellschaft* veröffentlicht Carlyles Übersetzung von *Faust I* von 1803 sowie das Gedicht *Tragedy of the Night Moth* von 1813. Auf Anregung G.s wird Carlyle Ehrenmitglied der »Gesellschaft für ausländische schöne Literatur zu Berlin« (1830). Ein »Geburtstagsgeschenk von einem auserlesenen Kreis englischer Jünger, die auf diesem Wege ihre Verehrung für Sie zu bezeugen versuchen« (Carlyle an G., 13.8.1831) erhält G. zum 82. Geburtstag, ein wertvolles Petschaft: »Ohne Rast, doch ohne Hast«. G. dankt für die »Gabe der verbündeten Freunde«, die ihm »außerordentliches als unerwartetes Vergnügen gemacht« (an Carlyle, 19.8.1831) haben und schickt das Gedicht *Den funfzehn Englischen Freunden*, das ebenfalls im *Chaos* veröffentlicht worden ist. CS

Carracci, Annibale (1560–1609), der bolognesische Meister der Barockmalerei aus der von G. geschätzten Malerfamilie Carracci hatte es ihm besonders angetan: »Was sind die Caracche schön! Ach lieber Gott, daß man so lang leben muß, eh man so was sieht und sehen lernt!« (an Merck, 11.10.1780). Allein nach Kupferstichen kannte G. zu diesem Zeitpunkt die Werke, im Original sah er sie jedoch erst am 19.10.1786 in Bologna und am 17.11.1786 im Palazzo Farnese in Rom. Von Carracci, der zu seinen wichtigsten künstlerischen Entdeckungen in Italien gehörte, besaß G. außerdem Handzeichnungen und Stiche. AR

Carus, Carl Gustav (1789–1869), Arzt, Naturforscher und Landschaftsmaler; legt als 29jähriger ein *Lehrbuch der Zootomie* vor, das G. begeistert; schickt G. 1820 zwei Landschaftsbilder, die Johann Heinrich Meyer in *Über Kunst und Altertum* positiv bespricht – auf Bitten G.s folgen weitere; 1821 erste und einzige Begegnung mit G., als Carus auf einer Studienreise nach Italien Station in Weimar macht – daraufhin Einladung zur Mitarbeit an G.s *Heften zur Morphologie*; 1828 bricht G. den Briefwechsel ab – vermutlich, weil Carus seine Farbentheorie ablehnte. PO

Casa Moscatelli, Haus mit der Wohnung Tischbeins am römischen Corso Nr.18, wo G. schon nach wenigen Wochen seines römischen Aufenthalts einzieht. BJ

Cellini, Benvenuto (1500–1571), Goldschmied und Bildhauer der Florentiner Schule, dessen 1728 postum veröffentlichte Autobiographie (*Vita*) G. 1796/97 übersetzte und zuerst mit Schiller in den *Horen* veröffentlichte. Als Buch erschien die Übersetzung 1803, überarbeitet und um einen ausführlichen Anhang erweitert. Sie ist eine der umfangreichsten Arbeiten G.s, dokumentiert jedoch in vielem ein Mißverstehen des Originals. Die *Vita*, die G. bei den Vorbereitungen der geplanten zweiten Italienreise entdeckte, ist die

anekdotenreiche, freizügige Schilderung eines bewegten Lebens. Für G. war das Werk »dieses konfusen Individui« (an J.H. Meyer, 18.4.1796) nicht nur wesentlicher Bestandteil seiner Auseinandersetzung mit der italienischen Renaissance, sondern auch Ausdruck des schwierigen Verhältnisses zwischen Künstler und Herrschenden, das ihn oft selbst beschäftigte. JAS

Cervantes, Saavedra Miguel de (1547–1616), Autor des unsterblichen komischen Romans *Don Quijote* und der *Novelas ejemplares*, hat wenig Einfluß auf G. ausgeübt (*Spanische Romanzen*, 1823). Während G. dem *Don Quijote* aufgrund seiner absurd-phantastischen Komik kaum Gefallen entgegenbringen konnte, schätzte er die *Novelas ejemplares* als »wahren Schatz sowohl der Unterhaltung als der Belehrung« (an Schiller, 17.12.1795). BL

Chaos: G. benutzt den Begriff ganz traditionell im Sinne eines schöpferischen Urzustands; Mephisto spielt etwa darauf an, wenn er von sich behauptet: »Ich bin ein Teil des Teils, der anfangs alles war,/Ein Teil der Finsternis, die sich das Licht gebar« (v.1349f.), als Vertreter von Verneinung und Zerstörung ist das Chaos sein Element. In verschiedenen naturwissenschaftlichen Schriften, in denen G. natürliche Entwicklungsprozesse darstellt, stellt das Chaos den Anfangszustand dar (z.B. *Über den Granit*). – Unter dem Namen *Chaos* wurde unter der Redaktion von G.s Schwiegertochter Ottilie ein exklusives Weimarisches Gesellschaftsblatt herausgegeben. Am 80. Geburtstag G.s begründet, war das *Chaos* eine Hausgazette für Eingeweihte mit Geheimhaltungspflicht, eigene Gedichte G.s wurden dort ebenso publiziert wie kleinere Beiträge etwa Boisserées, Carlyles oder Sorets. Schon mit Jahrgang 1831 wurden die *Chaos*-Hefte immer dünner, ein Jahr später wurde die Gazette eingestellt. BJ

Charakter: G. interessieren die Charaktere ganzer Völker und Kontinente (vgl. *Tyche, das Zufällige*, in *Urworte Orphisch*, oder *Kunst und Altertum*), öfters jedoch diejenigen einzelner Menschen. Im *Werther* dient der Begriff wiederholt zur Beschreibung eines inneren Wesens, das sich durch Taten in der Welt nach außen lebt. »Die Geschichte des Menschen ist sein Charakter«, heißt es in *Wilhelm Meisters Lehrjahre* (VII.5), und im *West-östlichen Divan* schreibt G.: »Der Charakter ruht auf der Persönlichkeit, nicht auf den Talenten.« Charakterstudien in diesem Sinne liefert G. in seiner mit »Charakter« betitelten *Winkelmannstudie*, ebenso in der Schilderung seines

Dichterfreundes Lenz am Beginn des 14. Buchs von *Dichtung und Wahrheit*. Die Schöpferkraft des Individuums findet im charakteristischen Kunstwerk seinen Ausdruck, der Künstler bildet durch seinen Charakter dasjenige, was er an Volkspoesie und Tradition überwindet und auf die höherstehende Stufe der schönen Kunst hebt. In diesem Sinne wirkt Charakter, wenn er sich mit Ideen verbindet, weltverändernd, denn treffen Charakter und Idee zusammen, »so entstehen Ereignisse, worüber die Welt vom Erstaunen sich Jahrtausende nicht erholen kann« (*MuR*). Die Schwierigkeit, einen Charakter zu beschreiben, hält G. im Vorwort der *Farbenlehre* fest: »Vergebens bemühen wir uns, den Charakter eines Menschen zu schildern; man stelle dagegen seine Handlungen, seine Taten zusammen, und ein Bild des Charakters wird uns entgegentreten.«   AV

Charakteristische Kunst. Vor allem in der Zeit des Sturm und Drang und im Rahmen der Genie-Ästhetik hat G. dem Schönen in der Kunst das Charakteristische gegenübergestellt. Das Straßburger Münster war impulsgebend für G.s Aufsatz *Von Deutscher Baukunst* (1772), in dem er dem Künstler als »Halbgott« ebenso wie dem »Wilden«, also dem nicht zivilisationsgeschädigten Menschen, die Fähigkeit zusprach, »aus den willkürlichsten Formen« und »ohne Gestaltverhältnis« ein »charakteristisches Ganzes« zu schaffen. Auch Rousseau mit seiner Forderung nach einem Zurück zur Natur stand Pate, als G. in der Kunst, wenn sie »wahr« sein will, nicht die Schönheit als wichtigstes Kriterium ausmachte, sondern Ursprünglichkeit, Echtheit und Eigentümlichkeit. Diese Eigenschaften (oder besser: Charakteristika) korrespondieren zwar, den jeweiligen Künstler betreffend, mit »*einer* Empfindung«, nehmen aber deshalb zwangsläufig »bei Nationen und einzelnen Menschen« ganz unterschiedlich, in »unzähligen Graden«, Gestalt an. Wenngleich G. später andere Maßstäbe an Kunstwerke anlegte, galt ihm doch auch lange nach der Zeit des Sturm und Drang: »Eigentümlichkeit des Ausdrucks ist Anfang und Ende aller Kunst« (*MuR*).   DF

Charlotte, Figur in den *Wahlverwandtschaften*, nach erster Ehe verwitwet, nunmehr verheiratet mit ↗Eduard. In dieser Ehe hat sie die überlegenere, vernunftgeleitete Position inne. Eine aufkeimende Leidenschaft gegenüber dem ↗Hauptmann kann sie unterdrücken, beide entsagen der Liebe - auch nach dem Tod ↗Ottilies und Eduards. Charlotte ergreift verschiedene Initiativen zur Verbesserung der Ausbildungs- und Betreuungssituation der Kinder und Jugendlichen des eigenen Besitzes. Die Bauernknaben werden eingekleidet und in der Pflege und Gestaltung des Besitzes eingesetzt, die Mädchen werden in einer Textilhandwerks- und Hauswirtschaftsschule erzogen. Sie steht damit als reformadlig-aufgeklärte Figur modellhaft einerseits gegen die Rückständigkeit ihres nur auf Repräsentation bedachten Gatten, viel mehr noch aber gegen die adlige Dekadenz, die ihre Tochter ↗Luciane mit ihrem Reisehof darstellt.   BJ

Chemie: Während seiner Rekonvaleszenz im Frühjahr 1769 gefordert von den rätselhaften Vorgängen in seinem Körper, beschäftigte G. sich mit dem *Opus mago-cabbalisticum et theosophicum* des Georg von Welling (1652–1727), einer pansophischen Theorie der Weltentstehung, die auf ein recht konventionelles Bildrepertoire (Lichtwelt Gottes, Sturz Luzifers, Erschaffung der Erde, Erbsünde) zurückgriff. Susanna von ↗Klettenberg, seine Gesprächspartnerin in diesen Tagen, hatte die Lektüre angeregt. Weitere Lektüren und alchimistische Versuche mit einem Windöfchen folgten (*DuW*, 8. Buch). Während der Studienzeit in Straßburg 1770/71 nahm er pharmazeutischen Unterricht. Die chemische Forschung, die Einrichtung chemischer Laboratorien an der Universität Jena hat er nachhaltig gefördert. Friedrich August ↗Göttling verdankte ihm den ersten Lehrstuhl für Chemie in Jena und stellte gemeinsam mit G. chemische Farbversuche an. An Göttlings Versuchen, aus Runkelrüben Zucker zu gewinnen, nahm G. begeisterten Anteil. Als Göttling ihm seinen *Beytrag zur Berichtigung der antiphlogistischen Chemie auf Versuche gegründet* (1794) übersandte, gestand G. im Dankschreiben seine Inkompetenz in Fragen der theoretischen Chemie, las aber aufmerksam die farbtheoretischen Passagen dieses Grundlagenwerks. Er hörte Vorträge von Göttling, dessen Assistenten ↗Scherer, des Weimarer Hofapothekers ↗Buchholz, mit dem er einen Heißluftballon steigen ließ, und des Heidelberger Professors für Philosophie Jacob Friedrich ↗Fries über Licht und Farbe, der sich in den *Heidelberger Jahrbüchern* 1814 kritisch mit G.s Farbenlehre auseinandergesetzt hatte. Göttlings Nachfolger Johann Wolfgang ↗Döbereiner stand G. ab 1810 fast ein Vierteljahrhundert als Informant und Ratgeber in chemischen Fragen (z.B. Einschätzung der Harnstoffsynthese, ↗Homunculus) zur Verfügung. Mit der Gründung der ↗Mittwochsgesellschaft schließlich verfolgte G. das Ziel der geselligen Information und der Unterhaltung (u.a. galvanische Experimente mit Thomas Johann Seebeck, dem Entdecker der Thermoelektrizität und des ultravioletten Lichts).

Einem Begriff des Begründers der mineralogischen Chemie, des Schweden Torbern Olof Bergmann (1735–1784), hat G. zu ungeahnter literarischer Popularität verholfen, dem der »Wahlverwandtschaft«, den Bergmann in seinem Buch *De attractionibus eletivis* (1775, deutsch 1784) in den Augen G.s als »sittliche Symbole« entwickelt hatte. Gemäß der chemischen Gleichung ›AB + CD entwickelt sich zu AC + BD‹ spricht der Titel des Buchs *Die Wahlverwandtschaften* »den Zusammenhang der Geschichtsfabel aus; denn wie sich zwei verbundene Körper chemisch trennen und sich jeder einen andern wählt, so verliebt sich ein vergnügtes klarsehendes Ehepaar in mittleren Jahren in andre Herzen und, so wohl auch die Frau mit Resignation und Klugheit lenken möchte, so ist doch des Mannes Verlangen unwiderstehlich und die festliebende, aber später darin Schuld gewahrende Ottilie stirbt ihm voran« (Friedrich Gottlieb Welcker an Caroline von Humboldt).   BL

Chiffre: Ein im 18. Jh. beliebtes Spiel mit einem Geheimnis unter wenigen Vertrauten, eine Art Geheimschrift, die G. zuerst durch seinen Großvater Textor begegnete: »Ferner erinnere ich mich, daß ich als Knabe unter seinen Büchern und Schreibkalendern gestört, und darin unter andern auf Gärtnerei bezüglichen Anmerkungen aufgezeichnet gefunden: ›Heute nacht kam N.N. zu mir und sagte ….‹ Name und Offenbarung waren in Chiffern geschrieben. Oder es stand auf gleiche Weise: ›Heute nacht sah ich …‹ Das übrige war wieder in Chiffern, bis auf die Verbindungs- und andre Worte, aus denen sich nichts entnehmen ließ« (*DuW*, I.1).

In *Wilhelm Meisters Wanderjahren* führen Wilhelm und ↗Jarno gleich eingangs einen dramatischen Dialog über Sprache und Schrift der Natur: »›Du willst mir ausweichen‹, sagte der Freund; ›denn was soll das zu diesen Felsen und Zacken?‹ – ›Wenn ich nun aber‹, versetzte jener, ›eben diese Spalten und Risse als Buchstaben behandelte, sie zu entziffern suchte, sie zu Worten bildete und sie fertig zu lesen lernte, hättest du etwas dagegen?‹ – ›Nein, aber es scheint mir ein weitläufiges Alphabet.‹ – ›Enger, als du denkst; man muß es nur lernen wie ein anderes auch. Die Natur hat nur *eine* Schrift, und ich brauche mich nicht mit so vielen Kritzeleien herumschleppen« (I.3).

In den *Noten und Abhandlungen zu besserem Verständnis des West-östlichen Divans* schließlich schreibt G. unter dem Stichwort *Chiffer*: »Eine andere Art aber, sich zu verständigen, ist geistreich und herzlich! […] Im Orient lernte man den Koran auswendig, und so gaben die Suren und Verse durch die

mindeste Anspielung ein leichtes Verständnis unter den Geübten«. Die sich in dieser Weise übten, waren G. und Marianne von Willemer, von denen ein kleiner Chiffren-Briefwechsel erhalten ist: »Um aber zu unserm eigentlichen Zweck zu gelangen, erinnern wir an eine zwar wohlbekannte, aber doch immer geheimnisvolle Weise, sich in Chiffern mitzuteilen; wenn nämlich zwei Personen, die ein Buch verabreden und, indem sie Seiten- und Zeilenzahl zu einem Briefe verbinden, gewiß sind, daß der Empfänger mit geringem Bemühen den Sinn zusammenfinden werde«. Eine die Intimität, die Dichte und unverwechselbare Vertrautheit des Gefühls wahrende *Geheimschrift* unter Liebenden ist letztlich gemeint, so das gleichnamige Gedicht aus dem *Buch Suleika*, mit der die Liebenden unter sich bleiben und den Reichtum ihrer Beziehung in einer eigenen Sprache der Liebe ausdrücken: »Mir von der Herrin süße/Die Chiffer ist zur Hand«.   BL

Chinesisch-deutsche Jahres- und Tageszeiten, Zyklus aus 14 Gedichten, entstanden überwiegend zwischen dem 12. Mai und 8. Juni 1827; Erstdruck im *Berliner Musen-Almanach für das Jahr 1830*. 1827 beschäftigte sich G. mehrmals mit chinesischer Literatur; so las er den Roman *Ju-kiao-li ou Les deux cousines* in einer französischen Übersetzung von 1826 (1827 erschien auch eine deutsche Übersetzung: *Ju-Kiao-Li oder die beiden Basen*), sowie den Sammelband *Chinese Courtship* nach einer englischen Übersetzung von 1824, der neben dem Versroman *Hua Jian Ji* eine Sammlung von Biographien, Geschichten und Anekdoten aus dem Leben bekannter chinesischer Frauengestalten enthielt. Diese *Gedichte hundert schöner Frauen*, wie er sie etwas irreführend nennt, regten G. an zu einem kleinen Beitrag *Chinesisches* mit anekdotisch umrahmten vier Gedichten auf drei chinesische »Fräulein« und eine Dienerin, den er 1827 in seiner Zeitschrift *Über Kunst und Altertum* publizierte. Zu diesen Nachdichtungen schreibt er einleitend, sie »geben uns die Überzeugung, daß es sich trotz aller Beschränkungen in diesem sonderbar-merkwürdigen Reiche noch immer leben, lieben und dichten lasse«.

›Merkwürdig‹ nennt auch Johann Gottfried Herder China in seiner kulturphilosophischen Schrift *Ideen zur Philosophie der Geschichte der Menschheit* (1784–1791), an deren Entstehung G. lebhaften Anteil nahm. Es sei ein Land, das sich selbst »Mittelblume der Welt« nennt, gewiß aber eines der merkwürdigsten ist«. Nach Reiseberichten von Missionaren, die seit Ende des 17. Jh.s in Europa beachtet wurden, entwarf die Frühaufklärung das Bild Chinas als einer von Vernunft und einem hohen Grad an Zivilisierung gekennzeichneten Kultur. Daraus entwickelte sich ein regelrechter China-Kult, der seinen Ausdruck in der Mode der ›Chinoiserien‹ fand, die auch in G.s Elternhaus in Frankfurt Einzug hielt. Herder relativiert die Idealisierung durch die Betonung der hohen Künstlichkeit und des streng hierarchisch geordneten staatlichen und gesellschaftlichen Aufbaus, der eine Neigung zu demütiger Unterwürfigkeit begünstige und kulturellen Fortschritt hemme. Die China-Kenntnis G.s ist so von mehreren Faktoren bestimmt, und sie wurde sporadisch intensiviert durch Lektüre chinesischer Literatur, insbesondere im ›chinesischen Jahr‹ 1827.

In den Monaten Mai und Juni hielt G. sich im Gartenhaus an der Ilm auf, dessen idyllischer Charakter sich auch heutigen Besuchern unverfälscht einprägt. Dort entstand der chinesisch-deutsche Zyklus. Eckermann beschreibt unter dem 22.3.1824 sehr anschaulich die Atmosphäre von Haus und Garten während eines mittäglichen Spaziergangs mit G.: »Aus solchen Träumen gänzlicher Abgeschiedenheit erwecket uns jedoch das gelegentliche Schlagen der Turmuhr, das Geschrei der Pfauen von der Höhe des Parks herüber«. Der Pfau erscheint auch in den Gedichten IV und V als eines der wenigen chinesisch-deutschen Elemente des Zyklus. Im Gegensatz zum *West-östlichen Divan*, auf den mit dem Titel immerhin angespielt wird, sind in diesem letzten Gedicht-Zyklus G.s die interkulturellen Signale äußerst sparsam gesetzt. Sie entsprechen eher der Analogie einer bürgerlich-gesitteten Welt, einer Gartenkultur im Einklang mit der Natur, wie sie G. am 31.1.1827 gegenüber Eckermann nach der Lektüre des Romans *Ju-Kiao Li* beschreibt: »Die Goldfische in den Teichen hört man immer plätschern, die Vögel auf den Zweigen singen immerfort, der Tag ist immer heiter und sonnig, die Nacht immer klar«.

Diese Überlegungen leiten über zu G.s berühmten Aussagen zur Poesie als »Gemeingut der Menschheit« und zum Konzept einer ↗ Weltliteratur: »Ich sehe mich daher gerne bei fremden Nationen um und rate jedem, es auch seinerseits zu tun. National-Literatur will jetzt nicht viel sagen, die Epoche der Welt-Literatur ist an der Zeit und jeder muß jetzt dazu wirken, diese Epoche zu beschleunigen.« Der chinesisch-deutsche Zyklus ist ein poetisches Unternehmen, in dem diese Überzeugung mit großer Leichtigkeit realisiert wird. Im Rollenspiel des Mandarins, der sich von den Dienst- und Amtsgeschäften in die Natur zurückzieht, spielt G. in kultureller Verfremdung auf seine eigene

Situation am Weimarer Hof und den Dienst für den Fürsten an.

In den mittleren Gedichten wird der Kreis der Jahreszeiten vom Frühling bis zum Herbst durchschritten; in für G.s Alterslyrik typischer Weise bekommen dabei Naturbilder in der Kontemplation des beobachtenden Subjekts symbolische Bedeutung, werden zu Spiegelbildern von Leben und Werk. Der Zyklus spiegelt die lebenslange Empathie zwischen Ich und Natur, die im Alter wissenschaftlich fundiert ist, und die produktive Kraft der Liebe, die jetzt wesentlich aus sich überlagernden Erinnerungsbildern rekonstruiert wird. Ein Beispiel dafür ist Gedicht VII, das sich am wahrscheinlichsten auf Christiane Vulpius bezieht, die G. 1788 im Garten an der Ilm, also der Kulisse, in der die Gedichte entstanden, entgegengetreten war: »Im Garten war’s, sie kam heran,/Mir ihre Gunst zu zeigen;/Das fühl’ ich noch und denke dran/Und bleib’ ihr ganz zu eigen«.

Das folgende Gedicht VIII thematisiert kontrapunktisch zu dieser Erinnerung an jugendliche Liebe die aktuelle Erfahrung des Alters: »Dämmrung senkte sich von oben,/Schon ist alle Nähe fern« ist eine der großartigsten lyrischen Gestaltungen des Alters, in dem die Konturen des Lebens verschwimmen, »Schwarzvertiefte Finsternisse« die Nähe des Todes ankündigen, Furcht und Trauer jedoch zu Melancholie sublimiert werden: »Und durchs Auge schleicht die Kühle/Sänftigend ins Herz hinein.« Es folgen drei Rosengedichte, in denen nach G.s morphologischem Naturverständnis die ewige Gesetzmäßigkeit und Schönheit der Natur der vorigen Erfahrung von Vergänglichkeit entgegengesetzt wird.

Am Ende des Zyklus schließt sich der Kreis zum Anfang; der alte Mandarin/Dichter erteilt den »Gesellen«, die ihn aus seinen »alten Träumen« reißen wollen, eine Lehre: »Sehnsucht ins Ferne, Künftige zu beschwichtigen,/Beschäftige dich hier und heut im Tüchtigen.« Tätigkeit ist für G. ein Grundethos des menschlichen Lebens; Fleiß und Arbeitsamkeit gehören zugleich zu den markantesten Merkmalen des chinesischen Nationalcharakters, so daß sich in diesem Zyklus eine innere Logik des ›weltliterarischen‹ Dichtens ergibt.   IW

Chirurgie: G. verwendet den Begriff nicht im Sinne der akademischen Disziplin, sondern im Sinne handwerklicher, wundärztlicher Maßnahmen zur Lebenserhaltung, die auch durch Barbiere ausgeübt wurden: Aderlaß, Einrenken von Gliedern, Zahnziehen. Chirurgie ist das Berufsfeld von G.s Romanheld Wilhelm Meister.   BJ

Chodowiecki, Daniel Nicolaus (1726–1801), Zeichner, Maler und Kupferstecher der Empfindsamkeit, Direktor der Berliner Kunstakademie. Chodowiecki trat auch als Illustrator literarischer Werke hervor: etwa Klopstocks *Messias* und Schillers *Räuber*, zum letzteren waren zwei Stiche in G.s Sammlung. Chodowiecki arbeitete, wie G., Lavater bei den *Physiognomischen Fragmenten* zu. G. besuchte ihn im Mai 1778 mehrfach in Berlin. Chodowiecki fertigte vielfach Illustrationen zu G.s Werken an: Einzelne *Werther*-Illustrationen sind bekannt, für die Ausgabe der *Schriften* 1787–90 stach er vier Blätter, zwölf Stiche zu *Hermann und Dorothea* wurden 1798 getrennt vom Text publiziert. G. beurteilte Chodowiecki kritisch, v. a. in und nach der eigenen klassizistischen Phase erschien er ihm als ein älterer, eben der empfindsamen Epoche zugehörig.   BJ

Chor (auch: Singchor, ›kleines Singe-Konzert‹, ›Sang- und Klang-Gesellschaft‹): »Was wir in Gesellschaft singen,/Wird von Herz zu Herzen dringen«. Mit diesem epigrammatischen Vorspruch, den er 1814 der Ausgabe seiner »geselligen Lieder« voranstellte, tat G. deutlich kund, daß er am gemeinsamen Gesang, der um 1800 zur Unterhaltung, wenn nicht gar zur geselligen Pflicht gehörte, aktiv Anteil nahm. Das »treffliche Sängerchor«, das Johann Friedrich Reichardt in seinem Haus in Giebichenstein aus den jeweils Anwesenden bildete, wurde G. zum Vorbild für jene Versammlungen, die er ab 1802 zunächst als »cour d'amour«, dann als Abendgesellschaft in sein Haus am Frauenplan lud, bevor er 1807 seinen eigenen »Hauschor«, sein »Singquartett« oder, wie er auch schrieb, seine »kleine Singschule« etablierte.

Zunächst von Rudolf Karl Heß geleitet, ging sie 1808 in die Hände Carl Eberweins über. Indem G. den Chor »im kleinen baute und pflanzte, hervorbringen und geschehen ließ« (an C.F. Zelter, 20.4.1808), gehörte er in Weimar zu den emsigsten Beförderern des mehrstimmigen Hausgesangs. Eberwein schrieb über die erste Besetzung in seinen Erinnerungen: »G.s Hauskapelle bildeten: Heß (Dirigent), Demoiselle Engels (erster Sopran), Demoiselle Häßler (zweiter Sopran oder Alt), Morhard (Tenor) und Deny (Baß), sämtlich Mitglieder des weimarischen Theaters«. Man traf sich in wechselnder Besetzungsstärke unregelmäßig donnerstags oder sonntags; um das Erarbeitete – die Chorkompositionen Reichardts, Joseph Haydns, Wolfgang Amadeus Mozarts, Georg Friedrich Händels, Niccolò Jommellis oder Zelters – einem größeren Zuhörerkreis zu vermitteln, lud G. »im Winter jeden Sonntag von halb Elf bis halb Eins« zu einer »musikalischen Unterhaltung« ein.

Darüber Eberwein: »Der weimarische Adel und die Schöngeister fanden sich nicht allein zahlreich des Sonntags früh bei G. ein, sondern brachten auch Fremde von Distinktion mit, so daß die Zahl der Zuhörer sich oft bis fünfzig steigerte […]. Das Programm bezeichnete im Allgemeinen das sonntägliche Leben. Zunächst waren unsere Gesänge dem Höchsten gewidmet, dem wir alles Wahre, Gute und Schöne zu danken haben. Die Offertorien von Jomelli, Joseph Haydns Motetten, kirchliche Gesänge. Nach dem Allmächtigen wurden Natur und Welt in Betracht gezogen; […] Den Schluß bildeten komische Gesänge, wie das Lied *Herr Urian* und das Terzett von Wenzel Müller aus der *travestierten Alceste*«. Dieses »Anstältchen«, wie es G. 1814 nannte, blieb noch bis um 1817 aktiv, und es ist bestaunenswert, was G. und sein Zirkel »mit dem besten Effekt« bei den Zuhörern aufzuführen vermochten.   GBS

Christentum: Die im Glauben an den in Jesus erschienenen Christus und Messias verankerte, im Europa des 18. und 19. Jh.s trotz zunehmender Kritik gesellschaftlich verpflichtende Religion. G., Sohn protestantischer Eltern, wurde lutherisch getauft und konfirmiert, Christiane Vulpius und wurden, wenngleich nach Jahren der wilden Ehe, kirchlich getraut, beide erhielten nach ihrem Tod ein christliches Begräbnis. Auch bezüglich der eigenen Kinder legte G. Wert auf die christlichen Rituale. Dennoch: bei aller Verehrung der ursprünglichen Lehre Jesu, der Leistung Luthers und des (auch für G.) Buchs der Bücher - der ↗ Bibel – lehnte G. das institutionalisierte Christentum gleich welcher Form und die jeweiligen Kirchen ab (immerhin sympathisierte er zeitweise mit dem ↗ Pietismus). Die ab 1800 einsetzenden Konversionen zum Katholizismus (F.L. Stolberg, Z. Werner, F. Schlegel) waren ihm durchaus unverständlich, die *Neudeutsche religiös-patriotische Kunst* (J.H. Meyer, 1817) kritisierte er heftig, und er selbst bezeichnete sich als Nichtchrist, Heide, Spinozist, Hypsistarier, war seine Frömmigkeit doch eher vom ↗ Pantheismus bzw. einer Naturreligion getragen.   DF

Christiane-Gedichte. Von der ersten Begegnung im Park an der Ilm 1788 bis zu ihrem Tode 1816 schrieb G. an Christiane Vulpius (seit 1806 Christiane von G.) immer wieder Gedichte. In der Zeit der ersten Verliebtheit 1788 entstanden *Morgenklagen* und *Der Besuch* mit dem anakreontischen Bildmotiv des schlafenden Geliebten, das G. auch in einer bekannten Zeichnung Christianes gestaltete. Das Kurzgedicht *Frech und froh* mit seinem Lob der sinnlichen Liebe ist immer wieder als derbes Gegenlied zu den Gedichten an Charlotte von Stein verstanden worden. Die Schlußzeilen »Mädchen, gib der frischen Brust/ Nichts von Pein, und alle Lust« lesen sich wie eine lyrische Aufkündigung der komplizierten Beziehung zu der anspruchsvollen Hofdame und Hinwendung zu dem »Naturkind«. Die langjährige Lebensgemeinschaft und Ehe mit der unverbildeten, warmherzigen und lebenslustigen Christiane ist in vielfältiger, direkter und indirekter Form ins lyrische Werk eingegangen. Beispiele sind die *Römischen Elegien*, in denen das Bild des »kleinen Erotikons« und »guten Schatzes« verschmilzt mit dem Bild einer realen oder phantasierten römischen Geliebten, die *Venezianischen Epigramme* und hier besonders die erstaunlichen Schwangerschaftsgedichte, *Die Metamorphose der Pflanzen* mit der liebevoll-belehrenden Anrede des überlegenen Mannes, *Gefunden* zur ›Silberhochzeit‹ 1813, *Die Lustigen von Weimar* (1813) mit mildem Spott auf Christianes wachsende Vergnügungslust und das VII. Gedicht der *Chinesisch-deutschen Jahres- und Tageszeiten* als spätes Erinnerungsbild.

IW

Chronik: Chroniken wurden als historische Zeugnisse von G. geschätzt: »Bringt ja selbst die gemeinste Chronik notwendig etwas von dem Geiste der Zeit mit, in der sie geschrieben wurde« (an Zelter, 15.2.1830). Zur historischen Erkenntnis braucht es freilich zusätzlich zu den Chroniken das anschauliche Denken, das die Morphologie und die verborgen wirkenden Kräfte der Geschichte ermessen und verstehen kann. In Chroniken wie in Reisebeschreibungen werden nur unreflektiert »die eigentlichen augenblicklichen Zustände aufgefasst und festgehalten [...], indessen sich in der Wirklichkeit manches verändert und sich nach wenigen Jahren ganz neue Erscheinungen dem Beobachter darbieten« (*Philipp Hackert*, Biogr. Skizze 1811, Nachträge, Vorerinnerung).   DH

Claudine von Villa Bella, in der ersten Fassung (1775/76) stürmisch-drängerisches ›Schauspiel mit Gesang‹, ohne Akteinteilung mit derben Sprachwendungen nach Art des Mantel- und Degen-Stücks. Es geht um zwei gegensätzliche Brüder – Pedro empfindsam und Crugantino leidenschaftlich –, welche die wohlbehütete Claudine lieben. Crugantino ist aus dem bürgerlichen Leben in ein Vagabundendasein geflüchtet. Die beiden Brüder wissen also nichts voneinander, und so kommt es bei der Werbung um die Geliebte Claudine zu höchst dramatischen Verwicklungen, aus denen der aristokratische Vagabund als Edelmann

hervorgeht. Wie *Erwin und Elmire* wurde das von Prosadialog und volksliedhaften Einschüben lebende Stück während G.s zweitem römischen Aufenthalt (1787/88), wie er am 3. November 1787 in seiner *Italienischen Reise* schreibt, »ganz neu ausgeführt und die alte Spreu meiner Existenz herausgeschwungen«. Die erste Version von 1775 hielt er für »Schülerarbeit oder vielmehr Sudelei«. G. veränderte durch die Hinzufügung eines zweiten Liebespaares sowohl seine dramatische Konzeption als auch die poetische Gestalt, so daß mit Rezitativen und Arien, großangelegten Expositions- und Finalszenen ein dreiaktiges ↗Singspiel nach italienischem Vorbild entstand, das der Komposition besser entgegenkommen sollte. Johann Friedrich Reichardt bemühte sich sehr um die Vertonung und legte G. bereits im April 1789 die Partitur vor, nach der am 29. Juli 1789 in Berlin/ Charlottenburg mit Darstellern des Nationaltheaters vor dem versammelten Hof die Uraufführung stattfand, die ein erster großer Erfolg in Reichardts Streben um eine deutsche Oper war.   GBS

Claudius, Matthias (1740–1815), Dichter und Publizist; 1771–75 Herausgeber des *Wandsbecker Boten*, daher auch selbst so genannt; bespricht dort etliche Werke des jungen G. sehr anerkennend; 1784 herzliche Begegnung mit G. in Weimar. In der Folgezeit lehnt G. Claudius' christlich-fromme Tendenzen ab, G.s Werke stoßen bei Claudius auf Unverständnis. Im Xenion *Erreurs et Vérité* verspottet ihn G.: »Irrthum wolltest du bringen und Wahrheit, o Bote von Wandsbeck;/Wahrheit, sie war dir zu schwer; Irrthum, den brachtest du fort!«   PO

Clauer, Johann Balthasar David (1732–1796), Mündel von G.s Vater. Als Clauer mit 18 Jahren Vollwaise wurde, hatte seine Mutter den befreundeten Rat Goethe zum Vormund bestimmt. Ab 1755 nahm er Clauer, inzwischen Dr. jur., aber psychisch erkrankt, in seinem Hause auf. Clauers rasch fortschreitende Erkrankung mit Phasen von Depression und Aggression gehörte für G. zum Familienalltag. G.s Vater hat die Vormundschaft 30 Jahre lang aufopferungsvoll geführt; er gab sie 1780 nach einem Schlaganfall ab. In *Dichtung und Wahrheit* (4. Buch) gibt G. an, er habe Clauer 1763 seine *Geschichte Josephs* diktiert.   PO

Clavigo, ein Trauerspiel, schrieb G. im Mai 1774. Anlaß war das ↗Marriage-Spiel mit Freunden in Frankfurt, bei dem G. aus den Memoiren von Beaumarchais vorlas. Er versprach, in acht Tagen aus einer

»Clavigo« in der Inszenierung von Fritz Kortner. Hamburg 1970

biographischen Anekdote ein Schauspiel zu machen und lieferte pünktlich. G. hält sich nahe an Beaumarchais' Bericht, in dem der Franzose nach Madrid fährt, den untreuen Verlobten seiner Schwester Marie, José Clavijo Y. Fayardo, zur Rede stellt und vor dem König recht bekommt, er ändert nur den Schluß: es gibt keine königliche Gerechtigkeit, sondern Beaumarchais tötet Clavigo am Sarg von ↗Marie.

Die Handlung wird konventionell in fünf Akten erzählt: Clavigo, ein aufstrebender Schriftsteller von den kanarischen Inseln, hat dank der Verbindung mit Marie und ihrer Familie in der Madrider Gesellschaft Fuß gefaßt, ein königliches Amt erhalten und sich daraufhin von Marie wieder distanziert. Sein Freund ↗Carlos bestärkt ihn, sich einer neuen Liebe zuzuwenden, die sein Schreiben befruchtet. Clavigo zweifelt noch. Beaumarchais kommt im Hause seiner Schwestern ↗Sophie und Marie an und nimmt an Vaters Statt die Untersuchung auf: Die Verletzung der Familienehre muß gesühnt werden. Er spricht bei Clavigo vor. Ohne sich zu erkennen zu geben und Namen zu nennen, erzählt er die Geschichte von Marie und Clavigo. Dieser ist gerührt, beeindruckt von Beaumarchais und erinnert sich seiner Liebe zu Marie. Er gibt dem Bruder eine schriftliche Erklärung seines schimpflichen Verhaltens und ist entschlossen, sich mit Marie zu versöhnen. Carlos kommt zu spät, um Clavigo aufzuhalten. Unterdessen haben die Schwestern vom Umschwung gehört. Sophie ist begeistert, Marie, durch die Liebesenttäuschung krank, wagt noch nicht zu hoffen, und der spanische Nachbar Buenco, der hoffnungslos Marie verehrt, warnt vor neuem Verrat. Da tritt Clavigo selber ein und wirft sich Marie zu Füßen. Allgemeine Versöhnung, Beaumarchais vernichtet das Erklärungsschreiben. Nach seiner Rückkehr nimmt Carlos Clavigo ins Gebet, Schritt für Schritt setzt er ihm auseinander, wie schädlich, häßlich und langweilig die Verbindung mit Marie ist und daß es ein Leichtes wäre, Beaumarchais festnehmen zu lassen. Clavigo ist verwirrt, schwankend, dann einverstanden. Wut und Verzweiflung im Hause der Schwestern, als man vom Haftbefehl und Clavigos zweitem Verrat hört. Marie stirbt. Auf einer nächtlichen Straße: untermalt mit Musik, nähert sich der Trauerzug mit der Leiche Maries. Clavigo hat ihn beobachtet. Er ist entschlossen, der Geliebten in den Tod zu folgen, und stirbt im Gefecht mit Beaumarchais.

Die Germanistik hat sich mit *Clavigo* nie recht anfreunden können. Der Anlaß der Entstehung und die schnelle Niederschrift deuten auf eine Gelegenheitsarbeit hin. Dazu kommt der Vorwurf des Rück-

falls in die aristotelisch-französische Konvention nach dem großen shakespeareschen Aufbruch im *Götz*. Am Theater gehört das Stück zum aktiven Klassiker-Repertoire und steht etwa gleich oft auf den Spielplänen wie *Tasso*, öfter als *Iphigenie* und *Götz*. Die Figur des bald skrupellosen, bald bedenklichen Karrieristen Clavigo läßt aktuelle Identifikationen zu. Die Prosa ermöglicht moderne Direktheit und bühnenwirksame Virtuosität im Dialog. *Clavigo* handelt doppelt von der Wirksamkeit der Sprache: Erstens wird im Sinne des Eröffnungssatzes, »Das Blatt wird gute Wirkung tun, es muß alle Weiber bezaubern«, ein provokativer Kontrast zwischen aufklärerischer Publizistik und privater Verantwortungslosigkeit hergestellt. Zweitens demonstrieren die Figuren die Macht der Sprache aneinander. In jedem Akt steht eine Sprachattacke auf eine Seele im Zentrum und bewirkt eine Wendung. (1) Carlos verpflichtet Clavigo auf die Untreue, (2) Beaumarchais dreht Clavigo um, (3) Clavigo erweicht Marie, (4) Carlos dreht Clavigo zurück, (5) Clavigo redet Clavigo in den Tod. Diese Sprachkraftproben machen den ungebrochenen Schauwert des Stückes aus. Allerdings spielen dabei die Frauenfiguren eine untergeordnete Rolle. Die wesentlichen Bewegungen spielen sich im Dreieck Carlos-Clavigo-Beaumarchais ab. *Clavigo*-Inszenierungen sind deshalb immer in Gefahr, Marie in ihrer anämischen Passivität zu belassen. Dabei ist sie in der Absolutheit ihres Gefühls, das auch Witz und Intelligenz miteinschließt (vgl. I,2), durchaus verwandt mit Sara Sampson oder Luise Miller (*Kabale und Liebe*), nur auf einer sehr viel schmaleren Textbasis. Auch G.s spätere Aussage in *Dichtung und Wahrheit* (12. Buch), *Clavigo* sei als »eine selbstquälerische Büßung« seines Treubruchs gegenüber Friederike Brion zu verstehen, trägt weniger zum Verständnis der Marie und mehr zur biographisch-therapeutischen Stilisierung der Titelfigur bei.   NH

Comenius, Johann Amos (1592–1670), tschechischer Pädagoge. Dessen populäres »Bilderbuch« *Orbis sensualium pictus* (1658), vorhanden in Vaters Hausbibliothek, bildete eines der frühesten Leseerlebnisse des kleinen G. In Holzschnitten, denen erklärende lateinische und deutsche Texte beigefügt sind, wird darin die ganze sichtbare Welt dargestellt: Himmelskörper, Tiere, Pflanzen, Mineralien und auch sämtliche menschlichen Berufe.   AR

Comoedien- und Redoutenhaus: Mit einer festlichen Redoute konnte am 7. Januar 1780 das neue »Herzogliche Redouten- und Comoedienhaus« eröffnet werden, womit das ↗Redoutenhaus an der Esplanade seinen Rang verlor. Der Bauunternehmer Anton Georg Hauptmann hatte schon lange den Plan gehegt, ein größeres Etablissement zu bauen, und wurde von Herzogin Anna Amalia und ihrem Sohn, Herzog Carl August großzügig darin unterstützt, auf dem durch die Stadtentfestigung gewonnenen Gelände dem Wittumspalais gegenüber ein stattliches »Vergnügungs-Etablissement« zu bauen. Es war zunächst ein großes Ballhaus mit Bühne und Galerie, das nicht nur nötig machte, den Personalbestand der Hofkapelle zu erweitern. Man entschloß sich auch, wieder eine professionelle Theatertruppe zu verpflichten und trennte sich damit allmählich von den Leistungen des ↗Liebhabertheaters.

Ab 1784 war es die »Teutsche Schauspieler-Gesellschaft des Directeurs J(oseph) Bellomo«, die, dem Hofmarschallamt unterstellt, im Comoedienhaus auftrat. Programme und Personalfragen wurden in Absprache mit dem »theatralischen Ökonomikum« Franz Kirms verhandelt, dem auch die Verwaltung der Hofkapelle oblag. Hier fand G. ein so umfangreiches wie erfolgreiches Wirkungsfeld, daß Herder nicht ohne Neid an Johann Georg Hamann am 11. Juli 1782 schrieb: »Er ist also jetzt wirkl(icher) geh(eimer) Rath, Kammerpräs(ident), Präsident des Kriegscollegii, Aufseher des Bauwesens bis zum Wegbau hinunter, dabei auch directeur des plaisirs, Hofpoet, Verfaßer von schönen Festivitäten, Hofopern, Ballets, Redoutenaufzügen, Inscriptionen, Kunstwerken etc. Direktor der Zeichenakademie, in der er den Winter über Vorlesungen über die Osteologie gehalten, selbst überall der erste Akteur, Tänzer, kurz das fak totum des Weimarschen u. so Gott will, bald der maior domus sämmtl(icher) Ernestinischer Häuser«.

1791 wurde die ↗Bellomosche Truppe von der Herzoglichen Hofschauspielergesellschaft unter G.s Leitung abgelöst und damit der Wechsel zu einem neuen Theatertyp vollzogen, der sich vom Prinzipaltheater zu lösen begann. Der im Jahr 1798 vorgenommene Umbau des ›Comödien- und Redoutenhauses‹ in ein Theatergebäude, das ausschließlich Bühnenzwecken diente, bedeutete den Abschied von dem breiten Tanzsaal zugunsten eines im Halbkreis geschlossenen Zuschauerraums mit zwei Rängen. »Der Eindruck, den der neue Tempel nebst dem Schillerschen Prologe bei Eröffnung desselben auf das Publikum machte, war außerordentlich. Die neue prächtige Dekoration, die neuen Töne von oben, die freundliche Gestalt von unter – dieser neue Himmel und diese neue Erde – setzten alle außer sich selbst.« So erlebte Joseph Rückert (*Bemerkungen über Weimar,* 1799)

die Eröffnung des neuen Hauses, das ein Dekorationsmagazin als Anbau hinzugefügt bekommen hatte und mithin als Herzogliches ↗Hoftheater gerüstet war.

GBS

Concerto dramatico/*Composto Dal Sigr Dottore/ Flamminio/Detto Panurgo Secondo/Aufzuführen in der Darmstädter Gemeinschaft der Heiligen*: Eine heitere musikalisch-lyrische Wort-Improvisation, die sich im Nachlaß von Friedrich Jacobi erhalten hat (erstmals veröffentlicht 1869), mit der G. im Frühjahr 1773 auf einen scherzhaften Brief seines Darmstädter Freundinnen- und Freundeskreises um Johann Heinrich Merck und Caroline Flachsland, der Braut Johann Gottfried Herders reagierte. Eine kurze verschlüsselte Stegreifkomödie, deren Anspielungen damals in der Gruppe der »Eingeweihten« verstanden wurden, während sie heute nur noch zum Teil zu entschlüsseln sind. Gespielt wird mit den Strukturen des instrumentalen Concerto, verstanden als ein improvisierender Wettstreit mit verschiedenen Sätzen, Tempi und Affekten, vom Tempo giusto, Allegretto, Arioso [...], Cantabile [...], Lamentabile [...] über einen Choral, ein Capriccio con Variationi [...] bis zum abschließenden Presto fugato. Mit »Dottore Flamminio« bezeichnete sich G. selbst, der Name »Panurgo secondo« spielt auf den Helden Panurge in Rabelais' Roman *Gargantua und Pantagruel* (1533) an.

GBS

Constantin (d.i. Friedrich Ferdinand Constantin), Prinz von Sachsen-Weimar-Eisenach (1758–1793): Jüngerer, nicht erbfolgeberechtigter Bruder ↗Carl Augusts, zunächst mit diesem gemeinsam erzogen, dann aber der weiteren Ausbildung durch Karl Ludwig von ↗Knebel anvertraut. Er nahm nur zögernd an Vergnügungen Carl Augusts teil, hatte in Tiefurt eine eigene, bescheidene Hofhaltung eingerichtet, war musikalisch hochbegabt, zog sich aber nach der Inthronisierung Carl Augusts 1775 mehr und mehr von der Hofgesellschaft zurück, selbst wenn sie in seinem eigenen Hause ein Fest beging. Dem wesentlich robusteren und weltoffeneren Bruder gegenüber geriet er immer mehr ins Hintertreffen. Eine Verbindung mit Caroline von Ilten wurde dem kaum 18jährigen durch G. untersagt. Seine Mutter ↗Anna Amalia wünschte keine »Bettelprinzen« als Enkel. Von der nach Abschluß der Ausbildung üblichen Kavalierstour, die ihn von 1781 bis 1783 u.a. nach Zürich, Paris und London führte, kam er mit zwei Damen im Gefolge zurück, die beide hoch schwanger waren. Der Herzog war ärgerlich, Knebel, der den Prinzen nicht hatte begleiten dürfen, konsterniert ob der prinzlichen

Dummheiten. Der Skandal war perfekt, G. handelte eine diskrete Lösung aus. Seit 1784 bei der kursächsischen Armee, stieg Constantin rasch zum Generalmajor auf, nahm 1792 wie sein Bruder an der Campagne in Frankreich und 1793 an der Belagerung von Mainz teil, während der er einer Typhusinfektion erlag – sehr zum Kummer von Anna Amalia, die zu dem schwächeren, empfindlicheren Constantin eine engere Bindung entwickelt hatte als zu Carl August.

BL

Conta, Karl Friedrich von (1778-1850): Jurist, ab 1805 am Weimarer Hof, wo er die Militärbibliothek und Landkartensammlung Carl Augusts verwaltete; 1815 Geheimer Referendar und Legationsrat, 1831 Vize-, 1844 Präsident der Landesdirektion. Als Conta 1817 Kommissar für die Angelegenheiten der Jenaer Universität wurde, hatte er häufig Kontakt zu G. Der zählte den mineralogisch, literarisch und künstlerisch Interessierten bald zu seinen »weimarischen Freunden«.

PO

Corneille, Pierre (1606-1684), französischer Dramatiker. Als Zehnjähriger liest G. in der Corneille-Ausgabe seines Vaters und erlebt Inszenierungen Corneillescher Theaterstücke im Frankfurter Junghof in Originalsprache. Die Größe der Charaktere – der übermenschliche Held zwischen Pflicht und Liebe –, das beeindruckt G. an Corneilles Dramen. Corneilles *Cid* und *Rodogune* läßt G. in späteren Jahren in Weimar aufführen. Zu Eckermann: »Von Corneille ging eine Wirkung aus, die fähig war, Heldenseelen zu bilden« (1.4.1827).

PO

Cornelius, Peter (1783-1867), Maler, der von 1811 bis 1819 in Rom lebte, 1819 Akademiedirektor in Düsseldorf wurde und später nach München und Berlin wechselte; 1803-1805 Teilnehmer an den ↗Preisaufgaben für bildende Künstler in Weimar. Dem Maler, der sich in Rom den Nazarenern anschloß, stand G. kritisch gegenüber: »Der Fall tritt in der Kunstgeschichte zum erstenmal ein, daß bedeutende Talente Lust haben sich rückwärts zu bilden, in den Schoß der Mutter zurückzukehren und so eine neue Kunstepoche zu begründen« (an S. Boisserée, 14.2.1814). Als Illustrator des *Faust* und des *Nibelungenlieds* hingegen schätzte G. den Künstler: »sehr geistreich«, »unübertrefflich glückliche Einfälle«.   PO

Correggio, Antonio da (eigentl.: Antonio Allegri; um 1489-1534), italienischer Maler, dessen Bilder G. in Italien sah und überaus schätzte. Besonders beein-

druckte ihn im März 1787 in Neapel die *Entwöhnung Christi*, »wo das Kind Christus auf dem Schoße der Maria zwischen der Mutterbrust und einer hingereichten Birne in Zweifel kommt«. »Ja, sagte Goethe, das ist ein Bildchen! da ist Geist, Naivetät, Sinnlichkeit, alles bei einander. Und der heilige Gegenstand ist allgemein menschlich geworden« (Eckermann, 13.12.1826).

PO

Cotta, Johann Friedrich (Frh. von Cottendorf; 1764-1832), Buchhändler und Verleger in Tübingen und Stuttgart, ab 1806 alleiniger Verleger der G.schen Werke. Cotta übernahm 1787 die J. G. Cotta'sche Verlagsbuchhandlung in Tübingen. G. besuchte Cotta erstmals 1797, als er auf seiner Reise in die Schweiz durch Tübingen kam. Das Treffen hatte Schiller vermittelt, da sich G. von seinem bisherigen Verleger Göschen trennen wollte. An Schiller schrieb G. nach diesem Besuch: »Je näher ich Herrn Cotta kennen lerne, desto besser gefällt er mir. Für einen Mann von strebender Denkart und unternehmender Handelsweise, hat er so viel mäßiges, sanftes und gefaßtes, so viel Klarheit und Beharrlichkeit, daß er mir eine seltne Erscheinung ist« (12.9.1797). Obwohl G. Verlegern gegenüber generell mißtrauisch war, entwickelte sich zu Cotta ein nahezu freundschaftlicher Kontakt. Dies schloß Meinungsverschiedenheiten, vor allem über Honorare, nicht aus.

Bei Cotta erschienen u.a. die *Horen*, der *Musenalmanach*, die *Propyläen* und das *Morgenblatt für gebildete Stände*. Cottas größter Wunsch hat sich erfüllt: eine Gesamtausgabe der Werke G.s. 1827-1832 erschien die Ausgabe letzter Hand in 40 Bänden. Weitere 15 Bände, deren Herausgabe G. aus seinem Nachlaß vorbereitet hatte, wurden unter der Redaktion von Friedrich von Müller, Eckermann und Riemer durch Cottas Sohn Georg bis 1842 fertiggestellt. Bei Georg von Cottas erstem Sohn wurde G. übrigens Pate. An den Vater des Täuflings schrieb G. am 22.9.1830: »Sie knüpfen durch ein neues geistiges Band, die schönen bedeutenden Verhältnisse, welche mich so viele Jahre mit Ihrem Herrn Vater verbinden, nur desto fester; welches ich nicht genug schätzen kann«.

PO

Coudray, Clemens Wenzeslaus (1775-1845), Professor für Architektur in Fulda und Frankfurter Oberbaurat, wurde 1816 als Oberbaurat nach Weimar berufen. G. schätzte ihn als Architekten und Baumeister sowie in seinem auch literarischen Kunstsinn (vgl. an Knebel, 13.6.1821). Nachdem in der Nacht vom 21. auf den 22. März 1822 das Weimarer Hoftheater abgebrannt war, plante G. mit Coudray den Neubau – den der Herzog schließlich doch in andere Hände legte. Coudray baute die Bürgerschule in Weimar (1825) und war verantwortlich für Straßenbau, den Schloßausbau, die Fürstengruft und Denkmäler. Zwischen G. und Coudray bestand eine tiefe freundschaftliche Beziehung; von Coudray wurde die ↗ Fürstengruft entworfen, in die zunächst Schiller umgebettet, Carl August am 16.12.1827 und G. am 26.3.1832 beigesetzt wurden. BJ

Cour d'amour s. **Mittwochskränzchen**

Cranach-Haus, Renaissancebau an der Ostseite des Weimarer Marktes. Der Bauherr und Besitzer Dr. Christian Brück war ein Schwiegersohn Lucas Cranachs (1472-1553). Der Maler wohnte das letzte Jahr vor seinem Tode hier. Ab 1732 war das Haus Sitz der Hofmannschen Buchhandlung, in der auch G. Kunde war – nicht ahnend, daß Brück und Cranach zu seinen Vorfahren zählten (über G.s Mutter, in gerader Linie). PO

Creuzer, Georg Friedrich (1771-1858), Philologe und Archäologe, 1799 Professor in Marburg, 1804-1845 in Heidelberg – gehörte zum Kreis der Heidelberger Romantiker. G. erörterte mit ihm Fragen der griechischen Antike. Creuzers Hauptwerk *Symbolik und Mythologie der alten Völker* (1810-1812, 4 Bde.) nannte G. einen »dunkel-poetisch-philosophisch-pfäffischen Irrgang« (an J.H. Meyer, 25.8.1819), weil er Creuzers mystisch-romantischen Symbolismus nicht teilte. PO

Cupido, *loser, eigensinniger Knabe!* Entstanden wahrscheinlich in Rom um die Jahreswende 1787/88, Erstdruck im Singspiel *Claudine von Villa Bella* in den *Schriften* 1788; zu G.s Lebzeiten nicht als eigenständiges Gedicht publiziert. In Italien wird der Liebesgott Amor für G. in einer Weise poesiefähig, die an die Leipziger Gedichte im Stil des Rokoko erinnert (vgl. *Amor als Landschaftsmaler*). G. hat das Gedicht über den mutwilligen kleinen Liebesgott im Hause – traditionelle Metapher für den menschlichen Körper – Unordnung anrichtet, zeitlebens geschätzt; zur Zeit der Entstehung nannte er es sein »Leibliedchen«, und noch 1829 unterhielt er sich darüber ausführlich mit Johann Peter Eckermann. IW

Cuvier, Georges Baron de (1769-1832), französischer Naturforscher, Professor am Collège de France und am Musée d'histoire naturelle, ein Kollege Geof-

froy de Saint-Hilaires, dessen Annahme eines a priori einheitlichen Bauplans der Organismen Cuvier nicht teilte. Damit war zugleich der Pariser ↗ Akademie-Streit (1830), ein Streit zwischen analytischer (Cuvier) und synthetischer (Geoffroy Saint-Hilaire) Betrachtungsweise der Natur, eingeleitet.

G. stellte sich gegen Cuvier: »Was ist auch im Grunde aller Verkehr mit der Natur, wenn wir auf analytischem Wege bloß mit einzelnen materiellen Teilen uns zu schaffen machen, und wir nicht das Atmen des Geistes empfinden, der jedem Teile die Richtung vorschreibt und jede Ausschweifung durch ein innewohnendes Gesetz bändigt oder sanktioniert!« (Eckermann, 2.8.1830). PO

Dalberg, Karl Theodor Frh. von (1744-1817), kurmainzischer Statthalter in Erfurt von 1771-1787, 1802 Kurfürst von Mainz, 1806 Fürstprimas des Rheinbunds, 1810-1813 Großherzog von Frankfurt; Bruder Wolfgang Heribert Dalbergs. Während seines ersten Weimarer Jahrzehnts hatte G. regen Kontakt zu Dalberg: »er stickt voller Kenntnisse und Interesse für tausend Dinge« (an Charlotte von Stein, 7.12.1781). Dalberg verfaßte zahlreiche Schriften zu unterschiedlichsten Themen, u.a. Geschichte, Politik, Moral, Ästhetik, Baukunst und Chemie. G. und Dalberg einten Napoleon-Begeisterung, antirevolutionäre Haltung und das Vertrauen in einen aufgeklärten Absolutismus. Dalberg, Gründer der naturforschenden Gesellschaft in Erfurt, verfolgte interessiert die Entstehung der *Farbenlehre*, übersandte auch Versuchsmaterial. PO

Dalberg, Wolfgang Heribert von (1750-1806), Intendant des Mannheimer Hof- und Nationaltheaters, den G. bei einem Besuch in Mannheim vom 21.-23.12.1779 kennenlernte. Dort am Nationaltheater sah er auch Iffland in der Rolle des *Clavigo*. AR

Dämmerung: Komplexes Naturphänomen, diffuser Zustand (Helldunkel). In G.s Dichtungen oft atmosphärisch dichter Moment des Übergangs, in dem Natureindruck und poetische Stimmung fließend ineinander übergehen; Moment ahnungsvoller Einsichten und Erkenntnisse oder Zeitraum gesteigerter dichterischer und allgemein geistiger Produktivität. Doch stehen die mit dem Dämmerschein assoziierten, unentschieden zwischen Projektion und Wirklichkeit changierenden Wahrnehmungen und Empfindungen bei G. oft auch im Zeichen schwankender Ungewißheit, von Täuschung, Irrtum, poetischem Unvermögen, geistiger Ohnmacht und noch ausstehender Klärung oder Klarheit (*Faust I*, Zueignung; *Ilmenau*).

FT

Dämon, Dämonisches: Im Anschluß an Vorstellungen aus der griechischen Mythologie bezeichnet G. mit dem Begriff Dämon zunächst »die notwendige, bei der Geburt unmittelbar ausgesprochene, begrenzte Individualität der Person«, wie er selbst in den Erläuterungen zu seinen *Urworten. Orphisch* (1817) äußert. Diese noch selbstgewisse, optimistische Auffassung eines Gesetzes individueller Entwicklung wird v. a. beim alten G. revidiert: Er betont vielmehr das Unberechenbare und Schicksalhaft-Zufällige. In *Dichtung und Wahrheit* (20. Buch) nennt er das Dämonische »eine der moralischen Weltordnung, wo nicht entgegengesetzte, doch sie durchkreuzende Macht«, die im Zufall, in dem jeder Vernunft sich Entziehenden, hervortrete. In einem eindrucksvollen Bild legt G. schon seinem Dramenhelden Egmont diese Auffassung in den Mund: »Wie von unsichtbaren Geistern gepeitscht, gehen die Sonnenpferde der Zeit mit unsers Schicksals leichtem Wagen durch und uns bleibt nichts als, mutig gefaßt, die Zügel festzuhalten, und bald rechts bald links vom Steine hier, vom Sturze da, die Räder wegzulenken. Wohin es geht, wer weiß es?« (II.2).

BJ

Danaiden, Die, Drama des Aischylos um die 50 Töchter des Danaos auf Argos, die bis auf eine einzige, Hypermnestra, aus Zwangsheirat ihre Ehegatten noch in der Hochzeitsnacht töten. Im Jahr 1801 schlug G. den Stoff dem Freund Zelter für eine Oper vor, es sind allerdings weder Entwürfe noch Textfragmente erhalten.

BJ

Dannecker, Johann Heinrich (1758–1841), Bildhauer, 1780 Hofbildhauer in Stuttgart, Schulfreund Schillers auf der Karlsschule, ab 1790 dort Professor, später an der Kunstakademie. G. lernt ihn 1797 kennen, als ihn Gottlob Heinrich Rapp ins Atelier des Schwagers führt. Hier sieht G. den Originalguß der Schillerbüste (1794), durch die Dannecker bekannt wurde. G. über Dannecker und den Plan, ihn nach Weimar zu holen: »Prof. Dannecker ist, als Künstler und Mensch, eine herrliche Natur, und würde, in einem reichen Kunstelemente, noch mehr leisten als hier, wo er zu viel aus sich selbst nehmen muß« (an Carl August, 11.9.1797). Dannecker blieb in Stuttgart. Als er 1819 den Auftrag für ein G.-Denkmal in Frankfurt erhielt, hinderten ihn jedoch »traurige Gesundheitszustände seiner Frau«, diesen auszuführen (G. an C.L.F. Schultz, 1.9.1820).

PO

Dante Alighieri (1265–1321) wurde durch sein Hauptwerk *Divina Commedia* zum »Vater der italienischen Dichtung«. Zwar beschäftigte G. sich schon früher mit Terzinen-Gedichten, aber erst das Studium der Übersetzung der *Divina Commedia* von Streckfuß um 1826 veranlaßte G., das Schiller-Memorandum *Im ernsten Beinhaus war's* in Terzinen zu verfassen. Vermutlich wurden auch die Terzinen des ersten Monologs im zweiten Teil des *Faust* unter dem Einfluß des Studiums der *Divina Commedia* geschrieben.

Überhaupt ist G.s Verhältnis zu Dante nicht eindeutig geklärt, da seine Äußerungen über den italienischen Dichter zwischen Abwertung und Verehrung variieren. Zollt G. in der *Italienischen Reise* diesem »außerordentlichen Mann« »Beifall und Billigung« (Bericht Juli 1787), so kritisiert er im Aufsatz *Dante*, die Beschreibung der Hölle habe etwas »Sinnverwirrendes« und sei eher »rhetorisch als poetisch«, und in den *Tag- und Jahresheften* spricht er von »Dantes widerwärtiger, oft abscheulicher Großheit« (1821).

Eine Annäherung an Dante bringt die Beschäftigung mit den Theorien zur Metamorphose, die G. bei dem Italiener – wenn auch auf anderer Ebene – beschrieben sieht: »Metamorphose im höhern Sinn durch Nehmen und Geben, Gewinnen und Verlieren hat schon Dante trefflich geschildert« (*MuR*). Dantes Spuren in G.s Werken sind nicht eindeutig erkennbar. Sicher ist jedoch, daß G.s Interesse an der italienischen Literatur sich in seinen letzten fünfzehn Lebensjahren auf Dante konzentrierte.

BB

Darmstadt: Anfang Februar/Ende März 1771 macht G. zusammen mit Johann Georg Schlosser einen mehrtägigen Besuch bei Johann Heinrich Merck in der kleinen, aber kulturell und gesellschaftlich bedeutenden Residenzstadt. Während der ↗ Sturm- und Drang-Jahre folgen zahlreiche, häufig zu Fuß unternommene Reisen nach Darmstadt und längere Aufenthalte, so vom 16. April bis zum 3. Mai 1773 anläßlich Johann Gottfried Herders Hochzeit mit Caroline Flachsland. Diese ist Mitglied im »Darmstädter Kreis«, von G. respektlos »Gemeinschaft der Heiligen« genannt. Er nimmt unter dem Pseudonym »der Wanderer« gemeinsam mit Herder (»der Dechant«) intensiv an den Treffen der Empfindsamen teil und liest aus dem *Faust* und dem *Götz*, der auch in Darmstadt verlegt wird. Drei Gedichte, im Frühling und Sommer 1772 geschrieben, richten sich an Damen des Zirkels: *Elisium an Uranien* (Henriette v. Roussilon), *Pilgers Morgenlied an Lila* (Louise v. Ziegler) und *Fels-Weihegesang an Psyche* (Caroline Flachsland). »Wie sehr dieser Kreis mich belebte und förderte, wäre nicht auszusprechen« (*DuW,* 12. Buch). Der lyrisch-dramatische Text *Concerto dramatico* mit zahlreichen Anspielungen auf den Kreis, die erste Fassung vom *Jahrmarktsfest zu Plundersweilern, Satyros* (alle 1773) und *Ein Fastnachtsspiel vom Pater Brey* (1773/74) sind ebenso in diesen Zusammenhang einzuordnen wie die Hymnen *Der Wanderer* (1772) und *An Schwager Kronos* (1774).

Ende 1779 besucht G. Darmstadt auf der Rückreise von der Schweiz und verbringt den Jahreswechsel als Gast in Mercks Haus; er passiert die Stadt 1793 bei der Rückkehr aus Mainz und 1797 bei der dritten Schweizer Reise. Bei den letzten Besuchen 1814/15 finden vor allem das Großherzogliche Museum mit der Antiken-, Gemälde- und der naturhistorischen Sammlung sowie der reichen Bibliothek sein Interesse (*KuA,* 1816). AvG

Dauer: Bestimmung eines begrenzten Zeitraumes oder Zustandes. Der Begriff charakterisiert beim älteren G. darüber hinaus auch einen Wesenszug der Natur und dient insofern auch zur Bezeichnung von unvergänglich Beständigem, Bleibendem. Auch die Kunst kann Vergänglichem, kann einem besonderen Augenblick, dem Schönen und Wahren Dauer verleihen, wie es im Gedicht *Dauer im Wechsel* heißt. FT

Dauer im Wechsel: *Hielte diesen frühen Segen,* entstanden im August 1803; Erstdruck im von Christoph Martin Wieland und G. herausgegebenen *Taschenbuch auf das Jahr 1804.* Das Gedicht wurde angeregt durch die 1803 erschienene Abhandlung des Psychiaters und Medizinprofessors Johann Christian Reil (1759-1813): *Rhapsodien über die Anwendung der psychischen Kurmethode auf Geisteszerrüttung.* G. wurde besonders von Reils Überlegungen zur Wandelbarkeit menschlicher Identität angesprochen, die ihn unmittelbar zu poetischer Gestaltung motivierten.

Das Gedicht bezieht seine innere Spannung aus der Konfrontation von Werden und Vergehen. Naturhafte Entwicklungs-, Reifungs- und Verfallsprozesse werden in Analogie gesetzt zum menschlichen Leben und zum Verfall kultureller Produkte. Dem steht der Wunsch nach ewiger Dauer des Augenblicks entgegen, wie er auch in *Faust* als menschliches Phantasma problematisiert wird. Die überzeitliche Erfahrung von Vergänglichkeit, die das Gedicht thematisiert, ist jedoch für G. auch gegenwärtig. Als Zeitgenosse der ↗Französischen Revolution und der nachfolgenden Kriege erlebte er den Zusammenbruch

der alten Ordnungssyteme als Bedrohung seiner sozialen und künstlerischen Identität.

Die Dialektik von »Dauer im Wechsel« ist damit auch poetische Abbildung einer bewegten Zeit. Zum Gegenbild der sich verändernden Wirklichkeit wird die Kunst: »Danke, daß die Gunst der Musen/Unvergängliches verheißt,/Den Gehalt in deinem Busen/Und die Form in deinem Geist.« Die bereits in der Antike vertraute Vorstellung, daß nur die Poesie Unsterblichkeit verheißt, formuliert zeitgleich mit G.s weltanschaulichem Gedicht Friedrich Hölderlin in seiner Hymne *Andenken*: »Was bleibet aber, stiften die Dichter«. IW

David, Jacques Louis (1748-1825), französischer Maler und bedeutendster Meister des französischen Klassizismus. Sein Historienbild *Der Schwur der Horatier* (1784/85), gleichnishaft gemeint und die Forderungen des französischen Bürgertums ausdrückend, sowie *Schwur im Ballhaus* (1791) beeindruckten G. Er bat Wilhelm von Humboldt um eine »Connexion und Negotiation« zu David, um von ihm eine Zeichnung zu erwerben (26.5.1799). PO

David d'Angers, Pierre-Jean (1788-1856), französischer Bildhauer und Medailleur (ca. 500 Medaillons). Er schuf eine G.-Büste (heute in der Sächsischen Landesbibliothek Dresden), die zu G.s 82. Geburtstag in Weimar feierlich enthüllt – und mit Befremden aufgenommen wurde. G. empfand die Marmorbüste zwar als »colossal«, das Werk indessen »trefflich gearbeitet, außerordentlich natürlich, wahr und übereinstimmend in seinen Theilen« (an Zelter, 13.8.1831). Eine weitere G.-Büste Davids steht im Schloßpark zu Heidelberg - mit der Inschrift: »Johann Wolfgang Goethe 1749-1832/Auf der Terrasse hochgewölbtem Bogen war eine Zeit sein Kommen und sein Gehn« - Zeilen aus einem Gedicht Marianne von Willemers. PO

Defoe, Daniel (um 1660-1731), englischer Schriftsteller, der weltberühmt wurde durch sein Werk *The Life and Strange Surprizing Adventures of Robinson Crusoe* (1719, dt. 1720). Der *Robinson Crusoe* begeisterte auch den kleinen G. Die Robinsonaden *Die Insel Felsenburg* und *Lord Ansons Reise um die Welt* las er ebenfalls als Kind (*DuW,* 1. Buch). PO

Deklamationsstück ist ein von Johann Friedrich Reichardt nach 1790 in die Gattung des instrumental begleiteten Sologesanges (↗Lied) eingeführter Terminus. In Weimar trat dieser Komponist wiederholt als sehr geschätzter Deklamator von epischen und dramatischen Texten auf und übertrug diese Erfahrungen auf seinen Gesangsvortrag, den er in G.s Sinne bestrebt war, sowohl zu »singen« als auch »stark zu declamiren«. Das führte notwendig dazu, daß ihm die damals gängige Strophenliedform für Dichtungen wie G.s *Prometheus* oder die Monologe aus den Dramen von Friedrich Schiller unzureichend erschien, und er zu einem alle Konvenienz überbietenden Sprechgesang fand. Italienische Rezitation, liedhafte Periodik und dramatisch-deklamatorisches Pathos wurde auf eigenständige Weise zu einer eingebundenen Rhapsodik verschmolzen, für die der gedankliche Aufbau sowie das Metrum des jeweiligen Textes formbestimmend war. 1792 hatte Reichardt erstmals in der Sammlung *Cäcilia* für die »Freunde ernsten deutschen Gesanges« ein musterhaftes Stück publiziert, welches er mit »Rhapsodie« überschrieb, der die Verse 35 bis 50 aus G.s *Harzreise im Winter* zugrunde lagen. Der im Jahre 1809 veröffentlichte Gesang *Prometheus* wurde bereits 1810 von einem Rezensenten in den *Heidelberger Jahrbüchern der Literatur* als »Declamationskunst in ihrem höchsten Glanze« gerühmt. »Gott« (*Faust I*) und *An Lida* sind weitere Deklamationsstücke von außergewöhnlichem Rang.

WS

Delacroix, Eugène (1798–1863), französischer Maler und Graphiker, der Albert Stapfers 1828 erschienene Übersetzung des *Faust* ins Französische illustrierte. G. lobte ihn als »großes Talent, das gerade am Faust die rechte Nahrung gefunden hat. Die Franzosen tadeln an ihm seine Wildheit, allein hier kommt sie ihm recht zu Statten«, und über die Imaginationskraft seiner Illustrationen sagt G.: »Herr Delacroix [hat] meine eigene Vorstellung bei Szenen übertroffen […], die ich selber gemacht habe« (Eckermann, 29. 11. 1826).

PO

Delph, Helene Dorothea (1728–1808), Geschäftsinhaberin in Heidelberg – im damaligen Amtsdeutsch: »Handelsjungfer Delphin« –, erfolgreich, weltgewandt und couragiert; befreundet mit den Goethes und der Bankiersfamilie Schönemann in Frankfurt. Sie kannte die Lili Schönemann schon als Kind, mochte G. und war diejenige, die Ostern 1775 die »Zustimmung beiderseitiger Eltern« zu G.s »Verlöbnis« mit Lili »eroberte«. – Und damit G. zu der Erkenntnis verhalf: »Nun der Zweck näher heranrückte, wollte es hüben und drüben nicht vollkommen passen« (*DuW*, 17. Buch). Das Verlöbnis ging in die Brüche, die Freundschaft mit Lili und G. blieb bis an ihr Lebensende erhalten.

PO

Delphi, Orakelheiligtum des Apollon in Griechenland; bei einem Besuch von Friedrich de la Motte Fouqué hatte G. etliche kleine geschliffene Marmorplatten von unterschiedlicher Farbe auf dem Tisch ausgebreitet und erläuterte stolz: »Bruchstücke aus der Marmor-Bekleidung des Delphischen Tempels. – Das sind nun so *meine* Reliquien!« (de la Motte Fouqué, *Goethe und einer seiner Bewunderer*).

AR

Dem aufgehenden Vollmonde s. **Dornburger Gedichte**

Despotismus: Laut Eckermann war G. kein »Freund herrischer Willkür« (4. 1. 1824), was die Konzeption der Titelhelden seiner Dramen *Götz* und *Egmont* sowie des nicht ausgeführten *Tell*-Epos andeutet: Sie alle stehen im Konflikt mit tyrannisch-willkürlicher Herrschaft. In den *Noten und Abhandlungen* widmet G. in Persien (wie im Orient überhaupt) vorzufindenden despotischen Staatsformen und ihrer positiven Auswirkung auf die Literatur dann allerdings eine verständnisvolle Betrachtung, wobei er erklärend hinzufügt, daß doch in allen Regierungsformen, »wie sie auch heißen, Freiheit und Knechtschaft zugleich polarisch« existieren (*Nachtrag*).

Die Unumstößlichkeit hierarchischer Gesellschaftsformen sieht G. darin gegeben, daß sich auch jedwede Freiheitsbewegung – wie z.B. die Französische Revolution – in eine despotische Herrschaft – in diesem Fall der Masse – verwandelt. Großen Persönlichkeiten wie Napoleon oder Alexander der Vorzug zu geben, wirkt sich deren Führungsqualität doch positiv auf ihre Völker aus: »Der Despotismus fördert die Autokratie eines jeden, indem er von oben bis unten die Verantwortlichkeit dem Individuum zumutet, und so den höchsten Grad von Tätigkeit hervorbringt« (*MuR*).

DF

Dessau/Wörlitz: Residenzstadt des Fürstentums Anhalt-Dessau. G. weilte gemeinsam mit Carl August zwischen 1776–1797 mehrmals in Dessau auf dem frühklassizistischen Schloß Wörlitz, der Sommerresidenz des Fürsten Leopold III. Friedrich Franz. Der das Schloß umgebende idyllische Garten mit seinen Seen, Kanälen, Brücken, Tempeln und kleinen Schlößchen beeindruckte G. so sehr, daß er den Weimarer Park an der Ilm nach dessen Vorbild gestaltete. An Charlotte von Stein schrieb er: »Mich hats gestern Abend wie wir durch die Seen Canäle und Wäldgen schlichen sehr gerührt wie die Götter dem Fürsten erlaubt haben einen Traum um sich herum zu schaffen. Es ist wenn man so durchzieht wie ein Mährgen das einem vorgetragen wird« (14.5.1778). Des weiteren besuchte G. in Dessau seinen Leipziger Jugendfreund Behrisch, der dort als Hofrat, Schriftsteller und als Erzieher des späteren Grafen von Waldsee tätig war. Er traf sich mit Basedow, dem Gründer des Dessauer Philanthropinums, sowie mit dem Sohn seines Großonkels, Johann Jost von Loen. Ferner nutzte er seinen Dessauer Aufenthalt, um das dortige Theater und die Gemäldegalerie zu besuchen.   HM

Deutsche: Der Begriff bezeichnete zu G.s Zeit die Bewohner der föderierten deutschen Groß- und Kleinstaaten, die zwar – durch die gemeinsame Sprache und Geschichte – kulturell eine gewisse Einheit bilden, nicht jedoch politisch (den entsprechenden nationalliberalen Bestrebungen bezüglich eines Staates Deutschland bzw. eines Deutschen Reichs stand G. skeptisch gegenüber). Das deutsche Wesen ließ sich für G. folgendermaßen ausmachen: »Die Deutschen sind im Durchschnitt rechtliche, biedere Menschen aber von Originalität, Erfindung, Charakter, Einheit, und Ausführung eines Kunstwercks haben sie nicht den mindesten Begriff. Das heißt mit Einem Worte sie haben keinen Geschmack« (an Reichardt, 28.2.1790).

Mit dem Italienerlebnis im Rücken fühlte sich G. angesichts des kulturellen Niveaus in seiner Heimat zu Urteilen wie diesem genötigt, doch seine Haltung zu den Deutschen war nicht durchweg negativ. Anlaß zum Optimismus gab allerdings eher die Zukunft bzw. ein in der Wirklichkeit erst noch einzulösendes Ideal. G. war indessen zuversichtlich, daß die Deutschen imstande seien, ihren kulturellen Rückstand aufzuholen und sogar bei seinem nationenübergreifenden Konzept der ↗Weltliteratur einen entscheidenden Beitrag zu liefern: »Der Deutsche kann und soll hier am meisten wirken, er wird eine schöne Rolle bey diesem großen Zusammentreten zu spielen haben« (an Streckfuß, 23.1.1827). Auch G.s eigene Leistung sollte damit zum Tragen kommen, sah er sich doch als »ihren *Befreier*« an (*Ein Wort für junge Dichter*).   DF

Deutsche, Der: Ein um 1760 beliebt gewordener bürgerlicher Gesellschaftstanz im ¾ Takt, der die komplizierten Figuren des Menuetts hinter sich ließ und dessen Choreographie nicht eindeutig vom »Ländlerischen« und dem »Walzerischen« abgegrenzt werden kann. Das sog. »Deutsch tanzen« ließ viele Ausführungsmöglichkeiten der »Touren« zu und war für

G. ein willkommenes Motiv etwa bei der Schilderung eines ländlichen Balles in den *Leiden des jungen Werthers* (1774). Er beschreibt das »Herumfliegen« und die »mannigfaltigen Schlingungen der Arme« als enthemmtes Liebesspiel. Neu an diesem Tanz war, daß »jeder Tänzer […] seine Tänzerin nach eigenem Gefallen, durch Cirkeldrehungen und Touren in Bewegung setzen« konnte, wie es in einem zeitgenössischen Traktat heißt (C.J. v. Feldtenstein: *Erweiterung der Kunst nach der Chorographie zu tanzen*, 1772).

Damit wurde der Deutsche zum Ausdruck von bürgerlicher Freiheit und zum festen Bestandteil nicht nur der Weimarer Ballkultur. Beispielsweise findet sich in der Ballordnung für die erste Redoute der Wintersaison 1798/99: »Punkt 7 Uhr geht der Tanz an, man tanzt eine halbe Stunde Menuetts; hierauf folgt eben so lang ein Dreher; um 8 Uhr beginnt der erste Englische«. Der Dreher = Deutsche war somit vor 1800 an die zweite Stelle der Beliebtheit vorgerückt. Das von dem begeisterten Tänzer und Ballbesucher G. am 11.7.1795 für einen Freiball in Bad Lauchstädt verfaßte Tanzlied: *Hand in Hand den Tanz zu schweben* wurde wahrscheinlich zur Melodie einer Allemande (= eines Deutschen) von den Gästen gesungen.   GBS

Deutsche Literatur: In großen literaturgeschichtlichen Exkursen skizziert G. in *Dichtung und Wahrheit* die Geschichte der deutschen Literatur als Nationalliteratur – und damit auch die Vorgeschichte seines eigenen Eintretens in diese Literatur. Als wichtigen Ausgangspunkt dieser Nationalliteratur faßt er in doppeltem Sinne Friedrich den Großen auf: Einerseits sei mit diesem ein würdiger Gegenstand nationalliterarischer Behandlung aufgetreten, in Ramlers Lobgesängen auf den König sowie in Gleims Kriegsliedern sei diese Anregung deutlich aufgegriffen worden (*DuW*, 7. Buch). Die scharf-polemische Wendung des Preußenkönigs gegen die zeitgenössische deutsche Literatur und seine Parteinahme für den französischen Klassizismus hätten für die deutschen Schriftsteller als um so stärkeren Antrieb gewirkt, »das möglichste« zu tun, um »als Etwas vor ihm zu erscheinen« (*Makariens Archiv*).

Gleim, Hagedorn, Gellert und andere sind es auch, unter die der noch nicht durch größere poetische Produktionen hervorgetretene junge G. einst gerechnet zu werden hoffte (*DuW*, 6. Buch) – er orientierte sich hier, zu Beginn seines Studium 1765, noch deutlich an den maßgeblichen Schriftstellern der Landleben- und Rokokodichtung der Jahrhundertmitte.

Erst die Begegnung mit Herder in Straßburg (*DuW*, 11. Buch) habe den »Vorhang zerrissen, der mir die Armut der deutschen Literatur bedeckte; er hatte mir so manches Vorurteil mit Grausamkeit zerstört; an dem vaterländischen Himmel blieben nur wenige bedeutende Sterne, indem er die übrigen alle nur als vorüberfahrende Schnuppen behandelte.« Auf Herders Anregung hin begann für G. die Neuorientierung an ganz andersartigen literarischen Vorbildern, an Shakespeare und dem Volkslied. Im 11. Buch seiner Autobiographie wertet G. diese Umorientierung als Vorbereitung und Auftakt zu der »deutschen literarischen Revolution«, als die er rückblickend den Sturm und Drang versteht. Gleichzeitig habe sich, so heißt es im 17. Buch, das gesamte »deutsche geistig-literarische Terrain« verändert; mit dem Aufkommen neuer Zeitschriften (↗ *Frankfurter Gelehrte Anzeigen*) und der Etablierung junger Verlagshäuser seien überhaupt erst die Bedingungen für Verbreitung und großflächige wie intensive Wirkung der ›revolutionären‹ Literatur der 1770er Jahre geschaffen worden. Vor allem im Hinblick auf die Geschichte des deutschen Reims referiert G. (*DuW*, 18. Buch) Klopstocks Mut zum freirhythmischen Vers und die ästhetische Etablierung der rhythmischen Prosa (Geßner).

Die mit der »literarischen Revolution« des ↗ Sturm und Drang losgetretene Weiterentwicklung der deutschen Literatur bewertet G. deutlich positiv: In seinem kleinen Aufsatz über *Literarischen Sansculottismus* (1795) verteidigt er die deutschsprachigen Schriftsteller gegen böse Polemik. In Rezensionen und Anzeigen begleitete er zeitlebens kritisch und oft auch wohlwollend und förderungswillig die jeweils neu erscheinende Literatur: Hebels *Alemannische Gedichte* etwa werden ebenso behandelt wie Schillers *Wallenstein*, Brentano/von Arnims *Wunderhorn*, Texte von Möser, Rückert u. v. a. m. Gleichzeitig aber gestaltete sich das Verhältnis G.s zu vielen seiner literarischen Zeitgenossen häufig spannungsvoll und konfliktreich: Literarische Weggefährten wurden häufig, nach anfänglichem Überschwang, abgelehnt, die Auseinandersetzung mit der Frühromantik führte G. in oft scharfem Ton (Lenz, Wieland, Jean Paul, Kleist, Hölderlin, Hoffmann, De la Motte-Fouqué, Eichendorff).

Natürlich dienen die großen Rückblicke auf die deutsche Literatur in der eigenen Autobiographie vor allem dazu, den Eintritt G.s selbst in die Nationalliteratur vorzubereiten. Und die Bedeutung G.s für die Entwicklung der deutschen Literatur kann auch schwerlich überschätzt werden. Mit dem *Götz* greift er, ganz anders als die auf die Antike ausgerichtete

klassizistische Dramatik Gottschedscher Prägung, programmatisch einen ›nationalen‹ Stoff auf – und löst eine Flut von Ritterdramen aus; *Werther* darf mit einigem Recht als der erste deutsche Roman von weltliterarischer Wirkung bezeichnet werden, auch hier finden sich Nachahmer in Fülle (↗ Wertheriaden). G.s Doppel-Tragödie etabliert das *Faust*-Motiv als eines der Leitmotive der Literatur der letzten 200 Jahre, vor allem die mit Schiller gemeinsam programmatisch beherrschte Periode der sogenannten »Weimarer Klassik« erfuhr das problematische Schicksal, als unantastbares und mit nationalem wie religiösem Pathos verehrtes Vorbild die Bewertung deutscher Literatur vor und nach G. zu dominieren. Aber auch ohne einer derartigen Verklärung zu verfallen, erscheint G.s Anteil und Anteilnahme an der Geschichte der deutschen Literatur v. a. deswegen interessant, weil sein literarisches Werk wie kein anderes so viele unterschiedliche Epochen und Stile um- und einschließt – vom Rokoko bis zum Vormärz.   BJ

Deutsche Sprache erscheint G., so sagt es wenigstens eines der *Venezianischen Epigramme*, als ein schwieriges, schier unüberwindliches Element für den Dichter; andererseits resümiert er in der *Wohlgemeinten Erwiderung* (1832) die Entwicklung der deutschen Sprache während seiner Lebenszeit in durchaus positivem Sinne: »Die deutsche Sprache ist auf einen solchen Grad der Ausbildung gelangt, daß einem jeden in die Hand gegeben ist, sowohl in Prosa als in Rhythmus sich dem Gegenstande wie der Empfindung gemäß nach seinem Vermögen glücklich auszudrücken.« An dieser Entwicklung hatte G. – und das weiß er unbescheidener Weise auch genau – keinen geringen Anteil. Im 7. Buch von *Dichtung und Wahrheit* referiert G. den Zustand der mit einer Vielzahl lateinischer und französischer Anteile untermischten deutschen Bildungssprache im 18. Jh. sowie die Versuche, ›originale‹ deutsche Literatur zu schaffen, also überhaupt eine deutsche Bildungs- und Dichtungssprache auszuprägen.

Die Ausbildung deutscher Versmaße für das Theater, das Epos oder die Elegie hat G. mit Wieland, Herder, Schiller, Voß und vielen anderen immer wieder diskutiert; für seinen immensen Wortschatz (ca. 90 000 Wörter) sind unzählige Wortneubildungen und grammatikalische Abweichungen charakteristisch: »Knabenmorgenblütenträume« (*Prometheus*), »fernabdonnernd« (*Iphigenie*, v.1361), »tausendfacher« (*Willkommen und Abschied*). Die Sprache Werthers orientiert sich an derjenigen pietistisch inspirierter Empfindsamkeit, im *Götz* werden Figuren aus dem Volk mit fast mundartlichem Realismus dargestellt, *Iphigenie* und *Tasso* orientieren sich an der erhabenen Diktion der antiken Tragödie – die poetische Sprache G.s greift auf eine Vielzahl unterschiedlicher Traditionen zurück, spielt mit ihnen, modifiziert sie, setzt sie fort und leistet damit tatsächlich einen wesentlichen Beitrag zur Ausbildung einer deutschen Literatursprache.   BJ

Deutsches Reich: Schon vor dem Zerfall des Heiligen Römischen Reichs Deutscher Nation (1806) machte sich G. in den *Xenien* über die Inkongruenz von deutscher Politik und Kultur lustig: »Deutschland? aber wo liegt es? Ich weiß das Land nicht zu finden./Wo das gelehrte beginnt, hört das politische auf«. Und obwohl sich während der ↗ Befreiungskriege gegen Napoleon (1812–15) eine gewisse Einheit der deutschen Staaten gebildet hatte, die jedoch nach G.s Geschmack zuviel Patriotismus, Nationalismus und hohles Pathos im Kielwasser führte, mußte er noch 1830 feststellen: »Wir haben keine Stadt, ja wir haben nicht einmal ein Land, von dem wir entschieden sagen könnten: hier ist Deutschland«. Dies war für G. jedoch kein Anlaß zur Trauer, fühlte er selbst sich doch als Kosmopolit und »gewissermaßen über den Nationen« stehend (Eckermann, 14.3.1830). Immerhin scheint er – wie der polnische Schriftsteller Antoni Edward Odyniec von einem Gespräch am 25.8.1829 berichtet – für das späte 19.Jh. als Folge der »Begebenheiten, wie sie die Welt in seinen ersten Jahren erschütterten«, tiefgreifende Veränderungen in Europa erwartet zu haben, was jedoch als Prophezeiung der Reichsgründung 1871 überinterpretiert sein dürfte.   DF

Deutsches Theater, kleiner Aufsatz, den G. ursprünglich als Exkurs für *Dichtung und Wahrheit* vorgesehen hatte; Entstehung 25.1.1811, Erstdruck 1833 postum (ALH Bd. 49). Das Theater sei, so führt G. aus, immer darauf aus, sich zu emanzipieren von der Polizei, der Religion und dem »durch höhere sittliche Ansichten gereinigten Geschmack«. In Rückblicken auf englische, französische und deutsche Theatergeschichte referiert G. diese Entwicklung, die schließlich zur tarnenden Bezeichnung der Bühne als »sittlicher Anstalt« habe führen müssen. Hier aber liege der entscheidende Grund für die unüberwindbare Mittelmäßigkeit des deutschen Theaters. G. überzieht die drei Schauspieler und Theaterschriftsteller Ekhof, Schröder und Iffland mit einer scharfen Polemik, trotz ihrer persönlichen menschlichen Qualitäten repräsentierten sie das bloße Mittelmaß des Sittlichen, Anständigen und Billigen.   BJ

Deutschland, ein von G. häufig verwendeter Begriff, obwohl es zu seiner Zeit weder politisch noch geographisch eine Einheit darstellte. Offenbar sah G. in Deutschland vor allem einen kulturell zusammengehörigen Raum. Im Vergleich mit den klassischen Kulturen Italiens und Griechenlands allerdings erschien G. Deutschland »prosaisch« (an Knebel, 9.7.1790) und »gestaltlos« (*Zur Morphologie*). Die politische Zerstückelung Deutschlands war G.s Bemühungen um eine deutsche Klassik hinderlich, doch schien eine Umwälzung allenfalls nach dem Vorbild der Französischen Revolution möglich und daher für G. nicht wünschenswert. Eine der *Xenien* befaßt sich mit diesem Problem: »Deutschland? Aber wo liegt es? Ich weiß das Land nicht zu finden, / Wo das gelehrte beginnt, hört das politische auf«. – Wenn G. den Begriff im politischen Sinne verwendete, bezog er sich meist auf das Heilige Römische Reich Deutscher Nation. Die französische Hegemonie nach 1806 und die damit einhergehende Teilung Deutschlands in Preußen, Österreich und den Rheinbund kritisierte G. nicht und stand auch den Befreiungskriegen skeptisch gegenüber. Später beklagte er wieder die Zerrissenheit des Landes, war zugleich jedoch zuversichtlich; Eckermann zitiert ihn: »Mir ist nicht bange [...], daß Deutschland nicht eins werde« (23.10.1828). Eine zentralistische Organisation lehnte G. zugunsten des kulturellen wie politischen Föderalismus ab.   JAS

Deutschunterricht, G. im: G. und Schiller haben selbst nie Deutschunterricht gehabt. Dessen Anfänge sind eng verbunden mit dem Erstarken des Nationalgedankens in der Zeit der Kriege gegen Napoleon. Friedrich Immanuel Niethammer (1766–1848) wandte sich 1808 an G., um ein »Nationalbuch« deutscher Literatur für den Schulgebrauch zu schaffen; Preußen führte im Rahmen der Humboldtschen Reformen eine Abiturordnung ein, die »Kenntniss der Hauptepochen der deutschen Literatur und der vorzüglichsten Schriftsteller« vorsah. Deutsch blieb als Fach indes noch bis zur Einrichtung von Realgymnasium und Oberrealschule am Ende des neunzehnten Jh.s zweitrangig (nach Latein/Griechisch, Französisch, Mathematik). G.-Lektüre wurde für die höheren Klassen mit der Nähe der Werke zur Welt der Griechen begründet. Den Anfang machte man mit *Hermann und Dorothea*, es folgten *Tasso* und immer wieder *Iphigenie*. Auch an Lyrik kam vor allem solche vor, die antike Versmaße oder Themen aufgriff. Die Nähe dieses Programms zum »Oberlehrergriechentum« zeigt sich auch darin, daß nur der Helena-Akt aus *Faust II* dazugehörte.

Ein Problem für G. im Deutschunterricht bereitete dessen kosmopolitische und hellenische Perspektive. Heinrich Heine spottete 1826 in seinen *Nordseebildern* über den hannövrischen Adel, der mit G. unzufrieden sei, »er verbreite Irreligiosität«, die politisch fatale Auswirkungen haben könne. Der idealisch denkende Schiller sei »wirklich größer, wahrhaftig, er ist größer.« Fünfzehn Jahre später spottet Georg Herwegh in seiner politischen G.-Parodie »Deutschland auf weichem Pfühle,/Mach dir den Kopf nicht schwer […] Du hast ja Schiller und Goethe,/Schlafe, was willst du mehr.« In diese Jahre der politischen Diskussion um die Rolle der Weimarer Klassiker als Vorbilder der deutschen Jugend fällt deren Einführung in den Literaturunterricht an Gymnasien in allen Ländern des Deutschen Bundes.

Robert Heinrich Hiecke (1805–1861) hatte schon als junger Lehrer durch Schulanthologien, Lesebücher und Kommentierungen für die Hand des Lehrers versucht, zu einer »ächt begeisterten, d.h. zugleich empfindungs- und besinnungsvollen Lektüre unseres Schiller und unseres Goethe« beizutragen. Um der »Einführung eigentlicher Interpretationsstunden deutscher Classiker« willen forderte er Deutsch durchgehend als vierstündiges Fach. Für die Sekunda empfahl er *Götz von Berlichingen*, für die Prima *Iphigenie*, *Egmont*, *Dichtung und Wahrheit*, Novellen aus den *Wanderjahren*. *Werther* sollte nur »allenfalls« gelesen werden. Denn Dichtung müsse den Jugendlichen als »weltliches Evangelium« vorgestellt werden.

Während des Kaiserreichs spielte G. besonders in Realgymnasien und Oberrealschulen eine wichtige Rolle. Die thematische und formale Verbindung zur Antike, welche G.s Werk den Weg in die humanistischen Gymnasien geebnet hatte, wurde durch das Konzept einer Nationalliteratur ersetzt. Von einer Aufwertung G.s selbst kann in dieser Zeit jedoch nicht gesprochen werden. An der Gesamtlektüre deutscher Schriftsteller sank sein Anteil, denn für nationales Denken war aus Schillers Werken mehr zu gewinnen.

Die um die Jahrhundertwende erstarkende »Deutsche Bewegung« suchte die Klassiker umfassend im Sinne »deutscher Art« zu deuten. An die Stelle des »Olympiers« G. trat in der »Deutschkunde« der dynamische, zuweilen dämonische junge G. Dessen Aufsatz *Von deutscher Baukunst* galt als Bekenntnis zur deutschen Art. Auch die geistesgeschichtliche G.-Forschung der Zeit beeinflußte die Schulinterpretationen. Sie wurde verstärkt durch die Kunsterzieherbewegung, die die Besonderheit des geistigen Individuums

gegenüber der positivistischen biographischen Ableitung des Kunstwerks aus den Lebensumständen des Autors betonte. Die Vorbildhaftigkeit G.s lag nun in seiner deutschen, künstlerisch-schöpferischen Individualität begründet.

Die deutschkundliche Bewegung während der Weimarer Republik und des Nationalsozialismus setzte sich zum Ziel, das »antike« Bildungsgut auf allen wissenschaftlichen und kulturellen Bereichen durch »deutsche Beiträge« zu ersetzen. In der »Zeitschrift für deutsche Bildung« und in der »Deutschen Oberschule«, einem dem Gymnasium gleichgestellten Lehrerseminar, propagierte man eine »völkische Bildung«, die in den Richertschen »Richtlinien für die Höheren Schulen in Preußen« 1925 auch für G. eine entsprechende Rolle vorsah. Im Zuge einer »synthetisch-geisteswissenschaftlichen Arbeitsweise« sollte das ganzheitliche »Kunsterleben« die Lektüre bestimmen.

G.s Werke wurden seit 1933 nach jugendpsychologischen Gesichtspunkten auf die Klassenstufen verteilt: den Stürmer und Dränger präsentierte man dem Achtzehnjährigen, weil eine psychische Affinität vermutet wurde. Ansonsten konnte der Nationalsozialismus mit G.s »fragwürdigem Charakter« (Joseph Goebbels) weniger anfangen als mit Hölderlins idealistischem Patriotismus. Kurt Hildebrandts *Goethe. Seine Weltweisheit im Gesamtwerk* (1942) entwarf ein G.-Bild, das der »großen nordischen Führergestalt« einen Platz in der völkischen Bewegung sichern sollte. Dessen »nordisch-germanischer Geist« zeige sich in der Hochschätzung der Seele gegenüber dem Verstand, im »völkischen Zusammengehörigkeitsbewußtsein« (*Egmont*) und in der Tatphilosophie des *Faust*. Konkret änderte sich auch in der auf acht Jahre verkürzten Gymnasialzeit an der Behandlung G.s relativ wenig.

Nach dem Zusammenbruch des Nationalsozialismus stand in westdeutschen Gymnasien die »Einführung in das Schrifttum« G.s unter dem Primat christlich-humanistischer Bildungsziele. Die »Übergangslehrpläne« der frühen fünfziger Jahre sahen nebeneinander Klassiker und Carossa, christliche innere Emigranten sowie deutlich häufiger als bisher Werke der Weltliteratur vor. Auf einen Bezug dieser neuen Lektüren zueinander, z.B. G.s zu Shakespeare, wurde relativ wenig geachtet. Jedes Werk war »werkimmanent« zu betrachten.

Über pädagogische Deutungen aus existenzialphilosophischer Sicht entwickelte sich in Unterrichtsmaterialien von G. das Bild des Menschen, der die Abgründe der Zeit kannte, gegen die Versuchungen der

Macht die einfachen Tugenden der Arbeit, der Redlichkeit, Freude und Liebe beschwor. Bekenntnisgedichte (*Seefahrt, Warum gabst du uns die tiefen Blicke, Zueignung*, Gedichte aus dem *Divan*) wurden neu aufgenommen. In Abituraufgaben ging es häufig um Aktualisierungen: »Kann G.s Iphigenie auf die Menschen der Gegenwart heilend und bildend wirken?« Die Antwort war, so eine repräsentative Umfrage unter fünfhundert Gymnasiasten, bei 71 Prozent ein »unbedingtes Ja«.

Zu einer Krise in der Klassiker-Behandlung kam es in der Folge der Studentenbewegung. In die Schule gelangte ein erweiterter Textbegriff, der die Besprechung von Sachtexten, Jugend- und Trivialliteratur vorsah. Das Vertrauen in die unmittelbare humanisierende Wirkung der Klassikerlektüre hatte gelitten. Hans-Joachim Grünwaldt erhielt Beifall für seine polemisch gestellte Frage, ob Klassiker denn »etwa nicht antiquiert« seien. Gleichzeitig jedoch entwarfen progressive Lehrer des »Bremer Kollektivs« Unterrichtseinheiten, in denen ein kritisches Klassiker-Bild vermittelt wurde. Es ging in den Bänden *projekt deutschunterricht* (1972–76) und in der Bremer *Methodik des Deutschunterrichts* (1974) um Aufklärungsarbeit über und anhand klassischer Literatur. Es entstanden kritische Alternativen zu den bisher im Deutschunterricht gepflegten existenzialistischen oder werkimmanenten Interpretationen. Die Aufklärung über G. umfaßte auch die deutsche Rezeption G.s und Schillers.

In den Oberschulen der DDR repräsentierten sorgfältig ausgewählte Auszüge aus Werken G.s das »aufstrebende vorrevolutionäre Bürgertum«. G. als Mensch und Dichter »will wirken«, nimmt »leidenschaftlich Partei«. Schon in der 9. Klasse ist *Willkomm und Abschied*, dann *Prometheus* vorgesehen, zusammen mit Heines *Die schlesischen Weber* und Anna Seghers *Das siebte Kreuz*. *Prometheus* nimmt einen wichtigen Platz innerhalb der Linienführung des Lehrplans ein, denn das Werk belegt exemplarisch, wie »der Mensch vom Objekt zum Subjekt der Geschichte« wird.

Die Situation 1988: Das »Modellhafte des menschheitsgeschichtlichen Entwurfs« der G.schen Werke hatte sowohl in der bürgerlichen wie in der sozialistischen Literaturdidaktik zu deren endgültiger Kanonisierung geführt. Besonders die Figuren der Dramen konnten unter dem Aspekt des Kanonischen mit anderen vorbildhaften Figuren in Beziehung gesetzt werden: *Iphigenie* zu derjenigen des Euripides oder Gerhart Hauptmanns, *Prometheus* zur antiken Sagengestalt einerseits, zu den modernen Prometheusfiguren von Johannes R. Becher oder Volker Braun andererseits. Historizität und Aktualität sind die Pole des als fraglos unterstellten »tieferen Gehalts«.

Die Kanonizität der klassischen Literatur wird heute im Deutschunterricht selbst in Frage gestellt. Durch unterrichtliche Arbeit an den Texten und ihrer Rezeption kann das Ideologische der jeweils in der Schule vorgestellten G.-Bilder thematisiert werden. G.s Werke beweisen in der Vielfalt der mit ihnen zu belegenden weltanschaulichen Positionen ihre eigene ästhetische Polyvalenz. Und da gerade diese kulturell hochgehalten wird (als Ausweis künstlerischer Bedeutsamkeit), ist die Anzahl der Werke G.s, denen Schülerinnen und Schüler im Deutschunterricht heute begegnen können, nicht wesentlich geringer geworden. Noch immer ist *Prometheus* im Pflichtprogramm, sind *Iphigenie, Faust* oder *Werther* im wählbaren Angebot der »Ganzschriften« aufgeführt. KHF

Dialekt: In *Dichtung und Wahrheit* bekennt sich G. freimütig zu seinen Frankfurter (»oberdeutschen«) Dialektgewohnheiten, die er wohl Zeit seines Lebens nicht ganz abgelegt hat: »Jede Provinz liebt ihren Dialekt, denn er ist doch eigentlich das Element, in welchem die Seele ihren Atem schöpft« (6. Buch). Ein wenig eigenartig wird er inmitten seiner Thüringer Umwelt gewirkt haben, verlieren sich doch muttersprachliche Satzintonation und konsonantische Aussprache nur sehr schwer (»Ach neige, neige/Du Schmerzensreiche«). Sein Italienisch, Englisch, Französisch müssen sich in gewissen Grenzen »frankfurterisch« angehört haben. Dagegen werden Charlotte von Stein und Christiane Vulpius Thüringisch gesprochen und sich im alltäglichen Umgang kaum schriftsprachlicher Normen bedient haben. Für die Umgangssprache am Hof Carl Augusts ist Ähnliches anzunehmen.

Als weitaus schwierigeres Problem stellte sich für G. die gebildete Anspielung, die gebildete Konversation dar, weil sie durchweg auf grammatikalisch-syntaktischen und semantischen Elementen der Schriftsprache aufbaute und im dialektgefärbten Kontext als affektierter, hemmender Fremdkörper wirken muß. Eine Ausführung über Ovids *Metamorphosen* oder Shakespeares *Hamlet* mit hessischem Unterton mag leicht komisch und aufs Erste nicht allzu glaubwürdig geklungen haben, denn gehört und verstanden hat die Hofgesellschaft natürlich schrift- bzw. hochdeutsch. BL

Diastole s. **Systole**

Dichtarten/Gattungen s. Lyriker, G. als

Dichter/Dichterberuf: Die beiden ersten Einleitungstexte des *Faust*-Dramas liefern einen vielsagenden Einblick in G.s Auffassung vom Dichter. Die *Zueignung* läßt den Dichter (vielleicht sogar G. selbst) sprechen: Er selber ist der inaktive; aktiv treten ihm die Gestalten seiner Dichtung wieder entgegen, kommen »schwankend« aus Nebel und Dunst, aus dem Bereich des nicht-begrifflichen Unbewußten. Damit wird der Dichter gewissermaßen zum Medium seines Gegenstandes, nicht der bewußte Zugriff auf den Stoff macht den Dichter aus, sondern das eigentümlich-unbewußte Zusammenstimmen seines Innern mit dem Stoff, der die Gestalten der Dichtung wieder an ihn herantreten läßt. Gleichzeitig reflektiert die *Zueignung* zwei historisch verschiedene Stellungen des Dichters gegenüber dem Publikum: Hier erinnert er sich wehmütig daran, wie er einmal Freunden aus der Dichtung vorgelesen habe, unmittelbare Reaktionen einfangen konnte, jetzt, um 1800, muß er den Text der anonymen Masse, dem Publikum des Buchmarkts übergeben.

Der Streit des Dichters mit dem Theaterdirektor im *Vorspiel auf dem Theater* offenbart ein noch weitergehendes Selbstverständnis des Dichters: Er versteht sich als Schöpfer einer Welt, Natur, Religion, Mythos und Gesellschaft werden von ihm neu geschaffen, erst von ihm als der Verkörperung der höchsten Kräfte des Menschen erzeugt. Mit dieser Position läßt G. seine Dichterfigur in radikaler Form nochmals die Konzeption des Dichters als ↗Genie wiederholen – die sich hier, im *Faust*, allerdings mit den Ansprüchen von Theatermachern und Publikum vermitteln muß, also nicht mehr frei schwebt.

Dennoch bleibt Dichtung dasjenige Medium der Wahrheit, das den Gegenständen und Begebenheiten der Welt und der Natur in angemessenster Weise zur Sprache verhilft, mehr als Naturwissenschaft und Philosophie. Dies hat seinen Grund vor allem darin, daß der Dichter nicht zum präzisen Begriff und schon gar nicht zur Formel greifen muß, die symbolische Ausdrucksweise der Poesie läßt den Unwägbarkeiten der Wahrheit viel größeren Raum.

Dem Beruf des Dichters (zumal als ausschließlichem Gelderwerb) stand G. zeitlebens skeptisch gegenüber – auch, obwohl er wie kein anderer Schriftsteller seiner Zeit viel Geld für seine literarischen Produktionen erhielt (↗Einkommen G.s). Er berichtet in *Dichtung und Wahrheit* (12. Buch) von Klopstocks Ankündigung seiner *Gelehrtenrepublik* mit einem »Subskriptionsangebot«, was erstmalig die ökonomischen Belange des Dichterberufes ins Bewußtsein rief – Klopstock allerdings war am Kopenhagener Hof in insgesamt auskömmlicher Stellung. Der Komplex des Berufsdichters (und des bürgerlichen Dichters am Hof) ist Zentralthema im *Tasso*, in dem ganz unterschiedliche Auffassungen des Dichters miteinander konkurrieren: Die des Dichterheroen, der sich einen Lorbeerkranz verdient hat, die des nur seinem Fürsten verpflichteten Dichter und die des Dichters, der sich dem bürgerlichen Publikum, dem Markt stellen muß. Schließlich kommt Tasso selbst zu einer vierten Auffassung: Mit der Formel »Und wenn der Mensch in seiner Qual verstummt,/Gab mir ein Gott zu sagen, wie ich leide« (v. 3432f.) wird der Dichter ausschließlich auf den Ausdruck seiner Innerlichkeit verpflichtet.

In den *Sonetten* von 1807/08 und vor allem im *West-östlichen Divan* greift G., allerdings mit spielerischer Freiheit im Umgang mit vielen literarischen Formen, auf den emphatisch besetzten Dichterbegriff des *Faust*-»Vorspiels« zurück. Im *Divan* heißt es an einer Stelle: »Mag der Grieche seinen Ton/Zu Gestalten drücken,/An der eignen Hände Sohn/Steigern sein Entzücken;/Aber uns ist wonnereich/In den Euphrat greifen, Und im flüßgen Element/Hin und wieder schweifen./Löscht ich so der Seele Brand/Lied, es wird erschallen;/Schöpft des Dichters reine Hand/Wasser wird sich ballen« (»Lied und Gebilde«). Die Selbstaussage des seelischen Leides und die schöpferische, fast prometheische Allmacht des Dichters werden hier miteinander verknüpft, das flüssige Element der Sprache aber entzieht tendenziell dem verstehen wollenden Publikum den Zugriff auf den Dichter hinter dem Text.   BJ

Dichterfürst, Dichterkönig, ein hohes Amt am persischen Hof, das, wie G. – womöglich an Weimarer Verhältnisse denkend – betont, eine Art notwendiges Gegenstück zum tatsächlichen Fürst oder König darstellte (*Noten und Abhandlungen*, Künftiger Divan).   DF

Dichtung und Wahrheit. Aus meinem Leben,
autobiographisches Großprojekt G.s, von dem nur die Schilderung der Kindheit und Jugendjahre bis zur Flucht nach Weimar 1775 in kontinuierlicher Erzählung fertiggestellt werden konnte; G. veröffentlichte aber auch die *Italienische Reise*, die *Campagne in Frankreich* mit der *Belagerung von Maynz* als Teile von *Dichtung und Wahrheit*. Planung und Entstehung ab 1809, Erstveröffentlichung 1811 (Teil I), 1812 (II), 1814 (III) und 1833 posthum (IV).

In einem Vorwort begründet G. sein autobiographisches Vorhaben mit der (fingierten) brieflichen Bitte eines Lesers um eine entstehungsgeschichtliche Ergänzung der literarischen Werke. Das Projekt wächst allerdings von Anfang an über dieses Vorhaben hinaus. G. macht hier den Versuch, das eigene Leben als quasi organische Entwicklungsgeschichte eines Dichters zu erzählen, die von keimartigen Anlagen schon in der frühen Kindheit zur Ausbildung der späteren Fertigkeiten gelangt; dieser Versuch gelingt allerdings lediglich bis zur Mitte des III. Teils. Gleichzeitig bettet G. das eigene Leben in ein reichhaltiges historisches, kunst- und literaturgeschichtliches Panorama ein, will »den Menschen in seinen Zeitverhältnissen« darstellen und »die ungeheuren Bewegungen des allgemeinen politischen Weltlaufs« mitberücksichtigen: So entsteht ein fast enzyklopädisches Bild des 18. Jh.s.

Den Beginn seines Lebens macht G. dadurch bedeutend, daß er die genaue, das Glück begünstigende astrologische Konstellation seiner Geburtsstunde referiert; die Kindheit in der freien Reichsstadt Frankfurt zeigt früh die sprachlichen, künstlerischen und literarischen Fertigkeiten des Kindes – das etwa den Sprachunterricht durch den Vater zu einem siebensprachigen Briefroman nutzt. Die nicht belegte Liebesgeschichte des Jugendlichen zu einem Frankfurter Gretchen wird als Roman erzählt, den G. kunstvoll mit der theatralischen Haupt- und Staatsaktion der Kaiserkrönung in Frankfurt verquickt. Der Studienzeit in Leipzig mitsamt den ersten ernsthafteren literarischen Versuchen folgen in Frankfurt die Ausheilung einer mysteriösen Krankheit und der wichtige Kontakt zu den dortigen Pietisten, dann aber der Aufenthalt in Straßburg, der den *Dichter* G. auftreten läßt. Der inspirierende Kontakt zu Herder, die Begeisterung für das Münster wie für die Volksdichtung und vor allem die leidenschaftliche Zuneigung zu der elsässischen Pfarrerstochter Friederike Brion bringen die ersten Originalproduktionen hervor, die sensationellen Sesenheimer Lieder. Gerade diese Sesenheim-Episode von *Dichtung und Wahrheit* aber offenbart den poetischen Charakter dieser Autobiographie: G. lehnt sich in seiner Darstellung an den idyllischen Roman *Der Landpfarrer von Wakefield* von Oliver Goldsmith an, ihm kommt es viel weniger auf Faktentreue als auf literarische Stilisierung an.

Nach der Rückkehr nach Frankfurt tritt allmählich der *Autor* G. als Zielpunkt des autobiographischen Schreibens deutlicher hervor: Die Beschäftigung mit dem *Götz*, der Aufenthalt in Wetzlar, die kurze Liebe zu Charlotte Buff, die Abfassung des *Werther* und

dessen überragender literarischer Erfolg sowie die Arbeit an den großen Hymnen der Frankfurter Zeit 1774. Gerade aber der Roman ist deutlich charakterisiert als autotherapeutisches Schreiben: G. dichtet, um einer eigenen seelischen Notlage zu entkommen. Eben dies zeigt sich auch nach der kurzfristigen Verlobungszeit mit der Frankfurterin Lili Schönemann: Als Heilmittel für die seelischen Wunden dient hier die Abfassung des *Egmont; Dichtung und Wahrheit* schließt mit der überstürzten Flucht nach Weimar.

Bis zur Darstellung der Sesenheim-Episode hatte G.s literarische Konzeption, das eigene Leben als organische Entwicklung der Dichter-Identität zu schreiben, funktioniert, die Arbeit am *Werther*, die Lili-Episode, die Arbeit am *Egmont* und die Flucht nach Weimar aber stehen unter einem andern Stern: Nicht ein klarer Sinn der Existenz leuchtet mehr hervor, sondern das Schicksalhafte, für den Einzelnen nicht Einsichtige, dem G. den Namen des ↗»Dämonischen« gibt. Gleichzeitig mit diesem konzeptionellen Bruch ändert sich auch die Erzählweise der Autobiographie: Es spricht nicht mehr, wie am Beginn, ein souveräner Erzähler, der sich als geschichtsmächtiges Subjekt fühlt; G. montiert in den letzten Büchern vielmehr Tagebuch-Material und z.T. sogar Texte aus fremder Feder, die geschlossene Erzählung bricht auf und wird tendenziell zur Montage.   BJ

Didaktische Dichtung, in konzentrierter Form von G. erst 1827 in dem Aufsatz *Über das Lehrgedicht* erörtert und entgegen der zeitgenössischen Ästhetik als eigenständige Gattung abgelehnt, da ein Lehrgedicht sich seines Erachtens in formaler Hinsicht in nichts von einem undidaktischen unterscheidet. Streng genommen gibt es so etwas gar nicht, soll doch alle Poesie belehrend sein, und dies »unmerklich«. Andererseits dient die poetische Aufbereitung hervorragend zur Vermittlung von Wissen, und G. gibt darüber hinaus zu bedenken, »daß Wissenschaft sich aus Poesie entwickelt habe« (*Schicksal der Druckschrift*). Er selbst machte sich immer wieder Gedanken über die »Möglichkeit einer Darstellung der Naturlehre durch einen Poeten« (Tb, 18.6.1798) und versuchte sich auch praktisch wie im Falle seiner Gedichte *Die Metamorphose der Pflanzen* und *Metamorphose der Tiere*, die aus dem größeren Plan erwachsen waren, ein »Naturgedicht« nach der Art des Lukrez (*De rerum natura*) zu verfassen (*TuJ 1799*).   DF

Diderot, Denis (1713-1784), französischer Schriftsteller und Philosoph, dessen Drama *Der Hausvater*

G. in Frankfurt bereits als Elfjähriger sah. Skeptisch gegenüber seinen Gesinnungen, bewundert G. ihn als Autor ein Leben lang. An seinen Freund Zelter schreibt der 82jährige: »Diderot ist Diderot, ein einzig Individuum; wer an ihm oder seinen Werken mäkelt, ist ein Philister« (9.3.1831).   PO

Diderots Versuch über die Malerei, Übersetzung und Kommentar G.s der ersten zwei Kapitel des Aufsatzes *Sur la peinture* von Diderot von 1765 für die *Propyläen* 1799. Der Aufsatz war erst 1795 in Buchform erschienen, G. und Schiller diskutierten ihn bei der Ausarbeitung der eigenen ästhetischen Konzeptionen. In dem Text G.s dominiert sein kritisch kommentierender Anteil, der zwischen die Thesen Diderots ausführlich eigene Positionen stellt und, v. a. im ersten Teil, in ein lebendiges Gespräch mit Diderot tritt: »Ich unterhalte mich mit ihm auf's neue, ich tadle ihn, wenn er sich vom Wege entfernt [...], ich freue mich, wenn wir wieder zusammentreffen«. Kritisch wendet sich G. etwa gegen Diderots Nachahmungskonzept und gegen dessen antiklassizistische Auffassung künstlerisch geeigneter Gegenstände.   BJ

Diener G.s: Philipp Seidel (1775-1788), Christoph Sutor (1776-1795), Paul Götze (1777-1794), Ludwig Geist (1794-1804), Johann Gensler (1803-1806), Johann David Eisfeld (1806-1812), Carl Stadelmann 1814/15 und 1817-1824), Ferdinand Schreiber (1816/17), Heinrich Weise (1824/25), Friedrich Krause (1824-1832).
G.s Verhältnis zu seinen Dienern, den ihm unentbehrlichen Vertrauten im Alltäglichen, bewegte sich im Rahmen der Normen von Zeit und ständischer Ordnung. Als Dienstherr zahlte er Jahreslohn (meist 50 Taler), Zuwendungen (Feiertage, Jahrmärkte, besondere Anlässe), stellte Logis, Kost, (Verheiratete erhielten Kostgeld), Livrée (ca. 20 Taler Kleidergeld im Jahr), trug Kosten für Schuhwerk, Arzt, Medizin, sorgte für Ausbildung und Fortkommen nach Dienstaustritt: G. erwartete, daß der Diener dem Herrn lebe, wußte indessen zu schätzen, »was man mit Leuten ausrichten kann, die an einem heraufkommen, die sich [...] an uns fortgebildet haben« (zu Kanzler von Müller, 7.4.1830), pflegte »unbequeme Verhältnisse« abrupt zu beenden (Entlassung Genslers wegen einer Prügelei, Stadelmanns vermutlich wegen Trunksucht).
Waren die übrigen Dienstboten: Köchin, Haus- und Laufmädchen, Jungfer, Kutscher (ab 1799), Kindermädchen (ab 1818), nebst zeitweilig Beschäftigten (Wasch-, Bügel-, Botenfrauen, Gärtner, Lohnbediente,

Garderobenmädchen, Züchtlinge) für das gesamte Hauswesen zuständig, hatte der jeweilige Diener – von früh bis spät in G.s Nähe – den reibungslosen Tagesablauf seines Herrn zu organisieren (Wohlbefinden, Kleidung, Versorgung, Krankenpflege), auf Reisen (oder Arbeitsaufenthalten in Jena) den Haushalt zu führen, Gäste zu versorgen. Jeder war auf seine Weise in G.s Lebenswelt eingebunden, hatte vielfältige Aufträge und Geschäfte, handwerkliche Arbeiten und Korrespondenz zu erledigen, nach Diktat zu schreiben, Tage- und Rechnungsbücher zu führen, Post zu besorgen. G.s Diener verfügten für tägliche Ausgaben über größere Geldsummen, worüber sorgfältig Buch zu führen war. Wie notwendig G. ein treuer sorgfältiger Diener war, zeigte sich, wenn dieser, wie Stadelmann 1815, erkrankte, »in Sorge und Unbequemlichkeit« versetzt, verfiel G. in »Mißmuth und Untätigkeit«, vermißte »zugleich einen Diener, Rechner und Schreiber« (an Constanze von Fritsch, Juli 1815).
Eine Fülle gemeinsamer Erlebnisse verbanden Herrn und für ihn lebende Diener. Zu einigen von ihnen stand G. in einem besonders engen persönlichen Verhältnis. So war Philipp Seidel dem jungen G. Vertrauter, Sekretär, Gesprächspartner, führte dessen Haushalt selbständig. Zu Paul Götze - 16 Jahre in G.s Dienst und wie kein anderer »sein Zögling« - unterhielt G. lebenslang private und dienstliche Kontakte, 1826 ließ er seinen »werthen Alten« von Schmeller porträtieren. Stadelmann, intelligent, selbständig und verläßlich, teilte G.s geologisch-mineralogische Interessen, war unermüdlicher, »wohl unterrichteter« Helfer beim Ordnen und Anlegen der Mineraliensammlungen (Privatsammlung G.s, Sammlungen der Jenaer Universität), seinen »Jünger«, einen »regsamen leidenschaftlichen Bergfreund« nannte ihn G.   CS

Diez, Heinrich Friedrich (1751-1817), preußischer Diplomat in Konstantinopel – dadurch zunehmend interessiert an orientalischer Kultur, Orientalist. G. las Diez' Schriften zwischen 1815 und 1819 und empfing daraus zahlreiche Anregungen für seinen *Divan*. Er berichtet darüber im Kapitel *Von Diez* der *Noten und Abhandlungen*. Diez' Arbeiten sah G. als grundlegend an: »als Ankergrund in diesem für [ihn] noch immer sehr stürmischen orientalischen Meerbusen« (an Zelter, 11.3.1816; Konzept).   PO

Diktieren: In *Dichtung und Wahrheit* (4. Buch) gibt G. an, er habe seinen *Josephs-Roman* als 14jähriger dem Mündel seines Vaters, J. B. Clauer, diktiert; spätestens seit der Übersiedlung nach Weimar hatte G.

eigene Diener, die ihm wiederholt zur Hand gingen bei der Bewältigung seiner umfangreichen Korrespondenzen und Geschäfte, aber auch für die Niederschrift vieler seiner Werke.

Mehrere seiner ↗Diener bildete G. zu zuverlässigen Schreibern und Kopisten heran, so v. a. Ludwig Geist, Johann August Friedrich John und Johann Peter Eckermann. In einem Brief an die Gräfin Josephine O'Donell gibt G. eine verständliche Begründung seiner Vorliebe fürs Diktieren: »Ich bin niemals zerstreuter, als wenn ich mit eigner Hand schreibe: denn weil die Feder nicht so geschwind läuft als ich denke, so schreibe ich oft den Schlußbuchstaben des folgenden Worts ehe das erste noch zu Ende ist, und mitten in einem Comma, fange ich die folgenden Perioden an« (24. 11. 1812).   AV

Dilettantismus: »Ursache des Dilettantismus: Flucht vor der Manier, Unkenntnis der Methode, törichtes Unternehmen, gerade immer das Unmögliche leisten zu wollen, welches die höchste Kunst erforderte, wenn man sich ihm je nähern könnte« (*MuR*). Obwohl selbst bewußt Dilettant (d. h. Liebhaber) in bildender Kunst und Naturwissenschaft entwickelte G. 1799 zusammen mit Schiller und Johann Heinrich Meyer eine auf die Künste bezogene Fundamentalkritik *Über den Dilettantismus* (im März-Mai 1799 entstanden), die aber über ausführliche Schemata nie herausgekommen ist und erst posthum veröffentlicht wurde.   DH

dionysisch s. **apollinisch/dionysisch**

Dissertation: Die Promotion zum Doktor der Rechte war erklärter Wunsch des Vaters. Daher legte G. am 25. und 27. September 1770 in Straßburg zwei juristische Vorexamina ab und hatte damit die Erlaubnis zur Abfassung einer Dissertation im Bereich des Kirchenrechts. G.s Dissertation wurde jedoch von der Fakultät nicht angenommen. Seine Ausarbeitung ist verschollen, dennoch gibt es Zeugen wie den Kommilitonen Johann Ulrich Metzger: Die Dissertation G.s habe zum Inhalt gehabt, daß Jesus kein Religionsgründer gewesen und das Christentum aus politischen Gründen entstanden sei. Der Straßburger Professor Elias Stöber hielt G. für einen »überwitzigen Halbgelehrten und einen wahnsinnigen Religionsverächter«. Dennoch gelang G. ein regelrechter Studienabschluß, dem Vaterwunsch konform, mit dem Erwerb des juristischen Lizenziats.   BL

Distichon s. **Verskunst, klassische**

Döbbelin, Karl Theophil (1727–1793), Schauspieler, der 1756 die Döbbelinsche Theatergruppe gründete, die im selben Jahr vom jungen Herzogspaar nach Weimar engagiert wurde; nach Streitigkeiten in der Truppe 1757 Entlassung Döbbelins, 1758 Schließung des Hoftheaters aufgrund finanzieller Schwierigkeiten durch den Tod des Herzogs; 1775–1778 in Berlin Theaterdirektor mit eigener Wandertruppe – Wegbereiter des späteren Königlichen Schauspielhauses.   PO

Döbereiner, Johann Wolfgang (1780–1849): Die nach den Napoleonischen Kriegen knappen Kassen gestalteten die Suche nach einem Nachfolger des im Herbst 1809 verstorbenen Jenenser Professors ↗Göttling auf dem Lehrstuhl für Chemie schwierig. Schließlich verfiel man auf den gelernten Apotheker und chemischen Autodidakten Döbereiner, der angesichts seiner beruflichen Misere und seiner stattlichen Kinderschar den knapp dotierten Ruf nach Jena annahm. Sein Blick für die praktische Nutzanwendung chemischer Erkenntnis festigte rasch seinen Ruf an Universität und Hof. So gelang es ihm, aus Kartoffelstärke in einem katalytischen Verfahren, den »Stärkezucker« zu gewinnen – angesichts der napoleonischen Kontinentalsperre, durch die u. a. kein kolonialer Rohrzucker mehr nach Festlandeuropa gelangte, ein Verfahren von erheblicher Bedeutung, das G. experimentell während seines Kuraufenthalts in Karlsbad 1812 wiederholte. Die fabrikmäßige Herstellung von Stärkezucker allerdings scheiterte, trotz der ideellen Unterstützung G.s und der finanziellen des Weimarer Hofs. Seine Forschungsaufträge erhielt Döbereiner großenteils vom Herzog, mit Blick auf die praktische Nutzanwendung. So beschäftigte er sich experimentell mit der effektiven Gewinnung von Wasserdampf, weil der Herzog seine Gewächshäuser in Belvedere damit beheizen lassen wollte. In herzoglichem Auftrag beschäftigte er sich mit der Gewinnung von Wasserstoff (Reaktion von Wasser auf glühendes Eisen) und mit der Herstellung von Leuchtgas, mit dem er den Schloßhof illuminierte. Wiederum reichten die Geldmittel nicht aus, um zur industriellen Fertigung überzugehen. Schließlich gelang Döbereiner 1823 eine bemerkenswerte Erfindung, das nach ihm benannte Feuerzeug, das in vielen tausend Exemplaren Eingang in den alltäglichen Gebrauch fand und heute in zahlreichen technischen Museen gezeigt wird. Allerdings hatte Döbereiner darauf verzichtet, seine Erfindung zum Patent anzumelden. Döbereiner teilte u. a. auch G.s Interesse an der Erklärung und Systematisierung der Farbphänomene, allerdings mit unzureichender

Die Dornburger Schlösser. Zeichnung von Goethe

theoretischer Grundlage. In die Wissenschaftsgeschichte der Chemie ist er durch seine Vorarbeiten für das Periodensystem der chemischen Elemente eingegangen.   BL

Dogma. Die Aufklärung kämpfte gegen das christliche Dogma an, der Sturm und Drang richtete sich weitergehend gegen jedwede Normativität, und je dogmatischer Lehrmeinungen und Glaubenssätze vorgetragen wurden, desto heftiger reagierte der junge G. Einen Dogmatismus – gleich ob theologischer, ästhetischer, philosophischer oder naturwissenschaftlicher Art – hat er als Ausdruck eines immerwährenden Generationenkonflikts erkannt – die Väter verteidigen ihre Vorstellungen, um sich gegen die Jungen abzusichern, die umso heftiger anstürmen. Mit zunehmendem Alter ging G. oft genug selbst dogmatisch vor, wie seine Diffamierung Newtons und seiner Nachfolger bezüglich der Farben des Lichts, seine Verteidigung des Zwischenkieferknochens und seine Ablehnung der Romantik zeigen.   DF

Doktor-Titel: G. hat in Straßburg nur den Titel eines Lizentiaten der Rechte (Licentiatus iuris) erworben. Er ließ sich gern mit »Doktor« ansprechen, führte den Titel selbst aber nicht. Anläßlich seines 50jährigen Dienstjubiläums am 7.11.1825 wurde er von der Universität Jena zum Doktor der Philosophie und der Medizin ehrenhalber (Dr. h. c.) ernannt.   BL

Domszene: Szene in *Urfaust* (v. 1311 ff.) und *Faust I* (v. 3776 ff.), dort als Totenamt für Gretchens Mutter, hier bleibt der Bezug der Messe offen; Gretchen verfolgt aber die Liturgie des »Dies irae« im Bewußtsein, sowohl den Tod der Mutter als den des Bruders mit verschuldet zu haben und bricht zusammen. Die anschließende ↗ Walpurgisnacht entfernt Faust von Gretchens Unglück in eine Welt völlig unverstellter Triebhaftigkeit.   GG

Dornburg »ist ein Städtchen auf der Höhe im Saaletale unter Jena, vor welchem eine Reihe von Schlössern […] am Absturz des Kalkflözgebirges zu den verschiedensten Zeiten erbaut ist« (an Zelter, 10.7.1828). Die Dornburger Schlösser bestehen aus dem »Alten Schloß« (im 16./17. Jh. auf Resten einer Reichsburg/Kaiserpfalz Ottos I. errichtet), dem »Neuen oder Rokokoschloß« (als Lust- und Sommerschloß zwischen 1732 und 1740 erbaut) und dem »Renaissanceschloß« oder »Goetheschloß« (16./Anfang des 17. Jh. als Herrensitz des Rittergutes erbaut, erweitert im 18. Jh., 1824 von Großherzog Carl August erworben, instandgesetzt, genutzt, 1826–27 im Innern umgebaut). Rokoko- und Renaissanceschloß gingen 1922 als Schenkung an die Goethe-Gesellschaft.

G.s Beziehung zu Dornburg währte mehr als fünf Jahrzehnte (über zwanzig Besuche, von 1776–1830). Erste Erwähnung im Tagebuch am 16.10.1777: »Dornburg. Camburg. Naumburg.« Am gleichen Tag Zeichnung der Dornburger Schlösser, auf der Rückseite des Blattes stehen Verse für Charlotte von Stein: »Ich bin eben nirgend geborgen,/Fern an die holde Saale hier/Verfolgen mich manche Sorgen/und meine Liebe zu dir.« Letzter Besuch am 5.10.1830. Bis 1782 führen G. Amtsgeschäfte und Ausflüge, allein oder im Gefolge des Herzogs in die »allerliebste« Dornburger Gegend. Im neuen »ruhigen und überlieblichen Dornburger Schlößgen« (an Knebel, 5.3.1779) arbeitet er an seiner *Iphigenie*, liest Carl August *Auf Miedings Tod* vor (16.3.1782), ist gleichzeitig »ganz leise fleisig, ich möchte nun Egmont so gar gerne endigen« (an Charlotte von Stein). Ende der neunziger Jahre wird Dornburg für G. Ziel privater Ausflüge, von Weimar oder Jena aus (wiederholt mit Christiane und August, mit Knebel, Meyer, Wilhelm von Humboldt, am 6.5.1797 mit Schiller). »Nachmittag nach Dornburg. Gezeichnet. Abends zurück. Schönes Wetter und angenehme Fahrt« (*Tb*, 24.8.1806). Nach mehrjähriger Pause weilt G. ab 1817 wieder mehrmals in Dornburg, den Geologen lockte das beim Straßenbau entdeckte Coelestin, daneben Besuche bei Carl August. »Um 2 Uhr aufs Schloß. Große Gesellschaft. Zur Tafel im untern Saale« (*Tb*, 12.9.1817). Am 23.7.1820 halten sich G. und Carl August letztmals gemeinsam in Dornburg auf. Längster, zugleich bedeutendster Dornburgaufenthalt G.s ist der von 1828 (7.7.–11.9.). Erschüttert durch den Tod des langjährigen Weggefährten und Freundes Carl August schreibt G.: »Bei dem schmerzlichsten Zustand des Inneren mußte ich wenigstens meine äußern Sinne schonen« (an Zelter, 10.7.1828), er habe »aus Unruhe, Trieb und Langeweile gar manches geleistet« (an Zelter, 26.7.), »den Tag über in gränzenloser, fast lächerlicher Tätigkeit« (an Knebel, 18.8.). Im Tage-

buch sind intensive theoretische und praktische Naturstudien (Botanik, Mineralogie, Wetter- und Sternkunde), historische Studien (Römische, Thüringer, Dornburger Geschichte), Lektüre zeitgenössischer europäischer Literatur (Byron, Scott), »Gedichte, die nicht schlecht sind« (zu Eckermann) belegt. G. verfolgt aktuelles Zeitgeschehen, diktiert fast einhundert Briefe, empfängt zahlreiche Gäste, zunächst nur Familie, vertraute Freunde (Meyer, Knebel, Eckermann, Riemer, Coudray, Soret, Kanzler von Müller), bald Jenaer Professoren, Bekannte und zahlreiche Fremde (u. a. zwei Söhne Wellingtons, den schwedischen Chemiker Berzelius, den finnischen Mediziner Lindford, den amerikanischen Theologen Robinson). G. bewohnt 1828 im Renaissanceschloß die »Bergstube«, nebst angrenzenden Zimmern. Für Bequemlichkeit und leibliches Wohl sorgten Diener Krause, Schreiber John, der Dornburger Hofgärtner Sckell und dessen Frau. Bei schöner Witterung fast ständig im Freien, arbeitet G. erst nach 18 Uhr im Zimmer.   CS

Dornburger Gedichte: *Dem aufgehenden Vollmonde: Willst du mich sogleich verlassen?/Dornburg, September 1828: Früh wenn Tal, Gebirg und Garten*: Das erste Gedicht entstand am 25.8., das zweite um den 8. September 1828. *Früh wenn Tal* erschien zuerst im *Deutschen Musenalmanach für das Jahr 1833*, beide Gedichte erschienen 1833 in *Nachgelassene Werke*. 1828 war für G. ein einschneidendes Jahr; am 14. Juni starb Großherzog Carl August, der langjährige Weggefährte und Freund. Um Trost und Ruhe zu finden und um sich von den Begräbnisfeierlichkeiten fernzuhalten (zu diesem für G. typischen Verhalten vgl. *Bei Betrachtung von Schillers Schädel*), suchte G. vom 7. Juli bis 11. September 1828 Zuflucht in einem der Dornburger Schlösser. Dort betrieb er geologische, botanische und meteorologische Studien und führte eine ausgedehnte Korrespondenz, insbesondere mit dem alten Freund Karl Friedrich Zelter; am 10.7.1828 schreibt er ihm:

»Ich weiß nicht ob Dornburg Dir bekannt ist; es ist ein Städtchen auf der Höhe im Saaletale unter Jena, vor welchem eine Reihe von Schlössern und Schlößchen gerade am Absturz des Kalkflözgebirges zu den verschiedensten Zeiten erbaut ist; anmutige Gärten ziehen sich an Lusthäusern her; ich bewohne das alte neuaufgeputzte Schlößchen am südlichsten Ende. Die Aussicht ist herrlich und fröhlich, die Blumen blühen in den wohlunterhaltenen Gärten, die Traubengeländer sind reichlich behangen und unter meinem Fenster, seh ich einen wohlgediehenen Weinberg, den der Verblichene auf dem ödesten Abhang noch vor drei

Jahren anlegen ließ und an dessen Ergrünung er sich die letzten Pfingsttage noch zu erfreuen die Lust hatte. Von den andern Seiten sind die Rosenlauben bis zum Feenhaften geschmückt und die Malven, und was nicht alles, blühend und bunt und mir erscheint das alles in erhöhteren Farben wie der Regenbogen auf schwarzgrauem Grunde«.

Die Ambivalenz von Naturschönheit und Trauer (in »der Verblichene« wird auf Carl August angespielt) findet ihren Ausdruck in der Bildlichkeit des Farbenspiels, die für G. seit seinen Studien zur *Farbenlehre* besonders ergiebig war. Die poetische Qualität dieser Briefprosa steht den beiden später so genannten *Dornburger Gedichten* in nichts nach. Auch hier erhalten Natureindrücke, wie der Aufgang des Vollmondes oder Wolkenformationen und Sonnenschein über dem Saaletal, die G. mit wissenschaftlichem Blick beobachtete, durch ihren Bezug zu den Empfindungen des wahrnehmenden Subjekts eine symbolische Qualität. In dieser Verschränkung von wissenschaftlicher und poetischer Wahrnehmung und der gegenseitigen Durchdringung der Bildlichkeit und Begrifflichkeit ist G.s Altersdichtung einzigartig.

Die beiden Gedichte in schlichten Volksliedstrophen sind als Nacht- und Taggedicht komplementär aufeinander bezogen. Im Vollmondgedicht ist ein deutlicher *Divan*-Ton zu hören; von daher ist es stimmig, daß G. das Gedicht am 23.10.1828 an Marianne von Willemer schickte und sie im Begleitbrief an den gemeinsamen Mondkult erinnerte (*Vollmondnacht*). So wird Glück im Alter auch aus der persönlichen und poetischen Erinnerung gewonnen. Über diese Reminiszenz hinaus ist der Mond ein durchgängiges Bildmotiv in G.s Lyrik, so insbesondere in den Gedichten an Charlotte von Stein (*Lida-Lyrik*). Die deutliche Erotisierung der Nacht erinnert an ganz frühe Gestaltungen der Leipziger Rokoko-Lyrik und die Charakteristik »welche schöne, süße Nacht!« des frühen Gedichts *Die Nacht* im späten Gedicht übersteigert zu einer mystischen Erfahrung von Steigerung und Überhöhung des seligen Augenblicks: »Überselig ist die Nacht«. Nicht nur die poetische Bildqualität des Mondes, sondern konstrastiv dazu auch die der Sonne als höchstem Prinzip des Lebens hat G. in seiner Lyrik immer wieder erprobt, so in *Hochbild*.

Im zweiten Dornburger Gedicht ist die Sonne, deren Himmelsbahn vom Aufgang am Morgen, dem mittäglichen Sonnenschein bis zum abendlichen Untergang gestaltet wird, dagegen weiblich/mütterlich ausgeformt: »Dankst du dann, am Blick dich weidend,/Reiner Brust der Großen, Holden,/Wird die Sonne, rötlich scheidend,/Rings den Horizont ver-

golden.« Das »dann« der letzten Strophe antwortet auf zwei »wenn«-Sequenzen der ersten beiden Strophen, die in wechselnden Bildern des Himmels und Horizonts Stufen des menschlichen Lebens symbolisieren. In dieser wenn-dann-Struktur kommt die Lebensbahn erst an ihrem Ende zum Höhepunkt; dies entspricht G.s Prinzip der Steigerung, der Vergeistigung der Materie und damit auch des poetisch-ästhetischen Materials, wie es auch im Mondgedicht bereits seinen Ausdruck gefunden hatte: »So hinan denn! hell und heller,/Reiner Bahn, in voller Pracht!«

Die beiden Gedichte können so als Altersphantasie des großen, berühmten Autors gelesen werden, der jedoch nach dem Tod des Großherzogs alle erprobten psychischen Regulatorien aufbieten muß, um die Depression des Alters zu überwinden: das durchgängige Verhaltensmuster der Flucht, naturwissenschaftliche Studien, Dichtung. Die *Dornburger Gedichte* sind der poetische Ertrag dieser Heilung durch Kreativität, wie sie G. Zeit seines Lebens erprobt hat.   IW

Dorothea: Figur in *Hermann und Dorothea*, Braut eines in den Wirren der Französischen Revolution umgekommenen Mannes, gehört einer Auswanderergruppe an, die nahe am Städtchen Hermanns vorbeizieht. Dieser bringt den Flüchtlingen Hilfsgüter, sieht Dorothea und verliebt sich in sie. Sie wird als tatkräftige, fürsorgliche und mutige Frau dargestellt, die Zeichnung ihrer Figur im Text ist äußerst positiv: »Sauber ist der Saum des Hemdes zur Krause gefaltet/Und umgibt ihr das Kinn, das runde, mit reinlicher Anmut;/Frei und heiter zeigt sich des Kopfes zierliches Eirund/Und die starken Zöpfe um silberne Nadeln gewickelt« (VI, v.139ff.). Hermann lockt Dorothea als Haushälterin ins elterliche Haus, wo sie als Braut begrüßt wird und schließlich, zunächst erbittert über die Täuschung, in die Ehe einwilligt.   BJ

Dramatiker, G. als: Das dramatische Werk G.s stellt eine reichhaltige Mischung aus Auftragsarbeiten etwa im Dienst der höfischen Geselligkeit in Weimar, aus Bearbeitungen älterer Stücke und vor allem eigener literarischer Produktionen der unterschiedlichen dramatischen Genres dar. Die Bühnentexte G.s bilden einen umfänglichen und vielgestaltigen Bestandteil seines literarischen Werks, der wie seine Prosaschriften und seine Lyrik mit einem breiten Ausschnitt der Literaturgeschichte der späteren 18. und frühen 19. Jhs.s in enger Beziehung steht. Das Spektrum reicht vom Unterhaltungstheater des Rokoko bis zum ↗Moderne vorausweisenden zweiten Teil des *Faust*. Das frühe Schäferspiel *Die Laune des Verliebten* und das Lustspiel *Die Mitschuldigen* gehören noch ganz in die gesellig-leichte Dramatik des Rokoko, mit seiner programmatischen Rede *Zum Schäkespears Tag* aber markierte G. deutlich die Abwendung von dieser Theatertradition sowie von der der französisch-klassizistischen Tragödie. Die dort emphatisch bewertete Dramatik Shakespeares realisierte G. in seinem *Götz von Berlichingen*, der nicht nur die formalen Grenzen der klassizistischen Dramatik sprengte, sondern auch mit der Thematisierung eines Ritterstoffes aus der deutschen Geschichte ein Drama mit »nationellem Gehalt« für die Bühnen bereitstellte, womit G. eine wahre Flut an Ritterstücken auslöste. In die dramaturgische Nähe des *Götz* gehörten auch die ersten *Faust*-Szenen, die er ab 1775 schrieb, und ebenfalls der *Egmont*; in der ersten Hälfte der 1770er Jahre experimentierte er mit allen möglichen Dramenformen, etwa dem Knittelvers-Schwank im *Jahrmarktsfest zu Plundersweilern*, der Farce in *Götter, Helden und Wieland*, die sich satirisch und im antiken Gewande auf die aktuelle deutschsprachige Literaturlandschaft bezog. In *Stella*, seinem »Schauspiel für Liebende« und dem Trauerspiel *Clavigo* orientierte G. sich, ohne jedoch programmatisch schon klar den Sturm und Drang hinter sich zu lassen, wieder an der strengeren, geschlossenen fünfaktigen Dramenform, mit *Claudine von Villa Bella*, *Lila* und *Jery und Bäteli* versuchte er sich v.a. in den ersten Weimarer Jahren in der Form des Singspiels. Mit dem immer wieder durchgearbeiteten *Egmont* und den schließlich in Versen vorliegenden Dramen *Iphigenie* und *Tasso* vollzog G. auf jeweils ganz unterschiedliche Weise den programmatischen Bruch mit seiner frühen Dramenästhetik, die formale Geschlossenheit und stilistische Strenge antiker Dramatik wurde bestimmend für seine Produktionen. Das gilt ebenso für die Weiterarbeit am *Faust*-Stoff, den G. schließlich, unter intensiver Mitarbeit Schillers, bis 1806 einer klassizistischen Umarbeitung zu unterziehen versuchte. Für den Weimarer Hof verfertigte er immer wieder kleinere szenische Arrangements (z.B. *Die Fischerin*, 1781/82), Lustspiele wie den *Groß-Cophta* (1791) oder auch Festspiele, die anläßlich einer würdigen Feier am Hofe aufgeführt werden sollten (so etwa *Paläophron und Neoterpe*, 1800/08, oder *Des Epimenides Erwachen*, 1814). Der Dramatiker G. reagierte natürlich auch auf die Französische Revolution – die entsprechenden Stücke blieben allerdings entweder unvollendet oder weit hinter der Reflexionstiefe sonstiger Dramen G.s zurück: *Die Aufgeregten* (1793), *Der Bürgergeneral* (1793), *Das Mädchen von Oberkirch* (1795/96), *Die natürliche Tochter*

(1799–1802). Nach diesen drei Jahrzehnten intensiver dramatischer Produktion erscheinen die drei letzten Lebensjahrzehnte G.s auffällig dramenarm, die praktische Theaterarbeit für das Hoftheater aber erforderte immer wieder Übersetzung und dramaturgische Bearbeitung von Theaterstücken unterschiedlichster Autoren. Allerdings war es gerade ein dramatisches Projekt, das G. bis an sein Lebensende beschäftigen sollte: die Fertigstellung auch des zweiten Teils der *Faust*-Tragödie, deren Konzeption schon während der abschließenden Arbeiten zum *Faust I* ebenso entstand wie einzelne Szenen oder Akt-Fragmente (*Helena*, um 1800). Mit dem kurz vor seinem Tode abgeschlossenen zweiten Teil überschreitet G. die Grenzen des Theatralischen in einem ungeheuren Sinne, Bühnenraum und -zeit werden gesprengt, die dramatischen Figuren verwandeln sich in allegorische oder symbolische Figurationen abstrakter Ideen, die bis zur Unkenntlichkeit verrätselt erscheinen. Hier wird eigentlich das Theater verlassen, das Stück öffnet sich gewissermaßen für andere Darstellungsmedien – vielleicht sogar für den Film.

Diejenigen unter G.s Theaterstücken, die in stärkster Weise entweder die Dramenästhetik ihrer Zeit umstürzten und eine neue Traditionslinie eröffneten oder aber, ebenfalls gegen die zeitgenössischen Theatervorlieben, eine künstlerische Neuorientierung ihres Urhebers dokumentierten, waren einerseits der *Götz von Berlichingen*, andererseits aber *Iphigenie* und *Tasso*. Mit dem *Götz* ließ G. die klassischen drei Einheiten von Ort, Zeit und Handlung, die bis dahin für das Drama bestimmend waren, weit hinter sich; die neuartige Einheit des Dramas wurde durch die Fokussierung aller Handlungsstränge auf jenen »geheimen Punkt« gewährleistet, den G. in seiner *Schäkespears*-Rede als das Aufeinandertreffen der »prätendierten Freiheit unseres Wollens mit dem notwendigen Gang des Ganzen« markierte – Götz' naturhafte Freiheit im Konflikt mit den sich ausbildenden und historisch unabwendbaren Tendenzen einer neuen Reichsverfassung, eines Söldnerheeres usf. Gleichzeitig setzte G. hier die rigide Ständeklausel außer Kraft: Bauern und Zigeuner werden ebenso Handlungsträger wie Knappen, Ritter oder hohe Adlige; wie sein Zeitgenosse Jakob Michael Reinhold ↗Lenz und, erst lange nach ihm, Georg Büchner schaffte er es, eine dramatische Sprache auszuprägen, die sich an der gesprochenen Rede des Volkes orientierte, bis hin zur Dialektfärbung. Damit stellt der *Götz* den Beginn realistischer Dramatik dar.

Die sogenannten »klassischen« Dramen *Iphigenie* und *Tasso* verdienen eigentlich eher die Bezeichnung

»klassizistisch«. In ihrem gleichzeitig erhabenen und metrisch gemessenen (Vers-)Stil wie in ihrer strengen Symmetrie in Aktaufbau und Figurenanlage greifen sie auf ästhetische Normen antiker Dramatik zurück – sind also klassizistisch. Erst aus der Perspektive der G. und Schiller zu nationalen Heroen stilisierenden Nachwelt gelten die Texte als vorbildlich, normativ, als »klassisch«. In die strenge, klassizistische Form beider Dramen aber arbeitete G. auf je ganz unterschiedliche Weise Brüche ein, in denen die Texte die Grenzen klassizistischer Kunstauffassung reflektieren. In der *Iphigenie* finden sich an zentralen Stellen Halbverse, der fünfhebige Jambus bleibt ungefüllt: Die klassizistische Überformung versagt an einigen Stellen. Genau in der Mittelachse des Stücks steht das Wort »Wahrheit« in einem solchen Halbvers, der zentrale zivilisatorische und humanisierende Wert der *Iphigenie* wird so formal in Zweifel gezogen, klassizistische Kunst versagt vor der Darstellung der Wahrheit. Im *Tasso* führt G. unterschiedliche Auffassungen dichterischer Identität gegeneinander, dem Titelhelden bleibt als letzter Ausweg nur das Selbstverständnis eines Dichters, dem »ein Gott« die Fähigkeit gegeben habe, menschliches Leiden auszudrücken, radikalisierte dichterische Subjektivität wird also im Kontext eines klassizistischen Kunstwerks artikuliert – und transzendiert den Klassizismus damit in Richtung auf die Moderne. Die dramenimmanente Selbstreflexion des Klassizismus, die in *Iphigenie* und *Tasso* schon den bewußten Zweifel an der Möglichkeit klassizistischer Dramatik einschreibt, bestimmte auch die mühevolle Arbeit am *Faust*. Der erste Teil der Tragödie entzieht sich, vor allem die Gretchentragödie, ständig der klassizistischen Schematisierung, die G. mit Schillers Hilfe dem Stoff überstülpen wollte; im zweiten Teil der Tragödie taucht Klassik nur noch als Allegorie auf, in der Gestalt Helenas, in der die antike Vorstellung von Schönheit zu einer komplexen Reflexionsfigur gerät. Von der *Iphigenie* bis zum *Faust II* stellt G.s dramatisches Werk in seinen prominentesten Texten also immer auch dramentheoretische (Selbst-)Reflexion dar, ist nicht nur Drama, sondern auch künstlerisch gestaltete Theorie dramatischer Möglichkeiten.   BJ

Dramaturg: Von Calderon sagte G., seine Stücke seien »durchaus bretterrecht«. Dieses Wort beschreibt, was G. als Dramaturg anstrebte: Die Überprüfung und Bearbeitung von Stücken auf ihre Bühnentauglichkeit hin. Wie Lessing praktisch-kritisch in der Hamburger Dramaturgie sein Register führte, kümmerte sich G. während seiner Intendanz ab 1791 um den Weimarer

Spielplan. Er bediente das Publikum mit den beliebten Komödien, Ritter- und Rührstücken von Iffland, Schröder, Kotzebue, Hagemann u.a., brachte dazu Shakespeare, manchmal Lessing und regelmäßig Schiller und die eigenen Dramen. Die Zusammenarbeit mit Schiller ab 1798 erhöhte den Anspruch: »Jetzt darf die Kunst auf ihrer Schattenbühne auch höhern Flug versuchen« (Prolog zu *Wallensteins Lager*). Mit gehaltvollerem Repertoire (Calderon, Gozzi, Goldoni, Molière, Voltaire), der Wiedereinführung des Verses, der Verbannung von Naturalismen aller Art sollte auch das ↗Publikum zu neuer Reife geführt werden.   NH

Dresden, Haupt- und Residenzstadt der Kurfürsten und Könige von Sachsen, Metropole der Kultur, der Kunst und der Bildung, trägt deshalb bis heute den Namen »Elbflorenz«. Auf G. übte die Stadt große Anziehung aus: Siebenmal war er über eine Woche lang dort. 1768 besuchte er das erstemal das durch die preußische Beschießung 1760 stark zerstörte Dresden. Dort interessierten ihn besonders die Gemäldegalerie und andere Museen, die Rüstungskammer, die Bibliothek, Kirchen, der botanische Garten. Bei weiteren Besuchen knüpfte G. zahlreiche freundschaftliche Kontakte so z.B. mit Ch.G. Körner, C.F. Friedrich, F.G. Schleiermacher, J. Schopenhauer und E.M. Arndt. Im April 1813 erlebt er in Dresden den Einzug des russischen Kaisers und des Königs Friedrich Wilhelms III. von Preußen. Am 13.8.1813 begegnete er hier zum letzten Mal Napoleon, der mit einem kleinen Trupp Soldaten die Schanzarbeiten besichtigte. Bei aller Begeisterung für diese Stadt gingen seine Notizen jedoch über Stichworte nie hinaus.   BB

Drudenfuß s. **Pentagramm**

dunkel s. **licht**

Dürer, Albrecht (1471–1528): Er zerrütte »mit apokalyptischen Bildern, Menschen und Grillen zugleich, unser gesundes Hirn«, äußert sich G. über Dürer, der ihm als Inbegriff christlich-endzeitlicher Erfahrung des deutschen Mittelalters galt. Er kaufte aber nicht nur die erreichbare Druckgraphik Dürers für sich und die herzogliche Sammlung in Weimar, er war auch ein bewegter Bewunderer seiner großen Bild- und Tafelwerke. Zum 300. Geburtstag 1828 allerdings meldete er sich beim Nürnberger Dürer-Verein ab. Die unkritische Verehrung des großen Renaissance-Künstlers durch die Romantische Schule war dem Seelen-Verwandten, als der G. sich fühlte, inzwischen wohl zuwider.   BL

Ansicht von Dresden, von der Brühlschen Terasse aus mit Blick auf Katholische Hofkirche und Frauen-kirche. Kupferstich, um 1810

Düsseldorf: Kulturmetropole mit Kunstakademie und berühmter Gemäldegalerie. Am 21.7.1774 kam G. mit Johann Kaspar Lavater und Johann Bernhard Basedow während einer Lahn- und Rheinreise erstmals nach Düsseldorf. Er nutzte den eintägigen Aufenthalts, um die dortige Gemäldegalerie, welche eine der bedeutendsten europäischen Sammlungen des 18. Jh.s besaß, zu besichtigen. Von deren Bestand war er merklich beeindruckt: »In der Düsseldorfer Galerie konnte meine Vorliebe für die niederländische Schule reichliche Nahrung finden« (*DuW*, 14. Buch). Im Anschluß an seine Campagne in Frankreich machte G. am 6.11.1792 abermals Rast in Düsseldorf sowie im benachbarten ↗Pempelfort, wo er für mehrere Wochen bei der befreundeten Familie Jacobi weilte. Auch während dieses Aufenthalts ließ G. es sich nicht nehmen, die Gemäldegalerie aufzusuchen, wo er »leidenschaftliche Bewunderung« (*CiFr*) nicht nur für die niederländischen, sondern auch für die italienischen

Meisterwerke empfand, insbesondere für Guido Renis *Himmelfahrt.*   HM

Eberwein, Franz Carl (Adalbert; 1786–1868) war der Sohn des »Hof-, Stadt- und Landmusikus« Alexander Bartholomäus Eberwein, der wiederholt mit seinen Gesellen in G.s Garten musiziert hatte, um ihm »die Seele zu lindern und die Geister zu entbinden« (G. am 22. Februar 1779). Carl war dessen jüngerer Sohn und gehörte nach einer Flöten- und Violinausbildung bei seinem Vater von 1802 bis 1849 in verschiedenen Funktionen, zuletzt als Kammermusiker und Musikdirektor zur Weimarer Hofkapelle. Ab 1807 hatte er sich unentbehrlich im häuslichen kleinen Singechor in G.s Haus am Frauenplan gemacht, und G. empfahl ihn 1808 seinem Freund Carl Friedrich Zelter zur weiteren Ausbildung nach Berlin.

Zelter urteilte über seinen Schüler nach neunmonatiger Unterweisung (1809), daß er zwar kein Genie sei, jedoch »ein Mann, der macht, was man eben braucht«.

Den Erinnerungen Eberweins verdanken wir die Schilderung einiger Details aus der Probenarbeit mit der G.schen Hauskapelle, die meist »im Zimmer der kleinen Frau«, wie Goethe seine liebenswürdige Gemahlin nannte« stattfand. Von den Anfängen seiner Tätigkeit berichtet er: »Großmutter und Tante der Geheimrätin, die ein heiteres Asyl bei Goethe gefunden, hörten dem Gesang mit Andacht zu. [...] Nachdem die Sänger mich durch Vortrag meiner Kompositionen erfreut, erschien der Geheimerat in einem Überrock. Er begrüßte mich freundlich als den ehemaligen Gespielen seines August und dankte für meine Bereitwilligkeit, mich an seiner Hauskapelle beteiligen zu wollen. Acht Uhr ging es zu Tische.«

Eberwein hatte, für einen Stadtpfeifer damals noch unüblich, das Klavierspielen gelernt und den Vorschlag gemacht, die Proben mit einem Klavier zu begleiten: »Schon in der nächsten Versammlung hatte die Geheimrätin auf meinen Wunsch für ein Pianoforte gesorgt, womit ich nun den Gesang begleitete.« Auch über die halböffentlichen Veranstaltungen, zu denen G. lud, in denen das Erarbeitete einem größeren Zuhörerkreis vermittelt wurde, berichtet Eberwein ausführlich: »So gab er (G.) im Winter jeden Sonntag von halb Elf bis halb Eins eine musikalische Unterhaltung, wozu Jene ein= für allemal eingeladen waren. Der weimarische Adel und die Schöngeister fanden sich nicht allein zahlreich die Sonntags früh bei Goethe ein, sondern brachten auch Fremde von Distinktion mit, so daß die Zahl der Zuhörer sich oft bis fünfzig steigerte. [...] Das Programm bezeichnete im Allgemeinen das sonntägliche Leben.« 1815 hatte Eberwein die Musik zu G.s Monodrama *Proserpina* verfaßt und dem Stück als intendiertem Gesamtkunstwerk zu einem so überzeugenden späten Erfolg verholfen, daß G. ihn anregte, die Vertonung einiger Faustszenen zu wagen, ein Ansinnen, das den Musiker in »Tantalusqualen« stürzte und überforderte.

Eberwein heiratete 1812 die Sängerin Henriette Häßler (1790–1849). Sie gehörte ebenfalls zu den Stützen von G.s Hauskapelle, verstand es, Eberweins *Divan*-Vertonungen »heiter« vorzutragen und auf beide, die als schwierig und bisweilen auch eitel galten, konnte sich G. besonders »bei großen Anlässen« verlassen.　　　　　　　　　　GBS

EC 56 Goethe: Wie es bei ↗G.-Straßen und Plätzen nicht zur Königskrone, einer Allee gereicht hat, so auch bei den Zügen: Einen ICE G. gibt es nicht. Der EC 56 G. verläßt Prag um 6.04 Uhr, kommt beziehungsreich um 9.12 Uhr in Dresden an, durchquert gemächlich Sachsen und Thüringen (Leipzig Hbf, Weimar, Erfurt Hbf, Eisenach), eilt durch Hessen und Rheinland-Pfalz, das Saarland (Fulda, Frankfurt am Main Hbf, Mannheim Hbf, Neustadt/Weinstr Hbf, Kaiserlautern Hbf, Homburg/Saar Hbf, Saarbrücken Hbf). Er verläßt deutsches Territorium um 17.13 Uhr und endet um 21.07 Uhr am Gare de l'Est. Die meist übergewichtigen ZugbegleiterInnen sind freundlich, im Bordrestaurant ist nur das Putenschnitzel zu empfehlen. Die Strecke von 1329 Kilometern von Prag nach Paris legt der EC 56 G. in 15 Stunden und 3 Minuten zurück und erreicht damit eine Durchschnittsgeschwindigkeit von nahezu 90 km/h (↗Reisegeschwindigkeit).　　　　　　　　　　AD

Eckermann, Johann Peter (1792–1854), Schriftsteller, seit 1823 G.s Assistent und Vertrauter. Mit 25 Jahren liest Eckermann erstmals G.-Gedichte: »Bewunderung und Liebe nahm täglich zu, ich lebte und webte Jahr und Tag in diesen Werken und dachte und sprach nichts als Goethe«. Vier Jahre später – 1821 – erscheint sein Bändchen *Gedichte*, das er G. zum Geburtstag schickt, bald darauf die *Beyträge zur Poesie mit besonderer Hinweisung auf Goethe*. G. notiert in sein Tagebuch: »So etwas liest man gern. Große Klarheit, Fluß der Gedanken, alles tüchtig durchdacht, schöner Styl« (3.6.1823).

G. engagierte den Enthusiasten als Assistenten, der – schlecht bis gar nicht bezahlt – nebenbei als Deutschlehrer jobben muß. Eckermann übernahm u. a. die Redaktion der Ausgabe letzter Hand und wurde von G. zum verantwortlichen Herausgeber des literarischen Nachlasses bestimmt. Zwischen 1823 bis zu G.s Tod hat er G. ca. 950 bis 1000 mal besucht. Ein Viertel der Gespräche hat Eckermann aufgezeichnet in *Gespräche mit Goethe* (1. u. 2. Bd. 1836, 3. Bd. 1848) – das populärste Buch über G. Alles in allem: verdienstvoller G.-Verehrer, arm am Beutel, reich im Herzen.　　　　　　　　　　PO

Edda: G. lernte die nordische Mythologie erst in französischer und dann in lateinischer Übersetzung – auf Hinweis von Herder – in Straßburg kennen, spät schließlich deutsch durch Wilhelm Grimms *Lieder der alten Edda* (1816). Im Gegensatz zur antiken, plastisch-anschaulichen Mythologie blieb ihm diese Götterwelt fremd und fern. Für die urgermanischen Kraftnaturen, die sich morgens in Stücke hauen und mittags wieder heil am Tisch sitzen, hatte er zum Leidwesen der romantisierenden Germanistik, damals einer jungen, sich gerade etablierenden Universitäts-wissenschaft, wenig übrig.   BL

Editionen s. Werkausgaben

Eduard, Figur in den *Wahlverwandtschaften*, in der ersten Szene eingeführt als »reicher Baron im besten Mannesalter«, durch eine erste Heirat vermögend, jetzt verheiratet mit seiner Jugendliebe ↗Charlotte. Der Notwendigkeit der tatsächlichen Arbeit durch Grundbesitz enthoben, betätigt er sich als Dilettant in Baumschule und Garten, im Hausbau wie im Musizie-ren. Seinen Grundbesitz verkauft er z.T., um die repräsentativen Anlagen seines Landsitzes auszu-bauen – er steht also für einen unzeitgemäß gewor-denen Landadel am Ende des 18. Jahrhunderts. Edu-ard gerät in den magischen Bann ↗Ottilies, dem er sich nicht entziehen kann. Gegen Ottilies Willen be-steht er auf seiner Liebe und nötigt sie damit zur asketischen Entsagung, die schließlich zu ihrem Tod führt. Eduard stirbt kurze Zeit nach Ottilie.   BJ

Egle, Figur aus *Die Laune des Verliebten*

Egloffstein, Caroline, Gräfin (1789-1868), von G. »Gräfin Line« genannt, älteste Tochter der Henriette von Egloffstein, war von 1816-1831 als Hofdame der Erbgroßherzogin Maria Pawlowna in Weimar tätig. G. lud sie häufig zu Tisch, verehrte sie und ihre Schwe-ster Julie freundschaftlich, schätzte ihre musikalische Begabung und ihren einnehmenden Charakter.   BL

Egloffstein, Henriette Freiin von (1773-1864), eine hochgebildete, äußerst kultivierte, beherrschte und konservative Schönheit, die in der Weimarer Gesellschaft ein und aus ging, Mutter von Caroline und Julie und dreier weiterer Kinder, in erster Ehe geschieden und in glücklicher zweiter Ehe lebend. G.s Nähe scheint sie gemieden zu haben; unbeirrbar in ihrem Urteil hielt sie ihn für einen schroffen, wort-kargen, spießbürgerlichen, kalten Menschen, dessen Verbindung zu dem »Bertuchschen Blumenmädchen«

Christiane betrachtete sie als nicht standesgemäß, unwürdig, ja unverzeihlich.   BL

Egloffstein, Julie, Gräfin (1792-1869), jüngere Schwester von Caroline, war zeichnerisch auffallend begabt. Zusammen mit ihrer Schwester pflegte sie die Freundschaft zu G., der sie in künstlerischen Fragen beriet und ihr einige Gedichte widmete (»An Julien«, *Entoptische Farben*). Da sie als Malerin keinen Erfolg hatte, wurde sie 1824 Hofdame der Großherzogin Louise.   BL

Egmont, ein Trauerspiel in fünf Aufzügen, Entste-hung 1774-1787, Erstveröffentlichung 1788. Schon ein Jahr, bevor er nach Weimar ging, entdeckte G. den Stoff des *Egmont* für eine dramatische Bearbeitung. Seine Arbeit an dem Drama zog sich allerdings lange hin: Nach anfänglichem Enthusiasmus konnte er in seinem ersten Jahrzehnt in Weimar lediglich einzelne Szenen fertigstellen – ohne damit überhaupt zufrieden zu sein. Erst in Italien konnte G. den *Egmont* voll-enden; unter dem Datum vom 5.9.1787 heißt es in der *Italienischen Reise*: »Ich muß an einem Morgen schreiben, der ein festlicher Morgen für mich wird. Denn heute ist *Egmont* eigentlich recht völlig fertig geworden.«

G. greift im *Egmont* wie im *Götz* einen histori-schen Stoff auf, diesmal allerdings nicht aus der eige-nen nationalen Vergangenheit. Schauplatz ist die Stadt Brüssel zur Zeit der spanischen Besetzung der Nieder-lande, zur Zeit der reformierten Bilderstürme in den Niederlanden und der schärfsten Gegenreformation, die gleichermaßen von Spanien, der katholischen Kir-che und den Jesuiten, von der härtesten Inquisition getragen wurde. Der Titelheld ist Graf Egmont von Gaure (1522-1568), der sich zu Zeiten des nieder-ländischen Widerstandes gegen die spanische Besat-zung und die Durchsetzung spanisch-katholischer Verwaltung und Verfassung mit Wilhelm von Oranien und dem Grafen Hoorn an die Spitze der adligen Opposition gegen den spanischen König Philipp II. setzt. Graf Egmont wird – zusammen mit Hoorn – vom spanischen Statthalter Herzog Alba gefangenge-setzt und am 5.6.1568 in Anmaßung königlicher Rechte von diesem enthauptet. Insgesamt ein Stoff, der sich ausgezeichnet zur politischen Tragödie eig-net.

G.s Drama beginnt mit einer genialen Exposition: Der Titelheld tritt im gesamten ersten Akt nicht auf, gerade dadurch aber gewinnt G. die Möglichkeit, Eg-mont in verschiedenen politischen und privaten Kon-stellationen vorzustellen und erste Schlaglichter auf die zentralen dramatischen Konflikte zu werfen. Der erste Auftritt spielt auf einem öffentlichen Platz der Stadt Brüssel, Bürger der Stadt, Handwerker, Händler und Soldaten sprechen begeistert von den militärischen Verdiensten und menschlichen Qualitäten Egmonts. Gleichzeitig stellen sie ihren Helden in die machtpolitische und konfessionelle Opposition gegen den spanischen König und dessen Statthalterin Margarete von Parma. In deren Regentinnenpalast spielt die zweite Szene: Hier werden die politischen Konflikte, die der erste Auftritt schon erwähnte, aus der spanischen Perspektive angesprochen. Der dritte Auftritt stellt einen ganz anderen Konflikt Egmonts dar. Die Szene zeigt das Innere eines Bürgerhauses. Zwischen Klärchen, der Tochter des Hauses und dem Grafen besteht eine heimliche und illegitime Liebe.

Egmont selbst tritt erst zu Beginn des zweiten Aufzugs auf: Bei einem Streit auf dem Marktplatz zu Brüssel kann er als liberaler Schlichter auftreten. Im zweiten Auftritt schließlich läßt G. Egmonts zentrale Charakterdisposition deutlich werden: Instinktiv vertrauend auf sein Schicksal und politisch naiv will er sich nicht von der Sorge leiten lassen, will nicht politisches Kalkül einsetzen. Dieses Selbstverständnis kommt noch in derselben Szene in die Krise: Im Gespräch mit dem Mitstreiter Oranien über die drohende Machtübernahme Albas wird der Zwang zu einer politisch-kalkulierten und strategischen Entscheidung deutlich – im Endeffekt entscheiden sich Oranien und Egmont unterschiedlich: Oranien bringt sich in Sicherheit, Egmont läßt sich auf ein ›Gesprächsangebot‹ Albas ein, darauf vertrauend, daß ihm nichts zugefügt werden könnte – und tappt in die tödliche Falle. In diesem Gespräch bringt Alba Egmont mit rhetorischem Geschick dazu, Straffreiheit für Bilderstürmer, politische Freiheit sowie die Wiedereinsetzung der alten niederländischen Verfassung, die dem Adel und dem Stadtbürgertum verbriefte Rechte zusichere, zu fordern. Auf diesen offenen Ausfall gegen den König läßt Alba Egmont hinterhältig gefangennehmen.

Die Liebesbeziehung zwischen Klärchen und Egmont, der zweite Hauptkonflikt des Stückes, ist mit dem machtpolitischen Konflikt verquickt. Dies zeigt sich vor allem daran, daß Egmont in spanischem Gewand in Klärchens Haus kommt (III.2) – was im Gespräch schnell seine politische und vor allem personale Identität ins Spiel bringt. Auf Klärchens Frage »Sag' mir! Sage! ich begreife nicht! bist du Egmont? der Graf Egmont? der große Egmont, der so viel Aufsehen macht, von dem in den Zeitungen steht, an dem die Provinzen hängen?« unterscheidet er scharf

zwischen beiden Identitäten: »Jener Egmont ist ein verdrießlicher, steifer, kalter Egmont, der an sich halten, bald dieses bald jenes Gesicht machen muß; [...] umgeben von Freunden, denen er sich nicht überlassen darf; beobachtet von Menschen, die ihm auf alle Weise beikommen möchten [...]! Aber dieser, Clärchen, der ist ruhig, offen, glücklich, geliebt und gekannt von dem besten Herzen, das auch er ganz kennt und mit voller Liebe und Zutrauen an das seine drückt. (Er umarmt sie). Das ist dein Egmont«.

Diese Passage bildet die Symmetrieachse des Stükkes, um die sich auch die Ebene des politischen Konflikts organisiert. Nach Egmonts unmittelbar folgender Gefangennahme versucht Klärchen, indem sie die private Anteilnahme an Egmont in politische verwandelt, die Bürger der Stadt zu bewegen, mit ihr den Volkshelden und Geliebten zu befreien. Als sich die Vergeblichkeit dieser Bemühung zeigt, wählt sie den Freitod.

Auf Egmonts Seite wird die Verflechtung von Liebe und Politik auf andere Weise fortgesetzt. Im Gefängnis sitzend, zwar die Niederträchtigkeit Albas noch nicht ganz glaubend, dennoch die Hinrichtung erwartend, fällt Egmont in tiefen Schlaf; im Traum sieht er die Allegorie der Freiheit in Klärchens Gestalt, die ihm andeutet, daß sein Tod letztendlich den Niederlanden die Freiheit bringen werde. Der Sieg des abstrakten Wertes der Freiheit, der sich hier andeutet, wendet den tragischen Schluß des Dramas – folgerichtig sah G. nach gefallenem Vorhang eine Siegessymphonie vor.   BJ

Egoismus, für G. die Ehrfurcht vor sich selbst, zur Ausbildung der Persönlichkeit jedes Menschen notwendig, doch nur in Kombination mit Hilfsbereitschaft und Toleranz anderen gegenüber. »Der Mensch muß Egoist sein, um nicht Egoist zu werden« (*Wj.*, I.6), muß sich also zuallererst um sich selbst kümmern, um überhaupt abgeben zu können. G. selbst folgte als Frankfurter Patriziersohn durchaus einem bürgerlichen Antrieb, der zielstrebig auf das Erreichen gesellschaftlichen Rangs und materiellen Reichtums ausgerichtet war. Deshalb wurde ihm immer wieder der Vorwurf des Egoismus und der Rücksichtslosigkeit gemacht. Doch genauso energisch, wie er seine eigene Person, seine Familie sowie sein Hab und Gut verteidigte, so energisch setzte er sich auch für andere ein, vermittelte Anstellungen, bot finanzielle Unterstützung, stand mit Rat und Tat zur Seite.   DF

Christiane von Goethe   *Johann Wolfgang von Goethe*

Ehe: G. hat sein Verhältnis mit Christiane Vulpius zwar als »Ehstand« bezeichnet (an Schiller, 13.7. 1796) und sich damit zur ausschließlichen Lebensgemeinschaft mit ihr bekannt, gegen eine offizielle Bindung sträubte er sich jedoch bis ins Jahr 1806. Die Heirat in diesem Jahr (unmittelbar nach der Schlacht bei Jena und Auerstedt) gab er als Akt der Dankbarkeit gegenüber der tapferen, langjährigen Haus- und Bettgenossin aus. Die Gefahr, die in G.s Haus bei der Besetzung Weimars geschwebt hatte, führte mit zu der Entscheidung, auch der Mutter seines bereits 1802 rechtlich anerkannten Sohnes die bürgerliche Legitimation zu verschaffen. In G.s großem literarischen Entwurf zur Problematik des Zusammenlebens von Frau und Mann, den *Wahlverwandtschaften*, wird die Ehe als Verbindung zweier Menschen dargestellt, die einer Sanktionierung durch Dritte (Kirche, Staat, Gesellschaft) nicht bedarf. Auftretenden Versuchungen ist – wie im Falle Ottiliens – mit ⁄Entsagung zu begegnen, und G. weiß, daß »Gewohnheit sich vollkommen an die Stelle der Liebesleidenschaft setzen« kann (*MuR*).   DF

Ehlers, Wilhelm (1774–1845), bislang kaum beachteter Sänger-Schauspieler, der um 1800 nach Weimar kam, 1801 Mitglied des Ensembles des Weimarer Hoftheaters und ein Pionier der spezifischen, von G. entwickelten Lied-Vortragskultur wurde. Ehlers verließ Weimar 1805, um nach Berlin, Wien und Breslau zu gehen, bevor er Regisseur an den Theatern in Frankfurt am Main und in Mainz/Wiesbaden wurde. Als »Theaterdirektor« starb er dort 1845. G. schätzte ihn als gebildeten Gesellschafter, vor allem aber als Sänger, der »Balladen und andere Lieder der Art zur Guitarre mit genauester Präcision der Textworte, ganz unvergleichlich vortrug«. Er sei »unermüdet im Studiren des eigentlichsten Ausdrucks, der darin besteht,

daß der Sänger nach Einer Melodie die verschiedenste Bedeutung der einzelnen Strophen hervorzuheben und so die Pflicht des Lyrikers und Epikers zugleich zu erfüllen weiß« (WA I.35, S. 90 f.). Ehlers legte seine Erfahrungen in mehreren Liedausgaben nieder (*Gesänge mit Begleitung der Chittarra*, Tübingen 1804; *Lieder mit Begleitung der Guitarre oder des Pianoforte*, Leipzig 1817) und versah vor allem die 1817 erschienene mit »Vorerinnerungen«, in denen er den künftigen Liedinterpreten die mit G. entwickelte Vortragsästhetik darstellte.   GBS

Ehrenlegion: Das 1802 von Napoleon gestiftete Kreuz der Ehrenlegion (höchster französischer Orden) wurde G. am 14.10.1808 verliehen – der Orden, den er als Zeichen seiner internationalen Anerkennung bei offiziellen Anlässen am liebsten trug, sogar nach der Niederlage Napoleons in der Völkerschlacht bei Leipzig, womit er den österreichischen Grafen Colloredo provozierte.   BL

Ehrfurcht: Elementare Bestimmung in G.s Anthropologie. Ehrfurcht ist für den Menschen der »höhere Sinn, der seiner Natur gegeben werden muß, und der sich nur bei besonders Begünstigten aus sich selbst entwickelt«, ist der »Quellpunct«, der »cultiviert« werden muß, damit der Mensch zur »Thätigkeit« in Pietät gelange (*Wj*, II.1). Zentrales Erziehungsziel in der ⁄Pädagogischen Provinz der *Wanderjahre* ist die dreifache Ehrfurcht: die ethische vor dem, was über uns ist, die die heidnischen Religionen lehren, die philosophische Ehrfurcht, vor dem, was uns gleich ist, und die christliche Ehrfurcht vor dem, was unter uns ist, als Ehrfurcht von Niedrigkeit, Armut, Spott, Schmach, Leiden und Tod. Aus den dreien gemeinsam entwickelt sich erst die Ehrfurcht vor sich selbst, die einzige Möglichkeit der Selbsterhöhung ohne »Dünkel und Selbstheit« (*Wj*, II.1). Ehrfurcht ist auch eine Kategorie naturwissenschaftlicher Ethik: »Das schönste Glück des denkenden Menschen ist, das Erforschliche erforscht zu haben und das Unerforschliche ruhig zu verehren« (*MuR*).   BJ

Eichhorn, Johann Gottfried (1752–1827), Theologe und Professor der orientalischen Sprachen in Jena und Göttingen. Bei seinen Orient-Studien erhielt G. zahlreiche Anregungen von Eichhorn. Als Dank sandte G. ihm seinen *Divan* (1819) mit den Versen *Vor den Wissenden sich stellen* (1827 ins *Buch der Betrachtungen* aufgenommen): »Vor den Wissenden sich stellen,/Sicher ist's in allen Fällen!/Wenn du lange dich gequälet,/Weiß er gleich, wo dir es fehlet;/Auch auf Beifall darfst du hoffen,/Denn er weiß, wo du's getroffen«.   PO

Eifersucht, als das leidenschaftliche Streben, ein Wesen des anderen Geschlechts ganz für sich zu haben, in G.s Leben (die Eifersucht auf die Schwester Cornelia, als sie G. ihre Heirat ankündigt (*DuW,* 12. Buch)) ebenso anzutreffen wie als Motiv in seinem Werk, etwa in der Elegie *Alexis und Dora* (entstanden 1796) und in *Wilhelm Meisters Lehrjahre,* wo eine bis zur Weißglut sich steigernde Eifersucht geschildert wird (*Lj,* II.12).   AV

»Eigenmedizinieren« s. Hausapotheke

Eigentum: »In der Jugend, wo wir nichts besitzen oder doch den ruhigen Besitz nicht zu schätzen wissen, sind wir Demokraten; sind wir aber in einem langen Leben zu Eigentum gekommen, so wünschen wir dieses nicht allein gesichert, sondern wir wünschen auch, daß unsere Enkel und Kinder das Erworbene ruhig genießen mögen. Deshalb sind wir im Alter immer Aristokraten«, hat G. laut Eckermann am 15.7.1827 geäußert, wenige Wochen nach dem Erscheinen der ersten Lieferung der – privilegierten, also vor Nachdruck geschützten – Ausgabe letzter Hand, für die er bei seinem Verleger Johann Friedrich Cotta 60000 Taler herausgeschlagen hatte. Der fast 80jährige G. verstand in Honorarfragen keinen Spaß, doch schon viel früher hatte er sich – dabei ganz der auf Besitzvermehrung bedachte Bürger – um sein und seiner »Enkel und Kinder« Eigentum gekümmert, wuchs mit zunehmendem Alter gleichzeitig mit dem regelmäßigen ministerialen Einkommen doch auch die Sorge um die Zukunft. G. entstammte einer relativ wohlhabenden Familie, doch seine eigene Existenz in Weimar war – zumindest in finanzieller Hinsicht – über lange Zeit weitgehend von der Gunst des Herzogs abhängig: Seine Einstellung zu Besitz und Eigentum kann deshalb kaum überraschen. Seit 1776 war G. zwar Besitzer des Gartenhauses, das ihm allem Anschein nach Carl August finanziert hatte (600 Taler & Umbaukosten), doch erst ab Ende der 1790er Jahre scheint sich – er ging mittlerweile auf die fünfzig zu – so etwas wie Vermögen gebildet zu haben. Hatte er sich 1795 für die Kriegssteuer noch ohne ein solches deklariert, konnte er 1807 eine Summe von 4600 Talern angeben. Dazwischen lagen die ertragreichen Jahre der *Neuen Schriften* bei Unger (4000 Taler), der *Propyläen* (3000 Taler), des *Cellini* und der *Natürlichen Tochter* (3740 Gulden) sowie der ersten Ausgabe der *Werke* bei Cotta (veranschlagt mit 10700 Ta-

lern). 1798 erwarb G. das Gut Oberroßla, das er nach fünf Jahren wieder abstieß (ohne Verlust). 1794 hatte ihm der Herzog das Haus am Frauenplan geschenkt (6000 Taler), ohne dies jedoch öffentlich zu beurkunden, weshalb G. sich 1806, den Schreck der Belagerung Weimars in den Knochen, beinahe panisch um die offizielle Eigentumsübertragung bemühte. Dabei ging es ihm, wie er behauptete, weniger um sich selbst, als um »geliebte Figuren« – Frau und Sohn –, an die er »zu dencken genöthigt werde wenn Freund Hayn [der Tod] zunächst an meine Thüre klopft« (an Carl August, Mitte Dezember [25.12.] 1806). 1808 starb G.s Mutter, und der einzige Sohn trat sein Erbe an. 1817, 1819 und noch 1832 investierte G. in Immobilien und erwarb das Nachbarhaus in der Seifengasse mit zwei Hinterhäusern sowie das übernächste Haus am Frauenplan. G.s Eigentum, das seine Erben 1832 übernehmen konnten, umfaßte abgesehen von den erwähnten Immobilien (mit Gärten) deren gesamtes Inventar (darunter die 6000bändige Bibliothek und die über viele Jahre hinweg angelegten umfangreichen Kunst-, Brief- und Naturaliensammlungen), die Rechte an seinen Werken sowie mehr als 60000 Taler Kapitalvermögen (↗Einkommen).
                                                                       DF

Eigentum, geistiges, ein bis ins frühe 19. Jh. nicht sehr streng gehandelter Begriff. G. selbst hat sich fremder Gedanken und Werke bedient, sie umgedichtet, übersetzt und als seine eigenen ausgegeben. »Alles Gescheite ist schon gedacht worden, man muß nur versuchen, es noch einmal zu denken« (*MuR*) und – so kann man ergänzen – in eigenen Worten wiederzugeben. Wer guten Ideen aus »origineller Grille ausweichen« wolle, werde, so G. laut Eckermann, »es schlechter machen« (18.1.1825). Was finanzielle Aspekte betrifft, war G. verständlicherweise weniger kollektivistisch eingestellt. Bis in die 1820er Jahre konnte gegen unerlaubte ↗Nachdrucke nicht rechtlich vorgegangen werden, weswegen Schriftsteller und Verleger gleichermaßen Umsatzeinbußen hinnehmen mußten. Auch um den Lebensunterhalt seiner Familie nach seinem Tod sichern zu können, setzte sich G. deshalb engagiert für eine Privilegierung seiner Ausgabe letzter Hand ein, was als bahnbrechend für unser heutiges Urheberrecht angesehen werden muß.
                                                                       DF

Eilfer Wein, den im Kometenjahr 1811 gewachsenen Wein, hat G. 1814 und 1815 am Rhein und Main konsumiert, für gut befunden und mehrfach besungen.
                                                                       DF

Einbildungskraft, seelisches Vermögen, das im Konzept der antiken Rhetorik als Imagination dazu diente, für einen Text, der im Gedächtnis bleiben sollte, anschauliche, lebendige und im Gedächtnis bleibende Bilder zu erzeugen. In der Aufklärungspoetik des 18. Jh.s, v. a. bei Gottsched, ist die Einbildungskraft ein poetisches Erinnerungsvermögen an historische und biographische Erfahrungen; erst im Kontext der Empfindsamkeit bekam sie verstärkt die Bedeutung der Phantasie – wie G. sie eine Figur in den *Unterhaltungen deutscher Ausgewanderten* bildlich definieren läßt: »Sie macht keine Plane, nimmt sich keinen Weg vor, sondern sie wird von ihren eigenen Flügeln getragen und geführt, und indem sie sich hin und her schwingt, bezeichnet sie die wunderlichsten Bahnen«.

Die Einbildungskraft ist das allgemein menschliche und im Besonderen poetische Vermögen, »dasjenige, was uns [...] durch mehr oder weniger unzulängliche Bilder und Beschreibungen überliefert worden, sich auf das kräftigste und erfreulichste zu vergegenwärtigen« (WA II.7, S. 94). G. hat nicht, wie die oft prüden Pädagogen und Regelästhetiker der Aufklärung, Angst vor der Anarchie der Einbildungskraft, er führt aus, »wie nöthig es sei in der Erziehung die Einbildungskraft nicht zu beseitigen sondern zu regeln, ihr durch zeitig vorgeführte edle Bilder Lust am Schönen [...] zu geben. Was hilft es die Sinnlichkeit zu zähmen, den Verstand zu bilden, der Vernunft ihre Herrschaft zu sichern, die Einbildungskraft lauert als der mächtigste Feind, sie hat von Natur einen unwiderstehlichen Trieb zum Absurden« (*TuJ*, 1805).

BJ

Einfache Nachahmung der Natur, Manier, Stil, kleiner kunsttheoretischer Aufsatz, den G. auf dem Hintergrund der Italienerlebnisse und des Kontakts zu Karl Philipp Moritz 1789 schrieb und veröffentlichte. Er entwirft eine hierarchische Stufenfolge verschiedener Grade des Kunstschaffens: Die ›einfache Nachahmung der Natur‹ meint die handwerkliche Seite, die Grundschule der Kunstausübung, orientiert sich stark an Mustern und Regeln, an Handwerkswissen und Genauigkeit, Voraussetzung ist der Fleiß. Die ›Manier‹ hingegen ist schon die persönliche Anschauungsweise und künstlerische Handschrift, die einen Künstler unverwechselbar macht, ihn allerdings um den Preis des Angeschauten hervorhebt. Die höchste Stufe der Kunstausübung ist der Stil. Er ist Synthese von Nachahmung und Manier. Er setzt genaues Eindringen in die Natur und ihre Gesetze voraus und muß dieses in tiefsten Einklang bringen mit

der subjektiven Ausdruckskraft des Künstlers. »Wie die einfache Nachahmung auf dem ruhigen Dasein und einer liebevollen Gegenwart beruhet, die Manier eine Erscheinung mit einem leichten, fähigen Gemüt ergreift, so ruht der Stil auf den tiefsten Grundfesten der Erkenntnis, auf dem Wesen der Dinge, insofern uns erlaubt ist, es in sichtbaren und greiflichen Gestalten zu erkennen«.

BJ

Einkommen G. s. Die Gesamtsumme aus Renten und Zinsen des vom Großvater Friedrich Georg G. erworbenen Familienvermögens, aus den Bezügen als Minister u. a. in Weimar sowie den Autorenhonoraren lassen G. auch unter Einschluß seines Grundbesitzes und des Wertes seiner ständig wachsenden ↗Sammlungen als einen sehr gut situierten, aber keinesfalls erheblich vermögenden Mann erscheinen. G. war zwar der bestverdienende Bürger Weimars, zudem ein Starautor mit hohen Honorareinkünften, doch entspricht z. B. der Barwert seines Nachlasses (ohne Autorenrechte) allenfalls mittelständischen Verhältnissen; der Schriftsteller und Zeitgenosse G.s Walter Scott hat in drei Jahren mehr verdient als G. in Jahrzehnten seines publizistischen Wirkens (↗Eigentum).

Aus den Zinsen des Familienvermögens von 2700 Gulden jährlich wurde g., der sein Elternhaus als 16jähriger verließ, reichlich versorgt. Noch zu Beginn der Weimarer Zeit (1775/76) lebt G. von 400 Gulden Zuschuß aus diesem Vermögen. Von seiner Mutter erbt er 1808 noch 12750 Taler; immer wieder hatten vorher Zuwendungen aus dem Vermögen die Differenz aus Einnahmen (Gehalt und Honorare) und Aufwendungen für die Lebensführung ausgleichen müssen. Das Jahresgehalt als Geheimer Legationsrat in Weimar betrug anfangs (1776) 1200 Taler, es stieg über 1400 (1784), 1600 (bis 1799) auf 1800 Taler (bis 1814). Ab 1815 erhielt der Staatsminister G. für Weimarer Verhältnisse sehr stattliche 3000 Taler jährlich, ein Kammerherr erhielt allenfalls 1000 Taler.

Das Gesamtaufkommen G.s aus ↗Honoraren kann man mit rund 160000 Talern recht genau abschätzen, da die Finanzbeziehungen zum Hauptverleger Cotta genau dokumentiert sind. Die Einnahmen aus der schriftstellerischen Tätigkeit sind, auch durch G.s steigende Forderungen gegenüber seinen Verlegern, erst allmählich gewachsen. Ein Welterfolg wie *Die Leiden des jungen Werthers* (1774) machte »die Suppen noch nicht fett« (an Sophie von La Roche, 23. 12. 1774), doch konnte das Honorar des Verlegers Christian Friedrich Weygand die Schulden abdecken, die durch G.s Selbstverlag des *Götz von Berlichingen* entstanden waren (↗Nachdrucke). Der Verleger August Mylius zahlte 1775 20 Taler für die *Stella*; die erste – autorisierte – Gesamtausgabe in acht Bänden bei Göschen (1787–90) brachte 2000 Taler; Vieweg zahlte 1797 für *Hermann und Dorothea* 1000 Taler. Die folgende Übersicht zeigt die wesentlichen Positionen aus der Honorarabrechnung mit Cotta (nach Dorothea Kuhn).

So hätte G. als Staatsminister nach heutiger Währungsrelation DM 135 000 jährlich verdient, seine Honorare hätten sich in 50 Jahren auf 7,2 Mio. DM addiert, freilich unter Einschluß von Beträgen, die G. an Mitarbeiter v. a. bei den Zeitschriften weiterzureichen hatte. Das Haus am Frauenplan – ein Geschenk des Herzogs – wäre etwa DM 775 000 wert gewesen: dies allerdings bei weitaus geringerer Lebenshaltungskosten, *niedrigen* Steuerabgaben, aber dreifacher Kaufkraft. G. dürfte – nach heutigen Vorstellungen – für die Führung seines feudalen Hauses am Frauenplan mit allen ständigen Kosten monatlich etwa DM 40 000 aufgewendet haben. U. a. hatte er in

erheblichem Umfang ↗Diener und von ihm angestelltes Hilfspersonal für seine schriftstellerische Arbeit zu beköstigen, zu kleiden und zu bezahlen (↗Haushaltsführung). Er war sich seiner insgesamt angespannten Liquiditätssituation in der Schere aus Einkommen und Ausgaben stets wohl bewußt: »Eine halbe Million meines Vermögens ist durch meine Hände gegangen, um das zu lernen, was ich jetzt weiß, nicht allein das ganze Vermögen meines Vaters, sondern auch mein Gehalt und mein bedeutendes literarisches Einkommen seit mehr als 50 Jahren […]. Jedes Bonmot, das ich sage, kostet mir eine Börse voll Gold« (Eckermann, 13. 2. 1829).   JK

Eins und alles: *Im Grenzenlosen sich zu finden/* **Vermächtnis**: *Kein Wesen kann zu Nichts zerfallen!* Das erste Gedicht entstand am 6. 10. 1821; Publikation 1823 in Cottas *Morgenblatt für gebildete Stände* und in G.s Zeitschrift *Zur Naturwissenschaft überhaupt.* In der *Ausgabe letzter Hand* von 1827 wurde es zusammen mit anderen weltanschaulichen

Jahr	Werke	Betrag in Talern
1795–1802	*Horen, Musenalmanach, Taschenbuch für Damen, Propyläen, Mahomed*	4 631
1803–1805	*Leben Cellinis, Natürliche Tochter*	2 879
1807	*Werke* in 12 Bänden	10 000
1808–1811	*Taschenbuch für Damen, Wahlverwandtschaften, Farbenlehre, Dichtung und Wahrheit 1* (darin 802 Taler Wechsel/Schuldentilgung August v. Goethe)	7 082
1812–1815	*Dichtung und Wahrheit 2/3*	4 616
1816	*Werke* in 20 Bänden	16 000
	Über Kunst und Alterthum I,1	2 643
	Italienische Reise	
1817–1821	*Über Kunst und Alterthum* I,2 bis III,1, *Italienische Reise 2, Naturwissenschaft und Morphologie* bis I,3, *Wilhelm Meister 1, West-östlicher Divan*	10 538
1822–1825	*Über Kunst und Alterthum* III,2 bis V,2, *Naturwissenschaft und Morphologie* I,4 bis II,2, *Campagne in Frankreich*	6 700
1826	*Werke* in 40 Bänden, Rate 1	7 500
1827	*Werke*, Rate 2 und 3	15 000
	Über Kunst und Alterthum V,3 bis VI,1	1 000
1828	*Werke*, Rate 4 und 5	15 000
	Briefwechsel mit Schiller anteilig	4 000
	Über Kunst und Alterthum VI,2	500
1829	*Werke*, Rate 6 und 7	15 000
1830	*Werke*, Rate 8	7 500
	Metamorphose der Pflanzen (anteilig)	250
1832	*Werke*, Nachlaß, 15 Bände	22 500
	Über Kunst und Alterthum VI,3	500

Gedichten in die Rubrik *Gott und Welt* gestellt (*Wiederfinden, Weltseele, Dauer im Wechsel, Urworte. Orphisch*). *Vermächtnis* ist ein Parallel-Gedicht zu *Eins und Alles*; es entstand kurz vor dem 12.2.1829 und wurde 1829 in der *Ausgabe letzter Hand* als Abschluß der »Betrachtungen im Sinne der Wanderer« in *Wilhelm Meisters Wanderjahre* eingefügt. Unter dem 12.2.1829 berichtet Johann Peter Eckermann: »Goethe lieset mir das frisch entstandene, überaus herrliche Gedicht: *Kein Wesen kann zu nichts zerfallen* etc. ›Ich habe, sagte er, dieses Gedicht als Widerspruch der Verse: *Denn alles muß zu nichts zerfallen, wenn es im Sein beharren will* etc. geschrieben, welche dumm sind, und welche meine Berliner Freunde, bei Gelegenheit der naturforschenden Versammlung, zu meinem Ärger in goldenen Buchstaben ausgestellt haben.‹« G. spielt hier auf den Berliner Kongreß der »Versammlung deutscher Naturwissenschaftler und Ärzte« von 1828 an, der neben einem Gedicht von Schiller auch die Schlußstrophe von G.s Gedicht *Eins und Alles* zu seinem Motto gemacht hatte. G.s irrtümliche Annahme, nur die letzten beiden Verszeilen (und damit eine aus dem Kontext abgelöste Aussage) hätten als Motto gedient, war poetisch fruchtbar. Sie motivierte ihn zum Gedicht *Vermächtnis*, das mit dem Eingangsvers unmittelbar auf die Schlußverse des ersten repliziert.

Eins und Alles formuliert in großer Eindringlichkeit und sprachlicher Dynamik G.s Grundeinsicht vom unaufhörlichen Wandel, der ›Metamorphose‹, naturhafter und kultureller Gestaltungsprozesse: »Und umzuschaffen das Geschaffne,/Damit sich's nicht zum Starren waffne,/Wirkt ewiges lebendiges Tun.« Das Gedicht gestaltet das komplexe Wechselspiel zwischen Ich und größeren kulturellen Leitgedanken und Systemen, wie einer pantheistischen Religiosität und der Wissenschaft; die Begriffe »Weltseele« (*Weltseele*) und »Weltgeist« deuten auf die Größe der Aufgabe, die mit »reinen Sonnen, farbigen Erden« in kosmische Dimensionen übersteigert wird. Die große Sprachgebärde und die Weite des Blicks sind typisch für G.s weltanschauliche Lyrik mit ihrem belehrenden Anspruch. Das Gedicht *Vermächtnis* des nahezu achtzigjährigen Autors bekommt durch den Titel eine besondere Autorität, die durch den Ton einer erzählenden Weisheitslehre mit Imperativen und direkter Anrede an den Leser verstärkt wird. Es ist in Wahrheit kein Gegen-, sondern ein Komplementärgedicht zu *Eins und Alles*, welches das Aufgehen des Ich in einem größeren Ganzen thematisiert hatte. Auch in *Vermächtnis* erhält das partikulare Seiende seinen Platz im übergeordneten Sein: »Das Sein ist ewig«.

Jedoch wird statt dynamischem Wandel jetzt die Idee der Kontinuität betont, empfohlen wird der Anschluß an große Leistungen der Vergangenheit, an Erkenntnisse der Wissenschaft (mit einer deutlichen Anspielung auf Kopernikus) und die Bewahrung einer Morallehre, die dem Individuum als Gewissen eingeschrieben ist. Das Gewissen ist dabei keine religiöse Kategorie, sondern Ausdruck einer säkularisierten Vernunftlehre im Sinne Immanuel Kants. Mit den Verszeilen »Denn das selbständige Gewissen/Ist Sonne deinem Sittentag« spielt G. auf Kants berühmten Satz aus der *Kritik der praktischen Vernunft* an: »Zwei Dinge erfüllen das Gemüt mit immer neuer und zunehmender Bewunderung und Ehrfurcht, je öfter und anhaltender sich das Nachdenken damit beschäftigt: *der bestirnte Himmel über mir und das moralische Gesetz in mir*«.

Mit dem Rat, den Sinnen zu trauen, formuliert G. in lyrischer Verknappung ein Grundprinzip seiner naturwissenschaftlichen Forschungen. Direkter als in *Vermächtnis altpersischen Glaubens*, das sich der kulturellen Maskierung des *West-östlichen Divan* bedient, formuliert der Sprecher des späteren *Vermächtnis* als sein Testament eine Kette von Imperativen nach einem quasi religiösen Muster von Verhaltensanweisung und Belohnung. So wird der Rat zu mäßigem, von der Vernunft kontrolliertem Lebensgenuß überhöht zu einer Verheißung diesseitiger Freude mit deutlich anti-faustischem Charakter: »Der Augenblick ist Ewigkeit.«

Die beiden Gedichte sind zugleich konträr und komplementär aufeinander bezogen. Dieses Dichten in Position und Gegenposition oder variierender Wiederaufnahme ist typisch für G.s Lyrik. Die Weigerung, sich festzulegen, ist im Unterschied zu den Kategorisierungs- und Ausschließungsverfahren der Wissenschaft ein poetisches Privileg. G. hat dies in einem Brief an Friedrich Wilhelm Riemer vom 28. Oktober 1821 bedacht; gerade bei der Ästhetisierung philosophischer Erkenntnisprozesse nimmt er sich das poetische Recht zum Widersprüchlichen oder zum »Geheimnisvollen« heraus, wie es in der Prosa nicht gestaltet werden könne. Poesie wird so zum Aussagemodus eines sich verändernden Weltbildes, in dem Altes und Neues spannungsvoll koexistieren.   IW

Einsamkeit: Sowohl der Dichter im *Faust* (im *Vorspiel auf dem Theater*) als auch Faust (v. 6235ff.), v.a. aber G. selber kennt die Einsamkeit als gefährliches Moment halluzinatorischer Selbstvergessenheit (siehe *Die Leiden des jungen Werthers*, zweites Buch) und ebenso als beglückende Bedingung künstlerischen Schaffens (*Faust*, v. 5695f.; *Harzreise im Winter*, *IR*, *Venedig*; *DuW*, 10. Buch). In der *Zwischenrede* der *Campagne in Frankreich* schildert G. die tiefe Einsamkeit, die ihn nach der Rückkehr aus Italien 1788 befallen und bis zu zeitweiligem Sprachverlust bedrängt habe. Angesichts der Wirkung des ältesten Erdgesteins auf seine Seele schreibt G. im Versuch *Über den Granit*: »So einsam, sage ich, wird es dem Menschen zumute, der nur den ältesten, ersten, tiefsten Gefühlen der Wahrheit seine Seele öffnen will.« Schmerz und Wonne der Einsamkeit sind in folgendem Gedicht ausgedrückt:

Wer sich der Einsamkeit ergibt,
Ach! der ist bald allein;
Ein jeder lebt, ein jeder liebt,
Und läßt ihn seiner Pein.
Ja! laßt mich meiner Qual! (*Lj*, II.14)   AV

Einsiedlerin, Die königliche, ein heroisches Schäferdrama, wahrscheinlich im Oktober 1767 verbrannt (↗Autodafé). Erhalten ist nur ein Monolog über die erfolglos-melancholische Suche nach Entlastung eines verlassenen Herzens in der Natur. Er endet mit den Worten:»Doch leider fühlt mein Herz, nun völlig frei,/ Die alte Qual hier doppelt wieder neu.« In *Wilhelm Meisters theatralischer Sendung* erscheinen der Monolog und der Hinweis auf das Stück als ein Beispiel für Wilhelms frühe dramatische Versuche.
                                                            WM

Eisenach, Hauptstadt des ehemaligen Fürstentums Eisenach, das 1741 mit Sachsen-Weimar zusammengeschlossen wurde. Über Eisenach liegt die Wartburg, die G., wie Stadt und Umgebung selbst, häufig besuchte. Dies v. a. im Zusammenhang mit amtlichen Pflichten des ersten Weimarer Jahrzehnts, so etwa im Sommer 1784 zum Eisenacher Ausschußtag, der Versammlung des engeren Ausschusses der Landstände.
                                                            BJ

Eisenbahnmodell: 1829, aus G.s Nachlaß. Lok mit Tender (George Stephensons »Rocket«. Sieger im »Rennen von Rainhill« bei Liverpool, Oktober 1829, gegen drei andere Lokomotiven, erreichte 22,5 km/h, von der Liverpool Manchester-Eisenbahngesellschaft im Personenverkehr eingesetzt) und ein Wagen in Kutschenform (Aufschrift »Rail Road Company«). Beigefügt ist ein Zettel mit der Handschrift von G.s jüngerem Enkel Wolfgang: »Dieses Modell eines Dampfwagens erhielt der Apapa, zur Zeit als dieselben in England noch etwas Neues waren. Von einem Engländer, und schenkte es dann uns Enkeln.« G. verfolgte mit Interesse die Entwicklung von ↗Maschinenwesen« und Eisenbahnen. Tagebuch, 27.2. 1832: »Die Eisenbahn von Liverpool nach Manchester, [...] (1831, von P. Moreau), ein interessantes Heft durchzugehen, angefangen«. Vermutlich von den Enkeln später verschenkt, wurde das Modell vom G.-Nationalmuseum 1907 erworben.   CS

G.s Modell der ersten englischen Eisenbahn von Liverpool nach Manchester

Eitelkeit: Sowohl die Figuren G.s, etwa ↗Clavigo, als auch G. selbst sprechen von ihren persönlichen Eitelkeiten (*DuW*, 10. und 11. Buch), was G. für seine Person nicht etwa peinlich ist, da ihn »das, was man Eitelkeit nennt, niemals verletzte, und ich mir dagegen auch wieder eitel zu sein erlaubte, das heißt, dasjenige unbedenklich hervorkehrte, was mir an mir selbst Freude machte« (*DuW*, 15. Buch). Eitelkeit verbinde »Hohes und Niederes im Menschen«, heißt es in den *Xenien*, und eine der *Maximen und Reflexionen* lautet. »Eitelkeit ist eine persönliche Ruhmsucht: man will nicht wegen seiner Eigenschaften, seiner Verdienste, Taten geschätzt, geehrt, gesucht werden, sondern um seines individuellen Daseins willen.« AV

Ekel: »Ein starker Schall war mir zuwider, krankhafte Gegenstände erregten mir Ekel« (*DuW*, 9. Buch), von G. deutlich mit dem Gefühl von Lebensüberdruß in Verbindung gebracht (↗Selbstmord, *Die Leiden des jungen Werthers*). »Jener Ekel vor dem Leben hat seine physischen und seine sittlichen Ursachen [...]. Von einem Engländer wird erzählt, er habe sich aufgehangen, um nicht mehr täglich sich aus- und anzuziehn« (*DuW*, 13. Buch) – Qual der Existenz, Qual der absurden Wiederholung. »Ich kannte einen wackeren Gärtner, den Aufseher einer großen Parkanlage, der einmal mit Verdruß ausrief: ›Soll ich denn immer diese Regenwolken von Abend gegen Morgen ziehen sehn!‹ Man erzählt von einem unserer trefflichsten Männer, er habe mit Verdruß das Frühjahr wieder aufgrünen gesehn, und gewünscht, es möchte zur Abwechslung einmal rot erscheinen. Dies sind eigentlich Symptome des Lebensüberdrusses, der nicht selten in den Selbstmord ausläuft« (*DuW*, 13. Buch). BL

Ekhof, Conrad Dietrich (1720–1778), Schauspieler in Hamburg, Weimar und Gotha. Er gründete 1753 in Schwerin eine Schauspielerakademie und wirkte nachhaltig auf die Entwicklung der deutschen Schauspielkunst. G. bewunderte Ekhofs schauspielerisches Talent und trat mit ihm bei einer Aufführung im ↗Liebhabertheater auf. In *Dichtung und Wahrheit* (13. Buch) schildert G. ihn als »edle Persönlichkeit, die dem Schauspielerstand eine gewisse Würde mitteilte, deren er bisher entbehrte«. PO

Elegien, klassische, entstanden größtenteils nach 1796, also im klassischen Jahrzehnt (1794–1805) der Zusammenarbeit mit Schiller; Erstdruck zumeist in Schillers *Musen-Almanach*, in den Werkausgaben als *Elegien II* zusammengestellt. Die Elegien, darunter *Hermann und Dorothea*, die Liebeselegien *Alexis und Dora* sowie *Amyntas*, die Trauerelegie *Euphrosyne* und das Lehrgedicht *Die Metamorphose der Pflanzen*, sind wie die *Römischen Elegien* an antiken Vorbildern orientiert. In den insgesamt sieben Elegien (*Der neue Pausias und sein Blumenmädchen* und das bereits 1793 entstandene Gedicht *Das Wiedersehen* gehören noch dazu) wird der Anspruch der Klassik, die Vorbildhaftigkeit der ↗Antike im eigenen modernen Kunstwerk zu realisieren, in kunstreicher Gedankenführung erfüllt. IW

Elektrizität, als einfaches physikalisches Phänomen ist sie G. seit seiner Kindheit bekannt, einmal durch einen Hausfreund, dann durch Vorführungen auf dem Jahrmarkt (*DuW*, 4.Buch). Die wissenschaftlichen Erklärungsmöglichkeiten der Elektrizität stecken zur Zeit G.s noch in den Anfängen (vgl. *MuR*); in der *Farbenlehre*, wo er farbige und elektrische Erscheinungen vergleicht, versucht G., in das, was an Kenntnissen über elektrische Wirkungen um 1800 bekannt ist, »auch die Erscheinungen der Farbe hereinzubringen und einzuschließen« (§§742ff.). AV

Elementarschule: Sie besuchte G. ab dem Frühjahr 1755, eine private Einrichtung unter öffentlicher Kontrolle, in der strengen Hand des Schul-, Schreib- und Rechenmeisters Johann Tobias Schellhaffer, der wegen seiner Schönschreibkünste bekannt war. G. besuchte diese Anstalt, die diesem Begriff in Umgangston und Umgangsformen Genüge getan haben dürfte, bis Januar 1756 und übte sich im Lesen, Rechnen, ↗Schönschreiben und christlichem Gedankengut. Der Unterricht dauerte von morgens 7 Uhr bis 10 Uhr und mittags von 13 Uhr bis 16 Uhr. Währenddessen suchte der kleine G. zu einem Frankfurter Stadtstromer, bis eine Pockenerkrankung dieser umtriebigen Neugier ein Ende setzte und G. nach seiner Genesung nur noch von Privatlehrern unterrichtet wurde. BL

Elemente versteht G. noch nicht im Sinne der modernen Chemie, er steht vielmehr deutlich in der Begriffstradition der antiken Lehre von den vier Elementen Erde, Wasser, Luft und Feuer, welche die Naturwissenschaften seit der Antike dominiert haben. Genau diese Tradition zitiert er in der *Geschichte der Farbenlehre*: Die Römer hätten die vier Elemente durch spezifische Farben begleitet gesehen, Paracelsus habe sie nochmals zusammengesetzt verstanden aus Sal, Sulphur und Mercurium – der Schwefel schließlich bringe die Farbe hervor. In einem kleinen Aufsatz über die *Skelette der Nagetiere* (*Zur Morphologie*, II.2, 1824) ordnet G. unterschiedliche Skelettypen (schwer, massig, leicht usf.) den Elementen zu, wobei er Erde, Wasser und Luft aber modern als Lebensräume der betreffenden Tiere auffaßt. In seinem *Versuch einer Witterungslehre* (1826) werden die Elemente als dynamische Eigenwesen aufgefaßt, denen durch die Anziehungskraft des lebendigen Organismus Erde erst Regel und Gesetz gegeben werde: »Die Elemente sind die Willkür selbst zu nennen; die Erde möchte sich des Wassers immerfort bemächtigen und es zur Soliszedenz zwingen, als Erde, Fels oder Eis, in ihren Umfang nötigen. Ebenso unruhig möchte das Wasser die Erde, die es ungern verließ, wieder in seinen Abgrund reißen. Die Luft, die uns freundlich umhüllen und beleben sollte, rast auf einmal als Sturm daher, uns niederzuschmettern und zu ersticken; das Feuer ergreift unaufhaltsam, was von Brennbarem, Schmelzbarem zu erreichen ist«.

In Zweierpaaren gehören die Elemente in den Zusammenhang von G.s grundlegenden Überlegungen zur ⁊ Polarität. Die Bändigung der Elemente durch menschliche Kunst und Technik ist für G. immer wieder Thema: Das Feuer in der *Novelle* kann schnell zurückgedrängt werden, das Wasser in den *Wahlverwandtschaften* ist tödliches Element, im *Faust II* wird es mit der Landgewinnung von der Erde verdrängt. Das Lied der Schmiede in der *Pandora* besingt alle vier durch Technik und Kunstfertigkeit gebändigten Elemente.   BJ

Elephant: Franz Grillparzer nannte die Nobelherberge das »Vorzimmer zu Weimars lebender Walhalla«. Gäste waren u.a. J.M.R. Lenz, F.M. Klinger, L. Börne, F. Mendelssohn Bartholdy. F. Liszt, R. Wagner, Th. Mann, dem der ›Elephant‹ den Wiederaufbau nach 1945 verdankt, A. Rubinstein u.v.a.m.   BL

Elisabeth, Frau des ⁊ Götz von Berlichingen. Sie teilt seinen Gerechtigkeitssinn und seine Opferbereitschaft. Was Götz für die Unterdrückten ist, ist sie für Götz: Stütze und emotionaler Hintergrund, oder wie er sagt: »Wen Gott lieb hat, dem geb er so eine Frau« (III.17). Sie stellt die ideale Ehefrau in einer spannungslosen Beziehung dar, eine Stilisierung, bei der G. wohl seine Mutter vor Augen hatte.   WM

Elpenor, Fragment von zwei Aufzügen, geschrieben zwischen 1781 und 1784. Der Stoff ist nicht antik, sondern von G. erfunden, möglicherweise inspiriert durch das chinesische Drama »Der Waise aus dem

Hause Chao« (14. Jh.). Die Form lehnt sich an die antike Tragödie an; wie bei *Iphigenie* beginnt G. mit einer Prosafassung, die schon weitgehend jambisch ist. Prinz Elpenor wurde am Hof von Königin ⁊ Antiope erzogen. Antiopes Gatte, der Bruder von Elpenors Vater Lykus, ist auf einem Feldzug gefallen, Antiopes Sohn wurde entführt. Am Tag, an dem Elpenor zu Lykus zurückkehren soll, läßt Antiope ihn Rache schwören für ihren Mann. ⁊ Polymetis, Lykus' Diener, erscheint vor seinem Herrn bei Antiope und deutet an, daß er um das Geheimnis des ermordeten Bruders weiß. Ausgehend von G.'s Entwürfen läßt sich über die weitere tragische Verknüpfung spekulieren: Lykus hat seinen Bruder umgebracht und die Söhne vertauscht. Elpenor kommt also zuerst in den Zwiespalt, entweder seinen Vater zu töten oder den Racheschwur zu brechen, und erfährt dann, daß er Antiopes Sohn ist. Er kann die Rache vollstrecken, ohne Vatermord zu begehen. Ein analytisches Drama nach antikem oder klassisch-französischem Muster.
                                                                NH

Elsaß: Hier lebte G. in den Jahren 1770/71. Der Studienaufenthalt in ⁊ Straßburg, der als erste – räumliche wie kulturelle – Annäherung an Frankreich beabsichtigt war, bewirkte, daß G. den deutsch-französischen Gegensatz betonte. So schrieb er rückblickend in *Dichtung und Wahrheit* (11. Buch) über die »unverrückte deutsche Redlichkeit« und die für Frankreich charakteristische »parteiische Unredlichkeit«. Während seines Aufenthaltes erfuhr G. die politische, konfessionelle und kulturelle Zerrissenheit des Elsaß. Er selbst beschränkte seinen Umgang auf Protestanten; sein Freundeskreis bestand weitgehend aus Studenten, unter anderem den Mitgliedern der von Salzmann geleiteten ›Tischgesellschaft‹. Noch wichtiger jedoch wurde der Kontakt zu Herder und Friederike Brion, zu der er eine Liebesbeziehung unterhielt. Durch Friederike lernte er in Sesenheim das kleinbürgerlich-dörfliche Leben kennen und reicherte so seine zahlreichen Streifzüge in das ländliche Elsaß an. Authentischen Niederschlag findet G.s Elsaß-Aufenthalt in den *Sesenheimer Liedern*, die von seiner neuen Erfahrung ländlich-natürlichen Lebens zeugen. Der Darstellung der Elsässer Zeit in *Dichtung und Wahrheit* ist dagegen mit Vorsicht zu begegnen.   JAS

Emigranten: Flüchtlinge vor politischer oder religiöser Verfolgung kommen in G.s eigener historischer Wahrnehmung vor. In der *Campagne in Frankreich* nimmt ein französisches Emigranten-Korps am alliierten Feldzug gegen das revolutionäre Frankreich teil. Die *Unterhaltungen deutscher Ausgewanderten* zeigen eine aus linksrheinischen Gebieten geflohene Adelsfamilie, in *Herrmann und Dorothea* ist zu Beginn das ganze Städtchen ausgezogen, um den »traurigen Zug der armen Vertriebnen« (I,5), Flüchtlinge vor der Französischen Revolution, zu sehen.

BJ

Empfindsamkeit: Form des neuen, gefühlsbetonten Umgangs mit Mensch und Welt (in Frankreich und England bereits um 1700, in Deutschland erst um 1750) als bürgerliche, auf einer heimlich revolutionären Form von auf die Innerlichkeit des Menschen bedachten Gegenbewegung zu höfisch-feudalen, am sinnentleerten Ritual orientierten konventionellen Verhaltensweisen. Als Idee entstammt sie dem Konzept des »moral sense«, das im Zuge der englisch-schottischen Aufklärungsbewegung (Hutcheson, Hume, Shaftesbury) dem Menschen selber – nicht der abstrakten Vernunft, wie sie der Staatstheoretiker Thomas Hobbes vertreten hatte – als moralischer Autorität in Sachen Natur, Gesellschaft, Affekt ein eigenständiges Urteil zutraute.

Die publizistischen Träger dieser antifeudalen »popularphilosophischen« Oppositionsbewegung waren die zahlreich entstehenden Moralischen Wochenschriften, das bürgerliche Trauerspiel, die Rokokolyrik und nach 1750 der Roman. Adlige und hochstehende Bürgerliche, vielfach Frauen, fanden sich enthusiastisch in privaten Zirkeln zusammen und sahen ihre neue Rolle in der Vermittlung von gefühlsorientiertem Mitleiden und einer sozial orientierten Mitmenschlichkeit an Familie und Gesellschaft. Ihre bevorzugten literarischen Gattungen waren der Brief- und Reiseroman, das Tagebuch, der autobiographische Bericht, die Lyrik, die Komödie. Mit der neuen Empfindsamkeit veränderte sich nicht nur die aktuelle Akzentuierung einzelner Gattungen, ein neues Publikum, eine neue, auf Wirkung bedachte Ästhetik entstand, bei der die Frage, wie im Publikum nicht nur Schrecken, sondern auch Mitleid zu erregen sei, im Vordergrund stand.

Als G. um 1770 literarisch reif war, befand sich die Empfindsamkeitswelle im verspäteten Deutschland auf ihrem Höhepunkt. Autoren wie Gellert, Sophie von La Roche, Lessing, die Jacobis, Miller, Hölty und Klopstock beherrschten die Szene; sie wurde aber auch bereits kritisch als »Empfindsamkeitskrankheit«, als »Empfindeley« gesehen. G.s Leipziger Rokokolyrik reduziert bereits den Ausdruck der Affekte auf die Sprache der Liebe, die Dramen (*Die Mitschuldigen*, *Die Laune des Verliebten*, *Erwin und Elmire*, *Clau-*

dine von Villa Bella) sind noch unentschieden, handlungsarm, reich an rhetorischem Pathos, das für die neue Subjektivität an den Tag gelegt wird. So auch *Stella*, in dessen dramatischem Verlauf G. dem Gefühl seiner drei Protagonisten alle erdenklichen Freiheiten der Zeit einräumt und einen – in der ersten Fassung – utopischen, das Vorstellungsvermögen der Zeit übersteigenden Schluß zuläßt.

G.s Konzept der Empfindsamkeit verändert sich bereits um etwa 1773, mit deutlich hörbaren kritischen Untertönen im *Jahrmarktsfest zu Plundersweilern*, im *Fastnachtsspiel vom Pater Brey*, in *Hanswursts Hochzeit oder der Lauf der Welt*, im *Triumph der Empfindsamkeit* schließlich, Stücken, in denen G. die vom Gefühl neu entdeckte ursprüngliche Natur als affektierte Bühnen- und Kulissennatur entlarvt. Zugleich aber ist sein Briefroman *Die Leiden des jungen Werthers* (1774) erschienen, sein erster, ganz großer Erfolg, der nicht als Paraderoman der Empfindsamkeit konzipiert war, sondern eher als kritische Warnung vor den Folgen einer Gefühlsverwirrung, die in der Leserschaft nicht verstanden worden ist, vielleicht auch nicht verstanden werden konnte, weil er ja den sentimentalen, den mitempfindenden, den sympathetischen Leser voraussetzte. G. jedenfalls hat trotz des eigenen Erfolgs anfangs der 1780er Jahre die Epoche der Empfindsamkeit als historisch und endgültig überlebt betrachtet.

BL

Empfindung: Als Begriff entwickelt sich das Wort erst in der zweiten Hälfte des 18. Jh.s zu einem Synonym von Gefühl und Empfindung (Herder) als sinnlicher Erkenntnis, sinnlicher Gewißheit, die einer höheren, rationalen, begrifflichen Welterfahrung überlegen ist. Mit diesem bodenständigen, einholbaren Konzept gehen Empfindung und Denken vor allem »Dogmatismus des Verstandesgebrauchs« (Kant kritisch), vor aller vernunftorientierten Selbstbewegung des Geistes (Hegel enthusiastisch) miteinander konform. Sinnlichkeit und Gefühl als Formen der Welterfahrung werden zu den neuen Medien der Erkenntnis, die bei G. subjektiv in der Gestalt des Künstlers konzentriert werden. Er wird zum schöpferisch-emotionalen Ausgangspunkt der Erkenntnis. Im wahrnehmenden Vorfeld von Anschaulichkeit und Intuition, durch die künstlerische Empfänglichkeit entstehen die weltorientierenden Bilder der Kunst: »Der erste moralische Blick in die Welt so wenig als der erste phisikalische bringt unserm Kopf oder unserm Herzen eine deutliche Empfindung; und nur sehr lange hernach lernt man erkennen was man sieht« (an Hetzler, 29.8.1770).

BL

Empirie, Erfahrung, in einfachster Bedeutung sinnliche Wahrnehmung, durch Beobachtung gewonnene Erfahrung. Die sinnlich erfahrbare Welt stelle sich dem Einzelnen zwar häufig als verwirrende Mannigfaltigkeit entgegen, doch sei es gerade das »ewige Spiel der Empirie«, daß den Menschen über die Angst vorm Urphänomen hinwegbringe (*MuR*). Für G. ist Empirie darüber hinaus eine Methode der Naturerkenntnis, die er ganz pointiert gegen die Praxis naturwissenschaftlicher Erkenntnis in der Tradition Newtons setzt. In einem Brief an seinen Freund Zelter kennzeichnet G. die Methode genauer: »Es gibt eine zarte Empirie, die sich mit dem Gegenstand innigst identisch macht und dadurch zur eigentlichen Theorie wird« (5. 10. 1828). Kontemplative, geduldige und möglichst gewaltfreie Wahrnehmung der Natur in ihrer Würde ergibt zusammen mit den Ahndungen der ↗Einbildungskraft G.s Denkmodell der Erfahrung.

BJ

Empirie, zarte: Die vollkommene Vertrautheit mit einem Gegenstand, seine inwendige Kenntnis, seine Theorie.

BL

England hatte zu G.s Zeit neben der politisch-imperialistischen (Indien, Nordamerika, Australien, Ägypten) vor allem eine große wirtschaftliche Bedeutung, die industrielle Revolution war in vollem Gange. Carl August berichtete nach seiner Englandreise von tausenden von »Feuerschlünden«, die dafür sorgten, daß die Sonne »meilenweit verdunkelt« sei (an G., 6. 8. 1814). Doch G. hat England nie besucht. Seine Interessen lagen lebenslang eher im Bereich der Literatur und Kultur. Bereits sechzehnjährig hatte er auf Englisch seiner Schwester geschrieben und gedichtet, später Übersetzungen angefertigt, in Weimar betrieb er mit europareisenden Engländern Konversation in deren Muttersprache. Die für G. vielleicht wichtigsten Leitfiguren waren Engländer: William ↗Shakespeare, Isaac ↗Newton, Lord ↗Byron. G. schätzte die englische Kultur, da er eine Verwandtschaft mit der deutschen ausmachen konnte (↗Carlyle), die Unterschiede in Verfassung und Staatsform beider Länder – in England war das Parlament an der Regierung beteiligt – entgingen ihm dabei jedoch ebenso wenig wie ein unterschiedlicher Praxisbezug: »Während aber die Deutschen sich mit Auflösung philosophischer Probleme quälen, lachen uns die Engländer mit ihrem großen praktischen Verstande aus und gewinnen die Welt« (Eckermann, 1.9.1829).

DF

Englische Literatur und Sprache haben G. zeitlebens befruchtet, obgleich er das Vereinigte Königreich nie bereist hat. Seine wichtigsten Äußerungen zum Thema ↗Weltliteratur finden sich in der Korrespondenz mit Engländern, nicht zuletzt deshalb, weil er selbst die englische Literatur stark beeinflußt hat. G. lernte schon als Jugendlicher die englische Sprache und Kultur kennen, u.a. durch die Lektüre von Joseph Addisons *Spectator*, und schrieb das Gedicht *A Song over The Unconfidence toward my self*. In G.s Jugend orientierten sich konservativ-gebildete Kreise eher an der in höfischer Tradition stehenden französischen Kultur, doch von England, das sich schon deutlich in Richtung Demokratie bewegte, gingen Impulse aus, mit denen sich vor allem junge Menschen identifizieren konnten. Der – Shaftesburys Theorie aufgreifende – empfindsame ↗Briefroman (wie der Roman überhaupt) kam in Mode, Shakespeares Werke wurden übersetzt (Wieland 1762–66), und auf dem Kontinent waren die – alle tradierten Regeln und Ständeklauseln mißachtenden – Autoren einfach als »Engländer« bekannt und verschrien.

G.s Shakespearebegeisterung, die umso stärker einsetzte, als er zuvor eher den französischen Vorbildern gefolgt war, ist nicht nur in der Rede *Zum Schäkespears Tag*, die für den Namenstag des wie eines Heiligen verehrten Dichters 1771 verfaßt wurde, dokumentiert; sie resultierte 1773 im *Götz von Berlichingen* (alle Freiheiten des Meisters aus Stratford waren hier ins Maßlose gesteigert). Der *Götz* sollte 1799 von einem jungen Rechtsanwalt ins Englische übersetzt werden: Walter Scott, der in der Folge mit seinen durch diese Beschäftigung angeregten nationalhistorischen Romanen (*Rob Roy*, *Ivanhoe* u.a.m.), die immer wieder G.sche Motive verarbeiteten, als genreprägend angesehen und schwerreich wurde. G. las Scott mit großem Wohlwollen.

G.s erster Welterfolg, der *Werther*, stand 1774 sowohl im Zeichen von Hamlets Melancholie und Ossians Naturerlebnis als auch tief in der Schuld von Oliver Goldsmiths *The Vicar of Wakefield*, Lawrence Sternes *Tristram Shandy* und *A Sentimental Journey* sowie Richardsons *Pamela* (Briefform). G. hat viel später festgestellt, daß der »Zauber« von englischen Dichtern wie Scott, Robert Burns und Goldsmith »auch auf der Herrlichkeit der drei britischen Königreiche und der unerschöpflichen Mannigfaltigkeit ihrer Geschichte« ruhe. In Deutschland hingegen fände sich kein fruchtbares Feld für den Romanschreiber, weswegen er sich für seinen – sich 1796 noch einmal ausgiebig mit Shakespeares *Hamlet* beschäftigenden, dabei wie Henry Fieldings *History of Tom*

Jones konzipierten – *Wilhelm Meister* »den allerelendesten Stoff habe wählen müssen«, nämlich »herumziehendes Komödiantenvolk und armselige Landedelleute« (Kanzler v. Müller, 17.9.1823).

Ein Lied ↗Mignons aus diesem Roman für seine *Bride of Abydos* (1814) aufgreifend (»Know ye the land«), gelang es dem englischen Lord Byron, seine Landsleute stärker als bislang für G. zu interessieren. Byrons dramatisches Poem *Manfred* (1817) lehnte sich dann wie auch andere seiner Werke motiviert eng an den *Faust* an, und wenige Monate vor seinem – von den Zeitgenossen so eingeschätzten – Heldentod, der analog zur *Werther*-Hysterie den sogenannten Byronismus auslöste, titulierte er in seinem Brief an G. diesen als »the undisputed Sovereign of European literature« (22.7.1823) – den unumstrittenen Herrscher der europäischen Literatur. Diesen wiederum hatte von allen zeitgenössischen Dichtern Byron am meisten beeindruckt, er hat seine Werke rezensiert und teilweise übersetzt, ihm außerdem in der Euphorion-Gestalt des *Faust II* ein Denkmal geschaffen.

Ein Denkmal ganz anderer Art schuf G. dem erbittert bekämpften Isaac Newton u.a. im polemischen Teil seiner *Farbenlehre*, der ausschließlich von dem – nach G.s Meinung – einen komplett falschen Ansatz verfolgenden Naturwissenschaftler handelt. Einen anderen englischen Forscher schätzte G. hingegen hoch ein: Luke Howard, dessen Studien zur Wolkenbildung G. viel Aufmerksamkeit und u.a. ein Gedicht widmete (*Howards Ehrengedächtnis*).

Thomas ↗Carlyle kommt – ähnlich wie Madame de ↗Staël für Frankreich – das Verdienst zu, G.s Person und Werk ab 1822 durch Abhandlungen und Übersetzungen ins Bewußtsein einer breiteren englischen Öffentlichkeit gebracht zu haben, wobei sein Calvinismus ausschlaggebend dafür war, daß er den Engländern nur den späten G., den Weltweisen und Autor der *Wanderjahre*, ans Herz legte und den jungen, den Stürmer und Dränger und Autor des *Werther*, weitgehend vorenthielt. Doch es war der Gedanken- und Schriftentausch mit Carlyle, der G.s Konzeption der ↗Weltliteratur beförderte.   DF

Entelechie, das von Aristoteles Energie genannte Kraftzentrum eines jeden Wesens, das nach vorgegebener Gesetzmäßigkeit organisiert ist und sich auf ein bestimmtes Ziel hin entwickelt, von G. fast synonym zum Begriff ↗Monade verwendet: »Jede Monas ist eine Entelechie, die unter gewissen Bedingungen zur Erscheinung kommt« *(MuR)*. Die Vorstellung von der Entelechie als etwas, das unabhängig von Materie und Zeit existiert, steht in engem Zusammenhang mit G.s

Glaube an eine ↗Unsterblichkeit: »Jede Entelechie ist nämlich ein Stück Ewigkeit, und die paar Jahre, die sie mit dem irdischen Körper verbunden ist, machen sie nicht alt« (↗Erlösung). Doch G. erkennt eine Hierarchie der wirkenden Kräfte, für die er auch den Ausdruck Seele benutzt, und meint, daß – wie in seinem Fall – nur eine »Entelechie mächtiger Art« kräftig genug ist, »ihr Vorrecht einer ewigen Jugend fortwährend geltend zu machen« (Eckermann, 11.3.1828).   DF

Enthusiasmus charakterisiert ganz wesentlich die emphatische Natur-, Kunst- und Liebesempfindung im ↗Sturm und Drang. Insofern zeichnet er auch viele der Figuren v.a. in G.s Frühwerk aus: Werther etwa ergeht sich enthusiasmiert in der Natur, in der er findet, was ihm fehlt, Wilhelm Meister nimmt enthusiastisch am Theatergeschehen teil. In seinen autobiographischen Texten schreibt G. sich selber eine große Portion Enthusiasmus zu: Seine Shakespeare-Wahrnehmung sei von solcher Begeisterung getragen worden (*DuW*, 11. Buch), mit anfänglichem Enthusiasmus habe er Schillers unvollendet gebliebenes *Demetrius*-Projekt aufgreifen wollen (*TuJ.* 1805). G. benutzt den Begriff auch im Sinne politischer Entflammbarkeit für eine Idee (*TuJ.* 1804) und definiert ihn als Begeisterung für ein Neues, Fremdes, das die Ahnung, die Verweisung auf etwas Höheres enthalte.   BJ

Entsagung: Die Fähigkeit, nein sagen zu können; der bewußte, gelegentlich schmerzliche Verzicht auf etwas zugunsten von etwas anderem, von G. keineswegs nur als christlich-asketisches Mönchsideal im Sinne eines Ausscheidens aus der Welt verstanden; auf den eigenen ↗Bildungstrieb, auf das eigene Bildungsgesetz vertrauend, mit zunehmendem Alter G.s immer stärker in die Nähe von Resignation rückend. Programmatisch hat G. *Wilhelm Meisters Wanderjahren* im Titel *oder Die Entsagenden* hinzugefügt. Wilhelm Meister gibt seine dilettantischen Versuche am Theater auf und will Wundarzt werden. Die Ottilie der *Wahlverwandtschaften* verzichtet auf ihre Liebe zu Eduard und will sich anderen pädagogisch nützlich machen. In dem Sonett *Reisezehrung*, ursprünglich mit dem Titel *Entsagung*, beklagt der (männliche) Sprecher zunächst, daß er auf den »Glanz der Blicke« (der Frauen), auf das gute Essen und den Wein, den Schlaf und die gute Gesellschaft verzichten soll, aber er gewinnt dafür seine innere Ausgeglichenheit (»So kann ich ruhig durch die Welt nun reisen«) und führt etwas Unentbehrliches, Unschätzbares mit sich –

Liebe. Programmatisch fordert G. in *Dichtung und Wahrheit* (16. Buch) zur inneren Beharrlichkeit auf: »Unser physisches sowohl als geselliges Leben, Sitten, Gewohnheiten, Weltklugheit, Philosophie, Religion, ja so manches zufällige Ereignis, alles ruft uns zu, daß wir *entsagen* sollen […]. Diese schwere Aufgabe jedoch zu lösen, hat die Natur den Menschen mit reichlicher Kraft, Tätigkeit und Zähigkeit ausgestattet«.   BL

Entwicklung: Ein Aphorismus der *Maximen und Reflexionen* stellt ein Schema auf, das auf der einen Seite Vernunft-Werden-Entwicklung, auf der anderen Verstand-Gewordenes-Festhalten zusammendenkt; in einem weiteren ist vom Kampf »des Alten, Bestehenden, Beharrenden mit Entwicklung, Aus- und Umbildung« die Rede. Entwicklung ist für G. Entstehen durch Verdichtung, es ist Gestaltwerdung, um nach dem Gesetz von ↗Polarität und ↗Steigerung durch die Prozesse der Auflösung, Umstülpung, Verwandlung zu einer anderen, neuen, immer vorübergehenden Gestalt zu werden (↗Metamorphose). Dieses Gesetz gilt nicht nur für Figuren in G.s Romanen, es gilt allgemein für Biographien (*Urworte Orphisch*), also auch für G.s eigenes Leben (*DuW*) und ebenso für die Metamorphose der Pflanzen, Tiere und Gesteine, schließlich auch für die Dichtung, denn auch das Entstehen eines Kunstwerks stellt G. unter die Gesetze des Entwicklungsgedankens.   AV

Eos, Figur aus dem Festspiel *Pandora*, die rosenfingrige Göttin der Morgenröte. Sie steigt jeden Morgen aus der Tiefe des Meeres auf und liebt alles Schöne und Jugendliche. Nachdem in dem Festspiel die menschlichen Gegensätze in eine ausweglose Situation geführt haben, ermöglicht ihr Auftritt die Versöhnung – eine Versöhnung, zu der die Menschen allein nicht in der Lage sind.   WM

Ephemerides: Lektüreauszüge, Lektürelisten – vor allem der französischen Literatur; Kurzrezensionen, flüchtige Eindrücke, Anekdoten, Aphorismen, Bibelzitate, Shakespeare-Anklänge, dichterische Pläne, Okkultes nach dem Paracelsus: Dies alles sammelt G. von Januar 1770 bis Ende 1771 in einer 34 Seiten umfassenden Handschrift tagebuchähnlich. Die Tagebücher selbst setzen erst 1775 ein.   BL

Epigramme. Nach einer Blütezeit im Barock wird das Epigramm in der Aufklärung geradezu zu einer Modegattung. In der Tradition des römischen Satirikers Martial bestimmte Gotthold Ephraim Lessing das Epigramm als Form der knapp zugespitzten, geistreich-satirischen Aussage über Personen sowie philosophische, literarische, gesellschaftliche und politische Sachverhalte. Lessing schrieb in formaler Vielfalt, oft gereimte, witzige, ironische Epigramme mit pointierender Schlußwendung. Erst Friedrich Gottlieb Klopstock dichtete wieder Epigramme im antiken Versmaß des elegischen Distichons.

G. nahm in seiner eigenen epigrammatischen Dichtung diese Traditionslinien auf, orientierte sich jedoch insbesondere an Johann Gottfried Herders historischer Bestimmung der Gattung, die den Akzent stärker auf das Verständnis des Epigramms als nachdenkliches oder belehrendes Sinngedicht legt. Der antiken Verwendung des Epigramms als Inschrift kommt eine Reihe von Epigrammen am nächsten, die G. im Frühjahr 1782 für Steine und Büsten der Parks von Weimar, Tiefurt und Gotha verfaßte. Ein Teil dieser Epigramme – auf Persönlichkeiten, als Grabspruch, auf Natur und Landschaft – ist heute noch erhalten. Im Frühjahr 1785 wurde G. durch Herders Übersetzungen aus der *Anthologia Graeca* und durch dessen *Anmerkungen über das griechische Epigramm* zu weiteren Gedichten angeregt. Ergänzt durch wenige Texte aus den 90er Jahren erschien die Gruppe dieser Epigramme in stark antikisierendem Ton, die zumeist in elegischen Distichen, vereinzelt auch in Hexametern verfaßt sind (↗Versmaß, klassisches), erstmals in der Werkausgabe von 1815 unter dem Titel »Antiker Form sich nähernd«. Darunter sind wenige ironische oder satirisch zugespitzte Epigramme, wie das mit »Entschuldigung« überschriebene: »Du verklagest das Weib als schwanke von einem zum andren!/Tadle sie nicht, sie sucht einen beständigen Mann.« Einer der Höhepunkte von G.s epigrammatischer Dichtung sind die *Venezianischen Epigramme*, in denen der satirische Aspekt der Gattung stärker zum Ausdruck kommt. Satire und Polemik sind dann jedoch das Hauptmerkmal der gemeinsam mit Schiller verfaßten *Xenien*, die nicht nur einen starken satirischen Ausschlag im Werk beider Autoren markieren, sondern ein in der deutschen Literatur einzigartiges zeit- und literatursatirisches Unternehmen darstellen.

Neben Epigrammen im antiken Versmaß schrieb G. zeitlebens kurze epigrammatische Spruch- und Sinngedichte mit wechselnden Versmaßen und Reimen (*Spruchdichtung; Zahme Xenien*). Mit besinnlicher oder witzig-ironischer Lebensweisheit, Kritik und Selbstkritik, häufig in pointierter Zuspitzung, ist diese Gruppe ein Sammelbecken verschiedenster lyrischer Themen und Einfälle, wie das mit »Spruch, Widerspruch« überschriebene kleine Spottgedicht: »Ihr müßt mich nicht durch Widerspruch verwirren! Sobald man spricht, beginnt man schon zu irren.« IW

Epik, episch: In den *Noten und Abhandlungen zu besserem Verständnis des West-östlichen Divans* charakterisiert G. sehr anschaulich den Darstellungsstil dieser ersten der »Naturformen der Dichtung«: »Das Homerische Heldengedicht ist rein episch; der Rhapsode waltet immer vor, was sich ereignet erzählt er; niemand darf den Mund auftun, dem er nicht vorher das Wort verliehen, dessen Rede und Antwort er nicht angekündigt«. In dem gemeinsam mit Schiller verfaßten kleinen Aufsatz *Über epische und dramatische Dichtung* ist der Epiker derjenige, der im Gegensatz zur vollständigen Gegenwärtigkeit des Dramas »die Begebenheit als vollkommen vergangen vorträgt« vor einem ruhig zuhörenden Publikum. Gegenstand der Epik ist die »persönlich beschränkte Tätigkeit« des »außer sich wirkenden Menschen: Schlachten, Reisen, jede Art von Unternehmung, die eine gewisse sinnliche Breite fordert«. Der epische Erzähler, der Rhapsode, schreite erzählend rückwärts in eine entfernte Welt, die er als weiser Mann gänzlich überschaut; er verstehe es, das langmütige Interesse des Hörers zu erregen, bei dem er einzig an die Einbildungskraft appellieren solle. Der Epiker müsse sich ganz zurückhalten aus seinem Gedicht, ganz von seiner Persönlichkeit abstrahiert solle »nur die Stimme der Musen« erklingen. BJ

Epilog zu Schillers Glocke: Nekrolog auf Schillers Tod am 9.5.1805, entstanden Ende Juli 1805, Erstdruck im *Taschenbuch für Damen auf das Jahr 1806*; diese Fassung wurde in der Folge mehrmals variiert. G.s *Epilog* bezieht sich auf Schillers bis heute weithin bekanntes Gedicht *Das Lied von der Glocke*, das in seinem *Musenalmach für das Jahr 1800* erschienen war. An dessen Schlußzeile »*Friede* sei ihr erst Geläute« knüpft G. mit seinem Epilog direkt an. Aus dem »friedenreichen Klange« wird jedoch das Totengeläute für den Freund. Das Gedicht spiegelt weniger G.s tiefe Erschütterung und das Gefühl der Vereinsamung, es ist vielmehr als offizielle Totenklage für die Weimarer Gesellschaft und ein weiteres Publikum zu sehen. Einige nicht ganz geglückte oder allzu bemühte Wendungen zeigen die schwierige Balance zwischen persönlicher Betroffenheit und ihrem öffentlichen Ausdruck. Schiller wird gewürdigt als Ausnahmemensch, der trotz physischer Schwäche große Leistungen vollbrachte, er wird gerühmt als Historiker, Dramenautor, kritischer Geist und Humanist, der die Leitworte der deutschen Klassik in seinem

Werk verwirklichte. Als feierlicher Aussagemodus dient hier die komplizierte Strophenform der Stanze, die G. besonders lyrischen Aussagen vorbehielt (so im Gedicht *Zueignung* und in der *Zueignung* zum *Faust*). Der *Epilog* wurde bei einer Gedächtnisfeier zu Ehren Schillers am 10.8.1805 in Lauchstädt nach einer dramatischen Lesung der *Glocke* vorgetragen; ein von G. geplantes Totenfestspiel blieb Fragment. IW

Epilog zum Trauerspiele Essex: 1813 wurde *Graf Essex* von John A. Banks in Weimar wieder aufgenommen. Das Stück handelt von Königin Elisabeths Liebe zu Essex, den sie in tragischem Irrtum als Verräter hinrichten läßt. Die Darstellerin der Königin, Amalie Wolff, bat G., den Schluß aufzuwerten. In dem höchst raffinierten Epilog, eigentlich einem Schlußmonolog, läßt G. die Königin noch einmal ihre ganze Verstrickung, Größe und Einsamkeit entwickeln: das barocke Thema der herrscherlichen Vanitas in klassischer Vollendung. NH

Epimeleia, Figur aus dem Festspiel *Pandora*, »die Fürsorgende«, Tochter der ↗Pandora und des ↗Epimetheus, bei dem sie aufwächst. Sie verkörpert das Los des Schönen in der Welt, dessen bloßes Erscheinen heftiges Begehren hervorruft. G. zeigt ihren Kampf mit ↗Phileros, dem Sohn des ↗Prometheus, der nur durch göttliches Eingreifen beendet werden kann. WM

Epimenides Erwachen, Des: Festspiel, entstanden 1814 im Auftrag von August Wilhelm Iffland für eine festliche Theateraufführung zur Feier der Rückkehr des Preußenkönigs Friedrich Wilhelm III. nach dem Sieg über die Franzosen und ↗Napoleon. G. lehnte das Ansinnen zunächst ab, machte sich dann aber doch an die Arbeit, die er nur 4 Wochen später abschloß. Erst am 30.3.1815 fand die erste Aufführung unter der Leitung von Karl Friedrich Moritz Paul Graf von Brühl, einem ehemaligen Schüler G.s, statt. Der Zeitpunkt war nicht günstig, die veränderte politische Situation, Napoleons Flucht von Elba, hatte den Anlaß historisch überholt. So blieb der Erfolg aus.

G. versetzt Epimenides, der im Mythos 57 Jahre in einer Höhle verschlafen hat und »dadurch die Erhöhung seiner Seherkraft gewonnen habe« (so das Programm, das G. an Iffland sandte) in einen zweiten, gottgewollten Schlaf und läßt ihn erst im vorletzten Auftritt wieder erwachen. Die allegorische Darstellung der historischen Bewegung wird in 4 Stationen gezeigt, die auf eine höhere Stufe von Versöhnung führt:

1.) Frieden, 2.) Krieg und Zerstörung, 3.) Überdeckung der Folgen, 4.) Selbstbefreiung, die Natur und Kultur wieder vereinigt. Die Einrahmung durch die Figur des Epimenides macht daraus ein Spiel im Spiel. Nach seinem Erwachen übernimmt er die Inszenierung der anschließenden Siegesfeier, entschleiert die Einigkeit, und wendet seinen Blick in die Zukunft, die erfrischt und erneuert aus der Geschichte hervorgeht.

In der Idee einer harmonisch versöhnten Weltverwandlung verschwindet der konkrete Anlaß. So entstand ein Werk, das weder die Patrioten befriedigte noch die Freunde der Dichtkunst. G.s Enttäuschung über das Unverständnis führte ihm seine eigene Isolation als Künstler vor Augen, obwohl er die Schwächen bei der Realisierung seiner Ideen einsah. Er selbst verteidigte mit großem Engagement die Arbeit, sorgte für eine weitere Aufführung in Weimar am 7. und 10.2.1816, die Drucklegung erfolgte im selben Jahr.   WM

Epimetheus, Figur aus dem Festspiel *Pandora*. Im Mythos der jüngere Bruder des ↗Prometheus, der trotz dessen Warnungen ↗Pandora zur Frau nimmt und mit ihr Pyrrha, die Stammutter des Menschengeschlechts, zeugte. G. nimmt den sprechenden Namen »der Nachdenkende« ernst. Er zeigt den von seiner Frau Verlassenen als gebrochenen Mann, der nicht mehr in der Lage ist, in der Gegenwart zu leben, tätig zu sein. Aus der Vergangenheit und der Erinnerung schöpft er kraftspendende Bilder, die seine Hoffnung auf die Zukunft und eine mögliche Wiederkehr Pandoras richten.   WM

Epoche: G. benutzt den griechischen Begriff einerseits in seiner Ursprungsbedeutung: Er bezeichnete im Griechischen das besondere Ereignis, das einen Einschnitt im Zeitablauf bedeutet. So betitelt G. etwa das 16. der *Sonette* von 1807/08 mit dem Begriff Epoche, um die einschneidende Begegnung, die der Gedichtzyklus insgesamt gestaltet, zu benennen. Viel häufiger aber bezeichnet Epoche im Sprachgebrauch G.s einen Zeitabschnitt, der sich vom vorhergehenden und dem folgenden abhebt: als erdgeschichtliche Zeit, als literatur- oder kunstgeschichtliche Periode. Angesichts der mittelalterlichen Kunst Italiens notiert er am 25.–28. 3.1790 ins Tagebuch: »Beyspiele von dem schlimmsten Geschmack der mittleren Zeiten, ja so gar der völligen Kunst- und Handwerks[un]fähigkeit der mittlern Epoche würden sich hier aufweisen lassen«. Die großen Zeitabschnitte der Menschheitsgeschichte, aber auch kleinere Abschnitte des einzelnen Lebens sowie die Entwicklungsstadien etwa der pflanzlichen Gestalt faßt G. ebenfalls unter dem Begriff der Epoche.   BJ

Epos, vor Lyrik und Drama die erste der »Naturformen der Dichtung« entsprechend einer Formulierung aus den *Noten und Abhandlungen zu besserem Verständnis des west-östlichen Divans* – wobei G. hier eher an den Gestus der literarischen Gattung insgesamt als an den einzelnen Text gedacht hat. Das Epos oder die Epopöe ist ein episches Gedicht in sechshebigen Versen, sog. Hexametern; vorbildlich sind Homers *Ilias* und *Odyssee* sowie Vergils *Aeneis*, die Form wurde durch Dante und Tasso in der italienischen Renaissance wiederbelebt. G. selber schrieb Epen: *Hermann und Dorothea* und *Reineke Fuchs*, als Epenfragmente sind *Die Geheimnisse* und die *Achilleis* überliefert. Das *Nausikaa*-Epos, zu dem G. durch sizilische Eindrücke angeregt worden war (vgl. *IR*, 8.5.1787), kam über die Idee nicht hinaus.   BJ

Erdbeben von Lissabon: »Durch ein außerordentliches Weltereignis wurde jedoch die Gemütsruhe des Knaben zum erstenmal im tiefsten erschüttert. Am ersten November 1755 ereignete sich das Erdbeben von Lissabon, und verbreitete über die in Frieden und Ruhe schon eingewohnte Welt einen ungeheuren Schrecken. Eine große prächtige Residenz, zugleich Handels- und Hafenstadt, wird ungewarnt von dem furchtbarsten Unglück betroffen. Die Erde bebt und schwankt, das Meer braust auf, die Schiffe schlagen zusammen, die Häuser stürzen ein, Kirchen und Türme darüber her, der königliche Palast zum Teil wird vom Meer verschlungen, die geborstene Erde scheint Flammen zu speien: denn überall meldet sich Rauch und Brand in den Ruinen. Sechzigtausend Menschen, einen Augenblick zuvor noch ruhig und behaglich, gehen mit einander zugrunde, und der Glücklichste darunter ist der zu nennen, dem keine Empfindung, keine Besinnung über das Unglück mehr gestattet ist. Die Flammen wüten fort, und mit ihnen wütet eine Schar sonst verborgener, oder durch dieses Ereignis in Freiheit gesetzter Verbrecher. Die unglücklichen Übriggebliebenen sind dem Raube, dem Morde, allen Mißhandlungen bloßgestellt; und so behauptet von allen Seiten die Natur ihre schrankenlose Willkür« (*DuW,* I.1).

Wie kein anderes Naturereignis des 18.Jh.s hat das große Erdbeben von Lissabon auf die optimistisch gestimmten europäischen Zeitgenossen, u.a. auf Voltaire und Kant, eingewirkt und den Glauben an das Walten der Vernunft in Natur und Geschichte erschüttert. Das von Leibniz entworfene Bild einer prästabilisierten Weltharmonie und eines vernünftigen geschichtlichen Fortschritts war zerbrochen, der Glaube an die »beste aller möglichen Welten« ad absurdum geführt. G. näherte sich infolge dieser Erschütterung innerlich der alttestamentlichen Vorstellung vom grausamen, willkürlich den menschlichen Hochmut strafenden Gott an und übertrug die Erfahrung des unberechenbaren Nebeneinander von Gut und Böse, von Recht und Unrecht nicht nur auf das zweite große Jahrhundertereignis, die ↗Französische Revolution, sondern noch im hohen Alter auf die ↗Julirevolution von 1830. Angesichts der zerstörerischen Kräfte des Natürlichen und des Revolutionären war an eine neutestamentlich verbürgte Versöhnung von Mensch und Welt, Welt und Gott für G. nicht zu denken. Gleiches gilt für das Erdbeben von Messina, durch das vom 5. bis 7.2.1783 Hunderte von Menschen umkamen und die Stadt fast völlig zerstört wurde (*IR*, Mai 1787).

BL

Erdgeist: G.s Schöpfung in der *Faust*-Dichtung (vor v. 460; vor v. 107 im *Urfaust*) im Anschluß an Naturspekulationen des 16. bis 18.Jh.s. Vorgestellt wird eine allumfassende magische Gewalt, die das Ganze des Kosmos (nicht nur die Erde) schaffen, gestalten und zerstören kann - eine kraftbeseelte Urmaterie; teilweise auch einfach als das Prinzip Natur verstanden. Der Erdgeist ist der Geist von Menschheits- und Naturgeschichte: »So schaff' ich am sausenden Webstuhl der Zeit/Und wirke der Gottheit lebendiges Kleid.« (v. 508f.) Von Faust zu konkreteinzeln begriffen, etwa im Sinne eines Elementargeistes, und deshalb mißverstanden. Faust wähnt sich gottgleich, aber der Erdgeist weist ihn darauf hin, daß er ihm als Mensch nicht im mindesten gleiche. GG

Erfahrung s. Empirie

Erfinden/Entdecken: Literarisches Motiv v.a. in der *Faust*-Dichtung; Faust strebt, nachdem die traditionelle Wissenschaft nichts Neues mehr bietet, mit theoretischer Neugierde zu Entdeckungen jenseits des Bekannten, zur Auffindung geheimer Naturgesetze. Das ↗Papiergeld, das im *Faust II* auf die nicht gehobenen Bodenschätze ausgegeben wird, ist eine der zentralen Erfindungen des Helden. G. selbst nahm größten Anteil an vielerlei Erfindungen und Entdeckungen seiner Zeit: Luftschiff, Eisenbahn, Telegraphie und Dampfmaschine - deren soziale und psychologische Konsequenzen ihm aber durchaus ambivalent bzw. problematisch erschienen (↗Maschinenwesen). BJ

Erfurt: Bis 1802 Territorium des Erzbistums Mainz, treuhänderisch von dem Freiherrn Carl Theodor von Dalberg (1744-1817) verwaltet. Zahlreiche Aufenthalte G.s in Erfurt sind verzeichnet (Geleithaus), Dalberg machte häufige Gegenbesuche in Weimar. 1806-1813 war Erfurt Eigentum Napoleons, der dort 1808 auf dem Höhepunkt seiner Machtentfaltung den Erfurter Fürstentag abhielt und G. Audienz gewährte.

BL

Erfurter Fürstentag. Vom 26.9.-18.10.1808 hielt sich Napoleon in Erfurt auf, um vor allen versammelten - unter sein Protektorat gezwungen und damit dem ↗Rheinbund angehörigen - Königen und Fürsten sein Bündnis mit Zar Alexander, also der Großmacht Rußland, mit großem Aufwand öffentlich zu bekräftigen (zu Repräsentationszwecken war aus Paris eigens die Comédie française angereist). G. war von Carl August - auch Sachsen-Weimar war Mitglied des Rheinbundes - zur Teilnahme eingeladen worden und besuchte die gesellschaftlichen Anlässe genauso gern wie die allabendlichen Theatervorstellungen. Inmitten des Trubels und »dieser Fluth von Mächtigen und Großen« (an Zelter, 30.10.1808) fand der damalige Herrscher der Welt mehrmals Gelegenheit, mit G. zu plaudern und ihn gar einen »homme« zu nennen, was dieser seinem Kaiser nie vergessen sollte (und worüber er in seiner späten Aufzeichnung *Unterredung mit Napoleon* berichtete). DF

Ergo Bibamus! *Hier sind wir versammelt*, entstanden März 1810, erschienen 1811 in Carl Friedrich Zelters *Gesänge der Liedertafel*, von G. aufgenommen in die Rubrik *Gesellige Lieder* der *Werke* von 1815. Der Trinkspruch wird hier als Refrain eingesetzt, der als »Ergo bibamus« oder »bibamus« zwölfmal wiederholt wird und so dem Lied seinen fröhlich-mitreißenden Charakter verleiht. Zelter berichtete vom spontanen Erfolg des von ihm vertonten Liedes bei seiner Berliner Liederrunde. In der Folge wurde es vor allem als lustiges Studentenlied rezipiert, doch vermittelt es gemäß seiner ursprünglichen Bestimmung für kultivierte Kränzchen und Tischgesellschaften auch Lebensweisheit im Grundton einer heiteren Gelassenheit. »Ergo bibamus« ist Kommentar zu allen Wechselfällen des Lebens und der Liebe: »Was sollen wir sagen zum heutigen Tag?/Ich dächte nur: Ergo bibamus!« G. selbst hat dieser Lebensweise zeitlebens gehuldigt (↗Trinkgewohnheiten G.s). IW

Erhaben ist, »was formlos, oder zu unfaßlichen Formen gebildet, uns mit der Größe umgeben muß, der wir nicht gewachsen sind« (*DuW,* 6. Buch). Die von Nicolas Boileau 1674 übersetzte Schrift *Peri hypsos* (*Vom Erhabenen*) eines spätantiken, Pseudo-Longinos genannten Rhetorikers regte die lebhafte Diskussion des 18.Jh.s um die ästhetische Kategorie des Erhabenen an, welches vom Schönen zwar streng unterschieden, dennoch stets gleichzeitig behandelt wurde (Burke, Kant). Unter dem Einfluß Rousseaus, der sich mit der Erhabenheit der Natur beschäftigt hat, erfährt die ästhetische Kategorie bei G. eine Erweiterung ins Philosophisch-Religiöse, ist doch für ihn die Kunst, wenn sie so genannt werden darf, ganz Natur (Shakespeares Werke, das Straßburger Münster). Das Erhabene – das Unfaßbare oder »Ungeheuere« der Natur (*DuW,* 9. Buch) – löst im Menschen ein Gefühl aus, das G. geradewegs als schönste »Gottesverehrung« bezeichnet (6. Buch), und das ihm sogar das Entstehen der griechischen Mythologie erklärt, da der Mensch hier »das Erhabene auf eine erfreuliche Weise gewahr« wurde (*Fl,* Zur Geschichte der Urzeit).   DF

Eridon, Figur aus *Die Laune des Verliebten*

Erinnern, Erinnerung: Über die geläufige Begriffsverwendung hinaus steht das Erinnern (als elementares menschliches Vermögen) zum Zeichen schöpferischer Bewahrung, der lebhaften Vergegenwärtigung bedeutender Lebensmomente und Erfahrungen, die der Vergangenheit angehören. Im Alter spricht G. der Kraft der Erinnerung darüber hinaus eine beschwörerische Schutzfunktion gegen die wachsende Einsamkeit zu. So hat G. bei der Verabschiedung der von ihm verehrten Pianistin Maria Szymanowska am 4.11.1823 nach einem Bericht des Kanzlers v. Müller dem sehnsüchtig nostalgischen Rückblick eine vehemente Absage erteilt: »Es gibt kein Vergangenes, das man zurücksehnen dürfte; es gibt nur ein ewig Neues, das sich aus den erweiterten Elementen des Vergangenen gestaltet, und die echte Sehnsucht muß stets produktiv sein, ein neues Beßres erschaffen«.   FT

Erinnerung: *Willst du immer weiter schweifen?* Entstanden 1777/78, Erstdruck in *Schriften* 1789. Die Lebensweisheit vom Festhalten des naheliegenden Glücks, ein frühes Beispiel für G.s ↗Spruchdichtung, ist ein bis heute beliebter Eintrag in Poesiealben.   IW

Erklärung eines alten Holzschnittes vorstellend Hans Sachsens poetische Sendung: *In seiner Werkstatt,* entstanden Anfang 1776, Erstdruck im *Teutschen Merkur* 1776. G.s Beschäftigung mit dem Nürnberger Meistersinger Hans Sachs (1494–

1576) reicht zurück in die Frankfurter Zeit und gehört in den Kontext der Aufwertung des Mittelalters und der frühen Neuzeit durch den Sturm und Drang. Die altdeutsche Vorstellungswelt, wie sie auch im *Urfaust* gestaltet wird, findet in diesem langen Gedicht in ↗Knittelversen einen überzeugenden Ausdruck. Durch das Auftreten der vier allegorischen Figuren Ehrbarkeit, Historie, Narr und Muse wird die Weihe von Hans Sachs zum Meistersinger inszeniert. G. nutzt so ältere Dichtungsweisen zur Darstellung der älteren Epoche.   IW

Erkenntnis ist neben Erfahrung (↗Empirie) und ↗Anschauung einer der wichtigen Begriffe in G.s Auffassung der sinnlichen und verstandesmäßigen Aneignung der Welt. Im Anschluß an Herders Betonung der Subjektivität formulierte G. in der *Rede zum Shäkespears Tag* 1771 emphatisch: »Ich! Da ich mir alles bin, da ich alles nur durch mich kenne!«; in *Von deutscher Baukunst* (1772) werden ›erkennen und erklären‹ sogar als begrifflich-rationaler Zugang zur Welt denunziert und den sinnlich-intuitiven Begriffen ›schmecken und genießen‹ gegenübergestellt. Während beim jungen G. der Zugang zur Welt radikal als subjektive Erkenntnis aufgefaßt wird, setzte G. spätestens seit der Reise nach Italien an deren Stelle die Vermittlung objektiver Kenntnis und subjektiver Ahnung. Im Bereich der Naturwissenschaft zunächst erschien ihm die exakte Kenntnis des Tieres, der Pflanze notwendig, um von der Oberfläche des Phänomens tiefergehend zur Erkenntnis etwa seiner inneren Gesetzlichkeit zu gelangen (↗Urphänomen). Diese Form der Erkenntnis läßt sich in die Ästhetik übersetzen: Der Stil ruhe »auf den tiefsten Grundfesten der Erkenntnis, auf dem Wesen der Dinge, insofern uns erlaubt ist, es in sichtbaren und greiflichen Gestalten zu erkennen« (*Einfache Nachahmung der Natur, Manier, Stil*). Hier deutet sich schon an, daß G. die menschliche Erkenntnisfähigkeit für (notwendig) begrenzt hielt: »Nicht alles Wünschenswerte ist erreichbar, nicht alles Erkennenswerte erkennbar« (*MuR*). Gleichzeitig aber konstatierte er bei seinen Zeitgenossen als gleichsam anthropologische Bestimmung sowie als Verfahrensfehler herkömmlicher Naturwissenschaft eine Erkenntnisungeduld, die er als grundsätzliche Behinderung klarerer Erkenntnis kritisierte: »Es ist eine Eigenheit dem Menschen angeboren und mit seiner Natur innigst verwebt: daß ihm zur Erkenntnis das Nächste nicht genügt; da doch jede Erscheinung, die wir selbst gewahr werden, im Augenblick das Nächste ist und wir von ihr fordern können, daß sie sich selbst erkläre, wenn wir kräftig in sie dringen. Das werden aber die Menschen nicht lernen, weil es gegen ihre Natur ist; daher die Gebildeten es selbst nicht lassen können, wenn sie an Ort und Stelle irgendein Wahres erkannt haben, es nicht nur mit dem Nächsten, sondern auch mit dem Weitesten und Fernsten zusammenzuhängen, woraus dann Irrtum über Irrtum entspringt« (*Wj*, II: *Betrachtungen im Sinne der Wanderer, Versuch als Vermittler von Object und Subject*). BJ

Erlebnislyrik: Der Begriff Erlebnis, den Wilhelm Dilthey in *Das Erlebnis und die Dichtung* von 1906 als Modus der künstlerischen Erkenntnis bestimmte, wurde in einer biographischen Deutungstradition trivialisiert zur Vorstellung einer Einheit von Leben und Literatur. Im Aufspüren von konkreten Erlebnissen und Personen aus der Biographie des Autors wurden Erklärungsmuster für ein Gedicht gefunden. Ausgehend von den ↗ Sesenheimer Liedern verband sich der Begriff Erlebnislyrik besonders mit der Lyrik G.s. Die neuere Forschung stellt die literarhistorisch epochale Bedeutung, die G.s neue Art zu dichten in der Tat darstellt, in einen weiteren kultur- und mentalitätshistorischen Kontext. In der zweiten Hälfte des 18. Jh.s wird Lyrik zum Ausdruck des neuen bürgerlichen Kunstverständnisses mit seinem emphatischen Anspruch, eine individualisierte, subjektzentrierte Selbst- und Welterfahrung unmittelbar in Literatur umsetzen zu können.

Damit wird der Literatur die Funktion zugewiesen, Beglaubigung der neuen bürgerlichen Gefühlskultur zu sein. Das Ich, das sich im Gedicht nicht mehr in einer vorgegebenen rhetorischen Sprechhaltung, sondern im je spezifischen Originalton des ↗ Genies ausspricht, scheint die Trennung zwischen Leben und Kunst, zwischen Autor und Leser zu verwischen. Im 7. Buch von *Dichtung und Wahrheit* datiert G. die Anfänge dieser Art zu dichten bereits in die Leipziger Studentenzeit und begründet sie mit der Notwendigkeit, »alles in mir selbst zu suchen« und »dasjenige was mich erfreute oder quälte, oder sonst beschäftigte, in ein Bild, ein Gedicht zu verwandeln«. In Straßburg steigert sich diese Neigung zur Einheitserfahrung von Ich, Natur, Liebe und Poesie. Dieses mentalitäts- und literarhistorische Novum gibt den Gedichten des jungen G. ihre spezifische Emphase und Dynamik. In *Mailied* und *Willkommen und Abschied*, die dieses neue Lebensgefühl am überzeugendsten vermitteln, zeigt sich jedoch zugleich der Grad an Stilisierung, der erforderlich ist, um das Erlebnis in »ein Gedicht zu verwandeln« und den ästhetischen Eindruck einer unvermittelten und un-

verstellten Aussprache des Ich zu erzeugen. Das Erlebnis des jungen G., der Ritt von Straßburg nach Sesenheim, ist nur der Auslöser für eine kunstvolle Formarbeit, durch die erst Johann Gottfried Herders Anspruch verwirklicht wird, der Dichter solle die Sprache der Empfindungen sprechen. Das entscheidende ›Erlebnis‹ dieser jungen Dichtergeneration des ↗ Sturm und Drang ist die überindividuelle Erfahrung, Dichtung und insbesondere Lyrik zum Medium einer modernen, bürgerlichen Subjektivität zu machen, sich aus ständischen und religiösen Fixierungen zu lösen beginnt. IW

Erlkönig: *Wer reitet so spät*, entstanden und publiziert 1782 im Singspiel *Die Fischerin*; als eigenständiges Gedicht gedruckt 1789 in den *Schriften*. Die Ballade wurde angeregt durch Johann Gottfried Herders Übersetzung der dänischen Volksballade *Erlkönigs Tochter* (Herder übersetzte das dänische Wort eller = Elfe irrtümlich als Erle), in der eine Tochter des Elfenkönigs versucht, einen Bräutigam am Vorabend der Hochzeit zu verführen und ihm nach seiner Weigerung den Tod bringt. G.s Gedicht bewahrt die Verführungsthematik, reduziert aber weitgehend das weibliche Element und gestaltet so ein männliches Psychodrama. Mit »wohl«, »sicher«, »warm« wird das Gefühlsklima der bürgerlichen Familie beschrieben, deren Schutzraum der Vater zu garantieren hat. Dieses sichere Terrain wird jedoch mit dem nächtlichen Ritt verlassen, und der Sohn sieht sich Gefährdungen ausgesetzt, die in der magischen Weltsicht des Kindes als menschliche Gestalten phantasiert werden. Dies entspricht einer vormodernen magischen Belebung der Natur, wie sie in der Volks- und Kunstballade immer wieder gestaltet wurde (↗ *Der Fischer*). In den mittleren Strophen entfaltet sich ein Konzert verschiedener Stimmen, die verlockende Rede des Erlkönigs, der Hilfsappell des Sohnes und die vergeblichen rationalen Erklärungsversuche des Vaters. Die Verführungsangebote des Erlkönigs zeigen, daß der Sohn an der Schwelle von der Kindheit zur Pubertät steht. Regressive, kindliche Elemente überwiegen noch, aber im »wiegen und tanzen und singt dich ein« der Töchter ist ein erotischer Oberton schon hörbar. In der rätselhaften Rede des Elfenkönigs: »Ich liebe dich, mich reizt deine schöne Gestalt;/Und bist du nicht willig, so brauch' ich Gewalt« verstärkt sich diese Stimme jedoch zur beängstigenden Überwältigung, die auch homoerotisch gedeutet werden kann. In der lapidaren Erzählerrede der letzten Strophe wird nur noch der Tod des Kindes und die Hilflosigkeit des Vaters konstatiert, dessen patriarchaler Schutz wir-

24

XVII. Der Erlkönig.

Etwas langsam und abentheuerlich.

Wer reit't so spät durch Nacht und Wind? Es ist der Va-ter mit seinem Kind; er hat den Knaben wohl

in den Arm, er faßt ihn si-cher, er hält ihn warm.

Mein Sohn was birgst du so bang dein Gesicht? —
Siehst Vater du den Erlkönig nicht?
Den Erlenkönig mit Kron und Schweif? —
Mein Sohn es ist ein Nebelstreif. —

Du liebes Kind, komm' geh' mit mir,
Gar schöne Spiele spiel' ich mit dir,
Manch' bunte Blumen sind an dem Strand,
Meine Mutter hat manch gülden Gewand. —

Mein Vater, mein Vater, und hörest du nicht
Was Erlenkönig mir leise verspricht? —
Sey ruhig, bleibe ruhig Kind,
In dürren Blättern säuselt der Wind. —

Willst feiner Knabe du mit mir gehn?
Meine Töchter sollen dich warten schön,
Meine Töchter führen den nächtlichen Reihn,
Und wiegen und tanzen und singen dich ein. —

Mein Vater, mein Vater, und siehst du nicht dort
Erlkönigs Töchter am düstern Ort? —
Mein Sohn, mein Sohn, ich seh' es genau,
Es scheinen die alten Weiden so grau.

Ich liebe dich, mich reizt deine schöne Gestalt,
Und bist du nicht willig, so brauch ich Gewalt! —
Mein Vater, mein Vater, jetzt faßt er mich an!
Erlkönig hat mir ein Leids gethan.

Dem Vater grauset's, er reitet geschwind,
Er hält in Armen das ächzende Kind;
Erreicht den Hof mit Müh und Noth;
In seinen Armen das Kind war tod.

Göthe.

»Der Erlkönig« von Goethe, »in Musik gesetzt« von Corona Schröter

---

kungslos war. Der Gegensatz von vernünftiger väterlicher Welterklärung und Phantasietätigkeit des Sohnes erlaubt es, die Ballade als volksliedhafte Einkleidung des Konflikts zwischen Aufklärung und Sturm und Drang zu lesen. Im Gedicht versagen beide Kräfte, die väterliche Rationalität ebenso wie die an eine väterlich-männliche Gestalt gebundene sexualisierte Phantasie. Nicht zuletzt die Schlußstrophe, die dieses doppelte Scheitern bilanziert, wurde in der breiten Rezeption der Ballade, ihrem vielfältigen Rezitieren immer wieder ironisch verfremdet. Die parodistischen Zitate, die in die Alltagssprache eingegangen sind, dienen vielleicht dazu, den bis heute befremdlichen und bedrohlichen Charakter der Ballade zu entschärfen. IW

Erlösung: Faust ist auf seinem Weg vom verzweifelten Professor zum zynischen Weltherrscher durch Blut gewatet und über Leichen gegangen, ohne ein einziges Mal Schuld zu empfinden, ohne die Spur von

Reue. Für einen solchen Fall hat die christliche Eschatologie den Ort ewiger Verdammnis vorgesehen. G. aber führt seine Erlösung vor Augen, indem er den alt- und neutestamentarischen und den katholischen Bilderschatz der italienischen Renaissance als Folie benutzt und seine metereologischen Erkenntnisse des Atmosphärischen und der Wolkenbewegung zu Bildträgern der Erlösung macht. »Wer immer strebend sich bemüht,/Den können wir erlösen« (v. 11936 f.) meint zunächst das Genus Mensch und nicht Faust selbst; mit »erlösen« ist nicht schon »Erlösung« selbst gemeint – Engel sind nicht imstande dazu –, sondern »loslösen« »von der Erde Druck« (v. 11973). Die Aufwärtsbewegung, die dem traditionellen Bild vom Aufstieg der Seele nach dem ↗ Tod in den Himmel vor den Richterstuhl Gottes folgt, führt G. seinen atmosphärischen Vorstellungen entlang, wie er sie in *Wolkengestalt nach Howard* und in dem Gedicht *Howards Ehrengedächtnis* dargestellt hat, der unteren Region (Pater profundus), dem Stratus; der mittleren Region

(Pater seraphicus), dem Kumulus, der oberen Region des Kumulus (Chor seliger Knaben); der höheren Region (Engel schwebend) des Zirrus, der sich in die Unendlichkeit des Weltraums (Mater gloriosa in den höheren Sphären des unendlichen Kosmos, die dem christlichen Gott am nächsten steht) verflüchtigt.

Diese von Erlösung in ↗Entelechie übergegangene Bewegung (↗Metamorphose) bleibt offen wie das im unendlichen, sphärischen Raum nicht mehr gültige euklidische Parallelenaxiom: »›Du schwebst zu Höhen/Der ewigen Reiche‹ und weiter bis zu deren ›Komm! Hebe dich zu höhern Sphären‹ am Ende. Aber da endet es nicht. Wo G. ›Finis‹ schreibt, beginnt, was sich dem Blick entzieht und der Sprache verweigert« (Albrecht Schöne). Der zum Menschen herabgestiegene Christus nimmt das Kreuz für den sündigen Faust nicht auf. Er tritt erst garnicht in Erscheinung. Nicht der neutestamentarische Gedanke der Erlösung von der Erbsünde also bestimmt den G.schen Horizont von Erlösung durch einen auf dem Richterstuhl inthronisierten Gott, sondern eine an den Gedanken von Polarität und Steigerung orientierte ↗Theodizee, einer geheimnisvoll offen gelassenen, allumfassenden Liebe, die als natürliche Gewißheit in Anspruch genommen und dem auf Fausts finale Bewegung durch den immateriellen Kosmos aufmerksamen Zuschauer/Leser als solche vermittelt wird. BL

Ernst/Spiel: Im »ernsten Spiel«, wie G. in *Der Sammler und die Seinigen* (1799) schematisch darstellt, dringt der Mensch zum »vollkommenen Kunstwerk« vor, trennt er dagegen Ernst und Spiel voneinander, indem er es »zu ernst, streng und ängstlich« nimmt oder »zu spielend, leicht und lose«(ebd.), dann bleibt er in nachahmendem Kleinkünstlertum stecken oder im manieristischen, endlosen Skizzieren. AV

Erotik bzw. die Darstellungen des Erotischen in G.s Werk hat man noch Anfang des 20.Jh.s als ästhetisch bzw. psychologisch bedingt zu legitimieren versucht. Es ist deshalb nicht verwunderlich, daß G. sich bereits zu Lebzeiten mit Publikationen wie den *Venezianischen Epigrammen* oder den – erst ab 1799 *Römische Elegien* genannten – *Erotica Romana* den Vorwurf der Sittenlosigkeit einhandelte, obwohl die anstößigsten Stellen wie die Beschreibung der »Freuden des ächten nacketen Amors« von ihm selbst unterdrückt wurden. Diese hatte G. in Italien und bei Christiane Vulpius, seinem »kleinen Eroticon« (an Herder, 10.8.1789), kennengelernt, in Jugendwerken (und -briefen) beschränkte sich dargestellte Erotik –

abgesehen von Zotig-Obszönem wie in *Hanswursts Hochzeit* – noch auf Blicke, Küsse, Annäherungen und Phantasien in schlaflosen Nächten, wobei nicht immer auszumachen ist, ob G. eigene Erfahrungen im Bereich der Sexualität verwertete oder sich nur in die Tradition von literarisch Vorgeformtem wie galanter Dichtung, Anakreontik, Farce oder Fastnachtsspiel stellte und Verbalerotik betrieb. An erotischen Alterswerken sind besonders *Das Tagebuch. 1810* (erst posthum veröffentlicht, behandelt das lyrische Ich doch die »Grillen« seines Geschlechtsteils) und der *West-östliche Divan* hervorzuheben, der sowohl die verspielte Erotik des Hafisschen Vorbilds aufgreift, als auch von der Liebesbeziehung zu Marianne von Willemer beeinflußt ist. DF

Erscheinung: »Man suche nur nichts hinter den Phänomenen: sie selbst sind die Lehre« (*MuR*), entgegnete G. den Philosophen, die eine von der Erscheinung der Dinge losgelöste bzw. abstrahierte ↗Idee derselben ausmachen zu können glaubten. Für G. fielen beide in eins, oder besser: Im Anschauen der Gegenstände war für ihn auch gleichzeitig deren Erkenntnis mitgegeben. Daher ist der Erscheinung höchste Bedeutung beizumessen, garantiert sie doch das Eindringen in ansonsten unzugängliche Wissens- oder Erfahrungsbereiche. Nur so kann G. behaupten: »Das Schöne ist eine Manifestation geheimer Naturgesetze, die uns ohne dessen Erscheinung ewig wären verborgen geblieben«(*MuR*). DF

Erwin und Elmire, Singspiel, G.s Libretto-Erstling, der ihn über mehrere Umarbeitungsphasen von 1773–1787 beschäftigte. »Wir gedenken Morgen Abend vor einer kleinen Gesellschaft bey verschlossenen Thüren Ihre Operette, Erwin und Elmire, zu spielen. Die Herzogin weiß nichts davon, und wir hoffen, ihr eine kleine Freude damit zu machen.« So schrieb Luise von Göchhausen im Juni 1796 an G. und mochte die Vertonung der Herzogin gemeint haben, die seit ihrer ersten Aufführung im Mai 1776 mehrfach vom ↗Liebhabertheater realisiert worden war. Der G.sche Text gehörte damals bereits zu den auffallend häufig vertonten deutschen Singspiellibretti. Nach der ersten Vertonung von Johann André (1775) hatten sich vor allem in den 1780er Jahren einige Komponisten des Stoffes angenommen und selbst Ernst Wilhelm Wolf, Amalias Hofkapellmeister, legte 1780 eine Version vor. Die zweite, in Italien vorgenommene Textfassung (1787) ist 1790 von Johann Friedrich Reichardt in Musik gesetzt worden, dessen Lied »das Veilchen« vor der W. A. Mozartschen Fas-

Demoiselle Huber als Elmire in Goethes Singspiel »Erwin und Elmire«

sung überaus populär wurde. Zur ersten Niederschrift des Textes war G. 1773 durch die Romanze von *Edwin und Angelina* im 8. Kapitel von Oliver Goldsmiths Roman *The Vikar of Wakefield* angeregt worden. Anders als in der Vorlage, in der es um Probleme des Ständestaates und Standesdünkel gegangen ist, erzählt G. von einem Paar »von gutem Hause«. Es hat sich voneinander entfernt, Erwin lebt in einer Einsiedelei, und beide finden in einem Prozeß der Selbsterkenntnis und Läuterung wieder zueinander. G. suchte zu einer psychologischen Profilierung der handelnden Personen zu gelangen und entwickelte ein Konzept, das sich weit von den üblichen Rollen- und Handlungsklischees des damaligen Singspiels abhob.
GBS

Erzählen, Erzähler: G. benutzt den Begriff im Sinne von mitteilen, berichten, darstellen, schildern, v.a. aber im Sinne einer poetischen Darbietung von Erfundenem. Im 10. Buch von *Dichtung und Wahrheit* thematisiert G. sein ererbtes Talent: »Mir war von meinem Vater eine gewisse lehrhafte Redseligkeit angeerbt; von meiner Mutter die Gabe, alles, was die Einbildungskraft hervorbringen, fassen kann, heiter und kräftig darzustellen, bekannte Märchen aufzufrischen, andere zu erfinden und zu erzählen, ja im Erzählen zu erfinden«. Der Erzähler ist der Schöpfer einer ganz eigenen Welt, einer, »der die Welten wie Mauern aufbaut, wenn er Sonne und Mond festhält, wenn er bald seinen Volksgott bald die Tiere [...] redend einführt« (*Noten und Abhandlungen zu besserem Verständnis des West-östlichen Divans*).   BJ

Erziehung: In Abhandlungen oder zeitkritischen Stellungnahmen äußert sich G. kaum zu Erziehungsfragen der Zeit, an versteckteren Stellen im Werk dagegen ist von Erziehung oft und nachdrücklich die Rede. Die Erziehung ↗Ottilies in den *Wahlverwandtschaften* wird akribisch beschrieben und in ihrer Entwicklung verfolgt. Ottilie will schließlich selbst Erzieherin werden; beide *Wilhelm-Meister*-Romane haben Erziehungsfragen zum Inhalt. Erziehung ist für G. die Ausbildung von Fertigkeiten, dabei sollte Abwechslung herrschen, die nicht zerstreut. Tätigsein und das Lernen aus Irrtümern gehören zur Erziehung, im Üben und in wohlwollend harmonischer Umgebung siedelt G. die Idee der Erziehung an. Höhepunkt G.scher Erziehungsvorstellungen ist die *Pädagogische Provinz* in *Wilhelm Meisters Wanderjahren* – wenngleich die dortige pädagogische Utopie nicht ironisch ungebrochen präsentiert wird. In *Makariens Archiv* wird mit Schärfe die Rolle des Lehrers für den Schüler geschildert: »In der Schmiede erweicht man das Eisen, indem man das Feuer anbläst und dem Stabe seine überflüssige Nahrung nimmt; ist er aber rein geworden, dann schlägt man ihn und zwingt ihn, und durch die Nahrung eines fremden Wassers wird er wieder stark. Das widerfährt auch dem Menschen von seinem Lehrer.«   AV

Es ist gut: *Bei Mondenschein im Paradeis*, entstanden am 24.5.1815, Erstdruck im *West-östlichen Divan*. Die für den *Divan* typische Schöpfungspoesie, wie sie beispielsweise in *Wiederfinden* in ausdrucksvollem lyrischem Pathos gestaltet ist, findet hier ihren Ausdruck in einer Parabel in heiterem Erzählton. Mit dem Titel spielt G. auf die mehrmals wiederholte Formel der Genesis an: »Und Gott sah, daß es gut war«, die im abschließenden »und siehe da, es war sehr gut« ihr Resümee findet. Der Schöpfungsakt, der im Gedicht Jehovah mit besonderer Befriedigung erfüllt, ist die Erschaffung des ersten Menschenpaares, Adam und »Evchen«: »›Gut!!!‹ rief er sich zum Meisterlohn./Er ging sogar nicht gern davon.« Diese heitere Schöpfungsszene wird in der zweiten Strophe kommentiert; in leichtem Ton wird einer der Grundgedanken des *Divan* ausgesprochen, die Vergöttlichung des Menschen durch die Liebe: »Dich halten dieser Arme Schranken,/Liebster von allen Gottesgedanken.« IW

Eßgewohnheiten: G. aß zeitlebens gern und gut, meist auch reichlich (»Auch frisset er entsetzlich viel«, Jean Paul, 17.6.1798). Geprägt durch die »feinen Schmäusen« des Elternhauses, die gute Küche seiner Thüringer Wahlheimat schätzend, entdeckte G. kulinarisch Neues auf Reisen, galt seinen Zeitgenossen recht bald schon als Genießer und Feinschmecker, der wie der Wiener Theaterdichter Franz Grillparzer vermutete, »mitunter etwas Schlechtes schrieb, nie aber etwas Schlechtes aß«. Aufgrund von Lebens- und Finanzverhältnissen standen G. Nahrungsmittel vom Einfachsten bis zu Luxuswaren zur Verfügung: Frische Seefische, Muscheln, Hummer, Austern, Kaviar, Schokolade, Trüffel, Olivenöl, alles vom Feinsten. Die G.sche Küche belieferten u.a. die herzogliche Wildpretniederlage, die Hoffischerei und die Hofgärtnerei. G.s Art zu essen war zeittypisch. Er wußte um den Unterschied zwischen Alltagskost und Gastmahlen, Herren- und Gesindeessen, Fasten- und Festtagsspeisen, genoß vorzüglich Produkte der Jahreszeit, auch heutzutage Vergessenes: Hopfenkeimchen, Kohlsprossen, Rapontica, Meerkohl, Bricken, Krammetsvögel, Kiebitzeier, Schnepfen, Auerhahn. Aß G. in jungen Jahren wie es sich ergab – oft nebenbei –, wurden ihm mit zunehmendem Alter regelmäßige Mahlzeiten so unverzichtbar wie ein wohlorganisierter Tagesablauf. Durch bewußtes Essen und Diäten suchte er Wohlbefinden und Schaffenskraft zu befördern, aß zu Mittag ausgiebig, abends, wenn überhaupt, Obst, selten eine Suppe, »ich muß mich abends in Acht nehmen und esse also nichts« (an Christiane, 19.1.1802). Zum Frühstücksgetränk, morgens gegen 6 Uhr, verzehrte G. Zwieback, Weißbrot, Gebäck, zum Frühstück am Vormittag meist kalte Küche: »geräucherte Zunge, kalte Beefsteaks, auch sonstige Cotelettes, kleines Gebackenes, gehacktes Fleisch [...] könnte mir wohlgefallen« (an Ottilie, 12.6.1820).

Ein alltägliches Mittagsmahl bestand aus Suppe, Fleisch, Gemüse, Fisch, Braten und Nachtisch. Waren Gäste geladen, wurde die Anzahl der Essen erhöht, Besonderes aufgetischt: »herrliche Artischocken aus Frankfurt« (Kanzler von Müller, 30.8.1827), »delikate Froschkeulen« (Eckermann, 1.3.1828), »ein prächtiger Indian mit Trüffel« (Odyniec, 25.8.1828). G.

liebte Krebse, Ilmforellen, Rheinlachs, Zander, Wild, Geflügel, Weintrauben, Feigen, Birnen, Artischocken, Märkische Rübchen, Spargel, mochte Gänseleberpastete, Kohl mit Kastanien, Weinschaum, Ananasgelee, Schweizer Käse und vieles mehr.

Von G. genossene Gerichte sind in Fülle bekannt: Taubensuppe, Rebhuhnpastete, warmer Krautsalat, Gelee von Feldhühnern z.B., einige Speisefolgen erhalten, die Rezepte müssen leider als verloren gelten. Auf Reisen vermißte G. die bis ins Kleinste seinen Gewohnheiten angepaßte Küche des Weimarer Hauses selten, in Jena arbeitend indessen sehr: Verdrießlich war er, weil kein Bissen behaglich zu genießen war: »nur bringt mich leider das Essen beinahe zur Verzweiflung« (an Christiane, 17.4.1810), »nicht weniger ist es eine Tantalische Qual wenn ich an unsere Küche denke und hier ganz nahe Hunger leide« (an Carl August, 8.10.1819). Äußerungen, die belegen: Essen war für G. keine Nebensache. CS

Este, Alfons von, Herzog von Ferrara, kann sich im 1. Akt von *Torquato Tasso* nicht beklagen: Der Hofdichter ↗Tasso hat das langersehnte Gedicht fertiggestellt, und Staatssekretär Antonio hat auf dem Verhandlungsweg das Territorium vergrößert. Dabei vertritt eine durchaus moderne Auffassung von Dichter als Tasso selbst: Dieser definiert sich nur durch die Beziehung zu seinem Mäzen, Alfons dagegen verlangt vom Schriftsteller, daß er sich auch dem modernen Markt stellen müsse. Daß es dann zu Mißstimmigkeit, zum offenen Konflikt, zur Auflösung dieser idealen Konstellation kommt, kann auch der kultivierteste Fürst nicht verhindern. Ein Lehrbeispiel für Herzöge. NH

Este, Leonore von: Schwester des Herzogs von Ferrara. Krankheit und Kunstverstand haben die Prinzessin gleichermaßen kompetent und verletzlich gemacht, so daß sie ↗Tassos Avancen nachgeben müßte, aber nicht kann. Neben Tasso die einzige Person mit einer eigenen Biographie, ist sie die Seele Ferraras. Ihr Unglück bedeutet den Untergang einer Hochkultur. Eine in Aufführungen fälschlicherweise oft altjüngferlich statt intelligent, ergeben statt herausfordernd gezeigte Figur. NH

Ethik: Eine philosophische Lehre moralisch-praktischen Verhaltens verfaßte G. nie im Sinne einer eigenständigen ethischen Schrift; allerdings bilden Überlegungen zur Ethik den Hintergrund zu vielen weltanschaulichen und künstlerischen Konzepten und Projekten. In den *Maximen und Reflexionen* findet sich eine Fülle moralischer Handlungsanweisungen zur Selbsterkenntnis, zu sozialem Handeln und philosophischer Praxis – wenn vereinzelt Maximen einander auch widersprechen können. Vor allem in seiner *Iphigenie* gelingt G. eine literarische Aufarbeitung einer Ethik der ↗Humanität – eine Aufarbeitung, die auch vor der Problematisierung dieser Ethik nicht halt macht. Praktisch das gesamte naturwissenschaftliche Werk G.s ist getragen von einer neuartigen Ethik des Umgangs mit der Natur (↗ *Versuch als Vermittler von Object und Subject*, ↗Empirie), eine Forderung, die heute, angesichts der ungeheuren Naturzerstörung und -mißhandlung, aktueller denn je erscheint, eine ökologische Ethik, in der G. sich als »Grüner« zeigt.   BJ

Ettersberg, bewaldeter Höhenzug, nördlich von Weimar, 478 m ü.NN, erstreckt sich vom westlichsten Punkt, der Hottelstedter Ecke, 8 km nach Osten. »Hausberg« Weimars, Jagdgebiet der Weimarer Herzöge. G. war oft und gern auf dem Ettersberg. »Hier fühlt man sich groß und frei wie die große Natur, die man vor Augen hat [...] Ich übersehe von hier aus eine Menge Punkte, an die sich die reichsten Erinnerungen eines langen Lebens knüpfen« (Eckermann, 26.9.1827). *Wandrers Nachtlied* entstand »Am Hang des Ettersbergs, d. 12. Febr. [17]76«. G. durchstreifte den Wald mit dem Herzog, Dienstliches und Geselligkeit, im Alter Spazierfahrten führten ihn in die Ettersberggegend. Allein, zu Pferde im drohenden Schnee ritt er in den Harz: »Früh gegen 7 ab übern Ettersberg« (*Tb.*, 29.11.1777). »Merkwürdig« in geologisch-mineralogischer Hinsicht war ihm der Muschelkalkberg »wegen dem Vorkommen von manichfachen Versteinerungen fossiler und unkrustierter Knochen- und Pflanzenresten vorweltlicher Geschöpfe« (Akta [...] 1780. Instruktion für den Bergbeflissenen J. C. Voigt). Eine »Instruktion« für den Meteorologen des Ettersberges mit bildlicher Darstellung (14.12.1817 an Carl August) verfaßte G. für die vom Herzog eingerichtete meteorologische Beobachtungsstation. Der Ettersberg war am 6.10.1808 Ort der Hofjagd anläßlich des Erfurter Fürstentags. Ihre Majestäten (Napoleon, Kaiser Alexander von Rußland) und Könige schossen »47 Hirsche, 5 Rehböcke, 3 Hasen und 1 Fuchs.« (Bertuch, 1809). Ab 1815 (18.10.; Völkerschlacht bei Leipzig) jährliche Siegesfeiern des weimarischen Landsturmes. 1937–1945 Konzentrationslager «Buchenwald», seit 1954 Gedenkstätte.   CS

Ettersburg: Dorf am Fuße des Ettersbergs, 9 km nördlich von Weimar. Schloß Ettersburg, bis 1918

Jagd- und Sommerschloß der Weimarer Herzöge: »Altes Schloß«, dreiflügelige Anlage, 1706–12 unter Einschluß von Resten eines Augustiner-Chorherrenstiftes mit Wohnungen für Beamte, Gäste, Bediente des Hofes erbaut. Abschluß nach Süden: »Neues Schloß«, Wohnschloß der herzoglichen Familie, 1723–36 errichtet. In den Jahren 1776–1781 Sommersitz der Herzoginmutter Anna Amalia. »Wir sind nun wieder [...] mit Sack und Pack in unserem lieben Ettersburg«, schreibt die Hofdame Louise von Göchhausen an Frau Rat am 21.5.1779. »Und leben da ferne vom Erdengetümmel/Das seelige Leben der Götter im Himmel« (Wieland/Nachschrift). Einige Sommer Mittelpunkt des geistig-heiter-geselligen Lebens mit Ausflügen, Bällen, Tee- und Punschgesellschaften, Diners, Soupers, Feuerwerk; die «Künste florierten», vor allem Theater und Musik. Es wurde »da geklimpert, gegeigt, geblasen und gepfiffen [...] daß die lieben Engelchen im Himmel ihre Freude daran haben möchten« (Wieland an Merck, 1.8.1779).

Spielstätten des ↗Liebhabertheaters waren der Theatersaal im »Alten Schloß« und die Naturbühne im Park. Aufgeführt wurden u.a. G.s *Jahrmarktsfest zu Plundersweilern* (1778), *Die Laune des Verliebten* (1779), die Prosafassung der *Iphigenie* (12.7.1779), *Die Vögel* (1780), *Das Neueste von Plundersweilern* (1781). G. war häufiger Gast in Ettersburg und einer der Hauptakteure von »Theaterwirtschaft« und Geselligkeit: »Wir haben in frühester Zeit hier manchen guten Tag gehabt und manchen guten Tag vertan. Wir waren alle jung voll Übermut, und es fehlte uns im Sommer nicht an allerlei improvisierten Komödienspiel und im Winter nicht an allerlei Tanz und Schlittenfahrten mit Fackeln« (Eckermann, 26.9.1827).
                                                      CS

Eugenie, Titelfigur aus *Die natürliche Tochter*. In der hohen symbolischen Aufladung des Trauerspiels verkörpert das Mädchen mit dem sprechenden Namen (die Wohlgeborene, die Edelgeborene) die Rolle des die Wandlungen der Zeit überdauernden aristokratischen Ideals. G. charakterisiert ihren vielfältigen Charakter in einem Brief an Marianne von Eybenberg, worin er schreibt, »daß sie sehr jung supponirt ist, und daß ich versucht habe das weibliche, in die Welt aufblickende Wesen, von kindlicher, ja kindischer Naivetät an bis zum Heroismus durch hunderterlei Motive hin und wieder zu führen« (4.4.1803).   WM

Euphorion (der leicht Dahintragende, Leichtfüßige; im griechischen Mythos der Sohn Helenas und Achills, von Zeus durch Blitzstrahl getötet); in *Faust II* der

Sohn von Helena und Faust, ein spring- und tanzfreudiges, den Lüften verschworenes allegorisches Geschöpf (v. 9599 ff.) aus dem Versuch, die Antike mit dem Mittelalter zu verbinden, Genius der Poesie, des Schönen und der Kunst (verwandt mit dem Knaben Lenker und Homunculus); im Unterschied zum mythischen Vorbild ist Fausts Sohn ungeflügelt und stürzt bei dem Versuch, fliegend drohendes Unheil zu erkunden, tödlich ab. – Byrons Tod auf seinem Weg in den Freiheitskampf der Griechen gilt als gestalterisches Movens der symbolischen Fassung dieses romantischen Luftkindes.　　　　　　　　GG

Euphrosyne: *Auch von des höchsten Gebirgs beeisten zackigen Gipfeln.* Die Trauerelegie in Distichen (↗Elegien, klassische ↗Versmaß, klasssisches) wurde am 13.6.1798 vollendet und erschien zuerst in Schillers *Musen-Almanach für das Jahr 1799*. Die Elegie ist Christiane Becker-Neumann gewidmet, einer beliebten Schauspielerin, die seit 1791 am Weimarer Theater tätig gewesen und am 25.10.1797 gestorben war. G. erfuhr vom Tod der erst Neunzehnjährigen während seiner dritten Schweizerreise. Ein imaginärer Dialog mit der Verstorbenen ist das Grundmuster des Gedichts; die Ewigkeit und Gewaltigkeit der Bergwelt tritt in Kontrast zur Vergänglichkeit des menschlichen Lebens, die jedoch durch die Erinnerung aufgehoben scheint. Als Euphrosyne hatte G. Christiane in einer Zauberoper zum letzten Mal auf dem Weimarer Theater gesehen; in dieser Maske erscheint nun die Vision, um an frühere Theaterauftritte und G.s Rolle als väterlicher Freund und Förderer zu erinnern. Bedeutsam ist der Appell Euphrosynes: »Laß nicht ungerühmt mich zu den Schatten hinabgehn!/ Nur die Muse gewährt einiges Leben dem Tod.« G. übernimmt den antiken Gedanken, daß einmal der Trauer vor dem Vergessen bewahrt, daß menschliches Leben nur in der Dichtung Unsterblichkeit erlangt. G. gestaltete seine persönliche Trauer nach dem Muster der antiken Trauerelegie; gemäß dem ästhetischen Programm der Klassik wird durch diese poetische Überhöhung des private Gefühl transformiert zur überzeitlich gültigen humanen Erfahrung.　　IW

Europa, von G. als einheitlicher Kulturkreis im Sinne von Okzident oder Abendland angesehen und als solcher der ↗Orient oder der Neuen Welt gegenübergestellt. »Amerika, du hast es besser/Als unser Kontinent, das alte«, beginnt ein *Zahmes Xenion*, das die europäische Geschichte und Tradition allenthalben als durchaus lästig, vor allem jedoch als zusammenhängend beschreibt. In politischer Hinsicht konnte G. bis

etwa 1806 eine gewisse europäische Einheit erkennen: Riemer gegenüber bezeichnete er Europa als »eine der seltensten Republiken« und als »Ganzes« (14.5.1808). Dadurch, daß Frankreich im Zuge der Revolution zur Republik wurde, sah G. das Gefüge zerstört (was 1806 tatsächlich eintrat, war die Auflösung des Heiligen Römischen Reiches Deutscher Nation). ↗Napoleons Expansionspolitik war Schuld daran, daß Europa »eine andere Gestalt genommen« hatte (*Tuf, 1806*). Dies veranlaßte G. in der Folge, sich verstärkt außerhalb Europas umzusehen, namentlich im Orient und dessen Geschichte und Kultur. Doch im wirklichen Leben hielt G. der Alten Welt die Treue, ganz so, wie er es sich vorgenommen hatte: »Lassen Sie uns denn also, wenn es auch in Europa noch etwas bunter zugehen sollte, gerne in diesem Weltheile verweilen« (an Schiller, 27.1.1798). Auch G.s ↗Weltliteratur-Konzept bezog sich zuallererst auf Europa, wie eine von Willibald Alexis überlieferte Notiz vermuten läßt. Ihm gegenüber sprach G. von »einer allgemeinen europäischen oder Weltliteratur« (12.8.1829).　　　　　　　　DF

Evadne, Hüterin und Erzieherin des Prinzen ↗Elpenor. Sie bereitet das Fest vor, mit dem Elpenor vom Hof der Königin ↗Antiope verabschiedet werden soll und gibt dem Knaben den letzten Rat auf den Weg. Als Vertreterin der Weisheit und des Maßes spricht sie aus, was G. wohl nicht unvertraut war: »Wer alt mit Fürsten wird, lernt vieles und zu vielem schweigen«.　　　　　　　　NH

Evolution, der Gegenbegriff zu ↗Revolution, mit dem G. naturgemäße Entwicklungsvorgänge beschreibt. An die Stelle des gewaltsamen Umsturzes oder Umbruchs setzt er den sanften Übergang, wie er ihn beispielhaft am Wachstum der Pflanze beschrieben hat: In ↗Metamorphosen, die insofern konservativ sind, als sie aus schon existenten Bauteilen neue hervorbringen, zeigt sich der sanfte, gewaltfreie Übergang (*Versuch die Metamorphose der Pflanzen zu erklären*, §51). Evolution als Entwicklungsgeschichte der Lebewesen überhaupt kommt in G.s Untersuchungen zur Pflanzen- und Tiergestalt vielfach in den Blick: Seine Vorstellungen von ↗Urpflanze und morphologischem ↗Typus formulieren eine Metamorphosenlehre in entwicklungsgeschichtlicher Dimension; als Evolutionstheoretiker war G. einer der wichtigsten Vorläufer Darwins, seine Entdeckung des ↗Zwischenkieferknochens beim Menschen bewies, daß alle Wirbeltiere einschließlich des Menschen aus einer Entwicklungsreihe stammten.　　　　BJ

Ewig, das Ewige: In *Dichtung und Wahrheit* setzt sich G. mit Johann Kaspar Lavater und Johann Bernhard Basedow auseinander und bemerkt, daß in diesen beiden Gelehrten aus Ehrgeiz und Ruhmsucht das »Himmlische, Ewige« in ihnen vorschnell unter die Menschen gebracht und damit preisgegeben worden und verlustig gegangen sei (14. Buch). Bei Baruch Spinoza dagegen, mit dem sich G. im 16. Buch beschäftigt, wird gezeigt, wie sich dieser durch philosophische Verinnerlichung langsam, aber fruchtbar zum »Ewigen, Notwendigen, Gesetzlichen« emporentwickelt habe. Im *Faust* (v. 3190 ff.) ist von der ewigen Liebe die Rede, wo Faust durch Gretchen dasjenige erfährt, was, verallgemeinert, in den Schlußversen dieses Werkes wiederkehrt: »Das Ewig-Weibliche zieht uns hinan«.   AV

Ewig-Weibliche, Das, tritt in dieser Formulierung nur in den Schlußversen des *Faust* auf (Chorus mysticus): »Alles Vergängliche/Ist nur ein Gleichnis,/Das Unzulängliche/Hier wird's Ereignis;/Das Unbeschreibliche,/Hier ist's getan;/Das Ewig-Weibliche/Zieht uns hinan.« In diesem Chor über das Verhältnis zwischen dem vergänglichen Menschlichen und dem ewigen Göttlichen kommt dem Ewigen als »Ewig-Weiblichem« eine besondere Stellung zu. Nachdem in der Schlußszene die Liebe als Schlüssel zur Erlösung (v. 11938 f.) und als »allmächtig« (v. 11872) beschrieben wurde, erscheint sie nun in Gestalt der »Mater Gloriosa« (v. 12094 f.) und zieht Gretchen und Faust hinan. Mit seiner umfassenden, pantheistisch-mystischen Geist- und Gottesvorstellung konnte der alte G. am spirituellen Höhepunkt seines *Faust* nicht mehr einen »Herrn« wie am Beginn der Tragödie auftreten lassen, sondern wählte im Gleichnis die »Abstraktion« des Ewig-Weiblichen.   DH

Ewige Jude, Der: Fragment eines Epos in ↗Knittelversen, das G. wahrscheinlich in der ersten Hälfte 1774 projektierte. In *Dichtung und Wahrheit* (15. Buch) berichtet er von seinem »wunderlichen Einfall, die Geschichte des ewigen Juden, die sich schon früh durch die Volksbücher bei mir eingedrückt hatte, episch zu behandeln«. Nur wenige Bruchstücke des *Ewigen Juden* mit insgesamt 289 Versen sind überliefert. Das Vorhaben G.s schließt an verschiedene Motive der vielgestaltigen Überlieferungstradition der Sage an: Der Jude ↗Ahasver, ein Schuster, wird von Jesus zu ewiger Wanderung verdammt, weil er dem Heiland auf dem Weg zum Kreuzeshügel die Rast in seinem Hause versagt hatte. G.s Projekt gehört in die späte Phase seiner Auseinandersetzung mit religiösen Themen und Gegenständen.   BJ

Experiment: »Beim Mittagsmahle erörterte ich mit Schillern die wunderliche Sitte, welche unter seinen Studiosi Einzug erhalten, nämlich mittels einer Pfeife ein süssliches orientalisches Harz abzubrennen, über dessen erheiternde Kraft viel Lob zu hören sei« (*TuJ*). G. reizte daran die Vertiefung seiner chemisch-botanischen Kenntnisse in Gestalt eines naturwissenschaftlichen Selbstversuchs (*Versuch als Vermittler von Object und Subject*, 1792), Schiller hoffte auf eine Verfeinerung seiner mit faulenden Äpfeln in der Schreibtischschublade begonnenen Inspirationstechniken. Die beiden Dichtergiganten rauchten eines Tages in Jena eine »Abart von Hanf«.

G. empfand dabei »ein eigentümliches Gefühl, begleitet von einem tiefen Summen« im Gehirn. Trübe Gedanken seien ihm durch den Kopf geschwirrt wie »kalte Goldfische in einem Glas«. Die beflügelnden Auswirkungen auf die erwartete poetische Einbildungskraft ließen zu wünschen übrig, so begierig die beiden Dichter auch Papier und Feder bereit hielten und auf die herbeigesehnte Inspiration warteten; sie kam nicht: G. gelangen zwei »magere« Sonette, Schiller immerhin einen Balladenanfang: »Ein frommer Knecht war Fridolin/Ergeben der Gebieterin« (*Der Gang nach dem Eisenhammer*). Bei einem herzhaften thüringischen Wurstteller in einem nahen Wirtshaus beschlossen beide Dichter, dieses Experiment mangels greifbarer Ergebnisse nicht fortzusetzen.   AD

Extempore, lat: »aus dem Augenblick«, »aus dem Stegreif«. G. schätze die Äußerung der aus dem Augenblick geborenen Gedanken auf der Bühne nicht: »Indessen ist das Extemporieren bei allen regelmäßigen Theatern höchst verboten und verpönt, weil freilich von jedem Schauspieler und auch von dem Gewandtesten nicht jederzeit die Grenze empfunden wird, wie weit man auf diesem Weg gehen könne« (an C. G. Voigt, 17.3.1807).   WM

Fabel: Obwohl sich die Fabel in den aufklärerischen Literaturen des europäischen 18. Jh.s außerordentlicher Beliebtheit erfreute (La Fontaine, Lessing) und vielfach aus der Aktualisierung antiker und mittelalterlicher Muster ihren besonderen moralistischen, belehrenden Witz bezog, hat sich G. mit dieser Gattung nie ernstlich befaßt, sondern ihr eine satirische Wendung gegeben: So in den *Xenien* im zänkischen Gegeneinander von Fuchs und Kranich, so aber auch in dem Gedicht *Der Adler und die Taube*, in dem sich die himmelstürmende Welt des Genies und die bodenständige Welt des Bürgertums unvermittelt ge-

genüberstehen. Keine klassischen Fabelverläufe also mit einer am Ende für alle Menschen akzeptablen ethischen Quintessenz, sondern eher an epischen Mustern orientierte Darstellungen des Weltzustandes, der nicht weiter verbessert werden kann (⁊ *Reineke Fuchs*). BL

Fabrice, Figur in dem Einakter *Die Geschwister.* Fabrice ist ein Freund des vermeintlichen Geschwisterpaares Marianne und Wilhelm, ist verliebt in Marianne, erklärt ihr und ihrem ›Bruder‹ seine Liebe, sie allerdings möchte bei Wilhelm bleiben. Dieser sieht sich gezwungen, sein wahres Verhältnis zu Mariane aufzuklären, beide gestehen einander ihre Liebe, Fabrice bleibt als dritter enttäuscht zurück. BJ

Fabriken. Gegen Ende des 18. Jh.s, als in Mittelengland der Himmel bereits von Abgasen verdüstert war, mehrten sich auch in Deutschland die Anzeichen, daß es mit der – später so genannten – industriellen Revolution nun bald losgehen werde. Die Veränderung von Handwerks- bzw. Manufakturbetrieben in arbeitsteilig organisierte Massenproduktionsstätten war durch neue technische Errungenschaften wie Dampfmaschine und Gasbeleuchtung möglich geworden, und G. nahm – auch im Rahmen seiner ⁊ amtlichen Tätigkeiten – an dieser Entwicklung interessiert teil, ohne allerdings ihre Dimension wirklich einschätzen zu können (⁊ Maschinenwesen). Seine lebenslang anhaltende »Lust zu ökonomischen und technischen Betrachtungen« wurde bei – vom Elsaß aus unternommenen – Besuchen vergleichsweise hochentwickelter Industriebetriebe im Saarland und in Lothringen erregt (*DuW*, 10. Buch). Wenngleich G.s Augenmerk besonders der Förderung des Bergbaus und der Verwertung der Erze galt, standen bei seinen Reisen Besuche von Porzellan-, Steingut-, Glas-, Chemie- Papier-, Textil-, Strumpf- und Waffenfabriken auf dem Programm, wobei der Erwerb von Know-How für den Aufbau der Wirtschaft Sachsen-Weimars eine Rolle spielte. Eine Auflistung der für das Herzogtum relevanten Fabriken stellte G. in dem Schema *Über die verschiedenen Zweige der hiesigen Thätigkeit* zusammen. Von Industrie im Sinn des 19. Jh.s – und in deren Folge von der sozialen Frage – kann allerdings keine Rede sein; auch die im angeführten Passus der Autobiographie erwähnten »Arbeiter« sind noch nicht die Proletarier bzw. der vierte Stand von Karl Marx. DF

Fahlmer, Johanna (1744-1821), eine Stieftante der Jacobis. Sie wohnte von Juni 1772 bis Herbst 1773 in Frankfurt, wo sie zunächst G.s Schwester Cornelia, nach seiner Rückkehr aus Wetzlar im September 1772 G. kennenlernte und bald dessen Vertraute wurde. In *Dichtung und Wahrheit* (14. Buch) rühmt G. »die große Zartheit ihres Gemüts« und »die ungemeine Bildung des Geistes«. Nach Cornelias Tod heiratete sie 1778 G.s Schwager Johann Georg Schlosser. PO

Falk, Johannes Daniel (1768-1826), Schriftsteller und Pädagoge, ab 1797 in Weimar; Satirisches zu Literatur und Zeitgeschehen, z.B. in seinem *Taschenbuch für Freunde des Scherzes und der Satire* (1797-1803). Durch eine ansteckende Krankheit verliert er 1813 vier Kinder. Der Dichter orientiert sich neu: Aus christlichem Glauben nimmt er verwahrloste Kinder und Waisenkinder bei sich auf, gründet für sie die »Gesellschaft der Freunde in der Not« und 1821 das »Falksche Institut« – ein Beispiel erfolgreicher Sozialpädagogik. Aus seiner Feder stammt das bekannte Weihnachtslied *O du fröhliche* (1816), das er für diese Kinder schrieb. Unmittelbar nach G.s Tod erschien Falks Buch *Göthe aus näherm persönlichen Umgange dargestellt* – seine G.-Verehrung bezeugend. PO

Familienleben: G. wohnte – auch nach den Leipziger, Straßburger und Wetzlarer Aufenthalten – bei seinen Eltern, bis er 26jährig nach Weimar ging. Bereits am Großen Hirschgraben hatten Fremde wie der französische Graf ⁊ Thoranc und der Hauslehrer G.s mit der mehrköpfigen Familie – vier der sechs Kinder starben jung – unter einem Dach gelebt. Bis 1788 führte G. einen Junggesellenhaushalt (oder besser: Er lebte in Wohngemeinschaft mit seinem Diener Philipp Seidel, zeitweilig beherbergte er Peter im Baumgarten sowie Fritz von Stein), dann zog Christiane Vulpius ein, und 1789 kam der gemeinsame Sohn zur Welt (vier weitere Kinder erwiesen sich als nicht lebensfähig). Im Jägerhaus in der Mariengasse und – nach dem Umzug 1792 – im Haus am Frauenplan erweiterten etliche Hausgenossen den Familienkreis (bis 1806 Christianes Tante und Stiefschwester, 1791-1802 Johann Heinrich Meyer, 1803-1812 Riemer und andere mehr, darüber hinaus zahlreiche Bedienstete). 1806 entschloß sich G. zur Heirat mit Christiane, damit avancierte die »nicht eben heilige«

(an Carl August, 18.4.1792) Hausgemeinschaft auch offiziell zur Familie. Der Sohn August heiratete 1817 Ottilie von Pogwisch, das junge Paar bezog die Mansardenwohnung und übernahm die Regelung der alltäglichen Angelegenheiten, auch der des Patriarchen G. Mit den Kindern, die dieser Ehe entsprangen, lebten ab 1818 drei Generationen unter einem Dach.   DF

Familienvermögen: Konnte G.s Vater von den Zinsen und Renteneinkünften seines Erbes und ohne eigene Einkünfte, wenngleich mit beträchtlichem Kapitalschwund, seinen Lebensunterhalt bestreiten, so lebte G. lange Zeit über seine Verhältnisse, deckten sein Einkommen aus dem Gehalt für seine amtlichen Tätigkeiten und seine Honorare keineswegs seine hohen Aufwendungen für seinen Lebensstandard (↗Einkommen G.s). Als er starb, hinterließ er ein nach heutigem Maßstab vergleichsweise bescheidenes Barvermögen, dagegen aber ein beträchtliches Immobilienvermögen (Haus am Frauenplan, Gartenhaus) samt kostbarem Inventar (Mobiliar, Hausrat, Porzellan, Silberzeug, Bibliothek, Sammlungen, schriftlicher Nachlaß).   BL

Farbe: G. unterschied verschiedene Erscheinungsarten von Farben: physiologische Farben im Auge (z.B. Nachbilder), pathologische Farben im Auge (z.B. durch Farbenblindheit), physische Farben (durch materielle Mittel, z.B. Prismen oder Wolken hervor-

Versuch Goethes, den Kopf einer Frau in Komplementärfarben zu malen: »Das Bild eines Mädchens in umgekehrten Farben« - verblüffend modern

gebrachte) und chemische Farben (an/in Körpern). Neben einer physiologischen, sinnlichen Wirkung der Farbe unterschied er die sittliche (moralische) und die ästhetische. Im Gegensatz zur allgemein anerkannten Lehre Newtons, daß im weißen Licht alle Farben enthalten seien, war G. aufgrund seiner eigenen Experimente der Überzeugung, daß Farben immer nur an der Grenze zwischen Licht und Finsternis entstünden, »daß die Farbe zugleich von dem Lichte und von dem, was sich ihm entgegenstellt, hervorgebracht werde« (*Fl, Anzeige und Übersicht*). Newtons Experiment wurde als ein aufs Allgemeine ausgeweiteter Einzelfall kritisiert, bei dem dazu das Resultat wesentlich durch die Versuchsanordnung (Licht als feiner Strahl, verdunkelter Raum, Prisma) verursacht werde.   DH

Farbenlehre, Die: G.s naturwissenschaftliches Spätwerk und Vermächtnis, das er stets als sein wichtigstes Werk betrachtete und an dem er seit 1791 immer wieder arbeitete. Erstdruck 1810.

Ausgangspunkt der Überlegungen G.s ist das ↗Urphänomen der ↗Polarität zwischen Licht und Dunkelheit. An den Grenzen zwischen Licht und Schatten, den Grenzlinien des Trüben, bilde, so G., das Licht Farben aus: Weißes Licht setzt sich nicht, wie Newton behauptet hat, aus den Spektralfarben zusammen, vielmehr erzeugt das lebendige Sonnenlicht des Tages beim Auftreffen auf Grenzlinien die Farben. Grundlage dieser These war u.a. G.s - aus moderner naturwissenschaftlicher Sicht mißverstandener - Blick durch das Newtonsche Prisma, wobei ihm an einer weißen Wand die Grenzlinien farbig erschienen, also am Übergang zum Schatten die Farben erzeugt wurden. Nebenbei untersuchte G. die sogenannten physiologischen ›Nachbilder‹ des menschlichen Auges, die, wie man mittlerweile weiß, auf der komplexen Anordnung der rezeptiven Felder auf der Netzhaut im Auge und in der Sehrinde (einem Gehirnteil an der Schädelrückseite) beruhen: Ohne daß seine Erklärung dieser Phänomene noch Geltung hätte, hat er gleichwohl auf der Ebene der Psychophysiologie des Sehens Fortschritte erzielt.

Der *Farbenlehre* hat G. einen historischen Teil beigestellt, in welchem er die Entwicklung der Farberklärung von der Antike bis in seine Gegenwart nachvollzieht - in enger Verbindung zu den jeweiligen Biographien der Forscher -, darüber hinaus einen polemischen Teil, der sich in schärfster Weise vor allem mit der Newtonschen Erklärung der Farbentstehung sowie seinem Experimentbegriff auseinandersetzt.

Aus rein naturwissenschaftlich-physikalischer Sicht kann G.s Erklärung der Farbentstehung wohl nicht mehr akzeptiert werden; es wäre aber völlig falsch, ihm aus der Perspektive moderner Besserwisserei oder technokratischer Fortschrittsgläubigkeit einen vermeidbaren Irrtum oder Altersstarrsinn vorzuwerfen, indem man die *Farbenlehre* mit falscher Elle mißt. Eher könnte man seinen physikalischen Irrtum als fruchtbar auffassen, insofern er wichtige Fortschritte im Bereich der Erforschung menschlicher Farbwahrnehmung bedeutete.

Gleichzeitig darf der Text der *Farbenlehre* auch noch auf eine ganz andere Art gedeutet werden – nicht zuletzt stammt er ja eben nicht von einem Physiker, sondern von einem Schriftsteller und Dichter. Einer stilistischen, literaturwissenschaftlichen Untersuchung dürfte die Korrektheit von G.s Hypothesen ebenso gleichgültig sein wie die historische Korrektheit der erzählten Ereignisse in einem Roman. So läßt sich nämlich, wie es Albrecht Schöne in seinem 1987 erschienenen Buch über *Goethes Farbentheologie* erfolgreich versucht hat, das ganze Buch aufgrund stilanalytischer und formgeschichtlicher Überlegungen auf beeindruckende Weise neu lesen. G.s Blick durch Newtons Prisma kann als religiöses Erweckungserlebnis interpretiert werden, als Farbbekehrung und Initiationsgeschehen – das G. schlagartig teilhaben läßt an der höheren Wahrheit der Lichtphysik. Der ganze Text der *Farbenlehre* erweist sich als durchsetzt mit religiösen und kirchengeschichtlichen Redeformen, Metaphern, Anspielungen. Die Phänomenologie der subjektiven Lichterfahrung, wie G. sie darstellt, wird dann zur Darlegung einer neuen Dogmatik, sowohl der wissenschaftsgeschichtliche Abriß als auch die Polemik gegen Newton zur »Kirchen- und Ketzerhistorie«. G. trete, so führt Albrecht Schöne aus, mit deutlichen stilistischen Anleihen bei Luther, als Reformator der Optik und Farbenlehre auf, der die reine Lehre gegen den Beschmutzer der Sonne zu verteidigen habe. Das zentrale Dogma: Wie Gott ist auch das Urlicht der Sonne gänzlich unteilbar.   BJ

Färber, Johann Michael Christoph (1778-1844), Bruder von Johann Heinrich David, dessen Nachfolge als Schloßvogt und Bibliotheksschreiber er 1814 in Jena antrat. G. entwickelte eine enge Bindung zu dem Sekretär, den er in mehrere Dienste einbezog. In Färbers Armen starb Friedrich Schiller.   DO

Farnese: alte römische Adelsfamilie, 1731 im Mannesstamm erloschen. Bei seinen Rom-Aufenthalten 1786/87 besuchte G. die Galleria Farnese mit den Fresken von Annibale Carracci, den Farnesischen Garten auf dem Palatin mit seinen Statuen und die Villa Farnesina in Trastevere mit den Fresken von ↗Raffael. G. hat vor allem dessen großes Wandbild »Triumph der Galatea« studiert, von dem er in seiner Graphiksammlung gestochene Reproduktionen besaß.   AR

Farnesina, Villa im römischen Stadtteil Trastevere mit kostbaren Fresken Raffaels und seiner Schüler. Den Freskenzyklus »Geschichte der Psyche« sieht G. bei seinen Besuchen am 18.11.1786 und am 16.7.1787: »Dieser Saal oder vielmehr Galerie ist das Schönste was ich von Dekoration kenne, so viel auch jetzt dran verdorben und restauriert ist« (*IR*, 16.7.1787). Anläßlich der Fresken in der Farnesina lernt G. Raffael erst richtig schätzen.   BJ

Fasanentraum: G. berichtet von diesem Traum, den er 1785 geträumt haben will, an Herder (13.12.1786, 17.2.1787) und Charlotte von Stein (29.12.1786): »Es träumte mir nämlich, ich landete mit einem ziemlich großen Kahn an einer fruchtbaren, reich bewachsenen Insel, von der mir bewußt war, daß daselbst die schönsten Fasanen zu haben seien […]. Diese brachte man mir schockweise ins Schiff, legte sie den Köpfen nach innen, so zierlich gehäuft, daß die langen, bunten Federschweife, nach außen hängend, im Sonnenglanz den herrlichsten Schober bildeten« (*IR*, 19.10.1786). Eine Antizipation der Italienreise und der reichen Erfahrungen und Eindrücke, die G. dort sammelte?   BL

Fastnachts-G.: »Wenn Sie sich, meine liebe, einen Goethe vorstellen können, der im galonierten Rock, sonst von Kopf zu Fuse auch in leidlich konsistenter Galanterie, umleuchtet vom unbedeutenden Prachtglanze der Wandleuchter und Kronleuchter, mitten unter allerley Leuten, von ein paar schönen Augen am Spieltische gehalten wird, der in abwechselnder Zerstreuung aus der Gesellschafft, ins Konzert, und von da auf den Ball getrieben wird, und mit allem Interesse des Leichtsinns, einer niedlichen Blondine den Hof macht; so haben Sie den gegenwärtigen Fassnacht Goethe, der Ihnen neulich einige dumpfe tiefe Gefühle vorstolperte, der nicht an Sie schreiben mag, der Sie auch manchmal vergißt, weil er sich in Ihrer Gegenwart ganz unausstehlich fühlt« (an A. Gräfin zu Stolberg, 13.2.1775).   BL

Fastnachtsspiel s. **Maskenzüge**

»Faust« in der Inszenierung von Claus Peymann. Stuttgart 1977: Faust und Mephisto schließen den Teufelspakt

Faust. Eine Tragödie (Faust I), Entstehungszeit zwischen 1771 und 1806, Erstdruck bei Cotta 1808. Motive und Stoffe der Faust-Dichtungen G.s begründen einen geistig-historischen Horizont, der antike Mythologeme, mittelalterliche Reichs- und Kriegsbilder sowie (früh)neuzeitliche Magie- und Wissenschaftskonzepte in Konfliktfelder einträgt, wie sie die Gesellschaft des 18. und beginnenden 19. Jh.s charakterisieren. Der Herkunft nach eine historische, legendenumwobene Gestalt des frühen 16. Jh.s aus dem Umfeld der ↗ Alchimisten und Zauberkundigen und seit jener Zeit oftmals Gegenstand literarischer Gestaltung, gehört das G.sche Experimentalsubjekt Faust jedoch weitgehend jener moderneren Schicht an. Es sieht sich Konflikten ausgesetzt, die sein Innerstes in Frage stellen, wenn er sich – verzweifelnd an den Grenzen seiner ↗ Erkenntnis-, Erfahrungs- und Wirkungsmöglichkeiten – magischen Kräften verschreibt, um die letzten Geheimnisse des Kosmos zu ergründen (Gelehrtentragödie) beziehungsweise das Glück der uneingeschränkten sinnlich-erotischen Daseinsform zu leben (Gretchentragödie). Thematisch ausgreifend, auf ein »Menschheitsdrama« abzielend, ist die Dichtung dennoch nicht einem globalen, idealistisch geschlossenen Aufbauprinzip verpflichtet. Viel eher entdeckt man in ihr das ästhetische Abbild eines mühsamen, aber unendlich reichen, durchaus disparaten und deshalb auch vielfältig gebrochenen Schaffens- und Repräsentationsprozesses. In ihm spiegeln sich mannigfache Eindrücke und Episoden wider: Aus G.s Kindheit die Lektüre einer der verbreiteten (für Jahrmarkts- und Puppentheater zubereiteten) Bearbeitungen der *Historia von D. Johann Fausten* (zuerst von Johann Spies 1587, um 1590 dramatisiert von Christopher Marlowe), die Erfahrungen des Studenten in Leipzig (Universitätssatire), die Erinnerungen an die verlassene Geliebte (Friederike Brion) und ihr Leid, die Auseinandersetzung des jungen Juristen mit dem Prozeß gegen die Kindsmörderin Susanna Margaretha ↗ Brandt in Frankfurt, nicht zuletzt all jene Eindrücke, Erkenntnisse und Schlußfolgerungen aus den politischen Aufgaben, den naturwissenschaftlichen Forschungen und philosophisch-ästhetischen Reflexionen, die G. in Weimar beschäftigten. Dabei wurden manche Gestaltungsmomente und Ideen gewiß gefördert durch die Begegnungen mit der Antike in Italien. Der Stoff begleitete G. sein ganzes Leben, als Dichter beschäftigte er sich mit ihm von seiner Straßburger Zeit bis kurz vor seinem Tod – die Arbeit oft unterbrechend und sie immer wieder neu in Angriff nehmend wie in einem dialektischen Prozeß, der dem widerständigen Kampf von Form und Inhalt zu folgen hat.

Schiller forderte G. am 23.6.1797 auf, die scheinbar eher lose gereihten Szenen zu einem Werk zu vollenden, indem er sie einer Einheit schaffenden »Vernunftidee« unterwerfe. Diesem, einem besonderen Kant-Verständnis geschuldeten Projekt wollte G. aber nicht folgen. Er wählte eine logisch-ästhetische Kontraposition zur systematischen Einheit, wie sie der Freund forderte, und setzte darauf, daß er die in der Faust-Figur und im Stoff ihrer Weltbegegnung durchgehend angelegten Antagonismen dadurch zu einem dichterischen Ganzen bilden könnte, wenn er ihre dramatischen Energien zunächst dem poetischen Prinzip der Steigerung aussetze. Dieses Prinzip leitet zunächst die Ausgestaltung der »kleinen Welt« von *Faust I* (Gelehrten- und Gretchentragödie). Doch folgt ihm im wesentlichen auch die Bildung jener weit ausholenden »großen Welt«, in die dann *Faust II* einführt. Die strukturelle Grundtendenz des Werks, jene antagonistischen Momente nach Kräften auszuspielen, ist nicht nur in den Dokumenten zu seiner Entstehungsgeschichte umfassend belegt, sondern spricht sich auch prägnant in jedem der drei Vorspiele aus, die den Rezipienten mit dem Werk vertraut machen, dessen Entstehung und Wirkungsmöglichkeit (*Zueignung; Vorspiel auf dem Theater*) lyrisch bzw. szenisch kommentieren und jene Konfliktgrenzen aushandeln, innerhalb deren das Experiment Faust seinen Verlauf nehmen soll (*Prolog im Himmel*): Mephisto bietet dem HERRN eine »Wette« an, er werde Faust von seinem »rechten Weg [...]« abzubringen wissen, wenn ihn selbst frei schalten lasse. Ein Gott wettet logischerweise nicht – und andererseits kann es ihm nicht schaden, wenn er Faust, »solang' er auf der Erde lebt«, dem Geist der Negation ausliefert, dessen Möglichkeiten als Versucher von der Macht des HERRN beschränkt sind. Das Spiel kann beginnen.

Es setzt ein mit Fausts berühmtem Monolog, einem düsteren Resümee des Forschers sui generis, der nur ein Lebensziel kennt: »Daß ich erkenne, was die Welt/ Im Innersten zusammenhält« – und dennoch mit keiner einzigen der etablierten Wissenschaftsdisziplinen auch nur ein Zipfelchen davon erhaschen kann. Tief verzweifelt und voll Ekel vor der Welt der Rationalität wendet er sich der Magie zu, indem er in mystisch-spekulativer Weise mit den Geheimzeichen des Makrokosmos experimentiert und, gescheitert, es

Osterspaziergang: Faust und Wagner, vom Pudel verfolgt: Lithographie von Eugène Delacroix

dann mit der Beschwörung des Erdgeistes versucht, dessen elementarer Gewalt er aber zur eigenen Beschämung nicht gewachsen ist. Die innere Verfassung Fausts unterliegt heftigen Ausschlägen zwischen Depression und Euphorie. Sie treiben ihn bis zum verzweifelten Selbstmordversuch. Österliche Hymnik hält Faust vom letzten Schritt ab, nicht weil er im Glauben wieder Halt finden könnte, sondern weil sich mit jenen Klängen assoziativ Bilder der Jugend und der unbefangenen Begegnung mit der Natur verknüpfen. Eine gewaltige Last ist von ihm abgefallen, der inneren Befreiung folgt der Drang hinaus. »Vor dem Tor« zeigt am Ostersonntag in einem bunten Reigen die einfache und auch selbstgefällige bürgerliche Welt in mannigfaltigen Gestalten und Lebensbildern, der Faust nur mit Distanz begegnen kann. Die Philisterhaftigkeit seines ihn begleitenden »Famulus« Wagner erinnert ihn außerdem daran, daß er zwar der düsteren Gelehrtenatmosphäre entfliehen, aber damit keineswegs innere Ausgeglichenheit finden konnte. Während ihm aus der Verehrung des Volks nur devote Ignoranz und aus den Fragen und der bewundernden Suada des Kollegen nur das Geplapper eines lästigen Wichtigtuers entgegen schallt, kann ein streunender Pudel, der schließlich »magisch leise Schlingen« um die beiden Spaziergänger zieht, durchaus die Aufmerksamkeit des Verdrießlichen gewinnen. Der findet zwar »nicht die Spur/Von einem Geist« am Tier. Im Studierzimmer aber, wo er mit der Übersetzung der ersten Worte des Johannes-Evangeliums (kategoriale Semantik des logos-Begriffs: Wort, Sinn oder Tat?) einen erneuten Zugang zu den letzten Erkenntnissen sucht, muß er bald entdecken, daß er mit dem vierbeinigen Störenfried den Teufel ins Haus eingeschleppt hat. Nach dem ersten Kennenlernen meint der Gast die Schwächen (»Grillen«) Fausts diagnostiziert zu haben, die ihm ein einträgliches Geschäft versprechen könnten. Es kommt zu einem Vertrag: Mephisto stellt alle seine satanischen Fähigkeiten in Fausts Dienste, wenn dieser bereit sei, jenem im Jenseits zu dienen (Teufelspakt; Seelenverkauf). Faust differenziert: Meine Seele nur dann, wenn du mir hier etwas verschaffen kannst, das mir endgültiges Glück zu versprechen, mich vom Drang, stets alles und das Letzte im Reich des Geistes und der Sinne zu erkunden, abzubringen vermag. Es handelt sich also um eine Wette (wie im »Prolog«, eine etwas ungleichgewichtig austarierte, so wie jene zwischen ungleichen Partnern abgeschlossen war). Mit der Schülerszene und einem (nach den Wagner-Episoden) weiteren satirischen Anschlag auf das universitäre Treiben endet die Gelehrtentragödie in dem kleinen Kosmos von *Faust I.* Die bierdumpfe Aufschneiderei und weinselige Larmoyanz der Studenten in »Auerbachs Keller« entstammen Reminiszenzen G.s an seine Leipziger Jahre und sind vorweggenommene Satire auf das Burschenschaftstreiben des 19. Jh.s (vor allem die nationalistischen Sprechblasen im politischen Einheitsbrei). Die Späße mit den derben Zauberstücken gehören aber schon mehr dem Unterhaltungsprogramm an, das Mephisto für den Sinnenmenschen Faust zusammenstellt. Dessen Verjüngung in der »Hexenküche« folgt noch weitgehend den grotesk-komischen Arrangements einer mephistophelischen Inszenierung, die im übrigen Eros eindeutig als Cupido buchstabiert und mit der Rede vom Helena-Bild nur vage auf die *Faust-II*-Thematik vorausdeutet.

Den Rest des »Ersten Teils«, mit der eingeschlossenen »Walpurgisnacht«-Episode fast die Hälfte des Gesamtumfangs, widmete G. den Szenen um Margarethe, deren Dramaturgie von Verführung, sozialer Achtung, Mord, Wahnsinn und Tod durch Henkershand die Rede von einer Tragödie im herkömmlichen und allgemeinsprachlichen Sinn erst begründet. Der verjüngte Faust spricht als weltgewandter, von Skrupeln kaum gehemmter Galan ein sittenstreng erzogenes minderjähriges Mädchen an, das in schamhaftem Rückzug Schutz sucht. Das Selbstbild des Verführers,

der als Movens nur die Begierde und den sexuellen Genuß kennt, beherrscht Fausts Auftreten gegenüber Gretchen, bis er die zum Tod Verurteilte im Kerker wiedertrifft, von Zweifeln in Frage gestellt und zur Einkehr gemahnt nur in der Szene »Wald und Höhle«. Kaum irgendwo gleicht sein Denken, Sprechen, Wollen und Handeln so kongenial dem seines teuflischen Helfers wie in diesen Passagen. Dessen Verführungskünste sind auch schnell bei der Hand: dem Mädchen heimlich unterschobener Schmuck (Gold) und eine Intrige, die den Ort für ein geheimes Stelldichein (Marthes, der Nachbarin, Haus und Garten) beschafft, wo wohldosierte Zärtlichkeiten ihre Wirkung tun können. Nur wenig retardierende Wirkung auf dem Weg in die Katastrophe haben jene Gefühle Fausts, die sich in ihm als Antwort auf die innige, selbstlose Liebe Margarethes regen. Der Drang, sein Ich und dessen Einzigartigkeit gerade in dieser Hingabe und Selbstauslieferung zu spiegeln, ist viel zu mächtig, als daß er auf andere Stimmen in sich hören könnte. So geht er rücksichtslos über Gretchens Seelenkummer (↗Religionsfrage) hinweg genauso wie über das Risiko, daß ihre Mutter stirbt, wenn sie seinem endgültigen sexuellen Triumph im Weg ist.

Sein Ausflug in die ↗Walpurgisnacht-Welt konfrontiert ihn nach dem ›zarten‹ Erlebnis unvermittelt mit den Reizen und auch den abstoßenden Momenten mephistophelisch arrangierter Triebbefriedigung; vor allem aber bewirkt dieser Szenenwechsel in dramaturgischer Hinsicht, daß Gretchen in ihrem Elend einer entsetzlichen, nicht mehr heilbaren Verzweiflung und Einsamkeit entgegengeht. Fausts Rückkehr kann daran nichts mehr ändern – er selbst ist nicht wirklich bereit, sich zu ihr, das heißt, in ihr Elend zu begeben (seine Schuld anzuerkennen), Gretchen aber ahnt deutlicher, daß sie scheinbar dem Wahn Verfallenen zugestanden wird, daß Faust der Welt Mephistos zugeschworen bleibt. Ihre Rettung ist höheren Mächten vorbehalten. Und dieser spezifischen Aufhebung des finalen Konfliktes kommt eine konzeptionelle Klammerfunktion in der Dramaturgie beider Teile der Faust-Dichtung zu, sie findet sich in modifizierter Weise wieder verwendet bei der Auflösung der Schlußproblematik von *Faust II.*   GG

Faust. Der Tragödie zweiter Teil in fünf Akten (Faust II),

Entstehungszeit von 1800, insbesondere von 1825 bis 1831 in verschiedenen Stadien, Erstdruck bei Cotta 1832. Eine »Stimme von oben« verkündete am Ende von *Faust I* zwar Gretchens Errettung vor Verdammnis, doch die Tragödie Fausts blieb damit dennoch offen. Man würde den Untertitel

Der Tragödie zweiter Teil allerdings falsch deuten, wenn man mit ihm eine einfache Fortsetzung jenes Geschehens verknüpfte. Raum, Zeit und Figuren sind weitgehend befreit von den konzeptionellen Bedingungen, welche die innere Begründung der Personen und die Geschehenszusammenhänge in *Faust I* dominieren. Während dort ein modernes Subjekt unter Einsatz seiner ganzen Integrität (und der seiner Mitmenschen) existentielle Grenzüberschreitungen anstrebt, tritt die Perspektive und der Anteil des Personal-Subjektiven in *Faust II* stark zurück zugunsten eines Versuchs, der objektivierten Bildern geschichtlicher, ökonomischer, gesellschaftlicher und ästhetischer Konzepte eine Spielebene verschafft, auf der sich Konflikte in allegorischer Absicht austragen lassen.

Eine »Anmutige Gegend« gibt das Ambiente, in dem sich Faust nach einem Vergessensschlaf wiederfindet, von Gretchen ist nicht mehr die Rede, das grausame Geschehen um ihr Ende habe, so G., eine Paralysierung des Protagonisten nötig gemacht, um das Experiment mit der Reise in die »große Welt« glaubwürdig wagen zu können. Die nimmt standesgemäß ihren Anfang im Thronsaal der »Kaiserliche[n] Pfalz«, der widerhallt von Klagen der politischen Ressortchefs über den Niedergang der kaiserlichen Macht, die desolate Finanzsituation des Reiches und die drohende Zerrüttung der öffentlichen (feudalistischen) Ordung. Da alle, der Kaiser eingeschlossen, in ganz egoistischer Manier nur eine ungetrübte Fortsetzung des Genußlebens am Hof im Blick haben, besteht keine Aussicht auf eine Rettung des Ganzen mit realistischen Mitteln. Nur der neue Narr am Hof, den keiner kennt und niemand nach seiner Herkunft fragt, weiß Rat: Mephistopheles macht seiner Zunft alle Ehre und erfindet das ↗Papiergeld als die grandiose Lösung für alle Probleme. Als Deckung für diese neuen Werte möge man alle jene Schätze nehmen, die man, von der Natur verborgen oder von Menschenhand versteckt, im Boden des Reiches vermuten dürfe. Der Faktor Arbeit ist der Feudalherrschaft nicht bekannt, weshalb sie ihrem neuen Finanzgenie auch dankbar ist, daß er sie davor bewahrt, sich mit seiner Bedeutung für eine solide Finanzwirtschaft befassen zu müssen. Der Hof sieht sich aller Probleme ledig und feiert umso »lustiger das wilde Karneval« (v. 5060). Ein Herold kommentiert die Abteilungen, Masken und Figuren des Karnevalszuges, der nach Vorbildern, wie sie G. von seinem Romaufenthalt (1788; *Italienische Reise, Das Römische Carneval*) und von Abbildungen (Grazzini, Mantegna) vertraut waren, durch den »Weitläufige[n] Saal mit Nebengemächern« geführt wird. Ein allegorisches Panoptikum bietet einen Rei-

gen von Tugenden und Lastern, von Glücks- und Elendsfiguren, alle unter der Dominanz von Überfluß, Reichtum und Glanz, eine facettenreiche Selbstverherrlichung absolutistischer Macht auf höfischer Bühne, bis mit dem Knaben Lenker der Poesie auftritt, die sich der Verfügbarkeit feudalen Zugriffs entzieht. Der Herold weiß deshalb den Knaben nicht zu identifizieren, ebensowenig wie dessen Fahrgast auf dem »prächtige[n] Wagen«, den Gott des Reichtums (in der Gestalt des Plutus tritt Faust in die Hofwelt ein), über dessen Schätze der Kaiser nicht zu verfügen vermag. Dieser, als »Großer Pan« vermummt, beugt sich über das leuchtende Gold in Plutus' Zaubertruhe, seine herabfallende Maske entzündet sich am flüssigen Gold, und er steht plötzlich in Flammen, es »droht ein allgemeiner Brand«, den erst die Zauberkraft Plutus' (Fausts) auslöscht. Der mächtige Kaiser hat sich zu weit vorgewagt an die Quelle geheimer Kräfte. Doch die Begierde ist geweckt, er will nun »Helena und Paris vor sich sehn;/Das Musterbild der Männer so der Frauen« (v. 6184f) – Heroengestalten aus der Ursprungswelt des Gestaltenden und der Kunst. Zu ihr hat Mephisto keinen Zugang, seine Verfügungsgewalt ist auf die Reproduktionskunst und den Abbildhandel in christlich zivilisierten Sphären beschränkt; allerdings hat er den Schlüssel zur Hand, das phallische Werkzeug, mit dem nur Faust den gefahrvollen Zugang zum Reich der Mütter öffnen kann, fremden, »ungekannt[en]« Göttinnen, die allein die Urbilder zu schaffen, wiederzugebären vermögen. Der *Conférencier* Mephisto unterhält das höfische Publikum, bis im Rittersaal bei »dämmernde[r] Beleuchtung« unter bühnentechnischer Mitwirkung von Astrolog und Architekt die multimediale Präsentation der antiken Helden- und Schönheitsgestalten tatsächlich gelingt. Beim Anblick Helenas fällt Faust jedoch doppelt aus der Rolle, verfällt ihr im Moment mit ganzer Leidenschaft und will sie selbst entführen, um sie vor dem klassischen »Raub der Helena« (hier durch Achill) zu retten – eine Explosion wirft ihn zu Boden, die Inszenierung endet im Desaster: so läßt sich die Antike nicht dem Kaiserhof einverleiben.

Im Zweiten Akt versetzt Mephisto den gescheiterten Gefährten zunächst kurzfristig in seine vormalige Gelehrtenwelt zurück, wo sein inzwischen wissenschaftlich arrivierter Mitarbeiter Wagner mit dem Entwurf eines künstlichen Menschen (↗Homunculus, das ›Menschlein‹) experimentiert (während Mephisto in einer Neuauflage der Schülerszene sich satirisch mit aktuellen philosophischen Systementwürfen befaßt). Homunculus besitzt zwar eine Nähe zum dämonischen Umkreis seines »Vetter[s]« Mephisto, doch ist er diesem nicht verfügbar. Ganz dem Tätigsein verschrieben, steht er von vornherein Faust zur Seite (er gehört zu den ebenfalls zwitterhaften Kunstgenien Knabe Lenker und Euphorion) und begleitet jenen in die thessalischen Gefilde der ↗Klassischen Walpurgisnacht (dem Umfang nach ein Stück im Stück), wo die Ursprungswelt des Abendlandes in einer Vielzahl mythologischer Figuren, märchenhafter Motive (»Erzählungen aus Tausendundeiner Nacht«) und symbolischer Bilder zur Anschauung gelangt. Die Wahl des Namens »Walpurgisnacht« ist ironisch zu verstehen und ist Programm eher in dem formalen Sinn, daß hier eine bunte Revue zeit- und gesellschaftsenthobener Kleinszenen frühe naturphilosophische Arché-Programme und klassische Disjunktionsfälle von Schönheit und Häßlichkeit durchspielt. In jener nordischen Nacht beherrscht letztlich die Antinomie von Gut und Böse eine nicht weniger revueartige Szenenfolge – allerdings unendlich fern einer reinen Anschauung des Schönen in Kunst und Natur, während in der antiken Version deren Vereinigung am Ende des Aktes als Vermählung von Homunculus und Galatea in einem Bild gefeiert wird, in dem Auflösung in Schöpfung übergeht.

Der folgende dritte, auch Helena-Akt genannte Teil wurde als einziger zu G.s Lebzeiten veröffentlicht (*Helena, klassisch-romantische Phantasmagorie, Zwischenspiel zu Faust,* 1826). Im Kontext findet sich der Zuschauer unvermittelt im klassischen Sparta vor dem Palast des Menelas (Menelaos) wieder, in den eine verunsicherte Helena aus Troja zurückkehrt, die sich weder das Verhalten ihres Gatten auf der Überfahrt noch die Zeichen zu deuten weiß, die sie in der Burg bemerkt, vor allen anderen die bedrohliche Gestalt der Phorkyas mit ihrer Todesgestik, hinter der sich Mephisto verbirgt. Der versteht die Situation zu nützen und hier die ihm eigenen Verführungskräfte auch erfolgreich einzusetzen: Helena und ihre Frauen seien vom Tod bedroht. So gelingt es ihm, Helena in die beschützenden Arme eines germanischen Heerführers, Fausts, zu treiben, ein epochales Kunststück, begibt sich doch hier die antike Schönheit in die Obhut der nordeuropäischen Neuzeit im mittelalterlichen Rittergewand – allerdings in Sparta, in Griechenland, also am Ort der Entstehung, der Entdeckung des Schönen, dem sich Faust nur nähern, dem er sich nur verbinden kann, wenn er es an seinem Ursprung aufsucht, wenn er erneut zu den Müttern geht, jetzt ohne den Schlüssel zu gewaltsamer Inbesitznahme. Insofern sich Helena, Hilfe suchend, von sich aus dem Mittelalter zuwendet, nimmt das Geschehen in diesem Akt aber von vornherein seinen Lauf auf schwanken-

dem Boden. Zunächst zeigt sich die Heroine ihren Gastfreunden mit der Geste der Herzenskennerin, wenn sie den pflichtvergessenen Turmwärter Lynkeus freispricht, den ja gerade der Anblick ihrer Schönheit verführt hatte. Der idyllischen Vereinigung von Faust und Helena, die im tiefen Vergessen sich von der Welt Menelaos' lösen konnte, folgt die Nachricht Phorkyas-Mephistos, daß dem Paar ein »Knabe« geboren sei, Euphorion, »Nackt, ein Genius ohne Flügel« (v. 9603) und doch ein Wesen, dessen Natur es sei, »zu der luft'gen Höhe« zu springen bis »an das Hochgewölb« (v. 9606). Aus dieser übermütigen Kunst droht ihm aber auch Gefahr für sein Leben: »freier Flug ist dir versagt« (v. 9608). Die Liebe, die nach Helenas Worten »zu göttlichem Entzücken […] ein köstlich Drei« (v. 9701f.) bildet, währt für die unzeitige Familie nur so lange, wie ihr Drittes sich im unwiderstehlichen Drang und Glück des Aufsteigens nicht vergißt und sich und die große Utopie einer Vereinigung von Schönheit aus ihrem Ursprung mit geistgelenkter Macht fernerer Zeiten und Räume zu Tode stürzt. Mit seinem Untergang entschwindet auch »das Körperliche« Helenas. – Der Liebesbund über Räume und Zeiten und Geschichte hin eine »Phantasmagorie«? Phorkyas-Mephisto trägt Euphorions Reliquien, Kleidungsstücke und Lyra (Verweis auf die Figur des Dichter-Sängers und damit auch auf Byron und seinen frühen Tod auf dem Weg in den Freiheitskampf der Griechen), beiseite – und mit ihnen die Insignien der antiken Welt, die nun endgültig den modernen Tätigkeitsfeldern der Vertragsgemeinschaft Faust-Mephisto Platz macht.

Die beiden haben sich nach Norden gewandt, sind auf einem »Hochgebirg« (Vierter Akt) angekommen und überdenken mögliche Projekte. Fausts Wunsch ist es, ein freies Stück Erde am Meer zugesprochen zu bekommen, um es urbar zu machen und dadurch als selbst geschaffenes Eigentum zu erwerben. Mephistos Dienste öffnen dem Kolonisator in spe rasch die richtigen Türen: Der (nicht zuletzt durch die ↗Papiergeldmanipulation) an den Rand des Ruins gebrachte Kaiser sieht sich von einem politischen Widerpart fast schon gestürzt und ist für jede Hilfe dankbar. Mephisto und Faust wissen sie zu beschaffen und haben mit den »drei Gewaltigen« Raufebold, Habebald und Haltefest auch die richtigen Helfershelfer. Nach dem Sieg werden alle die reichlich belohnt, die der Macht immer schon am nächsten standen; und besonders großzügig ausgestattet wird die Kirche, speziell der Erzbischof, damit er über die Sünde hinweghelfen kann, die der König beging, indem er sich zu seinem Sieg offenbar satanischer Mächte bediente. Bei diesem machtpolitischen Schacher fällt schließlich auch das Stück von »des Reiches Strand« an Faust, das dieser sich für seine und seiner Helfer Dienste ausbedungen hatte. Nach dem Durchgang durch solche Niederungen des Handlangertums für politische Hasardeure – die Umschlägigkeit der Szenerie von Griechenland zu diesen Manövern kann kaum extremer sein – ist Faust nun sein eigener Herr auf eigenem Grund. Sein letztes Werk (Fünfter Akt) kann beginnen.

Fausts Landgewinnungsprojekt macht rasche Fortschritte, die See ist zurückgedrängt, Kulturland durch Deiche gesichert und Siedlungen mit einem Hafen haben bereits Gestalt angenommen. Nur die Hütte eines alten Ehepaares (ohne nähere programmatische Verpflichtung von G. nach dem Ovidschen Paar Philemon und Baucis genannt) auf einer Düne stört den herrischen Blick des Kolonisators, der nun im hohen Alter sich im Erworbenen und dem Meer mit Ingenieurskunst Abgerungenen ganz selbst bespiegeln will: Ein Lebenswerk so weit das Auge reicht, von der Idee der Landnahme bis zum letzten Deich, vom Kanal ins Landesinnere bis zum Hafen als Ausgang in die Welt. Für den Mächtigen bedarf es so auch nur der Erwähnung jenes Ärgernisses, beziehungsweise des nebenbei geäußerten Gedankens, die beiden Alten sollten doch mit einer komfortablen Ersatzbehausung ganz zufrieden sein, damit der teuflische Helfer sich gleich ans Handeln macht. Aber auf seine Art: Hütte und Bewohner werden Opfer plötzlich ausbrechender Flammen (↗Hütte/Palast). Wer den Brand gelegt hat, ist nicht zu erfahren, und Rettungsversuche schlagen fehl. Faust ist gerade das letzten Ärgernis in seinem kleinen Kosmos losgeworden, als »vier graue Weiber« bei ihm Einlaß suchen: Mangel, Schuld (wohl im Sinne von debitum – Schulden), Not und Sorge. Für die ersten drei gibt es in diesem Haus eines Reichen nichts zu suchen, die Sorge aber findet sich bei ihm »am rechten Ort« (v. 11422). Er widersteht ihrer düstren »Litanei«, entnimmt dem Vertrauen auf das Ich-gegründete Lebensprojekt seine ganze Stärke und beugt sich nicht, weshalb sie ihn mit Erblindung schlägt, ohne daß ihm dies zu Bewußtsein kommt. Geradezu visionär nimmt er von seinem Sterbeplatz aus die Vollendung seines Projekts vorweg, nach allen Seiten Anordnungen treffend, »Daß sich das größte Werk vollende« (v. 11509). Er verharrt im Irrtum und nimmt, zur Geschäftigkeit antreibend, als Arbeit an seinem Werk, was in Wirklichkeit unter der Anleitung Mephistos der Aushub seines Grabs ist. Ein gespenstisches Widerbild, in dem sich die innere Tragik Fausts zum letzten Mal in aller Drastik ausspricht. Wenn »ENGEL schwebend in der höheren Atmo-

sphäre [...], Faustens Unsterbliches« hinweg tragen, wenn Liebeshymnik die ↗Erlösungsgesten begleiten, dann beginnt spätestens der heftige und offenbar nie endende Streit der Interpreten. Die zuletzt überzeugendste Deutung projiziert das Erlösungsgeschehen in *Faust II* auf die Lehre von der »Wiederbringung aller« *(apokatástasis pantōn)* des Kirchenvaters Origines: »Sie meint eine liebende, versöhnende Rückführung zu Gott, die alles erfaßt, was von ihm ausgegangen war, sich ihm entfremdet hat, von ihm abgeirrt und verlorengegangen ist, selbst die Teufel in der Hölle [...]« (Albrecht Schöne). Umstritten aber bleibt die Frage nach dem Ausgang der Wette zwischen Faust und Mephisto – inzwischen werden sogar Statistiken geführt über die Voten der Interpreten. Dabei liegt die Antwort vielleicht in der ambiguen Gnome der Schlußverse begründet: »Das Unzulängliche,/Hier wird's Ereignis«. GG

Faust historisch: Zwischen 1480 und 1540 hat er, mit Vornamen Johannes, vermutlich gelebt. In Knittlingen (Württemberg) geboren, Schulmeister in Kreuznach, Student der Theologie in Heidelberg, danach als Wunderheiler, Gesundbeter und Astrologe unstet durch Deutschland wandernd, 1513 in Erfurt anzutreffen, 1520 in Bamberg, 1528 in Ingolstadt, 1532 in Nürnberg. Sein plötzlicher Tod gab Anlaß zu dem Gerücht, der Teufel habe ihn geholt. Ein Wandergelehrter, sich selbst als »Quellbrunn der Nekromanten, Astrolog, Zweiter der Magier, Chiromant, Aeromant, Pyromant, Philosophum Philosophorum« bezeichnend. Seine Spezialität: Wiederholung der Wunder Christi. So seine Selbsteinschätzung. Nach dem Urteil seiner Zeitgenossen ein Landstreicher, Schwätzer und Betrüger, ein Schwarzkünstler, ein billiger, lauter Jahrmarktswissenschaftler, der zu den unehrlichen Leuten gehörte und mit den Behörden ständig in Konflikt lag. Der Rat der Stadt Ingolstadt hat ihm am 17.6.1528 auferlegt: »Dem warsager solle befolhen werden dass er zu der statt ausziehh und seinen pfennig anderswo verzere«. Mit anderen Worten: Der hoch gerühmte Dr. Faustus wurde ohne zeitliche Befristung – bei Androhung der Todesstrafe – aus der Stadt verbannt. Die Kommune Nürnberg äußerte sich am 10.5.1532 noch schärfer: »Doctor fausto, dem grossen Sodomiten vnd Nigromantico zu furr glait ab leinen«. Auch dort sollte er sich – nun endgültig – zum Teufel scheren. Die ihm auch in Bamberg angedrohte Tortur, sprich Folterung, die laut Bamberger Halsgerichtsordnung jedem Zauberer und Schwarzkünstler drohte, entsprach den fortschrittlichen theologischen und juristischen Vorstellungen der Zeit. Der verdam-

Praxis Cabulan Nigran Doctoris Joannis Fausti. Handcolorierte Handschrift. Passau 1612

mungswürdige und dem Tod verfallene Delinquent könnte immerhin während der Folter sittlich geläutert werden, solange er am Leben blieb, sein Gewissen reinigen und damit seine christliche Seele retten. Dem historischen Faust ist dieses Kunststück wohl nicht gelungen. Sein Tod bleibt im Dunkeln. Das Faust-Museum in seinem Geburtsort bewahrt sein Andenken.   BL

Faust, juristisch: Er macht sich zahlreicher Vergehen und Verbrechen des Bürgerlichen Gesetzbuchs schuldig: Schwarze Magie, betrügerische Erpressung, Verführung einer Minderjährigen, Totschlag im Affekt, betrügerische Finanzmanipulation, Piraterie, Grund- und Bodenspekulation, Bestechung, Bildung einer kriminellen Vereinigung, Anstiftung zum Mord, Brandstiftung, Ausbeutung von Zwangsarbeitern und einiges mehr. Wo aber kein Kläger ist, ist auch kein Richter (↗Erlösung).   BL

Faustbücher, Fauststücke: Dr. Johannes Faustus ist schon zu Lebzeiten eine Legende gewesen – Begebenheiten um ihn herum sind von Mund zu Mund gegangen. Das erste Faustbuch liegt mit der *Historia von D. Johann Fausten/dem weitbeschreyten Zau-*

berer und Schwartzkünstler/wie er sich gegen dem Teuffel auff eine benandte zeit verschrieben von 1587 vor, offensichtlich von einem strengen Lutheraner geschrieben, der vor intellektuellem Hochmut warnen und zur Bibellektüre insbesondere des *Neuen Testaments*, zur subjektiven, nicht also kanonischen Läuterung anhalten möchte. Es folgt eine Bearbeitung dieses Buchs 1599, das wiederum 1674 neu bearbeitet wird (Johann Nikolaus Pfitzer): *Das ärgerl. Leben und schreckl. Ende des vielberüchtigten Erzschwarzkünstlers Johannis Fausti*, von dem eine Jahrmarktsausgabe gezogen wurde. Wirklich populär geworden ist die Gestalt des Faustus aber durch das Theater – auf dem Umweg über England. Christopher Marlowe mag den Stoff über heimkehrende Wanderkomödianten aufgegriffen haben – jedenfalls entspricht sein Stück *The tragical history of Doctor Faustus* (1604) in vielem dem deutschen Faustbuch von 1587. Es hat einen klassisch gewordenen Aufbau: Faustmonolog mit der Einschätzung des Erkenntniswerts der einzelnen Fakultäten, die verworfen werden, Teufelspakt und Scheitern der eigenen, menschlichen Maßlosigkeit, Verdammung Fausts als ein die Christenheit abschreckendes Beispiel eines verfehlten Lebens. Nach diesem Muster wurde das Stück wiederum durch englische Wanderschauspieler nach Deutschland zurückgebracht, szenisch ergänzt und den Chargen nach verändert (Hanswurst als Vorläufer von Mephisto). Daraus hat sich – erstmals 1746 nachweisbar – das *Puppenspiel vom Doktor Faust* entwickelt, das G. in seiner Jugend tief beeindruckt hat. BL

Faustina: Mit der Nennung des Namens seiner italienischen Geliebten in Rom (4. *Venezianisches Epigramm*, 1790; 18. *Römische Elegie*, 1788/90) hat G. zu mancherlei Spekulationen Anlaß gegeben. Wilhelm Zahn gegenüber, der 1827 bei einem Besuch von seinen Grabungen in Pompeji berichtet, erzählt G. von dem Jahrzehnte zurückliegenden Zusammentreffen mit dem Mädchen in der Osteria alla Campagna. Vermutlich hat es Faustina nie gegeben. BL

Faustine: Der vom Teufel versuchte, schließlich aber schließlich erlöste Doktor, im 19.Jh. für den literarisch Gebildeten gleichbedeutend mit dem Menschen schlechthin, fand rasch sein weibliches Pendant, u.a. angeregt durch G.s 18. *Römische Elegie*, parodistisch, emanzipatorisch, elegisch. Im Zug der aufbrechenden Frauenbewegung ist Ida Hahn-Hahns *Gräfin Faustine* (1841) zu nennen, Wilhelm Raabes *Der heilige Born* (1861); die satirische Zeitschrift *Kladderadatsch* schließlich veröffentlichte 1910 einen Verstext *Fräulein Faust* mit einer Semesterrede an der Frauen-Universität im Jahr 1920. Magnifizenz (weiblich) verkündet das »uns, meine Damen, gewidmete« Dichterwort: »Natürlich, wenn ein Gott sich erst sechs Tage plagt,/Und selbst am Ende bravo sagt,/Da muß es was Gescheites werden.« Sie kommt zum einzig möglichen Schluß: »Und, meine Damen, an diesem unserem schönsten Schmuck, an unserer Gescheitheit, soll noch einmal die Welt gesunden!« BL

Faust-Rezeption: Seit der Veröffentlichung des *Faust*-Fragments 1790 findet das Werk in der Literaturkritik große Beachtung. Friedrich Schlegel äußert bereits 1796 die Vermutung, daß das vollendete Drama den *Hamlet* an Bedeutung weit übertreffen werde. Im Gegensatz zu Germaine de Staël, welche die inhaltliche wie formelle Vielfalt des *Faust* betont, stellen Schlegel, Schelling und Hegel dessen philosophischen Gehalt in den Vordergrund. Die Hegelianer sehen in ihm die »allgemeine christliche religiöse Vorstellung von Wahrheit« nach dem Hegelschen System gestaltet.

Nach dem Erscheinen des *Faust II* werden kritische Stimmen laut: Friedrich Theodor Vischer wendet sich

gegen den mit Bildungsgut überladenen zweiten Teil, in dem er ein zeitbezogenes, politisch-nationales Element vermißt; nach seiner Auffassung hätte Faust ebenso gut an den Bauernkriegen teilnehmen können. Die positivistisch-philologischen Arbeiten von Heinrich Düntzer, Gustav v. Loeper u.a. legen den Grundstein für die großen Editionsprojekte am Ende des 19. und Beginn des 20.Jh.s; sie nehmen Debatten vorweg, welche die *Faust*-Philologie bis heute beschäftigen, wie die um die dramatische und konzeptionelle Einheit des Werks (Unitarier – Fragmentarier) und das Gelingen der Läuterung und Selbsterlösung Fausts (Perfektibilisten – Antiperfektibilisten).

Eine geistesgeschichtliche Interpretationslinie begründet Wilhelm Dilthey 1877: Er sieht in G. »das verkörperte Symbol seines Zeitalters, und Faust ist das umfassende Symbol, in welchem er sein ganzes Leben erblicken ließ«. Auf Diltheys Ansatz aufbauend, wird die Dichtung häufig unter mythen- und religionsgeschichtlichem Aspekt gedeutet (z.B. Burdach 1912/23). Die einfühlende Textphilologie (Helene Herrmann 1917/37) beruft sich ebenfalls auf Dilthey und zielt v.a. auf die werkimmanente Analyse der ästhetischen Strukturen ab. Es ist das Verdienst der textnahen geistesgeschichtlichen Interpretation Max Kommerells, entgegen der Lehrmeinung 1944 festzustellen, daß dem *Faust* »kein durchgängiger Gehalt aufgedrängt werden« kann. Nach dem Zweiten Weltkrieg werden die werkimmanente (Staiger 1952–1959) und die ideengeschichtliche Traditionslinie fortgesetzt (z.B. Gaier 1989); verstärkt findet hier die Bedeutung von G.s naturwissenschaftlichen und naturphilosophischen Erkenntnissen für *Faust II* Beachtung (Lohmeyer 1940; Greary 1992).

Spätestens seit der Reichsgründung 1871 ist es aber auch zu einer nationalistischen Vereinnahmung des Dramas gekommen. 1876 erhebt Dingelstedt es zum »Allerheiligsten unseres nationalen Schriftthums«. Unter dem Einfluß Nietzsches wird Faust als »Übermensch« gedeutet (Litzmann 1904), dessen Tatkraft verherrlicht und dessen Verbrechen als Folge seines Strebens bewertet wird. Hier setzt die nationalsozialistische *Faust*-Rezeption an: Die Schuld des »faustischen Menschen« wird als »schöpfungsnotwendig« dargestellt (Bertram 1939)und Faust als das Urbild des Deutschen interpretiert. Parallel entwickelt sich eine »antititanische« Tradition, die Faust als Suchenden, als »warnendes Beispiel von aller Ziellosigkeit« (Böhm 1933) deutet. Die antititanischen Deutungen sind – v.a. in der frühen Nachkriegszeit – häufig religiös motiviert: die ↗Erlösung Fausts ist einzig in der Gnade möglich.

Aufbauend auf den *Faust-Studien* von Georg Lu-kàcs, entwickelt sich ab 1941 die marxistische Faust-interpretation: Aufgrund der ökonomischen Motive wird die Dichtung als Zeugnis des Übergangs vom Feudalismus zum Kapitalismus bewertet, bei dessen Darstellung der »Humanist« G. den »höchsten bürger-lichen Standpunkt zum Fortschritt der Menschheit« erreicht habe. In der Folge kommt es vorübergehend wieder zu einem Aufleben der Ideologie des »Fausti-schen«, Fausts Vision wird als Vorausdeutung auf den Sozialismus interpretiert.

Der Vielzahl der Ansätze in der hier nur skizzenhaft umrissenen *Faust*-Rezeption entspricht eine Bemer-kung G.s zu Eckermann: »Es hätte auch in der Tat ein schönes Ding werden müssen, wenn ich ein so rei-ches, buntes und höchst mannigfaltiges Leben, wie ich es im ›Faust‹ zur Anschauung gebracht, auf die magere Schnur einer einzigen durchgehenden Idee hätte reihen wollen. [...] je incommensurabler und für den Verstand unfaßlicher eine poetische Produk-tion, desto besser.«

Die literarische Wirkung von G.s *Faust* ist ebenso unübersehbar. Parodien finden sich von Tieck (*Anti-Faust*, 1804) und Vischer (*Faust. Der Tragödie Drit-ter Teil*, 1862) mit formaler und inhaltlicher Travestie sowie polemischer Kritik an der zeitgenössischen Faustinterpretation) über Comics (Bottaro/Chendi lassen Donald Duck als Faust um Daisy-Margherita kämpfen: *Il Dottore Paperus*, 1958) und die Collage der literarischen und musikalischen Fausttradition in *Votre Faust* (1969) von Butor und Pousseur bis hin zu Schwabs Drama *Faust: Mein Brustkorb: Mein Helm* (1995). Zahlreiche Fortsetzungen des *Faust I* befassen sich vor dem Erscheinen des zweiten Teils mit dem weiteren Schicksal des Protagonisten, wobei sie ihm, mit Ausnahme eines Fragments Grillparzers (1811–1822) letztendlich alle Erlösung zuteil werden lassen. Heine greift bei *Der Doktor Faustus. Ein Tanzpoem* (1847) nicht auf G.s Dichtung, sondern auf die alten Volksbücher zurück und verwandelt Mephistopheles in eine Teufelin Mephistophela. In Frankreich überträgt Balzac im Roman *Das Chagrin-leder* (1831) G.s Gelehrtentragödie auf die Künst-lerexistenz, Byron übernimmt in der dramatischen Dichtung *Manfred* Stimmungen und Situationen von G., ohne es zum Teufelspakt kommen zu lassen. 1856 verfaßt Turgenjew die Briefnovelle *Faust. Eine Er-zählung in neuen Briefen*, in der nicht nur Motive und Zitate aus G.s Text anklingen, sondern in der die Lektüre des Dramas zum Instrument der Verführung einer verheirateten Frau wird. Lunatscharski läßt in *Faust und die Stadt* (1906–1916) den Faust des

zweiten Teils weiterleben und zum Verfechter einer marxistischen Volksdemokratie werden, während Va-léry in zwei in *Mon Faust* (1946) zusammengefaßten Dramenfragmenten den Protagonisten und Mephisto in eine moderne Welt versetzt, in der die Seele ent-wertet ist. Die bedeutendste Bearbeitung des Stoffes im 20. Jh. nimmt Thomas Mann im *Doktor Faustus* (1947) vor; er greift dabei jedoch trotz textlicher Anspielungen auf G.s Faust auf die Volksbücher zu-rück, macht aus dem Wissenschaftler einen Künstler, dessen Schicksal die Geschichte Nazi-Deutschlands verkörpert. Volker Braun nimmt sich in seinem *Hinze und Kunze*-Komplex das Thema des Strebenden und des Pakts mit den Mächtigen im Sozialismus auf.

Daneben sind Faustbearbeitungen v.a. in der fran-zösischen Oper des 19. Jh.s häufig (z.B. Berlioz, *La Damnation de Faust* 1844/46), für das Ballett sei auf Béjarts *Faust-Variationen* (1993) verwiesen. Die Erstausgabe des *Faust*-Fragments von 1790 wurde durch einen Nachstich der *Docteur Faustus*-Radie-rung von Rembrandt geschmückt. Seitdem riß die Folge von Illustrationen, die sich unmittelbar auf G.s Dichtung beziehen, nicht mehr ab. Von G.s Hand existieren sieben Skizzen (1810–19), die jedoch eher als Vorarbeiten für eine Theateraufführung denn als Illustrationen zu verstehen sind. Die Erstausgabe des *Faust I* war durch Stiche von C.F. Osiander illustriert. Bedeutende Illustrationen sind die in Manier und Zeitkolorit an Dürer orientierten Kupferstiche von P. Cornelius (1816) und die detailgenauen Umrißkupfer von Retsch (1816, 1836 um 11 Blätter zu *Faust II* erweitert), die großen Einfluß auf zeitgenösssische Bühnendarstellungen und spätere Illustrationen aus-üben und die Gretchentragödie in den Vordergrund stellen.

Die erste vollständige Illustration liefert Nauwerk 1826 mit seinen *Darstellungen zu Goethes Faust*; Delacroix illustriert die französische Prachtausgabe mit 17 Kreide-Lithographien; 1846 entstehen die Ge-mälde *Margarete in der Kirche* und *Tod des Valen-tin*. In der Malerei setzen u.a. auch Schnorr von Carolsfeld (*Mephisto erscheint Faust*, 1816–18) und der Romantiker Carus (*Faust mit Wagner, vom Pudel umkreist, zur Stadt zurückkehrend*, 1821) des Stoffes an, mit dem sich auch der Niederländer Scheffer über Jahrzehnte (ab 1825) beschäftigt; wie die meisten deutschen Einzeldarstellungen zeigt er Präferenz für die Gretchen-Thematik. Mit Kaulbachs *G.-Gallerie* (1857) beginnt die Umwandlung Fausts zum grüblerischen Germanen, während ihn die Wei-marer Fresken Nehers zur christusähnlichen Gestalt stilisieren (1839–45).

Die Nationalisierung der *Faust*-Illustrationen beginnt mit Seiberts Darstellungen des Tatmenschen in der Cotta-Ausgabe von 1854/58 und setzt sich fort in den eher weltanschaulich als ästhetisch motivierten Bildern Stassens (1902/03; Neuaufl. 1934). Einen Gegenentwurf zur Heroisierung des Protagonisten stellen Käthe Kollwitz' *Gretchen*-Radierung von 1899 und Emil Noldes Lithographie von 1911 dar. Während der Impressionist Slevogt in seinen Kreide-Lithographien sein persönliches Leseerlebnis gestaltet, greifen die Holzschnitte Barlachs zur *Walpurgisnacht* (1923) weit über Goethes Textvorgabe hinaus. Munch malt Anfang der 30er Jahre die *Begegnung mit Gretchen* und den *Kampf mit Valentin*. Die von ihm vorgenommene Verdoppelung der Faust-Figur erinnert an eine Darstellung Delacroix', in der sich die Profile Fausts und Mephistos einander annähern. In Beckmanns im Exil entstandenen textnahen Federzeichnungen erfährt der Stoff zugleich eine persönlich-mythologische Ausdeutung: Sowohl Faust als auch Mephisto tragen Züge des Künstlers.

1969 schließlich nimmt Dalì mit surrealistischen Radierungen die Illustration von Nervals kongenialer Faust-Übersetzung vor. Inwieweit die frühen Darstellungen und ihre Ausdeutung der Faust-Gestalt Topoi der bildenden Kunst geworden sind, erhellt sich nicht nur aus der Tatsache, daß meist auf die hier gestalteten Szenen zurückgegriffen wird, sondern auch aus Werken wie Felixmüllers *Ein Faust unserer Zeit* von 1932, das den Dresdner Veterinär Max Seber in den Kontext des Faustschen Gelehrtenzimmers versetzt. AvG

Fausts Höllenfahrt: In der *Historia von D. Johann Fausten* (bei Johann Spies, 1587) berichtet das 24. Kapitel: »Wie Doct. Faustus in die Hell gefahren«, »daß er der Hellen Qualitat, Fundament und Eygenschafft, auch Substanz möchte sehen« – vermittelt von Fausts »Diener« Mephistopheles und von »Beelzebub« als betrügerisches »Affenspiel« (Traum) veranstaltet. – Anklänge dieser Legende an die mittelalterliche Vorstellung von Christi Höllenfahrt (zwischen Tod und Auferstehung), seit dem Mittelalter als Osterspiel bekannt; weitere Bezüge sind die Abstiege zur Unterwelt bei Homer, Vergil oder Dante). – Von G.s Jugendfreund Friedrich Maximilian Klinger stammt der Roman *Fausts Leben, Taten und Höllenfahrt* (1791). GG

Faust-Vertonungen: »Das schöne Wort Faustus, Fauste, Faust hat von Dir aus eine so ominose Bedeutung erhalten, daß Dir Recht geschieht bei Leib und Leben noch die Folgen davon zu erfahren.« So beginnt Carl Friedrich Zelters Bericht vom 14. 11. 1829 an G. über die Berliner Aufführung der musikalisch bemerkenswerten großen Oper *Faust* (1813) von Joseph Carl Bernard und Louis Spohr. Zelter deutete damit an, daß seit 1774, dem Jahr der Niederschrift des Gretchen-Liedes im *Urfaust*: »Es war ein König in Thule«, erst recht aber nach der ersten Drucklegung des Textes (1808) kaum ein Bühnenwerk derart viele Komponisten angezogen hatte wie die beiden Teile der Fausttragödie. Die weltweit aus diesen Dramen bezogenen Lied- und Balladentexte, die Inzidenzmusiken, Opernlibretti, Ballette, Melodramen, Faust-Symphonien (z.B. Franz Liszt, 1861), Faust-Ouvertüren (Richard Wagner, 1855), Faustszenen (Hector Berlioz, 1829, Robert Schumann, 1853), Faust-Oratorien (Hector Berlioz, 1846), Faustkantaten oder Faust-Suiten zählen mittlerweile mehrere tausend Kompositionen, die zwar eine kaum zu überschauende Vielfalt von Werken verschiedenster Genres ergeben, mehrheitlich jedoch erst nach G.s Tod entstanden.

Zu seinen Lebzeiten, als er sich inständig bemühte, Komponisten zur Vertonung seines Werkes anzuregen, blieben, von Einzelliedern abgesehen, fast alle Ansätze im Fragmentarischen stecken. So führte Johann Friedrich Reichardt im chronologischen Verzeichnis seiner Werke zwar seine Musik zum »großen Faust« an, gelangte aber über die Vertonung des *Königs in Thule* und des »pathetisch deklamierten« Monologs des Faust »Gott« (»Wer darf ihn nennen«) nicht hinaus. Für die Theaterpraxis wurde die Bühnenmusik von Carl Eberwein (aufgeführt Weimar 1829) wichtig, ein von G. seit 1815 begleiteter schwieriger Prozeß. Bis in die 1880er Jahre blieb vor allem aber die 1819 im Privattheater seines Berliner Palais zum ersten Male unter Zelters Leitung in einer Teilaufführung (Szenen aus *Faust I*) vorgeführte Bühnenmusik des Fürsten Anton Heinrich Radziwill verbindlich (gedruckt 1835). Er hatte seit 1808 daran gearbeitet und dem Dichter 1813 Teile daraus vorgeführt. Die Musik solle »im Charakter des Don Juan gehalten sein, wo es nur auf der Oberfläche lustig zugeht, in der Tiefe aber der Ernst waltet,« wünschte sich G. die Faktur der Komposition.

Wie wichtig ihm die Musik als integraler Bestandteil der Dichtung war, wird durch die vielen Liedeinlagen, Balladen, Chöre und Tänze deutlich, auf deren angemessene Realisierung er stets bedacht war. Insbesondere im *Faust II* verwischen sich häufig die Grenzen zwischen Sprache und Musik, über weite Teile liest sich der Text als Opernlibretto. Seit ihrem Bekanntwerden fanden vor allem die Gretchen-Lieder lebhafte Resonanz: »Es war ein König in Thule« wurde seit Siegmund von Seckendorffs »abentheuerlich« zu singender Klavierballade (1782) einstimmig oder auch chorisch gesungen (Reichardt, Zelter, Schneider, Silcher, Schumann). »Meine Ruh ist hin« (v. 3586-3413) oder »Ach neige, du Schmerzensreiche« (v. 3586-3619) haben nicht minder zu Vertonungen angeregt. Neben den Liedern waren es Szenen wie »Prolog im Himmel«, »Vor dem Tor«, »Auerbachs Keller«, »Mephistos Ständchen« oder »Wenn sich lau die Lüfte füllen« (v. 4633-4665) aus *Faust II*, die vielfach vertont wurden. In Opern wie in Charles Gounods *Marguérite* (1859), Arrigo Boïtos *Mefistofele* (1868), Ferruccio Busonis *Doktor Faustus* (1925) oder in Hector Berlioz' Oratorium *La Damnation de Faust* (1846) wird eigenständig mit G.s Vorgaben umgegangen. Deutlich gestand Ferruccio Busoni in seiner Schrift *Über die Partitur des ›Doktor Faust‹* (1926), daß ihn die Ehrfurcht vor der »übermächtigen Aufgabe [...] G.s Faust mit Musik auszustatten« zum Rückgriff auf das alte ↗Puppenspiel gebracht habe.   GBS

Fechten: G. lernte es Anfang 1765 beim Frankfurter Fechtmeister Johann Christian Juncker und geriet zwischen die beiden Lager des deutschen und des französischen Stils, die Klinge zu führen; er entschied sich für einen Mittelweg beim Avancieren und Retirieren, dem Ausfallschritt, Battieren und den begleitenden Schreilauten. Die Tauglichkeit seiner so erworbenen Fähigkeit hat er ernsthaft nie beweisen müssen.   BL

Felix, Figur aus den *Wilhelm Meister*-Romanen. Der Sohn ↗Wilhelms und ↗Marianes tritt erst spät in die Handlung der *Lehrjahre* ein, im Umfeld der Theatergesellschaft ↗Serlos befindet sich eine alte Frau, die sich um einen allerliebsten Knaben kümmert – der sich dann als Sohn des Helden herausstellt. Der kleine Felix wird durch eine seiner Unarten vor dem Tode gerettet; wegen seiner Angewohnheit, immer direkt aus der Flasche zu trinken, läßt er ein vergiftetes Getränk unberührt stehen (VIII.10). In den *Wanderjahren* tritt der mittlerweile jugendliche Felix an der Seite seines wandernden Vaters auf, er findet in einer Gebirgshöhle ein geheimnisvolles ↗Kästchen, wird von seinem Vater in der ↗Pädagogischen Provinz zur weiteren Ausbildung untergebracht und verliebt sich ganz stürmisch, aber vergeblich in die ältere Hersilie. In der Schlußsequenz stürzt Felix, in stürmischem Ritt den Auswanderern zueilend, in einen Fluß; nur durch Wilhelms beherzt ausgeführten Aderlaß kann er wieder ins Leben gerufen werden.   BJ

Feradeddin und Kolaila: Letzter, nur als ein handschriftliches Titel- und Personenverzeichnis sowie ein wenige Seiten umfassendes Handlungsschema und einige Szenenentwürfe überlieferter Plan G.s zu einer Zauberoper, deren märchenhaftes Sujet in Persien angesiedelt ist. G. hatte nach dem Festspiel *Des Epimenides Erwachen* (1814/15) an eine Fortsetzung der Zusammenarbeit mit dem Berliner Kapellmeister Anselm Weber gedacht und ihm ein Sujet vorgeschlagen, in dem er seine orientalischen Studien hätte fruchtbar machen wollen. In seinen *Tag- und Jahresheften* zu 1816 resümierte er die einjährige Beschäftigung: »[...] wie denn, sobald ein bedeutender Stoff mir vor die Seele trat, ich denselben unwillkürlich zu gestalten aufgefordert wurde, so entwarf ich eine Orientalische Oper, und fing an sie zu bearbeiten. Sie wäre auch fertig geworden, da sie wirklich eine Zeitlang in mir lebte, hätte ich einen Musiker zur Seite und ein großes Publikum vor mir gehabt, um genötigt zu sein den Fähigkeiten und Fertigkeiten des einen, so wie dem Geschmack und den Forderungen des anderen entgegen zu arbeiten«.

Den Stoff, auf den sich G.s Entwürfe stützten, entnahm er einem Band der *Oriental Collections*, die ihm vieles vermittelte, was in der Ausgabe von *1001 Nacht* fehlte. Anhand der Geschichte der »5. Nacht«, in der die erzählende Kukubine ein neues Beispiel für die Hinterlist der Männer liefert, ist es gelungen, den Handlungsablauf zu rekonstruieren, in dem es um den Maler Abdalla zu Isfahan gehen sollte, dem die schöne Pflegetochter Kolaila entführt wurde. Der Händler Feradeddin, der von dieser Geschichte hört und sich unsterblich in das Porträt Kolailas verliebt hat, beschließt, Kolaila zu retten, ein Vorhaben, das auf große Schwierigkeiten stößt und eine Szenenfolge eröffnet, in der G. ein Kaleidoskop religiös-politischer Hintergründe hatte auffächern wollen.   GBS

Ferdausi (auch: Firdausi, Ferdusi, Firdusi; um 935 – zwischen 1020 bis 1025), bedeutendster neupersischer Epiker, dessen Meisterwerk *Schahnameh* (Königsbuch) G. 1814 las: die Geschichte der persischen Könige und Helden von den Uranfängen des Iran bis ins 7. Jh. – gleichsam das persische Nationalepos. Unter *Ferdusi* schreibt G. darüber in den *Noten und Abhandlungen zu besserem Verständnis des West-östlichen Divans*. Im *West-östlichen Divan* finden sich mehrere Bezüge auf das »Königsbuch«. So inspirieren G. Ferdausis Verse *Was machst du mit der Welt?* zu seinem »Was machst du an der Welt? sie ist schon gemacht,/Der Herr der Schöpfung hat alles bedacht./Dein Los ist gefallen, verfolge die Reise:/

Denn Sorgen und Kummer verändern es nicht,/Sie schleudern dich ewig aus gleichem Gewicht«.   PO

Ferdinand, Figur aus *Egmont*, natürlicher Sohn von ↗Alba, dem Widersacher Egmonts. Ferdinand tritt erst in Erscheinung, als Egmont schon im Gefängnis seine Hinrichtung erwartet. Ferdinand gesteht dem Gefangenen den Fortbestand seiner von Kindheit auf erzeigten freundschaftlichen Gesinnung, er gibt Egmont zu verstehen, daß es keine Hoffnung mehr gebe. Nach diesem aufrichtigen Geständnis sieht Egmont in Ferdinand den Garanten einer besseren, freiheitlichen Zukunft, für die Zeit nach dem Tod der Tyrannen.   BJ

Fernando, liebender und selbstquälerischer Held in *Stella*, der sich durch abenteuerliche Umstände mit einer Gattin, einer Geliebten und einer Tochter zugleich konfrontiert sieht und darüber zur Pistole greift, sich aber in der konventionellen späteren Fassung des Stückes erschießt. Protagonist einer Männerphantasie G.s: mit zwei Frauen Wohnung, Bett und Grab zu teilen.   NH

Fernglas, Mikroskop: »Mikroskope und Fernröhre verwirren eigentlich den reinen Menschensinn« (*MuR*). G. besaß zwar selbst Teleskope und Mikroskope und hatte mit ihnen einige Erfahrung, kritisierte aber, daß der Mensch sich dadurch »für klüger hält, als er ist, denn sein äusserer Sinn wird dadurch mit seiner inneren Urteilsfähigkeit außer Gleichgewicht gesetzt« (*Wj*, I.10). Denn je näher und wesensverwandter Wahrnehmungssubjekt und -objekt einander sind, d.h. je unmittelbarer die Wahrnehmung, desto authentischer ist die sinnlich-sittliche Wirkung derselben. Damit ist G. ein Vorläufer der modernen Physik, welche die Beeinflussung ihrer Beobachtungen durch die verwendeten Apparaturen erkannt hat.   DH

Ferrara, die Stadt des Herrscherhauses der ↗Este, an deren Hof die Dichter Ariost von 1517 bis 1533 und Torquato ↗Tasso von 1565 bis 1586 lebten. G. betritt diese »schöne, flachgelegene, entvölkerte Stadt« während seiner Italienreise am 16.10.1786. Er besucht das Grabmal des Ariost in der Kirche S. Benedetto und das Gefängnis Tassos im Hospital S. Anna, wo dieser ab 1579 als Geisteskranker festgehalten wurde.   PO

Fest, Feier: G. beschreibt in *Dichtung und Wahrheit* die jährlich wiederkehrenden Messefeste in Frankfurt (1. Buch), die Feierlichkeiten zur Kaiserkrönung (5. Buch), dem Rochusfest 1814 in Bingen

widmet er ein kleines Sprachkunstwerk; durch die Aufenthalte in Italien mit den kirchlich-volkstümlichen Feierlichkeiten dieses Landes bekannt geworden, schreibt G. *Das Römische Carneval*. Im *Faust* stehen dramatische Höhepunkte oft mit Festen in Verbindung, so in den beiden Walpurgisnächten, bei Fausts Selbstmordversuch und dem unmittelbar darauf folgenden Osterfest, weiter bei den ↗Mummenschanzszenen im zweiten Teil des Werkes; zum bacchantischen Aspekt des Feierns bekennt sich G. nicht nur in seinen Werken, sondern auch privat: Im Gelegenheitsgedicht *An Fanny Caspers* (1815) steht:

»Sie hatte nicht so viel getrunken
Als Schiller, ich und alle,
Sie war mir aber um den Hals gesunken.«

Neben Freudentaumel und Weingenuß weist G. der Fest- und Feierstimmung andernorts auch tiefere Bedeutung zu. Im Drama *Pandora* ruft Prometheus einmal: »Des echten Mannes wahre Feier ist die Tat!«, und in *Wilhelm Meisters Wanderjahren* heißt es: »Ein bildender Künstler bedarf keines Festes, ihm ist das ganze Jahr ein Fest« (II.8).   AV

Festspiel: Gattungsbezeichnung für Werke, in denen der späte G. szenisch umfassende Kompositionen einsetzte, um den Zuschauern eine erhebende Empfindung zu verschaffen. Es waren Auftragswerke, die an einen konkreten feierlichen Anlaß gebunden waren. G. suchte nach einer Vermittlung zwischen der antiken Tradition und der Gegenwart, inhaltlich wie formal. Aus einer Vorrede zu der Druckfassung des Festspiels *Paläophron und Neoterpe* (1800) wird deutlich, wie das Zusammenspiel aller Künste in einer szenischen Vorstellung wirksam werden kann: »Durch gegenwärtigen Abdruck kann man dem Publikum freilich nur einen Teil des Ganzen vorlegen, indem die Wirkung der vollständigen Darstellung auf die Gesinnungen und Empfänglichkeit gebildeter Zuschauer, auf die Empfindung und die persönlichen Vorzüge der spielenden Personen, auf gefühlte Rezitation, auf Kleidung, Masken und mehr Umstände berechnet war.« Das Gesamtkunstwerk, oder wie G. es nennt, das »schöne Ganze«, spielt im Gegensatz zur historischen Misere der Gegenwart in einer idealisierten antiken Welt, gesellschaftliche Phänomene werden auf einer höheren Ebene bildhaft vermittelt. Der gebildete Zuschauer war nicht immer in der Lage, die komplexen Überlagerungen und Anspielungen auf den Mythos zu entschlüsseln. Der Erfolg war unterschiedlich: *Paläophron und Neo-*

terpe erfreute sich großer Beliebtheit, *Des Epimenides Erwachen* (1814) war ein ausgesprochener Mißerfolg, *Pandora* (1808), ein Auftragswerk für die Zeitschrift *Prometheus,* wurde nie gespielt. WM

Feuer: In G.s *Novelle* wird die ausreitende Gesellschaft von einem heftigen Feuer in der Stadt überrascht; hier, wie an anderen Stellen in G.s Werk, beeinflußt ein Feuer die dramatische Handlung vollständig und verweist auf geistige Prozesse bei den Handelnden. Der Erdgeist, wie er Faust erscheint, gibt sich in einer Flamme zu erkennen (v. 482ff.), er hat Faust sein eigenes »Angesicht im Feuer zugewendet« (v. 3219); wie das Wasser, spielt auch dessen Gegen-Element, das Feuer, im 2. Teil des *Faust* eine unübersehbare Rolle: gleich zu Beginn (v. 4710ff.), weiter vor dem Kaiser (v. 5920ff.) als »Flammengaukelspiel« (v. 5987), dann in der klassischen Walpurgisnacht (v. 7865ff., 8465ff.), vor Menelaos' Palast (v. 8714ff.) und schließlich bei Fausts Grablegung (v. 11644ff.). Im Drama *Pandora,* v. 168ff., besingen die Schmiede das Feuer folgendermaßen:»Zündet das Feuer an!/ Feuer ist obenan./Höchstes er hat's getan,/Der es geraubt./Wer es entzündete,/ Sich es verbündete,/ Schmiedete, ründete/Kronen dem Haupt.« AV

Feuerkugel, Große: G.s Studentenwohnung in Leipzig; 1696 erbautes Gebäude zwischen Universitätsstraße und Neumarkt, benannt nach seinem Wahrzeichen - einer brennenden Handgranate über den Toren. PO

Feuerwehr s. **Löschwesen**

Feuerwerk: Gestaltungselement und Höhepunkt höfischer Festlichkeiten seit dem Barock. G. plant in seinem *Vorspiel zur Eröffnung des Weimarischen Theaters* 1807 ein Feuerwerk ein, in den *Lehrjahren* schmückt es das höfische Fest ebenso wie in G.s Erinnerungen an die eigene Kindheit. Ein Feuerwerk bildet das Zentrum einer wichtigen Szene in den *Wahlverwandtschaften.* Zum Geburtstag ↗Ottilies plant ↗Eduard ein Feuerwerk, ein höchst sinnfälliges Bild für die ausgebrochenen elementaren Leidenschaften. BJ

Fichte, Johann Gottlieb (1762-1814), Vertreter der idealistischen Philosophie. Fichte wurde 1794 als vermeintlicher Vertreter der Philosophie Kants nach Jena berufen. An Charlotte von Kalb schreibt G., daß ihm Fichtes »Nachbarschaft [...] sehr angenehm« sei (28.6.1794), an Fichte selbst, daß er sich von ihm

erhoffe, er werde ihn »endgültig mit den Philosophen versöhnen« (24.6.1794). Gegenüber F.H. Jacobi jedoch bekennt er, er könne Fichtes *Grundlage der gesamten Wissenschaftsgeschichte,* »dieser sonderbaren Produktion [...] nur mit Mühe und von Ferne folgen« (8.9.1794), und macht sich über Fichtes Begriffe ↗»Ich« und »Nicht Ich« lustig (23.5.1794). Unter dem Einfluß Schillers, der Fichtes Subjektivismus vorwirft, er wolle die Welt durch seine eigenen Vorstellungen schaffen, wächst G.s Abneigung gegen Fichte: »Der Mensch kennt nur sich selbst, in sofern er die Welt kennt, die er nur in sich und sich nur in ihr gewahr wird« (*Bedeutende Fördernis durch ein einziges geistreiches Wort*).

Fichte, von den Jenaer Frühromantikern bewundert und von kirchlicher und reaktionärer Seite angefeindet, verfaßt 1798 den Aufsatz *Über den Grund des Glaubens an eine göttliche Weltregierung,* in dem er den Glauben an das Göttliche auf den menschlichen Wunsch nach eigener moralischer Bestimmung zurückführt. Der Aufsatz löst den sog. ↗»Atheismusstreit« aus. Während Kursachsen Fichte Atheismus vorwirft und von Carl August seine Bestrafung fordert, versucht G. zu vermitteln. Als Fichte sich jedoch auf unpassende Weise gegen die Vorwürfe zur Wehr setzt, stimmt G. der Entlassung des Professors zu. In einem Brief an J.G. Schlosser äußert er zwar sein Bedauern über den Verlust, bekennt aber auch, »daß ich gegen meinen eigenen Sohn votieren würde, wenn er sich gegen ein Gouvernement eine solche Sprache erlaubte« (30.8.1799). Die im Zusammenhang mit dem Atheismusstreit an Voigt gesandten Briefe hat G. vernichtet. AvG

Filangieri, Gaetano (1752-1788): Den neapolitanischen Staatsrechtler, Freund des Königs Ferdinand IV. von Neapel, lernte G. im März 1787 kennen. Mit ihm, einem ausgemachten Gegner der ↗Todesstrafe, sprach G. über zahlreiche soziale und politische Fragen, die im aufklärerisch gesinnten Neapel an der Tagesordnung waren (*IR*, 5.-12.3.1787). BL

Firdusi s. **Ferdausi**

Fischer, Der: *Das Wasser rauscht',* entstanden 1778, Erstdruck 1779 in *Volks- und andere Lieder, in Musik gesetzt von Siegmund von Seckendorff,* und in Johann Gottfried Herders *Volksliedern. Der Fischer,* neben dem *Erlkönig* eine der bekanntesten Balladen G.s, gestaltet die Begegnung des Menschen mit Naturkräften, wie sie sich in der vormodernen, magischen Weltsicht des Volksliedes und Märchens in

Romantisierendes Bühnenbild zur Aufführung der »Fischerin« in Tiefurth am 22.7.1782. In der Hauptrolle: Corona Schröter. Aquarell von Georg Melchior Kraus

menschlichen oder halbmenschlichen Wesen personifiziert hatten. Eines der faszinierendsten Elementarwesen ist die Wasserfrau oder Nixe, die in G.s Ballade die Einbildungskraft des Mannes in verderbliche Bahnen lenkt und so zur gefährlichen Muse wird. Allein sie hat eine Stimme; mit ihrer Umkehrung der logischen Ordnung der Elemente, der Spiegelung des Himmels und des Mannes selbst im Wasser, ›verrückt‹ sie dem Fischer den Kopf. Im Wechselspiel von weiblicher Verführung und männlichem Begehren, »Halb zog sie ihn, halb sank er hin«, bleibt der Ausgang ungewiß. »Da war's um ihn geschehn« ist bis heute eine Formel erotischer Verfallenheit; das Gedicht läßt offen, ob sie Liebeserfüllung oder den Tod signalisiert.

Die Entgegensetzung kühler männlicher Vernunft (»Kühl bis ans Herz hinan«) und weiblicher naturhafter Verlockung reproduziert die Dichotomie Mann/Kultur – Frau/Natur, wie sie sich im 18. Jh. als männliche Projektion ausformt. Das Auseinandertreten von Kultur und Natur zeigt sich in der Ballade auch auf einer anderen Ebene; durch seine zugleich lebensnotwendige und todbringende Tätigkeit wird der Fischer schuldig. Das Gedicht bildet so in lyrischer Verknappung die Problematik des menschlichen Umgangs mit Natur ab. Das Motiv der Nixe ist im gesamten 19. Jh., am vertrautesten als Undine und Loreley, ein immer wieder gestaltetes Bild des Geschlechterkampfes und der Mystifizierung des Weiblichen, aber auch Ausdruck männlicher Sehnsucht nach der verlorenen Einheit mit der Natur.   IW

Fischerin, Die, mit der Musik von Corona Schröter am 22. Juli 1782 »auf dem natürlichen Schauplatz zu ↗Tiefurth an der Ilm vorgestellt« und Johann Gottfried und Caroline ↗Herder gewidmetes Singspiel G.s. Im Widmungsschreiben heißt es: »Dies kleine Stück gehört, so klein es ist,/Zur Hälfte Dein, wie Du beim ersten Blick/Erkennen wirst, gehört Euch beiden zu,/Die Ihr schon lang für Eines geltet. Drum/Verzeih‘, wenn ich so kühn und ohngefragt,/Und noch dazu vielleicht nicht ganz geschickt,/Was er dem Volke nahm, dem Volk zurück/ Gegeben habe«.

Mit diesen Versen spielte er auf die Volksliedersammlung Herders an, der er die Lieder und Balladen entnommen hatte, etwa die dänische ↗Ballade *Erlkönigs Tochter* oder das englische Lied *Es war ein Ritter*, um die sich die kurze Handlung rankt. Corona Schröter hatte im Sinne einfacher Volksliedhaftigkeit neue Melodien komponiert und entstanden war ein

»Wald- und Wasserdrama« (G. am 16.7.1782 an Johann Heinrich Merck), mit dem der Dichter in Zusammenwirken mit der Sängerin/ Komponistin auf besonders eindrucksvolle Weise auf die Lokalität des improvisierten Theaters im Tiefurter Park reagierte. »Die Zuschauer saßen in der Mooshütte wovon die Wand gegen das Wasser ausgehoben war«, so schrieb er am 27.7. an Karl Ludwig v. Knebel: »Der Kahn kam von unten herauf pp. Besonders war auf den Augenblick gerechnet, wo in dem Chor die ganze Gegend von vielen Feuern erleuchtet und lebendig von Menschen wird.«

War mit dem Zigeunerdrama *Adolar und Hilaria* bereits im Schloß ↗ Ettersburg ein Experiment gelungen, zu einer Einbeziehung des Naturszenarios zu gelangen, so bekam in der *Fischerin* diese damals neue Form von Natur- und Kunstverbindung auf dem Hintergrund des Konsenses, den G. und Herder über den Wert und Sinn der Erinnerung an Volksüberlieferungen gewonnen hatten, eine neue Wendung. G. nahm nicht nur Johann Friedrich Reichardts Liederspiele voraus, sondern schlug in der Geschichte des ↗ Garten- und Heckentheaters ein neues Kapitel auf.

GBS

Flachsland, Caroline (1750-1809), heiratete 1773 Johann Gottfried Herder. G. hatte sie 1770 im Darmstädter Kreis der Empfindsamen (↗ Empfindsamkeit) kennengelernt - ein »Frauenzimmer von seltenen

Verdiensten und Anlagen [...], doppelt interessant durch ihre Eigenschaften und ihre Neigung zu einem so vortrefflichen Manne« (*DuW*, 12. Buch). G.s *Felsweihegesang* ist Caroline alias »Psyche« gewidmet. Er hatte sie vor Augen bei der Psyche im *Satyros* und bei der Leonora im *Pater Brey.* 1776 zogen die Herders nach Weimar, das Verhältnis zu G. war nicht unproblematisch.   PO

Fliegen/Flug: Nach den ersten erfolgreichen Flugversuchen der Gebrüder Montgolfier machte G. eigene Versuche mit einem »Ballon auf Montgolfiersche Art« (an Lavater, Ende Dezember 1783), ein Interesse, das sich allerdings nicht lange hielt. Als literarisches Motiv ist der Flug unverzichtbar: Ganymed fliegt aufwärts in den Himmel der Götter, um mit ihnen zu verschmelzen, Werther gibt sich ähnlichen Visionen hin. Zu Beginn der *Harzreise im Winter* (1777)

bittet der Dichter: »Dem Geyer gleich/schwebe mein Lied«, um ihm die Vogelperspektive auf die Niederungen des Lebens zu ermöglichen. Faust fliegt in seinen Visionen: »Ins hohe Meer werd' ich hinausgewiesen,/ Die Spiegelflut erglänzt zu meinen Füßen,/Zu neuen Ufern lockt ein neuer Tag./Ein Feuerwagen schwebt auf leichten Schwingen/An mich heran! Ich fühle mich bereit,/Auf neuer Bahn den Äther zu durchdringen,/Zu neuen Sphären reiner Tätigkeit« (v. 699-705). Mit Mephisto fliegt er zum ↗ Blocksberg, sein Sohn ↗ Euphorion schließlich vergeht beim Flugversuch wie der mythische Ikarus.   BJ

Florenz besuchte G. zweimal: auf der Hin- und auf der Rückfahrt nach und von Rom. Er erreichte Florenz am 23.10.1786, hat die Stadt aber in 3 Stunden »eiligst durchlaufen«, weil es ihn nach Rom zog. Die Rückreise von Rom nach Mailand führte ihn am 6.5.1788 wiederum über Florenz - für G. auch die Stadt der ↗ Medici, des Benvenuto Cellini und des Filippo Neri -, zunächst aber für ihn die Stadt, wo er die älteren Meister studierte.   PO

Flüchtling, Fremdling: Am Schluß des Sturmund-Drang-Gedichts *Der Wanderer* bricht der Wanderer auf mit den Worten: »Leb' wohl! - O leite meinen Gang, Natur, den Fremdlingsreisetritt.« Das faustische Erleben des Fremdseins - »Bin ich der Flüchtling nicht? der Unbehauste?« (*Faust*, v. 3348) - durchzieht viele Werke G.s, etwa *Hermann und Dorothea*, v. 269f.: »Nur ein Fremdling, sagt man mit Recht, ist der Mensch hier auf Erden.« Das Flüchtlingsthema in diesem Werk geht auf G.s Campagneerlebnisse 1792 zurück, die er 1819 niederzuschreiben beginnt. In verwandelter Form erscheinen diese Erfahrungen auch in den *Unterhaltungen Deutscher Ausgewanderten*, und dort sowohl in der Rahmenhandlung als auch im Märchen von der grünen Schlange und der schönen Lilie.   AV

Form: Zentralbegriff der Kunstphilosophie G.s, steht in unmittelbarem Zusammenhang zu ↗ Stoff und ↗ Gehalt. G. benutzt den Begriff der Form zunächst als Bezeichnung der äußeren Gestalt natürlicher Phänomene: Wolkenerscheinungen, Minerale, Pflanzen und Tiere. Die äußere Form aber, sei sie harmonisch gegliedert oder sinnlich schön, so faszinierend und fesselnd sie im Einzelnen auch sein mag, ist gewissermaßen nur die Hülle, das Gefäß einer wesentlichen, inneren Form. G. greift hier auf eine Denkfigur des niederländischen Philosophen Baruch de Spinoza zurück, der unter der *essentia formalis* die der Einzelerscheinung zugrundeliegende Urgestalt verstand. So schreibt G. etwa vom Beginn der *Italienischen Reise* an Charlotte von Stein, schon auf der Suche nach der ↗Urpflanze: »Am meisten freut mich ietzo das Pflanzenwesen [...] es ist kein Traum keine Phantasie; es ist ein Gewahrwerden der wesentlichen Form, mit der die Natur gleichsam nur immer spielt und spielend das mannigfaltige Leben hervorbringt« (9./10.7.1786). Bei allem verwirrenden Spiel der ↗Empirie meint G., mit Geduld und Einbildungskraft dieser inneren Form gewahrwerden zu können.

Den wichtigsten Stellenwert aber hat der Begriff der Form in G.s Vorstellungen vom Künstler und vom gestaltenden, formenden Kunstwerk. Die Form ist dasjenige, das der Künstler dem Stoff hinzufügt, durch das aber ausschließlich der Gehalt eines Kunstwerks erfahrbar wird. »Die Besonnenheit des Dichters bezieht sich eigentlich auf die Form, den Stoff gibt ihm die Welt nur allzufreygebig, der Gehalt entspringt freywillig aus der Fülle seines Innern. [...] Die Form, ob sie schon vorzüglich im Genie liegt, will erkannt, will bedacht sein, und hier wird Besonnenheit gefordert, daß Form, Stoff und Gehalt sich zu einander schicken, sich in einander fügen, sich einander durchdringen« (*Diverse Notizen*; WA I.7, S. 100). Der dichterischen, der künstlerischen Form also mißt G. den höchsten Stellenwert am Kunstwerk bei. Sie ist es, die sich am stärksten der verstehenden oder erklärenden Vernunft entzieht, künstlerische Form-Gebung ist eigentlich Sache des Genies: »Den Stoff sieht jedermann vor sich; den Gehalt findet nur der, der etwas dazu zu tun hat, und die Form ist ein Geheimnis den meisten« (*MuR*).

Damit spielt G.s Konzept der künstlerischen Form in seine Vorstellung vom Künstler, vom Dichter hinein. Die Auffindung der dem Stoff und dem erwählten Gehalt ideal entsprechenden und sich ihnen anfügenden Form ist ein Vorgang, der zugleich mit dem Gegenstand der künstlerischen Darstellung und seinem Subjekt, dem Künstler, zu tun hat: Es sei, so G., »noch viel seltener, daß ein Künstler sowohl in die Tiefe der Gegenstände, als in die Tiefe seines eigenen Gemüts zu dringen vermag, um in seinen Werken [...] wetteifernd mit der Natur, etwas geistig Organisches hervorzubringen, und seinem Kunstwerk einen solchen Gehalt, eine solche Form zu geben, wodurch es natürlich zugleich und übernatürlich erscheint« (*Einleitung in die Propyläen*). An dieser Stelle wird ganz deutlich, in wie hohem Maße G. eine Poetik ablehnt, welche literarische Formen als Äußerlichkeiten beschreibt, deren Regeln der Künstler zu erlernen und zu befolgen habe. Gegen diese Regelpoetik (↗Gott-

sched) setzt G. also eine Vorstellung vom Künstler, der die Regeln für die künstlerische Form einerseits aus dem Gegenstand selbst ableitet, sie andererseits aber aus seinem tiefsten Innern schöpft. Damit setzt G. den Gedanken des Künstlers als ↗Genie fort. »Es ist endlich einmal Zeit, daß man aufgehöret hat, über die Form dramatischer Stücke zu reden, über ihre Länge und Kürze, ihre Einheiten [...]. Deßwegen gibt's doch eine Form, die sich von jener unterscheidet wie der innere Sinn vom äußern [...], die gefühlt sein will. Unser Kopf muß übersehen, was ein andrer Kopf fassen kann; unser Herz muß empfinden, was ein andres fühlen mag [...]. Jede Form, auch die gefühlteste, hat etwas Unwahres; allein sie ist ein- für allemal das Glas, wodurch wir die heiligen Strahlen der verbreiteten Natur an das Herz der Menschen zum Feuerblick sammeln. Aber das Glas!« (*Brieftasche*; WA I.37, S. 13 f.). Die künstlerische Form wird hier zum Medium einer auch nur in der Einbildungskraft erfahrbaren, erahnbaren Wahrheit der Natur. G. betont allerdings, daß das Kunstwerk das *Medium* sei, nicht die Wahrheit selber.

Da die Form etwas ist, dessen Ursprung sowohl auf der Seite des Gegenstandes als auch auf der Künstlers in der Natur liegt, gehört der Begriff schließlich auch in den Bereich von G.s Vorstellungen von menschlicher Entwicklung. Im ersten der *Urworte. Orphisch* stellt G. dieses Konzept geradezu idealtypisch dar: Mit der Geburt eines Menschen werde gleichsam eine Urform gebildet, aus deren ›Keimanlagen‹ heraus sich, nach einem geheimen, ihn innewohnenden Gesetz, auf organologische Weise nach und nach die gereifte Persönlichkeit entwickle: »Bist alsobald und fort und fort gediehen/Nach dem Gesetz, wonach du angetreten./So mußt du sein, dir kannst du nicht entfliehen,/Und keine Zeit und keine Macht zerstükkelt/Geprägte Form, die lebend sich entwickelt«. Angesichts der Schwierigkeiten, sein eigenes Leben in *Dichtung und Wahrheit* nach diesem Modell der sich entwickelnden geprägten Form zu beschreiben, mußte G. allerdings einsehen, daß das Konzept tatsächlich ein Ideal künstlerischer Gestaltung sein kann, daß die Gestaltungskraft des Einzelnen seinem eigenen Leben gegenüber aber versagt.   BJ

Forster, Johann Georg Adam (1754–1794), Naturforscher, Schriftsteller und Weltumsegler zusammen mit James Cook. 1778 wurde der durch seine *Reise um die Welt* bekanntgewordene Forster Professor für Naturgeschichte in Kassel (später in Wilna), wo G. ihn 1779 und 1783 besuchte. Vor allem der Naturforscher Forster interessierte G.: Im historischen Teil

 seiner *Farbenlehre* führte er ihn als einen jener »Gelehrten« an, die ihm »von ihrer Seite Beistand« geleistet hätten. Begeistert von der Übersetzung des indischen Dramas *Sakontala* ließ G. ihm über den gemeinsamen Freund Fritz Jacobi ein enthusiastisches Epigramm als Zeichen seiner Wertschätzung zukommen (1.6.1791). In ihrer Einschätzung der Französischen Revolution unterschieden sich ihre politischen Ansichten jedoch derart, daß G. und Forster sich immer mehr entzweiten. Forster – seit 1785 mit Therese Huber verheiratet – schloß sich nach der Besetzung von Mainz dem dortigen Jakobinerklub an, war bald einer der führenden Köpfe und setzte sich als Abgesandter in Paris für den Anschluß der Mainzer Republik an Frankreich ein.

AR

Fortunatus, ein 1509 erstmals erschienener Prosaroman, der sich als »Volksbuch« bis weit ins 18. Jh. hinein großer Beliebtheit erfreute. Der Roman erzählt die Geschichte des Fortunatus, der, von einer Glücksfee vor die Wahl gestellt, sich ein nie versiegendes Geldsäckel wünscht und diesen Reichtum im frühbürgerlichen Europa ausbaut, dessen Söhne allerdings alles wieder verspielen. Im ersten Buch von *Dichtung und Wahrheit* führt G. den *Fortunatus*, neben der *Melusine* und dem *Faust*, als einen seiner frühesten Lesestoffe an.

BJ

Fouqué, Friedrich Heinrich Karl Freiherr de la Motte (1777–1843), preußischer Offizier und romantischer Dichter, dem G. erstmals 1802 begegnete und den er im Herbst 1813 in Weimar wiedersah. Fouqué ist Verfasser der Märchennovelle *Undine* (1811), die G. als »guten Stoff« würdigte, ohne daß allerdings der Dichter schon alles aus ihm herausgeholt habe (Eckermann, 3.10.1828). G. lehnte die Dramen Fouqués für die Weimarer Bühne ab – was allerdings der schwärmerischen Verehrung, die Fouqué und seine Frau Caroline, geb. von Briest, für G. empfanden, keinen Abbruch tun konnte.

BJ

Fragment: Für die erste Ausgabe seiner Schriften bei Göschen (8 Bde., 1781–90) hat G. zahlreiche Texte fragmentarisch in die Welt geschickt: »Denke ich an meine vier letzten Bände im ganzen, so möchte mir schwindelnd werden [...] Diese bestanden teils aus nur entworfenen Arbeiten, ja aus Fragmenten, wie denn meine Unart, vieles anzufangen und bei vermindertem Interesse liegen zu lassen, mit den Jahren, Beschäftigungen und Zerstreuungen allgemach zugenommen hatte« (*IR*, 16.2.1787; 8.9.1786). In dieser Ausgabe waren Werke auch ausdrücklich als *Ein Fragment* bezeichnet, wie das Gedicht *Die Geheimnisse* und das Dramenfragment *Faust*. Weitere dramatische Fragmente veröffentlichte G. später ebenfalls mit diesem Hinweis: *Elpenor. Ein Trauerspiel. Fragment* (1806) und *Prometheus. Dramatisches Fragment* (1830). Andere Jugenddramen ließ G. später zwar in fragmentarischer Form, aber ohne zusätzlichen Hinweis auf den unabgeschlossenen Charakter drucken: *Pandora* (1810), *Die Aufgeregten* (1817), *Nausikaa* (1827). Bei G. hat also »Fragment« vornehmlich produktionstechnischen Charakter und wird noch nicht im Sinne der Frühromantik als Begriff für eine literarische Form verwendet.

DH

Frankfurt am Main: Geburtsstadt G.s, in der er am 28.8.1749 im Haus am ↗Großen Hirschgraben das Licht der Welt erblickt. Frankfurt war Freie Reichsstadt bis 1792, dort wurden die Kaiser des Heiligen Römischen Reiches deutscher Nation gekrönt. Ihre 36 000 Einwohner lebten von Handwerk und Handel, nicht zuletzt vom Buchhandel; der Fernhandel mit Holland, England, Italien u.a.m. spielte eine ausgeprägte Rolle. Fernhandel bedeutete u.a. »bargeldlosen Zahlungsverkehr« mit ausgeprägtem Bankgeschäft (Rothschild, Bethmann, Metzler). Das religiöse Feld beherrschten die Lutheraner, die Katholiken mußten den Gottesdienst außerhalb der Stadt in Bockenheim, das zu Hessen-Kassel gehörte, aufsuchen.

In *Dichtung und Wahrheit* hat G. eindringlich und lebhaft seine Kindheit und Jugend in Frankfurt beschrieben: die kindlichen und jugendlichen Streiche, den vielfältigen Privatunterricht, den er als Sproß aus gutem Haus genoß (↗Lehrer, ↗Sprachen, ↗Unterricht), das Klima der Stadt, die Besetzung der Stadt durch die Franzosen von 1759 bis 1763, die endlich das Theater in die Stadt brachten – an dem G. mit großväterlicher Förderung im Junghof lebhaften Anteil nahm –, die Einquartierung des Königsleutnants ↗Thoranc im Hause G., die ersten Freundschaften (↗Moors, ↗Riese, ↗Horn) und Liebschaften (↗Gretchen), die Krönungsfeierlichkeiten für Joseph II. (33.4.1764), seine unersättliche Neugier, mit der u.a. durch das Frankfurter Ghetto stromerte: »Äußerst neugierig war ich daher, ihre [der Frankfurter Juden] Zeremonien kennenzulernen. Ich ließ nicht ab, bis ich ihre Schule öfters besucht, einer Beschneidung, einer Hochzeit beigewohnt und von dem Lauberhüttenfest mir ein Bild gemacht hatte. Überall war ich wohl aufgenommen, gut bewirtet und zur Wiederkehr eingeladen: denn es waren Personen von Einfluß, die mich entweder hinführten oder empfahlen. So wurde ich denn als ein junger Bewohner einer großen Stadt von einem Gegenstand zum andern hin und wider geworfen, und es fehlte mitten in der bürgerlichen Ruhe und Sicherheit nicht an gräßlichen Auftritten. Bald weckte ein näherer oder entfernter Brand uns aus unserm häuslichen Frieden, bald setzte ein entdecktes großes Verbrechen, dessen Untersuchung und Bestrafung die Stadt auf viele Wochen in Unruhe. Wir mußten Zeugen von verschiedenen Exekutionen sein, und es ist wohl wert zu gedenken, daß ich auch bei Verbrennung eines Buchs gegenwärtig gewesen bin« (*DuW*, I.4; ↗Judendeutsch, ↗Brandt, ↗Bücherverbrennung).

G. durchläuft in Frankfurt die Stationen einer vielfältigen Ausbildung durch Privatlehrer. Kurz vor seiner Abreise zum Studium in ↗Leipzig erhält er nicht nur einen Hofmeister, der ihm den standesgemäßen Comment beibringt, er nimmt auch Fecht- und Reitunterricht (↗Fechten, ↗Reiten) und scheint damit für alle Fährnisse des Lebens gewappnet.

Am 30.9.1765 verließ G. Frankfurt erstmals für längere Zeit und reiste nach Leipzig zum Jurastudium. Schwer krank kehrte er Anfang Oktober 1768 ins Elternhaus zurück (*DuW*, VIII, ↗Alchimie, ↗Klettenberg, ↗Metz). Auf energisches Drängen des Vaters schloß er während der Straßburger Studienzeit (April 1770 bis August 1771) sein Jurastudium ab und kehrte – die konventionelle Perspektive einer bürgerlichen Karriere mit Gründung einer Familie und eines eigenen Hausstands vor Augen – als Rechtsanwalt nach Frankfurt zurück. Bis 1775, seiner Abreise nach Weimar am 30.10., führte er 28 Prozesse, bei denen ihm sein Vater zur Seite stand. Unterbrochen wurden diese vier ersten Berufsjahre nur durch die Tätigkeit als Assessor am Wetzlarer Reichskammergericht (Mai bis September 1772) und die zahlreichen Reisen nach Darmstadt, wo er Zugang zum Kreis der Empfindsamen hatte (↗Empfindsamkeit, ↗Darmstadt, ↗Merck). Von Weimar aus hat G. seine Heimatstadt nur noch auf der Durchreise besucht; auf der 3. Reise in die Schweiz 1797 hat er seine Mutter zum letzten Mal gesehen, 1815 die Stadt selbst, hat aber bei den ↗Willemers in der ↗Gerbermühle gewohnt.

Eine deutliche Signatur hat G. in Frankfurt empfangen, die Sprache: »Ich war nämlich in dem oberdeutschen Dialekt geboren und erzogen, und obgleich mein Vater sich stets einer gewissen Reinheit der Sprache befliß und uns Kinder auf das, was man wirklich Mängel jenes Idioms nennen kann, von Jugend an aufmerksam gemacht und zu einem besseren Sprechen vorbereitet hatte, so blieben mir doch gar manche tiefer liegende Eigenheiten, die ich, weil sie mir ihrer Naivetät wegen gefielen, mit Behagen hervorhob, und mir dadurch von meinen neuen Mitbürgern jedesmal einen strengen Verweis zuzog. Der Oberdeutsche nämlich, und vielleicht vorzüglich derjenige, welcher dem Rhein und Main anwohnt, [...] drückt sich viel in Gleichnissen und Anspielungen aus, und bei einer inneren menschenverständigen Tüchtigkeit bedient er sich sprüchwörtlicher Redensarten. In beiden Fällen ist er öfters derb, doch, wenn man auf den Zweck des Ausdrucks sieht, immer gehörig; nur mag freilich manchmal etwas mit unterlaufen, was gegen ein zarteres Ohr sich anstößig erweist« (*DuW*, II.6). G. hat so Frankfurt nie verlassen, wo immer er sich auch befand (↗Dialekt). BL

Frankfurter Gelehrte Anzeigen: Mit diesem Rezensionsblatt sollte die »deutsche literarische Revolution« (*DuW*, 11. Buch) 1772 eingeläutet und tragfähig gemacht werden. G. wirkte als Rezensent mit. Unorthodox, international, antiklerikal, undogmatisch – vertraute Attribute bis heute – publizistisches Sammelbecken des ↗Sturm und Drang. BL

Frankfurter Hymnen, entstanden während des zweiten Frankfurter Intervalls ab 1772 und in der ersten Weimarer Zeit: *Wandrers Sturmlied, Prometheus, Ganymed, Mahomets-Gesang, An Schwager Kronos, Seefahrt, Harzreise im Winter.* Das Verständnis der Hymne (im 18. Jh. vielfach synonym mit Ode gebraucht) wird beim jungen G. bestimmt durch Johann Gottfried Herder und vor allem durch den antiken Lyriker Pindar. Die zumeist freirhythmischen Gedichte in hochpathetischem, emphatisch-genialischem Stil sind ein überzeugender und bis heute mitreißender Ausdruck der Genieästhetik des Sturm und Drang. Sie sind Aussprache des großen Ich, das im Einklang mit einer pantheistisch gedachten Allnatur die Grenzen seiner Individualität zu sprengen und seine schöpferischen Kräfte als ›Originalgenie‹ zu entfalten versucht.

Diese Selbstfeier des Genies, das sich wiederholt in mythologischen Rollen oder in der Rolle des Wanderers ausspricht, findet ihren Ausdruck in einer ›wilden‹ Syntax, in unvollständigen Sätzen und Inversionen, in stammelndem, inspiriertem Reden. »Sprünge und kühne Würfe«, laut Herder Merkmal der Volkspoesie, werden zum Signal der Geniesprache. Ein typisches Kennzeichen sind auch Wortneuschöpfungen, eindrucksvolle Komposita, wie »Götterselbstgefühl« und »Knabenmorgen/Blütenträume«. Diese Kraft- oder Machtwörter, Sprachmuster eines großen Ich, sind Ausdruck jugendlicher Allmachtsphantasien. Die in Weimar entstandenen Hymnen *Seefahrt* und *Harzreise im Winter* gehören mit dem Motivkomplex von Reise und Wanderschaft noch dazu, sind jedoch metrisch und sprachlich-syntaktisch von einer bereits gebändigten Kraft; hinzu tritt ein stärkeres Element der Reflexion und des Gleichnishaften.   IW

Frankreich war während G.s gesamter Lebenszeit ein steter Quell der Unruhe und allein schon deshalb auch für ihn von immenser Bedeutung: Die Aufklärung (in deren Geist sich das Mammutunternehmen der *Encyclopédie* vollzog) erschütterte das Denken und den Glauben an Gott, die Revolution von 1789 die Vorstellung von der Gesellschaftsordnung (Demokratie löste den Absolutismus ab), Napoleons Expansionspolitik brachte Krieg über ganz Europa.

Auch wenn sich ab Mitte des 18.Jh.s Intellektuelle und Künstler dem Einfluß der französischen Kultur immer mehr entzogen, bestimmte diese das höfische wie auch öffentliche und literarische Leben doch noch maßgeblich, was G., der schon von Kindesbeinen an mit der französischen Sprache vertraut war und sich lebenslang mit ↗französischer Literatur beschäftigen sollte, während seines Studiums im damals Klein-Paris genannten Leipzig erfahren konnte. Bei seinem Aufenthalt im – erst seit Ende des 17.Jh.s zu Frankreich gehörenden – Elsaß verkehrte sich seine Frankreichbegeisterung unter dem Einfluß Herders allerdings mehr und mehr in Ablehnung. Die politischen Vorgänge – ↗Halsbandaffäre, ↗Französische Revolution – trugen zur Distanzierung bei. G.s zweiter Frankreichbesuch, über den er in der *Campagne in Frankreich* berichtete, erfolgte 1792 im Rahmen des 1. Koalitionskrieges und war beruflich bedingt. Einer 1808 von Napoleon persönlich ausgesprochenen Einladung nach Paris wollte G. nicht folgen.   DF

Franzensbad: »Gutes Essen; aber getaufter Wein« vermerkt G. anläßlich eines Mittagessens am 27.5. 1807 in Franzensbad (Franzensbrunn). Trotz des gestreckten Weins besucht er den kleinen, nahe Eger gelegenen Kurort zwischen 1806 und 1821 wiederholt. Zudem läßt er sich Franzensbader Egerwasser auch zu Heimkuren nach Weimar kommen. Häufig übernachtet er hier auf der Reise von oder zu anderen böhmischen Bädern. Während des zweiten längeren Aufenthalts vom 30.8. bis 12.9.1808 entsteht der naturkundliche Aufsatz *Der Kammerberg bei Eger.* Im August und September 1821 besucht G. mehrfach Fritz von Stein, der sich in Franzensbad aufhält.   AvG

Französische Literatur und Sprache haben G. lebenslang beschäftigt. Das Deutschland des 18.Jh.s orientierte sich kulturell stark an Frankreich, weshalb sich Intellektuelle und Künstler (nicht zuletzt er selbst) zunehmend um eine eigenständige deutsche Kultur, Literatur und Theaterlandschaft bemühten. Dennoch mußte G. den Wilhelm der *Lehrjahre* anerkennend ausrufen lassen: »Wie kann man einer Sprache feind sein, der man den größten Teil seiner Bildung schuldig ist, und der wir noch viel schuldig werden müssen, ehe unser Wesen eine Gestalt gewinnen kann?« (V. 16).

Ab 1757 erhielt G. Französischunterricht, 1759–63 war Frankfurt von französischen Truppen besetzt und der Graf François de ↗Thoranc in G.s Elternhaus einquartiert. Durch dessen Vermittlung besuchte G. häufig das mit den Truppen angereiste französische Theater und lernte das damals übliche Repertoire kennen: Corneille, Racine, Marivaux, Moliére und bereits Diderot und Rousseau. In Leipzig – dem damaligen Klein-Paris – setzten sich Theaterbesuche fort; G. sah u.a. Voltaires *Zaïre* und *Mahomet* und korrespondierte auf Französisch mit seiner Schwester. Hatten diese Briefe noch mehr den Zweck der Übung, so war G. später in Weimar stellenweise gezwungen, sich des Französischen als offizieller Hofsprache zu bedienen. Nachdem er eine zeitlang sogar mit der geliebten Charlotte von Stein derart höfisch-distanziert verkehren mußte, platzte ihm allerdings der Kragen: »Und nun auch kein Wort Französisch mehr« (28.9. 1784).

Doch die Vorbildfunktion Frankreichs hatte noch 1780 eine der bedeutendsten Persönlichkeiten der Zeit, Friedrich II. von Preußen, in seiner französisch verfaßten Schrift *De la Littérature allemande* bekräftigt, er kritisierte vor allem die deutsche (emanzipatorische) Gegenwartsliteratur und demonstrierte an G.s *Götz* den schlechten Einfluß Englands (also Shakespeares). G. arbeitete Anfang 1781 an einer Erwiderung (*Gespräch über die deutsche Literatur*), die er im Bekanntenkreis herumreichte, jedoch nicht veröffentlichte, womöglich weil Justus Möser mit *Über die deutsche Sprache und Literatur* die notwendige Verteidigung schneller lieferte. Noch 1799 bzw. 1802 mußte G. dem Wunsch Carl Augusts entsprechen und Voltaires *Mahomet* bzw. *Tancréde* zu Aufführungszwecken in Weimar übersetzen.

Dennoch, G. kannte und schätzte seit frühester Jugend den klassischen französischen Literatur-Kanon (er lehnte nur dessen Normativität ab), die bedeutendsten Einflüsse kamen allerdings aus den Kreisen der Aufklärer: die Lehren Rousseaus, der G. »wahrhaft zugesagt« hatte, fanden nicht zuletzt im *Werther* ihren Niederschlag; dem Vorreiter des bürgerlichen Trauerspiels, Diderot, fühlte G. sich gar »verwandt«, und er bezeichnete ihn lobend als »wahren Deutschen« (*DuW*, 11. Buch). Beide französischen Schriftsteller – übrigens Mitautoren der *Encyclopédie*, die G. nicht ganz geheuer war – hatten in ihren Äußerungen zur Kunst die Naturorientierung nahegelegt, wovon sich G. in der Jugend anregen ließ bzw. später bestätigt sah. 1799 übersetzte er Diderots *Essais sur la peinture* (*Diderots Versuch über die Mahlerey*), 1805 *Le neveu de Rameau* (*Rameaus Neffe*).

Eine andere Übersetzung aus dem Französischen hatte G. bereits 1795 angefertigt und in Schillers *Horen* veröffentlicht: den *Essai sur les fictions* von Madame de Staël, die darin G.s *Werther* und Rousseaus *La Nouvelle Héloïse* beispielhaft gegenübergestellt hatte. Die Staël besuchte 1803/04 Weimar, traf mit G., Schiller, Wieland zusammen, übersetzte G.s *Der Fischer* und *Der Gott und die Bajadere* ins Französische und veröffentlichte 1810 das für die G.-Rezeption in Frankreich bahnbrechende Werk *De l'Allemagne*.

Neben der Schönen Literatur waren G. theoretische, philosophische und naturwissenschaftliche Werke französischer Autoren bekannt. Zur von ihm angeregten deutschen Ausgabe von Louis Sébastien Merciers *Du théâtre* trug er 1773 die Texte *Aus Goethes Brieftasche* bei, er kannte die *Découvertes sur la lumière* (1780) des späteren Revolutionärs Marat und die Lehren Saint-Simons; stark beschäftigte ihn 1830 der Pariser Akademiestreit zwischen Cuvier und Geoffroy de Saint-Hilaire, in den er sich mit dem Aufsatz *Principes de Philosophie Zoologique* einschaltete.

G. hatte auch die Gespräche mit Madame de Staël genutzt, um sich über neue Entwicklungen im literarischen Frankreich zu informieren, andere Quellen waren die *Correspondance littéraire*, *Le Temps* und vor allem *Le Globe*, außerdem Gespräche mit französischen Besuchern (Soret, Stapfer, David d'Angers) oder Frankreichreisenden. Auch deshalb war er mit den Werken jüngerer Autoren wie François-René Chateaubriand, Prosper Mérimée, Victor Hugo vertraut. Die französische Literatur war ihm von der deutschen grundverschieden – Austausch und gegenseitige Anregungen waren aber wichtig.   DF

Französische Revolution: »Es ist wahr, ich konnte kein Freund der französischen Revolution sein, denn ihre Greuel standen mir zu nahe und empörten mich täglich und stündlich, während ihre wohltätigen Folgen damals noch nicht zu ersehen waren«, betonte G. laut Eckermann am 4.1.1824, wobei er sich allerdings verbat, deswegen als »Freund des Bestehenden«, also als altmodisch und Gegner jeglicher Veränderungen bezeichnet zu werden.

Im Gegensatz zu vielen gleichaltrigen (z.B. Herder), vor allem jedoch jüngeren Zeitgenossen, die epochale Umwälzung begeistert begrüßten (die Tübinger Stiftler Hölderlin, Hegel und Schelling errichteten beispielsweise 1793 am Jahrestag des Sturms auf die Bastille einen Freiheitsbaum, in Jena kam es 1792 zu Studentenunruhen), hat G. die revolutionären Vorgänge in Frankreich von Anfang an abgelehnt. Dabei korrespondiert sein rätselhafter, nicht weiter erläuterter Satz: »Daß die Französche Revolution auch für mich eine Revolution war kannst du denken« (an Jacobi, 3.3.1790) mit dem Umstand, daß G. kaum Stellungnahmen zu konkreten Ereignissen wie der Hinrichtung des Königspaars, dem jakobinischen Terror, dem Thermidor- und Brumaireumsturz hinterlassen hat. Über zwei militärische Großaktionen, an denen er selbst teilnehmen mußte, hat er erst dreißig Jahre später, 1819–1822, geschrieben: den Zusammenstoß des preußisch-österreichischen Koalitionsheeres mit der französischen Revolutionsarmee in der Champagne 1792 (*Campagne in Frankreich*) und die im Jahr darauf erfolgte Befreiung der linksrheinischen, von Frankreich besetzten Gebiete sowie des mit der Revolution sympathisierenden Mainz (*Belagerung von Mainz*). Auch die Reflexionen zu den »die Welt bedrohenden Umwendungen« in den *Tag- und Jahresheften* kamen erst in den 20er Jahren des 19.Jh.s zustande.

Pauschal-negative Kommentare gab G. jedoch bereits in den 1791 veröffentlichten *Venezianischen Epigrammen* ab. Im gleichen Jahr beschrieb er in dem Lustspiel *Der Groß-Cophta* unter (entschärfter) Bezugnahme auf die ↗Halsbandaffäre die moralische wie politische Korruptheit von Klerus und Aristokratie, die den gewaltsamen Umsturz geradezu provoziert hatte. 1793 behandelte *Der Bürgergeneral* den Umgang mit jakobinischen Tendenzen in einem deutschen Kleinstaat; in *Die Aufgeregten* führte G. vor, wie der ↗Adel als herrschende Schicht der Umsturzeuphorie sinnvoll und konstruktiv begegnen kann. Die *Unterhaltungen deutscher Ausgewanderten* (1795) motivierte G. formal und inhaltlich in deutlicher Parallele zu Boccaccios *Decamerone*: fliehen

Der Freiheitsbaum. Aquarell von Goethe

dessen Gesprächsteilnehmer vor der Pest, so sucht G.s »edle Familie« einer anderen Plage zu entkommen – dem »Heer der Franken«. Schiller war 1792 von der französischen Nationalversammlung zum Citoyen ernannt worden (die entsprechende Urkunde wurde in Weimar als Kuriosum herumgereicht), was G. jedoch nicht daran hinderte, in dem gemeinsamen Projekt der *Xenien* (1796) deutsche Revolutionsanhänger und den verstorbenen Mainzer Klubbisten Georg Forster zu verhöhnen. Und noch 1803 beschäftigte sich G. in *Die natürliche Tochter* mit den weitreichenden Folgen der Revolution. Diese hatte mittlerweile einen Konsul hervorgebracht, der sich im Jahr darauf zum Kaiser krönen sollte und dazu ansetzte, ganz Europa mit Krieg zu überziehen: ↗Napoleon.

Die Französische Revolution war für G. Ausdruck einer gewaltigen Fehlentwicklung, die darin mündete, daß in Frankreich, dem Mutterland des ↗Absolutismus, die sich abzeichnenden Veränderungen nicht innerhalb des *ancien régime* und behutsam, friedlich sowie unter Beibehaltung der gesellschaftlichen Hierarchie vonstatten gingen, sondern revolutionär-gewalttätig, abrupt und unter Auflösung desselben. Fast ein Jahrzehnt vor Ausbruch der Revolution hatte G. bereits festgestellt: »Unsere moralische und politische Welt ist mit unterirdischen Gängen, Kellern und Cloaken miniret«; daß »da einmal der Erdboden einstürzt«,

schien ihm durchaus absehbar (an Lavater, 22.6.1781). Als dies dann passierte, war für G., den schon 1785 die Halsbandaffäre zutiefst verunsichert hatte, die herrschende Schicht schuld: »Revolutionen sind ganz unmöglich, sobald die Regierungen fortwährend gerecht und fortwährend wach sind, so daß sie ihnen durch zeitgemäße Verbesserungen entgegenkommen und sich nicht so lange sträuben, bis das Notwendige von unten her erzwungen wird« (Eckermann, 4.1.1824). Was G. selbst betrifft, der 1782 geadelt worden war und sich als Minister Sachsen-Weimars vehement für die Entlastung der Bevölkerung eingesetzt hatte (Steuererleichterung, Einschränkung der feudalen Jagd- und Weiderechte): Er mußte akzeptieren, daß die Weltordnung ins Wanken geraten war. Und eben diese Möglichkeit des unkontrollierten Wandels erschütterte sein Weltbild.   DF

Frauen um G.: Die Großmutter, die zu Weihnachten 1753 ein Puppentheater schenkt, die Mutter, die ihn noch als reifen Mann ↗»Hätschelhanß« nannte, die Schwester ↗Cornelia G. sind ohnedies von Anfang an in G.s Frauenwelt einbezogen. »Sandkastenfreundschaften« sind nicht überliefert; erste Spuren von Verliebtheit finden sich 1763 unter dem Namen »Gretchen«: »Es war der erste bleibende Eindruck, den ein weibliches Wesen auf mich gemacht hatte« (*DuW*, 5. Buch). Die Neigung zu Caritas Meixner schließt sich an, der junge Leipziger Student befreundet sich 1765 mit Friederike ↗Oeser, der er sein *Leipziger Liederbuch* schenkt und ihr später lange Briefgedichte schickt. 1766 verliebt er sich in die Leipziger Gastwirtstochter Käthchen ↗Schönkopf; ihr widmet er seine anakreontischen Gedichte *Annette* (1767), doch trennt man sich am 26.4.1768. Wenig später die zur Legende gewordene Liebe zu Friederike ↗Brion, Pfarrerstochter im elsässischen ↗Sesenheim, die G. Anfang Oktober 1770 kennenlernt und in den folgenden Wochen und Monaten vom nahe gelegenen ↗Straßburg aus mehrfach besucht. Die Sesenheimer Lieder entstehen – die Beziehung wird ganz unromantisch von dem frisch gebackenen Advokaten G. im August 1771 abgebrochen.

Mit Bekanntschaften, mit Freundschaften (Sophie und Maximiliane von ↗La Roche, Charlotte ↗Buff, Verlobte des Freundes Kestner, die Herrn G. eines Sonntagnachmittags zornig auf die Grenzen des Anstands hinweisen muß, mit Johanna ↗Fahlmer) setzt G. den Reigen fort, bis er am 13.2.1775 an Auguste von Stolberg meldet, er habe eine 16jährige »niedliche Blondine« mit Namen Anna Elisabeth ↗Schönemann bei einem Faschingsfest kennengelernt. Man verlobt sich an Ostern und löst die »enge« Beziehung im Sommer, weil man plötzlich die »Inkommensurabilität« der familiären Verhältnisse erkannt habe.

Ehe sie sich kennenlernten, hatte Charlotte von ↗Stein, seit 1764 mit dem herzoglichen Stallmeister verheiratet, sieben Kinder zur Welt gebracht, von denen nur die drei Söhne am Leben blieben, die vier Mädchen starben bald nach der Geburt – keine »niedliche Blondine« also mit strahlend blauen Augen, sondern eine reife, schmerzgeprüfte Frau von 32 Jahren, die sich in festen Händen befand und nicht mehr zu fastnächtlichem Schabernack aufgelegt war. Dennoch: Der sechs Jahre jüngere und in allen Belangen beweglichere, gebildetere G. war beeindruckt und hat die Dame von Anfang an lebhaft bis ungestüm umworben, so daß sie ihm des Öfteren – zumal als verheiratete Frau von Stand – die Grenzen des Schicklichen und gesellschaftlich Vertretbaren verdeutlichen mußte. Sie galt als keine einfache, weltgewandte Frau; sie wirkte nervös und versuchte zugleich, beherrscht aufzutreten, schwer zu vereinbarende Verhaltensweisen. 1650 Briefe, mehr als ein Zehntel des gesamten Briefwerks, ungezählt die persönlichen Begegnungen, ob in Großkochberg oder in Weimar, zeugen von einer leidenschaftlichen Zuneigung, die nach G.s heimlicher Abreise nach Italien mit tagebuchartigen Briefen ausklingt und nach seiner Rückkehr in unsicheren Freundlichkeiten endet. Wieviel Kraft diese Liebe die verheiratete Charlotte zu G. gekostet haben mag, ist schwer vorzustellen.

Keineswegs ins Reinen mit Charlotte von Stein, begegnet G. Christiane ↗Vulpius, Tochter eines Weimarer Amtskopisten, am 12.7.1788, die er einen Tag später zur Frau nimmt, aber erst 18 Jahre später offiziell heiratet, kein leichtes Spiel im klatschsüchtigen Weimar, in der Frankfurter Familie und im weltweiten Bekanntenkreis. Erhalten sind 354 Briefe G.s und 257 Briefe Christianes, aus denen tiefe Zuneigung, Sehnsucht und Leidenschaft spricht. Zwischen 1789 und 1802 kamen fünf Kinder zur Welt, von denen nur der Sohn August überlebte. Als Christiane nach langem, schmerzhaftem Todeskampf am 6.6.1816 starb, schrieb G. erschüttert in sein Tagebuch: »Leere und Todtenstille in und außer mir«. Und in einem Brief an einen Freund vom 24.6.1816 gestand er: »Leugnen will ich Ihnen nicht, warum sollte man großtun, daß mein Zustand an die Verzweiflung gränzt«.

Marianne von ↗Willemer: Für G. eine heftige, leidenschaftlich bewegte Frankfurter Freundschaft, deren Bruch ihn an den Rand seiner geistigen Kräfte bringt und auch an Marianne – tief bewegte Briefe

über Jahre hinweg bezeugen es – nicht spurlos vorübergegangen ist. Ihre lebhafte Anteilnahme an der erstmals zu entdeckenden orientalischen Bild- und Gefühlswelt des *West-östlichen Divan* hat diese Beziehung wesentlich bestärkt, eine Gemeinsamkeit der 30jährigen mit dem 65jährigen G., die ihr wie ein »beseligender Traum« erschien, sie Suleika, er Hatem, eine bis dahin unerhört leichtfertige erotische Utopie.

Ganz anders Ulrike von ↗Levetzow. Sie war gerade erst siebzehn Jahre alt, als ihr der greise G. 1821 in Marienbad begegnete. Durch Carl August ließ er um sie anhalten, deutlich um ein Klischee werbend – mit den großen, blauen Augen und den lieblich braunen Locken. Das Mädchen war verwirrt, zögerte mit der Antwort. G. – vom Erfolg verwöhnt – schien sein Leben auf eine letzte Probe stellen zu wollen; im Spätsommer 1823 war er dabei, endgültig zu verzweifeln. Ulrike dagegen meinte in hohem Alter: »Keine Liebschaft war es nicht«.

Bettine von ↗Arnim schließlich kam zu spät. Sie ersann einen persönlichen G.-Mythos, der ihrer »geheimen Biographie dieses Göttlichen« entsprach. Als sie ihn 1811 in Weimar besuchte, kam es zwischen ihr und Christiane von G. zu einem heftigen Streit. G. hat sie schließlich wegen »Zudringlichkeit« abgewiesen. 1823 modellierte sie den Entwurf für ein romantisches G.-Denkmal; es wurde 1851 ausgeführt: G. auf einem thronartigen Sessel sitzend, eine Lyra in der Hand, und davor stehend Psyche – ein kitschiges Ensemble aus Carraramarmor, 236 cm hoch.   BL

Freie Rhythmen: Bezeichnung für metrisch ungebundene, reimlose Verse unterschiedlicher Zeilenlänge in variablen Strophen, allerdings mit wiederkehrenden metrischen Mustern. G.s erste freirhythmische Gedichte, die *Oden an meinen Freund* (1767), sind an Friedrich Gottlieb Klopstock orientiert, der diese Form freier lyrischer Rede in die deutsche Literatur einführte. In den ↗Frankfurter Hymnen wird der freie Rhythmus zum authentischen Ausdruck der Genieästhetik.   IW

Freie Zeichenschule, als »Fürstliche freye Zeichenschule« 1776 durch Carl August gegründet, um Begabungen im Zeichnen, Kupferstechen und Malen zu fördern. Weitere Unterrichtsfächer: Mathematik, Baulehre, Mythologie, Altertumskunde. Die Schule war jedermann zugänglich und kostenlos. Geleitet wurde sie zunächst von Georg Melchior Kraus. G. hielt dort Vorträge über die menschliche Anatomie unter künstlerischen Aspekten (Winter 1781/82). Weitere Lehrer: Conrad Horny, Karl August Schwerdtgeburth, Heinrich Meyer, Friedrich Preller, Sixt Thon.   BL

Freies Deutsches Hochstift, 1859 gegründet als Pflegestätte der Wissenschaft, Kunst und Bildung, Stiftung privaten Rechts, mit Sitz im Frankfurter G.-Museum und G.-Haus, die beide dem Hochstift gehören. Schwerpunkte: Erforschung der G.-Zeit, Betrieb und Sammlung des Museums, Förderung historisch-kritischer Ausgaben, Handschriftenarchiv (25000 Hs.), Bibliothek für das 18. u. 19. Jh. (120 000 Bde.), Gemäldesammlung (400 Bilder), Graphische Sammlung (14 000 Blätter, darunter ca. 50 eigenhändige Zeichnungen G.s). Jahrbuch seit 1861. DH

Freiexemplare, die G. an gute Freunde weiterreichte, hatten nicht immer den gewünschten Erfolg, wenn man seiner Klage in dem Aufsatz *Schicksal der Druckschrift* Glauben schenken darf: »Es wiederholte sich dem vieljährigen Autor die Erfahrung, daß man gerade von verschenkten Exemplaren Unlust und Verdruß zu erleben hat. Kommt jemanden ein Buch durch Zufall oder Empfehlung in die Hand, er liest es, kauft es auch wohl; überreicht ihm aber ein Freund, mit behaglicher Zuversicht sein Werk, so scheint es als sei es darauf abgesehen ein Geistes-Übergewicht aufzudringen. Da tritt nun das radicale Böse in seiner häßlichsten Gestalt hervor, als Neid und Widerwille gegen frohe, eine Herzensangelegenheit vertrauende Personen.« AK

Freiheit/Notwendigkeit, eines der zentralen Begriffspaare in G.s naturwissenschaftlichen, historisch-anthropologischen und ästhetischen Vorstellungen. Schon die Rede *Zum Schäkespears Tag* (1771) sah die Stücke des Engländers um einen »geheimen Punckt« kreisen, wo »das eigenthümliche unseres Ich's, die prätendirte Freyheit unseres Willens, mit dem nothwendigen Gang des Ganzen zusammenstösst«. Der unabwendbare Gang des historischen Verlaufs im Konflikt mit den Wünschen und Absichten des Individuums, dessen Freiheit bloß »prätendirt«, also selbstgesetzt ist, ist etwa im *Götz* und im *Egmont* in beispielhafter Weise gestaltet. Notwendigkeit bezeichnet über den unabwendbaren Gang der Geschichte hinaus G.s Anerkenntnis der Gesetzmäßigkeit natürlicher und geistiger Bildungsprozesse, ja selbst bestimmter künstlerischer Formen, zu denen sich die Freiheit des schöpferischen Menschen vermitteln muß. Die Position des Menschen, seine (Willens-) Freiheit, ist vergleichsweise schwach; die optimistischste Auslegung des Verhältnisses von Freiheit und Notwendigkeit gibt noch ein Vertreter der ↗ Turmgesellschaft zu Beginn der *Lehrjahre*: »Das Gewebe dieser Welt ist aus Notwendigkeit und Zufall gebildet; die Vernunft des Menschen stellt sich zwischen beide, und weiß sie zu beherrschen; sie behandelt das Notwendige als den Grund ihres Daseins; das Zufällige weiß sie zu lenken, zu leiten und zu nutzen« (I.17) – ein Optimismus hinsichtlich der Möglichkeiten menschlicher Freiheit, dem G. später immer skeptischer gegenüberstand. BJ

Freiheitskrieg, amerikanischer: Von 1775 bis 1783 von den englischen Kolonien in Nordamerika (mit der Unterstützung Frankreichs) gegen England geführter Unabhängigkeitskrieg, der zur Gründung der demokratischen USA mit George Washington als erstem Präsidenten (1789) führte. G., Gegner aller gewaltsamen Veränderung, erinnert sich rückblickend an das allgemein lebhafte Interesse für die Befreiungsbestrebungen und bemerkt lapidar: »man wünschte den Amerikanern alles Glück« (*DuW*, 17. Buch). *Wilhelm Meisters Lehrjahre* spielen zur Zeit der Kriege, und der nach Europa zurückgekehrte Kriegsteilnehmer Lothario bedauert, daß in der Alten Welt die eigenen Angelegenheiten mit viel weniger Energie als im Abenteuerland in Angriff genommen werden. Deshalb gibt er die Devise aus: »Hier oder nirgend ist Amerika!« (VII.3), was soviel heißen soll wie: Genug der Utopien, laßt uns unsere Träume hier verwirklichen (seine Reformpläne sind eng an die *Declaration of Independence* von 1776 angelehnt). Daß derartiges im traditionsreichen Europa jedoch nicht so leicht möglich ist, muß G. im Altersgedicht *Amerika, du hast es besser* resignierend feststellen. DF

Freimaurerei war zur Zeit der Aufklärung an größeren wie kleineren, vornehmlich protestantischen Residenzen ein wichtiger Bestandteil des Miteinanders. Seit der Gründung der Loge »Anna Amalia zu den drei Rosen« am Tag des 25. Geburtstages der Herzogin (24.10.1764) im Festsaal ihres Wittumspalais genoß die Loge ihren besonderen Schutz und avancierte mit ihren maurerischen Festen, regelmäßigen Logenarbeiten, den Aufnahmezeremonien, Feiern zum Johannistag oder dem Stiftungsfest, den tabuisierten Tafel-, Meister- oder Trauerlogen zu einer Einrichtung, der sich nahezu jeder in und außerhalb des Hofes lebende Gelehrte anschloß.

G. wurde am 23. Juni 1780, am Tag vor dem Johannisfest, auf eigenes Ansuchen hin aufgenommen, und für sein Aufnahmezeremoniell übergab der amtierende Meister vom Stuhl, Staatsminister Jakob Friedrich Freiherr von Fritsch den Hammer an Johann Joachim Christoph Bode, weil er in einem distanzierten Verhältnis zu G. stand. Es war für G. nicht die erste freimaurerische Vereinigung, der er sich an-schloß. Bereits als 15jähriger hatte er um die Auf-nahme in die »Arcadische Gesellschaft in Philandria« angesucht, in Wetzlar gehörte er der »Rittertafel« und dem »Orden des Überganges« an. Während der Wei-marer Aufnahme soll G. das Verbinden der Augen unter dem Versprechen, sie auch ohne die obligate Augenbinde geschlossen zu halten, verweigert haben. Die Damenhandschuhe, die er nach der Aufnahme für die »seinem Herzen am nächsten stehende Frau« er-hielt, sandte er an Charlotte von Stein.

Bis zur zeitweiligen Aussetzung der aktiven Logen-arbeit, zu der es 1782 durch Systemdifferenzen um die strikte Observanz kam, entfaltete G. ein aktives Logenleben und suchte um seine jeweiligen Beförde-rungen zum Gesellen (1781) und zum Meister (2.3.1782), die mit seiner Aufnahme in den ›inneren Orient‹ verbunden war, selbst an, da er, wie er schrieb, »weitere Schritte« tun wolle, um sich »dem Wesentlichen mehr zu nähern«. Während der mehr-jährigen Unterbrechung der Logenarbeiten war er von Bode als Mitglied des von ihm gegründeten Illumina-tenordens geworben worden. Und obwohl er sich während dieser Zeit von den freimaurerischen Maxi-men entfernte, fanden die Verhandlungen, als es darum ging, die Freimaurerei wieder zu beleben, vor allem in G.s Haus statt. Nach der Neugründung am 27. Juni 1808 gelang es ihm, für die Logenarbeiten neu-erlich im Wittumspalais den geeigneten Raum zu gewinnen. Aus dem Umstand, den Arbeiten häufig fernbleiben zu müssen, zog er die Konsequenz und richtete am 5. Oktober 1812 ein Beurlaubungsgesuch an den Logenmeister. Er blieb der Loge indes weiter verbunden, war der Gutachter wichtiger Reden, nahm Einfluß auf die Festanordnungen, verfaßte selbst Re-den zu bestimmten Anlässen, schrieb Gedichte, etwa das *Symbolum* und einige Freimaurerlieder. 1815 setzte sich G. auch für die Aufnahme seines Sohnes August ein. Berühmt geworden ist seine maurerische Rede während der Trauerloge (18.2.1813) am Kata-falk Christoph Martin ⁊ Wielands: *Zu brüderlichem Andenken Wielands*. In seinem Werk spiegelt sich die Auseinandersetzung mit maurerischen Gedanken an vielen Stellen, besonders in *Wilhelm Meisters Lehrbrief* in den *Lehrjahren* oder in der Fortsetzung der Schikaneder/Mozartschen *Zauberflöte*.   GBS

Freimaurerlieder: Wie zur Arbeit der ersten eng-lischen Logen, so gehörten die Freimaurerlieder auch zu den Ritualen und geselligen Zusammenkünften außerhalb Englands. Fast alle Logen verwendeten, bis zur Veranlassung einer verbindlichen Liedersamm-lung durch die Hamburger Provinzial-Großloge am Ende des 18.Jh.s, ihre eigenen Gesänge, die in den Protokollen immer wieder Erwähnung finden. Im Sinne der Humanisierung besangen sie jenes »Wir«, in dem vom »Ich« zugunsten der brüderlichen Gemein-samkeit Abstand genommen werden sollte.

In Weimar war es vor allem G., der Texte schrieb und ihre Komposition veranlaßte. Er entfaltete eine Tätigkeit, die man ihm in der Ernennungsurkunde zum Ehrenmitglied der Loge »am 23. Juni 1830«, dem Tag, an dem »zu Frohster Feyer« der »Fünfzigste(n) Wiederkehr Des Tages Seiner Aufnahme In Ihre Hal-len« gedacht wurde, als eine seiner »Maurerischen Tugenden« bescheinigte. Er habe »Durch Den Zauber Des Gesanges/Weit Entlegene Völker/Zu Heiterer Geist-genossenschaft Vereinigt«, so heißt es im Urkunden-text. Zum Motto, vor allem der geselligen Treffen, wurde eines seiner außer von Johann Friedrich Reich-ardt und Carl Friedrich Zelter auch von anderen Komponisten vielfach vertonten *Bundeslieder*: »In allen guten Stunden,/Erhöht von Lieb' und Wein«. Es war zwar im Jahr 1775 für eine Hochzeitsfeierlichkeit in Offenbach geschrieben, wurde indes zum beliebte-sten unter den Logenliedern, weil es in den fünf Strophen die Qualitäten besang, die man suchte: den »Bund«, den »treuen Brudersinn«, die »Ermutigung« oder die maurerischen Symbola.

In den meisten dieser Männerlieder, die in den vertraulichen festlichen Runden ihren Ort hatten, wird der elitären Abgrenzung gegenüber der Außen-welt unter dem Gebot der Verschwiegenheit gehul-digt. Nach seiner Aufnahme in den Bund am 23. Juni 1780 war er bestrebt, seine Lieder und Gedichte vor-nehmlich zum Gelingen der Tafellogen beizutragen, und bereits in Vorbereitung seiner »gütigen Auf-nahme« bat er den Komponisten und Freund Johann Christoph Kayser, der damals in Weimar war, auf seine Verse »Melodien« zu setzen. Später, am 20. Juli 1781, schrieb er ihm: »Da Sie den Geist meiner Mau-rerei kennen, so werden Sie begreifen, was für einen Zweck ich mit vorstehendem Liede habe und mit mehreren, die nachkommen sollen. Ich wünsche, daß es eine Melodie in Ihrer Seele aufregen möge, es würde mich zu mehreren aufmuntern.«   GBS

Freitagsgesellschaft: Von G. gegründeter gesellig-ger Kreis, der von 1791 bis 1796 bestand. Man traf sich zunächst jeden ersten Freitag im Monat, bald aber in größeren Abständen in G.s Haus oder im Wittums-palais der Herzogin Anna Amalia. Ständige Teilneh-mer waren Christoph Martin Wieland, Christian Gott-lob von Voigt, Friedrich Justin Bertuch, Johann Gottfried Herder, Christoph Wilhelm Hufeland, Johann Heinrich Meyer, Georg Melchior Kraus. Auch Carl August und einige Professoren der Universität Jena nahmen zeitweilig teil. Jedes Mitglied war aufgerufen, etwas »aus dem Feld der Wissenschaften, Künste, Geschichte [...] oder Demonstrationen physikalischer und chemischer Experimente« beizusteuern. Innerhalb der literarisch-geselligen Kreise im klassischen Weimar war die Freitagsgesellschaft ein Versuch G.s, durch eine »gelehrte Gesellschaft« höhere Bildung zu verbreiten. In seiner Eröffnungsrede vom September 1791 wird ein produktives Modell des wissenschaftlichen Meinungsstreits entwickelt, das allgemeine Bedeutung besitzt: »Auch der Streit ist Gemeinschaft, nicht Einsamkeit, und so werden wir selbst durch den Gegensatz hier auf den rechten Weg geführt«.   HGM

Fremdsprachen, je mehr, desto besser, für G. zur Völkerverständigung und eigenen Bildung unabdinglich. Im 4. Buch von *Dichtung und Wahrheit* wird ausführlich über den Gang des frühen Sprachstudiums referiert. G. beherrschte Altgriechisch, Hebräisch, Lateinisch, Jiddisch, Englisch, Französisch, Italienisch so gut, daß er – teilweise zur Veröffentlichung – Übersetzungen anfertigen konnte. In Sprachen mit gänzlich anderen Schriftzeichen wie der arabischen versuchte G. immerhin, sich »einheimischer zu machen« (*TuJ, 1818*). »Der Deutsche soll alle Sprachen lernen, damit ihm zu Hause kein Fremder unbequem, er aber in der Fremde überall zu Hause sei«, fordert er in den *Maximen und Reflexionen*, denn: »Wer fremde Sprachen nicht kennt, weiß nichts von seiner eigenen.« Auch empfiehlt er hier den Gebrauch trefflicher Fremdwörter: »Die Gewalt einer Sprache ist nicht, daß sie das Fremde abweist, sondern daß sie es verschlingt«.   DF/AV

Fremdwörter hat G. häufig benutzt: Fachbegriffe, galante Ausdrücke, höfische Floskeln, unübersetzbare Bezeichnungen. Im Aufsatz *Deutsche Sprache* und in seinem Brief an Riemer vom 30.6.1813 äußerte er sich zum Thema. Ein übertriebener Sprachpurismus oder gar -chauvinismus war seine Sache nicht (↗Sprachreinigung).   DF

Freundschaft: Zentralbegriff bürgerlicher Empfindsamkeit seit der Mitte des 18.Jh.s. Freundschaft bezeichnete auf persönlicher Sympathie oder Liebe beruhende gesellschaftliche Beziehungen jenseits der Standes- und Familienzugehörigkeit einerseits und andererseits jenseits geschlechtlicher Liebe. In vielen Oden v.a. Klopstocks werden Freunde oder die Freundschaft als bürgerlich-empfindsame Errungenschaft besungen. Die empfindsamen Zirkel in Darmstadt, Frankfurt und Straßburg, denen G. als junger Mensch angehörte und die er in *Dichtung und Wahrheit* beschreibt, sind getragen von diesem neuartigen Pathos. Herder und Jacobi genossen die Freundschaft G.s nur zeitweise: Die Beziehung war G. nur so lange wichtig, wie nicht gravierende Differenzen auftauchten bzw. wie er meinte, von dem Freunde Nutzen haben zu können. Die Freundschaft mit Schiller war ganz von der literarisch-ästhetisch-konzeptionellen Übereinstimmung geprägt. Lebenslange Freunde G.s aber waren und blieben – abgesehen von zeitweiligen Trübungen – der Herzog Carl August und der Urfreund Knebel, für die letzten Jahrzehnte (seit 1799) noch der Berliner Komponist Zelter.   BJ

Frieden/Krieg: G. war ein Gegner von ↗Gewalt und also auch von Krieg, dessen Präsenz und Latenz im Europa seiner Zeit er schon der Kindheit zu spüren bekommen hatte: Im Siebenjährigen Krieg war Frankfurt 1759–1763 von französischen Truppen besetzt, 1792 begleitete G. Carl August in die Champagne, wo die preußisch-österreichische Koalition gegen das französische Revolutionsheer antrat (und worüber G. kritisch in der *Campagne in Frankreich* berichtete), im Jahr darauf nahm er an der Belagerung des republikanischen Mainz teil. 1806 fiel nach der Schlacht bei Jena und Auerstedt auch Weimar der Plünderung durch napoleonische Truppen anheim, die entscheidende Schlacht der Befreiungskriege fand 1813 bei Leipzig statt. Ein Freund des Friedens war G. allerdings nicht nur in politischer Hinsicht, er schätzte ihn auch als Konzept der Harmonie des Menschen mit der Schöpfung und sich selbst. ↗Entsagung und ↗Liebe sind zwei wichtige Komponenten bei deren Verwirklichung. Den »innern« oder »Seelenfrieden«, den die Muse in *Des Epimenides Erwachen* (I,1) findet, sucht auch das lyrische Ich in *Wandrers Nachtlied* (»Süßer Friede,/Komm, ach komm in meine Brust«), die Fortsetzung *Ein gleiches* verheißt ihn dann: »Warte nur, balde/Ruhest du auch«.   DF

Friederike-Lieder s. **Sesenheimer Lieder**

Friedrich, Caspar David (1774–1840), romantischer Maler, den G. v.a. wegen seiner Behandlung der Landschaft sehr schätzte. Der von J.H. Meyer für die Zeitschrift *Kunst und Alterthum* geschriebene Aufsatz über *Neu-deutsche religiös-patriotische Kunst* würdigt kritisch Friedrichs Prinzip der Naturnachahmung, die gegen die Nachahmung mittelalterlicher

Meister bei den ↗Nazarenern gesetzt wird, wobei es Friedrich dennoch gelänge, in seine Landschaften »mythisch-religiöse Bedeutung zu legen«. Für seine zwei zur siebten Weimarer Kunstausstellung 1805 eingesandten Landschaften (etwa die Sepiazeichnung *Wallfahrt bei Sonnenuntergang*) erhielt Friedrich zusammen mit einem Maler Hoffmann aus Köln den Preis von 120 Dukaten.   BJ

Friedrich II. (1712–1786), ab 1740 König von Preußen, faszinierte G. immer wieder. Bereits als Knabe wurde er mit einer in seiner Familie vorherrschenden »Fritzischen« Gesinnung konfrontiert, wobei er später festhielt, daß diese Gesinnung ausschließlich der großen Persönlichkeit des Königs galt. Trotz dieser Faszination hatte G. immer wieder in konkreten Fragen eine kritische Haltung und ein widerspruchsvolles Verhältnis gegenüber dem König. In Leipzig, dessen Bürger die Auswirkungen des Siebenjährigen Kriegs schmerzhaft zu spüren bekamen, hörte G. erste böse Worte, die ihn vermutlich zum Nachdenken brachten. Bei einem Besuch in Berlin und Potsdam kam er dann unmittelbar mit dem absolutistischen Staatswesen Preußens in Berührung, was sein Bild vom König wiederum veränderte. 1780 geriet G. dann über das Thema Literatur in Konflikt mit Friedrich II. In dessen Abhandlung *De la Littérature allemande*, die die zeitgenössische deutsche Literatur verächtlich verurteilte, wurde vor allem G.s *Götz von Berlichingen* als Beispiel genannt. G. reagierte mit einer Satire, die er jedoch nicht veröffentlichte, sondern nur unter seinen Freunden kursieren ließ.   BB

Fries, Jakob Friedrich (1773–1843), 1800 bei Fichte promoviert, 1801 habilitiert, gemeinsam mit Hegel a.o. Professor für Philosophie an der Universität Jena; besuchte G. am 6. und 10. Januar 1805. Im gleichen Jahr Professor für Philosophie an der Universität Heidelberg. Fries wurde 1816 nach Jena zurückberufen, wegen seiner Teilnahme am Wartburgfest 1817 allerdings zwangsemeritiert. 1824 erhielt er in Jena eine Professur für Physik und Mathematik und hielt – sehr zum Ärger G.s – eine Vorlesung über Licht- und Farbenlehre: »Man sehe die Lehre von Licht und Farbe, wie sie vor meinen sichtlichen Augen Professor Fries in Jena vorträgt; es ist die Hererzählung von Übereilungen, denen man sich seit mehr als hundert Jahren im Erklären und Theoretisieren schuldig macht. Hierüber mag ich öffentlich nichts mehr sagen, aber schreiben will ich's; irgendein wahrhafter Geist ergreift es doch einmal« (an Zelter, 29.3.1827).   BL

Fritsch, Jakob Friedrich Freiherr von (1731–1814), von Haus aus Jurist, seit 1756 in Weimar, ab 1762 Mitglied im ↗Geheimen Consilium, ab 1772 dessen Präsident, 1800 aus Altersgründen in den Ruhestand versetzt. Im August 1776 wollte Carl August den Bürgerlichen G. zum Mitglied des Consiliums ernennen; Fritsch lehnte dies ab und stellte seinen Posten zur Verfügung, Anna Amalia konnte vermitteln: G. kam, Fritsch blieb. In einem Gespräch mit dem Kanzler von Müller (31.3.1824) hob G., zehn Jahre nach Fritsch' Tod, die gegenseitige Achtung hervor, die die Zusammenarbeit mit Fritsch im Geheimen Consilium geprägt habe.   BJ

fromm, Frömmigkeit, in pietistischer oder romantischer Spielart, also als »Frömmelei« (an Tieck, 2.1.1824), ein Greuel für G. Als fromm im Sinne von ›aufrichtig‹, ›offen‹ und ›liebevoll‹ schätzte G. sich selber ein.   DF

Frommann, Karl Friedrich Ernst (1765–1837), Buchhändler und Verleger in Jena; seit 1799 Mitinhaber einer Druckerei, in der G.s Werke für den Verlag Cotta gedruckt wurden; mit G. befreundet. Bei den Frommanns lernte G. dessen Pflegetochter Minna Herzlieb kennen, der die *Sonette* (1807/08) gelten. Das Frommannsche Haus war der literarische Mittelpunkt Jenas nach 1800: »was in Deutschland […] Namen hat ist dort gewesen und hat dort gerne verkehrt« (Eckermann, 19.6.1823).   PO

Frühling, als Jahreszeit des Aufbruchs und aufblühenden Lebens von G. begeistert in Sprache verdichtet, etwa im Gedicht *Ganymed*: »Frühling, Geliebter!/Mit tausendfacher Liebeswonne/Sich an mein Herz drängt« (wahrscheinlich 1774). Der Frühling, der nicht nur Säfte aus dem Boden treibt, sondern »auch auf unsre Glieder« wirkt (*Faust*, v. 3847), entfesselt die Sehnsucht nach der Geliebten, wie dies G. in paradigmatischer Form in *Frühzeitiger Frühling* (entstanden Frühling 1801) zum Ausdruck bringt.   AV

Fühlen s. **Empfindung**

Furcht, die Sorge ums eigene Wohl, wie sie G. als Kind in den dunklen Ecken des Elternhauses empfand, wo sie durch erzieherische Inszenierungen des Vaters noch verstärkt wurde, findet sich als literarisches Motiv etwa in Hermanns Elternhaus nach dem Eintreffen der Flüchtlinge (*HuD*, I, v. 158). Als naturhafter, instinktiver Impuls gegenüber einem bekannten oder unbekannten mächtigen Wesen verstehen die Organisatoren der ↗Pädagogischen Provinz (*Wanderjahre*) die Furcht als Gegenstück und gleichzeitig als kreatürliche Voraussetzung der Ehrfurcht. Die Furcht bekommt eine allegorische Rolle in *Faust II,* wie Not, Schuld und Sorge.   BJ

Fürstenbund: Der Niedergang des Heiligen Römischen Reiches Deutscher Nation war u.a. dadurch gekennzeichnet, daß die großen Staaten – Preußen und Österreich – um die Vormachtstellung rangelten. Seit dem Bayrischen Erbfolgekrieg 1778/79 war ein Zusammenschluß der Kleinstaaten diskutiert worden, und nachdem Preußen verlangt hatte, auch außerhalb seiner Grenzen Truppen werben zu dürfen, bemühte sich Carl August ab 1783 verstärkt um ein solches Bündnis. Nachdem jedoch Joseph II. eine Vergrößerung des österreichischen Territoriums anstrebte – er wollte die Niederlande gegen Bayern tauschen –, schaltete sich Friedrich der Große ein und schloß – als Gegengewicht und zur Aufrechterhaltung der bestehenden Reichsordnung – im Juli 1785 mit Hannover und Sachsen den Dreifürstenbund, dem bald auch die kleineren Staaten beitraten (das Herzogtum Sachsen-Weimar-Eisenach am 29.8.1785). G. war ein Anhänger des (kleinen) Territorialstaats und beurteilte den Fürstenbund skeptisch bzw. hielt den Optimismus, der das Projekt begleitete, für übertrieben, während Carl August an eine mögliche Reichsreform glaubte. Außerdem befürchtete G., daß das außenpolitische Engagement des Weimarer Herzogs die Vernachlässigung der inneren Angelegenheiten nach sich ziehe, von den Kosten ganz abgesehen. Als verantwortlicher Minister hatte G. den Herzog jedoch in beratender Funktion – auf Reisen als Geheimsekretär – zu unterstützen, ein Grund mehr, im Jahr 1786 heimlich nach Italien aufzubrechen.   DF

Fürstendiener, Fürstenknecht: Beide Ausdrücke wurden von G. in die deutsche Sprache eingeführt. Im V. Akt des *Götz von Berlichingen* läßt G. Metzler den Götz einen Fürstendiener nennen, fünfzig Jahre später greift die junge Generation die Bezeichnung auf, um G. zu diskreditieren. Die Problematik des Hofdichters als Auftragsschreiber hat G. jedoch schon im *Tasso* behandelt, so kann er den Angriffen gelassen begegnen: »Soll ich denn also mit Gewalt ein Fürstenknecht sein, so ist es wenigstens mein Trost, daß ich doch nur der Knecht eines solchen bin, der selber ein Knecht des allgemeinen Besten ist« (Eckermann, 27.4.1825).   DF

Fürstengruft: Dem Wunsch des Großherzogs Carl August, ein »bloß dem Bedürfnis gewidmetes Totenmagazin« auf dem 1818 eröffneten »Friedhof vor dem Frauentor« zu errichten, entsprach C.W. Coudray 1823-26 mit dem Bau der Fürstengruft: würdig schlicht, im Stil des Klassizismus. G.s Wunsch, in der Nähe der Gruft gemeinsam mit Schiller bestattet zu werden (Entwurf eines Dichtergrabmals durch Coudray, 1826), zerschlug sich mit Schillers Überführung in die Fürstengruft am 26.12.1827. Carl August wurde am 9.7.1828, G. am 26.3.1832 in der Fürstengruft beigesetzt.   CS

In der anatomischen Sammlung des G.-Nationalmuseums wird ein 14seitiger Bericht mit anliegenden Photos und Negativen aufbewahrt, in dem die bislang wenig bekannte Vorgehensweise und das Ergebnis einer am 2.11.1970 begonnenen »Besichtigung, Ausbettung, Mazeration [Entfernung der Weichteile vom Skelett] und Wiedereinholung der sterblichen Überreste« G.s protokolliert sind. G.s Eichensarkophag war zuvor schon dreimal geöffnet worden: gewaltsam nach Kriegsende und Rückkehr in die Fürstengruft; 1959 und 1963. Ziel der Aktion von 1970 war die Konservierung des Skeletts und der erhaltenen Beigaben (u.a. Lorbeerkranz). Inzwischen wurde der Sarkophag zu einer Nachkontrolle nochmals geöffnet.   JK

Fürstenhaus am Fürstenplatz (heute Platz der Demokratie), 1770-74 in Weimar vom Baumeister Anton Georg Hauptmann nach Plänen des Landesbaumeisters Johann Gottfried Schlegel erbaut. Ein stattlicher Zweckbau, der als Sitz der weimarischen Landstände sowie deren Verwaltung (Kanzleien, Aktendepots, Sitzungssaal, Landschaftskasse) geplant war. Obwohl für fürstliche Repräsentation und Wohnzwecke daher ungeeignet, bestimmte Carl August »den viereckigen Kasten« nach dem Schloßbrand 1774 als »Fürstenhaus« zur einstweiligen Residenz seines Hofs. Diesem Zweck diente es 28 Jahre lang, bis der Hof 1803 in das wieder errichtete Schloß umzog. G. ging im Fürstenhaus ein und aus, privat als Freund des herzoglichen Paares, dienstlich als Beamter mit Sitz und Stimme im Geheimen Consilium (Arbeitsräume im Haus), nahm an den Hofgeselligkeiten (Redouten, Hoftafeln, Empfängen, Familienfesten) teil. Von Ostern 1776 bis 2.8.1779 besaß G. im Erdgeschoß des Fürstenhauses eine Wohnung. Nach 1803 diente das Fürstenhaus als Verwaltungs- und Wohngebäude, von 1808 bis 1816 als Sitz der ↗Freien Zeichenschule und als Ausstellungsort.   CS

Füßli, Johann Heinrich (1741-1825), schweizerischer Maler, der 1763 nach England emigrierte. G.s sich wandelndes Kunstverständnis läßt sich an seiner Haltung gegenüber Füßli ablesen. Während er als Stürmer und Dränger Füßlis phantastisch-barocken Stil verehrte, wandte er sich in der klassischen Phase gänzlich von ihm ab und warf ihm seine »poetisierende« Technik vor: Füßli mißbrauche die sinnliche Darstellungsweise des bildenden Künstlers, um auf die Einbildungskraft zu wirken (*Über die Gegenstände der bildenden Kunst*, 1797). Dies soll in G.s Augen jedoch der Dichtkunst vorbehalten bleiben, weshalb G. bei Füßli im Jahr 1797 »Poesie und Mahlerey im Streit« konstatierte. JAS

Ganymed: *Wie im Morgenrot*, entstanden wohl 1774. Erstdruck in den *Schriften* 1789. Die Naturemphase des jungen G. findet in diesem mythologischen Rollengedicht einen eindrucksvollen lyrischen Ausdruck. Der Frühling erscheint in der allegorischen Gestalt eines schönen Jünglings, das weibliche Element wird im sinnlichen Kontakt mit der Natur (»Unendliche Schöne!«), im kühlenden Morgenwind, im liebenden Ruf der Nachtigall, erfahren; eine ähnliche Gestaltung des Ich im Körperkontakt mit der Natur findet sich im berühmten Brief vom 10. Mai in den *Leiden des jungen Werthers*. Die pantheistische Liebe zur Natur wird in *Ganymed* nicht wie im *Mailied* durch die irdische Liebe zu einem Mädchen gesteigert, sondern in einer religiös-mystischen Aufwärtsbewegung transzendiert. Im aktivisch-passivischen »Umfangend umfangen!« mündet sie in eine Vereinigungsphantasie mit dem Göttlichen, die im bergenden Schoß der Wolken weibliche und im Sehnsuchtsziel »Alliebender Vater!« männliche Gefühlskomponente enthält.

Mit diesem Emporstreben verändert G. die im Titel angesprochene mythologische Vorlage, nach der Zeus als Adler oder durch einen Adler den schönen Jüngling Ganymed in den Olymp entführen ließ. In allen Werkausgaben folgte *Ganymed* auf die *Prometheus*-Ode, wohl um deren trotzig-blasphemische Kraftgebärde zu entschärfen. Traditionell wurden beide Gedichte als Ausdruck der komplementären Impulse von »verselbsten« und »entselbstigen« gesehen, die G. am Schluß des 8. Buchs von *Dichtung und Wahrheit* beschreibt. Doch ist auch der hymnische Gegengesang *Ganymed* im zeitgenössischen Kontext nicht ohne Brisanz. Der provozierende Charakter dieser ›Entselbstigung‹ liegt in der sinnlich-erotisierten Gottesbegeisterung, die bis hin zu sexuellen Verschmelzungsphantasien reicht. Die Einheit von Ich und Natur steigert sich hier zur Einheit von Ich und Gott. IW

Ganzes: »In der lebendigen Natur geschieht nichts, was nicht in einer Verbindung mit dem Ganzen stehe« (*Der Versuch als Vermittler von Objekt und Subjekt*, geschrieben 1792, veröffentlicht 1823 in den Heften *Zur Naturwissenschaft überhaupt*). G. strebte immer nach der Erfahrung und der Erkenntnis des Ganzen, letztlich jenes »ungeheuren Ganzen, in dem alle Existenzen begriffen sind« (*Studie nach Spinoza*). Aus diesem Grund erwuchs ihm auch seine Hochschätzung Johann Georg Hamanns (*DuW*, 12. Buch). In Natur, Kunst, Poesie, Wissenschaft und Sittlichkeit galt es G., die mikrokosmischen Einzelheiten stets innerhalb des makrokosmischen »großen Ganzen« wahrzunehmen (vgl. *Faust*, v. 447 ff.). So konnte er in der Kunst »in dem kleinsten Fragmente noch die zerstörte Herrlichkeit des Ganzen [...] schauen« (*Einleitung in die Propyläen*, 1798) und in der Natur von seinen zahllosen Pflanzenbeobachtungen auf die Urpflanze schließen, die ihm nicht bloß eine Idee, sondern eine mit Augen gesehene, sinnliche Wahrnehmung wurde (*Glückliches Ereignis*). Deshalb forderte G. bei jeder Beschäftigung mit Einzelheiten eine »Methode, die das Interesse an der Gesamtheit offenbart; hat man das erlangt, so braucht man freilich nicht in Millionen Einzelheiten umherzutasten« (*MuR*). DH

Gartenhaus: Herzog Carl August schenkte G. im April 1776 das Haus im Park an der Ilm, um ihn auch auf diese Weise an Weimar zu binden. Es war bis Juni 1782 G.s Hauptwohnsitz; er suchte es auch später bis kurz vor seinem Tode oft auf und wohnte immer wieder über Tage und Wochen darin. Der engen Verbundenheit mit der Natur des Ilmtals sind Gedichte wie *An den Mond* und *Hoffnung* zu verdanken. Hier entstanden auch wesentliche Teile von *Wilhelm Meisters theatralischer Sendung*, der *Iphigenie*, Entwürfe zu *Egmont* und *Torquato Tasso* sowie Teile der *Italienischen Reise* und von *Wilhelm Meisters Wanderjahren*. Das Haus und der nach dem historischen Vorbild wiederhergestellte und gepflegte Garten sind heute für den Besucher Zeugnisse der einfachen, in die Natur eingebetteten Lebensführung G.s in seiner ersten Weimarer Zeit. SS

Gartenkunst, im 18. Jh. (auch von G.) als Schöne Kunst behandelt, dabei – nicht nur als später –, geschichtsphilosophischer Sicht – Ausdruck gesellschaftlicher Zustände bzw. deren Wandel. Auf dem Kontinent versinnbildlichten – dem Vorbild Versailles' folgende und ausschließlich fürstliche bzw. höfische – Garten- und Parkanlagen streng symmetrisch, kon-

Im Gartenhaus lebte Goethe das von ihm erträumte heitere gesellige Leben, arrangierte Feste und empfing häufig Gäste

zentrisch und zurechtgestutzt die absolutistische Weltordnung sowie die Beherrschung der Natur. Der in England ab 1730 in Mode gekommene Landschaftsgarten sollte hingegen die Schönheit der wilden Natur bzw. die Harmonie des Menschen mit derselben erfahrbar machen.

Diesseits des Kanals wurde das englische Prinzip nach und nach übernommen, so vom Dessauer Fürsten 1765 bei Anlage des Wörlitzer Parks, dessen Vorbild man – unter Mitwirkung G.s, der, im ↗Gartenhaus wohnend, bereits »einen englischen Garten gezeichnet« hatte (an Auguste zu Stolberg, 17.–24. 5. 1776) – in Weimar ab 1778 folgte und die Wiesen an der Ilm in einen öffentlich zugänglichen Park umwandelte (hinsichtlich des ↗Belvederer Schloßgartens hatte sich G. bereits 1776 engagiert). Der Anblick des Schaffhausener ↗Rheinfalls ließ bei g. dann allerdings Zweifel aufkommen, ob die »neumodische Parksucht« das Gewaltige und Erhabene der Natur angemessen »realisiren« könne (*Reise in die Schweiz 1797*; ähnlich auch in *Über den Dilettantismus*). Gartenanlagen sind Thema im *Werther*, im *Wilhelm Meister*, in den *Aufgeregten* und vor allem den *Wahlverwandtschaften*, die von – offensichtlich den Zeitgeist verkörpernden – Gartenmotiven durchzogen sind. Im Alter scheint G. geordneten und eingezäunten Anlagen wieder den Vorzug gegeben zu haben.   DF

Garten- und Heckentheater: Garten- und Parkanlagen spielten im 18. Jh. eine große Rolle; so wurde im Zuge der Verlegung vieler Aktivitäten ins Freie auch die Einrichtung von Spielstätten unter freiem Himmel wichtig. Als Herzogin Anna Amalia, ihrer Dienstpflichten ledig, ab dem Frühjahr 1776 das nordwestlich von Weimar gelegene Jagd- und Lustschloß am ↗Ettersberg zu ihrer Sommerwohnung erklärte, tat sie alles, um die Voraussetzungen für ein vielseitig aktives, heiteres Leben »in Freiheit und Natur« im Kreise ihres ↗»Musenhofes«, einiger Gäste und ihrer Vertrauten zu schaffen. Dort, wo man heute des Grauens im 1937 in Buchenwald errichteten Konzentrationslager gedenkt, »florirten [einst] die Künste« (Carl August an Knebel), denn Anna Amalia hatte die steifen Gartenanlagen des Schlosses ummodeln und aufforsten, Waldnischen und ein Naturtheater anlegen lassen.

Eine Beschreibung dieses neu entstandenen Parks verdanken wir dem Kieler Gartentheoretiker Christian

Cay Lorenz Hirschfeld, der in seiner *Theorie der Gartenkunst* (1780) anschaulich schreibt: »Eine Hütte, oder Haus von Baumrinde, simpel wie sein Aeußerliches, mit hölzernen Geräthen und Binsenmatten möblirt, liegt in einer der romantischen Wildnissen des Waldes. Nicht weit davon zeigte man mir einen großen gesäuberten Halbkreis, der zum Schauplatz mancher Lustbarkeit dient. Ich sah im Zimmer der Herzogin ein Gemälde von Kraus, das einen Auftritt aus einem Schauspiel, »die Zigeuner«, von Einsiedel, vorstellte, welches hier bey Nachtzeit gespielt worden war«. Das *Walddrama: Adolar und Hilaria*, das er meinte, in dem G. die Rolle des Zigeunerhauptmanns Adolar spielte (mit Corona Schröter als Partnerin), war gewiß nicht das einzige Stück, das in lauen Sommernächten unter Hörnerklängen und bei illuminierter Umgebung mit anschließendem Ball und Feuerwerk hier stattfand.

Da diese Aktivitäten nach 1780 im Park des ↗ Tiefurter Schlößchens ihre Fortsetzung fanden, wurden auch die Freiluftaufführungen dort weitergeführt. Zu den Höhepunkten des dortigen sommerlichen Treibens gehörte am 22. Juli 1782 die Aufführung von G.s Singspiel *Die Fischerin*, vertont von Corona Schröter. Hatte man sich schon in Ettersburg von den strengen barocken Heckentheatern zugunsten einer freien Spielstätte verabschiedet und war damit eine denkwürdige Wende in der Geschichte des Gartentheaters bezeichnet, so wurde mit der Vorausnahme späterer Liederspiele (J. F. ↗ Reichardt) durch die Aufführung der *Fischerin* die Natur vollends zum Gestaltungsmoment, über das G. am 27. Juli 1782 an Knebel schreibt: »Die Zuschauer saßen in der Mooshütte, wovon die Wand gegen das Wasser ausgehoben war. Der Kahn kam von unten herauf pp. Besonders war auf den Augenblick gerechnet, wo in dem Chor die ganze Gegend von vielen Feuern erleuchtet und lebendig von Menschen wird.« Unter diesen Voraussetzungen wird verständlich, daß das 1811 im Park des Schlosses ↗ Belvedere eingerichtete Heckentheater kaum mehr als Spielstätte genutzt wurde.   GBS

Gartenzwerge sind nicht erst seit heute manchem ein Dorn im Auge: So klagt bereits der Apotheker in G.s *Hermann und Dorothea*: »So war mein Garten auch in der ganzen Gegend berühmt, und/Jeder Reisende stand und sah durch die roten Staketen/Nach den Bettlern von Stein und nach den farbigen Zwergen. [...] Ja, wer sähe das jetzt nur noch an! Ich gehe verdrießlich/Kaum mehr hinaus; denn alles soll anders sein und geschmackvoll,/Wie sie's heißen, und weiß die Latten und hölzernen Bänke« (III, v. 87–100).   AK

Garve, Christian (1742-1798), Popularphilosoph, Übersetzer und Schriftsteller, 1768 als Nachfolger Gellerts Professor für Philosophie in Leipzig, 1772 Rücktritt, dann Privatgelehrter in Breslau. Garve litt an einem bösartigen Tumor im Gesicht, den er mit Gelassenheit ertrug. Er, der in seinen *Versuchen über verschiedene Gegenstände aus der Moral, der Literatur und dem gesellschaftlichen Leben* (1792) auch über die Geduld geschrieben hatte, wird im Xenion *Garve* gewürdigt: »Hör' ich über Geduld dich, edler Leidender, reden,/O wie wird mir das Volk frömmelnder Schwätzer verhaßt«.   PO

Geburt G.s: »Am 28. August 1749, mittags mit dem Glockenschlage zwölf, kam ich in Frankfurt am Main auf die Welt« – im Haus am Großen Hirschgraben, an einem Donnerstag. Die Geburt gestaltete sich schwierig: »Durch Ungeschicklichkeit der Hebamme kam ich für tot auf die Welt, und nur durch vielfache Bemühungen brachte man es dahin, daß ich das Licht erblickte«. Für den Großvater, den Stadtschultheißen Johann Wolfgang Textor, war dies Anlaß, »daß ein Geburtshelfer angestellt, und der Hebammenunterricht eingeführt oder erneuert wurde« (*DuW*, 1. Buch). Ein medizinisches Protokoll der Geburt existiert nicht. Bezeugt ist die Taufe am Folgetag in der Frankfurter Katharinenkirche, Geburtszeit: »gestrigen Donnerstags Mittags zwischen 12 und 1«.

Die Mutter, 75jährig, erinnert sich: »Ich war achtzehn Jahre alt, als ich ihn gebar. Er kam wie tot ohne Lebenszeichen zur Welt, und wir zweifelten, daß er das Licht sehen würde. Seine Großmutter stand hinter meinem Bett, und als er zuerst die Augen aufschlug, rief sie hervor: ›Elisabeth, er lebt!‹ Da erwachte mein mütterliches Herz und lebte seitdem in fortwährender Begeisterung bis zu dieser Stunde« (*Aristeia der Mutter*).   PO

Gedankendichtung s. **Lehrhafte Dichtung**

Gefährliche Wette, Die: Novelle, die der Herausgeber der *Wanderjahre* als einen Schwank einschaltet, wo sie St. Christoph, einer der Wanderer, »am heiteren Abend einem Kreise versammelter lustiger Gesellen vortrug« (*Wj*, III.8), Entstehungszeit Sommer 1807. Thema der Erzählung ist der Übermut mutwilliger Studenten sowie die übertriebene Beachtung adliger Ehrbegriffe. In einer Herberge wettet ein Student, er könne einen großen, wohlgebildeten Herrn bei der beträchtlichen Nase zupfen, ohne daß ihm Übles widerführe. Der Student weist sich als Barbier aus, rasiert den Herrn und faßt ihm oftmals

an die Nase, wobei er sich von seinen Gesellen beobachten läßt. Das Gelächter und Geschrei, das die Posse
erregt, wird dem Herrn hinterbracht, auf die Androhung von Rache flieht der Scherzbold, der Geschädigte
stirbt bald darauf vor Gram, sein Sohn wird im Duell
mit einem der Gesellen verwundet und entstellt. Die
heitere Posse mündet so ins Tragische.   BJ

Gefühl s. **Empfindung**

Gefunden: *Ich ging im Walde*, entstanden 1813,
Erstdruck in *Werke* 1815. G. schickte das kleine Ge-
dicht am 26.8.1813 von einer Reise an seine Frau
Christiane; statt eines Titels trägt die Handschrift die
Adressierung »Frau v. Goethe«. Das Gedicht ist eine
Huldigung zur 25. Wiederkehr der ersten Begegnung;
Christiane Vulpius (↗Christiane-Gedichte) war G. am
12. Juli 1788 im Park entgegengetreten und kurz
danach zu ihm in sein Gartenhaus gezogen. Darauf
spielt das Gedicht, das in volksliedhafter Manier die
Geliebte »Blümchen« nennt, an: »Ich grub's mit allen/
Den Würzlein aus,/Zum Garten trug ich's/Am hübschen Haus«. Die Blume wird nicht wie im frühen
Heidenröslein gebrochen, sie wird verpflanzt und
gehegt. Die Wahl des Volkslieds ist ein stimmiges
poetisches Abbild der zeitgenössischen Beziehung
zwischen Mann und Frau.   IW

Gegenwart, Vergangenheit, Zukunft: Unter
dem Datum *Palermo, Mittwoch, den 4. April 1787*,
schreibt G. in seiner *Italienischen Reise*, wie ihm ein
Reiseführer »durch seine Gelehrsamkeit« ein wunderbares Ausflugserlebnis vergällte; der Führer, welcher
von den Taten des Hannibal und seiner Elefanten, die
an diesem Ort vorbeigekommen seien, erzählte,
wurde von G. energisch zum Schweigen angehalten,
da diesem an solchen monumentalistischen Ge-
schichtsbetrachtungen nichts lag. G. berichtet: Der
Führer »verwunderte sich sehr, daß ich das klassische
Andenken an so einer Stelle verschmähte, und ich
konnte ihm freilich nicht deutlich machen, wie mir
bei einer solchen Vermischung des Vergangenen und
des Gegenwärtigen zumute sei.« Historisierende
Pseudo-Vergegenwärtigung war G. zuwider. Obwohl
er in seinen Werken wiederholt und unter aufwendi-
gem Studium geschichtliche Fakten aufgearbeitet
hatte, widersetzte sich G. Chroniken dieser Art.
    Wenn er bereits am 25. Januar 1787, ebenfalls auf
der *Italienischen Reise*, bemerkt, man könne »das
Gegenwärtige nicht ohne das Vergangene erkennen«,
so ist dies kein Widerspruch zum Eintrag vom
4. April, sondern der Hinweis darauf, daß G. sein

ganzes Denken und Erleben auf einen den Horizont
der historischen Tradition übersteigenden Umgang
mit der Vergangenheit, Gegenwart und ↗Zukunft
gründet. G.s allzeit vertretene und durch seine eigene
Forschertätigkeit bewiesene Auffassung, daß man sich
der Errungenschaften der Gegenwart »nicht wahrhaft
und redlich freuen« könne, wenn man die »Vorzüge
der Vergangenheit nicht zu würdigen« verstehe (*Fl*,
Vorwort), wird nur dann verständlich, wenn darauf
geblickt wird, auf welche Art bei G. das Vergangene in
die Gegenwart herübergenommen und auf die Zukunft bezogen werden kann: »Lassen wir also Altes
und Neues, Vergangenes und Gegenwärtiges fahren«,
schreibt er in seinem Aufsatz *Antik und Modern* von
1818, »und sagen im allgemeinen: Jedes künstlerisch
Hervorgebrachte versetzt uns in die Stimmung, in
welcher sich der Verfasser befand. War sie heiter und
leicht, so werden wir uns frei fühlen; war sie beschränkt, sorglich und bedenklich, so zieht sie uns
gleichmäßig in die Enge.«
    Mit diesem Satz weist G. über den Aspekt der
Gegenwart, welche zur Vergangenheit wird, hinaus
auf eine jenseits der astronomischen Zeit gründende
Autorschaft des Geistes. Der Künstler G. kennt eine Art
der »Betrachtung der Vergangenheit und Gegenwart,
die sich so lieblich durcheinander webt« (*Ruysdael
als Dichter*), daß sich Vergangenes in die Gegenwart
hinein schiebt und, wenn die Gunst der glücklichen
Stunde über dem Ereignis schwebt, ewige Gegenwart
stiftet. In *Dichtung und Wahrheit* beschreibt G. eine zeitliche Verschmelzung in diesem
Sinne als persönliches Erleben: »Ein Gefühl aber, das
bei mir gewaltig überhand nahm, und sich nicht
wundersam genug äußern konnte, war die Empfindung der Vergangenheit und Gegenwart in Eins: eine
Anschauung, die etwas Gespenstermäßiges in die Gegenwart brachte. Sie ist in vielen meiner größern und
kleinern Arbeiten ausgedrückt« (14. Buch).
    So wird im Gedicht *Gesang der Geister über den
Wassern* die menschliche Seele in ihrem überzeitlichen Charakter dargestellt; in *Im Gegenwärtigen
Vergangenes* (*West-östlicher Divan*) wird beim Anblick einer Rose und einer Lilie, die »morgentaulich«
im Garten blühen, uralte Vergangenheit wach, die sich
so an die Gegenwart herandrängt, daß sie diese auszu-
löschen droht; zu Beginn von *Wilhelm Meisters
Wanderjahre*, im Kapitel *Sankt Joseph der Zweite*,
werden durch die Schilderung einer Familie, die bis in
die Namengebung hinein der heiligen Familie in der
Bibel gleicht, längst antiquiert gewordene christliche
Motive unmittelbar in die Gegenwart transportiert;
und im zweiten Teil des *Faust* wird ab dem zweiten

Akt (»Klassische Walpurgisnacht«), stärker noch im dritten Akt, das Erbe der Griechen in die viele Jahrhunderte später stattfindende Handlung des Dramas transferiert, um damit die ganze Szenerie der Fausthandlung neu zu gestalten und restlos zu verwandeln: Faust trifft Helena zwar in Griechenland, Zeit der Handlung jedoch ist das Mittelalter. Damit wird durch die Verschmelzung des Griechisch-Antiken mit dem Nordisch-Mittelalterlichen sowohl die Vergangenheit als auch die Gegenwart ins Zeitlose gehoben, um daraus die Zukunft zu gebären.

Zukunft ist, im Gegensatz zur Vergangenheit, welcher sich G. intensiv gewidmet hat, nicht erforschbar; sie birgt »unser Schicksal« in sich, bemerkt Adelheid im 2. Akt des *Götz von Berlichingen*. Die Zukunft gibt am meisten von sich kund, wenn wir uns ihr im Schlafe, d.h. aus den Kräften des Unbewußten nähern (vgl. *Des Epimenides Erwachen*, I.3). In den *Wahlverwandtschaften* (II.5, *Aus Ottiliens Tagebuch*) schreibt G.: »Wir blicken so gern in die Zukunft, weil wir das Ungefähre, was sich in ihr hin und her bewegt, durch stille Wünsche so gern zu unseren Gunsten heranleiten möchten«. Doch gerade um die Realisierung solcher Wünsche in der Zukunft ist es G. zu tun, wenn er das Motto des zweiten Teils von *Dichtung und Wahrheit* (»Was einer in der Jugend wünscht, hat er im Alter genug!«) im 9. Buch seiner Autobiographie in eben diesem Sinne als eine im Individuum gegründete Realisation von Zukunft interpretiert.

Wenn G. in seinem ganzen Werk die Vergangenheit auf die Gegenwart bezogen hat und umgekehrt, so hat er dies um der Gestaltung der Zukunft willen getan, denn die durch den Einbezug des Vergangenen herbeigestaltete Zukunft ist für G. dasjenige, was uns Menschen aufgegeben ist: »Die gegenwärtige Welt ist nicht wert, daß wir etwas für sie tun; denn die bestehende kann in dem Augenblick abscheiden. Für die vergangene und künftige müssen wir arbeiten: für jene, daß wir ihr Verdienst anerkennen, für diese, daß wir ihren Wert zu erhöhen versuchen« (*MuR*).   AV

Gegnerschaften G.s: »Bewundert viel und viel gescholten«. Er, der mit seiner Kritik, selbst in harscher Form, von Anfang an nicht zurückhielt, war ständiger öffentlicher Zankapfel. Dies hat sich, seit dem Erscheinen des *Werther* und seit der Erstaufführung von *Stella* bis heute nicht geändert. Hans-Dietrich Dahnke folgend, sind vier Grundmotive der Gegnerschaft zu verzeichnen: die weltanschaulich-religiöse Kritik, die politische Gegnerschaft und die ästhetisch-poetologische Kritik, zuletzt eine Kritik an seinen naturwissenschaftlichen Arbeiten. Darüber hinaus sind objektive Entwicklungen zu beobachten, die G. zwangsläufig an den Rand des öffentlichen Interesses drängten und ihn nicht nur literarisch und weltanschaulich zum Sonderfall machten. G. störte dabei, und er stört bis heute.

G.s dezidiertes Nicht-Christentum – dem katholischen Flügel in Deutschland von Anfang an »verdächtig« – wurde während des Bismarckschen Kulturkampfs durch den jesuitischen Biographen Alexander Baumgarten scharf angegriffen, und selbst Karl Barth, dialektisch denkender Protestant aus Basel, der die moderne Theologie wie kein zweiter beeinflußt hat, scheute den Angriff auf G.s Freigeisterei nicht.

Zu den ersten politischen Gegnern G.s zählt Wolfgang Menzel, der an dem Kaltherzigen, Marmorglatten die patriotische Glut der deutsch-nationalen Befreiungsbewegung gegen Napoleon vermißte, bis schließlich Mathilde von Ludendorff dem Freimaurer und Kosmopoliten andichtete, er habe seinen Freund Friedrich Schiller, den »eigentlichen Dichter« der wilhelminisch-deutschen Nation, schnöde vergiften lassen.

Andererseits wurde G., beginnend bei den Schriftstellern des Vormärz bis hin zu Heinrich Mann, als einem Autor, einer Persönlichkeit des Klassenkompromisses zwischen Adel und Bürgertum unter dem Stichwort der Versöhnlichkeit bzw. der programmatischen Unversöhnlichkeit, eine Absage erteilt. Die ästhetische Opposition gegen G. beginnt am markantesten mit Heinrich von Kleist, der verzweifelt und in glänzender Bizarrie ein antiklassisches Programm vertrat – ebenso Georg Büchner – und setzt sich mit unterschiedlichen Akzenten bis ans Ende des 20. Jh.s fort (H.M. Enzensberger: *Nieder mit Goethe. Eine Liebeserklärung*, 1996).

Die von Seiten der Naturwissenschaften geübte Kritik objektivierte sich in einem Modernisierungsschub des Wissenswerten und des Wissens ohne Gleichen – im Zug einer fachwissenschaftlichen, reichspolitisch folgenreichen Institutionalisierung der Technik- und Naturwissenschaften während der zweiten Hälfte des 19. Jh. (Aufblühen der Technischen Universitäten) – in deren Zug die naturphilosophische und anthropologische Ausrichtung des G.schen Konzepts keinen Platz mehr hatte.   BL

Gehalt: Neben ↗Stoff und ↗Form ein zentraler Begriff in G.s Kunstphilosophie. Der Gehalt ist dasjenige, das am Kunstwerk erfahrbar wird, wenn der Künstler dem Stoff seine angemessene Form mitgeteilt hat: »Die Besonnenheit des Dichters bezieht sich eigentlich auf die Form, den Stoff gibt ihm die Welt nur allzu-freygebig, der Gehalt entspringt freywillig aus der Fülle seines Innern [...], und hier wird Besonnenheit gefordert, daß Form, Stoff und Gehalt sich zu einander schicken, sich in einander fügen, sich einander durch-dringen« (*Diverse Notizen*; WA I.7, S. 100). Der Ge-halt rangiert über dem Stoff, aber unter der Form – die dem Genie entspringt. »Den Stoff sieht jedermann vor sich; den Gehalt findet nur der, der etwas dazu zu tun hat, und die Form ist ein Geheimnis den meisten« (*MuR*). Auch wenn der Gehalt aus dem Innern des Künstlers dem Stoff hinzugefügt wird, entspringt er nicht regelloser Phantasie: »Gehalt ohne Methode führt zur Schwärmerei; Methode ohne Gehalt zum leeren Klügeln« (*MuR*). BJ

Geheimdienst: Nach erst in den vergangenen Jah-ren durch Nachforschungen der römischen »Casa di Goethe« aufgefundenen Protokollen eines Habsburger Spitzels war G. nach seiner Ankunft in Rom über ein Jahr lang Objekt einer umfassenden Observation. Die Habsburger sahen in dem geheim reisenden Weimarer Minister einen möglichen Abgesandten des Fürsten-bundes, der gegen die habsburgisch-vatikanischen In-teressen bei der Besetzung der Kanzlerstelle im Hei-ligen Römischen Reich Deutscher Nation intrigieren könnte. Die in Wien aufgefundenen Spitzelberichte protokollieren jede öffentliche Bewegung G.s, dessen Reise nach Süditalien man dazu nutzte, in seine Woh-nung am Corso einzubrechen und Siegel und Briefe zu entwenden. Kein Brief G.s aus Italien passierte unge-lesen die Postzensur – er konnte mit dem gestohlenen Siegel nachgesiegelt werden. Für die habsburgischen Spione war G.s Romaufenthalt völlig rätselhaft, man konnte sich keinen Reim auf seine wunderlichen Gewohnheiten, Kunstbesuche u.a. machen. Die be-vorstehende Publikation der Spitzelberichte darf mit Spannung erwartet werden, da hier der römische Alltag G.s jenseits aller Verklärung protokolliert ist. BJ

Geheimes Consilium: Fungierte seit 1756 als oberste politische Institution des Landes Sachsen-Weimar-Eisenach mit Kabinettsrang. Beraten wurden alle Vorgänge, bei denen der Herzog selbst eine Ent-scheidung zu fällen hatte. Als G. in Weimar eintraf, bestand das Geheime Consilium aus drei Geheimen Räten, dem Freiherrn Carl Wilhelm von Fritsch, der präsidierte, Achatius Ludwig Carl Schmid, den Carl August 1776 zum Kanzler ernannte und an dessen Stelle G. nachrückte, und Christian Friedrich Schnauß. Am 11.6.1776 wurde G. zum Geheimen Legationsrat

ernannt, die Amtseinführung und Vereidigung als Staatsbeamter erfolgten wenige Tage später. G. ge-hörte dem Geheimen Consilium mit großer Regel-mäßigkeit bis zu seiner Abreise nach Italien an, um-fangreiche Aktenstudien, das Verfassen von Vorlagen, Protokollen und Kommissionsberichten gehörten ne-ben den ausführlichen Beratungen mit zu dieser Tä-tigkeit. Nach seiner Rückkehr aus Italien hat G. nur noch bei besonderen Gelegenheiten an den Sitzungen des Geheimen Consiliums teilgenommen, das 1815 infolge der auf dem Wiener Kongreß beschlossenen Umwandlung Sachsen-Weimar-Eisenachs in ein Groß-herzogtum den Rang eines Staatsministeriums erhielt. Zum Präsidenten wurde G.s »treuer und unvergeßli-cher Geschäftsfreund« ↗Voigt (*TuJ*, 1806) berufen. BL

Geheimgesellschaften. Im späten 18.Jh. waren fast alle Angehörigen der geistigen und politischen Elite in Deutschland Freimaurer. G. wurde am 23.6. 1780 in die 1764 gegründete Weimarer ↗Freimau-rerloge »Anna Amalia« aufgenommen, die dem Sy-stem der strikten Observanz folgte. Genau ein Jahr später stieg er zum Gesellen auf, am 2.3.1782 dann zum Meister. Im Zuge der Krise, die die gesamte Maurerbewegung erfaßt hatte, wandte sich G. dann dem 1776 gegründeten Illuminatenorden zu, in den er – einen Tag nach Carl August – am 11.2.1783 aufge-nommen wurde. Der Orden verfolgte die Ziele der Aufklärung, eine völlige Integration der neuen Mit-

Aus dem anonymen Werk »Geheime Figuren der Rosenkreuzer aus dem 16ten und 17ten Jahrhundert«

glieder (Fürst und erster Minister!) wollte nicht gelingen, 1785 wurde der Orden ganz aufgehoben. Den Versuch einiger Jenaer Maurer, 1789 eine neue Loge zu gründen, unterbanden G. und sein Fürst, das Geheimwesen wurde angesichts der revolutionären Ereignisse in Frankreich immer argwöhnischer betrachtet. 1808 kam es dann in Weimar zu einer Neugründung der Freimaurerloge, deren Anliegen mittlerweile eher Geselligkeit als politische Betätigung war, und der G. bis zu seinem Tod angehörte. In G.s Werken sind Geheimgesellschaften immer wieder thematisiert, am hintergründigsten in Form der ↗ Turmgesellschaft (und des von ihr ausgestellten Lehrbriefs) in *Wilhelm Meisters Lehrjahre*. DF

Geheimnisse, Die: Epenfragment von 1784/85 um eine aus zwölf Rittern bestehende Bruderschaft, in der die unterschiedlichen Religionen und Konfessionen zu einer Ur-Religion zusammengefaßt werden. Insgesamt stellte G. nur 44 achtzeilige Strophen fertig, sog. Stanzen, wie sie aus dem Epos der italienischen Renaissance bekannt sind (Tasso). Vor allem die religiöse Thematik ließ G. das Projekt mit der Italienreise ab 1786 zunehmend uninteressant erscheinen. In einem kleinen Aufsatz für das *Morgenblatt für gebildete Stände* von 1816 erläuterte G. den Plan des Epos nochmals insgesamt: Ein in die klosterähnliche, an Rosenkreuzer erinnernde Bruderschaft eingekehrter Pilger sollte, in Erzählungen, durch die Lebensgeschichten der einzelnen Mitglieder geführt werden – ein neutral zusammengestelltes Panorama der unterschiedlichen Kulte des Gottesdienstes. BJ

Geist ist ein bei G. in ganz unterschiedlichen Bedeutungsvarianten verwendetes Wort. Ganz real tritt etwa ein Geist als Materialisation einer bestimmten Idee auf: der Erdgeist in *Faust I* als Geist der Geschichte. Die Gesamtheit von Ideen kann auch als Geist bezeichnet werden. Der Abschluß des Terzinen-Gedichts zum Andenken Schillers *Im ernsten Beinhaus war's* lautet: »Was kann der Mensch im Leben mehr gewinnen,/Als daß sich Gott-Natur ihm offenbare?/Wie sie das Feste läßt zu Geist verrinnen,/Wie sie das Geistererzeugte fest bewahre«. Meist aber bezeichnet Geist ein seelisches oder intellektuelles Vermögen des Menschen. Im *Prolog im Himmel* zu *Faust* sagt der Herr über Faust: »Ihm hat das Schicksal einen Geist gegeben,/Der ungebändigt immer vorwärts dringt« (v. 1856f.). Menschlicher Geist ist in der Lage, die verwirrende Mannigfaltigkeit der Welt zu Ideen zusammenzuführen: »[Herzog:] Getrenntes Leben, wer vereinigt's wieder?/Vernichtetes, wer stellt es her?/

[Weltgeistlicher:] Der Geist!/Des Menschen Geist, dem nichts verlorengeht,/Was er von Wert mit Sicherheit besessen« (*Natürliche Tochter*, III.4). Diese Leistung des Geistes befähigt den Menschen letztendlich zur Schaffung von Kunstwerken: »Es steht so manches Schöne isoliert in der Welt, doch der Geist ist es, der Verknüpfungen zu entdecken und dadurch Kunstwerke hervorzubringen hat« (*MuR*). BJ

Geist, Johann Ludwig (1776–1854), von 1795–1804 G.s Diener, 1804 fürstlicher Stallschreiber, 1805 Hofmarschallamts-Registrator, 1814 Hofmarschallamts-Rechnungsrevisor. Als Nachfolger Sutors und Götzes kam er, 19 Jahre alt, 1795 in G.s Haus, hatte zuvor das Lehrerseminar absolviert, besaß Latein- und Botanikkenntnisse und spielte die Orgel. Im Haushalt, den Christiane mit Umsicht führte, weniger benötigt, wurde »Goethes wackerer Spiritus« (Schiller) hauptsächlich als Schreiber beschäftigt, sein »wohlgelungenes Gesellenstück« mit der *Xenien*-Reinschrift (1796) liefernd; »meine Dinten- und Papierscheue nimmt gleichsam mit jeden Tag zu, umsomehr als ich einen Geist zur rechten Hand habe, der mit der größten Leichtigkeit, meine Gesinnungen und Einfälle zu Papier bringt« (an Carl August, 12.6.1797).
Die meisten Manuskripte und Briefe G.s aus den durch die Zusammenarbeit mit Schiller geprägten Jahren stammen von Geists Hand. Intelligent und gelehrig sich in G.s Lebenskreis einfügend, schrieb er sicher und schnell nach Diktat, führte sorgfältig Tage- und Rechnungsbücher, kopierte umfangreiche Texte, Kataloge, Inventare, wurde G.s schreibender Gehilfe in Theaterangelegenheiten, besorgte in Jena Haushalt und Geschäfte, bewährte sich vorzüglich als Reisebegleiter (Schweiz 1797, Pyrmont 1801, Badereise »Vater, Sohn August und Geist«). »Da ein geschickter Schreiber mich begleitet, so ist [...] alles wohl erhalten, was damals auffallend und bedeutend sein konnte« (*TuJ*, 1797).
Geists eigene Tagebücher, Reiseberichte und Briefe belegen indessen, wie selbständig er, bei aller Anpassung an G.s Lebensweise, Eindrücke aufnahm, zugleich wieviel Freiheit G. ihm ließ, eigenen Interessen nachzugehen, welches Vertrauen er genoß. 1804 begann Geists Beamtenlaufbahn, indessen war er weiterhin (bis 1805) für G. tätig. Jahrzehnte später (1828), gaben gemeinsame botanische Interessen Anlaß für Besuche des ehemaligen Dieners in G.s Haus. Als Mitglied des »Vereins für Blumistik und Gartenanlagen« machte Geist G. »höchst merkwürdige Monstrositäten« zum Geschenk: »Revisor Geist, einiges Botanische, besonders Monstrosen vorweisend«

(*Tb*, 20.1.1830). Johann Ludwig Geist wurde 1843 in Ehren pensioniert, starb am 1.4.1854 »78 Jahre alt an Altersschwäche und hinterließ keine Leibeserben«.

CS

Gelbes Schloß, an der Ecke Kollegiengasse/Grüner Markt in Weimar; 1702–1704 im Auftrag des Herzogs Johann Ernst III. (1664–1707) – Carl Augusts Urgroßvater – als Witwensitz für seine Frau Charlotte Dorothea Sophie (1672–1738) errichtet, daher an der Längsseite die Buchstaben C(harlotta) D(orothea) S(ophia) D(ux) S(axoniae) L(andgrafia) H(asso) H(omburgiae); Mitte des 18. Jh.s als Wohnung für Hofbeamte genutzt, so z.B. die Kotzebues: 1761 Geburtsstätte Augusts von Kotzebue. Später diente das Gelbe Schloß Verwaltungszwecken, heute beherbergt es Dienststellen der Stadtverwaltung.

PO

Geld: In zwei seiner Werke flicht G. aktuelle Fragen des Umgangs mit Geld ein, in *Wilhelm Meisters Lehrjahre* die Frage nach dem Erfassen von Geldbewegungen mittels doppelter Buchhaltung (I.10f.), und im *Faust* widmet sich G. dem um 18. Jh. aufgekommenen ↗Papiergeld. Sowohl als Hofbeamter in Weimar als auch beim Feldzug in Frankreich 1792 konnte G. die Vor- und Nachteile des Papiergeldes studieren. Im *Lustgarten* (*Faust II*), unterschreibt der Kaiser, von Mephisto verführt, eine Papiergeld-Verordnung (siehe v. 6066ff.), die vorerst die leeren Staatskassen (v. 4825ff.) füllt (v. 5715ff. und v. 6053ff.), um in der Folge neuer Verschwendungssucht am Hof erst recht eine böse Wendung einzuleiten.

AV

Gelegenheit: Dem emblematischen, antiken Bild der »occasio« ist in diesem Fall nicht zu folgen. Es entstammt einer vergangenen Welt des handgreiflichen Tauschens und Eroberns, von der sich die rhetorische Tradition dieses Topos längst entfernt hatte. Kannte die Lyrik des Barock noch die Tradition des Gelegenheitsgedichts und wurde diese weiter gepflegt – G. verschärfte ihren Ausgangspunkt einer alltäglichen Begebenheit – einer überraschenden Begegnung, der aufgehenden Sonne, einem plötzlich aufbrechenden Gewitter, einer ermüdenden Wanderschaft oder einem eiligen Ritt –, indem er ihr einen allgemein gültigen, für moderne Menschen nachvollziehbaren Sinn verlieh und damit eine unzeitliche, von einer leer gewordenen rhetorischen Tradition der Antike befreite, auf einen gegenwärtigen menschlichen Erfahrungshorizont bezogene Emblematik schuf.

BL

Gelegenheitsdichtung. Im Gespräch, das Johann Peter Eckermann unter dem 18.9.1823 verzeichnet, äußert sich G. zu diesem Begriff und bestimmt dabei Dichtung als eine spezifische Form der Auseinandersetzung mit Wirklichkeit: »Die Welt ist so groß und reich und das Leben so mannigfaltig, daß es an Anlässen zu Gedichten nie fehlen wird. Aber es müssen alles Gelegenheitsgedichte sein, das heißt, die Wirklichkeit muß die Veranlassung und den Stoff dazu hergeben. Allgemein und poetisch wird ein spezieller Fall eben dadurch, daß ihn der *Dichter* behandelt. Alle meine Gedichte sind Gelegenheitsgedichte, sie sind durch die Wirklichkeit angeregt und haben darin Grund und Boden. Von Gedichten, aus der Luft gegriffen, halte ich nichts.« In seinen weiteren Ausführungen plädiert G. für Welt- und Wirklichkeitshaltigkeit von Kunst, die Aspekte der Realismuskonzeption des 19. Jh.s vorwegnehmen.

Ein großer Teil von G.s lyrischem Werk ist jedoch Gelegenheitsdichtung nicht in einem solch umfassenden, sondern im engeren Sinn des Wortes, d.h. sie ist zu einem bestimmten Anlaß oder in Erfüllung eines Auftrages entstanden. Auf diesem Felde vor allem ist G. ›Berufsdichter‹ oder ›Hofdichter‹, der sein Talent zur poetischen Überhöhung festlicher oder historisch bedeutsamer Anlässe, adliger Repräsentation, Geselligkeit (*Gesellige Lieder*) und Unterhaltung insbesondere am Weimarer Hof zur Verfügung stellt. In allen Lebensaltern entstanden zahlreiche Gedichte an Personen aus dem privaten und einem weitgespannten öffentlichen Kreis, die einmalig als Zeichen der Verehrung oder immer wieder zu besonderen Gelegenheiten, persönlichen Festtagen oder den Festen des Jahres bedacht wurden. Aus der Fülle des verstreuten und ihm selbst nicht mehr zugänglichen Materials stellte G. erstmals in der Werkausgabe von 1815 die Gedichte »An Personen« als Gruppe zusammen. Darunter ist das Gedicht *Ilmenau*, das über den konkreten Anlaß, den Geburtstag des Herzogs Carl August am 3.9.1783, in seiner poetischen Bedeutung weit hinausgeht und so das Changieren von G.s Gelegenheitsdichtung zwischen einer zeitgebunden-privaten und einer literarhistorischen Wirkungsdimension dokumentiert.

Ein Beispiel dafür ist auch das Huldigungsgedicht *An Madame Marie Szymanowska*, das unter dem Titel *Versöhnung* die *Trilogie der Leidenschaft* abschließt. G. dokumentierte diese Verflochtenheit von Dichtung für eine private Gesellschaftskultur und eine größere literarische Öffentlichkeit, indem er auch in der letzten von ihm veranstalteten Werkausgabe von 1827 seine Gelegenheitsdichtung unter der Rubrik »Inschriften, Denk- und Sende-Blätter« versammelte.

Neben Widmungsgedichten bei der Übersendung von Exemplaren des eigenen Werks setzte G. sein dichterisches Talent für die damals vielfach gepflegte Sitte der Stammbucheintragungen ein, die heute nur noch in geschlechts- und altersspezifischer und zumeist trivialisierter Form im Poesiealbum fortlebt; dem Medium entsprechend schrieb er Gedichte mit lehrhaft oder humorvoll vorgetragener Lebensweisheit, mit Ratschlägen und Warnungen, insbesondere für jugendliche Adressaten. Daneben tritt eine Fülle von Dankgedichten für übersandte Gaben; so schrieb er das Gedicht *An Jenny von Pappenheim in Erwiderung eines gestickten Pantoffel-Paares* an die zwanzigjährige Hofdame zum Dank für ihr Geschenk zu seinem Geburtstag am 28.8.1831, der sein letzter sein sollte. Aber noch am 16.1.1832, zwei Monate vor seinem Tod, schrieb er derselben Jenny von Pappenheim ins Stammbuch: »Dich säh' ich lieber selbst,/doch könnt' ich nur verlieren,/Wer dürfte denn dein Auge so fixieren.« IW

Gellert, Christian Fürchtegott (1715-1769): Deutscher Schriftsteller und Professor für Poesie in Leipzig, wo G. 1765 ein Studium der Rechtswissenschaften begonnen hatte. G., der Gellerts Werke bereits aus der Bibliothek seines Vaters kannte, besuchte seine Vorlesungen. Im Rahmen eines Stilpraktikums im natürlichen Briefstil, der den Brief als Gespräch mit Abwesenden definiert, zeigte G. Gellert seine Gedichte und erntete heftige Kritik. Dennoch prägte sein dynamischer und natürlicher Stil den jungen G. Gellert postulierte die Anerkennung des Briefromans als literarische Form; 1774 verfaßte G. den Briefroman *Die Leiden des jungen Werthers*. Der ehemalige Gottsched-Schüler Gellert war für G. rhetorisches Vorbild: Gellert betonte auch hier die Notwendigkeit natürlicher Ausdrucksweise bei der Rede, eine Forderung, der G. in der Abkehr von der Rokokolyrik Folge leistete. AvG

Gemäldesammlungen s. **Sammlungen**

Gemeines: Den »Deutschen, bei denen überhaupt das Gemeine weit mehr überhand zu nehmen Gelegenheit findet als bei anderen Nationen« (*DuW*, 19. Buch), gibt G. in den *Maximen und Reflexionen* Handlungsanleitungen, wie das Gemeine einzuordnen und in der Kunst sinnvoll umzusetzen sei. Das Gemeine ist ans Irdische gebunden, wir alle sind von ihm »gebändigt« (*Epilog zu Schillers Glocke*), doch gerade vom Gemeinen hat der Mensch auszugehen, wenn er sich entwickeln und gleichzeitig mit der Welt verbinden will. AV

Gemmen s. **Sammlungen**

Gemüt: »Gemüt hat jedermann«, heißt es in *Maximen und Reflexionen*, und dennoch, sagt Tasso, ist Gemüt etwas, das »die Natur nicht jedem groß verlieh« (*Torquato Tasso*, v.1355f.). In *Der Sammler und die Seinigen* wird die Behauptung aufgestellt, das menschliche Gemüt sei jener allgemeine »Punkt, in welchem sich die Wirkungen aller Kunst, redender sowohl als bildender, sich sammeln, aus welchem alle ihre Gesetze ausfließen«. In *Dichtung und Wahrheit* spricht G. oft vom Gemüt, auch von seinem eigenen, etwa im 12. Buch, wo er beschreibt, wie sich sein Gemüt bei Wanderungen »unter freiem Himmel, in Tälern, auf Höhen, in Gefilden und Wäldern« zu erheben vermochte. AV

Genast, Eduard Franz (1797-1866): Sohn von Anton Genast (1765-1831), Schauspieler und Tenorbuffo am 1791 neu eröffneten Weimarer ⁄Hoftheater. 1809 zum Regisseur avanciert, zählte er zu den engsten Mitarbeitern G.s. Genast wurde 1816, wie ein Jahr später auch G., das Opfer des erbitterten Konfliktes, zu dem es mit Caroline Jagemann gekommen war, der mit dem Rücktrittsgesuch G.s endete. Antons Sohn Eduard war von Kindesbeinen an bis zu dieser Zäsur ebenfalls Mitglied des Theaterensembles. Auch wenn er auf Wunsch seines Vaters zunächst in der Hofkonditorei in die Lehre ging, wurde er zum Sänger ausgebildet. Er wuchs zum zweiten Bassisten des Hoftheaters heran, von G. auch im Schauspiel in »allen Fächern« herumgeworfen, wie Genast später berichtete. Ausschlaggebend für sein festes Engagement war seine Darstellung des Osmin in Wolfgang Amadeus Mozarts *Entführung aus dem Serail* während der Aufführung am 23.4.1814. Solidarisch mit seinem Vater verließ er 1817 ein Empfehlungsschreiben G.s das Weimarer Theater und kehrte erst 1829 nach einer erfolgreichen Wanderschaft auf die Bühne zurück. Bis zu seinem Abschied im Jahr 1860 entwickelte er eine rege und vielfältige Tätigkeit im Ensemble und entschloß sich dann, seine Autobiographie zu schreiben, die, ergänzt durch die Tagebücher seines Vaters (*Aus dem Tagebuch eines alten Schauspielers*, 1862-1866) ein einzigartiges Dokument zur Geschichte des Hoftheaters unter G.s Leitung wurde. GBS

Genie, eine für die ästhetische Diskussion der zweiten Hälfte des 18. Jh.s und damit auch für G. zentrale Vorstellung vom Künstler. Auf dem Hintergrund philosophiegeschichtlicher und kunstphilosophischer Strömungen in England und Frankreich hatte Herder während des Straßburger Kontakts zu G. diesen mit wichtigen Ideen der Genie-Ästhetik bekannt gemacht. Die gemeinsame Suche nach Volksliedern im Elsaß wollte den ›ursprünglichen‹ Schöpfungen des genialen Volksgeistes auf die Spur kommen, G. feierte in seinem Aufsatz *Von deutscher Baukunst* den Baumeister des Straßburger Münsters als Genie. Das Genie ist wesentlich gekennzeichnet durch die Autonomie des Schöpfungsaktes, der Künstler setzt die Regeln seiner Kunst ganz selbst. Diese Vorstellung wird beispielhaft in den Hymnen des frühen 1770er Jahre gestaltet: *Wanderers Sturmlied, Prometheus* u. a. Auch G.s Dramen- und Romanfiguren tragen Züge des Genialischen: Götz, Werther, Faust. Schon vor der Italienreise begann G. mit einer Umdeutung des Genie-Begriffs hin zu seiner genaueren Bestimmung im Verhältnis zu Talent, künstlerischem Vermögen und Handwerk. Das Konzept wird vermittelt mit der lernenden Hinwendung und Nachahmung der Natur (-gesetze) und der antiken Kunst. Gleichwohl behält das Genie in G.s Vorstellungen von künstlerischem Schöpfertum zeitlebens eine zentrale Stellung, die frühe Konzeption eines fast anarchischen Schöpfertums wird nach und nach durch das Bewußtsein der Regelhaftigkeit in der Natur und die Aufwertung handwerklicher Kunstfertigkeit ergänzt.   BJ

Gentz, Friedrich von (1764-1832), Publizist und Politiker. Gentz' *Fragmente aus der neuesten Geschichte des politischen Gleichgewichts* (1806) würdigt G. als »Gegengewichte«, die ihn zur »Kenntnis des gegenwärtig Politischen« geführt hätten (*TuJ*, 1806). Auch schätzte G. ihn als Gesprächspartner, der »mit großer Einsicht und Übersicht der kurzvergangenen Kriegsereignisse mir gar oft seine Gedanken vertraulich eröffnete, die Stellungen der Armeen, den Erfolg der Schlachten und endlich sogar die erste Nachricht von dem Frieden zu Tilsit mittheilte« (*TuJ*, 1807). Gentz seinerseits beschäftigte sich zeitlebens intensiv mit G.s Werken und hat sich in Wien für deren Verbreitung engagiert. Rahel Varnhagen berichtet, wie ihn G.s Tod erschüttert habe: »daß auch ein Goethe, einer der größten Männer aller Zeiten sterben müsse, wirkte auf ihn wie ein Wunder und ein Entsetzen«.   PO

Gentz, Heinrich (1766-1811), Architekt und Professor an der Akademie der Künste in Berlin; Bruder von Friedrich Gentz; 1801-1803 auf Empfehlung G.s Schloßbaumeister in Weimar - klassizistischer Innenausbau des Schlosses: Falkengalerie, Treppenhaus, Festsaal (Weißer Saal); auf G.s Wunsch fertigt Gentz Entwürfe für einen Anbau an die Herzogliche Bibliothek und für den Neubau des Schießhauses im Webicht; 1802 nach Plänen G.s Baumeister des Theaters in Lauchstädt.   PO

Genuß: Reine Lust und pures Vergnügen schlagen allzu rasch in biedere Bequemlichkeit und eitle Selbstgefälligkeit um. »Genießen macht gemein« läßt G. seinen Faust daher einmal ausrufen, der in der berühmten Wette mit Mephisto derartig trügerische Genüsse mit dem verabscheuungswürdigen »Faulbett« in Verbindung bringt (*Faust*, v. 1692 und v. 10259). Zugleich aber ist das Genießen für G. eine elementare und lebensnotwendige menschliche Gabe und Fähigkeit, die mit distanziertem Sich-Erfreuen und Ergötzen nichts gemein hat: Die Liebe, das Glück, Freundschaften oder auch bedeutende Kunstwerke in vollen Zügen zu genießen, heißt G. ausdrücklich gut. Denn ein solcher Genuß ist nicht vorübergehend - »der Eindruck den er zurückläßt ist bleibend« (*Lj*, V.10).   FT

Geoffroy de Saint Hilaire, Etienne (1772-1844), Mediziner und Naturwissenschaftler, seit 1793 Professor für Wirbeltiere am Pariser Nationalmuseum für Naturgeschichte. Die dortige Zusammenarbeit mit Cuvier brachte die scharfen Differenzen zwischen beiden Wissenschaftlern an den Tag: dem analytisch-exakten Cuvier und dem eher naturphilosophisch geprägten Geoffroy, der, ganz ähnlich wie G., auf der Suche nach einem einheitlichen Gestaltungsprinzip der Tierwelt war. G. beschaffte sich einige Schriften des Franzosen, mit großem Interesse und Parteinahme für Geoffroy verfolgte er im Frühsommer 1830 den Pariser Akademiestreit zwischen diesem und Cuvier, der sogar zunächst die Wahrnehmung der Julirevolution überdeckte. Zwischen G. und dem gleichgesinnten Naturforscher kam es noch zu einem kurzen, von gegenseitiger Wertschätzung getragenen Briefwechsel.   BJ

Geologie: Mit der Ankunft in Weimar entwickelte G. ein vielseitiges geologisches Interesse, das er auf seinen zahlreichen Reisen durch die Beobachtung von Landschaftsformationen ständig vertiefte. Die Reisen den Rhein entlang, in die Schweiz, nach Italien, nach Böhmen und ein lebenslanges Bemühen um ein dy-

namisch-genetisches Erfassen des ↗Granits brachten für die Geologie ähnlich fruchtbare Arbeiten hervor wie für die ↗Morphologie und ↗Botanik. Ab 1780 schrieb G. eine Reihe von Aufsätzen: *Über den Granit; Die Mineralogie von Thüringen und angrenzenden Ländern; Der Kammerberg bei Eger; Über Bildung von Edelsteinen; Verhältnis zur Wissenschaft, besonders zur Geologie; Bildung des Erdkörpers; Über den Bau und die Wirkungsart der Vulkane* u. a. In einer der *Maximen und Reflexionen* schreibt er: »Die Vernunft hat nur über das Lebendige Herrschaft; die entstandene Welt, mit der sich die Geognosie abgibt, ist tot. Daher kann es keine Geologie geben; denn die Vernunft hat hier nichts zu tun.« G. versuchte also nicht durch Vernunft, sondern durch die Beschreibung der Phänomene, oft in dichterischen Bildern, geologische Gebilde zu erfassen, wissend, wie schwer es ist, auf diesem Gebiet eine adäquate Sprache zu finden, denn: »Steine sind stumme Lehrer, sie machen den Beobachter stumm, und das Beste, was man von ihnen lernt, ist nicht mitzuteilen« (*MuR*).
AV

Georg, Figur aus *Götz von Berlichingen*. Der Sohn eines Wirts schließt sich mit jugendlicher Leidenschaft Götz an, der mit großer Zuneigung dessen Entwicklung zum mutigen Kämpfer sieht. Georgs Tod im Feld trifft Götz zutiefst. G. zeichnet eine sympathische Figur, deren frühzeitiger, aber ruhmreicher Tod den Appell enthält, sich alte Tugenden und Ideale tatkräftig zu vergegenwärtigen.
WM

Gerbermühle: Ehemalige Mühle am linken Rheinufer bei Oberrad, von Johann Jakob und Marianne von Willemer den Sommer über als Landhaus benutzt. In diesem gastfreundlichen Haus entstanden zahlreiche Suleika-Gedichte, die Eingang in den *West-östlichen Divan* gefunden haben.
BL

Gersdorff, Ernst Christian August Freiherr von (1781–1852), Offizier, Regierungsrat, Mitglied des ↗Geheimen Consiliums (seit 1811), 1815 Staatsminister, von G. nicht sonderlich geschätzt.
BL

Gerstenberg, Heinrich Wilhelm von (1737–1823), Dichter und Zeitgenosse G.s. Die Tragödie *Ugolino* (1768), mit der Gerstenberg Topoi des ↗Sturm und Drang vorwegnimmt, beurteilt G. zwiespältig: »Von seinem Ugolino soll man gar nicht urteilen [...] lieber so viel als nicht: es sei seine Art zu denken« (an F. Oeser, 13.2.1769). Trotz dieser Kritik am hohen Pathos des Dramas bespricht er es in der

Jenaischen Allgemeinen Literaturzeitung vom 14.2.1805 durchaus positiv. Im 7. Buch von *Dichtung und Wahrheit* bezeichnet er den Dichter, der mit seinen anakreontischen *Tändeleyen* (1759) G.s ↗Rokoko-Lyrik und später mit den *Briefen über die Merkwürdigkeiten der Literatur* (1766/67) der Shakespeare-Begeisterung Vorbild gewesen sein mag, als »schönes, aber bizarres Talent«.
AvG

Gesang der Geister über den Wassern: *Des Menschen Seele.* Die Ode entstand zwischen dem 9. und 14. Oktober 1779 auf der zweiten Schweizreise G.s, die er gemeinsam mit dem Herzog Carl August unternahm. Mehrere handschriftliche Fassungen sind als Dialog zweier Geister gestaltet; die endgültige Fassung, die zuerst 1789 in den *Schriften* publiziert wurde, bewahrt den naturmystischen Charakter nur noch in der Überschrift. Der Wasserfall des Staubbachs nahe Lauterbrunnen hatte schon Albrecht von Haller in seinem berühmten Gedicht *Die Alpen* von 1729 zur poetischen Reflexion über den Kreislauf des Wassers angeregt. Im Vergleich mit der dort eingeleiteten poetischen Sicht des Hochgebirges hat G.s sprachliche Gestaltung der Bergwelt gleichsam Flügel bekommen. Die Gleichsetzung des Wasserlaufs mit dem menschlichen Leben, die in den einrahmenden Eingangs- und Schlußstrophe als Lebensweisheit formuliert wird, ist in den Mittelstrophen lyrisch gestaltet. Im virtuosen Umspielen des Bildbereichs von Wasser, Wellen, Wogen, Wind, im Kompositum »Wolkenwellen«, bekommt die Natur einen dynamisch agierenden, menschlichen Charakter. Mit der Symbolisierung von Naturphänomenen leitet die Ode eine Reihe von weltanschaulichen Gedichten ein, wie *Grenzen der Menschheit, Das Göttliche*.
IW

Gesang s. **Lied**

Geschichte war einer der wichtigen Interessens- und Reflexionsgegenstände G.s und bot damit in vielfältiger Weise Stoffe zur literarischen Bearbeitung. Während G.s Lebenszeit wandelte sich die wissenschaftliche Auffassung der Geschichte von der Aufklärung über die idealistische Geschichtsphilosophie bis hin zum frühen Historismus – Entwicklungen, an denen er zumindest rezipierend Anteil nahm. Auf Anregung Herders in Straßburg nahm G.s Interesse für die Geschichte seinen Ausgang; Effekt dieses neuerwachten Interesses ist vor allem die geschwinde Erarbeitung des *Götz*-Stoffes sowie seine dramatische Bearbeitung. Auch das Referendariat am Wetzlarer Reichskammergericht verwies G. auf die bis ins Spätmittelalter zurückreichende Tradition dieser Institution – die er in *Dichtung und Wahrheit* ausführlich nacherzählt (12. Buch).

In Anlehnung an Herders Geschichtsbegriff faßte G. Geschichte als einen dynamischen, aus polaren Gegensätzen seine Energie empfangenden Natur-Prozeß auf, die poetische Chiffre für diese Auffassung liefert der ↗ »Erdgeist« im ersten Teil des *Faust*, der auch als Geist der Geschichte verstanden werden darf: »In Lebensfluten, im Tatensturm/Wall' ich auf und ab,/Webe hin und her!/Geburt und Grab,/Ein ewiges Meer,/Ein wechselnd Weben,/Ein glühend Leben,/So schaff ich am sausenden Webstuhl der Zeit/Und wirke der Gottheit lebendiges Kleid« (v. 501–509). Geschichte erscheint hier als gleichsam organischer Prozeß, dem Natur- und Menschheitsgeschichte gleichermaßen angehören; G.s Erfahrungen am Weimarer Hof, die eigene Verwicklung in politische und ökonomische Vorgänge ließ ihn aber schnell die Geschichte auch als etwas dem menschlichen Zugriff und Verständnis sich Entziehendes verstehen, der Begriff des ↗ Dämonischen, wie ihn der *Egmont* sowie später das Ende von *Dichtung und Wahrheit* umreißen, kommt hier zum Tragen.

Während des Aufenthalts in Italien 1786–1788 gewann G. vorübergehend Abstand von diesem Geschichtsbegriff, in den das eigene Leben auf dämonische Weise eingefügt zu sein schien. Geschichte ist in Italien, vor allem in Rom, vorrangig in den Altertümern präsent, diese machen »auf eine wundersame Weise die Geschichte lebendig« (*IR*, 27.10.1786). In dieser relativen Abkehr aber wurde G. bald nach seiner Rückkehr nach Weimar von den sich überstürzenden welthistorischen Ereignissen eingeholt: der ↗ Französischen Revolution, den nachrevolutionären Kriegen, der Eroberung Europas durch ↗ Napoleon und den schließlich erfolgreichen Befreiungskriegen. Daß G. sich der historischen Bedeutung dieser Ereignisse bewußt war, zeigt etwa sein pointiertes Diktum nach der vergeblichen Kanonade von Valmy während der *Campagne in Frankreich*, die die Flucht der Alliierten sowie den Siegeszug der revolutionären Truppen einleitete: »Von hier und heute geht eine neue Epoche der Weltgeschichte aus, und ihr könnt sagen, ihr seid dabei gewesen« (*CiFr*, 20.9.1792).

Den durch Napoleons Besetzung endgültig besiegelten Niedergang des Heiligen Römischen Reiches Deutscher Nation hat G. deutlich als elementare historische Zäsur interpretiert, der historische Abstand zu den Umständen der eigenen ersten Lebenshälfte ist so groß geworden, daß er sich selbst historisch wurde (*MuR*).

Die Haltung, die G. gegenüber dem als chaotisch empfundenen geschichtlichen Prozeß nach und nach einnahm, kann als distanzierte Sachlichkeit beschrieben werden, eine realistische Haltung, die als einzige den Umgang mit den bedrängenden Begebenheiten zu erlauben schien. Eine der »Betrachtungen im Sinne der Wanderer« formuliert diese Haltung pointiert: »Um mich zu retten, betrachte ich alle Erscheinungen als unabhängig voneinander und suche sie gewaltsam zu isolieren; dann betrachte ich sie als Korrelate, und sie verbinden sich zu einem entschiedenen Leben. Dies bezieh' ich vorzüglich auf Natur; aber auch in Bezug auf die neueste um uns her bewegte Weltgeschichte ist diese Betrachtungsweise fruchtbar« (*Wj*, II). Daß diese »Betrachtungsweise« allerdings nicht immer Erfolg hat, zeigt deutlich G.s resignative und geschichtspessimistische Reaktion auf die ↗ Julirevolution in Frankreich 1830, revolutionäres Unheil scheint sich immer wieder neu zu ereignen.

G. faßte Geschichte nie als abstrakte Folge von Ereignissen auf. Die *Geschichte der Farbenlehre* basiert im wesentlichen auf biographischen Notizen zu einzelnen Forschern in ihrer Zeit, erst über das Medium des individuellen Lebens wird ihm Geschichte lebendig und erzählbar. Umgekehrt gilt dies auch für die Biographie. Am Beginn von *Dichtung und Wahrheit* heißt es: »[Es] scheint die Hauptaufgabe der Biographie zu sein, den Menschen in seinen Zeitverhältnissen darzustellen, und zu zeigen, in wiefern ihm das Ganze widerstrebt, in wiefern es ihn begünstigt, wie er sich eine Welt- und Menschenansicht daraus gebildet.« Zum unterdrückten Vorwort des dritten Teils existiert eine Diktatnotiz von Riemers Hand: »Soll aber und muß Geschichte seyn, so kann der Biograph sich um sie ein großes Verdienst erwerben, daß er ihr das Lebendige, das sich ihren Augen entzieht, aufbewahren und mittheilen mag« (WA I, 28, S. 358). Die erzählende (und belehrende) Darstellung von Geschichte wird also erst über das Medium des individuellen Lebens lebendig.   BJ

Geschichtsschreibung war in G.s Kindheit und Jugendzeit eine meist chronikalisch verfaßte, fast tabellenartig aufgebaute Aufzählung angeblich wichtiger welthistorischer Ereignisse, die für den Bildungsanspruch des Bürgertums eine ungeheure Fülle trockenen Lernstoffs bot. Daß diese Geschichte »von oben« geschrieben war, für die Herrschaft und in ihrem ideologischen Interesse, formuliert G. in Fausts berühmt gewordenem Ausspruch: »Was ihr den Geist der Zeiten heißt,/Das ist im Grund der Herren eigner Geist,/In dem die Zeiten sich bespiegeln« (v. 577–579).

Während G.s Lebenszeit änderten sich Konzeption und Darstellungsverfahren der Geschichtsschreibung grundlegend – eine Entwicklung, an der G. lesend und selbst schreibend Anteil nahm. Herders und Mösers Geschichtsbegriff beeinflußten ihn nachhaltig; vor allem in seinen letzten Lebensjahren erschienen Geschichtswerke, die er als bewunderungswürdige Innovationen auf dem Gebiet der Historiographie feierte: Friedrich Christoph Schlossers *Universalhistorische Übersicht der Geschichte der alten Welt und ihrer Cultur* (1826) oder Niebuhrs *Römische Geschichte* (1811–1832). Daß Geschichtsschreibung immer ein Produkt ihrer Zeit sei, die Art der Erzählung der Ereignisse also die Geschichte mache, nicht die Fakten selber, merkte G. in den *Materialien zur Geschichte der Farbenlehre* an: Unzweifelhaft sei, »daß die Weltgeschichte von Zeit zu Zeit umgeschrieben werden müsse, [...] weil der Genosse einer fortschreitenden Zeit auf Standpuncte geführt wird, von welcher sich das Vergangene auf eine neue Weise überschauen und beurtheilen läßt« (WA II. 3, S. 239).

Vor allem in seinen biographischen und autobiographischen Schriften entwickelte G. ein eigenes Konzept der Geschichtsschreibung, in dessen Zentrum die Biographie des individuellen Menschen stand: Die *Geschichte der Farbenlehre* orientiert sich an Forscherbiographien in der historischen Reihe, *Winckelmann und sein Jahrhundert* wie auch die *Cellini*-Übersetzung stellen das herausragende Individuum in seinen historischen Kontext, in *Dichtung und Wahrheit* fordert G. pointiert, daß erst am Leben des Einzelnen, eingefügt in all seine gesellschaftlichen und geschichtlichen Zusammenhänge, Geschichte tatsächlich lebendig geschrieben werden könne. BJ

Geschmack wurde von der rationalistischen Ästhetik der Aufklärung als objektives, an Regeln orientiertes Urteilsvermögen definiert, weniger dogmatisch bedeutete Geschmack die gesellschaftlich akzeptierte Summe der wertenden Urteile über Kunst. Das allgemeine Begriffsverständnis definierte G. einmal beiläufig: Sein Leipziger Freund Behrisch habe häufig besessen, »was man Geschmack nannte, ein gewisses allgemeines Urteil über das Gute und Schlechte, das Mittelmäßige und Zulässige« (*DuW*, 7. Buch). Für das rationalistische Begriffsverständnis hat G. nur Spott übrig: Der französisch-klassizistisch verdorbene Geschmack stehe Shakespeare ohne einen Funken Verständnis gegenüber (*Zum Schäkespears Tag*), die eigene »allgemeine Erkenntnis guten Geschmacks« sei beim Eintritt ins Straßburger Münster zutiefst erschüttert worden (*Von Deutscher Baukunst*, 1772).

Trotz seiner scharfen Abgrenzung vom herkömmlichen Verständnis des Geschmacks als wesentlichem sinnlichen Vermögen zu wertenden Urteilen gab G. den Begriff nicht einem anarchischen Subjektivismus preis. So wie Shakespeare und Pindar für den jungen G. Vorbilder unkonventioneller Geschmacksurteile waren, so stellte, spätestens seit der Italienreise, die antike Kunst keine rein subjektiv-genialische Urteilskraft dar. Hier auch bleibt der Geschmack, sie wird tendenziell erlernbar, »Instinkt und Geschmack, [...] Übung und Versuche« sind für den Künstler notwendige Voraussetzung dafür, den bloßen Stoff mit Form und Gehalt zu begaben (*Einleitung in die Propyläen*). BJ

Geschwister, Die: Ein Schauspiel in einem Akt, am 28. und 29. Oktober 1776 nach Vollendung von *Clavigo* und *Stella* verfaßt, zur Zeit der ersten Bekanntschaft mit Frau von Stein, die G. wiederholt als »Schwester« spricht. Die Geschichte ist kurz: Wilhelm lebt mit Marianne, der Tochter seiner verstorbenen Geliebten Charlotte, und gibt sie als seine Schwester aus. Ängstlich schirmt er sie vor Männern ab, dennoch hat sich sein Freund Fabrice in Marianne verliebt und hält um ihre Hand an. Wilhelm ist nun gezwungen, die wahren Verhältnisse und seine Liebe zu Marianne aufzudecken, Fabrice zieht sich verletzt, aber respektvoll zurück und Marianne, die ohnehin nur den »Bruder« liebt, ist außer sich vor Glück. Die romanhafte Verbindung von Herkunftsgeheimnis und Inzestahnung gehört ganz ins 18. Jh., das verworren egoistische Seelenexperiment des großen Bruders weist allerdings merkwürdig voraus auf Strindbergs Konstellationen. Der Einakter hat wenig dramatischen Reiz, gewann im 19. Jh. als leicht anrüchige G.-Intimität einen gewissen Kultstatus und ist seither weitgehend von der Bühne verschwunden. NH

Gesellige Lieder. Rubrik von Gedichten, die G. erstmals in der Werkausgabe von 1815 unter diesem Titel zusammenstellte. Einige davon waren bereits in der Sammlung »Der Geselligkeit gewidmete Lieder« in dem von G. und Wieland herausgegebenen *Taschenbuch auf das Jahr 1804* publiziert worden. Geselligkeit hatte in G.s Leben einen hohen Stellenwert; in allen Lebensaltern praktizierte er verschiedene Formen des geselligen Verkehrs (↗Geselligkeit), bei dem er als Gast und Gastgeber, insbesondere im Haus am Frauenplan, auch sein poetisches Talent einsetzte. Vor allem auf diesem Gebiet zeigt sich die zeitgenössisch vertraute Identität von Gedicht und ↗Lied, das im geselligen Kreis gesungen wurde. Eine besondere Bedeutung bekam Geselligkeit in den zivilisatorischen Verstörungen der Französischen Revolution und der Napoleonischen Kriege. Der Erschütterung der alten aristokratischen Ordnung und ihrer sozialen und gesellschaftlichen Verkehrsformen mußte durch den Aufbau neuer kultureller Ordnungsmuster entgegengewirkt werden.

Einer der neuen Leitgedanken war das Ideal bürgerlicher Bildung und die Rolle der Kunst als utopischer Entwurf einer versöhnten Gesellschaft. In Auseinandersetzung mit Friedrich Schillers Konzept der ästhetischen Erziehung entwarf G. sein Konzept der geselligen Bildung und setzte es kunstpraktisch um. 1801/02 schuf er Lieder zunächst für den privaten Kreis des Mittwochskränzchens (↗Mittwochsgesellschaft); so schrieb er das *Stiftungslied* für die sieben Paare dieses Kreises. Dazu treten Lieder mit dem Grundtenor heiterer Lebensweisheit und herzhaften Lebensgenusses, dem Lob des erfüllten Augenblicks, häufig in volksliedhaftem Ton oder in der Motivtradition der ↗Rokokolyrik. Witzige Pointen und mehrfach wiederholte Refrainwörter zielen auf die Vermischung von Singen und Lachen ab.

Neben solche einfachen Lieder, zum Teil auf bereits bekannte Melodien, treten Gedichte wie *Dauer im Wechsel* und *Weltseele* oder das 1806 entstandene provozierend-anarchische »Ich hab' mein Sach auf Nichts gestellt« (*Vanitas! vanitatum vanitas!*), das alle Formen bürgerlicher und patriotischer Vereinnahmung zurückweist. Dieser breitgespannte Bogen von Gebrauchs- zu weltanschaulicher Lyrik zeigt, daß Geselligkeit mehr bedeutete als heiteres privates Beisammensein. Durch die Vertonungen Karl Friedrich Zelters und das Singen an seiner Berliner ›Liedertafel‹ wurden die Lieder ebenso wie durch ihre Publikation einem breiteren Publikum zugänglich gemacht. Geselligkeit und die Rezeption von Literatur im kleinen Kreis sind für G. Vorformen und Anschauungsmuster der Zivilisierung menschlichen Zusammenlebens in größeren gesellschaftlichen Kontexten. So enthält auch sein weiteres lyrisches Werk immer wieder Gedichte oder Gedichtgruppen für gesellige oder gesellschaftliche Anlässe (z.B. *Logengedichte*, ↗Gelegenheitsdichtung). IW

Geselligkeit: Ein besonders für die 2. Hälfte des 18. Jh.s bezeichnendes Miteinander in mehr oder weniger reglementierten Sozietäten, Akademien, ↗Freimaurerlogen, Clubs, Lesegesellschaften, Vergnügungen wie den »thés dansants« oder ↗Ballveranstaltungen, in denen exklusiv oder die Standesgrenzen überschreitend neue geistige und soziale Erfahrungen

gesucht und gelebt wurden. In Weimar wurden diese »Gesellungen« vor allem für die an den Hof berufenen Künstler zu einer so auffallenden Lebens- und Schaffensvoraussetzung, daß über die »zahlreichen Cirkel in Weimar« z.B. im *Musikalischen Taschen-Buch auf das Jahr 1805* ein bemerkenswerter Bericht erschien. Beeindruckt schildert der anonyme Autor das gesellige Miteinander, in dem »der größte Theil der Unterhaltung nach vorgängiger Recitation der neuesten Meisterwerke unserer Lieblingsdichter, in Musik und Gesang besteht. Nicht nur bloßes Anhören, nein! Auch wirklicher Genuß dessen, [...] das in sie der Componist gelegt hervorgebracht, belebt diese Cirkel vortreflicher Menschen«.

In diesen Zirkeln konnte nach dem Beispiel, das Herzogin ↗Anna Amalia mit ihrer berühmten ↗Tafelrunde gegeben hatte, ohne den Zwang professioneller Darbietung debattiert, gelesen, gezeichnet, Theater gespielt oder musiziert werden. Deren Äquivalent war die ausschließlich männlichen Teilnehmern vorbehaltene abendliche Leserunde der »Weltgeister«, die Amalias Sohn, Herzog Carl August, um sich versammelte. Eine besondere Ausprägung fanden diese Aktivitäten im 1774 gegründeten ↗Liebhabertheater, durch das aus allen sozialen Grenzen ausgebrochen werden konnte, vor allem, wenn man sich während der Sommermonate auf den Schlössern ↗Ettersburg oder ↗Tiefurt aufhielt, wo es unter diesen Voraussetzungen gelang, zu neuen theatralischen Formen zu finden. G. regte 1791 die Gründung einer »gelehrten Gesellschaft« an, die sich als ↗Freitagsgesellschaft mit eigener Satzung bis 1797 einmal im Monat, bisweilen auch in G.s Haus traf. Daneben waren die kleinen Runden Charlotte von Steins oder die Empfänge, Diners, Lesezirkel, Hauskonzerte und Bälle im Palais der Gräfin Charitas Emilie von Bernstorff attraktiv; ab 1790 erfreuten sich die »Freundschaftstage« in den Mansardenräumen Luise von ↗Göchhausens großer Beliebtheit, fortgesetzt in der »Cour d'amour« – dem ↗Mittwochskränzchen G.s, das sich nach »Minnesänger Sitte« im Winter 1801/02 paarweise traf und ihn zu seinen *Geselligen Liedern* anregte.

Friedrich Schiller gehörte zu dem Kreis und schrieb am 16. November 1801 an Theodor Körner, daß man sich »hier aufs beste durch den Winter hindurch zu helfen« wisse, denn: »Goethe hat eine Anzahl harmonierende Freunde zu einem Klub oder Kränzchen vereinigt, das alle vierzehn Tage zusammenkommt und soupiert. Es geht recht vergnügt dabei zu, obgleich die Gäste zum Teil sehr heterogen sind, denn der Herzog selbst und die fürstlichen Kinder werden auch eingeladen. Wir lassen uns nicht stören, es wird

Man liest, man malt, man stickt, man debattiert im geselligen Zirkel Anna Amalias. Aquarell von Georg Melchior Kraus, 1795

fleißig gesungen und pokuliert«. Zu diesem freilich nicht immer konfliktfreien Austausch, zu dem ab 1805 die ↗Mittwochsgesellschaft der Herzogin Louise oder die Teeabende Johanna ↗Schopenhauers (ab 1806) gehörten, konnte es freilich nur kommen, weil das Ideal einer geselligen Kultur mehr oder weniger von allen geteilt wurde. Gelehrte, Dichter, Maler und Musiker waren bereit, sowohl ihre Werke in diesen Foren zum Gesprächsstoff zu machen, als auch realisierbare Stücke zu schreiben oder sich einfach zu Nachmittagsunterhaltungen zu treffen, um das eigene hermetische Gehäuse hinter sich zu lassen und aus dem Erleben des Miteinanders zu einem neuen Kunstverständnis zu gelangen.   GBS

Gesetz: »Wer Großes will, muß sich zusammenraffen;/In der Beschränkung zeigt sich erst der Meister,/Und das Gesetz nur kann uns Freiheit geben«, resümierte G. 1800 in dem Gedicht *Natur und Kunst*, das er durch die Wahl der Sonettform selbst strengen Gesetzmäßigkeiten unterwarf. Sich innerhalb gegebener Formen zu bewegen, diese also nicht zu sprengen, sondern von innen her zu beleben und gege-

benenfalls zu verändern, schien G. sowohl in Kunst als auch in Gesellschaft unerläßlich. Vorbild war ihm dabei die Natur, die ja auch »keine Sprünge« macht, sondern ihre Entwicklung in bedächtiger Abfolge durchläuft (Riemer, 19.3.1807). Daß G. selbst sich in jungen Jahren ganz der Regelfreiheit des ↗Sturm und Drang verpflichtet gefühlt hatte (z.B. im *Götz von Berlichingen*), trug wohl auch zu der Erkenntnis bei: »Junge und Weiber wollen die Ausnahme, Alte die Regel« (*MuR*).

In juristischer Hinsicht galt für G., der sich als Student wie auch als Weimarer Minister intensiv und ganz konkret mit Recht und Ordnung auseinanderzusetzen hatte: »Es ist besser, es geschehe dir Unrecht, als die Welt sei ohne Gesetze. Deshalb füge sich jeder dem Gesetz« (*MuR*). Er konnte diese Haltung sogar philosophisch begründen: »Alle Gesetze sind Versuche, sich den Absichten der moralischen Weltordnung im Welt- und Lebenslaufe zu nähern« (*MuR*).   DF

Gespenst: Gespenstisches tritt wiederholt in G.s Werken auf, so im *Faust*, in den *Unterhaltungen Deutscher Ausgewanderten* oder im *West-östlichen*

Divan. Ein echtes Gespenst hat G. in der *Braut von Korinth* geschaffen, der Umarbeitung einer antiken Geschichte; im Tagebuch nennt sie G. ein »Vampyrisches Gedicht« (4.6. und 5.7.1797).   AV

Gespräche. Herrlicher als Gold sei das Licht, erquicklicher noch als das Licht sei allerdings das Gespräch, erklärt die Schlange dem goldenen König des *Märchens*, und die weise Makarie der *Wanderjahre* ist – genau wie G. – »von der Wichtigkeit des augenblicklichen Gesprächs höchlich überzeugt; dabei gehe vorüber, sagt sie, was kein Buch enthält, und doch wieder das Beste, was Bücher jemals enthalten haben«. Deshalb hält sie es für nötig, »einzelne gute Gedanken aufzubewahren« (*Wj*, I.10). Eine Sammlung dieser Gedanken legte G. innerhalb des Romans an (*Aus Makariens Archiv*); für ihn selbst besorgten Eckermann und Riemer diese Arbeit, indem sie nach G.s Tod die *Maximen und Reflexionen* zusammenstellten und 1833 erstmals veröffentlichten.

Ab 1836 präsentierte Eckermann dann in drei Teilen seine Gespräche mit G., die – auch in den G.-Ausgaben des 19. Jh.s – unter dem Titel *Gespräche mit Eckermann* als authentisches Werk G.s galten und ein äußerst idealistisches G.-Bild prägten. Auch die Gesprächsaufzeichnungen von Johannes Falk (1832), Riemer (1841), Kanzler von Müller (posthum 1870) und Frédéric Soret (1848) vermittelten dem Publikum einen leichten, zugänglichen Alltags-G. Die Zuverlässigkeit dieser Mitteilungen wurde allerdings immer wieder angezweifelt, wenngleich die Gespräche – vor allem seit den Gesamtausgaben von Woldemar (1889 ff.) und Flodoard Freiherr von Biedermann (1909 ff.) – analog zu G.s Briefen durchaus auch als eigene Werkabteilung eingeschätzt wurden (z.B. in der Gedenkausgabe 1948 ff., ebenso in der Frankfurter und der Münchner Ausgabe, beide 1985 ff.; der Weimarer Ausgabe auf CD-ROM ist die erste Biedermannsche Gesprächssammlung beigefügt).

Zumindest Eckermann war von G. zur Niederschrift der Unterhaltungen aufgefordert worden, wobei man vermutet, daß das *Journal of the Conversations of Lord Byron* – 1824 anläßlich des Todes des englischen Dichters erschienen – für G. ausschlaggebend war, diesen weiteren Baustein für ein Denkmal seiner selbst zu benutzen (von einer Veröffentlichung zu Lebzeiten wollte er allerdings nichts wissen). G. hatte Berichten zufolge eine angenehme ↗Stimme, er sprach leise und bestimmt, gestikulierte jedoch ausdrucksvoll, wobei seine Augen funkelten. Er neigte zu ↗Ironie und Widerspruch, und mit fortschreitendem

Alter nahmen Gespräche immer mehr den Charakter von Audienzen an.   DF

Geßner, Salomon (1730–1788): Schweizer Maler und Dichter, in der Malerei arkadische Landschaftsvisionen, in der Dichtkunst nach dem Vorbild Theokrits und Vergils *Idyllen* (1759), in denen in kleinsten Texten unbeschwerte Natur- und Schäferszenerien vorgestellt werden. Die zweite Ausgabe von 1772 setzte deutlich andere Akzente: Die (früh-)bürgerliche Gesellschaft fand Eingang in die Texte. Geßners Schriften befanden sich in zwei Ausgaben in der Bibliothek von G.s Vater. Zwar zitiert G. in einem Brief an Friederike Oeser »Gessners Welten« als Bilder des Glücks (13.2.1769), in einer Rezension von 1772 aber kritisiert er die flache, bloß klischeehafte Figurenzeichnung Geßners, im Rückblick von *Dichtung und Wahrheit* fällt ihm, »bei großer Anmut und kindlicher Herzlichkeit« der *Idyllen*, das »Charakterlose« ins Auge (7. Buch).   BJ

Gestalt: G.s Gestaltbegriff geht auf seine Studien der anorganischen und organischen Natur zurück. Nicht nur Gesteine und Gebirge, Tiere und Pflanzen haben eine Gestalt, sondern auch Wolken, Feuer- oder Wasserbewegungen. Ausgehend von der weitverbreiteten Präformationslehre, wonach aus mikroskopischen Keimen Lebewesen in die ihnen gemäße Gestalt sich entwickeln, sucht G. in allen Erscheinungen des Lebens ein Urprinzip, oder, wie er es im Spätwerk nennt, den das Labyrinth der Gestalten ordnenden ↗Typus. Eine Analyse des Gedichts *Die Metamorphose der Pflanzen* zeigt, wie ein Drittel des Textes verstreicht, bevor der Begriff »Gestalt« auftaucht; dies kann als Hinweis dafür genommen werden, daß für G. Gestalten nichts Festes sind, sondern Wesensäußerungen, über die so zu sprechen nur mittels gegenügender Vor- und Nachbereitung möglich ist. In *Die Absicht wird eingeleitet* (*Zur Morphologie*) schreibt G.: »Betrachten wir aber alle Gestalten, besonders die organischen, so finden wir, daß nirgends ein Bestehendes, nirgends ein Ruhendes, ein Abgeschlossenes vorkommt, sondern daß vielmehr alles in einer steten Bewegung schwanke«.   AV

Gesundheit s. **Krankheit**

Gewalt: Eine Form der menschlichen Auseinandersetzung, die G. abgelehnt hat. Bevorzugt werden Liebe, Gespräch und – betrachtet man G. selbst – durchaus auch Streit. »Drei sind, die da herrschen auf Erden: die Weisheit, der Schein und die Gewalt«,

Ansicht von Gut Giebichenstein bei Halle mit Blick auf den Talgarten. Sein Gartenland, das von einer Mauer umfriedet war, legte Reichardt nach dem Wörlitzer Muster an

verkörpert durch den goldenen, den silbernen und den eisernen, bewaffneten König, erzählt G. im *Märchen*. Mit der spöttischen Bemerkung, daß, wer letzteren sah, sich »kaum des Lachens enthalten« konnte, wird – wenngleich in poetischer, mythologisierender Form – der (körperlichen) Gewalt eine deutliche Absage erteilt. Auch Mephisto, der Böse im *Faust II*, disqualifiziert sich mit der Bemerkung: »Man hat Gewalt, so hat man Recht« (v. 11184). Dagegen wird Gewalt im Sinne von Vermögen, Kraft oder übersinnliche Macht von G. wertfrei verwendet.　　DF

Gewissen, »das höchste, das würdigste Erbteil der Menschen [...], eine inkommensurable, bis ins feinste wirkende, sich selber spaltende und wieder verbindende Tätigkeit« (*MuR*). Vernunft und Gewissen können als Regulativ der menschlichen Neigungen nach G.s Auffassung die nötigen Maßstäbe für moralisches Handeln des autonomen Individuums abgeben. »Sofort nun wende dich nach innen,/Das Zentrum findest du da drinnen,/Woran kein Edler zweifeln mag./Wirst keine Regel da vermissen,/Denn das selbständige Gewissen/Ist Sonne deinem Sittentag« (*Vermächtnis*). »Das Gewissen bedarf keines Ahnherrn, mit ihm ist

alles gegeben; es hat nur mit der innern eigenen Welt zu tun« (*MuR*). Mit dieser radikalen Auffassung stellt G. das menschliche Gewissen über alle historischen und metaphysischen Moralkodizes (Sitte, Gesetz, Zehn Gebote, Bergpredigt etc.).　　DH

Gickelhahn, eine der höchsten Erhebungen (861 m) des Thüringer Walds in der Nähe der Stadt Ilmenau. Der Berg hat einen Aussichtsturm auf dem Gipfel und ein G.-Häuschen, ein Nachbau der im 19. Jh. niedergebrannten Holzhütte, in deren Wand G. in der Nacht vom 6. zum 7. September 1780 die Verse *Über allen Gipfeln ist Ruh* ritzte *(Wandrers Nachtlied. Ein gleiches)*. G. hat sich sehr gerne auf dem Berg aufgehalten, in Briefen an Charlotte von Stein sind die begeisterten Natureindrücke festgehalten (z.B. 6.9.1780).　　BJ

Giebichenstein bei Halle: Garten, Refugium und Fluchtort Johann Friedrich Reichardts, des letzten Kapellmeisters König Friedrichs II. von Preußen. Reichardt war einer der wichtigen musikalischen Gesprächspartner G.s, und das Gartenreich, das der Komponist nach seiner Entlassung 1792 unterhalb der

Burg Giebichenstein anlegte, heute als »Reichardts Garten« zum Halleschen Stadtgebiet gehörend, wurde zu einem von G. gern besuchten Ort. Dem überaus kontaktfreudigen, umtriebigen Musiker war es gelungen, sein von einer Mauer umfriedetes, nach dem Wörlitzer Muster angelegtes Parkgelände zu einer »Herberge der Romantik« zu machen, das bald zu einem Reiseziel namhafter Künstlerkollegen, Gelehrter und Politiker wurde. Es erstreckte sich hinter seinem Wohnhaus mit dem berühmten Gartensaal und den Wirtschaftsgebäuden, war in einen Tal- und einen Berggarten geteilt; Reichardt legte großen Wert darauf, seinem Gelände die Ausstrahlung ungehinderten Wachstums zu verleihen. Er verbat sich die Normen französischer Gartenarchitektur ebenso wie die Spielereien des empfindsamen Zeitalters. Der geräumige Gartensaal konnte durch eine große dreiflügelige Glastür zum Garten geöffnet werden und war ein Ort, in dem musiziert wurde und Feste stattfanden.

Die bisweilen mehrtägigen Aufenthalte G.s und seiner Frau Christiane in Giebichenstein, die sich seit dem 22. Mai 1802 mehrfach wiederholten, erfüllten den Komponisten mit besonderem Stolz. Sie veranlaßten ihn, eine G.-Bank und einen »Nachtigallenstein« aufstellen zu lassen, die an den Dichterfürsten erinnern sollten. G. liebte nicht nur den Park, pflanzte an der südlichen Außenseite des Hauses sogar einen Kletterrosenstock und genoß die Anlage der privaten Zimmerfolge im Seitenflügel des Hauses, die sich Reichardt für seine Bibliothek zugerichtet hatte, sondern vor allem dessen »fröhlichen Hauskreis«, der die Vertonungen seiner Lyrik in der angemessenen Weise vorzutragen vermochte.

In seinen *Tag und Jahresheften* hat G. vermerkt: »Giebichenstein lockte zu Besuchen bei dem gastfreien Reichardt: eine würdige Frau, anmutige schöne Töchter, sämtlich vereint, bildeten in einem romantischländlichen Aufenthalte einen höchst gefälligen Familienkreis, in welchem sich bedeutende Männer aus der Nähe und Ferne kürzere oder längere Zeit gar wohl gefielen, und glückliche Verbindungen für das Leben anknüpften. Auch darf nicht übergangen werden, daß ich die Melodien, welche Reichardt meinen Liedern am frühsten vergönnt, von der wohlklingenden Stimme seiner ältesten Tochter gefühlvoll vortragen hörte.« Wie viele derartige Anwesen, so fiel auch dieses gärtnerische Kleinod den durchziehenden französischen Truppen zum Opfer, die 1806 bei ihrem Rußlandfeldzug die Universitätsstadt Halle besetzten. Reichardt galt als von Napoleon politisch Verfolgter, und so endete die Besetzung mit der Verwüstung dieses Geländes, das seither nicht mehr in seine vorherige Pracht zurückversetzt wurde.   GBS

Gift: In mehreren von G.s Dramen taucht das Fläschchen mit dem Todesgift auf. In *Götz von Berlichingen*, im Trauerspiel *Egmont* und in *Wilhelm Meisters Lehrjahre* verführt das Giftfläschchen zu Mord und Selbsttötung. Faust wäre durch den Giftbecher gestorben, hätten ihn nicht die Osterglocken davon abgehalten, Fausts Vater war ein skrupelloser Giftmischer (*Faust*, v. 1033 ff.), und Gretchen reicht ihrer Mutter unwissend den giftigen Todestrank.   AV

Gingo biloba: *Dieses Baums Blatt*; die Reinschrift mit zwei eingesteckten Ginkgo-Blättern dieses wohl bekanntesten Gedichtes des *West-östlichen Divan* trägt das Datum 15. 9. 1815, doch sind die genaue Bestimmung von Entstehungszeit und -ort bereits Teil der Mythenbildung, die sich um dieses Gedicht rankt: Liebe, Verschlüsselung erotischer Botschaften, gelehrte Gespräche im Freundeskreis in Frankfurt und Heidelberg. Das Gedicht entstand im Kontext der zweiten Begegnung mit Marianne von Willemer, die als die eigentliche Adressatin gilt, des wochenlangen glücklichen Aufenthalts in der ↗Gerbermühle und der Abschiedstage in Heidelberg, also in einer emotional hochbesetzten Situation. Auch im Park des Heidelberger Schlosses steht G. ein ostasiatischer Ginkgo-Baum, der im Lauf des 18. Jh.s in europäischen Parkgärten heimisch geworden, für G. und seine Zeitgenossen also noch eine botanische Rarität war. Für den Botaniker G. war das Blatt dieses Baums (inzwischen mitunter auch G.-Baum genannt) ein ästhetisch so eindrucksvolles Anschauungsobjekt, daß er es sich in typischer Manier poetisch anverwandelte: »Dieses Baums Blatt, der von Osten/Meinem Garten anvertraut,/Gibt geheimen Sinn zu kosten,/Wie's den Wissenden erbaut.«

Der fremdartige Baum mit dem zweilappigen Blatt, in dessen Umriß man eine Herzform erkennen kann, fügt sich in den exotischen und esoterischen Charakter des gesamten *Divan*-Projekts; mit dem Possessivpronomen »Meinem Garten« zeigt sich die Eingemeindung dieses Phänomens in den Raum der eigenen Phantasie. Garten ist zudem ein topischer Ort der Liebe und Poesie. Die Vorstellung, daß sich der tiefere Sinn eines Phänomens nur dem Eingeweihten erschließt, ist in *Divan* tief verwurzelt (*Selige Sehnsucht*); sie wurde in Gesprächen während der Entstehungsphase explizit bedacht und beredet, z. B. mit dem Heidelberger Mythenforscher und Altphilologen Georg Friedrich ↗Creuzer.

Im Gedicht wird das Blatt zum Doppelsymbol für den Dichter und die Liebenden, für Spaltung und Einheit; es repräsentiert den dialogischen Charakter

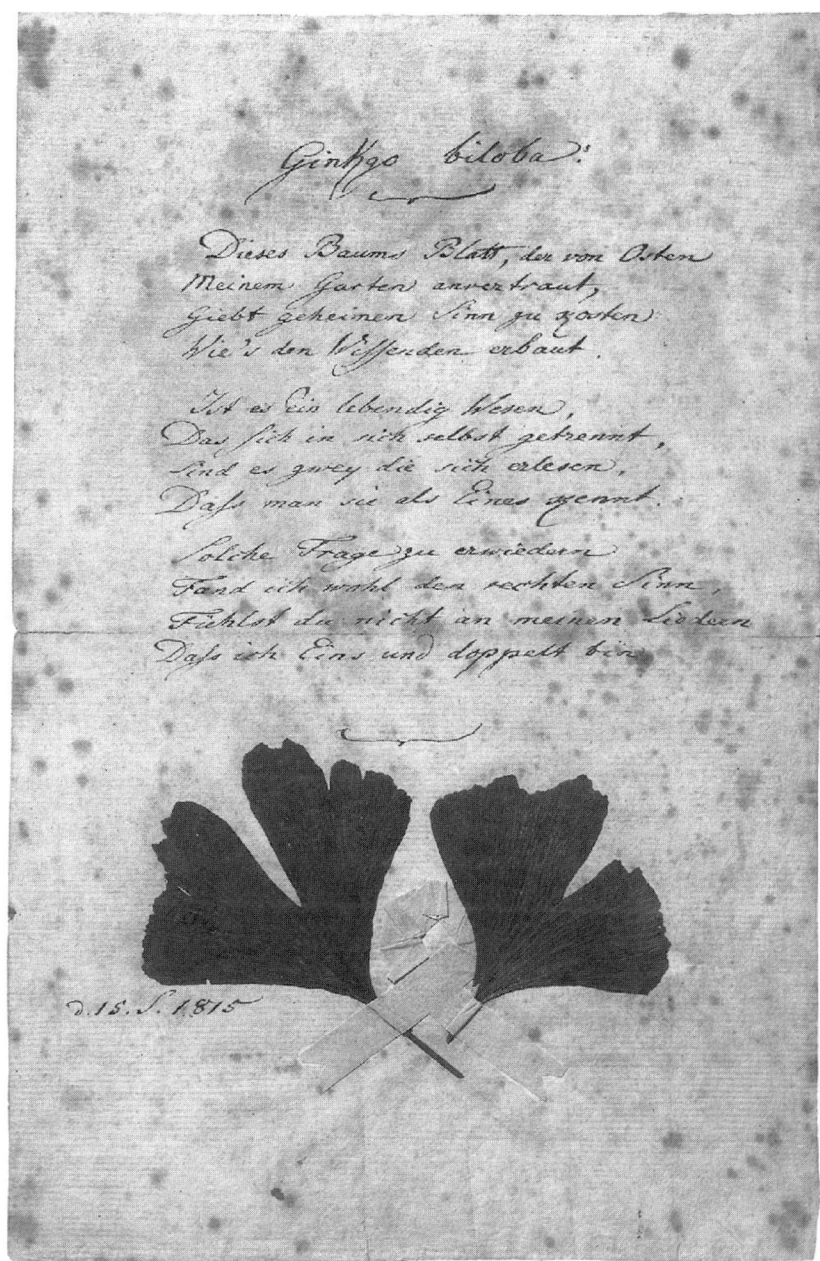

In graphischer Verbindung mit dem Gedicht ist das Ginkgo-Blatt zu einem vielfach präsenten Motiv und für Goethe-Kenner zum Symbol geworden

des *Buchs Suleika*, das Phantasma, in der Liebe und in der Kunst die ursprüngliche Einheit des Menschen wiederherzustellen, wie es in Platons *Symposion* im Kugelgleichnis seinen Ausdruck gefunden hatte. Das Gedicht vollzieht einen für die Alterslyrik G.s charakteristischen Dreischritt: Wahrnehmung eines Naturphänomens – Frage, die zur symbolischen Sicht des Phänomens überleitet – Schluß, in der das Blatt zum Sinnbild des Liebenden, des Dichters und der Poesie wird. Inzwischen ist es zum Symbol für den gesamten Gedichtzyklus, fast schon für die Poesie G.s geworden. Der von G. initiierte zeitgenössische Kult mit über reichten Blättern und Abschriften des Gedichts setzt sich heute vielfältig in Kunst, Kunstgewerbe, Musik und Literatur fort; besonders anschaulich ist er in Weimarer Schmuckläden zu besichtigen. Allein und in graphischer Verbindung mit dem Gedicht ist das Ginkgo-Blatt zu einem kulturell vielfach präsenten Motiv und für G.-Kenner zum Symbol geworden.

IW

Giotto, Angelo di Bondone, (1266-1337), italienischer Maler und Baumeister, war tätig in Florenz, Assisi, Rom, Padua, Rimini, Neapel und Mailand. G. besuchte am 25.10.1787 die Grabeskirche in Assisi. In der *Italienischen Reise* sind seine Maßstäbe für die Bewertung des Schönen und Häßlichen beschrieben, Giottos Fresken werden mit Abneigung erwähnt. Nach Oskar Walzels Interpretation der *Wahlverwandtschaften* erinnert ↗Ottilie an Gestalten Giottos. Ebenso sind Giottos Fresken vom Triumph des Todes im Pisaner Campo Santo Vorbild für Anfang und Schluß von *Faust II*.

BB

Giovinazzi, Domenico (um 1680-1763), italienischer Sprachlehrer in Frankfurt, der bereits den Rat Goethe in Italienisch unterrichtet, von 1760-1762 auch den kleinen G. und dessen Schwester. Der ehemalige Dominikanermönch, aus Glaubenszweifeln aus dem Kloster ausgetreten, gehörte zu den angesehensten Sprachlehrern Frankfurts. G. erinnert seine Heiterkeit und Liebe zur Musik: »Auch sang der Alte nicht übel, und meine Mutter mußte sich bequemen, ihn und sich selbst mit dem Klaviere täglich zu akkompagnieren; da ich denn das *Solitario bosco ombroso* bald kennen lernte, und auswendig wußte, ehe ich es verstand« (*DuW*, 1. Buch).

PO

Gipfeln, über allen s. **Wandrers Nachtlied/ Ein Gleiches**

Giraffenklavier s. **Pyramidenflügel**

Gitarre: Spielte beim Musizieren in G.s Haus und auf den Bühnen des ↗Hof- und ↗Liebhabertheaters eine wichtige Rolle. Der Gesang »mit Begleitung der Guitarre« wurde besonders nach der Rückkehr von der Italienreise (1790) favorisiert, da man in der Gitarre ein Stück antikes Arkadien widergespiegelt sah. Der Hofinstrumentenmacher Jakob August Otto (1760-1829) hatte sie zur Erweiterung der Spielmöglichkeiten mit einer 6. Saite versehen und verfertigte zeitweise für die Herzogin und ihren Kreis hoch geschätzte Instrumente. Corona Schröter war beliebt für ihre »in ihr Instrument« gesungenen »leichten, heiteren Lieder«, bewundert wurden auch Charlotte von Stein, die Malerin Caroline Bardua oder die Schauspielerin Ernestine Engels, die wiederholt in den Gesellschaften, Zirkeln und in G.s Haus musizierten. Als »gebildeter Sänger« genoß der Tenor Wilhelm ↗Ehlers besondere Wertschätzung. G. regte ihn an, die mit ihm erarbeiteten »Gesänge mit Begleitung der Chittarra« herauszugeben, eine Sammlung, die 1804 bei Cotta in Tübingen erschien und u.a. die Vertonungen von »Schäfers Klage« oder »Freudvoll und leidvoll« enthält.

GBS

Glaube (Liebe, Hoffnung) s. **Tiefurter Journal**

Gleiches, Ein s. **Wandrers Nachtlied**

Gleichheit: »Das Größte will man nicht erreichen,/ Man beneidet nur seinesgleichen;/Der schlimmste Neidhart ist in der Welt,/Der jeden für seinesgleichen hält«, reimte G. unter der Überschrift *Égalité*, bezog sich damit auf eines der drei großen Schlagworte der Französischen Revolution und unterstellte dem Ruf nach Gleichheit niedere Beweggründe. Die Gleichheit der Menschen sah G. allein schon deshalb nicht als gegeben bzw. realisierbar an, weil man sie – beinahe in Form einer Quotenregelung – konstruieren muß: »Eingebildete Gleichheit: das erste Mittel, die Ungleichheit zu zeigen« (*MuR*).

Das Verhältnis der gesellschaftlichen Klassen zueinander ist demgemäß genauso wenig wie das von Mann und Frau in Frage zu stellen: Gleichheit eignet den Menschen nur hinsichtlich ihrer ursprünglichen »Zustände«, des »nackten Daseins«. Alles »Übrige« (materieller Reichtum, soziale Stellung, geschlechtsspezifische Situation) ist »zufällig« und deshalb »gleichgültig« (*DuW*, 4.Buch). Gemäß der Erkenntnis: »Du bleibst doch immer, was du bist« (*Faust*, v. 1809), erachtete G. es als äußerst wichtig, daß jeder einzelne danach trachten solle, entsprechend seiner

Veranlagung mit sich selbst bzw. der Rolle, die ihm im Weltlauf zugewiesen sei, gleich, also ausgeglichen, zu werden und ein harmonisches Leben zu führen: »Der Schuster bleibe bei seinem Leisten, der Bauer hinter seinem Pfluge, und der Fürst wisse zu regieren« (Ekkermann, 25.2.1824). In den *Xenien* stellte er deshalb die *Aufgabe*: »Gleich sei keiner dem andern; doch gleich sei jeder dem Höchsten./Wie das zu machen? Es sei jeder vollendet in sich«.   DF

Gleichnis: Ein ausführlicher ausgeschmückter, zuweilen sogar anekdotisch erzählter Vergleich, der mit Hilfe einer klärenden oder einprägsamen Bildebene eine Sache oder einen Sinngehalt verdeutlichen soll. G. verstand das Gleichnis über dieses traditionell rhetorisch oder biblisch abgeleitete Verständnis hinaus als universellen Zugang zur Natur, zur Welt der Phänomene: »Alles Vergängliche/Ist nur ein Gleichnis«, heißt es im *Faust II* (v. 12104), G. versteht »das Besonderste, das sich ereignet, immer als Bild und Gleichnis des Allgemeinsten« (*MuR*) (↗ Allgemeines/Besonderes, ↗ Symbol, ↗ Urphänomen). Die im Naturphänomen erahnbaren wie im Kunstwerk geheimnisvoll offenbarten Naturgesetze sind es, auf die die Phänomene immer gleichnishaft verweisen. In G.s Verständnis allerdings fallen im Gleichnis Bild- und Sinnebene als identisch zusammen – damit wird auch das Gleichnis zum Symbol: »Das Höchste wäre: zu begreifen, daß alles Faktische schon Theorie ist. Die Bläue des Himmels offenbart uns das Grundgesetz der Chromatik. Man suche nur nicht hinter den Phänomenen: sie selbst sind die Lehre« (*MuR*).   BJ

Gleim, Johann Wilhelm Ludwig (1719-1803), Dichter; der »deutsche Anakreon« (↗ Anakreontik), dessen Lieder auch die Leipziger Lyrik des jungen G. beeinflußten, danach wechselseitige Distanz. In den *Xenien* (1796) wird der Verfasser der *Preußischen Kriegslieder* als der alte Peleus verspottet, dessen Saiten »die spannende Kraft und die Schnelle« eingebüßt haben. In *Auf das Septemberheft des Neuen Teutschen Merkur von 1802 geschrieben* wettert G.: »Und unter dem verfluchtesten Reim/Der Name Gleim«.   PO

Glück/Unglück: Obwohl G. in der ↗ Sturm-und-Drang-Zeit auch von Seelenqualen und Weltschmerz handelt, überwiegen die Glücksbeschreibungen bei weitem (»Und doch, welch Glück, geliebt zu werden! Und lieben, Götter, welch ein Glück!«; *Willkommen und Abschied*). Im Gedicht *Harzreise im Winter* (1777) klingt der Zusammenhang zwischen Glück und Unglück an:

Denn ein Gott hat
Jedem seine Bahn
Vorgezeichnet,
Die der Glückliche
Rasch zum freudigen
Ziele rennt;
Wem aber Unglück
Das Herz zusammenzog,
Er sträubt vergebens
Sich gegen die Schranken
Des ehernen Fadens,
Den die doch bittre Schere
Nur einmal löst.

Glück und Unglück stehen in Beziehung zueinander, Glück zieht oft das Unglück nach sich, denn das Glück ist endlich, im Gegensatz zu allem andern, was dem Menschen begegnet, und das Wissen um diese Tatsache ist bereits der Quell des Unglücks:

Ach! warum, ihr Götter, ist unendlich
Alles alles, endlich unser Glück nur (*Pandora*,
v. 498 f.).   AV

Gnade: G. wurde mit Idee und Wirklichkeit der Gnade in der Folge seiner Leipziger Krise (1768/69) bekannt: Im pietistisch-mystischen Kreis um Susanna Katharina von ↗ Klettenberg war der Anteil der göttlichen Gnade am menschlichen Schicksal ein zentrales Thema (*DuW*, 15. Buch). Diese Erfahrungen fanden ihren Niederschlag in den *Bekenntnissen einer schönen Seele* (*Lj*, VI), wo G. über die »Veränderung des Herzens« schreibt, die nach einem »tiefen Schrecken über die Sünde« und dem »Vorschmack der Hölle« zu einer »sehr merklichen Versicherung der Gnade« führen muß. G. hat seine so geprägte mikro- und makrokosmische Auffassung am Ende des *Faust* (v. 11934-11941) dargestellt, wo Läuterung und ↗ Erlösung zwar »von oben« gewährt werden können, vom Menschen aber zuerst ermöglicht werden müssen: »Gerettet ist das edle Glied/der Geisterwelt vom Bösen,/wer immer strebend sich bemüht,/den können wir erlösen./Und hat an ihm die Liebe gar/von oben teilgenommen,/begegnet ihm die selige Schar/mit herzlichem Willkommen«.   DH

Göchhausen, Louise Ernestine Christiane Juliane von (1752-1807), Tochter des Eisenacher Schloßhauptmanns, standesgemäß erzogen, aber ohne Vermögen, 1775 Gesellschafterin, 1783-1807 Hofdame der Herzoginmutter Anna Amalia. Kleinwüchsig, klug, witzig, mit »wehrhaften Mund- und Schreib-

werk«, bei aller mit ihrer Stellung verbundenen Abhängigkeit anpassungsfähig, ihre Individualität bewahrend, reges, unersetzliches Mitglied des Kreises um ↗Anna Amalia (Tafelrunde, Akteurin des ↗Liebhabertheaters, Sekretärin, Autorin des *Tiefurter Journals*, ↗Musenhof-Berichterstatterin: sie schrieb geist- und humorvolle Briefe u.a. an G., Knebel, Merck, Herder, Einsiedel, Böttiger, G.s Mutter). Trotz Etikette, Distanz und zeitweiliger Spannungen Vertraute, Reisebegleiterin (Rheinreise, 1778, Italienaufenthalt 1788–90), Betreuerin der Sammlungen und Kunstschätze Anna Amalias. Wieland schätzte ihren »flinken kultivierten Geist«, »Feinheit ihrer inneren und äußeren Sinne«, nannte sie »Gnomide«, die Grafen Stolberg ulkten sie als »Thusnelda« (Anna Amalia Thusel, Thuselchen). G., dessen Dichtungen sie »mit einer Art Abgötterei« verehrte, den sie »liebes Geheimrätchen« (in Briefen an Frau Rat »Hätschelhanß«) nannte, verband vertraute Herzlichkeit mit der Göchhausen.

Ihre Gescheitheit und »mobile Feder« nutzend, diktierte er ihr häufig, u.a. *Die Vögel* 1780, *Palöophron und Neoterpe* 1800. Im Göchhausen-Nachlaß fanden sich G.s Frankfurter Faustszenen (1887 als *Urfaust* ediert) und das Buch *Annette*. G. half beim Anlegen ihrer Mineraliensammlung. Sie war bei ihm, er bei ihr zu Gast; G. nahm sie Einsiedel, Meyer, Kraus, Herder jun., Wieland, Böttiger, Henriette von Egloffstein, Amalie von Imhoff, Bertuch, dessen Schwiegersohn Froriep zuweilen an Louises »Freundschaftstagen« teil: Ab 1790 Samstagvormittags, in ihren Mansardenzimmern des Wittumspalais; bei »Freundschaftsbrötchen« und »köstlich bereitetem Mokka« traf man sich zum Lesen, Rezitieren, zu Gespräch, Musik, Gesang, launig-lustiger Unterhaltung. G.s Idee zum »cour d'amour« in seinem Haus entstand dort. Louise war als Partnerin Meyers dessen Mitglied. »Ihr Geist war dem gesellschaftlichen Leben wohltätig und belebend, auch war sie dauernder Freundschaft fähig« (Einsiedel an Böttiger, 22.11.1807).   CS

Goethe, Alma Sedina Henriette Cornelia von (1827–1844), drittes Kind Augusts und Ottilies von G., Enkeltochter G.s., der ihr den Namen Alma gab. Taufe am 2.12.1827 in G.s Salon mit großer Feierlichkeit und zahlreichen Paten (u.a. G., Ottilie, Ulrike von Pogwisch, Soret, Caroline und Julie von Egloffstein). »Das Mädchen ist allerliebst und als ein echt geborenes Frauenzimmerchen schon jetzt inkalkulabel. Mit dem Großvater in besten und liebevollen Vernehmen, aber doch […] ihre Herkömmlichkeiten verfolgend. […] Übrigens keinen Augenblick ruhig, lärmig, aber leidlich« (G. an Ulrike von Pogwisch, 19.6.1831). Zu jung, um Glanz und Sonderstellung im Haus des Großvaters zu erfahren sowie nach dessen Tod das unstete Leben von Mutter und Brüdern zu teilen, lebte Alma vom berühmten Namen unbelastet in Weimar, in Obhut von »Amama« Henriette, Tante Ulrike von Pogwisch und Urgroßmutter Gräfin Henckel von Donnersmarck.

Anmutig-munter, keine »ideelle Person«, fühlte sich Alma im »hübschen, allerliebsten Weimar«, im Kreis von Verwandten, Freundinnen und dem Hof zu Hause, jedes Fernsein als »abschäulich, greßlich, fürchterlich« empfindend (an Henriette von Pogwisch, 1837). Besorgt um Almas geistige Entwicklung – sie wollte Hofdame oder Köchin werden, war tanzlustig, theaterbesessen, sammelte Rezepte, schneiderte gern, hatte nach Meinung der Großmutter den »Geist in den Füßen«, junge Männer im Kopf, langweilte sich in »gelehrter Gesellschaft« – ließ Ottilie die Tochter zunächst »mit Stunden überhäufen«, befahl sie schließlich jährlich für Monate nach Wien. Dort starb Alma, zwei Monate vor ihrem 17. Geburtstag an Thypus. Zunächst wurde sie auf dem Währinger Friedhof in Wien bestattet, im Juni 1885 aber nach Weimar überführt und im Familiengrab auf dem Historischen Friedhof beigesetzt.   CS

Goethe, August von (1789–1830), Sohn G.s und seiner Lebensgefährtin Christiane Vulpius, auf den Namen Julius August Walther Vulpius getauft. Verlebte glückliche Kinderjahre, von den Eltern, ab 1793 auch von der Großmutter geliebt, verwöhnt, behütet, war aufgeweckt »so possierlich und gescheit« (Charlotte an Fritz von Stein, 2.1.1797). G. leitete die Erziehung des Sohnes, zog ihn in seinen Lebenskreis (Reisen, Sammlungen, Naturwissenschaften), sorgte für eine standesgemäße gesellschaftliche Existenz (Universalerbe 1797, Legitimierung 1802, Eheschließung 1806). Ausbildung mit dem Ziel: Laufbahn im Weimarischen Staatsdienst, Heranbildung eines künftigen Helfers des Vaters: Privatunterricht (1797–1805), Gymnasium (1805–1809), Jurastudium in Heidelberg, Jena (1809–1811), praktisch-ökonomische Ausbildung im Kammergut Kapellendorf (1811). Bereits 1810 Assessor der herzoglichen Kammer, Wirklicher Assessor (1811, Gehalt ab 1813, 150 Taler/Jahr), Kammerrat (1815, Gehalt 800 Taler), Geheimer Kam-

Christiane Vulpius mit dem kleinen August von Goethe. Gemälde von J.H. Meyer, 1792

merrat (1822, Gehalt 1000 Taler). Aufgabengebiet: praktische Verwaltungsarbeit in der herzoglichen Finanzbehörde. Galt als fleißig, zuverlässig, gut ausgebildet, dem Vater in vielen Wesenszügen ähnlich, sah gut aus, gewandt, von tadellosen Manieren, für sein Alter »doppelt ernst«. Ab 1812 Hofdienst (zeitaufwendige Repräsentationsaufgaben), 1815 Kammerjunker, 1822 Kammerherr. Gleichzeitig Übernahme von Aufgaben des Vaters: 1815 G. »förmlich beigegeben« als Assistent der »Oberaufsicht über die unmittelbaren Anstalten für Wissenschaft und Kunst«, 1815 Mitglied der Freimaurerloge, 1817 der Hoftheaterkommission. »Haushaltung und Geschäfte« überließ G. nach 1815 den »treuen Händen« des Sohnes: Aufsicht über Finanzen und Personal des elterlichen Haushaltes (ab 1817 völlig selbständig), Betreuung der Sammlungen, Verwaltung des Archivs (ab 1822), Vertreter des Vaters in der Öffentlichkeit, juristische und ökonomische Vertretung (Verhandlungen mit Verlegern, Geschäftsleuten, Handwerkern). Schon bei Christianes Tod »Helfer, Rathgeber, ja einziger haltbarer Punct in dieser Verwirrung« (Tagebuch 5.6.1816) wurde August dem Vater zum unentbehrlichen Vertrauten im privaten Bereich. Juni 1817: Heirat mit Ottilie von Pogwisch, Wohnung in der Mansarde des Hauses am Frauenplan, drei Kinder: Walther, geb. 1818, Wolfgang (1820), Alma (1827). Die anfangs glückliche Ehe erwies sich auf Grund unterschiedli-

cher Lebensauffassungen bald für beide als belastend. Das Zusammenleben in enger Vertrautheit mit dem Vater, Eingebundensein in dessen Leben, die Stellung als G.s Sohn in der Öffentlichkeit, die Fülle dienstlicher und privater Aufgaben boten August wenig Freiräume zu eigener Lebensgestaltung. Krank und psychisch am Ende, reiste er nach Italien (April 1830) »Die äußerste Noth trieb mich, um den letzten Versuch zu meiner Erhaltung zu machen« (an Ottilie, 13.5.1830). »Mein höchster Wunsch ist erfüllt! ich habe Italien gesehen und genossen [...] Es ist das erste Mal, im 40ten Jahre, daß ich zum Gefühle der Selbstständigkeit gekommen« (an G., 16.10.1830). Die Hoffnung beider G.s auf eine glückliche »künftige Existenz« in Weimar zerschlug sich. August starb am 27.10.1830 in Rom, sein Grab befindet sich auf dem protestantischen Friedhof, nahe der Cestius-Pyramide.

CS

Goethe, Carl von (30.10.–18.11.1795), viertes Kind, das G. gemeinsam mit Christiane Vulpius hatte, lebte nur wenige Tage. BL

Goethe, Catharina Elisabetha (1754–1756), noch im Kleinkindalter verstorbene Schwester G.s. BL

Goethe, Catharina Elisabeth, geb. Textor (1731–1808), G.s Mutter. Als die 17jährige Tochter des Stadtschultheißen dem 21 Jahre älteren Johann Caspar Goethe ihr Ja-Wort gibt, ahnt sie nicht, daß sie eine der berühmtesten Mütter der deutschen Literatur werden wird. Was für ein Mensch ist sie? Treffend ihre Selbstcharakteristik 1785 in einem Brief an Charlotte von Stein: »Ich habe die Menschen sehr lieb – und das fühlt alt und jung [...] – bemoralisire niemand – suche immer die gute Seite auszuspähen [...] – überlaße die schlimme dem der den Menschen schufe [...] und bey dieser Medote befinde ich mich wohl, glücklich und vergnügt«. Sie vergöttert ihren Sohn, liest gern und am liebsten dessen Werke. Dort entdeckt sie sich wieder, z.B. in Elisabeth, Götz von Berlichingens Hausfrau, oder in Hermanns Mutter. Von weiteren fünf Kindern bleibt ihr nur Cornelia, die anderen vier sterben früh. Kraft schöpft die pietistische Lutherin aus ihrem Glauben. Karl August Böttiger notiert am 26.11.1798: »Göthes Mutter ist jetzt noch eine der lebhaftesten und modischsten alten Frauen in Frankfurt. Sie trägt eine Perücke, hoch frisirt und lebt alle Tage hoch. Mit G[oethes] Verbindung mit der Donna Vulpia ist sie zufrieden, weil sie es sein *muß*«. Und: »Das gewande, genialische hat er von seiner Mutter«.

PO

Goethe, Christiane (Johanna Christiane Sophia) von, geb. Vulpius (1765–1816), seit 1788 Lebensgefährtin G.s, 1806 dessen Ehefrau, das dritte von sechs Kindern aus der ersten Ehe des gering besoldeten Beamten Johann Friedrich Vulpius (1725–1786) mit Margarethe Riehl (1742–1771). Von Christianes fünf Geschwistern und vier Stiefgeschwistern überlebten der Bruder Christian August (1762–1827) und Stiefschwester Ernestine (1775–1806) die Kinderjahre. Vermutlich ab 1783 trug Christiane, in der von ↗Bertuchs Frau und Schwägerin betriebenen Kunstblumenwerkstatt beschäftigt, zum Lebensunterhalt der Familie bei. »Sie war ein hübsches freundliches fleißiges Mädchen; aus ihrem apfelrunden frischen Gesicht blickten ein paar brennend schwarze Augen, ihr etwas aufgeworfener kirschroter Mund zeigte, da sie gern lachte, eine Reihe schöner weißer Zähne und dunkelbraune volle Locken fielen ihr um die Stirn und Nacken« (*Die Erinnerungen der Karoline Jagemann*, 1926).

G.s Liebe zu Christiane begann, als die Dreiundzwanzigjährige den gerade aus Italien heimgekehrten Vorgesetzten ihres verstorbenen Vaters um Unterstützung für ihre Familie bat (12.7.1788). Der zunächst heimliche Liebesbund wurde im Frühjahr 1789 öffentlich: »Ich habe nun das Geheimnis von der Stein selbst [...]. Er hat die junge Vulpius zu seinem Klärchen« (Caroline an Johann Gottfried Herder, 8.3.1789). Im Spätherbst bezog G. mit Christiane, deren Tante Juliane (1734–1806) und Stiefschwester Ernestine zwei Etagen des Jägerhauses. Die Frauen nebst Bedienten Sutor und Götze besorgten den Haushalt. Am 25.12. wurde Sohn August geboren (vier weitere Kinder waren nicht lebensfähig: 1791 ein totgeborener Sohn, 1793 Caroline, 1795 Carl, 1802 Kathinka).

Für G., von nun an in glücklichen häuslichen Verhältnissen lebend, wurde Christiane unentbehrlich: als Geliebte, Mutter seines Sohnes und Organisatorin seines Alltags. »Sei ein guter Hausschatz und bereite mir eine hübsche Wohnung. Sorge für das Bübchen und behalte mich lieb« (an Christiane, 10.9.1792). Daß sich die unstandesgemäße Liaison des Herrn von G. als dauerhaft erwies, galt als Skandal. Die Reaktionen reichten von schweigend das

Ärgernis übergehender Duldung bis zu hemmungslosen Klatsch. Christiane ist »sehr beneidet worden und deshalb viel angefeindet und verleumdet« (Luise von Knebel, 1820). G.s Gewissensehe war, aus Rücksicht auf Normen und seine Stellung im Herzogtum, auf das Private beschränkt. Daß er sie moralisch der bürgerlichen Ehe gleichstellte, läßt u.a. ein Brief an Schiller vermuten: »Heute erlebe ich auch eine eigne Epoche, mein Ehstand ist eben 8 Jahre und die französische Revolution 7 Jahre alt« (13.7.1796).

Im Kriegsjahr 1806 wurde Christiane G.s Frau nach Recht und Gesetz (Trauung: 19.10.). »Da hast du nach meinem Hertzens wunsch gehandelt« (27.10.1806), ließ Frau Rat den Sohn wissen. »So ein Liebes – herrliches unverdorbenes Gottes Geschöpf findet man sehr selten« (17.4.1807, nach Christianes Besuch in Frankfurt). Hingegen beklagten Damen von Welt »Goethes scandalöse Hochzeit [...] Und eine solche Wahl der Person!« (Gräfin Schimmelmann an Charlotte von Schiller, 16.12.1806). »Welcher Dämon hat ihm diese Hälfte angeschmiedet!« (Charlotte von Schiller an Prinzessin Caroline, 27.1.1811). »Angenehm ist es mir freilich nicht in dieser Gesellschaft zu sein. Indessen da er das Kreatürchen sehr liebt, kann ich's ihm wohl zu Gefallen tun«, schrieb Charlotte von Stein über die nunmehr in die Gesellschaft eingeführte Frau Geheimrätin (an Fritz von Stein, 17.12.1808).

Diesen von Standesnormen geprägten Urteilen stehen in Briefen aus G.s Familien- und Freundeskreis überlieferte entgegen. Vor allem die zwischen G. (354) und Christiane (247) selbst gewechselten Briefe dokumentieren in Inhalt und Sprache eine von Zuneigung, Sehnsucht, Dankbarkeit und Gewohnheit getragene alltägliche Vertrautheit. Christianes unverwüstliche Frohnatur, ihr herzlich liebevolles Wesen, gepaart mit praktischem Lebenssinn, sowie ihr »anspruchsloser heller, ganz natürlicher Verstand« (Elisa von der Recke an Johanna Schopenhauer, 1816) erlaubten es, daß G. mit ihr und auf seine Weise bequem leben, vor allem ungestört arbeiten konnte. Als vorzügliche Wirtschafterin enthob Christiane G. aller Sorgen um das aufwendige Hauswesen, vor allem während seiner oft monatelangen Abwesenheit.

Arbeitete er in Jena, versorgte sie seinen Haushalt von Weimar aus. Sie pflegte G. während seiner Krankheiten, »verstand es ihn aufzumuntern und kannte ihn so genau, daß sie immer wußte, welchen Ton sie anschlagen mußte, um wohltuend auf ihn zu wirken« (Luise von Knebel, 1820). Im Gegenzug sorgte G. liebevoll für seine Familie, unterstützte Christianes Freude an schöner Kleidung, verwöhnte sie mit Geschenken, ermunterte sie, ihren Vergnügungen nachzugehen (Komödienbesuche, Bälle, Landpartien, Jahrmärkte, Familienfeiern, Gesellschaften). Christianes besondere Neigung galt dem Theater. Schauspielerinnen gehörten stets zu ihrem Freundeskreis. Mit Herz und Verstand konnte sie Theaterangelegenheiten beurteilen und vermittelnd und ausgleichend zwischen G. und dem Theaterpersonal auftreten.

Als G.s Frau hatte sie bei Gesellschaften Repräsentationspflichten zu erfüllen, Besuche zu empfangen und zu erwidern, wobei sie, ihrem vorherigen Lebenskreis treu bleibend, den Verkehr mit den meisten Damen der Weimarer Gesellschaft auf das notwendige Maß beschränkte.

Etwa seit 1808 verschlechterte sich Christianes Gesundheitszustand. Sie starb, 51 Jahre alt, am 6. Juni 1816. »Leere und Todtenstille in und außer mir« verzeichnet G.s Tagebuch am Todestag. »Leugnen will ich nicht [...] daß mein Zustand an die Verzweiflung grenzt« (an Boisserée, 24.6.1816). Christianes Grabstein auf dem Weimarer Jakobsfriedhof trägt G.s Verse: »Du versuchst, o Sonne, vergebens,/Durch die düstren Wolken zu scheinen,/Der ganze Gewinn meines Lebens/Ist, ihren Verlust zu beweinen ⟨Den 6.Juni 1816)«.

Wie sehr G. sich mit Christiane verbunden fühlte, bezeugen ihr zugeeignete oder durch sie inspirierte Dichtungen (↗Christiane-Gedichte). Die ihrem Andenken gewidmeten Verse: »Ich wünsche mir eine hübsche Frau,/Die nicht alles nähme gar zu genau,/Doch aber zugleich am besten verstände,/Wie ich mich selbst am besten befände« (*Zahme Xenien IV*) dürften dem Kern der Beziehung G.s zu Christiane nahe kommen (↗Ehe). CS

Goethe, Cornelia (1750–1777), G.s Schwester: eigentlich Cornelia Friederika Christiana. Vier weitere – nachgeborene – Geschwister sterben früh. G.s Verhältnis zu Cornelia wird in der Literatur von »innig verbunden« bis »latent inzestuös« charakterisiert. Der Bruder beschreibt sie als begabt und gebildet, musikalisch und belesen, ernst und grüblerisch. Ihr Gesicht sei »weder bedeutend noch schön«; sie habe »deutlicher als billig« gewußt, »daß sie hinter ihren Gespielinnen an äußerer Schönheit sehr weit zurückstehe, ohne zu ihrem Troste zu fühlen, daß sie ihnen an inneren Vorzügen unendlich überlegen sei« (*DuW*, 6. Buch).

1773 heiratete sie Johann Georg Schlosser – eine Ehe, die nach kurzer Zeit des Glücks in Resignation und Enttäuschung umschlägt. Nach der Geburt der zweiten Tochter stirbt sie – erst 27 Jahre alt. Der Mutter gesteht G.: »Mit meiner Schwester ist mir so eine starcke Wurzel die mich an die Erde hielt abgehauen worden, dass die Äste, von oben, die davon Nahrung hatten auch absterben müssen« (16.11.1777). PO

Goethe, Hermann Jakob (1752–1759), an den Pokken verstorbener jüngerer Bruder G.s. BL

Goethe, Johann Caspar (1710–1782), G.s Vater, nach dem Jurastudium in Gießen und Leipzig am Reichskammergericht in Wetzlar, 1738 Dr. jur. in Gießen, 1739/40 Reisen nach Österreich, Italien, Frankreich, Holland, ab 1741 in Frankfurt, 1742 Kaiserlicher Rat. An einem 20. August heiratet der 38jährige Dr. Goethe die 17jährige Catharina Elisabeth Textor. Der Sohn zum väterlichen und mütterlichen Erbteil: »Vom Vater hab' ich die Statur,/Des Lebens ernstes Führen,/Von Mütterchen die Frohnatur/Und Lust zu fabulieren« (*Zahme Xenien*). Der Vater ansonsten: Traditionalist, Universalist, Vernunftmensch und orthodoxer Lutheraner. Er liebte und sammelte Bücher, Gemälde, Plastiken und Mineralien. Seine Hauptaufgabe sah er in der Bildung und Erziehung seiner Kinder. G.s Begabung erkannte er früh, förderte ihn und die Schwester Cornelia vielseitig und nicht ohne Strenge. Auf den Dichter war er stolz, den »Fürstendienst« in Weimar akzeptierte er nicht. Sein Lieblingswerk: *Egmont*. PO

Goethe, Johann Wolfgang s. **Chronik: G.s Leben und Werk** am Schluß dieses Lexikons, S. 565–576.

Goethe, Johanna Maria (1757–1759), früh verstorbene Schwester G.s. BL

Goethe, Kathinka von (16.–19.12.1802), fünftes Kind, das G. gemeinsam mit Christiane Vulpius hatte, überlebte seine Geburt nur wenige Tage. BL

Goethe, Ottilie Henriette Wilhelmine, von, geb. von Pogwisch (1796–1872), Frau des August von G., Schwiegertochter G.s, älteste Tochter des preußi-

schen Majors Wilhelm Julius von Pogwisch und dessen Frau Henriette, geb. Gräfin Henckel von Donnersmarck. Nach Trennung der Eltern (1802) meist bei Verwandten in Dessau, Ansbach, Berlin, kam sie 1809 mit ihrer jüngeren Schwester Ulrike nach Weimar, zu Großmutter Gräfin Henckel von Donnersmarck (1804–1843 Oberhofmeisterin Maria Pawlownas) und Mutter (1811–1830 Hofdame Herzogin Louises).

Im Umfeld des Hofes, unter Aufsicht einer Dienerin, auf Grund des Hofdienstes der Mutter ohne geregeltes Familienleben, war Ottilie – geist- und temperamentvoll – auch ohne planmäßigen Unterricht für ein Leben im aristokratischen Stil gewappnet und bildete den Mittelpunkt eines Kreises von jungen Damen, die auch in G.s Haus verkehrten. August von G. machte ihr den Hof. Trotz einiger Gefühlsirritationen – 1813/14 schwärmte Ottilie für den preußischen Offizier Ferdinand Heinke, an dem sie – ihn zum männlichen Ideal verklärend – auch August maß – heiratete sie am 17.6.1817 den G.-Sohn (26 Jahre, Kammerat und -junker, 800 Taler Gehalt). G. selbst fand, »daß durch diese Verbindung gute und angenehme Verhältnisse angeknüpft werden, Hof und Stadt scheinen zufrieden« (an Knebel, 2.1.1817). Die jungen Leute bezogen die Mansarde des Hauses am Frauenplan, waren »miteinander zufrieden und glücklich« (Sophie von Schardt an Fritz von Stein, 4.8.1817).

Drei Kinder wurden geboren: 1818 Walther, 1820 Wolfgang, 1827 Alma). Fortan in wohlgeordneter Häuslichkeit lebend, war es die Hauptaufgabe Ottilies, das weltoffene Haus G.s im aristokratischen Stil zu führen. Ihre mit Phantasie und perfekten Umgangsformen gepaarte natürliche Liebenswürdigkeit, Literatur-, Sprachkenntnisse und musische Talente erwiesen sich dafür als ideal. In ihrem Salon verkehrte ein großer Freundeskreis, einheimische Wissenschaftler, Künstler sowie durchreisende Fremde, vor allem viele Engländer. 1829 bis 1832 (unterbrochen durch eine Pause nach Augusts Tod), gab Ottilie die bald über den Weimarer Kreis hinaus bekannte Wochenschrift *Chaos* heraus.

G. förderte Ottilies literarische Neigung, ihre Studien und Beschäftigungen, verwöhnte die ihm liebe Tochter, tolerierte ihre Eigenheiten und Schwächen, selbst als die anfangs glückliche Ehe der jungen Leute nur noch nach außen hin harmonisch erschien. Bei-

der von Zuneigung und Einfühlungsvermögen getragenes Verhältnis zueinander gewann durch die Enkelkinder noch an Vertrautheit. Ottilie war dem Vater Vorleserin, Übersetzerin, Begleiterin auf Spazierfahrten, Berichterstatterin in Hof- und Gesellschaftsangelegenheiten und Krankenpflegerin.

Nach G.s Tod glich Ottilies Leben einer ruhelosen Wanderung. Mit dem Schwiegervater verlor sie die ihr Orientierung gebende Autorität sowie die intellektuell-anspruchsvolle Atmosphäre, die das ihrer Persönlichkeit gemäße Umfeld war. Trotz angemessener Versorgung, doch ohne eigenes Vermögen und unfähig, ihre finanziellen Verhältnisse geordnet zu halten, konnte sie den bisherigen Lebensstil nicht fortsetzen. Mutter, Schwester und Kinder in wechselnder Gruppierung um sich, lebte sie in Weimar, Leipzig, Dresden, Jena und auf Reisen (mehrmals, insgesamt fünf Jahre in Italien) von 1842–1866 hauptsächlich jedoch in Wien.

Durch Namen und Geist geadelt, bei aller Unangepaßtheit liebenswert, tolerant, pflegte sie, wo sie sich aufhielt, gesellige Verhältnisse. Ihre Hoffnung, das Lebensglück an der Seite eines Mannes zu finden, zu dem sie sich geistig erheben könnte, blieb ebenso unerfüllt wie die, ihre Kinder in eine ihren Vorstellungen entsprechende standesgemäße Existenz hineinwachsen zu sehen. 1836 verlor sie ihr viertes Kind, die 1835 geborene Tochter Anna Sybille (Vater war vermutlich der Engländer Captain Story).

1844 starb Alma sechzehnjährig an Thypus. Die beiden Söhne zogen sich, unter der Last des großen Namens leidend, aus der Welt zurück, wobei Ottilie trotz häufig geäußerter Selbstvorwürfe den verhängnisvollen Einfluß ihrer dominanten Persönlichkeit auf das Leben ihrer Kinder verkannt haben dürfte. 1870 kehrte sie in das Haus am Frauenplan zurück, wo sie am 26.10.1872 starb. Ihr Grab befindet sich auf dem Historischen Friedhof in Weimar. Ottilie war, wie ihre Briefe, Tagebücher, literarische Arbeiten, Übersetzungen und die Berichte von Zeitgenossen belegen, eine bemerkenswerte Persönlichkeit. Die kontroversen Meinungen über sie lassen vermuten, das ihr Lebensstil, vor allem nach G.s Tod, mit den Normen und Erwartungen kollidierte, die an sie als Trägerin des großen Namens gestellt wurden.   CS

Goethe, Walther Wolfgang von (1818–1885), erstes Kind Augusts und Ottilies von G.s, ältester Enkel G.s, der ihn »mit großväterlicher Affenliebe [...] für das allerliebste Geschöpf von der Welt« hielt (an Mellish, 16.6.1819). Als Dreijähriger bereits fast täglich beim »Apapa«, ab 1822 Spiel- und Lerngefährte des Erbprinzen Carl Alexander (1818-1901) wuchs Walther, umsorgt und verwöhnt, ohne strenge Arbeitsordnung von Privatlehrern unterrichtet, in die weit vom Üblichen entfernte Lebenswelt des berühmten Großvaters hinein. Zart, phantasievoll, musikalisch begabt, besuchte er regelmäßig das Theater, sang mühelos schwierige Melodien nach, komponierte und musizierte. »Walther [...] singend und tanzend in seiner ganzen Possenhaftigkeit« (*Tb*, 15.10.1829). Nach G.s Tod Musikstudium: Leipzig (1836-38), Stettin (1838), Wien 1839. Trotz Talent und Neigung besaß Walther keinen »musikalischen Mut, nur musikalischen Fleiß« (an Ottilie, 24.4.1839). Ständig gedrängt, »musikalisch hervorzutreten«, ohne sich zu standesgemäßer Künstlerexistenz berufen zu fühlen, belastet vom berühmten Namen, sah er bald seine »Leyer zertrümmert« (an Schuchardt, 18.12.1845), gab, nach zur Lebenswende führender Seelenkrise, den Musikerberuf auf. Musikalisches Gesamtwerk: drei Opern (nur *Anselmo Lancia* 1839 zweimal in Weimar aufgeführt), zahlreiche Liederzyklen und Klavierkompositionen (vieles unveröffentlicht), dazu Fragmente, Entwürfe. Lebenszeugnisse sowie umfangreicher literarischer Nachlaß (aus Rücksicht auf Familie und verpflichtenden Namen nur weniges veröffentlicht) belegen Lebensauffassung und Geisteswelt des Goetheenkels: Distanz zur Welt der Privilegierten, Interesse an sozialen Problemen. Zwischen 1849-52 veröffentlichte Beiträge in Zeitschriften zeugen von hoher musikalisch-literarischer Bildung und Feinsinnigkeit. 1848 erschien (anonym) *Fährmann hol über* (drei sozialkritische Erzählungen).

Ende der vierziger Jahre wurde dem ältesten G.-Enkel die Verwaltung des Familienbesitzes und großväterlichen Nachlasses zur Lebensaufgabe. Seit November 1852 wieder in Weimar lebend (zuvor, ab 1839, von häufigen Reisen unterbrochen, Hauptwohnsitz Wien), trug er vor allem die Last der Pflege von Sammlungen, Archiv und Häusern, als des Erbes Wächter, Hüther - Stationsbeamter!« (an Carl Alexander, 16.10.1881). 1849, Herausgabe des von Johann Christian Schuchardt erstellten Katalogs der Kunstsammlungen G.s. Hinzu kam die Aufgabe, Carl Alexander in literarischen und Kunstfragen zu beraten (seit 1853 Kammerherr) sowie eine Vielzahl gesellschaftlicher Verpflichtungen. Der unbesoldete Hofdienst war Walthers Bedürfnis nach Unabhängigkeit angepaßt. Dem Enkel Carl Augusts war der Enkel G.s in erster Linie »ein Freund seltener Art« (an Walther, 27.10.1858). Die Krönung dieser über dreißig Jahre auf Geistes- und Wesensverwandschaft beruhenden Freundschaft, unentbehrlicher Gewinn für beide, war

Walthers Testament (24.9.1883) durch das dem Großherzogtum Häuser und Sammlungen G.s, der Großherzogin Sophie das Familienarchiv zufielen. Grabstätte: Familiengrab, Historischer Friedhof Weimar.   CS

Goethe, Wolfgang Maximilian von (1820-1883), zweiter Sohn August und Ottilies von G., Enkel G.s, verlebte wie seine Geschwister sorglose Kinderjahre unter den Augen des Großvaters, galt, aufgeweckt und anschmiegsam, phantasievoll-träumerisch, als G.s Liebling. »Wölfchen hält sich wie immer ganz nah an dem Großvater, wir frühstücken zusammen, und von da an zieht sich's durch den ganzen Tag« (an Ulrike von Pogwisch, 18.6.1831). Auch Wolfgang wurde zunächst von Privatlehrern unterrichtet, 1835-1839 Besuch des Gymnasiums, 1839-1845 Studium in Bonn, Jena, Heidelberg, Berlin (Jura, Philologie), 1845 Promotion zum Doktor der Rechte. Poetisch begabt, versuchte sich der jüngere Goetheenkel als Dichter: 1842 *Studentenbriefe. Briefe und Lieder eines alten Burschen und eines krassen Fuchses*, 1845 *Der Mensch und die elementarische Natur*, 1851 *Gedichte von Wolfgang von Goethe*.

Enttäuscht über ausbleibenden Erfolg sowie »ein

Goethes Enkel im Juno-Zimmer des Hauses am Frauenplan

innerer geheimer Widerwille gegen alles Veröffentlichen« (an Otto Mejer, 7.4.1861) ließen ihn den Gedanken an eine literarische Existenz aufgeben. Bereits
in jungen Jahren auftretende neuralgische und rheumatische Leiden schränkten sein Leistungsvermögen
ein. Erst 1852–1860 konnte er eine Tätigkeit im diplomatischen Dienst Preußens aufnehmen (Rom und
Dresden). Gebildet, feinsinnig und gesellschaftlich gewandt, bewährte er sich, wurde 1860 Legationsrat.
Erneute Krankheit sowie mit dem Amt verbundene
Abhängigkeit bestimmten ihn, den Dienst zu quittieren. Danach Privatgelehrter, widmete er sich bis zum
Lebensende wissenschaftlichen Studien: Ordnen und
Sammeln von Materialien zur Geschichte italienischer
Bibliotheken bis 1500. Resultate der Studien blieben
weitestgehend unveröffentlicht, lediglich das erste
Heft der *Studien und Forschungen über das Leben
und die Zeit des Cardinals Bessarion. 1395-1472*,
sowie ein Handschriftenverzeichnis eines Paduaer
Klosters von 1462 wurden gedruckt.

Daneben war Wolfgang als Jurist, Historiker und
Philologe tonangebend in Fragen, die das G.sche Familienarchiv betrafen. Er vor allem entschied über
Veröffentlichungen aus G.s Nachlaß sowie deren Herausgeber. Sein Hauptwohnsitz war über Jahrzehnte
Wien, wo er mit seiner Mutter, auf deren Pflege
angewiesen, lebte. Häufig seiner Gesundheit und Studien wegen in Italien, jährlich mehrwöchige Badereisen. Nach Weimar führten ihn Verpflichtungen
(Nachlaß des Großvaters, seit 1851 Kammerherr am
Weimarer Hof). Ab 1870 lebte er mit Mutter und
Bruder wieder in der Mansarde am Frauenplan, die
letzten Lebensjahre (1879-83), von einem Pfleger
betreut, in Leipzig. Die Lebenstragik des zweiten Goetheenkels nennt sein Biograph: »Er war ein großange-
legter Mensch, von umfassender Bildung, von weitem
Gesichtskreis, von eigenen Gedanken, von vornehm-
stem Charakter [...]. Wäre nicht die schmerzende Last
der Krankheit und die glänzende seines Namens auf
ihm gewesen, so würde er [...] ein bedeutender Mann
geworden sein« (Otto Mejer 1889). Wolfgang von G.s
letzte Ruhestätte ist das Familiengrab auf dem Historischen Friedhof in Weimar.   CS

G.-Baum s.**Gingo biloba**

G.-Bilder: Nach dem schwärmerisch-schiefen
G.-Bild, das Bettina von Arnim in ihrem »Denkmal«
Goethes Briefwechsel mit einem Kinde (1835) ent-
wirft und der Verehrung durch die weimarischen
Freunde G.s nach seinem Tode setzte nach und nach
eine Verklärung des Dichters ein, die insgesamt we-

niger sein literarisches Werk als vielmehr die (angebliche) historische Gestalt G.s zum Zentrum hatte.
Nach der Reichsgründung 1871 steht g. gemeinsam
mit Schiller stellvertretend für die überragende nationale Kulturtradition (H. Grimm), er wird als starkes,
ganzheitliches Individuum interpretiert, ein ideologisches Wunschbild des kleingeistigen Bildungsbürgertums, dem selber diese Stärke und Ganzheitlichkeit
fehlten.

G. wird, zu Beginn unseres Jh.s, zur »Idee Goethe«
stilisiert, zum Idealbild menschlicher Existenz, zum
mythischen Urbild des Künstlers und »klassischen
Menschen« (Georg Simmel, Friedrich Gundolf). G. ist
Prophet, Heiliger, Führer der Jugend oder, im Nationalsozialismus, Eroberer neuen Lebensraums für die
deutsche Seele. G.s Person, Leben und Werk werden,
politisch neutral, als organische und durch Metamorphosen sich entwickelnde Einheit gedeutet – wobei alle Krisen und Brüche in Werk und Biographie
unter den Tisch fallen. Diese G.-Bilder werden, zumindest für den Bereich der Wissenschaft, seit den
späteren 1960er Jahren aufgelöst: Leben und Werk
werden differenzierter historisch, soziologisch und
psychologisch erläutert. Daneben lebt der Nippes- und
Disneyland-G. weiter, von dem zwar niemand mehr
etwas gelesen hat, dessen Name aber weiterhin an
zentraler Stelle deutschen kulturellen Selbstbewußtseins genannt wird.   BJ

G.-Bilder des Auslands: »Wer versucht, die Rezeption der Literatur der Goethezeit außerhalb des
deutschen Sprachraums zu charakterisieren, wird gewöhnlich drei Phasen der Entwicklung herausstellen:
eine Periode der Kontaktaufnahme, die vom letzten
Viertel des 18. Jh.s bis etwa zum Sturz Napoleons
reichte; eine Blütezeit, die mit dem Erscheinen von
Madame de Staëls *De l'Allemagne* (1813) einsetzte
und bis zur Mitte des 19. Jh.s anhielt; und schließlich
eine bis in unsere Tage führende Epoche des Vergessens« (Peter Boerner). Wie fruchtbar war der Boden, auf dem die klassische deutsche Literatur im
Ausland gedieh?

Zunächst Frankreich, wo man durch den von Jean-
Jacques Rousseau eingeläuteten Gefühlskult, der sich
kritisch gegen einen spürbaren politischen und wirtschaftlichen Rationalismus wendete, zuerst mit den
Idyllen Salomon ↗Geßners befreundete. Die Übersetzung von G.s *Die Leiden des jungen Werthers*,
u.a. von Napoleon eifrig und wiederholt gelesen,
folgte kurz nach Erscheinen der Erstausgabe die englische Übersetzung. Dort gab der Sensualismus des 18.
Jh.s das Stichwort. Nach Henry Mackenzies *Man of*

Feeling wurden die empfindsamen Dichter Albrecht von ⁊Haller und Christian Fürchtegott ⁊Gellert zu europäischen Leitsternen der neuen deutschen Literatur. Edward Bulwer-Lytton ging so weit, die Deutschen als »a race of thinkers and critics« zu vereinnahmen. Wiederum der *Werther* als Roman der Melancholie machte den Namen G.s auch in England bekannt. In dessen Sog erreichte die deutsche Literatur eine internationale Breitenwirkung, die sie vorher nie gekannt hatte. Den europäischen Literaturen seit der Antike stets epigonal nachhinkend, war aus ihr plötzlich ein Leitbild geworden, Schiller vor allem für Osteuropa, G. für das westliche Ausland.

Beide Autoren wurden nicht als Klassiker, sondern als deutsche Romantiker aufgefaßt, Schiller als national denkender, gelegentlich völkischer Idealist, G. als Kosmopolit, beide deutlich voneinander getrennt und keineswegs als die klassischen Zwillinge, als die sie in Deutschland im Verlauf des 19. Jh.s zur Geltung kamen. Gelegentlich wurde G., insbesondere mit Blick auf den *Faust*, als konfus und schwer verständlich empfunden. Das Goethe-und-Schiller-Denkmal in Weimar, das symbiotisch die Ausstrahlung beider »Klassik-Heroen« ausdrückt, ist in den Augen des Auslands daher also ein wenig unverständlich.

Selbst im damals noch weit entfernten, auf das deutsche Kaiserreich als kulturelles Leitbild orientierten Japan wurde in erster Linie G. übersetzt, zuerst der *Faust* von dem in Deutschland zeitweise stationierten Militärarzt Mori Ogai, dem die Japaner in Tokyo sogar ein Denkmal errichtet haben. Während und nach dem Ende des deutschen Kaiserreichs gewann G. international die Oberhand. Für Maurice Barrés oder André Gide galt G. als Anti-Bismarck-Deutscher und wurde so auch in Italien, in den Vereinigten Staaten gesehen. Paul Claudel, Repräsentant des »renouveau catholique«, störte die deutsche Innerlichkeit G.s. Im europäischen Literaturunterricht des 20. Jh.s wurde G. – nicht Schiller – zum grammatikalischen Paradefall deutscher Dichtung (»Il n'y a pas plus grand poète que Goethe«).

Nach dem Ende des Zweiten Weltkriegs knüpfte das Ausland im Zeichen G.s an die in Mißkredit geratenen geistigen Traditionen Deutschlands wieder an. Im Zeichen seiner »legacy to Western civilisation« fand 1949 in Aspen mitten in den Rocky Mountains eine »Goethe Convocation« statt, an der Intellektuelle wie Ortega y Gasset, Albert Schweitzer, Thornton Wilder, Martin Buber, Ernst Robert Curtius, Stephen Spender und Karl Reinhardt teilgenommen haben. Dennoch ergab eine Umfrage bei englischen Akademikern im Jahr 1964, daß sich der Klassiker G. humorlos und abstrakt lese: »in brief, this literature is heavy-handed«.

Weimarer Klassik als internationales, kulturelles Exportmodell ist aber auch heute, wenngleich nur noch schemenhaft bewußt, als eine weltgeschichtlich einzigartige bürgerlich-feudale Kolonie, in der Macht und Kultur, aufgeklärter Absolutismus und literarisch-künstlerisch geprägte Humanität zu einer kurzzeitig in Europa ausstrahlenden Versöhnung fanden, zu begreifen. Berlin ist ein anderer Fall. Im Unterschied zu den europäischen Metropolen bestünde – angesichts des heutigen Zustands dieser Weltstädte – eine kulturpolitische Chance für das zur Fabel gewordene Weimar der klassischen Periode. BL

G.-Bildnisse: Kein deutscher Dichter wurde in seinem Leben so häufig porträtiert wie G.: Die über 100 Porträts, vor allem Gemälde, Zeichnungen, Kupferstiche, Radierungen, Büsten, Reliefs und Medaillons, zeigen G. als Heroen, Dichter, Denker und Staatsmann. Das erste Bild stellt den Dreizehnjährigen inmitten der Familie dar (Johann Conrad Seekatz, Ölgemälde, 1762); die letzten Zeichnungen von G. auf dem Totenbett fertigte Friedrich Preller an (1832); dazwischen liegt die große Reihe der G.-Bildnisse, die vielfach in fremdem Auftrag (so etwa für Johann Kaspar Lavater, 1774; Herzog Carl August, 1779 oder König Ludwig I. von Bayern, 1828) entstanden sind, nie jedoch auf G.s eigene Initiative. Zu den bekanntesten gehören die Gemälde und Zeichnungen von Johann Daniel Bager (1773), Georg Melchior Kraus (1775, 1776, 1779 und 1795), Johann Heinrich Lips (1779 und 1791), Friedrich August Darbes (1785), Johann Heinrich Tischbein (1786–88, darunter *Goethe in der Campagna*), Ferdinand Jagemann (1806, 1817 und 1818), Gerhard von Kügelgen (1808–10), Heinrich Kolbe (1822 und 1826), Johann Joseph Schmeller (1827 und 1831), Joseph Karl Stieler (1828) und Carl August Schwerdgeburth (1831–32). AR

G.-Biographien. Die Geschichte der biographischen Literatur über G. begann schon zu seinen Lebzeiten und hat bis heute eine unübersehbare Fülle unterschiedlichster Texte hervorgebracht. Da gibt es knapp kommentierte tabellarische Lebensläufe wie Franz Göttings *Chronik von Goethes Leben* (1949), Heinz Nicolais *Zeittafel zu Goethes Leben und Werk* (1964), Peter Börners *Johann Wolfgang von Goethe in Selbstzeugnissen und Bilddokumenten* (1964), Hans-Heinrich Reuters 1979 vorgelegte *Bildbiographie Johann Wolfgang Goethe* und Dorothea Höl-

Der Student, der Stürmer und Dränger, der Campagna-Goethe, der Staatsmann mit Ehrenzeichen, der Weise, der Tote

scher-Lohmeyers Autorenbuch *Johann Wolfgang Goethe* (1991).

Auf der anderen Seite des Spektrums stehen Gesamtdarstellungen von Leben und Werk, *auch* biographisch aufgebaute Monographien, Mythographien und Psychogramme, darüber hinaus biographische Essayistik, biographisch angelehnte Werkdarstellungen und -interpretationen sowie geistes- oder literaturgeschichtlich motivierte, biographisch aufgebaute Monographien. Insgesamt spiegelt die Geschichte der G.-Biographien kultur- und gesellschaftspolitische sowie wissenschaftsgeschichtliche Prozesse und Zuschreibungen an die Literatur in beispielhafter Weise wider, wie kaum ein anderer Gegenstand der Literatur.

Die frühe G.-Biographik, die mit Heinrich Dörings *Göthe's Leben* 1828 begann, konnte noch nicht auf systematisch erarbeitetes Material zur Biographie zurückgreifen, sondern erzählte meist knapp das Leben und faßte ausführlich die Texte und ihre Entstehung zusammen. Erst die Aufforderung Herman Grimms 1875, G. als Gegenstand nationaler Kultur und Identität intensiv zu erforschen, gab den Anstoß, die riesigen Lücken im Material nach und nach zu schließen. Im Fahrwasser der Argumentation Grimms entstand eine große Gruppe von Darstellungen, die G. zusammen mit Schiller als Säulenheilige des gerade gegründeten Deutschen Reiches neben das politische Paar Bismarcks und des Kaisers setzten. Beispielhaft für diese Linie sind Albert Bielschowskys *Goethe. Sein Leben und seine Werke* (1895) und Ludwig Geigers »Volksbuch« *Goethe. Sein Leben und Schaffen. Dem deutschen Volke erzählt* (1909).

Unmittelbar im Anschluß an solche heiligsprechend-verherrlichende Nacherzählung von G.s Leben entstand eine sich von den Quellen wie vom reinen Lebensverlauf ablösende Tradition, die insgesamt mehr auf die ganzheitlichen Aspekte von G.s Person

Goethe monumental: mit Lyra und Loorbeer-
kranz. Davor Psyche, frohlockend. Kartonstich
von C. Funke nach einer Originalzeichnung
Bettina von Arnims

und Werk abzielte. So ordnete Houston Stewart
Chamberlains *Goethe* (1912) das biographische Material auf eine naturhaft-genetische Schöpfervorstellung
hin. Georg Simmel stellte in seinem Band *Goethe*
(1913) die Frage nach dem »geistigen Sinn der Goetheschen Existenz überhaupt« (S. V), die abschließend zum Idealbild ganzheitlich aufgefaßter menschlicher Existenz wurde. G. wird damit zum menschge-
wordenen Gattungsparadigma, dessen historische
Existenz und literarische Präsenz Trost und Erhebung
spendet. Friedrich Gundolfs epochemachendes Buch
Goethe (1916) stellte G. als Identitätsideal des ›klassischen Menschen‹ vor, als das mythische Urbild des
Künstler-Schöpfers. Emil Ludwigs *Goethe. Geschichte*
eines Menschen (1920) setzte in subjektivem, oft

auch psychologisch-einfühlendem Zugriff auf Leben
und Werk G. als ›Vorbild‹, ›Propheten‹ und ›Führer
durch die Welt‹ ein.

Nationalsozialistisch inspirierte oder offen faschisti-
sche G.-Biographien sind Philipp Witkops *Goethe.*
Leben und Werden (1931), Kurt Hildebrandts *Goe-*
the. Seine Weltweisheit im Gesamtwerk (1941) und
v. a. Lily Hohensteins *Goethe. Wuchs und Schöpfung*
(1942). – Scharf von dieser politischen Indienst-
nahme G.s wendete sich die Biographik der Nachkriegszeit ab: Günther Müllers *Kleine Goethebiogra-*
phie (1947) deutete das Leben im Sinne einer organischen Entwicklung, Heinrich Meyers *Goethe. Das Le-*
ben im Werk (1949) hatte nicht das Biographische,
sondern ein besseres G.-Verständnis zum Ziel. Emil
Staigers dreibändige Gesamtdarstellung *Goethe*
(1952/56/59) überschritt in ihren ausgreifenden und
oft treffenden Textdeutungen die Grenzen des Biographischen in hohem Maße.

Eine eigentliche Wende in der Geschichte der
G.-Biographien trat erst mit den 60er Jahren ein:
Richard Friedenthals *Goethe. Sein Leben und seine*
Zeit (1963) meldete erstmals Einsprüche an gegen die
Fortsetzung traditioneller G.-Forschung im Nach-
kriegsdeutschland, K. R. Eisslers *Goethe. A Psycho-*
analytic Study (1963) versuchte, sich der Person
und dem Werk G.s mit psychoanalytischer Methode zu
nähern. Hans Mayers biographische Essays *Goethe.*
Ein Versuch über den Erfolg (1973) deuteten G. eher
von der Seite des Mißerfolgs aus; Hans-Jürgen Geerdts
korrigierte in seinem Band *Johann Wolfgang Goethe*
(Leipzig 1972) das bürgerliche G.-Bild, um ihn für die
sozialistische Tradition nutzbar zu machen.

Nach der Studentenbewegung, die zu einer weitge-
henden Entfernung von den Klassikern geführt hatte,
markierte Karl-Otto Conradys zweibändiger *Goethe.*
Leben und Werk (1982/85) den Eintritt in die kritische Wiederaneignung G.s. Er kombiniert eine ausführliche, sachlich berichtete Lebensschilderung mit
knappen wie aussagekräftigen Textinterpretationen.
Ähnlich epochemachend ist der erste Band von Nicholas Boyles *Goethe – The Poet and the Age* vor (dt.
Goethe. Der Dichter in seiner Zeit, 1995).   BJ

G.-Denkmäler. Begeistert war G. nie von Denkmälern, »die an den Grund und Boden gefesselt, vom
Wetter, vom Mutwillen, vom neuen Besitzer zerstört
und, so lange sie stehen, durch das An- und Ein-
kritzeln der Namen geschändet werden« (*Denk-*
male); viel lieber sah er als »das schönste Denkmal
des Menschen eigenes Bildnis« (*Die Wahlverwandt-*
schaften, II, 1). Das änderte freilich nichts daran, daß

schon in den 1780er Jahren bewegliche G.-Büsten aufgestellt wurden, die ihm jedenfalls mehr gefielen als feststehende Denkmäler. Noch zu G.s Lebzeiten sollten zuerst Johann Heinrich Dannecker, dann Christian Daniel Rauch ein Denkmal für den Dichterfürsten in Frankfurt am Main schaffen; doch vollendet hat es erst Ludwig Schwanthaler 1844: Es gehört neben dem G.-Schiller-Denkmal in Weimar zu den bekanntesten.

Die Zahl der G.-Denkmäler in aller Welt, zu der vor allem das 19. Jh. beigetragen hat, ist nahezu unüberschaubar, hauptsächlich wurden sie an den Stätten seines Wirkens errichtet, aber auch außerhalb, so in Nordamerika. Bedeutende Monumente befinden sich in München (Max von Windmann, 1869), Berlin (Fritz Schaper, 1880), Karlsbad (Adolf von Donndorf, 1883), Leipzig (Carl Seffner, 1903), Darmstadt (Ludwig Habich und Adolf Zeller, 1903), Straßburg (Ernst Waegener, 1904) und Rom (Gustav Eberlein, 1904). Auch in Wien wurde im Jahre 1900 ein G.-Denkmal (Edmund Hellmer) errichtet, über das sich Karl Kraus ärgerte: Schon wieder ein neues Verkehrshindernis!

AR

G.-Eiche, auf dem Ettersberg zu besichtigender Baumstumpf, der daran erinnert, daß Weimar und Buchenwald zwei Momente ein und derselben deutschen Geschichte sind. Eckermanns berühmtem Bericht zufolge wurde bei einem mit G. unternommenen Ausflug nach dem unweit von Weimar gelegenen Ettersberg in der Nähe einiger Eichen gerastet (26.9.1827). Diese Eichen wurden im Zuge der Errichtung des Konzentrationslagers Buchenwald 1937 gerodet; nur ein Baum blieb weiterhin unter Naturschutz und stand dann zwischen Lagerküche und -wäscherei. Bei einem amerikanischen Bombenangriff am 24.8.1944, der den anliegenden SS-Kasernen und Rüstungswerken galt, wurde die Eiche beschädigt, daraufhin gefällt und zu Brennholz gemacht. Sich an den Gipsabgüssen von Gesichtern verstorbener Lagerinsassen orientierend, schnitzte der inhaftierte Künstler Bruno Apitz aus einem der Holzstücke eine Totenmaske, die er *Das letzte Gesicht* nannte. Sie konnte aus dem Lager geschmuggelt werden und wurde später dem Berliner Museum für Deutsche Geschichte übereignet.

DF

G.- Forschung: Ihre Geschichte ist nicht zu trennen von der Editions-, Rezeptions- und Wirkungsgeschichte, die schon zu Lebzeiten G.s einsetzte und mit Georg Gottfried Gervinus' kanonisierender *Geschichte der Deutschen Dichtung* (1835 ff.) früh und nach-

haltig geprägt wurde. So blieben das Unverständnis, ja die Ablehnung der außerdichterischen Tätigkeiten und des Alterswerkes bis Anfang des 20. Jh.s verbreitet. In der Nachfolge von Gervinus herrschte weitgehend eine einfühlende, nachempfindende autorzentrierte Betrachtungsweise vor, die nach der Reichsgründung 1871 von einer monumentalen Philologisierung G.s abgelöst wurde: G.-Kommentare von Heinrich Viehoff und Heinrich Düntzer; die kommentierte *Hempelsche Ausgabe* (23 Bde., 1868–79); G.-Archiv in Weimar (gegr. 1885); G.-Jahrbuch (1880 ff.); G.-Gesellschaft (gegr. 1885); *Weimarer Ausgabe* (143 Bde., 1887–1919); *Jubiläumsausgabe* mit Kommentar (42 Bde., 1902–12); Sammlungen über den jungen G. (1875), zu G.s Gesprächen (1889 ff., 1909 ff.) und zu seinen Äußerungen über seine Dichtungen (1901 ff.).

Die Gründerzeit war geprägt vom Positivisten Wilhelm Scherer und seiner Schule (Erich Schmidt, August Sauer, Richard M. Meyer, Konrad Burdach) und von ausgezeichneten Gesamtdarstellungen zu Leben und Werk G.s von Herman Grimm (1875), R. M. Meyer (1895) und Albert Bielschowsky (1896/1904). Die nachfolgenden G.-Monographien konnten angesichts solcher Vorarbeiten auf biographische Faktenaufzählung verzichten und unternahmen Wesensdarstellungen unter verschiedenen Vorzeichen: Kantianismus bei Huston Stewart Chamberlain (1912), Lebensphilosophie bei Georg Simmel (1913), heroisch-ästhetisierende Gesichtspunkte des George-Kreises bei Friedrich Gundolf (1916). Für Generationen bestimmend wurde die geistesgeschichtliche Epochendarstellung von Hermann August Korffs *Geist der Goethezeit* (4 Bde., 1923–52).

Erst in den 1920er Jahren begann eine ernstere Auseinandersetzung mit G.s Spätwerk und angesichts der Umwälzungen der modernen Physik auch eine Neuentdeckung und Rezeption G.s als Naturwissenschaftler.

Die völkische Literaturwissenschaft des »Dritten Reichs« konzentrierte sich in ihrer G.-Rezeption auf das faustische Lebensgefühl und auf Nationalismus und Irrationalismen in Mensch und Natur. Ein Gegengewicht dazu versuchte Wilhelm Emrich mit seinem wissenschaftlichen und methodischen Neuansatz in *Die Symbolik von Faust II* (1943).

Die Nachkriegsforschung wandte sich mit verschiedenen Editionen wieder den handschriftlichen und archivalischen Grundlagen zu: *Schriften zur Naturwissenschaft* (sog. Leopoldina-Ausgabe, 1947 ff.); *Amtliche Schriften* (1950–70); *Goethe-Wörterbuch* (1946 ff.); *Corpus der Goethe-Zeichnungen* (10

Bde., 1958-75); *Goethes Gespräche* (6 Bde., 1965-87); die histor.-krit. *Akademie-Ausgabe* (1950 ff., abgebrochen); die bis heute weitestverbreitete *Hamburger Ausgabe* der Werke (Auswahl, 14 Bde., 1948-60) und der Briefe (von G., 4 Bde., 1962-67; an G., 2 Bde., 1965-69); *Artemis-Gedenkausgabe* der Werke, Briefe und Gespräche (24 Bde., 1948-60); *Berliner Ausgabe* der poetischen und kunsttheoretischen Werke und der Übersetzungen (22 Bde., 1960-78).

1952-59 legte Emil Staiger seine einflußreiche, weitgehend werkimmanent angelegte Gesamtdeutung *Goethe* vor. Einen Skandal innerhalb der etablierten G.-Forschung löste Richard Friedenthal aus mit seiner in der Öffentlichkeit sehr erfolgreichen Biographie *Goethe. Sein Leben und seine Zeit* (1963). Hier wurde zum ersten Mal überhaupt der ganze überdrehte G.-Kult systematisch gegen den Strich gebürstet und G. wieder als Mensch mit seinen Stärken und Schwächen differenziert und geistreich dargestellt. Einen anderen revolutionären Zugang eröffnete Kurt Robert Eisslers monumentaler *Goethe. Eine psychoanalytische Studie,* 1962 in englischer Sprache erschienen und erst 1982/85 in deutscher Sprache verlegt. Entsprechend verzögert setzt nun auch die psychoanalytische Interpretation G.s ein. Zwei vielbeachtete neuere differenzierte Biographien sind Carl Otto Conradys zweibändige kritische Gesamtdarstellung (1980-85) und die vom englischen Germanisten Richard Boyle vorgelegten Bände *Goethe. Der Dichter in seiner Zeit* (1991, dt. 1995 ff.).

Durch zwei seit 1985 erschienene kommentierte G.-Ausgaben wird die G.-Forschung neue Impulse erhalten: Die Münchner Ausgabe des Hanser Verlags und die Frankfurter Ausgabe des Deutschen Klassiker Verlags. Beide Ausgaben (die Frankfurter noch ausführlicher als die Münchner) legen zum ersten Mal nach der Hamburger Ausgabe hervorragende neue Kommentierungen und Dokumente vor, die z. T. nicht nur den aktuellen Forschungsstand wiedergeben, sondern selbst neue Forschungsergebnisse darstellen, so etwa der Faust-Kommentar von Albrecht Schöne in der Frankfurter Ausgabe. Die Münchner Ausgabe *Sämtliche Werke nach Epochen seines Schaffens* (20 in 25 Bdn.) ist in Gedichten, Werken, theoretischen, autobiographischen, naturwissenschaftlichen und amtlichen Schriften konsequent chronologisch angeordnet und gibt auch die verschiedenen zeitlich auseinanderliegenden Fassungen desselben Textes. Die Frankfurter Ausgabe *Sämtliche Werke. Briefe, Tagebücher und Gespräche* (40 Bde.) hat v. a. einen hohen Anspruch auf Texttreue und Voll-

ständigkeit. In ihrer ersten Abteilung bringt sie alle poetischen, autobiographischen, ästhetischen, naturwissenschaftlichen und amtlichen Schriften. Die zweite Abteilung mit den Briefen, Tagebüchern und Gesprächen ist in sich chronologisch geordnet.

Beide Ausgaben unterlagen angesichts der zahlreichen schon vorliegenden zuverlässigen G.-Ausgaben dem Legitimationszwang, nicht nur einen neuen Kommentar, sondern grundsätzlich Neues zu bringen, nämlich die Ordnung nach Schaffensepochen (Münchner Ausgabe) oder die Aneinanderreihung von biographischen Dokumenten (Frankfurter Ausgabe). Die Münchner Ausgabe bekämpft die neue Unübersichtlichkeit mit unentbehrlichen zusammenschauenden Einführungen zu jedem Band.

Irritierend ist allerdings, daß auch Briefwechsel (mit Schiller und mit Zelter) als »Werke« ediert werden. Und es ist bezeichnend für das immer noch anhaltende Mißverständnis von Eckermanns Werk, daß sein Buch in G.s Werken vorkommt und da und dort in der Münchner Ausgabe sogar mit dem nicht existenten Titel *Gespräche mit Eckermann* benannt wird. Noch folgenreicher für die G.-Forschung dürfte die Konzeption der biographisch orientierten, zweiten Abteilung der Frankfurter Ausgabe sein, wo die unterschiedlichsten Textsorten, literarischen Realitätsebenen und Argumentationszusammenhänge zu einem vermeintlichen »unmittelbaren und konsequenten Mit- und Nebeneinander« arrangiert werden: Tagebücher und Briefe G.s, Tagebücher Dritter, Zeugnisse Dritter über Aussagen G.s sowie Briefe Dritter an und über G. werden hier unterschiedslos als (auto)biographische Dokumente präsentiert.

Eine Übersicht über zweihundert Jahre Rezeptions- und Wirkungsgeschichte geben Karl Robert Mandelkows *Goethe im Urteil seiner Kritiker* (4 Bde., 1975-84) und *Goethe in Deutschland* (2 Bde., 1980/89). Die Bilanz der ganzen G.-Forschung zieht das von Bernd Witte u. a. herausgegebene *Goethe-Handbuch* im Metzler Verlag (4 in 5 Bänden, 1996-98). Das erste *Goethe-Handbuch* hatte Julius Zeitler in diesem Verlag 1916-18 als alphabetisch gegliedertes, positivistisches Nachschlagewerk herausgegeben. In den fünfziger Jahren wurde von Alfred Zastrau eine konzeptionell an dem Vorgängerwerk orientierte Neuauflage in Angriff genommen, die aber über einen ersten Band (Artikel: Aachen-Farbenlehre, 1961) und den vorab erschienenen vierten Band mit Karten zu G.s Reisen (1956) nicht hinauskam. Die vollständige Neubearbeitung des *Goethe-Handbuchs* von 1996-98 rückt mit vier Bänden die Kommentierung, Analyse und Kritik von G.s Texten in den Vordergrund (Gedichte, Dramen, Prosaschriften). Der lexikalische Teil (Personen, Orte, Sachen, Begriffe) ist in einem Band (in zwei Teilbänden) enthalten. DH

G.-Gesellschaft in Weimar: Die Gründung der G.-Gesellschaft am 20./21.6.1885 in Weimar ist eine direkte Folge der Testamentseröffnung nach dem Tod des letzten G.-Enkels Walther Wolfgang von Goethe am 15.4.1885, wodurch das G.-Haus am Frauenplan mit seinen Sammlungen in den Besitz des Großherzogtums Sachsen-Weimar und der handschriftliche Nachlaß G.s in die Obhut der Großherzogin Sophie übergingen. Diese testamentarischen Verfügungen führten nach 1885 zur Gründung des G.-Nationalmuseums und des G.-Archivs (seit 1889 G.- und Schiller-Archiv). Die Anregung zur Gründung der G.-Gesellschaft war von der Großherzogin Sophie ausgegangen, Großherzog Carl Alexander förderte als angesehener Protektor die ersten Schritte der neuen Gesellschaft. Die G.-Gesellschaft wirkte als literarische Gesellschaft, in der sich sowohl G.-Forscher und -Editoren als auch Juristen, Mediziner, Pädagogen, Literaten und andere an G. Interessierte aus den verschiedenen Schichten des Bürgertums zusammenfanden, für die Erforschung und Verbreitung des G.schen Lebenswerks und die Unterstützung der Weimarer G.-Stätten.

Bereits im Oktober 1885 zählte sie 1 100 Mitglieder aus dem Deutschen Reich, aber bald auch aus vielen anderen Ländern der Welt. Durch die Generalversammlungen in Weimar, die Herausgabe eines Jahrbuchs und einer Schriftenreihe wurde die Entwicklung der sich nach 1885 breit entfaltenden G.-Forschung gefördert und mitbestimmt. Besondere Unterstützung fand die intensive philologische Arbeit, die zu vielen Quellenpublikationen aus dem G.-Archiv im »G.-Jahrbuch« und zur Herausgabe der 1887/1919 in 143 Bänden erschienenen Gesamtausgabe der Werke, Briefe und Tagebücher G.s (Sophienausgabe, ↗Werkausgaben) führte. Die Festvorträge und wissenschaftlichen Diskussionen auf den General-(später Haupt-)versammlungen widmeten sich vorrangig dem literarischen Werk G.s und seinen Lebensbeziehungen, reflektierten aber auch in unterschiedlicher Weise politische und gesellschaftliche Strömungen im Kaiserreich, der Weimarer Republik und im nationalsozialistischen »Dritten Reich«. Dem Vorstand gelang es jedoch zumeist, vordergründigen tagespolitischen Vereinnahmungen der G.-Gesellschaft zu entgehen.

Die Weiterführung der Gesellschaft nach 1945 war angesichts des Kalten Kriegs und der Spaltung Deutschlands mit erheblichen Problemen und Risiken

verbunden. Die Arbeit der Geschäftsstelle in Weimar wurde zwar im Frühjahr 1946 von der Sowjetischen Militäradministration genehmigt, auch das Jahrbuch erschien ab 1947 wieder, jedoch erst 1954 konnte erneut eine Hauptversammlung in Weimar durchgeführt werden. Die Spaltung der G.-Gesellschaft konnte durch die Anfang der siebziger Jahre pronnonciert verstärkte Internationalität in der Zusammensetzung des Vorstands und der Referenten auf den Hauptversammlungen verhindert werden. Die auf der Hauptversammlung 1991 erneuerte Satzung betont erneut die Internationalität der Wirksamkeit der G.-Gesellschaft und ihre Aufgaben bei der Förderung der Weimarer G.-Stätten. Mit ihren gegenwärtig rund 5000 Mitgliedern in Deutschland und in weiteren 35 Staaten zählt die G.-Gesellschaft zu den angesehensten literarischen Vereinigungen der Welt. SS

G.-Handbuch: Seit 1910 durch den ideenreichen und rührigen Leipziger Kunsthistoriker Julius Zeitler (1874–1943) vorbereitet, erschien die erste Auflage des *Goethe-Handbuchs* in drei stattlichen Bänden in den Jahren 1916, 1917 und 1918 im Verlag J.B. Metzler. Es umfaßte auf 2000 Druckseiten etwa 2500 Stichwörter, an denen 60 Mitarbeiter unter den widrigen Bedingungen des Ersten Weltkriegs geschrieben haben.

Den Anlauf zu einer zweiten, völlig neu gestalteten Auflage nahm der Verlag J.B.Metzler nach dem Ende des Zweiten Weltkriegs mit dem Herausgeber Alfred Zastrau, Honorarprofessor in Berlin. Zastrau versprach einen raschen Abschluß des auf etwa 10 000 Stichwörter geplanten Werks, das auf vier Bände berechnet war. Zunächst erschien der Kartenband (1956). Der Abschluß des ersten Bandes, vom Stichwort »Aachen« bis »Farbenlehre« reichend, ließ bis 1959 auf sich warten. 1964 schieden Verlag und Herausgeber im Streit.

In der Folge ließ der Verlag J.B. Metzler nichts unversucht, um das *Goethe-Handbuch* auf neue wissenschaftliche und organisatorische Beine zu stellen. Dennoch gelang es erst 1988, ein neues Konzept zu verwirklichen. Mit tatkräftiger Hilfe der Stiftung Weimarer Klassik und der Thyssen-Stiftung konnten die Herausgeber Bernd Witte (geschäftsführend), Theo Buck, Hans-Dietrich Dahnke, Regine Otto und Peter Schmidt bzw. nach dessen Tod Gernot Böhme mit annähernd 250 Autorinnen und Autoren aus 25 Ländern den umfassenden Versuch einer wissenschaftlichen Beschreibung von G.s Leben und Werk unternehmen. Das Werk ist in verhältnismäßig kurzer Zeit in vier Bänden (Gedichte; Dramen; Prosaschriften;

Personen, Sachen, Begriffe in zwei Teilbänden) und einem Register- und Materialienband in den Jahren 1996 bis 1998 erschienen. Programmatisch haben die Herausgeber geschrieben: »Das Goethe-Handbuch ist einem universalen Dichter, Gelehrten und Staatsmann gewidmet. An der Wegscheide der europäischen Kulturentwicklung begriff sich Goethe als Erbe der Antike und Vollender der Aufklärung, ohne den Fortschrittsoptimismus des aufbrechenden 19. Jahrhunderts vorbehaltlos zu teilen. Von seinem Werk können auch heute – an einem neuen Wendepunkt der europäischen Geschichte – wegweisende Impulse ausgehen«.

BL

Goethes Haus am Frauenplan

G.-Haus am Frauenplan: 1709 erbaut als barockes Bürgerhaus. G. bezog es 1782 zunächst als Mieter und bewohnte es mit einigen Unterbrechungen bis zu seinem Tod 1832. Herzog Carl August schenkte ihm 1794 das Haus. Es wurde zur Stätte des Wirkens des Staatsmanns, Dichters und Wissenschaftlers und ·seiner Begegnung mit vielen bedeutenden Zeitgenossen. Zugleich nahm das Haus die wachsenden Sammlungen G.s auf, die bei seinem Tod über 26 000 Kunstgegenstände aller Art, darunter mehr als 2000 Handzeichnungen G.s, über über 18 000 Steine und Mineralien, fast 5000 naturwissenschaftliche Stücke und eine Bibliothek von mehr als 6500 Bänden umfaßten. 1886 wurde das Haus der Öffentlichkeit zugänglich, nachdem es im Testament des letzten G.-Enkels dem Sachsen-Weimarischen Staat vermacht worden war und das Kernstück des 1885 gegründeten G.-Nationalmuseums bildete. Das Haus, 1945 stark beschädigt und 1949 wieder eröffnet, hat das originale Aussehen wie zu Lebzeiten G.s nahezu bewahrt. Es wird jährlich von mehreren hunderttausend Gästen aus aller Welt besucht.

SS

G.-Institut: Es hat die Rechtsform eines eingetragenen Vereins und ist als nichtstaatliche Einrichtung damit beauftragt, im Rahmen der auswärtigen Kulturpolitik selbständig kulturpolitische Aufgaben zu erfüllen. Diese Aufgaben bestehen in der Verbreitung der Kenntnis der deutschen Sprache und in der Durchführung von Kulturprogrammen, die in aller Breite die ästhetisch-künstlerische und die gesellschaftlich-politische Kultur der Bundesrepublik vermitteln sollen. Daher lautet die vollständige Bezeichnung: »Goethe-Institut zur Pflege der deutschen Sprache im Ausland und zur Förderung der internationalen kulturellen Zusammenarbeit e. V.«

Die Bundesrepublik Deutschland ist korporatives Mitglied und gewährt über das Auswärtige Amt einen jährlichen Zuschuß. Darüber hinaus tragen Sponsorengelder und erhebliche Beträge aus Eigenleistungen des Instituts (1996: DM 60 Millionen) zur Finanzierung bei. Das Institut unterhält 18 Häuser im Inland und 141 Häuser in 76 Ländern des Auslands. Ob der Umfang dieser auswärtigen Kulturarbeit allerdings auch in Zukunft aufrecht erhalten werden kann, mag man bezweifeln: Seit 1993 sind die öffentlichen Mittel zur Finanzierung des G.-Instituts von DM 74 Millionen 1993 auf DM 58 Millionen 1997 gekürzt worden.

Das G.-Institut geht auf die 1925 in München gegründete »Deutsche Akademie« zurück, aus deren »Praktischer Abteilung« mit den Aufgaben der Pflege der deutschen Sprache und der Vermittlung deutscher Kultur im Ausland 1932 das erste G.-Institut gegründet wurde, das sich in erster Linie mit der Fortbildung ausländischer Germanisten in Deutschland befaßte. Die Deutsche Akademie insgesamt wurde 1945 durch die Alliierten verboten. 1952 erfolgte die Neugründung des G.-Instituts mit bescheidenen Anfängen in Bad Reichenhall, Rothenburg ob der Tauber und Murnau. Unter dem Druck der auswärtigen Kulturpolitik der DDR wurde die Kulturarbeit während der sechziger Jahre erheblich intensiviert. Seit Beginn der neunziger Jahre ist ein neuer Gründungsschub vor allem in den ehemaligen sozialistischen Ländern zu verzeichnen. Es kommt hinzu, daß Bedeutung und Kenntnis der deutschen Kultur im Ausland ständig schwinden und einer globalen Amerikanisierung weichen.

Das Institut verleiht die G.-Medaille für besondere wissenschaftliche, literarische, didaktische oder organisatorische Leistungen, die der Vermittlung deutscher Kultur und der Kultur der Partnerländer zugute kommen. Sie ist ein offizieller Orden des Bundesrepublik Deutschland.

Warum heißt das G.-Institut, wie es heißt, warum nicht Schiller- oder Herder-Institut (↗ G.-Bilder des

Goethe und Schiller als Disney-Enten: Kunst oder Kitsch? Entwurf der Künstlergruppe InterDuck

Auslands)? Dazu wird erklärt: »Das Goethe-Institut ist dem Werk des Klassikers Johann Wolfgang von Goethe nicht in einem engen Sinn verpflichtet [...], und Veranstaltungen über Goethe sind auch kein Schwerpunkt der kulturellen Programmarbeit im Ausland. Wohl aber weiß sich das Institut in seiner Spracharbeit wie in seiner kulturellen Programmarbeit dem ideellen Vermächtnis des großen Dichters, Naturforschers und Politikers, dem Dichter des *West-östlichen Divan* und Theoretiker der Weltliteratur insofern verbunden, als Idee und Ideal des internationalen kulturellen Austauschs zur Zeit Goethes und im Kontext des Weimarer Kreises entstanden und durch unseren Namenspatron selbst sowie durch viele seiner Freunde und Zeitgenossen besonders glänzend verkörpert worden sind«. BL

G.-Jahrbuch: Erscheint seit 1880 jährlich unter der Herausgeberschaft des jeweiligen Präsidenten der ↗G.-Gesellschaft und versammelt die wichtigsten wissenschaftlichen Vorträge ihrer Jahrestagung in Weimar. Wird vornehmlich unter deren Mitgliedern verbreitet. BL

G.-Jubiläen: Kosmopolitisch, individualistisch und wenig gegenwartsnah eingestellt, war mit G. im Zug der nationalstaatlichen Orientierung der Kulturpolitik in Deutschland über lange Zeit kein Staat zu machen. So nicht 1849, nach dem Scheitern der deutschen Revolution, auch nicht, als in Berlin zur Gründung einer G.-Stiftung aufgerufen wurde, und auch nicht, als Franz Liszt in Weimar eine *Fondation Goethe à Weimar* ins Leben rufen wollte. Daran änderte auch der 50. Todestag 1882 nichts. Erst der 150. Geburtstag 1899 – G.s Enkel Walther hatte der Großherzogin Sophie von Sachsen-Weimar-Eisenach den gesamten Nachlaß vermacht, das G.-Schiller-Archiv war gegründet und die sog. Sophien-Ausgabe von G.s Werken in 143 Bänden auf dem Weg – sorgte dafür, daß zahlreichen Festveranstaltungen G. zum geistigen Führer der Nation, die auf dem Weg in den Ersten Weltkrieg war, erklärt wurde. G.-Gesellschaft und die zahlreichen regionale G.-Vereine nährten die Volksphantasie vom Alles überragenden dichterischen Genie, vom genialen Gelehrten und vom überzeitlichen menschlichen Vorbild.

Zum 100. Todestag 1932 äußerte sich die öffentliche Meinung prinzipiell nicht anders, wenngleich angesichts des unüberhörbaren Grundtons von »Deutschland, erwache!« der kosmopolitische, weltbürgerliche Weitblick G.s nur noch eingeschüchtert beschworen werden konnte. Angesichts der deutschen Teilung waren die G.-Feiern von 1949 in Frankfurt am Main und in Weimar von vagen Beschwörungen der Zukunft beherrscht, mit einem deutlich auf die nationale und kulturelle Identität Deutschlands gerichteten Blick zurück. Erich Kästner ließ damals seinen Befürchtungen freien Lauf: »Es dürfte ziemlich schrecklich werden. Keiner wird sich lumpen lassen wollen, kein Redakteur, kein Philologe, kein Pastor, kein Philosoph, kein Dichter, kein Rektor, kein Bürgermeister und kein Parteiredner. Seine Permanenz, der Geheimrat Goethe! In Göttingen verfilmen sie den Faust. In München verfilmen sie den Werther. Von allen Kalenderblättern dringt seine Weisheit auf uns ein. Kaufen Sie die herrlichen Goethe-Goldorangen! Skifahrer benutzen die unverwüstlichen Berlichingen-Fausthandschuhe! Davids Goethe-Büste für den gebildeten Haushalt! Der Goethebüstenhalter, Marke Frau von Stein, in jedem Fachgeschäft erhältlich! O Mädchen, mein Mädchen, die Schallplatte des Jahres! Goethe-Tropfen erhalten Sie bis ins hohe Alter jung und elastisch!« BL

G.-Kanon: Unausgesprochene, doch imperative Reihe von Werken G.s, die zum Unterricht in Gymnasium und Hochschule bzw. zum Grundstock bildungsbürgerlichen Selbstverständnisses gehörten. Es war Bestandteil solcher gesellschaftlicher »musts«, daß sich die Kenntnis durchaus bloß auf die Titel und nicht auf die Inhalte der Werke beziehen konnte. Neben gewissen Gedichten, die meist noch auswendig gelernt wurden (*Zauberlehrling, An den Mond, Wandrers Nachtlied, Urworte. Orphisch* etc.), gehörten sicher *Werther, Iphigenie* und der erste Teil des *Faust,* vielleicht auch *Wilhelm Meister* und Eckermanns *Gespräche* zum G.-Kanon (↗Deutschunterricht).   DH

G.-Kitsch: Er macht bekanntlich vor nichts halt, verniedlicht, beschönigt, vergrößert, verkleinert, verfremdet, ist auf das Begreifbare des Unbegreiflichen, des Genialen, des Erfolgreichen aus, ein mächtiger psychodynamischer Faktor des alltäglichen Erlebens und lebensnotwendigen Bewältigens menschlicher Größe, der vor G., wie vor vielen anderen Giganten der Weltgeschichte, nicht Halt gemacht hat und macht: G.-Wein, G.-Cognac, G.-Gartenhaus als Ausschneidebogen, G.-Trinkglas aus Karlsbad, G. als niedlicher Gipskopf, Glaskopf, Marmorkopf mit nivellierten, dem jeweiligen Material angepaßten Gesichtszügen, als Lackbild, Poster oder Postkarte, Stickerei oder Scherenschnitt, Linoldruck, als Fußmatte; G.s sämtliche Werke als Räucherwurstensemble, sorgsam Band für Band etikettiert, ein witziger, leicht polemischer Anblick gewiß, wie man ihn in Frankreich von Denis Diderots *Oeuvres complètes* kennt, das fehlte noch, in einer der zahlreichen Weimarer Metzgereien am Haken.   BL

G.-Kult: Schon zu Lebzeiten genoß G. fast grenzenlose Verehrung (Frühromantiker), die wiederum Opposition hervorrief (religiöse und burschenschaftlich-nationale Kreise; ↗Gegnerschaften). Seit seinem Tod wurde und wird G. zusammen mit Schiller als Heilsbringer nationalkulturellen Selbstbewußtseins stilisiert und als Repräsentant des Volkes der »Dichter und Denker« usurpiert. Mit der Reichsgründung 1871 entwickelte sich im breiten Bürgertum ein z.T. bis heute anhaltender G.-Kult, der, von Biographie- und Textkenntnis weitgehend unbelastet, den Dichter und sein Werk in die Höhen des Olymps hob. An den Universitäten wurde eine mit ihren positivistischen Resultaten durchaus wertvolle »Goethephilologie als Lebensform« betrieben (K.R. Mandelkow).

Der G.-Kult wurde unbeschadet durch Weimarer Republik, »Drittes Reich«, BRD und DDR hindurchgetragen, ein Mißbrauch unter wechselnden Vorzei-

chen. Höhepunkte der Verehrung sind Herrmann August Korffs *Geist der Goethezeit,* Emil Staigers *Goethe* (1952/56/59) sowie die Feierlichkeiten zu des Dichters 200. und 250. Geburtstag (1949/1999). Eine moderne Zäsur bildete Richard Friedenthals entmythifizierender *Goethe. Sein Leben und seine Zeit* (1963), welcher eine gewisse Neuorientierung des literarischen Kanons nach 1968 schon vorwegnahm. Ebenso antikultisch sind die differenzierten und faktenreichen Darstellungen von Karl Robert Mandelkow, *Goethe in Deutschland* (1980/89) und Carl Otto Conrady, *Goethe. Leben und Werk* (1982/85).   DH

G.-Meyer s. **Meyer,** Johann Heinrich

G.-Museen: Drei Wohnhäuser G.s sind als öffentliche Gedenkstätten eingerichtet worden: das G.-Haus Frankfurt, das G.-Haus Weimar und das Gartenhaus G.s am Stern in Weimar. Diese Häuser sind weitgehend in den historischen Wohnzustand versetzt: Ausstattung der Häuser selber (Wände, Böden, Fenster, Türen, Treppen usw.), Mobiliar, Boden- und Wandschmuck, Sammelgegenstände, Bibliotheks- und Arbeitsräume. Dem Frankfurter und dem Weimarer G.-Haus sind Museen als Nebenhäuser angegliedert, in denen Lebenszeugnisse G.s und seiner Zeitgenossen sowie Dokumente der Wirkungsgeschichte als Dauerausstellungen gezeigt werden. Das 1956 gegründete G.-Museum der Stadt Düsseldorf im ehemaligen Hofgärtnerhaus/Schloß Jägerhof war keine Wohnstätte G.s. Wohl mag er die Baulichkeit gekannt haben, denn er war in unmittelbarer Nähe, in ↗Pempelfort, bei den Jacobis zweimal zu Gast gewesen. Das Düsseldorfer Museum eröffnet den reichen Bestand an Goetheana, den der Buchhändler und langjährige Verleger des Insel-Verlags Anton Kippenberg (1874-1950) in fünfzigjähriger Sammlertätigkeit zusammengetragen hat. Kleine Gedenkstätten befinden sich in Sesenheim und neuerdings auch in Rom in Tischbeins ehemaligen Wohnhaus, wo G. während seines römischen Aufenthalts gewohnt hat (Casa di Goethe, 18 Via del Corso).   BL

G.-Nationalmuseum: 1885 gegründet, nachdem das G.-Haus am Frauenplan mit seinen Sammlungen durch das Testament des letzten G.-Enkels, Walther Wolfgang von G., in den Besitz des Sachsen-Weimarischen Staats übergegangen war. Nach der Gründung der Nationalen Forschungs- und Gedenkstätten der klassischen deutschen Literatur in Weimar 1953 entwickelte sich das G.-Nationalmuseum zu einer Direktion dieser Institution, deren Kern neben dem G.-Haus das G.-Museum am Frauenplan bildet. Zu dieser Direktion gehören weiterhin über 20 Museen und Gedenkstätten der deutschen Klassik in Weimar und in Thüringen, wie G.s Gartenhaus, das Schillerhaus und -museum, das Wittumspalais, Schloß Tiefurt, die Dornburger Schlösser, die G.-Gedenkstätte Schloß Kochberg bei Rudolstadt und das G.-Haus Stützerbach bei Ilmenau.   SS

G.-Parodien: Aufgrund der überragenden Wirkung einzelner Werke G.s und der bildungsbürgerlichen Kanonisierung einiger seiner Texte oder vereinzelter Passagen und Sentenzen entstand ein schier unerschöpfliches Reservoire für parodistische Bearbeitungen und Verfremdungen. Auf die Erstveröffentlichung des *Werther* folgte sogleich die Flut der ↗Wertheriaden; die berühmteste *Werther*-Parodie stammt von Friedrich Nicolai (1775). Ironisch-poetische und politische Parodien von Gedichten G.s zunächst aus dem 19. Jh. illustrieren entweder den ästhetischen Abstand zum verordneten Klassiker (Eichendorffs *Nachtgesang*-Parodie »Ach, von dem weichen Pfühle«) oder markieren die Distanz einer sich politisch verstehenden Dichtung von der vermeintlichen politischen Indifferenz des ›Klassikers‹ (Jacob Smith's Amerika-Lied »Kennt ihr das Land, wo frei die Meinung ist«).

Beispielhaft läßt sich die parodistische Verarbeitung von Texten G.s an der Vielfalt der Parodien von »Über allen Gipfeln ist Ruh'« aus dem 20. Jh. zeigen. Von der Verwendung in Werbetexten (»Warte nur balde/rumplext du auch« für die Waschmaschinenfirma Rumplex) und nationalsozialistischen, antisemitischen Haßgedichten (»Warte nur, Abraham Meyer, balde ruhest du auch«) reicht das Spektrum bis hin zu komplexen, lyrischen Auseinandersetzungen mit der als klassisch musealisierten Literatur. Bertolt Brechts *Liturgie vom Hauch* aus der *Hauspostille* (1927) vermengt die Darstellung gesellschaftlichen Unrechts mit refrainartigen Variationen des G.schen Ausgangstextes, um die (bildungs-)bürgerliche Selbstberuhigung über soziales Elend mit Hilfe klassisch gemachter Literatur anzuprangern; Ernst Jandls experimentelle Bearbeitung (1970) verfremdet den kanonisierten Text zu einem sinnentstellten Lautgedicht. Und neuerdings meldet Gregor Schattschneider unter der Überschrift *Penners Nachtlied*: »Unter allen Brücken/ Ist Ruh./'nen Haufen Krücken/Sähest du,/Bauch liegt an Bauch:/Die Penner schnarchen auf Halde./Warte nur, balde/Schnarchst du dort auch«.   BJ

G.-Pflanze: Volkstümliche Bezeichnung für Bryophyllum calycinum, (Brutpflanze). Zu G.s Zeiten selbst unter Botanikern kaum bekannt, erregte sie 1818 G.s Aufmerksamkeit als Studienobjekt, zeigt durch Ausbildung von Tochterpflanzen an den Blatträndern besonders deutlich die »Metamorphose«. »Ich fuhr fort mich mit Wartung des Bryophyllum calycinum zu beschäftigen, dieser Pflanze die den Triumph der Metarmophose im Offenbaren feiert« (*TuJ*, 1820) Acht Bryophyllum-Generationen zog G. aus »gesteckten Mutterblättern« »von unten herauf in die Höhe«, hatte bei »Betrachtung derselben viel Vergnügen [...]. Alles in Einem und aus Einem glaubt ich mit Augen zu sehen« (an Nees von Esenbeck, 24.3.1826). Über das Botanische hinaus symbolisch gedeutet, wurde das Bryophyllum Gleichnis für Freundschaft und Liebe: Er sendete »Blättchen« an Freunde: u.a. Carl August, an die Riemers, Nees von Esenbeck, an Boisserée, mehrmals an Marianne von Willemer. Im Briefwechsel mit ihr gestaltet G. die gleichnishafte Bedeutung poetisch: »Wie aus Einem Blatt unzählig/Frische Lebenszweige sprießen:/Mögst in einer Liebe selig/Tausendfaches Glück genießen!« (14.4.1830).   CS

G.-Romane: Die Geschichte der Romane, in denen G. als literarische Figur auftritt, müßte eigentlich mit den frühen G.-Biographien beginnen, denn, wie auch schon im autobiographischen Text *Dichtung und Wahrheit*, ist G. hier natürlich literarische Figur, fiktional insofern, als auf dem Hintergrund relativer Faktentreue eine Unmenge unterschiedlichster Zuschreibungen an die Figur gemacht werden. G.-Romane in engerem Sinne aber füllen allein schon ein gutes Regal, die Themen dieser meist historisch-biographischen Fiktion sind weit gestreut: Die Ahnen- und Familienvorgeschichte der G.s und der Textors, einzelne Lebensphasen G.s, persönliche Beziehungen, Liebschaften, Freundschaften, die Ehe und Familiengeschichte, Beziehungen zu Ländern, Orten und Häusern oder auch singuläre Ereignisse aus seinem Leben – alles taugt im Verlaufe des letzten Jh.s zum Roman oder zum Novellenkranz.

Helene Böhlau etwa erzählt in ihrem *Sommerbuch* »Altweimarische Geschichten« (Berlin 1902) oder widmet sich gar der Frankfurter Kindheit von G.s Mutter (*Die kleine Goethemutter*, Stuttgart 1928); Paul Burg schreibt einen *Sturm und Drang*-Roman (Berlin 1931) über den jungen G., legt mit *Alles um Liebe* 1922–23 einen sentimentalen G.-Roman vor und widmet mit dem Titel *Sie sind's, die Ahnherrn meines Hauses* einen großen Roman der Vorgeschichte der Familie G. Heitere Erzählungen aus Frankfurt, aus G.s Advokatzeit, aus Sesenheim, Leipzig oder Weimar stehen neben sich bedeutsam gebenden Texten wie Albert von Trentinis Italien-Roman *Goethe. Der Roman von seiner Erweckung* (München 1923). G.s Mutter (Klara Hofer: *Die Mütter. Geschichte der Menschwerdung Goethes*, Stuttgart 1931), seine Schwester (Meta Schneider-Weckerling: *Cornelia Goethe. Ein Roman in Tagebuchblättern*, Jena 1930), Friedrike Brion (Emil Hadina: *Friederike erzählt. Ein Tagebuch aus Sesenheim*, Leipzig 1931), Charlotte von Stein (Ottokar Janetschek: *Frau von Stein. Roman um Goethe*, Berlin 1932) sowie Christiane (Toni Schwabe: *Christiane. Ein Goethe-Roman*, Dresden 1932) werden zu literarischen Figuren wie G. selber.

Die ungeheure Fülle der G.-Romane vor allem in den ersten dreieinhalb Jahrzehnten dieses Jh.s reagiert gewiß auf die »wissenschaftlichen« Bestrebungen des Jahrhundertbeginns, G. mehr und mehr zu popularisieren – Ludwig Geigers großes »Volksbuch« *Goethe. Sein Leben und Schaffen. Dem deutschen Volke erzählt* (1909) stellte hierfür das Muster dar. Der Großteil der G.-Romane zeigt sich darüber hinaus aber als relativ immun gegen Veränderung und Neuerung im wissenschaftlichen G.-Bild – vorrangig bleibt immer die fast voyeuristische Darstellung des privaten G., des ganzheitlichen, menschlich-vorbildlichen deutschen Mannes. Unbeeindruckt von einem wissenschaftlichen G.-Bild mag der wohl berühmteste G.-Roman der deutschen Literatur sein, Thomas Manns *Lotte in Weimar* (1946). In seiner Darstellung des späten Wiedersehens zwischen Charlotte Kestner (der »Werther-Lotte«) und G. macht dieser keine gute Figur, sein Sohn August ist das arme, unterdrückte Kind eines Genies. Nachdem auch in den vergangenen Jahrzehnten immer mal wieder ein G.-Roman erschien (aufsehenerregend: Jens Sparschuhs Eckermann-G.-Roman *Der große Coup* 1987, schwächer: Laura Doermers Marianne Willemer-Roman *Vergehendes Blau* 1996), ist zum G.-Jahr 1999 wohl mit einer größeren Flut an G.-Romanen zu rechnen. Deren möglicherweise bestes Buch ist allerdings schon erschienen: Hanns-Josef Ortheils *Faustinas Küsse* (1998), ein meisterhaft erzählter Roman, der aus der Perspektive eines kleinen vatikanischen Spitzels auf den wunderlichen Rombesucher G. blickt und dessen Intimleben daraufhin in größte Unordnung gerät.   BJ

G.-Rose: Eigenwillige Moosrosenzüchtung von 1911, erreicht eine Höhe von 1,7 m, trägt einfache, groschengroße, karminrote Blüten mit hellem Grund und gelben Staubgefäßen. Knospen und Holz sind stark bemoost; das Laub ist blaugrün, kleinblättrig, rauh; vom Züchter Lambert als »halbrankende Moos-Polyantha« bezeichnet.   AK

G.-Straße(n): Ausgangsfrage ist, wie deutsche Kommunen im »Land der Dichter und Denker« mit den Unbequemen, den Unangepaßten, den Außergewöhnlichen umgehen, das diese nun einmal repräsentieren, sonst wären sie nicht, was sie sind: Bei Büchner, Heine, Marx etwa, Brecht und Fleisser ist die Sache ziemlich klar: Ingolstadt widmet letzterer keine Straße, dafür kommen Dürer, Herder, Wieland, Schiller, Schlegel, Arnim, Nestroy, Heine, Kolb, Kubin und Brecht zu Ehren, dominiert allerdings von der Brauereiallee. Bleiben wir in der Provinz. Auf sie ist im allgemeinen Verlaß. Gummersbach, Herford, Herten, Kerpen, Stralsund verzeichnen ihre G.-Straße, Wolfsburg gleich dreimal. Fehlanzeigen dagegen in Hilden, Rosenheim und Witzenhausen, das zum Trost ausweist: Hinter der Kirche, Hohlweg, Im Rosenwinkel, In der langen Grund, In der Wiege, In der Wolfsgrube. Die größeren Kommunen (ab 30 000 Einwohner) lassen sich den Dichterfürsten nicht entgehen. Im fernen Rostock hat er nicht nur eine Straße, sondern auch einen Platz. Am fleißigsten Wetzlar: ein Platz, vier Straßen (Zentrum, Dutenhofen, Nauborn, Naunheim). Dubios Würzburg und Wuppertal: Hier zwar eine Straße, aber vor allem ein Kardinal-Döpfner-Platz und ein Kardinal-Faulhaber-Platz, dort eine Straße, aber die Friedrich-Engels-Allee. In Passau überdies führt keine Straße zu G., dafür aber zu Bischof Altmann, Bischof Heinrich, Bischof Landersdorfer, Bischof Pilgrim, Bischof Ulrich, Bischof Wolfger. Im Vergleich: G. ist mit großem Abstand zu seinen Dichter- und Denkerkollegen (Schiller, Lessing, Luther, Hegel) der Favorit der deutschen Gemeindeväter und offensichtlich über jeden Verdacht erhaben. Dennoch: Bei den Komposita herrschen -straße, -platz (selten), -steig (Leipzig) und -weg (Neuwied) vor. Eine G.-Allee gibt es in Deutschland nicht.   AD

G.- und Schiller-Archiv (GSA): Entstanden 1885 als G.-Archiv aufgrund des Testaments des letzten G.-Enkels, Walther Wolfgang von Goethe, durch das der handschriftliche Nachlaß und die Korrespondenz G.s in den Besitz der Großherzogin Sophie von Sachsen-Weimar überging. Mit der Übergabe des Schiller-Nachlasses durch die Familie von Gleichen-Rußwurm 1889 zum GSA erweitert. Der Bau des Archivgebäudes wurde 1893 von Großherzogin Sophie angeregt und nach dem Entwurf des Weimarer Architekten Otto Minckert 1896 vollendet. Architektonisches Vorbild war das kleinere der beiden Lustschlösser im Park von Versailles. Das aus Berkaer Sandstein bestehende Gebäude wurde am 28.6.1896 eingeweiht. Gezielter Ausbau zu einer »Schatzkammer der Schriften unserer

Der erste Entwurf des Goethe- und Schiller-Denkmals von Christian Daniel Rauch (leicht beschädigt) zeigt die Dichter in antikisierender Gewandung

wird der archivarischen Erschließung gewidmet und damit die Stellung des GSA als Arbeitsstätte der internationalen germanistischen Forschung unterstrichen.

Von Anfang an war das GSA auch eine Stätte philologischer Arbeit und wissenschaftlicher Textedition (unter anderen Weimarer Sophien-Ausgabe der Werke G.s in 143 Bänden, 1887/1919). Zur Zeit werden durch Arbeitsgruppen des Archivs oder auf der Basis der Archivbestände durch die Direktion Germanistische Editionen und Forschung die Ausgabe der Briefe an G. in Regestform, die Heine-Säkularausgabe und die Herder-Briefausgabe bearbeitet sowie die Neuausgabe der Tagebücher G.s vorbereitet. Werkausgaben anderer Institute und Verlage zu Büchner, Mörike, Nietzsche und anderen werden durch archivarische Beratung und Arbeitsmöglichkeiten im GSA unterstützt.   SS

G.- und Schiller-Denkmal: Das Denkmal wurde zu Ehren des 100. Geburtstags des Herzogs Carl August am 4.9.1857 eingeweiht. Als Symbol für die auf das Schaffensbündnis G.s und Schillers gegründete klassische deutsche Literatur und in Erinnerung an

bedeutendsten Dichter und Denker« (Bernhard Suphan) durch Schenkungen und Ankäufe von Nachlässen, Teilnachlässen und Einzelhandschriften.

Zu den Archivalien der Dichter des klassischen Weimar (unter anderen Christoph Martin Wieland, Johann Gottfried Herder) kamen die anderer deutscher Dichter, wie Eduard Mörike, Friedrich Hebbel, Karl Immermann, Christian Dietrich Grabbe, Georg Büchner, Heinrich Heine, des Verlegers Friedrich Justin Bertuch, des Komponisten Franz Liszt und – nach dem Zweiten Weltkrieg – des Philosophen Friedrich Nietzsche und vieler anderer.

Als größtes deutsches Literararchiv umfaßt das GSA heute 120 persönliche Bestände als Nachlässe und Familienarchive von Dichtern und Gelehrten, von Verlagen sowie literarischen und Gelehrtenvereinigungen vom 18. bis zum 20.Jh., schließlich eine umfangreiche Sammlung von Einzelhandschriften zu etwa 1900 Personen. Besondere Aufmerksamkeit

Klassiker-Kult in San Francisco im Golden Gate Park, beide Herren vornehm-bürgerlich bekleidet

die Zusammenarbeit der beiden Dichter für das Weimarer ⁊Hoftheater erhielt es seinen Standort vor dem damaligen ⁊Comoedienhaus, dem heutigen Deutschen Nationaltheater. Nachdem der Bildhauer Christian Daniel Rauch den Auftrag zurückgegeben hatte, fand sein Schüler Ernst Rietschel in dreijährigem Experimentieren die künstlerische Lösung für ein Doppelstandbild, das weltberühmt und zum Symbol für die Kulturstadt Weimar geworden ist. SS

G.-Wanderweg, über 18 km durch die von G. geliebte reizvolle Landschaft des Thüringer Waldes von Ilmenau nach Stützerbach führend, berührt er historische Gebäude (Amtshaus Ilmenau, Jagdhaus Gabelbach, G.-Museum Stützerbach), in denen G. wohnte oder Amtsgeschäften nachging, Plätze, an denen er zeichnete, dichtete und die ihn zu Naturstudien anregten. »Ich war immer gerne hier« schrieb G. über die Ilmenauer Gegend (an Schiller, 29.8.1785). Markierungszeichen des Wanderweges: das von G. im Schriftverkehr oftmals als Abkürzung seines Namens gebrauchte »G«. CS

G.-Wörterbuch: Es wurde als »Magna Charta des neueren Deutsch« von dem klassischen Philologen Wolfgang Schadewaldt (1900–1974) ins Leben gerufen, u. a. wohl unter dem Eindruck des Niedergangs der deutschen Sprache während des »Dritten Reichs«. Herausgegeben von der Berlin-Brandenburgischen Akademie der Wissenschaften, der Akademie der Wissenschaften zu Göttingen und der Heidelberger Akademie der Wissenschaften wurde es von Schadewaldt seit 1947 auch wissenschaftlich geleitet. Seit 1947 existieren Arbeitsstellen in Berlin, Hamburg und Tübingen, die von der Deutschen Forschungsgemeinschaft finanziert werden. Das Wörterbuch, ursprünglich auf fünf Bände geplant, kommt nur langsam voran. 1966 erschien die erste Lieferung, 1978 war der erste Band abgeschlossen, 1988 der zweite und 1998 der dritte, der bis zum Stichwort »Gesäusel« reicht.

Dem Wörterbuch liegt das gesamte schriftliche Werk G.s zugrunde. Sein Wortschatz wird mit 90 000 Wörtern vollständig erfaßt, die Fundstellen (3 Millionen) werden nicht vollständig, sondern exemplarisch und typologisch wiedergegeben. Der einmalig reiche Wortschatz G.s umfaßt Gelegenheitsbildungen und eigenständige Wortschöpfungen, viele längst untergegangene Sachbezeichnungen aus dem Alltag, Begriffe und Redewendungen des Bildungshorizonts der G.-Zeit, Wörter aus Berufs- bzw. Fachsprachen, die kontextuiert und situativ erläutert werden. Mit Recht wird das G.-Wörterbuch neben dem Grimmschen Wörterbuch als Meilenstein der deutschen Sprachgeschichte zwischen 1760 und 1830 bezeichnet. BL

Goetheaner: Anhänger, Verehrer G.s, die, vergleichbar den späteren Nietzscheanern, ihre intellektuelle oder gesellschaftliche Selbstverwirklichung auf Kosten ihres Idols und in dessen Namen vollziehen. Goetheaner stellen eigentlich, insofern G. immer auf die Phänomene, die Welt, den Kosmos und die Geheimnisse der Kunst und des Geistes verwiesen hat, einen Widerspruch in sich selbst dar (⁊G.-Kult). DH

Goetheanum: Von Rudolf ⁊Steiner entworfenes Bühnen-, Forschungs-, Tagungs- und Verwaltungsgebäude in Dornach bei Basel, Sitz der Allgemeinen Anthroposophischen Gesellschaft; in Anlehnung an G. und dessen Bedeutung für die Anthroposophie »Goetheanum« genannt. Das erste Goetheanum, erbaut 1913–22, war ein aus Holz errichteter Doppelkuppelbau, der 1922 einer Brandstiftung zum Opfer fiel. Im zweiten Goetheanum, einem organisch-plastischen Betonbau, finden regelmäßig Faust-Festspiele statt (ungekürzter Dramentext!). DH

Goethezeit: Epochenbegriff, der durch Herrmann August Korffs ideengeschichtliches vierbändiges Monumentalwerk *Geist der Goethezeit* (1923–53) bekannt wurde. Korffs Werk unternimmt die »Darstellung der Zeit von 1770–1830 als einer großen, in sich zusammenhängenden geistesgeschichtlichen Einheit und einer aus sich selber folgenden Entwicklung eben jenes Geistes, den es als ›Geist der Goethezeit‹ bezeichnet«. Sein Ziel ist der »innere Erwerb alten Besitzes, indem es ein tieferes Verständnis für die solche wohlbekannten Schätze der deutschen Dichtung zu erwecken versucht«. In Korffs Werk wird, wie Karl Robert Mandelkow formulierte, G. gleichsam »als der neue Christus einer diesseitigen, faustischen Weltfrömmigkeit« heiliggesprochen. DH

Goethit: Mineral (Nadeleisenerz, Rubinglimmer, Samtblende). 1806 zu Ehren G.s (seit 1803 Präsident der 1796 in Jena gegründeten »Herzoglichen Mineralogischen Sozietät«) als »Goethit« durch den Jenaer Mineralogen Johann Georg Lenz in die wissenschaftliche Nomenklatur eingeführt. »Wohlwollende Männer auf dem Westerwald entdecken ein schönes Mineral und nennen es mir zu Lieb und Ehren Goethit« (*Zur Morphologie*). CS

Gold, als Edelmetall und Zahlungsmittel »so unbedingt mächtig auf der Erde, wie wir uns Gott im Weltall denken« (*Fl*, Alchymisten), wird von G. im Zusammenhang mit Farbe als Gelb behandelt und ist deshalb »die nächste Farbe am Licht« (*Fl*, Sinnlich-sittliche Wirkung der Farbe). Gold verleiht zwar »selbst dem Unwahren Ansehen und Gewicht« (*TuJ*, 1805) und dient demnach der Täuschung, dennoch spricht G. ihm »Würde« zu. Es ist G.s Wissen um die Menschen und ihre Gier nach materiellem Reichtum, das ihn Gretchen die berühmten Worte in den Mund legen läßt: »Nach Golde drängt,/Am Golde hängt/Doch alles. Ach wir Armen!« (*Faust II*, v. 2802f.).   DF

Goldoni, Carlo (1707-1793), italienischer Dramatiker, bedeutend vor allem wegen seiner Literarisierung des Stegreiftheaters Commedia dell'arte. G., mit italienischer Sprache und Literatur von Kindheit an vertraut, sah Goldonis Stücke häufig während seiner Italienreise 1786/87 und besuchte - wie seine Tagebücher belegen - bis 1817 immer wieder Aufführungen von Werken des Italieners. Besonders schätzte G. an dem Komödiendichter dessen Volkstümlichkeit, die er nicht zuletzt an den Reaktionen des Publikums ablas. Anläßlich einer Aufführung von *Die Leute von Chiozza* schreibt G. am 10.10.1786: »Großes Lob verdient der Verfasser, der aus nichts den angenehmsten Zeitvertreib gebildet hat« (*IR*). Später setzt G. als Direktor des Weimarer ↗Hoftheaters (1791-1817) Goldonis Stücke auf den Spielplan, so z.B. den *Diener zweier Herrn* ab 1812. Auch zu G.s Eintreten für die ↗Weltliteratur dürfte die Kenntnis von Goldonis Komödien nicht unerheblich beigetragen haben.   JAS

Goldsmith, Oliver (1728-1774), englischer Dichter, dessen Roman *Vicar of Wakefield* (1766; dt. 1767), eine ländliche Idylle um eine Pfarrersfamilie, in Deutschland große Wirkung erzielte. G. schildert im 12. und 13. Buch von *Dichtung und Wahrheit* seine Erlebnisse im elsässischen Sesenheim nach dem Muster dieses Romans. Zeit seines Lebens schätzte G. den Humor seines englischen Kollegen.   BJ

Görres, Joseph (1776-1848), natur- und geisteswissenschaftlicher Schriftsteller, der u.a. mit der romantischen und der nationalen Bewegung in Berührung stand und mit seiner Sammlung *Die teutschen Volksbücher* (1807) die Rezeption der frühneuzeitlichen Prosaromane lange Zeit bestimmte. Als Rezensenten für die Jenaer Litteraturzeitung schätzte G. ihn durchaus, sein poetisches Talent allerdings gehöre zu denen, die ihn zur Verzweiflung brächten,

wie es gegenüber Zelter heißt (30.10.1808). Die romantische Mittelalterbegeisterung der »Herren Görres und Konsorten« kanzelte G. mit beißendem Spott ab (an Knebel, 25.11.1808).   BJ

Göschen, Georg Joachim (1752-1828), Verleger in Leipzig, bei dem die erste rechtmäßige Gesamtausgabe von G.s Werken erschien: *Goethe's Schriften. Bd. 1-8. Leipzig, bey Georg Joachim Göschen. 1787-1790.* Bei einer Auflage von 4000 Exemplaren waren nur 626 subskribiert worden. Der Verkauf lief schleppend, schließlich blieb die Ausgabe für Göschen ein Verlustgeschäft. An Papier und Druck, die G. mißfielen, da »eher einer ephemeren Zeitschrift als einem Buche ähnlich« (an Göschen, 27.10.1787), mag's am wenigsten gelegen haben. Der Verleger läßt G. wissen, daß seine »Sachen nicht so current« seien »als andere an denen ein größer Publikum Geschmack findet« (an Göschen, 4.7.1791).   PO

Gotha: Residenz der Herzöge von Sachsen-Gotha-Altenburg. 1768 hielt sich G. erstmals in der Residenzstadt auf, weitere Aufenthalte folgten. Bald war G. ein gern gesehener Gast am Hofe von Ernst II. Ludwig und seiner Gemahlin Marie Charlotte. Besonders der Bruder des Herzogs, Prinz August, der sich sehr für Literatur und Philosophie interessierte, profitierte von G.s Aufenthalten bei Hofe: »Goethe ist bei mir [in Gotha] abgestiegen [...]. Wir haben schon viel Tollheiten geredet, und das hält Leib und Seele zusammen« (an Herder, 15.5.1784). Beeindruckt war man am Hof nicht nur, wenn G. »Tollheiten« redete, sondern vor allem, wenn er aus seinen Werken und Manuskripten vorlas. Er war sich seines Ansehens durchaus bewußt: »Die Gunst die man mir in Gotha gönnt macht viel Aufsehn, es ist mir lieb um meinetwillen und um der guten Sache willen« (an Ch. v. Stein, 10.12.1781). G. kehrte immer wieder gern nach Gotha zurück, manches Mal allein deshalb, um seine »Seele auch nur auf einige Tage ausgespannt zu haben« (an Ch. v. Stein, 7.6.1784). Und so verwundert es nicht, daß G. seinen 52. Geburtstag im Prinzenpalais am Siebenlehner Tor in Gotha feierte. Hier hatte er 1788 gemeinsam mit Carl August die Berufung Schillers an die Jenaer Universität vorbereitet.   HM

Göthe, aus der Zeit vor der standardisierten Rechtschreibung herrührende abweichende Schreibweise von G.s Namen, mit der Rolf Dieter Brinkmann (1940-1975) seine kritische Distanz am Rande der Achtundsechziger-Generation gegenüber dem Klassikerdenkmal ausdrückte. In *Rom, Blicke* gibt Brinkmann in collagierter Form seinen modernen Gegenentwurf der italienischen Reise, eine Absage an die bekannten klassischen Bildungsideale: »›Auch ich in Arkadien!‹ hat Göthe geschrieben, als er nach Italien fuhr. Inzwischen ist dieses Arkadien ganz schön runtergekommen und zu einer Art Vorhölle geworden.« Für den an der Gegenwart verzweifelnden Reisenden ist G. nur in wenigen, zufällig gefundenen Bruchstücken zitierfähig: »Vorbei an Kirchen, Steinen, Plätzen, Autos, Straßen: Trastevere heißt das Viertel, und irgendwo hat auch Göthe gelebt, als er sich aufhielt in Rom, von dem ich einen gar nicht ›humanen‹ Ausspruch zufällig las, sehr vorsichtig, wie alles bei ihm ausgedrückt, aus einem Brief an Herder, aus Neapel, am 17.5.1787: ›Ich bin freilich, wie Du sagst, mit meiner Vorstellung sehr ans Gegenwärtige geheftet, und je mehr ich die Welt sehe, desto weniger kann ich hoffen, daß die Menschheit je eine weise, kluge, glückliche Masse werden könne.‹« Neben solchen antihumanen Affekten gibt G. für Brinkmann noch Handlungsanweisungen für den Schreibenden her: »Und da sagen die Idioten überall, es gäbe nichts Interessantes mehr? Zuviel beinahe, man kommt gar nicht durch! (Wieviele Querverbindungen, Göthe: ›Verbinden, immer verbinden!‹ - gibt es? Wieviele, die geknüft sein wollen, müssen, möchten: die Überraschung springt heraus!)«. IA

Göthe, 1 Schillerabend. Theaterstück von Andreas Marber, welches in der Spielzeit 1994/95 am Staatstheater Stuttgart zur Aufführung gelangte. Auf der Bühne sind G. und Schiller als hypochondrische ältere Herrn zu sehen, die im Dialog eher mit ihren Zipperlein als mit dem Gegenüber stehen, woran Schiller schließlich stirbt. Der Text der ergötzlichen Klassikerschelte ist beinahe vollständig aus dem Briefwechsel von G. und Schiller zusammengestellt. IA

Gotik: Der jugendliche G. hatte für die Architektur der Gotik wenig Sinn: »Unter die Rubrik *Gotisch*, gleich dem Artikel eines Wörterbuchs, häufte ich alle synonymische Mißverständnisse, die mir von Unbestimmtem, Ungeordnetem, Unnatürlichem, Zusammengestoppeltem, Aufgeflicktem, Überladenem jemals durch den Kopf gezogen waren« (*Von Deutscher Baukunst*, 1772). Erst unter dem Einfluß Herders beschäftigte sich G. mit dem Straßburger Münster und war hingerissen von dem großartigen Bauwerk Erwin von ↗Steinbachs: »Ein ganzer, großer Eindruck füllte meine Seele, den, weil er aus tausend harmonierenden Einzelheiten bestand, ich wohl schmecken und

genießen, keinswegs aber erkennen und erklären konnte« (*Von Deutscher Baukunst*, 1772). Durch die ↗Italienreise und die Hinwendung zur antiken Baukunst wuchs jedoch seine Distanz gegenüber der gotischen Architektur. Erst Sulpiz Boisserées Bemühungen um die Vollendung des ↗Kölner Doms ließen G. Interesse an dem von ihm lange verkannten Baustil wieder aufleben, so daß er sich in den folgenden Jahren auf seinen Reisen an Rhein, Main und Neckar auch stärker mit gotischen Bauwerken beschäftigte und schließlich 1823 in seinem Aufsatz *Von Deutscher Baukunst* auf seine Beschäftigung mit der Gotik zurückblickte. AR

Gott und die Bajadere, Der s. **Braut von Corinth, Die**

Gott/Götter/Göttliches: G. entfernte sich mit dem Abklingen seiner pietistischen Phase um 1770 zunehmend von dem Glauben an einen außerweltlichen, vom Menschen allzu menschlich gedachten Gottvater des Alten und Neuen Testaments und nahm einen Standpunkt ein, den er lebenslang nicht mehr verlassen sollte und sogar als »Grund meiner ganzen Existenz« bezeichnete, nämlich »Gott in der Natur, die Natur in Gott zu sehen« (*TuJ*, 1811). Diese stark von Spinoza geprägte pantheistische Vorstellung erlaubte dann auch die synonyme bzw. gleichwertige Verwendung der Begriffe Gott, Götter, Göttliches zur Bezeichnung des Welt- bzw. Naturganzen und dessen, was ihm zugleich als Plan oder Idee zugrundeliegt, »ewig und einzig« ist und deshalb »wahr«(*MuR*). Das Gedicht »Edel sei der Mensch« behandelt demgemäß unter dem Titel *Das Göttliche* die »höhern Wesen« und eine »Natur«, die keine Moral kennt, nicht voneinander abgetrennt.

Die »Idee des Göttlichen« adäquat zu benennen, hielt G. aufgrund der »grenzenlosen Eigenschaften« des »höchsten Wesens« auch »mit hundert Namen« nicht für möglich (Eckermann, 8.3.1831), wenngleich er bezüglich der griechischen Mythologie einräumte, ihre vielen Götter ließen als Ausdruck bzw. Personifizierung »physischer Eigenschaften« (*DuW*, 15. Buch) den Menschen das Unbegreifliche bzw. »das Erhabene auf eine erfreuliche Weise gewahr« werden (*Fl.*, Zur Geschichte der Urzeit). DF

Götter, Helden und Wieland (September/Oktober 1773): Obwohl G. am 20.2.1770 an Philipp Erasmus Reich, den Verleger Christoph Martin Wielands, schrieb, dieser sei »noch der einzige, den ich für meinen ächten Lehrer erkennen kann«, holte er wenige Monate nach der Weimarer Premiere von dessen Singspiel *Alceste* (28.5.1773) zu einer herben Farce in der Form eines Lukian nachgebildeten Totengesprächs aus. Ihn hatte die Bearbeitung der ersten euripideischen Tragikomödie zu einem bürgerlichen Rührstück so sehr aufgebracht, daß er den mit einer Nachtmütze erscheinenden Wieland in ein im Hades angesiedeltes Rechtfertigungsgespräch mit Euripides und den handelnden Personen der *Alceste* treten läßt, das gründlich mißlingt.

Das 1774 durch Jakob Michael Reinhold ↗Lenz herausgegebene Stück löste einen Skandal aus, während Wieland im Juniheft 1774 seines *Teutschen Merkur* bewundernswert gelassen mit den Worten reagierte: »Wir empfehlen diese kleine Schrift allen Liebhabern der pasquinischen Manier als ein Meisterstück von Persiflage und sophistischem Witze, der sich aus allen möglichen Standpunkten sorgfältig denjenigen auswählt, aus dem ihm der Gegenstand schief vorkommen muß, und sich dann herzlich lustig darüber macht, daß das Ding so schief ist!« GBS

Gotthard: Zentrales Gebirgsmassiv der Schweizer Alpen; die Besteigung des »königlichen Gebirges« (*Briefe aus der Schweiz,* 1779) bildete jeweils den Höhepunkt der drei Schweizer Reisen G.s (1775, 1779 und 1797). Im Juni 1775 spielte G. auf dem Gotthard – für ihn auch immer die Schwelle zu Italien – mit dem Gedanken, nach Mailand weiterzureisen, setzte sich dann aber doch nur »an den Fußpfad, der nach Italien hinunterging« (*DuW,* 19. Buch), zeichnete die Gebirgsketten, übernachtete im Hospiz und kehrte schließlich nach Zürich zurück. Jahrzehnte später schreibt er in *Dichtung und Wahrheit:* »Ein Tag [...], dessen Eindrücke weder Poesie noch Prose wieder herzustellen imstande« sind (19. Buch). AR

Göttingen: Der dringende Wunsch G.s, in Göttingen Literatur und klassische Philologie zu studieren, wurde vom Vater abgelehnt. Das Jurastudium sei in Leipzig zu beenden. Daher lernte G. Göttingen erst 1783 kennen (zweite Harzreise), hörte privat Georg Christoph Lichtenberg, kehrte 1801 zurück und wurde von den aufbrechenden Romantikern (Achim von Arnim, Clemens Brentano), damals noch Studenten, begeistert begrüßt, beschäftigte sich ausgiebig mit den öffentlichen (Reitbahn, Bibliothek, botanischer Garten) und wissenschaftlichen Einrichtungen. Am 28.7.1801 schließlich eröffnete er das Göttinger Schema zur Farbenlehre. Lediglich Hundegebell, lautstarke Nachtwächter und schmalzig trällernde Wirtstöchter sollen ihn in seinem Wohlbehagen gestört haben. BL

Göttinger Hain: Vereinigung dichtender Studenten der Göttinger Universität, 1769 angeregt durch Heinrich Christian Boie, der mit Friedrich Wilhelm Gotter noch im selben Jahr den *Musenalmanach auf das Jahr 1770* herausgab. Der studentische Kreis traf sich zunächst locker zu literarischen Gesprächen, in der Nacht vom 12. auf den 13. September 1772 erfolgte auf Anregung der Mitglieder J.H. Voß, L.Ch.H. Hölty und J.M. Miller der satzungsmäßige Zusammenschluß unter dem Leitbild der Freundschaft – einem Zentralbegriff in den Gedichten des literarischen Leitbildes ↗Klopstock. Dieser bat im Februar 1774 formell um Aufnahme in den Göttinger Hainbund, im September besuchte er die Göttinger Freunde. Der Göttinger Hain war eine der wichtigsten Institutionen der Geniezeit, deren Strömungen des Antirationalismus, der Naturbegeisterung und emphatischen Empfindsamkeit er verstärkte. Über den Wetzlarer Referendariatskollegen Friedrich Wilhelm Gotter kam G. mit dem Hainbund in Berührung, er publizierte im *Musenalmanach,* dessen dritten Band er in den *Frankfurter Gelehrten Anzeigen* rezensierte. Der Göttinger Hain löste sich, bedingt durch die Abwanderung der Studenten aus Göttingen, nach dem publizistischen Höhepunkt 1774, 1775 auf. BJ

Göttinger Musenalmanach s. **Musenalmanache**

Göttliche, Das: *Edel sei der Mensch,* entstanden wahrscheinlich 1783. In seiner Schrift *Über die Lehre des Spinoza in Briefen an den Herrn Moses Mendelssohn* publizierte Friedrich Heinrich ↗Jacobi 1785 ohne Zustimmung G.s »Edel sei der Mensch« mit dem Namen G.s als Gegengedicht zum anonym abgedruckten *Prometheus.* G. sah dadurch seine Anonymität als Autor der provozierenden *Prometheus*-Ode aufgehoben, die den ↗Spinozismus-Streit auslöste. In einem Brief an Johann Georg ↗Hamann vom 28.2. 1786 begründete Jacobi sein Vorgehen damit, sein Genius habe ihm »nicht allein erlaubt, sondern befohlen, den Antiprometheus vorzudrucken«. Der »Antiprometheus« ist in der Tat von ganz anderem Charakter als die jugendlich-aufbegehrende Ode. Das Gedicht formuliert eine Ethik des menschlichen Verhaltens; insbesondere die ersten beiden Verszeilen »Edel sei der Mensch/Hilfreich und gut« haben den Charakter einer kulturell prägenden Spruchweisheit erhalten. In für G. untypischer Weise entfaltet hier der Mensch seine Kräfte nicht im Einklang mit der Natur, sondern in Auseinandersetzung mit den Naturgesetzen, die »unfühlend« sind. Dem Menschen bleibt es vorbehalten, nach den moralischen Kategorien von gut und böse zu handeln, ihm werden ›göttliche‹ Fähigkeiten zugewiesen: »Er kann dem Augenblick/ Dauer verleihen./Er allein darf/Den Guten lohnen,/ Den Bösen strafen,/Heilen und retten«.

Die Lehre der ersten Strophe wird in der Schlußstrophe variierend wiederholt, der »edle Mensch« wird »Vorbild« – im Sinne von Präfiguration – des Göttlichen. Mit dieser Spiegelung des Göttlichen im Menschlichen nimmt die Ode das Postulat Immanuel Kants vorweg, die Fähigkeit zu moralischem Handeln bestätige die Existenz Gottes (*Kritik der praktischen Vernunft*, 1788). Damit ist aber auch der »Antiprometheus« nicht ohne Brisanz, formuliert er doch eine im 18. Jh. noch kühne säkularisierte Gottesvorstellung. Der menschliche Tugendkatalog wird in der letzten Strophe erweitert durch den Appell zu unermüdlicher Tätigkeit; ›edel‹ (die Zeitgenossen G.s hören hier durchaus noch ›adlig‹ mit) verbindet sich mit den Leitbegriffen bürgerlicher Tugendhaftigkeit zu einem umfassenden künstlerisch-ethischen Menschenbild. Das Gedicht weist so auf das Humanitätsideal der Klassik voraus, wie es auch im Schauspiel *Iphigenie auf Tauris*, dessen erste Fassung 1779 in Weimar uraufgeführt wurde, einen frühen Ausdruck findet. IW

Göttling, Carl Wilhelm (1793–1869), Sohn von J.F.A. Göttling, Professor für Altertumswissenschaft in Jena (seit 1821), Universitätsbibliothekar seit 1826, war G. bei der Redaktion seiner Werkausgabe letzter Hand behilflich. Der zwischen G. und Göttling 1824–1831 geführte Briefwechsel bezeugt die Aufgaben und Schwierigkeiten dieser Ausgabe. BL

Göttling, Johann Friedrich August (1755–1809), studierte mit einem Stipendium Carl Augusts Chemie in Göttingen, war erster Lehrstuhlinhaber für Chemie in Jena, von G. oft konsultiert (↗Chemie). BL

Gottsched, Johann Christoph (1700–1766), einflußreicher Poetiker der Aufklärungszeit, dessen Hauptwerk *Versuch einer critischen Dichtkunst vor die Deutschen* 1730 erschien. Obwohl der junge G. seine Dichtkunst maßgeblich an Gottsched schulte, machte er sich später wie Lessing und Herder über dessen Poetik lustig. Besonders fehlte G. an der Kunst, wie sie in Gottscheds klassizistischer Lehre aufgefaßt wird, das künstlerisch-spielerische Vergnügen: »wir haben Sittlichkeit und lange Weile« (an Salzmann, 6.3.1773). Im 7. Buch von *Dichtung und Wahrheit* schildert G. einen Besuch, den er als Student 1765

dem großen Gottsched in Leipzig abstattete, und bei welchem »die Sinnes- und Sittenweise dieses Mannes« hervorgetreten sei: Von seinem Diener in eine peinliche Situation gebracht, versetzte Gottsched »dem armen Menschen eine Ohrfeige, so daß dieser [...] sich zur Türe hinaus wirbelte«. Fortan war für G. der Name Gottsched mit dem Burlesken verbunden. JAS

Götz von Berlichingen ist der Ritter mit der eisernen Hand, der 1557, im hohen Alter von 77 Jahren, eine Autobiographie verfaßte, und den G. in seinem gleichnamigen Schauspiel unsterblich machte. G. stieß im Zusammenhang mit juristischen Studien auf die erst 1731 gedruckte *Lebens-Beschreibung Herrn Götzens von Berlichingen, Zugenannt mit der Eisern Hand*. Das geflügelte Wort »...er kann mich im Arsch lecken« (III.17) lautet im Original: »...er solte mich hinden lecken« (↗Arsch, Auslassungen).

G. übernahm zahlreiche Episoden, Figuren und den authentischen Sprachgestus, benutzte die historische Vorlage jedoch mit dichterischer Freiheit, um sein eigenes Drama zu schaffen. Die erste Fassung, die *Geschichte Gottfriedens von Berlichingen mit der Eisernen Hand dramatisirt* entstand im Herbst 1771 in knapp sechs Wochen. Sie wurde erst 1832 gedruckt. Die zweite Fassung *Götz von Berlichingen mit der eisernen Hand. Ein Schauspiel 1773* entstand als eine weitreichende Überarbeitung für den Erstdruck des Textes 1773 (Uraufführung 1774 in Berlin). In *Dichtung und Wahrheit* (13. Buch) hat G. nachträglich sein Vorgehen beschrieben, den »Überfluß« des sogenannten Urgötz zu konzentrieren. Eine 3. Fassung entstand 1804 im Austausch mit Schiller als Bearbeitung für eine Aufführung des Weimarer Theaters.

Das Interesse an der deutschen Vergangenheit, die Bekanntschaft mit Herder und dessen geschichtsphilosophischen Ansichten hatten G. auf die Herrschaftszeit Kaiser Maximilians aufmerksam gemacht. Er galt als der Kaiser einer Zeitenwende: den überlieferten mittelalterlichen Feudalstrukturen traten erste Ansätze moderner gesellschaftlicher Umformung gegenüber. Die dramatische Gestaltung des historischen Stoffes im Kontext einer fast schicksalhaften Geschichtsauffassung, in der »die prätendierte Freyheit unsres Wollens, mit dem nothwendigen Gang des Ganzen zusammenstösst« (*Zum Schäkespears Tag*, 1771), führte zu einer Umdeutung des Begriffs des historischen Dramas. In Shakespeares Dramen hatte G. die Anstöße zur Formulierung einer eigenen theatralischen Vision gefunden: »Ich zweifelte keinen

»Ur-Götz« in der Inszenierung von Einar Schleef. Frankfurt 1989

Augenblick dem regelmäsigen Theater zu entsagen. Es schien mir die Einheit des Orts so kerckermäsig ängstlich, die Einheiten der Handlung und der Zeit lästige Fesseln unsrer Einbildungskrafft. Ich sprang in die freye Lufft [...] Und ich rufe Natur! Natur! nichts so Natur als Schäkespears Menschen«. Die Freiheitsliebe des Götz brachte die Freiheitssehnsucht des Autors zum Ausdruck und übertrug diese auf seine Zeitgenossen, die schon lang auf ein solches Zeichen gewartet hatten. Das Drama traf den Nerv der Zeit, die Bewegung des ↗Sturm und Drang fand hier ihren ersten starken Ausdruck. G. montierte aus der Vorlage das Drama eines Mannes im Kampf mit den staatlichen Autoritäten.

In über 50 Szenen an den unterschiedlichsten, die verschiedensten gesellschaftlichen Gruppen charakterisierenden Schauplätzen (Bischofspalast, Rathaus, Gefängnis, etc.) entwickelt sich die vielfältige Geschichte, die alle Regeln des klassischen Dramas ignoriert.

Im Zuge der Auseinandersetzung mit dem ↗Bischof von Bamberg entführt Götz Adelbert von ↗Weislingen auf seine Burg. In ihrer Jugend zusammen aufgewachsen, sind sie später getrennte Wege gegangen und haben sich voneinander entfremdet: Weislingen hatte seine Burg verlassen, um dem Bischof zu dienen, Götz lebt im Rahmen überlieferter Ehrbegriffe, nur dem Kaiser und der eigenen Freiheit verpflichtet. Die Wiederbegegnung führt zunächst zu einer innigen Annäherung. Weislingen verlobt sich mit Götzens Schwester ↗Marie. Als er ein letztes Mal an den Hof zurückkehrt, kann ihn der Bischof mit Hilfe der schönen ↗Adelheid von Walldorf wieder für sich gewinnen. Götz nimmt den doppelten Verrat Weislingens an sich und der verlassenen Schwester voller Enttäuschung auf.

Indessen intrigiert schon Weislingen am Hof gegen Götz und den Stand der Ritter. Auch den Kaiser kann er für sich gewinnen, so erreicht er, daß über Götz die Acht ausgesprochen wird. Der erste Angriff der Reichsexekution wird mit Hilfe von Hanns v. ↗Selbitz und Franz von ↗Sickingen zunächst erfolgreich zurückgeschlagen. Götz muß sich auf seine Burg zurückziehen; als die feindlichen Belagerer jedoch freien Abzug gewähren, werden Götz und sein Gefolge beim Verlassen der Burg heimtückisch überfallen. Einige sterben im Kampf, andere werden als Gefangene nach Heilbronn gebracht, wo über Götz gerichtet werden soll. Während der Gerichtsverhandlung wird er von Sickingen befreit und zieht sich - mutlos und verzweifelt - auf seine Burg zurück. Aber auch Weislingen kann sich nicht glücklich

schätzen. Sickingen erweist sich immer mehr als Konkurrent um die kaiserliche Gunst, die Ehe mit Adelheid ist in der Krise. Der Kaiser liegt im Sterben. Die Machthabenden werden durch den Bauernkrieg bedroht; überall wird gemeutert und zerstört. Götz läßt sich, wider seinen Schwur, die Burg nicht zu verlassen, dazu überreden, Hauptmann der Meuterer zu werden. Die Truppen unter der Führung von Weislingen rücken näher. Götz wird im Kampf schwer verletzt und gefangengenommen. Weislingen zieht sich in sehr schlechter Verfassung auf seine Burg zurück, wo Maria ihn aufsucht, um für ihren Bruder Götz um Gnade zu flehen. Sein Diener ↗Franz eröffnet ihm, daß sein schlechter Zustand von Adelheids Gift herrührt, das er selbst ihm verabreicht hat. Nach diesem Geständnis stürzt Franz sich aus dem Fenster. Weislingen zerreißt Götz' Todesurteil und stirbt ebenfalls. Adelheid wird von einem Femegericht zum Tod verurteilt. Und auch Götz hat keine Kraft mehr zum Leben, die Nachrichten vom Tod des Kaisers, des Kampfgenossen Selbitz und seines Burschen ↗Georg drücken ihn nieder; er stirbt in der Gefangenschaft. Vor seinem Tod spricht er ein letztes Mal die Losung aus: »Freiheit, Freiheit!«

Der gedruckte Text sorgte zunächst für Aufruhr. Die Kritik schwankte zwischen Lobeshymnen und beißenden Verrissen. Dies machte Stück und Autor in einer breiten Öffentlichkeit bekannt. Auch bei den kurz darauffolgenden Inszenierungen lieferte der Text durch seine neuartige Dramaturgie folgenreiche Impulse. Bei der Uraufführung durch die ↗Kochsche Truppe am 12.4.1774 in Berlin wurden zum ersten Mal der Zeit des Stückes entsprechende Kostüme verwendet, bei der zweiten Inszenierung unter Friedrich Ludwig Schröder in Hamburg am 24.10.1774 auch die Kulissen entsprechend historisch eingerichtet. Der große Bühnenerfolg blieb dem Stück versagt.

G. war sich der Schwierigkeiten durchaus bewußt, weil seine Grundrichtung antitheatralisch ist«, wie er bei seiner Arbeit an der dritten Fassung bemerkte (an Wilhelm von Humboldt, 30.7.1804). Erst allmählich konnte sich *Götz* auf den deutschen Bühnen durchsetzen. Das Interesse an nationalen Themen brachte das Stück dann am Ende des 19.Jh. wieder auf die Bühne, doch wird es insgesamt nur selten inszeniert. Als aktionsreiches Freilichtspektakel erfreut sich das Drama jedes Jahr bei den Burgfestspielen in Jagsthausen großer Beliebtheit. WM

Gozzi, Carlo Graf (1720–1806), berühmter italienischer Lustspieldichter, der die stehenden Charaktere der Commedia dell'arte mit neuen tragischen Figuren verknüpfte. Auf seiner Reise durch Italien sah G. 1786 in Venedig eine Tragödie von Gozzi und ließ sich von den italienischen Masken der Schauspieler beeindrukken: »Die Tragödie gestern hat mich manches gelehrt. [...] ich [habe] begriffen, wie klug Gozzi die Masken mit den tragischen Figuren verbunden hat« (*IR*, 6.10.1786). Gegenüber Eckermann betonte G. vor allem die außerordentliche Publikumswirkung dieser von der Improvisation lebenden Stücke: »Ich habe zu [...] Venedig noch zwei Aktricen jener Truppe gesehen [...]. Die Wirkung, die diese Leute hervorbrachten, war außerordentlich« (14.2.1830). Gozzis Stück *Das offenbare Geheimnis*, das G. 1781 in der Bearbeitung von Gotter sah, diente ihm als Anregung zu seinem Fragment *Die ungleichen Hausgenossen* (1785/86).   HM

Grabdenkmäler hatten für G. Bedeutung hinsichtlich des Lebens eines Menschen, nicht seines Todes. Deshalb äußerte er sich in Verona und anläßlich des ↗Igeler Monuments lobend über antike Grabdenkmäler, war doch im Altertum im Gegensatz zum christlichen Mittelalter und der Neuzeit deren Funktion, nicht den Tod zu dokumentieren, sondern im Zusammenhang mit einem herrschenden Unsterblichkeitsdenken an das Leben und Fortleben zu erinnern. »Sarkophagen und Urnen verzierte der Heide mit Leben«, hatte G. in den *Venezianischen Epigrammen* festgestellt und daraus geschlossen: »So überwältigt Fülle den Tod«.

Er selbst wurde 1832 in der Weimarer Fürstengruft beigesetzt, einem klassizistischen Mausoleum nach Plänen Clemens Wenzeslaus Coudrays, in dem Mitglieder des Hauses Sachsen-Weimar die letzte Ruhe fanden und in das bereits 1827 Schiller überführt worden war. Es war Carl Augusts Wunsch gewesen, auch im Tode den beiden Dichtern nahe zu sein.   DF

Grauer trüber Morgen, Ein, entstanden wohl Herbst 1771 nach G.s Rückkehr aus Straßburg, in der Abschrift von Kruse (↗*Sesenheimer Lieder*) erhalten. Der Gedicht thematisiert den Trennungsschmerz von Friederike Brion und setzt ihn in Parallele zur Bedrückung durch eine nebelhaft-trübe, herbstliche Natur. Stationen der Sesenheimer Zeit, wie das Einschnitzen beider Namen in die Rinde eines Baumes, werden zu schmerzlichen Erinnerungsbildern verfremdet: »Der Wiesen grüner Schimmer/Wird trüb wie mein Gesicht«. Wie im *Mailied* ist die Natur Spiegel der Empfindungen, doch hat sich der Frühlingsjubel zur herbstlich-melancholischen Klage gewandelt: »Ach, denk ich wär Sie hier«.   IW

Grenze, Begrenztheit: »Nicht ist fest umzäunt die Grenze des Lebens; ein Gott treibt, ja, es treibet der Mensch sie zurück«, heißt es in der *Achilleis* (v. 251f.). Einerseits ist der Mensch bei G. dazu aufgerufen, seine Beschränkungen aufzuheben durch das Verschieben der Grenzen des Menschenmöglichen (*MuR*), andererseits hat er die Regeln und Begrenzungen zu befolgen, die ihm zwischen Himmel und Erde aufgegeben sind, wie dies im Gedicht *Grenzen der Menschheit* (entstanden 1781) zur Darstellung kommt (»Denn mit Göttern soll sich nicht messen irgend ein Mensch«).   AV

Grenzen der Menschheit. *Wenn der uralte/Heilige Vater*, entstanden zwischen 1779 und 1781, Erstdruck in *Schriften* 1789. Nach einer Huldigungsstrophe an den Göttervater Zeus, die auch Anklänge an christliche Gottesliebe zeigt, kontrastiert die Ode in wechselnden Bildern menschliche Kleinheit mit der Größe des Kosmos und betont so den ungeheuren Abstand der Götter von den Menschen. In seiner *Götterlehre* (1791) zitiert Karl Philipp ↗Moritz, der während des Rom-Aufenthaltes eng mit G.s Vorstellungen über die Antike vertraut wurde, das Gedicht, in dem »ein neuer Dichter diesen Abstand ganz im Geiste der Alten« empfunden habe. Die Ode wurde von G. in den Werkausgaben hinter *Prometheus* und *Ganymed* plaziert, was ihre Deutung als poetisches Gegenbild sowohl zur prometheischen Trotzgebärde als auch zur emphatischen Vereinigung mit dem Göttlichen nahelegt. Die Aussprache des großen Ich ist dem Nachdenken über die Stellung des Menschen als Glied einer Generationenkette gewichen. Im Unterschied zu den genialischen Anverwandlungen der antiken Mythologie im ↗Sturm und Drang geben griechisch-antike Göttervorstellungen nun die Folie ab für eine neue reflexive Lyrik, die Ausdruck eines gewandelten Natur- und Menschenbildes und einer gewachsenen Neigung zum Lehr- und Gleichnishaften ist.   IW

Gretchen (Margaret(h)e), Protagonistin in *Urfaust* (nach v. 456) und *Faust I* (nach v. 2604), nach ihr wird ein wesentlicher Handlungsstrang der Tragödie genannt. Die verführte minderjährige Geliebte Fausts, die als Kindsmörderin hingerichtet wird. Ihre mystische Errettung Ende des »Ersten Teils« prädestiniert sie auch zu einer dramaturgisch hervorgehobenen Rolle am Ende von *Faust II*. Eventuell Namensbezug zur Heiligen Margarethe (Kerker, Hinrichtung). – Historischer Bezug: Prozeß gegen die unverheiratete Magd Susanna Margaretha Brandt, wegen Ermordung ihres neugeborenen Kindes 1772 in Frankfurt hingerichtet. G. kannte die Akten. GG

Gretchenfrage s. **Religionsgespräch**

Griechenland, Griechentum. Das Land war für G. wie für so viele andere Zeitgenossen lediglich Gegenstand der Schwärmerei. Bis 1830 stand es unter türkischer Fremdherrschaft und wurde von kriegerischen Unruhen gebeutelt – am griechischen Befreiungskampf in den 1820er Jahren nahm G. regen Anteil. Iphigenies »Das Land der Griechen mit der Seele suchend« könnte auch G.s Diktum gewesen sein, denn betreten hat er Griechenland nie. Mit Winckelmanns Werken in der Tasche wurde ihm Italien zum »Ersatz«: In Mannheim hatte er schon Abgüsse griechischer Kunst gesehen, in Rom nun studierte er die Kopien griechischer Originale, ebenso wie Ausgrabungsstücke und Zeichnungen, die Reisende mitgebracht hatten. Im übrigen war G. zeit seines Lebens ein eifriger Sammler von allerlei Griechischem: Bruchstücke vom Apollon-Tempel in ↗Delphi oder Abgüsse und Nachbildungen von ↗Phidias' Werken.
  In Süditalien erblickte er griechische Bauwerke (Paestum, Selinunt, Agrigento), ließ sich vom Fürsten von Waldeck jedoch nicht überreden, »mit ihm nach Griechenland und Dalmatien zu gehen« (*IR*, 28. März 1787). Gegenüber Wilhelm von Humboldt urteilte er: »So hat mir [...] mein Aufenthalt zu Neapel, und meine Reise durch Sicilien, eine gewisse nähere Anmuthung zu dem ganzen griechischen Wesen verschafft« (26.5.1799). Des Griechischen zwar nicht so mächtig wie des Lateinischen, bemühte G. sich doch um die Lektüre Homers im Original. Er las Aristophanes, Pindar, die griechischen Tragiker, Geschichtsschreiber und Philosophen und dazu auch noch zahlreiche zeitgenössische Reiseberichte. So umfassend in der griechischen Kultur bewandert, übernimmt G. Gestalten der griechischen Mythologie in sein Werk: etwa ↗Ganymed, ↗Prometheus, ↗Iphigenie oder ↗Helena (im *Faust II*). AR

Griechischer Befreiungskampf. Am Kampf der Griechen gegen die Türkenherrschaft, der sich durch seine gesamte Lebenszeit zieht, nahm G. erst ab 1815 regeren Anteil: Zunächst wurde er durch griechische Studenten aus Jena – möglicherweise Mitglieder des Geheimbundes zur Befreiung Griechenlands, Philiki Eteiria – auf die patriotischen Lieder der neuen nationalen Bewegung aufmerksam gemacht. Er fertigte zwar selbst Übersetzungen an (*Neugriechisch-epirotische Heldenlieder*, 1822; *Neugriechische Liebe-*

Skolien, 1825), war jedoch auch der Meinung: »›Schlagt ihn tot, schlagt ihn tot! Lorbeern her! Blut! Blut!‹ [...] das ist noch keine Poesie« (Th. v. Jacob an B. Kopitar, 6.1.1825). Den Aufstand von 1821 und den demokratischen Verfassungsentwurf von 1822 nahm er zur Kenntnis, ohne sich jedoch weiter darüber zu äußern; den Abschiedsgruß des begeisterten Philhellenen Lord Byron – vom Schiff aus, das ihn nach Griechenland brachte, abgeschickt – bewahrte G. indes sorgfältig auf. 1828 bezeichnete sich G. als »gemäßigten Philhellenen«, 1830 war er jedoch froh, daß »er kein Philhellene sei, sonst würde er sich über den Ausgang des Dramas jämmerlich ärgern« (zu Kanzler von Müller, 28.3.1830). Als 1827 Kapodistrias, mit dem G. mehrmals zusammengetroffen war, Präsident der neugriechischen Republik wurde, begrüßte er die Wahl zunächst, war jedoch bald skeptisch, ob dieser dem Amte gewachsen sei. AR

Grillparzer, Franz (1791–1872), österreichischer Schriftsteller, der als 30jähriger die Verse *In ein geschenktes Exemplar von Goethes Werken* verfaßt: »Wo du stehst im Kreis der Wesen,/Stellt er sich als Führer ein;/Doch will er nicht nur gelesen,/Er will auch gelebt sein«. Fünf Jahre später steht der G.-Verehrer den 77jährigen in Weimar. Als G. ihn an der Hand faßt und so ins Speisezimmer führt, bricht er vor Rührung in Tränen aus. G.: »Grillparzer ist ein angenehmer wohlgefälliger Mann; ein angebornes poetisches Talent darf man ihm wohl zuschreiben« (an Zelter, 11.10.1826). PO

Grimm, Friedrich Melchior von (1723–1807), Schriftsteller und Diplomat, seit 1748 in Paris, seit 1775 dort sachsen-gothaischer Bevollmächtigter. Ab 1753 gab er zusammen mit Diderot die *Correspondance littéraire, philosophique et critique* heraus – Berichte über die literarischen Ereignisse in Frankreich, die an den Herzog von Gotha und andere deutsche Höfe gingen. Mit dieser *Correspondance* gewann Grimm großen Einfluß auf die deutsche Literatur. Darin wurden auch Romane publiziert, z.B. von Diderot. Nach der Französischen Revolution floh Grimm 1790 nach Gotha. G. sah ihn erstmals 1777 auf der Wartburg in Eisenach, dann 1781 in Gotha, 1792 nach dem Feldzug in Frankreich in den Düsseldorfer Emigrantenkreisen, und im August 1801 traf er den »geübten Weltmann« in Gotha, wo dieser zuletzt lebte. PO

Grimm, Jakob (1785–1863) und Wilhelm (1786–1859), Sprach- und Literaturwissenschaftler, Märchen- und Sagensammler. Auf Empfehlung Achim von Arnims empfängt der 60jährige G. den 23jährigen Wilhelm in Weimar – seitdem regelmäßige Kontakte, wechselseitige Anregung und Wertschätzung. Im *Deutschen Wörterbuch* (1852 ff.) – dem sog. Grimmschen Wörterbuch – finden sich zahlreiche Beobachtungen auch zu G.s Sprachgebrauch. PO

Gröning, Georg (von) (1745–1825), Bürgermeister von Bremen; Studienfreund G.s in Leipzig, den er danach aus den Augen verlor, nicht aber aus dem Sinn: »Wie oft habe ich mich gefreut, in dem Fortgange des Lebens zu hören, wie sich dieser vorzügliche Mann, in den wichtigsten Geschäften, seiner Vaterstadt nützlich und heilbringend erwiesen« (*DuW*, 8. Buch). PO

Groß-Cophta, Der: Lustspiel in 5 Aufzügen. Im Sommer 1787 unter dem Titel *Die Mystifizierten* zunächst als komische Oper konzipiert (Material unter der Überschrift *Der Cophta. Als Oper angelegt* erhalten), beendete G. die Arbeit erst 1791, als er Intendant des Weimarer Theaters wurde. Seine Quelle war die Tagespolitik. Die sogenannte ↗Halsbandaffäre hatte 1785 Frankreich, das Ansehen des Königshauses und G. selbst erschüttert. Die Gräfin de la Motte hatte den vom Hofe verstoßenen Kardinal de Rohan dazu gebracht, ein wertvolles Halsband zu finanzieren. Im Glauben, es sei für die Königin Marie-Antoinette, gab er 1,6 Mill. Livres. Die Gräfin allerdings verkaufte es in Einzelteile zerlegt weiter. Als das adelige Betrugsstück entdeckt wurde, kam auch ↗Cagliostro vor Gericht. Der undurchsichtige italienische Abenteurer, Alchimist und Geisterbeschwörer war ein Vertrauter des Geistlichen. Eine Beteiligung konnte ihm nicht nachgewiesen werden. G. stellte einen Zusammenhang her, um die auch Weimar beunruhigende Problematik der ↗Geheimgesellschaften zu thematisieren.

Im I. Aufzug zeigt G. mit bösem Witz die Lektionen, die einen Betrüger zum Meister machen: Der Graf Rostro läßt seine auf dem Anwesen des ihm ergebenen Domherrn versammelten Schüler, darunter auch der Ritter und die Marquise, fasten, nachdenken und im Garten wandeln, bestraft und erschreckt sie u.a. mit Geistererscheinungen. Der II. Aufzug bringt die Marquise und ihre kriminellen Pläne, d.h. die Halsbandaffäre, ins Spiel. Ihr Mann, der Marquis, hat die gerade erst im Haushalt aufgenommene Nichte in der ersten Nacht ihrer Anwesenheit verführt. Als für die Erscheinung des Groß-Cophta im III. Aufzug ein unschuldiges Mädchen gesucht wird, muß die naive Nichte herhalten. Die Marquise und der Graf ver-

bünden sich. Der Domherr läßt sich von dem Auftritt des Groß-Cophta, den Graf Rostro inszeniert und selber spielt, täuschen. Einzig der Ritter wird mißtrauisch. Als die unfreiwillig in die Ereignisse verwickelte Nichte ihn um Hilfe bitten will, erfährt er von den Machenschaften der Marquise und ihres Mannes (IV. Aufzug). Voller Enttäuschung weiht er den Minister ein. Zum letzten Stelldichein in einem Lustgarten erscheinen nicht nur Domherr und Nichte, die die Rolle der Prinzessin spielen soll, Marquise mit Mann und der Graf, sondern auch der Ritter mit der Schweizergarde, die alle gefangen nimmt. Die Beteiligten werden des Landes verwiesen, auch Graf Rostro, dem zuvor noch der Hintern versohlt wird (V. Aufzug).

G. zeigt dieses adelige Zerrbild als Lustspiel, die namenlosen Figuren treten als chargenhafte Typen auf, Versteckspiel und Intrigen treiben die Handlung voran. Dazwischen aufwendige Einlagen und Pantomimen, die von den ersten Plänen zeugen, das Thema als Oper anzulegen. Der versöhnliche Schluß läßt kein öffentliches Zurschaustellen oder grundsätzliches Hinterfragen der gesellschaftlichen Verhältnisse zu. Wie in den anderen Dramen zum Thema der ↗Französischen Revolution wie *Der Bürgergeneral* (1793), *Die Aufgeregten* (1793), *Das Mädchen von Oberkirch* (1795/6) und *Die natürliche Tochter* (1803) zeigt sich G.s affirmatives Bestreben, eine Selbstreform des Adels in Gang zu bringen. Der Zuschauer des *Groß-Cophta* allerdings konnte nicht verdrängen, was G. ihm gezeigt hatte: einerseits unmündige Subjekte, die sich bereitwillig dem Schein übergeordneter Autorität unterwerfen, andererseits der Führungsanspruch des Adels, entstellt zu einer eitlen, eigennützigen, geldgierigen Intrige. Die Zeitgenossen G.s sahen das nicht gern, Stoff und Umsetzung zu einem Lustspiel wurden scharf kritisiert, auch G. selbst konstatierte: »kein Herz klang an« (*CiFr*). Nach der Uraufführung 1791 am Weimarer Hoftheater kam es nur noch zu wenigen Aufführungen. Der schlechte Ruf blieb bis heute erhalten, nur äußerst selten wird *Der Groß-Cophta* auf die Bühne gebracht. NH

Größe: »Alles Große bildet, sobald wir es gewahr werden« (nach Eckermann, 16.12.1828), und es »hebt uns das nicht hinaus und leuchtet uns vor wie ein Stern« (*Wj*, III. 12). Da aber das Große und die menschliche Größe dem gewöhnlichen Menschen nur schwer erträglich sind, werden sie leicht »in ein Spiel, ja in eine Posse« verwandelt und herabgezogen (*DuW*, 2. und 5. Buch). Die Auffassung seiner eigenen Größe hat G. überraschenderweise nicht auf die poetischen Werke gegründet: »›Auf alles, was ich als

»Groß-Cophta« in der Inszenierung von Augusto Fernandes im Hamburger Operettenhaus, 1983

Poet geleistet habe‹, pflegte er wiederholt zu sagen, ›bilde ich mir gar nichts ein. Es haben treffliche Dichter mit mir gelebt, es lebten noch trefflichere vor mir, und es werden ihrer nach mir sein. Daß ich aber in meinem Jahrhundert in der schwierigen Wissenschaft der Farbenlehre der einzige bin, der das Rechte weiß, darauf tue ich mir etwas zugute, und ich habe daher ein Bewußtsein der Superiorität über viele‹«(Eckermann, 19.2.1829).   DH

Großen Hirschgraben, Haus am: G.s Großmutter Cornelia Göthé (1668-1754) hatte 1733 für sich und ihren Sohn Johann Caspar zwei alte Häuser am Hirschgraben in Frankfurt am Main gekauft: gotische, um 1590 errichtete Fachwerkhäuser. Im größeren, südlich gelegenen Haus wurde G. geboren. Als er fünf war, begann sein Vater mit dem Um- und Ausbau der beiden Häuser zu einem geräumigen Gebäude im Stil des bürgerlichen Rokoko. G. berichtet darüber in *Dichtung und Wahrheit*. Er verbrachte im Haus am Großen Hirschgraben seine Kindheit und Jugend, bis der 26jährige der Einladung Carl Augusts an den Weimarer Hof folgte. 1795 verkaufte G.s Mutter das

Goethes Geburtshaus am Großen Hirschgraben in Frankfurt am Main

Haus, das 1863 vom Freien Deutschen Hochstift in Frankfurt erworben und originalgetreu ausgestattet wurde. Neben diesem wurde 1897 das Frankfurter G.-Museum eröffnet.

Am 22.4.1944 wurden G.-Haus und G.-Museum bis aufs Erdgeschoß zerstört. Das G.-Haus wurde 1951 rekonstruiert, das Museum entstand 1954 neu. Beide werden heute betreut durch das Freie Deutsche Hochstift. Sie sind Stätten literaturwissenschaftlicher Forschung, von Veranstaltungen und Ausstellungen.
                                                                        PO

Großes Jägerhaus, Marienstraße 5-7 in Weimar, 1717-20 nach Plänen des Baumeisters Christian II Richter als Wohnhaus für herzogliche Jäger und Forstbeamte, zur Unterbringung von Jagdgerät, Jagdhunden und Forstbehörde erbaut. G. bewohnte zweieinhalb Jahre (November 1789–Spätsommer 1792) zwei »elegante Etagen« des Hauses zusammen mit Christiane, deren Tante Juliane und Stiefschwester Ernestine. Am 25.12.1789 kam Sohn August im Jägerhaus zur Welt, im November 1791 bezog der »Schweizer Meyer« den »obern Stock«. Um den Engländer Charles Gore und dessen Töchter Elise und Emilie an Weimar zu binden, wünschte der Herzog 1792 das G.sche Quartier im Jägerhaus für sie und bestimmte für G. das Haus am Frauenplan zur mietfreien Dienstwohnung. Im Jägerhaus befanden sich später die zwei unteren Klassen der ↗Freien Zeichenschule (ab 1816), die herzogliche Gemäldegalerie (1825-36) sowie vom Herzog mietfrei zur Verfügung gestellte Atelierwohnungen für Künstler.   CS

Großkochberg: Dorf, 35 km von Weimar. Am Nordrand des Dorfes: Schloß Kochberg, ab 1733 Besitz der Freiherren von Stein. 1764-1794 Landsitz von Josias und Charlotte von Stein, die das Gut verpachteten. Der Pächter hatte u.a. Naturalien zu liefern: Holz, Obst, Gemüse, Eier, Butter und vieles mehr, die Bauern Frondienste zu leisten: das Schloß zu scheuern, Wege und Garten zu pflegen und Fuhrwerke samt Pferden zu stellen. Josias von Stein hielt sich, seiner Dienst- und Hofverpflichtungen wegen, selten in Kochberg auf, Charlotte dagegen jährlich mehrere Monate, vor allem im Sommer und Herbst. 1775-1786 weilte G. häufig in Kochberg, seiner intensiven Beziehung zu Charlotte und deren Familie wegen. Sein erster Besuch zu Pferd (Ritt von 3 Stunden) ist am 6.12.1775 verzeichnet. G. besuchte die Freundin in Kochberg, arbeitete, zeichnete dort, wanderte, spielte mit den Kindern, kümmerte sich um das unrentable Kochberger Gut. 1786 verbot ihm Charlotte weitere Besuche in Kochberg, seinen letzten Besuch machte er vom 5.-8.9.1788; »den stößigen Weg« hatte er per Kutsche nach viereinhalb Stunden »geendigt«, begleitet von Caroline Herder, Sophie von Schardt, Fritz von Stein. Heutige Gestalt erhielt Kochberg 1794 bis 1837, als Charlottes ältester Sohn Carl den Familiensitz übernahm.   CS

Grübel, Johann Konrad (1736-1809), Nürnberger Dialektdichter und Klempnermeister, dessen *Gedichte in Nürnberger Mundart* G. ebenso schätzte wie den Autor selbst – beide »stark, frisch, froh und gesund« (Eckermann, 2.4.1829) – Volkspoesie eben.   PO

Grünes Schloß, heute Herzogin Anna Amalia Bibliothek an der Ostseite des Platzes der Demokratie in Weimar; 1562-1569 als Wohnsitz für Johann Wilhelm, den Bruder des regierenden Herzogs, und seine Frau Dorothea Susanna erbaut; zunächst Französisches, später wegen des grünen Kupferdachs oder der begrünten Parkmauer Grünes Schloß genannt. Nach der Nutzung als Leichenhaus, Zeughaus und Archiv veranlaßt Anna Amalia den Umbau zur herzoglichen Bibliothek (1761-1766). Die Glanzzeit der Bibliothek beginnt, als G. und Voigt 1797 die Oberaufsicht übernehmen, zuverlässig unterstützt durch Christian August Vulpius, Christianes Bruder und dortiger Bibliothekar. 1803/04 auf Vorschlag G.s Süderweiterung der Bibliothek nach Plänen von Heinrich Gentz, 1841-1844 Norderweiterung nach Plänen von Coudray.   PO

Guercino. Giovanni Francesco Barbieri, gen. Il Guercino, der Schielende (1591-1666), italienischer Maler, dessen Bilder G. während seiner ersten Italienreise in Guercinos Geburtsstadt Cento, dann auch in Bologna und Rom sah. Obgleich für G. »die Gegenstände der Bilder [...] mehr oder weniger unglücklich« sind, überwiegen Bewunderung und Hochachtung für den Künstler (*IR*, 17.10.1786).   PO

Guilbert, wortkarger Gatte von ⁄Sophie in *Clavigo*. Ebenso treu wie wirkungslos assistiert er dem Unglück in seinem Haus. Überläßt ⁄Beaumarchais die Rache-Tiraden und holt den Arzt, als es zu spät ist. Auf der Bühne eine Nebenrolle, die sich aber, wie ⁄Buenco, deutlich einprägt.   NH

Guilbert, Sophie, versucht mit ihrem Mann ⁄Guilbert, ihrer unglücklichen Schwester Marie ⁄Beaumarchais beizustehen, die durch ⁄Clavigos Liebesverrat dem Tode nahe ist. Von fröhlicher und zupackender

Natur, erlebt Sophie alle Stadien der Ohnmacht und Niedergangs, bis sie sich über der Leiche der Schwester beinahe mit ihrem Bruder Beaumarchais entzweit und ihn nicht abhalten kann, sich an Clavigo zu rächen.   NH

Günderode, Caroline von (1780-1806), Stiftsdame in Frankfurt und romantische Schriftstellerin; eine Freundin Clemens Brentanos und seiner Schwester Bettina – dadurch häufig im Kreis romantischer Dichter und Denker, wo sie den neun Jahre älteren Heidelberger Professor und Altertumsforscher Friedrich Creuzer kennenlernt. Aus unglücklicher Liebe zu ihm wählt sie im Sommer 1806 den Freitod. Charlotte von Stein an ihren Sohn: »Sie hat allerliebste dramatische und andere Poesien unter dem Namen Tian herausgegeben. Ich war erstaunt über die tiefen Gefühle und den Reichtum der Gedanken bei den schönen Versen, und Goethe war es auch« (10.8.1806). Bettina widmete ihr das Werk *Die Günderode* (1840). G. ließ sich von Bettina über »dieses merkwürdige Mädchen« erzählen (11.8.1810), am 6.9.1814 besuchte er »am Rhein zwischen einem Weidicht den Ort, wo Fräulein von Günderode sich entleibt«.   PO

Guten Weiber, Die, kleines Prosastück, 1800 im Auftrag Cottas für dessen Damenkalender geschrieben als Ausgleich für die bitteren Kupferstiche mit dem Titel »Böse Weiber«. Das Rahmengespräch der Figuren nimmt die Stiche als Erzählanlaß wieder auf, die Figuren diskutieren über die Lasterdarstellungen und erzählen in geselliger Runde Geschichten, die u. a. Gegenbilder zu den »Bösen Weibern« sind. G. erweist sich in dem kleinen Text als brillanter Erzähler im souveränem Umgang mit der ironischen Distanz auktorialen Erzählens.   BJ

Gutes/Böses, moralische Kategorien, die bei G. häufig als zusammengehörige Pole auftauchen. Das Gedicht *Das Göttliche* (1783) reflektiert die Gleichgültigkeit der Natur gegenüber Gutem und Bösem: »Es leuchtet die Sonne/Über Bös' und Gute,/Und dem Verbrecher/Glänzen wie dem Besten/Der Mond und die Sterne« (v. 15-19). Der Mensch dagegen sei »edel [...], hilfreich und gut« (v. 1-2), seine Qualität ist sein moralisches Urteilsvermögen: »Er allein darf/Den Guten lohnen,/Den Bösen strafen« (v. 44-45). Daß die moralische Unterscheidung zwischen gut und böse aber nicht so leicht von der Hand geht, formulierte G. schon in der Rede *Zum Schäkespears Tag* (1771): »Das, was wir bös nennen, ist nur die andre Seite vom Guten«, die zueinander polaren Kategorien machen gemeinsam das Ganze aus.

↗Iphigenie und ↗Thoas thematisieren in einem Dialog die Schwierigkeiten moralischer Beurteilung: »[Iph.] Um Gut's zu tun, braucht's keiner Überlegung./[Thoas] Sehr viel! Denn auch dem Guten folgt das Übel./[Iph.] Der Zweifel ist's, der Gutes böse macht« (V.3, v. 1989-1991). Mephisto spielt in seiner Selbstcharakterisierung Faust gegenüber mit beiden moralischen Kategorien: Er sei ein »Teil von jener Kraft,/Die stets das Böse will und stets das Gute schafft« (v. 1335f.), am Ende des *Faust II* wird der Titelheld, ohne sein Zutun und durch Gretchens Liebe, vom Bösen zum Guten erlöst (Grablegung v. 11805ff. u. v. 11934ff.).   BJ

Gutzkow, Karl Ferdinand (1811-1878), Dichter und Journalist. Einst engagierter Vertreter des ↗Jungen Deutschland, schreibt er zu G.s 100. Geburtstag die Komödie *Der Königsleutnant*, die Geschichte vom etwa 10jährigen G. und dem in *Dichtung und Wahrheit* erwähnten Leutnant Graf Thoranc, der im Siebenjährigen Krieg während der französischen Besatzung von Frankfurt bei den Goethes einquartiert war. Der kleine G. wird als Genie gefeiert, das durch Aufsagen eines selbstverfaßten Gedichts die Freilassung seines Vaters erwirkt, der Königsleutnant prophezeit ihm eine große Zukunft.   PO

Hackert, Philipp (1737-1807), Landschaftsmaler, lebte von 1768-1796 in Rom, war sodann bis 1799 Kammermaler des neapolitanischen Königs, lebte schließlich bis zu seinem Tode in Florenz. G. lernte Hackert in Neapel kennen und erhielt von ihm dort Mal- und Zeichenunterricht: Hackert führte G. im Januar 1788 durch Rom, sie verband eine gemeinsame klassizistische Kunstanschauung. Vor allem in den zwei nachfolgenden Jahrzehnten äußerte G. immer wieder seine hohe Wertschätzung der Landschaften Hackerts. Dieser setzte in seinen letztwilligen Verfügungen fest, daß G. alle seine hinterlassenen Schriften erhalten solle, um sie zu einer Lebensbeschreibung zu arrangieren (↗ *Philipp Hackert*).   BJ

Hafis (d.i. Hafez, Schamsoddin Mohammad; 1320-1390): Persischer Lyriker aus Schiras, dessen Werk vor allem aus etwa 500 Ghaselen - Liedern des Lebensgenusses, der Liebe und des Weins - besteht und erst ein Jahr nach seinem Tod als *Diwan* - so lautet die Gattungsbezeichnung der zahlreichen lyrischen und panegyrischen Gedichtsammlungen insbesondere im islamischen Vorderen und Mittleren Orient - gesammelt worden ist. Hafis, »der im Gedächtnis Bewahrende«, »der den Koran auswendig weiß«,

schrieb ein geschmeidiges, bild- und formenreiches Neupersisch, war Lehrer einer Koran-Schule, Mitglied des Sufi-Ordens, Hofdichter der Fürsten der Mossafaridendynastie, die untereinander selten einig waren, sondern eher in Dauerfehde lagen; ein schwieriges Amt des Fürstenlobs also, dessen sich Hafis vorsichtig, verschlüsselt oft, ironisch entledigte. Aus seinen Versen spricht ein weltkundiger, durch viele Erfahrung klug gewordener Mann, der alle Register des Übermuts, der Trauer, der Freude, der Leidenschaft beherrscht und diesen Haltungen mit hohem Kunstverstand und einem bis dahin in der persischen Dichtung unbekannten freigeistigen Wagemut Ausdruck verleiht: im souveränen Spiel mit Versstrukturen, deren Bedeutung seinem Publikum aus der Tradition bekannt war und das er mit neuen, ›unerhörten‹ Wendungen verblüffte, im Entwurf bisher nicht vertrauter Bilder, im antithetischen Wortspiel, die ihn gelegentlich auch zum Arabischen als Stilmittel greifen ließ. Hafis ist bis heute in Persien ein viel gelesener Klassiker.

G. lernte den *Divan des Muhammed Schemseddin Hafis* im Juni 1814 in der etwas schwerfälligen, erstmaligen Übersetzung Josephs von Hammer-Purgstall (1812/13) kennen; die kongenialere (Teil-)Übersetzung von Friedrich Rückert, Redakteur von Cottas ↗ *Morgenblatt für gebildete Stände*, unter dem Titel *Ghazelen des Hafis* erschien erst 1926, die seines Schülers Platen unter dem Titel *Nachbildungen aus dem Diwan des Hafis* 1910. Das Buch war im Sommer auf der zweiten Reise den Rhein, Main und Neckar entlang G.s ständiger Begleiter - in Hafis hatte er, fasziniert von der fremdartigen Bild- und Vorstellungswelt, von der weichen Musikalität der Sprache und der schwebenden rhythmischen Akzentuierung, einen Seelenverwandten entdeckt, der ihm seine orientalische Zunge löste: »Den 25ten schrieb ich viele Gedichte an Hafis«, meldet er Christiane am 28. Juli 1814 aus Hanau. Nicht ganz ein Jahr später bot er seinem Verleger Cotta eine ihm höchst wichtig erscheinende »Versammlung deutscher Gedichte, mit stetem Bezug auf den Divan des persischen Sängers Mahomed Schemseddin Hafis« an: »Meine Ansicht ist dabei, auf heitere Weise den Westen und den Osten, das Vergangene und Gegenwärtige, das Persische und Deutsche zu verknüpfen, und beiderseitige Sitten und Denkarten übereinander greifen zu lassen [...] Diesen deutschen Divan wünscht ich, in Form eines Taschenbuchs, in viele Hände« (16.5. 1815). Im schließlich 1819 erschienenen ↗ *West-östlichen Divan* hat G. dem Hafis ein ganzes Buch gewidmet. Es erscheint wie der Dialog zweier verwandter Dichterseelen, die sich über Fragen und Probleme der dichterischen Produktivität, über Verstand und Unverstand des Publikums über die Zeiten und Kulturen hinweg anerkennend und mitfühlend unterhalten.   BL

Hagedorn, Friedrich von (1708-1754), Dichter einer Lyrik mit spielerisch-heiterer Anmut und idyllischen Naturbildern, Vorläufer der ↗Anakreontik. G. vermerkt im 2. Buch von *Dichtung und Wahrheit*, daß die Bibliothek seines Vaters die Werke Hagedorns enthalten habe, seine ersten eigenen Versuche kommentiert er dann im 6. Buch mit der Hoffnung, als Dichter einmal gleichwertig neben Hagedorn zu stehen. Seine höchste Wertschätzung Hagedorns behält G. sein ganzes Leben lang bei; noch das bei seinem Vorbild entlehnte Motto eines Briefes an den Freund Zelter (4.10.1831) zeigt dies an.   BJ

Hagen, Friedrich Heinrich von der (1780-1856), einer der ersten Germanisten, nach 1810 Professor in Berlin und Breslau. Indem er mittelhochdeutsche Texte in sprachlich modernisierter Form edierte und so deren Lektüre vereinfachte, gewann er auch G., dem er regelmäßig Exemplare seiner Arbeiten zusandte, für die Texte mit ihrer »rauhe[n] Schale« (an von der Hagen, 11.9.1811). Eine ganze Reihe von Texten erschloß von der Hagen so dem wachsenden Interesse G.s an der deutschen Kulturgeschichte. Über von der Hagens Bearbeitungen stieß G. auch zu den Originaltexten vor.   JAS

Hainbund s. Göttinger Hain

Halberstadt, im nördlichen Harzvorland gelegene Stadt, in der sich G. während seiner zweiten Harzreise im September 1783 für vier Tage aufhielt, mit der Herzoginmutter Anna Amalia und deren Bruder Herzog Karl Wilhelm Ferdinand von Braunschweig zusammentraf und auch Johann Wilhelm Ludwig Gleim besuchte, was bei G. »einen dunklen Eindruck« hinterließ. »Vollkommen friedlich und vernunftgemäß« bezeichnete G. seinen Aufenthalt vom August 1805 in der Stadt (*TuJ*, 1805), wobei er das Gleim-Haus besichtigte und Gleims Biographen Friedrich Wilhelm Heinrich Körte kennenlernte.   CA

Halle: In der alten Salz- und Universitätsstadt weilte G. des öfteren und fand im Hause seines Freundes F.A. ↗Wolf, dem Altphilologen, »gastlichste Aufnahme« (*TuJ*, 1805). Mit Wolf »gab es tausend Gelegenheiten, […] irgend eine ins Leben eingreifende Handlung zum Text geistreicher Gespräche aufzufassen, [die] bedeu-

tenden Reichtum zurückließen« (ebd.). Ferner begegnete G. in Halle dem Theologen A.H. Niemeyer, dem Mediziner J.C. Reil, dem Botaniker K.P.J. Sprengel, machte Bekanntschaft mit dem Philosophen und Theologen F. Schleiermacher und dem dänischen Dichter A.G. Oehlenschläger. 1805 hörte er in Halle einen Vortrag des Arztes F.J. Gall über die Schädellehre. Er nutzte seinen Aufenthalt auch, um den botanischen Garten, die reichhaltige anatomische Sammlung und die Franckeschen Stiftungen zu besichtigen. Zur Eröffnung des 1811 neuerbauten Halleschen Theaters verfaßte G. einen Prolog.   HM

Haller, Albrecht von (1708-1777), berühmter Schweizer Universalgelehrter des 18.Jh.s, der als Arzt, Botaniker und Dichter auf sich aufmerksam machte. Seinen 1732 erschienenen *Versuch Schweizerischer Gedichte* las G. schon in seinen Jugendjahren. Haller, der in G.s Augen Unglaubliches geleistet habe, wurde von G. in seinem Gesamtwerk immer wieder lobend erwähnt. Das Lehrgedicht *Die Alpen* (1729), das die bizarre Schönheit des Hochgebirges schildert, regt im dritten Buch von *Wilhelm Meisters Wanderjahren* zu »herrlicher Betrachtung holder und erhabener Naturszenen« an: »Treffliche vaterländische Dichter hatten das Gefühl in uns erregt und genährt, Hallers ›Alpen‹, Geßners ›Idyllen‹, Kleists ›Frühling‹ wurden oft von uns wiederholt, und wir betrachteten die uns umgebende herrliche Welt bald von ihrer anmutigen, bald von ihrer erhabenen Seite« (III.13). Ferner entnahm G. Hallers Staatsroman *Usong* (1771) das Motto für die erste Fassung seines *Götz*.   HM

Halsbandaffäre. Vorrevolutionäre Skandalaffäre am französischen Hof, die 1785/86 das Ansehen des *ancien régime* in der Öffentlichkeit weiter schwächte. Einem der höchsten Geistlichen Frankreichs, dem Kardinal Rohan, hatte die intrigante Hofdame Jeanne de La Motte weisgemacht, er könne die verlorene Gunst der Königin Marie Antoinette wiedergewinnen, wenn er sich beim Erwerb eines unvorstellbar teuren Diamantenhalsbandes nützlich mache. Das Halsband verschwand jedoch spurlos, und im nachfolgenden Prozeß wurde Madame de La Motte zu lebenslänglicher Haft verurteilt, der Kardinal - und der ebenfalls in die Angelegenheit verwickelte Graf Cagliostro - hingegen freigesprochen. Die Affäre - als Ausdruck der Korrumpiertheit der regierenden Aristokratie - wurde äußerst kontrovers diskutiert, avancierte europaweit zum Medienereignis und schokkierte auch G., der »die Würde der Majestät untergraben« sah (*CiFr*) und sich genötigt fühlte, in seinem Lustspiel *Der Groß-Cophta* die Thematik deutlich entschärft darzustellen: Die politische Dimension ist ausgeblendet, die Intrige wird aufgedeckt, das Halsband taucht auf, und die Bösen werden bestraft.

DF

Hamann, Johann Georg (1730–1788), Schriftsteller und Philosoph aus Königsberg, in seiner Jugend Anhänger der Aufklärung, dann Wegbereiter des ↗Sturm und Drang. Die Lektüre von Hamanns Schriften wirkte sich besonders auf Sprache und Geniebegriff des jungen G. aus. Wiederholte Bibellektüre führte ihn zu einer religiösen Umkehr. G. gedenkt »dieses würdigen, einflußreichen Mannes« ausführlich im 12. Buch von *Dichtung und Wahrheit*. Persönlich stand er mit ihm nie in Verbindung: Herder war es, der ihn regelmäßig über Hamann informierte. G. plante sogar eine Herausgabe seiner Schriften, die er fast vollständig besaß. G. faßt den Kern von Hamanns Äußerungen so zusammen: »Alles, was der Mensch zu leisten unternimmt, es werde nun durch Tat oder Wort oder sonst hervorgebracht, muß aus sämtlichen vereinigten Kräften entspringen, alles Vereinzelte ist verwerflich.« G.s Kommentar: »Eine herrliche Maxime! aber schwer zu befolgen.«

BS

Hamburg selbst hat G. nie besucht. Die Stadt hatte für ihn dennoch eine große Bedeutung als Theaterstadt und Ort des Hamburger Nationaltheaters (Auseinandersetzung mit Lessings *Hamburgischer Dramaturgie*). Er ließ von dort aber auch mit Eilpost frischen Seefisch, der nach einer besonderen Lebend-Methode befördert wurde, für seine Weimarer Tafelfreuden kommen (↗Meyer, Nicolaus).

BL

Hamlet, Titel der Shakespeare-Tragödie, die Wilhelm Meister am Theater ↗Serlos mitinszeniert, wo er die Hauptrolle spielt. Wilhelm entwickelt den Charakter des dänischen Prinzen Hamlet als eines melancholischen, seiner fürstlichen Identität unsicheren Menschen. Hamlet ist nicht fähig, den Mord an seinem Vater zu rächen. Er sieht den Hauptkonflikt Hamlets darin, daß hier »eine große Tat auf eine Seele gelegt [sei], die der Tat nicht gewachsen ist« (*Lj*, IV.13).   BJ

Hammer-Purgstall, Joseph von (1774–1856); österreichischer Diplomat, Orientalist und Übersetzer (zehn! Fremdsprachen), der für die deutsche Kenntnis des Orients Grundlegendes leistete. Seine Übersetzungen waren für G. eine wichtige *Divan*-Quelle, so z.B. *Der Diwan von Mohammed Schemseddin Hafis* (2 Bde., 1812/13), die *Geschichte der schönen* *Redekünste Persiens, mit einer Blütenlese aus 200 persischen Dichtern* (1818) und die *Fundgruben des Orients* (6 Bde., 1809–1818). In den *Noten und Abhandlungen* zum *Divan* widmet ihm G. daher einen eigenen Abschnitt: *Von Hammer*. Dort schreibt er: »Wie viel ich diesem würdigen Mann schuldig geworden, beweist mein Büchlein in allen seinen Teilen«.   PO

Hammerflügel s. **Klavierinstrumente, Streicher**, Nannette

Handel, Lebens- und Erwerbsbereich bürgerlicher Gesellschaft, den G. als Sohn einer Handelsstadt und als Minister gut kannte und auch als literarisches Motiv vielfach einsetzte. *Dichtung und Wahrheit* liefert ein dichtes Bild des Messestandorts Frankfurt, Leipzig wird ebenso behandelt, im 17. Buch wird der Wohlstand einer Nation vom Handel treibenden Mittelstand abhängig gemacht. Wilhelm Meister ist Sohn eines Handelsmannes, in einem allegorischen Gedicht führt er allerdings die Muse gegen den schlecht angesehenen Handel zu Felde. Sein Freund Werner erscheint als Inbegriff des zweckrational orientierten Handelsmannes, eine fast polemische Skizzierung, die G. in späteren Texten aufgibt: Der Held der Ferdinand-Novelle in den *Unterhaltungen deutscher Ausgewanderten* ist Händler, der fröhliche belebte Handel auf dem Marktplatz kennzeichnet die ökonomisch und politisch wohlgeordnete Residenz in der *Novelle*. Schließlich werfen die *Wanderjahre* einen nochmals kritischen Blick auf die moderne Ökonomie: Dem behaglichen Textilhandel in *Lenardos Tagebuch* steht die hohe Geschwindigkeit des Warenumsatzes, die »Lebhaftigkeit des Handels« als problematisch ↗»veloziferisch« gegenüber (*Betrachtungen im Sinne der Wanderer*).   BJ

Händel, Georg Friedrich (1684–1759), einer der bedeutendsten, ab 1712 in England wirkenden Vokal- und Instrumentalkomponisten des 18. Jh.s, dessen Musik über seinen Tod hinaus eine ungebrochene Hochachtung genoß und der G.-Zeit ungleich näher lag als etwa diejenige Johann Sebastian Bachs. Man verehrte sie geradezu hymnisch und rühmte die »höchste Wahrheit und Schönheit des musikalischen Ausdrucks«, ihre »ächte Deklamazion« und den »edlen Gesang« (Johann Friedrich Reichardt, *Musikalisches Kunstmagazin*, 1782). Damit mußte sie den Vorstellungen G.s entsprechen und begleitete spätestens seit 1807 auch seinen musikalischen Diskurs mit Carl Friedrich Zelter.

Zu den letzten musikalischen Nachrichten, die G. kurz vor seinem Tode wahrnahm, gehörte ein Aufsatz Zelters über Händels Oratorium *Judas Maccabäus*, das er in der Berliner Singakademie aufgeführt hatte. Nachdem G. einige Monate nach der Aufführung der Ode *Alexanders Fest* im Mai 1780 die Einstudierung des Oratoriums *Messias* veranlaßte, gehörten beide Werke zu G.s Repertoire, das auszugsweise, gesungen von seinem eigenen Singchor (↗Chor), auch im Haus am Frauenplan erklang. Hatte ihn das *Alexanderfest* noch zu der skeptischen Äußerung veranlaßt: »Unsere Leute sind nicht dazu«, so verhalf ihm der *Messias* (ebenfalls in der Übersetzung von J. G. Herder) zu neuen Erkenntnissen über das Verhältnis von metrisch gebundener Rede zur Musik, die er mehrfach in seinem Briefwechsel mit Zelter thematisierte. Unter Berufung auf Friedrich Rochlitz' Schrift: *Händels Messias* (1824) erbat er sich von Zelter sogar eine eingehende Analyse des Werkes, die ihm der Freund in einem Brief vom 20.–23. März 1824 mit dem Versuch einer oratorisch-theatralischen Entstehungsgeschichte lieferte, die G. sehr faszinierte: »Deine Ansicht von dem rhapsodischen Entstehen dieses Werks [ist] meiner Ansicht ganz gemäß: denn der Geist vermag aus fragmentarischen Elementen gar wohl einen Rogus aufzuschichten, den er denn zuletzt durch seine Flamme pyramidalisch gen Himmel zuzuspitzen weiß« (27.3.1824).   GBS

Handschrift: G. schrieb nicht gern selbst, er diktierte lieber. Dabei war seine eigene Handschrift äußerst wohlproportioniert, wiewohl stark rechtsauslegend. Die Handschrift eines Menschen ließ für G. durchaus Rückschlüsse auf dessen Charaktereigenschaften zu. Als eine Art humanistischer Reliquienkult wird G.s Hobby des Autographensammelns eingeschätzt, möglicherweise tritt aber die charakterologische Handschriftenauslegung an die Stelle der vorher betriebenen Physiognomik (↗Diktieren, Schönschreiben).   DF

Handwerk, für G. zunächst grundsätzlich eine Tätigkeit, die mit den Händen ausgeübt wird, und darüberhinaus eine Berufssparte mit den Ausbildungsstufen Lehrling, Geselle, Meister. 1779 ist für G. derjenige, der einen Handwerksberuf ausübt, »der glücklichste Mensch«, ist doch seine Existenz nahe an der Natur: »Er ist nur eine Stufe über dem Thier und ist ein ganzer Mensch« (*Briefe aus der Schweiz*, 1. Abteilung). Doch mit dem Aufkommen des ↗Maschinenwesens und einer sich anbahnenden Industrialisierung erwuchsen – was g. wahrnahm – dem Hand-

werk bzw. den Menschen, die mit Handarbeit ihren Lebensunterhalt verdienten, zunehmend Probleme.

Eine der möglichen Lösungen stellt in G.s Altersroman *Wilhelm Meisters Wanderjahre*, der das Handwerk wiederholt zum Gegenstand der Betrachtung macht, die Auswanderung der Handwerker nach Amerika dar. Den Begriff Handwerk gebraucht G. auch ganz grundsätzlich für eine Fertigkeit, ein Können, eine Technik.

Für den eigenen, relativ erfolglosen Werdegang als bildender Künstler machte G. einen seiner »Kapitalfehler« verantwortlich, »das *Handwerk* einer Sache«, die »treiben wollte oder sollte«, nie gelernt zu haben (*IR*, 20.7.1787); er räumte dem handwerklichen Können bzw. einem gründlichen Studium der benötigten Techniken für die Produktion von Kunst einen wichtigen Platz ein. Aber: »So respectabel das Handwerk ist, wenn es der Kunst gehorcht, so ohnmächtig und abgeschmackt zeigt es sich, wenn es die Stelle der Kunst vertreten will« (*Über die verschiedenen Zweige der hiesigen Thätigkeit*). In dem Aufsatz *Kunst und Handwerk* widmete sich G. den Problemen, die sich aufgrund von »verfeinertem Handwerk und Fabrikenwesen« für die Kunst im beginnenden Zeitalter ihrer Reproduzierbarkeit ergaben.   DF

Hanswursts Hochzeit oder der Lauf der Welt. Von dem »mikrokosmischen Drama« (ca. 1775) ist nur der Anfang erhalten: Der reiche Bauerntölpel Hanswurst soll Ursel Blandine heiraten und wird von seinem Mentor Kilian ↗Brustfleck auf das notwendige Prozedere eingeschworen, während Hanswurst nur an die Hochzeitsnacht denkt. Ein genußvoll derbes Fragment, in dem das gesamte genitale und fäkale Vokabular aktiviert wird. Besonders beeindruckend ist die Liste der Hochzeitsgäste: über 200 Schimpf- und Ekelnamen.   NH

Hardenberg, Carl August von (1750–1822), 1791–1807 preußischer Minister, 1810 Staatskanzler, 1814 in den Fürstenstand erhoben. Er war einer der Großen auf der politischen Bühne seiner Zeit, die G. persönlich kannte: durch die Studienzeit in Leipzig und gemeinsamen Zeichenunterricht bei Oeser. Sie sahen sich mehrmals wieder, u.a. 1772 in Wetzlar, 1792 in der Champagne und 1813, als Hardenberg nach der Völkerschlacht bei Leipzig durch Weimar kam.   PO

Harfnergedicht s. **Aus Wilhelm Meister**

Harmonie: In den Schriften zur Kunst macht G. deutlich, daß Harmonie nur durch Kunst zu erreichen ist. Der Künstler dringt bei der Harmonie zwar »bis in die Ursachen hinein, die sie hervorbringen« (*Aus Goethes Brieftasche*), dennoch kann er die »tausend harmonierenden Einzelnheiten« nicht restlos »erkennen und erklären« (*Von Deutscher Baukunst 1772*). In *Baukunst 1795* stellt G. den Zusammenhang her zwischen wohlproportionierten Bauten und dem menschlichen Körperbau. Ein bleibendes Kunstwerk ist für G. ein Muster »von Symmetrie und Mannigfaltigkeit, von Ruhe und Bewegung, von Gegensätzen und Stufengängen, die sich zusammen, teils sinnlich teils geistig, dem Beschauer darbieten« (*Über Laokoon*); dies kann ein Gebäude sein und ebenso ein menschlicher Leib. In der Kunst geht es um »das Gleichgewicht im Ungleichen, den Gegensatz des Ähnlichen, die Harmonie des Unähnlichen und alles, was mit Worten kaum ausgesprochen werden kann« (*Myrons Kuh*). AV

Harz, deutsches Mittelgebirge, von G. mindestens dreimal besucht. Briefe und Tagebücher geben unterschiedlich ausführlich Auskunft über Verlauf und Zweck der Harzreisen. Es ist unklar, ob die erste Reise (29.11.–14.12.1777) mit den Plänen des Ilmenauer Bergwerks zusammenhing oder eher der Besteigung des Brockens diente, jenes ›heiligen‹ Berges, der für G. symbolische Bedeutung hatte. Von seiner Besteigung, die am 10.12. glückte, versprach sich G. ein »befestigungs Zeichen« (an Charlotte von Stein, 10.12.1777). Auf dieser Reise war G. inkognito unterwegs und gab sich als Maler aus.

Die zweite Harzreise (6./7.9.–26.9.1783) unternahm G. mit dem zehnjährigen Fritz von Stein. Unter der Leitung des Vizeberghauptmanns Heinrich entwickelte sich G.s Interesse an Geologie und Mineralogie.

Auf der dritten Reise (8.8.–14.9.1784) war G. mit Herzog Carl August und dem Weimarer Maler ↗Kraus unterwegs und beschäftigte sich besonders mit dem ↗Granit – ihr Anlaß war jedoch eine geheimdiplomatische Mission des Herzogs in Braunschweig. Literarischen Niederschlag fand G.s Harzreisen in dem Gedicht *Harzreise im Winter*, der Ballade *Die erste Walpurgisnacht* (1799), der Walpurgisnacht-Szene des *Faust* I, sowie in geologischen Schriften wie der Abhandlung *Über den Granit* (1784). JAS

Harzreise im Winter: *Dem Geier gleich*, entstanden Dezember 1777, Erstdruck in *Schriften* 1789. Biographischer Hintergrund ist G.s Reise in den Harz

vom 29.11.–16.12.1777, die auch in einem Reisetagebuch und in Briefberichten an Charlotte von Stein dokumentiert ist. In der *Campagne in Frankreich 1792* (1822) schildert er nochmals ausführlich die weit zurückliegende Reise. Deren Stationen – Trennung von der Jagdgesellschaft des Herzogs Carl August, einsamer Ritt zu dem Sonderling Friedrich ↗Plessing, der einem hypochondrischen Werther-Kult ergeben war, Besichtigung von Bergwerken, weite und beschwerliche Reise zu Fuß und Pferd, die mit der Besteigung des Brockens ihren Höhepunkt fand – tauchen in dem hymnischen Gedicht verschlüsselt auf. Eine Brockenbesteigung im Winter galt den Zeitgenossen als unrealisierbar; G. berichtet darüber in feierlichem Ton an Charlotte von Stein. Das Gelingen sieht er als Zeichen dafür, daß eine »übermütterliche Leitung« seinen Wünschen entgegenkomme. Die Hymne spiegelt also eine existentiellen Grenzerfahrung, eine physisch-psychische Mutprobe, wie G. sie seit der Straßburger Zeit des öfteren unternommen hatte. Sie ist jedoch zugleich ein poetologisches Gedicht; in Bildern der Reise reflektiert G. über die Bedingungen von Dichtung. Im 15. Buch von *Dichtung und Wahrheit* bezeichnet er seine Werke als »Kinder der Einsamkeit«; auch in dieser Hymne zieht sich der »Einsame« zurück, wird von der »Öde« verschlungen. Der hypochondrische Sonderling und die zurückgebliebenen »Brüder der Jagd« werden mit Segenswünschen bedacht, dann aber erschließt sich dem Dichter an diesem Rückzugsort seiner Inspiration eine bunte und reiche Welt. In einem sprachlichen Feuerwerk, mit »Goldwolken«, »dem tausenfarbigen Morgen«, »Schneebehangner Scheitel«, wird die unendliche Überlegenheit der künstlerischen Naturerfahrung entfaltet, die durch die Liebe belebt wird. Höhepunkt der Hymne ist der Aufstieg zum Brocken, der als Sitz der Hexen und Teufel auch Handlungsort der ↗Walpurgisnacht in *Faust I* ist. Auf ältere heidnische Kulte verweist »Den mit Geisterreihen/Kränzten ahnende Völker«; der Blick auf »Reiche und Herrlichkeit« ist dagegen eine Anspielung auf die Versuchung Christi durch den Teufel auf einem hohen Berg. Der Berg, der mit »Du« angeredet wird, kann als Bild einer künstlerischen Größenphantasie verstanden werden. Mit dem Blick von einer erhöhten Warte auf die Welt schließt sich zugleich der Kreis zum Anfang, an dem das Lied des Dichters mit dem am Himmel schwebenden Geier verglichen wird. Dieser Vergleich mag zunächst befremden, doch war ›Geier‹ im 18. Jh. ein Kollektivname für Raubvögel. Vertrauter ist bis heute der Adler als Bild des Poeten. In ihrem hohen Kunstpathos, dem feierlich-antikisierenden Ton, der sich mit Anklängen an Psalmen mischt, ist die Hymne eine Selbstvergewisserung des Dichters G. und Ausdruck seiner schwierigen Rollenproblematik am Weimarer Hof. IW

Hase in Eile, Unterschrift von Christiane Vulpius in ihrem Brief vom 10. oder 11.6.1797 an G. DF

Hasigkeit: Christiane G.s Ausdruck für: »Ich will mit dir schlafen« (26.5.1797). BL

Häßlich/schön. G. lebte in einer Zeit, in der die Schönheit als wichtigstes bzw. einziges Kunstkriterium immer mehr ins Hintertreffen geriet. G. selbst war an dieser Entwicklung nicht unbeteiligt, hatte er doch in seiner Rezension von Johann Georg Sulzers *Allgemeiner Theorie der schönen Künste* (1772) gegen dessen Meinung polemisiert, die Aufgabe der Kunst sei die »Verschönerung der Dinge«, und im gleichen Jahr der schönen Kunst eine charakteristische als »einzig wahre« gegenübergestellt (*Von Deutscher Baukunst*). Mit der immer größeren Vorbildfunktion, die für G. während und nach der Italienreise die antike Kunst (insbesondere die Plastik) einnahm, erfolgte auch eine Rückkehr zum Schönheitsprinzip, die G.s programmatischen Klassizismus einläutete. So schloß er sich in *Über Laokoon* 1798 Lessings Meinung an (*Laokoon*; 1766), der Schöpfer der Skulptur habe just jenen Moment der Darstellung gewählt – den *vor* dem Schlangenbiß –, um den »herrlichen, strebenden, gesunden« Körper nicht im »Todeskampf« zu zeigen und ihn damit – nach Lessings Worten – »auf eine ekelhafte Weise« zu entstellen.

Eine Zu- oder gar Überhandnahme des Häßlichen in der zeitgenössischen Kunst mußte G. allerdings genauso wahrnehmen wie der jüngere, wertfreier urteilende Friedrich Schlegel, der schon 1795 so weit ging, das Fehlen einer »Theorie des Häßlichen« zu bemängeln (*Über das Studium der Griechischen Poesie*). G. lehnte die Entwicklung ab und ärgerte sich maßlos über Werke wie Victor Hugos *Der Glöckner von Notre Dame*, die im Gefolge der »unseligromantischen Richtung« dazu neigten, »das Allerunerträglichste und Häßlichste darzustellen« (Eckermann, 27.6.1831). Es war ihm viel zu ernst mit der Überzeugung: »Das Schöne ist eine Manifestation geheimer Naturgesetze, die uns ohne dessen Erscheinung ewig wären verborgen geblieben« (*MuR*). DF

Hatem: *Locken, haltet mich gefangen/Suleika: Nimmer will ich dich verlieren!* Mit dem Wechsel von der Hatem- zur Suleika-Strophe ist das Doppelgedicht, entstanden am 30.9.1815, ein typisches Beispiel für die dialogische Struktur des *Buchs Suleika*, dem Zentrum und Herzstück des *West-östlichen Divan*. Hatem und Suleika sind Chiffren für G. und Marianne von Willemer, die im Gedicht »Da du nun Suleika heißtest,/Sollt’ ich auch benamset sein« als Ausdruck eines artifizielles poetischen Spiels etabliert wurden. Eines der Grundthemen des Zyklus, die Liebe des alten Dichters zu einer jungen Frau, wird im Hatem-Part in einer großartigen Metaphorik überhöht. Kühne Selbstbilder des Sprechenden wie: »Unter Schnee und Nebelschauer/Rast ein Ätna dir hervor« und »Jener Gipfel ernste Wand« erweisen das Gedicht als eine künstlerische Größenphantasie (vgl. auch die Berg-Metaphorik im Gedicht der frühen Weimarer Jahre *Harzreise im Winter*).

Die angedeuteten Bescheidenheitstopoi zeigen nur, daß der alte Dichter sich der Liebe der jungen Frau würdig weiß. In ihrer Entgegnung spricht sie dies auch aus: »Magst du meine Jugend zieren/Mit gewalt ’ger Leidenschaft.« In den *Noten und Abhandlungen* kommentiert G. dazu: »Aber noch eines größern Mangels rühmt er sich: ihm entwich die Jugend; sein Alter, seine grauen Haare schmückt er mit der Liebe Suleikas, nicht geckenhaft zudringlich, nein! ihrer Gegenliebe gewiß. Sie, die Geistreiche, weiß den Geist zu schätzen, der die Jugend früh zeitigt und das Alter verjüngt.« Die Rede Suleikas ist mitunter als eines der Gedichte gesehen worden, die Marianne von Willemer zum Zyklus beigetragen hat, doch sind die Schlußverse »Denn das Leben ist die Liebe,/Und des Lebens Leben Geist« allzu genuiner Ausdruck der Lebensphilosophie G.s.

Eingebettet in diesen hohen Ton des Liebesdialogs sind ironische Lesersignale, so ein fehlender Reim in der dritten Strophe: »Morgenröte« wird mit »Hatem« gepaart und nicht, wie zu erwarten wäre, mit dem Reimpartner »Goethe«. Dieser virtuelle Reim, von Thomas Mann treffend »der schelmisch versagte Reim« genannt, ist ein Indiz für den literarischen, den inszenierten Charakter des Liebesdialogs, das Spiel mit Masken und Identitäten. Auch die Schenkenstrophe, welche die Hatem-Rede abschließt, setzt einen witzigen Kontrapunkt zum Pathos der Anrede an die Geliebte und verbietet ein Verständnis, das allzu sehr auf eine tragische Liebesgeschichte ausgerichtet ist. Das Hatem-Suleika-Rollenspiel trägt als Sublimierung der biographischen Gegebenheiten bereits die Möglichkeit zur ironischen Distanz in sich. IW

Hätschelhanß nannte die Mutter Goethe ihren Sohn Johann Wolfgang, z.B. in ihrem Brief vom

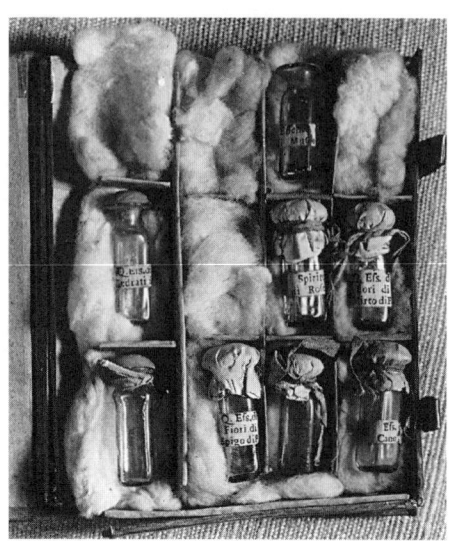

Kollektion von Duft-Aromastoffen in Essenzfläschchen. Hausapotheke in Buchform

23.3.1780: da war der Bub schon 30 Jahre alt und Geheimer Rat in Weimar.   DF

Hauff, Wilhelm (1802–1827), schwäbischer Spätromantiker, der vor allem als Märchenerzähler in Erinnerung geblieben ist (*Kalif Storch, Zwerg Nase* u.a.). Hauff leitete seit Januar 1827 das von Cotta gegründete *Morgenblatt für gebildete Stände*. G., der seit 1806 seine Werke bei Cotta herausgab, veröffentlichte mit Vorliebe Anzeigen eigener Werke in dieser Zeitung.   CA

Hauptgeschäft: Bei G. künstlerisch-schriftstellerische Arbeit, die momentan im Vordergrund steht, seiner weitläufigen Arbeitsweise angemessen (z.B. *DuW*, 11. Buch).   BL

Hauptmann, Figur in den *Wahlverwandtschaften* mit Namen Otto, nach seinem vorübergehenden Abschied vom Militär von dem Landadligen ↗Eduard auf dessen Besitz geholt. Der Hauptmann entstammt einer verarmten Adelsfamilie und muß sich in fremde Dienste begeben. In Verwaltungsaufgaben sowie bei Bauvorhaben Eduards und auch in seinem Umgang mit der aufkeimenden Liebe zu Eduards Frau ↗Charlotte zeigt der Hauptmann Züge bürgerlicher Rationalität. Wie Charlotte entsagt er (↗Entsagung).   BJ

Haus am Frauenplan s. **G.-Haus am Frauenplan**

Hausapotheke: Zur Behandlung vielerlei Leiden stand im 18./19. Jh. nicht die Flut von Medikamenten heutiger Zeit zur Verfügung. G.s lebensbedrohliche Infektion im Januar 1801 behandelten seine Ärzte mit starken Aderlässen und Senf-Fußbädern, den vermutlichen Herzinfarkt 1823 mit Aderlaß im Aufrechtsitzen, Ansetzen von Blutegeln und Arnika-Tinktur. Schmerzen linderten sie mit Kampfer, Bilsenkraut und Meerrettichauszügen. G. selbst behandelte den »heftigen Katharrh« im Dezember 1800 nach dem »Brownischen Dogma«: »Ein junger Freund [...] wußte von der Erfahrung, daß peruvianischer Balsam, verbunden mit Opium und Myrrhen, in den höchsten Brustübeln einen augenblicklichen Stillstand verursache [...]. Er riet mir zu dem Mittel, und in dem Augenblick war Husten, Auswurf und alles verschwunden« (*TuJ*, 1801). Auf Apothekerrechnungen, die in G.s Haushaltsakten erhalten, finden sich Arzneimittel. So lieferte der Weimarer Hofapotheker Hoffmann 1821/22 in das G.sche Haus: Gurgeltrank, Brustmittel zum Einreiben, Pflaster, Hustensaft, Elexier vor dem Essen zu nehmen, Rhabarber-Tinktur (zum Abführen), Kamille, Fenchelsirup, Fliederblüten, Pfefferminze, Leinöl, »Starkschen Brustthee«, »Hoffmanns Lebensbalsam«.

Von dem Jenaer Apotheker Dr. Goebel bezog G. 1820–22 regelmäßig Löwenzahn-Extrakt in Büchsen zu vier Unzen (120g), pro Büchse 16 Groschen und 6 Pfennige. Aus Löwenzahnwurzeln hergestellt, regte er den Gallenfluß an, half Harn treiben, war gut gegen Verstopfungen, Rheuma und Gicht. Man trank ihn aufgelöst in destilliertem Wasser. Als Botaniker aus Passion vertraute G. auf die Heilkräfte von Pflanzen, die er sich von Gärtnern, Apothekern, Ärzten und Kräuterkennern erklären ließ. Einmal von deren Wirkung überzeugt, neigte er zum »Eigenmedizinieren« (Arnika, Aronstab u.a.). Wie die meisten seiner Zeitgenossen gebrauchte G. Universalmittel (Wundersalz des Dr. ↗Metz in Frankfurt z.B.). In der Rezeptsammlung seines Sohnes befindet sich ein *Bericht über die Heilkräfte und den Gebrauch der J.L. Heldschen wunderheilenden, säftereinigenden und schmerzstillenden Essenz oder Central-Arzney in Nürnberg*, die bei Magenkrampf, Brust- und Zahnschmerzen, Hüftweh, Rheumatismus und vielen anderen Übeln helfen sollte. Mehr als jedem Arzneimittel vertraute G. indessen den der Heilung von Seele und Körper dienenden Kräften: Schlaf, Transpiration, Wasser, Luft, Bewegung, »diätester Schonung« sowie der Ruhe von heilsamen Klausuren. Über Jahre hinweg galten ihm Mineralwässer als Heilmittel. CS

Hausball, Der: Von G. gekürzte und bearbeitete Erzählung eines Wiener Anonymus, die in der Reinschrift von G.s Diener Philipp Seidel mit zahlreichen Korrekturen vorliegt. Sie erschien in zwei Teilen (6. und 9. Stück) im *Journal von Tiefurt* (September/Oktober 1781) und hat sich in 6 handschriftlichen Exemplaren erhalten. G. mochte sich von dem im Josephinischen Wien angesiedelten sozialkritischen Sujet eines desaströsen Hausballes, der von einem »Domine« veranstaltet wird, für eine Bearbeitung angezogen gefühlt haben, um dem Weimarer Publikum, dessen Leben in der Ballsaison von der Ball-Leidenschaft beherrscht wurde, die abenteuerliche Welt eines Kleine-Leute-Balls als Kontrast und »exotischen« Zerrspiegel vorzuführen. GBS

Hausgarten: Zwischen Ackerwand und Wohnhaus gelegen, 1575 m^2 umfassend. Geht zurück auf ein Gartengelände, das sich bereits vor dem Hausbau 1709 hier befand. Wurde 1757 von den Erben des Hauses in einen östlichen und westlichen Teil getrennt. G. war seit 1792 Besitzer und Nutzer des westlichen Teils mit einem Gartenpavillon zur Frauentorstraße, seit 1817 auch Besitzer des östlichen Teils mit einem Pavillon an der Ackerwand (»Stein«-Pavil-

lon). Nutzung bereits seit 1808 durch Pacht. Anlage und Wegeführung entspricht weitgehend dem Bauerngartentyp. G. liebte seinen Garten, ließ ihn durch Gärtner und seine Frau Christiane betreuen, nutzte ihn wirtschaftlich: Gemüsebeete, Beerensträucher, Obstbäume (Quitten, Pfirsiche); wissenschaftlich: für botanische und Farbenstudien, vorübergehend sogar ausschließlich wissenschaftlich (1794) als botanischen Garten, eingerichtet vom Hofgärtner G. F. Dietrich und vor allem zur Erholung und Anregung, für Gespräche mit Freunden und Gästen. Noch vorhanden sind Rosenstöcke, der ungarische Weinstock am Hinterhaus und die 1817 gepflanzte Cornus-Hecke. Zahlreiche Blumensorten aus G.s Zeit sind wieder eingebürgert. Bäume alle aus späterer Zeit, 1979 Pflanzung eines gestifteten sechsjährigen Ginkgos auf der Museumswiese nahe Ackerwand. G. hatte nachweislich keinen Ginkgo in seinem Garten. M-LK

Haushaltsführung, von G. bzw. auf dessen Veranlassung hin äußerst penibel betrieben und dokumentiert und neuerdings von Carola Sedlacek ausgewertet. Seit der Gründung eines eigenen Haushalts, die mit dem Umzug nach Weimar 1775 einherging, datieren Unmengen von Rechnungen und Haushaltsbüchern, die einen tiefen Einblick in G.s Alltag gewähren. Für den Junggesellenhaushalt führte G.s Diener Seidel die Geschäfte, er befehligte die Köchin und andere Bedienstete und verzeichnete sowohl Einkünfte (aus Besoldung, Verkäufen, Zinsen) als auch Ausgaben (im Januar 1778 z.B. für: A. Neujahrsgeschenke, Almosen, Trinkgelder. B. Wäsche. C. Porto. D. Meubles und deren Unterhaltung. E. Kleidung und deren Unterhaltung. F. Extraordinaria. G. Gesinde. H. Keller. I. Lichte. K. Küche). Anläßlich des Umbaus des Gartenhauses führte Seidel 1777 ein Baubüchlein, ein Steuerbuch belegt über viele Jahre die Entrichtung von Abgaben, daneben gab es Tranksteuerbüchlein und Küchenbücher, die Lebensmitteleinkäufe und ihre jeweilige Verwendung verzeichnen.

Mit G.s Rückkehr aus Italien veränderte sich 1788 der Haushalt. Eine Frau, Christiane Vulpius, zog in das mittlerweile bewohnte Haus am Frauenplan ein und brachte gleich Tante und Stiefschwester mit, die zusätzlich zum anwesenden Personal mithalfen, um dem wachsenden Arbeitsaufwand zu begegnen (1789 kam August von Goethe zur Welt, 1791–1802 gehörte auch Johann Heinrich Meyer der Hausgemeinschaft an, 1803–1812 Riemer, 1814–1819 G.s Schreiber John). Viele Lebensmittel wurden selbst erzeugt (G. hatte zwei Gärten und ein Krautland zur Bewirtschaftung), Tiere wurden gehalten und geschlachtet (Schweine,

Gänse, Hühner, Tauben), Fehlendes kaufte man zur sofortigen Verwendung oder zur Lagerung. Der Pächter des Guts Oberroßla, das G. 1798–1803 besaß, hatte Naturalien wie Butter, Eier, Käse, Enten, Truthühner, Lerchen, Schöpsenfleisch und anderes zu liefern. Christiane erhielt vierteljährlich Wirtschaftsgeld und trug ihre Ausgaben in vorbereitete Bücher ein, die G. ebenso wie die seiner Diener kontrollierte.

1816 starb G.s Gattin, 1817 heiratete der Sohn Ottilie von Pogwisch, und das junge Paar stand bis zum Tode Augusts dem immer aufwendiger geführten Haushalt vor, der weitgehend von G. finanziert wurde (1831 übertrug G. die Verantwortung seinem Neffen Rinaldo Vulpius). Die von August geführten Bücher verzeichnen Ausgaben für die Bereiche: I. Herr Staatsminister (G.s persönliche Aufwendungen), II. Haushaltung (von Bauern, Fleischern, Bäckern, Konditoren etc. angelieferte Lebensmittel), III. Wäsche (Seife, Wäscherlohn, Bügelfrau), IV. Gäste (regelmäßige Bewirtung oft großer Gesellschaften; Silberputzen, Mietkutschen, kurzfristig engagierte Garderobenmädchen), V. Wein (inklusive Frachtkosten und Einfuhrsteuer; insgesamt bis zu 20 Prozent des Haushaltsetats), VI. Holz, VII. Lohn für Bediente (neben G.s persönlichen Mitarbeitern und Dienern Kutscher, Köchin, Jungfer, Haus- und Kindermädchen), VIII. Livree-Stücke (von Webern, Schneidern, Hutmachern etc. hergestellte Kleidung), IX. Equipage (Kutsche, Pferde, deren Anschaffung und Haltung), X. Hausreparaturen (Maurer, Ofensetzer, Schlosser etc.), XI. Erhaltung des Inventars (Messerschleifen, Klavierstimmen, Bücherbinden, Lampenputzen etc.), XII. Garten, XIII. Almosen, XIV. Abgaben (Einkommensteuer, Erbzins, Brandsteuer und -versicherung), XV. Insgemein.   DF

Hausmusik: Bezeichnung für einen kleinen Kammerchor aus Berufs- und Laienmusikern, der zeitweilig die sonntäglichen Hauskonzerte G.s gestaltete. Die G.sche Hausmusik wurde 1807 im Nachklang der einstigen Konzerte im Kreis um Anna Amalia und auf Anregung Carl Friedrich Zelters begründet. Leiter war der junge Kammermusiker Carl Eberwein. Die Proben fanden donnerstags in den Zimmern Christianes statt, die sonntäglichen Auftritte im Junozimmer »vor großer Gesellschaft«. Diese auf Darbietung orientierte Art der Hausmusik wurde in Weimar damals mehrfach nachgeahmt, das konzertante Spektrum in der Stadt damit erweitert, zumeist allerdings in instrumentalmusikalischer Weise. Bei G. wurden die Hauskonzerte, über die Jahre hinweg, keinesfalls regelmäßig gestaltet, dann zunehmend durch jene Musiker berei-

chert, die ihm insbesondere in den zwanziger Jahren ihre Aufwartung machten, um quasi seinen künstlerischen Segen zu erbitten: Carl Maria von Weber, Johann Carl Gottfried Loewe, Ferdinand Hiller, Gasparo Spontini, Niccolò Paganini, Felix Mendelssohn-Bartholdy, Maria Szymanowska, Henriette Sontag, Wilhelmine Schröder-Devrient und Clara Wieck. Auch einige öffentliche Auftritte der G.schen Hausmusik sind nachweisbar, so unter anderem mit Zelters *Johanna Sebus* 1807 im ↗Hoftheater. Die Arbeit dieses kleinen chorischen Ensembles war einer der Keime des später vielfältigen Weimarer Chorlebens (↗Chor).   WH

Hausstand: Begann in Weimar mit dem von G.s Mutter mitgegebenen Diener Philipp ↗Seidel, der bis 1788 bei G. war und auch in der Folgezeit Arbeiten übernahm. Zu G.s Hausstand gehörten die Köchin Anne Dorothee (»Dorthe«) Wagenknecht bis 1789, 1776/95 ein zweiter Diener Christoph Erhard Sutor, 1777/94 Paul Götze, erst Bote und Laufbursche, dann Reisebegleiter; dazu diesen Mutter für den Haushalt. Die gleichzeitig als Schreiber tätigen Diener führten die Rechnungsbücher (auch bei Reisen), hatten freie Kost, Logis und Kleidung und einen Jahreslohn von 20–60 Talern, die Köchin bekam 20–24 Taler. Zusätzlich waren Schreiber und Privatsekretäre im Haus, wie Carl Vogel 1782/86, Johann August Friedrich John seit 1814, Friedrich Theodor David Kräuter ab 1818 (auch für G.s ↗Bibliothek zuständig) und Johann Christian Schuchardt ab 1825. Zunehmend wurde der Hausstand durch Hausmagd, Kammerjungfer (12 Taler Jahreslohn), Laufmädchen, Kindermädchen (später auch für die Enkel) erweitert. Ab 1799 wurden mit der Anschaffung eigener Pferde auch ein Kutscher (48 Taler Jahreslohn) und ein Hausknecht eingestellt. Für Sohn August kamen ein Hauslehrer (Friedrich Wilhelm Riemer 1803/08, bis 1812 weiter Hausgenosse und Sekretär), für Christiane als Gesellschafterin Caroline Ulrich 1809/12 ins Haus. Tageweise wurden Waschfrau, Büglerinnen, Gärtner, Tagelöhner, auch Züchtlinge (fürs Holzspalten) beschäftigt. Weitere Diener: 1795/1804 Johann Ludwig Geist; 1803/06 Johann Gensler, genannt Karl, besonders für Christiane tätig; 1806/12 Johann David Eisfeld, genannt Karl; 1814/15 und 1817/24 der gelernte Buchdrucker Karl Wilhelm Stadelmann; 1824 bis zu Goethes Tod, bis 1837 bei Schwiegertochter Ottilie, Friedrich Krause; Köchinnen: 1805/16 Johanna Höpfner, als zweite Köchin 1809/11 Charlotte Hoyer; 1821/31 Christiane Kluge; ab Februar 1831 der Koch Straube, Kutscher unter anderen ab 1799 Johann Michael Goldschmidt; 1810/16 Johann Heinrich Dienemann; 1816/22 Johann Georg Barth; 1823/32 Wilhelm Heinrich König. M-LK

Hebel, Johann Peter (1760–1826), Mundartdichter, Erzähler von Kalendergeschichten, Subdiakon am Karlsruher Gymnasium, aus einfachsten südbadischen Verhältnissen stammend, 1819 Prälat der Evangelischen Landeskirche Baden; gerne rezitierte G. Hebels *Alemannische Gedichte* (1803), was »aus seinem Munde gar herzig klingt« (J. H. Voß); »der unschätzbare Hebel« (*DuW*, 11. Buch) »verbauere« auf die »naivste, anmutigste Weise, durchaus das Universum«, befand G. in der *Jenaischen Allgemeinen Literaturzeitung* (1805). Auch Hebels *Schatzkästlein des rheinischen Hausfreundes* (1811) schätzte er sehr, besonders das *Unverhoffte Wiedersehen* konnte er »nicht genug lesen und loben« (Charlotte von Schiller an ihren Sohn Karl, 23.11.1810). Kurze Begegnung der beiden 1815 in Karlsruhe. AR

Hebräisch s. **Albrecht**

Hegel, Georg Wilhelm Friedrich (1770–1831), herausragender Philosoph des deutschen Idealismus. G. lernte ihn im Oktober 1801 in Jena kennen. Hegel hatte sich dort, am Lehrort von Fichte und Schelling, seinem Tübinger Studienfreund, gerade habilitiert

(Differenz des Fichteschen und Schellingschen Systems, 1801) und stattete G. – als Minister auch für die administrativen Belange der Universität zuständig – seinen Antrittsbesuch ab. Das vielzitierte Wort: »Dem Absoluten empfiehlt sich schönstens zu freundlicher Aufnahme das Urphänomen«, das G. 1821 an Hegel übermittelte, charakterisiert mit heiterer Ironie die unterschiedliche Weltauffassung. G. sucht Wahrheit in der Natur durch die unmittelbare Anschauung, Hegels spekulative Philosophie des absoluten Geistes hingegen gründet auf der begrifflichen Vermittlung durch die Vernunft. Vernünftig darf jedoch nur dasjenige nennen, was in der Realität zur Darstellung kommt. G.s Dichtung wurde von Hegel hoch geschätzt als eine historische Realität des Geistes. Damit einte beide ein »sachhaltiges, erfahrungsgesättigtes Welt-Verhältnis«: »Urphänomen« und »Absolutes« konnten sich getrost begrüßen. BS

Hegire: *Nord und West und Süd zersplittern*, entstanden am 24.12.1814, Vorabdruck vor Erscheinen des *West-östlichen Divan* im *Taschenbuch für Damen auf das Jahr 1817.* Als Eingangsgedicht des Zyklus kommt *Hegire* besondere Bedeutung zu; der Titel spielt an auf die Flucht des Propheten Mohammed von Mekka nach Medina im Jahre 622, das den Beginn der islamischen Zeitrechnung markiert. Das Gedicht nimmt beide Aspekte auf und münzt sie in eine deutliche Anspielung auf die kriegerischen und politischen Erschütterungen der Napoleonischen Zeit und den Beginn einer neuen Ära um. Die Flucht des Dichters wird zu einem produktiven Aufbruch in eine fremde Kultur. G. schreibt am 21.6.1818 an seine Schwiegertochter Ottilie, die Bestimmung der Gedichte des *Divan* sei, »uns von der bedingten Gegenwart abzulösen und uns für den Augenblick dem Gefühl nach in eine grenzenlose Freiheit zu versetzen. Dies ist zu einer jeden Zeit wohltätig, besonders zu der unseren«.

Diesen freien Raum der Phantasie nützt er, um verschiedene historische und kulturelle Elemente der östlichen Kultur zu verbinden und Motive des *Divan* zu bündeln: Flucht und Verjüngung, Liebe und Wein, ursprüngliche Religiosität, magische Kraft der Sprache vor den Festlegungen einer Schriftkultur, Vorstellung eines heiteren Paradieses, die sich mit der Vision vom unsterblichen Ruhm des Dichters verbindet. Die Mischung von ernsthaftem und ironischem Sprechen, wie sie für den gesamten *Divan* typisch ist, wird in diesem ersten Gedicht bereits als Stilmerkmal etabliert. Diese Ironie ist wesentlich auch durch die Unbekümmertheit mitbestimmt, mit der die exotischen Signale gesetzt und mit der eigenkulturellen poetischen Bilderwelt verschmolzen werden: Oasen, Hirten und Karawanen, Kaffee und Moschus, Schleier und Ambralocken.   IW

Heidelberg. In der Universitätsstadt am Neckar hielt sich G. in den Jahren 1775, 1779, 1793 und 1797 wiederholt auf, meist aber nur für wenige Stunden oder Tage; in sein Tagebuch notierte er: »Die Stadt in ihrer Lage und mit ihrer ganzen Umgebung hat, man darf sagen, etwas Ideales« (26.8.1797). Bei einem Besuch bei Helene Dorothea Delph kam es 1793 zu einem unguten Treffen mit seinem Schwager Schlosser, der »einen Vortrag meiner Farbenlehre aushalten« mußte (*Belagerung von Mainz*).

Erst 1814 und 1815 hielt sich G. erneut für je zwei Wochen in Heidelberg auf. Er besuchte die Kunstsammlung der Freunde Boisserée, über die er in *Kunst und Altertum am Rhein und Main* ausführlich berichtete. Auf der Schloßruine schrieb er am *West-östlichen Divan* und genoß, zusammen mit Sulpiz ↗Boisserée, an einer anderen Stelle, die Sonnenuntergänge. Dabei ließ er sich auch von einigen Damen nicht stören, die ihn heimlich beobachten wollten: Durch abschreckendes Deklamieren schlug er sie kurzerhand in die Flucht.   AR

Heidenröslein: *Sah ein Knab'*. Das Gedicht verdankt seine Entstehung der durch Johann Gottfried Herder in Straßburg angeregten Beschäftigung G.s mit der ↗Volksdichtung, die auch zum Sammeln von ↗Volksliedern im Elsaß führte. Ein Gedicht über einen Knaben, der ein Röslein brechen will, aus der Liedersammlung des Paul van der Aelst (1602) wurde von Herder unter dem Titel *Die Blüte* 1771 umgedichtet (»Sah ein Knab ein Knöspgen stehn«); etwa zeitgleich und wohl in poetischem Wettstreit dichtete G. seine Variante, die Herder in *Von deutscher Art und Kunst* 1773 und in den *Volksliedern* 1779 unter dem Titel »Röschen auf der Heide« abdruckte.

Die heute bekannte und als Volkslied rezipierte endgültige Fassung *Heidenröslein* nahm G. 1789 in die *Schriften* auf. Das »Röslein«, oft wiederholtes Leitwort des Gedichts, ist eine traditionelle Metapher für das Mädchen, das hier zwar nicht ausdrücklich benannt, dem aber in der Verszeile »Half ihr doch kein Weh und Ach« immerhin das weibliche Pronomen zugestanden wird. Im knappen und unsentimentalen Duktus des Volksliedes wird in diesem Gedicht der erotische Geschlechterkampf dargestellt, den der »wilde Knabe« in einer Geste der Eroberung zu seinen Gunsten entscheidet.   IW

Heidentum: Während seines ganzen Lebens hat sich G. immer wieder als Heide bezeichnet und ausgeben (z.B. an Lavater, 8.1.1777; an die Herders, 15.3. 1790; *DuW*, 15. Buch). Damit drückte er einerseits seine Distanz zum dogmatischen, auf das Jenseits gerichteten und den Menschen einem außerweltlichen Gott unterordnenden Christentum aus. Andererseits unterstrich er seine Nähe zu Diesseitigkeit und Ganzheitlichkeit, wie sie – Winckelmann folgend (vgl. in G.s Aufsatz über denselben die Abschnitte *Antikes* und *Heidnisches*) – im alten Griechenland gegeben schienen. G.s vom ↗Pantheismus getragene Naturauffassung war ausschlaggebend dafür, daß er Sulpiz ↗Boisserée am 22.3.1831 mitteilen, er habe trotz heftiger Bemühungen »keine Confession gefunden, zu der ich mich völlig hätte bekennen mögen« (wenngleich im selben Brief der ↗Hypsistarier-Sekte einige Sympathie zuteil wird). G.s Heidentum wurde bereits von seinen Zeitgenossen kritisiert – gerade die *Winckelmann*-Schrift stieß auf Ablehnung –, und er wurde sogar als »Heidenkönig« apostrophiert (Boisserée an A. von Helvig, 23.10.1814).   DF

Heilig: In *Maximen und Reflexionen* unterscheidet G. zwischen profanen und heiligen Elementen in der Musik; laut dem Gedicht *Epirrhema* (erschienen 1820) erkennt der Mensch durch wahre Naturbetrachtung das »heilig öffentlich Geheimnis« der Welt; verschiedene Frauengestalten in G.s Werk werden heilig genannt, so Werthers Lotte (»sie ist mir heilig«, 16. Julius), Makarie in *Wilhelm Meisters Wanderjahre*, und ebenso Iphigenie. In den *Xenien* heißt es unter dem Titel *Das Heiligste*: »Was ist das Heiligste? Das, was heut und ewig die Geister, tief und tiefer gefühlt, immer nur einiger macht«.   AV

Heilige Allianz s. **Wiener Kongreß**

Heiliges Römisches Reich Deutscher Nation: Die ↗Französische Revolution, ↗Napoleons dynamische Expansionspolitik und interne Zwistigkeiten brachten das Reich ins Wanken, der 1806 gegründete Rheinbund (unter dem Protektorat Frankreichs) spaltete es, und als Franz II. von Österreich am 6.8.1806 konsequenterweise die deutsche Kaiserkrone niederlegte, um fortan nur noch Kaiser von Österreich zu sein, war das Ende eines fast 1000 Jahre währenden europäischen Völker- und Staatenbundes besiegelt.

G., Patriziersohn aus der Freien Reichsstadt Frankfurt, die direkt dem römisch-deutschen Kaiser unterstellt war, hatte schon die Studenten in Auerbachs Keller (*Urfaust*) schlechte Witze über das Reich reißen lassen, seine Trauer über den Zerfall und das absehbare Ende 1806 hielt sich – ganz im Gegensatz zu seiner Mutter, die am 19.8. dem Sohn klagte: »Gestern wurde zum ersten mahl Kaiser und Reich aus dem Kirchengebet weggelaßen« – in Grenzen, zumal er ein großer Verehrer des Kaisers Napoleon war (seit der Revolution sah Frankreich sich selbst als legitimen Erben Roms an). G. war ein Freund des Föderalismus wie auch des souveränen Kleinstaats, beide Momente waren jedoch sowohl im Rheinbund als auch im 1815 gegründeten Deutschen Bund gegeben, deshalb hielt er einen wehmütigen, idealisierenden Rückblick, wie ihn die Romantiker mit ihrer Mittelalter- und Reichsverherrlichung unternahmen, für einen »Rückschritt« (an Boisserée, 3.7.1830). DF

Heimkehr, literarisches Motiv, das G. etwa in dem frühen Rollengedicht *Der Wanderer* gestaltet: »Und kehr ich dann/Am Abend heim/Zur Hütte, vergoldet/ Vom letzten Sonnenstrahl«. Faust kehrt, nach dem Osterspaziergang, in Begleitung des Pudels heim ins Studierzimmer, Helena in den Palast des Menelas (*Faust II*, 3. Akt). Heimkehr ist die alles beherrschende Sehnsucht der Iphigenie – »Und an dem Ufer steh' ich lange Tage,/Das Land der Griechen mit der Seele suchend« – die am Ende, nach der Auflösung des Konflikts, vollzogen werden kann. BJ

Heine, Heinrich (1797–1856), Schriftsteller; auf seiner Wanderung durch den Harz besuchte Heine 1824 G. in Weimar, doch in der zwei Jahre später publizierten *Harzreise* sparte er diesen Besuch aus: Er hatte sich viel von dem Treffen mit G. versprochen, war aber dann zutiefst enttäuscht und verärgert. Schon 1821 hatte er ihm seine *Gedichte* (und später den Band *Tragödien nebst einem lyrischen Intermezzo*) mit unterwürfigen Worten zugesandt, jedoch nie eine Antwort erhalten: »Ich küsse die heilige Hand, die mir und dem ganzen deutschen Volke den Weg zum Himmelreich gezeigt hat, und bin Ew. Exzellenz gehorsamer und ergebener H. Heine. Cand. Juris« (29.12.1821).

Über den Besuch an jenem für Heine denkwürdigen 2.10.1824 heißt es dann in G.s Tagebuch auch nur lapidar: »Heine von Göttingen«. Monatelang schwieg Heine, ehe er erzählte: »Über Goethes Aussehen erschrak ich bis in tiefster Seele, das Gesicht gelb und mumienhaft, der zahnlose Mund in ängstlicher Bewegung, die ganze Gestalt ein Bild menschlicher Hinfälligkeit« (an R. Christiani, 26.5.1825). Er titulierte ihn als »Aristokratenknecht«, »schwachen abgelebten

Gott« (an M. Moser, 30.10.1827) und befand: »Ich liege also in wahrhaftem Kriege mit Goethe und seinen Schriften« (an R. Christiani, 26.5.1825).

Erst in den *Erinnerungen* von Heines Bruder Maximilian (1868) wird eine mögliche Erklärung für den enttäuschenden Besuch Heines geliefert. G. habe sich erkundigt: »Womit beschäftigen Sie sich jetzt?« Auf Heines Antwort »Mit einem Faust« habe G. süffisant gefragt: »Haben Sie weiter keine Geschäfte in Weimar, Herr Heine?« Danach hat Heine G.s Haus am Frauenplan verlassen (↗Junges Deutschland). AR

Heinse, Johann Jakob Wilhelm (1746–1803), Schriftsteller und Ariost-Übersetzer. G. lernte den Autor 1774 im Hause der Jacobis kennen, mit denen Heinse eng befreundet war. In der *Campagne in Frankreich* erinnerte sich G. an das fröhliche Beisammensein: »Heinse […] verstand Scherze jeder Art zu erwidern; es gab Abende, wo man nicht aus dem Lachen kam«. Über Heinses 1774 erschienene Verserzählung *Laidion oder die eleusischen Geheimnisse* urteilte G. voll Begeisterung: »Es ist mit der blühendsten Schwärmerei der geilen Grazien geschrieben, und lässt Wieland und Jakobi weit hinter sich« (an Gottlob Friedrich Ernst Schönborn, 4.7.1774).

Besonders beeindruckt war G. vom poetischen Formtalent Heinses, der im Unterschied zur lässigeren Behandlung durch Wieland die strengere Form der Stanze in deutscher Sprache präsentierte. G. holte sich bei Heinse Anregungen für seine eigene Stanzendichtung *Die Geheimnisse* (Fragment, 1784). Heinse seinerseits war von G. und dessen schriftsteller Meisterschaft angetan: Er sei ein Genie vom Scheitel bis zur Fußsohle. Der 1787 veröffentliche Roman *Ardinghello und die glückseeligen Inseln* war G. verhaßt, »weil er Sinnlichkeit und abstruse Denkweisen durch bildende Kunst zu veredeln und aufzustuzen unternahm« (*Glückliches Ereignis*). HM

Heinsius, Johann Ernst (1731–1794), Maler, der – bereits 16 Jahre Hofmaler in Hildburghausen und Rudolstadt – 41jährig nach Weimar kommt, um die Söhne Anna Amalias im Zeichnen zu unterrichten, der die Fürstliche Bilderkammer beaufsichtigt und Mitglieder und Freunde der fürstlichen Familie porträtiert: Anna Amalia allein 13mal, Carl August 9mal. Ein Meister seines Fachs, jedoch der in Weimar als überholt geltenden barocken Malkultur anhängend, spröde im Wesen dazu, blieb er hier isoliert. – Da machte auch G. keine Ausnahme, der ihn gar einen »Esel« nannte (an F. H. Jacobi, 2.2.1789). PO

Heirat, Heiratsscheu. Nur im Spiel - im »Mariage-Spiel« - fügte sich der junge G. in »Ehestandspflichten«, worüber er im 15. Buch von *Dichtung und Wahrheit* berichtet. Im wirklichen Leben sträubte er sich jedoch. Lange Zeit wollte G. mit keiner der Frauen, zu denen er Liebesbeziehungen unterhielt, in ein legitimes Verhältnis treten. Ein »Heuraths Versuch« sei zwar »der schönste den ein Naturkundiger machen« könne, doch wolle ein solcher eben »nicht immer geraten« (an Knebel, 3.10.1787). Und überhaupt: »Wer wird sich denn gleich heuraten, wenn man liebt?« (von Müller, 14.9.1823). Erst 1806 konnte G. sich zur Heirat durchringen: mit Christiane Vulpius, der Mutter seines mittlerweile beinahe siebzehnjährigen Sohnes. Als Begründung für die Bereitschaft, mit seinem Prinzip zu brechen, gab G. Dankbarkeit an - von einer Liebesheirat wollte nicht einmal er sprechen. Im hohen Alter, lange nach dem Tod seiner Frau, schien G. eine Heirat allerdings das einzige Mittel zu sein, 1823 die 19jährige Ulrike von Levetzow an sich zu binden. Der Greis wurde jedoch abgewiesen.   DF

Helena, in der antiken Mythologie ursprünglich wohl eine Vegetationsgöttin, später die Verkörperung größter weiblicher Schönheit. Tochter von Zeus und Leda, Schwester Klytemnästras und der Dioskuren, die sie nach ihrer Entführung ins attische Aphidna durch Theseus, der sie zur Frau wollte, und Perithoos wieder von dort zurückgebracht haben sollen. Sie heiratete Menelaos, wurde aber von Paris nach Troia entführt (oder verführt) und damit zum berüchtigten Anlaß für den zehnjährigen Krieg der Hellenen gegen diese Stadt, bei deren Untergang sie zu den Überlebenden gehörte. Obwohl sie nach Paris' Tod dessen Bruder Deiphobos geheiratet hatte, nahm Menelaos sie wieder auf und kehrte mit ihr nach Sparta heim. Nach dem Tod beider sollen Helena und Achilles (gemäß einer der vielen Geschichten um dessen Ende) auf der Insel Leuke als Paar gelebt haben.

Das Motiv der Heraufbeschwörung Helenas als der schönsten aller Frauen ist dem Fauststoff von Anbeginn vertraut. So taucht es auch bereits in G.s frühen Entwürfen aus der Frankfurter Zeit auf, welche die klassische Schönheit noch in mittelalterlichem Ambiente am Rhein auftreten lassen. Schon während der Arbeit an *Faust I* schrieb G. wesentliche Texte des späteren Helena-Aktes (um 1800), er verlegt den Handlungsort in ein mittelalterliches Sparta, wodurch das Aufeinanderprallen von Antike und Mittelalter beziehungsweise Moderne nicht mehr ganz so kraß ausfällt. Auf die erotische

Verführungskraft Helenas spielt Mephisto zwar bereits am Schluß der Hexenküchenszene (v. 2604) an, doch verknüpft sich mit ihrem Namen hier noch kein programmatischer Anspruch. Erst in *Teil II* setzt G. die Figur der Helena konzeptionell in den Gang der Faust-Dramatik ein. Der zweite Akt führt sie in einer Beschwörungsszene (v. 6377 ff.), als deren Meister Mephisto auftritt, vor und stellt das Musterbild aller Schönheit neben ihrem Verführer Paris zur allgemeinen Begutachtung aus. Während Damen und Herren des Hofes sich überbieten, in ihrem durchsichtigen Drang hier zu loben und dort zu mäkeln (G. zitiert Urteile zeitgenössischer Archäologen über die mediceische Venus), verliert Faust beim Anblick der Schönen die Fassung, vergißt, daß er mit seinem Kumpanen ja nur ein »Fratzengeisterspiel« (v. 6546) inszeniert, und will Helena als das lebendige Objekt seiner maßlosen Begierde mit Gewalt an sich reißen - eine Explosion wirft ihn zu Boden. Mit Teufelskünsten, so die Lehre für ihn, ist das Ur-Bild nicht zu Leben zu holen.

Dieser Vorgang ist dann zu Beginn des dritten Aktes als geschehen vorausgesetzt, wenn die aus Troia zurückkehrende Helena auf bedrohliche Zeichen in ihrer heimatlichen Umgebung stößt und schließlich, unter der versteckten Regie Mephistos, bei dem noblen Ritter Faust aus dem Norden, der einen Palast auf dem Peloponnes bewohnt, Aufnahme und Schutz findet. In dem Paar Faust-Helena begegnen sich Mittelalter und Antike, romantischer und klassischer Geist - eine Allegorie mit geistesgeschichtlichen Ansprüchen, als *»Phantasmagorie«* (Untertitel der separaten Publikation des Aktes 1826) und unter dem formalen Gesetz eines klassischen Dramas (Einheiten, Bühnenpräsenz, Metrum) in Szene gesetzt. Der Verbindung Fausts mit Helena entstammt das Luftkind Euphorion (Genius der (modernen) Poesie), ein fragiles und zugleich übermütiges Geschöpf der waghalsigen Verbindung über die Zeiten hinweg, das an sich selbst scheitert. Gescheitert ist damit auch das hochfliegende Projekt einer faustischen Vereinigung epochaler Geistesfiguren. Helena kehrt in den Hades zurück - Faust hält nur noch ihr Gewand in den Händen.   GG

Helvig, Anna Amalia von, geb. von Imhoff (1776-1831); eine Nichte Charlotte von Steins; Hofdame und Dichterin in Weimar; 1803 Gattin eines preußischen Generalmajors, dem sie nach Stockholm folgt; 1810 Rückkehr nach Deutschland. Von ihr fühlte sich G. »früher als ein höchst schönes Kind, später als ein vorzüglichstes Talent angezogen« (*TuJ*, 1799): als Malerin Schülerin Johann Heinrich Meyers, 1798 erste

Gedichte im *Musenalmanach* und Übersetzerin nordischer Literatur. PO

Hemsterhuis, Franz (1721–1790), niederländischer Philosoph und Kunstsammler. Seine Schriften lernte G. durch die Vermittlung F. H. Jacobis kennen. 1785 stattete Hemsterhuis G. einen Besuch in Weimar ab. Er gehörte dem katholischen Kreis um die Fürstin von Gallitzin in Münster an, der sich der Erneuerung der kirchlichen Frömmigkeit widmete, ohne die Wissenschaft und Kunst auszuschließen. In der *Campagne in Frankreich* setzt sich G. mit Hemsterhuis' ästhetischer Theorie wohlwollend auseinander. BS

Henning, Leopold Dorotheus (1791–1866): Schüler Hegels, auf den G. im Oktober 1821 von diesem aufmerksam gemacht wird, da Henning sich stark für G.s *Farbenlehre* interessiere (an Zelter, 14.10.1821). Henning konnte 1822 an der Berliner Universität ein ›Farblabor‹ einrichten, das ihm die Vorführung der *Farbenlehre*-Experimente im Hörsaal ermöglichte. Nach dem persönlichen Kennenlernen in Weimar im Oktober 1821 (ein zweiter Besuch erfolgte im September 1822) setzte ein Briefwechsel ein, der den intensiven naturwissenschaftlichen Austausch G.s mit Henning dokumentiert. 1822 publizierte Henning seine *Einleitung zu den Vorlesungen über Goethes Farbenlehre*. G. bedankte sich für die philosophisch-naturwissenschaftliche Anerkennung seiner *Farbenlehre* mit dem Titel »chromatischer Freund«, den er Henning in den Tagebüchern beiläufig verlieh (21.8.1828). BJ

Herculaneum, antike Küstenstadt in Kampanien, wurde wie das benachbarte Pompeji 79 n. Chr. von der Asche des Vesuvs verschüttet. Die seit 1738 in Ausgrabungen hervorgebrachten Funde kamen in das Museum von Portici, das G. als das »A und Waller Antiquitätensammlungen« bezeichnete (*IR*, 1.6.1787). Er besuchte Herculaneum und das Museum am 18.3.1787. CA

Herder, Johann Gottfried (1744–1803), Schriftsteller, Philosoph, Theologe, Ästhetiker und Literaturkritiker. Zufällig begegneten sich G. und Herder im Herbst 1770 im Treppenaufgang des Straßburger Gasthauses »Zum Geist«. Für G. war es »das bedeutendste Ereignis, was die wichtigsten Folgen für mich haben sollte« (*DuW*, 10. Buch). Der Einundzwanzigjährige kümmerte sich um den damals schon durch seine »Fragmente« *Über die neuere deutsche Literatur* und *Kritischen Wälder* berühmten Mann, als dieser sich

in Straßburg einer schmerzhaften und langwierigen Augenoperation unterziehen mußte: »Die ganze Zeit dieser Kur besuchte ich Herdern morgens und abends; ich blieb auch wohl ganze Tage bei ihm und gewöhnte mich in kurzem um so mehr an sein Schelten und Tadeln, als ich seine schönen und großen Eigenschaften, seine ausgebreiteten Kenntnisse, seine tiefen Einsichten täglich mehr schätzen lernte. Die Einwirkung dieses gutmütigen Polterers war groß und bedeutend« (*DuW*, 10. Buch).

G. mit seiner »spazzenmäßig« (Herder an Caroline Flachsland, 21.3.1772) unreifen Lebensart holte sich bei Herder unendlich viele literarische Anregungen und Hinweise, was es ihm leichter machte, den verletzenden Spott des gequälten Patienten zu ertragen; Herder hatte nämlich die Freude am geliebten ↗ Ovid verdorben und für seine liebevoll zusammengetragene Siegelsammlung nur ein ironisches Lächeln übrig gehabt. Mächtig geärgert hat sich G. auch über die Bitte Herders, ihm doch eine Cicero-Ausgabe zukommen zu lassen: »Der von Göttern du stammst, von Goten oder vom Kote,/Goethe, sende mir sie.« Doch G. verzieh ihm erneut, regte Herder ihn doch immer wieder zu neuen Lektüren an: zu Homer, Pindar, Plato, Ossian, Johann Georg Hamann, Justus Möser, Jonathan Swift, zur *Edda* und der Bibel. Vor allem aber zu Shakespeare.

Von Herder ermuntert, sammelte G. im Elsaß Volkslieder, »die ich auff meinen Streiffereien aus denen Kehlen der ältesten Mütterchens aufgehascht habe« (an Herder, September 1771). Seine *Abhand-*

lung über den Ursprung der Sprache gab Herder dem »guten Jungen« (Herder an Caroline Flachsland, 13.5.1772) im Manuskript: »[Sie] ging darauf hinaus, zu zeigen, wie der Mensch als Mensch wohl aus eignen Kräften zu einer Sprache gelangen könne und müsse. Ich las die Abhandlung mit großem Vergnügen [...]; allein ich stand nicht hoch genug, weder im Wissen noch im Denken, um ein Urteil darüber zu begründen« (*DuW*, 10. Buch). G. seinerseits verbarg vor Herder die Pläne zu seinem *Götz*, *Faust* und »am meisten [...] meine mystisch-kabbalistische Chemie und was sich darauf bezog« (*DuW*, 10. Buch). Nach Herders Abreise aus Straßburg zu seiner Hofpredigerstelle nach Bückeburg im April 1771 wurde der Kontakt durch Briefe aufrechterhalten. In G.s Anwesenheit heiratete Herder im Mai 1772 Caroline Flachsland und reagierte eifersüchtig-gekränkt auf den *Fels-weihe-Gesang an Psyche*, den G. Caroline widmete – der Briefwechsel brach daraufhin vorübergehend ab.

1776 vermittelte G. Herder die Stelle des Generalsuperintendenten für das Herzogtum Sachsen-Weimar. Auf die damit verbundene Zuständigkeit für das gesamte Schul- und Kirchenwesen des Landes folgten bald weitere hohe Kirchenämter. Die Pläne für eine gegenseitige Zusammenarbeit erfüllten sich zunächst nicht, als das Ehepaar Herder – unzufrieden mit den Weimarer Verhältnissen – den schnell zum Minister avancierten G. neidisch beäugte.

Von 1783 an wurde die Freundschaft enger, die Zusammenarbeit reger: etwa in Fragen der Naturgeschichte und Geschichtsphilosophie. Voll Freude schrieb G. an Lavater: »Eine der vorzüglichsten Glückseligkeiten meines Lebens ist daß ich und Herder nichts mehr zwischen uns haben das uns trennte« (Ende Dezember 1783). Herder arbeitete zu dieser Zeit an den *Ideen zur Philosophie der Geschichte der Menschheit* (1784–1791) und den *Briefen zur Beförderung der Humanität* sein geschichtsphilosophisches Hauptwerk. Gegenüber Eckermann bezeichnet G. es als »unstreitig das vorzüglichste« (9.11.1824). Als G. sich 1786 in Italien aufhielt, redigierte der engste Briefpartner Herder mittlerweile die erste autorisierte Werkausgabe des Freundes und unternahm die letzte Durchsicht der *Iphigenie*. Als Herder seinerseits einige Jahre später in Italien weilte, kümmerte G. sich um dessen Familie.

1795 kam es zum Bruch der Freunde: Herders Sympathien für die Französische Revolution, seine Polemik gegen Kant, sein Neid auf G.s Freundschaft mit Schiller und die grenzenlosen Geldforderungen an den Hof von Herders Frau Caroline mit ihrem »unbiegsamen Spatzenkopf« (G. zu F. von Müller, 8.6.

1821) waren die Gründe. Herders Tod 1803 jedoch bewegte G. so tief, daß er sich »am liebsten mit Herdern möchte begraben lassen« (Henriette von Knebel an ihren Bruder, 23.12.1803). Mit einem *Maskenzug. Den 18. Dezember 1818* an Herders 15. Todestag verherrlichte G. dann noch einmal die Verdienste des einstigen »Bruders«.   AR

Herderhaus, hinter der Stadtkirche »St. Peter und Paul« (Herderkirche) in Weimar als Wohn- und Amtshaus der Superintendenten um 1550 auf älterer Bausubstanz errichtet, 1726/27 umgebaut. Siebenundzwanzig Jahre (1776–1803) Wohn- und Amtshaus Johann Gottfried Herders. Im Juli 1776 ließ G. das Haus zur Bequemlichkeit des nach Weimar berufenen Freundes auf Kosten des »Gotteskastens« reparieren: »Du kommst in ein leer Haus. Es ist noch ganz gut gebaut, hat einen großen Garten, in dem aber die Igel brüten« (10.7.1777). »Ihr müßt Euch indeß gefallen lassen, wie ich Euch die Zimmer anlege. Es müssen noch Öfen gesetzt werden, Fenster gemacht, angestrichen, geweißt und so weiter« (5.7.1776, mit beigefügter Skizze G.s). Am 1.10.1777 Einzug der Herder mit zwei Söhnen; noch sechs Kinder wurden in den Jahren 1779–1790 im Haus geboren.

Die elegante Einrichtung beschreibt 1780 Johann Georg Müller (1759–1819), Theologe, später Freund, Mitarbeiter und Biograph Herders: hübsche geschmackvolle Zimmer, »fein tapeziert«, Kunstwerke sowie die auserlesene, große Bibliothek (ca. 8000 Bände), »seine Studierstube, die groß und schön, hellblau oder schwefelgelb angestrichen ist. [...] die große Kirche macht etwas finster darin«.

Als es nach Jahren der Entfremdung 1783 zu enger Zusammenarbeit Herders und G.s auf naturwissenschaftlich-philosophischem Gebiet kam, ging G. im Herderschen Haus als Familienfreund aus und ein. Er kümmerte sich während Herders Italienreise um Haus und Kinder. Nach erneuten, störenden »Mißverhältnissen«, Mitte der neunziger Jahre, mied G. Herders Haus. Der Umgang mit Herder beschränkte sich auf dienstlich-gesellschaftlich Notwendiges. Das »Herderhaus« ist bis heute Wohnhaus des amtierenden Superintendenten, der Garten wurde 1994 nach alten Plänen rekonstruiert.   CS

Hermann und Dorothea: Versepos, Entstehung zwischen September 1796 und Juni 1797, Erstdruck 1797. In die Zeit kurz nach der Französischen Revolution verlegt G. eine Anekdote aus der »Vollkommen Emigrationsgeschichte« von denen aus dem Erzbistum Salzburg vertriebenen und größtenteils nach Preussen gegangenen Lutheranern« von G.G. Göcking von 1732; den Stoff verarbeitet er, wie schon im *Reineke Fuchs*, zu deutschen Hexametern.

Hermann ist der Sohn eines Gastwirts in einer kleinen deutschen Stadt, er fährt mit einer Ladung Hilfsgüter nach außerhalb der Stadt, wo Flüchtlinge lagern, die von der linken Rheinseite vor den Revolutionswirren geflohen sind und Hilfe brauchen. Unter diesen entdeckt Hermann eine junge Frau, Dorothea, in die er sich sofort verliebt; er überlegt, wie er ihr am besten helfen und wie er vielleicht ihre Liebe gewinnen könne. Nach seiner Rückkehr bricht sein Vater einen Streit vom Zaun: Er möchte gerne den Sohn und Erben mit einer der nachbarlichen Bürgertöchter verheiratet sehen. Hermann gesteht seine Absicht, Dorotheas Liebe zu gewinnen, der Vater schickt den Pfarrer und den Apotheker aus, zunächst über die Fremde einige Kenntnisse zu sammeln. Hermann verläßt das Vaterhaus und setzt sich melancholisch an den Brunnen unter den Linden vor den Toren der Stadt. Die Nachrichten über Dorothea sind gut: Man spricht über sie als eine moralisch höchst integre Person, die in den Wirren schon öfter Jüngere und Schwächere vor dem Schlimmsten bewahrt, aber selber den Bräutigam in Paris verloren habe.

Hermann und Dorothea kommen am Brunnen ins Gespräch, er bietet ihr an, in seinem Elternhaus als Verwalterin einzusteigen, Schutz zu finden und die verlorene Lebenssicherheit wiederzuerlangen. Dorothea geht darauf ein, Hermann führt sie nach Hause, wo Eltern und Nachbarn sie als Braut begrüßen. Sie fühlt sich getäuscht, erkennt aber Hermanns aufrichtige Liebe, und nachdem Dorothea von ihrem in Paris getöteten Bräutigam erzählt hat, werden die beiden vom Pfarrer verlobt. Hermanns Schlußmonolog deutet die versprochene Eheverbindung als sicheres Bollwerk gegen die revolutionäre Verwirrung.

G.s Werk trägt viele Züge der durch ↗Geßner in Deutschland beliebt gemachten ↗Idylle. Die ländliche Welt Hermanns erscheint in sich abgeschlossen, Natur wird menschlich behandelt und genutzt, der Einzelne lebt unmittelbar in und mit der Natur. Der Brunnen unter den Linden ist ein klassischer ›angenehmer Ort‹, ein *locus amoenus*, der Mensch empfindet sich eingefügt in ein sinnvolles gesellschaftliches und existentielles Ganzes, was sich unter anderem auch in den vielfachen Sentenzen ausdrückt, die in Erzählertext oder Figurenrede eingestreut sind und aus denen tiefe Erfahrung spricht, die weitergegeben werden soll in einem geschlossenen Traditionszusammenhang. Diese Idylle besteht allerdings nur solange, wie man sie oberflächlich betrachtet und auf Hermanns

Welt beschränkt. Mit den Flüchtlingen dringen die Wirren des umwälzenden historischen Prozesses ins Nachbarland ein, Dorotheas leidenschaftliche wie pessimistische Erzählung von den eigenen Erlebnissen gipfelt im Bild der Auflösung gesellschaftlicher Sicherheit: »Grundgesetze lösen sich der festesten Staaten,/ Und es löst der Besitz sich los vom alten Besitzer,/ Freund sich los von Freund: so löst sich Liebe von Liebe« (IX, v. 264–266). Die Verlobung zwischen Hermann und Dorothea soll den Anschein erwecken, sie könne diesen historischen Auflösungsprozeß aufhalten, vielleicht sogar umkehren, der Text möchte mit seinem Schluß sowohl die Folgen der Französischen Revolution als auch die allmählich sichtbar werdende bürgerlich-ökonomische Umwälzung zur Moderne hin aufheben.

Für diese dichterische Absicht ist die Form des in Hexametern verfaßten Epos geradezu ideal: Nach bis heute gültiger Auffassung basiert diese literarische Gattung darauf, daß jedes Einzelschicksal eingefügt sei in einen umfassenden Sinnzusammenhang, der letztlich auch Leid und Tod verstehbar macht. In den neun nach den Musen der griechischen Mythologie benannten Gesängen ahmt G. den erzählerischen Gestus des antiken Epos nach – allerdings erscheint die Lösung des welthistorischen Konflikts, auf den das Epos anspielt, gewissermaßen als Selbsttäuschung: Die Folgen der revolutionären Umwälzung lassen sich hier zwar auf der Ebene der Privatbeziehung, eben für Hermann und v.a. Dorothea, ›heilen‹, der epische Sinnzusammenhang einer ganzen Welt aber läßt sich dadurch nicht wiederherstellen. Die Heirat erscheint als nur brüchiger Kitt über den Rissen einer Welt, die endgültig aus den Fugen geraten ist.　　　　BJ

Hermann und Dorothea: *Also das wäre Verbrechen*; Elegie, entstanden Anfang 1796, Erstdruck 1800, Einleitungsgedicht zum gleichnamigen Versepos. Zu Beginn der Elegie wendet G. sich polemisch gegen die Kritik des Publikums an seiner Vorliebe fürs Römisch-Antike, die ihm vor allem nach den *Römischen Elegien*, den *Venezianischen Epigrammen* und den *Xenien* entgegenschlug. Sodann formuliert das Gedicht die Bitte an die Muse, die epische Erzählung um Hermann und Dorothea zu beflügeln, das Epos wird angekündigt und in die Tradition von Voßens Luise gestellt; gleichzeitig verweist der Text auf die Verarbeitung der »traurigen Bilder der Zeit«, also der Ereignisse der Französischen Revolution im Versepos. Wegen ihres unversöhnlich erscheinenden, polemischen Beginns veröffentlichte G. die Elegie, mit einer Ausnahme, immer getrennt vom Epos um Hermann und Dorothea, dessen Intention auf die schließliche Versöhnung gesellschaftlicher Widersprüche abzielte.   BJ

Hermetik, Bezeichnung für eine gleichzeitig religions- und naturphilosophische Denkweise, zu der u.a. auch die ↗Alchimie gehörte und mit der G. schon während der Rekonvaleszenzzeit nach dem Leipziger Studienaufenthalt in engen Kontakt kam. Eine zentrale Stellung in der Hermetik nimmt der Mythos von Luzifer ein (den G. am Ende des 8. Buches von *Dichtung und Wahrheit* ausführlich nacherzählt). Der göttlichen Schöpfungskraft, die zur unendlichen Expansion tendiert, wird in der Schöpfungsanmaßung Luzifers das Moment der Konzentration entgegengestellt. Die ↗Polarität dieser beiden Begriffe nimmt vor allem in G.s Frühwerk eine entscheidende Stellung ein: Prometheus (Konzentration) und Ganymed (Expansion) verkörpern die Pole idealtypisch, Werther scheitert, weil ihm das konzentrative Moment völlig fehlt, der Künstler als Genie muß beide Anteile in gleich starkem Maße vereinigen. Sowohl diese Leitpolarität von G.s Hermetik als auch weitergehende polare Begriffspaare wie ↗Systole und Diastole, Licht und Schatten (↗licht/dunkel) u.v.a.m. durchziehen G.s gesamtes literarisches und naturwissenschaftliches Schaffen.   BJ

Herr/Knecht: Das Herrschafts- bzw. Dienstverhältnis ist häufig literarisches Motiv, zumal insofern es Figurenkonstellationen konstituiert: Der »Herr« im »Prolog im Himmel« bezeichnet Faust als seinen Knecht, auch Mephisto steht in einem Dienstverhältnis zu ihm. Faust und Mephisto verpflichten sich einander als Knecht, dieser im Diesseits, jener im Jenseits. ↗Mignon versteht ihre Rolle gegenüber ↗Wilhelm als Dienst, ↗Götz, ↗Egmont und ↗Alba haben, neben vielen anderen Figuren, natürlich ihre Diener (↗Silva). Die Liebe macht den Mann und Sänger oft zum Knecht, die Geliebte wird in der literarischen Stilisierung zur »Herrin«.

In einer ausführlicheren Reflexion unterscheidet G. fein zwischen dem Herr-Knecht-Verhältnis des Abendlandes und dem des Orients: »Reisende haben bemerkt, daß die Sklaven sich gegen ihre türkischen Herren mit weit mehr »aisance« (Ungezwungenheit) betragen als nordische Hofleute gegen ihre Fürsten, und bei uns Untergebene gegen ihre Vorgesetzten; allein wenn man es genau betrachtet, so sind diese Achtungsbezeigungen eigentlich zugunsten der Untergebenen eingeführt, die dadurch ihren Obern immer erinnern, was er ihnen schuldig ist« (*Winckelmann*, Kap. Gesellschaft).   BJ

Herrnhuter Brüdergemeine: Die am ↗Pietismus orientierte, von Nikolaus Ludwig von Zinzendorf ab 1722 unweit von Görlitz organisierte separatistische Religions- und Lebensgemeinschaft ohne Standesunterschiede (von Kirchenseite offiziell erst nach 1749 anerkannt) wurde im 18.Jh. weithin beachtet und nachgeahmt. G. lernte über Susanna Katharina von ↗Klettenberg – das Vorbild der ↗Schönen Seele der *Lehrjahre* – eine Frankfurter Brüdergemeine kennen, besuchte im September 1769 deren Synode in Marienborn (in der Wetterau, wo Zinzendorf nach 1736 gelebt hatte) und schien einem Beitritt nicht abgeneigt. Er mußte jedoch »bemerken, daß die Brüder so wenig als Fräulein von Klettenberg« ihn für einen »Christen wollten gelten lassen«. Dieser Umstand und weitere inhaltliche Differenzen führten dazu, daß er »auch aus dieser Gesellschaft scheiden mußte« (*DuW*, 15. Buch). Vor allem im 6. Buch der *Lehrjahre*, das sich unter der Überschrift *Bekenntnisse einer schönen Seele* mit religiösen Fragen beschäftigt, sind die Herrnhuter mehrmals Gegenstand der Betrachtung.   DF

Herzlieb, Christiane Friederike Wilhelmine (Minna, Minchen; 1789–1865), Pflegetochter des Verlegers Frommann in Jena. Ab November 1807 häufig dort zu Gast, erfaßte den knapp 60jährigen G. eine leidenschaftliche Zuneigung zu der 18jährigen. Bereits in Sonetten von Riemer und Zacharias Werner bedichtet, hatte auch G. sie vor Augen in seinen *Sonetten* (1807/08). Im Sonett *Scharade* (Silbenrätsel) spielt er mit ihrem Namen: »Zwei Worte sind es, kurz, bequem zu sagen,/Die wir so oft mit holder Freude nennen,/Doch keineswegs die Dinge deutlich kennen,/Wovon sie eigentlich den Stempel tragen«. Und die Auflösung der Scharade? Herzlieb. G. gebot sich jedoch Entsagung. Und sie? Sprach in Verehrung von ihm – als dem »lieben, alten Herrn«.   PO

Herzogin Anna Amalia Bibliothek: 1991 aus der Fürstlichen, der Herzoglichen, der Großherzoglichen Bibliothek, der Thüringischen Landesbibliothek (1918), der Zentralbibliothek der deutschen Klassik (1969) hervorgegangen. Sie geht auf die herzogliche Sammlung zurück, die Anna Amalia 1766 in das zur Bibliothek umgebaute ↗Grüne Schloß bringen ließ, womit sie - ahnungslos - diese Bestände vor dem Schloßbrand rettete. G. übernahm die Leitung der Bibliothek am 9.12.1797 und wurde ihr fleißigster Benutzer (2276 Ausleihen), reformierte die Beschaffungspolitik mit Blick auf die Universitätsbibliothek in Jena, dachte an einen Zentralkatalog für das gesamte

Herzogtum und führte ein Dienstbuch für die Bibliotheksangestellten ein (Einrichtung einer Bibliothekskommission, ↗ Amtliche Tätigkeiten). Durch Erwerb von Privatbibliotheken, säkularisierten Klosterbibliotheken und die gezielte Steigerung des Anschaffungsetats verdoppelte sich der Buchbestand auf ca. 140 000 Bände im Jahr 1832. BL

Hexameter s. Versmaß, klassisches

Hexe, Hexen s. Walpurgisnacht

Hexen-Einmaleins: Die Szenen »Hexenküche« und ↗ »Walpurgisnacht« in *Faust I* stehen für das Reich des Satanischen, von G. beschrieben im christlich-traditionellen Sinn als Gegenwelt des Absurd-Komischen, der Höllenangst, der Angst vor der ewigen Verdammnis. Es ist also noch nicht das moderne Verständnis einer unumkehrbaren Verdammnis, wie sie z.B. von Jean Paul Sartre, Albert Camus, Georges Bataille oder Jean Genet vorgeführt worden ist – einer Welt ohne Gott, die das Obzöne zur Normalität erhebt. G.s Vorstellung von Verdammnis bewegt sich im christlichen Horizont, der Erweckungsfahrt Dr. Fausti von Ostern bis Pfingsten.
Die christliche Malerei seit dem 14. Jh. kennt für Höllen- oder Hexenvisionen zahlreiche Beispiele, u.a. von Hieronymus Bosch. Mephisto führt Faust in sein Reich ein, tollwütige, barbusige, geile Hexen, jung und alt, mit entblößten, prallen Brüsten, schrillen Stimmen und sodomitischen Gelüsten (»Es farzt die Hexe, es stinkt der Bock«, v. 3961) bestimmen diese Szenen, die so drastisch und plakativ in der deutschen Literatur noch nie da gewesen waren, ein mutiges antichristliches Intermezzo G.s, in einer Zeit, die sich noch deutlich an einen über Jahrhunderte hinweg existierenden Volksaberglauben und – viel schlimmer – an eine fanatisch bis zur kanonisch sanktionierten Folterung und qualvollen Exekution der Hexe hielt.
Ein Zauberspruch beherrscht die Szene »Hexenküche« (v. 2337-2604) in *Faust I*: »Du muß verstehn!/ Aus Eins mach Zehn,/Und Zwei laß gehen,/Und Drei mach gleich,/So bist du reich,/Verlier die Vier!/Auf Fünf und Sechs -/So sagt die Hex’,/Mach Sieben und Acht,/So ist’s vollbracht:/Und Neun ist Eins,/Und Zehn ist keins,/Das ist das Hexen-Einmaleins«.
Was zahllose Laiendechiffrierer immer wieder vergeblich zum Knacken der Nuß, zur Lösung dieses Spruchrätsels gereizt hat, ist in Wirklichkeit eine von G. gewollte Mixtur aus seit dem Mittelalter vorhandenem Okkulten, aus pythagoreisch-kabbalistischer Zahlenmystik und einer entfesselten Lust am Reim,

wie wir sie in der deutschen mantischen Literatur seit den *Merseburger Zaubersprüchen* kennen: Ein tolldreist aufgelegter, ritualisierter Spaß mit der Sprache und dem magischen Zwang des Reims – kunstvoller Unsinn, von verborgenem Geheimnis, von latenter Botschaft keine Spur: »Ebenso quälen sie sich und mich mit den Weissagungen des Bakis, früher mit dem Hexen-Einmaleins und so manchem anderem Unsinn, den man dem schlichten Menschenverstande anzueignen gedenkt« (an Zelter, 4.12.1827). BL

Himburg, Christian Friedrich (1733–1801), Berliner Buchhändler, der 1775 *Goethes Schriften* in einer dreibändigen Ausgabe ohne das Wissen G.s als Raubdruck herausbrachte. G. war darüber sehr erbost und beschwerte sich Jahre später noch: »Mit großer Frechheit wußte sich dieser unberufene Verleger eines solchen dem Publikum erzeigten Dienstes gegen mich zu rühmen« (*DuW*, 16. Buch). Das tat Himburg aber insofern, als G. den von süddeutschen und fehlerhaften Sprachformen gereinigten Text des Raubdrucks in Teilen (so für *Werther, Stella, Clavigo, Götz*) der ersten autorisieren Ausgabe Göschens zugrunde legte. AE

Himmel: *Faust I* setzt ein mit dem »Prolog im Himmel«, der Wette Gottes mit dem Teufel um die Seele des Faust, und endet im Himmel mit dem Chorus mysticus, mit Fausts ↗ Erlösung und der Niederlage des Teufels. Damit schließt G. einen Kreis, der die gesamte Spanne der christlichen Erlösungstheologie umfaßt, aber dennoch nicht darin aufgeht. G.s Himmel ist nicht nur von der heiligen Trinität und den erlösten Seelen der Sündigen bevölkert, die gesamte griechische Mythologie hat dort ihr Platzrecht (↗ *Iphigenie*). Im »Buch des Paradieses«, das den *West-östlichen Divan* beschließt, gestaltet G. den Himmel als einen Ort sinnlicher, diesseitiger, orientalischer, sicherlich schwärmerischer Seligkeit, der mit keinem Wort an die Erlösung von der Erbsünde, die verhängnisvolle Vertreibung des Menschen aus dem Paradies erinnert und provokativ die metaphysischen Möglichkeiten des vorislamischen Kulturkreises ins Spiel bringt, G.s insgesamt so genanntes Geschäft des modernen dichterischen »Mythologisierens«, damit ein Stück weit auf dem Weg in die romantische Poesie. BL

Hiob, Hauptfigur des gleichnamigen Buches im Alten Testament, die im Auftrag Gottes vom Satan geprüft wird. G., dem die Bibel von Kindheit an vertraut war, verwendete dieses Motiv bei der Anlage seines *Faust*

(»Prolog im Himmel«) und fand, daß er deshalb »eher zu loben als zu tadeln« sei (Eckermann, 18.1.1825). Neben anderen Partien des Alten Testaments schätzte G. auch am Buch Hiob, daß »Poesie, Religion und Philosophie ganz in *eins* zusammenfielen« (*DuW,* 6. Buch).   DF

Hirt, Aloys Ludwig (1729-1839), Schriftsteller und Archäologe, der von 1782 bis 1796 in Rom lebte, wo G. ihn kennen und so schätzen lernte, daß er ihn Herder als Romführer empfahl. Hirts archäologische Anschauungen basierten auf Winckelmanns Annahme, die Steinarchitektur der Griechen gehe zurück auf eine frühere Holzbaukunst – eine Annahme, der G. spätestens in den *Baukunst*-Aufsätzen von 1788 und 1795 widersprach. Hirt prägte allerdings auch den Begriff des ›Charakteristischen‹, den G. und Schiller als Merkmal des Kunstwerks übernahmen. Hirt, seit 1796 Professor in Berlin, traf 1797 in Weimar mit Schiller und G. zusammen (G. an J.H. Meyer, 14.7. 1797): Hirts Beitrag über Laokoon, den Schiller 1797 in die *Horen* übernahm, forderte G.s Widerspruch heraus (*Über Laokoon*, 1798). Hirt schickte sein Werk *Die Baukunst nach den Grundsätzen der Alten* an G., der sich lobend äußerte (an Zelter, 1.6. 1809). Im Februar 1826 schließlich schickte Zelter Hirts Schrift *Die Brautschau. Zeichnung auf einem griechischen Gefäß* an G., der würdigend, doch eigentlich distanzierend Stellung bezieht (an Zelter, 20.5. 1826).   BJ

Hirzel, Salomon (1804-1877), Leipziger Verleger mit (seit 1853) eigenem Verlag (z.B. Grimms *Deutsches Wörterbuch*). Hirzel legte schon früh eine umfassende Sammlung zu G. an: Autographen, Erstdrucke, Forschungsliteratur, eine Sammlung, die er in seinem *Verzeichniß einer Goethe-Bibliothek* (1848, 1862, 1874) dokumentierte. Er veranstaltete 1875 die dreibändige Ausgabe *Der junge Goethe. Seine Briefe und Dichtungen von 1764-1776*, in der er dichterische Werke und Briefe G.s auf erhellende Weise zusammenstellte. Am 100. Jahrestag der Immatrikulation G.s erhielt Hirzel den Ehrendoktor der Leipziger Universität.   BJ

Hochbild: *Die Sonne, Helios der Griechen,* entstanden in Weimar am 7.11.1815, kurz nach dem Abschied von Marianne von Willemer, Erstdruck im *West-östlichen Divan*. Im hohen Ton der antiken, nicht der orientalischen Bildersprache, der bereits im Titel, einem Neologismus G.s, angeschlagen wird, zeigt sich der Versuch, das private Trennungserlebnis

poetisch zu bewältigen, hochzustilisieren zu einem zugleich mythologischen und naturhaften Gleichnis. Das Gedicht gestaltet die Entstehung eines Regenbogens aus der Annäherung von Sonne, als »Helios der Griechen« zum Gott personifiziert, und einer nicht benannten Göttin, die sich im Regen manifestiert. Gemeint ist wohl die Götterbotin Iris, die nach der mythologischen Überlieferung in einem bunten Kleid bei ihren Botengängen auf der Straße des Regenbogens auf- und abstieg.

G. geht hier sehr frei mit der griechischen Mythologie um und entwirft im Bild der weinenden Göttin und der Tropfen, die sich durch den Blick der Sonne zu Perlen formen, ein Gleichnis für die Entstehung von Poesie: »Die Perlen wollen sich gestalten:/Denn jede nahm sein Bildnis auf.« Mehrmals im *Divan*, wie bereits bei Hafis, sind Perlen Metaphern für Gedichte. Der Versuch, weibliche Trauer/Tränen durch männliche Kunst zu kompensieren, gelingt jedoch nur im Gedicht, nicht aber erspart er beiden Partnern die persönliche Leiderfahrung. Die Diskrepanz zwischen dem Aufschwung der künstlerischen Größenphantasie und dem Abschwung der emotionalen Ernüchterung ist die bittere Einsicht, die mit noch härterer Konsequenz im Gedicht *Nachklang*, das am gleichen Tag entstand, ausgesprochen wird. Dessen letzte Strophe lautet: »Es klingt so prächtig, wenn der Dichter/Der Sonne bald, dem Kaiser sich vergleicht;/Doch er verbirgt die traurigen Gesichter,/Wenn er in düstern Nächten schleicht.« In *Phänomen* ist der Regenbogen, der für G. im Kontext seiner optischen und meteorologischen Studien von besonderem Interesse war, Garant von Verjüngung und Glückserfahrung; in *Hochbild* wird er zum Symbol von Schönheit, aber auch Vergänglichkeit.   IW

Hof und Hofleben waren ein wesentlicher Bereich der Gesellschaftserfahrung G.s und wurden in vielfältiger Weise zum poetischen Motiv in vielen seiner Texte. Die Einladung des jungen Weimarer Herzogs und seines späteren Urfreundes Karl Ludwig Knebel, einmal den Weimarer Hof zu besuchen, schildert G. in *Dichtung und Wahrheit* (15. Buch) – ebenso wie die erbitterte Abscheu des Vaters gegenüber der Vorstellung, den eigenen Sohn an einem solchen Kleinfürstenhof zu wissen. Daß G. praktisch zeitlebens an diesem Hof bleiben sollte, war 1775 zwar noch nicht abzusehen, kurz nach seiner Ankunft aber deutete es sich schon an: »Ich bin nun ganz in alle Hof- und politische Händel verwickelt und werde fast nicht wieder weg können« (an Merck, 22.1.1776), dem Herzog schickte er von seinem ersten Weimarer Weih-

Das alte Hoftheater, das in der Nacht vom 21. auf den 22. März 1825 abbrannte

nachten einen ausführlichen Bericht über das Hofleben (an Carl August, 24.–26.12.1775).

Im Vergleich zu seiner neuen Heimat kamen andere deutsche Höfe schlecht weg – von der Rückreise aus der Schweiz 1779/80 berichtete er an Charlotte von Stein: »So ziehen wir an den Höfen herum, frieren und langweilen, essen schlecht und trincken noch schlechter« (3.1.1780). G.s enge Bindung an den Weimarer Hof ist einerseits in seiner sofortigen und intensiven Verpflichtung für die verschiedensten Ämter in der Regierung des Herzogtums begründet, andererseits jedoch vor allem in der freundschaftlichen Beziehung zum Herzog Carl August – auch die Aufhebung der vielfältigen Dienstverhältnisse nach der Italienreise hob die Bindung an Weimar nicht auf.

Der bürgerliche Dichter am adligen Hof ist Zentralthema des *Torquato Tasso*, in welchem G. die unterschiedlichen Zuordnungsmöglichkeiten des Dichters zu seiner adligen Herrschaft, zur höfischen Gesellschaft durchspielt. Der Königshof von Nobel, dem Löwen, wird im *Reineke Fuchs* in satirisch-augenzwinkernder Weise vorgeführt, G. bezeichnet das Versepos als fabel-haften »Hof- und Regentenspiegel« (*CiFr*). Der 1. Akt des *Faust II* zeigt den kaiserlichen Hof in desolatem Zustand, der ökonomische wie machtpolitische Korrosionsprozeß des Spätmittelalters hat ihm stark zugesetzt, Mephistos Trick mit dem ↗Papiergeld kann den Niedergang der höfischen Welt nur hinauszögern, die anschließende Inflation mündet in den Krieg gegen den Gegenkaiser (IV. Akt).   BJ

Hofball s. **Ball**

Hoffmann, Ernst Theodor Amadeus (1776–1822), Erzähler, aber auch Komponist, Zeichner und Maler. Mit Hoffmanns Partitur zu G.s Singspiel *Scherz, List und Rache* unter dem Arm fühlte Jean Paul 1801 bei G. wegen einer Inszenierung vor. Im gleichen Jahr wurde das Stück erfolgreich aufgeführt, doch G. schien der Name des Komponisten entgangen zu sein. 1822 war G. Hoffmanns *Meister Floh*, »der einen gewissen Reiz hat, dem man sich nicht entziehen kann« (an Carl August, 12.4.1822) noch gnädig gesonnen, doch bald ließ er kein gutes Haar mehr am Autor; in sein Tagebuch notierte er am 21.5.1827: »Den Goldenen Becher [gemeint ist der *Goldne Topf*] angefangen zu lesen. Bekam mir schlecht.« In der Rezension eines von Walter ↗Scott verfaßten Hoffmann-Aufsatzes, der am 1.7.1827 in der *Foreign Quarterly Review* erschienen war, stimmte G. mit der ablehnenden Haltung des Verfassers überein und bedauerte, »daß die krankhaften Werke jenes leidenden Mannes lange Jahre in Deutschland wirksam gewesen und solche Verirrungen als bedeutend fördernde Neuigkeiten gesunden Gemütern eingeimpft worden« waren.   AR

Hoffnung s. **Urworte. Orphisch**

Hofkonzert s. **Konzert**

Hoftheater: Herzog Carl August verfügte im Januar 1791 die Bildung einer ständigen Theaterbühne und beauftragte G. mit deren Leitung. Diese Gründung drückte die traditionelle Verbundenheit des Weimarer

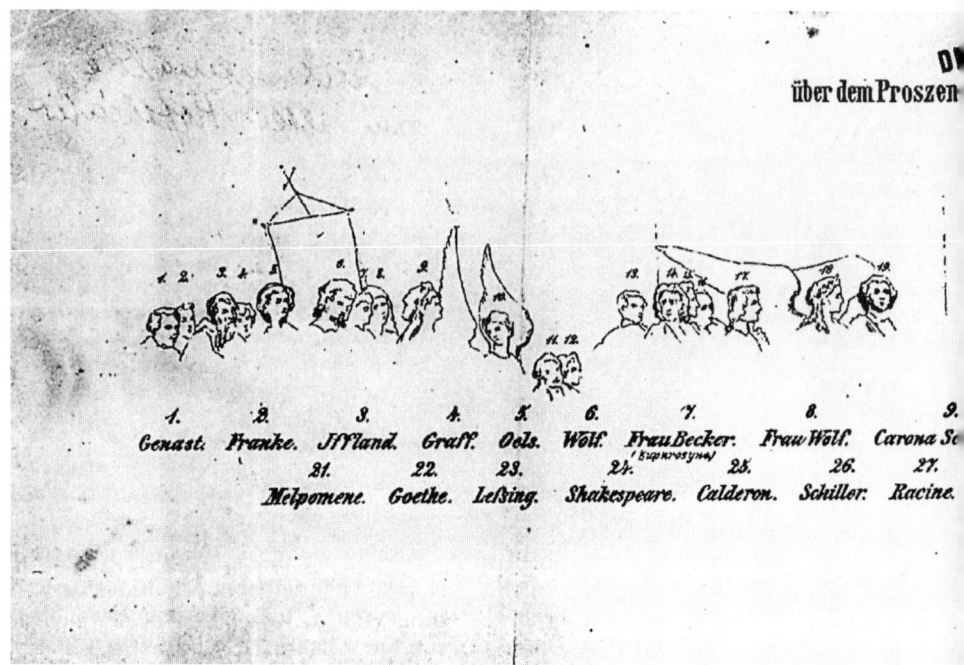

über dem Proszen

1.   2.   3.   4.   5.   6.   7.   8.   9.
Genast. Franke. Jffland. Graff. Oels. Wolf. FrauBecker. Frau Wolf. Carona S
        21.   22.   23.   24.   25.   26.   27.
Melpomene. Goethe. Lessing. Shakespeare. Calderon. Schiller. Racine.

Hofs mit der Literatur, Theaterkunst und Musik aus. Seit Ende des 17.Jh.s gab es im Residenzschloß, in dem 1696 eine Opern- und Theaterbühne eingerichtet wurde, Aufführungen von Singspielen, Komödien und Schauspielen durch Wandertruppen, wobei der Zuschauerkreis weitgehend auf die Hofgesellschaft beschränkt blieb. Seit 1756 wurden in der kurzen Regierungszeit des Herzogs Ernst August II. Constantin und der anschließenden Regentschaft Anna Amalias bekannte Theatertruppen für mehrere Spielzeiten engagiert und damit das Niveau des Theaters beträchtlich erhöht. Besonders ↗Anna Amalia, die aus Braunschweig-Wolfenbüttel eine besondere Vorliebe für Musik und Theater mitgebracht hatte, widmete dem Theater viel Interesse und öffnete die Vorstellungen kostenlos einem breiteren bürgerlichen Publikum.

Nachdem 1756/58 die ↗Doebbelinsche Truppe in Weimar gespielt hatte, wurden 1768/71 die ↗Kochsche Truppe und ab 1771 die ↗Seylersche Truppe, in der der bedeutendste zeitgenössische Schauspieler Conrad ↗Ekhof besonderen Einfluß hatte, engagiert. Die zunehmende soziale und gesellschaftliche Anerkennung des Schauspielerberufs und die Entwicklung des nationalen deutschen Dramas förderten die künst-

lerische Qualität der Aufführungen. Im Repertoire fanden Tragödien und Komödien der englischen, spanischen und französischen Dramatik, aber auch zeitgenössische deutsche Stücke von Johann Elias Schlegel, Gotthold Ephraim Lessing, Friedrich Gottlieb Klopstock und anderen Eingang. Besondere Förderung erfuhr das ↗Singspiel. Das wachsende Niveau des Schaupiel- und Musiktheaters wurde nicht zuletzt dadurch erreicht, daß Weimarer Dichter wie Johann Carl August Musäus, Christoph Martin Wieland und Friedrich Justin Bertuch neue Texte für die Bühne schrieben und in dem Komponisten und Kapellmeister der Seylerschen Truppe Anton Schweitzer und Hofkapellmeister Ernst Wilhelm Wolf kongeniale Partner fanden. Ein Höhepunkt dieser Jahre war die Uraufführung des deutschen Singspiels *Alceste* von Wieland mit der Musik Schweitzers am 28.5.1773.

Der Schloßbrand vom 6.5.1774, bei dem auch der Theaterraum im Ostflügel vernichtet wurde, beendete diese erste Blütezeit des Weimarer Theaters, die für die Theaterkunst an den deutschen Fürstenhöfen dieser Jahrzehnte beispielgebend war. An die Stelle einer festen Bühne trat seit 1775 das ↗Liebhabertheater, in dem sich mit besonderer Unterstützung Carl Augusts

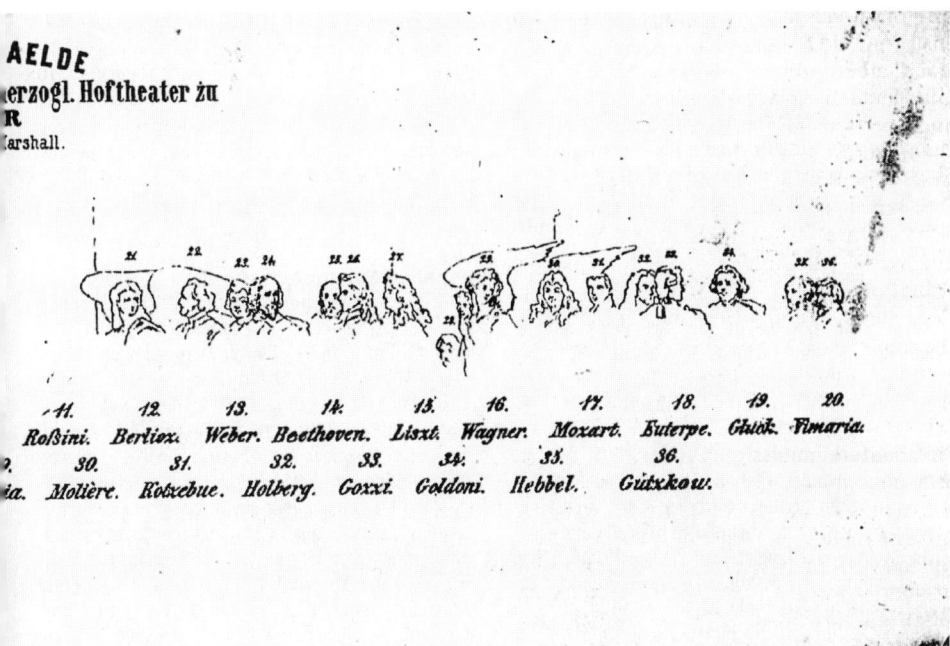

und Anna Amalias Angehörige des Hofadels und des Bürgertums als Laienschauspieler zusammenfanden. Es spielte eine wichtige integrative Rolle bei der Entwicklung einer literarisch-geselligen Kultur, die eine entscheidende Grundlage für die Anfänge der klassischen deutschen Literatur und Kunst in Weimar bildete. Dennoch konnte es auf die Dauer keine hohe Theaterkunst garantieren.

1779 ließ der Bauunternehmer Anton Georg Hauptmann an dem Platz gegenüber dem ↗Wittumspalais, wo noch heute das Deutsche Nationaltheater steht, das ↗Comödienhaus errichten. Dort spielte 1784/91 die ↗Bellomosche Truppe. Da deren künstlerische Leistungen jedoch unbefriedigend blieben, kam es zur Gründung des eigenen Weimarer Hoftheaters. Der Eröffnungsveranstaltung mit August Wilhelm Ifflands *Jägern* am 7.5.1791 stellte G. einen Prolog voran, in dem er zum ersten Male die Idee des Ensemblespiels vertrat und das harmonische Verhältnis von Schauspieler und Publikum beschwor.

Das neue Theater kam nicht ohne die dem Publikumsgeschmack verpflichteten gängigen Stücke, vor allem von August Kotzebue und Iffland, aus; G.s für das Hoftheater geschriebenen sogenannten Revolutionsstücke wie *Der Groß-Cophta* (1791) oder *Der Bürgergeneral* (1793), fanden wenig Anklang. Die große Zeit des Hoftheaters begann am 12.10.1798 mit der Uraufführung von Schillers *Wallensteins Lager*. In Gemeinschaft mit Schiller, der 1799 vor allem wegen der gemeinsamen Wirksamkeit am Hoftheater nach Weimar zurückkehrte, strebte G. danach, die sittlich erzieherische Wirkung der Theaterkunst durch eine höhere Einheit von Inhalt und Form zu verwirklichen. Dazu gehörte die Aufwertung des Repertoires durch Stücke von Shakespeare, Lessing, Schiller und G. selbst.

Unter G.s Leitung spielten hervorragende Schauspielerinnen und Schauspieler wie Christiane ↗Bekker-Neumann, Amalie Malcolmi-Wolff und Caroline ↗Jagemann, Heinrich Becker, Anton Genast, Johann Jakob Graff, Carl Ludwig Oels und Pius Alexander Wolff. G. legte auch auf ein ausgeglichenes Ensemblespiel großen Wert. Eine besondere Pflege genossen im Opernfach Mozarts Werke. Gründliches Rollenstudium und eindringliche Regieführung prägten einen neuen Weimarer Darstellungsstil, der durch die Verbindung von rhythmischer Deklamation, Körpersprache und Mimik gekennzeichnet war (↗*Regeln für Schauspie-*

ler in 91 Paragraphen). Das Hoftheater spielte im Sommer in ↗Bad Lauchstädt, um das in Weimar schnell bekannte Repertoire besser auszuschöpfen. 1798 hatte G. das Komödienhaus nach Plänen von Nicolaus Friedrich ↗Thouret umbauen lassen, was besonders dem Zuschauerraum, der sich vom höfischen Logentheater zum klassizistischen bürgerlichen Rangtheater wandelte, zugute kam. Dieses Haus wurde in der Nacht vom 21. zum 22.3.1825 durch einen Brand vernichtet. An seine Stelle trat ein am 3.9.1825 nach nur knapp sechsmonatiger Bauzeit wiedereröffnetes Haus, wobei eine großzügige architektonische Lösung in der Art eines antiken Rundbaus, wie ihn Clemens Wenzeslaus ↗Coudray entworfen hatte, durch Intrigen der von Caroline Jagemann angeführten Partei verhindert wurde.   SS

Hoftheaterkommission: Der Ausschuß, dem die Angelegenheiten der Weimarer Bühne oblagen, wurde 1791 ins Leben gerufen, nachdem Carl August beschlossen hatte, die heimische Theaterlandschaft nicht mehr von engagierten Schauspieltruppen wie der ↗Bellomoschen gestalten zu lassen, sondern ein eigenes Haus mit Ensemble, Regie und Ausstattung zu betreiben. G. fungierte als künstlerischer Direktor, der Hofkammerrat Franz ↗Kirms als seine administrativ verantwortliche rechte Hand, Schiller war nach seiner Ankunft in Weimar freiwillig beratend tätig. 1797 wurde eine ständige Kommission eingerichtet, der bis 1803 auch Johann Georg Lebrecht von Luck angehörte. Sie wurde 1816 – im Zuge der Neustrukturierung des mittlerweile zum Großherzogtum avancierten Landes – in Hoftheater-Intendanz umbenannt und damit den übrigen Landeskollegien gleichgestellt. Neben G. und Kirms wirkten hier Albert Cajetan Graf Edling und der Kammerrat Leopold Kruse, Anfang 1817 trat August von Goethe bei. Unstimmigkeiten zwischen G. und seinem Auftraggeber Carl August – vor allem von der Schauspielerin Caroline Jagemann, der sich in ihrer Rolle als Diva sicher wähnenden Mätresse des Herzogs, ausgelöst und geschürt – führten im April 1817 zu G.s Ausscheiden aus dem Gremium.   DF

Hohe Carlsschule, vom württembergischen Herzog Carl Eugen 1773 in eine repräsentative Militärakademie umgewandelte und 1775 von Schloß Solitude nach Stuttgart verlegte Ausbildungsstätte, an der auch Schiller 1773–1780 auf Geheiß des Fürsten die verhaßte Schulbank drücken mußte. Mit Carl August aus der Schweiz zurückkehrend, nahm G. am 14.12. 1779 an der Stiftungsfeier der Hochschule teil, bei der

der unbekannte angehende Regimentsmedicus Schiller drei Auszeichnungen erhielt. Der zwanzigjährige Eleve, der im Jahr darauf als Absolvent abging und an seinem ersten Drama, den *Räubern*, weiterarbeitete (aufgrund dessen er vom württembergischen Herzog verfolgt, von der französischen Nationalversammlung hingegen 1792 zum Citoyen ernannt wurde), dürfte G. damals allerdings nicht weiter aufgefallen sein.   DF

Hohelied Salomons: »Ich hab das Hohelied Salomons übersezt welches ist die herrlichste Sammlung liebes Lieder die Gott erschaffen hat«, meldet der junge G. am 7.10.1775 nach Darmstadt an seinen Freund Merck. Er folgt damit Herder, der seine früher entstandene Übersetzung 1778 in den *Liedern der Liebe* veröffentlicht hat. In den *Noten und Abhandlungen zu besserem Verständnis des West-östlichen Divans* (Hebräer, 1819) beklagt er die fragmentarische, bunt durcheinander gewürfelte Abfolge, aber er liest das Lied als realistischen Text schwärmt elegisch von der lieblichen Luft das Landes Kanaan, von ländlich vertrauten Verhältnissen, von Wein-, Garten- und Gewürzbau und von einem königlichen Hof im Hintergrund, vor allem aber von der »glühenden Neigung junger Herzen«, die ihn bei seiner Prosaübersetzung fasziniert. In späteren Jahren hat G. das Lied als Entführungsgeschichte gedeutet – mit glücklichem Ausgang (*Lied der Liebe*, 1820).   BL

Höhenangst: G. litt anfänglich darunter: »Besonders ängstigte mich ein Schwindel, wenn ich von einer Höhe herunterblickte« (*DuW*, 9. Buch). Mit gezielt eingegangenen Risikosituationen (etwa der Besteigung des Straßburger Münsters) hat er sich davon allmählich befreit.   BL

Höheres und Höchstes: *Daß wir solche Dinge lehren*, entstanden am 23.9.1818, Erstdruck *West-östlicher Divan*. Das Gedicht gehört zum *Buch des Paradieses*, das vom Grundmuster des *Divan*, dem Changieren zwischen Heiterkeit, Ironie und Ernst, geprägt ist. Orientalische Paradiesesvorstellungen sind durchlässig für westliche Bilder vom Jenseits, und dieser west-östliche Glaubens- und Phantasieraum wird insbesondere in Dialoggedichten zwischen dem Dichter, der Einlaß ins Paradies begehrt, und einer Huri ausgeformt (Huris sind nach islamischer Vorstellung schöne und ewig junge Paradiesjungfern). Es geht um Diesseits und Jenseits, irdische und himmlische Liebe, um Aufhebung von Trennungen, so auch durch die Sprache, wie in einer der Huri-

Strophen: »Um einem Deutschen zu gefallen,/Spricht eine Huri in Knittelreimen.« Auch in *Höheres und Höchstes* wird die Übersteigerung der irdischen Sprachen phantasiert: »Und so möcht' ich alle Freunde,/ Jung und alt, in eins versammeln,/Gar zu gern in deutscher Sprache/Paradiesesworte stammeln.«

In den Versen von einer versteckten Grammatik des Paradieses, »Deklinierend Mohn und Rosen«, wird die Utopie einer ›reinen‹ Sprache formuliert, in der Wort und Sache ungeschieden sind. Ebenso wie die Romantiker sah G. eine solche sprachmagische Kraft in der östlichen Tradition und ihren Schöpfungsmythen. Für den abendländischen Dichter ist Poesie schöner Schein, Vorschein des Paradieses, aber auch das Höchste, was im irdischen Leben erreicht werden kann, wie die Huri in einem der Dialoggedichte dem Dichter klarmacht: »Sing mir die Lieder an Suleika vor:/Denn weiter wirst du's doch im Paradies nicht bringen.« Im ironischen Gestus und in der Verfremdung durch die Paradiesesphantasie durchzieht das ganze Buch ein Bekenntnis zur irdischen Glückseligkeit, zur Integrität des Ich. Dies schließt Entgrenzungsphantasien nicht aus, die Auflösung das Menschlichen im Göttlichen, wie G. sie mehrmals in seinem Werk gestaltet hat und wie sie am Schluß von *Höheres und Höchstes* ihren Ausdruck findet: »Bis im Anschaun ewiger Liebe/Wir verschweben, wir verschwinden.«   IW

Holberg, Ludwig von (1684–1754), norwegisch-dänischer Dichter, dessen Komödie *Der politische Kannegießer* G. 1792 in Weimar aufführen ließ: die Geschichte eines Hamburger Kannegießers, der die städtische Politik zunächst kritisiert, nachdem man ihm einredet, zum Bürgermeister ernannt worden zu sein, aber umgehend so wird wie die von ihm Kritisierten. G. stellt sich insofern in Holbergs Tradition, als er den Helden in *Die Aufgeregten* (1793), Breme von Bremenfeld, zum Enkel des Holbergschen Kannegießers Herman von Bremen (alias von Bremenfeld, wie er sich als Bürgermeister nennt) macht.   PO

Hölderlin, Friedrich (1770–1843), und G. sind sich mehrmals begegnet. Sie sind sich jedoch fremd geblieben. Schon die erste Begegnung am 3.9.1794 in Jena, während Hölderlins Zeit als Hauslehrer bei Schillers Freundin, Charlotte von Kalb, hinterließ bei Hölderlin einen bitteren Nachgeschmack: Er erkannte G., dessen schriftstellerische Aktivitäten er durchaus bewunderte, nicht und nicht auch G. suchte kein persönliches Gespräch mit dem Dichterkollegen. Die verpaßte Chance versuchte Hölderlin bei einem späteren Auf-

enthalt in Weimar wiedergutzumachen. Am 18.1. 1795 sprach er im Professoren-Club in Jena, dem auch G. angehörte, vor. Hegel gegenüber äußerte er am 26. Januar bewundernd über G.s Erscheinung: »Göthen hab' ich gesprochen [...]. Es ist der schönste Genuß unsers Lebens, so viel Menschlichkeit zu finden bei so viel Größe« (StA 6.1, S. 155). Die Bewunderung beruhte nicht auf Gegenseitigkeit; das zeigte sich spätestens zwei Jahre später, 1797 – während Hölderlins Zeit als Hauslehrer bei der Frankfurter Bankiersfamilie Gontard –, ganz deutlich. G. äußerte sich über die ihm von Schiller zur Veröffentlichung in seinem *Musen-Almanach auf das Jahr 1797* eingereichten Gedichte Hölderlins mehr als reserviert: Er sei den übersandten Gedichten »nicht ganz ungünstig«, rät jedoch dem Verfasser für zukünftige Dichtungen, »ein ganz einfaches idyllisches Factum zu wählen« (an Schiller, 28.6.1797).

Am 22. August 1797 empfängt G. den durch Schwierigkeiten seiner Hofmeisterexistenz niedergeschlagenen Hölderlin in Frankfurt. G. schreibt an Schiller einen Tag später, er habe ihm »gerathen, kleine Gedichte zu machen und sich zu jedem einen menschlich interessanten Gegenstand zu wählen«; Hölderlin selbst hat sich an keinem Ort zu dieser Begegnung geäußert. 1799 unternimmt er einen erneuten Versuch, G. zur Mitarbeit zu einem von ihm geplanten ästhetisch-humanistischen Journal zu gewinnen – erfolglos. G.s ganze Mißachtung für Friedrich Hölderlin drückt sich jedoch in der von ihm mitverfaßten vernichtenden Rezension von Hölderlins *Sophokles*-Übersetzungen aus (*Jenaische Allgemeine Literatur-Zeitung*, 24.–26.10.1804). Über das Unverständnis, das G. Hölderlin entgegenbrachte, haben schon die Zeitgenossen spekuliert: Für Bettina von Arnim konnte G. »einen ihm superioren poetischen Geist nicht ertragen und stieß ihn daher zurück« (StA 7.2, S. 111).   SM

Höllenhund: In der antiken Mythologie der vielköpfige Hund Kerberos (Cerberus), der den Ausgang aus der Unterwelt (Hades) bewacht und verstellt. – Schon im Mittelalter übertragen auf die Vorstellung des Teufels in Hundegestalt. – Mephisto tritt in *Faust I* zunächst als ↗Pudel auf (v. 1147 ff.), wird von Faust mit ins Studierzimmer genommen, wo er sich als »Höllenbrut« (v. 1257) gebärdet und nach Fausts Beschwörung (Höllenzwang) sich als »Ein Teil von jener Kraft« vorstellt, »Die stets das Böse will, und stets das Gute schafft« (v. 1335 f.). – Die dunkle Ecke »hinter de[m] Ofen« (v. 1188), wohin Faust den Pudel verweist und wo seine Verwandlung (wie schon in

den Volksbüchern) stattfindet, heißt umgangssprachlich »Hölle«.   GG

Holtei, Carl von (1798–1880), Schriftsteller, Schauspieler und Theaterleiter. Holtei, der G. 1824 bereits
eigene dichterische Versuche, so das Lustspiel *Die
Farben* zugesandt hatte, wird durch August von G.
im Mai 1827 persönlich mit ihm bekannt. Im Januar
1828 beginnen, von August begeistert aufgenommen,
Holteis deklamatorische Vorträge des *Faust* in Weimar, die G. selbst nicht besucht. Er lobt ihn aber in
einem Brief an Zelter: »Unser Vorleser macht seine
Sache gut« und empfindet ihn als angenehmen Gesellschafter (28.2.1828). Holteis Szenarium einer Bü-
henbearbeitung des *Faust* vom Mai 1828 wird von G.
zunächst begrüßt, wie August den Schauspieler wissen läßt. Der im Juni fertiggestellte Text trifft jedoch
auf ebenfalls durch August übermittelte Ablehnung,
da Bedeutendes gestrichen oder falsch behandelt sei.
Holtei ließ sich's nicht verdrießen und schrieb einen
eigenen *Dr. Johannes Faust,* den Zelter in einem Brief
an G. am 28.1. 1829 verreißt. Holtei indes hält an
seiner G.-Verehrung fest, besucht den Dichter in den
Jahren 1829–31 noch drei Mal und verfaßt die Verse
für G.s Totenfeier auf dem Königstädtischen Theater.
                                                 AvG

Homer (2. Hälfte des 8.Jh. v. Chr), griechischer
Epiker, für den G. größte Bewunderung zeigte. Er
verehrte die Metaphorik des antiken Dichters, dessen
Werke ihm als Vorbild dienten. Mit seinen Versepen
Achilleis, Reineke Fuchs und *Hermann und Dorothea* versuchte er, Homers episches Niveau zu erreichen. *Achilleis* sollte sowohl thematisch wie auch
formal Homers *Ilias* fortsetzen. G. suchte in den
Werken Homers nach epischen Gesetzen. Nach Erlernen der altgriechischen Sprache konnte G. Homer
im Original lesen und ihn schließlich für sich übersetzen. ⁊Wolfs Theorie in *Prolegomena ad Homerum,* welche die Ilias und Odyssee auf mehrere Verfasser zurückführte, wies G., der zunächst unentschieden war, später zurück.   DO

Homosexualität: In G.s Leben sind neben Liebes-
verhältnissen mit Frauen auch etliche langjährige und
enge Freundschaften zu Männern auszumachen (Jacobi, Herder, Schiller, Carl August), die seit Sigmund
Freud in gewisser Weise durchaus als erotische Beziehungen angesehen werden können. In der seriösen
Forschung ging allerdings niemand so weit, G. daraus
einen Strick zu drehen und ihn als »Schwulen zu
outen«, wie das Karl Hugo Pruys - ganz im Trend der

Zeit - in seiner »erotischen Biographie« *Die Liebko-
sungen des Tigers* 1997 versuchte.
   Pruys berief sich auf Episoden wie G.s mehrmalige
Nacktbäder mit den Gebrüdern Stolberg (*DuW,*
19. Buch, ⁊Schwimmen) und auf seine gefühlselige,
ganz im Zeichen der ⁊Empfindsamkeit stehende
Wortschwelgerei. Über Jacobi hatte G. beispielsweise
geschrieben: »Nachts, als wir uns schon getrennt und
in die Schlafzimmer zurückgezogen hatten, suchte ich
ihn nochmals auf. Der Mondschein zitterte über dem
breiten Rheine, und wir, am Fenster stehend,
schwelgten in der Fülle des Hin- und Widergebens«
(*DuW,* 14. Buch). Man mag derlei Formulierungen
interpretieren wie man will (vermutlich tauschten die
beiden jungen Männer auf der Grundlage einer gegenseitigen Faszination einfach ihre Gedanken aus), immerhin: Männerliebe findet sich bei G. auch konkret
thematisiert - Dichtung bzw. literarische Tradition
und Wahrheit müssen dabei jedoch vorsichtig unterschieden werden.
   Eines der von G. selbst unterdrückten *Venezianischen Epigramme* lautet: »Knaben liebt ich wohl
auch, doch lieber sind mir die Mädchen,/Hab ich als
Mädchen sie satt, dient sie als Knabe mir noch«; ein
anderes schließt mit dem Bekenntnis: »Nach hinten
war mir niemals ein froher Genuß«; die Epigramm-
form leitet sich aus der griechischen und römischen
Antike her - G. bezieht sich namentlich auf Martial -
und ist per definitionem erotisch, auch homoerotisch
ausgerichtet. Im *West-östlichen Divan,* speziell im
Schenkenbuch, wird des öfteren über die Liebe des
Dichters zum jungen Mundschenk räsonniert - hier
folgt G. dem literarischen Vorbild (dem *Diwan* des
Hafis), doch anders als bei diesem ist bei G. das Motiv
der homosexuellen Liebe gegenüber der heterosex-
uellen deutlich abgeschwächt.
   Einem Bericht des Kanzlers von Müller zufolge hat
G. die (antike) »griechische Liebe«, also die Männerliebe mit u.a. analen Praktiken, als »Verwirrung«
bezeichnet und damit zu erklären versucht, »daß nach
rein ästhetischem Maßstab der Mann immerhin weit
schöner, vorzüglicher, vollendeter wie die Frau sei.
Ein solches einmal entstandnes Gefühl schwenke
dann leicht ins Tierische, grob Materielle hinüber«
(7.4.1830).   DF

Homunculus (lat. »Menschlein«) tritt im zweiten
Akt des *Faust II* in Erscheinung. Dieser Mensch aus
der Retorte erblickt das Licht der Welt im Laboratorium (eingerichtet »im Sinne des Mittelalters, weitläufige unbehülfliche Apparate zu phantastischen
Zwecken«) des »Biochemikers« Wagner, der beschlos-

sen hat: »Es wird ein Mensch gemacht« (v. 6835). G. läßt Wagner und sein »Produkt« Homunculus ganz auf dem Hintergrund des spätmittelalterlich-frühneuzeitlichen alchimistischen Denkens agieren (↗Alchimie). Dessen Überzeugungen sind G. seit langem vertraut. Paracelsus mit seinem Werk *De natura rerum* (1572) ist stellvertretend zu nennen; Paracelsus berichtet vom chemischen Menschen, der durch die Kunst der Alchimie außerhalb des Mutterleibs entwickelt werden kann. Nach dieser bis ins 18. Jh. geltenden Auffassung waren die Spermatozoen alleinige Träger des Lebens und der Erbgutmasse, der weibliche Uterus wurde als eine Art Brutkasten betrachtet. Also war es laut Paracelsus dem Alchimisten möglich, den männlichen Samen in einem geschlossenen Gefäß, in vitro also, zu isolieren und zu entwickeln, bis nach 40 Wochen bei gleichbleibender Nahrungs- und Wärmezufuhr »wird ein recht lebendig menschlich kint daraus mit allen glitmaßen wie ein ander kint, das von einem weib geboren wird, doch vil kleiner. Dasselbig wir ein homunculum nennen«.

Wenn man der Skizze der Laboratoriumszene vom Dezember 1826 folgt, hatte G. vor, Wagners Experiment im Sinne des alchimistischen Glaubens gelingen zu lassen. Die Endfassung der Laboratoriumsszene vom Dezember 1829 weicht davon erheblich ab. Dem Gefäß, der Phiole, entspringt kein zwergwüchsiges Menschlein, die Phiole bleibt geschlossen. Homunculus zu Wagner: »Nun Väterchen! wie steht's? es war kein Scherz./Komm, drücke mich recht zärtlich an dein Herz!/Doch nicht zu fest, damit das Glas nicht springe./Das ist die Eigenschaft der Dinge:/Natürlichem genügt das Weltall kaum,/Was künstlich ist, verlangt geschloßnen Raum« (v. 6879-6884). Das Experiment Wagners ist damit gescheitert.

Albrecht Schöne hat in seinem *Faust*-Kommentar auf die naturwissenschaftlichen Gründe für diesen abrupten Kurswechsel G.s hingewiesen. Wenn der Biochemiker Wagner äußert: »Was man an der Natur Geheimnisvolles pries,/das wagen wir verständig zu probieren,/Und was sie sonst organisieren ließ,/Das lassen wir kristallisieren« (v. 6857-6860), dann verbirgt sich hinter den beiden Stichwörtern »organisieren« und »kristallisieren« eine hochrangige naturwissenschaftliche Kontroverse um die Harnstoffsynthese Friedrich Wöhlers (1800-1882). Das Ungewöhnliche und Verblüffende: »daß ich Harnstoff machen kann, ohne dazu […] Nieren nöthig zu haben«. Ein wenig unsicher noch, fragt Wöhler seinen Stockholmer Lehrer ↗Berzelius: »Diese künstliche Bildung von Harnstoff, kann man sie als ein Beispiel von

Bildung einer organischen Substanz aus unorganischen Stoffen betrachten?« Dem damals noch als Lehrer an der städtischen Gewerbeschule Berlin tätigen Wöhler antwortete Berzelius ironisch: »Sollte es nun gelingen, noch etwas weiter im Produktionsvermögen zu kommen, die Samenbläschen liegen ja weiter nach vorn als die Urinblase, welche herrliche Kunst, im Laboratorium der Gewerbeschule ein noch so kleines Kind zu machen«. Die chemische Synthese, die sich auf dem Weg zum lebenden Organismus sieht, wird von Berzelius als alchimistischer fauler Zauber entlarvt.

Über den Jenenser Chemieprofessor ↗Döbereiner und durch Berzelius selbst – beide besuchten G. in Dornburg im August 1828 – hat G. von Wöhlers Experiment erfahren und sich seinen eigenen Reim auf den Unterschied des Künstlich-Synthetischen (des Kristallinen) und des Natürlich-Organischen gemacht. Homunculus indessen hat in der Phiole zu bleiben, ist nur halb auf der Welt und wundert sich: »Ich schwebe so von Stell' zu Stelle/Und möchte gern in bestem Sinn entstehn,/Voll Ungeduld, mein Glas entzweizuschlagen/.../Zwei Philosophen bin ich auf der Spur,/Ich horchte zu, es hieß: Natur, Natur!/Von diesen will ich mich nicht trennen,/Sie müssen doch das irdische Wesen kennen;/Und ich erfahre wohl am Ende,/Wohin ich mich am allerklügsten wende« (v. 7830-7841). ↗Thales und ↗Anaximander werden in das Geschehen als vorsokratische Kronzeugen in der Frage der Entstehung des Organischen kommentierend einbezogen. Der eine als ↗Neptunist, der den Ursprung alles Lebens im Wasser, im Meer erblickt, der andere als ↗Vulkanist, der für das Feuer, das Vulkanische spricht. G. bringt die Richtung, in die sich Homunculus »am allerklügsten« wenden soll, bereits deutlich in der Angabe des szenischen Orts »Felsbuchten des ägäischen Meers« zum Ausdruck. Homunculus besteigt den Proteus-Delphin und reitet auf dessen Rücken ins offene Meer hinaus. Die Phiole zerschellt an der Muschel der Galathea, Homunculus löst sich als Meeresleuchten im Wasser auf. Thales hat ihm mit auf den Weg gegeben: »Gib nach dem löblichen Verlangen,/Von vorn die Schöpfung anzufangen!/Zu raschem Wirken sei bereit!/Da regst du dich nach ewigen Normen,/Durch tausend, abertausend Formen,/Und bis zum Menschen hast du Zeit« (v. 8322-8326). G. muß dieses »zyklische Ende« ungemein wichtig gewesen sein. Hatte er noch im Juni 1830 seinem Sohn August mitgeteilt, die »Klassische Walpurgisnacht« sei beendet (Sirenen auf dem Felsen: »Unser Fest, es ist vollendet,/Heitre Wonne voll und klar!«, v. 8345-46), so fügte er im Dezember desselben Jahres die Verse 8347–8487 hinzu, die den Untergang und Übergang des Homunculus genau bezeichnen und im Lobpreis der vier ↗Elemente Wasser, Feuer, Luft und Erde endet, die im kosmogonischen Eros zusammenwirken.

Ein evolutionsbiologisches Credo ersten Ranges, für das auch der ehemals Jenenser Naturphilosoph Lorenz ↗Oken stand. G. hat dessen 1819 veröffentlichte Abhandlung *Die Entstehung des Menschen* gelesen. Sie wird provokativ mit dem biblischen Motto »Lasset uns Menschen machen« eröffnet, gleicht also in diesem Punkt der Hybris des Biochemikers Wagner. An entscheidender Stelle jedoch schreibt Oken: »Daß aus dem Meer alles Lebendige gekommen, ist eine Wahrheit, die wohl niemand bestreiten wird, der sich mit Naturgeschichte und Philosophie befaßt hat [...] denn im Wasser muß alles Organische entstehen«. Seinen Kronzeugen Thales läßt G. sagen: »Alles ist aus dem Wasser entsprungen!!« (v. 8435), und in dem Rat, den Thales an Homunculus zum Abschied erteilt, wiederholt G. Äußerungen gegenüber Friedrich Wilhelm Riemer aus dem Jahr 1806: »Die Natur kann zu allem, was sie machen will, nur in einer *Folge* gelangen. Sie macht keine Sprünge. Sie könnte zum Exempel kein Pferd machen, wenn nicht alle übrigen Tiere voraufgingen, auf denen sie wie auf einer *Leiter* bis zur Struktur des Pferdes heransteigt.« Der G.sche Gedanke der ↗Metamorphose hat den Beifall u. a. von Charles Darwin gefunden. Die Homunculus-Episode fügt sich »zu einer ›ethisch-ästhetischen Formel‹ für die Entstehung des Lebens und die evolutionäre Stammesgeschichte des Menschen« (Albrecht Schöne).   BL

Honorar. G. war der erste deutsche Schriftsteller, der für seine literarischen Werke mit Spitzenhonoraren bezahlt wurde, dies allerdings erst in seinen letzten Lebensjahrzehnten. Insgesamt machten Honorare weit mehr als die Hälfte des ↗Einkommens aus, das G. im Verlauf seines Lebens erwirtschaftete: Der Ertrag seiner Schriften belief sich auf etwa 140 000 Taler, seine Einkünfte aus ministerialer Tätigkeit auf etwa 120 000 Taler (zum Vergleich: das Gut Oberroßla erwarb G. 1798 für 13 000 Taler).

Alles begann ganz harmlos: Als G. zu schreiben anfing, war der Buchmarkt, der erst zu diesem Zeitpunkt zu expandieren begann, von der Doktrin beherrscht, »die Produktion von poetischen Schriften« sei »etwas Heiliges« (*DuW*, 12. Buch), also nicht auf Gelderwerb ausgerichtet, sondern vielmehr ein intellektueller Zeitvertreib. Dementsprechend veröffentlichte G. frühe Werke wie den *Götz von Berlichingen* im Eigenverlag und nahm die anfallenden Schulden in

Kauf. 1774 schlug dann der anonym bei Christian Friedrich ↗Weygand erschienene *Werther* ein wie eine Bombe, doch G. ging fast leer aus (das wenige Geld, das ein für ihn ungünstiger Vertrag eingebracht hatte, reichte gerade zur Schuldenbegleichung). G. nahm das scheinbar ungerührt hin: »Mir hat meine Autorschafft die Suppen noch nicht fett gemacht, und wirds und solls auch nicht thun« (an Sophie von La Roche, 23.12.1774).

Dennoch lief ab da alles anders. G. wurde sich seines Marktwerts zunehmend bewußt, entwickelte sich zum rauhbeinigen Geschäftsmann und verhandelte, wie er es viele Jahre später auch dem Kanzler von Müller anriet, »lakonisch, imperativ, prägnant« (6.12.1825). Für das Schauspiel *Stella* als 1775 dem Verleger Christlob August Mylius anbot, forderte er 20 Taler. Mylius war entsetzt, zahlte aber. Nach langer Publikationspause setzten 1786 zähe Verhandlungen G.s mit Georg Joachim ↗Göschen ein, der dann die achtbändigen *Schriften* verlegte (1787–1790) und G. mit 2000 Talern honorierte. Die sieben Bände der *Neuen Schriften* (1792–1800), erschienen bei Friedrich Gottlob ↗Unger, brachten etwa 4000 Taler ein, für ein Einzelwerk, *Hermann und Dorothea* (1797), zahlte Johann Friedrich ↗Vieweg aufsehenerregende 1000 Taler.

G.s Zusammenarbeit mit Johann Friedrich ↗Cotta setzte 1798 mit der Zeitschrift *Propyläen* ein, für deren drei Jahrgänge G. 3000 Taler erhielt. Cotta, ab diesem Zeitpunkt ausschließlicher Verleger G.s, bekam deutlich zu spüren, was Schiller am 18.5.1802 ihm gegenüber bezüglich seines neuen Autors äußerte: »Liberalität gegen seine Verleger ist seine Sache nicht«. Doch obwohl Cotta mit G.s Projekten, vor allem mit den Zeitschriften, auch erhebliche Verluste einfuhr, währte die Verbindung bis ins Todesjahr beider (1832).

Für *Benvenuto Cellini* und *Die natürliche Tochter* (1803) erhielt G. 3740 Gulden, 10 700 Taler für die dreizehnbändige Werkausgabe (1805–1808), 2500 Taler für die *Wahlverwandtschaften* (1809), 1200 Taler für die *Farbenlehre* (1810), 6000 Taler für *Dichtung und Wahrheit* (1812), 16 000 Taler für eine neue, jetzt zwanzigbändige Werkausgabe (1815–1818), 4000 Taler für die *Italienische Reise* (1816), insgesamt 8500 Taler für die Jahrgänge von *Kunst und Altertum* (1816–1828), 2400 Taler für die *Morphologischen Hefte* (1817–1824), je 2000 Taler für den *West-östlichen Divan* (1819), *Wilhelm Meisters Wanderjahre* (1821) und die *Campagne in Frankreich*, 4000 Taler für seinen Anteil an der Ausgabe des Briefwechsels mit Schiller (1828) sowie 60 000 Taler für die vierzigbändige Ausgabe letzter Hand (1827–1830).

G.s Sorge um eine angemessene Honorierung, die zuallererst der eigenen Arbeit bzw. Person galt, trug weitreichende Früchte. Bereits in *Wilhelm Meisters Lehrjahren* (1795/96 als Bände 3–6 der *Neuen Schriften* erschienen; pro Band 600 Taler) war klargestellt worden: »Wenn uns das Talent einen guten Namen und die Neigung der Menschen verschafft, so ist billig, daß wir durch Fleiß und Anstrengung die Mittel erwerben, unsre Bedürfnisse zu befriedigen, da wir doch einmal nicht ganz Geist sind« (IV.1). Die Forderung bezog sich nicht nur grundsätzlich auf eine Aufwandsentschädigung für geleistete Arbeit, sondern korrespondiert auch mit dem Umstand, daß bis weit ins 19.Jh. jegliche rechtliche Handhabe fehlte, um dem ↗Nach- und Raubdrucksunwesen zu begegnen, das heftige Umsatzeinbußen für sowohl Autor als auch Verleger verursachte. Auch G.s Werke waren oft von Unbefugten nachgedruckt und auf den immer stärker umkämpften Literaturmarkt gebracht worden, u.a. ab 1775 mehrmals von Christian Friedrich ↗Himburg (sein Angebot, G. anstelle einer Gewinnbeteiligung Porzellan zukommen zu lassen, war ein schwacher Trost). Deshalb wandte sich G. 1824 an den Deutschen Bundestag, um für seine Ausgabe letzter Hand eine Privilegierung zu erwirken, die ihm in den Jahren darauf erteilt wurde und einen wichtigen Schritt auf dem Weg zum heutigen Copyright darstellte. DF

Horaz (Horatius Flaccus, Quintus) (65–8 v. Chr.), römischer Lyriker, von G. als Autorität behandelt. Er lobt in *Dichtung und Wahrheit* (7. Buch) die »Präzision des Horaz« und hält insbesondere die *Ars Poetica*, mit der er sich laut Tagebuch am 3. und 5. Juni 1812 beschäftigte, für »uneinschätzbar«. Über die beiden Odendichter Horaz und Pindar heißt es in der 115. *Xenie*: »Tote Sprachen nennt ihr die Sprache des Flaccus und Pindar,/Und von beiden nur kommt, was in der unsrigen lebt«. Nur vereinzelt jedoch bediente sich G. der strengen horazischen Formen; so dienten zum Beispiel die *Epistulae* als Muster für G.s *Episteln*. Am deutlichsten ist der horazische Einfluß wohl in *Mahomets Gesang*, wo – ein Topos des ↗Sturm und Drang – das Genie als anschwellender Gebirgsstrom dargestellt wird (nach *Carmina* 4, 2). G. las Horaz entweder im Original (unter anderem mit Johann Heinrich Voß in Jena) oder in der Übertragung Wielands, die er sehr schätzte. JAS

Horen: Die bedeutendste Zeitschrift der deutschen Klassik, von Schiller bei Cotta herausgegeben, erschienen in drei Jahrgängen zu je 12 Heften (1795–1797), wurde von G.s Kunstzeitschrift *Die Propyläen* abgelöst. Die *Horen* standen über dem politischen Tagesgeschehen und widmeten sich dem Ideal des reinen, harmonischen Menschentums und seiner ästhetischen Erziehung. In seinem ersten Brief an G. bittet Schiller ihn, »die Zeitschrift von der die Rede ist, mit Ihren Beiträgen zu beehren« und hofft, »daß Ihnen zu Zeiten eins der eingesandten Mskrpte dürfe zur Beurteilung vorgelegt werden« (13.6. 1794).

G. sagte gerne seine Mitarbeit zu: »Ich werde mit Freuden und von ganzem Herzen von der Gesellschaft sein« (an Schiller, 24.6.1794). So begann seine Mitarbeit an den *Horen*; ob als redaktioneller Berater, als Vermittler von Autoren und Manuskripten oder als Beiträger: »Die ›Horen‹ wurden ausgegeben, ›Episteln‹, ›Elegien‹, ›Unterhaltungen der Ausgewanderten‹ von meiner Seite beigetragen. Außerdem überlegten und berieten wir gemeinsam den ganzen Inhalt dieser neuen Zeitschrift« (*TuJ*, 1795).

Neben G.s *Unterhaltungen deutscher Ausgewanderten*, den *Römischen Elegien* und den *Episteln* erschienen in den *Horen* auch sein Aufsatz *Litterarischer Sansculottismus* sowie Auszüge aus der Übersetzung des *Benvenuto Cellini*. Jahrzehnte später urteilte G. über die für ihn wichtige Zeitschrift: »Hätt es ihm [Schiller] nicht an Manuscript zu den Horen […] gefehlt, ich hätte die Unterhaltungen der Ausgewanderten nicht geschrieben, den Cellini nicht übersetzt […] die Elegien wären, wenigstens damals, nicht gedruckt worden […] und im Allgemeinen wie im Besondern wäre gar manches anders geblieben« (an Ch. L. F. Schultz, 10.1.1829). AR

Horn, Johann Adam (1749–1806), Jugendfreund G.s, später Gerichtsschreiber in Frankfurt. Horn – da klein, »Hörnchen« genannt – traf sich sonntags mit G., den Moors, Riese u.a. im Gymnasium zu Vorträgen und Diskussion. Im September 1765 hielt er wegen Studienantritts einiger Teilnehmer die Abschiedsrede, darin an Herrn G[oethe] und Herrn M[oors; d.J.]: »Wie öfters machte euer sowohl beredter Mund,/Zu unsrer größten Freude, uns die Rede kund./Wir danken vor die Müh ihr euch oft gegeben,/Durch Reden mancher Art den Geist uns zu beleben« (Biedermann, Bd. 6, S. 16). Horn, wie G. in Leipzig Jura studierend, blieb auch dort »treuer Freund und heiterer Gesellschafter«(*DuW*, 12. Buch). PO

Horoskop s. **Astrologie**

Howard, Luke (1772–1864), englischer Naturwissenschaftler, der sich insbesondere mit Metereologie befaßte. In seinem *Essay on the modification of clouds* (1803), den G. außerordentlich interessiert erst Ende 1815 zur Kenntnis nahm, entwickelte er eine Klassifikation der Wolkenformationen (sieben Kernformationen von der Federwolke – Zirrus – bis zur Regenwolke – Nimbus). G. war fasziniert: »Über meiner ganzen naturhistorischen Beschäftigung schwebte die Howardsche Wolkenlehre« (*Tuf,* 1815). Howards Wolkenlehre bestärkte ihn in seiner Ansicht der ↗Metamorphose der Naturerscheinungen und der ihnen innewohnenden ↗Entelechie (↗Erlösung). Zwangsläufig setzte sich G. in der Folge auch mit der Person Howards auseinander. Howard persönlich schickte ihm auf seine Bitte hin einen Lebenslauf aus London (März 1822). G. widmete ihm eine Reihe von Arbeiten: *Wolkengestalt nach Howard* (1820), *Howards Ehrengedächtnis,* vier Strophen über Wolkenformen (1820), in erweiterter Form 1822 unter dem Titel *Atmosphäre und wohl zu merken.* Ein weiteres Werk Howards fand G.s Beachtung: *The climate of London* (1818), zu dessen Rezension durch J. F. Posselt G. einen Nachtrag schrieb (↗Metereologie).   BL

Howards Ehrengedächtnis: *Wenn Gottheit Camarupa;* entstanden März 1821, bildet zusammen mit den bereits 1817 entstandenen Wolkenstrophen *Stratus, Kumulus, Cirrus* und *Nimbus* sowie den später verfaßten Einleitungs- und Schlußgedichten *Atmosphäre* und *Wohl zu merken* das Ensemble *Zu Howards Wolkenlehre.* Auf Anregung des Großherzogs Carl August wurde G. 1815 mit den Wolken-Klassifikationen des englischen Meteorologen Luke Howard (1772–1864) vertraut, die noch heute gebräuchlich sind. G.s Widmungsgedicht an den Wissenschaftler erschien mit den Wolkenstrophen und einem Prosakommentar von G. 1821 in deutscher und englischer Sprache in *Gold's London Magazine.* Ergänzt um das Einleitungs- und Schlußgedicht publizierte G. das gleiche zweisprachige Ensemble 1822 in seinem Periodikum *Zur Naturwissenschaft überhaupt.*
Die Rückführung von Naturphänomenen auf archetypische Grundformen war G.s eigenem naturphilosophischem Denken zutiefst vertraut; so motivierten ihn Howards Ausführungen zu eigenen meteorologischen Beobachtungen, er fertigte ein »Wolkendiarium« und eine große Anzahl von Zeichnungen zu Wolkenformationen an. Seine Studien kamen auch den Wetterbeobachtern an den Großherzoglichen meteorologischen Anstalten zugute. *Zu Howards Wolkenlehre* ist der poetische Ertrag von G.s Studien. Das Gedicht *Howards Ehrengedächtnis* gestaltet in einem Dreischritt den kulturhistorischen Wandel in der Betrachtung von Wolkenformen und darin die Entwicklung von einem magischen zu einem wissenschaftlichen Weltbild. Die früheste, mythische Stufe wird mit Anspielungen auf die indische Mythologie und Literatur vergegenwärtigt. Die zweite Stufe ist die der kreativen Imagination, die Wolkenformen zu anderen Bildern umdeutet. Die höchste Stufe ist mit der wissenschaftlichen Betrachtung von Wolkenformationen erreicht, für welche die Forschungen Howards einstehen. In den Wolkenstrophen werden dann die wissenschaftlichen Klassifikationen wiederum in eine symbolische Bedeutungsebene transformiert. Die Naturphänomene sind nicht als solche bedeutend, sie gewinnen einen höheren und damit humanen Sinn erst in ihrer Beziehung zum anschauenden Subjekt. Im Schlußgedicht *Wohl zu merken* wird als Lehre formuliert, daß die Trennungs- und Unterscheidungsprozesse der Wissenschaft in der Arbeit des Künstlers zu einer neuen Synthese geführt werden: »Daß er es fasse, fühle, bilde«. Damit wird zwar die poetische Weltsicht dem wissenschaftlichen übergeordnet, das Besondere des G.schen Alterswerkes ist jedoch gerade die poetische ›Eingemeindung‹ wissenschaftlicher Erkenntnisse. Diese enge Verbindung von Naturwissenschaft und Kunst hat im Hinblick auf die weiteren Ausdifferenzierungen und Spezialisierungen der Künste und Wissenschaften utopischen Charakter.   IW

Huber, Therese (1764–1829), Schriftstellerin, seit 1816 Redakteurin des *Morgenblatts für gebildete Stände* des Verlegers Cotta. Verheiratet mit Georg Forster und nach dessen Tod mit dem sächsischen Gesandtschaftssekretär und Schriftsteller Ludwig Ferdinand Huber. Im Hause Forster in Mainz verkehrte G., den die damals noch unverheiratete Therese Heyne 1783 in Weimar kennengelernt hatte: »Er hat mir sehr gefallen: ohne alle Prätensions und gar nicht steif, eher ein wenig verlegen bei dem ersten Anblick« (an ihre Eltern, 1.5.1783). Seine *Italienische Reise* rezensierte die »werthe Frau« (G. an Cotta, 30.10.1816) 1816 im *Morgenblatt.* Wenngleich voll Bewunderung für G.s Werke, befand sie über *Wilhelm Meisters Wanderjahre*: »Das ist nun etwas breit wie eine Nudelsuppe, aber gediegen voll Menschenverstand« (an Karl Philipp Conz, 17.6.1821).   AR

Hudhud: Kupplerischer Liebesbote, der Wiedehopf aus dem »Buch der Liebe« des *West-östlichen Divan,* der G.s Lektüre des altpersischen Dichters Hafis zufolge schon bei Salomo und der Königin von Saba eifrig seine Dienste tat. Beziehungsreich schenkte Marianne von Willemer G. zum 70. Geburtstag 1819, kurz nach dem Erscheinen des *Divan*, einen Spazierstock mit einem Wiedehopf als Griff. BL

Hufeland, Christoph Wilhelm (1762–1836), seit 1785 Weimarer Hofmedicus, seit 1793 Professor der Universität Jena, als »Makrobiotiker« bekannt geworden (*Die Kunst, das menschliche Leben zu verlängern*, 1796), war Hausarzt G.s, nahm an der ↗ Freitagsgesellschaft teil. 1801 wurde er zum Direktor der Berliner Charité und zum Königlichen Leibarzt berufen, blieb aber mit G. durch Briefe und Besuche verbunden. BL

Hufnagel, Wilhelm Friedrich (1754–1830), Theologe und Pädagoge. G. empfahl dem Professor der Theologie in Erlangen seinen späteren Schwager Christian August Vulpius und fragt an, ob er bei seinen »mannigfaltigen Connexionen irgend etwas für ihn würcken« könne (26. 11. 1788). Hufnagels »gütige Bemühungen« bleiben »fruchtloß« (G. an Hufnagel, 15. 4. 1788). Ab 1791 in Frankfurt Senior des Predigerministeriums und dem Schulwesen vorstehend, ist er überliefert als »Mann der Tat und der Anregung, der sein Bestes der Mitwelt gab«. PO

Hühnermönch. Auch wenn die Beweggründe im Dunkeln liegen: Es handelt sich um G.s Sohn August, der mit diesem Spitznamen innerhalb der Familie gerufen wurde. AK

Humanität, ein für G.s literarische wie weltanschaulich-politische Projekte zentraler Begriff. Die Bedeutungstradition aus der Antike und der Renaissance aufgreifend, steht G. mit seinem Konzept der Humanität zunächst durchaus im engen Kontext der Aufklärung: Der Status des Menschseins steht über jeder Standeszugehörigkeit und Nationalität, ist ↗ Weltbürgertum. Humanität als gleichsam egalitäres Prinzip macht zwar einerseits gesellschaftliche Unterschiede nicht überflüssig, nötigt aber den Privilegierten zur Anerkennung der menschlichen Rechte des Andern. Damit steht Humanität in großer Nähe zur dritten der Ehrfurchten aus den *Wanderjahren*, der (christlichen) Ehrfurcht vor dem, was unter uns ist: Leid, Armut, Krankheit und gesellschaftliches Außenseitertum. Im Gegensatz zu den geschichtsphilosophisch optimistischen Konstruktionen der Aufklärung, die eine ideal positive Humanität als möglichen Endzu-

stand individueller und gesellschaftlicher Entwicklung für möglich erklärten (Lessing, Herder), rechnete G., eher realistisch beschreibend als moralisch normativ, auch die negativen Seiten des Menschseins, seine Destruktivität, zum Humanum. Programmatisch gestaltet G. sein Konzept der Humanität in der *Iphigenie*: Der mythische Fluch, der auf den Tantaliden lastet, kann ebenso überwunden werden wie der durch Kulturunterschiede und Nationalität scheinbar verordnete Zwang zu Rache und Gewalt. In der einnehmenden wie einvernehmlichen Rede, die vor allem Iphigenie und Thoas pflegen, fallen die zwanghaften Imperative der unterschiedlichen Kulturen weg, die Tragödie kann vermieden werden, weil hier *Menschen* handeln. Auf Thoas' Frage: »Du glaubst es höre/Der rohe Scythe, der Barbar die Stimme/Der Wahrheit und der Menschlichkeit [...]?«, antwortet Iphigenie mit dem poetischen Programm der Humanität: »Es hört sie jeder/Geboren unter jedem Himmel, dem/Des Lebens Quelle durch den Busen rein/Und ungehindert fließt« (v. 1937–1939). BJ

Humboldt, Alexander von (1769–1859), Naturforscher, Geograph und Weltreisender. G. lernte ihn Mitte der 90er Jahre in Jena kennen, als dieser seinen Bruder Wilhelm besuchte – fortan für G. wichtiger Gesprächs- und Korrespondenzpartner in puncto Naturwissenschaft. Humboldts botanische Arbeiten liest G. mit großem Interesse und viel Zustimmung. Anders als Humboldt erklärt G. die Erdoberfläche jedoch als Neptunist (↗ Neptunismus, Vulkanismus). G. über Humboldt: Seine Gegenwart bringt »alles in Bewegung was nur chemisch, physisch und physiologisch interessant seyn kann« (an Knebel, 28. 3. 1797). Humboldt seinerseits fühlt sich »durch Goethes Naturansichten gehoben, gleichsam mit neuen Organen ausgerüstet« (an Karoline von Wolzogen, 14. 5. 1806). Seine *Ideen zur Geographie der Pflanzen* (1807) widmete Humboldt G. Der setzt dem genialen und vielseitigen Naturforscher in seinen *Wahlverwandtschaften* ein Denkmal, wenn Ottilie in ihr Tagebuch schreibt: »Wie gern möchte ich nur einmal Humboldten erzählen hören!«. PO

Humboldt Caroline von, geb. von Dacheröden (1766–1829), heiratete 1791 Wilhelm von Humboldt, galt als geistreich, kenntnisreich, unterhaltsam; zahlreiche Treffen mit ihrem Mann und G. in Erfurt, Weimar, Jena, Heidelberg, Marienbad, Briefwechsel mit G.   BL

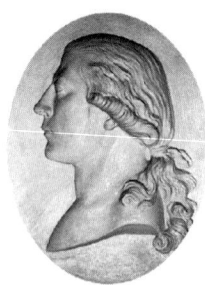

Humboldt, Wilhelm von (1767-1835), preußischer Staatsmann, Sprachwissenschaftler und Philosoph, Gründer der Universität Berlin (1810); G.s Freund und über 38 Jahre lang sein Korrespondenzpartner, an den auch sein letzter Brief überhaupt ging – am 15.3.1832; 1794-1797 in Jena: Beginn der Freundschaft mit G. und Schiller, die ihn als Kritiker ihrer Werke ebenso schätzten wie als Gesprächspartner zu Naturwissenschaft, Philologie und Ästhetik; 1797-1801 in Paris: Rezensionen zu G.s und Schillers Neuerscheinungen, Nachrichten über französische Kunst und Wissenschaft; 1802 Rückkehr in den preußischen Staatsdienst: Briefe über »Alterthum, Kunst und deutsche Literatur« (Humboldt an G., 25.1. 1804), auch über »das täglich erfreuende und bedrängende« (G. an Humboldt, 25.1.1804), Erarbeitung von Karten zur geographischen Verteilung der Sprachen (1812/13). 1819 tritt Humboldt wegen Differenzen mit der preußischen Regierung aus allen Ämtern zurück und lebt als Privatgelehrter in Schloß Tegel bei Berlin. Das Gerücht, daß es dort spuke, ging übrigens ein in G.s *Faust*: »Das Teufelspack, es fragt nach keiner Regel./ Wir sind so klug, und dennoch spukt's in Tegel« (*Walpurgisnacht*).   PO

Hummel, Johann Nepomuk (1778-1837): In Wien aufgewachsener, weitgereister Komponist und Pianist, der als »Schüler« von Wolfgang Amadeus ↗Mozart und Antonio ↗Salieri sowie als Nachfolger Joseph Haydns in Eisenstadt den Ruf genoß, zu den gesuchtesten Klaviervirtuosen und Improvisatoren seiner Zeit zu gehören. In die Position des Hofkapellmeisters am Weimarer Hof wurde er 1819 auf ausdrücklichen Wunsch der Großfürstin ↗Maria Pawlowna berufen, ein Ruf, der ihn auf dem Zenit seiner Laufbahn erreichte. Für G. war er »unser nicht genug zu preisender Kapellmeister«, dem es aufgrund seiner internationalen Kontakte und innovativer organisatorischer Eingriffe – wenn auch auf Kosten des Sprechtheaters – gelang, in vielen Bereichen des Weimarer Opern- und Konzertlebens den Brückenschlag zum 19.Jh. zu vollziehen.

Zu G., der sich in den Jahren seit Hummels Ankunft mehr und mehr in seine eigenen Räumlichkeiten zurückgezogen hatte, unterhielt er ein respektvolles Verhältnis. Gelegentlich konzertierte er auf dessen ↗Streicherflügel und verstand es, »den Besitz des vorzüglichen Instruments ins Unschätzbare zu erheben« (G.). Ab 1822 vertonte Hummel die Gedichte, die verschiedene Autoren für G.s Geburtstage verfaßten, lieferte die ein oder andere Bearbeitung Mozartscher Werke für G.s häusliche Musikrunde, und aus seiner Feder stammt auch die Vertonung der »Trauerkantate«, die mit einem Text Friedrich Wilhelm Riemers (»Ruhe sanft in heil'gem Frieden«) zu G.s Begräbnisfeier erklang. Über diese Kantate verfügte Hummel 1833, sie wegen Mißbrauchs und der Verletzung ihres exklusiven Anspruchs aus dem Notenverzeichnis zu streichen und zu vernichten.   GBS

Humor, im Sprachgebrauch des 18.Jh.s und über weite Strecken auch bei G. noch gleichbedeutend mit Laune, Stimmung oder Gemütsverfassung, dementsprechend auch unterschiedlich bewertet. »Guter Humor« steht für G. im Zusammenhang mit »Gleichmuth« und »Charackterkraft«, »übler Humor« mit Weltverdrossenheit, Menschenhaß, Eigensinn und Selbstquälerei (an Carl August, 14.12.1817). Doch der seit Ende des 18.Jh.s vonstatten gehende Bedeutungswandel des Wortes führt dazu, daß G. mit Humor auch einen Zustand der Wohlgestimmtheit, zumal einer künstlerisch-produktiven, bezeichnen kann. Außerdem wird er geradewegs zu einer ästhetischen Kategorie: »Der Humor ist eins der Elemente des Genies, aber sobald er vorwaltet, nur ein Surrogat desselben; er begleitet die abnehmende Kunst, zerstört, vernichtet sie zuletzt« (*MuR*).

Damit ist das negative Potential des Humors (in unserer heutigen Bedeutung) ausgesprochen, und wenn G. romantische Schriftsteller wie Friedrich de la Motte ↗Fouqué und Achim von ↗Arnim Humoristen nennt (*TuJ*, 1814), ist das nicht als Lob gemeint, sondern als Kritik der damals modernen Literatur. Doch G. urteilt nicht durchweg negativ. Wohlwollend betrachtet er die Nähe des Humors zur ↗Ironie, und schätzt er dessen Verwendung bei englischen Autoren wie Lawrence ↗Sterne und Oliver ↗Goldsmith. Was ihn selbst betrifft, wiegelt G. jedoch ab: »Freilich humoristische Augenblicke hat wohl jeder«; wem es allerdings wie ihm »ernst ist mit dem Leben, der kann kein Humorist sein« (von Müller, 6.6.1824).   DF

Hunde waren nicht unbedingt G.s Lieblingstiere. Zwar kommen in seinem literarischen Werk auch immer wieder Schoß- und Schäferhunde vor, die sich durch ihre Bravheit, ihre Treue zum Menschen oder ihre dienende Hilfe beim Hüten und auf der Jagd auszeichnen; so heißt die 4. Strophe des Gedichtes »Begünstigte Tiere« im Buch des Paradieses (*West-östlicher Divan*): »Nun, immer wedelnd, munter, brav,/Mit seinem Herrn, dem braven,/Das Hündlein, das den Siebenschlaf/So treulich mit geschlafen.« Die Gelehrigkeit des Hundes (↗Pudel) betont Fausts Diener Wagner (*Faust* v. 1168–1177); der Schoßhund aber wird im Singspiel *Erwin und Elmire* (1773) schon zum Sinnbild des bloß brav-treuen, ergebenen Liebhabers bei seinem Mädchen (2. Szene); für Wilhelm Meister (*Lj*, II.2) ist der Fährten- und Kettenhund Bild für den dumpfen gesellschaftlichen Trott bürgerlicher Lebensentwürfe. Bellende Hundemeuten waren G. vollends ein Greuel: »Doch bleibet am meisten/Hundegebell mir verhaßt: kläffend zerreißt es mein Ohr« (*Römische Elegien* XVII, v. 1f.). Ein Aufenthalt G.s in ↗Göttingen wurde beeinträchtigt durch »eine Hundeschar [...] um das Eckhaus, deren Gebell anhaltend unerträglich war« (*TuJ*, 1801). Der Auftritt eines Hundes auf der Weimarer Hofbühne, in G.s Abwesenheit von der Schauspielerin Caroline ↗Jagemann eigenmächtig durchgesetzt, soll G. sogar (u.a.) zur Niederlegung der Theaterleitung 1817 bewogen haben. In einem der *Venezianischen Epigramme* weitet G. seine Abneigung gegen Hunde sogar zu allgemeiner Misanthropie aus: »Wundern kann es mich nicht, daß die Menschen die Hunde so lieben:/Denn ein erbärmlicher Schuft ist, wie der Mensch, so der Hund.«

BJ

Hütte/Palast: In der antiken lateinischen Literatur bereits als konstruierter Gegensatz vorhanden (Horaz, Seneca, Vergil); Hütte steht für Friedfertigkeit, Bescheidenheit und Einkehr, Palast dagegen für Kälte, Gewalt und Unrecht. Horaz (*Carmina*), auf den dieses Bild zurückgeht, fügt zwei weitere Komponenten hinzu: den Tod, der keinen Unterschied macht, und die hemmungslose Landexpansion des Herrschers, der sich von der Hütte nicht aufhalten läßt. Eine neue Aktualität hat der französische Aphoristiker Nicolas de Chamfort diesem Bild verliehen, als er im literarischen Vorfeld der ↗Französischen Revolution zu Beginn der 1780er Jahre dem *ancien régime* ein trotziges, in der deutschen Literatur in vollem Umfang erst durch Georg Büchner aufgegriffenes »Guerre aux chateaux, paix aux chaumières« entgegenstellte.

G. verzichtet auf diese aggressive, antifeudale Komponente, aber bildliches Umfeld und sozialer Konflikt treten in den ↗Frankfurter Hymnen, *Prometheus*,

Wandrers Sturmlied und vor allem in Faust *II* (V, Offene Gegend, Palast, Tiefe Nacht) deutlich zu Tage. ↗Philemon berichtet seinem Gast von den Zelten und Hütten der Arbeiter, die im Zuge der mit einem hohen Blutzoll erkauften Landgewinnung entstanden sind, aber auch von dem wenig später »im Grünen« errichteten Palast (v.11119ff.). Baucis beklagt sich über die unaufhaltsame Gier des Herrschers (»Gottlos ist er, ihn gelüstet/Unsre Hütte, unser Hain«, v.11131f.). – Mephisto erinnert den melancholischen Faust (»im höchsten Alter«) an die Stationen seiner Karriere: »So sprich, daß hier, von hier, vom Palast/Dein Arm die ganze Welt umfaßt« (v.11225f.), der aber beklagt, daß Hütte, Kapelle und Lindenhain von Philemon und Baucis noch nicht sein Eigen sind: »Die Linden wünscht' ich mir zum Sitz,/Die wenig Bäume, nicht mein eigen,/Verderben mir den Weltbesitz« (v.11240ff.). Beim Klang der Glocke, der von der friedlichen Anhöhe herüber hallt, befällt ihn Todesahnung: »Des Glöckchens Klang, der Linden Duft/Umfängt mich wie in Kirch' und Gruft« (v.11254f.). Mephisto spottet: »Als wäre zwischen Bim und Baum/Das Leben ein verschollner Traum« (v.11267f.) und fordert ihn auf, weiter zu »kolonisieren«. Auf dieses Stichwort hin gibt Faust den Einsatzbefehl, um keinen Zweifel an seinem totalitären Anspruch auf den »Weltbesitz« zu lassen. Ein Spiel mit der Angst, mit dem ungewissen alten und dem ebenso ungewissen neuen Gott – auf beiden Seiten. Übrig bleibt ein »Scheiterhaufen« (v.11369). – Ein drittes Mal verwendet G. das Bild, als die Lemuren vor dem Palast das für Faust bestimmte Grab schaufeln: »Aus dem Palast ins enge Haus,/So dumm läuft es am Ende doch hinaus« (v.11529f.), diesmal als die antike Tradition der »vanitas« und den Tod als den großen Gleichmacher zitierend.

BL

Hymne s. Frankfurter Hymnen, Ode

Hypsistarier, eine christliche Sekte im Kleinasien des 4.Jh.s, deren Name von gr. Hypsistos, ›der Höchste‹, abgeleitet war und die sich den allmächtigen Gott im Bild von Licht und Feuer vorstellte. G. lernte 1823/24 zwei Veröffentlichungen über die Hypsistarier kennen und erkannte Parallelen zu seinen Annahmen über die göttliche Unteilbarkeit des ↗Lichts in der Farbenlehre.

BJ

Ich: Mit leicht ironischen Anklängen an ↗Fichtes Subjektivitätsdialektik schreibt G. aus Bad Berka aus Anlaß eines vorzubereitenden Festspiels (Berliner Feier des Siegs über Napoleon) mit einigem Unmut: »Das Ich ist diesmal in ziemlich guten Umständen und würde wie eine epikurische Gottheit leben, wenn nicht das Nicht-Ich mit Anmuth und Unmuth mich in meine Einsamkeit verfolgte« (an Knebel, 23.5. 1814). Ansonsten gebraucht er das Wort »Ich« gleichbedeutend mit Individuum, innere Natur des Menschen, Erfahrender, Nachdenkender, Leidender: »Jener Vorsatz, meine innere Natur nach ihren Eigenheiten gewähren, und die äußere nach ihren Eigenschaften auf mich einfließen zu lassen, trieb mich an das wunderliche Element, in welchem der ›Werther‹ ersonnen und geschrieben ist. Ich suchte mich innerlich von allem Fremden zu entbinden, das Äußere liebevoll zu betrachten, und alle Wesen, vom menschlichen an, so tief hinab, als sie nur faßlich sein möchten, jedes auf seine Art auf mich wirken zu lassen« (*DuW*, 12. Buch). Mit dem Wort »Ich« verbindet G. eine verstehende, aneignende, begeisterte, abwehrende Auseinandersetzung von Ich und Welt, Vernunft und Natur, Gefühl und Verstand, Ich und Anderer; ein tätiger, nach innen und außen greifender ⟋Bildungstrieb kennzeichnet G.s ⟋Empfindung der eigenen Subjektivität (⟋Subjekt/Objekt). In der Unterhaltung mit Susanna von ⟋Klettenberg schildert G. den Eindruck, den er in jungen Jahren auf diese ⟋schöne Seele gemacht hat. Zuerst er über sich selbst: »Aber daß ich das über meine Kräfte Ergriffne durchzuarbeiten, das über mein Verdienst Erhaltne zu verdienen suchte, dadurch unterschied ich mich bloß von einem Wahnsinnigen«. Dann Susanna von Klettenberg: »Meine Unruhe, meine Ungeduld, mein Streben, mein Suchen, Forschen, Sinnen und Schwanken legte sie auf ihre Weise aus, und verhehlte mir ihre Überzeugung nicht, sondern versicherte mir unbewunden, das alles komme daher, weil ich keinen versöhnten Gott habe« (*DuW*, 8.Buch). **BL**

Ich habe mein Sach auf Nichts gestellt s. **Gesellige Lieder**

Ideal bedeutet zunächst allgemein eine ideenhafte Ziel- oder Leitvorstellung. Der junge G. rechnete in vielen seiner literarischen Werke mit einer ganzen Reihe traditioneller Ideale ab: Im *Prometheus* mit der Vorstellung eines barmherzigen Gottes (oder Fürsten), im *Götz* mit dem aristotelischen Ideal der dramatischen Einheit, im *Werther* mit dem einer erzieherisch-aufgeklärten Literatur. Im Kontext der Herausbildung der klassizistischen Ästhetik aber bekam das Ideal eine ganz andere, positive Bedeutung: G.s Verständnis kommt schon der Hegelschen Konzeption des »Kunstschönen« als Ideal nahe: »Ideal: Um hierzu zu gelangen, bedarf der Künstler eines tiefen,

gründlichen, ausdauernden Sinnes, zu dem aber noch ein hoher Sinn sich gesellen muß, um den Gegenstand in seinem ganzen Umfange zu übersehen, den höchsten darzustellenden Moment zu finden, und ihn also aus einer beschränkten Wirklichkeit herauszuheben und ihm in einer idealen Welt Maß, Grenze, Realität und Würde zu geben« (*Über Laokoon, Propyläen* 1798). **BJ**

Idee: In G.s Sprachgebrauch sowohl im Sinne von Gedanke und Einfall als auch in metaphysischer, bis auf Plato zurückgehender Bedeutung vorkommend, wobei die Bezeichnungen Idee und Begriff nicht klar getrennt sind. Daß Ideen ohne »sinnliche Wahrnehmung« in Erscheinung treten sollen, also nicht erfahren werden, bezeichnet G. als »Phantasterei«. Eine »ideelle« Betrachtung der Welt sei zwar »praktisch«, doch berge sie auch die Gefahr, die Phänomene – also das Hier und Jetzt – und ihre Entwicklung zu vernachlässigen (*MuR*). Dem Wesen der Dinge suchte G. sich deshalb über Konzeptionen wie die des ⟋Urphänomens, der ⟋Urpflanze oder des ⟋Typus zu nähern, die im Zusammenspiel von ⟋Empirie, ⟋Einbildungskraft und ⟋Verstand in »Erfahrungen der höheren Art« münden (*Der Versuch als Vermittler von Object und Subject*). Zum Ärger G.s bezeichnete Schiller genau diese als »Ideen« (*Glückliches Ereignis*). **DF**

Idylle: Eine kleine Prosaform des Erzählens, die in anmutigen Naturbildern (gr. *eidyllion*: kleines Bild) liebliche Schäfer- oder Landszenen ansiedelt, in einem geschlossenen Weltbilde leben die Menschen im Einklang mit der Natur in beschaulicher, unbedrängter Geborgenheit. Antike Vorbilder waren Theokrit und Vergil, deren Idyllen in der Renaissance als literarisches Muster wiederaufgenommen wurden, im 18.Jh. dann von ⟋Gottsched zur ursprünglichsten Naturform der Dichtung erklärt und von ⟋Geßner, ⟋Voß und Maler ⟋Müller zu einer neuen Blüte geführt. G. definierte die Idylle als Erzählung, in der »menschlich natürliche, ewig wiederkehrende, erfreuliche Lebenszustände einfach wahrhaft vorgetragen werden, freilich abgesondert von allem Lästigen, Unreinen, Widerwärtigen, worein wir sie auf Erden gehüllt sehn« (WA I.49.1, S.315). G. verfaßte keine Idyllen im engen Sinne. Das Versepos *Hermann und Dorothea* weist in Natur- und Figurengestaltung noch die größte Nähe zur Idylle auf, die epische Welt ist jedoch durch die Französische Revolution aufgebrochen worden; auch *Alexis und Dora* und der ⟋Helena-Akt im *Faust II* weisen Gestaltungsmomente der Idylle auf. **BJ**

Iffland, August Wilhelm (1759-1814), Schauspieler, Theaterdirektor und neben ↗Kotzebue der erfolgreichste Theaterautor seiner Zeit. G. lernte ihn 1779 in Mannheim kennen, sah ihn dort als ↗Carlos im *Clavigo* und machte ihm »außerordentliche Komplimente« (Iffland an Eisendecher, 26.12.1779). Auf dem ersten seiner vier Weimarer Gastspiele vom 25.3. bis 28.4.1796 trat Iffland, der in der Uraufführung von Schillers *Räubern* 1782 den Franz Moor gespielt hatte, in Schillers Bearbeitung von G.s *Egmont* in der Titelrolle auf. G. war beeindruckt: »Iffland spielt schon seit drey Wochen hier, und durch ihn wird der gleichsam verlorne Begriff von dramatischer Kunst wieder lebendig« (an J.H. Meyer, 18.4.1796). Auch den Dramatiker Iffland schätzte G. sehr; die Versuche, ihn fest für das Weimarer Hoftheater zu gewinnen, zerschlugen sich jedoch, als Iffland sich zur Übernahme der Direktion des Berliner Nationaltheaters entschied.   AR

Igeler Monument, ein turmartiges, 23 m hohes Gebäude aus dem 3.Jh., das besterhaltene Bauwerk aus römischer Zeit auf deutschem Boden, bei Igel an der Mosel in der Nähe von Trier. »Das Monument selbst könnte man einen architektonisch-plastisch verzierten Obelisk nennen. Er steigt in verschiedenen künstlerisch übereinander gestellten Stockwerken in die Höhe, bis er sich zuletzt in einer Spitze endigt, die mit Schuppen ziegelartig verziert ist und mit Kugel, Schlange und Adler in der Luft sich abschloß« (*CiFr*, 23.8.1792). Im Mai 1829 wurde G. durch das Geschenk einer kleinen Nachbildung des Turms zu einem kleinen Aufsatz angeregt *(Das Igeler Monument)*, indem er diesem Überrest der Antike nochmals seine Wertschätzung aussprach.   BJ

Ikarus, Figur der griechischen Mythologie, Sohn des Dädalus, dessen Flucht von Kreta daran scheiterte, daß das Wachs der selbstgefertigten Flügel nahe der Sonne schmolz und er abstürzte. Damit wird Ikarus zum Vorbild für ↗Euphorion, den Sohn Fausts und Helenas: Als der sich in die Lüfte wirft, ruft ihm warnend der Chor den Namen des gestürzten Vorbildes nach (v. 9901); er fällt ebenfalls herab, und sein Körper vergeht: Höhenflug der Poesie.   BJ

Illusion, von G. meist im Sinne des (schönen) Scheins gebraucht. Der Regisseur ↗Serlo reflektiert in den *Lehrjahren* (V.7) die auf der Bühne hervorgebrachte Illusion, »diese erlogene Wahrheit, die ganz allein Wirkung hervorbringt«; g. berichtet in *Dichtung und Wahrheit* (3. Buch) über die Verfahren der

französischen Bühne (in Frankfurt), die vollständige Illusion zu unterbinden. Am Beispiel von Diderot und Rousseau thematisiert er im 11. Buch die »höchste Aufgabe einer jeden Kunst [...], durch den Schein die Täuschung einer höheren Wirklichkeit zu geben«, ein Thema, das G. zwei Figuren in dem fingierten Gespräch *Über Wahrheit und Wahrscheinlichkeit der Kunstwerke* (1798) ausführlich diskutieren läßt.   BJ

Illustrationen, im 18. und 19.Jh. äußerst beliebt, um Literatur zu veranschaulichen. Meistens handelte es sich dabei um Titelvignetten, die sich (oft emblematisch) auf den Inhalt des jeweiligen Buchs bezogen und im Rahmen des expandierenden, immer härter umkämpften Buchmarkts durchaus auch den Kaufanreiz erhöhen sollten. Über das rein Dekorative hinaus gingen hinsichtlich G.s erstmals die empfindsamen Idealporträts von Daniel ↗Chodowiecki zu einem Raubdruck der *Leiden des jungen Werthers* (1775), die dem Lesepublikum eine klare Vorstellung von den Hauptfiguren lieferten und am Riesenerfolg des Romans maßgeblichen Anteil hatten.

Im Zuge dessen wurden auch den offiziellen Werkausgaben wie der bei Göschen (1787-1790) Kupferstiche beigegeben, die auf Chodowiecki, Johann Wilhelm Meil, Adam Friedrich ↗Oeser und Johann Heinrich ↗Lips zurückgingen. Parallel zur Ausgabe letzter Hand erschien eine *Kupfer-Sammlung von Goethe's sämmtlichen Werken* (1827-1833), zu der namhafte Künstler beitrugen, darunter Ludwig Ferdinand Schnorr von Carolsfeld, Moritz Retzsch, Gustav Heinrich Naeke, Moritz von Schwind und Johann Heinrich Ramberg. Etliche Illustrationen zu G.s Werken entstanden unter seinem Einfluß. In Rom aquarellierte 1787/88 der Hausgenosse Johann Georg Schütz Masken und Szenen für *Das Römische Carneval*, Angelika ↗Kauffmann entwarf Zeichnungen zur *Iphigenie* und zum *Egmont*, auch Johann Heinrich Wilhelm ↗Tischbein verarbeitete G.s *Iphigenie*-Stoff. 1781 hatte Georg Melchior ↗Kraus in Weimar nach G.s Anweisung aquarelliert (*Das Neueste von Plundersweilern*).

Von den Einzelwerken ist bis heute der *Faust* beliebtester Gegenstand der Illustration. G. selbst schuf 1810/12 Ideenskizzen, Peter ↗Cornelius arbeitete ab 1810 an einem zwölfteiligen Zyklus von Zeichnungen à la Dürer, Retzsch veröffentlichte 1816 eine beliebte Folge von 26 Radierungen, Eugène Delacroix fertigte zur französischen Ausgabe von 1828 und schon früher derart eindrucksvolle Lithographien, daß G. zugeben mußte, »es selbst nicht so vollkommen gedacht« zu haben (Eckermann, 29.11.1826). Bedeutende *Faust*-Illustrationen des 20. Jh.s stammen von Käthe Kollwitz, Emil Nolde, Oskar Schlemmer, Willi Baumeister und Salvador Dalí. Insbesondere der zweite Teil der Tragödie gewann im 20. Jh. an Interesse (Max Slevogt 1927, Max Beckmann 1943/44).

Das beliebteste *Tasso*-Motiv war das des Dichters mit Kranz und den beiden Leonoren (Tischbein), aus *Wilhelm Meisters Lehrjahren* war vor allem Mignon Gegenstand der Darstellung (Retzsch, Wilhelm von Schadow). *Hermann und Dorothea* regte Chodowiecki (1798), Franz Ludwig Catel (1799), Carl Wilhelm Kolbe (1822), Joseph Führich (1827) und Moritz Oppenheim (1828) zu bildhafter Gestaltung an. Der 1794 erschienene *Reineke Fuchs* erfuhr erst nach G.s Tod eine bildliche Popularisierung, vor allem durch Wilhelm von Kaulbach (1846) und Lovis Corinth (1921). Letzterer bearbeitete 1921/22 auch den *Götz von Berlichingen*, an dem sich schon 1782 Tischbein, 1809–1811 Franz Pforr (in romantisch-altdeutschem Stil) und 1836–1850 Delacroix versucht hatten.

Illustrationsfolgen zu Gedichten lieferten in den 1820er Jahren Ramberg, 1829–1839 der von G. geschätzte Eugen Napoleon Neureuther und 1857 Ludwig Richter. Schwind verewigte den *Erlkönig* in zwei Gemäldefassungen (um 1860), der Bildhauer Henry Moore bebilderte 1949/50 den *Prometheus*. Den farbigen Zeichnungen von Max Schwimmer zu dem erotischen Gedicht *Das Tagebuch. 1810* zollte Thomas Mann 1953 höchstes Lob. Eine Illustration der besonderen Art erlebte 1940 *Der Zauberlehrling*: Walt Disney führte den Kindern dieser Welt das Minidrama als Zeichentrickfilm vor Augen – in der Hauptrolle agierte Micky Maus.   DF

Ilm, Fluß im Weimarer Raum, entspringt im Thüringer Wald (unterhalb von Stützerbach) mündet bei Großheringen in die Saale, Lauflänge 134,95 km, Einzugsgebiet 1026 km². Die Ilm durchfließt Weimar (9,7 km im heutigen Stadtkreis) in nordwestlicher Richtung und prägt durch ihren mäanderartigen Lauf den Park an der Ilm. Kurz nach G.s Ankunft in Weimar wurde »ein Ilmbad errichtet, worin sich [...] der Herzog mit Göthe und einigen ausgesuchten Cavalieren erfrischten« (Freiherr von Lyncker). Seit dem Einzug in das ↗ Gartenhaus (21.4.1776) ist in Briefen, Tagebüchern, Zeichnungen und poetischen Arbeiten G.s intensive Beziehung zu Ilm und Ilmtal belegt. »Hab ein liebes Gärtgen vorm Thore an der Ilm schönen Wiesen« (an Auguste von Stolberg, 17.5.1776).

Als G. im Juli 1777 »tief in einer herrlichen Mond-

nacht aus dem Flusse stieg« (an Auguste von Stolberg), schrieb er: »Alles geben die Götter, die unendlichen,/Ihren Lieblingen ganz«. Und sich viele Jahre später erinnernd:»Großen Fluß hab ich verlassen,/ Einem kleinen mich zu weihn;/Sollte der doch eine Quelle/Manches Guten, Schönen sein« (15.6.1826, zu einem Bild von Frankfurt am Main). Seit Anfang des 19. Jh.s für Weimar häufig gebrauchter Beiname war Ilm-Athen. Der Fluß wurde zum Wahrzeichen der Stadt: »Die Ilm ist kein Fluß, sondern ein Bach [...], aber das Murmeln dieses Bächleins wird, Jahrhunderte hindurch, hörbar sein« (Alexander Turgenjew, 7.8.1827).   CS

Ilmenau, am Nordhang des Thüringer Waldes zu beiden Seiten der Ilm gelegen, nebst Dörfern, Wäldern, Burgen und Tälern als »Amt Ilmenau« Exklave des Herzogtums Sachsen-Weimar-Eisenach. Es zählte im Jahr 1785 3594 Einwohner, davon 1787 im Ort Ilmenau. Achtundzwanzigmal hielt sich G. im Ilmenauer Gebiet auf, zum ersten Mal in halbamtlicher Mission (3.–10.5.1776 aus Anlaß des Ilmenauer Stadtbrandes), zum letzten Mal mit den Enkeln Walther und Wolfgang (26.–31.8. am 82. Geburtstag).

Jagden, frohes, geselliges Treiben im Kreise des jungen Herzogs Carl August, Streifzüge durch die Natur führten G. zunächst in den Ilmenauer Raum; sehr rasch mußte er aber auch in diesem Gebiet Amtsaufgaben wahrnehmen, Bemühungen, um »festes, ird'sches Glück« zu schaffen: Bergbau, Steuerwesen, Verbesserung von Landwirtschaft und Gewerbe (Glashütten, Porzellanmanufaktur, Woll- und Papierfabrikation). Die »Berg- und Waldnatur« und die Begegnung mit den Bewohnern wirkten anregend: »Die Gegend ist herrlich, herrlich!« (an Carl August, 4.5.1776). »Mit den Leuten leb' ich [...]. Wie anders sieht auf dem Platze aus, was geschieht, als wenn es durch den Filtriertrichter der Expeditionen [...] läuft« (an Charlotte von Stein, 4.3.1779). »Es ist wie ein kaltes Bad, das einen aus der bürgerlich wollüstigen Anspannung wieder zu einem neuen kräftigen Leben zusammenzieht« (an Charlotte von Stein, 9.12.1777). »Ich war immer gerne hier und bin es noch« (an Schiller, 29.8.1795). »Ilmenau hat mir viel Zeit, Mühe und Geld gekostet, dafür habe ich aber auch etwas dabei gelernt und mir eine Anschauung der Natur erworben, die ich um keinen Preis umtauschen möchte« (an Kanzler von Müller, 16.3.1824).   CS

Ilmenau: *Anmutig Tal!* Gedicht zum 26. Geburtstag des Herzogs Carl August 1783, erst 1815 in den

Werken veröffentlicht. Die alte literarische Gattung des Fürstenlobs wird in diesem langen Gedicht zum Medium einer intensiven und poetisch eindrucksvollen Reflexion der ersten Weimarer Jahre. Wie häufig in der Lyrik, so hat auch hier der Titel Signalwirkung. »Ilmenau« bezeichnet einen bevorzugten Ort des frühen Genietreibens mit Jagd, Trinkgelagen und wilden Ritten; er ist in der Gegenwart des Gedichts aber auch mit idyllischer Naturerfahrung und mit G.s wirtschaftlicher und sozialer Tätigkeit zur Wiedereröffnung der stillgelegten Kupfer- und Silbermine verbunden.

Der Entwicklungsprozeß der acht zurückliegenden Weimarer Jahre, für den der Name des Ortes einsteht, wird aus der Perspektive des Ich-Sprechers in visionärer Sicht und in Verschränkung verschiedener Zeitebenen gestaltet. Das gegenwärtige Ich führt in der mittleren Traumsequenz eine Unterhaltung mit seinem vergangenen Ich: »Sei mir gegrüßt«. Im nächtlichen Lager einer Jagdgesellschaft treten Personen des Weimarer Kreises in ihrer früheren Gestalt auf, so auch G. und der Herzog in einer abgesonderten und damit herausgehobenen Stellung.

Mit dieser erträumten oder erinnerten Szenerie schafft sich das beobachtende Ich die Möglichkeit, sich in erstaunlich offener Weise über den schwierigen Reifeprozeß des jungen, ungestümen Herzogs und über seine eigene hochkomplizierte Rolle als Dichter, Hofpoet, Fürstenerzieher und Geheimer Rat mit politischen und sozialen Aufgaben auszusprechen. Poetische Selbstreflexion verbindet sich mit einer sozialen Zukunftsvision und dem Appell an den Herzog, seine privilegierte Stellung zum Wohl des Landes zu nutzen.

Johann Peter Eckermann berichtet von seinem Gespräch mit G. am 23.10.1828 über den im Juni 1828 verstorbenen Herzog. Zu dessen Zeichnung »nach dem Leben« in *Ilmenau* kommentiert G.: »Er war wie ein edler Wein, aber noch in gewaltiger Gärung. Er wußte mit seinen Kräften nicht wo hinaus und wir waren oft sehr nahe am Halsbrechen.« Jedoch habe sich der Herzog »aus dieser Sturm- und Drang-Periode [...] bald zu wohltätiger Klarheit durchgearbeitet«. Das späte, idealisierte Porträt spiegelt ebenso wie das Gedicht den erstaunlichen Charakter der Beziehung zwischen dem ›Genie und seinem Fürsten‹ (Friedrich Sengle).   IW

Im ernsten Beinhaus war's, entstanden am 25./26.9.1826, Erstdruck 1829 in der *Ausgabe letzter Hand* am Schluß von *Wilhelm Meisters Wanderjahre*; im Nachlaßband von 1833 erhielt das Gedicht

von den Herausgebern Johann Peter Eckermann und Friedrich Wilhelm Riemer den Titel *Bei Betrachtung von Schillers Schädel*. Schillers Schädel wurde 1826 aus dem Kassengewölbe auf dem Friedhof der Weimarer Jakobs-Kirche, wo Schiller 1805 beigesetzt worden war, in die Großherzogliche Bibliothek gebracht; in einer Feierstunde, bei der G.s Sohn August eine Rede seines Vaters verlas, wurde das Andenken des Dichters geehrt. Der Schädel kam dann vom 24.–26.9.1826 in G.s Haus und wurde von G. und wenigen Freunden mit Ehrfurcht betrachtet.

Das Gedicht entstand am 25. und 26. September, ging also unmittelbar aus dieser feierlichen Erfahrung hervor. Schillers Gebeine fanden anschließend in der Weimarer Fürstengruft ihre letzte Ruhestätte. G. hielt sich zeitlebens von allen gesellschaftlichen Trauerriten möglichst fern; es ist bezeichnend, daß er seine Würdigungsrede für die Feierstunde von seinem Sohn August vortragen ließ. Seine Art der Bewältigung von Vergänglichkeit und ↗Tod war die wissenschaftliche und die poetische (vgl. *Euphrosyne*).

Seit Jahrzehnten hatte G. Knochen- und Schädelstudien betrieben; bereits 1776 lieferte er erste Schädelbeschreibungen für Lavaters *Physiognomische Fragmente*. Seine Bekanntschaft mit dem Phrenologen Franz Joseph Gall 1805 intensivierte das Interesse an wissenschaftlicher Schädelkunde, doch bewahrte er Lavaters Vorstellung der Einheit von Form und Charakter. Diese prägt auch das Gedicht, das nach dem *Epilog auf Schillers Glocke* die zweite lyrische Hommage an den Freund Schiller ist, mit dessen Andenken G. insbesondere seit den zwanziger Jahren eine Art Privatkult betrieb. In einem Brief an Karl Friedrich Zelter vom 9.1.1830 bescheinigte er ihm eine »echte Christus-Tendenz«.

Dem feierlichen Anlaß entsprechend, dichtete G. zum ersten Mal in Terzinen, der Versform von Dantes *Göttlicher Komödie*, mit der er sich 1826 beschäftigte. In der Tradition der barocken Klage über die Vergänglichkeit des menschlichen Lebens wird die makabre Szenerie eines Beinhauses entworfen; das Ich des Gedichts baut die Fiktion auf, an der Suche nach Schillers Gebeinen, dessen Name jedoch nicht genannt wird, teilgenommen zu haben. Ihm allein, dem »Adepten«, erschließt sich die Bedeutung der edlen Form, er findet die richtige Spur im Chaos der Gebeine: »Wie mich geheimnisvoll die Form entzückte!/Die gottgedachte Spur, die sich erhalten!«

Noch im Andenken und der poetischen Verehrung des Freundes wird so die Gemeinschaft zweier Gleichgesinnter und vor allen anderen Gleichrangiger hergestellt. Mit »Gebild«, »Gestalten«, »Gefäß« wird der

Schädel Schillers zu einem Symbol nicht nur der edlen Form, sondern auch der Formung des Ungeordneten, Chaotischen in der Kunst. Die Offenbarung der »Gott-Natur« und die Dauerhaftigkeit des »Geisterzeugten«, also der Sieg des Geistes über die Materie, sind emphatische Bestimmungen der Rolle von ↗Kunst und ↗Künstler, die im Jahrzehnt der Zusammenarbeit von G. und Schiller(1794–1805) als Wesensmerkmale der deutschen Klassik etabliert wurden.   IW

Im Gegenwärtigen Vergangnes: *Ros' und Lilie morgentaulich*, entstanden am 26.7.1814 auf der Reise in die Rhein-Main-Gegend, gehört zu den frühen Gedichten des *West-östlichen Divan* und ist ein Beispiel für die sprachliche und rhythmische Leichtigkeit des G.schen Altersstils. Die im Titel angesprochene Vermischung der Zeitebenen ist als subtile Verschränkung der erinnerten Lebensgeschichte mit der mittelalterlichen Frühzeit gestaltet. Indem die Erinnerungen an jugendliches Lebensgefühl und jugendliche Produktivität mit mittelalterlichen Impressionen bebildert werden, wird die eigene Jugend zum poetischen Anschauungsobjekt. Das »Ritterschloß« verweist wohl auf die Wartburg, woran sich für G. Erinnerungen an frühe Hofjagden mit dem Herzog Carl August und an die Sehnsucht nach der in Weimar zurückgebliebenen Charlotte von Stein knüpfen. Der jugendlichen Frische wird die gegenwärtige reife Fähigkeit zum Lebensgenuß entgegengestellt, die sich in einer weiteren Dimension des Gedichts mit dem persischen Dichter Hafis verbindet: »Denn es ziemt des Tags Vollendung/ Mit Genießern zu genießen.« Das durchgängige Verjüngungsmotiv des *Divan* verbindet sich so mit G.s Lebensprinzip der zyklischen Wiederholung und Steigerung.   IW

Im Herbst 1775: *Feiter grüne, du Laub*, entstanden Herbst 1775, Erstdruck in *Iris* 1775; in *Schriften* 1789 als »Herbstgefühl«. Das für die frühe Lyrik typische intime Verhältnis von Ich und Natur findet hier seinen Ausdruck in einer eindrucksvollen und im imperativischen Eingang »Fetter grüne, du Laub« nahezu expressionistischen Bildersprache. Neben die kosmischen Kräfte von Sonne und Mond tritt das empfindende Ich mit der schöpferischen Naturkraft der Liebe. Doch wird mit dem Schlußwort »Tränen« die Stimmung elegisch gebrochen.

Immer wieder ist das Gedicht daher mit dem Bruch der Beziehung zu Lili Schönemann (*Lili-Lyrik*) in Verbindung gebracht worden; die neuere Forschung sieht zudem in den »Zwillingsbeeren« eine erotische

Anspielung. Dies erscheint immerhin plausibel, da G. in den Monaten August/September 1775 *Das Hohelied Salomons* übersetzte, in dem die Brüste der Geliebten »Rehzwillinge« und »Weintrauben« genannt werden. Das Gedicht beschreibt nicht nur einen naturhaften Reifeprozeß, sondern markiert auch, kurz vor der Abreise nach Weimar, das schmerzlich gereifte Bewußtsein des jungen Autors G.   IW

Immermann, Karl Leberecht (1796–1840), Jurist, Schriftsteller und Dramaturg. Das *Trauerspiel in Tirol* (1827, 1834 u.d.T. *Andreas Hofer*) des von der Romantik beeinflußten Immermann lobte G. als Rückkehr auf den Boden der Realität. Gegen die falschen *Wanderjahre* Pustkuchens konterte Immermann mit der Farce *Ein ganz frisch schön Trauerspiel von Pater Brey* (1822) und dem *Brief an einen Freund über die falschen Wanderjahre* (1823). G. erkannte Immermanns »originelles Streben« an (Eckermann, 1.12.1823), sah ihn aber als »ein erst Werdendes, Problematisches« (von Müller, 6.6.1824).   PO

Improvisation. Eine extemporierte Komödie sorgt in *Wilhelm Meisters Lehrjahren* nicht nur für jede Menge Spaß bei den beteiligten Schauspielern, das Stegreifspiel wird auch von theoretischem Standpunkt aus gutgeheißen, dient es doch der Schulung von »Gebärden und Mienen, Ausrufungen und was dazu gehört«, also des »stummen, halblauten Spiels, welches nach und nach bei uns ganz verlorengehen scheint« (II.9). Die Aufwertung der Improvisation, die noch in den *Wanderjahren* als gute Übung auch des Malers angesehen wird (II.8), unternahm G. vor dem Hintergrund der seit Mitte des 18.Jh.s unternommenen Bühnenreform durch Johann Christoph ↗Gottsched, der den festgelegten Text in den Mittelpunkt gerückt und den Hanswurst von der Bühne verbannt hatte – genau die Figur, die mithilfe spontaner Einlagen für die Integration des Zuschauers und die Vermittlung tagespolitischer Bezüge zuständig war.

In Italien war G. außerdem durch Formen der Commedia dell'arte die Fruchtbarkeit des improvisierten Spiels vor Augen geführt worden. Als 1826 der Hamburger Improvisator Oskar Ludwig Bernhard Wolff im Zuge einer Tournee auch in Weimar gastierte, gab er G. persönlich eine Probe seiner Kunst über das Thema Hamburg. G. war selbst seit früher Jugend ein Freund und Könner der Stegreifdichtung gewesen, worüber er u.a. in *Dichtung und Wahrheit* (5. Buch) berichtet, und kritisierte an Wolffs Vortrag, er verharre zu sehr im Subjektiven, scheue sich vor dem »Wirklichen« und schaffe es deshalb nicht, »das

Panoram einer nordischen großen Handelsstadt« zu liefern (an Carl August, 31.1.1826). DF

Indien, nicht als Staat bzw. Land für G. interessant, sondern als Region einer alten reichhaltigen Kultur, Literatur und Sprache, die ihm vor allem durch Bemühungen v.a. englischer Forscher um das Sanscrit nahegebracht wurde. Die Lektüre der ↗ *Sakuntalâ* von Kâlidâsa in den 1790er Jahren ermöglichte G. produktiven Umgang mit der Kultur Indiens, die Ballade *Der Gott und die Bajadere* entstand 1797. Während der Arbeit am *Divan* las G. Kâlidâsas Poem *Meghadûta, Der Wolkengesandte*, das ihn zu eigenen Studien über Wolkenbildung anregte. In den *Noten und Abhandlungen zu besserem Verständnis des west-östlichen Divans* gibt G. ein scharfes Urteil über die indischen Religionen ab, das er in einem Briefwechsel mit dem Jenenser Orientalisten Gottfried Ludwig ↗ Kosegarten wieder relativiert. BJ

Individualität meint, wörtlich aus dem Lateinischen übersetzt, die Unteilbarkeit der persönlichen Identität eines Menschen. In diesem Sinne gehört der Begriff auch elementar in G.s Vorstellung vom Menschen. Individualität, so führt er in den Erläuterungen zu den *Urworten. Orphisch* aus, sei »das Charakteristische, wodurch sich der einzelne von jedem andern bei noch so großer Ähnlichkeit unterscheidet«, in dichterischer Sprache klingt das im ersten der *Urworte* so: »Und keine Zeit und keine Macht zerstückelt/Geprägte Form, die lebend sich entwickelt«. Damit klingt eine Deutung des Begriffs an, die über die bloße ›Unteilbarkeit‹ der Person hinausgeht: G. versteht hier Individualität als sich organisch und gesetzmäßig entwickelnde Persönlichkeit aus keimhaften Anlagen – ein Konzept, welches er am Beispiel des eigenen Lebens in *Dichtung und Wahrheit* vorführen möchte, was ihm dort aber letztendlich nicht gelingt. Individualität kann vielmehr, so formuliert er in der *Campagne in Frankreich* (Münster, November 1792) erst in der Verbindung und den Konflikten mit den Zeitumständen des einzelnen Lebens konturiert werden (↗ Dämon/Dämonisches). BJ

Industrie im heutigen Sinn gab es in Deutschland zu G.s Zeit noch nicht, wenngleich damals schon zunehmend ↗ Fabriken entstanden und Maschinen eingesetzt wurden. Vor der industriellen Revolution, die hierzulande erst um 1850 zu voller Wirkung kam, umfaßte der Begriff Industrie Erwerb und Handel, basierend auf ↗ Handwerk und Handarbeit. Dementsprechend war das von Friedrich Justin ↗ Bertuch

1791 in Weimar gegründete ›Industrie-Comptoir‹ ein reiner Manufakturbetrieb. G. verwendete – auch im Hinblick auf Bertuchs Unternehmen – den Begriff also eher im Sinne der lateinischen »industria« (Tätigkeit, Betriebsamkeit). Den Neapolitanern attestierte er in der *Italienischen Reise* »die lebhafteste und geistreichste Industrie, nicht um reich zu werden, sondern um sorgenfrei zu leben«, und meinte damit den südlichen Ideenreichtum bei der Bewältigung des Alltags (↗ Maschinenwesen). DF

Inkognito: Unter dem Pseudonym »Filippo Miller, Tedesco, Pittore« reiste G. nach Italien, um den gesellschaftlichen Verpflichtungen eines Weimarer Ministers und dem *Werther*-Ruhm zu entkommen. Trotz kursierender Gerüchte über seine eigentliche Identität konnte sein »grillenhaftes Inkognito« (*IR*, 8.11.1786) einige Zeit aufrechterhalten bleiben, die tatsächliche Identität war nur dem römischen Künstlerkreis um Angelika Kauffmann, Moritz und Tischbein bekannt, die seiner Bitte um Geheimhaltung folgten. BJ

Institutionen zur Erforschung des Lebens und der Werke G.s sowie zur Sammlung seiner Lebens- und Schaffensdokumente entstehen rasch nach G.s Tod. Das Frankfurter Elternhaus wurde schon 1840 zu einem anfänglich noch bescheidenen, Museum, die Gründung des ↗ Freien Deutschen Hochstifts 1863 machte es der Öffentlichkeit zugänglich. In den 1880er Jahren wurde das Weimarer Wohnhaus zum Zentrum des ↗ G.-Nationalmuseums und die durch die Weimarer Großherzogin Sophie initiierten ↗ G.- und Schiller-Archivs. Bedeutend ist ebenfalls das aus der privaten Sammlung des Leipziger Verlegers Anton Kippenberg (1874–1950) hervorgegangene ↗ G.-Museum in Düsseldorf (↗ G.-Museen, ↗ G.-Gesellschaft). BJ

In tausend Formen, entstanden am 16.3.1815, Erstdruck im *West-östlichen Divan*. Dieses letzte Gedicht des *Buchs Suleika* orientiert sich an der orientalischen Form der preisenden Gottesanrede; in den *Noten und Abhandlungen zu besserem Verständnis des West-östlichen Divan* schreibt G. dazu: »Schon der sogenannte mahometanische Rosenkranz, wodurch der Name Allah mit neunundneunzig Eigenschaften verherrlicht wird, ist eine solche Lob- und Preislitanei.«

Das Gotteslob wird jedoch in diesem Gedicht säkularisiert zum Preislied auf die Geliebte, deren Überhöhung in einer Kette von variierenden All-Komposita, darunter »Allgegenwärtige«, »Allschmeichelhafte«, »Allbuntbesternte«, »Allbelehrende«, geradezu zelebriert wird. Das irdische Gefühl der Liebe ist damit zugleich eine Annäherung an das Göttliche, bis hin zur abschließenden völligen Identifizierung: »Und wenn ich Allahs Namenhundert nenne,/Mit jedem klingt ein Name nach für dich.« Mit dem identischen Reim »ich«, der sich in jeder zweiten Verszeile wiederholt, nähert sich das Gedicht stärker als *Nachbildung* der persischen Ghasel-Form. Den ästhetischen Mustern der orientalischen Literatur nachempfunden ist auch der rhetorische Charakter, die prunkende Variation der Anrede, das preisende Überbieten. Dieses stark orientalisch geprägte Gedicht ist dennoch ein authentischer Ausdruck von G.s Natur- und Liebeskonzeption, der Auffassung vom beständigen Formen- und Gestaltenwandel, von der Belebung der Welt durch Poesie und Liebe.   IW

Internet, G. im: Unter dem Suchbegriff G. fanden sich weltweit 10 511 Webseiten, davon 3748 im deutschsprachigen Raum (Stand August 1998). Angeboten werden die Werke zum Download, Bilder und seit neuestem Musikalisches über G. Neben Informationen über G.-Institute, Dokumentationen von Patentstreitigkeiten über G.-Schriftzüge finden sich Kuriosasammlungen wie »Pages devoted to G.«, aber auch eine Anfrage von einer englischen Universität an die digitale Welt, wer und wo und wann denn G. sei. Der Blick ins Netz lohnt sich zumindest für G.-Interessierte, die Anschluß an Gleichgesinnte suchen. Gegenwärtige *homepage*: http://www.goethe-net.de/.   IA

Interpretation: Auslegung literarischer und anderer, z.B. theologischer, juristischer Texte oder auch Deutung bestimmter Naturphänomene. »Vergleichende« Interpretation ist für G. die Deutungstechnik des ausgebildeten Kenners, denn »ihm schwebt die Idee vor, er hat den Begriff gefaßt, was geleistet werden könne und solle« *(MuR)*. G. unterscheidet streng zwischen dem Genießen und der Interpretation: »Wenn Kunstliebhaber und -freunde irgend ein Werk freudig genießen wollen, er ergötzen sie sich am Ganzen und durchdringen sich von der Einheit, die ihm der Künstler geben können. Wer hingegen theoretisch über solche Arbeiten sprechen, etwas von ihnen behaupten und also lehren und belehren will, dem wird Sondern zur Pflicht« *(Shakespeare und kein Ende)*.

Im 12. Buch von *Dichtung und Wahrheit* gibt G. ein ausführliches Bekenntnis seines Interpretations-Verständnisses (und damit auch seines Literaturver-

ständnisses und Textbegriffs) ab: »Bei allem, was uns überliefert, besonders aber schriftlich überliefert werde, komme es auf den Grund, auf das Innere, den Sinn, die Richtung des Werks an; hier liege das Ursprüngliche, Göttliche, Wirksame, Unantastbare, Unverwüstliche, und keine Zeit, keine äußere Einwirkung noch Bedingung könne diesem innern Urwesen etwas anhaben, wenigstens nicht mehr als die Krankheit des Körpers einer wohlgebildeten Seele. So sei nun Sprache, Dialekt, Eigentümlichkeit, Stil und zuletzt die Schrift als Körper eines jeden geistigen Werks anzusehn: dieser, zwar nah genug mit dem Innern verwandt, sei jedoch der Verschlimmerung, dem Verderbnis ausgesetzt: wie denn überhaupt keine Überlieferung ihrer Natur nach ganz rein gegeben und, wenn sie auch rein gegeben würde, in der Folge jederzeit vollkommen verständlich sein könnte, jenes wegen Unzulänglichkeit der Organe, durch welche überliefert wird, dieses wegen des Unterschieds der Zeiten, der Orte, besonders aber wegen der Verschiedenheit menschlicher Fähigkeiten und Denkweisen; weshalb denn ja auch die Ausleger sich niemals vergleichen werden. Das Innere, Eigentliche einer Schrift, die uns besonders zusagt, zu erforschen, sei daher eines jeden Sache, und dabei vor allen Dingen zu erwägen, wie sie sich zu unserm eignen Innern verhalte, und in wie fern durch jene Lebenskraft die unsrige erregt und befruchtet werde: alles Äußere hingegen, was auf uns unwirksam, oder einem Zweifel unterworfen sei, habe man der Kritik zu überlassen, welche, wenn sie auch im Stande sein sollte, das Ganze zu zerstückeln und zu zersplittern, dennoch niemals dahin gelangen würde, uns den eigentlichen Grund, an dem wir festhalten, zu rauben«.

G. praktiziert die Interpretation, mehr oder weniger dem eben zitierten Verständnis folgend, ausführlich etwa mit Blick auf orientalische Gedichte in den *Noten und Abhandlungen zu besserem Verständnis des west-östlichen Divans*; in *Dichtung und Wahrheit* werden immer wieder literarische Werke gedeutet, in deren Tradition er eigene einreiht, in Rezensionen und Besprechungen vor allem der späten Zeit (*Kunst und Alterthum*) liefert er immer wieder skizzenhafte Interpretationen. Eigene Texte werden fortlaufend interpretiert, etwa in den *Noten und Abhandlungen* oder anderen Erläuterungen (↗ *Urworte. Orphisch*), in Anzeigen zu eigenen Werken, in Reaktionen auf Deutungsversuche Dritter (*Harzreise*) und natürlich ausführlich in den Passagen von *Dichtung und Wahrheit*, die sich mit der Entstehung der frühen Werke beschäftigen. – Interpretation ist darüber hinaus literarisches Motiv: Am prominentesten ist wohl die

»Iphigenie auf Tauris« in der Inszenierung von Claus Peymann. Stuttgart 1978

ausführliche *Hamlet*-Deutung durch ↗Wilhelm Meister.   BJ

Iphigenie auf Tauris gilt als beispielhaftes Schauspiel für die Blütezeit der »Weimarer Klassik« und ihres Humanitätsideals von »edler Einfalt und stiller Größe«. G. bearbeitete die antike Vorlage von Euripides nicht nur sprachlich, sondern auch im Hinblick auf den ethischen Sinngehalt des Stücks.

Er stellte im Frühjahr 1779 eine erste Fassung der *Iphigenie* fertig, die kurz darauf am ↗Liebhabertheater des Weimarer Hofes uraufgeführt wurde – mit der einzigen Berufsschauspielerin Corona ↗Schröter in der Titelrolle und mit G. selbst als Orest. Dieser ersten Fassung in Prosa folgten in einem jahrelangen Prozeß stilistischer Klärung verschiedene Überarbeitungen in Jamben (1780), wiederum in Prosa (1781), und schließlich die 1786 in Karlsbad begonnene und während der Italienreise in Rom abgeschlossene Endfassung im Blankvers. Selbst noch unsicher über die Qualität des Stücks, schickte G. mit dem Gefühl, »mehr gelernt als getan« zu haben, den Text am 13. Januar 1787 an ↗Herder, dem er freie Hand bei der Korrektur und der Erstveröffentlichung in den *Schriften* ließ. Die ersten Aufführungen fanden am Wiener Burgtheater (7.1. 1800) und in einer von Schiller bearbeiteten, nicht erhaltenen Fassung in Weimar statt (15.5. 1802). Schon die Prosafassung wurde von den zeitgenössischen Zuschauern als Rückschritt G.s hinter den »Avantgardismus« des *Götz* gewertet, ein Befremden, das sich angesichts der Endfassung eher noch steigerte.

Während der dramatische Ablauf bei Euripides von rein äußerlichen Konflikten, vom göttlichen Eingreifen und von einer vorausgesetzten Überlegenheit der Griechen gegenüber den »Barbaren« bestimmt wurde (wobei Iphigenie den griechischen Männern rachsüchtig und listig zur Seite stand), psychologisiert und humanisiert G. die Dramenhandlung. Die Thematik des göttlichen Fluchs, der auf der Familie Orests und Iphigenies lastet und der die Oresthandlung bei G. bestimmt, wird als psychischer Komplex dargestellt, rein innerweltlich, über Heilschlaf, Traum und therapeutisches Gespräch mit der wiedererkannten Schwester wird Orest geheilt. Humanisierung ist ganz die Sache Iphigenies: Als Priesterin im Tempel der Diana hat sie den Skythenkönig Thoas schon lange von den barbarischen Menschenopfern abgebracht; sie ist es, die im Gespräch den »Barbaren« als gleichwertigen Menschen anerkennt, die schließlich, gegen die mythisch- oder heroisch-archaischen bzw. listigen Handlungskonzepte der skythischen und griechischen Männer, durch Überzeugung, durch die Macht der vernünftigen Rede einen glücklichen Ausgang der Handlung herbeiführt. Selbst das zweideutige göttliche Orakel, das Orest und Pylades nach Tauris führte, wird vollends humanisiert: Apoll hatte den Griechen aufgetragen, »die Schwester« heimzubringen nach Griechenland, dann werde der Fluch gelöst; Orest und Pylades denken nur an die Schwester Apolls, Diana, deren Statue im taurischen Tempel steht und die heimgeführt werden muß. In diesem Tempel aber finden sie Iphigenie als Priesterin, *ihre* glückliche Heimführung in die Heimat erlöst vom Fluch, die Menschenschwester tritt an die Stelle der göttlichen.

Die innerweltliche Durchsetzung von Humanität und Zivilisation sind also das Zentrum der Dramenhandlung; gleichwohl gestaltet G. auch die »Gewalt«, die Iphigenie mit ihrer vernünftigen Rede Thoas antut, damit er sich die Menschlichkeit abringt: Er verzichtet sowohl auf die Tradition religiöser Praxis seiner Vorfahren wie auch auf Iphigenie, die er nicht nur als Priesterin schätzt. Diese Dialektik - die Durchsetzung von Humanität ist an die überzeugende Gewalt der vernünftigen Rede gekoppelt - bestimmt das moderne Verständnis von G.s Drama.

In seiner formalen Orientierung am Drama der klassischen Antike strebte G. in der Endfassung des Stücks nach Ganzheitlichkeit, begrifflicher Genauigkeit und dramatischer Ausdruckskraft. Symmetrisch sind die fünf Akte um die Heilung Orests angeordnet, ebenso symmetrisch stehen die griechischen Männer Orest und Pylades sowie die Skythen Thoas und Arkas um die Zentralfigur Iphigenie. Die durch stilistische Mittel gesteigerte Gefühlsintensität ist in der gestrafften Versfassung durchaus erreicht, die streng durchorganisierte Form verlangt allerdings konzentrierte Aufmerksamkeit. Die gemessene Sprache, der erhabene Ton macht das Werk aus heutiger Sicht zunächst schwer zugänglich, dem zweiten Blick aber erschließt sich die große sprachliche Schönheit der Verse.

Für G.s Zeitgenossen war *Iphigenie* die vollkommene Ausprägung des antiken wie humanistischen Ideals von Tugend und Menschlichkeit; die G.-Verehrung der letzten zwei Jahrhunderte hat mit der Loslösung dieses Ideals von seinen historischen Bezügen und unter ideologisch-blindem Hinwegsehen über die Sprengkraft seiner dialektischen Brüche das Stück zu einem hehren und weltfernen »Klassiker« gemacht. Iphigenie ist jedoch kein museales Standbild, sie verkörpert keine ahistorischen Tugenden oder gar nationale Werte; in ihren inneren Konflikten versucht sie, zwischen Archaischem und allgemein Menschlichem zu vermitteln. Eine Vermittlung, deren Problematik das Stück auf komplexe Weise reflektiert, was ihm seine Besonderheit und bleibende Aktualität verleiht.   NvS

Ironie, in der antiken Rhetorik als Verstellung (Unter- oder Übertreibung bzw. Behauptung des Gegenteils) betrachtet - Aristoteles behandelt sogar die Spezialform der sokratischen Ironie -, wurde G. während seines ganzen Lebens zugeschrieben. Im Gespräch soll er sich Berichten zufolge durch »Ironie und mephistophelische Laune« ausgezeichnet haben (Soret/Eckermann, 17.3.1830), wobei der »Schein des Scherzes« überwiegend »aus dem Grund eines tieferen Hinterhalts hervorging« (Eckermann, 7.10.1828). Bezüglich seines Spätwerks entwickelte man gar den Begriff der Altersironie, womit - nach G.s eigenen Worten - die Erhebung polare Gegensätze wie Glück und Unglück hin zu einer »wahrhaft poetischen Welt« gemeint ist (*DuW*, 10. Buch).

Der traditionelle Ironie-Begriff erfuhr 1798 eine entscheidende Neuinterpretation durch Friedrich Schlegel, der - anhand des G.schen *Wilhelm Meister* - die (romantische) Ironie als einzig adäquate Geisteshaltung postulierte, mit der sowohl der modernen Welt begegnet als auch ein Kunstwerk geschaffen werden könne. In G.s Roman sah er Ironie dadurch gegeben, daß der Erzähler auf seine Figuren »von der Höhe seines Geistes« herablächle, sich also von seinem Werk distanziere und dies auch thematisiere (derartiges wird heute landläufig gern als postmodern bezeichnet). Im Vorwort zu seiner *Farbenlehre* nahm G. 1808 die Schlegelsche Interpretation auf und bediente sich des »gewagten Wortes«, indem er die Ironie - neben Bewußtsein, Selbsterkenntnis und Freiheit - als Mittel gegen unnütze und vertrocknete Abstraktion bzw. Darstellung auch in der Naturwissenschaft anführte.   DF

Irrtum, zur Charakterisierung einer Figur oder des Menschen im allgemeinen oder auch als universelles Erkenntnisprinzip gebrauchtes Motiv. Irrtum ist im Sinne großer Unschärfe ein künstlerisches Prinzip: »In bunten Bildern wenig Klarheit,/Viel Irrtum und ein Fünkchen Wahrheit,/So wird der beste Trank gebraut,/Der alle Welt erquickt und auferbaut« (*Faust I*, v. 170ff.). Der Irrtum ist für den Menschen unumgänglich: »Es irrt der Mensch, solang' er strebt« (*Faust I*, v. 317); in einer *Maxime* aus *Kunst und Alterthum* heißt es: »Die Irrtümer des Menschen machen ihn eigentlich liebenswürdig«. Gleichwohl benutzt G. den Begriff des Irrtums auch im polemischen Sinne, wenn er sich etwa scharf von Newtons Theorie der Farbentstehung absetzt. Gerade hier aber erscheint der Irrtum historisch relativiert: »Der Tag gehört dem Irrthum und dem Fehler, die Zeitreihe dem Erfolg und dem Gelingen« *(MuR)*.   BJ

Irrtümer G.s: Meist solche der Chronologie unterliefen G. insbesondere im *Faust I*. So wird im deutlich katholisch-mittelalterlich situierten Stück unverhofft in Auerbachs Keller das »Ränzlein« des˙ Dr. Luther (worin noch eine Spitze gegen G.s Zeitgenossen Lutter versteckt ist) besungen und versucht andererseits Faust selbst die Eindeutung des Johannesevangeliums. Weiterhin schleicht Mephistopheles »hart am Beichtstuhl« vorbei, der erst einhundert Jahre nach der Zeit des Faust, dem 15./16.Jh., in Deutschland eingeführt wurde. Ähnlich steht es um den alten Schatz von Löwenthalern, den Mephistopheles findet: Die Münze gibt es erst ab 1575. Schlimmer verirrt hat sich der um 1670 erfundene »Champagnerwein« in Auerbachs Keller; ähnlich daneben liegen die »Perücken [...]« von Millionen Locken«, die Mephisto Faust andient, die unter Ludwig XIV. eingeführten Allongeperücken. Das Spinnrad (ab 1530) und der »beizende Tobak« (zur Zeit des Dreißigjährigen Krieges), »Totenschein« und »Wochenblättchen« (ab dem 18.Jh.) tragen zur Verwirrung bei. Mephistos Bericht über Schwerdtlein liefert eine Anspielung auf das »mal de Naples«, die Syphilis, die erst in der Neuzeit aus Amerika eingeschleppt wurde. Auch der von Mephisto erwähnte Prater liegt historisch zu früh. Im *Faust II* sind die Irrtümer seltener: nachweislich die Erwähnung der Märchen aus *Tausendundeiner Nacht* (ab 1706 in Europa) und des von Wilhelm I. 1713 eingeführten Zopfes. Die Nacht vom 9. zum 10.9.1771 wird im *Werther* als gefällig vom Mondlicht beleuchtete geschildert - nur daß sie tatsächlich eine Neumondnacht war. In *Wilhelm Meisters Lehrjahren* (VII.8) wird Werner voreilig schon als Wil-

helms Schwager angesprochen, bevor er es ist, ein unauffälliger Patzer in der inneren Chronologie des Werks. In *Claudine von Villa Bella* läßt G. Bierfässer »unter den Linden« in Spanien auffahren. In der Erstfassung des *Götz von Berlichingen* behauptet dessen Frau, mit Kartoffeln (z.B. in Preußen erst ab 1738) großgezogen worden zu sein.   IA

Ischia, italienische Insel vor Neapel, die G. aber nie selbst besucht hat, sondern nur im Vorüberfahren zu Land (vgl. *IR*, 24.2.1787) oder vom Schiff aus (vgl. *IR*, 29.3.1787 und 24.5.1787) malerisch im Meer liegen sah.   BJ

Islam, sich auf den ↗Koran berufende Weltreligion, deren Zeitrechnung mit dem Jahr 622 n. Chr. (Hedschra/Auswanderung des Propheten Mohammed von Mekka nach Medina) beginnt und die sich durch »unbedingtes Ergeben in den unergründlichen Willen« (an Zelter, 11.5.1820) des einen Gottes (Allah) und dessen Vorsehung (das dem Menschen von ihm vorherbestimmte Schicksal) auszeichnet. G. stand dem Islam positiv gegenüber, verteidigte ihn in jungen Jahren gegen eifrige Christen wie Lavater und fühlte sich auch später, vor allem während der Arbeit am *Divan*, zu der monotheistischen Religion hingezogen. Doch war G. kein Moslem, und den Islam betrachtete er nur als eine der möglichen Formen einer »bessern Religion«, der - wie sie nun auch heißen möge - stets »*Zuversicht* und *Ergebung*« zugrundeliegen müssen (von Müller, 28.3.1819).   DF

Iste (lat.: dieser da). So bezeichnete G. sein Geschlechtsteil. In Ermangelung gesellschaftsfähiger Bezeichnungen mußte man sich auch im 18. und 19.Jh. etwas einfallen lassen. War es in jungen Jahren noch der doppeldeutige »Meister« (*DuW*, 11. Buch), wurde später stellenweise noch mehr verrätselt (Me-iste-r). Zudem taugte das Wort für einen reizvollen Reim. In dem - abgesehen von Lesungen im männlichen Freundeskreis - erst posthum veröffentlichten Gedicht *Das Tagebuch. 1810*, der Geschichte eines nächtlichen Seitensprungs, der aufgrund von Impotenz und darauffolgender Einsicht und Reue jedoch kläglich scheitert, demonstrierte G., was die deutsche Sprache hergibt: »Vor deinem Jammerkreuz, blutrünstger Christe,/Verzeih mir's Gott, es regte sich der Iste« (dies allerdings bezüglich der guten Ehefrau). Unsicher ist, ob der *Logogryph* (ein Buchstabenrätsel): »Das erste gibt mir Lust genug,/Das zweite aber das macht mich klug«, mit dem Gegensatz Iste/Meister hinreichend zu erklären ist. Im erwähnten Gedicht

Vesta-Tempel in Tivoli. Aquarell von J. P. Hackert

kombiniert G. gar beide Bezeichnungen, wenn er feststellt: »Doch Meister Iste hat nun seine Grillen«.

DF

Italien. Die Leidenschaft des Vaters und der Einfluß seines Italienischlehrers Giovinazzi weckten früh G.s Interesse an Italien und seiner Kultur. Die Sehnsucht, das mit mythischem Glanz umgebene Land selbst zu besuchen, erfüllte sich nach einer krisenhaften Zeit in Weimar im Jahr 1786, als G. am 3.9. von Karlsbad aus in Richtung Italien aufbrach. G.s Italienreise stand unter dem Zeichen der eigenen Erneuerung und der Vertiefung seiner Kenntnisse über Kunst, Natur und Sitten der Völker. »Ich habe mich in dieser anderthalbjährigen Einsamkeit selbst wiedergefunden, aber als was? – Als Künstler«, faßt G. in einem Brief an Herzog Carl August vom März 1788 die Bedeutung des Italienaufenthalts zusammen. Die Betrachtung der Originale der antiken Kunst, der Arbeiten Raffaels, Michelangelos und der Bauten Palladios erschloß G. die Einsicht in die Gesetze der Kunst; hinzu kam das Studium von Winkelmanns Werk und fruchtbare

Kontakte mit Künstlern (Tischbein, Angelika Kauffmann, Kniep), die diese Wiedergeburt G.s als Künstler begünstigten.

1790 reiste g. erneut nach Italien, um die Herzoginmutter Anna Amalia auf ihrer Rückreise von dort nach Weimar zu begleiten. Auf dieser zweiten, widerwillig angetretenen Italienreise war sein Blick auf die italienischen Verhältnisse nüchterner, ja ablehnend: G., von Christiane und dem eben geborenen Sohn August getrennt, ist »intoleranter gegen das Sauleben dieser Nation als das vorigemal« (an Herder, 5.4. 1790). Zwar hat G. später das Land nicht mehr besucht, in seinem Schaffen aber blieb er dem »irdischen Paradies« Italien, seiner Kunst und Literatur, verbunden (an Staff, 19.4.1822). CA

Italienische Kunst lernte G. schon früh in Städteansichten und Veduten kennen, die der Vater im Elternhaus aufgehängt hatte. Neben Ansichten antiker Bauwerke waren dort auch etwa Peterskirche und Engelsburg, Bauwerke der italienischen Renaissance, zu sehen. Erst die Italienreise aber brachte G. in unmittelbaren Kontakt zur italienischen Kunst. Die Bauwerke Palladios, Fresken und Gemälde Raffaels, Leonardos, Mantegnas u.v.m., allesamt Produktionen der Renaissance, erschienen G. als gleichwertig »klassisch« neben den Kunstwerken aus der ⁊ Antike. In der *Italienischen Reise* würdigt er ausführlich Werke Tizians, Caracchis und Dominichins; noch in dem späten kleinen Aufsatz über *Julius Cäsars Triumphzug, gemalt von Mantegna* (1823), gleichzeitig biographische Skizze und Bildbeschreibung, wirkt diese Begeisterung nach. Die Erfahrung und Anschauung der italienischen Kunst, im Verein mit der antiken und angesiedelt in der als paradiesisch empfundenen Natur und Landschaft Italiens sind die Grundlage für die künstlerische »Wiedergeburt«, als die G. seinen italienischen Aufenthalt empfand. BJ

Italienische Literatur: Mit der Literatur der italienischen Renaissance war G. schon seit seiner Kindheit vertraut. In *Dichtung und Wahrheit* (1. Buch) zählt die Übersetzung von Torquato ⁊ Tassos *Befreitem Jerusalem* durch Kopp ebenso zu seinen Lesestoffen wie Ariosts *Rasender Roland* und verschiedene Werke von Dante. Bei der Überarbeitung der ersten Fassung des Dramas *Torquato Tasso* las G. eine Biographie des italienischen Dichters: Abbate Serassis *La vita di Torquato Tasso* (1785). Gerade Tasso und Ariost bekamen für G. während seines Venedigaufenthalts im Oktober 1786 einen ganz neuen Reiz: Unter dem Datum vom 6. Oktober 1786 berichtet er in der *Italienischen Reise* von dem eindrucksvollen Erlebnis, daß die Gondolieri über die nächtlichen Kanäle der Lagunenstadt hinweg verweise und gleichsam in einem Frage- und Antwortspiel die großen Epen Tassos und Ariosts singen; erst hier, notiert G., bekämen die Texte ihren eigentlichen Sinn und Ort; die literarische Tradition sei hier anders als in Deutschland tief im Volk verankert.

Die Stanzenform der Renaissanceepik Italiens sollte für G. künstlerisches Vorbild werden: Das Epenfragment *Die Geheimnisse* ist in ebensolchen Stanzen (achtversigen Strophen mit dem Reimschema abababcc) geschrieben, ebenso die Zueignung zum *Faust*. Boccaccios Novellensammlung *Decamerone*, in der die 100 kleineren Erzählungen durch eine Rahmenhandlung zusammengehalten werden, bildete das Vorbild für die *Unterhaltungen deutscher Ausgewanderten* – wenngleich G. vergleichsweise wenige Novellen zusammenstellt; auch die *Wanderjahre* dürfen als Rahmenhandlung mit einer großen Zahl eingelegter Novellen verstanden werden. Die Terzinenform von Dantes *Göttlicher Komödie* reizte v.a.

den späten G. zu eigenen Terzinendichtungen (*Im ernsten Beinhaus war's*; *Faust II*; I.1). In den *Sonetten* von 1807/08 greift G. auf Petrarca zurück: Er greift dessen Sonettform auf und stellt sich im Sonett XVI ausdrücklich in die Tradition des italienischen Lyrikers.

G. nahm großen Anteil an der italienischen Literatur seiner Zeit. Der Theaterautor Carlo Goldoni (1707–1793) war ihm spätestens seit der Reise nach Italien vertraut, G. schätzte seine volkstümlichen Komödien sehr, deren Aufführungen er in Italien häufig besuchte und von denen er immer wieder einige am Weimarer Hoftheater inszenierte. Der Dramenschriftsteller Carlo Gozzi (1720–1806) spielte für G.s Wahrnehmung des zeitgenössischen italienischen Theaters eine vergleichbare Rolle; anläßlich eines Theaterbesuchs in Venedig zeigte G. sich vor allem von Gozzis Einsatz der Masken in der Tragödie begeistert (*IR*, 6.10.1786). Der romantische Schriftsteller Alessandro Manzoni (1785–1873) spielte für die Wahrnehmung der italienischen Literatur durch den alten G. die größte Rolle. Das höchste poetische Talent, das er in Manzonis Werken (v.a. dem Roman *Die Verlobten*) wahrnahm, ließ den italienischen Kollegen als klassischen Autor auffassen, in Rezensionen besprach und empfahl G. die Werke Manzonis dem deutschen Lesepublikum. Ähnlich wie Carlyle und Byron gehörte auch Manzoni in den engsten Kreis derer, die G. als Leitfiguren einer ⁊ Weltliteratur verstand. BJ

Italienische Reise, Die: Die autobiographische Erzählung über seinen Italienaufenthalt sollte, nach G.s ursprünglicher Planung, sein autobiographisches Lebensprojekt *Aus meinem Leben* fortsetzen, zu dem auch *Dichtung und Wahrheit* gehört. Für diese »Zweite Abtheilung« bearbeitete G. zwischen 1813 und 1817 eine große Menge von Materialien, Dokumenten, Tagebuchaufzeichnungen aus dem Umfeld seines Aufenthalts in Italien vom Spätsommer 1786 bis zum Sommer 1788. 1816 und 1817 erschienen die beiden ersten Teile des *Italienischen Reise* unter dem emphatischen Titel »Auch ich in Arcadien!«, der dritte Teil, der »Zweite römische Aufenthalt«, entstand zwischen 1819 und 1828, erst jetzt erschienen alle drei Teile unter dem heute bekannten Titel.

G. arbeitete das Reisetagebuch an Charlotte von Stein und eigene Tagebücher in den Text ein, Briefe an Weimarer Freunde, an das Ehepaar ⁊ Herder, den Herzog, die ⁊ Stein, biographische, ästhetische und kulturgeschichtliche Skizzen sowie ⁊ Moritz' Schrift *Über die bildende Nachahmung des Schönen* werden in einen Erzähltext überführt, der als Reisetage-

buch aufgebaut ist, aber weit über die landschaftlichen, volkskundlichen und kunstgeschichtlichen
Schilderungen Italiens hinaus die autobiographische
Aufarbeitung des zentralen Epochen- und Wende-
punktes in G.s Leben darstellt.

Der Text beginnt mit dem fluchtartigen Aufbruch
aus dem Kuraufenthalt in Karlsbad am 3. September
1786; er schildert die Reise über Bayern und Tirol
nach Italien hinein, über Trient, den Gardasee nach
Verona, wo das Amphitheater den ersten unmittelbaren Kontakt mit der antiken Kultur darstellt. Venedig bietet reichhaltigste Kunstwerke und Architektur
der Renaissance, die Reise führt über Ferarra und
Bologna nach Rom – dem Mittel- und Zielpunkt von
G.s Italien-Sehnsucht. Die dreieinhalb Monate zwischen November 1786 und Februar 1787 sind unendlich angefüllt von der Betrachtung antiker Bauten und
Skulpturen, der Besichtigung unzähliger Gemälde und
Fresken (↗Antike Kunst, ↗Italienische Kunst); hinzu
kommt der intensive Kontakt zur deutschen Künstlerkolonie in Rom um ↗Tischbein und Angelika
↗Kauffmann, später dann zu ↗Moritz und ↗Meyer –
im Februar 1787 bricht er schließlich nach Neapel auf.
Überwältigt ist G. vom Lava und Feuer speienden
↗Vesuv, die Kontakte zu den Künstlern Philipp ↗Hak-
kert und Christoph Heinrich ↗Kniep machen ihn mit
der Kunst viel näher vertraut; die antiken Stätten von
Pompeji, Herculaneum und Paestum, literarische,
zeichnerische und naturwissenschaftliche Studien stehen im Zentrum der Neapel-Darstellung. Mit dem
Schiff geht es Ende März nach Sizilien: Palermo und
Messina, die antikische Landschaft, der ↗Ätna, die
Ruinen von Agrigent. Über Neapel reist G. wiederum
nach Rom (Juni 1787), wo die eigene künstlerische
Ausbildung in den Vordergrund rückt: Zeichnen nach
der Natur, anatomische Studien – die letztlich desillu-
sioniert zur Einsicht führen, doch »zum Dichter geboren« zu sein. Dieser dritte Teil der *Italienischen
Reise* gibt das Tagebuchmuster auf: die eigenen Briefe
aus Italien werden, zuweilen stilistisch überarbeitet,
nach Monatsgruppen zusammengestellt, denen jeweils ein kleiner erzählender Bericht beigegeben wird.
Zusätzlich montiert G. hier einzelne eigenständige
Texte ein, etwa die kulturhistorische Studie über *Das
Römische Carneval* oder einige Passagen aus Moritz'
1788 erstmals publizierter Schrift *Über die bildende
Nachahmung des Schönen*, über deren Grundsätze G.
mit Moritz lange diskutierte und die das klassizistische
Credo seiner nachitalienischen Ästhetik enthält. Mit
dem Abschied von Rom im April 1788 schließt die
Reisedarstellung, die eigene Trennungserfahrung wird
mit Ovids auf Rom zurückblickende Trauer aus dem
Exil am Schwarzen Meer verglichen.

In der *Italienischen Reise* wird die durchreiste
Landschaft immer wieder begeistert gefeiert, die Farben, die Pflanzen, die klimatische Begünstigung, denen oft kontrastierend das nebligle und kalte Grau
Deutschlands gegenübergestellt wird. Es ist aber immer der Blick des Künstlers, der hier auf die Landschaft, auf Städte und Menschen, geworfen wird;
ausdrücklich weist G. auf den Gemäldecharakter seiner Wahrnehmungen hin. Geologische, mineralogische und botanische Beobachtungen und Betrachtungen ziehen sich durch den ganzen Text, in den Text
eingestreut finden sich genaue Inventare der Gebirgs-
formationen und der verschiedenenorts gesammelten
Gesteinsproben; die italienische Pflanzenwelt läßt die
Idee einer ↗»Urpflanze« anschaulich werden. Die
Wahrnehmung von Kunst und Architektur aus ↗An-
tike und ↗Renaissance, die im Text vorherrscht, wird
als zentraler Anstoß zu einer neuen ästhetischen Orientierung reflektiert. Die Kunstausbildung vor allem
während des Zweiten Römischen Aufenthalts, die
anatomischen Studien, die Versuche, dem Harmonie-
Geheimnis der antiken Proportionen auf die Spur zu
kommen und die schon von Beginn an die Reise
begleitenden Arbeiten an den aus Deutschland mitgebrachten literarischen Projekten stehen ganz im Zeichen des in Italien wahrgenommenen Kunst. Insgesamt schildert die *Italienische Reise* die »Wiedergeburt« des Künstlers und Dichters G., als vollständige
innere Umarbeitung des künstlerischen wie sittlichen
Menschen – der hier die Prinzipien der Ästhetik eines
Sturm und Drang ersetzt, der darüber hinaus die
Verletzungen und Behinderungen durch die Weimarer
Amtsgeschäfte kompensiert, vor denen die Reise auch
eine Flucht war. Die *Italienische Reise* konstruiert
erzählend diejenigen Kunst- und Natur-Wahrnehmun-
gen und -Reflexionen zu dem autobiographischen
Erlebnis, das für die literarischen Werke und kultur-
politischen Projekte der nächsten zwei Jahrzehnte
bestimmend war.   BJ

Italienreisen: Seit Johann Joachim Winckelmann
(1717-1768) galt Italien in der vornehmeren Gesellschaft Deutschlands als Mekka der Kunst, ja der Bildung überhaupt. G.s Vater selbst hatte 1740 eine
Italienreise unternommen und zahlreiche Erinne-
rungsstücke mitgebracht. So konnte G. schon als
Knabe auf römischen Veduten im Elternhaus täglich
die Piazza del Popolo, das Colosseum, den Petersplatz,
die Peterskirche und das Castel Sant'Angelo sehen.
Der Vater sorgte auch früh für Italienischunterricht,
und so konnte der junge G. bald flüssig italienische
Literatur lesen.

Route der ersten italienischen Reise über Bayern und Tirol nach Italien, über Trient, den Gardasee nach Verona, Venedig, Ferarra, Bologna, Rom, Neapel, Sizilien

G.s abrupte Abreise von Deutschland nach Italien (3.9.1786) infolge seiner Krise in Weimar war in Wirklichkeit innerlich längst vorbereitet. Über Verona, Vicenza, Padua, Venedig, Ferrara, Bologna, Florenz, Assisi und Perugia kam G. nach Rom. Er war derart auf den Spuren der Antike, daß er bei der Durchreise in Assisi nur Augen für den eingebauten antiken Minervatempel hatte und die Cimabue- und Giotto-Fresken in San Francesco nicht beachtete! Ja er wähnte sich in Italien bereits so auf homerischem Boden, daß er seinem späteren Reisebericht das Motto gab »Auch ich in Arcadien«! In Rom blieb G. vier Monate, um dann für drei Monate Neapel (Vesuv) und Sizilien zu bereisen und darauf noch fast elf Monate in

Rom zu bleiben. Auf der Rückreise fuhr G. über Florenz, Modena, Parma, Milano, Como und Chiavenna.

Neben den erhebendsten Kunsterfahrungen (↗Palladio, ↗Raffael) gewann G. auch entscheidende Eindrücke im Naturwissenschaftlichen (↗Urpflanze) und im Gesellschaftlichen (*Das Römische Carneval*). Seine unterbrochenen poetischen Arbeiten hat er weiter fortgeführt. In Hunderten von ↗Zeichnungen hat G. seine Eindrücke festgehalten.

G.s erste Italienreise war wesentlich eine Reise zu sich selbst: »Ich habe mich in dieser anderthalbjährigen Einsamkeit selbst wiedergefunden« (an Carl August, 17.3.1788). Diese Selbstfindung als Künstler, Wissenschaftler und Mensch war von ungeahntem Ausmaß für G.s Biographie: »Ich zähle einen zweiten Geburtstag, eine wahre Wiedergeburt von dem Tage da ich Rom betrat« (an J.G. u. C. Herder, 2.-9.12. 1786). Die Hauptabsicht seiner Reise, schrieb G. an Herzog Carl August, sei gewesen: »mich von den physisch-moralischen Übeln zu heilen, die mich in Deutschland quälten und mich zuletzt unbrauchbar machten; sodann den heißen Durst nach wahrer Kunst zu stillen, das erste ist mir ziemlich, das letzte ganz geglückt« (25.1.1788).

G. reiste 1790 ein zweites Mal nach Italien, um die Weimarer Herzoginmutter von ihrer Reise abzuholen, konnte aber seine frühere Liebe und Begeisterung nicht wiederfinden. Immerhin fand er am Lido von Venedig jenen so »glücklich geborstenen Schafschädel«, dessen Studium ihn in seinen morphologischen Forschung entscheidend weiterbringen sollte (*Tu!*, 1790; *Bedeutende Fördernis durch ein einziges geistreiches Wort*). Eine literarische Frucht dieses Aufenthaltes sind die *Venezianischen Epigramme* (1790).

Aufgrund seiner Reisetagebücher und -briefe hat G. seine Erinnerungen an den ersten Italienaufenthalt in der *Italienischen Reise* dargestellt (1817/1829). Dem alten G. verklärte sich Italien endlich zum »irdischen Paradies« (an Staff, 19.4.1822) und »gelobten Land« (an Göttling, 17.11.1827). Eckermann überlieferte das pathetische Bekenntnis: »Ja ich kann sagen, dass ich nur in Rom empfunden habe, was eigentlich ein Mensch sei. – Zu dieser Höhe, zu diesem Glück der Empfindung bin ich später nie wieder gekommen; ich bin, mit meinem Zustande in Rom verglichen, eigentlich nachher nie wieder froh geworden« (9.10.1828).

DH

Ja, in der Schenke hab' ich auch gesessen; Entstehungszeit unsicher, brieflicher Erwähnung am 27.9.1815. Mit diesem Wein- und Liebesgedicht wird *Das Schenkenbuch* des *West-östlichen Divans* eröffnet. Es führt an einen Ort, der bereits im *Buch des Schenken* des persischen Dichters ↗Hafis bevorzugter Aufenthalt des Dichters ist. G.s Adaption ist eine gekonnte Mischung von orientalischen Schenken- und Weinmotivik mit der Tradition der anakreontischen Dichtung, in der immer wieder die inspirierende Kraft der Trias von Wein, Lied und Liebe beschworen wird. Das aus der orientalischen Vorlage stammende Motiv der Homoerotik, verkörpert in der Figur eines schönen knabenhaften Schenken, nimmt G. ebenfalls auf und gestaltet es mit spielerischer Leichtigkeit (*West-östlicher Divan*), doch geht es in diesem ersten Gedicht um die Liebste: »Ich liebe sie, wie es ein [sic] Busen gibt,/Der treu einer gab und knechtisch hängt.« Der Gedanke an die Geliebte ist Gegenbild zur Männerwelt mit ihrem Interesse am Tagesgeschehen, »Sie schwatzten, schrieen, händelten von heut,« in welcher der Dichter als Beobachter eine Außenseiterrolle einnimmt. Er als Vereinzelter hat die Aufgabe der poetischen Formung der flüchtigen und der dauerhaften Wirklichkeit: »Wo war das Pergament, der Griffel wo,/Die alles faßten? – doch so war's! ja so!«

IW

Jacobi, Friedrich Heinrich (Fritz) (1743–1819), Bruder Johann Georg Jacobis, Jurist, Philosoph und Schriftsteller, 1807 Präsident der Akademie der Wissenschaften in München. Jacobi war seit 1774 mit G. befreundet, doch wurde ihr Verhältnis später oft beeinträchtigt durch weltanschauliche Differenzen. Beide hatten einen unterschiedlichen Gottesbegriff, wobei G. von dem Jacobis sagt: »Sein Gott muß sich immer mehr von der Welt absondern, da der meinige sich immer mehr in sie verschlingt« (an Schlichtegroll, 31.1.1812). In Versen: »Was wär' ein Gott, der nur von außen stieße,/Im Kreis das All am Finger laufen ließe!/Ihm ziemt's, die Welt im Innern zu bewegen,/Natur in Sich, Sich in Natur zu hegen«. Und schärfer noch gegen Jacobi in G.s Gedicht *Groß ist die Diana der Epheser*: »Als gäb's einen Gott so im Gehirn/Da! hinter des Menschen alberner Stirn« (↗Pempelfort).

PO

Jacobi, Johann Georg (1740-1814), Schriftsteller; Bruder Friedrich Heinrich Jacobis; 1774-1776 Herausgeber der Zeitschrift *Iris*, in der auch G. Gedichte veröffentlichte; Professor der Philosophie und Beredtsamkeit in Halle, Kanonikus in Halberstadt, 1784 Professor der »Schönen Wissenschaften« in Freiburg; mit G. bekannt seit 1774. Für Jacobi ist G. »einer der außerordentlichsten Männer, voll hohen Genies, glühender Einbildungskraft, tiefer Empfindung, rascher Laune, dessen starker, dann und wann riesenmäßiger Geist einen ganz eigenen Gang nimmt« (*Tb*, 23.7.1774). Der der ↗Empfindsamkeit und ↗Anakreontik anhängende Jacobi bekommt von G. allerdings mehrere ironische Seitenhiebe. PO

Jagd. Vor allem in den ersten Weimarer Jahren nahm G. im Rahmen seiner höfischen Pflichten an Jagdgesellschaften teil, die Herzog Carl August leidenschaftlich gern organisierte. Doch ungeachtet des fiktiven Jägers, als der sich G. mit gespanntem »Feuerrohr« im *Abendlied* darstellt, bereitete es ihm wenig Spaß, Tiere zu töten. Er ging lieber »auf Landschaften aus« - als Maler (an Merck, 24.7.1776). Am 26.12. 1784 hegte er gegenüber dem Herzog die Hoffnung, die im Hofjagdrevier am Fuße des Ettersbergs gehaltene Wildschweinrotte zum Schutz der anwohnenden Bauern »ohne Jagdgeräusch, in der Stille nach und nach der Tafel aufgeopfert« zu sehen. Jagdmotive finden sich in etlichen Gedichten G.s, außerdem in der ursprünglich unter dem Titel *Die Jagd* angegangenen *Novelle*, in der *Natürlichen Tochter* und im *Wilhelm Meister*. DF

Jagemann, Caroline Henriette Friederike, 1809 nobilitierte Frau von Heygendorff (1777-1848): »Unter den Sängerinnen überstrahlt Demoiselle Jagemann alle ihre übrigen Rivalinnen«, so schrieb Joseph Rückert 1799 in seinen *Bemerkungen über Weimar* über die 22jährige Sängerin und teilte damit das überschwengliche Urteil der Weimarer, die sie seit ihrem Debut in Paul Wranitzkys *Oberon* im Jahr 1797 zu ihrer »angebeteten Göttin« gemacht hatten. Mit dem Engagement dieser dramatischen Sopranistin an das von G. geleitete ↗Hoftheater glaubte er dem Ziel, ein leistungsfähiges Ensemble für die Umsetzung eines eigenen Bühnenstiles zusammenzustellen, einen Schritt näher gekommen zu sein. Er hatte die hochbegabte Tochter des Bibliothekars Herzogin Anna Amalias, Christian Joseph Jagemann, die in Mannheim u.a. bei August Wilhelm ↗Iffland zur Schauspielerin und Sängerin ausgebildet worden war, »für den hiesigen Hof und das Theater gewonnen [...], wodurch denn unsere Bühne ein ganz neues Leben erhält« (G. an Schiller, 29. 1.1797).

Fortan war sie in den Rollen der klassischen Frauengestalten, etwa der Constanze in Mozarts *Entführung aus dem Serail*, den hochdramatischen Sopranpartien seines *Don Giovanni* ebenso wie der Elisabeth in Friedrich Schillers *Maria Stuart* oder ↗Eleonore in G.s *Torquato Tasso* der gefeierte Star. Sie war aber auch die Mätresse Herzog Carl Augusts geworden, der sie nach der Legalisierung ihrer Verbindung 1809 in den Adelsstand erhob und mit dem Deutschritterhaus am Töpfenmarkt beschenkte, wo sie ein aufwendiges geselliges Leben führte. Sie genoß mithin eine Sonderstellung, konnte ihre Rollen und die Häufigkeit ihrer Auftritte selbst bestimmen, entzog sich damit dem strengen Bühnenreglement G.s, so daß ihr ohnehin ambivalentes Verhältnis zu G. zunehmend belastet wurde.

Harte Kompetenzstreitigkeiten waren die Folge, die sich schließlich 1817 in einem handfesten Streit um die Realisation eines historisch-romantischen Dramas, das gegen G.s Willen aufgeführt wurde (Joseph August Adam: *Der Hund des Aubri de Mont-Didier*), entluden. G. zog daraus die Konsequenz und bat um seinen Abschied. Mit dem Ende seiner Theaterdirektion begann eine neue Ära, die durch Jagemanns Betreiben unter dem deutlichen Primat der Oper stand. Das Verhältnis G.s zu ihr blieb gespannt, auch wenn sie 1825, zu G.s 50jährigem Dienstjubiläum den Dichter ehrte, indem sie die *Iphigenie* während der Festvorstellung realisierte. Nach dem Tod Herzog Carl Augusts (1828) trat sie von der Bühne zurück und verließ Weimar. Ihre erst 1926 im Druck erschienenen *Erinnerungen* sind ein beredtes persönliches Zeugnis und eine wichtige Quelle für die Weimarer Theatergeschichte. GBS

Jägers Nachtlied: *Im Felde schleich ich*, entstanden Winter 1775/76; Erstdruck im *Teutschen Merkur* 1776; mit Änderungen und dem Titel *Jägers Abendlied* in den *Schriften* 1789. Mit dem Rollen-Ich des Jägers greift G. auf die Volksliedtradition zurück; als ein unruhig Umherschweifender ist diese Figur dem Wanderer der Hymnen verwandt. Das Gedicht bezieht seine Spannung aus dem Gegensatz männlich/weiblich, wie er sich in der Imagination des Mannes spiegelt. Er schleicht »still und wild«, während er sich die Geliebte »still und mild« wandelnd vorstellt; das Bild der Frau ist als »liebes Bild« tief eingeprägt, während er glaubt, in ihren Augen nur ein »schnell verrauschend Bild« zu sein. In diesem Wechselspiel der Bilder bedenkt das einsame Ich die Unsicherheit seiner Liebe und seiner Rolle in der Welt. Die für die ↗Lida-Lyrik typischen Leitwörter Mond, Stille, Friede, die in der letzten Strophe erscheinen, erweisen das Gedicht möglicherweise als früheste poetische Gestaltung der Liebe zu Charlotte von Stein.   IW

Jagsthausen, Heimat des ↗Götz v. Berlichingen und seiner Nachkommen. Schon nach der Veröffentlichung des Dramas 1773 »erhielt auf einmal das Flüßlein Jagst, die Burg Jagsthausen eine poetische Bedeutung; sie wurden besucht so wie das Rathaus zu Heilbronn« (*DuW*, 17. Buch). Die Besucher können seit 1950 in der Götzenburg alljährlich die Vorstellungen der Burgfestspiele Jagsthausen sehen. Die Initiative des Heimat- und Verkehrsvereins Jagsthausen, gegründet von Bürgern der Gemeinde und der Familie v. Berlichingen, entstand zur Verbesserung der wirtschaftlichen Situation der 1500 Seelen-Gemeinde. Zunächst fanden nur Aufführungen des *Götz* am Originalschauplatz statt, die beständige Entwicklung und Vergrößerung des Repertoires seit 1950 brachte inzwischen über 2200 Vorstellungen mit mehr als 1,5 Millionen Zuschauern über die Bühne.   WM

Jahrhundertwende. G.s Tagebuch vermerkt zum 31.12.1799 lapidar: »Abends Herr Hofr. Schiller«, am nächsten Tag gab es »Verschiedne Geschäfte Briefe pp«. Das neue Jahrhundert, das nach Ansicht der »99ger« G. und Schiller begonnen hatte (in Weimar gab es Streit, ob 1799 oder 1800 als Abschluß des vorigen anzusetzen sei – mathematisch korrekt wäre letzteres), wurde offenbar ohne spezielle gute Vorsätze angegangen. »Lassen Sie den Anfang wie das Ende seyn und das künftige wie das vergangene«, mahnte G. Schiller am Neujahrstag 1800. Wieland hingegen rechnete richtig und schrieb erst am 25.12.1800 an G.: »Erhalte mir in bevorstehenden 19. Jh. (an welches ich sonst wenig Anspruch zu machen habe) Deine Freundschaft«. G. kleines Festspiel *Paläophron und Neoterpe*, erstmals aufgeführt am 31.10.1800, beschäftigt sich mit dem Übergang von der alten in die neue Zeit.   DF

Jahrmarktsfest zu Plundersweilern, Das: G.s erstes Stück in ↗Knittelversen, entstanden 1773, zeigt die Szenerie eines offenen Platzes. Händler, Bürger, Zigeuner und Schausteller erscheinen, nehmen kurz Kontakt auf, geben pointierte Repliken ab und verschwinden wieder. Es gibt keine eigentlichen Szenen, sondern eine reigenartige Folge von Auftritten, gespickt mit zeitgenössischen Anspielungen. Ein Theater im Theater unterbricht das Treiben. Zwei Szenen

eines Esther-Spiels (Vorbild sind die Esther-Dramen von Hans Sachs) führen den satirischen Gegenwartsbezug fort: Haman beredet Kaiser Ahasver, endlich den aufgeklärten Atheismus gegen die Empfindsamen durchzusetzen, und Mordechai schickt Esther mit pietistischen Argumenten ins Bett des Kaisers. Den Schluß macht ein Schattenspieler, der zur Orgel seine Bilder präsentiert: Schöpfung, Sündenfall, Sodom und Gomorrha, Sintflut. Ein kunstvoller Versuch, Alltagspartikel ohne Formzwang und Hierarchie zu verknüpfen.   NH

Jakobskirchhof: Älteste Beerdigungsstätte in Weimar; Bau der Jakobskirche 1168, ab 1530 Begräbnisstätte Weimarer Bürger. Dort liegen begraben: Georg Melchior Kraus, Ferdinand Jagemann, Johann Gottfried Walther, Christiane Goethe, Johann Martin Mieding, Christian Gottlieb Voigt. Im dortigen sog. »Kassengewölbe« war Friedrich Schiller zunächst beerdigt worden, bis seine sterblichen Überreste in die ↗Fürstengruft überführt wurden.   BL

Jarno, Figur in den *Wilhelm Meister*-Romanen, Mitglied der ↗Turmgesellschaft. Adliger Herkunft, wird von andern oft als ›kalt und abstoßend‹ empfunden, Typus des fast reinen Verstandesmenschen. Er bezieht zu Wilhelm oft mit realistischer Polemik Stellung, ohne pädagogische Hinweise zu geben. In den *Wanderjahren* hat sich Jarno unter dem Namen Montan in die Berge zurückgezogen, er stellt die ewige geheimnisvolle Sprache der Natur über das oberflächliche gesellschaftliche Gespräch.   BJ

Jean Paul, eigentlich Johann Paul Friedrich Richter (1763–1825), Schriftsteller der Spätaufklärung, dessen Werk sowohl durch humoristische Einsprengsel als auch durch vielfältige Anspielungen auf zeitgenössische Sachverhalte und Themen gekennzeichnet ist. Wichtige Romane: *Hesperus* (1795), *Titan* (1800–03), *Flegeljahre* (1804/05). G. lobt in einem Brief an Schiller den *Hesperus*, wenngleich er viele Schwächen findet (18.6.1795) und bedauert Jean Paul als »armen Teufel« (an Schiller, 12.6.1795). Bei einem Besuch in Weimar (1798–1800) schließt Jean Paul Freundschaft mit Herder, G. lernt ihn kennen: »Es ist ein sehr guter und vorzüglicher Mensch, dem eine frühere Ausbildung wäre zu gönnen gewesen, ich müßte mich irren, wenn er nicht noch kräftiger zu den Unsrigen gerechnet werden müßte« (an Meyer, 20.6.1796). Bei näherem Kennenlernen erscheint Jean Paul für G. zu theoretisch (an Schiller, 29.6.1796), böse reagiert G. auf Jean Pauls Mäkelei an Knebels Properz-Über-

Burleskes Tohuwabohu: »Jahrmarktsfest zu Plundersweilern oder die grosse Buchhändler-Messe«, auch unter dem Titel: »Der entfesselte Markt«

setzung, später konstatiert er das Umkippen des Humoristischen bei Jean Paul in »Trübsinn und üble Laune« (an Zelter, 30.10.1808); gegenüber Eckermann kanzelt er ihn sogar als Philister ab (30.3. 1831). BJ

Jena, etwa 20 km von Weimar entfernt liegendes Städtchen, in dem G. sich Zeit seines Lebens gern und lange aufgehalten hat. Amtliche Geschäfte des ersten Weimarer Jahrzehnts hatten ihn häufig in die Nebenstadt Weimars geführt, die reizvolle Umgebung der Stadt sowie ihre v.a. naturhistorisch interessanten Sammlungen zogen ihn immer wieder an. Der 1794 begründete Botanische Garten bildete einen weiteren Anziehungspunkt für den Hobbybotaniker G. Ebenfalls 1794 traf er in Jena erstmalig mit Schiller zusammen; bis zu Schillers Umzug nach Weimar hielt er

sich häufig bei dem Dichterkollegen und Mitstreiter am Projekt Klassik auf. In Jena lag zudem die zur G.-Zeit schon weit über 200 Jahre alte Universität, für die G. nach der Italienreise als Aufseher über die unmittelbaren Anstalten für Wissenschaften und Kunst im Herzogtum verantwortlich war. In seine Dienstzeit fallen die Berufungen etwa Fichtes, Schellings und Feuerbachs und vieler anderer bedeutender Gelehrter der unterschiedlichsten Fachrichtungen. Natürlich zwang das Oberaufsichtsamt G. immer wieder zu längeren Aufenthalten in der Stadt; überraschend ist aber schon, wie häufig und lange G., neben den ebenfalls langen Bäderaufenthalten im Sommer, in Jena war - eine Flucht vor dem Familienalltag, um überhaupt zu konzentrierter literarischer Arbeit zu kommen. Botanischer Garten, Sternwarte (1812 begründet) und vielfältige naturwissenschaftliche Institute und Sammlungen zogen G. jedoch bis kurz vor seinem Tod nach Jena, der letzte Besuch galt am 19. Juni 1830 dem Botanischen Garten.   BJ

Jena und Auerstedt. Am 14. 10. 1806 wurde in der Doppelschlacht bei Jena und Auerstedt das preußische Heer von den französischen Truppen Napoleons derart vernichtend geschlagen, daß ab diesem Zeitpunkt Preußen seinen Großmacht-Status zunehmend verlor. Sachsen-Weimar hatte sich Preußen angeschlossen, und Carl August fungierte als preußischer General, deshalb wurde auch Weimar besetzt und geplündert. »Abends um 5 Uhr flogen die Kanonenkugeln durch die Dächer. Um ½6 Einzug der Chasseurs. 7 Uhr Brand, Plünderung, schreckliche Nacht«, heißt es eher nüchtern in G.s Tagebuch. Wenngleich sein Haus durch die Einquartierung des Marschalls Michel Ney weitgehend unbehelligt blieb, drangen vor dessen Ankunft randalierende Husaren und Löffelgardisten ein und bedrohten G.s Leben. Aufgrund des mutigen Einsatzes der Herzogin Louise – sie stellte sich Napoleon, der am 15. 10. in Weimar eintraf – konnte Carl Augusts Thron gerettet werden, auch das Schloß wurde nicht in Brand gesteckt; für G.s Haus und Sicherheit setzte sich standhaft Christiane Vulpius ein, weshalb er ihr mit der Eheschließung am 20. 10. dankte, die Trauringe jedoch auf den Tag der Schlacht datieren ließ.   DF

Jenaische Allgemeine Literaturzeitung: Von G. 1804 als Reaktion auf den Weggang der *Allgemeinen Literaturzeitung* gegründet. Die Zeitung erschien als Rezensionsblatt mit wöchentlich sechs Ausgaben und einem Intelligenzblatt. Sie wurde teils von privater, teils von öffentlicher Hand (Herzog Carl August) finanziert. Redakteur war Heinrich Karl Eichstädt (1772–1848), als Autoren schrieben Kant, Schiller, G., W. v. Humboldt, A. W. Schlegel, Schelling u. a. m.. (*TuJ,* 1803). Die Leitung der Zeitung lag bei G., der sich u. a. um namhafte Rezensenten (Johannes von Müller und Georg Friedrich Sartorius Müller, beide Historiker, Friedrich August Wolf und Johann Heinrich Voß als Philologen) bemühte. Von 1842–1848 wurde sie als *Neue Literatur-Zeitung* weitergeführt. Danach konnte das Konzept einer Zusammenschau von Geistes- und Naturwissenschaften aufgrund der fortschreitenden Spezialisierung und Institutionalisierung der Einzelwissenschaften an den fachlich expandierenden Universitäten nicht mehr fortgeführt werden – zahlreiche Fachzeitschriften waren inzwischen entstanden und engten den Informationsmarkt ein.   BL

Jerusalem, als »Neues Jerusalem« ein Motiv aus der *Geheimen Offenbarung* des Johannes (21.2-27), das für die von Gott geordnete, himmlische Stadt des Paradieses steht. G. verwendet es mehrfach in seinen Briefen, etwa gegenüber dem in Florenz weilenden J. H. Meyer: »Ich habe Ihnen von nichts zu sagen was aussähe wie die Capelle des Masaccio, zu der mein Geist in diesen Augenblicken so vergeblich strebt als die Geister der Christgläubigen nach dem Schauen des Neuen Jerusalems« (1. 8. 1796). – Das Motiv des dreckigen Jerusalem übernahm G. von E. Swedenborg, der die Hölle der Geizigen mit dem Bilde der schmutzigen, kotigen Stadt Jerusalem beschreibt (vgl. an Charlotte von Stein, 2. 12. 1777).   BJ

Jerusalem, Carl Wilhelm (1747-1772), studierte zeitgleich mit G. in Leipzig Jura, wurde 1771 Gesandtschaftssekretär in Wetzlar, wo er wiederum in Kontakt mit G. und auch mit Kestner trat. Frustrationen durch die zeremoniell-strenge Etikette in der dünkelhaften adligen Gesellschaft und eine unglückliche wie unerwiderte Liebe zu einer verheirateten Frau waren wohl die Gründe dafür, daß Jerusalem sich am 30. 10. 1772 erschoß – mit Kestners Pistolen. Dieser schrieb G. einen langen Brief über den Selbstmord Jerusalems, den G. fast wörtlich für den Schluß des *Werther* zitiert. Darüber hinaus ist Jerusalem in einiger Hinsicht Vorbild für die Romanfigur: Er trug etwa, bei seinem Selbstmord, blauen Rock und gelbe Weste, die nach Erscheinen des Romans zur ↗Werthertracht wurden. Jerusalems philosophische Schriften wurden 1776 von G. E. Lessing herausgegeben.   BJ

Jery und Bätely: Singspiel (»kleine Operette«) in einem Akt mit anspruchsloser Handlung, das an die damals beginnende ↗Schweizmode anknüpfte. Es wurde durch die 1779 von G. unternommene Reise in die Schweiz und den Besuch bei seinem Freund Philipp Christoph Kayser angeregt und erfuhr, wie andere Singspiele auch, während des Italienaufenthaltes eine Überarbeitung. In der Vertonung durch Johann Friedrich ↗Reichardt in den Jahren 1790/91 erlebte das Werk bis 1825 nicht nur im Berliner Nationaltheater, sondern auch in anderen Städten viele Aufführungen und wurde damit zum erfolgreichsten G.-Reichardtschen Werk. Es ist deshalb von außergewöhnlicher Bedeutung, weil G. das Libretto zunächst seinem Jugendfreund Kayser zur Vertonung zugedacht hatte, von dem er sich ein Singspiel besonderer Prägung erhoffte.

G. holte daher in seiner Korrespondenz mit dem Komponisten zu ausführlichen Anweisungen zu der von ihm gewünschten musikalischen Faktur aus, die sich als detailreicher Entwurf seiner Konzeption von ↗Singspiel lesen. Die »allereinfachsten Umrisse« gälte es »mit Licht, Schatten und Farben« herauszuheben. Es gehe um »eine Menge Gemütsbewegungen in einer lebhaft fortgehenden Handlung«, so daß »der Komponist sowohl in Übergängen als Kontrasten seine Meisterschaft zeigen kann.« »Dreierlei Arten von Gesängen« sollten in dem Stück vorkommen: »Erstlich Lieder, von denen man supponiert, daß der Singende sie irgendwo auswendig gelernt und sie nun in ein und der andern Situation anbringt. [...] Zweitens Arien« und »Drittens [...] der rhythmische Dialog«, der »wie ein glatter goldner Ring sein (muß), auf dem Arien und Lieder wie Edelgesteine aufsitzen« (G. an Kayser, 29. 12. 1779).

Kayser konnte diesen Forderungen nicht entsprechen, und so wurde vor der Weimarer Uraufführung am 11. 7. 1780 (mit Corona ↗Schröter in der Titelrolle) noch Karl Friedrich Siegmund von Seckendorff mit der Aufgabe betraut. Das Ergebnis entsprach nicht G.s Erwartungen und führte zu oben genannten Umarbeitungen. Erst in der Vertonung durch Reichardt zu einer frühen Form des »Liederspiels« erhielt *Jery und Bätely* die Gestalt, die auch in Weimar immer wieder gern gehört wurde.   GBS

Jesus Christus: G. maß dem Religionsstifter in und nach der gesundheitlichen Krise zwischen dem Leipziger und dem Straßburger Studienaufenthalt große Bedeutung bei: »Mich hat der Heyland endlich erhascht, ich lief ihm zu lang und zu geschwind, da kriegt er mich bey den Haaren« heißt es in einem pietistisch gefärbten Bekenntnis an Langer (17. 1. 1769). Die intolerante Frömmelei, die G. in Straßburg erlebte sowie die ohnehin stärkere Neigung zu einer pantheistisch motivierten Naturreligion ließ G. aber grundsätzlich Abstand nehmen zu einem religiösen Christus-Verständnis; akzeptabel erschien ihm Jesus Christus einzig als moralisch vorbildhafte historische bzw. literarische Figur.

Gegenüber Herder heißt es in scharfer Abgrenzung: »Wenn nur die ganze Lehre von Christo nicht so ein Scheisding wäre, das mich als Mensch als eingeschräncktes bedürftiges Ding rasend macht« (12. 5. 1775). G.s Verhältnis zu Lavater (wie etwa auch zu Jacobi) zerbricht u. a. wegen der ganz unterschiedlichen Religiosität: »Dein Durst nach Crist hat mich gejammert. Du bist übler dran als wir Heiden und eins erscheinen doch in der Noth unsre Götter« (8. 1. 1777). »Das Märchen von Christus« (an Herder, 4. 9. 1788) taugt jedoch, historisch gesehen, als my-

thologischer Lieferant künstlerischer und literarischer Motive, Gegenstände und Gestalten – wenngleich G. zuweilen auf scheinbar blasphemische Weise frei umgeht mit dem neutestamentlichen Mythos: Sein *Werther* ist in den Schlußpassagen eine enge Adaption der Johannes-Passion, der Selbstmord erscheint als Opfertod in christlicher Tradition.   BJ

Jo-Jo: »Welch ein lustiges Spiel!« In den *Venezianischen Epigrammen* dient es G. zu einem Vergleich mit sich selbst: »Seht, so schein' ich mein Herz bald dieser Schönen, bald jener/Zuzuwerfen; doch gleich kehrt es im Fluge zurück«.   DF

Johanna Sebus. *Zum Andenken der siebzehnjährigen Schönen Guten aus dem Dorfe Brienen, die am 13. Januar 1809 bei dem Eisgange des Rheins und dem großen Bruche des Dammes von Kleverham Hilfe reichend unterging*. Entstanden am 11./12. 5. 1809, im gleichen Jahr verteilt als Einzeldruck, dann gedruckt in *Werke* 1815. Der Untertitel des Gedichts benennt in knapper Form eine Naturkatastrophe und die Heldentat eines Mädchens, welche die Zeitgenossen erschütterte. G. erhielt einen Bericht des Geschehens und wurde um poetische Gestaltung gebeten: »Möchten Sie die rührende Tat wert finden, von dem ersten Dichter der lebenden Welt in einer Ballade verewigt zu werden«. Die Mischung von Naivität und Größe in der Tat des Mädchens, die G. in mehreren Briefkommentaren betont, ist auch das Prinzip der poetischen Gestaltung. Der Versuch, eine volkstümliche Ballade mit breiter Wirkung zu schaffen, war erfolgreich. Bei einer Feier zum ersten Jahrestag der Katastrophe wurde das Gedicht vorgetragen, bei der Einweihung eines Denkmals am zweiten Jahrestag wurde es in einer von G. sehr geschätzten Komposition von Carl Friedrich ↗Zelter aufgeführt.   IW

John, Ernst Carl Christian s. **Schreiber G.s**

Journal des Luxus und der Moden: 1787 von Friedrich Justin ↗Bertuch begründete, am Pariser »Cabinet des Modes« orientierte erste deutsche Modezeitschrift für Damen. Die in G.s Aufzeichnungen kurz »Modejournal« genannte Illustrierte erscheint bis 1827 unter wechselnden Titeln und Herausgebern. Sie beschäftigt sich nicht nur mit Fragen der Mode und Toilette, zu Haus und Garten, sie widmet sich auch dem Theater, der Kunst und Literatur. G. legt so mehrfach Sendungen an seine Mutter bei; im März 1802 veröffentlicht er hier den von den Weimarer

Pariser Mode-Caricaturen, 1801. Abgedruckt als Tafel 27 im Septemberheft des »Journals des Luxus und der Moden«

Schauspielern als »Theateredikt« mißmutig aufgenommenen Aufsatz *Weimarisches Hoftheater*, in dem er August Wilhelm Schlegels *Ion* gegen eine vom Modejournal zurückgewiesene Kritik Karl August Böttigers verteidigt. Im April erscheint im »Modejournal« G.s Besprechung seines Melodrams *Proserpina*. Spott zollt er der Zeitschrift, in der Böttinger immer wieder gegen G.s Theaterleitung anschrieb, in der Invektive »Journal der Moden« und im Xenion »Journal des Luxus und der Mode«: »Du bestrafest die Mode, bestrafest den Luxus, und beide / Weißt du zu fördern: du bist ewig des Beifalls gewiß.«   AvG

Journal von Tiefurt s. **Tiefurter Journal**

Jubiläumszigarren brachte die Frankfurter Zigarrenfirma Schepeler zum G.-Jahr 1932 auf den Markt und zeigte damit, welchen kenntnisfreien Mißbrauch das Geschäftsinteresse mit der Vergangenheit pflegt (G. hatte eine starke Abneigung gegen das ↗Rauchen). Angeboten wurden, ansteigend in Größe und Preis, die Sorten Mignon (»duftig, fein«), Stella (»pikant«), Suleika (»ausgezeichnet im Geschmack«), Iphigenie (»hochfein, würzig«), Orest (»hervorragende Qualität«), Alba (»blumig, bestechend«) und Egmont (»hochedel, vornehm«). Die darinliegende Bewertung der Protagonisten ist schleierhaft, schlimmstenfalls erklärlich. Im Katalog der Ausstellung *Klassiker in finsteren Zeiten* des Schiller-Nationalmuseums in Marbach finden sich weitere Scheußlichkeiten.   IA

Jude, ewiger s. **Ewige Jude, Der**

Judendeutsch s. **Judenpredigt**

Judenkrämchen: Bezeichnung G.s für kleine geneigte Geschenke an die Weimarer Liebste Christiane Vulpius, wohl auf dem Weg zur *Campagne in Frankreich* beim jüdischen Händler in Frankfurt eingekauft und von dort abgesandt – so jedenfalls ist es drei Briefen G.s an Christiane vom 17.8. (»Meine erste Sorge war das Judenkrämchen«), 21.8. (»Das Judenkrämchen geht auch heute ab«) und 10.9.1792 (»In Paris wirds allerlei geben, in Frankfurt gibts noch ein zweites Judenkrämchen«) zu entnehmen.   AK

Judenpredigt: Kurzer, satirischer Text, von G. im Alter von etwa 16 oder 17 Jahren verfaßt, von unbekannter Hand überliefert – eine im Nachlaß von Friederike Oeser entdeckte Kopie ging verloren – und 1856 im *Weimarischen Sonntagsblatt* gedruckt. Seit seiner Frankfurter Kindheit war G. das Judendeutsch geläufig; von April bis Juni 1761 hat er, vermutlich bei Karl Christian Christfreund darin Unterricht erhalten, einem Frankfurter Idiom, das er verstehen wollte, denn er trieb sich gern in der Judengasse herum. »Die Enge [...], der Akzent einer unerfreulichen Sprache, alles zusammen machte den unangenehmsten Eindruck«, weckte aber sein Interesse: »Ich ließ nicht ab, bis ich ihre Schule nicht öfters besucht, einer Beschneidung, einer Hochzeit beigewohnt [...] hatte« (*DuW*, 4. Buch). In der Judenpredigt empfindet er nach: »Sagen die Goyen wär hätten kä König« (WA I. 37, S. 59). An den alttestamentarischen Zug des Volkes Israel durch das Rote Meer gemahnend (2. Mose, 14. Kap.), erzählt sie die Errettung der »Jüdlich«, die ein großer Reiter auf seinem großen Schimmel durch das »grose grause rothe Meer« trägt, während die »Goyen«, die Nichtjuden, die sich auf dem Schweif des Tieres niedergelassen hatten, ins Meer fallen. Die kleine Groteske ist ein frühes Zeugnis von G.s aufklärerischer Abneigung gegen exklusive Heilserwartungen. AvG

Judentum: G.s Haltung zum Judentum ist zwiespältig. Einerseits bewundert er das Alte Testament als großes Werk des jüdischen Volkes, andererseits spricht er vom »neuesten Schacher- und Wucherbetrieb der Nachkommen Abrahams« (*Materialien zur Geschichte der Farbenlehre*), und Wilhelm Meister werden in der ↗Pädagogischen Provinz Fresken, die Bilder aus der Geschichte des Volkes Israel darstellen mit den Worten erklärt: »Das israelische Volk hat niemals viel getaugt [...]; es besitzt wenig Tugenden und die meisten Fehler andere Völker: aber an Selbstständigkeit, Festigkeit, Tapferkeit und, wenn alles das nicht mehr gilt, an Zähigkeit sucht es seinesgleichen« (*Wj*, II.11).

In seiner Kindheit zieht G. die Judengasse in Frankfurt an, befremdet ihn aber zugleich. Als im Mai 1774 dort ein Brand ausbricht, beteiligt sich G. an den Löscharbeiten und verteidigt die Geschädigten gegen den Spott der Schaulustigen (*DuW*, 16. Buch). Erst ab den 1790er Jahren lernt G. einzelne Juden und Jüdinnen persönlich kennen, die ihm ein hohes künstlerisches Interesse entgegen bringen, so Rahel Levin (verh. Varnhagen), in deren Salon er sehr verehrt wird, sowie die Schwestern Meyer, Moses Mendelssohn und 1817 Felix Mendelssohn-Bartholdy.

Wenn G. der Zuerkennung der Bürgerrechte für die Frankfurter Juden ebenso ablehnt (an Bettina Brentano, 24.2.1808) wie ein Weimarer Gesetz, das christlich-jüdische Eheschließungen ermöglichte (zu von Müller, 23.9.1823), so ist der Grund nicht etwa Antisemitismus, sondern vielmehr die Überzeugung, daß Emanzipation die Sache des Einzelnen sei und die Überwindung von Standes- oder Gruppenunterschieden nicht per Gesetz erreicht werden könne.

Unter dem Einfluß von Lessings Spätschriften lehnt G. jeden Dogmatismus ab und bringt jeder »positiven Religion« Ehrfurcht und Achtung entgegen, wie sie die weltimmanente Göttlichkeit auch nennen mag. AvG

Jügel, Karl (1783-1869), Buchhändler in Frankfurt, der 1816 Marie Schönemann, eine Nichte Lili Schönemanns, heiratete. In seinen Lebenserinnerungen unter dem Titel *Das Puppenhaus* (1857) ergänzt er die in *Dichtung und Wahrheit* geschilderten Beziehungen G.s zu Lili ↗Schönemann durch Familiennachrichten – das Lili-Bild z.T. korrigierend und ergänzend durch eine selbstlose und mutige Frau von Türckheim, wie Lili nach ihrer Heirat hieß. PO

Jugend zeichnet sich – nach G.s mildem, in hohem Alter rückblickend geäußertem Urteil – auch dadurch aus, daß »wir die Strategie gewöhnlich erst einsehen lernen, wenn der Feldzug vorbei ist« (*DuW*, 20. Buch). Hingegen sind Liebe und Produktivität unbedingte Vorzüge der Jugend, die bis ins Alter zu erhalten ein seltenes Glück darstellt. Die beiden Lebensphasen – wenngleich polar entgegengesetzt – können jedoch nicht gegeneinander ausgespielt werden, denn die eine Zustand bedingt den anderen: In der Jugend wird gesät, was im ↗Alter geerntet werden kann. Dem Plädoyer für die Jugend, das der Baccalaureus im *Faust II* hält, kann der »alte« Teufel Mephisto deshalb weise begegnen: »Wenn sich der Most auch ganz absurd gebärdet,/Es gibt zuletzt doch noch e' Wein« (v. 6813f.). DF

Jugendfreunde: Nur weniges ist über G.s Jugendfreunde überliefert; in *Dichtung und Wahrheit* werden sie zum Teil sogar mit fiktiven Namen unkenntlich gemacht (Pylades). Die Söhne des mit der Familie G. befreundeten Frankfurter Hauses Moors, Friedrich Maximilian und Wilhelm Carl Ludwig, werden eigens erwähnt; mit dem letzteren sowie mit Johann Jakob Riese und Johann Adam Horn wechselte G. viele Briefe aus den jeweils erwählten Universitätsstädten. In Leipzig schloß sich der junge Student G. eng an den elf Jahre älteren Ernst Wolfgang Behrisch an, eine Reihe von Briefen an ihn ist überliefert, im siebten Buch von *Dichtung und Wahrheit* liefert G. ein ausführliches Charakterbild. BJ

Julirevolution: Der Ende Juli 1830 von Arbeitern, Emigranten und kleinbürgerlichen Intellektuellen in Paris losgetretene Aufstand, der sich gegen die erzkonservative Allianz aus katholischer Kirche und dem Königshaus der Bourbonen richtete. G. bekam zwar sehr früh Nachricht über die Absetzung der französischen Regierung, interessierte sich jedoch nicht sofort für den sozialen Umsturz, da ein Streit zwischen zwei Naturwissenschaftlern an der Pariser Akademie ihm wichtiger war (↗Akademiestreit). Da aber die Julirevolution wie ein Lauffeuer um sich griff, auch deutsche Städte wie Leipzig und Dresden ergriff und über die weimarische Nachbarschaft immer näher rückte, mußte G. Position beziehen: Wie schon bei der ersten Französischen Revolution, wehrte er ab, distanzierte sich. G. deutete die Julirevolution als fatale Wiederkehr der Ereignisse von 1789, pessimistisch stellte er die unabwendbare Wiederholbarkeit historischer Katastrophen fest. BJ

Jung-Stilling, Johann Heinrich, eig. J.H. Jung, gen. Stilling (1740–1817), mit 14 Jahren Dorfschullehrer, später Schriftsteller, Mediziner, dann Kameralist in Marburg. Der aus ärmlichen Verhältnissen stammende Jung-Stilling wird während seines Medizinstudiums in Straßburg mit G. und dem Kreis der Stürmer und Dränger bekannt. »Der gute Jung« zeichnet sich durch tiefe Religiosität, ja Wunderglauben aus, dem G. mit freundlicher Herablassung begegnet (*DuW*, 9. Buch). Gleichzeitig ist er von Jung-Stillings erzählerischem Talent begeistert und ermutigt ihn, seine Lebensgeschichte aufzuschreiben. 1777 gibt G. deren um pietistische Passagen gekürzten ersten Teil, *Heinrich Stillings Jugend*, heraus. Jung-Stilling setzt die Erzählung in religiös-erbaulichem Stil fort. *Heinrich Stillings Wanderschaft* (1878) schildert die gemeinsame Straßburger Zeit, *Heinrich Stillings häusliches Leben* (1789) beschreibt den 1774 erfolgten Besuch G.s, Lavaters und Johann Bernhard Basedows bei dem jungen Augenarzt in Elberfeld. 1775 behandelt Jung einen Patienten in Frankfurt und ist, vom Mißerfolg der Behandlung bedrückt, vom 11.2.–11.3. und im Juli/August ein wenig erheiternder Gast in G.s Elternhaus (*DuW*, 16. Buch). Der sich steigernde Pietismus Jungs entfremdet ihn G.: »Auf das empfindsame Volk hab ich nie was gehalten, es werden, / Kommt die Gelegenheit nur schlechte Gesellen daraus«, lautet ein »H.S.« überschriebes Xenion. Mit Spott begegnet er in einem Paralipomenon zur ∕Walpurgisnacht in *Faust I* auch dem Geisterglauben Jungs, der in der Schrift *Theorie der Geisterstunde* (1808) seinen Niederschlag gefunden hatte. Auch G.s Besuch bei dem vortragenden Rat Jung in Karlsruhe am 3.10. 1815 kann das alte Freundschaftsverhältnis nicht wieder aufbauen. AvG

Junges Deutschland, das ∕Sturm-und-Drang-Äquivalent der Restaurationszeit, das sich, wie es sich für junge Leute gehört, gegen den Erwachsenenkanon auflehnte, war insgesamt sehr viel politischer eingestimmt als G. Die junge Schriftstellergeneration, wenngleich altersmäßig inkohärent – Ludwig Börne geb. 1786, Karl Gutzkow 1811 (vgl. G.s Sohn geb. 1789, seine Enkel 1818 bzw. 1820) –, stieß sich – mit unterschiedlichen Schwerpunkten – an G.s Idealismus und Ästhetizismus, war doch für sie Literatur eine Waffe im Kampf um Liberalisierung, Meinungsfreiheit

etc. G. wurde gar als ∕Fürstendiener verhöhnt und von Heine in seiner *Romantischen Schule* gegen den Citoyen Schiller ausgespielt: »Die Tat ist das Kind des Wortes, und die goetheschen schönen Worte sind kinderlos«.

1828 hatte Wolfgang Menzel in seiner vom Patriotismus getragenen Literaturgeschichte mit dem Olympier abgerechnet, und Theodor Mundt, Gustav Kühne, Heinrich Laube sowie vor allem Börne, ein erbitterter Gegner G.s, schlugen in die gleiche Kerbe. Heine verkündete – ebenfalls 1828, dabei den Begriff Friedrich Schlegels aufgreifend – das Ende der G.schen »Kunstperiode«, distanzierte sich jedoch wenig später von seiner radikalen Position und gab im Alter sogar zu, daß seine Ablehnung G.s in jungen Jahren weniger inhaltlich bedingt war, sondern einfach einer Rivalität entsprang. Der Entthronung G.s folgte bald seine Rehabilitierung, und Gutzkow wies 1835 darauf hin, daß zwischen der ideologisch und von Staats wegen verordneten Glorifizierung G.s, die die Jungen ablehnten, und einer historischen Betrachtung (und Achtung) seines Werks und seiner Person unterschieden werden müsse. Die Schriften der literarischen Schule Junges Deutschland wurden von der Bundesversammlung 1835 als staatsgefährdend verboten. DF

Junghof, erstes städtisches Theater in Frankfurt. 1756 vom Besitzer des Junghofs als Konzertsaal hergerichteter Raum, der 1759 während der Besetzung Frankfurts durch die Franzosen in ein Theater umgewandelt wurde und bis zur Eröffnung des Komödienhauses 1782 als Kunststätte genutzt wurde. Das Theater der Franzosen im Junghof besuchte der kleine G. fast täglich. – Dank seines Großvaters: der hatte eine Freikarte spendiert. PO

Juno Ludovisi, der von Winckelmann, Schiller und G. hochgeschätzte kolossale Marmorkopf stellt, so glaubt man heute, nicht die höchste römische Göttin dar, sondern vielmehr die Mutter des Kaisers Claudius. Einen Abguß dieser seiner »ersten Liebschaft in Rom« erwarb G. vor Ort, er mußte ihn jedoch 1788 bei der Abreise zurücklassen. 1823 bekam er von Staatsrat Schultz einen neuen geschenkt, der dann im Haus am Frauenplan aufgestellt wurde und dem Junozimmer seinen Namen gab. DF

Juno-Zimmer: Größter Gesellschaftsraum im Obergeschoß von G.s Haus am Frauenplan, Empfangs- und Musikzimmer, benannt nach der Monumentalbüste der Juno Ludovisi, deren Gipsabdruck seit 1823 den Raum beherrschte. BL

Jupiter, Zeus: G. hat den Göttervater dem antikisierenden Brauch seiner Zeit folgend als obersten Welt- und Himmelsregenten in poetischen und dramatischen Arbeiten immer wieder thematisiert. In seiner monistischen Weltansicht hat er aber einen außermenschlichen und -weltlichen (jenseitigen) persönlichen Gott und Weltenlenker schon früh abgelehnt und Zeus als dessen Personifikation in seinem heftig umstrittenen hymnischen Gedicht *Prometheus* glühend bekämpft.   DH

Kaaz, Karl Ludwig (1776-1810), Landschaftsmaler, den G. als Künstler und Freund sehr schätzte. Er nahm bei Kaaz Unterricht im Malen und Zeichnen – erstmals 1808 in Karlsbad und im darauffolgenden Jahr in Weimar. G. nach dem Unterricht: »Ich meinerseits möchte mir das Reden ganz abgewöhnen und wie die bildende Natur in lauter Zeichen fortsprechen« (Gespräche 2, S. 459).   PO

Kaffee: In G.s Jugendjahren ein dem Adel und städtischen Oberschichten vorbehaltenes Luxusgetränk, wurde Anfang des 19. Jh.s Alltagsgetränk. Als warmer Morgentrunk, nebst kleinem Gebäckstück genossen, löste Kaffee (in unteren Volksschichten Kaffee-Surrogat) kalte Frühstücksgetränke und Morgensuppe ab. Wohlhabende reichten Mokka als Abschluß eines Diners, um 1815 galten Kaffeegesellschaften als salonfähig. G. mochte in jungen Jahren vermutlich keinen Kaffee: »der Kaffee […] gab mir eine triste Stimmung« schrieb er 1768. Später mied er ihn zeitweise aus Gründen der Diät und warnte Charlotte von Stein vor dem allzu häufigen Gebrauch des Türkentrankes, da er ihrer Stimmung und Gesundheit schädlich sei. Aus Italien indessen sandte G. der Freundin, auch der Herzoginmutter Anna Amalia, vorzügliche Sorten des »levantinischen Getränkes«, in den Altersjahren verwöhnte er Schwiegertochter samt Kaffeeschwestern mit Mokkakaffee (teure Sorte, kleine Bohnen). Eine 1812 vom Diener Carl Eisfeld in Karlsbad geschriebene Aufstellung über den täglichen Kaffeeverbrauch zeigt, daß G. zu dieser Zeit am Morgen regelmäßig Kaffee trank. 1 ½ Loth (1 Loth = 16,6 g) täglich, waren dem »Herrn Geheimrath« nötig, ½ Loth stand dem Diener zu. Demnach reichte ein Pfund Kaffee 12 Tage. Zum Süßen des Kaffees seines Herrn veranschlagte Eisfeld zwei Loth Zucker täglich. Nach zeitgenössischer Rezeptur ergaben »ein bis zwey Loth Kaffee« auf einen halben Liter Wasser einen guten Kaffee. Dem Lebensstil in G.s Weimarer Haus gemäß, wurden große Mengen an Kaffee gekauft. 1825 gaben die G.s 115 Taler für Kaffee aus. (1 Taler = 24

Groschen, 1 Pfund Fleisch kostete etwa 2 Groschen, 60 Eier 6 bis 8 Groschen). Im September 1829 lieferte ein Kaufmann 35 Pfund Kaffee, das Pfund zu 8 Groschen.   CS

Kaiser Maximilian. Figur aus *Götz von Berlichingen*. Das historische Vorbild Maximilian I. (1459-1519) war römischer König seit 1486 und erwählter römischer Kaiser seit 1508. Der Reichstag zu Worms 1495, der im Stück angesprochen wird, stellte ein Entgegenkommen an die ständischen Reichsreformbestrebungen dar. Im Volksmund lebte Maximilian als »der letzte Ritter« weiter. Er gilt als der Kaiser an der Zeitenwende. Der – im Drama – gemeinsame Todeszeitpunkt von ihm und Götz kurz nach dem Bauernkrieg zeigt deutlich den Umgang G.s mit historischen Fakten: Der Bauernkrieg endet 1525, Götz v. Berlichingen starb 1562 und Maximilian 1519. G. zeigt den Kaiser – wie auch Götz – als einen der letzten Vertreter eines untergehenden Standes. Sein Titel und sein offizielles Ansehen stehen im Gegensatz zu seinem Auftreten: In den wenigen Szenen, in denen er erscheint, wirkt er alt, grau und müde. Sein Autoritätsverlust, aber auch seine menschlichen Schwächen zeigen sich vor allem darin, daß er sich von Weislingen gegen Götz ausspielen läßt.   WM

Kalb, Charlotte von, geb. Marschalk von Ostheim (1761-1843), Schwägerin Johann August von Kalbs, dessen jüngeren Bruder Heinrich sie 1783 heiratet; 1787-1799 in Weimar: begeistert von Wieland, G. und Herder, befreundet mit Hölderlin, Freundin Schillers,

 später Jean Pauls, die beide ihren Wunsch nach einem gemeinsamen Leben schließlich unerfüllt lassen; ab 1799 in Berlin lebend.   PO

Kalb, Johann August Alexander von (1747-1814), Kammerherr, 1776-1782 als Nachfolger seines Vaters Kammerpräsident in Weimar; Schwager Charlotte von Kalbs. Er holt den 26jährigen G. am 7. 11. 1775, morgens um 5 Uhr mit der Kutsche in Frankfurt ab und bringt ihn auf Einladung des 18jährigen Carl August nach Weimar. Daraus wurde ein Aufenthalt von mehr als 56 Jahren. 1782 muß von Kalb den Dienst quittieren – als Chef der Finanzverwaltung unfähig, aber mit viel Lob und großer Abfindung. Die Leitung der Kammergeschäfte übernimmt nun G. –

erfolgreich. Sein Kommentar zum Abgang des »Kalbskopfes«: »Als Geschäftsmann hat er sich mittelmäßig, als politischer Mensch schlecht, und als Mensch abscheulich aufgeführt« (an Knebel, 27.7.1782) – und schließt mit einem erleichterten »Es ist vorüber«. PO

Kanäle hat G. in ihrer Bedeutung für die Weltwirtschaft hoch eingeschätzt, und am 21.3.1827 prophezeite er Eckermann drei Großprojekte: die Verbindung des »Mexikanischen Meerbusens« mit dem Stillen Ozean, diejenige von Donau und Rhein sowie den Kanal von Suez. Bezüglich der Realisierung des europäischen Kanals hatte G. allerdings Bedenken, »zumal in Erwägung unserer deutschen Mittel«. Trotzdem wünschte er sich, den Bau der künstlichen Wasserstraßen noch selbst zu erleben, und meinte, »es wäre wohl der Mühe wert, ihnen zuliebe es noch einige fünfzig Jahre auszuhalten«. Fünfzig Jahre hätten jedoch gerade für den Suezkanal gereicht (1869), der von Panama wurde 1914 eröffnet, wohingegen sich der Abschluß des 8 Milliarden DM verschlingenden Rhein-Main-Donau-Projekts bis 1992 hinzog.   DF

Kanonade von Valmy: Massive Beschießung der kleinen Stadt in der Champagne durch das Heer der monarchistischen Alliierten am 20.9.1792, Höhepunkt und Wende der ⟋Campagne in Frankreich. Nach der erfolglosen Kanonade mußte das Koalitionsheer vor den französischen Truppen zurückweichen. Nach seiner Darstellung prägte G., um einen Kommentar zum militärischen Mißerfolg gebeten, das geflügelte Wort: »Von hier und heute geht eine neue Epoche der Weltgeschichte aus, und ihr könnt sagen, ihr seid dabei gewesen«.   BJ

Kant, Immanuel (1724–1804): G., der gern mit den großen Geistern der Welt umging, war auf spürbaren Abstand zum Königsberger philosophischen »Alleszermalmer« bedacht. Weder brieflich noch persönlich kam man sich näher, auch gedanklich – im Gegensatz zu Schiller – nicht. Lektüre Kants, im Anschluß an dessen Jenenser Propagator Reinhold (*Briefe über die Kantische Philosophie,* zuerst im *Teutschen Merkur,* 1786/87), der *Kritik der Urteilskraft,* der *Kritik der praktischen Vernunft,* der *Religion innerhalb der Grenzen der bloßen Vernunft* schlugen sich letztlich in einem eher skeptischen denn zustimmenden Fazit nieder, was den Ethiker, den Erkenntniskritiker Kant betrifft, mit einer Ausnahme allerdings – seiner ästhetischen Theorie: »Es ist ein grenzenloses Verdienst unseres alten Kant um die Welt, und ich darf auch sagen um mich, daß er, in seiner Kritik der Urteils-

kraft, Kunst und Natur kräftig nebeneinander stellt und beiden das Recht zugesteht: aus großen Prinzipien zwecklos zu handeln. So hatte mich Spinoza früher schon in dem Haß gegen die absurden Endursachen gegläubigt. Natur und Kunst sind zu groß um auf Zwecke auszugehen, und haben's auch nicht nötig, denn Bezüge gibt's überall und Bezüge sind das Leben« (an Zelter, 29.1.1830). So erstattet ein großer Künstler einem großen Philosophen die Reverenz, die Welt des Natürlichen und die Welt des Künstlerischen zur Aufgabe des erkennenden Genies erklärend.   BL

Karl, Sohn des Götz v. Berlichingen, ist der schwache Nachfolger eines starken Vaters, der seinen Nachwuchs enttäuscht ablehnt. Die gänzlich verschiedenen Charaktere von Vater und Sohn zeugen vom Umbruch der Werte, dem zentralen Thema des Stückes. Der Knabe trägt den gleichen Namen wie der letzte deutsche Kaiser Karl V. (1500–1558), ein Enkel ⟋Kaiser Maximilians. Adelheid von ⟋Walldorf führt mit dem Thronfolger einen Liebesbriefwechsel. Dies zeugt von ihrem Drang nach Höherem, kann aber auch als bösartige Anspielung G.s auf den Verfall der Sitten im Herrscherhaus angesehen werden.   WM

Karl war der Name von G.s Dienern seit dem Jahr 1803, dies jedoch keineswegs von Geburt an. Der Hausherr selbst wählte die Bezeichnung, um bei all dem Kommen und Gehen am Frauenplan die Übersicht zu behalten.   DF

Karlsbad, Kurort in Westböhmen, in dem G. gerne und oft verweilte, erstmals vom 5.7.–18.8.1785. Er fühlte sich hier sehr wohl: »Vom Granit, durch die ganze Schöpfung durch, bis zu den Weibern, Alles hat beygetragen mir den Aufenthalt angenehm und interessant zu machen« (an Carl August, 15.8.1785), an Knebel schreibt er sogar: »Ich bin dieser Quelle eine ganz andre Existenz schuldig« (30.12.1785). Im Sommer 1786 ging G. zum zweiten Mal nach Karlsbad, am 3.9. aber brach er frühmorgens um drei und in aller Heimlichkeit nach Italien auf. Die Aufenthalte in Karlsbad nutzte G. oft für schriftstellerische Projekte; 1786 bereitete er die Ausgabe seiner *Schriften* vor, 1795 betrieb er die Revision der naturwissenschaftlichen Arbeiten, 1807 begann er hier die Arbeit an den *Wanderjahren.* Karlsbad war der Ort wichtiger gesellschaftlicher Kontakte: Im Juni 1810 traf G. hier die Kaiserin Maria Ludovica, 1812 Beethoven. Als G. am 28.8.1819 in Karlsbad eintraf, tagte hier zum 31.8. unter Metternichs Führung jene Konferenz, deren Ergebnisse als ⟋Karlsbader Beschlüsse Geschichte machten.   BJ

Karlsbader Beschlüsse. Vom 6.–31.8.1819 trafen sich in Karlsbad unter der Führung Metternichs die Minister Österreichs, Preußens und einiger kleinerer deutscher Staaten, um über Mittel zur Unterdrückung der um sich greifenden nationalen und liberalen Bestrebungen zu beraten, die sich auch in gewaltsamen Aktionen wie dem ↗Wartburgfest (mit Bücherverbrennung) und der Ermordung Kotzebues manifestierten. Die Resultate wurden am 20.9. von der Frankfurter Bundesversammlung im Eilverfahren für rechtmäßig erklärt. Per Gesetz herrschten jetzt Zensur der Presse, Verbot der ↗Burschenschaften, Überwachung von Forschung und Lehre an den Universitäten, diesbezüglich auch Abschaffung der Meinungsfreiheit (Wilhelm von Humboldt, der große humanistische Reformer, mußte in Berlin seinen Hut nehmen). In Mainz – der frankreichnahen Stadt mit anrüchig demokratischer Vergangenheit – wurde eine Zentraluntersuchungskommission auf umstürzlerische geheime Gesellschaften und Demagogen angesetzt.

G. hielt sich Ende August in Karlsbad auf und traf – allerdings nicht in seiner Ministerfunktion – mit Metternich zusammen. Ohne das Ausmaß der Repressionen richtig einzuschätzen, begrüßte G. die Beschlüsse als notwendige Ausnahmegesetze gegen die »unaufhaltsam wirkenden revolutionären Potenzen« (*Tuf*), ihre Durchsetzung an der Universität Jena wollte er jedoch nicht selbst überwachen. Sein – erst 1830 veröffentlichtes – Jugenddrama *Prometheus* unterwarf er vorläufig der Selbstzensur, da er befürchtete, die »hohen Commissionen zu Berlin und Mainz« könnten »ein sträflich Gesicht machen« (an Zelter, 11.5.1820). Die Karlsbader Beschlüsse wurden erst mit der Revolution 1848 wieder abgeschafft.   DF

Karlsruhe: Residenzstadt des Markgrafen von Baden. »Die Grafen von Stolberg, von Haugwitz und Göde sind hier gewesen, mir war es sehr angenehm, ihre Bekanntschaft zu machen«, freute sich Carl Friedrich von Baden (an Klopstock, 23.5.1775) über G.s ersten Aufenthalt vom 17.–23.5.1775. Nicht stattgefunden hat jedoch ein in *Dichtung und Wahrheit* (18.˙ Buch) irrtümlich erwähnter Besuch bei Klopstock, der sich in jenen Tagen nicht in Karlsruhe aufgehalten hatte. Vom 19.–21.12.1779 besuchte G. wiederum die Residenzstadt. Einen letzten Abstecher von Heidelberg aus unternahm er zusammen mit Sulpiz ↗Boisserée vom 3.–5.10.1815: G. traf mit Hebel und Jung-Stilling zusammen, besuchte K. Chr. Gmelins Naturalienkabinett und befand später über Karlsruhe, daß es »wegen Gartenanlagen und bota-

nischer Anstalten, schöner naturhistorischer und Kunstsammlungen und bedeutender neuer Gebäude Gelegenheit gibt zu den wichtigsten Betrachtungen« (*KuA*).   AR

Kartenspiel, im volkstümlichen Verständnis Sinnbild für Gewinn und Verlust, Glück und Unglück, Unterhaltung und Zeitvertreib aller Stände. G. lernte das Kartenspiel während seiner Studienzeit in Leipzig und Straßburg (Piquet, L'Hombre, Whist), verlor aber als ein etwas zerstreuter Spieler die Lust daran (*DuW*, 8. Buch).   BL

Kassel: G. reiste mehrmals in die Residenzstadt. Dort besuchte er die Kunstsammlung, den Park und das Theater, sowie schon im Jahre 1780 die landgräfliche Galerie. Im selben Jahr schließt G. in Kassel Bekanntschaft mit dem Schriftsteller und Professor für Naturgeschichte Georg Forster. Auch lernt er dort 1783 auf der zweiten Harzreise den Naturwissenschaftler Samuel Thomas ↗Sömmering kennen. 1792 kam G. auf der Rückreise von Frankreich nach Kassel, wo er, für einen französischen Emigranten gehalten, zunächst abgewiesen wurde: Deren »Betragen sei höchst anmaßend, die Bezahlung knauserig« (*CiFr*). Am 14./15.8. 1801 traf er hier den Freund Johann Heinrich Meyer. In Verbindung mit der Stadt bleibt er über die Brüder Grimm, die dort von 1814–30 als Bibliothekare tätig waren.   AvG

Kassengewölbe, vor 1720 auf dem Weimarer Jakobskirchhof erbaut, 1742 als »Landschafts-Kassen-Leichengewölbe« Besitz der obersten Finanzbehörde Sachsen-Weimar-Eisenachs, Grablege für vornehme Verstorbene ohne eigenes Erbbegräbnis, erste Begräbnisstätte Schillers. »Den 12. May, des nachts ein Uhr, wurde der in seinem 46. Lebensjahr verstorbene Hochwohlgeb. Herr [...] Friedrich von Schiller [...] mit der ganzen Schule, erster Classe« (Weimarisches Wochenblatt, 15.5.1805) im Kassengewölbe beigesetzt. 1826 Schließung der Gruft: Bergung der Gebeine Schillers (20.3.1826), vorübergehende Beisetzung in der Großherzoglichen Bibliothek, endgültige in der Fürstengruft (1827). Den Pavillon über dem Gewölbe, niedergelegt 1854, ließ die Schillerstiftung als Dichtergedenkstätte wieder errichten (Einweihung: 1927). Das Kassengewölbe wird heute museal und denkmalpflegerisch von der Stiftung Weimarer Klassik betreut.   CS

Kästchenmotiv: Von Sigmund Freud möglicherweise als vorausweisendes Sexualitätssymbol gedeutet, spielt das bei G. häufig anzutreffende Kästchensymbol im *Faust I* eine lustvoll-verführerische Rolle. Mephisto versteckt ein Kästchen mit Schmuck in Gretchens Schrank. Als sie es entdeckt, entnimmt sie den Schmuck und legt ihn an. Sie überschreitet damit heimlich die Standesgrenzen: Ein einfaches Mädchen darf keinen Schmuck tragen. Hatte Faust zuvor schon die Lust an der Verführung verloren (v. 2730), so nimmt die Tragödie mit dem Regieeinfall Mephistos nun ihren erotischen Lauf.

Verwickelter, beziehungsreicher hat G. das Kästchenmotiv in *Wilhelm Meisters Wanderjahre* gestaltet. Leitmotivisch bestimmt es den Gang der Handlung in der Märchenerzählung von der *Neuen Melusine*, leitmotivisch durchzieht es die *Wanderjahre*. Von Felix, Wilhelms Sohn, in einer Höhle entdeckt (*Wj*, I.4), fehlt der Schlüssel, der schließlich entdeckt wird (*Wj*, III.2)und den Hersilie unerlaubt an sich nimmt. Von ihrem Schuldgefühl berichtet sie an Wilhelm: »[...] jetzt, wenn mir das Herz schlägt und ich ans siebente Gebot denke [...] so wird allein die Eröffnung des Kästchens mich beruhigen«.

Schließlich trifft Felix bei Hersilie ein, versucht, das Kästchen mit dem Schlüssel zu öffnen, um endlich hinter dessen Geheimnis zu kommen. Aber der Schlüssel bricht ab. Ein Goldschmied und Juwelenhändler stellt fest, daß der Schlüssel glatt abgebrochen ist: »Durch Berührung fassen die beiden Enden einander an, er zieht den Schlüssel ergänzt heraus, sie sind magnetisch verbunden, halten einander fest, aber schließen nur dem Eingeweihten. Der Mann tritt in einige Entfernung, das Kästchen springt auf, das er gleich wieder zudrückt; an solche Geheimnisse sei nicht gut rühren, meinte er« (*Wj*, III.17). Mit diesem Verlauf setzt G. Geheimnis und Symbol (griech. ›symballein‹, das Getrennte nahtlos zusammenfügen) ineins, eine eher archetypisch-mythologische Auffassung, die nicht dem Rationalisten Freud, sondern eher dem Mythologen C.G. Jung entsprechen würde.   BL

Katharsis, zentraler Begriff aus der Tragödientheorie des Aristoteles, von G. im Gegensatz zu früheren Interpreten nicht als Reinigung von Mitleid und Furcht, sondern als »Ausgleichung solcher Leidenschaften« übersetzt und somit als »aussöhnende Abrundung« aufgefaßt (*Nachlese zu Aristoteles' Poetik*). Anders als Lessing, für den sich den kathartische Wirkung vor allem auch auf den Zuschauer bezog, sieht G. allein den tragischen, in unauflöslichem Konflikt befindlichen Helden als Objekt einer Entwicklung, die sich nur in seinem Tod, einer Art »Menschenopfer«, auflösen kann.   DF

Katholizismus ist G. schon aus Frankfurt vertraut, wo er im Hause von Maximiliane Brentano (geb. La Roche) Freundschaft mit dem Dechanten Friedrich Damian Dumeiz geschlossen hatte und von diesem über die katholische Glaubenslehre aufgeklärt worden war (*DuW*, 13. Buch). Im 18. Buch schildert er beeindruckt eine Wallfahrt in der Schweiz, lernt den Katholizismus aber erst auf der italienischen Reise »in seinem Umfange kennen« (*IR*, 3.9.1786). Während seines Romaufenthalts erscheint er ihm als »barockes Heidentum« (*IR*, 27.20.1786) und volksverdummend (*IR*, 15.10.1786); besonders die Figur des Papstes gibt bei einem Gottesdienstbesuch Anlaß zum Spott: »Was würde der [Christus] sagen, dacht' ich, wenn er hereinträte und sein Ebenbild auf Erden hin und wider wankend anträfe?« (*IR*, 3.11.1786). Bewunderung zollt G. jedoch der katholischen Kirche, weil sie »die christliche Überlieferung vollkommen durchgearbeitet« (*Zweiter Römischer Aufenthalt*, 22.3.1788) und geeint hat. Der *Brief des Pastors zu ***an den neuen Pastor zu **** spricht hochachtungsvoll von der römischen Konfession, und in einem Brief an Zelter vom 14.11.1816 fordert G., daß das 300jährige Jubiläum des Reformationsfestes so zu begehen sei, »daß es jeder wohldenkende Katholik mitfeyerte.« Der Vergleich zwischen dem Protestantismus und dem Katholizismus erscheint im Tagebuch häufig als Gesprächsgegenstand. (↗Protestantismus)

Mit großer Abneigung steht G. Konvertiten gegenüber: »Denn es bleibt freilich ein jeder, der die Religion verändert, mit einer Art Makel bespritzt. [...] Ausdauern soll man da, wo uns mehr das Geschick als die Wahl hingestellt. [...] Abfall bleibt verhaßt, Wankelmut wird lächerlich« (*Winckelmann*). Dennoch nimmt er den Übertritt Schlegels zum Katholizismus als »Zeichen der Zeit« ernst. Daß »im höchsten Lichte der Vernunft [...] ein vorzügliches und höchstgebildetes Talent verleitet wird sich zu verhüllen, den Popanz zu spielen« (an Reinhard, 22.6.1808), gibt ihm Anlaß zu dem Spottgedicht *Parabel*, das sich über die »neupoetischen Katholiken«, die konvertierten Romantiker, lustig macht. In G.s literarischem Werk finden sich immer wieder Bilder aus der katholischen Glaubenswelt, so die Darstellung von Mignons kindlicher Religiosität und die ↗Erlösung des Protagonisten in der letzten Szene des *Faust II*.   AvG

Kauffmann, Angelika, verh. Zucchi (1741–1807), schweizerische Malerin, sehr produktiv (850 Ölgemälde, Zeichnungen, Radierungen), vorwiegend in Italien und London tätig, die G. 1786 auf seiner Italienreise in Rom kennenlernt. Sie diskutiert mit ihm ihre Bilder und porträtiert ihn, er erläutert ihr seine *Iphigenie*. Die Gestalt der Iphigenie inspiriert sie zu einer Zeichnung, die heute im Weimarer G.-Haus hängt. Nach seiner Abreise aus Rom ist sie traurig und wie gelähmt. G.s Wertschätzung für die Malerin war groß: »Sie ist eine trefliche zarte, kluge, gute Frau, meine beste Bekanntschafft hier in Rom« (an Charlotte von Stein, 19.-(21.)2.1787). Oder in der *Italienischen Reise*: »Sie hat ein unglaubliches und als Weib wirklich ungeheures Talent« (18.1.1787).   PO

Kaulbach, Wilhelm von (1805-1874), Maler und Direktor der Münchner Gemäldegalerie, legte eine Fülle von Illustrationen zu G.s Werken vor, die allerdings Figuren und Szenen stets in altdeutsch-historistischen Gewändern und Kulissen zeigten und damit auch zur musealen Entrückung von G.s literarischem Werk beitrugen. Neben seinen Illustrationen zu *Reineke Fuchs* (1846) legte Kaulbach u.a. die in prachtvollen Ausgaben oftmals aufgelegte *Goethe-Gallerie* vor (1857-1864), welche die problematische Tendenz seiner Textauslegung noch verstärkte, insofern sie Szenen aus G.s Werk isolierte und damit die historistische Ikonisierung einzelner Gestalten beförderte.   BJ

Sensibler Schattenriß von Angelika Kauffmann

Kayser, Philipp Christoph (1755-1823), war ein Jugendfreund G.s und der erste ausgebildete Musiker, den der Dichter so nachhaltig wie enthusiastisch für sich zu gewinnen suchte. Wenngleich diese Verbindung nach vielen Bemühungen im Jahr 1789 »verstimmende Enttäuschung« auslöste und sich lockerte, blieb Kayser stets freundschaftlich in G.s Erinnerung. Er hatte im frühen Frankfurter Freundeskreis als »Genie« gegolten und war 1775 als Klavierlehrer und Komponist nach Zürich gewechselt, wo ihn G. während seiner Schweizreisen (1775 und 1779) besuchte.

In ihm sah er einen Hochbegabten und »in seiner Kunst so fest und sicher, als man sein kann«; er ermunterte ihn immer wieder, seine Gedichte und ↗Singspiellibretti zu vertonen. Von dessen 1778 zusammengestelltem Notenheft mit mehr als 70 Liedern war G. sehr angetan, und für ihn hatte er unter dem Eindruck seiner Schweizreise 1779 *Jery und Bätely* geschrieben, ein Libretto, das G. mit ausführlichen Instruktionen begleitete, aus denen wir erfahren, was er sich im Detail von der Komposition erhoffte. Nicht nur dieser Aufgabe, die der Gattung Singspiel neue Impulse geben sollte, war Kayser nicht gewachsen, auch die viele Jahre währende und in Rom, wohin ihn G. eingeladen hatte, vorangetriebene Bemühung um die Vertonung von *Scherz, List und Rache* (1784-

Reineke Fuchs. Zeichnung von Wilhelm von Kaulbach

1789) zu einem deutschen Äquivalent der italienischen »opera buffa« mißlang.

↗Mozart war ihnen zuvorgekommen und hatte G. in der *Italienischen Reise* zu dem denkwürdigen Satz veranlaßt: »Alles unser Bemühen daher, uns im Einfachen und Beschränkten abzuschließen, ging verloren, als Mozart auftrat. *Die Entführung aus dem Serail* schlug alles nieder« (Nov. 1787). Kayser habe als »ein ernster, gewissenhafter Mann das Werk zu redlich angegriffen und zu ausführlich behandelt«. G. hatte seinen Freund überschätzt, und so schlugen auch seine Versuche fehl, Kayser an den Weimarer Hof zu binden. Er kehrte in sein, wie es G. nannte, »abstruses Leben in Zürich« zurück, während G. noch 1814 versuchte, zu einem begründeten Urteil über Kaysers Werk zu gelangen und die Entwürfe zu *Scherz, List und Rache* an Zelter mit der Bitte um Begutachtung sandte. GBS

Kestner, Johann Christian (1741–1800), Jurist, hannoverscher Gesandtschaftssekretär in Wetzlar, später Hofrat in Hannover. Kestner war seit 1768 mit Charlotte ↗ Buff verlobt, der Amtmannstochter, zu der G. als Rechtsreferendar beim Reichskammergericht eine heftige Neigung faßte – und Kestners Freund wurde. 1773 heiratete Kestner, 12 Kinder kamen zur Welt, der Sohn August (1777–1853) war bei G.s Sohn August in Rom, als dieser starb. Die Notizen Kestners liefern ein pointiertes Bild des jungen G.; zwischen Kestner und G. setzte nach G.s Abreise aus Wetzlar ein reger Briefwechsel ein, in dem unter anderm der Selbstmord des gemeinsamen Bekannten ↗ Jerusalem besprochen wurde. G. besorgte für das Brautpaar die Ringe in Frankfurt. Kestner nahm G. die vermeintliche Rolle, die er als ›Albert‹ im *Werther* spielte, sehr übel, ein Mißverständnis der dichterischen Erfindung, das G. in langen Briefen auszuräumen versuchte (Oktober 1774). BJ

Kinder- und Hausmärchen: Sammlung von Wilhelm und Jakob Grimm, die 1812–1822 erschien, von G. aber wohl nicht besonders beachtet wurde. Er bekam den 2. Band am 1.8.1816 von Grimm zugeschickt; in einem Brief vom 23.–29.8.1816 bedankte er sich lakonisch, ohne auf den Band näher einzugehen. Er leitete ihn an Charlotte von Stein weiter mit der Empfehlung, die Sammlung Kindern vorlesen zu lassen und »auf viele Jahre die kleine Nachkommenschaft glücklich zu machen« (an Ch. v. Stein, 21.11.1816). Im gleichen Brief stöhnt er, daß »die Dämonen« ihm »allerley leidige Hausmährchen erzählten«, zeigt sich also nicht gerade begeistert. BJ

Kindergarten: Ab Herbst 1752 Besuch der Spielschule von Maria Magdalena Hoff, ein Ganztagskindergarten – das Mittagessen wird zu Hause eingenommen. Die Kinder werden im christlichen Glauben unterwiesen, lernen nebenbei die Anfangsgründe des Lesens, G. lernt Bibelstellen auswendig und rezitiert sie gern im Kreis der Familie. BL

Kindersterblichkeit: Alltägliche Familienerfahrung zur Zeit G.s. Im ersten Buch von *Dichtung und Wahrheit* gedenkt er seiner vier jüngsten Geschwister, die alle bis 1761 schon wieder verstorben sind: »Unter mehreren nachgeborenen Geschwistern, die gleichfalls nicht lange am Leben blieben, erinnere ich mich nur eines sehr schönen und angenehmen Mädchens, die aber auch bald wieder verschwand«. Von G.s eigenen Kindern sterben bis auf den ältesten Sohn alle drei schon jeweils nach wenigen Tagen. Er bemerkt trauernd in einem Brief an J.H. Meyer: »Ein kleiner Ankömmling hat uns schon wieder verlassen« (16.11.1795). BJ

Kirche und Staat: Im 11. Buch von *Dichtung und Wahrheit* äußert sich G. grundsätzlich zu diesem Thema: »Mich hatte von jeher der Konflikt, in welchem sich die Kirche, der öffentlich anerkannte Gottesdienst […] befindet […], höchlich interessiert.« Die Kirche, äußert G. an anderer Stelle, liege im »ewigen Streit mit dem Staat, über den sie sich erhebe«, den sie zur Duchsetzung ihres Machtanspruchs aber gleichzeitig auch mißbrauchen wolle; einerseits bedürfe die Kirche der Allgewalt des Staats, um sich ihre allgemeine, öffentliche Wirkung zu sichern, andererseits ertrage sie den Staat nur unter der Perspektive, daß sie über ihn die Oberhand gewinne; Kirche und Staat haben sich laut G. während Jahrhunderten in diesem Zwiespalt befunden, sie befinden sich auch zur Zeit G.s darin, und werden sich, gemäß der Prognose G.s, in diesem Zwiespalt »immer befinden«. AV

Kirchenmusik: »Die Heiligkeit der Kirchenmusiken, das Heitere und Neckische der Volksmelodien sind die beiden Angeln, um die sich die wahre Musik herumdreht«, so schrieb G. in *Maximen und Reflexionen*. Obwohl er selbst der Institution Kirche fern stand, war er überzeugt, daß der religiöse Kultus der Musik nicht entbehren kann, denn »sie ist eines der ersten Mittel, um auf die Menschen wunderbar zu wirken« (Eckermann, 8.3.1831). Der Gattungsbegriff spielte in seiner Kunstanschauung vor allem dann eine Rolle, wenn es galt, die zwei konträren Wirkungssphären der Musik zu charakterisieren: »Die Musik ist heilig oder profan. Das Heilige ist ihrer Würde ganz gemäß, und hier hat sie die größte Wirkung aufs Leben« *(MuR)*. G. schloß sich mit dieser Haltung, zu der er nach seiner Italienreise kam, Johann Georg Hamann und Johann Gottfried Herder an. Kirchenmusik galt ihnen als Vermittlerin höchster göttlicher Offenbarungen, Quelle der »Andacht« und »stillen Ergriffenheit«, die ihnen in den klassisch polyphonen Chorwerken des späten 16. Jh.s gegenwärtig wurde, aber auch in den Kompositionen Johann Sebastian Bachs, Georg Friedrich Händels, Carl Friedrich Zelters oder Johann Friedrich Reichardts, die, gesungen von seinem Singchor, oft in G.s Haus erklangen.   WS

Kirms-Krackow-Haus, Jakobstraße 10 in Weimar. Um 1520 errichtet, seit 1701 im Besitz der Beamtenfamilie Kirms, die das Anwesen im Laufe der Jahrhunderte erweitern und verändern ließ. Nach Plänen des Baumeisters Steiner umgebaut, erhielt das Haus 1783–86 seine heutige Gestalt und ist ein für Weimar seltenes Architekturdenkmal. Zur G.-Zeit waren hohe Beamte im Dienst des Herzogs Carl August Besitzer des Anwesens: Karl Kirms (1742–1821), Jurist, Sekretär der Geheimen Kanzlei und Franz Kirms (1750–1826), Finanzbeamter, ab 1789 Hofkammerrat, 1814 Geheimer Hofrat. G. schätzte die Brüder als versierte Amtskollegen. Weit über das Geschäftliche hinaus gingen Zusammenarbeit und Gedankenaustausch mit dem ab 1791 für Finanz- und Verwaltungsgeschäfte des Hoftheaters zuständigen Franz Kirms, wie Tagebücher G.s, Briefe und Theaterakten belegen.
»Kirms hat sich in einer Zeit Verdienste erworben, wo es noch galt […], aus wenigem viel zu machen […] wir sind aus einer alten, anderen Zeit her und brauchen uns ihrer nicht zu schämen« (zu Kanzler von Müller, 16.3.1824). G., oft auch Christiane, später der Sohn waren im Kirmsschen Hause zu Gast, der Hofkammerrat nebst Angehörigen im Haus am Frauenplan. Gesellschaftliche Verbindungen ergaben sich über in beiden Häusern verkehrende einheimische und fremde Künstler (Iffland, Hummel, Caroline Jagemann) und gemeinsame Freunde (Schiller, Knebel, Falk, Meyer). G. bestellte über Kirms Wein aus der Hofkellerei, Fische und Krebse aus der Hoffischerei und fachsimpelte mit ihm und Carl August über seltene Gewächse im wohlgepflegten Kirmsschen Garten. 1823 heiratete Franz Kirms, 73 Jahre alt, Karoline Krackow (1779–1866). Auch sie und ihre Schwester Charlotte (1778–1841) waren G. bestens bekannt. Des öfteren traf er die »Fräulein Krackow« in Jena bei Knebels oder bei den »Prinzessinnen«, Maria Pawlownas Töchtern, deren persönliche Dienerin Karoline bis zur Heirat war. Frau Kirms nahm als Witwe ihre Nichten Charlotte (1825–1915) und Sophie Krackow (1830–1865) ins Haus, die das Kirmsche Anwesen

1866 erbten und es unverändert als Erinnerung an bedeutende Zeiten erhielten.   CS

Klärchen: Figur aus *Egmont*, die (bürgerliche) Geliebte des Titelhelden. Im Gespräch mit ihrer Mutter hebt sie am Titelhelden seine allgemein-menschlichen, seine privaten Qualitäten hervor, in der zentralen Szene des Stücks gesteht ihr Egmont, daß er nur bei ihr der wahre Egmont sei, der politische, höfische, öffentliche sei nur Verstellung. In Egmonts Vision kurz vor seiner Hinrichtung nimmt die Allegorie der Freiheit Klärchens Züge an; folgerichtig ist es auch Klärchen, die versucht, die Bürger von Brüssel zur gewaltsamen Befreiung Egmonts aufzuwiegeln. Als dies mißlingt, tötet sie sich.   BJ

Klassik/Klassisches: Die Begriffe bezeichnen grundsätzlich kunst- oder geistesgeschichtliche Epochen, einzelne Autorinnen und Autoren oder auch Werke, die aus der Perspektive späterer Jahrhunderte als vorbildlich, normbildend interpretiert werden. Klassik ist also zunächst ein normativer Begriff, wird aber dann zu einem Stilbegriff, wenn aus der Kunst einer als klassisch gedeuteten Epoche Formgesetze abgeleitet werden, denen dann allgemeingültige Verbindlichkeit zugeschrieben wird (Vers- und Strophenformen, Aktstrukturen usw.). G. verstand die Orientierung an einer klassischen Kunst allerdings gerade nicht als blinden Gehorsam gegenüber einer einmal als gültig anerkannten ästhetischen Autorität. Er historisiert in dem kleinen Aufsatz *Literarischer Sansculottismus* das Konzept der Klassik: Ein »klassischer Nationalautor« sei darauf angewiesen, daß sich »in der Geschichte seiner Nation große Begebenheiten und ihre Folgen in einer glücklichen und bedeutenden Einheit« vorfinden ließen, von denen er selber »durchdrungen« sein müsse.
Die Einheit einer nationalen Gesellschafts- und Kulturtradition und die Einheit des Künstlers mit derselben sind also historische Bedingungen des Klassischen - mit dieser Historisierung unterscheidet sich G.s Klassikverständnis stark von der normativen Hörigkeit Gottscheds.
Diese Einheitlichkeit sah G. - und mit ihm alle antikebegeisterten Kunstgelehrten und Künstler seiner Zeit - im antiken Griechenland und Rom realisiert: Darum darf vor allen die Kunst der Antike als vorbildlich aufgefaßt werden. G.s Freund J. Heinrich Meyer schrieb für die Kunstzeitschrift *Propyläen* einige Aufsätze, in denen er die Einheit des griechischen Volkes mit seiner Geschichte und seiner Kunst skizzierte. G. sah während seiner Italienreise dieses

tiefe Eingefügtsein der Kunst ins Volk noch lebendig: *Das römische Carneval* illustriert dies wie auch der Tasso-Gesang der Schiffer in Venedig. Über diesen eigentlich unhistorischen, da idealisierenden Rückgriff auf das antike Griechenland hinaus versteht G. das Klassische als ästhetisch gestiftete Einheit des Mannigfaltigen: Der künstlerisch gestaltete menschliche Körper etwa in der Skulptur umschließt alles Menschliche, im Künstler erscheinen alle menschlichen Kräfte gesammelt, im Idealfall des Klassischen sind Skulptur, Bild und literarische Figur wie auch der Künstler selbst ein Paradigma der Gattung Mensch. Vor allem an G.s Arbeit am *Faust* während der Zusammenarbeit mit Schiller in den Jahren seit 1797 wird der Versuch deutlich, dieses Gattungsparadigmatische der Titelgestalt umso stärker herauszuarbeiten.

Die ästhetischen ›Regeln‹ einer klassischen Kunst lassen sich für G. nicht einfach aus den Werken der Alten übernehmen. In Anlehnung an seine intensiven Naturstudien während der Italienreise, die ihn im Seeigel oder in irgendeiner Pflanze die vollkommene Ausformung einer inneren Gesetzlichkeit wahrnehmen lassen, fordert er im Hinblick auf Kunstwerke die innigste Angemessenheit der künstlerischen ↗Form an ↗Stoff und ↗Gehalt. Eine Angemessenheit, welche die Kunst der Antike realisiert habe – und darum dürfe sie klassisch heißen. Damit wird ein ungeheurer Anspruch an die literarische Form artikuliert – und G.s vielleicht ›klassischstes‹ Drama, die *Iphigenie*, weist genau an den entscheidenden Stellen, an denen sich kleinste Brüche in der Form zeigen (z. B. v. 1081), auf die Brüchigkeit des Klassik-Konzeptes hin.

G. stellt dem Klassischen das Romantische gegenüber, der Orientierung an der Antike diejenige am Mittelalter, dem ästhetisch zu stiftenden ganzen, gottähnlichen und diesseitigen Menschen die transzendentale Sehnsucht nach dem Unendlichen. »Klassisch ist das Gesunde, romantisch das Kranke« (*MuR*); diese polemische Gegenüberstellung wird v. a. in der Helena-Handlung des *Faust II* abgemildert zum (vergeblichen) Versuch eines Ausgleichs.

Daß G., zusammen mit Schiller, schon seit anderthalb Jahrhunderten selber klassisch ist, die sogenannte »Weimarer Klassik« als die vorbildliche Literaturepoche schlechthin verstanden wird, hätte er aus seinem eigenen Verständnis des Klassischen heraus wahrscheinlich abgelehnt; seinem Aufsatz über *Literarischen Sansculottismus* gemäß bot die »zerstückelte« deutsche Nation und Kultur nämlich alles andere als die Voraussetzungen für die Herausbildung eines »klassischen Nationalautors«. Die Proklamie-

rung der »Weimarer Klassik« als *der* deutschen Kulturtradition begleitete die Reichsgründung 1871, neben den politischen Heroen Kaiser und Kanzler sollten die literarischen Olympier die Selbstgewißheit deutscher nationaler Identität demonstrieren – »Weimarer Klassik« ist also ein ideologisches Konzept, keine literaturgeschichtliche Epoche und schon gar kein Stilbegriff. BJ

Klassische Walpurgisnacht: Die Szene ist von G. als Analogie zur ↗Walpurgisnacht-Szene des *Faust I* gedacht; sie erreicht mit 1483 Versen fast den Umfang des Helena-Aktes, »in's Grenzenlose ausgelaufen« (an Eckermann, 9.3. 1830). Dafür gibt G. innere Gründe von Stoff und Organisation an: »Die alte Walpurgisnacht, sagte Goethe, ist monarchisch, indem der Teufel dort überall als entschiedes Oberhaupt respectiert wird; die klassische aber ist durchaus republikanisch, indem alles in der Breite nebeneinander steht, so daß der eine soviel gilt wie der andere, und niemand sich subordiniert und sich um den andern bekümmert« (Eckermann, 21.2. 1831). Eine mäandernde Text- und Bildstruktur also, die G. mit den ein Leben lang erworbenen Kenntnissen der griechisch-lateinischen Mythologie und bildenden Kunst speist. Dabei meint ›klassisch‹ zwar den südlichen Gegensatz zum mittelalterlich-frühneuzeitlichen, nördlichen Hexensabbat auf dem Blocksberg, zeitlich aber erstreckt sich ›klassisch‹ auf die archaisch-frühgeschichtliche Dämonologie. Verwandt sind beide finstere Welten allemal: »Es ist ein altes Buch zu blättern:/Vom Harz bis Hellas alles Vettern« (v.7742 f.).

G. entfaltet eine traumhaft-phantasievolle, sublunare Märchenwelt mit Zügen der Rokoko-Oper und allen nur denkbaren Vortragsarten (Solo, Duett, Chor, Arie usw.), die dem »Schauderfeste dieser Nacht« (v. 7005), der Feier des Jahrestags der Schlacht bei Pharsalus (Entscheidungsschlacht im Bürgerkrieg zwischen Caesar und Pompeius, 48 v.Chr.) ihren geisterhaften Grundton verleihen. Zunächst beendet G. die Szene im Juni 1830 mit dem Bild des Mondhofs, mit dem sich Galatea ankündigt: »Unser Fest, es ist vollendet,/Heitre Wonne voll und klar« (v.8346), setzt aber im Dezember 1830 noch einmal an, um dem düster-heroischen Beginn der Szene (»Pharsalische Felder. Finsternis«) mit dem Liebesfest am Meer und der Enthüllung des ↗Homunculus-Schicksals eine überraschende, erlösende Wendung zu geben. BL

Klassisches Altertum s. Antike

Klassizismus: Meist wertender Stilbegriff für eine bildende Kunst und Dichtung, die sich stark oder ausschließlich an den Formidealen antiker Kunstwerke orientiert. Der sogenannte französische Klassizismus war für die deutsche Literatur und Ästhetik der ersten Hälfte des 18. Jh.s prägend, die Dramatik Racines und Corneilles lieferte die antiken Klassiker im französierenden Gewand, die künstlerischen Normen der antiken Literatur wurden etwa in Gottscheds Regelpoetik *Versuch einer Critischen Dichtkunst* (1730) festgeschrieben. Auch die Anakreontik und die Idyllenliteratur orientierte sich streng an griechischen oder römischen Vorbildern. Mit der Konzeption des Originalgenies, das die künstlerischen Regeln aus sich selber schöpfe, geriet jede Form des Klassizismus schnell in Verruf, G. schreibt in seiner Rede *Zum Schäkespears Tag* (1771): »Ich zweifelte keinen Augenblick, dem regelmäßigen Theater zu entsagen. Es schien mir die Einheit des Orts so kerkermäßig ängstlich, die Einheiten der Handlungen und der Zeit lästige Fesseln unsrer Einbildungskraft«.

Im Gegensatz zu dieser Polemik dürfen aber viele der poetischen Produktionen G.s spätestens seit der Reise nach Italien als Versuch gewertet werden, zwischen den gehaltlich interpretierten Formansprüchen antiker Ästhetik und eigenen Ausdrucksmöglichkeiten einen Ausgleich zu stiften. So können etwa die *Iphigenie* oder auch das Versepos *Hermann und Dorothea* durchaus als *auch* klassizistisch betrachtet werden.   BJ

Klauer, Martin Gottlieb (1742–1801), Bildhauer, 1773 von Anna Amalia zum Hofbildhauer nach Weimar berufen. Als G. unter den Trümmern der Schloßruine einen blaugrauen Kalkstein findet und feststellt, »in den Stein läßt sich mit der höchsten Delicatesse arbeiten« (an Merck, 5.8.1778), sitzt er Klauer erstmals Modell. Dieser Büste folgten bis 1790 noch fünf weitere. 1779 schickt Carl August den Künstler zum Studium antiker Plastiken in den Mannheimer Antikensaal. Danach ist Klauer kreativ in großer Breite und Menge: Grabplatten und -monumente, Parkbänke in Stein und Terrakotta, Tische, Sonnenuhren, Vasen, Ofenschirme, Tapetenleisten, Gesimse, Tür- und Fensterrahmen u.a. Als Büste oder Medaillon schuf er Dichter und Gelehrte, Mitglieder und Gäste des Hofes. Von ihm stammen Abgüsse wie die *Knöchelspielerin* oder *Amor, eine Nachtigall fütternd* in Tiefurt, der Neptun für den Weimarer Brunnen, die Ildefonso-Gruppe in G.s Treppenhaus und ein Gedenkstein im G.-Park mit der Inschrift »Genio huius loci«. G. seinerseits sah Klauers Talent nicht unkritisch: ein »Mann

von leichtem Begriff und schneller Hand […], dem es aber an Imagination fehlt« (an Lavater, Ende Nov. 1779).   PO

Klavierinstrumente, in der zweiten Hälfte des 18. Jh.s ein Nach- und Nebeneinander verschiedener Tasteninstrumente: Cembali (auch Flügel genannt), Hammerflügel, Tafelklaviere und Clavichorde, denen G. zeitlebens großes Interesse beimaß. Stets hatte zum selbstverständlichen Inventar seiner Wohnungen ein Klavier gehört: Seit 1776 stand ein Tafelklavier im Altanzimmer des ↗Gartenhauses am Stern, und Johann Friedrich Abegg erwähnt bereits 1798 in seinem Reisetagebuch ein »Fortepiano« im Haus am Frauenplan. Dieses Instrument wurde 1821 durch den »vieloktavigen ↗Streicherischen Flügel« (G.) abgelöst. G. war selbst ein geübter Spieler, der mit dem Gesang seiner Mutter am Clavier (= Clavichord) aufgewachsen und vom Kantor Andreas Bismann unterwiesen worden war.

Zum elterlichen Haushalt gehörte ab 1769 ein Pyramidenflügel; 1795 berichtete der Jenaer Student David Veit: »Goethe spielt Klavier, und gar nicht schlecht.« Da der Dichter in seinen Schriften zumeist unspezifisch lediglich das »Clavier« (auch »Klavier«) nennt, ist zu fragen, auf welches Instrument und damit Klangbild er sich bezog, wenn er z.B. in *Hermann und Dorothea* den Vater Herrmanns, einen einfachen Wirt, von seiner zukünftigen Schwiegertochter verlangen läßt: »Spielen soll sie mir auch das Clavier« (v. 270ff.). In G.s Gedicht *An Lina* (1799) heißt es hingegen: »Liebchen, kommen diese Lieder/ Jemals wieder ihr zur Hand,/Sitze beim Klaviere nieder«. Signalisiert das Klavier im ersten Fall den sozialen Aufstieg, den sich der Vater erhoffte, so mochte G. im Gedicht den intimen Clavichordklang gemeint haben, der bereits das Klavierspiel der Lotte (»mit der Kraft eines Engels«) in *Die Leiden des jungen Werthers* beseelt hatte.

Weimar wurde von vielen Klavierbauern umworben, ab 1789 war Johann Georg Schenck der »Hof-Instrument- und Orgelmacher«, dessen Instrumente beliebt und begehrt waren. Im Jahr 1808 erregte ein von dem Weimarer Mathematiker Johann Friedrich Werneburg (gest. 1851) erfundenes Klavier mit einer chromatischen Tastatur in vier stufig aufsteigenden Reihen das besondere Interesse G.s Er ließ darauf in seinem Hause u.a. die Ouvertüre zu Mozarts *Die Entführung aus dem Serail* spielen. Sein mit Stolz vorgeführtes Renommierinstrument, das von vielen berühmten Pianistinnen und Pianisten (etwa Clara Schumann, Felix Mendelssohn-Bartholdy oder Johann

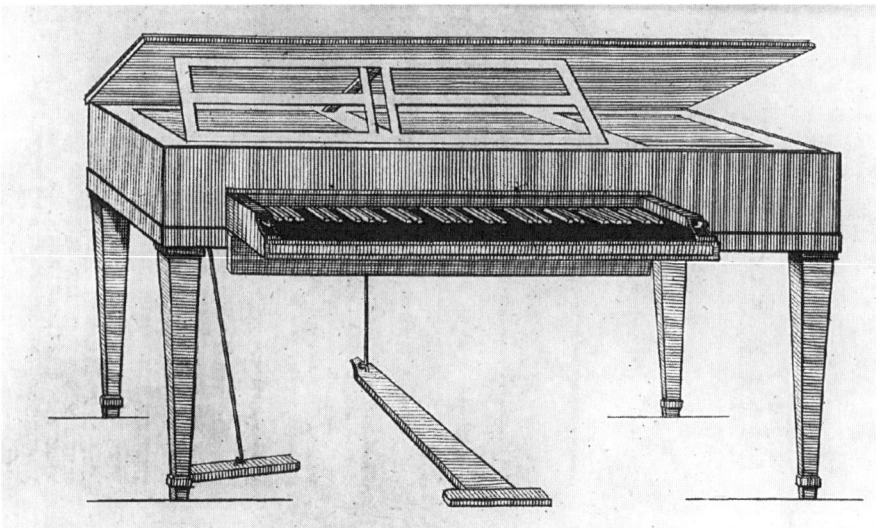

Tafelklavier von Johann Georg Schenck

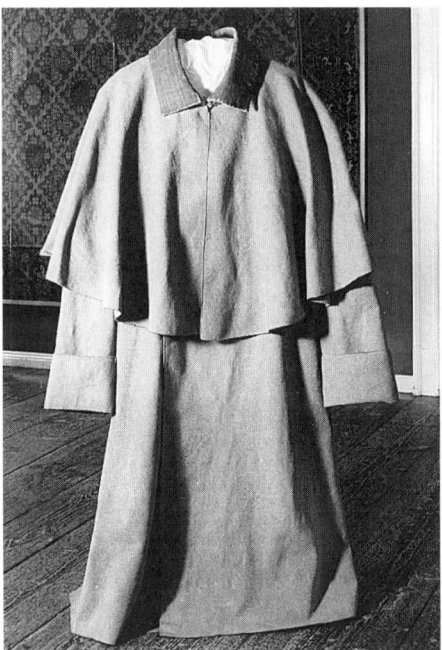

Reisemantel Goethes: ein Ungetüm, aber vor den Unbilden der Witterung in jeder Weise schützend

Nepomuk Hummel) gespielt wurde, blieb indes der Flügel von Nannette Streicher. GBS

Kleidung, als Ausdruck künstlerischer und gesellschaftlicher Zugehörigkeit für G. zeitlebens und von Beginn an bedeutend; in *Dichtung und Wahrheit* (6. Buch), beschreibt G. die Umtriebe des Vaters bezüglich der Einkleidung seiner Familie, mit dem Nachsatz, daß sich G. von der »inneren Abgeschmacktheit« des elterlichen Kleidungsstils als Jüngling emanzipieren mußte. Im *Venezianischen Epigramm* Nr. 16 zählt G. die Kleidung zu den fünf Grundbedingungen des Dichters. Von besonderer Bedeutung ist die Kleidung in der *Pädagogischen Provinz*, wo die Zöglinge durch die Wahl der Bekleidung ihre Persönlichkeit zum Ausdruck bringen. AV

Kleine Blumen, Kleine Blätter (Mit einem gemalten Band), entstanden März/April 1771, Erstdruck in *Iris* 1775. Der Titel *Mit einem gemalten Band* verweist auf die Entstehung des an Friederike Brion gerichteten Gedichts; im 11. Buch von *Dichtung und Wahrheit* berichtet G. über die neu in Mode gekommenen gemalten Freundschaftsbänder: »ich malte ihr gleich ein paar Stücke und sendete sie mit einem kleinen Gedicht voraus«. In Kruses Abschrift (↗Sesenheimer Lieder), die er wahrscheinlich nach einem Blatt von Friederikes Hand kopiert, hat das

Gedicht fünf, in den Druckfassungen vier Strophen. Literarhistorisch wie biographisch bemerkenswert ist das Umschlagen des rokokohaften Liebeständelns in ein ernsthaft vorgetragenes Treueversprechen. Die vierte Strophe der Druckfassungen bietet eine Verdichtung aus der biographischen Distanz; die mit Schuld belastete persönliche Liebeserfahrung wird in eine neue, überindividuelle Liebeskonzeption überführt: »Reiche frei mir deine Hand«.　　　IW

Kleist, Ewald Christian von (1715–1759), Dichter und preußischer Major, der im Siebenjährigen Krieg seinen Verwundungen erlag; Freund Lessings, der ihm in der Figur des Major Tellheim seiner *Minna von Barnhelm* ein Denkmal setzte. Kleist ist bekannt vor allem wegen seines philosophischen Naturgedichts *Der Frühling* (1749). Sein Hang zur Zurückgezogenheit in die Natur war für den dichtenden Soldaten Flucht und »Bilderjagd« – der Student G.: »Man trug sich mit einem Worte von Kleist, das wir oft genug hören mußten. Er hatte nämlich gegen diejenigen, welche ihn wegen seiner öftern einsamen Spaziergänge beriefen, scherzhaft, geistreich und wahrhaft geantwortet: er sei dabei nicht müßig, er gehe auf die Bilderjagd«(*DuW*, 7. Buch).　　　PO

Kleist, Heinrich von (1777–1811), von G. verkannter Dramatiker und Erzähler, über den er 1826 abschließend urteilte: »Mir erregte dieser Dichter, bei dem reinsten Vorsatz einer aufrichtigen Theilnahme, immer Schauder und Abscheu« *(Ludwig Tiecks dramaturgische Blätter).* Der angesehene Dichterfürst konnte dem Werk des jungen Autors Kleist nie viel abgewinnen. Im Juli 1807 las er dessen *Amphitryon* und verwunderte sich »über das seltsamste Zeichen der Zeit« (*Tb*, 13.7.1807). Einen Monat später lobte G. dann bei der Lektüre des *Zerbrochnen Krugs* zwar das »Talent des Verfasser[s]«, bedauerte jedoch, »daß das Stück auch wieder dem unsichtbaren Theater angehört« (an A. Müller, 28.8.1807).

Trotzdem entschloß er sich zu einer – unglücklichen – Aufführung in Weimar, über die er sich später mit Johannes Daniel Falk unterhielt: »Sie wissen, welche Mühe und Proben ich es mir kosten ließ, seinen ›Wasserkrug‹ aufs hiesige Theater zu bringen. Daß es dennoch nicht glückte, lag einzig in dem Umstande, daß es dem übrigens geistreichen und humoristischen Stoffe an einer rasch durchgeführten Handlung fehlt« (J.D. Falk, *Goethe aus näherm persönlichen Umgange dargestellt*). Noch vor der Aufführung hatte Kleist G. das erste Heft seiner Zeitschrift *Phöbus* mit Szenen aus der *Penthesilea* »auf den

Knieen meines Herzens« (24.1.1808) gesandt und um Beiträge zur Zeitschrift gebeten.

G. schrieb daraufhin zunächst in seinem einzigen Brief an Kleist, er könne sich mit dem Stück »noch nicht befreunden« (1.2.1808), gegenüber Falk befand er dann: »Die Tragödie grenzt in einigen Stellen völlig an das Hochkomische« (J.D. Falk, *Goethe aus näherm persönlichen Umgange dargestellt*). Das Urteil über Kleists *Käthchen von Heilbronn* war noch vernichtender: »Ein wunderbares Gemisch von Sinn und Unsinn! Die verfluchte Unnatur!« Mit diesen Worten soll G. das Buch ins Feuer geworfen haben.　　　AR

Klettenberg, Susanna Katharina von (1723–1774), eine Verwandte und Freundin von G.s Mutter in Frankfurt. Als der junge G. krank aus Leipzig zurückkehrte, waren ihm die Gespräche mit der herrnhutischen Pietistin sehr wichtig: »Meine Unruhe, meine Ungeduld, mein Streben, mein Suchen, Forschen, Sinnen und Schwanken legte sie auf ihre Weise aus, und verhehlte mir ihre Überzeugung nicht, sondern versicherte mir unumwunden, das alles komme daher, weil ich keinen versöhnten Gott habe« (*DuW*, 8. Buch). »So entwirrte sich vor ihr gar leicht, was uns andere Erdenkinder verwirrte […], eben weil sie ins Labyrinth von oben herabsah und nicht selbst darin befangen war« (15. Buch). Für die *Bekenntnisse einer schönen Seele* diente sie als Vorbild, auch die ↗Makarie der *Wanderjahre* trägt ihre Züge.　　　PO

Klinger, Friedrich Maximilian (1752–1831), Schriftsteller; die Freundschaft der beiden Frankfurter begann um die Jahre 1769/70: »Nun wollte ich auf Akademieen gehen, hatte keine 100 fl. Ich ward mit Goethe bekannt. Das war die erste frohe Stunde meiner Jugend. Er bot mir seine Hülfe an« (Klinger an Lenz, Ende 1775). G. unterstützte den aus ärmlichen Verhältnissen stammenden Klinger finanziell und gab ihm Manuskripte zur Veröffentlichung. 1776 tauchte Klinger, in dessen bescheidener Frankfurter Stube neben G. auch J.M.R. ↗Lenz, H.L. ↗Wagner und die Brüder Stolberg verkehrt hatten, in Weimar auf, schrieb dort sein Drama *Sturm und Drang*, das der Epoche den Namen gab. Er hoffte, G., der ihn ein Jahr zuvor in einer schönen Porträtzeichnung festgehalten hatte, würde ihm eine Anstellung besorgen. Doch wie auch mit Lenz kam es 1776 zum Bruch der Jugendfreunde: »Klinger [ist] wie ein Splitter im Fleisch, er schwürt, und wird sich heraus schwüren leider« (an Lavater, 16.9.1776).

Klinger verließ Weimar und ging nach Rußland, wo er militärisch Karriere machte. Erst nach vielen Jahren kam er mit G. wieder in brieflichen Kontakt. Als Klinger ihm einmal aus seinen Werken vorlas, soll G. mit dem Ausruf: »Was für verfluchtes Zeug ist's, was Du da wieder einmal geschrieben hast! Das halte der Teufel aus!« (J.D. Falk, *Goethe aus näherm persönlichen Umgange dargestellt*) aufgesprungen und davongelaufen sein; in *Dichtung und Wahrheit* urteilte G. dann milder: »Seine Mädchen und Knaben sind frei und lieblich, seine Jünglinge glühend, seine Männer schlicht und verständig, die Figuren, die er ungünstig darstellt, nicht zu sehr übertrieben; ihm fehlt es nicht an Heiterkeit und guter Laune, Witz und glücklichen Einfällen« (14. Buch).   AR

Klopstock, Friedrich Gottlieb (1724-1803), Dichter der ↗Empfindsamkeit; sein Versepos *Der Messias*, dessen erste Gesänge 1749 erschienen, das aber erst 1773 vollendet wurde, machte ihn blitzschnell berühmt. Die Oden Klopstocks greifen einerseits auf antike Odenformen zurück, andererseits erfindet er neue – die Ode tendiert darin zum freirhythmischen Gedicht, womit Klopstock größten Einfluß auf die Hymnendichtung des jungen G. ausübt. Die Oden machen Naturbetrachtung, Freundschaft (*Der Zürchersee*) und Religion (*Die Frühlingsfeyer*) zu ihrem Gegenstand, Klopstock feiert den Dichter als Verkünder einer naturhaft geoffenbarten göttlichen Wahrheit. G. hatte den *Messias* schon als Kind, heimlich und gegen den Willen des Vaters, gelesen und auswendig gelernt, vor allem Oden wie die *Frühlingsfeyer* ließen Klopstock zum Gegenstand einer kultischen Verehrung werden, wie die berühmte »Klopstock«-Szene in *Werther* zeigt (Brief vom 16. Junius 1771). G. sieht in der Rückschau von *Dichtung und Wahrheit* in Klopstock die Heraufkunft des neuartigen Dichter-Genies angekündigt, nach einem kurzen Briefwechsel mit Klopstock (seit 1774) kommt es allerdings schon 1776 zum Bruch. Klopstock hatte brieflich das Weimarer Genietreiben von G. und dem jungen Herzog gerügt. G. schrieb daraufhin einen erbosten Gegenbrief (21.5.1776), in dem er sich jede Einmischung verbat.   BJ

Klugheit, antik-humanistisches Tugendideal der *prudentia*, in G.s Sinn bewußte und selbstbestimmte Handlungsweise innerhalb der eigenen Fähigkeiten

Carl Ludwig von Knebel in einer Zeichnung von Goethe

und Fertigkeiten. So heißt es in einer der *Betrachtungen im Sinne der Wanderer*: »Nur klugtätige Menschen, die ihre Kräfte kennen und sie mit Maß und Geschicklichkeit benutzen, werden es im Weltwesen weit bringen«. Tasso stellt noch über die Klugheit die gleichsam seelische Inspiration: »Wer wird die Klugheit tadeln, jeder Schritt/Des Lebens zeigt, wie sehr sie nötig sei;/Doch schöner ist's, wenn uns die Seele sagt,/Wo wir der feinen Vorsicht nicht bedürfen« (v. 1209-1212). In einer Reihe mit der Furcht und der Hoffnung tritt die Klugheit als allegorische Figur im *Faust II* auf (v. 5441ff.).   BJ

Knecht/Herr s. Herr/Knecht

Knebel, Karl Ludwig von (1744-1834): Nach juristischem Studium wird Knebel preußischer Offizier und nimmt begeistert Kontakt zur neuen deutschen Dichtkunst auf. Er wird Erzieher des jüngeren Prinzen Constantin am Hof zu Weimar, reist mit diesem und dem älteren Carl August durch Europa und begegnet in Frankfurt dem berühmten Dichter des *Werther*. Knebel forciert die Einladung an G., nach Weimar zu kommen, und ist seitdem der ›Urfreund‹, einer der ganz wenigen, mit denen G. sich duzt. Knebel verläßt

Herakles-Tempel in Agrigent. Zeichnung von Ch. H. Kniep

nach Streit mit dem Hof Weimar, bleibt aber in der Nähe, zieht schließlich nach Jena. Der faszinierende Briefwechsel mit G. stellt einen facettenreichen freundschaftlichen Dialog über private und höfische Alltagsdinge, über G.s literarische Texte und auch über Knebels eigene literarische Versuche dar. Knebel übersetzte die Elegien des Properz und einen langen Text von Lukrez, Übersetzungen, die G. sehr lobte und für die Ausgabe von 1821 mit einem Vorwort versah.
BJ

Kniep, Christoph Heinrich (1755-1825), Landschaftsmaler, der G. 1787 nach Sizilien begleitete und die Reiseeindrücke auf seinen Blättern festhielt. Bei der Überfahrt von Neapel nach Sizilien ließ sich G. von ihm in Aquarellmalerei unterweisen, um »gewisse Töne hervorzubringen, an denen man sich, ohne das Geheimnis zu wissen, zu Tode mischen würde« (*IR*, 3. 4. 1787). Die herrliche sizilianische Landschaft haben beide in zahlreichen Zeichnungen (z. T. in Sepia ausgetuscht) festgehalten.
PO

Knigge, Adolph Freiherr von (1752-1796), Schriftsteller, studierte von 1769-71 Jura in Göttingen und trat dann den Dienst als Hofjunker und Assessor beim hessischen Landgrafen in Kassel an. In Hannover, wohin er 1787 gezogen war, erschien *Umgang mit Menschen*, das Buch das ihn berühmt machte. Knigges Frau schrieb 1789 an G. s. Mutter, um ihren Mann zu empfehlen. Die Frau Rat schrieb am 23. 6. 1789 zurück und versicherte, daß ihr Sohn »sich das größte Vergnügen daraus machen wird, Dero Herrn Gemahl, dessen Verdienste um die Gelehrsamkeit sowohl als um die Menschheit längst von allen Rechtschaffenen anerkannt und verehrt sind, zu nützen«. Der weitere Verlauf ist nicht bekannt.
BB

Knittelvers. Vierhebiger Reimvers der epischen, satirisch-didaktischen und dramatischen frühneuhochdeutschen Dichtung des 15. und 16. Jh.s mit regelmäßiger oder freier Senkungsfüllung. Nach seiner Abwertung durch die Regelpoetik bis zur Aufklärung finden die jungen Kraftgenies des ↗ Sturm und Drang in diesem Vers eine adäquate Ausdrucksform ihrer sprachlichen und kulturellen Normüberschreitungen. Vorbildlicher Dichter war der Nürnberger Meistersinger Hans Sachs, an dem sich auch der junge G. orientierte. In dem Gedicht *Hans Sachsens poetische Sendung* (↗ *Erklärung eines alten Holzschnittes*) ist der als regellos gescholtene Knittelvers jedoch sprachliches Medium einer höchst kunstvollen Aussage. Eine volkstümlich-derbe Wirkung erzielte G. mit dem Vers in Possen, Satiren und Farcen, so in *Das Jahrmarktsfest zu Plundersweilern* oder *Hanswursts Hochzeit*. Im *Urfaust* und Teilen von *Faust I* ist der Knittelvers sprachliches Signal der frühen Neuzeit (»Habe nun, ach!...«).

Bis in die frühen Weimarer Jahre und auch später noch zu verschiedensten Anlässen dichtete G. in dieser Versform. Ein Beispiel dafür ist die Briefepistel (↗ *Briefgedichte*), die er 1773 mit einem Exemplar des *Götz von Berlichingen* an den Freund Friedrich Wilhelm Gotter schickte: »Schicke dir hier den alten Götzen;/Magst ihn zu deinen Heilgen setzen,/Oder magst ihn in die Zahl/Der Ungeblätterten stellen zumal.« Dieser Beginn der längeren Epistel zeigt den einprägsamen Charakter eines einfach rhythmisierten Sprechens, das später z.B. noch Wilhelm Busch für seine satirischen Versepen nutzte.   IW

Kobell, Ferdinand (1740–1799), Landschaftsmaler, Radierer und späterer Galeriedirektor der nach München überführten Mannheimer Gemäldegalerie. Er gehörte zu den Bahnbrechern des deutschen Realismus. Während seines Kunststudiums in Mannheim befaßte sich Kobell vor allem mit den niederländischen Malern und ließ sich von ihnen inspirieren. In Begleitung von Carl August besuchte G. den Maler im Dezember 1779 in Mannheim. Später schrieb G. an Kobell: »Nehmen Sie einen recht aufrichtigen Dank für die schönen Zeichnungen, die Sie mir geschickt haben! [...] Alle meine Freunde habe ich zur Bewunderung aufgefordert, und meine kleine Sammlung erhält ein neues Leben« (5.2.1781).   HM

Kobell, Franz (1749–1822), jüngerer Bruder von Ferdinand Kobell; er betätigte sich als Zeichner in Mannheim, Rom und München. Während seines einzigen Aufenthalts in der bayrischen Metropole versuchte G. vergeblich, den von ihm sehr geschätzten Zeichner zu besuchen. So schrieb er am 17.11.1786 an Knebel: »Kobeln in München traf ich nicht zu Hause«. Am 3.12.1780 bat G. in einem Brief an Ferdinand Kobell, ihm »ein Duzend Zeichnungen von [seinem] Bruder in Rom« zu schicken. Ferdinand scheint dieser Bitte entsprochen zu haben, da sich in

G.s Sammlung einige Handzeichnungen italienischer Landschaften von Franz Kobell finden.   HM

Koblenz, Residenz der Kurfürsten und Erzbischöfe von Trier, die G. mehrmals besucht: So im Herbst 1772 während einer Wanderung entlang der Lahn zusammen mit Freund Merck, so zwei Jahre später während der mit Lavater und Basedow unternommenen Fahrt auf dem Rhein (*DuW*, 13. u. 14. Buch), schließlich 1792 nach der Campagne in Frankreich und 1815, als er zusammen mit dem Freiherrn von Stein, am Rhein befuhr. G. sah Koblenz vor allem als Stadt der Künste (*KuA*, 1815).   BL

Kochsche Theatertruppe: Der Schauspieler und Theaterdichter Heinrich Gottfried Koch, der anfangs der Truppe der Neuberin angehörte, gründete 1749 in Leipzig eine eigene Truppe, die vor allem durch die enge Zusammenarbeit mit Gotthold Ephraim Lessing in die deutsche Theatergeschichte einging (Uraufführungen von *Miß Sara Sampson*, 1756, und der *Emilia Galotti*, 1772). 1768–71 spielte die Kochsche Theatertruppe am Weimarer Hof der theaterbegeisterten Herzogin Anna Amalia. Besondere Verdienste erwarb sich Koch um die Einführung des ↗ Singspiels auf der deutschen Bühne und um eine realistische Gestaltung des Bühnenkostüms. Koch führte 1774 in Berlin erstmals G.s *Götz von Berlichingen* auf.   SS

Köchy, Christian Heinrich Gottlieb (1769–1828), Jurist und Schriftsteller, Verfasser der Polemik *Göthe als Mensch und Schriftsteller* (1824), die er unter dem Namen Friedrich Glover z.T. aus dem Englischen übersetzte und die scharfe Angriffe gegen die »ästhetische Universalmonarchie« G.s und die G. untergeschobene schlüpfrige *Abhandlung über die Frösche* enthielt. Fr. M. Klinger verteidigte G. vehement, dem dieser dankte für seinen öffentlichen »Unwillen« gegen die »Niederträchtigkeit« eines »Grundschlechten« (7.10.1824).   BJ

Kolbe, Heinrich Christoph (1771–1836), Maler und Professor an der Kunstakademie in Düsseldorf; Bekanntschaft mit G. 1799 durch den ersten Weimarer Kunstwettbewerb (↗ Weimarische Kunstausstellungen), wo Kolbe neben Ferdinand Hartmann den 1. Preis erhielt; 1822 längerer Aufenthalt in Weimar: Ausstellung einiger Arbeiten und Anfertigung von Porträts, u.a. von G. und Carl August. Während das G.-Porträt von 1822 G.s Beifall fand, war ein 1822 begonnenes und 1826 vollendetes G.-Porträt in ganzer Figur, das Kolbe der Jenaer Bibliothek stiftete, für G. »nicht erfreulich« (an J.H. Meyer, 15.9.1826).   PO

Kollegenschelte: »G., das ist die Angst vor dem Weltall, dem Leid der Kreatur, dem Tode, also (unerbittlich!): das ist die Flucht vor der Wahrheit. Daher letzten Endes sein majestätisch getarnter Abscheu vor den ›krankhaften Sujets‹ in der Literatur (leider verstand er eben nur Alles darunter, was ihm ›das Innere störte‹).« (Arno Schmidt)
»Nicht halb so bedeutend, wie Ihnen in der Schule – wozu auch Universitäten gehören – eingeredet wurde; vielmehr bewußt ›aufgebaut‹, bis heute. 20% des Œuvre, höchstens, sind gut; aber mit neuen ›Gesamtausgaben‹ sollte man den Buchmarkt nicht mehr belasten: weniger G.!« (Arno Schmidt)
»G. nimmt häufig zu wenig Rücksicht auf seine Leser.« (Franz Grillparzer)
»Ich hoffe es noch dahin zu bringen, daß man den Namen G. nur mit ironischem Schmunzeln aussprechen wird.« (Jakob van Hoddis)
»Was Du mir von G. schreibst, meine Theure, hat mir den Charakter dieses aufgeblasenen Gecken noch um ein gut Teil ekelhafter und verächtlicher gemacht. Ich kehre ihm auf ewig den Rücken zu, wie fast alle rechtschaffene Männer unserer Nation lange vor mir schon getan haben.« (Friedrich Heinrich Jacobi)
»Der größte deutsche Dichter? Der junge G., ehe er Frankfurt verließ.« (Ludwig Tieck)
»*Wahlverwandtschaften*? Qualverwandtschaften!« (Ludwig Tieck)
»Mir scheint es zuweilen, als ob das Gebiet der eigentlichen Poesie erst da beginne, wo G. aufhört.« (Karl Immermann)
»Öfters um G. zu sein, würde mich unglücklich machen. Er hat auch gegen seine nächsten Freunde kein Moment der Ergießung, er ist an nichts zu fassen. Ich glaube in der Tat, er ist ein Egoist in ungewöhnlichem Grade. [...] Ich betrachte ihn wie eine stolze Prüde, der man ein Kind machen muß, um sie vor der Welt zu demütigen.« (Friedrich Schiller)
»Die Elegien sind schlüpfrig und nicht dezent.« (Friedrich Schiller)
»Der Großmeister der Platitüde.« (James Joyce)
»Was ist das für ein Gewäsch über den *Faust*! Alles erbärmlich! Gebt mir jedes Jahr 3000 Thaler, und ich will Euch in drei Jahren einen Faust schreiben, daß ihr die Pestilenz kriegt!« (Christian Dietrich Grabbe)
»Der Mann war kein guter Gedichtschreiber, vielmehr ein ganz ein mieser kleiner Charakter und ein beamtenhafter Streber.« (H.C. Artmann)
»G. ist ohne Wort Gottes.« (Friedrich Schlegel)
»Seit ich fühle, habe ich G. gehaßt, seit ich denke, weiß ich, warum.« (Ludwig Börne)
»Daß ich dem Aristokratenknecht G. mißfalle, ist

natürlich. Sein Tadel ist ehrend, seitdem er alles Schwächliche lobt. Er fürchtet die anwesenden Titanen. Er ist ein schwacher, abgelebter Gott, den es verdrießt, daß er nichts mehr erschaffen kann.« (Heinrich Heine)
»G. ist im Grunde nichts anderes als der Heilpraktiker der Deutschen, der erste deutsche Geisteshomöopath. Das ganze deutsche Volk nimmt G. ein und fühlt sich gesund. Aber G. ist ein Scharlatan, wie die Heilpraktiker Scharlatane sind, und die g.sche Dichtung und Philosophie ist die größte Scharlatanerie der Deutschen. Allen verdirbt er den Magen, nur den Deutschen nicht.« (Thomas Bernhard)   IA

Köln: Nach einem ersten Aufenthalt in Köln im Sommer 1774 besuchte G. erst 41 Jahre später die Stadt am Rhein erneut (25.–31.7.1815). Diese hatte sich seit 1794 in französischen Händen befunden, sakrale Bauwerke waren zerstört oder zweckentfremdet worden. G. besichtigte private Kunstsammlungen, mittelalterliche Bauwerke und den unvollendeten Kölner Dom, für dessen Fertigstellung er sich in der Folgezeit einsetzte. Zum Kölner Karneval äußerte sich G. 1823 im Aufsatz *Baukunst*: »Merkwürdig ist's auf alle Fälle, daß in den jetzigen Tagen ein solcher Humor sich hervorthut, den man geistreich, frei, sinnig und gemäßigt nennen kann.«   CA

Kölner Dom: Seine endgültige Fertigstellung verdankt der seit 1560 unvollendet gebliebene Kölner Dom nicht zuletzt G., der in seinem auf Wunsch Boisserées angefertigten Memorandum *Über Kunst und Altertum in den Rhein- und Maingegenden* zur Erhaltung der Kölner Kunstschätze und der Vollendung des Doms aufrief. Einflußreiche Staatsmänner ließen sich für das Projekt gewinnen, der Dombau wurde zwischen 1832 und 1880 abgeschlossen.   CA

Komödienhaus s. **Comödien- und Redoutenhaus**

Konfession: G. empfand sich gelegentlich als gefährdet, unsicher, verlassen. Mit seinem Dichtungs- und Bildungskonzept versuchte er, dieser deutlichen Empfindung entgegenzuwirken: »Und so begann diejenige Richtung, von der ich mein ganzes Leben über nicht abweichen konnte, nämlich dasjenige, was mich erfreute oder quälte, oder sonst beschäftigte, in ein Bild, ein Gedicht zu verwandeln und darüber mit mir selbst abzuschließen, um sowohl meine Begriffe von den äußeren Dingen zu berichtigen, als mich im Innern deshalb zu beruhigen. Die Gabe hierzu war

Der unvollendete Dom zu Köln – wie ihn Goethe gesehen haben muß

wohl niemand nötiger als mir, den seine Natur immerfort aus einem Extreme in das andere warf. Alles, was daher von mir bekannt geworden, sind nur Bruchstücke einer großen Konfession« (*DuW*, 7. Buch). Einer Konfession wozu? Doch eher zu einer tiefen Verunsicherung der eigenen, der menschlichen Existenz, aber auch zu einer Fähigkeit der menschlichen, der künstlerisch-wissenschaftlichen Gestaltung, die bis heute nachdenklich macht und die Ursituation des homo faber wiederholt.   BL

Konfirmation: An Ostern 1763 wurde G. in Frankfurt konfirmiert.   BL

König in Thule, Der: *Es war ein König in Thule*, entstanden wahrscheinlich Juli 1774 während G.s Rheinreise; Druck dieser frühen Fassung 1782 in *Volks- und andere Lieder*. In Musik gesetzt von Siegmund Frhr. von Seckendorff, mit dem Zusatz »Aus Göthens D. Faust«. Druck der späteren, allgemein bekannten Fassung 1790 in den *Schriften* im *Faust*-Fragment und 1800 in den *Neuen Schriften*

unter der Rubrik »Balladen und Romanzen«. Die Ballade, eines der beliebtesten Gedichte G.s, gestaltet in der Strophenform und der stilisiert einfachen, archaisierenden Sprache des Volksliedes die aus der Volksdichtung vertraute Phantasie ewiger Liebe. Der Becher kann, da er Symbol der verstorbenen Geliebten ist, nicht vererbt werden; er geht im Tode mit dem König unter.

Im *Faust* singt Gretchen das Lied, bevor sie in ihrem Zimmer das von Mephisto besorgte Schmuckkästchen findet (↗Kästchenmotiv). Im Gegensatz zum Becher des Gedichts ist dieses Liebespfand jedoch trügerisch, da es die todbringende Verführung einleitet. Damit wird das melancholische Lied von der Treue bis in den Tod eine Vorausdeutung und ein Gegenbild zu Gretchens eigenem Schicksal.   IW

Konzert, Hofkonzert: Je nach Trägerschaft und Funktion fanden in Weimar hofinterne und öffentliche Konzerte im Hauptmannischen Redouten-, Komödien-, Schieß- oder Stadthaus sowie exklusiv in den Festsälen und »Speisezimmern« des Wittumspalais, des Fürstenhauses und später des neu erbauten Schlosses statt. Sie gehörten mithin, wie in anderen Residenzstädten auch, sowohl zum repräsentativen Divertissement als auch zu den intimen, etwa auf Herzogin Anna Amalia bezogenen oder von G. initiierten, »kleinen« Unterhaltungen. Sie konnten »blos Akademie de musique vor dem Clavier« oder, wie vor allem in Tiefurt, »académies de musique« sein. Fast immer wurden sie angekündigt und Berichten ist zu entnehmen, wie spektakulär sie vor allem dann verlaufen konnten, wenn sich namhafte Virtuosen ansagten (siehe Niccolò Paganini) oder in welchem Maße sie zum selbstverständlichen Bestandteil der Assemblées nach der »Abend-Cour« gehörten.

Man verstand sie entweder als festliche Darbietung oder als jenes gesellige Miteinander, das sowohl Solodarbietungen als auch das gemeinsame Singen und Musizieren in kleinem Kreise erlaubte, das der Mitwirkung nur einiger Hofkapellisten bedurfte (↗ Geselligkeit). Bei diesen Gelegenheiten konnten sich die Kammermusiker des Hofes und geladene Solisten vor einer ausgesuchten Kennerschaft hören lassen. Für die Organisation und geschäftliche Durchführung der Hofkonzerte war unter nicht immer leichten Bedingungen bis zu seinem Tode 1792 der Hofkapellmeister Ernst Wilhelm Wolf zuständig.

Daß die von ihm organisierten zahlreichen, meist an Samstagen oder Sonntagen, bei illustren Besuchen auch täglich stattfindenden Konzerte auch von G. gern besuchte Ereignisse waren, zeigt ein Blick in sein *Tagebuch*. Mit Ausnahme der Sommermonate nahm er monatlich an mindestens einer, meist aber an zwei Konzertveranstaltungen teil und erschloß sich ein großes Repertoire an aktuellen Musikwerken. Im Jahr 1780 etwa notierte er unter dem 19. Januar: »bey [Anna Amalia] Conzert. Alexanders Fest«, am 20. Februar heißt es: »abends im conzert«, am 23. Februar: »Bey [Anna Amalia] im Concert«, am 5. März: »Abends Conzert« oder am 23. März: Hälfte der Helena (J. A. Hasse) bey [Anna Amalia], am 24. März »abends «Helena» andere Hälfte gehört.«

Die Informationen über das Weimarer Konzertwesen (insbesondere vor 1800) fallen ungleich spärlicher aus als diejenigen über das ↗ Hoftheater. Gründe dafür sind der oft private Charakter der Veranstaltungen und die Vorlieben der Literaten, die in den repräsentativen, oft ausschließlich von Instrumentalisten bestrittenen Konzerten kaum mehr als die zur Aura eines Hofes gehörigen Divertissements sehen wollten. Instrumentalmusik spielt in der Musikanschauung Wielands, Herders und vor allem G.s eine nur untergeordnete Rolle – alle Formen der Vokalmusik zogen

weit größeres Interesse auf sich (↗ Lied, Chor, Singspiel) und hatten G. auch veranlaßt, einen eigenen Chor zu gründen, der in seinem Haus probte und sich regelmäßig in »musikalischen Unterhaltungen« hören ließ (↗ Eberwein). Lange wurde die Auffassung Herders geteilt: »Musik ohne Worte setzt uns in ein Reich dunkler Ideen« *(Humanitätsbriefe*, 1796), eine Beurteilung, die sich in G.s *Wilhelm Meisters Lehrjahren* (1795/96) ähnlich liest: »Melodien, Gänge und Läufe ohne Worte und Sinn scheinen mir Schmetterlingen oder schönen bunten Vögeln ähnlich zu sein, die in der Luft vor unsern Augen herum schweben, die wir allenfalls haschen und uns zueignen möchten.« Vehement wetterte er im gleichen Werk vor allem gegen »die eitle Musik der Konzerte, in denen man allenfalls zur Bewunderung eines Talents, selten aber auch nur zu einem vorübergehenden Vergnügen hingerissen« werde. Diese Haltung behielt er bis ins Alter bei, etwa wenn er am 9. 11. 1829 an Zelter schreibt: »Dieser Art Exhibitionen [Streichquartette] waren mir von jeher von der Instrumentalmusik das Verständlichste«.

GBS

Koran, der jüdischem und christlichem Gedankengut verpflichtete arabisch-islamische Offenbarungstext, von G. im Abschnitt »Mahomet« der *Noten und Abhandlungen* – obgleich es »anwidert« bevor es »anzieht« und dem Leser »Verehrung abnötigt« – als »heiliges Buch« und im *Divan*-Gedicht *Der echte Moslem spricht* als Werk des Propheten Mohammed bezeichnet (woran die Fachwelt zweifelt). Vermutlich durch Herder angeregt, beschäftigte sich G. 1771/72 erstmals mit dem Koran, die deutsche Übersetzung von David Friedrich Megerlin veranlaßte ihn dabei zu deren Verriß in den *Frankfurter Gelehrten Anzeigen* und der Anfertigung eigener *Auszüge aus dem Koran* nach einer lateinischen Fassung. Im *West-östlichen Divan* spielte G. wiederholt auf den Koran an, dessen »Vermächtnis« er in der von ihm geschätzten arabischen und persischen Poesie (vor allem der des Hafis) aufbewahrt sah *(Beiname).* DF

Körner, Karl Theodor (1791–1813), Dichter. Er trat während der Befreiungskriege im Frühjahr 1813 ins Lützowsche Freikorps ein, kämpfte als Lützows Adjutant, schrieb Freiheitslieder (u. d. T. *Leier und Schwert* 1814 erschienen) und fiel noch im Herbst 1813. Fast alle Dramen Körners, stark beeinflußt von denen Schillers (Körners Vater Christian Gottfried Körner war ein enger Freund Schillers), ließ G. in Weimar aufführen – zwischen 1812 und 1816 allein acht Dramen in 50 Aufführungen. PO

Körper (Geist, Seele), »Es ist mir erlaubt, Blicke in das Wesen der Dinge und ihre Verhältnisse zu werfen, die mir einen Abgrund von Reichtum eröffnen. [...] Das Studium des menschlichen Körpers hat mich nun ganz. Alles andre verschwindet dagegen« (*IR*, 5.1.1788). G.s morphologischer Forschungsansatz sah zwischen menschlichem und tierischem Körper nur einen graduellen Unterschied. Deshalb mußte wie bei Tieren auch beim Menschen der ⟋Zwischenkieferknochen zu finden sein. Und G. fand ihn (*TuJ*, 1790). Im Gegensatz zur orthodox-christlichen Auffassung, wonach sich die Superiorität des Menschen auch in der physischen Schöpfung niederschlagen müßte, sah G. den Unterschied von Mensch und Tier allein in Seele und Geist, die nur dem Menschen zugehören. Im mystisch-kabbalistischen Umkreis der Susanna Katharina von ⟋Klettenberg hatte G. den geheimnisvollen Zusammenhang von Leib, Seele und Geist kennengelernt (*DuW*, 8. Buch). Er hatte erfahren, wie die Seele außerhalb des Leibes denken und wahrnehmen kann und daß das Ich nach dem physischen ⟋Tod der einzige überdauernde Teil des Menschen ist (*Lj*, VI).   DH

Körpermaße: Vermutlich war G. (zumindest im Alter) etwa 1,74 m groß. Christian Daniel Rauch – »bei Goethe verweilt, dessen ganze Gestalt im kleinen modelliert [...] Länge und Breite derselben gemessen« (*Tb*, 22.9.1828) – verfertigte aus zusammengesetzten Papierstreifen ein Bandmaß: »genaues Maß Goethes, selbst gemessen am 24. September 1828.« Danach maß G. 6 Fuß 1 ½–6 Fuß 1 ⅔ Zoll (etwa 1,74 m heutigen Maßes). Ein Paß (Reise nach Karlsbad), ausgestellt am 10.5.1808 vom »Herzoglichen Sächsischen Polizey Collegio«, gibt als Größe an: »5 Schuhe, 8 Zoll«. Aussagen von Zeitgenossen über Größe und äußere Gestalt G.s geben subjektive Eindrücke wieder: »Er ist von mittlerer Größe« (Schiller an Körner, 12.9.1788), »von mittlerem Wuchse« (Falk, 17.7. 1792), »von weit mehr als gewöhnlicher Größe und dieser Größe proportioniert dick, breitschultrig« (David Veit an Rahel Levin, 20.3.1793), »eine hohe, schöne Gestalt, die sich gerade hält« (Johanna an Arthur Schopenhauer, 28.11.1806), »von hohem Wuchs, [...] es herrschte ein ausgezeichnetes richtiges Verhältnis zwischen allen Gliedmaßen seiner kraftvollen imponierenden Gestalt« (Johann Sebastian Grüner, 26.4.1820); »Er ist sehr groß, von starkem aber gar nicht ins Plumpe fallenden Körperbau« (August von Platen, 17.10.1821), »der Wuchs hoch, die Gestalt kolossal« (Odyniec, 19.8.1829), »Etwas über Mittelgröße, schien er größer als er war,

weil er sich sehr gerade hielt« (Großherzog Carl Alexander). Matthisson sah G. als »stattlichen Mann« (1783), Eckermann als »erhabene Gestalt« (1823), Franz Kugler als »hohe, edle Gestalt« (Mai 1827).   CS

Kosegarten, Johann Gottfried Ludwig (1792–1860): Orientalist; ab 1817 Professor in Jena und Greifswald; G.s *Divan*-Ratgeber zu orientalischer Sprache, Schrift und Literatur, der auch die Druckbogen durchsah. Am Schluß der ⟋*Noten und Abhandlungen zu besserem Verständnis des Westöstlichen Divans* dankt ihm G. dafür. Und erfüllt ihm einen ganz anderen Wunsch: Er wird Patenonkel bei Klein-Gottfried Karl Gotthard: »Da die geistige Verwandtschaft zwischen uns bisher so wohl gediehen, wird ein Gleiches nunmehr von der geistlichen zu hoffen seyn« (an Kosegarten, 18.1.1820).   PO

Kosmopolitismus s. **Weltbürgertum**

Kotzebue, August (1761–1819), als Theaterautor einer der erfolgreichsten seiner Zeit: 216 (!) Theaterstücke; Direktor des Theaters in Weimar, dann des Burgtheaters in Wien; ab 1799 wieder in Jena und Weimar. Kotzebue stammte aus Weimar, G. kannte ihn seit dessen Jugend und brachte Kotzebues Stücke oft auf die Weimarer Bühne. Ab 1802 begann Kotzebue G. zu attackieren. Als Gegner G.s und der Romantiker gab er z.B. den *Freimütigen* heraus – dort 1805 ein »Beweis, daß Herr v. Goethe kein Deutsch versteht«. G. 1816 *An Kotzebue*: »Natur gab dir so schöne Gaben,/ Als tausend andre Menschen nicht haben;/Sie versagte dir aber das schönste Gewinst,/Zu schätzen mit Freude fremdes Verdienst«. Weil er ihn für einen russischen Spion hielt, ermordete der Jenaer Student Carl Ludwig Sand Kotzebue 1819 in Mannheim.   PO

Krabskrälligkeit: In der Briefsprache Christiane G.s gleichbedeutend mit Schwangerschaft (24.5. 1793).   BL

Krafft, Johann Friedrich (gest. 1785), ein Bittsteller, der sich 1778 an G. wandte, der ihn sechs Jahre lang in ⟋Ilmenau unterbringen konnte und ihm von 1781 an aus privaten Mitteln eine Pension von jährlich 200 Talern zahlte. Krafft liefert G. einige kenntnisreiche Briefe über die Bergwerksangelegenheit, in den *Annalen* zum Jahre 1794 findet sich eine kleine Charakteristik Kraffts: »Ein wundersamer, durch verwickelte Schicksale nicht ohne seine Schuld verarmter Mann, hielt sich durch meine Unterstützung in Ilmenau unter fremdem Namen auf. Er war mir sehr nützlich, da er mir in Bergwerks- und Steuersachen durch unmittelbare Anschauung, als gewandter, obgleich hypochondrischer Geschäftsmann, mehreres überlieferte, was ich selbst nicht hätte bis auf den Grad einsehen und mir zu eigen machen können«.

BJ

Krankheit/Gesundheit: Bei G. vorerst ein auf die Leiblichkeit bezogener Zustand; Gesundheit als höchster Wert des Lebens will gepflegt werden (»Ich bitte Sie, sorgen Sie doch für diesen Leib mit anhaltender Treue. Die Seele muß nun einmal durch diese Augen sehen, und wenn sie trüb sind, so ist's in der ganzen Welt Regenwetter« (an A. Trapp, 28.7.1770). Gesundheit ist ein ganzheitlich körperliches Wohlbefinden, Krankheit das Gegenteil davon. Durch die im ↗Wertherfieber erlebte Krankheit zum Tode weitet sich bei G. die Thematik über den rein biologischen Aspekt in seelische und gesellschaftliche Fragestellungen aus. G. stellt der pathologisch veranlagten modernen Gesellschaft seiner Zeit den Begriff einer gesunden Natur des Menschen entgegen, der zuletzt nicht nur Leib und Seele, sondern das ganze Weltall miteinschließt. G.s Gedanken über Krankheit und Gesundheit sind seinen eigenen Krankheiten abgerungen: mehrmals, 1768 (Blutsturz und Lungenaffektion), 1801, 1805, 1823 und 1830, erholte sich G. nur durch körperliche Ertüchtigungen, Badekuren und nicht zuletzt durch intensive Reflexionen über den mikrokosmischen und makrokosmischen Aspekt des Krank- und Gesundseins von mehreren lebensbedrohenden Krankheiten.

AV

Krankheiten G.s, eine Fülle von Gebrechen, Problemen und Konflikten, die aufs Gemüt schlugen und G.s Leben vielfältig beeinträchtigten: Nabelschnurumschlingung bei der Geburt, viele Kinderkrankheiten, auch Pocken, 1768 erster Blutsturz, dazu Anflüge von Melancholie und Hypochondrie. 1775/76 Probleme mit der »Sinnwidrigkeit« des öffentlichen Lebens am Weimarer Hof, in deren Folge er schließlich 1786 Hals über Kopf nach Italien aufbricht; 1801 »schreckliche Krise der Natur«, wohl eine Gesichtsrose. G. wird sehr dick. Folgen sind Verstopfung, Rheuma, Gicht, Nierensteine, mit starken Kopfschmerzen; er verliert einen Zahn nach dem anderen (Ersatz durch teures Porzellan), er leidet (erstmals 1800) an Schwindelanfällen. 1823 schwere Angina pectoris mit Atemnot. 1830 zweiter Blutsturz (aus der Lunge, dem Magen oder aus Varizen der Speiseröhre). Seelische Komponenten sieht G. als Krankheitsauslöser, die Krankheit selbst als »Zuchtmeister« und Lebenschance, weil »Leiden dem Gemüt doppeltes Leben und Kraft gibt«.

JK

Kraus, Georg Melchior (1737–1806), mit G. befreundeter Maler, dessen Gemälde und Zeichnungen die Weimarer Kultur jener Tage dokumentieren. Wie G. aus Frankfurt stammend, besuchte Kraus wegen seiner Beziehungen zur von Steinschen Familie häufig Weimar. G. schildert in *Dichtung und Wahrheit* (20. Buch), wie Kraus' Werke ihm 1774 das »frisch thätige[...] literarische[...] und Künstlerleben« Weimars vorstellten. Nachdem sich beide 1775 ständig in Weimar niedergelassen hatten, wurde Kraus Direktor der ↗Freien Zeichenschule, an der G. später Anatomieunterricht erteilte. Neben Bühnenbildern für das Weimarer Liebhabertheater fertigte Kraus im Auftrag G.s auch Zeichnungen an, unter anderem als er diesen auf seiner dritten Harzreise (1784) begleitete und bei geologischen Studien unterstützte.

JAS

Kräuter, Friedrich Theodor David (1790–1856), seit 1805 Bibliothekssekretär in Weimar, von 1818 an Privatsekretär und Schreiber G.s. Das persönliche Verhältnis zu seinem Sekretär ist immerhin so, daß G. 1815 überlegt, ob er »Kreiter« eine Aufmerksamkeit aus Frankfurt mitbringen soll (vgl. an Christiane von G., 12.9.1815). G. verweist in seinem amtlichen Bericht über die »unmittelbaren Anstalten für Kunst und Wissenschaft im Großherzogtum Weimar« an Voigt (19.12.1815) ausdrücklich auf die Mitarbeit Kräuters, dessen Verdienste um die Weimarer Archive er ebenfalls stets würdigte. In seinem Testament setzte G. Kräuter als Aufseher über seine ↗Sammlungen und die ↗Bibliothek ein.

BJ

Krieg s. **Frieden**

Kritik: »Es gibt eine zerstörende Kritik und eine produktive«, unterschied G. (*Theilnahme Goethe's an Manzoni*, Graf Carmagnola noch einmal). Die zerstörende ist nichts als vorurteilsgeprägte Mäkelei und deshalb allzu einfach, die produktive hingegen ist schwer, da sie ihren Gegenstand erst erfassen und verstehen muß, um ihn an den von ihm selbst aufgestellten, historisch und ästhetisch bedingten Maßstäben bewerten zu können.

Dieser zweite Ansatz war G. vor allem durch Herder vermittelt worden und wurde von ihm nicht nur allgemein bevorzugt, sondern auch bei der eigenen Tätigkeit als Kritiker verfolgt (als beispielhaft ist die Shakespeare-Kritik in *Wilhelm Meisters Lehrjahren* anzuführen; eher eine Ausnahme bildet die polemische Rezension von Johann Georg Sulzers *Theorie der schönen Künste* 1772).

Dementsprechend freudig reagierte G., wenn er

sich als Autor verstanden fühlte und gelobt wurde. Der negativen Kritik an seinen Werken durch andere wollte er, wie er immer wieder versicherte, nicht viel Bedeutung beimessen, doch lassen mehrere *Xenien* und *Zahme Xenien* diese Behauptung wenig glaubhaft erscheinen.   DF

Kultur: In *Dichtung und Wahrheit*, 9. Buch, beschreibt G. seine Begegnung mit Johann Heinrich Jung-Stilling (1740–1817), den er schätzt und den er als Person einem natürlichen Kulturzustand subsumiert, welcher, anders als die viel weiter verbreitete »künstliche« Kultur, durch ein reines Gewissen, heiteren Geist und Bibellektüre zustande kommt. Mit der gleichen Intention einer Unterscheidung von echter und künstlicher Kultur wird im 10. Kapitel des 1. Buchs von *Wilhelm Meisters Wanderjahre* die alte Kultur der Sternenkunde gegen die unlängst vor G. entstandene Unkultur des ↗ Fernrohr- und ↗ Brillengebrauchs favorisiert: »Wer durch Brillen sieht, hält sich für klüger, als er ist, denn sein äußerer Sinn wird dadurch mit seiner innern Urteilsfähigkeit außer Gleichgewicht gesetzt, es gehört eine höhere Kultur dazu, deren nur vorzügliche Menschen fähig sind, ihr Inneres, Wahres mit diesem von außen herangerückten Falschen einigermaßen auszugleichen.« Hinter solchen Sätzen, die an anderer Stelle durch eine gleichlautende Kritik am Mikroskopgebrauch unterstützt werden, verbirgt sich eine G.sche Kulturkritik, die bis heute aktuell geblieben ist.   AV

Kummerfeldsches Waschwasser: Kosmetikum gegen »rauhen Teint« und Hautunreinheiten, Mischung aus Kalk- und Rosenwasser, Schwefelmilch, Kampfer und arabischem Gummi. »Man trägt es abends nach gutem Umschütteln auf, läßt es eintrocknen, reibt es morgens ab.« Karoline Kummerfeld, geb. Schulze (1745–1815), Schauspielerin, kam 1784 als Mitglied der ↗ Bellomoschen Truppe nach Weimar, 1785 Rückzug vom Theater, Näh- und Handarbeiten für den Hof, auch für G.; sie gründete 1785 eine Nähschule mit Unterstützung Anna Amalias, vertrieb »Kummerfeldsches Waschwasser.« Christiane benutzte es, damit die Haut »schön glatt« wird, G. schickte es nach Lauchstädt. »Lebe recht wohl und vergnügt […] Waschwasser kommt mit« (24.7. 1804).   CS

Kunscht-Meyer s. **Meyer, Johann Heinrich**

Kunst hat G. lebenslang in all ihren Ausformungen theoretisch und praktisch interessiert, er studierte

intensiv ihre Geschichte und verfolgte das zeitgenössische Geschehen. Er kannte neben unzähligen kleinen auch viele große Künstler der Zeit persönlich (Beethoven, Mendelssohn-Bartholdy, Schiller, Caspar David Friedrich, Philipp Otto Runge, Karl Friedrich Schinkel u. v. m.), ohne jedoch immer zu erkennen, wer – wie im Fall Hölderlins u. a. m. – für die Nachwelt bedeutend werden sollte. G.s Nachdenken über die Kunst (↗ Ästhetik) war von Anbeginn von deren Verhältnis zur ↗ Natur geprägt und führte über die Positionen: Kunst ist gleich Natur (↗ Sturm und Drang), Kunst ahmt Natur nach (↗ Klassizismus) bis hin zu der in den letzten Lebensjahrzehnten vertretenen Meinung: »Kunst: eine andere Natur, auch geheimnisvoll, aber verständlicher; denn sie entspringt aus dem Verstande« (*MuR*).

Vor allem in der antiken Kunst sah G. gegeben, was er von aller Kunst bzw. ihrem Schöpfer forderte, nämlich, »wetteifernd mit der Natur etwas Geistig-Organisches hervorzubringen und seinem Kunstwerk einen solchen Gehalt, eine solche Form zu geben, wodurch es zugleich natürlich und übernatürlich erscheint« (*Einleitung in die Propyläen*). Dann, und nur dann ist »die Kunst eine Vermittlerin des Unaussprechlichen« (*MuR*), also dessen, was unter den Bezeichnungen Gott, Idee, Sinn, Wahrheit usw. dem menschlichen Verstand nicht direkt zugänglich ist.
                                                DF

Kunstgeschichte entstand als Zugang zum Kunstverständnis und als wissenschaftliche Disziplin erst im späten 18. Jh. (↗ Winckelmann). Die zuvor übliche Methode, sämtliche Kunstwerke aller Zeiten anhand derselben Kriterien zu beurteilen, hatte zur Folge, daß viele unverstanden blieben. Winckelmanns *Geschichte der Kunst des Altertums* (1764) war eines der Werke, das mit dieser Tradition brach. G. studierte es 1786/87 in Rom, sein eigenes historisches Denken hatte sich jedoch schon seit der Straßburger Zeit unter dem Einfluß Herders ausgebildet. So konnte G. dem Oheim der *Lehrjahre* 1796 seine (später oft wiederholte) Meinung in den Mund legen, nach der »eigentlich die Geschichte der Kunst allein uns den Begriff von dem Wert und der Würde eines Kunstwerks geben könne« (VI). Jede Kunst ist Ausdruck der Zeit, in der sie entsteht, erkannte G.; dennoch oder gerade deshalb war sein Interesse an der Kunstgeschichte davon geprägt, unabhängig von der zeitlichen Bedingtheit der jeweiligen Kunstwerke überzeitliche Kriterien für das, was echte Kunst ausmacht, herauszuarbeiten.   DF

Künstler: *Bilde, Künstler! Rede nicht!/Nur ein Hauch sei dein Gedicht*, lautet G.s Motto zu der in der Werkausgabe 1815 zusammengestellten Spruchsammlung *Kunst*. Damit ist die Aufgabe des Künstlers, worunter G. meistens, aber nicht ausschließlich einen bildenden versteht, beschrieben – wie er sie erfüllen kann, ist ein anderes Problem. Schon früh wird G. klar, daß der Künstler »zugleich Handwercker« sein (an Roederer, 21.9.1771), sich also in seinem Metier auskennen und sowohl sein Material als auch seine Techniken beherrschen müsse (↗Handwerk). Doch das ist nur die Grundbedingung: »In jedem Künstler liegt ein Keim von Verwegenheit« (*MuR*), analysiert G. und mißt der Fähigkeit, neue Wege zu gehen bzw. sich von Tradiertem abzusetzen, hohen Wert bei. Dies ist jedoch keine Absage an eine historische und regionale Einbindung des Künstlers, sei er »Halbgott« oder »Wilder«, und seiner zwangsläufig »charakteristischen«, deshalb »einzig wahren« Kunst (*Von Deutscher Baukunst*).

In der Zeit des ↗Sturm und Drang huldigt G. dem ↗Genie, das als Künstler perfekt arbeitet, weil es göttliche Inspiration erfährt und einer Naturgewalt gleicht. Doch bald erkennt er, daß ein genialischer Anspruch auch leicht negativ auswirken und zu Willkür verleiten kann. In einem langen und für G.s Kunstauffassung sehr wichtigen Brief erklärt er dies am 21.6.1781 dem Maler Friedrich ↗Müller und rät seinem ehemaligen Weggefährten, die ↗Natur zu studieren, des weiteren Raffael, Dürer und die Antike (vgl. auch bereits *Nach Falconet und über Falconet*). Insbesondere im Verlauf der Italienreise, während der er sich zudem selbst als Künstler »wiedergefunden« zu haben glaubt (an Carl August, 17.3. 1788), nähert sich G. der Haltung Winckelmanns an, nach der ein moderner Künstler nur durch Nachahmung antiker Kunst Bedeutendes leisten könne. Mittels der Weimarer Preisaufgaben, die fast ausnahmslos Episoden aus Homers Epen zum Thema haben, sucht er deshalb 1799–1805, zur Ausbildung junger Künstler beizutragen. DF

Künstlers Apotheose s. **Lyriker, G. als**

Künstlers Morgenlied: *Ich hab' euch einen Tempel baut*, entstanden wohl 1773. Erstdruck 1776 in: *Neuer Versuch über die Schauspielkunst mit einem Anhang aus Goethes Brieftasche*; in den *Schriften* 1789 stilistisch und metrisch geglättet. Dieses Rollengedicht eines Malers basiert auf der erneuten intensiven Homer-Lektüre G.s im Wetzlarer Sommer 1772. In seinem genialischen Sprachduktus, dem abgerissenen, assoziativen Stil bildet das Gedicht ab, wie die Lektüre Homers, einer der literarischen Heroen des jungen G., eigene schöpferische Tätigkeit freisetzt: »Die Kohle (= Malkohle) wird Gewehr«. Der Künstler spiegelt sich in verschiedenen mythologischen Figuren und Situationen (Kampf zwischen Patroklos und Hektor). Die Vision des Mädchens, welche die kriegerische Phantasie ablöst, bezieht dieses in das Rollenspiel mit ein. In der Typisierung als Madonna, Nymphe und Venus (beim Ehebruch mit Mars) wird es Auslöserin einer kulturübergreifenden, umfassenden Liebesphantasie.

Selten ist die Rolle der Frau als Muse sprachlich so kühn formuliert worden: »Und mir's vom Aug' durchs Herz hindurch/In'n Griffel schmachtete«. Diese für den jungen G. typische Amalgamierung des Künstler- und des Liebesthemas wird mit spielerischer Ironie und erotisch-obszönen Anspielungen realisiert. Im ›Nachspielen‹ mythologischer Liebesszenen vergöttlicht der genialische Künstler sich selbst und das Mädchen. Diese Gestaltung des Schaffensprozesses als Traumvision entspricht modernen Kreativitätsvorstellungen über die Analogie von Traum, Tagtraum und schöpferischem Prozeß. IW

Kunstsammlungen s. **Sammlungen**

Kunstwerk s. **Organismus**

Kupferstich: Mit den Produkten der alten Drucktechnik, die auf dem Einritzen oder -ätzen einer feinstrichigen Zeichnung in eine kupferne Druckplatte beruht, war G. von Kindheit auf vertraut. Stiche nach alten Meistern und vor allem Ansichten italienischer Landschaften hingen an den Wänden des Elternhauses. Im 4. Buch von *Dichtung und Wahrheit* berichtet G. ausführlich über die Mühe, die der Vater zum Erhalt und zur Reinigung der Sammlung aufwendete. Als junger Student in Leipzig erlernte G. selber die Technik des Kupferstechens, blieb aber zeitlebens enttäuscht über den Dilettantismus der eigenen Versuche. Die hohe Wertschätzung, die G. dem Kupferstich zukommen ließ, ist am besten aus der riesigen Sammlung zu ersehen, die er im Laufe seines Lebens zusammentrug: Sie umfaßte etwa 5000 Stiche und ebenfalls einige Druckplatten, so daß man in Weimar sogar Nachdrucke herstellen konnte. BJ

Lamon, Figur aus *Die Laune des Verliebten*.

La Roche, Maximiliane (Maxe) von (1756–1793), Tochter Sophie von La Roches. 18jährig heiratete sie auf Wunsch ihrer Eltern den Frankfurter Kaufmann Peter Anton Brentano – ein 39jähriger Witwer mit fünf Kindern. Mit ihm hatte sie weitere 13 Kinder, u. a. Bettina von Arnim und Clemens Brentano. Mit 37 Jahren starb sie – nach der Geburt des 13. Kindes. G. hatte Maxe 1772 im Hause ihrer Eltern in Ehrenbreitstein kennengelernt, wobei sie ihn unter den Töchtern »gar bald besonders anzog« (*DuW*, 13. Buch). Sie ist das »Fräulein B.« im *Werther*; ihre Ehe stand Pate für das 2. Buch des *Werther*.   PO

La Roche, Sophie von, geb. Gutermann (1731–1807), Schriftstellerin, Mutter Maximiliane von La Roches, Großmutter Bettina von Arnims und Clemens Brentanos, einstige Verlobte Wielands; bekannt mit G. seit 1771. Ihr Haus war Treffpunkt der Darmstädter und anderer sog. Empfindsamer (↗Empfindsamkeit). Ihren Briefroman *Geschichte des Fräuleins von Sternheim* (1771) feierte man gleichsam als Kultroman: ein Mädchen, jung und edel und höfische Intrigen. Er war eine Vorlage für G.s *Werther*. Und ein schönes Kompliment gibt's für sie auch: »Sie war die

Die Laokoon-Gruppe, Gegenstand zahlreicher Kunstdebatten der Aufklärung. Von links: Mitleiden, Schrecken und Furcht

wunderbarste Frau, und ich wüßte ihr keine andre zu vergleichen« (*DuW*, 13. Buch).   PO

Landschaft: Im 18. Jh. wurde den Europäern ihre Entfernung und Entfremdung von der Natur zunehmend bewußt. Nur vor diesem Hintergrund konnten Philosophen wie Rousseau die Rückkehr zu ihr fordern, konnte die Mode aufkommen, sich in ihr zu ergehen: Die Wahrnehmung der wilden Natur veränderte sich, und letztere wurde – auch in der Malerei und der ↗Gartenkunst – ästhetisiert und damit zur Landschaft umgebildet. G.s Werke sind von Landschaftsdarstellungen durchzogen, wobei das sich verändernde Verhältnis des Menschen – ebenso wie G.s eigenes – zu seiner Umwelt zu verfolgen ist: erfährt Werther das »volle, warme Gefühl« seines Herzens »an der lebendigen Natur« (1. Buch, 18. 8.), wird diese also erlebt und dementsprechend gefeiert, setzt sich Eduard zu Beginn der *Wahlverwandtschaften* (1809) so hin, »daß er durch Tür und Fenster die verschiedenen Bilder, welche die Landschaft gleichsam im Rahmen zeigten, auf einen Blick übersehen konnte«, er also stiller Betrachter ist.   DF

Landschaftsmalerei: Umgekehrt proportional zur Entfernung des Menschen von der Landschaft rückte ihre Darstellung im Lauf ihrer Geschichte immer mehr in den Mittelpunkt. G.s Lieblingslandschafter Nicolas Poussin und Claude Lorrain hatten bereits im 17. Jh. in ihren Historienbildern die menschlichen Figuren auf kaum erkennbare Größe schrumpfen lassen; die Tendenz mündete im 19. Jh. in eine vollständige Verdrängung der Personen. G. hat selbst unzählige Landschaftsskizzen und -zeichnungen angefertigt, er kannte sich jedoch auch vorzüglich in der Geschichte des Genres aus, wie sein Fragment gebliebener Versuch *Landschaftliche Malerei* zeigt. Endet dieser auch mit Lorrain, wird ein anschließendes, »endliches Auslaufen in die Porträtlandschaften« (ohne menschliche Figuren) immerhin festgestellt. Die weitere Entwicklung des Genres, wie sie u. a. der heute wohl berühmteste Landschaftsmaler Caspar David Friedrich vorantrieb, erfolgte nicht in G.s Sinn, waren ihm, dem Klassizisten, doch Darstellungen menschlicher Körper das wichtigste. Von den älteren Zeitgenossen schätzte G. vor allem Philipp Hackert, den er 1787 in Neapel kennengelernt hatte, und dessen Schüler Christoph Heinrich Kniep G. nach Sizilien begleitete.   DF

Laokoon: Die Laokoon-Plastik ist 1506 in Rom aufgefunden worden. Entstanden ist sie um etwa 50 v.

Chr. in Rhodos und wird den Bildhauern Hagesander, Polydoros und Athanadoros zugeschrieben. Vergil hat in seiner *Aeneis* (Buch 2) den Vorfall geschildert, den die Plastik darstellt: Der Poseidon-Priester Laokoon warnt die Trojer vergeblich vor dem hölzernen Pferd, das die Griechen – sie haben zum Schein die Belagerung Trojas aufgegeben und sind in See gestochen – am Strand vor der Stadt hinterlassen haben. Im Zorn schleudert er seinen Speer gegen dieses »Danaergeschenk«. Während die Trojer eine Bresche in die Mauer der Stadt schlagen und das Pferd hineinziehen, wird Laokoon mit seinen beiden Söhnen am Strand von zwei riesigen Seeschlangen erwürgt – für die Trojaner ein Zeichen göttlicher Rache an ihm.

Die Plastik übte nicht nur auf die Künstler der Renaissance starke Wirkung aus, sie strahlte weiter in die Kunstdebatten der Aufklärung. Winckelmann hat sich früh in den *Gedanken über die Nachahmung der griechischen Werke in der Malerei und Bildhauerkunst* (1755) damit beschäftigt (»edle Einfalt, stille Größe«), Lessing setzte mit seinem *Laokoon: oder über die Grenzen von Malerei und Poesie* (1766) einen deutlicheren Akzent, indem er die unterschiedlichen Medien und Materialien betonte. Der Poesie sei es nur möglich, ein Ereignis im Erzählen des Nacheinander allmählich im Gedächtnis aufzubauen, während Malerei und Plastik den unschätzbaren Vorteil hätten, den »fruchtbaren Moment« unmittelbar vor Augen zu führen. G. hatte zunächst nur den Abguß des Laokoon-Kopfes in Leipzig gesehen, begann sich aber lebhaft mit der Debatte um die Reichweite von Poesie und Kunst bei der Naturnachahmung zu beschäftigen. Vollständig sah er die Gruppe Ende Oktober 1769 im Mannheimer Antikensaal: »entre bien de magnifiques qui frappent les yeux, rien n'a pu tant attirer mon etre, que la Grouppe de Laokoon [...] J'en ai eté extasie, pour oublier presque touttes les autres statues« (an Langer, 30.11.1769). In diesem Brief berichtet er, daß er Oeser eine Abhandlung angekündigt habe, die er alsbald abschließen wolle. Damit verliert sich die Spur dieser Abhandlung. Die Besichtigung des Originals der Laokoongruppe im November 1787 in Rom (Vatikanische Sammlungen) bei Fackelschein, der die Plastiken lebendig wirken läßt, wird lediglich als solche verzeichnet, G. hat keinen schriftlichen Eindruck hinterlassen.

Der Stein kam erneut ins Rollen, als der in Rom lebende Archäologe Aloys Ludwig ↗Hirt (1759–1837) einen Aufsatz über diese Monumentalplastik (Höhe 184 cm) für Schillers *Horen* einreichte. G. erinnerte sich an seinen alten Plan, faßte seine Gedanken in

Über Laokoon (im Juni 1798) neu und veröffentlichte den Essay als programmatischen Beitrag im ersten Heft der *Propyläen*. Seine Betrachtung ist frei von allem mythologischen Vorwissen, er konzentriert sich auf die ruhige Analyse der drei »Strebungen« in dieser Plastik: Mitleiden (der jüngere Knabe links, der umschlungen wird und für den es kein Entrinnen gibt), Schrecken (der Mann in der Mitte, der umschlungen ist, am Ende seiner Kräfte um Leben oder Tod kämpft, von einer der beiden Schlangen in die Hüfte gebissen wird und verzweifelt vor Schmerz aufschreit) und Furcht (der ältere Knabe rechts, der sich vielleicht noch herauswinden kann). Die Bildhauerkunst sei deshalb die höchste, weil sie diesen »vorübergehenden Moment« simultan abbilden könne. Die Poesie dagegen könne nur Furcht und Mitleid erregen, nicht aber den Schrecken mitteilen. G.s *Über Laokoon* ist ein höchst modernes Meisterstück der Kunstbetrachtung. BL

Laßberg, Christiane (Christel) von (1761–1778), Hoffräulein. Sie stürzte sich aus Liebeskummer am 16.1.1778 nahe G.s Gartenhausin die Ilm – den *Werther* bei sich. G. schrieb am 18.1.1778 in sein Tagebuch: »In stiller Trauer einige Tage beschäffigt um die Scene des Todts«. Und an Charlotte von Stein: »Ich hab mit Jentschen [dem Hofgärtner] ein gut Stück Felsen ausgehölt, man übersieht von da, in höchster Abgeschiedenheit, ihre lezte Pfade und den Ort ihres Tods« (19.1.1778) – trauriger Auftakt für den späteren ↗Park an der Ilm und heute dort die Felsentreppe Nadelöhr. PO

Laune des Verliebten, Die: G.s dramatisches Erstlingswerk, an dem er zwischen Februar 1767 und April 1768 arbeitete, gehört als Schäferspiel zum typischen Unterhaltungstheater des Rokoko. Die Figurenkonstellation ist denkbar einfach: Zwei Paare sitzen unter Festvorbereitungen in arkadischer Kulisse, eines Lamon und Egle, in vergnügter Selbstzufriedenheit, das zweite, Eridon und Amine, dessen Eintracht durch die krankhafte Eifersucht des Mannes stark belastet wird. Eridons Eifersucht kann erst geheilt werden, als Egle, die Freundin Amines, ihn verführt, sie zu küssen, ihm damit zeigt, daß Liebe andere neckische Zärtlichkeiten nicht ausschließen muß.

G. gibt in *Dichtung und Wahrheit* als biographischen Hintergrund des Stückes seine eifersüchtige Beziehung zu Anna Katharina ↗Schönkopf in Leipzig an, die *Laune des Verliebten* wird ihm zum ersten Beweis für seine Neigung, »dasjenige was mich erfreute oder quälte [...], in ein Bild, ein Gedicht zu verwandeln« (*DuW*, 7. Buch), Schreiben dient also der Kompensation seelischer Schmerzen. Die barokken Alexandriner allerdings, in die G. die Verse bringt, erscheinen als sehr schwerfällig und verhindern eine psychologisch-individuelle Modellierung der Figuren. – *Die Laune des Verliebten* wurde am 20. Mai 1779 vom Weimarischen ↗Liebhabertheater vor der Hofgesellschaft im Schloß Ettersburg uraufgeführt, G. selbst spielte den Eifersüchtigen.   BJ

Lavater, Johann Kaspar (1741–1801), der Pfarrer, Schriftsteller und Physiognomiker in Zürich sei »der beste grösste weiseste innigste aller sterblichen und unsterblichen Menschen die ich kenne«, schrieb G. enthusiastisch an Charlotte von Stein (um den 24.9. 1779). Ein lebhafter Briefwechsel, geprägt von Auseinandersetzungen über religiöse Fragen, verband G. und Lavater seit 1773. Der Besuch des »merkwürdigen Mannes« (*DuW*, 14. Buch) im Juni 1774 in Frankfurt a. M. begründete die Freundschaft der beiden, die sich auf der anschließenden Lahn-Rhein-Reise weiter festigte.

G. nahm fortan regen Anteil an Lavaters *Physiognomischen Fragmenten zur Beförderung der Menschenkenntnis und Menschenliebe* (1775–78): Er lieferte Zeichnungen und Silhouetten, schrieb Beiträge, las das Manuskript und besorgte den Druck des Werkes, in dem Lavater G.s Bildnis eine ganze Folioseite einräumte – auch wenn er daran herummäkelte: »Das Auge hier hat bloß noch im obern Augenliede Spuren des kraftvollen Genius. Der Augapfel selber ist in aller Betrachtung unerträglich.«

Auf G.s Schweiz-Reisen 1775 und 1779 kam es wiederholt zu herzlichen Begegnungen, doch wenige Jahre später wurde eine langsame Entfremdung spürbar: Streitpunkte waren einmal mehr Lavaters christliche Schwärmerei und religiöse Intoleranz. Der *Pontius Pilatus* war G. dann zuviel: »Da ich zwar kein Widerkrist, kein Unkrist aber doch ein dezidirter Nichtkrist binn, so haben mir dein Pilatus und so weiter widrige Eindrücke gemacht« (an Lavater, 29.7. 1782). 1786 folgte der endgültige Bruch: »Ich habe auch unter seine Existenz einen grosen Strich gemacht« (an Charlotte von Stein, 21.7.1786). In den *Venezianischen Epigrammen* und den *Xenien* verhöhnte G. ihn dann, und auch im *Faust* (v. 4323 f.) stellte er ihn als Kranich dar, wie er Eckermann

erzählt (17.2.1829): »Zuletzt habe ich ihn noch in Zürich gesehen, ohne von ihm gesehen zu werden. Verkleidet ging ich in einer Allee, ich sah ihn auf mich zukommen, ich bog außerhalb, er ging an mir vorüber und kannte mich nicht. Sein Gang war der wie eines Kranichs, weswegen er auf dem Blocksberg als Kranich vorkommt«.   AR

Lazarettpoesie: »Die Dichter schreiben alle, als wären sie krank und die ganze Welt ein Lazarett«, so G. polemisch und beiläufig 1827, die aktuelle Literaturentwicklung um sich herum nicht mehr ganz verstehend und sie als krankhaft abstempelnd. Ein Mythos hat sich offensichtlich überlebt. Man verstehe die Epochenbrüche: Ein großbürgerlich-saturierter Dichter-Fürst, der ein feudales, von Gottes Gnaden Carl Augusts geschenktes Haus führt, dem der größte Verlag Deutschlands, dem die Bühnen allerorten offenstehen, die Jahrbücher und die Almanache, urteilt über die Unbehausten, Armseligen, zu spät oder zu früh Gekommenen der gegenwärtigen deutschen Literatur. Friedrich Hölderlin mit der unerfüllbaren Sehnsucht des Deutschen nach Griechenland im Kopf dämmerte seit 1806 im Tübinger Turm vor sich hin; Heinrich von Kleist, der mit seiner *Penthesilea* ein mythisch-orgiastisches Gegenbild zu G.s sittsam-humaner *Iphigenie* geschaffen und an dessen *Zerbrochnem Krug* und den *Prinzen von Homburg* – gemessen am Unterhaltungswert – kein Theaterstück G.s heranreicht; bis Kleist schließlich 1811, das Abgründige des Menschen doppelt unterstreichend, in heiterster Verzweiflung erst seine Freundin Henriette Vogel, keine Schuld an diesem Mord auf sich nehmend, dann sich selbst am Berliner Wannsee erschossen hat; die Frühromantik à la Ludwig Tieck, Heinrich Wackenroder, Friedrich Schlegel, Clemens Brentano noch vor der Jahrhundertwende mit ihrem Ruinenkult, ihrer Mittelaltersehnsucht, ihrem zunächst kryptischen Katholizismus und ihrer gemäßigten sexuellen Libertinage, der Vorliebe für das Fragmentarische, Aphoristische aufgebrochen, war längst vererbt, Heinrich Heine und Georg Büchner machten sich gerade erst auf den Weg in die Literatur. Ein Vakuum gewiß, aber gleich ein Lazarett? Und auf welchem literarischen Kriegsschauplatz, auf dem G. noch kämpfte, etwa dem der bürgerlich-demokratischen Emanzipationsbedürfnisse des 19. Jhs? Mitnichten. Er hatte den Grund gelegt, wurde aber selbst rasch Opfer objektiver Entwicklungen und Distanzierungen (↗Gegnerschaften) oder zum ideologiegeschützten Kultgegenstand.   BL

Lebende Bilder, »tableaux vivants«, meist zu geselligen Zwecken veranstaltete Nachstellung berühmter oder beliebter Gemälde oder Statuengruppen auf einer Bühne; oft sogar noch musikalisch untermalt. Noch in G.s eigener Umgebung in Weimar unterhielt man sich mit Lebenden Bildern. Im 5. und 6. Kapitel des zweiten Buches der *Wahlverwandtschaften* unternimmt die Tochter Charlottes, Luciane, die Nachstellung alttestamentlicher Stoffe, in der sie selber am besten wirken möchte. Zur Abendgestaltung werden mehrere Bilder auf der Bühne nachgestellt, Vorhang, Lichtregie und Zwischenmusik perfektionieren die Darstellungen. Nach Lucianes Abreise zeigt sich bei einer Krippendarstellung allerdings, daß einzig ↗Ottilie, als Mutter Gottes, in mythisch-idealer Weise in die biblische Welt paßt. BJ

Legende: *Als noch, verkannt und sehr gering*, entstand Ende Mai/Anfang Juni 1797 und erschien in Schillers *Musen-Almanach für das Jahr 1798* (↗Balladenjahr). Das Gedicht in ↗Knittelversen und einfachem Erzählton nimmt die Tradition der Volksdichtung der frühen Neuzeit auf, die G. bereits in den 70er Jahren zu eigenen literarischen Versuchen in volkstümlichem Stil angeregt hatte. In seinen *Werken* stellte er die Ballade folgerichtig mit der *Erklärung eines alten Holzschnittes vorstellend Hans Sachsens poetische Sendung* von 1776 zusammen. In *Legende* orientiert sich G. am Muster der Heiligenlegende; das Exempel, das »der Herr« an seinem Jünger Petrus statuiert, hat allerdings einen heiter-irdischen Charakter. Mit »Heiterkeit« wird Petrus zu Fleiß, sinnvollem Einsatz der Kräfte und Achtung auch des scheinbar geringen Wertes ermahnt. Diese Lehre, die ganz im Sinne der Aufklärung sowohl durch sinnliche Anschauung als auch durch das belehrende Wort erteilt wird, reproduziert den Wertekanon der zeitgenössischen bürgerlichen Hausväterliteratur. IW

Le Globe, *journal philosophique et littéraire*: Zeitschrift der französischen Romantik (1824–1832), herausgegeben von Pierre Dubois. G. las den *Globe* angeregt zustimmend, Herausgeber und Autoren schätzte er als Multiplikatoren seiner Idee der ↗Weltliteratur: »Diese Männer sind ganz auf dem Wege, eine Annäherung zwischen Frankreich und Deutschland zu bewirken, indem sie eine Sprache bilden, die durchaus geeignet ist, den Ideen-Verkehr zwischen beiden Nationen zu erleichtern« (Eckermann, 17.10.1828). Nicht ohne Eitelkeit nahm G. das Lob seiner eigenen Werke im *Globe* zur Kenntnis (an Reinhard, 12.5.1826); ob allerdings die Politisierung der Zeit-

schrift von 1830 an – der *Globe* wurde Sprachrohr eines saint-simonistischen Politikverständnisses – mit der Abschaffung allen Zeitunglesens im Hause G.s (an Zelter, 29.4.1830) ursächlich zusammenhängt, kann nicht eindeutig erwiesen werden. BJ

Lehrer G.s: ↗Kindergarten, Spielschule (1752–55): Maria Magdalena Hoff; Grundschule, ↗Elementarschule (1755–56): ↗Schellhaffer; Schreiben, ↗Schönschreiben, Rechnen, Geographie, Geschichte (1756–60): ↗Thym; Latein (ab 1756), Griechisch (ab 1757): ↗Scherbius; Französisch (ab 1757): Mlle Marie Madeleine Gachet; Italienisch (ab 1760): Domenico Giovinazzi; ↗Judendeutsch (April-Juni 1761): Karl Christian Christfreund (?); Religionsunterricht (ab Frühjahr 1762): Johann Georg Schmidt; Englisch (ab Juni 1762): Johann Peter Christoph Schade; Hebräisch (ab Sommer 1762): ↗Albrecht; Zeichnen: Johann Michael Eben (ab 1758), ↗Oeser (ab 1765 in Leipzig), ↗Morgenstern, ↗Kraus; Klavierunterricht - gemeinsam mit der Schwester Cornelia - ab 1763: Johann Andreas Bismann; Kupferstich, Radieren, Holzschnitt: Johann Michael Stock (1767 in Leipzig); Ölmalerei Johann Andreas Benjamin Nothnagel (1767 in Leipzig); Aquarellieren (1787): Christoph Heinrich Kniep; ↗Reiten: Carl Ambrosius Runckel; ↗Fechten: Johann Christian Juncker; Tanzen: erst gemeinsamer Unterricht mit Cornelia durch den Vater 1760, dann 1770 in Straßburg Tanzkurs bei einem französischen Tanzmeister. BL

Lehrhafte Dichtung. In seinem kurzen Essay *Über das Lehrgedicht*, der 1827 in *Kunst und Altertum* erschien, schreibt G.: »Alle Poesie soll belehrend sein, aber unmerklich.« Dieser Grundsatz variiert das antike Dichtungsprinzip des *prodesse et delectare*, dem die Poetik der Aufklärung noch stark verpflichtet war, nur leicht. G. zeigte in den verschiedenen Phasen seines lyrischen Werks eine unterschiedlich starke, durchaus nicht immer ›unmerkliche‹ Tendenz zur belehrenden Rede. Gedankenlyrik, die Poetisierung also philosophischer und weltanschaulicher Einsichten und Denkprozesse, faßte G. in seinen späteren Werkausgaben stimmig unter den Rubriken »Gott, Gemüt und Welt« (1815) und »Gott und Welt« (1827) zusammen. Dieses ›Reden über Gott und die Welt‹, für welches das Gedicht ↗*Das Göttliche* (entstanden wohl 1783) ein frühes Beispiel ist, wurde philosophisch-ästhetisch vertieft im Jahrzehnt der Zusammenarbeit mit Schiller (1794–1805). Gemeinsam erarbeiteten beide die ästhetischen Positionen der Klassik und setzten sie in poetischer Praxis um (↗Elegien, klassisch ↗Balladenjahr).

Im klassischen Jahrzehnt faßte G. auch den Plan eines großen lehrhaften Naturgedichts nach antikem Vorbild, der jedoch nicht ausgeführt wurde. Nur in zwei Lehrgedichten, *Die Metamorphose der Pflanzen* und *Metamorphose der Tiere*, wurde die Vermittlung naturwissenschaftlicher Erkenntnis in poetischer Rede ausgeführt. Neben dieser explizit belehrenden Dichtung zeigt sich im lyrischen Werk G.s generell eine zunehmende Neigung zur Aussprache gleichnishafter Lebensweisheit, die sich nicht nur aus dem eigen-, sondern aus einem interkulturellen symbolischen Fundus bedient und häufig den Charakter einer Geheimlehre annimmt (*Weissagungen des Bakis, Vermächtnis altpersischen Glaubens, Urworte. Orphisch*). Ein ab 1820 einsetzender ↗G.-Kult verstärkt diese Tendenz von außen; so trägt ein spätes Gedicht von 1829 den signifikanten Titel *Vermächtnis*. Die umfangreiche ↗Spruchdichtung zeigt jedoch, daß G.s Verhältnis zum Publikum nicht nur ein ethisch und ästhetisch erzieherisches ist, sondern durchaus satirische Aspekte hat. Auch die Rollenzuweisung als ›Olympier‹ wird immer wieder ironisch zurückgewiesen.   IW

Leichtsinn, (nicht negatives) Gegenteil der Klugheit, mutiges, unbedachtes und risikobereites Handeln, wie es der Jugend zugehört. G. behandelt Leichtsinn als anthropologische Notwendigkeit im Umgang mit Krisen: »Hierdurch wird er [der Mensch] fähig, dem Einzelnen in jedem Augenblick zu entsagen, wenn er nur in dem andern nach etwas Neuem greifen darf; und so stellen wir uns unbewußt unser ganzes Leben immer wieder her« (*DuW,* 16. Buch). Leichtsinn ist ein Charakterzug verschiedener Mitglieder der Straßburger Tafelrunde (*DuW* 9. Buch), ist Eigenschaft des jungen G. selbst – etwa beim Brand in der Frankfurter Judengasse – oder kennzeichnet in Form heiterer Sorglosigkeit die italienische Nation (*IR,* 26. Oktober 1786). Von G.s literarischen Gestalten ist, neben ↗Philine, wohl ↗Egmont am stärksten durch Leichtsinn gekennzeichnet; er fordert ihn sogar von seinen Getreuen: »Warst du in deiner Jugend auch wohl so bedächtig? Erstiegst du nie den Wall? Bliebst du in der Schlacht, wo es die Klugheit anrät, hinten?« (II.2).   BJ

Leiden des jungen Werthers, Die: Roman. Entstehungszeit Frühjahr 1774, Erstveröffentlichung Sommer 1774 anonym. Mit seinem ersten Roman legte G. ein Buch vor, das einen ungeheuerlichen literarischen Erfolg darstellte. Die erste Auflage war schnellstens vergriffen, Raubdrucke wurden hergestellt, der Roman wurde mit innigster Anteilnahme gelesen und emphatisch gefeiert, sein Held in Rede und Mode nachgeahmt – von anderer Seite wurde der Text verdammt und sogar verboten. Mit diesem Erfolg war der *Werther* das erste weltliterarische Ereignis in deutscher Sprache.

Zum Romangeschehen: Werther, ein junger Mann, flieht aus familiärer Enge und einer bedrängenden unglücklichen Bindung aufs Land. Neben berauschenden Naturerlebnissen lernt er Lotte, die älteste Tochter eines Landamtmanns kennen, die für ihre kleinen Geschwister die Stelle der verstorbenen Mutter eingenommen hat. Lotte aber ist verlobt. Die enthusiastischen Erwartungen Werthers, sowohl in Bezug auf sein geniehaftes Naturerleben als auch in der aufkeimenden Liebe, werden nach und nach enttäuscht – verschärft durch ein entmutigendes gesellschaftliches Erlebnis. Eine zeitweilige Abwesenheit vom Ort bringt keine Beruhigung, nach Werthers Rückkehr spitzt sich die Situation zu, nach einem gemeinsamen Abend mit Lotte, an dem sie Werther halb widerstrebend für immer von sich weist, schießt dieser sich eine Kugel durch den Kopf und stirbt (↗Selbstmord).

Die Geschichte Werthers erscheint zunächst als Geschichte einer unglücklichen Liebe. Mit diesem Motiv greift G. auf eigene biographische Erfahrungen zurück, die er im Roman, sozusagen selbsttherapeutisch, aufarbeitet. Als Gerichtsreferendar in Wetzlar hatte er die Amtmannstochter Charlotte ↗Buff kennengelernt, die ebenfalls schon verlobt war und zu der er eine starke Zuneigung entwickelte. Nach einer Zuspitzung der Lage aber verließ G. ↗Wetzlar fluchtartig. Während der nächsten Monate gingen viele Briefe zwischen Frankfurt und Wetzlar hin und her – und in einem berichtete Lottes Verlobter ↗Kestner vom Selbstmord eines gemeinsamen Wetzlarer Bekannten, Karl Wilhelm ↗Jerusalem, der sich am 30.10.1772 wegen gesellschaftlicher Enttäuschung und einer unerfüllten Liebe mit Kestners (!) Pistolen erschossen hatte. Die eigene Erfahrung und den fremden Tod arbeitete G. nun in seinem Roman zusammen, womit er sich, wie es im 13. Buch von *Dichtung und Wahrheit* heißt, von der schmerzlichen und bedrückenden Erinnerung frei schrieb – in nur vier Wochen.

Die unglückliche Liebe aber ist nur *ein* Motivstrang des Romans. Werther empfindet die bürgerlichen Verhältnisse, zu denen eben auch die Ehemoral als sittliche Grenze gehört, als fatal. Die Menschen im allgemeinen scheinen ihm Marionetten höherer Mächte zu sein, die ihr Leben für den schnöden Erwerb von Nahrung und Kleidung verschwenden, die niemals

Werther erschießt sich: »Von dem Weine hatte er nur ein Glas getrunken. ›Emilia Galotti‹ lag auf dem Pulte aufgeschlagen.«

zum Echten, Unverwechselbaren ihrer eigenen Natur, ihres Herzens vorstoßen. Die größte Enttäuschung aber bereitet Werther ein Erlebnis als Gesandtschaftssekretär, als in einer adligen Gesellschaft gerade diejenigen Personen, die ihn im Gespräch aufs Menschlichste zu schätzen schienen, ihn kalt abweisen, er als Bürgerlicher ausgeschlossen wird. Hier steht der *Werther* kritisch gegen die rückständige Feudalgesellschaft im Deutschland des 18. Jh.s.

Ebenso enthusiastisch wie die Liebe empfindet Werther die ihn umgebende ↗Natur. In dem berühmten Brief vom 10. May, dem zweiten des Romans, schildert der Held eine Naturerfahrung – ›liegend im Tal am fallenden Bache am Grunde des Waldes‹ –, die die ganze Natur auf ihn hinordnet und umgekehrt ihn der Natur zu eigen macht. Die Natur wird als »Heiligtum« aufgefaßt, als Ort eines Gottes, an dem der begeisterte Held zum geweihten Tempel-

Der Marktplatz in Leipzig zu der Zeit, als Goethe dort als Student der Rechte eingeschrieben war

diener wird. Mit dieser Naturauffassung gehört der *Werther* einer geistesgeschichtlichen Zeitströmung an, die unter Rückgriff auf den niederländischen Philosophen ↗Spinoza Gott nicht als Wesen außerhalb der Schöpfung dachte, sondern als ausschließlich in allen Geschöpfen der Natur repräsentiert. – Die Illusion dieses göttlichen, ihn harmonisch einschließenden Zusammenhanges wird für Werther bald zerstört. Er wird sich schlagartig der anderen, zerstörerischen Seite der Natur bewußt, ein Unwetter schließlich vernichtet sein Lieblingstal mit seinen lauschigen Plätzen.

Werther imaginiert Natur oft unter dem Bild des Mütterlichen, ihrer nahrungsspendenden, fürsorgenden Rolle. Damit steht die Natur neben Lotte, die Werther zuerst als ›Mutter‹ ihrer Geschwister erlebt. Das Mütterliche im *Werther* stellt sich als psychologische Problemebene des Romans dar. Der Held flieht zu Beginn seine reale Mutter, hin zu den Ersatzmutterbildern Natur und Lotte – die zerstört werden oder ihm verboten sind –, um sich dann in die Mutter-Natur hineinzuschießen.

Der Selbstmord Werthers war das Skandalöseste an dem Roman. Schon in einem Gespräch mit Lottes Verlobtem Albert hatte Werther mitfühlendes Verständnis mit unglücklichen Selbstmördern gezeigt. G. scheint, so werfen ihm konservative Kritiker vor, mit dem Schluß des Romans die ›Todsünde‹ des Selbstmords gutzuheißen. Dieses Mißverständnis hatte in seiner Entstehung viel mit der Form des Romans zu tun. In einer Folge von emphatischen Briefen schreibt Werther seinem Freund Wilhelm über seine Erlebnisse; nur am Schluß greift der Herausgeber der Briefe ein, um die Verwirrung und den Tod des Helden zu berichten. G. greift damit eine im 18. Jh. von England und Frankreich nach Deutschland gekommene, beliebte Romanform auf, den ↗Briefroman. Er radikalisiert die Form aber, indem er nur die Briefe *einer* Figur anführt. Diese Briefe erzeugen im Leser den Eindruck von Echtheit, von unmittelbarem Lebensausdruck. Im Gegensatz zu den moralischen Romanen der Aufklärung, in denen ein Erzähler den Lesern beim ›richtigen Verstehen‹ des Textes beistand, läßt G. seinen Leser mit den Briefen Werthers allein –

hier kommentiert, hier verurteilt niemand die Handlungen des Helden. Diese Tatsache, die (scheinbare) Unmittelbarkeit der echt wirkenden Briefe Werthers, war also einerseits der Grund für die scharfe Ablehnung und örtlichen Verbote, andererseits aber auch für die begeisterte, tränenreiche Lektüre (↗ Empfindsamkeit).

BJ

Leidenschaft. Der Genie-Gedanke der Sturm und Drang-Zeit steht in engem Zusammenhang mit dem Begriff der Leidenschaft. So wird sie von dem früheren G. noch durchaus positiv bewertet; »Ich bin mehr als einmal trunken gewesen, meine Leidenschaften waren nie weit von Wahnsinn, und beides reut mich nicht« schreibt sein Werther. Nach der Italienischen Reise gewinnt der Begriff für G. jedoch eine weitere Nuance: Das Vernünftige und Beharrliche erscheint nun dem Autor weniger eigentümlich: »und bald mischen sich Leidenschaften dazwischen, die gewöhnlich jeder guten Einrichtung im Wege stehen und alles so leicht auseinanderzerren, was vernünftige und wohldenkende Menschen zusammenzuhalten wünschen« (*Lj,* V. 16). Die *Wahlverwandtschaften,* vor allem aber *Dichtung und Wahrheit* zeugen von einer weiteren Auseinandersetzung mit der Leidenschaft – aus der schließlich das uneingeschränkte Bekenntnis hervorgeht: »Die Flut der Leidenschaft, sie stürmt vergebens/Ans unbezwungen feste Land.-/ Sie wirft poetische Perlen an den Strand,/Und das ist schon Gewinn des Lebens« (*West-östlicher Divan*).

SM

Leipzig war zur Zeit des jungen G. eine Stadt von etwa 28 000 Einwohnern und besaß im Gegensatz zu Frankfurt eine weite, offene Stadtlandschaft mit Vorstädten neueren Typus vor den Mauern, mit Alleen, Promenaden, Straßenbeleuchtung und Kanalisation. Zudem war Leipzig berühmt für seine Buchläden, Verlagshäuser und vor allem für seine Universität, in die G. am 19. Oktober 1765 aufgenommen wurde. Die Wahl dieser Universität war auf Johann Caspar Goethe zurückzuführen, der bereits 1731 dort immatrikuliert war. G. gehörte ihr bis August 1768 an. Reichtum, hohe Bildung und Internationalität brachten vornehme Sitten und feine gesellschaftliche Umgangsformen mit sich, weswegen sich Leipzig auch gerne als Klein-Paris bezeichnete.

Die Anpassung an den weltläufigen Stil fiel dem in Kleidung und Sitten bürgerlich-konservativ wirkenden jungen G. zunächst schwer (*DuW,* 6. Buch). Als Student der Rechte immatrikuliert, besucht G. Vorlesungen zur Geschichte, Philologie, Physik, Medizin und Naturwissenschaft. Ein Leipziger Kommilitone war J. W. Jerusalem. Im Komödienhaus sah G. Aufführungen von Lessing, Voltaire, Molière, C. F. Weiße u. a. Hier machte er auch die Bekanntschaft der Schauspielerinnen Corona Schröter und Caroline Schulz. Die meisten Dichtungen der Leipziger Zeit fielen 1768 einem ↗ Autodafé zum Opfer. Erhalten blieben die *Neuen Lieder,* das Schauspiel *Die Laune des Verliebten* und die fragmentarische Übersetzung von Corneilles *Der Lügner.* Nach seiner Studentenzeit besuchte G. noch mehrmals diese Stadt, am 18. April 1813 zum letzten Mal. Seine Sympathie für den Ort findet ihren Ausdruck in einem Brief an Charlotte von Stein: »Reichtum, Wissenschaft, Talente, Besitzthümer aller Art geben dem Ort eine Fülle die ein Fremder wenn er es versteht sehr wohl genießen und nutzen kann.« (29. 12. 1782)

BB

Leipziger Lieder s. **Neue Lieder**

Lenardo, Figur in *Wilhelm Meisters Wanderjahren,* Adliger, wird Mitglied des Auswandererbundes. Lenardo empfindet eine persönliche Schuld gegenüber der Tochter eines Bedienten seines Vaters, von der er in der Novelle vom »Nußbraunen Mädchen« (I. 11) erzählt, auf deren Suche er Wilhelm schickt und die er als erfolgreiche Textilverlegerin an einem großen Gebirgssee aufsucht, wie die großen Passagen seines Tagebuches zeigen, das G. in den Roman einbaut (III. 5 u. 13).

BJ

Lengefeld, Charlotte von s. **Schiller,** Charlotte von

Lenz, Jakob Michael Reinhold (1751-1792), Schriftsteller; die kurze, aber intensive Freundschaft mit G. prägte Lenz' Werk, Leben und Nachleben. Her-
der bezeichnete Lenz als G.s »jüngere[n] Bruder« (an Hamann, 3.6.1775). Der ältere Bruder dagegen wollte später nicht mehr allzuviel von dem seit der gemeinsamen Straßburger Zeit (1771) bestehenden freundschaftlichen Verhältnis wissen. In *Dichtung und Wahrheit* (11. Buch) wiegelte er ab: »Seine Gesellschaft war nicht die meine, aber wir suchten doch Gelegenheit uns zu treffen.«

Nach G.s Abreise aus Straßburg entspann sich ein

reger Briefwechsel mit Lenz, der sich mittlerweile in dessen sitzengelassene Exfreundin Friederike ↗Brion verliebt hatte und ihr Gedichte schrieb, die zuweilen zu G.s *Sesenheimer Liedern* gezählt wurden. In den folgenden Jahren kümmerte sich jeder intensiv um das Werk des anderen: G. besorgte Lenz Verleger für seine *Soldaten* oder den *Hofmeister* – zeitweilig als Werk G.s angesehen –, Lenz wiederum setzte sich mit dem *Götz von Berlichingen* und dem *Werther* auseinander (*Briefe über die Moralität der Leiden des jungen Werthers* bzw. *Über Götz von Berlichingen*).

Auf der ersten Schweizer Reise kam G. 1775 auch durch Straßburg und verewigte sich zum Abschied in Lenzens Stammbuch: »Zur Erinnerung guter Stunden,/Aller Freuden, aller Wunden,/Aller Sorgen, aller Schmerzen,/In zwei tollen Dichterherzen,/Noch im letzten Augenblick,/Lass' ich Lenzchen dies zurück« (5.6.1775). Als Lenz indes 1776 unaufgefordert am Weimarer Hof aufkreuzte, auf dem höfischen Parkett den ungeschickten Clown mimte und als Gipfel eine nie geklärte »Eseley« (*Tb*, 26.11.1776) vollbrachte, war die Freundschaft beendet. G.s negatives Bild von Lenz – »ein vorübergehendes Meteor« (*DuW*, 14. Buch) – prägte die Rezeption des Stürmers und Drängers bis ins 20.Jh.   AR

Leonardo da Vinci (1452–1519), Maler, Baumeister, Bildhauer und Naturforscher, für den G. große Bewunderung zeigte: Das Abendmahls-Fresko in Mailand erscheint ihm als »Schlußstein in das Gewölbe der Kunstbegriffe« (an Carl August, 23.5.1788). In G.s. Werken findet Leonardo daher mehrmals Erwähnung. So schrieb er z.B. einen Aufsatz, der von Bossis Kopie des Werkes und seiner Monographie darüber angeregt wurde: *Joseph Bossi über Leonardo da Vincis Abendmahl zu Mailand* (1817/18). G. studierte Leonardos Schrift, *Trattato della pittura* mit großer Freude; einen Abschnitt druckte er mit deutscher Übersetzung unter dem Titel *Würdigste Autorität* in der *Farbenlehre* ab. Der Aufsatz beschreibt die Ursache der blauen Farberscheinung an fernen Bergen.   DO

Lernen: Das *Faust*-Zitat: »es irrt der Mensch, solang' er strebt«, beinhaltet den Gedanken, daß der Mensch, solange er irrt, auch lernt. Einerseits erlangt man durch das Lernen »Sicherheit« im Umgang mit Irrtümern (*MuR*), andererseits stößt man indem zu Horizonten durch, wo sich bisher Unbekanntes erschließt: »Der echte Schüler lernt aus dem Bekannten das Unbekannte entwickeln« und dringt so allmählich zur

Meisterschaft durch (ebd.). In bezug auf Bücher hält G. einmal fest: »Eigentlich lernen wir nur von Büchern, die wir nicht beurteilen können. Der Autor eines Buchs, das wir beurteilen könnten, müßte von uns lernen« (ebd.). Daß Lernen auch mit Hemmschwellen verbunden ist, klingt an, wenn G. schreibt: »Wie wir was Großes lernen sollen, flüchten wir uns gleich in unsre angeborne Armseligkeit und haben doch immer etwas gelernt« (ebd.).   AV

Lerse, Franz: Figur aus *Götz von Berlichingen*. In der Autobiographie des Götz findet sich die Geschichte eines namenlosen Kämpfers, die G. fast wortgetreu im 3. Akt wiedergibt. Ein Mann bietet nach einem Kampf dem siegreichen Götz seine Dienste an. Er ist nicht von so hohem Stand, aber von ebenso aufrechter Gesinnung wie der neue Herr und wird zu einem seiner treuesten Anhänger. Götz bittet ihn auf dem Totenbett, seine Frau ↗Elisabeth zu beschützen. G. verewigt den Namen eines Straßburger Freundes, der sich durch seine Bemühungen um altdeutsche Kunst verdient machte.   WM

Lesebuch: *Wunderlichstes Buch der Bücher,* entstanden am 12.1.1816 als Nachdichtung eines türkischen Gedichts; angeredet wird jedoch der persische Dichter Nisani, den G. in den *Noten und Abhandlungen* als Dichter charakterisiert, der »die lieblichsten Wechselwirkungen innigster Liebe zum Stoffe seiner Gedichte wählt« und die Themen von Trennung und Wiederfinden behandelt. Im *Buch der Liebe* ist G.s Gedicht mit den Eingangsversen »Wunderlichstes Buch der Bücher/Ist das Buch der Liebe« ein Metagedicht über eines der Zentralthemen des *West-östlichen Divan*. Auffällig ist der Ton persönlicher Betroffenheit, der im nachdenklichen, stockenden Sprechduktus des reimlosen Gedichts seinen Ausdruck findet. Die Liebe wird hier nicht als Glückserfahrung gefeiert, sondern als ein Spektrum ambivalenter Gefühle, in denen Trennung, Leiderfahrungen und Kummer überwiegen. Die Vorstellung vom ›Buch der Liebe‹ ist hier deutlich als Analogon zum ›Buch des Lebens‹ gestaltet. Im Wechselspiel von Trennung und Wiederfinden erscheint die Liebe dennoch als letztlich verbindende Kraft des Gegensätzlichen; *Lesebuch* ist damit ein Vorklang des hymnischen Gedichts *Wiederfinden*.   IW

Leser: Während sich der Direktor im *Vorspiel auf dem Theater* facettenreich um die »bunte Menge« bemüht (*Faust*, v. 59f.), sind im übrigen Werk G.s nur wenige Stellen zu finden, wo sich der Dichter direkt mit dem ↗Publikum auseinandersetzt. Typischer sind kurze und nüchterne Worte an den Leser, etwa das zehn Zeilen umfassende Vorwort zu *Die Leiden des jungen Werthers*. G. schreibt später, wie ihm gerade am *Werther* klar geworden sei, »daß Autoren und Publikum durch eine ungeheuere Kluft getrennt sind« (*DuW*, 13. Buch). Alle Erklärungen für den Leser zum besseren Verständnis dessen, was der Autor meint, schlagen laut G. weitgehend fehl. Im Vorwort zur *Farbenlehre* setzt sich G. mit dem Problem auseinander, daß er in einem »Buche, das von natürlichen Erscheinungen handelt«, weniger Erklärungen abgeben, als vielmehr »dem Leser die Natur entweder wirklich oder in lebhafter Phantasie gegenwärtig« machen sollte. Eines der *Xenien* lautet: »Welchen Leser ich wünsche? den unbefangensten, der mich,/Sich und die Welt vergißt und in dem Buche nur lebt«. AV

Lessing, Gotthold Ephraim (1729-1781), als Dramatiker, Kritiker und Literaturtheoretiker der bedeutendste Vertreter der deutschen Aufklärung. Wenngleich G. Lessing zu Lebzeiten nie begegnet ist, scheint er lebenslang Hochachtung für ihn empfunden zu haben. Gegenüber Eckermann bemerkte G.: »Ein Mann wie Lessing täte uns not. Denn wodurch ist dieser so groß, als durch seinen Charakter, durch sein Festhalten!« (15.10.1825). So finden sich in G.s Werken immer wieder versteckte Hinweise auf Lessings Dramen.

Werthers letzte Lektüre vor seinem Selbstmord war Lessings Trauerspiel *Emilia Galotti*: »Von dem Weine hatte er nur ein Glas getrunken. Emilia Galotti lag auf dem Pulte aufgeschlagen.« *Minna von Barnhelm* bezeichnete G. als »die erste aus dem bedeutenden Leben gegriffene Theaterproduktion, von spezifisch temporärem Gehalt, die deswegen auch eine nie zu berechnende Wirkung tat« und Lessings Drama *Nathan der Weise* pries G. »als das höchste Meisterstück menschlicher Kunst« (F.H. Jacobi an Heinse, 24.10.1780). Lessings Ästhetik begegnete G. dagegen kritisch.

Lessing seinerseits war von G.s dramatischer Begabung überzeugt. Er scheute aber auch nicht davor zurück, G.s Schriften zu kritisieren. So sei Lessing der Meinung gewesen, G. habe bei der Arbeit am *Werther* den »Charakter des jungen Jerusalems [...] ganz verfehlt« (Christian Felix Weiße an Christian Garve, 4.3.1775). Deshalb empfahl er G. »ein Paar Winke hinterher« zu schicken, um zu erklären, »wie Werther zu einem so abenteuerlichen Charakter gekommen« sei (an Johann Joachim Eschenburg, 26.10.1774).

Über Lessings Tod war G. bestürzt: »Mir hätte nicht leicht etwas fataIers begegnen können als daß Lessing gestorben ist. Keine viertelstunde vorher eh die Nachricht kam macht ich einen Plan ihn zu besuchen. Wir verliehren viel viel an ihm mehr als wir glauben« (an Charlotte von Stein, 20.2.1781). HM

Leuchsenring, Franz Michael (1746-1827), in jungen Jahren bereits Erzieher und Hofmeister des Erbprinzen Ludwig von Hessen-Darmstadt, gleicht seinem Lebenslauf, seiner Selbstauffassung und seinem unbeugsamen Karrierewillen nach verzweifelt-einsamen Intellektuellen wie Lenz oder Kleist, die gegenüber einem etablierten und saturierten Aufsteiger wie G. als »Schwarmgeister«, »Kometen« oder »vorübergehende Meteore« von Zeitgenossen beschrieben werden und nicht in G.s bürgerliches Weltbild paßten. Hansdampf in allen Gassen des Darmstädter Kreises der Empfindsamen (↗Darmstadt, Empfindsamkeit), einschmeichelnd, intrigant, schwatzhaft, aufdringlich bis unverschämt, jede Karrierechance witternd und herbeiredend, dabei trotz allem sichtbarem Enthusiasmus kalt, berechnend und doch liebevoll und liebebedürftig. Ein Edelmann aus dem Nichts, brachte Leuchsenring erhebliche Verwirrung in den Freundeskreis um Merck, Herder und G., der bereits versprochenen Damen wegen, denen er schamlos den Hof machte und sie gegen ihre Galane aufzubringen suchte. Leuchsenring scheute nicht davor zurück, einen gigantischen wissenschaftlichen Streit mit Johann Caspar Lavater zu inszenieren, um sich als Prinzenerzieher an den deutschen Höfen interessant zu machen. Eine Karriere gelang ihm nicht, er lebte – unermüdlich großspurig-verzweifelte Bitt- und Bettelbriefe schreibend – aus den Taschen von Freunden und Gönnern, ein genialer, widerlicher Schnorrer. Schließlich zog er sich, als seine bewegten Worte nichts mehr fruchteten und allerorten auf taube Ohren stieß, die deutsche Welt der Freunde und Gönner verstummt war, nach Paris zurück, um dort an der Begründung und Entwicklung einer menschlichen Universalsprache zu tüfteln, gelegentlich von den alten Darmstädter Freunden, den Herders z.B., besucht. Er starb in bitterer Armut.

G. hat ihn in jungen Jahren im *Jahrmarktsfest zu Plundersweilern* (1773) und im *Fastnachtsspiel vom Pater Brey* (1773) karikiert und verspottet. Als letzterer endet Leuchsenring in den Augen des angriffslustigen G. als geiler, verrückter Pfaffe, der den Schweinen das Evangelium predigt – eine wohl verständliche, weil von Grund auf verärgerte Reaktion auf einen unberechenbaren Störenfried im noblen

Darmstädter Freundeskreis, die aber der existentiellen Problematik dieses heimatlosen Intellektuellen nicht gerecht werden konnte und wollte. BL

Levetzow, Ulrike von (1804-1899). Der 72jährige G. lernt die 17jährige Ulrike 1821 bei einer Badekur in Marienbad kennen. Weitere zwei Sommer führen ihn hierher und die beiden zusammen. Ein Verhältnis der Nähe entsteht. Was dann im Sommer 1823 geschah? Belegt sind: ein Carl August, der in G.s Namen um Ulrikes Hand anhält, ein glücklicher 74. Geburtstag an Ulrikes Seite, ein »allgemeiner, etwas tumultuarischer Abschied« am 5. September, Klatsch und Tratsch von Weimar bis Jena und ein Dichter, der noch im Reisewagen von Böhmen nach Thüringen Verse zwischen Neigung und Entsagung schreibt – die Marienbader *Elegie*, »eine Art Heiligtum« für ihn (Eckermann, 27.10.1823; ↗Trilogie der Leidenschaft). Und von Ulrike von Levetzow das Schlußwort in doppelter Verneinung: »Keine Liebschaft war es nicht«. – Niedergeschrieben in ihren *Erinnerungen an Goethe*, als hochbetagtes Stiftsfräulein für neugierige G.-Forscher, das auf noch neugierigere Hunde gehetzt haben soll. PO

Liberalismus. G. hat sich im Alter als gemäßigten Liberalen bezeichnet – »wie es alle vernünftigen Leute sind und sein sollen« (Soret/Eckermann, 3.2.1830). Liberal hieß für ihn dabei so viel wie tolerant und unorthodox – »die wahre Liberalität ist Anerkennung« (*MuR*) –, seine Forderung dieser Eigenschaften erstreckte sich aber nur auf die Gesinnung des Einzelnen. Einem Liberalismus als politischer Strömung stand G. skeptisch gegenüber, die Freiheitsbewegungen im Deutschland der Napoleonzeit lehnte er völlig ab, schwang bei ihnen doch zuviel jugendlicher Eifer und die Bereitschaft zur ↗Gewalt mit. Auch eine Liberalisierung in die falsche Richtung fürchtete G.: »Nach Preßfreiheit schreit niemand, als wer sie mißbrauchen will« (*MuR*). DF

licht/dunkel: In G.s Dichtung durch die biblische Zuordnung bestimmt: Dunkelheit-Nacht-Hölle auf der einen Seite, Licht-Tag-Gott auf der anderen (vgl. die Gedichte *Poetische Gedanken über die Höllenfahrt Jesu Christi* und *West-östlicher Divan, Buch der Sprüche*; Nr. 32); dabei wird dem Licht die Kraft zugesprochen, das Dunkel zu überwinden, etwa in *Dichtung und Wahrheit*, 11. Buch, oder im *Faust*, wo Mephisto sagt, er sei »ein Teil der Finsternis, die sich das Licht gebar« (v. 1350). In G.s Spätwerk *Zur Farbenlehre* wird der Licht-Dunkel-Gegensatz für die Chromatik der Farben bedeutend, er wird als Urphänomen bezeichnet, wobei Schwarz für die Finsternis, Weiß für das Licht steht. AV

Lichtenberg, Georg Christoph (1742-1799), Naturwissenschaftler, Schriftsteller und Literaturkritiker; wechselseitige (nicht uneingeschränkte) Wertschätzung als Naturwissenschaftler, in Literatur und Kunst kommt er mit G. nicht überein. Für Lichtenberg, der rationalistischen Aufklärung verbunden, ist G.s Dichtung leere Empfindelei: »Wer seine Talente nicht zur Belehrung und Besserung anderer verwendet, ist entweder ein schlechter Mann oder äußerst eingeschränkter Kopf. Eines von beiden muß der Verfasser des leidenden Werthers sein« (*Sudelbücher* 1). Den international anerkannten Physiker versucht G. 1792 für eine Korrespondenz zur *Farbenlehre* zu gewinnen. Nicht ohne Lob für G. entzieht sich Lichtenberg dem Newton-Gegner bald darauf. PO

Lida-Lyrik: Gedichte an Charlotte von Stein, entstanden im ersten Weimarer Jahrzehnt 1776-1786, vielfach als Briefbeilagen übersandt. Ein kleiner Teil der Gedichte wurde von G., die meisten erst aus Charlotte von Steins Nachlaß 1848 publiziert. Lida ist der poetische Name für Charlotte/Lotte; so wird aus der Eingangszeile des Briefgedichts vom 9.10.1781 »Den einzigen Lotte welchen du lieben kanst« in der Druckfassung *An Lida* in den *Schriften* 1789: »Den Einzigen, Lida, welchen du lieben kannst,/Forderst du ganz für dich, und mit Recht./Auch ist er einzig dein.«

Die Verse zeigen den anspruchsvollen Charakter der Beziehung; die Ambivalenz zwischen Unbedingtheitsanspruch und Verweigerung, die intellektuelle Partnerschaft weisen dem weiblichen Liebespartner eine ganz neue lyrische Rolle zu. Dem traditionellen weiblichen Rollenbild entspricht dagegen der mäßigende Einfluß der Frau – häufig metaphorisch umschrieben mit Mond – auf das ungebärdige männliche Ich, der hier allerdings den besonderen Charakter der Zivilisation des jungen Stürmers und Drängers annimmt. Auf den Wunschcharakter der Beziehung verweist die durchgängige Traummotivik, wie im Gedicht *Um Mitternacht wenn die Menschen erst schlafen*. Gedichte wie *Jägers Abendlied*, *An den*

Mond und *Warum gabst du uns die Tiefen Blicke* sind zugleich Zeugnisse eines privaten Liebesdialogs wie überzeitlich gültige, große Liebeslyrik. **IW**

Liebe »verbindet alles« (an Charlotte von Stein, 1.5.1780). Die kurze Formel trifft auch auf G.s Leben und Werk zu: Wie ein roter Faden durchzieht das Thema der Liebe beide Bereiche. Von der Jugend bis ins hohe Alter G.s sind Liebesbeziehungen zu Frauen zu verfolgen (Gretchen, Kätchen Schönkopf, Friederike Brion, Charlotte Buff, Maximiliane von La Roche, Lili Schönemann, Charlotte von Stein, Christiane Vulpius, Minna Herzlieb, Silvie von Ziegesar, Marianne von Willemer, Ulrike von Levetzow), die - oft problematisch und oft unerfüllt - bei ihm immer wieder kreative Prozesse in Gang brachten.

Was dann in Dichtungen wie *Die Leiden des jungen Werthers*, den *Römischen Elegien*, der *Trilogie der Leidenschaft*, dem *West-östlichen Divan* (darin auch explizit das *Buch der Liebe*) Niederschlag fand, ist dabei allerdings nicht unbedingt als direkte Umsetzung des Erlebten anzusehen. Die Liebe hat für G. einen metaphysischen bzw. göttlichen Charakter (↗Urworte, orphisch) - er nennt sie im selben Atemzug wie die Idee, die als Plan dem Weltganzen zugrundeliegt, hält beide nicht für mathematisch erfaßbar (*MuR*) und umschreibt die Liebe am Schluß des *Faust II* als »Ewig-Weibliches«, das »uns hinan« zieht (↗Erlösung). Die göttliche Kraft der Liebe wirkt aber auch ganz konkret im Hier und Jetzt: Der Kritiker muß sich seinem Gegenstand liebevoll nähern, um ihn zu verstehen (*Teilnahme Goethe's an Manzoni*), der Künstler gar kann nur darstellen, was er liebt oder geliebt hat (*Nach Falconet und über Falconet*).

Wenn zwei Menschen sich lieben, kommt »als mächtiges Drittes noch das Dämonische hinzu« (Soret/Eckermann, 5.3.1830). Die problematische Seite der Liebe, als Naturgewalt mitunter auch gegen die menschliche Konvention bzw. gesellschaftliche Übereinkunft zu wirken und böse Folgen nach sich zu ziehen, hat G. im *Werther* (der Protagonist liebt ein ihm unerreichbares Mädchen und erschießt sich) und in den *Wahlverwandtschaften* (Liebe über Kreuz: eine Ehe zerbricht über den Anfechtungen von außen) behandelt. Im letztgenannten Roman entwickelte G. allerdings ein Mittel, mit dem der zerstörenden Kraft der Liebe begegnet werden kann - ↗Entsagung (↗Frauen um G.). **DF**

Liebesgaben, kulinarische, bezeugten das enge Verhältnis von G. und Charlotte von Stein. Neben der immensen Menge an Briefen wechselten Wild, Ge-

müse - besonders Spargel -, Obst und allerlei Leckerbissen zwischen den beiden, oft noch garniert mit Blumen. G. schickte mehr, verband die Darreichung aber häufig mit dem Praktischen: »Ich habe großes Verlangen mit meiner Geliebten zu essen ich werde deswegen den Überrest des Ferkels schicken damit er auf dem Roste aufgebraten werden kann« (an Ch. v. Stein, 8.8.1782). Der einzige nicht versandfähige Artikel war Kaffee, von dessen Genuß er Charlotte abzubringen versuchte: »Ich habe immer noch von ihrem Bisquitkuchen und hoffe, daß Sie keinen Kaffee mehr trincken« (an Charlotte von Stein, 31.8.1777). **IA**

Liebetraut, Figur aus *Götz von Berlichingen*, eine schillernde Figur am Bamberger Hof, mit unklarer Funktion, aber spitzer Zunge. Er kommentiert spöttisch die Situationen, aber steht auch dem Bischof mit Rat und Tat zur Seite. So wie *Götz* als Huldigung an Shakespeare interpretiert werden kann, kann man Liebetraut als eine Hommage an dessen Narrenfiguren lesen. **WM**

Liebhabertheater: Geselliger Kreis adliger und bürgerlicher Laien, der sich nach 1775 dem Theaterspiel widmete. Das Liebhabertheater entstand aus zwei Gründen. Einmal konnte nach dem Schloßbrand vom 6.5.1774, bei dem auch die Spielstätte im Ostflügel des Schlosses vernichtet wurde, keine der vordem von der Herzogin Anna Amalia engagierten Berufstheatertruppen (↗Kochsche und ↗Seylersche Theatertruppe) mehr auftreten. Zum anderen wurde das Liebhabertheater zum Mittelpunkt des regen gesellig-literarischen Treibens in Weimar.

Das Liebhabertheater spiegelte das unkonventionelle Miteinander von Adligen des Hofs und den zunehmend von der freien Atmosphäre in Weimar angezogenen und aufgenommenen bürgerlichen Schriftstellern und Künstlern wider. Die Theaterleidenschaft Anna Amalias und Carl Augusts verband sich mit den literarischen Fähigkeiten und dem Elan der Mitwirkenden, unter denen G. bald nach seiner Ankunft in Weimar im November 1775 und seiner Integration in das Hofleben eine führende, von allen anerkannte Stellung einnahm, die auch eine neue Etappe für das Liebhabertheater bedeutete. Man spielte gängige deutsche und französische Lustspiele, aber auch zunehmend anspruchsvolle Stücke, wie Voltaires *Nanine* (Oktober 1775), Molières *Die beiden Geizhälse* (Februar 1776).

G.s frühe Stücke, wie das Lustspiel *Die Mitschuldigen* (Januar 1777) und das Schäferspiel *Die Laune*

Der Theatersaal auf Schloß Großkochberg, dem Sommersitz der Anna Amalia, war eine von vielen Spielstätten des Liebhabertheaters

des Verliebten (Mai 1779), wurden ebenso aufgeführt wie seine speziell für das Liebhabertheater geschriebenen oder bearbeiteten Stücke, die Singspiele *Erwin und Elmire* (Kompositionen von Anna Amalia, Mai 1776) und *Jery und Bätely* (Kompositionen von Carl Friedrich Sigismund von Seckendorff, Juli 1780), das Schelmenspiel *Jahrmarktsfest zu Plundersweilern* (Oktober 1778) und anderes.

Das Liebhabertheater spielte im Redoutenhaus an der Esplanade, seit 1780 auch im neuerbauten Komödienhaus sowie an den Sommersitzen der Herzogin-Mutter Anna Amalia in Ettersburg und (ab 1781) in Tiefurt, hier zumeist unter freiem Himmel, wodurch ein breiteres Publikum aus dem Volke Anteil nehmen konnte. Besonders in Tiefurt war das Liebhabertheater ein wichtiger Teil des sich dort entfaltenden literarischen Lebens, das auch im *Tiefurter Journal* Gestalt gewann. Häufiger Mitwirkende des Liebhabertheaters waren neben G. selbst und den bereits genannten Stückautoren auch Johann Carl August Musäus, Friedrich Justin Bertuch, Georg Melchior Kraus,

Karl und Amalie von Lyncker, Carl Ludwig von Knebel, Louise von Göchhausen und Amalie Kotzebue. Auch Anna Amalia, Carl August und Prinz Constantin traten gelegentlich auf. Einzige Berufskünstlerin in diesem Kreis war die Goethe aus seiner Leipziger Zeit bekannte, 1776 nach Weimar engagierte Sängerin und Schauspielerin Corona ↗Schröter, die durch ihr künstlerisches Können und ihre Ausstrahlungskraft bald im Mittelpunkt vieler Aufführungen stand.

Als »Theatermeister« wirkte der Tischler Johann Martin ↗Mieding; das Gedicht *Auf Miedings Tod* (1782) wurde von G. genutzt, um die bedeutende Rolle des Liebhabertheaters im Sinne der Erziehung zum aufgeklärten Absolutismus und der Ideale G.s im ersten Jahrzehnt seines Wirkens in Weimar poetisch darzustellen.

Höhepunkte in der Geschichte des Liebhabertheaters waren die Uraufführungen der Prosafassung der G.schen *Iphigenie auf Tauris* am 6.4.1779 im Weimarer Redoutenhaus mit C. Schröter in der Titelrolle, G. als Orest, Knebel als Thoas und Prinz Constantin (bei einer der Wiederholungen in Ettersburg Carl August) als Pylades, und des G.schen Singspiels *Die Fischerin* am 22.7.1782 am Ufer der Ilm im Tiefurter Park mit Schröter, die auch die Lieder komponierte, in der Titelrolle. Kraus hat eine Reihe von Szenen aus Aufführungen des Liebhabertheaters in Zeichnungen und Bildern festgehalten, darunter das berühmte Gemälde mit C. Schröter als Iphigenie und G. als Orest. Nachdem ab 1784 mit der ↗Bellomoschen Truppe wieder Berufsschauspieler in Weimar agierten und G. Mitte der achtziger Jahre in eine durch den Aufbruch nach Italien (September 1786) deutlich werdende Lebenskrise geriet, war die große Zeit des Liebhabertheaters vorbei. Nur noch gelegentlich fanden in den folgenden Jahrzehnten Liebhaberaufführungen statt, so z.B. zum Geburtstag Anna Amalias (1800) im Wittumspalais oder in G.s Haus (1819).

Die bleibende Bedeutung des Liebhabertheaters liegt in erster Linie in seiner integrativen Funktion für ein geistvolles literarisch-geselliges Leben, das eine wesentliche Voraussetzung für die Entwicklung Weimars als Stätte der Entstehung der klassischen deutschen Literatur gewesen ist. Praktische Bedeutung besaß das Liebhabertheater als Möglichkeit des Ausprobierens von wichtigen Elementen der Theaterpraxis, wie bühnentechnischen und Kostümfragen, Rollenstudium und Probentätigkeit, Regieführung usw., für die Inszenierung von Stücken unterschiedlicher literarischer Geltung und verschiedener Genres. Insofern war es auch eine direkte Vorbereitung auf G.s Tätigkeit als Direktor des ↗Hoftheaters (1791/1817) und die Herausbildung des klassischen Weimarer Theaterstils.   SS

Liebliches: *Was doch Buntes dort verbindet.* Wie *Phänomen* beruht auch dieses Gedicht des *West-östlichen Divan* auf einem Natureindruck während der Reise in die Rhein-Main-Gegend; es entstand am 25.7.1814 nach dem Anblick der Blumenfelder um Erfurt. Bemerkenswert ist die poetische Verfremdung und Formung dieses Bildes; die reale Wahrnehmung der Blumenfelder, deren topographischer Ort im Gedicht getilgt wird, verschmilzt mit den Bildern der Phantasie, die sich in persischen Landschaften bewegt. Gegenbild zu »des Nordens trübe Gauen« ist Schiras, der garten- und blumenreiche Geburtsort des persischen Dichters Hafis.

Die poetische Leistung des Gedichts ist die Überblendung dieser verschiedenen Wahrnehmungsebenen, die sprachliche Amalgamierung der realen und imaginären Bilder. Die wahrgenommenen »bunten Mohne« sind nicht nur Blumen, die mit ihrer orientalischen Leuchtkraft exotische Phantasien heraufbeschwören, sie werden auch zum hoffnungsvollen Signal der Erneuerung und Wiederbelebung der heimischen Natur nach den jüngsten Zerstörungen der Napoleonischen Kriege. Aus dieser Mischung von zeithistorisch Nahem und historisch sowie kulturell Fernem formt sich in typischer *Divan*-Manier eine Lehre: der Rat zur Zusammenschau differenter Phänomene, Lebens- und Phantasiebilder im Licht einer abgeklärten und klärenden Altersweisheit.   IW

Lied: Auf Klavieren, der Gitarre oder der Harfe begleitete Solo- und Chorlieder haben im Leben G.s eine zentrale Rolle gespielt. Als Musiker-Poet ging es ihm um die dichte Verschränkung von Dichtung und Musik und so trachtete er stets, Komponisten an sich zu binden, die imstande waren, seine poetischen Ideen den Funktionen entsprechend in Noten umzusetzen. Das Lied war eine in der zweiten Hälfte des 18.Jh.s besonders durch die »Berliner Liederschule« heftig diskutierte Gattung, der G. in vielfacher Hinsicht Aufmerksamkeit schenkte. Es war ihm wichtig als Gemeinschaft stiftender Gesang im Chor (↗Freimaurerlieder), als Lied im Volkston und genuines ↗Volkslied, als ↗Ballade oder Sololied, das auch in seinen dramatischen Werken (↗Faust-Vertonungen) und ↗Singspielen zu den unverzichtbaren Bestandteilen gehörte. Für den hohen Stellenwert, den eine seinen Vorstellungen gemäße Vertonung seiner Lyrik hatte, ist ein Brief bezeichnend, den er nach dem Erscheinen seines *West-östlichen Divans* (1819) an Carl Friedrich Zelter richtete: »Möge er Dich aufs neue erregen und drängen daß Du mit musikalischer Fülle dieses, doch in Grunde für sich nackte Liederwesen bekleidest und in die Welt einführst« (30.1.1820).

Lyrik war für G. mithin nicht nur ein Lesestoff, sondern vielmehr eine Vorlage, die, wollte sie ihre volle Wirklichkeit erlangen, der Vertonung notwendig bedurfte. »Nur nicht lesen! Immer singen«, so forderte er in seinem Gedicht *An Lina* (1799) in jenem Jahr, in dem die Altersfreundschaft zu Zelter begann, mit dem er fortsetzen und intensivieren konnte, was er zuvor mit Philipp Christoph Kayser oder Johann Friedrich Reichardt erarbeitet hatte. Am 11. Mai 1820 bescheinigte er dem Freund: »Deine Kompositionen fühle ich sogleich mit meinen Liedern identisch, die Musik nimmt nur, wie ein einströmendes Gas, den Luftballon mit in die Höhe. Bei andern Komponisten muß ich erst aufmerken wie sie das Lied genommen, was sie daraus gemacht haben«. Damit hatte er die Essenz seiner Liedästhetik formuliert, in der er vom Musiker forderte, sich unter das Primat der Poesie in

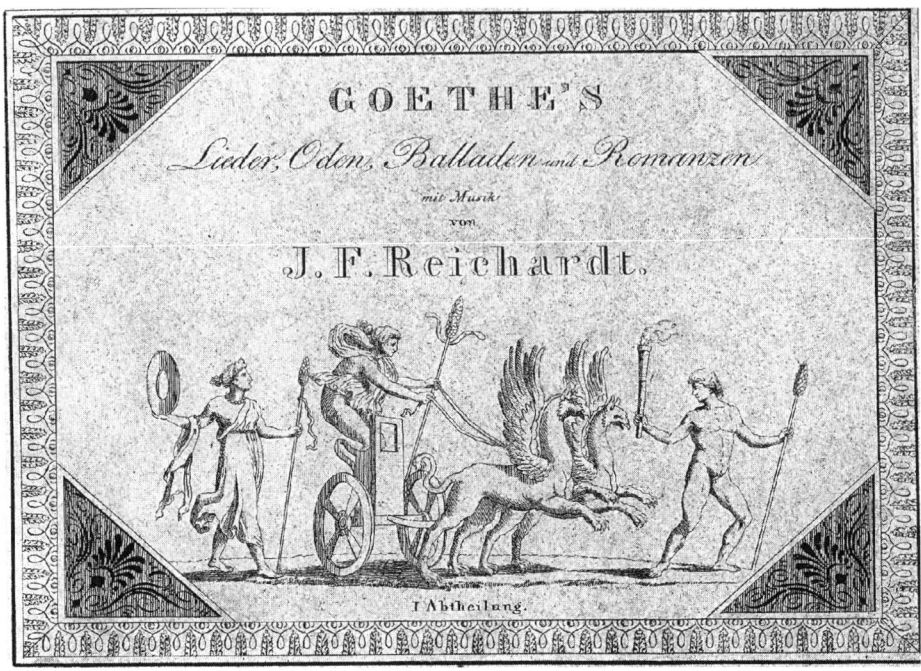

Reichardt sandte Goethe den ersten Band seiner Vertonung am 1. August 1809 – ein persönliches Vermächtnis

die festgelegte formale Bindung der Strophen zu fügen und sich jedweder Überfrachtung durch die Instrumentalbegleitung oder Mißachtung der vorgegebenen rhythmisch-metrischen Struktur zu enthalten. Es gelte, »den Charakter eines solchen in gleichen Strophen wiederkehrenden Ganzen« zu treffen, »so daß es in jedem einzelnen Teile wieder gefühlet wird, da wo andere, durch ein sogenanntes Durchkomponieren, den Eindruck des Ganzen durch vordringende Einzelheiten zerstören« (an Wilhelm v. Humboldt, 14.3. 1803).

Diese Festlegung ließ ihn die Vertonungen seiner Texte durch Ludwig van ↗Beethoven, Louis Spohr oder Franz ↗Schubert »detestabel« erscheinen (an Jan Václav Tomášek, 6.8.1822). Statt »eine falsche Teilnahme am Einzelnen« zu evozieren, sollte das Lied einfach und faßlich einer bestimmten Empfindung Ausdruck verleihen und der Ergötzung, Unterhaltung oder Kontemplation in kleinen Zirkeln (einschließlich denen der ↗Freimaurer) dienen, denn das öffentliche Liederkonzert war G. noch unbekannt.

Das Anhören »bei tiefem Stillschweigen« war indessen in Weimar bereits um 1800 zur Selbstverständlichkeit geworden. Eindrucksvoll schildert Johann Heinrich Voß die Situation in G.s Haus (Mai 1804): »Der Gesang ist bei Goethe durch die Schauspieler recht einheimisch geworden, und der Ehlers muß so recht die Stelle des Demodokos vertreten. Herrlich ist's, wenn Goethe in seinem tiefen, klaren Basse intoniert. Ehlers spielt die Gitarre wirklich sehr schön, und den Geist der Goetheschen Lieder hat er auch erfaßt.« Bevor sich Zelter ganz auf den Dichter eingelassen hatte, war es Reichardt, der zum unverzichtbaren Partner für G. geworden war und dessen differenzierte, zwischen einfachen Liedchen und pathetischen Deklamationsstücken oder Balladen changierende Vertonungen ihm als »das Unvergleichlichste« galten, was er »in dieser Art kenne« (Wilhelm Dorow, 1823). Somit dürfen dessen 1809 und 1811 gesammelt publizierte Kompositionen (*Goethes Lieder, Oden, Balladen und Romanzen*) die Intentionen G.s am ehesten eingelöst haben.   GBS

Lied der Parzen, Das: Die griechische Mythologie kennt sie als die drei Moiren (griech. moira, »Schicksal«), Töchter des Zeus: Klotho, die den Lebensfaden spinnt; Lachesis, die das Lebenslos zuteilt; Atropos, die den Lebensfaden zerschneidet. In der römischen Mythologie erscheinen sie als »Parzen«. Sie sind Sinnbilder der unabänderlichen Stellung des Menschen und der Götter im Ganzen des Kosmos. Iphigenie (IV.5) erinnert sich in ihrer Verzweiflung an der Grausamkeit der olympischen Götter an die Parzen: »Es fürchte die Götter/Das Menschengeschlecht!/Sie halten die Herrschaft/In ewigen Händen,/Und können sie brauchen,/Wie's ihnen gefällt« (v. 1726–1731).

In *Faust II* (I, »Weitläufiger Saal«) läßt G. durch einen Herold die griechische Mythologie »in moderner Maske« aufrufen, die aber dennoch »weder Charakter noch Gefälliges verliert«. Klotho und Atropos haben die Rollen vertauscht. Die beiden sind merkwürdig milde gestimmt: »Ihr in diesen freien Stunden/Schwärmt nur immer fort und fort« (v. 5331–5332). Nur Lachesis behält einen kühlen Kopf: »Könnt ich einmal mich vergessen,/Wär' es um die Welt mir bang« (v. 5341–5342). Nur scheinbar läßt die glänzende ↗Mummenschanzrevue, in die der Auftritt der Parzen eingebettet ist, die Not am Hof (Staatsbankrott, Korruption, Aufruhr) vergessen; G. hat ihr Arsenal einem Sammelwerk des Antonio Francesco Grazzini über die Triumph- und Maskenzüge des Lorenzo di Medici entnommen. Wenngleich Lachesis – aus Gefälligkeit gegenüber dem höfischen Komment – nur einen Wink gibt: Die Stunden dieser höfischen Gesellschaft, mit der G. abstrahierend die gegenwärtige meint, sind bereits gezählt.   BL

Lied und Gebilde: *Mag der Grieche seinen Ton*, Entstehungszeit zwischen 1814 und 1816; eines der wichtigsten poetologischen Gedichte des *West-östlichen Divan*. Das Gedicht formuliert den Gegensatz zwischen griechisch-antiker und orientalischer Kunst; die Klarheit der antiken Plastik, die Formprinzipien von Gezügeltheit und Maß werden in Opposition gesetzt zu Leidenschaft, die sich im »flüss'gen Element« des Euphrat, also dem Medium östlicher Dichtung und Phantasie, frei und ungehemmt entfalten kann.

Mit dem Titel nimmt G. die zeitgenössische Abgrenzung von klassischer und romantischer Kunst auf, wie sie etwa Jean Paul als Gegensatz von antiker plastischer (Gebilde) und neuer romantischer oder musikalischer Poesie (Lied) formuliert hatte. Mit den Romantikern, denen er ansonsten skeptisch gegenüberstand, teilte G. die Affinität zur orientalischen Literatur. In einem Brief an den Freund Knebel vom 11.1.1815 vergleicht er sein Dichten in neuen poetischen Bildern mit dem Schwimmen im Meer. Der Bildbereich des Wassers ist auch konstitutiv für das Gedicht. Das romantische Prinzip der offenen Form erfährt jedoch im grandiosen Bild dichterischen Selbstbewußtseins der letzten Strophe eine neue Gestaltung: »Schöpft des Dichters reine Hand,/Wasser wird sich ballen.«

Wasser ist in der Lyrik G.s häufig Ur-Element des ↗Genies; indem es sich in der Hand des Dichters zur Kugel ballt, wird es zum Sinnbild der Poesie (vgl. auch das Gedicht *Legende* in der ↗*Paria*-Trilogie). Beide Prinzipien, die Formung des Ungeformten (wobei in der Schaffung von Gestalten als Ton deutlich auf den Prometheus-Mythos angespielt wird; ↗*Prometheus*), und der Bildbereich des Fließens, des Schweifens, der scheinbaren Verwischung der Konturen sind Stilelemente des *Divan* und kennzeichnen ihn als Alterslyrik, deren Hauptprinzip der Ausgleich der Gegensätze – auch der gegensätzlichen ästhetischen Prägungen eines langen Lebens – ist.   IW

Lila: Sing- oder Feenspiel, das mehr als die übrigen G.schen Singspiele eine Zwitterposition einnimmt. Es wurde mit vielen Bezeichnungen versehen, und selbst dessen Komponist Siegmund Freiherr von Seckendorff charakterisierte es als ein großes Spektakel (»un grand spectacle«) für Chöre und Ballette mit einer großen Menge von Dekorationen, die einzigartig in diesem Genre seien. Die erste Fassung der *Lila* (Sternthal) wurde zum Geburtstag Herzogin Louises am 30. Januar 1777 im ↗Redoutenhaus an der Esplanade realisiert. Die Bedeutung, die man besonders bei diesem Werk der Dekoration beimaß, muß wohl auch dazu beigetragen haben, daß man in den Berichten unschlüssig über die Bezeichnung war.

Als »Operette mit untermischten Tänzen« erschien es am 1.2.1777 in den *Weimarischen Wöchentlichen Anzeigen*; später sprach man von einem »großen Schaustück mit Gesang und Tanz«. G. selbst versah es nach seiner Umarbeitung 1778 mit dem Untertitel: »Ein Festspiel mit Gesang und Tanz«. Von der ersten Fassung, in der es noch um die Heilung des Hypochonders Sternthal ging, sind nur noch einige Bruchstücke erhalten geblieben, Feenchöre, Gesänge der Feen Alaide und Sonna.

Die derzeit geläufigen umgearbeiteten Fassungen, in denen der Wahnsinn der weiblichen Hauptfigur Lila durch eine musikalisch-spielerische Therapie geheilt wird (»eine psychische Kur, wo man den Wahnsinn eintreten läßt, um den Wahnsinn zu heilen«, G.), entstanden 1778 und 1788. Die Vertonung von Friedrich Ludwig Seidel erlebte am 9. Dezember 1818 eine, von G. vorausgesagte, wenig erfolgreiche Uraufführung im Berliner »Opernhaus Unter den Linden«.

GBS

Lili s. **Schönemann**, Anna Elisabeth

Lili-Lyrik, entstanden 1775. Gedichte im Umkreis der Beziehung zu Anna Elisabeth (Lili) Schönemann. In die Erzählung dieser Liebesgeschichte im 16. bis 20. Buch von *Dichtung und Wahrheit* sind eine Reihe dieser Gedichte eingefügt, so *Neue Liebe, neues Leben, An Belinden, Lilis Park.* Im 17. Buch bezeichnet G. die Rolle des Bräutigams als »die angenehmste aller Erinnerungen«, und noch 1830, im hohen Alter, nannte er die Liebe zu Lili die tiefste in seinem ganzen Leben. Die lyrische Gestaltung der Brautzeit zeigt jedoch, daß die Beziehung von starker Gefühlsambivalenz und Rollenunsicherheit geprägt war.

Die Gedichte spiegeln ein spannungsvolles Schwanken zwischen der Liebe zu der Siebzehnjährigen und der Furcht vor Anpassungsleistungen an ihr großbürgerliches Milieu mit der endgültigen Festlegung auf eine bürgerliche Rolle. Diese tiefsitzende Abwehrhaltung, die im ironisch-sarkastischen Selbstbild als Bär (*Lilis Park*) und in Metaphern von Käfig und Fesselung ihren Ausdruck findet, bekam ein noch stärkeres emotionales Gewicht durch Warnungen der geliebten Schwester Cornelia. In einem Brief an Auguste Gräfin zu Stolberg vom 13.2.1775 formuliert G. den Gegensatz zwischen dem Gesellschaftsmenschen, dem ↗ »Fastnachts Goethe«, wie er sich in dieser Rolle nennt, und dem genialischen, frei umherschweifenden Wanderer, der sich in den Frankfurter Hymnen als großes Ich ausgesprochen hatte.

IW

Lilis Park: *Ist doch keine Menagerie*, entstanden 1775, Erstdruck in *Schriften* 1789. Das Rollen-Ich dieses Gedichts im Stil einer Verserzählung ist ein Bär. Diese selbstironische Pose drückt G.s Abwehr der Rolle aus, die ihm im Hause seiner Verlobten Lili Schönemann zugedacht war. Das gesellschaftliche Leben dort vergleicht er in bildkräftig-sarkastischer Sprache mit einer Menagerie von Tieren, die alle die »Fee« Lili umschwärmen. Die in der *Lili-Lyrik* durchgängige Metaphorik der Fesselung verstärkt sich hier zum umhüllenden Netz, dem »Filetschurz«. So ist der Bär zwar gezähmt, doch kann seine wilde Natur jederzeit hervorbrechen; insbesondere ist seine Sexualität nicht zu heiter-erotischem Spiel gemäßigt, wie eine Reihe von deutlichen sexuellen Anspielungen zeigt. Am Schluß besinnt sich das Ich auf seine

eigene Kraft; die Zähmung des jungen Stürmers und Drängers wird erst einer anderen Frau, Charlotte von Stein, in Weimar gelingen.

IW

Limprecht, Johann Christian (1741-1812), G.s Zimmernachbar in der ↗ Feuerkugel in Leipzig, »ein Theologe, der in seinem Fache gründlich unterrichtet, wohldenkend, aber arm war, und, was ihm große Sorge für die Zukunft machte, sehr an den Augen litt. Er hatte sich dieses Übel durch übermäßiges Lesen bis in die tiefste Dämmerung, ja sogar, um das wenige Öl zu ersparen, bei Mondschein zugezogen« (*DuW*, 6. Buch). Ein Onkel Limprechts, der Dresdner Schuster Johann Gottfried Haucke, ging ein in G.s Figur des *Ewigen Juden*. Limprecht – fast völlig erblindet – wurde 39jährig von seiner Wirtin als Erbe so reich bedacht, daß er zumindest frei war von finanziellen Sorgen.

PO

Link, Figur aus *Götz von Berlichingen*, wie ↗ Metzler ein historisch verbürgter Führer im Bauernaufstand. In G.s Beschreibung fällt er durch Mordlust und Charakterlosigkeit auf. Die Wahl Berlichingens zu ihrem Anführer begründet er so: »Das wär gut gäb auch der Sache einen Schein, wenn's der Götz passirt, er ist immer für einen rechtschafnen Ritter passirt« (V. 1).

WM

Linné, Carl von (1707-1778), schwedischer Naturforscher, dessen Botanik der 35jährige G. zu studieren beginnt, als ihm Carl August die Betreuung von Garten- und Parkanlagen überträgt. Auch in Karlsbad und Italien botanisiert er nach Linné. Linnés System der Pflanzenklassifizierung und seinen Metamorphosebegriff diskutiert G. in der *Metamorphose der Pflanzen* (1789). Die Pflanzenklassifizierung hält G. zu theoretisch, zu statisch, den Metamorphosebegriff nicht praktikabel genug: bei Linné die Pflanze vom Keimling bis zur Blüte, bei G. die Veränderungen des Blatts – und dieses gleichsam auch als Thema, über das die Natur die Arten variiert. G. bekennt, »daß nach Shakespeare und Spinoza auf mich die größte Wirkung von Linné ausgegangen und zwar gerade durch den Widerstreit zu welchem er mich aufforderte« (*Geschichte meines botanischen Studiums*).

PO

Lips, Johann Heinrich (1758-1817), Maler und Kupferstecher aus Zürich, den G. in der Schweiz 1775 kennenlernte und in Italien wiedertraf. Gegenüber Lavater lobte er ein »schönes Talent« an Lips (13.10.1780), in Italien bildete sich ein engeres Verhältnis zu dem Maler. G. bat ihn, als Lehrer am Freien

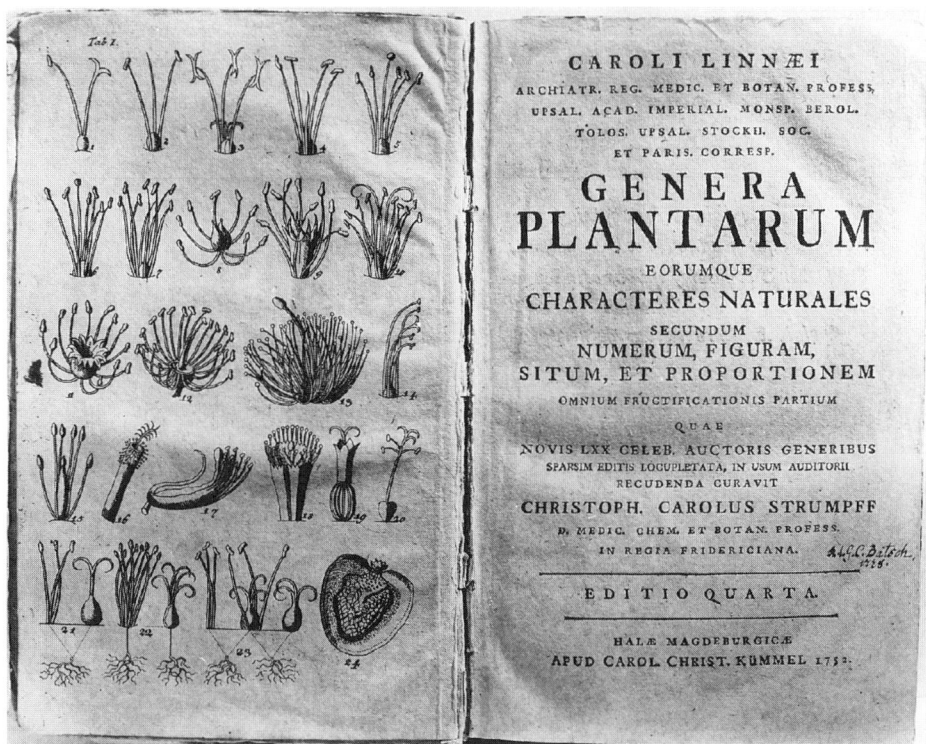

Linnés Pflanzenklassifizierung war Goethe zu theoretisch, er diskutierte sie und seinen Metamorphosebegriff in der »Metamorphose der Pflanzen«

Zeicheninstitut nach Weimar zu kommen, eine Stellung, die Lips bis 1794 innehatte. Im Winter 1790/91 zeichnete Lips ein Porträt G.s, seine Bleistiftzeichnung von Christiane Vulpius im Gartenhaus gehört zu den schönsten Darstellungen von G.s Frau. Lips kehrte 1794 in die Schweiz zurück.   BJ

Litterarischer Sanscülottismus, Aufsatz für Schillers *Horen* vom 28. Mai 1795. Als »Sansculotten« wurden die französischen Revolutionäre verschmäht, die *pantalons* statt *culottes*, den adligen Kniehosen trugen und ohne qualitative Rechtfertigung die Besseren verdrängen und sich an ihre Stelle setzen. Der Aufsatz ist eine Polemik G.s gegen einen Aufsatz Daniel Jenischs im *Berlinischen Archiv der Zeit und ihres Geschmacks*, der die »entschiedenste Dürftigkeit oder vielmehr Armseligkeit der Deutschen an vortrefflichen classisch-prosaischen Werken« geißelte

und die gegenwärtige französische Literatur lobte. G. verteidigt die deutsche Literatur seiner Gegenwart mit der programmatischen Frage »Wann und Wo entsteht ein klassischer Nationalautor?«

G. zählt die biographischen und psychologischen Bedingungen auf Seiten des Künstlers, seiner Nation und Kultur auf, um einerseits die durchaus hohe gegenwärtige Kulturstufe zu würdigen, um andererseits schließlich zu bemerken, daß der in Deutschland mangelnde geistige Mittelpunkt einer Ausprägung klassischer Literatur entgegenstehe. Gleichzeitig aber wehrt er eine politische Entwicklung in jene Richtung ab: »Wir wollen die Umwälzungen nicht wünschen, die in Deutschland klassische Werke vorbereiten könnten«. Der Aufsatz steht am Ausgangspunkt der großen ästhetisch-erzieherischen Projekte, die G., gemeinsam mit Schiller, Meyer und anderen, bis zu Schillers Tod betrieb.   BJ

Literaturgeschichte als eigene philologische Disziplin bildete sich erst in der ersten Hälfte des 19. Jh.s heraus; mehr als nur Ansätze zu einer Literaturgeschichte aber finden sich in vielen von G.s Schriften. Anregungen zu einer spezifischen literarhistorischen Perspektive kamen aus Herders Überlegung, Kunstwerke verstärkt aus ihrem historischen Ort heraus zu verstehen, ebenfalls aus den kunsthistorischen Schriften Winckelmanns. Neben verstreuten Anmerkungen zur antiken oder orientalischen Literaturgeschichte sind vor allem die großen Exkurse zur Geschichte der deutschen Literatur in *Dichtung und Wahrheit* Dokumente von G.s literarhistorischer Perspektive – zumal, da die Autobiographie ausdrücklich die Absicht formuliert, auch die eigenen Werke geschichtlich zu verorten, sie in ihren kunst- und gesellschaftsgeschichtlichen Bezugsrahmen einzusetzen. Auch der kleine Aufsatz über *Litterarischen Sansculottismus* skizziert G.s grundlegende literaturgeschichtliche Position. An der aufkommenden Literarhistorie als wissenschaftlicher Disziplin nahm G. regen Anteil, vor allem das *Handbuch* des Literaturgeschichtlers Johann Friedrich Ludwig Wachler schätzte G. als unverzichtbare Quelle mancher »Belehrung über mittlere Epochen [...] so wie für neue und frische Blicke auf Gegenstände, die mir zwar nicht unbekannt waren deren Ansichten aber sich durch Zeit und Zerstreuung abgestumpft hatten« (an Wachler, 24.10.1819).   BJ

Lob/Tadel: G. erwartete mit Blick auf die Rezensenten beide Reaktionen nach dem Erscheinen seiner ersten großen literarischen Publikation, dem *Götz*, Reaktionen, die *Dichtung und Wahrheit* ausführlich zusammenfaßt (13. Buch). Die lebenslangen Erfahrungen mit dem Lesepublikum schießen zu einem in *Kunst und Alterthum* veröffentlichten Aphorismus zusammen: »Man sagt, eitles Eigenlob stinkt. Das mag sein; was aber fremder und ungerechter Tadel für einen Geruch habe, dafür hat das Publicum keine Nase«. Dem Lob als pädagogischem Mittel gibt G. den Vorzug: »Wen jemand lobt, dem stellt er sich gleich« (*MuR*), der philanthropische Oheim der *Wanderjahre* mahnt sogar: Loben dürfe spontan geschehen und ohne Bedenken, Tadeln jedoch erst nach reiflicher Abwägung und Überlegung.   BJ

Loder, Justus Christian (von) (1753–1832), Mediziner und Anatom; 1778–1803 Professor in Jena, dann in Halle und Königsberg, ab 1810 Staatsrat und Leibarzt in Moskau. Während Loders Jenenser Zeit nahm G. bei ihm Unterricht in Anatomie, Myologie sowie Osteologie und forschte mit ihm: »Ich verglich mit

Lodern Menschen- und Thierschädel, kam auf die Spur und siehe da ist es« (an Herder, 27.3.1784) – der ↗Zwischenkieferknochen beim Menschen war entdeckt.   PO

Loge »Anna Amalia zu den drei Rosen«: Initiator der im 18. Jh. weit verbreiteten Freimaurerbewegung war in Weimar der Minister Jakob Friedrich Freiherr von Fritsch, der 1762 in Jena die Loge »Zu den drei Rosen« leitete, die ein Jahr später geschlossen wurde. Am 24.10.1764 gründete er daraufhin in Weimar die Loge »Anna Amalia zu den drei Rosen«. Ziel dieser ↗Freimaurerei war es, den Menschen für das gemeine Wesen brauchbarer, nützlicher, wohltätiger zu machen. Herzogin Anna Amalia, die Namenspatronin, war die Nichte des Großmeisters vom Stuhl, Herzog Ferdinand von Braunschweig. Mitglieder waren Christoph Martin Wieland, Herzog Carl August und G. selbst (23.6.1780 Eintritt, 2.3.1782 Meister, 12.12.1782 Aufnahme in den Inneren Orden). Von 1782 bis zur Wiederbelebung durch Carl August 1808 ruhte die Logenarbeit. 1808 wurde Friedrich Johann Justin Bertuch Meister vom Stuhl. Die Zusammenkünfte der Logenmitglieder fanden bis 1848 im Wittumspalais statt.   GGÜ

Logengedichte; Symbolum. Das im 18. Jh. bedeutsame Phänomen ↗Freimaurertum ist uns heute fremd. G.s Logengedichte relativieren die historische Distanz insofern, als darin weniger der geheimbündlerische, politische Aspekt der Loge als der gesellige zum Ausdruck kommt. Seinen Aufnahmeantrag in die Weimarer Loge Anna Amalia 1780 begründet G. mit dem Wunsch, »mit Personen, die ich schätzen lernte, in nähere Verbindung zu treten«. In jüngster Zeit hat jedoch die These, G. und auch der Herzog Carl August seien der Loge beigetreten, um politische Kontrolle und Überwachung der Mitglieder ausüben zu können, eine Wissenschaftskontroverse ausgelöst.

G. war bei den Sitzungen kein häufiger Gast, doch zollte er der Loge seinen lyrischen Tribut mit insgesamt acht Gedichten, die zu bestimmten Gelegenheiten verfaßt wurden. 1827 erschienen in der *Ausgabe letzter Hand* unter der Rubrik Loge: *Symbolum* (1815 oder 1816); *Verschwiegenheit* (1816); *Gegentoast der Schwestern* (1820, Ironisierung des männerbündlerischen Charakters der Logen, zu deren Sitzungen Frauen nur in Ausnahmefällen zugelassen waren); *Trauerloge* (1816, zum Tode der Prinzessin Caroline von Weimar Eisenach); *Dank des Sängers* (1815, zur Aufnahme von G.s Sohn August); *Zur Logenfeier des dritten Septembers 1815* (zum 25.

Regierungsjubiläums des Herzogs Carl August). Zwei weitere Logengedichte, darunter *Dem würdigen Bruderfeste. Johanni 1830* (zum 50. Jubiläum von G.s Eintritt in die Loge), wurden aus dem Nachlaß publiziert.

Besondere Bedeutung kommt *Symbolum* zu, das die Beschränkung eines Gelegenheitsgedichtes überschreitet. Es thematisiert das Geheimnis des menschlichen Lebens und trifft damit ins Zentrum des Selbstverständnisses der Logen, die ihren Mitgliedern geheimes Wissen in einer stufenweisen Initiation vermitteln wollten. Nicht esoterische Abschließung ist jedoch der Weg, der im Gedicht in der lakonischen Verschlüsselung des Altersstils vorgezeichnet wird, sondern das für G. wichtige Ideal gemeinnütziger Tätigkeit in einer zusammenwirkenden Gruppe von Menschen. IW

Lorbeer, die heilige Pflanze des Apollo, des Gottes der Dichtkunst. Im *Tasso* ist der Lorbeerkranz die erstrebenswerte Belohnung und Zierde des Dichters, ebenso in G.s Rückblick auf die eigene Jugend (*DuW*, 4. Buch). Mignons berühmtes »Land, wo die Zitronen blühn« ist auch das des Lorbeers und der ↗Myrte, die ebenso sinnbildlich für Italien stehen. DF

Lorrain, Claude (1600–1682), eigentlich Claude Gellée, französischer Landschaftsmaler und Radierer, der nach einer dortigen Ausbildung ab 1627 ganz in Rom lebte. G. schätzte Lorrain als bedeutenden Landschaftsmaler, seine feinen und durch eine differenzierte Behandlung des Lichts gekennzeichneten Landschaften schienen ihm aber erst durch den eigenen Italienaufenthalt richtig verständlich und in ihrer künstlerischen Wahrheit nachvollziehbar. »Die großen Scenen der Natur hatten mein Gemüth ausgeweitet und alle Falten herausgeglättet, von der Würde der Landschaffts Malerey habe ich einen Begriff erlangt, ich sah Claude [Lorrain] und Poussin mit andern Augen« (an Carl August, 25.1.1788). Von Graf Reiffenstein bekam G. Original-Radierungen von Lorrain geschenkt (an Carl August, 18.3.1788), von denen er lebenslang Originale und Nachstiche sammelte (an Charlotte von Stein, 28.3.1804). Noch im höchsten Alter lobte er gegenüber Eckermann die Kunst Lorrains in höchsten Tönen: »Die Bilder haben die höchste Wahrheit, aber keine Spur von Wirklichkeit« (29.4.1829). BJ

Löschwesen: Die rußgeschwärzte Ruine des Schlosses und die lange Geschichte der Großbrände in Weimar, sicherlich auch den spektakulären Brand der Judengasse (*DuW*, 16. Buch) in seiner Heimatstadt Frankfurt vor Augen, machte sich G. bald nach seiner Ankunft an die Verbesserung des Löschwesens in Weimar, als öffentliche Aufgabe trotz der feuergefährlichen Baustoffe (z.B. schindel- oder strohgedeckte Dächer, alltäglicher Umgang in den Häusern und Werkstätten mit offenem Feuer) bis dahin nicht erkannt. G.s besorgte Briefe und Berichte an Carl August (4.5.1776) oder Frau von Stein (24./26.6.1780) legen beredtes Zeugnis von der deutlich empfundenen Gefahr für das Gemeinwesen ab.

Die Gefahr einer verheerenden Feuersbrunst ständig fürchtend, hatte bereits Herzog Ernst August 1742 eine sog. »Tellerordnung« erlassen, der zufolge die Weimarer geweihte Holzteller zur Brandbekämpfung einsetzen sollten. 1760 verfügte Anna Amalia eine »Sachsen-Weimarische Obervormundschaftliche Feuerordnung«; aber erst unter der Mitwirkung G.s wurde in Weimar mit der Brandbekämpfung ernst gemacht; so wurden z.B. bei öffentlichen Veranstaltungen, Redouten und Empfängen bei Hof u.ä. Feuerwachen aufgestellt und Gassenreglements erlassen. Der Brand des Komödienhauses von 1825 zeigte jedoch, daß alle bislang getroffenen Vorsichtsmaßnahmen nicht ausreichten. Daher wurde wenige Monate später eine dreißig Mann umfassende Feuer-Compagnie aufgestellt, die rund um die Uhr im Kassengewölbe Wache hielt – die erste Berufs-Feuerwehr in Deutschland. Ober- und unterirdische Löschwasserzugänge wurden eingerichtet, Pumpen und Druckschläuche entwickelt, das Hilfspersonal Zug um Zug aufgestockt.

Und die Literatur? Während in den *Lehrjahren* (1796) drei Häuser wie Zunder bis auf die Fundamente niederbrennen (V.13), ohne daß ein Eingreifen möglich ist, weil die einfachsten technischen Voraussetzungen fehlen, gelingt es dem Fürsten in der *Novelle* von 1828, aus den Erfahrungen mit einem verheerenden Stadtbrand heraus mit neuartigen Löschvorrichtungen einen auf dem Marktplatz ausgebrochenen Brand sofort unter Kontrolle zu bringen. Die Hütte von ↗Philemon und Baucis in *Faust II* dagegen brennt einfach ab, und ihre beiden gemeinsam alt und welk gewordenen Bewohner sterben in den Flammen ihrer untergehenden Welt. BJ

Lothario, Figur in den *Wilhelm Meister*-Romanen, Mitglied der ↗Turmgesellschaft. Er plant die Aufhebung des Lehnswesens und die Umwandlung des Feudalbesitzes in Kapital, das frei verfügbar und steuerpflichtig sein soll. Er steht für einen Reformadel, der aus eigenem Antrieb die Ursachen für eine bürgerliche

Revolution beseitigt: eine von G.s Reaktionen auf die ↗Französische Revolution. Lothario wird in den *Wanderjahren* zum Organisator der Auswandererge-sellschaft, der sich auch ↗Wilhelm anschließt.   BJ

Lotte, Figur in *Die Leiden des jungen Werthers*. Älteste Tochter eines Amtmannes, die an Stelle der verstorbenen Mutter für die sieben kleineren Geschwi-ster sorgt. Lotte ist mit einem treuen und beruflich erfolgreichen Mann namens ↗Albert verlobt. Sie ist eine heiter-lebenskluge Frau, wie sich in ihrem Pfän-der-Spiel gegen die Gewitter-Angst zeigt, und pflegt mit fürsorgender Hingabe etwa eine kranke Freundin. Lotte liest empfindsame Romane und mit Begeiste-rung Klopstock, was sie aufs engste mit Werther verbindet. Sie weiß nicht, wie sie auf die leiden-schaftlich-ungestüme Liebe Werthers reagieren soll, bleibt aber Albert treu, wenn sie auch die anziehende Andersartigkeit von Werthers Liebe spürt. Schließlich stößt sie diesen nach einer abendlichen ↗Ossian-Lektüre und einem tränenreichen Kuß von sich, was letztlich einen der Auslöser für Werthers ↗Selbstmord darstellt.   BJ

Louise Auguste, Herzogin und ab 1815 Groß-herzogin von Sachsen-Weimar-Eisenach, geb. Prinzes-sin von Hessen-Darmstadt (1757-1830), hat dem geselligen Kreis der Darmstädter Empfindsamen ange-hört. Carl August heiratete sie 1775; sie brachte sie-ben Kinder zur Welt, von denen vier früh starben, Carl Friedrich (1783), Caroline Louise (1786) und Carl Bernhard (1792) wuchsen heran. Hatten die Eska-paden Carl Augusts von Anfang an eine Belastung für die eheliche Beziehung mit sich gebracht, so zerbrach sie, als der Herzog 1802 die füllige blonde Schau-spielerin und Sängerin Caroline ↗Jagemann zur Mä-tresse nahm. Louise Auguste und Carl August be-gegneten sich von nun an förmlich und distanziert. Die von G. sehr geschätzte, gebildete und belesene Herzogin nahm an Lesungen, an der Mittwochs- und Freitagsgesellschaft und an optischen Vorführungen teil. G. widmete ihr 1810 seine *Farbenlehre*. Ihr Geburtstag, der 30. Januar, wurde am Weimarer Thea-ter stets groß gefeiert (mit Ur- oder Erstaufführungen, Maskenzügen, Glückwünschen, Huldigungsgedich-ten).   BL

Luciane, Figur in den *Wahlverwandtschaften*, Tochter ↗Charlottes aus erster Ehe. Bringt vorüber-gehend die ›große Welt‹ an ↗Eduards stillen Hof, aristokratisches Gebaren in leerer Vergnügungssucht und bloßem Rausch. Luciane dient der kritischen

Perspektivierung des Hochadels im Roman, dessen Personal- und Materialverschwendung ebenso zur Darstellung kommt wie seine zynische Arroganz und leere Selbstinszenierung. Kontrastfigur zu ↗Ottilie.   BJ

Lucie, Tochter von ↗Cäcilie und ↗Fernando in *Stella*. Lustiger, manchmal vorlauter Teenager, der die Gefühlstortur der Eltern und der geliebten Stella halb skeptisch, halb staunend verfolgt, »Kann man denn einander so liebhaben?«, und sich vernünftigerweise zurückzieht, als im zweiten Teil des Stückes der Lie-beswahnsinn um sich greift.   NH

Luden, Heinrich (1780-1847), seit 1806 Professor für Geschichte an der Universität Jena, national-liberal gesinnt, Anhänger Herders, Schellings und Fichtes, Gegner Napoleons. Gründete 1813 die Zeitschrift *Ne-mesis. Zeitschrift für Politik und Geschichte*, die wegen des Abdrucks eines Geheimberichts, den der russische Gesandte Kotzebue an den Zaren gerichtet hatte, eingestellt werden mußte.   BL

Ludwig XVI. (1754-1793) bestieg 1774 den franzö-sischen Thron. In *Dichtung und Wahrheit* wird der mit Marie Antoinette verheiratete Monarch als »ein neuer wohlwollender König, [der] die besten Ab-sichten zeigte durch Ordnung wie durch Recht allein zu herrschen« (17. Buch) bezeichnet. Ludwigs Weige-rung, nach Ausbruch der Französischen Revolution 1789 die Rolle eines konstitutionellen Monarchen zu übernehmen, kostete ihn den Thron. Er wurde ge-fangen genommen, zum Tode verurteilt und 1793 hingerichtet. Über dieses Schicksal des »unglücklichen Monarchen« war G. tief bestürzt: Was er »anfangs für Fabeln gehalten, erschien zuletzt als Wahrheit über-schwenglich furchtbar« (*CiFr*).   HM

Luftschiffahrt. Der älteste Traum der Menschheit – der Traum vom Fliegen –, im Ikarus-Mythos themati-siert, für Leonardo da Vinci Forschungsgegenstand und Anfang des 18. Jh.s für theoretisch realisierbar erklärt, begann in der Praxis erst gegen Ende des 18. Jh.s Wirklichkeit zu werden, als es 1783 sowohl den Brüdern Montgolfier als auch Jacques Alexandre Charles in Paris gelang, mit heißer Luft bzw. Gas gefüllte Ballone – erst unbemannt, dann mit Personal – bis zu 3000 m hoch steigen zu lassen. Die Neuigkeit schlug weltweit wie eine Bombe ein, und auch G. verfolgte die Entwicklung interessiert. Im Oktober assistierte er Samuel Thomas von Sömmering in Kassel bei einem mißlungenen Ballonversuch, in Weimar verliefen gemeinsame Experimente mit dem Hof-apotheker Buchholz dann erfolgreicher, worüber G. Sömmering berichtete: »Das erstemal legte er eine Viertelstunde Wegs in ungefähr 4 Minuten zurück, das zweitemal blieb er nicht so lange« (9.6.1784).

In Frankreich ging die Entwicklung hingegen rasend schnell vonstatten. Bereits 1785 überflog Nicolas François Blanchard den Ärmelkanal, und in Folge bot er auch von deutschen Städten aus Luftreisen an. G. schickte sein Pflegekind Fritz von Stein nach Frankfurt, um bei einem solchen Spektakel dabei zu sein. 1821 notierte er anläßlich der schematischen Darstellung seines *Naturwissenschaftlichen Entwicklungsganges* im Rückblick auf die 80er Jahre resigniert: »Die Luftballone werden entdeckt. Wie nah ich dieser Entdeckung gewesen. Einiger Verdruß, es nicht selbst entdeckt zu haben«. Eine Flugreise hat G. allerdings zeitlebens nicht unternommen.   DF

Luise (1776–1810), Königin von Preußen. Als Prinzessin wohnte sie 1790 während eines Besuchs anläßlich der Krönung Kaiser Leopolds in Frankfurt zusammen mit ihren Geschwistern bei G.s. Mutter. G. selbst begegnete ihr und ihrer Schwester 3 Jahre später im Lager von Mainz. Anfangs ohne Interesse an G., liest sie später mit Anteilnahme *Wilhelm Meisters Lehrjahre*. 1810 dichtete G. zu ihrem Geburtstag das Lied *Rechenschaft*. Auch in den *Maximen und Reflexionen* findet die »vollkommene, angebetete Königin« Erwähnung.   DO

Lukrez (Titus Lucretius Carus); um 97–55 v. Chr.), römischer Dichter, Verfasser des Lehrgedichts *De rerum natura*. G. lernte seine Dichtung erstmals in den 1780er Jahren kennen. Jahrzehntelang begleitete ihn die Lukrez-Übersetzung seines »Urfreundes« Karl Ludwig von Knebel: Sie berieten sich in Übersetzungsfragen, G. nahm Auszüge des Lehrgedichts in seine *Geschichte der Farbenlehre* auf und besprach das Werk, das 1821 erschienen war, in *Über Kunst und Altertum*. Bei der Behandlung naturwissenschaftlicher Themen experimentierte G. zeitweilig mit antiken Versmaßen und schien, so Knebel, »im Ernst daran zu denken [...], ein Gedicht in der Art des Lukrez zu verfertigen. [...] Er kann es mit höherm Sinn und größern Kräften, und es dürfte vielleicht der dauerndste Lorbeer in seinem Kranze werden« (an F. v. Matthisson, 15.1.1799). Doch im Herbst 1799 gab G. den Plan wieder auf.   AR

Lust/Schmerz: Doppelempfindung, topisch v.a. angesichts der Liebe, Ausdruck etwa der Sehnsucht: »O!

1783 ließen die Brüder Montgolfier, mit heißer Luft bzw. Gas gefüllte Ballone steigen

laß doch immer hier und dort/Mich ewig Liebe fühlen,/Und möcht' der Schmerz auch also fort/Durch Nerv' und Adern wühlen« (*Sehnsucht*). Das Motiv wird 1788 anders interpretiert: »Liebesqual verschmäht mein Herz,/Sanften Jammer, süßen Schmerz; [...] Mädchen, gib der frischen Brust/Nichts von Pein, und alle Lust« (*Frech und froh*). Im »Buch der Betrachtungen« des *Divans* werden diese Empfindungen vereint gedacht: »Heut nun und hier am Himmel froher Tage/Begegnen sich wie Freunde Schmerz und Lust./O süßes Glück, wenn beide sich vereinen!«. Fausts Unrast-Gefühl ist ähnlich formuliert: »Schmerz und Genuß« (v. 1756), der *Prometheus* interpretiert die Empfindungen als komplementäre Anteile menschlicher Existenz: »Zu leiden, weinen/Genießen und zu freuen sich«.   BJ

Lustigen von Weimar, Die: *Donnerstags nach Belvedere*, entstanden im Januar 1813, Erstdruck in *Werke* 1815. Ironisches Gedicht auf die von G. so genannte »Wochenlust« seiner Frau Christiane (↗ Christiane-Gedichte) und ihrer Freundinnen. Tanzlust und Theaterliebe bestimmten die Kreise, in denen sich Christiane in und um Weimar bewegte und die wegen ihrer gesellschaftlichen Mißachtung nicht deckungsgleich mit dem vielfältigen, kultivierten geselligen Verkehr G.s waren. Eine Verbindung beider Kreise stellte sich wesentlich über das Theater her. In einer Art von Wochenspiegel werden im Gedicht die Vergnügungen, deren Fixpunkte zwei wöchentliche Theaterabende sind, als ein rasch wechselndes Kaleidoskop vorgeführt.   IW

Luther, Martin (1483–1546): Zum Reformationsjubiläum arbeitete G. an einer Kantate, mit der er den heilsgeschichtlichen Weg von der alttestamentarischen Verkündigung der Zwölftafelgesetze an Moses im Sinai bis zum Kreuzigungstod Christi und dessen Auferstehung und Himmelfahrt zu Jerusalem als Versöhnungsweg des Alten und des Neuen Testaments, als Übergang der »Notwendigkeit« in die »Freiheit« feiern lassen wollte. Dem großen Reformator galt G.s Bewunderung zeit seines Lebens, stets war er für ihn gegenwärtig, ein Befreier von der »Finsternis der Pfaffen«, der revolutionär allein durch die Individualisierung und Subjektivierung des Christentums gewirkt hat: »Luther hat die Schwärmerei zur Empfindung gemacht«. Abstand hielt G. jedoch zu Luthers Teufelsglauben – er erschien als allzu bequeme Lösung eklatanter, G. selbst – u.a. im *Faust II* – beschäftigender Widersprüche des menschlichen Daseins: »Indem er sich das ihm Widerwärtige recht häßlich, mit Hörnern, Schwanz und Klauen dachte, so wurde sein heroisches Gemüth nur desto lebhafter aufgeregt, dem Feindseligen zu begegnen und das Gehaßte zu vertilgen« (WA II. 3, 160f.).   BL

Luzifer: Nach seiner Leipziger Krise (1768/69) wurde G. durch Vermittlung Susanna Katharina von ↗ Klettenbergs mit pietistisch-hermetisch-mystischem Gedankengut bekannt und gewann auch einige Klarheit über die Gottheit und ihre notwendig entstandene und ebenso notwendig zu überwindende Gegenkraft Luzifer (*DuW*, 8. Buch). Dieser gefallene Engelsfürst gibt Mephistopheles, der Inkarnation des Versuchers im *Faust*, teilweise ihr Gepräge (ausdrückliche Nennung Luzifers nur in *Urfaust* v. 5527 und *Faust* v. 11770). Der G.-Editor und -Forscher Rudolf Steiner hat in seinen Faust-Vorträgen (1910–1919) darauf

hingewiesen, daß sich Luzifer und Mephisto nicht einfach gleichsetzen lassen, sondern daß Fausts Gegenspieler ein Doppelantlitz hat: Neben der mystisch-spirituellen Seite besitzt er, namentlich im zweiten Teil der Tragödie, eine irdisch-materielle. Im Gegensatz zum hochmütig-flüchtigen Luzifer nennt Steiner die machtgierig-verhärtende, mephistophelische Versuchermacht nach einer Überlieferung aus dem persischen Kulturgut Ahriman.   DH

Luzern, Stadt am Vierwaldstätter See, die G. auf seiner zweiten Schweizer Reise am 16.11.1779 besuchte und auf der dritten am 7.10.1797 nur vom Schiff aus erblickte: »Luzern liegt links gegen Westen in seiner Bucht, umgeben von sanften, fruchtbaren Höhen, welche sich rechts an dem Ufer des Arms, der nach Küßnacht hinreicht, erstrecken« (*Tb*).   AR

Lynkeus, der »Luchsäugige«, weit vorausblickender Steuermann der griechischen Sage vom Zug der Argonauten; Turmwächter in *Faust II*, zuerst in der Szene »Innerer Burghof«, wo er Helena in Ketten vorgeführt wird (»Ich vergaß des Wächters Pflichten«, v. 9242) und sie um Gnade bittet. Im 5. Akt (»Palast«) verkündet ein weiterer Lynkeus die Ankunft der Schiffe, in der anschließenden Szene »Tiefe Nacht« setzt der Türmer Lynkeus ein: »Zum Sehen geboren,/Zum Schauen bestellt,/Dem Turme geschworen,/Gefällt mir die Welt« (v. 11288–11291), um gleich danach entsetzt den Brand der Hütte von Philemon und Baucis zu melden. Das 1831 entstandene Türmerlied – Lynkeus ist ein Sehender, aber kein Handelnder – läßt inmitten des harmonischen Weltzustands die elementare Macht der Zerstörung ausbrechen. Es endet als Elegie: »Bis zur Wurzel glühn die hohlen/Stämme, purpurrot im Glühn.-/*Lange Pause, Gesang*./Was sich sonst dem Blick empfohlen/Mit Jahrhunderten ist hin« (v. 11334–11337).   BL

Lyriker, G. als: Das spöttische Diktum Gottfried Benns, von jedem Lyriker seien allenfalls fünf Gedichte bewahrenswert, ist für den Lyriker G. nicht haltbar. Viele Gedichte G.s gehören zum Kernbestand der literarischen Überlieferung. Sein etwa 3000 Texte umfassendes Gedichtwerk hat für die deutsche Literatur ein einzigartiges Motiv-, Bild- und Formenarsenal zur Verfügung gestellt. G.s Lyrik ist an der Schwelle des modernen Identitätskonzepts Signatur eines individuellen Reifeprozesses; sie gewinnt ihre Besonderheit und überindividuelle Bedeutung durch die souveräne Beherrschung des etablierten Formkanons und dessen Überschreitung in einer Vielfalt literarischer Formspiele und -experimente.

G. dichtete u. a. Volksliedstrophen (↗Volkslied), ↗Balladen, Gedichte im ↗Knittelvers, Hymnen in freien Rhythmen (↗Frankfurter Hymnen, ↗Ode, ↗Freie Rhythmen), Spruchverse (↗Spruchdichtung), Gedichte in Hexametern und Distichen (↗Versmaß, klassisches, ↗Epigramm, ↗Elegien, klassische), in Stanzen (z.B. in *Zueignung*) und Terzinen (z.B. *Im ernsten Beinhaus*), ↗Sonette; bis ins hohe Alter bleibt die vierzeilige Liedstrophe mit wechselnden Vers- und Reimmustern ein dominantes lyrisches Muster. In der zweiten Hälfte des Lebens ist sich G. seiner Vorbildhaftigkeit bewußt, und sie geht in den Schreibprozeß ein.

Kreativität auf den unterschiedlichsten Gebieten ist das Hauptsignum dieses langen Lebens; die Lyrik ist wahrscheinlich der Aussagemodus, der am nächsten an den Kern von G.s Persönlichkeit heranführt. Krisenhafte Perioden gehen gewöhnlich mit einem Stokken oder fast völligen Versiegen der lyrischen Produktion einher; so entstanden zwischen 1790 und 1794 – einem Lebensabschnitt, der vom Gefühl der Isoliertheit bestimmt war – nur acht Gedichte. Die Begegnung mit Schiller führt dann zu einem Wiederaufleben der Kreativität und zu einem Höhepunkt des lyrischen Schaffens. Einen ähnlich markanten Produktivitätsschub bringen mit dem Ende der Befreiungskriege wiederum die Jahre 1814/15 mit den in rascher Folge entstehenden Gedichten des *West-östlichen Divan.*

Lyrisches Sprechen ist für G. nicht nur Medium für philosophische, religiöse, zunehmend auch wissenschaftliche Reflexion und die Auseinandersetzung mit der eigen- und fremdkulturellen literarischen Tradition, sondern es ist daneben Gebrauchs- und ↗Gelegenheitsdichtung in umfassendem Sinne. G.s lyrische Kreativität verbindet die literarische Kultur mit der höfischen, bürgerlichen und Volkskultur in einer formalen Vielfalt, die auch die derben und obszönen Ausdrucksformen der Alltagskultur aufnimmt; sie dient der intimen Aussprache des Ich ebenso wie dem Dialog mit konkreten Adressaten oder der Belehrung oder Verspottung eines anonymen ↗Publikums. Eine besondere Intensität und Vorbildhaftigkeit erreicht diese Lyrik im Liebesmonolog und -dialog; G.s Liebesgedichte prägen bis weit ins 20. Jh. hinein den lyrischen Ausdruck der neuen Intimität und Subjektivität der bürgerlichen Liebeskonzeption. Das männlich dominierte Geschlechterverhältnis wird in der Rollenzuweisung der Frau als Muse zwar gewahrt, in weiblichen Rollengedichten (*Sonette, West-östlicher Divan*) und der Idee des Paars jedoch auch immer wieder utopisch transzendiert (z.B. *Wiederfinden*).

G.s Initiation als Dichter beginnt mit einem ↗Autodafé; 1767 verbrannte er in Leipzig nahezu seine gesamte Jugendproduktion. Wenige Texte wie das frühe Gedicht *Poetische Gedanken über die Höllenfahrt Jesu Christi* und eine Anzahl von ↗Briefgedichten blieben erhalten. Die neu entstehenden Gedichte spiegeln den literarisch avancierten Geschmack der Leipziger Literaturszene mit ihrer galanten, noch höfisch geprägten Geselligkeitskultur (↗Rokokolyrik). Die erste gedruckte Gedichtsammlung, die *Neuen Lieder*, zeigt erste Anzeichen der Variation vorgegebener Muster, die sich dann in den freirhythmischen *Oden an meinen Freund* verdichten.

Eine entscheidende Phase in G.s Leben ist die Straßburger Studienzeit 1770/71 mit den intellektuell und emotional tief einprägenden Begegnungen mit Johann Gottfried ↗Herder und Friederike ↗Brion. Lyrischer Ertrag sind zunächst eine Reihe von Gedichten für oder über Friederike, die den Beginn eines neuen lyrischen Sprechens bezeichnen (↗*Sesenheimer Lieder*). Mit dem in dieser Lyrik gestalteten erfüllten Augenblick, der Einheitserfahrung von Ich, Natur und Liebe, wird Lyrik zum Medium der modernen, bürgerlichen Erfahrung von Subjektivität (↗Erlebnislyrik). Das durch Herder angeregte Sammeln und das eigene Dichten von Volksliedern prägt die lyrische Produktion nachhaltig (↗Volkslied). Die emphatische Verehrung ↗Shakespeares, die Begeisterung für die schottische Bardenpoesie Ossians und die wild-ekstatischen Oden des antiken Lyrikers Pindar, die ebenfalls auf Herders Anregung zurückgehen, werden Bausteine zur Genieästhetik des ↗Sturm und Drang mit ihrer pantheistischen Naturreligion und den Kreativitätsphantasmen, die der junge G. im ›Frankfurter Intervall‹ (1772–75) entscheidend mitprägte und in exemplarischen Texten in Literatur umsetzte.

Überzeugender Ausdruck des Ich-Gefühls dieser jungen Generation sind die ↗Frankfurter Hymnen. Zu der in Friedrich Gottlieb ↗Klopstocks Odendichtung (↗Ode) vorgeformten hymnischen Anrufung von Natur und Gott tritt in G.s Hymnen die Selbstinszenierung des ↗Genies, »göttergleich«, in *Wandrers Sturmlied*, in rebellischem Trotz in *Prometheus*. In einer Gruppe von Künstlergedichten wird die Bedingung von Kreativität zum Teil im Rollen-Ich des Malers reflektiert (vgl. *Künstlers Morgenlied* oder die szenischen Gedichte *Des Künstlers Erdewallen, Künstlers Apotheose*). Daß der Versuch der Bändigung dieses genialischen Selbstverständnisses im bürgerlichen Lebenskonzept einer Liebes- und Standesheirat mißlang, zeigt die gescheiterte Verlobung mit Lili ↗Schönemann, die ihren lyrischen Niederschlag in der ↗Lili-Lyrik fand.

1775 bringt mit der Übersiedlung nach Weimar einen entscheidenden Wendepunkt in G.s Leben und ein Ausklingen des zunächst mit dem jungen Herzog Carl August noch fortgesetzten Genietreibens. Entscheidenden Anteil daran hat die Beziehung zu Charlotte von ↗Stein, deren Ambivalenzen und Sublimierungsleistungen sich in einer komplexen, hochreflektierten Liebes- und Beziehungslyrik spiegeln (↗Lida-Lyrik, ↗Briefgedichte). Auch die schwierige Vermittlung der Rolle als Künstler mit der des Weimarer Staatsdieners führt zu einem Reifeprozeß; das genialische Verströmen der Kräfte, das in einigen Hymnen noch nachklingt (*Harzreise im Winter*), wird gebändigt und geformt zur sozialen Bestimmung von Kunst (*Ilmenau*; *Zueignung*).

Poesie wird darüber hinaus zum Medium weltanschaulicher Reflexion (*Grenzen der Menschheit*; *Das Göttliche*) und eines gewandelten Naturverständnisses, wie es sich in »Über allen Gipfeln …« (*Wandrers Nachtlied/Ein Gleiches*), einem der wohl bekanntesten Gedichte G.s, ausspricht. Parallel zu dieser modernen, reflexiven Poesie nützt G. die vormoderne Vorstellungs- und Bilderwelt der Volksüberlieferung als plastische lyrische Ausdrucksmöglichkeit; so gehören auch die Balladen *Der Fischer* und *Erlkönig* zu seinen bekanntesten Gedichten überhaupt.

Der Italienaufenthalt 1786–88, der nach dem fluchtartigen Verlassen des Weimarer Lebens- und Aufgabenkreises eine zweite Initiation zum Dichter ist, trägt wesentlich erst nach der Rückkehr lyrische Früchte. Mit der ersten Werkausgabe, den *Schriften* von 1789, wurde die frühere, zumeist verstreut oder anonym erschienene Lyrik erstmalig einem größeren Publikum zugänglich. Die nun entstehenden *Römischen Elegien* sind G.s erster Gedichtzyklus; sie dokumentieren in Motivik und Form G.s Hinwendung zur klassischen Antike. Stimmigerweise konnten diese dem damaligen Publikumsgeschmack anstößigen ›Erotica romana‹, in denen G. auch seine Befähigung zur erotischen Dichtung erweist (vgl. auch *Das Tagebuch*), erst nach Beginn der Zusammenarbeit mit Friedrich Schiller, im klassischen Jahrzehnt (1794–1805), veröffentlicht werden.

Autonomie der Kunst, Vorbildhaftigkeit der griechischen und römischen Antike und ihre Vermittlung mit der Moderne sind wesentliche Merkmale der klassischen Ästhetik, die im Kunstdialog zwischen G. und Schiller Kontur bekommt. Das Dichten in antiken Versmaßen (↗Versmaß, klassisches) wird zum wichtigen Formsignal dieser Epoche, so in den mit Schiller verfaßten satirischen *Xenien*, den *Venezianischen Epigrammen* (↗Epigramm) und den Elegien (↗Ele-

gien, klassische). Einer der Höhepunkte der Zusammenarbeit zwischen G. und Schiller ist die Balladenproduktion im ↗Balladenjahr 1797, mit der beide den Anspruch erheben, mustergültige Texte auch in dieser nicht-antiken Gattung zu schaffen. Eine Reihe von Gedichten gingen auch in G.s Romanwerk ein (z.B. *Aus Wilhelm Meister*).

Nach 1800 ergänzt G. das Bildarsenal der ästhetisch verbindlichen klassischen Antike, das er gemeinsam mit Schiller auf einen neuen Höhepunkt hatte, verstärkt durch andere Bilderwelten und neue ästhetische Muster aus der eigenen historischen Tradition und aus fremden Kulturen. So sind die *Sonette* von 1806/07 beeinflußt von der romantischen Hinwendung zu romanischen Literaturen und ihren artifiziellen lyrischen Formen. Wesentliche Elemente von G.s Lyrik sind jedoch auch weiterhin die Antike, die Volkspoesie und verstärkt der Orient. Antike war für G. niemals nur die griechisch-römische Kultur; die von Herder initiierte Ausweitung, die vom Mittelmeer zu östlich-asiatischen Kulturen bis nach Indien reicht (*Der Gott und die Bajadere*, *Paria-Trilogie*), wird für G. – lange vor der Orientbegeisterung des 19. Jh.s – ein Raum der poetischen Imagination und kultureller Grenzüberschreitungen. Das eindrucksvollste Beispiel dafür ist der *West-östliche Divan*, poetischer Fluchtraum vor den Wirren der Befreiungskriege, in dem G. in der Spiegelfigur des persischen Dichters Hafis in einer überbordenden Kreativität neue lyrische Ausdrucksformen erprobt. Im fiktiven Paar Hatem-Suleika werden zudem in der deutschen Lyrik bisher nicht bekannte spielerische Formen des Liebesdialogs gestaltet.

Die 1820er Jahre sind gekennzeichnet von einem einsetzenden ↗G.-Kult; sie markieren zugleich die letzte Phase der Altersdichtung, die in der jüngeren Forschung verstärkt Aufmerksamkeit findet. G.s Auffassung, daß das Wahre nicht unmittelbar erkannt werden kann, wird zur Grundlage dieser zunehmend gleichnis- und symbolhaften Dichtung. Das Verständnis von Poesie als Ausdrucksmittel letzter Wahrheiten und rational nicht faßbarer Geheimnisse ist jedoch nur das eine Element dieser Lyrik; ein ebenso wichtiger und im zeitgenössischen Vergleich singulärer Aspekt ist die Verbindung von naturwissenschaftlicher und poetischer Erkenntnis, die auf G.s jahrzehntelangen naturwissenschaftlichen Studien basiert (z.B. *Howards Ehrengedächtnis*; vgl. auch *Die Metamorphose der Pflanzen*, *Metamorphose der Tiere*).

Dichten ist für G. selbstverständlicher und in vielen Lebensphasen alltäglicher Ausdruck der eigenen Subjektivität. In einem Brief an Zelter vom 3.5.1813 (von einer Reise auf der Flucht vor den Befreiungskriegen) bezeichnet er das Dichten als »eine innere und nothwendige Operation, die von keinen äußeren Umständen abhängig ist«, so daß auch in kriegerischer Zeit ein lustiges Trinklied entstehen könne. G.s Lyrik hat jedoch keineswegs nur überzeitlichen Charakter; insbesondere die umfangreiche ↗Spruchdichtung, Begleittext eines langen Lebens, zeigt, daß Gedichte häufig in unmittelbarer Reaktion auf politische und kulturelle Tagesereignisse entstehen. Der von Anfang an zu konstatierende belehrende Gestus nimmt im Alter an Häufigkeit zu; er verknappt sich vielfach zum kurzen, apodiktischen Spruch (*Zahme Xenien*), findet seinen Ausdruck jedoch auch in einer Reihe bedeutender weltanschaulicher Gedichte (*Urworte. Orphisch, Im ernsten Beinhaus wars, Eins uns alles, Vermächtnis*). Persönliche Trennungserfahrungen des Alters gestalten die *Trilogie der Leidenschaft* mit der *Marienbader Elegie*, die als G.s bedeutendstes Altersgedicht gilt, die *Dornburger Gedichte* und die *Chinesisch-deutschen Jahres- und Tageszeiten*.

Bei G.s Altersstil zeigt sich ein Oszillieren zwischer höchster Souveränität und Leichtigkeit im Umgang mit Sprache und einem Zerfließen zu routinierter Lässigkeit bis hin zu Nachlässigkeit, die mitunter, jedoch nicht immer ein Zeichen höchster Sublimierung ist. Nach der erstaunlichen sprach- und formschöpferischen Potenz der ersten Jahrzehnte zeigt sich zunehmend ein spielerischer Umgang mit dem sprachlichen und bildlichen Material, ein Offenhalten der lyrischen Aussage, die vielen späten Gedichten einen erstaunlichen Aspekt von Modernität verleihen.

Freie Liedstrophen sind jetzt das bevorzugte lyrische Medium. Der frühe Gleichklang von Ich und Natur erscheint entweder in schmerzlicher Brechung (*Marienbader Elegie*) oder wird in einem symbolischen Verweisungszusammenhang überhöht (*Dornburger Gedichte*). Das Schreiben von Gedichten in allen Lebensaltern gibt dieser Lyrik, die in der Sattelzeit der Moderne entstand, ihre besondere individualpsychologische und psycho-kulturelle Spiegelfunktion. Die überzeitliche Aussagekraft dieses in der deutschen Literatur einmaligen lyrischen Werks konnte man mit einer Verszeile des späten Gedichts *Vermächtnis* von 1829 charakterisieren: »Der Augenblick ist Ewigkeit.«   IW

Maaß, Wilhelmine (1786-??), 1802–1805 am Weimarer Hoftheater als Schauspielerin engagiert, fiel bei ihrem Direktor in Ungnade, als sie sich im April 1804 unerlaubt zu einem Gastengagement am Berliner Theater entfernt hatte: acht Tage Hausarrest unter Bewachung eines Weimarer Grenadiers waren die Quittung des strengen Intendanten G., trotz seiner Achtung vor ihrem Können.   BL

Machiavell, Figur im *Egmont*, Berater der ↗Margarete von Parma, der er von protestantischen Bilderstürmen berichtet und ihr (vergeblich) eine psychologisch abwägende Strategie zur Beruhigung des Aufstandes vorschlägt (I.2). Machiavell warnt die Statthalterin vorsichtig vor einem Übergriff gegen ↗Egmont, er sieht der Machtübernahme durch ↗Alba sehr pessimistisch entgegen.   BJ

Macht, die Teilhabe an der aktiven Gestaltung politischer und gesellschaftlicher Verhältnisse, ist gleichermaßen Anteil von G.s eigener Erfahrung und häufig wiederkehrendes Motiv in seinen literarischen Texten. In sein Tagebuch notierte G. am 8. Oktober 1777, anläßlich eines Besuchs auf der Wartburg, ganz beiläufig die im Zusammenhang mit den Weimarer Amtsgeschäften erwachte Lust auf politische Macht: »Hier nun zum leztenmal, auf der reinen ruhigen Höhe, im Rauschen des Herbstwinds. Unten hatt ich heute ein Heimweh nach Weimar nach meinem Garten, das sich schon wieder verliert. – Gern kehr ich doch zurück in mein enges Nest, nun bald in Sturm gewickelt, in Schnee verweht. Und wills Gott in Ruhe vor den Menschen mit denen ich doch nichts zu theilen habe. Hier hab ich weit weniger gelitten als ich gedacht habe, bin aber in viel Entfremdung bestimmt, wo ich doch noch Band glaubte. [Carl August] wird mir immer näher und näher u Regen und rauher wind rückt die Schaafe zusammen. – Regieren!!«

Was hier noch scheinbar optimistisch, von der Warte der hoch gelegenen Zinne auf die Reiche der Welt und ihre Herrlichkeit schauend, formuliert wird, stellt durchaus G.s hoffnungsvolle Erwartungen an die eigene politische Tätigkeit, die Teilhabe an der Macht im Herzogtum dar. Nicht nur die Arbeit in einer Vielzahl politischer Ämter und Gremien (↗Amtliche Tätigkeit), sondern v.a. auch der unmittelbare, erzieherische Einfluß des Bürgerlichen auf den jungen Herzog konnte als »Regieren« interpretiert werden. Die realen Erfahrungen im ersten Weimarer Jahrzehnt aber dämpfen jede Hoffnung: Die Schwerfälligkeit der Administration, die Unbeweglichkeit der absolutistischen Strukturen und die oft durch ökonomische Zwänge eng gezogenen Grenzen einzelner Projekte frustrierten G. zusehends; die Abreise nach Italien, Hals über Kopf, ist auch eine Flucht vor den gescheiterten Hoffnungen auf Teilhabe an der Macht.

Politischer Einfluß beschränkte sich für G. nach der Rückkehr aus Italien weitgehend auf den Bereich der Kultur- und Wissenschaftspolitik. Die direkte Einsicht in die politische Organisation eines wenn auch kleinen Landes, die Einblicke auch in die Psychologie der Herrschenden und der Herrschaft läßt G. sehr scharf zwischen Machtausübung als »Herrschen« und »Regieren« als eher dienendem Organisieren politischer Gebilde unterscheiden: »Herrschen lernt sich leicht, regieren schwer« (*MuR*), eines der *Xenien* resümiert: »Republiken hab' ich gesehen, und das ist das beste,/ Die dem regierenden Teil Lasten, nicht Vorteil gewährt«.

Kritik an der destruktiven Ausübung von Herrschaft üben G.s literarische Werke vielfach. ↗Alba verführt ↗Egmont im Gespräch zu einer deutlichen Parteinahme gegen den offenen Despotismus des spanischen Königs: »So hat er denn beschlossen, was kein Fürst beschließen sollte. Die Kraft seines Volks, ihr Gemüt, den Begriff, den sie von sich selbst haben, will er schwächen, niederdrücken, zerstören, um sie bequem regieren zu können. Er will den innern Kern ihrer Eigenheit verderben [...]. Er will sie vernichten« (IV.2). Egmont selber fungiert im Drama als Idealmodell einer im Volk verankerten aristokratischen Macht – die aber, aus den verschiedensten Gründen, im Falle Egmonts dem Despotismus unterliegt. Zwei historisch unterschiedene Modelle von Macht und ihrer politischen Organisation geraten im *Götz* in Konflikt miteinander: der reichsunmittelbare Ritter gegen den Verwaltungsapparat des neuen Reiches. Gerade der *Götz* aber demonstriert auch andere Formen der Macht: die der Verführung und die der (tödlichen) Intrige (Adelheid von Walldorf). Politische und erotische Macht sind ebenfalls zentrale Themen des *Faust*: Nachdem die Gretchentragödie das Unterliegen der ohn-mächtigen, der nicht-privilegierten Frau gegenüber den gesellschaftlichen Mächten Mann, Kirche, öffentliche Meinung und Gesetz vorgeführt hat, läßt sich Faust zu Beginn des zweiten Teils ins Zentrum politischer Macht führen: an den Kaiserhof. Dessen Macht sichert er durch die geniale, aber ökonomisch windige Erfindung des ↗Papiergeldes – womit er natürlich einen eigenen Machtanspruch zumindest denkbar macht. Die konsequent folgende Wirtschaftskrise kann nur durch Krieg bewältigt werden: Fausts/Mephistos Helfershelfer, die drei Gewaltigen Gesellen, sind allegorische Figurationen unmittelbar despotischer Macht, im heimtückischen Brandanschlag gegen ↗Philemon und Baucis nimmt die tatsächliche Macht, die Faust in Kaiserreich und Naturbeherrschung erreicht hat, endgültig die Fratze des widerwärtigen Mordes an.   BJ

Macklot, Karl Friedrich (gest. 1839), Buchhändler und Verleger in Karlsruhe, der sich auf den unerlaubten Nachdruck literarischer Werke »spezialisiert« hatte – Gewinne für ihn, Betrug an den Verfassern und rechtmäßigen Verlegern (↗Nachdrucke). G. beabsichtigte, ihn wegen dieser »Macklotur« in *Hanswursts Hochzeit* aufzunehmen (*DuW*, 18. Buch). »Der Name Macklot ward zu gleicher Zeit für einen Schimpfnamen erklärt und bei schlechten Begebenheiten wiederholt gebraucht« (*DuW*, 16. Buch).   PO

Macpherson s. Ossian

Mächtiges Überraschen s. Sonett

Magelone. Das Märchen *Die schöne Magelone* stammt ursprünglich aus dem Orient *(1001 Nacht)*. Um 1527 schuf Veit Warbeck aus dem Stoff einen Prosaroman, den G. zusammen mit anderen Volksbüchern in seiner Kindheit las. Die billigen Ausgaben waren »auf das schrecklichste Löschpapier fast unleserlich gedruckt«, kosteten aber nur wenige Kreuzer, so daß sie bei Bedarf »wieder angeschafft und aufs neue verschlungen werden« konnten (*DuW*, 1. Buch).   AvG

Magie; die auf Geheimwissenschaften und okkultischer Natur-»Wissenschaft« beruhende Naturbeherrschungslehre des voraufgeklärten Zeitalters ist in G.s literarischem Werk mehrfach ein zentrales Motiv: Die Ballade vom *Zauberlehrling* erzählt mit warnend erhobenem Zeigefinger von einem fehlschlagenden magischen Experiment, v.a. im *Faust* spielt die Magie eine bedeutende Rolle. Faust, von der Schulgelehrsamkeit der Universitätswissenschaften zutiefst unbefriedigt, hat sich »der Magie ergeben« (v. 377). Die Beschwörung des Erdgeistes und später die Mephistos, der Verjüngungstrunk in der Hexenküche, das Kunststück in ↗Auerbachs Keller, der Besenritt zum ↗Blocksberg, die Erfindung des ↗Papiergeldes und die Beschwörung ↗Helenas gehören unmittelbar in den Bereich der Magie. – Im Abschnitt über Joh. Baptist Porta der *Geschichte der Farbenlehre* referiert G. kritisch die historische Stellung der Magie als Naturwissenschaft der Voraufklärung: »Die natürliche Magie hofft mit demjenigen, was wir für tätig erkennen, weiter als billig ist zu wirken, und mit dem, was spezifiziert vor uns liegt, mehr als tunlich ist zu schaffen.«   BJ

Magnetismus: Wie die Elektrizität von einem gewissen Einfluß auf G.s Denken und Forschen; in den

Tag- und Jahreshesten 1820 erinnert G. dankend an Oersteds Entdeckungen bezüglich galvanischer Wirkungen auf die Magnetnadel; zu Beginn der *Italienischen Reise* beobachtet er das Wetter im Zusammenhang mit magnetischen Wirkungen. In der *Farbenlehre* (§ 745) hebt G. seine Art der Farbenforschung gegen Elektrizität und Magnetismus ab und ordnet »diese letzteren Erscheinungen auf einer niedern Stufe [ein], so daß sie zwar die allgemeine Welt durchdringen und beleben, sich aber zum Menschen im höheren Sinne nicht heraufbegeben können, um von ihm ästhetisch benutzt zu werden.« Über den Magneten schreibt G. in den *Maximen und Reflexionen*: »Der Magnet ist ein Urphänomen, das man nur aussprechen darf, um es erklärt zu haben; dadurch wird es denn auch ein Symbol für alles übrige, wofür wir keine Worte noch Namen zu suchen brauchen«. AV

Mahomet. Über den Religionsstifter Mohammed liegen zwei Dramen vor; zum einen das Fragment *Mahomet* von 1772, zum anderen die 1799 entstandene Übersetzung von Voltaires gleichnamigem Stück. In der Eingangsszene des Fragments verschmilzt G. islamische Vorstellungen mit der eigenen Naturfrömmigkeit. Im 14. Buch von *Dichtung und Wahrheit* skizziert G. den geplanten weiteren Handlungsverlauf: Mahomet, der die neue Religion mit Gewalt verbreiten will, sollte sich durch den Gebrauch von Waffengewalt und Krieg schuldig machen. Die Gewalt kehrt sich gegen ihn selbst; er wird vergiftet. Sterbend erkennt er seine Schuld und reinigt seine Lehre: »die Wiederkehr zu sich selbst, zum höheren Sinne, machen ihm der Bewunderung würdig«. In der anfänglichen Angleichung der islamischen und der eigenen Vorstellungen und in der positiven Schlußwendung distanziert G. sich vom herrschenden negativen Mohammed-Bild seiner Zeit.

Die Übersetzung des *Mahomet* von Voltaire, der Mohammed als religiösen Extremisten und machtbesessenen Massenverführer zeichnet und mit dem Drama gegen jede Art von Fundamentalismus polemisiert, deutet nicht auf einen Gesinnungswandel G.s, sondern erfolgt auf Wunsch von Carl August und zielt auf die ästhetische Erziehung des Publikums wie der Schauspieler, deren Geschmack am klassischen Französischen Theater geschult werden soll. G., der Voltaires Ablehnung des Fundamentalismus teilte, nicht aber dessen polemisch verzerrtes Bild Mohammeds, schwächt in seiner Übertragung das negative Bild Mohammeds ab, indem er den Schlußmonolog, in dem Voltaires Mahomet seiner Menschenverachtung noch einmal Ausdruck verleiht, unterdrückt und den

Akzent auf die (inzestuöse) Liebesbeziehung zwischen dem von Mahomet manipulierten, fanatischen Séide und der Sklavin Palmire legt. Die Aufnahme der Übersetzung war zwiespältig. AvG

Mahomets Gesang: *Seht den Felsenquell*, entstanden wohl 1772 oder 1773. Erstdruck 1773 mit dem Titel *Gesang* im Göttinger *Musen-Almanach auf das Jahr 1774* als Wechselgesang zwischen Fatema und Ali, Tochter und Schwiegersohn von Mahomet; in den *Schriften* 1789 monologisch mit dem Titel *Mahomets Gesang*. Das Gedicht, ursprünglich Teil eines Dramenprojekts, verdankt seine Entstehung der durch Johann Gottfried Herder angeregten Beschäftigung G.s mit dem Islam. Die Rehabilitierung des in der zeitgenössischen Islam-Rezeption als Lügenprophet verstandenen Mahomet (Mohammed) entspricht dem kulturkritischen Geist der rebellischen jungen Generation. Im Titel wird der Bezug zum Schöpfer und Ursprungsmythos einer Religion realisiert, durch wenige, auch biblische Anspielungen wird das morgenländische Kolorit gewahrt. Doch sind Quelle und Fluß nicht nur traditionelle Bilder für Religion und menschliches Leben, sondern auch für die Poesie. Der hymnische Gesang steigert sich in sprachschöpferischer Kraft und zunehmend taktfesterem trochäischem Versmaß zu einem Schöpfungsmythos der Genieästhetik des Sturm und Drang. Das kraftvolle Genie (Fluß) nimmt auf seinem Lebensweg alle Anregungen und Einflüsse (kleine Flüsse) auf, bis es sich selbst in einem größeren Ganzen (Ozean) verströmt. Die Kunst bekommt damit zivilisatorische Bedeutung: Das Genie regt naturhafte und kulturelle Prozesse schöpferisch an. IW

Maifest (Mailied): *Wie herrlich leuchtet*, entstanden wahrscheinlich Mai 1771; Erstdruck 1775 in *Iris*, mit kleinen Änderungen und dem Titel *Mailied* in *Schriften* 1789. Häufig wird das Gedicht als Höhepunkt der *Sesenheimer Lieder* gesehen. Der suggestive Ton einer hochgestimmten Natur- und Liebesemphase hat für den heutigen Leser wohl nicht mehr unmittelbar identifikatorischen, wohl aber ästhetischen Reiz, der sich durch einen Blick auf das innere Bauprinzip des scheinbar einfachen Gedichts begründen läßt. Eine Kette von Wie-Ausrufen durchzieht das Stakkato der Kurzverse und führt jeweils auf den Gipfel der Wahrnehmung oder Empfindung (»Wie herrlich leuchtet« oder »Wie lieb' ich dich!«), bis das »Wie« in den letzten beiden Strophen auf die sprachliche Ebene eines reflektierenden Vergleichs zurückgeführt wird (»So liebt die Lerche« – »Wie ich dich liebe«). Die Emphase wird verstärkt durch die Häufung des affektiven Partikels »O«. Die ersten drei Strophen bezeugen Freude und Lebenskraft von Natur und Kreatur, die Strophen vier und fünf sprechen in allegorisierender Weise die Liebe an, die Strophen sechs bis neun richten sich an das Mädchen und verbinden auf einer reflexiven Ebene die Natur- und Liebesbegeisterung des sich so emphatisch aussprechenden Subjekts mit der neu hinzugedachten Idee der Kunst.

Jugend ist ein Leitthema des Gedichts, das mit einer Fülle von sprachlichen Signalen entfaltet wird. In der Überschrift ist mit Mai bereits der naturhafte Frühling angesprochen, dessen Heraufbeschwören in der Wortschöpfung »Blütendampfe« kulminiert, »Morgenwolken« bezeichnet den noch jungen Tag. Diese jugendliche Natur wird mit »leuchtet/Mir« auf das jugendliche Ich des Gedichts bezogen, dessen Sinneswahrnehmungen sich mit Sehen, Fühlen und Hören (»tausend Stimmen«) zu einem enthusiastischen Lebensgefühl steigern, das durch die Entfaltung des Liebesthemas nochmals intensiviert wird. Die Liebe, zunächst Erfahrungsqualität einer pantheistisch belebten All-Natur, wird im dritten Teil als Gefühl des jungen Mannes für das Mädchen konkretisiert und spricht sich aus in Verschränkungsformeln gegenseitiger Liebe (»Wie ich dich liebe«/»Wie du mich liebst«). Naturbegeisterung und Liebesglück werden am Ende des Gedichts zusammengeführt und verdichten sich zur Vorstellung ihrer künstlerischen Gestaltung in »neuen Liedern/Und Tänzen«. Das Gedicht entwirft damit ein poetisches Programm und protokolliert gleichzeitig mit der Darstellung von Natur, Liebe und der Rolle der Frau als Muse seine eigenen Entstehungsbedingungen.   IW

Mainz: Die erzbischöfliche Residenz der Mainzer Kurfürsten war G. von Kindheit an als Ausflugsziel vertraut (*DuW*, 6. Buch); vom 13.–14.12.1774 verbringt er hier zwei »sehr angenehme« Tage mit Carl August. Unter anderem Vorzeichen standen die Aufenthalte in den Jahren 1792/93: Ein Besuch im August 1792 brachte zwar noch »zwei muntere Abende« ohne politische Themen mit Schiller, Johann Georg Forster, Caroline Böhmer (d.i. Caroline ↗Schlegel) und Samuel Thomas von Sömmering (*CiFr*, 23.8.1792); im Oktober 1792 marschierten die französischen Revolutionstruppen unter Führung des Generals Adam Philip Graf Custine in das bereits von Handwerkeraufständen erschütterte Mainz ein, wo nach einer konstituierenden Sitzung am 17.3.1793 der rheinisch-deutsche Nationalkonvent unter Führung des nach jakobini-

schem Vorbild gestalteten Mainzer Klubs und unter Mitwirkung Forsters am 18.3.1793 die erste Republik auf deutschen Boden ausruft. Am 30.3. unterbreitet Forster als Angehöriger einer Mainzer Deputation dem Pariser Nationalkonvent Pläne zur Vereinigung des rheinisch-deutschen Freistaats mit der Französischen Republik. Die Monarchien Österreich und Preußen hatten, ab 1793 durch England, Niederlande und Spanien verstärkt, ein Koalitionsheer gegründet, um den gefürchteten linksrheinischen »Flächenbrand«, das Übergreifen der Revolution, zu verhindern. Am 15.4. schlagen preußische Truppen des Koalitionsheers ihr Lager vor der Stadt auf und beginnen mit deren Beschießung. Bei den Belagerern trifft G. am 27.5.1793 ein und schreibt während der kommenden Wochen vergnügt am *Reineke Fuchs*. Nach der Übergabe am 23.7.1793 besichtigt G. die zerstörte Stadt, die ihm »Symbol [...]« der gleichzeitigen Weltgeschichte« und für das »fürchterliche Zusammenbrechen aller Verhältnisse ist« (*TuJ*, 1793). Im Herbst des gleichen Jahres veranstaltet er in Weimar, tief betroffen von den vorgefundenen Zerstörungen der Stadt Mainz, eine Benefizveranstaltung für die notleidende Bevölkerung. Von Wiesbaden aus besucht er die Stadt in den Jahren 1814 und 1815, im August 1815 besichtigt er die Festungsanlagen, die Bibliothek sowie verschiedene Museen und wünscht die Einrichtung einer »Kriegsschule« in Mainz, »wo die deutsche Vaterlandsliebe sich zu den festesten Vorsätzen stählen müsse« (*KuA*).   AvG

Makarie: Alte weise Dame in *Wilhelm Meisters Wanderjahren*, bei der sich viele Korrespondenzen und Kommunikationsbeziehungen der Romanfiguren kreuzen. Konfliktfälle werden ihr zur Klärung vorgelegt. Die geheimnisvolle Makarie entfaltet galaktische Eigenschaften: »Sie befindet sich zu unserm Sonnensystem in einem Verhältnis, welches man auszusprechen kaum wagen darf. Im Geiste, der Seele, der Einbildungskraft hegt sie, schaut sie es nicht nur, sondern sie macht gleichsam einen Teil desselben; sie sieht sich in jenen himmlischen Kreisen mit fortgezogen, aber auf eine ganz eigene Art; sie wandelt seit ihrer Kindheit um die Sonne, und zwar, wie nun entdeckt ist, in einer Spirale, sich immer mehr vom Mittelpunkt entfernend und nach den äußeren Regionen hinkreisend« (III.15) – ein Epizentrum der G.schen Phantasie, Rationalisierung der nachkopernikanischen Kosmologie und fiktive Liebeserklärung an ein letztlich nicht mehr begreifbares, aus Gründen des menschlichen Verstandes aber mit dem Unendlichen als scheinbar konstanter Größe umgehendes Erklärungsmodell. Eine Sammlung von Weisheiten schließt unter dem Titel »Aus Makariens Archiv« den Roman ab (↗Klettenberg, Susanne von). BL

Makrokosmos/Mikrokosmos: Ein aus Antike und Mittelalter stammendes Denkmodell, dem zufolge die Kräfte, Strukturen und Elemente des großen Kosmos, des Universums, des Göttlichen sich auf bestimmte Weise wiederfinden bzw. abbilden im Kleinen, etwa im menschlichen Körper. Die Abbildung des Göttlichen im Menschen, im menschlichen Herzen, die G. v. a. aus dem ↗Pantheismus ↗Spinozas übernahm, kennzeichnet viele seiner literarischen Figuren wie z. B. ↗Werther und ↗Prometheus. Nach der Desillusionierung durch den Erdgeist ruft Faust verzweifelt aus: »Ich Ebenbild der Gottheit!« (v. 526). In der gleichen Szene hat Faust angesichts des Makrokosmos-Zeichens eine Vision: »Wie alles sich zum Ganzen webt,/Eins in dem andern wirkt und lebt!/Wie Himmelskräfte auf und nieder steigen/Und sich die goldnen Eimer reichen« (v. 447ff.). Dieser Blick in die Mechanik des ↗Universums entlarvt sich aber umgehend als Trugbild, der Makrokosmos selbst bleibt unsichtbar. BJ

Malcesine, Stadt am Ostufer des Gardasees, die die Grenze zwischen Venetien und dem zu Österreich gehörenden Südtirol bildete, als G. sich während seiner italienischen Reise auf seinem Weg nach Verona notgedrungen dort aufhielt. Als er sich dort die Zeit mit Zeichnen vertrieb, erregte er Aufsehen und den Unmut der Einwohner, die ihn für einen Spion des österreichischen Kaisers hielten. Erst ein Malceiner, der in Frankfurt in Diensten gestanden hatte, konnte G. aus dieser mißlichen Lage befreien. AE

Maler Müller s. **Müller, Friedrich Theodor Adam Heinrich**

Malerei: Nach G.s Definition »die läßlichste und bequemste von allen Künsten«, da der Maler am ehesten Eindruck machen, auch bei Unvermögen im Einzelnen (*MuR*). In Kontakt zur Malerei geriet G. schon als kleines Kind, sowohl über den Vater als auch über den im siebenjährigen Krieg einquartierten und kunstliebenden französischen Grafen Thoranc. Eigene, dilettantisch gebliebene Versuche und Studien mündeten in die schließliche Einsicht, doch eigentlich zum Dichter geboren zu sein. Mit der großen Malerei des 16.–18. Jh.s beschäftigte G. sich intensiv: Rembrandt, Rubens, Raffael, Mantegna, Michelangelo und Tizian. In Italien kam er mit angesehenen Malern und Malerinnen in Kontakt: A. Kauffmann, Tischbein, Hackert, Kniep u. a. Malerei ist Reflexionsgegenstand in G.s Werk im Hinblick auf die sinnlich-sittliche, die ästhetische Wirkung der Farbe (*Farbenlehre*), sie ist literarisches Motiv etwa im *Werther* – der Held versucht sich vergeblich an kleinsten Landszenen – und im *Wilhelm Meister*: hier etwa die Gemälde-Sammlung des Großvaters mit dem Bild vom kranken Königssohn oder die Mignonbilder der *Wanderjahre*. BJ

Manier s. **Einfache Nachahmung der Natur, Manier, Stil**

Mann von funfzig Jahren, Der: Novelle in *Wilhelm Meisters Wanderjahre*, Entstehungszeit Sommer 1807, erstmals veröffentlicht im *Taschenbuch für Damen* 1817, in vollständiger Form erst 1829 in der zweiten Fassung der *Wanderjahre*. Die Titelfigur, ein älterer Major, wird von einem jungen Mädchen, Hilarie, geliebt, sein Sohn Flavio ist verliebt in eine junge Witwe. Der Major beschäftigt einen kosmetischen Diener, um die Spuren seines Alters zu verdecken – der Versuch scheitert endgültig, als ihm ein Schneidezahn ausbricht. Nach einiger Zeit kommt Flavio an den Hof zurück; er gibt sich wie von Sinnen, weil die Witwe den glühenden jugendlichen Liebhaber abgewiesen hat: Er ist ihr zu stürmisch. Nun macht sich Flavio an die junge Hilarie heran, bei einem winterlichen Schlittschuhlauf kommen sich die beiden näher. Flavios Vater kommt überraschend hinzu und sieht sich vor vollendete Tatsachen gestellt: Schmerzlich muß er erkennen, daß er nicht mehr zum Liebhaber, sondern nur noch zum Vater taugt. Um die Situation noch schwieriger zu gestalten, will Hilarie auf ihre junge Liebe zu Flavio verzichten, und als dann auch noch die Witwe auf den Plan tritt, ist der Fall reif für eine Klärung durch die geheimnisvolle ↗Makarie. Damit gerät die Novellenhandlung in den Zusammenhang der Haupthandlung des Romans, sie schließt offen, später im Roman aber wird die Doppelheirat Flavios mit Hilarie und des Majors mit der Witwe nachgeliefert (III.14). BJ

Mannheim: Kurpfälzische Residenzstadt, die G. erstmals Ende Oktober 1769 besuchte und von deren Antikensaal, »von dem man viel Rühmens machte«, er fasziniert war: »die herrlichsten Statuen des Altertums nicht allein an den Wänden gereiht, sondern auch innerhalb der ganzen Fläche durch einander aufgestellt« (*DuW*, 11. Buch). Für G. bot sich anhand dieser einmaligen Sammlung von Gipsabgüssen die

Gelegenheit, eine Vorstellung von griechischer Kunst zu bekommen; er sah den ↗Apoll von Belvedere, den ↗Laokoon, die Ildefonso-Gruppe und den Sterbenden Fechter. Noch öfters besuchte G. »das freundliche Mannheim, das gleich und heiter gebaut ist« (*HuD*, III.24), das letzte Mal 1815. Auf seinen Schweizer Reisen machte er dort 1775 bzw. 1779 die Bekanntschaft des Buchhändlers und Verlegers Schwan, des Nationaltheaterintendanten Wolfgang Heribert von ↗Dalberg und des Schauspielers und Dramatikers August Wilhelm ↗Iffland.   AR

Mannigfaltigkeit, eines der Lieblingswörter G.s., bezeichnet eine Eigenschaft natürlicher Organismen, deren mannigfaltige Gestalt sich aus der Einheit der Anlage entwickelt. So heißt es in der Elegie *Die Metamorphose der Pflanzen*: »denn mannigfaltig erzeugt sich,/Ausgebildet, du siehst's, immer das folgende Blatt,/Ausgedehnter, gekerbter, getrennter in Spitzen und Theile,/Die verwachsen vorher ruhten im untern Organ«. Mannigfaltigkeit läßt sich in G.s Sinne definieren als *organische Vielheit in Einheit*, d.h. als Anwesenheit der Vielheit schon in der einheitlichen Anlage *und* als Anwesenheit der Einheit in der vielfältigen Gestalt. Mannigfaltigkeit ist für G. auch ein Erkenntnisprinzip: Ordnen, Vergleichen, Verbinden helfen, Mannigfaltiges zur Einheit zu denken, ohne daß das Einzelne in dieser verschwindet. So heißt es etwa in der *Einleitung in die Propyläen* zu der Motivation des Zeitschriftenprojektes, es versuche, »aus mannigfaltigen Teilen [antiker Kunstbeschäftung] endlich ein Ganzes zusammenzusetzen«.   BJ

Mannräuschlein nannte man, wie G. in seinen *Maximen und Reflexionen* behauptete, »im siebzehnten Jahrhundert gar ausdrucksvoll die Geliebte«. Doch die Vorstellung von der Frau als Rauschmittel des Mannes gründet in einem Lesefehler seitens des Herausgebers der Autobiographie Hans von Schweinichens. Dort steht »Maurauschlein« = Mariechen, womit in Polen einfach ein Mädchen bezeichnet wurde.   DF

Mantegna, Andrea (1431-1506), italienischer Maler und Kupferstecher, dessen Gemälde G. erstmals während seiner Italienreise am 27.9.1786 in der Eremitanerkirche in Padua sah. Mantegna bis ins hohe Alter verehrend und selbst etliche Blätter nach seinen Werken besitzend, beeindruckte G. besonders der *Triumphzug Cäsars* (1484-1492). Dieser Folge aus neun Bildern widmete G. seinen Aufsatz *Julius Cäsars Triumphzug, gemalt von Mantegna* (1823).   PO

Manzoni, Alessandro (1785-1873), Schriftsteller der italienischen Romantik, mit dessen Werk G. sich in hohem Maße beschäftigte und das er als ›klassisch‹ auffaßte. In Rezensionen begleitete G. das Erscheinen der Werke Manzonis und empfahl sie Freunden nachdrücklich zur Lektüre. Vor allem das Drama *Adelchi* und der Roman *Die Verlobten* hinterließen bei G. den tiefsten Eindruck; seine Rezensionen überarbeitete er zum Vorwort einer in Deutschland erscheinenden Manzoni-Ausgabe 1827.   BJ

Mara, Gertrud Elisabeth, geb. Schmehling (1749-1833), Sängerin, seit 1766 neben Corona Schröter in Leipzig erste Konzertsängerin. 1771 widmete G. *Der Demoiselle Schmehling nach Aufführung der Hassischen Sta. Elena al Calvario* begeisterte Zeilen: »Klarster Stimme, froh an Sinn,/Reinster Jugendgabe,/Zogst du mit der Kaiserin/Nach dem heiligen Grabe./Dort, wo alles wohlgelang,/Unter die Beglückten/Riß dein herrschender Gesang/Mich, den Hochentzückten«. 1771-1780 in Berlin Primadonna der italienischen Oper, danach Gastreisen in alle europäischen Hauptstädte, verliert sie 1812 ihr Vermögen und stirbt 1833 verarmt. G. schrieb ihr zum 82. Geburtstag ein Festgedicht.   PO

Märchen: Entstanden 1795, im selben Jahr in Schillers *Horen* gedruckt als Abschluß der *Unterhaltungen deutscher Ausgewanderten*. Eine symbolische Landschaft – durch einen Fluß geteilt, der nur durch den Fährmann, die Schlange des Mittags oder den abendlichen Schatten eines Riesen überschritten werden kann – steht für die entzweite Geschichtsepoche, die, nach dem goldenen, silbernen und erzenen, als gemischt-unentschiedenes Zeitalter erscheint. Die Liebe eines jungen Mannes zur »schönen Lilie«, einer ebenso jungen Frau, die märchenhafte wie tatkräftige, wenn auch zuweilen behinderte Hilfe von Irrlichtern, Schlange, Habicht, einem Alten mit Lampe und seiner Frau, vom Fährmann und vom Riesen ermöglicht schließlich, daß die entzweite Welt durch Opfer, Liebe und Weisheit ins fünfte Weltalter der Erlösung überführt wird und, in einer sichtbaren Zeitenwende, ein anmutig belebter, Glück gewährender gesellschaftlicher Zustand erreicht wird.   BJ

Margarethe s. **Gretchen**

Maria, Figur aus *Götz von Berlichingen*. Sie komplettiert die Frauenfiguren: neben ↗Adelheid, der Dämonin, und ↗Elisabeth, der Mutter, verkörpert sie die Nonne. Bis zu ihrem 16. Lebensjahr war Maria im

Kloster. Adelbert von ↗Weislingen nennt sie einen »Engel des Himmels, gebildet aus Unschuld und Liebe«. Als er sie sitzen läßt, ist Franz von ↗Sickingen bereit, sie zu heiraten. Wie bei ↗Marie aus *Clavigo* verarbeitet G. in dieser Figur möglicherweise sein schroffes Verhalten gegenüber Friederike Brion.   WM

Maria Ludovica (1787–1816), Kaiserin von Österreich, Gemahlin Franz I. Joseph Karl. G. lernte Maria Ludovica während seines Aufenthalts in Karlsbad vom 6. bis 23. Juni 1810 kennen, wobei die Monarchin den tiefsten Eindruck hinterließ. Er verfaßte alsbald eine Reihe Huldigungsgedichte auf sie: z.B. *Der Kaiserin Ankunft, Der Kaiserin Abschied*. Beim Badeaufenthalt 1811 schenkte Maria ihm eine Zierdose, 1812 verfaßte er für sie das Lustspiel *Die Wette*. In jenem Sommer kam er auf den ausdrücklichen Wunsch der Kaiserin in das böhmische Bad Teplitz; G. und Maria sahen sich täglich, in äußerster Diskretion und getragen von gegenseitiger, würdevoller Hochachtung. In einem Brief an den Grafen Reinhard bezeichnet G. die beeindruckende Frau schlicht als »Vollkommenheit« (14.11.1812).   BJ

Maria Pawlowna (1786–1859), Großherzogin von Sachsen-Weimar-Eisenach, Tochter des russischen Zaren Paul I., Enkelin Katharinas der Großen, brachte mit ihrer Heirat des Prinzen ↗Carl Friedrich viel Geld und hohes politisches Ansehen in die Stadt an der Ilm. Seit ihrem festlichen Einzug in Weimar am 9.11.1804 bildete sie rasch einen Mittelpunkt des Weimarer Musenhofs und nahm lebhaften Anteil am künstlerischen, musikalischen, gesellschaftlichen und literarischen Leben der Stadt. Ihre soziale Fürsorge und ihre Freigebigkeit kannten fast keine Grenzen. Mit G. stand sie auf familiär-vertrautem, freundschaftlichen Fuß und hat ihn zuletzt, wie jeden Donnerstagvormittag, seit sich G. in vorgerücktem Alter befand, am 15.3. 1832 besucht.   BL

Mariage-Spiel, ein beliebtes Gesellschaftsspiel im Freundeskreis des jungen G., bei dem durch das Los Braut- oder Ehepaare zusammengeführt wurden. Die zur Belustigung manchmal sehr gegensätzlichen Paare mußten sich für eine Zeit (bis zu einem Sommer) erdulden. G. wurde dreimal Anna Sibylla Münch zugeteilt, was ihm nicht mißfiel. Auf ihren Wunsch schrieb er 1774 den *Clavigo*.   NH

Mariane, Figur aus *Wilhelm Meisters Lehrjahre*, junge Schauspielerin in der Heimatstadt Wilhelms und zu Beginn des Romans dessen Geliebte. Mariane

unterhält neben dieser Liebesbeziehung ein Verhältnis zu dem reichen Kaufmann Norberg, der ihren Lebensunterhalt sichert. Nach einem Mißverständnis wird sie von Wilhelm verlassen; von diesem schwanger, bringt sie den gemeinsamen Sohn ↗Felix zur Welt und stirbt schließlich an gebrochenem Herzen.   BJ

Marienbad, Stadt in Westböhmen, das Kurbad mit vielen Mineralquellen, wurde seit 1797 systematisch ausgebaut. G. hielt sich wegen tatsächlicher und eingebildeter Krankheiten seit 1820 mehrfach in Marienbad auf. Er zeigte sich beeindruckt von der Aufbauleistung des Bades (an August v. Goethe, 29.4.1820) und genoß die dortigen vielseitigen gesellschaftlichen Kontakte (vgl. den Brief an Carl August und die Großherzogin Louise vom 1.8.1822 und viele Tagebucheinträge). Im Zusammenhang seiner engen Beziehung zu der Familie von Levetzow, namentlich zur 17jährigen Tochter Ulrike, entstand die *Marienbader Elegie* in der *Trilogie der Leidenschaft*. Darüber hinaus interessierte sich G. für naturwissenschaftliche Aspekte seines Aufenthaltsortes: An den Sohn schrieb er am 29. Juni 1822 einen ausführlichen meteorologischen Bericht, 1821/22 entstand der Aufsatz *Marienbad überhaupt und besonders in Rücksicht auf Geologie*, Marienbader Gestein befand sich zahlreich in seiner Mineraliensammlung.   BJ

Marienbader Elegie s. **Trilogie der Leidenschaft**

Marionettentheater, besondere Form des Puppentheaters, das schon beim Kind G. tiefste Eindrücke hinterließ. In *Dichtung und Wahrheit* berichtet er, wie die »kleine Bühne mit ihrem stummen Personal«, ein Weihnachtsgeschenk der Großmutter G., »eine neue Welt« eröffnete (1. Buch). G. lernte verschiedene Figuren seiner späteren literarischen Werke zunächst als Figuren eines Puppenspiels kennen: Faust, Melusine, Hanswurst. G. macht die eigenen Kindheitserinnerungen an das Marionettentheater auch zu denen seines Romanhelden Wilhelm Meister; in den *Lehrjahren* ist es die einfachste Unterhaltungsform des Theaters in dem theatergeschichtlichen Panorama des Romans. Das Marionettentheater wurde schnell zum Pflichtgeschenk an die Kinder des gehobenen Bildungsbürgertums: Th. Mann z.B. berichtet in seinem autobiographischen Kurztext *Kinderspiele* über das eigene Puppentheater.   BJ

Marthe, im *Urfaust* (v. 719ff.) und *Faust I* (v. 2865ff.) die von ihrem Ehemann verlassene Nach-

Auch im Zeichnen übte sich Goethe bei seinen Kuraufenthalten in Marienbad. Die Zeichnung zeigt in der Bildmitte den Kreuzbrunnen in Form eines antiken Tempels

barin ↗Gretchens, mit Mephisto das zynisch-lüsterne Gegenpaar zu Faust und Gretchen bildend – dialogisch umgesetzt vor allem in der Szene »Garten« (nach v. 3072), mit Gretchen zusammen das Doppelobjekt für die Verführungsattacken des Männerdoubles. Selbst auf erotische Abenteuer aus, trägt sie ihr Teil dazu bei, daß Gretchen für Fausts amouröse Absichten verfügbar wird.   GG

Masaccio (1401–1428), italienischer Maler, dessen Fresken in der Brancaccikapelle in Sta. Maria del Carmine in Florenz und in der Passionskapelle von San Clemente in Rom für G. epochale Werke waren: »Masaccio steht groß und einzig in seiner Zeit [...]. Alles drängt sich nun, in der von ihm gemachten Capelle zu studiren; weil die Menschen, wenn sie auch das Rechte nicht deutlich verstehen, es doch allgemein empfinden« (*Anhang zur Lebensbeschreibung des Benvenuto Cellini*).   PO

Maschinenwesen: Im Zug seiner ↗Amtlichen Tätigkeiten und seiner naturwissenschaftlichen Interessen (↗Naturwissenschaften) hat sich G. stets für die neuesten technisch-physikalischen Entwicklungen lebhaft interessiert und sie teilweise, besonders im Verlauf seiner Oberaufsicht über die Universität Jena, gefördert. Die Frage des Einsatzes von Dampfmaschinen im Bergbau entschied er durch eine Besichtigung vor Ort, er kannte die neuen Techniken des Brücken- und Wegebaus, der Hafen- und Kanaltechnik, der Gedanke an die Wissenschaft als Produktivkraft war ihm vertraut. Dennoch mißtraute er dem heraufdämmernden ↗»veloziferischen« Zeitalter: »So wenig nun die Dampfmaschinen zu dämpfen sind, so wenig ist dies auch im Sittlichen möglich: Die Lebhaftigkeit des Handels, das Durchrauschen des Papiergelds, das Anschwellen der Schulden, um neue Schulden zu bezahlen, das alles sind die ungeheuern Elemente, auf die gegenwärtig ein junger Mann gesetzt ist« (*MuR*). »Was ist das für eine Zeit, wo man die Begrabenen beneiden muß?« (*MuR*). G. ahnt, daß der für den Menschen »natürliche« Kreislauf Handwerk-Kunst-Wissenschaft, für ihn ein kulturgeschichtliches Paradigma erster Ordnung, mit der Entfremdung der Hand von ihrem Werk aufs Äußerste bedroht ist (*Kunst und Handwerk*, 1797). Der soziale Wandel von einem Agrar- zu einem Industriestaat und die Ausbürgerung der Kunst und Literatur, die sich in der Romantik bereits artikuliert, steht vor der Tür. Die Protagonisten der *Wanderjahre* sprechen diese Gefahr ebenfalls deutlich aus, Lenardo den Verlust der Arbeit, den sozialen Abstieg, die Verelendung des Handwerks, Susanne befürchtet den Zusammenbruch der Handelswelt insgesamt. Bescheidene Versuche von gegen den Trend, die allgemeine Entwicklung abgeschotteten, vereinsamenden »Insellösungen« werden diskutiert. Den großen Ausweg sieht der Bund der Entsagenden in der Auswanderung nach Amerika und der Gründung religiös-philosophischer Handwerkerkommunen.

G. kennt den Begriff der Industriellen Revolution noch nicht, die in England und Frankreich bereits in Gang ist, aber das soziale Phänomen steht ihm vor Augen: Er spricht von dem »ungeheuren Elemente«, das sich heranwälzt »wie ein Gewitter, langsam, langsam; aber es hat seine Richtung genommen, es wird kommen und treffen«, seine Ängste und Befürchtungen in Metaphern des Elementar-Natürlichen und unaufhaltsamen Schicksals ausdrückend. Seine Romangestalten läßt er über die Flucht, die Emigration aus einer unerträglich gewordenen Situation nachdenken – in Wirklichkeit ist die Sozialgeschichte Deutschlands und anderer europäischer Länder seit 1830 stark von Auswanderungswellen geprägt –, der Autor G. aber pocht für sich selbst auf Beharrlichkeit. Seinen endzeitlichen Skeptizismus gegenüber dem kommenden Maschinenzeitalter hat er in der Form eines Generationen- und Epochenabschieds seinem alten Freund Zelter anvertraut: »Junge Leute werden viel zu früh aufgeregt und dann im Zeitstrudel fortgerissen; Reichtum und Schnelligkeit ist was die Welt bewundert und wornach jeder strebt; Eisenbahnen, Schnellposten, Dampfschiffe und alle möglichen Fazilitäten der Kommunikation sind es worauf die gebildete Welt ausgeht, sich zu überbieten, sich zu überbilden und dadurch in der Mittelmäßigkeit zu verharren. [...] Laß uns soviel als möglich an der Gesinnung halten in der wir herankamen, wir werden, mit vielleicht noch wenigen, die Letzten sein einer Epoche die sobald nicht wiederkehrt [...] treu beharrlich Goethe« (6.6.1825).
BL

Maskenzüge: Zur künstlerischen »Hebung« der Weimarer ↗Redouten trug G. ab 1781 mit seinen zum Teil aufwendigen Maskenzügen aktiv bei, die »den Festlichkeiten Schwung und Zierde« geben sollten. Diese neue Weimarer Tradition sollte an die repräsentativen Ballhöhepunkte der italienischen Renaissancehöfe anknüpfen und eine Redoute durch Tableaus und Aufzüge zu einem Gesamtkunstwerk werden lassen, das sich mit bisweilen weit über einhundert Personen sowohl aus den Darbietenden als auch der maskierten Ballgesellschaft ergab. Maskenzüge sollten durch die Verbindung von Spiel und Fest zu ›Festdichtungen‹ werden.

So entstanden bis zum Jahr 1818 nicht weniger als 13 allegorische oder mythologische Festzugslibretti mit phantasievollen Kostümanweisungen. Ihre Themen konnten sein: der ›Aufzug des Winters‹ (16.2.1781), den Karl von Lyncker in einer seiner detaillierten Redoutenbeschreibungen zu den »vorzüglichsten« zählte; der ›Aufzug der vier Weltalter‹ (12.2.1782), ›Die romantische Poesie‹ mit Personifikationen der Feudaltugenden (22.1.1810) oder ›Apoll und die Musen‹ (30.1.1788), eine Choreographie, die in einer Beschreibung von Henriette Gräfin von ↗Egloffstein überliefert ist. Noch einmal in Szene gesetzte Weimarer Literatur- oder Theatererfolge waren ebenfalls beliebt, etwa Christoph Martin Wielands *Oberon* oder die Figuren aus Schillers und G.s Dramen. Man schlüpfte in die Kostüme von Chinesen, arkadischen Hirten und Schäferinnen, verkleidete sich als Musen oder gab sich als mittelalterliche Ritter. Ausgeführt wurden die Züge nach langer Probenarbeit von Angehörigen des Adels und der Hofgesellschaft.
GBS

Maß, Mäßigkeit, Mäßigung, von G. oft im Sinne von ›Angemessenheit, rechtes Maß‹ verwendet. G.s Figuren überschreiten vor allem in ihrer Leidenschaftlichkeit oft jedes rechte Maß: ↗Werther, ↗Tasso, ↗Eduard. Die Forderung zur Mäßigung ist ein Erziehungsprogramm, um einem ausgeglichenen (und damit auch künstlerisch schönen) Idealzustand nahezukommen, wie ihn G. z.B. an der Figur der Susanne aus den *Wanderjahren* beschreibt: »Beschränktheit und Wirkung in die Ferne, Umsicht und Mäßigung, Unschuld und Tätigkeit« (III.5).
BJ

Materialismus: Die bis in die Anfänge abendländischen Denkens zurückzuverfolgende Vorstellung, nach der alles wirklich Existierende allein Materie, also das Stoffliche ist und Bewußtsein, Geist und Vernunft nur als dessen Funktionen zu deuten sind. In der französischen Aufklärung gelangte das materialistische Denken zu einer Blüte, und außerweltliche Kräfte wie beispielsweise Gott wurden abgelehnt, um einer rein mechanistischen Konstruktion der Welt, die wie ein Uhrwerk abläuft, das Wort zu reden. Eine Hauptschrift, ja die Bibel dieser Strömung war Paul Heinrich Dietrich von Holbachs aufsehenerregendes *Système de la nature* (1770), das G. in Straßburg las. Doch die Enttäuschung war groß: »Alles sollte notwendig sein und deswegen ohne Gott«? »Eine Materie sollte sein von Ewigkeit, und von Ewigkeit her bewegt«? Sie sollte, »ohne weiteres, die unendlichen Phänomene des Daseins hervorbringen«? Die Natur »richtungs- und gestaltlos«? Mit einer derart »tristen atheistischen Halbnacht« konnte G. nichts anfangen und kanzelte das Buch als »rechte Quintessenz der Greisenheit« ab (*DuW*, 11. Buch).

Als Naturforscher war G. davon überzeugt, daß »die Materie nie ohne Geist« und umgekehrt »der Geist nie ohne Materie existiert und wirksam sein kann« (*Erläuterung zu dem aphoristischen Aufsatz ›Die Natur‹*). Einen Gewährsmann fand G. in Empedokles, den er Materialisten wie Demokrit, Epikur und Lukrez gegenüberstellte: »Er erkennt ein Äußeres an, die Materie; ein Inneres, die Organisation« (*Farbenlehre*, Römer). Bezüglich Lukrez' mißfiel G. besonders dessen materialistische Leugnung einer ↗Unsterblichkeit.

DF

Mathematik, G.s Verhältnis zur Mathematik war getrübt, weil er deren rein quantitative, äußerliche Kriterien des Zählens, Messens und Wägens immer wieder auf qualitative Gesichtspunkte und komplexe Gebiete angewendet sah, wohin sie seines Erachtens nicht gehörten, etwa in der allgemeinen Naturanschauung, in Farbenlehre, Meteorologie, Physik, Kosmologie, Psychologie, Ästhetik und Metaphysik (*MuR*; *Wj*, I. 10; *Über Mathematik und deren Mißbrauch*, 1826).

DH

Mätresse: Da Heiratspolitik an europäischen Fürstenhöfen über viele Jahrhunderte identisch mit Territorial- und Machtpolitik war, die Liebe unter den fürstlichen Ehepartnern also zu kurz kam, bildete sich das Mätressenwesen an den Höfen aus. Meist hochgebildete Damen aus vornehmen Familien stellten das – teilweise regelrecht dazu erzogene -Reservoir, die über die Liebesbeziehung zum Herrscher hinaus auch weltpolitischen und gesellschaftlichen Einfluß suchten. Historisch berühmt gewordene Damen sind Madame de Maintenon, Mätresse Ludwigs XIV., und Madame de Pompadour, Mätresse Ludwigs XV. Im Ge-

gensatz zum absolutistischen Versailles ging es in Weimar, wie andern Orts in Deutschland auch, bescheidener zu. Caroline ↗Jagemannn, brillante Sängerin und Schauspielerin am Weimarer Hoftheater, mit dem Herzog in stiller Duldung durch Herzogin Louise liiert, benutzte bevorzugt die Theaterszene, um kräftig gegen G. zu intrigieren und ihn als »unfähigen« Theaterdirektor gegen ihren berühmten Mannheimer Lehrer August Wilhelm Iffland in den Augen des Herzogs Carl August und der Weimarer Hofgesellschaft gnadenlos auszuspielen. Als sie in dem Stück *Der Hund des Aubri* gegen G.s Theatervorschriften einen lebendigen Hund auf der Bühne auftreten ließ und damit symbolisch den leidenschaftlichen Hundeliebhaber Carl August (↗Weimaraner) gegen den strengen Theaterdirektor ausspielte, reichte dieser am 12.4.1817 seinen Abschied ein. Dennoch: Eine programmatische Auseinandersetzung zwischen repräsentativem Hoftheater und bürgerlichem Nationaltheater bedeutete dieser Zwist noch nicht. G. und Caroline Jagemann suchten die bühnenwirksame Eintracht/Zwietracht, sie als Ifflandschülerin und Primadonna, er als unerbitterlicher Intendant. Die Erinnerungen von Caroline Jagemann sind erst 1926 erschienen. Sie schildern G. als launischen, zu spontanen Kehrtwendungen neigenden Theaterdirektor, der in den Augen der Jagemann dem ständigen Vergleich mit Iffland standzuhalten hat und verliert.

BL

Matthison, Friedrich von (1761-1831), Dichter empfindsam-rührseliger Modellyrik, die Schiller rezensierte; ab 1824 Bibliothekar und Theaterdirektor in Dessau-Wörlitz. G. kannte Matthison persönlich schon seit einer Begegnung 1783; dieser verehrte ihn, als Dichter schätzte G. ihn überhaupt nicht. An Zelter schrieb er am 22. Januar 1808, er »verwünsche die Matthisons« wegen ihrer schwermütigen, jenseitssüchtigen Lieder, viel später berichtet er fast neutral dem Berliner Freund: »Matthison ist auch bei uns durchgegangen; unsere Musenjünger haben ihn freundlich gefeiert, seine Gedichte gesungen, Lorbeerkränze gereicht, und das bei einem munteren Gastmahl, welches alles ganz billig und schicklich abgelaufen ist« (an Zelter, 20.5.1826).

BJ

Maximen und Reflexionen, über 1400 mehr oder minder knappe, oft pointiert formulierte Aphorismen, Weisheitssprüche, Überlegungen o.ä., die G. einerseits im Rahmen großer erzählender Werke als Spruchsammlungen einfügte oder in verschiedenen anderen Publikationen veröffentlichte. Vor allem von seiner klassizistischen Periode an, nach der Rückkehr aus Italien, benutzte G. eine poetische Sprache, die in hohem Maße zur Sentenzenhaftigkeit neigte: Nach dem Vorbild antiker Dichter wurden in den Text, etwa in Monologe oder Gedanken einer literarischen Figur Sätze eingebaut, die eine verallgemeinerbare oder allgemeingültige Erfahrung oder Erkenntnis auf den Punkt bringen. Diese Sentenzen bieten sich geradezu dazu an, sie als Maximen aus dem Zusammenhang zu lösen – was natürlich in vielen Fällen problematisch ist, da sie ja von einer der literarischen Figuren in einer ganz spezifischen Handlungssituation und Figurenkonstellation ausgesprochen werden.

Schon die *Iphigenie* und der *Tasso* weisen eine hohe Zahl sentenzenhafter Sprüche auf, in *Wilhelm Meisters Lehrjahre* existiert eine Fülle von Spruch-Weisheiten, die mit anderem pädagogisch Wertvollen im Kontext der ↗Turmgesellschaft archiviert wurden, vor allem die Abgesandten der Gesellschaft flechten Maximen in ihre Rede ein. Ottilien Tagebuch protokolliert ihre pointierten Erkenntnisse, die »Betrachtungen im Sinne der Wanderer« beschließen das zweite Buch der *Wanderjahre*, die Aphorismen »Aus Makariens Archiv« das dritte. G. nutzt sowohl seine große Schrift zur *Farbenlehre* als auch vor allem seine späten Zeitschriftenprojekte *Kunst und Alterthum* und *Zur Naturwissenschaft* überhaupt, um eine große Sammlung von Maximen unterzubringen. Aus den Papieren des Nachlasses sind nochmals 600 Aphorismen überliefert; G. hatte sie in allen möglichen Alltagssituationen auf Briefumschlägen, Geschäftspapieren, Theaterprogrammen u.v.a.m. notiert – zum Teil als Übersetzungen aus fremdsprachigen Werken, die er gerade las.

Die Maximen sind thematisch weit gestreut: Sie betreffen Literatur, Kunst, Kunst- und Literaturgeschichte, Künstler von der Antike bis zu G.s Gegenwart und ebensolche Werke, Philosophie, Geschichte, Lebensklugheit, Sitten und Moralisches – »Mikroskope und Fernröhre verwirren eigentlich den reinen Menschensinn« – nicht zuletzt Naturwissenschaften, Technik, moderne Ökonomie, Politik und Gesellschaft. Mit Blick auf die moderne Presse der 1820er Jahre heißt es etwa in den »Betrachtungen im Sinne der Wanderer«: »Für das größte Unheil unserer Zeit, die nichts reif werden läßt, muß ich halten, daß man im nächsten Augenblick den vorhergehenden verspeist, den Tag im Tage vertut und so immer aus der Hand in den Mund lebt, ohne irgend etwas vor sich zu bringen. Haben wir doch schon Blätter für sämtliche Tageszeiten! Ein guter Kopf könnte wohl noch eins und das andere unterkalieren. Dadurch wird alles, was ein jeder tut, treibt, dichtet, ja was er vorhat, in's Öffent-

liche geschleppt. Niemand darf sich freuen oder leiden als zum Zeitvertreib der Übrigen, und so springt's von Haus zu Haus, von Stadt zu Stadt, von Reich zu Reich und zuletzt von Welttteil zu Welttteil, alles velociferisch«.

Die Maximen und die generelle Sentenzenhaftigkeit von G.s klassischer und nachklassischer Sprache haben insgesamt ermöglicht, aus G.s Werk einen unendlichen Steinbruch ›ewig‹ gültiger Wahrheiten und klassischer Weisheiten zu machen, was sich zunächst die bildungsbürgerliche Institution des humanistischen Gymnasiums zunutze machte. Das trefflich angebrachte G.-Zitat, egal aus welchem Zusammenhang es herausgerissen sein mochte, gehörte zur denkwürdigen Gattung des Besinnungsaufsatzes – wenn dieser nicht sowieso die Paraphrase eines Klassikerzitates zur Aufgabe stellte. Diese Traditionslinie des G. der Weisheitssprüche wird bis heute durch G.-Kalender und »Lebenshilfe-für-jeden-Tag-mit-G.-Bücher« fortgeführt, ungeachtet der Tatsache, daß erstens viele der Maximen und Reflexionen Figurenrede im literarischen Text sind, also aus der Perspektive der jeweiligen Figur und ihrer Rede-Situation heraus verstanden werden müssen. Zweitens gibt es unter den Maximen derartig viele einander widersprechende oder zumindest zueinander gar nicht passen wollende Aphorismen, daß die Zuordnung zu einem historischen Sprecher »Goethe« höchst problematisch ist (↗Deutschunterricht). BJ

Mäzenatentum: Ein auf die römische Antike (Horaz und Maecenas) zurückgehendes Modell der Förderung eines Dichters durch einen Gönner. Das Mäzenatentum war im Mittelalter die Grundbedingung für die Dichtung am Hof: Fürstenlob als Auftragsdichtung. G. selbst befand sich in Weimar in einem auf den ersten Blick ähnlichen Abhängigkeitsverhältnis zum Herzog ↗Carl August, der ihn finanziell stützte und ihm z.B. das Haus am ↗Frauenplan und das ↗Gartenhaus an der Ilm schenkte. Allerdings war G. bezahlter Hofbeamter, Kabinettsmitglied der Regierung, also nicht nur bezahlter Dichter. Das Verhältnis zum Herzog ist häufig ein Motiv in G.s Texten; Abhängigkeit und Freundschaft werden beispielsweise in den Gedichten *Ilmenau* und im *Venezianischen Epigramm* 34b thematisiert. Auch ↗Tasso ist ein Dichter am Hof; sein Fürst, Alfonso von ↗Este, aber deutet, im Gegensatz zu Tassos eigenem Verständnis des Mäzenatentums, den Dichter als Mitkonkurrenten auf einem freien literarischen Markt und nicht als bezahlten Fürstendiener. BJ

Mediceer s. Renaissance

Medizin: Im Gegensatz zu anderen akademischen Richtungen eine Wissenschaft, die laut G. ganz im Leben steht: »Die Gegenstände ihrer Bemühungen sind die sinnlichsten und zugleich die höchsten, die einfachsten und die kompliziertesten. Die Medizin beschäftigt den ganzen Menschen, weil sie sich mit dem ganzen Menschen beschäftigt« (*DuW,* 9. Buch). Entsprechend dieser Einschätzung der Universalität der Medizin bemerkt G., sich seiner eigenen Zeit als Student erinnernd: »Das Juristische trieb ich mit so viel Fleiß, als nötig war, um die Promotion mit einigen Ehren zu absolvieren; das Medizinische reizte mich, weil es mir die Natur nach allen Seiten, wo nicht aufschloß, doch gewahr werden ließ, und ich war daran durch Umgang und Gewohnheit gebunden« (*DuW,* 11. Buch). In *Die Aufgeregten* wird der Mediziner, hier der »Chirurgus«, als der »verehrungswürdigste Mann auf dem ganzen Erdboden« angesehen, während im *Faust* der eher fatalistische Aspekt medizinischen Bemühens zum Ausdruck kommt, wenn Mephisto sagt: »Der Geist der Medizin ist leicht zu fassen;/Ihr durchstudiert die groß und kleine Welt,/um es am Ende gehn zu lassen,/wie's Gott gefällt« (v. 2011).   AV

Meer: G. bekam es zum ersten Mal in Italien, vom Lido aus zu Gesicht, jener langgestreckten »Erdzunge«, die die venetianische Lagune vor dem »wilden Elemente« schützt. Unter dem Eindruck eines heftigen Sturmes bewunderte er wenige Wochen später die »würdige Art und Gestalt« der unbändigen See und fühlte sich zu der Feststellung hingerissen, die Natur sei das einzige »Buch«, das »auf allen Blättern großen Gehalt« biete (*IR,* 8. und 9.10.1786, 9.3.1787). In G.s Dichtungen steht das Meer oft sinnbildlich für die Bewegungen des Lebens, die Selbstbehauptung und den Lebenskampf des Menschen (*Meeresstille* und *Glückliche Fahrt, Alexis und Dora, Faust,* v. 10198–10233*).* Als Flut der Leidenschaft, die »dichtrische Perlen« an den verödeten Strand des Lebens wirft (*Die schön geschriebenen*); als Medium dichterischer Inspiration und als schöpferisches Element schlechthin preist G. das Meer immer wieder neu.
                                                                    FT

Meeresstille/Glückliche   Fahrt, entstanden wahrscheinlich 1795; Erstdruck in Schillers *Musen-Almanach für das Jahr 1796,* hier und in allen künftigen Publikationen zusammengestellt. Das Doppelgedicht gestaltet den Kontrast von Stillstand und

Aufbruch, der im Wechsel von getragenem zu lebendig-bewegtem Rhythmus und in der poetischen Kraft der Bilder einen überzeugenden lyrischen Ausdruck findet. Häufig wird als Erlebnishintergrund eine gefährliche Situation während G.s Sizilienreise 1787 angenommen; auf der Rückfahrt geriet sein Schiff bei den Felsen hinter Capri in eine Strömung, der wegen vollkommener Windstille nicht gegengesteuert werden konnte. Der Anspielungsreichtum der Gedichte ist jedoch vorwiegend überindividuell zu entschlüsseln. Seit der Antike ist die Schiffahrt mit ihrer Abhängigkeit von den Naturelementen Gleichnis des menschlichen Lebens. Die Meeresstille, Metapher für den Stillstand des Lebensglücks, wird im zweiten Gedicht durch einen tätigen Aufbruch besiegt, für den die Winde poetische Umschreibung sind. Schiffahrt ist jedoch auch ein altes Bild für Dichtung; beide Gedichte spiegeln G.s Erfahrung mit dem wechselhaften Charakter der poetischen Inspiration.   IW

Meister/Schüler: Dieses Verhältnis beschäftigt G. schon in der Zeit des Sturm und Drang (in den *Künstlergedichten*), es beschäftigt ihn auf vielerlei Weise im *Faust,* in den Gesprächen zwischen Faust und Wagner, in den Begegnungen, die Mephisto mit dem Famulus hat; in *Maximen und Reflexionen* wird der wahre Meister als jemand bezeichnet, von welchem wir »immer lernen«, während der »echte« Schüler fähig ist, »aus dem Bekannten das Unbekannte« zu »entwickeln«. Nicht nur der Schüler, sondern auch der Meister kann sich in seiner Entwicklung zeitlebens steigern und vervollkommnen, Faust und Wilhelm Meister sind überragende Beispiele hierfür. Bezüglich der Frage, welche Rolle G. selber als ein Meister der deutschen Sprache auf andere Autoren gehabt habe, sagt er, er sei nie ein Meister für die jungen Dichter gewesen, vielmehr deren »Befreier«, indem er gezeigt habe, wie der wirklich suchende Künstler seine Meisterschaft dadurch finde, daß er »immer nur sein Individuum zutage fördern wird« (*Noch ein Wort für junge Dichter*).   AV

Melancholie: Schwarzgalligkeit der antiken, galenischen Vier-Säftelehre und mit Depressionen einhergehendes Künstlertemperament, vom jungen G. sich selbst zugeschrieben – »Many time I become a melancholical one« –, wenngleich wenige Monate später als poetische Übertreibung relativiert. Sein Umgang mit melancholischen Stimmungen – »Then I go in woods, to streams«, außerdem entstehen »english verses, that a stone could weep« (an Cornelia G., 11.5. und 27.9.1766) – steht ganz im Zeichen der damals angesagten Empfindsamkeitsmode. Auch Werther, der seine Melancholie »süß« nennt und demonstriert, daß seine »Krankheit zum Tode« nur in letzterem geheilt werden kann (1. Buch, 13.5. und 12.8.), ergeht sich in der Natur. G. begründet rückblickend den Erfolg seines Romans damit, daß er »das Innere eines jugendlichen Wahns öffentlich und faßlich darstellte« (*DuW,* 13. Buch), wenngleich er »Trübsinn« und Lebensüberdruß jeder jungen Generation zuschreibt (Eckermann, 2.1.1824). Im *Prometheus*-Gedicht wird der Melancholie mit schöpferischer Tätigkeit begegnet (»Wähntest du etwa,/Ich sollte das Leben hassen?«); im *Torquato Tasso* hingegen ist die Melancholie das, was den Künstler antreibt (»Und wenn der Mensch in seiner Qual verstummt,/Gab mir ein Gott zu sagen, was ich leide«; V. 5). Die melancholische Kultfigur schlechthin ist für G. Shakespeares Hamlet, dessen Erkenntnis der Nichtigkeit der Welt und der Sinnlosigkeit eines Handelns sich in »schwankender Melancholie, seiner weichen Trauer, seiner tätigen Unentschlossenheit« ausdrückt (*Lj,* V.6).　DF

Melchior, Johann Peter (1742-1825), Porzellanmodelleur, Bildhauer und Modellmeister verschiedener Porzellanmanufakturen (Höchst, Frankenthal, Nymphenburg). Melchior fertigte Medaillons der Eltern G.s in Gips an, aus den Jahren 1775 und 1785 existieren zwei Abbildungen G.s im Relief.　BJ

Mellish, Joseph Charles (1769-1823): Englischer Diplomat, Übersetzer G.s und Schillers, seit 1787 in Weimar ansässig, später in Dornburg und in Hamburg; lustiger Zecher.　BL

Mendelssohn-Bartholdy, Jakob Ludwig Felix (1809-1847) gelangte durch seinen Lehrer Carl Friedrich ↗Zelter 1821 in G.s Nähe. Bereits im Kindesalter war er von Zelter in der Musiktheorie und Komposition unterwiesen worden und sang ab dem 11. Lebensjahr im Chor der Berliner Singakademie. Ende Oktober 1821 reiste der eifrige Mentor und Lehrer mit seiner Tochter Doris und dem »guten hübschen Knaben, munter und gehorsam«, über Wittenberg nach Weimar. In G.s Haus am Frauenplan gehörte das Wunderkind zu den ersten, die den im sog. ↗Juno-Zimmer wenige Monate zuvor aufgestellten Hammerflügel der Nannette ↗Streicher spielten. Er improvisierte, trug eigene Kompositionen vor und genoß seit diesem ersten Aufenthalt höchste Achtung und Akzeptanz in Weimar.

Zelter berichtet aus Berlin wiederholt von den Erfolgen seines Schützlings und G., der ihn in sein

Herz geschlossen und ihn seines Vorspielens wegen seinen »David« genannt hatte, bekundet seine freudige Erwartung vor dessen weiteren Besuchen. Am 3.6. 1830 bescheinigt er dem »trefflichen Felix«, zu einer »hoch zu feiernden [...] vollendeten liebenswürdigen Kunst« gelangt zu sein, deren Wirkung er als »besonders wohltätig« schätzte. Diese Nahbeziehung schlug sich freilich in den Vertonungen Mendelssohns nieder, der neben einigen Liedern nach G.s Texten, die Konzertouvertüre *Meeresstille und glückliche Fahrt* op. 27 nach zwei Gedichten G.s (1. Fassung 1828) und die *Erste Walpurgisnacht* op. 60 für Soli, gemischten Chor und Orchester (1. Fassung 1831) komponierte.　GBS

Mendelssohn, Moses (1729-1786): Lessing setzte dem lebenslangen Freund in *Nathan der Weise* ein unübersehbares Denkmal. Mendelssohn, in Dessau in jüdischer Tradition aufgewachsen, Kaufmann von Hause aus, kam 1743 nach Berlin und vertiefte dort seine Kenntnisse in Philosophie, Mathematik und Literatur. Ihm, der sich als deutscher Aufklärungsphilosoph, in der Tradition des kritischen Rationalismus von Wolff und Leibniz stehend, gleichermaßen an Juden und Nichtjuden wandte, verlieh Friedrich der Große 1763 den Status eines »außerordentlichen Schutzjuden«. Für seine *Abhandlung über die Evidenz in den metaphysischen Wissenschaften* wurde er von der Preußischen Akademie der Wissenschaften preisgekrönt. Mit seinen Gedanken zu Toleranz und Humanität hat Mendelssohn nicht nur die Aufklärung insgesamt geprägt; mit dem von ihm eingeleiteten Vermittlungsprozeß zwischen Christentum und Judentum hat er dessen geistiges Ghetto aufgebrochen und das Interesse an jüdischer Religions- und Kulturgeschichte geweckt. G. hat sich mit ihm schon früh befaßt und als außerordentlich wichtige Stimme des Jahrhunderts erkannt.　BL

Mensch/Menschheit: Wenn G. 1774 seinen Prometheus sagen läßt: »Hier sitz ich, forme Menschen nach meinem Bilde«, bezieht er sich damit natürlich zuerst auf den biblischen Schöpfungsmythos – hier ist es allerdings die trotzige Gebärde des irdischen Titanen, der den Menschen schafft; nach dem eigenen Bilde, d.h. mit einem ähnlichen Anteil an antiautoritärem Trotz und genialischer Schöpfungskraft. Dieser Mensch hat Anteil am göttlichen Funken. Darüber hinaus reflektiert G. mit dieser Prometheuskonzeption die Tatsache, daß er ja selber, als Autor von Romanen und Dramen, ebenfalls Menschen erschafft; in diesem Sinne sind die »Menschen« G.s, die Figuren seiner literarischen Werke, Repräsentationsformen von je spezifisch-historischen oder auch allgemeinen Menschenbildern auf seiten G.s.

Mit seiner Auffassung vom Menschen greift G. auf eine Vielzahl wichtiger Positionen der Anthropologie des 18. Jh.s zurück: A. Pope, J.J. Rousseau, G.E. Lessing u.a. G.s eigenes anthropologisches Verständnis spricht am deutlichsten aus seinen Konzepten der ↗Individualität und der ↗Persönlichkeit, das Verhältnis des Menschen zu seiner Welt aus seinem Verständnis von ↗Erfahrung und ↗Empirie, ↗Irrtum und ↗Wahrheit. Fremde und eigene Überlegungen gehen in unterschiedlichem Maße in die Gestaltung der literarischen Figuren G.s ein: Naturgefühl, Empfindsamkeit und psychologische Komplexität im *Werther*, Natur, Kraft und Freiheit im *Götz*, Enthusiasmus im *Ganymed*, Schöpfungskraft und Trotz im *Prometheus*, Humanität in der *Iphigenie* und Freiheit sowie Dämonisches im *Egmont*.

Faust wird als alles umschließendes Gattungsparadigma konzipiert, als Mensch, der an allem Menschlichen anteil hat: »Und was der ganzen Menschheit zugeteilt ist,/Will ich in meinem innern Selbst genießen« (*Faust*, v. 1770f.). Antikeverständnis, Renaissancehumanismus und aufgeklärtes Bewußtsein von allgemein-menschlichen Rechten verband G. zu seinen Begriffen von ↗Weltbürgertum und ↗Humanität, Konzepte, die die Grenzen des Nationalen sprengten, die die Menschlichkeit als obersten Wert einsetzten: »Zur Nation euch zu bilden, ihr hoffet es, Deutsche, vergebens;/Bildet, ihr könnt es, dafür freier zu Menschen euch aus!« (*Xenien*: »Nationalcharakter«).   BJ

Menzel, Wolfgang (1798–1873), Kritiker und Publizist, von 1826–49 Herausgeber des *Literatur-Blatts* für Cottas *Morgenblatt*. Für den erbitterten G.-Gegner war der Weimarer Dichterfürst der Inbegriff der Verweichlichung, Genußsucht und Eitelkeit. Zelter machte G. auf ein Werk des »Lumpenkönigs«, *Die deutsche Literatur*, aufmerksam, »worin er gegen Dich vom Leder zieht« (17.6.1828): G. sei ein »weibischer« Vertreter »nationaler Entartung, politischer Schwäche und Schande«. Doch den so Beschimpften ließen die Angriffe relativ kalt: »Von allem was gegen mich geschieht keine Notiz zu nehmen, wird mir im Alter wie in der Jugend erlaubt seyn. Ich habe Breite genug, mich in der Welt zu bewegen, und es darf mich nicht kümmern, ob sich irgend einer da oder dort in den Weg stellt, den ich einmal gegangen bin« (an Zelter, 26.8.1828). Aber um ein Spottgedicht auf seine Kritiker Menzel und Garlieb Helwig Merkel kam er dann doch nicht herum: »Verwandte sind sie von

Natur,/Der Frischling und das Ferkel;/So ist Herr Menzel endlich nur/Ein potenzierter Merkel.«   AR

Mephisto(pheles), Herleitung des Namens (spätestens seit 1725 im Zusammenhang des Fauststoffes belegt) umstritten (›der das Licht nicht liebt‹ oder ›der den Faust nicht liebt‹ oder ›Verderber-Lügner‹?); in G.s Faust-Dichtung mehrfach in der Funktion als Teufelsfigur ausgewiesen, aber nicht theologisch festgelegt, uneinheitlich in Erscheinungsbild und Funktion. Er verkehrt im Umfeld Gottes, hat aber auch Nähe zum ↗Erdgeist, zeigt vergeistigte und grobianische Züge, tritt mit Humor auf und abgrundtief böse. Entscheidend ist wohl seine Funktion als gerissener Versucher innerhalb des göttlichen (heilsgeschichtlichen) Weltplans.   GG

Mercier, Louis Sébastien (1740–1814), französischen Schriftsteller. 1773 erschien in Amsterdam sein *Du théâtre ou nouvel essai sur l'art dramatique* – eine Schrift gegen die klassizistische und für eine nationale, ursprüngliche, das Leben der Gegenwart gestaltende Dramatik. G. bat seinen Freund Heinrich Leopold Wagner, diese Schrift zu übersetzen. 1776 erschien sie u.d.T. *Neuer Versuch einer Schauspielkunst. Aus dem Französischen. Mit einem Anhang aus Goethes Brieftasche).*   PO

Merck, Johann Heinrich (1741–1791), Schriftsteller, Unternehmer und Jurist in Darmstadt, den G. 1771 in Frankfurt kennenlernte und der ihn in den Kreis der Darmstädter »Empfindsamen« einführte. Er war G. an Bildung, Lebens- und Welterfahrung voraus und hatte großen Einfluß auf ihn: Ratgeber in literarischen Fragen, begabter Zeichner, mit dem G. auf Reisen zeichnete, Kunstsammler und -kenner, den G. beim Erwerb von Kupferstichen für den Herzog konsultierte und Korrespondenzpartner zu naturwissenschaftlichen Fragen. G.s Haupteinwand gegen Merck: »daß er jedoch bei allen seinen Arbeiten verneinend und zerstörend zu Werke ging« (*DuW*, 12. Buch). Merck gilt als Vorbild des Mephisto in G.s *Faust*. G. selbst nannte ihn »Mephistopheles Merck« (*DuW*, 15. Buch): produktiv und zerstörerisch zugleich. Nach G.s Italienreise kühlte die Beziehung zu Merck ab. Geschäftliche Mißerfolge und schwere Krankheit zermürbten den Freund, der 50jährig seinem Leben ein Ende setzte.   PO

Mereau, Sophie (1770–1806), deutsche Schriftstellerin, mit dem Jenaer Jura-Professor Karl Mereau verheiratet. Die Ehe wurde allerdings nicht glücklich, da

Sophie nicht auf Seitensprünge verzichtete. Nach ihrer Scheidung lebte sie mehrere Jahre allein mit ihrer Tochter und bestritt ihren Lebensunterhalt unter anderem durch das Verlegen von Zeitschriften, bis sie 1803 Clemens Brentano heiratete, 3 Jahre später starb sie im Kindbett. Schon während ihrer ersten Ehe hatte sie sich schriftstellerisch betätigt und stand in Kontakt mit Schiller, den Gebrüdern Schlegel und G., die besonders ihre Gedichte schätzten.   AE

Messias: Versepos in 20 Gesängen mit über 20000 Versen von Friedrich Gottlieb Klopstock. Mit den ersten drei Gesängen wurde Klopstock 1750 schlagartig zur literarischen Berühmtheit, der gesamte Text konnte erst 1772 fertiggestellt werden, 1781 und 1798 nahm Klopstock noch Änderungen vor. G. berichtet im 2. Buch von *Dichtung und Wahrheit* ausführlich über die ungeheure Wirkung, die das Werk schon in der Kindheit auf ihn und seine Schwester übte, der Reiz des Textes wurde dadurch verstärkt, daß G.s Vater den *Messias* ablehnte und das Buch nur heimlich ins Haus geschafft werden konnte. In einer grotesken Anekdote erzählt G. die Entdeckung durch den Vater: Während dieser sich zum abendlichen Rasieren einseifen ließ, saßen die Kinder hinterm Ofen und rezitierten murmelnd, doch mit wachsender Leidenschaft die begeistert auswendig gelernten Verse. »Bisher war alles leidlich gegangen; aber laut, mit fürchterlicher Stimme rief sie [Cornelia] die folgenden Worte: *O wie bin ich zermalmt!* Der gute Chirurgus erschrak und goß dem Vater das Seifenbecken in die Brust. Da gab es einen großen Aufstand, und eine strenge Untersuchung ward gehalten, besonders in Betracht des Unglücks das hätte entstehen können, wenn man schon im Rasieren begriffen gewesen wäre.« An anderer Stelle (*DuW*, 7. Buch) bemerkt G. kritisch die große Weitschweifigkeit des *Messias*, die späteren Gesänge hätten, »teils ihres Inhalts, teils der Behandlung wegen, nicht die Wirkung tun [können] wie die früheren, die, selbst rein und unschuldig, in eine reine und unschuldige Zeit kamen« (*DuW*, 12. Buch). – Die Begeisterung der frühen G.-Zeit für den *Messias* hielt sich nur kurz, spätestens seit ungefähr 1800 trat an ihre Stelle die Nicht-Beachtung.   BJ

Messina, für G. Endstation seiner Reise durch Sizilien, die er am 10.5.1787 erreicht und die nach dem Erdbeben vom 5.2.1783 für ihn der »fürchterlichste Begriff einer zerstörten Stadt« ist. Eckermann berichtet von G.s Vorahnung des schrecklichen Ereignisses anhand von Himmelsbeobachtungen: »Höre,

sagte er dann zu mir, wir sind in einem bedeutenden Moment, entweder wir haben in diesem Augenblick ein Erdbeben, oder wir bekommen eins«. G. hatte recht: »Nach einigen Tagen kam die Nachricht, daß in derselbigen Nacht ein Teil von Messina durch ein Erdbeben zerstört worden« (13.11.1823).   PO

Metamorphose: Im Verlauf seiner botanischen Studien verdichtete sich für G. immer mehr der Gedanke, daß alle Pflanzen aus einer Art ↗Urpflanze hervorgegangen seien. Daraus entwickelte sich nach und nach die Vorstellung vom gesetzhaften Gestaltwandel der organischen Welt: Alle organischen Erscheinungen wären nach einem Muster gebildet und könnten (zumindest in gedanklicher Abstraktion) auf eine einheitliche Gesetzmäßigkeit zurückgeführt werden. Als sinnfälliges Beispiel derartiger Metamorphosen hat G. die verschiedenen Stufen des prinzipiell gleichartig verlaufenden Pflanzenwachstums oder auch die Verwandlung z.B. einer Larve (nach vorausgehender Verpuppung) zum Schmetterling geltend zu machen versucht. Auch die von G. in den letzten Lebensjahren vertretene Überzeugung vom entelechischen Fortleben des tätigen Menschen in anderer »Natur« (an Zelter, 19.3.1827) knüpft an diese Vorstellungen an.   FT

Metamorphose der Pflanzen, Die: *Dich verwirret, Geliebte*. Das am 17./18.6.1798 entstandene Gedicht ist die letzte der klassischen Elegien in elegischen Distichen (↗Elegien, klassische); es erschien zuerst in Schillers *Musen-Almanach für das Jahr 1799*, leicht verändert 1800 in *Neue Schriften*. 1817 rückte G. das Gedicht auch in sein Periodikum *Zur Morphologie* ein und kommentiert, er habe es besonders dem weiblichen Publikum gewidmet; als eigentliche Adressatin wird auf Christiane Vulpius angespielt: »Höchst willkommen war dieses Gedicht der eigentlich Geliebten, welche das Recht hatte, die lieblichen Bilder auf sich zu beziehen«. Vom übrigen Publikum habe er dagegen »viel zu erdulden« gehabt. Das Gedicht steht ebenso wie das vermutlich 1798/99 entstandene Hexametergedicht *Metamorphose der Tiere* in der Tradition der antiken Lehrdichtung, die in der Aufklärung neu belebt worden war, und gehört in den Kontext von G.s intensiven naturwissenschaftlichen Forschungen.

Das Pflanzenlehrgedicht vermittelt in poetischer Form Grundaussagen von G.s 1790 publizierter Abhandlung *Versuch die Metamorphose der Pflanzen zu erklären*; die Darstellung vom Werden der Pflanzen im Mittelteil des Gedichts folgt der Abhandlung

Metamorphose der Pflanze. Zeichnung
J. Ch. W. Waitz, 1790

detailgetreu. Die aus der Antike vertraute Vorstellung von der pädagogischen Funktion des Eros wird hier in einem Belehrungsgespräch inszeniert, in dem der Mann die geliebte Frau anleitet, die Natur mit seinen Augen zu sehen. In suggestivem Ton wird ein Gleichnis, ein »heiliges Rätsel« entfaltet, und die Geliebte wird aufgefordert, die organischen Wachstumsprozesse der Natur, Keimung, Blüte, Reifung und Frucht, in Analogie zur Entwicklung menschlicher Gefühle und Beziehungsformen zu sehen: »Und wie Amor zuletzt Blüten und Früchte gezeugt.« Die Liebe des Paars führt so zu einer ›liebenden‹ Naturbetrachtung. Die Einheit von Mensch und Natur, die Intensivierung der Erkenntnisfähigkeit durch Poesie und Liebe gehören seit den frühen Naturgedichten zur dichterischen Grundüberzeugung G.s. Neu ist die Differenzierung der Naturerfahrung, die nicht mehr wie im frühen Naturgedicht *Mailied* auf das Ich konzentriert bleibt (»Wie herrlich leuchtet *mir* die Natur«), sondern nun in der erotisch-pädagogischen Situation sozialisiert und verallgemeinert wird. Das Gedicht präsentiert so eine bemerkenswerte Einheit von Liebe, Poesie und Naturwissenschaft.   IW

Metamorphose der Pflanzen s. **Versuch die Metamorphose der Pflanzen zu erklären**

Metamorphose der Tiere: *Wagt ihr, also bereitet*; entstanden wohl 1798/99 im Anschluß an *Die Metamorphose der Pflanzen*, Erstdruck 1820 in G.s Periodikum *Zur Morphologie*. Wie das Pflanzengedicht steht das Tiergedicht in der Tradition der antiken Lehrdichtung; G. orientiert sich insbesondere am Vorbild des Lukrez. In der Ausgabe letzter Hand (1827) stellte G. beide Gedichte in der Rubrik *Gott und Welt* zusammen und verband sie durch die drei kurzen lyrischen Texte *Parabase*, *Epirrhema* und *Antepirrhema*, die vor, zwischen und hinter den beiden Metamorphose-Gedichten stehen. ›Parabase‹ ist in der attischen Komödie ein Vortrag des Chores an das Publikum, zu dessen Teilen neben anderen ›Epirrhema‹ und ›Antepirrhema‹ gehören.

Die Bildung dieses kleinen Ensembles unterstreicht die Bedeutung, die G. der Verbindung von Poesie und Naturwissenschaft beimaß. Im Unterschied zur erotischen Naturbelebung im botanischen Lehr- und Liebesgedicht haben die Aussagen zu den Bildungsgesetzen der Tiere, die Gedanken der fragmentarischen Abhandlung *Versuch über die Gestalt der Tiere* von 1790 aufnehmen, einen strengeren Charakter; dem entspricht auch die Wahl des Hexameters (↗ Versmaß, klassisches), wie er in der antiken Lehrdichtung üblich war. Den Tieren wird Zweckmäßigkeit ohne Zweck, also Schönheit nach der Bestimmung Immanuel Kants zugeschrieben. Das Gedicht, das Teil eines Fragment gebliebenen großen Naturgedichts werden sollte, zeigt erste Ansätze evolutionärer Vorstellungen, doch koexistieren dynamische noch mit statischen Prinzipien. Das Gedicht spiegelt so Übergangsphänomene eines sich verändernden wissenschaftlichen Diskurses.

Ein traditionelles Ordnungsmuster ist die Verbindung von Naturwissenschaft und Poesie, und G. sie immerhin in zwei Lehrgedichten gestalten konnte. Der Plan einer umfassenden poetischen Naturlehre ließ sich jedoch im Zeichen der Ausdifferenzierung der naturwissenschaftlichen Forschung, deren zunehmende Spezialisierung G. beklagte, nicht mehr realisieren.   IW

Metaphysik: Mephisto ermahnt den Schüler, er solle sich »vor allen andern Sachen […] an die Metaphysik machen! Da seht, daß Ihr tiefsinnig faßt,/Was in des Menschen Hirn nicht paßt« (*Faust I*, v. 1948f.). Diese Empfehlung ist ein derber Spaß des Teufels, Faust selbst ist trotz seiner philosophischen Gelehrtheit keine niedere Lebenserfahrung erspart geblieben. Fausts Wunsch zu erkennen, »was die Welt im Innersten zusammenhält«, ist für Goethe nicht durch metaphysische Spekulation einlösbar, sondern einzig durch Erfahrung und Sinnesschulung. Zwar hegt G. Respekt vor Immanuel Kant als dem großen Metaphysiker seiner Zeit, dennoch ist der metaphysische Ansatz Kants, nämlich, wie G. es ausdrückt, »die Welt nach der Idee zu modeln« (*Schriften zur Kunst*), der »zarten Empirie« (*Wj*, Betrachtungen im Sinne der Wanderer) oder der »höheren Empirie« (*MuR*) G.s vollständig entgegengesetzt.   AV

Meteorologie: Zur Zeit G.s befand sie sich mit dem Eindringen mathematischer und physikalischer Meßmethoden (Messung des Luftdrucks, der Windgeschwindigkeit, der Wolkenuntergrenze und der Niederschlagsmengen, statische Erfassung der Niederschlagsarten und deren Häufigkeit, Beobachtung von Wolkenformationen und deren Klassifizierung durch ↗Howard) in den ersten naturwissenschaftlichen Anfängen – die vorwissenschaftliche Wetterbeobachtung und ihre Mythologie hat es natürlich schon immer gegeben. Hatte G. immer wieder am eigenen Leib erfahren, wie empfindlich der Mensch auf Veränderungen der Atmosphäre reagiert, interessierte er sich über diese empirisch-psychologische Erfahrung hinaus außerordentlich für den thermodynamischen Zusammenhang des Erdinnern, der Erdoberfläche, der Bewegungen und Veränderungen der Atmosphäre und die darauf wirkenden kosmischen Einflüsse.

Die Erklärungsmodelle gerieten relativ einfach. So waren die Wolken am Himmel zunächst autonome Entitäten, die sich nach den Gesetzen in sich selbst veränderten; die Wolkenbildung als Ganzes war aus dem Konflikt der oberen trockenen und der unteren feuchten Himmelsschichten zu verstehen und letztlich dem lebendigen Organismus »Mutter Erde« als einem ↗systolisch-diastolischen Universalgeschehen überantwortet. Hier wirkte ein Mißverständnis sie: G. war der Ansicht, daß der Barometer, dem er große Beachtung schenkte, obwohl er sonst das Eindringen physikalisch-mathematischer Methoden in die Naturbetrachtung argwöhnisch beobachtete, als Indikator für die Konflikte der höheren und der tieferen Schichten des Himmels diene. Ihm war nicht bewußt, daß der Barometer einfach nur den Luftdruck maß, der senkrecht über der Flüssigkeitssäule herrschte, in G.s Zusammenhang also einen äußerst begrenzten Stellenwert hatte.

Der Einrichtung von Wetterbeobachtungsstationen kam – u.a. aufgrund der Ertragssteigerung bei landwirtschaftlichen Produkten – auch in Thüringen gesteigerte Bedeutung zu. Für G. selbst zwar von zweitrangiger Bedeutung, aber amtlich für die Anstalten für Wissenschaften und Künste zuständig, sorgte er im Auftrag von Carl August für die Einrichtung von sieben meteorologischen Stationen (ab 1821). Zuverlässige Wetterprognosen blieben aus, so daß diese Stationen kurz vor G.s Tod geschlossen wurden. Lediglich die seit 1813 in Betrieb befindliche Sternwarte in Jena wurde aufrecht erhalten.   BL

Metternich, Clemens Wenzel Lothar, Fürst von (1773–1859): Studium der Rechts- und Staatswissenschaften, Geschichte und Naturwissenschaft; kaiserlicher Gesandter Österreichs, Botschafter in Paris, mitverantwortlich für den Eintritt Österreichs in den Krieg gegen Frankreich; nach der Niederlage Außenminister (8.10. 1809), betreibt er ein vorsichtiges Arrangement mit Frankreich, sorgte aber, als sich das Kriegsglück Napoleons während des Rußlandfeldzugs wendete, rasch für einen Eintritt Österreichs in die Koalition. Der Wiener Kongreß tagte 1815 unter dem Vorsitz Metternichs, der mit Unterstützung Rußlands und Preußens für die Wiederherstellung (Reaktion) der vorrevolutionären Zustände in Europa, die erneute Verankerung des monarchischen Prinzips, die Unterdrückung nationalliberaler und konstitutioneller Umtriebe (Heilige Allianz der europäischen Fürsten) sorgte (Karlsbader Beschlüsse). G. vermerkt ihn noch der Völkerschlacht von Leipzig am 26.10. 1813 als Besucher in seinem Weimarer Haus. Derweil polemisiert Metternich eiskalt auf höchster diplomatischer Ebene gegen den in Sachen Preßfreiheit liberalen Carl August, bezeichnet Weimar als »kleine Brutanstalt des Jakobinismus« und will mit den demagogischen Umtrieben in Weimar und Jena aufräumen (Okens *Isis*, Ludens *Nemesis*). G. hat sich selbst längst sein eigenes Urteil gebildet und spricht statt von »Preßfreiheit« von »Preßfrechheit« (↗Pressefreiheit). Man sieht sich – auf politischer Ebene einander gewogen – in Karlsbad 1818 mehrfach wieder, schließlich am 30.8. 1819, als die antidemagogische Konferenz der Karlsbader Beschlüsse gerade zu Ende gegangen ist.

Inzwischen war G. durch den österreichischen Kaiser zum Kommandeur des Leopoldsordens ernannt worden (16.7.1815), der zusammen mit einem Schreiben Metternichs übergeben worden war. G. hatte sich mit Blick auf Metternichs ersten Besuch in Weimar bedankt: »wie denn auch Ihro persönliche Gegenwart, in so glücklichen als unruhigen Stunden, meine Wohnung von andringenden Kriegsübeln befreite und mir die, Wissenschafts- und Kunstfreunden so wünschenswerte Ruhe wiedergab« (4.8. 1815). Metternich war es schließlich, der G. mit Schreiben vom 6.9. 1825 bestätigte, daß seine Werke von nun an in ganz Österreich vor dem unautorisierten Nachdruck geschützt seien.   BL

Metz, Johann Friedrich (1721-1782), beliebter Frankfurter Arzt, ein »unerklärlicher, schlaublickender, freundlich sprechender, übrigens abstruser Mann« (*DuW,* II.8), heilte G. während seiner lebensgefährlichen Erkrankung im Dezember 1768 mit nicht ganz durchschaubaren Mitteln, u.a. auch der Entfernung eines Mädchenbildnisses des leicht schwülstigen Rokokomalers Francois Boucher (1703-1770) aus G.s Zimmer. Die Heilungserfolge von Metz waren für G. Anlaß, zusammen mit dem Fräulein Susanna von ↗Klettenberg okkultistische und alchimistische Literatur zu konsultieren und entsprechende chemische Experimente durchzuführen.   BL

Metzler, Figur aus *Götz von Berlichingen*, ein historisch verbürgter Führer im Bauernaufstand. In der ersten Fassung des *Götz* geht G. auf die Ursachen der Bauernkriege ein (v.a. V. Akt, ›Nacht. Eine halbverfallne Capelle auf einem Kirchhof‹), was in der zweiten Fassung durch Kürzungen abgeschwächt wird. Es bleiben vor allem Schilderungen der Überfälle, die fast sinnlos brutale Ausmaße annehmen. Metzler und ↗Link führen die Brandlegungen, Plünderungen und Morde an, wovon sie mit blutigen Worten erzählen, u.a. von dem einzig historisch verbürgten Übergriff bei Weinsberg am 16.4.1525. Sie wollen kämpfen und sich bereichern. Durch die einseitige Darstellung ihrer niedrigen Motive wertet G. das Verhalten des Götz auf, der sich trotz des Schwurs der Urfehde (d.h. Versprechen des Friedens) zunächst auf die Seite der Aufständischen schlägt, sie aber abgeschreckt durch das grausame Verhalten bald wieder verläßt.   WM

Meyer, Johann (1749-1825), gleichaltriger Studienfreund G.s in Straßburg, Medizinstudent, kauziges Universaltalent mit bewundernswerten Gedächtnisleistungen. Den späteren Arzt (Wien, London) hat G. in *Dichtung und Wahrheit* liebevoll und unnachsichtig porträtiert: »Man hätte ihn, seiner Gestalt und seinem Gesicht nach, für den schönsten Menschen halten können, wenn er nicht zugleich etwas Schlottriges in seinem ganzen Wesen gehabt hätte. Ebenso wurden seine herrlichen Naturgaben durch einen unglaublichen Leichtsinn, und sein köstliches Gemüt durch eine unbändige Liederlichkeit verunstaltet [...]. Durch Jovialität, Aufrichtigkeit und Gutmütigkeit machte er sich bei allen Menschen beliebt; sein Gedächtnis war unglaublich, die Aufmerksamkeit in den Kollegien

kostete ihn nichts [...]. Alle Eindrücke blieben ihm lebhaft, und sein Mutwille in Wiederholung der Kollegien und Nachäffen der Professoren ging manchmal so weit, daß [...] er mittags bei Tische paragraphenweis [...] die Professoren einander abwechseln ließ« (9. Buch).   BL

Meyer, Johann Heinrich (1760-1832), »Goethe-Meyer«, wegen seines Dialekts auch »Kunschtmeyer« genannt; Schweizer Maler und Kunsthistoriker; G.s Freund, Zeichenlehrer und »Kunsterzieher«, den er 1786 in Rom kennenlernte: »Alles, was ich in Deutschland lernte, vornahm, dachte, verhält sich zu seiner Leitung wie Baumrinde zum Kern der Frucht« (25.12.1787). 1791 holt G. ihn nach Weimar, wo Meyer bis 1803 G.s Hausgenosse ist: »Abends sitzt er [Goethe] in einer wohlgeheizten Stube eine weise Fuhrmannsmütze auf dem Kopf, ein Moltumjäckchen und lange Flauschpantalons an, in viele getrennten Pantoffeln und herabhängenden Strümpfen im Lehnstuhl, während sein kleiner Junge auf seinen Knieen schaukelt. In einem Winkel sitzt stilschweigend und meditirend der Maler Meyer, auf der andern Seite die Donna Vulpia mit dem Strickstrumpf. Dieß ist die Familiengruppe« (K. A. Böttiger: *Literarische Zustände und Zeitgenossen,* S. 67 f.). Ab 1792 Lehrer an der Freien Zeichenschule in Weimar, ab 1807 deren Direktor; 1793-1798 künstlerische Arbeiten am Römischen Haus, ab 1799 Aufsicht über die künstlerische Ausgestaltung des Schlosses, 1809 Einrichtung eines Museums für die Kunstschätze des Herzogs, 1824 Herausgeber der *Geschichte der bildenden Kunst bei den Griechen.* Mit G., Schiller u.a. bildete Meyer die Vereinigung der Weimarischen Kunstfreunde, deren Kunsttheorien er maßgeblich beeinflußte.   PO

Meyer, Nicolaus (1775-1855), Arzt, Schriftsteller, Verehrer G.s, Freund der Goethe- und Vulpiusfamilie (G., Christiane, später August und Ottilie; Christian August, Ernestine Vulpius, Tante Juliane), Freund Heinrich Meyers und Eckermanns. 1798 Abschluß des Medizinstudiums in Jena, Winter 1799/1800 Gast in G.s Haus, wohnte zeitweilig dort, häufig in G.s Tagebüchern erwähnt. 1802 Arzt in Bremen, 1803 in Lilienthal, 1809-55 in Minden, 1824 Medizinal- und Regierungsrat. Eine vom Freundeskreis und Carl August erwogene Zukunft in Weimar zerschlug sich. Meyer heiratete 1806 (Hochzeitsreise nach Weimar, wohnte 8 Tage am Frauenplan), hatte acht Kinder, an deren Entwicklung G. regen Anteil nahm, der älteste Sohn Wolfgang war G.s Patensohn.

Als Arzt hoch angesehen, war Meyer auch sozial engagiert (»Vater der Armen«), kunst- und literaturinteressiert, er betätigte sich als Sammler, Dichter, Schriftsteller (Gedichte, Dramen, Romane, gab 36 Jahre ein von G. gelobtes »Sonntagsblatt« heraus). G. unterstützte Meyers literarische Arbeiten; auf seine Anregung hin schrieb Meyer das *Naturhistorische Bilder- und Lesebuch*, 1800. Briefwechsel über Jahrzehnte (*Goethes Bremer Freund Dr. Nicolaus Meyer. Briefwechsel mit Goethe und dem Weimarer Kreise*, Bremen 1926). Austausch über geistig-literarische Ereignisse, Familiennachrichten, Weimarer Neuigkeiten, Theater-, Hof- und Stadtklatsch. An der weltoffenen Küste lebend, belieferte Meyer die Weimarer Freunde, vor allem G.s Haus, mit Produkten der »nordischen See- und Handelsstädte«. »Lüstern nach in hiesigen Gegenden ganz fremden Leckerbissen« bat G.: »Mögen Sie uns diesen Winter manchen guten Bissen schicken« (1803).

Treffliche Fische - frisch, geräuchert, mariniert - Austern, Hummer, ausländische Weine »köstliche Sorten zu leidlichen Preisen« (Portwein, Mallaga, Madeira, Setubal), Hamburger Fleisch, Spickgänse, geräucherte Zungen u. a., ein Hundertpfundfaß, gute Winterbutter bestellte Christiane jährlich. G. erhielt kostbare Geschenke: Naturwissenschaftliche Seltenheiten, auf Auktionen ersteigerte Münzen, Gemmen, Bücher, Majoliken und seltene Weine: (1805, »ein Dutzend kleiner Bouteillen des ältesten Malega«, 40 Jahre alt; 1823, Anlaß Genesung/Geburtstag: Bremer »Rosewein«, 192 Jahre alt, »kostbares Lebenselexier, daß nur Tröpfchenweise zu genießen«). »Sie haben uns so mancherley Gutes zugesendet, für Küche und Keller, für Natur- und Kunstsammlung« (1804).

Im Gegenzug erhielt Meyer aus dem »armen Weimar« »mittelländische gebürgige Produkte« (Mus, Pilze, Äpfel, Dörrobst) vor allem aber »Geistiges«: G.s Werke, literarische Neuerscheinungen, Zeitschriften, Journale. Daneben Noten, »Masken von Klauer«, Kupferstiche, Münzen, »eine Mandoline von Goullon erkauft«, Strumpfhosen aus der Egloffsteinschen Niederlassung und, vor allem von Vulpius gesendet, »Theaterneuigkeiten« (Berichte über Aufführungen und »Personalia«, Theaterzettel, Textbücher, Kritiken). Nicolaus Meyers Beziehungen zu G. und dem Weimarer Kreis fanden bisher wenig Beachtung in der G.-Literatur.   CS

Michelangelo, (d. i. Buonarotti, Michelangelo, 1475-1564), italienischer Bildhauer, Maler und Architekt der Hochrenaissance. Überwältigt war G. von den Deckengemälden Michelangelos in der Sixtinischen Kapelle. »Ich bin in dem Augenblick so für Michelangelo eingenommen, daß mir nicht einmal die Natur schmeckt, da ich sie doch nicht mit so großen Augen wie er sehen kann« (*IR*, 2.12.1786). Während seines zweiten Romaufenthalts trat Michelangelos Bedeutung für G. hinter die Raffaels zurück.   CA

Mickiewicz, Adam (1798-1855), polnischer Romantiker, Schwiegersohn der berühmten Pianistin Maria ↗Szymanowska, der, von Zelter angemeldet, in der zweiten Augusthälfte 1829 Weimar besuchte und nach einem freundlichen Empfang am 19. August häufig Tischgast bei G.s war. Der Besuch von Mickiewicz war einer der ganz wenigen, oberflächlich bleibenden Anknüpfungspunkte G.s an die zeitgenössische polnische Literatur, mit der er praktisch nicht vertraut war.   BJ

Mieding, Johann Martin (1725-1782), Hoftischler in Weimar, der u. a. Mobiliar für G.s Gartenhaus schreinerte und eine Schreibkommode, die G. Charlotte von Stein 1779 zu ihrem Namenstag für Schloß Kochberg schenkte. Zugleich war Mieding Theatermeister des ↗Liebhabertheaters. Verantwortlich für Ausstattung, Kulissen und technische Tricks, nannte man ihn scherzhaft-hochachtungsvoll den »Direktor der Natur«: »So zwang er jedes Handwerk, jeden Fleiß,/Des Dichters Welt entstand auf sein Geheiß./ Und, so verdient, gewährt die Muse nur/Den Namen ihm: Direktor der Natur«. G. schätzte ihn wegen seines handwerklich-künstlerischen Geschicks und seiner Charakterfestigkeit. Der Verlust dieses Menschen war für G. Anlaß zu einem mehrseitigen Gedicht *Auf Miedings Tod* (1782). G. setzte Mieding auch in *Faust I* ein Denkmal, wenn er im *Walpurgisnachtstraum* seinen Theatermeister sagen läßt: »Heute ruhen wir einmal,/Miedings wackre Söhne./ Alter Berg und feuchtes Tal,/Das ist die ganze Szene!«   PO

Mignon, Figur in *Wilhelm Meisters Lehrjahre*. Sie gehört, wie der ↗Harfner, in den Umkreis der wandernden Theatergesellschaft Melinas, der ↗Wilhelm sich anschließt; er nimmt sich Mignons schließlich an Vaters Statt an. Mignon fällt auf durch ihr eigentümlich unentschieden-hermaphroditisches Wesen, das sich erst kurz vor ihrem Tod deutlich zum Weiblichen hinneigt. Sie entspringt einer inzestuösen Liebe, deren

Geschichte der Harfner zum Schluß des Romans erzählt. Als kleines Kind in Italien geraubt, spricht sie nur gebrochen deutsch; wie ↗Ottilie verständigt sie sich lieber über ein reichhaltiges Repertoire oft demutsvoller Gesten. Darüber hinaus singt sie: Eins ihrer Lieder gehört zu den berühmtesten Gedichten G.s: »Kennst du das Land wo die Zitronen blühn« – ein Lied über die Sehnsucht nach ihrer Heimat. Wilhelm ist begeistert von ihrem traumhaft sicheren ›Eiertanz‹, den sie ihm in einer Privatvorstellung präsentiert – je näher der Held jedoch mit der ↗Turmgesellschaft in Kontakt gerät, desto weiter entfernt er sich von Mignon. Im Umfeld der heiteren Aufgeklärtheit des Turmes stirbt sie schließlich; sie darf als Allegorie des Poetischen interpretiert werden, das für Wilhelm nun in den Hintergrund gerückt ist, auch als Allegorie des Mythischen, Unaufgeklärten, vielleicht sogar als Bild für Wilhelms Unbewußtes, dessen Wünsche er dem Realitätsprinzip unterordnet.   BJ

Mignon: *Kennst du das Land*, entstanden wohl zwischen November 1782 und November 1783 während der Arbeit am 4. Buch des Romanentwurfs *Wilhelm Meisters Theatralische Sendung*; Erstdruck 1795 in *Wilhelm Meisters Lehrjahre* zu Beginn des 3. Buchs. Das Lied wird von der geheimnisvollen, kindlich-androgynen Figur Mignon gesungen, auf deren Schicksal die Verszeile »Was hat man dir, du armes Kind, getan?« anspielt. Italiensehnsucht ist ein alter Topos des Nordens, der auch für G.s Leben und Werk bedeutend war und den er noch vor dem eigenen Italienaufenthalt 1786–88 in diesem Lied so überzeugend gestaltete, daß es bald populär wurde.

G. nahm es als eigenständiges Gedicht mit dem Titel *Mignon* 1815 in die *Werke* auf, getrennt von der ebenfalls dort publizierten Gedichtgruppe *Aus Wilhelm Meister*. Mit Zitrone, Orange, Myrte und Lorbeer verwendet G. traditionelle Versatzstücke südlicher Landschaft, die so allgemein sind, daß sie Raum für die Phantasie des Lesers lassen. Für Kenner erweitert sich der Anspielungsreichtum durch den Bezug der Myrte zu Venus und des Lorbeers zu Apoll, womit die klassische Verbindung von Liebe und Kunst hergestellt wird. Auch die zweite Strophe zitiert mit wenigen Signalen, mit Säulen und Marmorbildern, den kulturellen Code der antiken Kunst. »Haus« ist wohl ein Hinweis auf den italienischen Renaissance-Baumeister Palladio, dessen klassizistische Architektur für G. vorbildhaft war. Die dritte Strophe gestaltet das Hindernis der Alpenüberquerung, die im 18. Jh. noch so mühsam und gefährlich war, daß sie im Lied durch die Gefahr von Drachen mythisiert werden kann. So

bekommt der Sehnsuchtsort die Aura einer märchenhaften Verheißung. Die dreimalige Variation der Frage »Kennst du« und des Refrains »Dahin! Dahin …« gibt dem Lied einen appellativen, volkstümlichen Charakter, der über den mit »Geliebter«, »Beschützer« und »Vater« angeredeten Adressaten Wilhelm Meister hinausgeht und den Leser in die Suggestion einbezieht. So wurde es im 19. Jh. zu *dem* lyrischen Ausdruck der Italiensehnsucht des deutschen Bürgertums.   IW

Mikrokosmos s. **Makrokosmos**

Mikroskop s. **Fernglas**

Milton, John (1608–1674), englischer Dichter, bekannt vor allem durch sein christliches Epos *Paradise Lost* (1667/1674). G. setzte sich in verschiedenen Phasen seines Lebens mit den Werken des englischen Puritaners auseinander. *Paradise Lost* gibt ihm 1799 Anlaß zu »wunderbaren Betrachtungen« (an Schiller, 31.7.1799) über Willensfreiheit und die Natur des Menschen. Wenn G. auch den Gegenstand des Epos als »abscheulich, […] innerlich wurmstichig und hohl« (ebd.) empfindet, hält er dessen Autor doch für eine interessante Persönlichkeit. In seinem eigenen Versepos *Der ewige Jude* parodiert G. den Stil der religiösen Epen Miltons und Klopstocks. Einem sehr viel späteren Lebensabschnitt ist G.s wiederholte Lektüre von Miltons Stück *Samson Agonistes* (1671) zuzurechnen: Unter anderem las er das Stück am 20. und 24.11.1830 mit Ottilie.   JAS

Mime, mimisch. In dem 1797 mit Schiller verfaßten Aufsatz *Über epische und dramatische Dichtung* beschreibt G. den Unterschied der Gattungen anhand ihrer Produzenten, Rhapsode und Mime. Während der Rhapsode hinter seinem Text unsichtbar wird, nur noch hörbar das Publikum zum Nachdenken bringt, stellt sich der Mime als Individuum dar, das durch seine sinnliche Gegenwart wirkt und mit seiner Phantasie die des Zuschauers einnimmt. Später, in *Wilhelm Meisters Wanderjahren*, konfrontiert G. die »mimische Naturgabe« mit der strengen Kunstauffassung der pädagogischen Provinz. Theater ist nun im Gegensatz zur Musik oder bildenden Kunst eine parasitäre Gattung, die in ihrer Unentschiedenheit zwischen Kunst, Handwerk und Liebhaberei immer dazu neigt, das Ziel, das »Wahre und Naturgemäße«, zu verpassen. Das Mimische ist die »unwiderstehliche Lust des Nachäffens«, schöpft also nicht aus sich selber und hat einen bösen Hang, unwahre Gefühle zu heucheln.   NH

Mineralien-Sammlung s. **Sammlungen**

Mineralogie, Interessen-, Forschungs- und Sammelgebiet des Naturwissenschaftlers G. Gesteins- und Mineralienkunde gehörten einerseits ins Umfeld der Bemühungen G.s um den Ilmenauer ↗Bergbau, andererseits aber auch in den Kontext der Theorien über die Entstehung der Erdrinde (*Über den Granit*). Schon das Tagebuch von der Reise nach Italien berichtet ausführlich von auffälligen Gesteinsarten und Mineralien der durchreisten Gegenden (z.B. *IR*, 7.9. 1786), eine Aufmerksamkeit, die G. sein ganzes Leben lang beibehält. Ohne in die Erforschung der Kristallisation oder Chemie der Mineralien eintauchen zu wollen, begann G. schon 1780 den Aufbau einer großen mineralogischen Sammlung und wurde 1798 Mitglied der Mineralogischen Gesellschaft in Jena. (↗Goethit, ↗Sammlungen). BJ

Ministeramt: Schon bald nach seiner Ankunft in Weimar wurde G. zum Mitglied des ↗Geheimen Consiliums ernannt, des höchsten Beratungsorgans und Kabinetts des Herzogs, in welchem neben dem Herrscher drei Räte Sitz und Stimme hatten. Nach dem Ausscheiden des Rates Schmid im Frühjahr 1776 äußerten sich die andern Räte sehr skeptisch gegenüber Carl Augusts Wunsch, G. ins Geheime Consilium zu berufen; auf Vermittlung Anna Amalias wurde er jedoch am 11.6.1776 zum Geheimen Legationsrat ernannt, am 5.9.1779 zum Geheimen Rat. Folgende Ressorts hatte G. zu leiten: Bergwerkskommission, Kriegskommission, Leitung der Wegebaudirektion, Cameralgeschäfte (ab 1782) und Steuerkommission. Nach der Rückkunft aus Italien war G. von diesen Ämtern befreit, er kümmerte sich lediglich um die Universität Jena und leitete die Kommission zum Wiederaufbau des Schlosses. Am 12.12.1815 gründete Carl August wegen der besonderen Verdienste ein eigenes Staatsministerium für G., die Oberaufsicht über die unmittelbaren Anstalten für Wissenschaft und Kunst in Weimar und Jena, eine kleine Behörde, der G. bis zu seinem Lebensende vorstand. BJ

Mir schlug das Herz s. **Willkommen und Abschied**

Misel, miseln: Im frühen Briefwechsel mit Charlotte von Stein des öfteren verwendet. Etwa mit »hübsches Mädchen« (»Mäuschen«), »schön tun«, »anbaggern« zu übersetzen. BL

Mitschuldigen, Die: Lustspiel des jungen G., entstanden 1769 in einer einaktigen Erstfassung, der gleich darauf die Überarbeitung in ein Lustspiel in drei Akten folgte. In dieser Fassung mit einem neugeschaffenen 1. Akt, der den Figuren Vorgeschichte und plausiblere Motivationen ihrer Handlungen gibt, spielte G. bei der Uraufführung am 28.11.1776 im ↗Liebhabertheater in Weimar den Alcest.

Söller, der Mann von Sophie, der Tochter des Wirts, stiehlt nachts Alcest, Gast im Wirtshaus und Verehrer Sophies, Geld aus einer Kassette. Als der Wirt in demselben Zimmer herumspioniert, um einen Brief, den Alceste erhalten hat, zu finden, versteckt Söller sich in einem Wandbett. Der Wirt wird vertrieben von Damenschritten, auch Sophie findet sich in dem Zimmer ein. Der verborgene Söller wird Zeuge einer Unterredung zwischen Sophie und Alceste. Bevor Sophie Alceste verläßt, entdeckt sie eine Spur des väterlichen Besuchs. Am nächsten Morgen wird der Diebstahl entdeckt. Nur mit größter Mühe können die Mitschuldigen die Geschehnisse klären, sie verstricken sich in einem Netz von Heimlichkeiten, Unwahrheiten, Verdächtigungen, bis die Wahrheit aufgedeckt wird.

G. verarbeitete Eindrücke seiner Jugendzeit in Frankfurt, verweist auf den »düsteren Familiengrund hinter »der Oberfläche städtischen Daseins« (*DuW*, 7. Buch). Er zeigt dies als Farce im kleinbürgerlichen Milieu, zitiert klassische Mittel der Komödie, inspiriert u.a. von seinen Molièrestudien: das nächtliche Versteckspiel, die Verdächtigungen und Verwechslungen bei der Suche nach dem Täter, die typisierte, aber gleichrangige Figurenzeichnung. Mit gereimten Alexandrinerversen schafft G. einen gemeinsamen sprachlichen Rhythmus, der einen witzigen Kontrast zu der abgrundtiefen Fremdheit der Figuren bildet und so mit großer Leichtigkeit Kunst und Komik verbindet. Die gereimten Alexandrinerverse geben eine strenge Form, die zu den komischen Verwicklungen einen spannungsvollen Kontrast bilden und der die sich fremden Figuren im Versmaß verbindet. WM

Mittelalter: Daß G. dem Mittelalter skeptisch bzw. ablehnend gegenübergestanden hat, ist fast ein Gemeinplatz der landläufigen G.-Wahrnehmung. Aber obwohl er natürlich der ↗Antike und der ↗Renaissance in seinen historischen und ästhetischen Vorstellungen einen viel höheren Stellenwert einräumte, darf sein Verhältnis zum Mittelalter nicht so einseitig oder ausschließlich gesehen werden. Bekanntschaft mit dem Mittelalter machte G. schon als Kind in doppelter Hinsicht: Frankfurt am Main war Mitte des 18. Jh.s eine noch mittelalterlich anmutende Stadt, die ersten Bücher von *Dichtung und Wahrheit* schildern die Pflege der Traditionen von Ständen und Zünften in der Kaiserkrönungsstadt sowie die uralte Bebauung innerhalb des doppelten Stadtmauerrings; die beim Straßenhändler zu erwerbenden Volksbücher von Fortunatus, Melusine und Faust lasen G. und seine Schwester als »schätzbare Überreste der Mittelzeit« (*DuW*, 1.Buch). G.s Mittelalterverständnis schloß also einen größeren Teil der frühen Neuzeit einschließlich der Reformationszeit mit ein.

Der Straßburger Aufenthalt und v. a. der intensive Kontakt zu ↗Herder vertiefte G.s Verständnis der ›dunklen, mittleren Zeiten‹. Die Begeisterung, die er angesichts des Straßburger Münsters für mittelalterliche Architektur empfand, schlug sich in dem Aufsatz *Von deutscher Baukunst* (1772) nieder – wenngleich er sich weniger historisch mit der ↗Gotik befaßt als vielmehr das Programm eines genialen Künstlers formuliert. G.s Referendariat am Reichskammergericht in Wetzlar verwies ihn auf die mittelalterlichen Wurzeln dieser Institution (*DuW*, 12.Buch), mit den Stoffen des *Götz von Berlichingen* (1773) und des *Faust* (1774/75) griff G. unmittelbar auf spätmittelalterliche Gegenstände zurück.

Während der ersten Jahrzehnts in Weimar, v. a. aber während und nach der Italienreise kehrte G. sich relativ stark vom Mittelalter ab, doch schon mitten in die Zeit klassizistischer Kunstprogrammatik, gemeinsam mit Schiller und Meyer betrieben, fiel die erneute Arbeit am *Faust*, darüber hinaus die Vers-Bearbeitung des spätmittelalterlichen Stoffes *Reineke Fuchs*. Die Hinwendung der Frühromantik zum Mittelalter hat G. kritisch und z.T. ablehnend begleitet, gleichwohl ließ er sich zu einem verstärkten Interesse an mittelalterlicher Kunst und Literatur hinreißen. Im ersten Jahrzehnt des 19.Jh.s las er Lyrik und Epik des Mittelalters, namentlich das *Nibelungenlied* hatte es ihm angetan. Die Sammlungen mittelalterlicher Meister durch die Gebrüder ↗Boisserée und die Bemühungen um den Weiterbau des ↗Kölner Doms verfolgte und unterstützte G. mit großem Interesse; der Höhepunkt seiner Zuwendung zum Mittelalter war ohne Zweifel die Beschäftigung mit Kunst und Literatur des orientalischen Mittelalters im Zusammenhang mit dem *West-östlichen Divan*. Trotz dieser Hinwendung aber blieb G. auf Distanz zu aller Mittelaltertümelei, mit der er die romantische Kunst und Literatur identifizierte. Die Zusammenführung seines eigenen mittelalterlich-romantischen Helden Faust mit der antik-klassischen Helena im 3. Akt des *Faust II* aber darf auch als Versuch gewertet werden, zwischen Antike und Mit-

telalter, ↗Klassik und ↗Romantik wenigstens im Kunstwerk die Versöhnung zu stiften.   BJ

Mittler: Figur aus den *Wahlverwandtschaften*, ehemaliger Pastor, der nach einem ansehnlichen Lotteriegewinn ein Landgut gekauft hat und nun von dessen Pachterträgen lebt. Ihm eilt der Ruf eines Ratgebers in allen Lebenslagen voraus, eine Aufgabe, der er sich »rastlos« und mit Hingabe widmet: »Haltet mich nicht auf! Ich habe heute noch viel zu tun«. Er will »in keinem Haus verweilen, wo nichts zu schlichten und nichts zu helfen wäre«. Das Unglück seiner Mitwelt zieht ihn, den allzeit moralisch Überlegenen, magisch an. Als ↗Charlotte und ↗Eduard zum ersten Mal über ihre Gefühle zum ↗Hauptmann und zu ↗Ottilie sprechen, ist er ungerufen schon zur Stelle, wie die Allegorie des Verhängnisses, seinen Namen Lügen strafend, eine von G. leitmotivisch in die Romanhandlung eingefügte Doppeldeutigkeit. Eduard, noch leicht scherzend zum Diener, der Mittler ankündigt: »Sag ihm, es tue not, sehr not«. Lautstark über Gott und die Welt schwadronierend, tritt er immer wieder an entscheidenden Wendemarken der Handlung auf. Zuletzt (II.18) wird die seit Tagen immer schwächer werdende Ottilie unfreiwillig Ohrenzeugin seiner moralisierenden Auslassungen über das sechste Gebot, »Du sollst nicht ehebrechen«, bricht nach diesem Verdammungsurteil durch die hohe, selbstgerechte Theologie endgültig zusammen und stirbt wenig später, umgeben von aufgeregten Zeugen ihres Todeskampfes.   BJ

Mittwochsgesellschaft: ein von G. mittwochs »von 10 bis 1« einberufenes Treffen, das sich in seinem Haus am Frauenplan ab Herbst 1805 aus den Besuchen Herzogin Louises ergeben hatte, die ihn in der Begleitung einiger Damen zu »lehrreichen und unterhaltenden« Vorträgen (Luise von ↗Göchhausen) über naturwissenschaftliche, später literarhistorische Gegenstände aufsuchte. Bis nach 1820 nahmen an der Runde wechselnd auch Charlotte von Stein, Carl von Knebel oder Christoph Martin Wieland teil. 1806 drehten sich G.s Vorträge um den Galvanismus und die Farbphysik, die er mit praktischen Vorführungen verband, 1807 ging es um Geognostik. In den literarhistorischen Vorträgen beschäftigte er sich ab 1809 mit der »nordischen und romantischen Vorzeit«, etwa mit dem *Nibelungenlied*, über das er in den *Tag- und Jahresheften* zu 1809 schreibt: »unmittelbar ergriff ich das Original und arbeitete mich bald dermaßen hinein, daß ich, den Text vor mir habend, Zeile für Zeile eine verständliche Übersetzung vorlesen konnte«. Auf diese Weise eignete man sich auch Gottfried von Straßburgs Versepos *Tristan und Isolde* an und kam ins Gespräch über wechselnde Gegenstände der nordischen Sagen. Über den konkreten Verlauf und das Ende dieser anregenden Treffen herrscht bislang noch Unklarheit, wie man insgesamt über das Wirken der vielen Weimarer Zirkel noch relativ wenig weiß. GBS

Mittwochskränzchen. »Goethe hat eine Anzahl harmonierender Freunde zu einem Klub oder Kränzchen vereinigt, das alle vierzehn Tage zusammenkommt und soupiert. Es geht recht vergnügt dabei zu, [...] es wird fleißig gesungen und pokuliert«, so beschreibt Friedrich Schiller die Weimarer Zusammenkünfte von sieben Paaren, die nach dem *cour d'amour* der Minnesänger gestaltet waren. Die hier gebildeten Paare sollten sich erst nach festgesetzter Zeit trennen dürfen. Politische und andere harmoniegefährdende Themen waren verboten, das Mitbringen eines allen Mitgliedern angenehmen Gastes erlaubt. G. schrieb für die Gesellschaft mehrere Lieder, die er mit anderen im *Taschenbuch auf das Jahr 1804* veröffentlichte. Die Treffen des Mittwochskränzchen begannen im Oktober 1801 und zerbrachen im März 1802 an einer Intrige des von G. abgewiesenen August von Kotzebue und, nach Darstellung Henriette von ↗Egloffsteins in ihren *Erinnerungen*, an G.s »Steifigkeit und Pedanterie«, mit der er die Einhaltung der Statuten überwachte. AvG

Mode: Der Begriff bezieht sich im 18. Jh. auf Kleidung und Etikette. Christian Garve verfaßt 1792 eine Theorie der Mode (*Versuche über verschiedene Gegenstände aus der Moral, der Literatur und dem gesellschaftlichen Leben*): Mode gehe von einer gesellschaftlich führenden Schicht aus und werde von den unteren Ständen nachgeahmt, was wiederum dazu führe, daß die oberen Schichten sich durch Kleidung und Verhalten zu distanzieren suchen. G. erweitert den Begriff insofern, als er darunter Neuheiten auf allen Gebieten versteht.

G.s Verhältnis zur Kleider-Mode scheint, obwohl er mit seiner Beschreibung der Kleidung Werthers (↗Werthertracht) zum Trendsetter einer ganzen Generation werden sollte, gespalten. Als Student in Leipzig von den Damen wegen seiner eher nach bürgerlichen, auf »Zeitlosigkeit« abzielenden als nach modischen Kriterien gewählten Kleidung getadelt (*DuW*, 6. Buch), tauscht er sie »auf einmal« gegen eine »neumodischere«. In einem Brief aus der Schweiz vom 25. Oktober 1797 beschreibt er Christiane überschwenglich ein Kleid, das er »nach der neuesten Mode« für sie

hat schneidern lassen. Für ältere Herren scheint ihm modische Kleidung (wie modische Denkweise) nicht schicklich (*MuR*).

Im Didaktischen Teil der *Farbenlehre* (§ 609; 845) unterscheidet G. die »Modefarben« von den »ganzen Farben«. Mode scheint der Natur zu widersprechen: »Mögen bunte Phantasien/Für des Tages Mode blühen/[...] Wie Natur sich nie gestaltet« heißt es in *Faust II* (v. 5144–5147), und ein Mensch, der sich der »veränderlichen modischen Art gleichstellt«, kann niemals ein »gefühlvoller Künstler« werden (*Aus Goethes Brieftasche*, 1776). Wissenschaftler dürfen sich in ihrer Forschung »ja nicht [...] durch Mode hinreißen« lassen (Notiz vom 5.3.1831, abgedruckt in *Über Naturwissenschaft im Allgemeinen*). AvG

Moderne ist heute ein vager Epochenbegriff, der im Sinne von Jürgen Habermas das schon in der Aufklärung konzipierte ›Projekt‹ einer – vor allem in der gesellschaftlichen Organisation menschlichen Zusammenlebens wirksam werdenden – fortschreitenden Vernunft umschließt, ein optimistisches geschichtsphilosophisches Modell, das spätestens durch die Erfahrung der totalitären Systeme des 20. Jh.s höchst problematisch wurde. In diesem Sinne, als Epochenbegriff in etwa synonym zu ›Neuzeit‹, wurde der Begriff in der G.-Zeit nicht benutzt.

Gleichwohl durchzieht die Bestimmung des Modernen v.a. die ästhetischen Diskussionen des 18. Jh.s. In dem zunächst in Frankreich stattfindenden Streit um die Bestimmung der eigenen Gegenwart, ihrer Philosophie, Wissenschaft und Kunst, im Verhältnis zur ↗Antike, der ↗»Querelle des Anciens et des Modernes«, vertraten die »Modernes« die Position, die Menschheit sei jetzt, mit der Aufklärung, in ihre Reife eingetreten, die Gegenwart sei der Antike überlegen. Geschichte wurde damit als Fortschreiten begriffen, die eigene Epoche als Zielpunkt dieses Weges. Daß von einer solchen Neubewertung der Antike auch die Vorbildlichkeit antiker Kunst für die der Gegenwart berührt war, liegt auf der Hand. Insofern stehen alle klassizistischen Kunst-Konzepte des 18. Jh.s im Kontext der »Querelle«, sei es nun, daß sie, im Sinne der »Anciens«, die weiterhin gültige Vorbildlichkeit der Antike behaupten (Gottsched), sei es, daß sie ihre Rückbesinnung auf die antike Kunst in einem produktiven Sinne neu bestimmen – wie G. es tat (↗Klassizismus).

Im Sinne der Gegenüberstellung von Antike und Moderne verwendete auch G. das Wort »modern«. In dem kleinen Aufsatz *Antik und modern* reagierte er im Juni 1818 auf die von ↗Schubarth vorgetragene

Kritik an seiner einseitigen Bevorzugung der Antike, indem er die Bedeutung antiker Kunst programmatisch umreißt, die sie für ihn seit der Italienreise hatte. Im zweiten Teil des kleinen Aufsatzes *Shakespeare und kein Ende* (1813), in dem G. Shakespeare mit antiken und modernen Schriftstellern vergleicht, ordnet er den Kategorien »antik« und »modern« weitere Merkmale zu: »Antik, Naiv, Heidnisch, Heldenhaft, Real, Notwendigkeit, Sollen,/Modern, Sentimentalisch, Christlich, Romantisch, Ideal, Freiheit, Wollen«. Damit schließt G. einerseits an Schillers Unterscheidung zwischen naiver und sentimentalischer Dichtung (1795) an, andererseits aber übernimmt er auch die Zuordnung »modern – romantisch« aus August Wilhelm Schlegels *Vorlesungen über dramatische Kunst und Literatur* (1808). Im Gegensatz zu dieser fast noch wertneutralen Gegenüberstellung von Antike und Moderne skizziert der kleine Text *Geistesepochen* von 1817 eine pointiert geschichtspessimistische Perspektive. Der Antike ordnet G. in dem den Aufsatz abschließenden Übersichtsschema die Kategorien ›Poesie, Volksglaube, Tüchtig, Einbildungskraft‹ zu, der Moderne ›Prosa, Auflösung ins Alltägliche, Gemein, Sinnlichkeit‹; abschließend prophezeit er »Vermischung, Widerstreben, Auflösung«. Auffällig ist, daß G., genau wie Hegel in seinen *Vorlesungen über die Ästhetik* (1817/18), der Antike die *Poesie*, der eigenen Gegenwart, der bürgerlichen Gesellschaft des beginnenden 19.Jh.s aber die *Prosa* zuordnet. Während Hegel auf dem Hintergrund seiner Beobachtungen seine ›These vom Ende der Kunst‹ formuliert, beschreitet G. gerade im Felde der literarischen Prosa, der historisch angemessenen Kunstform seiner Gegenwart, ästhetische Wege, die in Darstellungstechnik und Erzählweise Verfahren der literarischen Moderne vorwegnehmen (Montagetechnik in den *Wanderjahren*).

G.s Haltung gegenüber dem, was mit den Begriffen »modern, Moderne« umrissen ist, muß differenziert dargestellt werden. Zunächst arbeitete G. in vielfältiger Weise am ›Projekt der Moderne‹ mit: Der *Götz von Berlichingen* setzte programmatisch die ästhetischen Imperative der »Anciens« außer Kraft, der *Werther* war u.a. Aufklärung über die komplexen Vorgänge in der menschlichen Seele. Vor allem die nachitalienische Periode bis zum Tode Schillers ist von Projekten gekennzeichnet, die sich im weiteren Sinne in den Dienst einer durch fortschreitende Vernunft ermöglichte qualitative Verbesserung gesellschaftlicher Strukturen und Verhältnisse stellen. Die ethische Vorbildlichkeit der humanen Iphigenie gehört hier ebenso hin wie die Konzeption des aufge-

klärten Reformadels in den *Lehrjahren*, v.a. aber die neben Schillers idealistische Konzeption einer *Ästhetischen Erziehung des Menschen in einer Reihe von Briefen* (1795) tretenden kunsterzieherischen Projekte der *Propyläen* und der Weimarischen Preisaufgaben für bildende Künstler, Projekte, die u.a. auch möglicherweise deswegen scheiterten, weil sie den Anforderungen der Moderne mit einer (zwar produktiven) Rückbesinnung auf die Antike antworteten – was nicht falsch gewesen sein muß, aber im Kontext der Frühromantik keine positive Aufnahme fand.

Dem ›Motor‹ des ›Projektes Moderne‹, der fortschreitenden Vernunft, stand G. eher skeptisch, wenn nicht sogar pessimistisch gegenüber. Schon der *Werther* artikulierte den Einspruch gegen die (historisch die Moderne dominierende) Verabsolutierung der Zweckrationalität, *Iphigenie* zeigt ein anschauliches Beispiel für die ›Dialektik der Aufklärung‹, ihren tendenziellen Rückfall in Mythos. In den *Wahlverwandtschaften* liefert G. experimentell das ›Reich der heitern Vernunftfreiheit‹ dem unkontrollierbaren Eindringen des Mythischen aus – mit tödlichen Folgen (↗ Aufklärung).

Die technischen Entwicklungen der Moderne hat G. teils begeistert oder interessiert, teils kritisch distanziert oder mahnend begleitet. Luftfahrt und Eisenbahnen, Kanalbauten und Telegraphie nimmt er mit größtem Interesse zur Kenntnis, gleichzeitig betrachtet er all diese »Fazilitäten der Communication« (an Zelter, 6.6. 1825), die technischen Bedingungen moderner Zeit- und Geschwindigkeitserfahrung, »für das größte Unheil unserer Zeit, die nichts reif werden läßt« (*Wj*, II, »Betrachtungen im Sinne der Wanderer«; ↗ veloziferisch). Die sozialen Konsequenzen der Industrialisierung, die G. zumindest am Beispiel Englands aus Zeitungen und Berichten von Zeitgenossen bekannt gewesen sein dürften, zeichneten sich für ihn im mitteleuropäischen Raum noch nicht deutlich ab; allerdings sieht die Textil-Verlegerin Susanne-Nachodine in *Lenardos Tagebuch* (*Wj*, III) immerhin das ›heraufziehende ↗ Maschinenwesen‹ als Bedrohung der traditionell handwerklichen Gewerbestrukturen: Es werde eine große Menge Menschen in Armut und Elend stürzen. Die Konsequenzen industrieller Fertigung für den einzelnen Arbeiter konnte G. noch nicht abschätzen. Industrialisierung als zweckrationale Naturbeherrschung wird im Schlußakt von *Faust II* im Zusammenhang mit dem Mord an ↗ Philemon und Baucis als Gewaltakt gebrandmarkt – eine kritische Perspektive auf den aufgeklärt-wissenschaftlichen Umgang mit Natur, die auch G.s Kritik moderner

Naturwissenschaft und die eigene Konzeption von Naturerkenntnis entscheidend beeinflußte. Kritik der Moderne nicht als konservative Mäkelei eines alten Mannes, sondern bedenkenswerte Einsprüche gegen die Absolutsetzung der Rationalität in der Moderne – die der Kulturkritik des späten 19. und 20. Jh.s vielfache Anschlußmöglichkeiten bot (Nietzsche, Adorno u.a.m.). BJ

Mögliches, als Synonym für Fiktionales in Literatur und Kunst. So heißt es etwa in den *Maximen und Reflexionen* aus dem Nachlaß: »Roman: der uns mögliche Begebenheiten unter unmöglichen Bedingungen als wirklich darstellt«. BJ

Mohammed (ca. 570–632), sah sich etwa um 610 durch Visionen zum Propheten Allahs berufen. Mit der Übersiedlung (Hedschra) nach Medina 622 beginnt die islamische Zeitrechnung. 630 errang Mohammed endgültig einen Sieg im Krieg gegen Mekka, wodurch dieses religiöser und politischer Mittelpunkt wurde. G.s Interesse an Mohammed ist bereits 1771/72 dokumentiert, vor allem auf dessen Wirkungsweise und Stellung innerhalb eines Volkes liegt sein Augenmerk. Einflüsse seiner Beschäftigung mit Mohammed zeigen sich in der Dichtung *Mahomets Gesang*, im *West-östlichen Divan*, in dem Fragment gebliebenen Drama *Mahomet* (1772) und auch in *Dichtung und Wahrheit*. 1799 übersetzte er Voltaires *Mahomet*-Tragödie. In vielen Skizzen und Schriften zeigt sich deutlich, daß G. in den verschiedensten Abschnitten seines Lebens vom Wesen und Wirken dieses religiösen Lehrers fasziniert war. BB

Molière, d. i. Jean Baptiste Poquelin (1622–1673), französischer Komödiendichter und populärster Autor der französischen Klassik. Gegenüber Eckermann äußerte G. seine große Bewunderung für das dichterische Vorbild Molière: »Ich kenne und liebe Molière […] seit meiner Jugend und habe während meines ganzen Lebens von ihm gelernt. Ich unterlasse nicht, jährlich von ihm einige Stücke zu lesen, um mich immer im Verkehr des Vortrefflichen zu erhalten« (28.3.1827). Neben Molières dichterischer Begabung scheint G. auch dessen Persönlichkeit fasziniert zu haben: »Was ist doch Molière für ein großer, reiner Mensch!« (zu Eckermann, 29.1.1826). In G.s Augen grenzen Molières Stücke, insbesondere dessen *Geiziger*, den G. ins Deutsche übersetzt hatte, »ans Tragische«. Molières *Tartuffe* bezeichnete G. als »großes Muster« für ein im äußersten Sinne theatralisches Stück. Die Exposition des *Tartuffe* hielt er für »das

Größte und Beste, was in dieser Art vorhanden« sei (zu Eckermann, 26.7.1826). Wie sehr G. Molières Werke schätzte, zeigt die Tatsache, daß er sich bei ihm immer wieder Anregungen holte: so bei dessen *Sganarelle* für seine Komödie *Die Mitschuldigen*. HM

Molltonart. Mit der Frage: »Woher kommt wohl die so allgemeine Tendenz nach den Molltönen, die man sogar bis in die Polonaise spürt?«, die G. am 20. April 1808 Carl Friedrich Zelter vorlegte, entspann sich eine viele Jahre anhaltende Diskussion zur Wirkung von Dur und Moll in der Musik, die Zelter im Verlauf nur unzulänglich beantworten konnte. Die Antwort, die er dem Freund geben konnte, daß sich die Molltonart von der Durtonart »durch die kleine Terz« unterscheide und diese »kleine Terz kein unmittelbares donum der Natur, sondern ein Werk neuerer Kunst« sei, war verständlicherweise für G. keine befriedigende Antwort, so daß die Debatte ihre konkrete Fortsetzung fand in dem Versuch einer allgemeinen »Tonlehre«, in der es darum ging, dem Phänomen des Klanges naturwissenschaftlich exakt nachzugehen. GBS

Monade: Eine dynamisch ausgerichtete, wenngleich in sich abgeschlossene Einheit, deren Form »als innerlich Grenzenloses, als äußerlich Begrenztes« (*MuR*) der Zielpunkt ihrer Bewegung schon eingeschrieben ist (Präformation). Die innewohnende Kraft, seit Aristoteles ↗ Entelechie oder Energie genannt, sorgt dabei für die Entwicklung der Monade, ihre Metamorphose. Nach G.s – von Giordano Bruno, Leibniz und Schelling mitgeprägter – Vorstellung eignete sowohl dem einzelnen Lebewesen als auch dem Weltganzen als Monaden eine sinnvolle Bestimmung, womit er sich gegen eine im Zuge der Aufklärung aufgekommene rationalistisch-mechanische Auffassung absetzte. DF

Mönchs- und Pfaffenwesen, von G. »Mönch- und Pfafftum« genannt und als »rohes, geschmackloses, geistverderbliches Fratzenwesen« beschrieben, das »in Deutschland an manchen Orten« getrieben wurde und »jede Art von Bildung« hinderte und zerstörte (*DuW*, 13. Buch). Der Bruder Martin wird im *Götz* noch einigermaßen sympathisch vorgeführt (trägt er doch Züge Luthers), ansonsten – im *Reineke Fuchs*, im *Faust*, in den *Zahmen Xenien* – hat G. für Mönche und Pfaffen – dies bereits seinerzeit eine abfällige Bezeichnung für Geistliche – als Stellvertreter eines pervertierten Katholizismus kaum mehr als Spott und Verachtung übrig. Immerhin muß er die

»Pfaffenlist« konstatieren (*Des Epimenides Erwachen*, v. 221) und sogar die »Klugheit« der Jesuiten bewundern (*IR*, 3. 9. 1786).   DF

Mond s. **An den Mond, Um Mitternacht**

Monolog. An Charakter und Funktion der »Alleinrede« einer Bühnenfigur läßt sich die Entwicklung von G.s dramatischem Werk gut ablesen. In *Götz von Berlichingen* und *Egmont* gibt es die kurze Ankündigung des nächsten Vorhabens, womit Einzelszenen zu Handlung verknüpft werden, es gibt aber auch die ausführlichen »Herzensergießungen« zur Steigerung des emotionalen Zustandes. In *Stella* findet sich der Selbsterforschungs-Monolog in empfindsamer Ausprägung wieder, zielt aber wie in *Clavigo* stärker auf innere Widersprüche, die eine Wende der Handlung vorbereiten. In *Iphigenie* und *Tasso* sind die Monologe viel ausgeprägter der Ort poetischer und dramaturgischer Verdichtung. Sie funktionieren innerhalb des fünfaktigen Prozesses als Scharniere, an denen nicht nur eine Figur, sondern das ganze Stück sich auf einen Gedanken konzentriert. Die *Faust*-Dramen sind dagegen viel freier strukturiert, so daß von Monologen im engeren Sinne nicht mehr gesprochen werden kann. Die Differenz von Handlung und Reflexion hat sich weitgehend aufgelöst.   NH

Monotheismus, der im Christentum wie im Islam herrschende »Glaube an den einigen Gott«, in den *Noten und Abhandlungen* anläßlich Mahmuds von Gasna im Gegensatz zu indischer, griechischer oder römischer »Vielgötterei« als geisteserhebend und überlebensfähiger eingeschätzt, wenngleich als Fundus poetischer Motive weniger tauglich (*DuW*, 15. Buch).   DF

Montecatino, Antonio, Staatssekretär des Herzogs von Ferrara, prosaischer Gegenspieler Torquato ↗ Tassos. Obwohl er als erfolgreicher Politiker die Konkurrenz des Dichters nicht zu fürchten hat, eröffnet er einen Streit, der beinahe im Duell endet. Später nennt er Eleonore ↗ Sanvitale die Gründe: »Der Lorbeer ist es und die Gunst der Frauen«. Seine Scharfzüngigkeit, und daß er Tasso in der letzten Szene die Hand bietet, machen ihn auf der Bühne höchst wirkungsvoll.   NH

Moors, Friedrich Maximilian (1747-1782), Jugendfreund G.s, später Rechtsanwalt in Frankfurt. Als Moors zum Studium nach Göttingen geht, verfaßt G. für dessen Stammbuch das Gedicht *Dieses ist das Bild der Welt* (1765) - eine Satire auf die »Welt,/die

man für die beste hält«, aber eigentlich ist sie »Mördergrube«, »Burschen Stube«, »Opernhaus« und »Magisterschmaus«. Fazit: »Fast, wie abgesetztes Geld,/ Sieht sie aus die beste Welt«.   PO

Moors, Wilhelm Karl Ludwig (1749-1806): Er und sein Bruder Friedrich Maximilian Moors gehörten zu G.s Jugendfreunden (↗ Horn, ↗ Riese). Moors war später in Frankfurt Stadt- und Gerichtsschreiber, ab 1802 Stadtschultheiß.   PO

Morgenblatt für gebildete Stände: 1807 als literarische Tageszeitung des Cotta-Verlags in Tübingen gegründet, 1810 nach Stuttgart verlegt; 1819-1849 erschien als Beilage eine »Übersicht der neuesten Literatur« - u. a. in der Funktion, die literarischen Veröffentlichungen des Cotta-Verlags in der Öffentlichkeit zu stützen. G. war ein eifriger Leser des *Morgenblatts*, was für seinen Informationswert spricht. Dennoch fühlte sich G. nicht gut behandelt, insbesondere als zwei Scharfmacher, Amandus Gottfried Müllner, selbst Theaterautor, und Wolfgang Menzel, Kritikerpapst, ab 1830 die Redaktion übernahmen. Beide sparten nicht mit teils bissiger Kritik an G., die so weit ging, daß der Weimarer Carl August Böttiger, G. keineswegs gewogen, den Amandus Müllner als »Weißenfelser Stachelschwein« bezeichnete. Menzel, Gegner G.s, Befürworter Schillers, Jean Pauls und der schwäbischen Romantiker, sparte in seiner Literaturgeschichte von 1828 nicht an Ausfällen gegenüber G. und Heinrich Heine, in den dreißiger Jahren tat er sich als denunziatorischer Kritiker des ↗ Jungen Deutschland hervor. Kein Wunder, daß G. kaum zum *Morgenblatt* beigetragen hat. Aus der Verlagssicht diente es als Anzeigenorgan für seine Buchpublikationen bei Cotta. G. beklagt sich aber heftig, als einer der großen Autoren des Verlags, über die verlegerische, ihn verletzende Doppelstrategie Friedrich Georg Cottas: »Ich müßte nur erst völlig vergessen, daß das Morgenblatt lange zu meinem Schaden und Verdruß wirkte und wohl das einzige Beispiel gab, daß ein Verleger seinen eigenen Verlag diskreditiert« (15. 9. 1826, an Sulpiz Boisserée).   BL

Moritz, Karl Philipp (1756-1793), Schriftsteller und Ästhetiker; im Herbst 1776 traf »Moritz der Fußreiser« (G. an das Ehepaar Herder, 13. 12. 1786) in Rom ein, machte die Bekanntschaft G.s, brach sich jedoch schon kurz darauf den Arm, »indem sein Pferd auf dem glatten römischen Pflaster ausglitschte« (*IR*, 8. 12. 1786). G. wurde sein Krankenpfleger und hörte Moritz' schwere Lebensgeschichte an: »Täglich hat er mich mehr als einmal besucht, und mehrere Nächte bei mir gewacht; um alle Kleinigkeiten die zu meiner Hülfe und Erleichtrung dienen konnten, ist er unaufhörlich besorgt gewesen, und hat alles hervorgesucht, was nur irgend dazu abzwecken konnte, mich bei guten Muthe zu erhalten« (Moritz an J. H. Campe, 20. 1. 1787). Er war »über Goethes Humanität panegyrisch entzückt« (Schiller an Körner, 12. 12. 1788); ihr freundschaftliches Verhältnis vertiefte sich und er, der »wie ein jüngerer Bruder von mir ist« (G. an Charlotte von Stein, 13. 12. 1786) regte G. zur Verfassung der *Iphigenie* an: »›Iphigenia‹ in Jamben zu übersetzen, hätte ich nie gewagt, wäre mir in Moritzens ›Prosodie‹ nicht ein Leitstern erschienen« (*IR*, 10. 1. 1787). Das Kernstück des von Moritz neben dem *Versuch einer deutschen Prosodie* damals verfaßten Werkes *Über die bildende Nachahmung des Schönen* nahm G. später in seine *Italienische Reise* auf. Nach seiner Rückkehr aus Italien lebte Moritz 1788/89 bei G. in Weimar, ehe er an der Akademie der bildenden Künste in Berlin Professor für Altertumskunde wurde. AR

Morphologie, gr. Gestaltkunde in Botanik und Zoologie, ein Begriff, der von G. in die Wissenschaftssprache eingeführt wurde. G. liefert selber, in seinen *Vorarbeiten zu einer Physiologie der Pflanzen*, eine Definition der Morphologie: »Lehre von der Gestalt, der Bildung und Umbildung der organischen Körper«, fügt also der bloßen Lehre von der körperlichen Gestalt das Moment der Entwicklung, der Ausbildung dieser Körper hinzu. G.s Untersuchungen zur Morphologie führten, nach den botanischen Vorstudien seit Mitte der 1780er Jahre zur Annahme einer ↗Urpflanze, in den 1790er Jahre, gewann die ↗Metamorphosen-Idee, die alle Pflanzenorgane als Ableitung des Blattes verstand, an Gestalt. Ebenfalls in dieser Zeit entwickelte G. auch die Vorstellung eines »Urtiers«, dem Blatt analog erscheint hier der Wirbel als Ausgangsorgan der Metamorphose – das »Ur«-Konzept wurde allerdings später von dem des morphologischen bzw. osteologischen ↗Typus ersetzt. BJ

Moser, Friedrich Carl von (1723–1798), seit 1772 hessen-darmstädtischer Kanzler, später Minister, 1780 gestürzt; gegen das Gerücht, daß er von Carl August als Kanzler nach Weimar geholt werden sollte, hat Moser sich strengstens verwahrt. G. würdigt den Frankfurter Politiker im 2. Buch von *Dichtung und Wahrheit* als »Staats- und Geschäftsmann« und zugleich als »Mensch und Bürger«, dessen christlich-staatstheoretische Bücher ebenso in der Bibliothek

von G.s Vaters standen wie das an Klopstock orientierte Epos *Daniel in der Löwengrube* (1763). BJ

Möser, Justus (1720–1794), Philosoph, Publizist, Staatsmann und Historiker in Diensten des Fürstentums Osnabrück. In seinen meist in der selbstbetriebenen Zeitschrift *Osnabrückische Intelligenzblätter* erschienenen Aufsätzen vermischt Möser einen gemilderten Rationalismus der Aufklärung mit volkstümlichen Elementen. Seine Tochter Jenny von Voigts gab im April 1774 eine Auswahl unter dem Titel *Patriotische Phantasien* heraus, die beim ersten Treffen G.s mit dem Herzog Carl August im Dezember 1774 Gesprächsthema waren und großen Einfluß auf G.s politische Anschauungen gewannen. Im 13. und 15. Buch von *Dichtung und Wahrheit* würdigt G. den lebenslang geschätzten Möser, neben den *Phantasien* ebenso die Schrift *Über die deutsche Sprache und Litteratur* (1781), die deutlich Position bezog gegen die Polemik Friedrichs des Großen gegen die deutschsprachige Literatur. BJ

Moses. Als Kind liest G. die Bücher Moses, der die Israeliten nach langer Wüstenwanderung von Ägypten ins verheißene »Gelobte Land« geführt haben soll. In den *Noten und Abhandlungen* zum *Divan* weist G. nach, daß dies nicht vierzig, sondern nur knapp zwei Jahre gedauert habe – Moses also nicht als erfolgloser Heerführer, sondern als »Mann der Tat«. Dazu G.: »Die Persönlichkeit ist's, von der in solchen Fällen alles abhängt«. Und: »Kein Schade geschieht den heiligen Schriften, […] wenn wir sie mit kritischem Sinne behandeln […]. Der […] eigentliche Ur- und Grundwert geht nur desto lebhafter und reiner hervor«. PO

Mozart, Wolfgang Amadeus (1756–1791): Der Besuch des Frankfurter Konzertes der Mozartkinder »Nannerl« und Wolfgang am 18. 8. 1763, das wegen der anhaltenden Begeisterung dreimal wiederholt werden mußte, gehört zu den prägenden Ereignissen in G.s Leben. Seither bildete sich in ihm die Vorstellung vom Leitbild eines Genies heraus, das seine eigenen musikalischen Wertvorstellungen mitbestimmte, obwohl es zu keiner weiteren persönlichen Begegnung mehr kam. Er zählte Mozart neben Raffael und William Shakespeare zu den »drei Edlen« und »Unvergänglichen« (Eckermann, 11. März 1832). »Allen Werken« dieses Meisters sprach er eine »zeugende Kraft« zu, »die von Geschlecht zu Geschlecht fortwirkt« (Eckermann, 11. März 1828).

In diesem Sinne hatte G. alles ihm Mögliche unternommen, um das Weimarer ↗Hoftheater zu einer Bühne zu machen, auf der Mozarts Werke eine besondere Präsenz erhielten und mit 280 Aufführungen während seiner Direktion (bis 1817) sogar zu den Hauptsäulen des Repertoires gehörten. Das Singspiel *Die Entführung aus dem Serail*, das 1785 durch die Theatertruppe des Joseph ↗Bellomo aufgeführt wurde und große Begeisterung auslöste, wurde 49 mal wiederholt. Das *Dramma Giocoso: Don Giovanni*, das er für eine »geistige Schöpfung« hielt, die vom »dämonischen Geist seines Genies [...] geboren« war, erlebte 68, *Così fan tutte* 8 Wiederholungen und *Die Hochzeit des Figaro* füllte 20 Abende.

Zu einem Vorzeigestück des Ensembles wurde jedoch *Die Zauberflöte*, die seit ihrer ersten Aufführung am 16.1.1794 (mit neuem Text von Christian Vulpius) an 82 Abenden erklang. G. widmete diesen Aufführungen seine ganze Aufmerksamkeit (siehe seine *Bemerkungen zur Zauberflöte*), entwarf die Bühnenbilder und wachte über den Auftrittsdetails. Er war so fasziniert von den »theatralischen Effekten« dieser Oper, hinter denen sich »dem Eingeweihten [...] zugleich der höhere Sinn« erschließt, daß er an eine Fortsetzung *(Der Zauberflöte Zweyter Theil)* dachte, in der »die Situationen und Verhältnisse« gesteigert werden sollten. Der Versuch, für dessen musikalische Realisation G. bereits 1796 den Wiener Komponisten Paul Wranitzky hatte gewinnen wollen, mißlang, und sein Libretto blieb Fragment. Der großen Wertschätzung des Mozartschen Werkes, die G. mit Christoph Martin Wieland teilte, entsprach es, daß dem Komponisten schon 1799 im Park von Tiefurt ein Denkmal gesetzt wurde, das zu den ersten außerhalb Österreichs gehört. GBS

Müller, Friedrich (genannt Maler Müller, 1749–1825), Dichter, Maler und Kupferstecher, trat in den 60er und 70er Jahren des 18.Jh.s mit literarischen Idyllen und Gedichten im Klopstockischen Geist hervor, lebte seit 1778 in Rom, trat 1780 zum Katholizismus über und publizierte 1790 ein Drama *Doktor Fausts Leben* und weitere Gedichte, Dramen und Novellen. G., der Müller seit 1775 kannte und ihn zunächst schätzte, überwarf sich 1780 mit ihm und ignorierte ihn während des Rom-Aufenthalts völlig. BJ

Müller, Friedrich (von) (1779–1849), gen. Kanzler Müller: Jurist, seit 1801 im Dienst Carl Augusts, 1807 geadelt, seit 1815 in Weimar Kanzler, d.h. Justizminister. 1808 gewann G. den im Umgang mit französischen Behörden geübten Müller für die Theaterzen-sur. Der dreißig Jahre Jüngere – intelligent, gewandt und agil – wurde zu einem der engsten Vertrauten des alten G. Er bestimmte Müller 1831 zum Testamentsvollstrecker und Mitherausgeber seines literarischen Nachlasses. Ab 1812 zeichnete Müller seine Gespräche mit G. regelmäßig auf. Erschienen sind die *Unterhaltungen mit Goethe* 1870. Sie gehören zu den wertvollsten Dokumenten über den Alltag des alten G. Anders als bei ↗Eckermann hat man hier G. sozusagen »im Hemdsärmel« – lesenswert! PO

Müllerin-Balladen: *Der Edelknabe und die Müllerin, Der Junggesell und der Mühlbach, Der Müllerin Verrat* und *Der Müllerin Reue*, die durch das Motiv der Müllerin locker verbunden sind, entstanden auf G.s Schweizer Reise 1797 und wurden 1798 in Weimar vollendet; Erstdruck in unterbrochener Folge in Schillers *Musen-Almanach für das Jahr 1799*. Im Unterschied zur Balladen-Produktion mit Schiller im Sommer 1797 (↗Balladenjahr) knüpft G. mit diesen vier Gedichten formal und inhaltlich wieder stärker an die Tradition der Volksballade und des Singspiels an. Motive wie die schöne Müllerin und der Bach als Liebesbote weisen auf die romantische Lyrik voraus. *Der Müllerin Verrat* ist die Nachdichtung einer Romanze aus einer französischen Erzählung, die G. später vollständig übersetzte und unter dem Titel *Die pilgernde Törin* als eine der Binnenerzählungen in *Wilhelm Meisters Wanderjahre* einfügte. IW

Mummenschanz: Bedeutende Szene des *Faust II*, Erster Akt (»Weitläufiger Saal mit Nebengemächern, verzieret und aufgeputzt zur Mummenschanz«, v. 5065–5986), mit ihrem überquellenden Arsenal mythologischer und allegorischer Kostümierungen, abrupt wechselnder Versmaße und elegischer bis schriller Tonlagen, pantomimischer Regieanweisungen. G.s Hommage an die italienische Renaissancekultur, ihre Masken- und Triumphzüge, ihr karnevaleskes Treiben (*Das römische Carneval*). Zugleich aber auch Revue einer zu Masken erstarrten, sich auflösenden höfischen Gesellschaft, die auf dem Vulkan tanzt: »Ich weiß nicht, wer uns retten soll,/Des Jammers Maß ist übervoll« (v. 5965f.).

Die Szene faßt aber nicht nur den Zusammenbruch der alten Ordnung, etwas Neues kündigt sich an. »Nun ist es Zeit, die Schätze zu entfesseln!« – mit diesen Worten öffnet Plutus (»des Reichtums Gott«) die Schatztruhe, über deren Inhalt die Menge schreiend – mit der deutlichen privatkapitalistischen Maxime »enrichissez-vous« (»Und bückt euch nur und werdet reich,« v. 5724) – herfällt. Plutus formt einen

Phallus aus Gold: »dies Metall läßt sich in alles wandlen« (v. 5782). Die Stunde des hemmungslosen Privategoismus ist endgültig eingeläutet, während der Kaiser im Hintergrund – die folgende Szene wird es zeigen – sein bankrottes Regime mit der Zeichnung von ↗Papiergeld zu retten sucht. Ein wenig hat G. damit den Vorhang und den Blick auf die kapitalistischen Verhältnisse des 19. Jh.s geöffnet, wenngleich in immer wieder verschwimmenden Bildern. Der Knabe Lenker, eine Allegorie der Dichtkunst (Eckermann, 20. 12. 1829), spielt dabei nur eine beiläufige Rolle (↗Euphorion). BL

München. Am 6. 9. 1786 gelangte G. auf seiner Reise nach Italien in die bayrische Metropole. Seinen eintägigen Aufenthalt nutzte er, um die Gemäldegalerie im Galeriebau des Hofgartens zu besichtigen, von deren Beständen er beeindruckt war: »Ich habe die Bildergalerie gesehn und mein Auge wieder an Gemälde gewöhnt. Es sind treffliche Sachen da. Die Skizzen von Rubens […] sind herrlich« (*Tb*, 6. 9. 1786). Außerdem besuchte G. das Antiquarium der Residenz sowie das Naturalienkabinett im Jesuitenkollegium und bestieg einen Turm der Frauenkirche. Vergeblich bemühte er sich, mit dem in München ansässigen Maler Franz Kobell zusammenzutreffen. Schon am folgenden Tag trat G. frühmorgens die Weiterreise nach Mittenwald an. HM

Musäus, Johann Carl August (1735-1787), Schriftsteller und Pädagoge, nach dem Theologiestudium Predigerstelle in Eisenach; wegen angeblich zu freizügigen Lebenswandels wurde ihm das Predigeramt versagt; 1763 Pagenerzieher in Weimar, 1769 Direktor des Weimarer Gymnasiums – bei seinen Schülern beliebt, da gegen Druck und Dogmen; gemeinsam mit G. im ↗Liebhabertheater agierend; Verfasser vieler Stücke für die Weimarer Bühne, bekannt aber vor allem als Märchenschriftsteller: *Volksmärchen der Deutschen* (1782-86, 5 Bd.e). PO

Museen: Als Augenmensch hatte G. für Eindrücke in Natur und Architektur sowie in Museen gleichermaßen Interesse. Angeregt von Adam Friedrich ↗Oeser, besuchte er mit großem Gewinn 1768 die Dresdner Gemäldegalerie, dann in Frankfurt die dortigen kleineren »Cabinette«. Im berühmten Antikensaal der Mannheimer Akademie sah G. 1769 zum ersten Mal Abgüsse antiker Plastiken (Apoll von Belvedere, Laokoon). Als Student in Leipzig und später von Weimar aus besuchte er die Kupferstich- und Gemäldesammlung des Leipziger Bankiers Gottfried Winkler. Während der Rheinreise 1774 wurde die Düsseldorfer Gemäldegalerie (niederländische Meister) aufgesucht. Seine größten Museumserlebnisse hat G. in Italien gehabt, wo er u. a. folgende Sammlungen und Museen besucht hat: *Bologna*: Palazzo Tanari (Guido Reni); *Verona*: Museum Maffeianum; *Venedig*: Palazzo Farsetti (Antikensammlung); Palazzo Pisani Moretta (Veronese); *Rom*: Aldobrandinische Sammlung im Palazzo Borghese (angebl. Leonardo-Gemälde); Galleria Farnese (Farnesischer Stier; Herkules Farnese); Galleria Borghese; Accademia di S. Luca (angebl. Raffael-Gemälde); Galleria Colonna (Poussin, Claude Lorrain); Capitolinisches Museum (Antikensammlung); Sixtinische Kapelle (Michelangelo); Vatikanisches Museum (Apoll von Belvedere; Herkulestorso; Laokoon, Nil, Zeus von Otricoli); Palazzo del Quirinale (Guercino, Tizian, Reni); *Velletri*: Museo Borgiano; *Neapel*: Museo Reale in Portici (Ausgrabungen von Herculaneum); *Catania*: Palazzo und Museo Biscari (antiker Jupitertorso und Münzensammlung).

Seit 1797 war G. verantwortlich für die herzogliche Kunstsammlung in Weimar, 1815 wurde ihm offiziell die »Oberaufsicht über die unmittelbaren Anstalten für Wissenschaft und Kunst in Weimar und Jena« übertragen. G. setzte sich in dieser Funktion erfolgreich für eine öffentliche Präsentation der Sammlungen ein.

In seinem Weimarer Haus am Frauenplan richtete sich G. selbst mit seiner gewaltigen Kunstsammlung (insgesamt über 26 500 Objekte: Gemälde, Zeichnungen, Druckgraphik, Plastiken, Münzen und Gipsabgüsse) ein eigenes kleines Museum ein (inszenierte Aufstellung im Büstenzimmer und im Junozimmer). DH

Musenalmanach: Der aus dem Arabischen entlehnte Begriff des Almanachs war im deutschen Sprachraum schon seit dem 13. Jh. gleichbedeutend mit ›Kalender‹; seit dem 16. Jh. wurden der tabellarischen Auflistung von Tagen und Monaten häufig Anekdoten, Wetterprognosen, Ratschläge und unterhaltende wie belehrende Geschichten beigegeben. Der 1765 erstmals in Frankreich erscheinende »Almanac des Muses« verstand sich, noch lose an die Kalenderform angelehnt, als eine Blütenlese aktueller meist lyrischer Literatur; in den deutschsprachigen Musenalmanachen, die seit 1770 erschienen, waren die meisten bedeutenden Schriftsteller der Zeit mit Beiträgen vertreten. Die Publikationsform des Musenalmanachs erlebte zwischen 1770 und 1830 ihre Blütezeit, literarische und gesellige Kommunikation sollte in unterhaltender Weise zur bürgerlichen Ge-

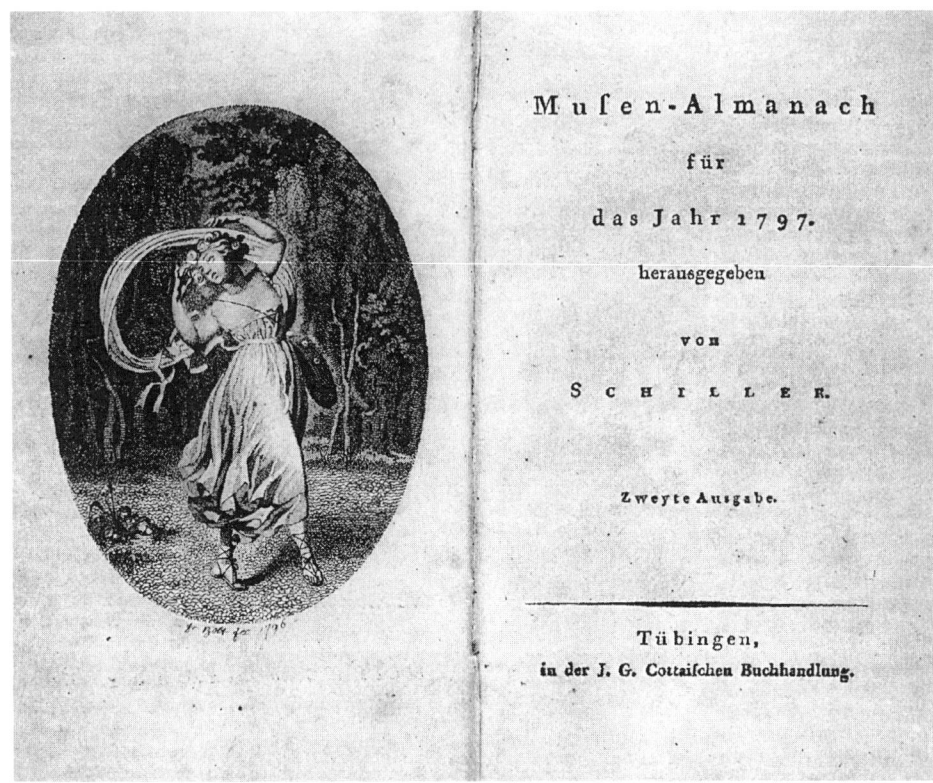

Frontispiz und Titelblatt des Xenienalmanachs

schmacksbildung beitragen. Christian Heinrich Boies 1770 erstmals erscheinender »Göttinger Musenalmanach« (↗Göttinger Hain) war Publikationsort früher Gedichte G.s: In dem Almanach für 1774 veröffentlichte er u.a. *Der Wandrer, Mahomets Gesang* und *Der Adler und die Taube* – der *Göttinger Musenalmanach* war eines der wichtigsten Organe der Programmatik des Sturm und Drang. Ab 1796 gab Schiller, parallel zu seiner Zeitschrift *Die Horen*, seinen *Musen-Almanach* heraus, von dem vier Jahrgänge ausgeliefert wurden. Im *Musen-Almanach auf das Jahr 1796* wurden G.s *Venezianische Epigramme* veröffentlicht, die Jahrgänge 1797 und 1798 dokumentieren in unterschiedlicher Weise die intensivste Zusammenarbeit G.s mit Schiller: Die epigrammatischen und mit zeitsatirischer, auf ästhetische Kontroversen ausgerichteter Absicht verfaßten *Xenien* bilden den Hauptgegenstand des *Musen-Alma-*

nachs 1797, die intensive beiderseitige Arbeit an ↗Balladen schlug sich im »Balladenalmanach« 1798 nieder. 1799 übernahm Schiller u.a. G.s *Alexis und Dora*, die Elegie *Die Metamorphose der Pflanzen* sowie *Amyntas*. Der Almanach, den der Berliner Verleger Vieweg unter dem Titel *Taschenbuch für 1798* herausgab, bestand ausschließlich aus dem Erstdruck von G.s Versepos *Hermann und Dorothea*; Cotta übernahm für sein *Taschenbuch für Damen* in einigen der Jahrgänge zwischen 1809 und 1819 verschiedene Novellen, die G. für die Fortsetzung der *Lehrjahre* geschrieben hatte, auch einige der Gedichte aus dem *West-östlichen Divan* erschienen zunächst im *Taschenbuch für Damen auf das Jahr 1817*. Die Musenalmanache konnten auf ein breites Interesse des Lesepublikums bauen – der »Xenienalmanach« 1797 kam in drei Auflagen auf rund 2700 Exemplare, das *Hermann-und-Dorothea-Taschenbuch* 1798 sogar auf etwa 3000: Hier war also eine Publikationsform gefunden, die die jüngste literarische Produktion der Schriftsteller einem größeren Leserkreis zugänglich machte. BJ

Musenhof: Dem »wallfahrtenden Kunstjünger, dem enthusiastischen Freunde der Musen« geht »bei seinem Eintritt in diese Stadt [Weimar] eine Zauberin voran. Ihm erscheint Weimar herrlich, wie das schöne Heiligtum der Musen«, so hatte Joseph ↗ Rückert 1799 in den *Bemerkungen über Weimar* seinen überschwenglichen Bericht über die Residenzstadt begonnen. Ihm war diese Hofhaltung der »Gipfel des deutschen Parnasses mit seinen obersten Göttern, die sich hier zu einem glänzenden Kreis versammelt« haben. Mit der antikisierenden Metaphorik nahm er die Euphorie vorweg, mit der man wenige Jahre nach dem Tod Herzogin ↗ Anna Amalias (1807) ihren Hof zum »Musenhof« par excellence verklärte und sie zur Patronin der Künste machte, die es ihren hochgebildeten italienischen Vorgängerinnen gleichtat und ihre Hofhaltung zum »Sitz der Musen« gemacht hatte. Musenhöfe waren im 18. Jh. jedoch keine Seltenheit. Bereits 1755 ging man mit der Rechtsbezeichnung »gelerter Hof« um, mit der man jene kleineren Hofhaltungen schmückte, die im Schatten der politisch tonangebenden Residenzen ihren eingeschränkten Handlungsspielraum dadurch kompensierten, daß sie unter bisweilen erheblichem finanziellen Aufwand den schönen Künsten jedwede Entfaltungsmöglichkeit gaben.

Was den Weimarer ↗ Hof indessen von der herrschaftlich feudalen Praxis vieler dieser Höfe unterschied, war die Bereitschaft der Herzogin und später ihres Sohnes ↗ Carl August, die meist nichtadeligen Künstler und Gelehrten nicht nur in hohe Staats- und Verwaltungsfunktionen aufsteigen, sondern sie sogar am internen Hofleben teilnehmen zu lassen. Anna Amalia gelang es mithin, wenn auch keineswegs ohne Widerstände, aus der materiellen Not, in der sie ihr Herzogtum bei Antritt ihrer Regentschaft (1758) vorfand, eine aufgeklärt ökonomische Staatsführung zu entwickeln und durch eine gezielte Bestallungspolitik ihren ausgeprägten Kunst-, Musik- und Literaturinteressen teilweise unkonventionelle Wege zu ebnen. Dazu gehörte unter der Mitwirkung vieler Frauen namentlich nach der Übergabe der Regierungsgeschäfte an ihren Sohn (1775) ein aktiv tätiges Miteinander, dessen Zentrum ihre berühmt gewordene ↗ Tafelrunde und das ↗ Liebhabertheater bildeten, in das mehr oder weniger der gesamte Hof eingebunden wurde. G. fand nach seiner Berufung mithin eine

Atmosphäre des produktiven Miteinanders vor, die er später als die »vielen Prüfungen« sah, derer er zu seiner »Ausbildung äußerst bedürftig war« (G. an seine Mutter, August 1781). GBS

Musensohn, Der: *Durch Feld und Wald*: Entstehungszeit umstritten, Erstpublikation in *G.s Neue Schriften*, 1800. Da G. die ersten drei Zeilen des Gedichts im 16. Buch von *Dichtung und Wahrheit* im Kontext der Reflexion über »das mir inwohnende dichterische Talent« während der Frankfurter Geniejahre zitiert, scheint die Annahme einer frühen Entstehung um 1774 nahezuliegen. Doch ist gerade die ironische Leichtigkeit Indiz für einen späteren, distanzierteren Umgang mit der eigenen künstlerischen Rolle. Anders als bei G.s frühen emphatischen Evokationen des Künstlers ist das Rollen-Ich dieses Gedichts ein fahrender Spielmann, der den Kreis der Jahreszeiten und des einfachen Lebens abschreitet, bis er in der letzten Strophe als Liebling der Musen ›heimgeholt‹ und durch diese antike Reminiszenz (bis hin zur Hermes-Anspielung »Ihr gebt den Sohlen Flügel«) als Künstler aufgewertet wird. Das Gedicht gestaltet in schlichten Bildern der Volkspoesie die romantische Utopie von der Belebung der Welt durch die Kunst (»Da blüht der Winter schön!«). IW

Musikalität: G. wuchs in einem großbürgerlichen Haus in Frankfurt am Main auf, in dem die Beschäftigung mit den Künsten zum selbstverständlichen Bestandteil des kultiviert-geselligen Lebens gehörte. Durch eigenen Antrieb und das elterliche Vorbild gehörte die Unterweisung in die Grundbegriffe der Musik und des Tanzes mithin zu den frühen und intensiven Einübungen in bürgerliche Lebensgewohnheiten. In *Dichtung und Wahrheit* (9. Buch) berichtet G. z. B. von seinen ersten Tanzversuchen: »Von früher Jugend an hatte mir und meiner Schwester der Vater selbst im Tanzen Unterricht gegeben, welches einen so ernsthaften Mann wunderlich genug hätte kleiden sollen; allein er ließ sich auch dabei nicht aus der Fassung bringen, unterwies uns auf das bestimmteste in den Positionen und Schritten, und als er uns weit genug gebracht hatte, um eine Menuett zu tanzen, so blies er auf einer Flöte douce uns etwas Faßliches im Dreivierteltakt vor, und wir bewegten uns danach, so gut wir konnten.«

Vom Mai 1763 bis zum Herbst 1766 unterrichtete ihn Johann Andreas Bismann am »Clavier« und machte ihn mit der Notenschrift vertraut. Ergänzt wurden diese Erfahrungen durch die regelmäßigen Theaterbesuche und das Teilnehmen an den Konzerten, den Kantaten- und Oratorienaufführungen in den Kirchen, die ihn zu eigenen Kantatenentwürfen anregten. Später übte er sich auf dem Violoncello. Trotz dieser Voraussetzungen und den vor allem in Weimar seit seiner Berufung (1776) entwickelten vielfältigen Aktivitäten in alle Richtungen öffentlicher und exklusiv privater Musikübung – als Poet, Librettist, Schauspieler, Tänzer, Ballarrangeur, Konzertveranstalter, seit der Bekanntschaft mit Johann Gottfried ↗ Herder als Beförderer und Sammler von ↗ Volksliedern und nicht zuletzt als Sänger (Johann Heinrich Voß im Mai 1804: »Herrlich ist's, wenn Goethe in seinem tiefen, klaren Basse intoniert«) – hatte er von sich die Überzeugung, Musik nicht beurteilen zu können. »Es fehlt mir an Kenntnis der Mittel, deren sie sich zu ihren Zwecken bedient; ich kann nur von der Wirkung sprechen, die sie auf mich macht, wenn ich mich ihr rein und wiederholt überlasse« (an Friederike Helene Unger, 13.6.1796).

Mit dieser mehrfach geäußerten Skepsis suchte er wohl auszudrücken, daß ihm das theoretische Handwerkszeug eines Komponisten fehlte, er sich also von der Praxis leiten lassen mußte. Da er jedoch »aller Künste Meister seyn« wollte (an Wieland, 6.2.1796), trieb es ihn auch in dieser Kunst zum Außerordentlichen. Er vermochte nicht nur, ihm zugesandte Partituren sachkundig zu beurteilen, entwarf eigene Konzepte zur Vertonung seiner ↗ Singspiele und erarbeitete als Theaterdirektor außergewöhnliche, manchmal experimentelle Regiekonzepte von Opern oder Singspielen (*Lila, Die Fischerin*). Für den Gesangsvortrag der Vertonungen seiner Lyrik war ihm ein eigener Vortragston wichtig (↗ Lied) und verschiedenen Komponisten trat er in einen ausführlichen Diskurs über musikalische Sachfragen.

Allein die ca. 875 Briefe umfassende Korrespondenz mit Carl Friedrich ↗ Zelter legt beredt Zeugnis ab über die Vielfalt der musikalischen Gegenstände, über die sich G. mit seinem Freund austauschte, die vom praktischen Umgang mit der Musik aller Art (einschließlich der Musik des 16. Jh.s), seinen in seinem ↗ Chor gemachten Erfahrungen (Franz Carl ↗ Eberwein) bis zum Entwurf einer systematisch angelegten Tonlehre gingen, mit der er die mit ↗ Reichardt begonnene Akustiklehre fortsetzen wollte. Die »Tonkunst« und »Bildkunst« waren mithin »die notwendigsten Organe von Goethes Wesen« (Friedrich Wilhelm ↗ Riemer).   GBS

Musiktheater: Bereich des Weimarer Theater- und Musiklebens, seit 1791 im ↗ Hof- bzw. Nationaltheater institutionalisiert, aber darüber hinaus und schon vor 1791 von Bedeutung. Ein erster wesentlicher Ansatz in Weimar ist – jenseits der in Gymnasien seit altersher gepflegten Formen – um 1700 zu verzeichnen. Nach größeren Umbauten wurde 1697 das Schloßtheater in der »Wilhelmsburg« mit Opernaufführungen eingeweiht, deren Texte überliefert sind, mit Musik wahrscheinlich von Georg Christoph Strattner. Über wenige festliche Aufführungen in großen Zeitabständen ging die Entwicklung aber erst 1756/58 und 1768/74 hinaus; hier entfalteten die ↗ Döbbelinsche bzw. die ↗ Kochsche und dann die ↗ Seylersche Theatertruppe ein intensives theatralisches Leben im Schloßtheater, in dem auch viele ↗ Singspiele als neue bürgerliche Form des Musiktheaters eine große Rolle spielten.

Auch die einheimischen Musiker schufen solche Werke, insbesondere Ernst Wilhelm Wolf 1769/73; es waren allerdings eher unverbindliche Schäferspiele als aufklärerisch intendierte Stücke. Die beiden Höhepunkte im Weimarer Musiktheater jener Jahre waren Uraufführungen musikhistorisch bedeutsamer Werke: des Singspiels *Die Jagd* (Christian Felix Weiße/Johann Adam Hiller, Anna Amalia gewidmet) am 29.1.1770 und der deutschen Oper *Alceste* (Christoph Martin Wieland/Anton Schweitzer) am 28.5.1773, eines wichtigen Werks im Vorfeld der Wiener Klassik. Die Uraufführung wurde, auch dank Wielands Reklame, ein in der deutschen Theaterwelt vielbeachtetes Ereignis; an ihm konnte auch das Weimarer Bürgertum wie üblich im Schloßtheater unentgeltlich teilnehmen, unter der Voraussetzung, daß es sich »anständig betrug«, also sich nicht auf die gesonderten Plätze des Adels setzte und jede Beifalls- und Mißfallensäußerung unterließ.

Durch den Schloßbrand am 6.5.1774 wurde diese Entwicklung abgebrochen, die Seylersche Truppe nach Gotha vermittelt. Im Wittumspalais, in der ↗ »Tafelrunde« um Herzogin-Witwe Anna Amalia, kam es danach mehrfach auch zu theatralischen Versuchen, nun allerdings zumeist, da Angehörige der herzoglichen Familie mitspielten, im exklusiven Kreis. Das höfisch-bürgerliche ↗ Liebhabertheater erarbeitete sich 1775/82 auch Singspiele G.s mit Musik von Sigismund von Seckendorff (*Lila, Jery und Bätely*), Anna Amalia (*Erwin und Elmire*) und Corona Schröter (*Die Fischerin*), die im Festsaal des ↗ Wittumspalais, in ↗ Ettersburg und ↗ Tiefurt exklusiv bzw. im Hauptmannschen Redoutenhaus und, seit 1780, im neuerbauten ↗ Comoedienhaus öffentlich aufgeführt wurden. 1791 wurde nach intensiver Beratung durch Johann Friedrich ↗ Reichardt das Hoftheater begründet; die Ambitioniertheit des Hofs auf eine Hofoper wird in der Person dieses Beraters deutlich.

Seit 1784 war wieder eine Theatertruppe engagiert gewesen, die neben italienischen und französischen Opern und Singspielen das Weimarer Publikum mit ↗Mozarts *Entführung aus dem Serail* bekannt gemacht hatte. Der außerordentliche Erfolg dieser Aufführung und die Vorliebe der »Tafelrunde« für Mozart schon seit 1778 führte nun zu einer intensiven Pflege aller bedeutenden Mozart-Opern im G.schen Hoftheater. Man kann allerdings davon ausgehen, daß zunächst bei allem engagierten Einsatz die sängerischen Kräfte fast durchweg unzureichend waren. Erst mit Caroline ↗Jagemann wurde dies ab 1797 anders, was sich allerdings als eine besondere Belastungsprobe für das schon seither durch mehrere Intrigen schwer erschütterte Ensemble erwies. Durch ihren Einfluß auf Herzog Carl August setzte sie im Verlauf von etwa einem Jahrzehnt sich und die Dominanz einer italienisch orientierten Hofoper im Hoftheater durch. Nach dem Ausschalten ihres musikalischen Widerparts, des Hofkapellmeisters Johann Friedrich Kranz, nach vierjähriger Auseinandersetzung 1801, intrigierte sie im Bündnis mit dem sängerisch ebenfalls hervorragenden Bassisten Karl Stromeyer erfolgreich gegen den Intendanten G. und bestimmte dann 1808–27 die Geschicke der Weimarer Oper. Stromeyer wurde 1817 erster Opernregisseur der Weimarer Bühne.

Das nach dem Brand neuerbaute Hoftheater wurde am 3.9.1825 mit Gioacchino Rossinis *Semiramis* eingeweiht. Im *Barbier von Sevilla* feierte Henriette Sontag am 4.9.1826 einen triumphalen Erfolg; zu diesem Gastspiel war es allerdings eher zufällig gekommen, da die ↗Jagemann Konkurrentinnen und gute Nachwuchssängerinnen von Weimar fernhielt und alle großen Partien selbst übernahm. Dem Regierungswechsel 1828 folgte auch ein Machtwechsel und ein Wechsel in der Stammbesetzung im Musiktheater; Johann Nepomuk ↗Hummel übernahm nun die ihm zukommende Leitrolle, Eduard ↗Genast wurde zur dominierenden Sängerpersönlichkeit.

Der 1816 gegründete Hoftheaterchor, der um 1835 26 Mitglieder hatte, konnte nun mehr als bisher zu den auf geschlossene Ensembleleistung orientierten Inszenierungen beitragen; bei dem relativ häufigen Hinzukommen ausgezeichneter Gastsängerinnen wurden glänzende Aufführungen erreicht, wie im April und Dezember 1830 durch Wilhelmine Schröder-Devrient, von deren »vollendeter Plastik und Mimik der Gestaltung« auch der Weimarer Maler Friedrich Preller entzückt war.   WH

Mütter, oft als göttliche Wesen (*Faust II*, v. 6213 ff.) vorgestellt, in deren »Reich« das Fortleben von Vergangenem gesichert ist. So seien die Mütter ursprünglich bewahrende und wiedergebärende, wiederschaffende göttliche Kräfte, am ehesten der Sphäre des ↗Erdgeistes verwandt (antike Quelle wie von Platon oder Plutarch als bloße Anregung für G.). Von G. aber im Zweideutigen, Assoziativen belassen. Das Hexenküchenhafte der Szene fördert ein ironisches Verständnis. Mephistos theatralische Zubereitung des Geschehens um den phallischen Schlüssel zu jenem Reich könnte ebenfalls in diese Richtung weisen.   GG

Myrte, im Mittelmeerraum verbreitete immergrüne Pflanze, die G. im Gedicht *Kennst du das Land* (↗Mignon) neben ↗Zitrone und ↗Lorbeer zur Schilderung Italiens verwendet. Im *Tasso* weiß die Prinzessin, daß im Lande der Poesie außer dem Lorbeer, der dieselbe versinnbildlicht, auch die Myrte gern wächst (v. 144): Diese steht für Liebe und Unsterblichkeit, die der Dichter durch sein Werk erlangt. In den Kranz, der in dem Nekrolog *Auf Miedings Tod* beschrieben wird (v. 186 ff.), sind auch Myrtenzweige eingeflochten.   DF

Mystizismus kann im Sinne G.s als Oberbegriff für alles Geheimnis- und Ahndungsvolle, für Aberglaube, Magie und Dämonisches gelten; gleichwohl benutzte er den Begriff meist mit einem guten Teil Ungenauigkeit. In einer der *Maximen und Reflexion*, in der das Kind als Realist, der Jüngling als Idealist und der reife Mann als Skeptiker aufgeführt werden, gibt G. eine relativ präzise Definition seines Verständnisses von Mystizismus: »Der Greis jedoch wird sich immer zum Mystizismus bekennen. Er sieht, daß so vieles vom Zufall abzuhängen scheint: das Unvernünftige gelingt, das Vernünftige schlägt fehl, Glück und Unglück stellen sich unerwartet ins gleiche; so ist es, so war es, und das hohe Alter beruhigt sich in dem, der da ist, der da war, und der da sein wird.« Mystizismus als die Einsicht ins Zufällige, nicht Gesetzmäßige wie nicht Verstehbare wäre dann auch Kennzeichen des Greises G. selbst, wenn er, kurz vor seinem Tod, das Konzept der organischen Entwicklung in *Dichtung und Wahrheit* ins nicht-einsehbare ↗Dämonische umschlagen läßt.   BJ

Mythos, Mythologie. Mythos bedeutete für G. eine ursprüngliche Weltanschauung, die er in eine vorgeschichtliche Menschheitsepoche legt. Im Mythos fallen Natur- und Geschichtserkenntnis mit Religion und Poesie zusammen, eine Einheit, die mit der Entstehung der antiken Götter, dem einen Gott des Christentums und mit der modernen Aufklärung zerstört wurde. Die Erzählungen, die aus dem Mythos entstehen, nennt G. Mythologie. Die Gestalten und Motive dieser Texte werden für G. in reichem Maße zum Material seiner eigenen Texte, mit dem er sich sehr freien Umgang erlaubt: Er verändert Verwandtschaftsbeziehung zwischen Figuren (↗*Prometheus*), vermischt unterschiedliche Mythenstränge miteinander oder modernisiert die mythologischen Motive, indem er etwa aus den Rachegöttinnen, die ↗Orest verfolgen, Gewissensqualen macht, die mythologischen Gestalten also psychologisiert.   BJ

Nachbarn G.s am Frauenplan waren rechts der Leineweber Herter (seit 1793), der mit seinen Webstühlen den Tag über lärmte und G. sehr auf die Nerven fiel; der Kammerdiener Lämmermann, gegen dessen Plan, an der Hofseite zu G.s Garten Fenster einbauen zu lassen, der Genius erfolgreich protestierte; der Rentereidiener Treuter nebst Sohn, dem G. das Anwesen 1817 abkaufte und dessen Garten der Ackerwand entlang in den eigenen einbezog.   BL

Nachbildung: *In deine Reimart hoff' ich mich zu finden*, entstanden am 7.12.1814, gehört neben *In tausend Formen* zu den wenigen Gedichten des *West-östlichen Divan*, in denen G. eine Annäherung an das persische Ghasel unternahm. Ghaselen sind Gedichte, die mit einem Reimpaar beginnen und dieses Reimwort im Wechsel mit reimlosen Verszeilen beliebig oft und mit möglichst großem Nuancenreichtum wiederholen. G. ahmt diese Form, als deren Meister ↗Hafis galt, in diesem Gedicht sehr frei nach. Die Identifikation mit dem »Zwilling« Hafis erfolgt weniger reimschematisch, sondern in einem kühnen Vergleich des poetisch zündenden Funkens mit dem Brand von Moskau 1812, der in der zweiten Strophe in einem weitausholenden, parenthesenreichen Satz die orientalische Vorliebe für rhetorischen Schmuck und pathetische Überhöhung nachbildet. Die dritte Strophe, im Rhythmus und Reimschema von den vorigen abgesetzt, weist dagegen formale Muster als »Hohle Masken« zurück und betont die innovatorische Kraft neuer, eigener Formen. Der Reiz, das eigene Talent an einer vorgegebenen Form zu erproben, und die in dialektischem Widerspruch dazu stehende Polemik gegen »Zugemeßne Rhythmen«, entsprechen G.s schwieriger Beziehung zum Sonett, die er in *Das Sonett* und *Natur und Kunst* zum Thema machte (↗Sonett). In dieser Dialektik spiegelt sich ein Grundthema gerade auch des *Divan*, die Spannung zwischen lyrischer Meisterschaft und Leichtigkeit, ja Lässigkeit im Umgang mit sprachlicher, syntaktischer und formaler Regelhaftigkeit.   IW

Nachdrucke und Raubdrucke gibt es so lange wie den Buchdruck, sie griffen aber in der zweiten Hälfte des 18. Jh.s im allgemein expandierenden Literaturmarkt stark um sich. Die von G. fieberhaft unternommene erste Gesamtausgabe seiner *Schriften* bei Georg Joachim ↗Göschen (8 Bände; 1787–1790) trug auch dem Umstand Rechnung, daß zahlreiche illegale Raubdrucke einzelner wie auch gesammelter G.-Werke erschienen waren, u.a. die seit 1775 von Christian Friedrich ↗Himburg mehrmals aufgelegten *Schriften* (3 Bände).

Im Rückblick auf seine Jugend beschwerte sich G. über den »unverschämten Nachdrucker« und alle anderen, die dazu beitrugen, daß »das Eigentum des Genies dem Handwerker und Fabrikanten unbedingt preisgegeben« sei (*DuW*, 16. Buch). Die Rechtslage ließ damals allerdings derartige »Freibeuterey« zu (an Cotta, 24.1.1808), weshalb sich auch Verlage gezwungen sahen, mit ihren Autoren Nachdrucke zu veranstalten, um ihre Pfründe zu sichern und dem Raubdruckwesen zu begegnen (so war Johann Friedrich ↗Cotta an dem sogenannten Wiener Nachdruck der bei ihm 1815–1819 erscheinenden 26 Bände von G.s *Werken* beteiligt, was zu Mißstimmungen zwischen ihm und seinem Autor führte. Für seine Ausgabe letzter Hand versuchte G. 1824, ein Privileg – also ein Copyright gegen unerlaubten Nachdruck – zu erlangen, welches ihm die Staaten des ↗Deutschen Bundes 1825/26 auch erteilten (bahnbrechend für den heute selbstverständlichen Schutz geistigen Eigentums). Außerhalb des Bundes – beispielsweise in der Schweiz – mußte sich daran aber vorläufig niemand halten.   DF

Nachlaß. Nach August von G.s Tod (Universalerbe, mit G.s Vorstellungen über Umgang mit seinem Nachlaß vertraut) traf G. Vorsorge, ihm wichtige Teile seines Nachlasses (Archiv, Sammlungen) bis zur Volljährigkeit der Enkel zu sichern. »Meine Nachlassenschaft ist so kompliziert, so mannigfaltig, so bedeutsam, [...] daß ich nicht Vorsicht und Umsicht genug anwenden kann [...] zu verhüten, daß durch eine rücksichtslose Anwendung der gewöhnlichen Regeln und gesetzlichen Bestimmungen großes Unheil angerichtet werde« (Gespräch mit Kanzler von Müller, 19.11.1830). Bereits im Sommer 1822 (Vorbereitung Ausgabe letzter Hand, autobiographische Arbeiten) ließ G. sein umfangreiches biographisch-literarisches

Material (Gedrucktes. Ungedrucktes. Gesammeltes und Zerstreutes. Tagebücher. Eingegangene und abgegangene Briefe) durch Theodor David ↗Kräuter zu einem Archiv (Goethesche Repositur) ordnen. Ständig ergänzt, diente es als Quellen- und Arbeitsgrundlage, wobei G.s Sorge vor allem zukünftiger Nutzung ohne sein Zutun galt. Mit den *Tag- und Jahresheften* (1822–25) sowie der Herausgabe seines Briefwechsels mit Schiller (1828/29) setzte er Maßstäbe, wie seine Papiere »dereinst verständig benutzt und in das Gewebe von Lebensereignissen mit verschlungen werden könne« (an Cotta, 24.1.1824). Gleiche Vorsorge traf G. für seine Kunst- und Naturaliensammlung. »Ich habe nicht nach Laune oder Willkür, sondern jedesmal mit Plan und Absicht zu meiner eigenen folgerechten Bildung gesammelt […]. In diesem Sinne möchte ich diese meine Sammlungen konserviert sehen« (Gespräch Kanzler von Müller, 19.11.1830). »Sich gleichsam fortzusetzen« wünschte er die Sammlungen »an eine öffentliche Anstalt, und zwar wo möglich an eine weimarische« (Testament, 6.1.1831) veräußert, stellte per Testament Archiv, Bibliothek und Sammlungen unter Kustodie Kräuters (Oberaufsicht Testamentsvollstrecker Kanzler von Müller).

Trotz aller Vorsicht kam es nach G.s Tod zu Veränderungen in der Ordnung des Archivs, auch zu Bestandsminderungen. »Eben dieselben Männer, denen der Schutz des Goetheschen Eigentums anvertraut war, haben das Gut […] als herrenlosen Steinbruch betrachtet, aus dem sie zu eigenen Nutzen große Quadern und kleine Steine brechen durften« (Max Hecker). Verhandlungen mit dem Deutschen Bund über den Verkauf des G.-Nachlasses (↗Sammlungen, Archiv, ↗Haus am Frauenplan) scheiterten vor allem am Widerstand der Familie. Nach ihrer Volljährigkeit erhielten Walther und Wolfgang von G. zunächst die Verfügungsgewalt über Haus und Sammlungen, 1845 (nach Almas Tod, 1844), begleitet von harten Auseinandersetzungen mit Kanzler von Müller über das Archiv. Das Testament des letzten G.-Nachkommen, Walther von G. (24.9.1883), bestimmte das Schicksal von G.s Nachlaß.

Goethehaus (Garten, Nebengebäude, Einrichtung der Privaträume G.s im Hinterhaus) und Sammlungen wurden dem Großherzogtum Sachsen-Weimar-Eisenach vermacht und wurden ↗G.-Nationalmuseum (Stiftungsurkunde 8.8.1885). G.s Privatarchiv, alle Papiere »wissenschaftlichen, poetischen, literarischen, administrativen und familiären Inhalts« sowie persönliche Papiere von Familienmitgliedern, der Großherzogin Sophie persönlich zugesprochen, wurden zum ↗»G.-Archiv« erklärt. CS

Nacht, Die: *Gern verlass' ich*, entstanden im Frühjahr 1768, erschien 1770 in den *Neuen Liedern* und 1789 umgearbeitet unter dem Titel *Die schöne Nacht* in den *Schriften*. In diesem ersten Nachtlied G.s zeigt sich eine Stilmischung aus empfindsamer Naturlyrik, witzig-pointierter ↗Rokokolyrik und Ausdrucksformen einer neuen, ich-orientierten Natur- und Liebeserfahrung. In der zweiten Strophe wird die Natur, die als locus amoenus mit typischen Rokoko-Elementen wie Luna und Zephir ausgestattet ist, durch ›zärtliche‹ Umlaute erotisiert: »Wandelt im Gebüsch im Kühlen./Welche schöne, süße Nacht!« Dem orgiastischen Gefühl, das in emphatischen Ausrufen »Freude! Wollust! Kaum zu fassen!« seinen Ausdruck findet, folgt in der typischen Manier der Rokokolyrik eine Schlußpointe; die Emotionen werden auf das eigentliche Ziel des Begehrens, die Liebesnacht mit dem Mädchen, zurückgelenkt. Das Frankfurterische (und Leipziger) Reimpaar Eichen/Neigen läßt vermuten, daß G. sich die Zeilen laut vorgesprochen hat. IW

Nacktheit, nackt: Die Schönheit der griechischen Plastik bestand - so lernte G. von Winckelmann - nicht nur in Maß und Proportion, sondern auch darin, daß diese Ausdruck der antiken Wertschätzung der unbekleideten Menschengestalt war. Die vor allem von Rousseau ausgehende Diskussion um die Ursprünglichkeit und Natürlichkeit des Menschen, die wiederum Bezug nahm auf die seit dem 16.Jh. ins Bewußtsein der Europäer tretenden wilden Völker der Erde, lenkte im 18.Jh. den Blick auf den nackten Körper. In G.s Dichtung nimmt dieser einen festen Platz ein. So behauptet ein Hersteller anatomischer Modelle in den *Wanderjahren*: »Der Mensch ohne Hülle ist eigentlich der Mensch«, wobei er mit eine Zeit bedauert, daß sie auf »Feigenblättern und Tierfellen« zur Bedeckung der Blößen bestehe (III.3). Nichtsdestoweniger plädiert G. im Aufsatz *Christus, den Bildhauern vorgeschlagen* für eine Darstellung des Gottessohnes in »herrlicher Mannesnatur und schicklicher Nacktheit«; die *Römischen Elegien* verschreckten auch ohne die - von G. selbst zensierte - Beschreibung der »Freuden des ächten nacketen Amors« seine Leser bis weit ins 19. Jh. Den empfindsamen Darmstädter Nacktbadenden, allen voran den Brüdern Stolberg, durchweg Männern, kann er nicht so viel abgewinnen. DF

Nähe des Geliebten: *Ich denke dein*, entstanden im April 1795 in Jena, Erstdruck in Schillers *Musen-Almanach für das Jahr 1796*. Im Haus des Justizrats Gottlieb Hufeland in Jena hörte G. im April 1795 das von Karl Friedrich ↗Zelter vertonte Gedicht *Ich denke dein* der populären Dichterin Friederike Brun (1765–1835), das im *Musen-Almanach fürs Jahr 1795* von Johann Heinrich Voß erschienen war. G. war davon so tief beeindruckt, daß er sich zu einer Nachdichtung angeregt fühlte, die zwar thematische und formale Vorgaben übernahm, dem stark empfindsam geprägten Brunschen Gedicht jedoch an lyrischer Prägnanz überlegen ist.

Der Titel erweist G.s Text als Rollengedicht; das weibliche Ich drückt seine Sehnsucht in verschiedenen visionären Naturbildern und Sinneseindrücken aus, die durch den refrainartigen »wenn«-Anschluß alle mit dem Bild des fernen Geliebten verkoppelt werden. In der ersten Strophe bewahrt G. die pathetische Brunsche Formel »Ich denke dein, wenn«, um dann mit »Ich sehe dich, wenn«, »Ich höre dich, wenn«, »Ich bin bei dir« zu intimeren Anredeformen überzugehen. Das Gedicht verbindet so ältere Ausdrucksformen der Liebeslyrik mit dem neuen lyrischen Sprechen, das G. mit den ↗ *Sesenheimer Liedern* initiiert hatte.   IW

naiv/sentimental, ein Begriffspaar, das G. entsprechend seiner Bedeutung in Schillers längerem Aufsatz *Über naive und sentimentalische Dichtung* (1795) benutzte. Schiller hatte dort sowohl im kunsthistorischen Bereich als auch im Hinblick auf die Psychologie des Künstlers unterschieden zwischen der naivselbstgewissen Kunst und Literatur der Antike sowie der Renaissance und der sentimentalisch-reflexiven, ideengeleiteten der ↗Moderne. Naives und Genie gehörten für Schiller unmittelbar zusammen: »Naiv muß jedes wahre Genie sein, oder es ist keines. Seine Naivetät allein macht es zum Genie [...]. Unbekannt mit den Regeln, den Krücken der Schwachheit und den Zuchtmeistern der Verkehrtheit, bloß von der Natur oder dem Instinkt, seinem schützenden Engel, geleitet, geht es ruhig und sicher durch alle Schlingen des falschen Geschmackes.« Natur und fraglose Sinnhaftigkeit zeichnen das Genie aus, das Naive – das damit konträr zur problematischen, durch Reflexion dominierten sentimentalischen Moderne zu stehen kommt. Damit hatte Schiller aber auch den wesentlichen Unterschied zwischen sich selber und G. ausgemacht, eine Differenzbestimmung, der letzterer wohl zustimmen konnte – die von Schiller forcierte Arbeit am *Faust* zwischen 1797 und 1805 legte die ganz unterschiedlichen Zugangsweisen zum Kunstwerk offen. Darüber hinaus verwendete G. die Begriffe naiv und sentimentalisch öfters ganz in Schillers kunstgeschichtlich-deskriptivem Sinne (z.B. *Shakespeare und kein Ende*).   BJ

Napoleon I. Bonaparte (1769–1821) hatte im 3. Koalitionskrieg mit der Dreikaiserschlacht bei Austerlitz das Schicksal Österreichs (Frieden von Preßburg 1805) besiegelt. Nach der Doppelschlacht bei Jena und Auerstedt im 4. Koalitionskrieg war auch Preußen am Ende; der ehemalige Gegner und Koalierte Österreichs und Preußens, Zar Alexander I., hatte sich mit dem Frieden von Tilsit (1807) auf die Seite Napoleons (seit dem 2. Dezember 1804 erblicher, vom Papst gesalbter Kaiser der Franzosen) geschlagen. England war durch Napoleon mit der Kontinentalsperre (1806) an die Kette gelegt worden. Mit der Errichtung des Rheinbunds (1806) ging die Auflösung des ↗Heiligen Römischen Reiches Deutscher Nation einher. Als Kaiser Napoleon vom 27.9.–14.10. 1808 den ↗Fürstentag nach Erfurt einberief, befand er sich auf dem Höhepunkt seiner kontinentaleuropäischen Machtentfaltung.

Im Zuge dieser Karriere wurde das Herzogtum Sachsen-Weimar-Eisenach als Parteigänger Preußens – Carl August nahm den Rang eines preußischen Generals ein – mehrfach als militärisches Operationsgebiet in Mitleidenschaft gezogen. Nach Abschluß der Kampfhandlungen hielt sich Napoleon vom 15.–17. 10. 1806 im Weimarer Schloß auf; Herzogin ↗Louise setzte sich couragiert für den Fortbestand des Herzogtums ein; die eingeheiratete ↗Maria Pawlowna als Tochter des russischen Zaren mag mit ein Grund gewesen sein, daß Weimar durch den enragierten Napoleon keinen größeren Schaden nahm. Dennoch: sie waren groß genug: Plünderungen, Brandschatzungen, Melchior ↗Kraus war an Mißhandlungen gestorben, Charlotte von ↗Stein, in deren Haus der preußische General von Schmettau einquartiert war, und Heinrich ↗Meyer wurden ausgeplündert, die Brände in der Stadt hielten tagelang an. G.: »Von Preußen zertreten, von Franzosen geplündert, von Süddeutschen verhöhnt zu werden, und das alles in etwa 14 Tagen, das war doch eine ziemlich rauhe Probe« (WA IV. 19, 265). Anläßlich einer Audienz des ↗Geheimen Consiliums bei Napoleon entschuldigte sich G. aus gesundheitlichen Gründen; beim zweiten Besuch Napoleons am 23.7. 1807 befand er sich in Karlsbad. Darin drückt sich die Distanz G.s zur großen Politik aus, aber als Mitbetroffener – sein Haus freilich wurde von den marodierenden Soldaten verschont – gewann er ein persönliches Interesse an Napoleon. Auch Napoleon, mit dem Namen G.s längst durch die mehrfache Lektüre der *Leiden des jungen Werthers* vertraut, war neugierig. Am 2.10. 1808 gewährte er G. im Schloß Erfurt eine persönliche Audienz, die er mit der Feststellung »Vous êtes un homme« eröffnet

Johann Heinrich Petri bittet Napoleon um die Einstellung der Plünderungen in Weimar. Aquarell von Th. Goetz, 1806

und die im übrigen Fragen des französischen Theaters, des Schicksals auf der Bühne (Napoleon: »Was will man jetzt mit dem Schicksal, die Politik ist das Schicksal«), G.s Übersetzung des *Mahomet* von Voltaire, die Erkundigung nach den familiären Verhältnissen betraf. G. hat sehr viel später, zwischen 1822 und 1825, in der skizzenhaften *Unterredung mit Napoleon* davon berichtet. Zu einer zweiten Zusammenkunft kam es anläßlich des Weimarer Hofballs am 6.10.1808 – eine französische Schauspieltruppe führte *La mort de César* von Voltaire auf –, und am 14.10. wurde G. das Kreuz der Ehrenlegion verliehen (einen Tag später erhielt G. aus der Hand Zar Alexanders I. den russischen Annenorden). G. ist nur noch einmal mit Napoleon zusammengetroffen. Auf dem Rückzug aus Rußland kam Napoleon am 15.12. 1812 nachts durch Weimar und hinterließ Grüße; bei dem Treffen mit Carl August am 28.4. 1813 weilte G. in Teplitz; am 13.8. 1813 sah man sich ein letztes Mal in Dresden.

Die Zusammenkunft mit Napoleon ist zweifellos einer der Höhepunkte in G.s Leben: »Ich will gerne gestehen, daß mir in meinem Leben nichts Höheres und Erfreulicheres begegnen konnte, als vor dem

französischen Kaiser und zwar auf eine solche Weise zu stehen« (an Cotta, 2.12. 1808). Napoleon erscheint ihm als außerordentlicher Mensch, der mit normalen sittlichen Maßstäben nicht zu messen sei, wie eine Naturkraft, wie »Feuer und Wasser«, ein »gigantischer Held unseres Säkulums«. Als treibende und legitimierende Kraft zur Gestaltung wie zur Zerstörung erkannte G. das ↗»Dämonische«: »Es täte uns not, daß der Dämon uns täglich am Gängelband führte und uns sagte und triebe, was immer zu tun sei. Aber der gute Geist verläßt uns, und wir sind schlaff und tappen im Dunkeln. Da war Napoleon ein Kerl! – immer erleuchtet, immer klar und entschieden, und zu jeder Stunde mit der hinreichenden Energie begabt, um das, was er als vorteilhaft und notwendig erkannt hatte, sogleich ins Werk zu setzen. Sein Leben war das Schreiten eines Halbgottes von Schlacht zu Schlacht und von Sieg zu Sieg« (Eckermann, 11.3. 1828). Daß die Geschichte gegen das »produktive« Genie – darin verwandt mit Phidias, Raffael, Luther, Mozart, Lessing u.a. – entschieden hat, ist G. freilich nicht entgangen: »Ist es nicht rührend, den Herrn der Könige zuletzt soweit reduziert zu sehen, daß er eine gewendete Uniform tragen muß? Und doch, wenn man bedenkt, daß ein solches Ende einen Mann traf, der das Leben und Glück von Millionen mit Füßen getreten hatte, so ist das Schicksal, das ihm widerfuhr, immer noch sehr milde; es ist eine Nemesis, die nicht umhin kann, in Erwägung der Größe des Helden immer noch ein wenig galant zu sein. Napoleon gibt uns ein Beispiel, wie gefährlich es sei, sich ins Absolute zu erheben und alles der Ausführung einer Idee zu opfern« (Eckermann, 10.2.1830). Das Faszinosum einer durch Napoleon repräsentierten hegemonialen Ordnungsmacht in Europa, einer Symbiose von Geist und Macht blieb bestehen, auch wenn die Kräfte eines ganzen Universums aufgeboten werden mußten, das da durch ein politisches Genie in die Schranken gefordert worden war. Die französische ↗Julirevolution stand vor der Tür.   BL

Napoleonische Kriege, die 1807–1812 von Napoleon zur Behauptung seiner imperialen Hegemonialpolitik in Europa geführten Kriege, von G. zum Zeitpunkt der Ereignisse kaum kommentiert. Erst Jahre nach dem Sturz des französischen Kaisers berichtete er verallgemeinernd: »Die ferneren und näheren Kriegsbewegungen in Spanien und Österreich mußten schon jedermann in Furcht und Sorgen setzen« (*TuJ*, 1809). Napoleons Rußlandfeldzug, der im September 1812 in Moskau zum Stillstand kam und katastrophale Verluste der Grande Armée nach sich zog, entlockte G. nur die lapidare Bemerkung: »Daß Moskau verbrannt ist, thut mir gar nichts. Die Weltgeschichte will künftig auch was zu erzählen haben« (an Reinhard, 14.11.1812).

G. erkannte die »Eigentümlichkeit« seiner »Handlungsweise«, nämlich Krieg, Gewalt und Umwälzungen zu verdrängen, und erklärte rückblickend: »Wie sich in der politischen Welt irgend ein ungeheures Bedrohliches hervortat, so warf ich mich eigensinnig auf das Entfernteste« (*TuJ*, 1813). So studierte G. im Herbst 1813, als die europäischen Großmächte sich gegen Napoleon verbündet und die Befreiungskriege eingesetzt hatten, chinesische Geschichte und Kultur, und während die Völkerschlacht bei Leipzig tobte, schrieb er den Epilog zum *Graf von Essex* von John A. Banks.   DF

Natalie, Figur in den *Wilhelm-Meister*-Romanen, eine adlige junge Frau, eine der Nichten der ›Schönen Seele‹ des 6. Buchs der *Lehrjahre*. Wilhelm sieht Natalie nach einem Überfall auf die Wandertheatertruppe erstmals; sie trägt Männerkleider, er sucht hinfort nach der hilfreichen Frau als nach der Amazone. Schließlich findet er sie in der Umgebung der

↗Turmgesellschaft – seine Verlobung mit Therese wird auf beiderseitigen Wunsch wieder gelöst, und er kann Natalie heiraten, verpflichtet sich aber, während seiner Wanderjahre nur brieflich mit ihr zu verkehren.   BJ

Nation hieß zur G.-Zeit keinesfalls ›Staatsvolk‹. Im Sinne Hamanns und Herders bedeutete Nation eine durch eine gemeinsame Sprache und durch ähnliche regionale Traditionen sich auszeichnende Gruppe Menschen, die nicht unbedingt einem einheitlichen Staat angehören mußten. An dieser Auffassung hielt auch G. zeitlebens fest; die Frage nach ↗Nationaltheater und ↗Nationalliteratur in Deutschland sah er in unmittelbarer Abhängigkeit von der staatlichen Zersplitterung, insgesamt setzte er auf Föderalismus und Kleinstaatlichkeit, da sie der kulturellen und regionalen Vielseitigkeit entsprächen und das Politische so, im je Kleinen, sinnlich erfahrbar bleibe. Jede pathetische Besetzung des Nation-Begriffes sowohl im Zusammenhang der antinapoleonischen Befreiungskriege als auch im Hinblick auf eine Reichsgründung betrachtete er spöttisch und distanziert.

Im Bereich der Kultur sah er ohnehin die nationalen Grenzen längst überschritten (↗Weltliteratur, ↗Weltbürgertum), v.a. für die Deutschen sah er die Nationbildung sehr skeptisch, forderte seine Landleute vielmehr zu einem kosmopolitischen Humanismus auf: »Zur Nation euch zu bilden, ihr hoffet es, Deutsche, vergebens;/Bildet, ihr könnt es, dafür freier zu Menschen euch aus!« (*Xenien*: »Nationalcharakter«).   BJ

Nationale Forschungs- und Gedenkstätten der klassischen deutschen Literatur (NFG) s. **Stiftung Weimarer Klassik**

Nationalliteratur, ein Begriff, den G. vornehmlich als Gegensatz zu ↗Weltliteratur verwendete. Die literaturgeschichtlichen Rückblicke in *Dichtung und Wahrheit* (7. Buch) reflektieren das Fehlen einer deutschen Nationalliteratur noch in den 1770er Jahren: Schlegels *Hermann* habe erstmalig einen ›nationellen‹ Stoff bearbeitet, durch Friedrich den Großen und den Siebenjährigen Krieg, die Gleim und Ramler zu Kriegsliedern bzw. Königslob ermunterten, sei erstmalig tatsächlich Nationalgehalt in die deutsche Literatur eingedrungen. In einem der Sprüche aus ↗*Makariens Archiv* reflektiert G. sogar die Ablehnung der deutschsprachigen Literatur durch den Preußenkönig als Antrieb für die Herausbildung der Nationalliteratur: »Daß Friedrich der Große aber gar nichts von ihnen wissen wollte, das verdroß die Deutschen doch, und sie taten das möglichste, als Etwas vor ihm zu erscheinen«. G. hat sich selber mit seinem *Götz* an der Herausbildung einer Nationalliteratur beteiligt, insofern er hier einen Gegenstand der eigenen ›National‹-Geschichte bearbeitete, die Bedeutung von Nationalliteratur insgesamt wird aber durch sein Konzept der ↗Weltliteratur grundsätzlich relativiert. BJ

Nationaltheater, die im 18. Jh. entstandene Idee eines Theaters, das gegen den Import meist französisch-klassizistischer Stücke an den Hofbühnen die Etablierung eines deutschsprachigen und zugleich bürgerlichen Theaters setzte. V. a. Lessing trieb 1767 in Hamburg dieses Projekt einer stehenden, von der Bürgerschaft finanzierten und an die Bürger gerichteten Bühne voran, sein Versuch scheiterte allerdings. Genau auf das stark gewordene Bedürfnis nach einem Nationaltheater griff G. zurück, als er die hochfliegenden Träume seines Romanhelden ↗Wilhelm Meister zu Beginn der *Lehrjahre* (I.9) in folgende Vision münden läßt: Wilhelm sieht sich schon als den »trefflichen Schauspieler, den Schöpfer eines künftigen National-Theaters, nach dem er so vielfältig hatte seufzen hören«. Auch die städtische Bühne ↗Serlos, an die Wilhelm später gerät, trägt Züge von Lessings Hamburger Projekt, in der ersten Fassung hatte G. den Namen der Stadt mit H** abgekürzt. BJ

Natur: »Was wir von Natur sehn, ist Kraft, die Kraft verschlingt; nichts gegenwärtig, alles vorübergehend, tausend Keime zertreten, jeden Augenblick tausend geboren, groß und bedeutend, mannigfaltig ins Unendliche; schön und häßlich, gut und bös, alles mit gleichem Rechte nebeneinander existierend«, legte G. anläßlich seiner Rezension von Johann Georg Sulzers *Theorie der schönen Künste* 1772 dar. Diese eher nüchterne Erkenntnis hinderte ihn jedoch nicht, vor dem Hintergrund der Entfremdung des Menschen von der Natur, wie sie beispielsweise Rousseau kritisiert hatte, in jungen Jahren einen schwärmerischen, dabei auf Ganzheitlichkeit ausgerichteten Naturkult zu betreiben – »Wie herrlich leuchtet/Mir die Natur« (↗*Mailied*) – und die Natur geradewegs zum Tempel zu stilisieren, der von der »Gegenwart des Allmächtigen«, des »unendlichen Gottes« erfüllt ist (*Werther*, 1. Buch, 10.5. und 18.8.).

Unter dem Einfluß Spinozas gewann G. seit Anfang der 1770er Jahre zunehmend eine pantheistische Auffassung, die er im Alter als die Grundlage seiner Existenz bezeichnete und nach der »Gott in der Natur, die Natur in Gott« zu sehen sei (*TuJ*, 1811). Die

Gleichsetzung war auch ausschlaggebend dafür, daß G. sich immer eingehender mit der Erforschung der Natur beschäftigte (Anatomie, Botanik, Geologie, Physik, Chemie, Meteorologie, Optik und Farbenlehre), dabei »das göttliche in herbis et lapidibus«, also in Gegenständen wie Pflanzen und Steinen suchte (an Jacobi, 9.6.1785) und diesen Weg als einzigen hin zur Erkenntnis von Wahrheit betrachtete. Dabei entwickelte er ein recht kritisches Verhältnis zu den exakten Naturwissenschaften seiner Zeit, die sich mit der bloßen Benennung und Kategorisierung der Naturphänomene begnügten bzw. glaubten, durch Versuchsanordnungen nachstellen und mathematisch-logisch erfassen zu können, was über »Zeit und Raum« hinausgeht (*MuR*).

Gleichzeitig distanzierte er sich von Philosophen, die sich dem Wesen der Dinge ausschließlich über Verstand und Vernunft nähern wollten bzw. eine Naturbetrachtung vernachlässigten. Als die »zwei großen Triebräder aller Natur« bezeichnete G. ↗Polarität und Steigerung (*Erläuterung zu dem aphoristischen Aufsatz »Die Natur«*). Hinsichtlich eines Naturverständnisses kam der Kunst höchste Bedeutung zu: G. sah in ihr die »würdigste Auslegerin« der Natur (*MuR*). DF

Natur, Kunst: Zwei Themen, die G. lebenslang nicht nur abgelöst voneinander, sondern vor allem auch in ihrem Zusammenhang interessiert haben. In jungen Jahren, anläßlich der Rezension von Johann Georg Sulzers *Allgemeiner Theorie der schönen Künste* (1772), stellte G. der Natur als einer »Kraft, die Kraft verschlingt«, die Kunst als »Widerspiel« gegenüber, um die unterschiedlichen Zweckmäßigkeiten beider zu betonen. Was die Produktion von Kunst, gleich welcher Gattung oder Art betraf, war für G. nicht nur eine auf gründlichem Studium der Natur beruhende Nachahmung derselben ratsam. Hinter dem Ausruf »Natur! Natur! nichts so Natur als Shakespeares Menschen« (*Zum Schäkespears Tag*) steckte ein zentraler Gedanke des ↗Sturm und Drang, nach dem das ↗Genie nicht nur wie die ↗Natur schafft, sondern die Natur in ihm schafft, das entstehende Kunstprodukt also eigentlich ein Naturprodukt ist.

Mit zunehmendem Alter wurde G. zwar vorsichtiger und räumte in *Wilhelm Meisters Wanderjahren* ein, »daß Kunst eben darum Kunst heiße, weil sie nicht Natur ist« (II.8), doch unter dem Datum des 6.9.1787 galt noch in dem erst 1829 veröffentlichten *Zweiten Römischen Aufenthalt* bezüglich der antiken Kunst, an der sich alle spätere zu messen hatte: »Diese hohen Kunstwerke sind zugleich als die höchsten

Naturwerke von Menschen nach wahren und natürlichen Gesetzen hervorgebracht worden«. 1799 hat
sich G. offensichtlich intensiv mit dem Thema beschäftigt, der von ihm verfaßte »allgemeine Schema-
tismus über Natur und Kunst« (*TuJ*, 1799) ist jedoch
nicht erhalten. Das Sonett *Natur und Kunst, sie
scheinen sich zu fliehen*, entstanden etwa 1800,
fügte G. 1802 anläßlich der Eröffnung des Schauspielhauses in Bad Lauchstädt in sein Vorspiel *Was
wir bringen* ein und unterstrich damit nicht nur den
Kunstcharakter auch der Schauspielerei, sondern kam
außerdem zu dem Schluß, daß Natur und Kunst eben
nur einen scheinbaren Gegensatz bilden und »sich, eh'
man es denkt, gefunden« haben.   DF

Naturdichter: Unter ⁄Herders Einfluß interessiert
sich der zwanzigjährige G. für die Dichtung aus unteren Volksschichten. In der originären Kraft der Naturdichter erhofft er sich eine Korrektur der überzüchte-
ten Kultur seiner Zeit: »Die sogenannten Naturdichter
sind frisch und neu aufgeforderte, aus einer über-
bildeten, stockenden, manierierten Kunstepoche zurückgewiesene Talente«, welche »regenerierend« auf
die Zeit wirkten und diese durch »neue Vorschritte«
anregten (*MuR*). G. entwickelte in den 1790er Jahren
eine Theorie der Natur- und Volksdichtung im Sinne
von Volkspoesie, alten Schriften und Dokumenten,
welche Zeugen dafür seien, »daß die Dichtkunst überhaupt eine Welt- und Völkergabe sei, nicht ein Privat-
Erbteil einiger feinen gebildeten Männer« (*DuW*, 10.
Buch). G. edierte und rezensierte Neuerscheinungen
der Volkspoesie, um zu deren Verbreitung und Anerkennung beizutragen; er betonte dabei die Wichtigkeit, daß Naturdichtern die ihnen anhaftende unge-
feilte Schwere nicht aberzogen werden, daß also dich-
tende Handwerker, Bauern oder Gewerbetreibende
nicht aus der Lebenswelt herausgenommen werden
sollten, in welcher sie lebten und wirkten.   AV

Naturerscheinungen sah G. geradewegs als Offenbarungen dessen an, was die Christen Gott und die
Philosophen Idee oder Wesen nennen. Ihm ging es
jedoch nicht um eine Trennung dieser Begriffe, sondern um ihre Vereinigung. Schon früh war es sein
erklärtes Anliegen, »das göttliche in herbis et lapidibus«, also in Pflanzen und Steinen, zu suchen (an
Jacobi, 9.6.1785), und 1820 erklärte G. seine Methode, »alle Naturphänomene in einer gewissen Folge
der Entwicklung zu betrachten und die Übergänge vor
und rückwärts aufmerksam zu begleiten«. Erst dadurch gelangte er, im Gegensatz zu den von ihm
kritisierten, weil voreiligen Konkurrenten, »zur le-

bendigen Übersicht, aus welcher ein Begriff sich bildet, der sodann in aufsteigender Linie der Idee begegnen wird« (*Wolkengestalt nach Howard, Howards Ehrengedächtnis*).   DF

Naturforschende Gesellschaft, 1793 von dem
Botaniker August Johann Georg Carl Batsch in der
Universitätsstadt Jena »durch unglaubliche Regsam-
keit« ins Leben gerufene Vereinigung von Gelehrten
unterschiedlichster Disziplinen, »auf schöne Sammlungen, auf bedeutenden Apparat gegründet« (*Glückliches Ereignis*) und darauf bedacht, den Austausch
innerhalb der ⁄Naturwissenschaften zu fördern. Bei
einem der monatlichen Treffen lernte G. im Juli 1794
Schiller kennen, 1804 übernahm er die Präsident-
schaft, ohne jedoch die nach dem Tode von Batsch
1802 allmählich einsetzende Auflösung der Gesellschaft verhindern zu können.   DF

Naturforschung hält in G.s Lebenswerk dem poetischen Schaffen nicht nur quantitativ die Waage, er
legte ihr viel grundlegendere Bedeutung als dem
Dichten bei. Den 1790 in den *Venezianischen Epigrammen* geäußerten Wunsch: »Sei es mein einziges
Glück, dich zu berühren, Natur!«, versuchte G. sich
lebenslang zu erfüllen, er und beschäftigte sich deshalb intensiv mit den ⁄Naturwissenschaften seiner
Zeit. Die größte Schwierigkeit einer angemessenen
Erforschung der Natur sah G. darin, »daß die Beobachter von der Erscheinung zu schnell zur Theorie
hineilen und dadurch unzulänglich, hypothetisch
werden« (*MuR*). Im Aufsatz *Der Versuch als Vermittler von Object und Subject* legte G. dar, wie erkennt-
nisgefährdend es sei, von Versuchsanordnungen vorschnell auf allgemeingültige Theorien zuschließen.
                                                DF

Natürliche Tochter, Die: Trauerspiel in 5 Akten,
Uraufführung am 2.4.1803 im Weimarer Hoftheater.
Schiller gab G. am 14.8.1799 die Autobiographie der
Stéphanie-Louise de Bourbon-Conti von 1798 zu lesen – am nächsten Tag schon erbat G. sich den
zweiten Band, so sehr faszinierte ihn die Geschichte
der französischen Adeligen. Sie wurde 1762 als außer-
eheliche Tochter des Fürsten Bourbon-Conti und einer
Herzogin geboren, aufgezogen von einer Erzieherin,
1773 mit 11 Jahren auf Betreiben der Mutter und des
eifersüchtigen Bruders, der mit dem Vater politisch
zerstritten war, von der Erzieherin verschleppt und
1774 verheiratet. Ihre späteren Bemühungen um Anerkennung scheiterten, 1825 starb sie in Paris.
Die adelige Intrige aus vorrevolutionärer Zeit be-

»Die natürliche Tochter« in der Inszenierung von Ruth Berghaus, Bonn 1992

stimmt den Gang der Handlung des Stückes, ohne daß G. die französischen Verhältnisse ein einziges Mal ausdrücklich erwähnt. Darin drückt sich sein erneutes Bestreben aus, die Revolution, »das schrecklichste aller Ereignisse in seinen Ursachen und Folgen dichterisch zu gewältigen« (*Bedeutende Fördernis durch ein einziges geistreiches Wort*). Politisch entzieht G. sich einer Festlegung jenseits der grundsätzlichen Forderung nach einer Selbstreform des Adels. Nach dem *Groß-Cophta* (1791), dem *Bürgergeneral* (1793), den *Aufgeregten* (1793) und dem *Mädchen von Oberkirch* (1795/96) fand G. am Ende der dramatischen Auseinandersetzung mit der ↗Französischen Revolution in der *Natürlichen Tochter* »ein Gefäß, worin ich alles, was ich so manches Jahr über die französische Revolution und deren Folgen geschrieben und gedacht mit geziemendem Ernste niederzulegen hoffte« (*TuJ*, 1799).

Auf hohem symbolischem Niveau, das sich in extrem stilisierten, sentenzhaften Versen ausdrückt, stellt G. den Konflikt individueller Glücksansprüche zu Zeiten revolutionärer Unruhen dar. Der Text wirft viele Fragen auf. Unverständliche Andeutungen hätten sich vielleicht in den Fortsetzungen aufgelöst; G. wollte die Fülle des Materials in eine Trilogie umsetzen. Die gewollte Unbestimmtheit, die klassizistische Stilisierung und die propagierte Kunst der Einfachheit war schon unter Zeitgenossen heftig umstritten. Das was Fichte als »Einheit« und »Unendlichkeit, [...] Tiefe und Simplizität zugleich« (an Schiller, 18.8.1803) lobte, denunzierte August von Kotzebue in der Zeitschrift *Der Freimütige* am 22.7.1803 als »lange Weile die mit bleiernem Fittig über dem ganzen schwebt«. Obwohl das Drama in der wissenschaftlichen Literatur als Höhepunkt und Abschluß von G.s klassischer Periode erscheint, gehört es zu den unbekannteren Werken und wird außerordentlich selten gespielt.   WM

Naturphilosophie, im Zusammenhang mit G.s Auffassung von der ↗Natur als einem großen Ganzen, das Mensch, Umwelt sowie gleichermaßen den zugrundeliegenden Plan bzw. die Idee umfaßt und deshalb genauso gut auch Gott genannt werden kann, für ihn letztendlich die einzig sinnvolle Art, sowohl Philosophie zu betreiben als auch den Geheimnissen der Natur auf die Spur zu kommen - metaphysische Abstraktion schien ihm genauso unfruchtbar wie bloß mathematisch-analytische Zerstückelung der Naturerscheinungen.

Diese Einsicht hatte G. auch durch die Beschäftigung mit hermetischen Geheimlehren und ↗Alchimie

schon früh gewonnen, Anfang der 1770er Jahre im *Urfaust* (Nacht) beschrieben und in alle späteren Fassungen übernommen. Faust ist verzweifelt: Als Philosoph und Theologe muß er »mit saurem Schweiß« von Dingen reden, die er »nicht weiß«; als Forscher umgibt ihn »statt all der lebenden Natur« nur »Tiergeripp' und Totenbein«. Die Einsicht vertiefte sich, als G. selbst mehr und mehr Naturforschung betrieb, und fand noch 1827 in dem kleinen Aufsatz *Naturphilosophie* ihren Niederschlag. Wie eine für G. adäquate Vorgehensweise auszusehen hatte, ohne sich wie Faust der Magie zu ergeben, demonstrierte er mit seinen auf der Basis gründlicher Naturstudien in den 1780er und 1790er Jahren entwickelten Konzepten von ↗Urpflanze und ↗Typus. Eine Naturphilosophie, wie sie ↗Schelling mit seiner Lehre von der Identität und Johann Wilhelm ↗Ritter, der Begründer der Elektrochemie und Entdecker der ultravioletten Strahlung, gegen Ende des 18.Jhs in Jena auszuarbeiten begannen, begrüßte G. anfänglich sehr (vgl. das Gedicht *Weltseele*), stand doch die Natur jetzt wieder mehr im Mittelpunkt der Betrachtung.

Doch im gleichen Maß, wie deren Theorien ins Idealistische bzw. Spekulative und Mystische abtrieben, distanzierte G. sich auch wieder. Er sah durchaus »die Schwierigkeit im Praktischen etwas vom Theoretischen zu nutzen«, plädierte aber für eine Verbindung beider Bereiche und beschrieb seine eigene Position so: »Ich stehe gegenwärtig in eben dem Fall mit den Naturphilosophen, die von oben herunter, und mit den Naturforschern, die von unten hinauf leiten wollen. Ich wenigstens finde mein Heil nur in der Anschauung, die in der Mitte steht« (an Schiller, 30.6.1798). Dementsprechend siedelte er eine Naturphilosophie, die diesen Namen auch verdient, in der Zukunft an, wie er um 1800 dem Theologen und Orientalisten Heinrich Eberhard Gottlob Paulus im Gespräch mitteilte: »Je mehr man sich an dem Spekulieren über das Übermenschliche trotz aller Warnungen Kants vergeblich abgemüht haben wird, desto vielseitiger wird dereinst das Philosophieren zuletzt auf das Menschliche, auf das geistig und körperlich Erkennbare der Natur gerichtet und dadurch eine wahrhaft so zu benennende Naturphilosophie erfaßt werden«.   DF

Naturwissenschaften: Es herrscht heute Übereinstimmung darüber, daß G.s naturwissenschaftliche Beschäftigungen, sein naturwissenschaftliches und sein dichterisches Werk zwei Seiten eines einzigen Erkenntnis- und Ausdruckswillens, eines ethischen Universalismus sind. Als einer seiner ersten Kritiker hat ihm dies der langjährige Freund und Weggefährte Wilhelm von ↗Humboldt 1830 in seiner Rezension des *Zweiten Römischen Aufenthalts* bestätigt. Unsere heutige Sichtweise von der Koexistenz, von der Nichtvermittelbarkeit zweier Kulturen, der naturwissenschaftlichen und der geistigen Welt, hätte G. erbittert auf den Plan gerufen, zeigt aber zugleich die Kluft, die sich um 1800 bereits deutlich öffnete. Als Naturwissenschaftler war G. mit seinem Konzept eines geistes- und naturwissenschaftlichen Parallelismus ein Konservativer von höchstem Rang, mit eigenen Leistungen und Entdeckungen, die in den Fachwissenschaften stark beachtet wurden; durch seine ↗Amtlichen Tätigkeiten (u.a. Oberaufsicht über die Universität Jena) kam er mit namhaften Forschern in Berührung und Austausch; er befand sich, stets eifrig und eifersüchtig auf seine Konkurrenten, durch Lektüre, Experiment, Korrespondenz oder Gespräch auf der Höhe der aktuellen wissenschaftlichen Fragestellungen.

G.s Aneignung und Beantwortung naturwissenschaftlicher Fragestellungen beruht auf autodidaktischem Fleiß – ein Fach dieser Richtung hat er nie ernsthaft studiert, hört aber neben dem Jurastudium einschlägige Vorlesungen und hat über Kommilitonen zahlreiche Fachkontakte. Er kennt die einschlägige, das Meinungsbild der Zeit beherrschende Literatur zu Naturgeschichte und Naturphilosophie (»Vorläufig aber will ich bekennen, daß nach Shakespeare und Spinoza auf mich die größte Wirkung von ↗Linné ausgegangen und zwar gerade durch den Widerstreit zu welchem er mich aufforderte«, *Geschichte meines botanischen Studiums*, 1816) und beginnt, sich seine eigenen Gedanken über Artenentstehung, Artenkonstanz, Evolution, pflanzliche, tierische, mineralische und menschliche Welt, über den Organismus zu machen, eine Position, die sich im wesentlichen zwischen 1780 und 1800 auf den Gebieten der ↗Morphologie, der ↗Farbenlehre, der ↗Geologie und ↗Mineralogie, der ↗Metereologie und der ↗Chemie herausbildet. Mehr amtlicherseits, mehr am Rande erfolgte die Beschäftigung mit Fragen des Bergbaus, der Land- und Forstwirtschaft – mit regem persönlichem Interesse befaßte er sich mit Gartenbau, darin nicht allein unter den Intellektuellen seiner Zeit.

Die Etappen von G.s naturwissenschaftlicher Laufbahn: Nach Beendigung der Zusammenarbeit mit ↗Lavater bei dessen wissenschaftlich unzureichenden *Physiognomischen Fragmenten* seit 1780 Aufnahme vergleichender anatomischer und osteologischer Studien, die seit 1781 von ↗Loder, Professor für Anatomie und Medizin in Jena, begleitet werden; im März

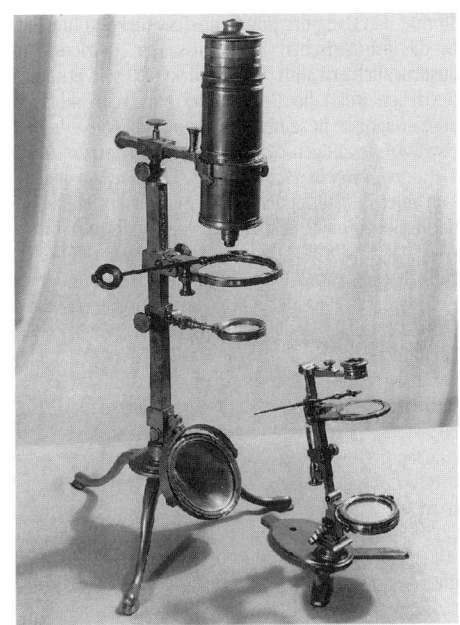

Das Mikroskop diente Goethe zur Erweiterung des Sichtbaren und Erfahrbaren

1784 Entdeckung des menschlichen ↗Zwischenkieferknochens, die keine Zustimmung der Fachwelt findet. G. beschäftigt sich 1784/85 mit Fragen der Botanik, sein Gesprächspartner ist vor allem A.J.G.K. Batsch, Professor der Naturgeschichte in Jena; seine botanischen Studien setzt er während der Italienreise fort und entwirft 1787 den Gedanken der ↗Urpflanze, mit dem Blatt als Grundorgan (»Alles ist Blat«). 1789 faßte er seine gewonnenen Erkenntnisse in dem ↗*Versuch die Metamorphose der Pflanzen zu erklären* zusammen. Mit dem Begriff ↗Metamorphose verband G. die Vorstellung einer natürlichen Gesamtentwicklung (Evolution) des Pflanzensystems und der einzelnen Pflanze. Der zufällige Fund eines Schafschädels am Lido in Venedig brachte G. 1790 auf eine analog zum pflanzlichen Blatt entwickelte Wirbeltheorie der tierischen Entwicklung und stellte in seinem *Ersten Entwurf einer allgemeinen Einleitung in die vergleichende Anatomie, ausgehend von der Osteologie* sein zwischen 1790 und 1795 entstandenes Modell des ↗Typus vor, setzte neben die Urpflanze das Urtier: »Typus und Metamorphose, die Leitbegriffe von G.s biologisch orientierter Naturforschung, stellen zwei Seiten einer untrennbaren ↗Polarität dar; das eine kann nicht ohne das andere gedacht werden. Wie der Typus nur in individuellen, durch Metamorphose bewirkten Ausgestaltungen in Erscheinung treten kann, so vermag die Metamorphose bestimmte, durch den Typus gesetzte Grenzen nicht zu überschreiten. Die zwischen diesen beiden Prinzipien herrschende Wechselwirkung machte für G. die Fülle der Erscheinungen in der Natur aus, die er schließlich in seiner ↗Morphologie zu fassen suchte« (Manfred Wenzel).

G.s Interesse an der ↗Farbenlehre – er verwendet diesen Begriff erstmals 1793 – wird während der italienischen Reise (1786-88) durch die Frage nach der ästhetischen Wirkung der Farbmalerei ausgelöst. Ohne sich näher mit ↗Newton beschäftigt zu haben, »widerlegt« G. eigenwillig dessen Farbentstehungstheorie: Farbe entsteht nicht durch prismatische Brechung des weißen Lichts, sondern am Übergang von Hell zu Dunkel, die spektrale Lichtbrechung sei nur ein Sekundärphänomen. Chemische und physiologische Untersuchungen schließen sich an, der Farbkreis mit den beiden Grundfarben Gelb und Blau wird ausgearbeitet. Seit 1798 in teilweise intensivem Dialog mit Schiller, hat G. sein eigenem Dafürhalten wichtigstes Werk, *Zur Farbenlehre*, bis 1809 ausgearbeitet. Sie ist 1810 zur Frühjahrsmesse bei ↗Cotta erschienen.

Seinen ausgedehnten Reisen, die er auch als geologische und mineralogische Exkursionen betrachtete, seiner Tätigkeit in der Ilmenauer Bergwerkskommission, der Zusammenarbeit mit Johann Karl Wilhelm Voigt, einem studierten Mineralogen und Geologen, zahlreichen Gesprächs- und Briefpartnern verdankte G. seine Kenntnisse auf diesen beiden Naturwissenschaftsgebieten. Als Urgestein schlechthin betrachtete er den ↗Granit, bei der Erklärung der erdgeschichtlichen Entwicklung neigte er zum neptunistischen Modell, wenngleich ihn vulkanische Phänomene (Vulkan, Basalt, warme Quellen) immer wieder anzogen. Seine Sammlertätigkeit (↗Sammlungen, naturwissenschaftliche) war beachtlich.

Die Beschäftigung mit atmosphärischen und metereologischen Phänomenen setzte relativ spät, um 1815, aber nicht weniger intensiv, ein: »Über meiner ganzen naturhistorischen Beschäftigung schwebt die Howardsche Wolkenlehre« (*TuJ*, 1815). Die Klassifikation der Wolken durch den Engländer ↗Howard veranlaßte G. zu der Annahme, daß die Wolkenformation Ausdruck des Konflikts der oberen, trockenen mit den unteren, feuchten Himmelsschichten sei. In diese Theorie bezieht er die Beobachtung des Barometers

ein, für dessen jeweilige Anzeige er nicht den wechselnden Luftdruck, sondern pulsierende Vorgänge im Erdinnern verantwortlich machte. Herzog Carl August hatte mit der Schaffung von Wetterstationen allerdings nur die Möglichkeit einer längerfristigen Wetterprognose im Auge, vor allem für die Landwirtschaft und den Gartenbau. Der Sternwarte in Jena (1813) wurden unter G.s Leitung der Anstalten für Kunst und Wissenschaft bis 1821 sieben Wetterstationen angeschlossen, deren Daten regelmäßig veröffentlicht wurden. Zweifel am Nutzen dieser Einrichtungen und hohe Kosten führten 1827 zur Stillegung der Stationen, die Jenenser Sternwarte blieb weiter in Betrieb.

Wie die Bildlichkeit der Metereologie bis in G.s Dichtung hineinreicht (↗Erlösung), so auch die ↗Chemie. G. folgt in seinem Roman *Die Wahlverwandtschaften*, 1809 erschienen, weitgehend der chemischen Begrifflichkeit des Jenenser Chemikers ↗Göttling. Mit dessen Nachfolger ↗Döbereiner führte er intensive Gespräche über Themen der angewandten Chemie (Zuckergewinnung, Stahlherstellung, Gasbeleuchtung) und deren industrielle Verwertungsmöglichkeiten, hielt sich aber auch bei theoretischen Fragen wie der naturphilosophischen Interpretation der Harnstoffsynthese (↗Homunculus) auf. Zahlreiche Versuche auf chemischen und physikalischen Gebieten stellte G. selbst nach oder ließ sie bei Gesellschaften vorführen.

Die Forschung bewegt in den letzten Jahren die Frage, ob G.s naturwissenschaftliche Haltung eher in der Antike, im Mittelalter oder in der Moderne des 19.Jh.s angesiedelt sei (Gernot Böhme, *Ist Goethes Farbenlehre Wissenschaft?*, 1977; Hans Blumenberg, *Arbeit am Mythos*, 1979; Albrecht Schöne, *Goethes Farbentheologie*, 1987). Die Bruchstelle liegt auf der Hand: Als ganzheitlich denkender Naturbeobachter und Naturforscher bleibt G. auf der Seite einer Form von Erfahrung, die über die moderne Welt der universitären und industriellen Großlaboratorien des 19.Jh.s theoretisch einen Schritt voraus und praktisch, bezogen auf die Bedürfnisse des Menschen, einen Schritt zurück ist.   BL

Nausikaa: Fragment aus drei Szenen und Dialogentwürfen, begonnen 1786 in Sizilien. G. wollte »eine dramatische Konzentration der Odyssee« aus der Episode von Homers 6. Gesang entwickeln. Während es bei Homer nur zu zwei kurzen Begegnungen Nausikaas mit dem schiffbrüchigen Odysseus kommt, entwarf G. eine Tragödie der unerfüllten Liebe, die mit Nausikaas Selbstmord enden sollte. Nachdem er Sizilien verlassen hatte, setzte er den Plan nicht fort.   NH

Nazarener: Kreis romantisch gesinnter deutscher Künstler im Kloster San Isidoro zu Rom, die sich auf die religiöse Kunst des Mittelalters, die Präraffaeliten, als leitendes Vorbild eingeschworen hatten (Cornelius, Schadow, Overbeck). Starken Einfluß auf die Entstehung der Bewegung hatten F. Schlegels Gemäldebeschreibungen in der Zeitschrift *Europa* 1803–05. G. verspottete die Nazarener als »Neuchristen« (an Zelter, 7.–17.5.1815), deren ästhetisches Programm weit hinter die Renaissance und ihre Errungenschaften zurückfalle, die polemischen Passagen von Meyers »Neu-deutsche religiös-patriotische Kunst«, 1817 in *Kunst und Alterthum* erschienen, entsprachen G.s Meinung. Noch im Tagebuch vom 17. Januar 1831 vermerkt G. mit Bezug auf die Nazarener: »Fortdauernde Betrübniß über die jammervollen kunstzerstörenden frommen Blätter«. BJ

Neapel. Unterbrochen von einer Reise nach Sizilien, hielt sich G. vom 25. Februar bis 3. Juni 1787 in der süditalienischen Stadt auf und war hingerissen: »Neapel ist ein Paradies; Jedermann lebt in einer Art von trunkner Selbstvergessenheit. Mir geht es eben so: ich erkenne mich kaum, ich scheine mir ein ganz anderer Mensch. Gestern dacht' ich: Entweder du warst sonst toll, oder du bist es jetzt« (*IR*, 16.3.1787). An Rom, für G. die Stadt des Kunst- und Antikenstudiums, mochte er sich »gar nicht mehr zurück erinnern: gegen die hiesige freie Lage kommt einem die Hauptstadt der Welt im Tibergrunde wie ein altes übel plaziertes Kloster vor« (*IR*, 2.3.1787). Neapel indes bot ein freies, unbefangenes Leben: G. genoß es zusammen mit Tischbein, schloß Freundschaft mit den Malern Hackert und Kniep, bestieg den Vesuv, unternahm Ausflüge nach Pompeji, Herculaneum und Paestum und machte »nur, wenn's gar zu toll wird, große, große Augen« (*IR*, 27.2.1787). AR

Nebel: Im naturwissenschaftlichen Kontext, etwa im Gedicht *Stratus*, Wetterumschwünge ankündigend, im lyrischen Werk als Hinweis auf die Wandlung der Seele; erscheint oft im Zusammenhang mit dem Mond. In der *Zueignung* nahen sich die »schwankenden Gestalten« im Nebel (*Faust I*, v. 6), Faust selbst hat verschiedentlich sowohl mit naturbedingtem als auch mit seelischem Nebel zu schaffen. Auf das menschliche Bewußtsein übertragen gilt für G.: Wenn der Nebel fällt, schwinden Befangenheit und Verwirrtsein des Geistes, und es beginnt die »wahre Sonne« zu leuchten (*Ilmenau, am 3. Sept. 1783*, v. 160f.) AV

Neckartal. Im Sommer 1775 war G. unterwegs nach Italien, da der Plan, nach Weimar zu gehen,

gescheitert schien – Carl August hatte nichts von sich hören lassen. In Heidelberg machte er Station, gedachte des Vergangenen – »alle die elsässischen Gefühle lebten in den schönen Rhein- und Neckartale in mir wieder auf« (*DuW*, 20. Buch) –, doch sein Leben veränderte sich, als spätabends die lang erwartete Einladung nach Weimar per Post doch noch eintraf. Im Zuge seiner dritten Schweizerreise folgte G. dann nicht der Nord-Süd-Achse des Rheins, sondern machte den Umweg über das Neckartal. Von Heidelberg aus über Sinsheim, Heilbronn und Ludwigsburg nach Stuttgart (8 Tage Aufenthalt, mit Ausflügen nach Berg, Cannstatt und Hohenheim sowie Treffen mit Dannecker und Thouret) folgte er meist dem Flußlauf, dann ging es durch den Schönbuch nach Tübingen, wo G. über eine Woche bei Johann Friedrich Cotta verweilte, der ab jetzt seine Werke verlegte. Viel mehr als für Naturschönheit interessierte sich G. für württembergische Wirtschaft, Architektur und Kunst sowie den »horizontalen Kalkstein«, den er entlang des Neckars immer wieder beobachtete (*Reise in die Schweiz 1797*) und dessen er sich noch 1815 erinnerte, als ihm klar wurde, daß am Neckar »der eigentliche Granit tief liegt« (an Windischmann, 20.4.1815). DF

Nees von Esenbeck, Christian Gottfried Daniel (1776–1858), Naturwissenschaftler und Philosoph, zunächst Arzt in Frankfurt, dann Professor für Botanik in Erlangen und Bonn; einer der wichtigsten naturwissenschaftlichen Korrespondenten des alten G. Dieser kannte Nees von Esenbeck seit 1804, in einer Vielzahl von Briefen (v.a.1816–18) verständigte man sich etwa über die Metamorphose der Pflanzen und Tiere, auf deren Grundgedanken Nees von Esenbeck in seinen Forschungen immer wieder zurückgriff. G. versuchte vergeblich, den Naturwissenschaftler nach Jena zu berufen. BJ

Neid, mehrfach verwendetes literarisches Motiv. Egmont wirft Albas Sohn Ferdinand den kleinlichen Neid seines Vaters als Ursache für die bedrängte Situation in den Niederlanden vor (V. Gefängnis), Tasso setzt der »Seelenhoheit« des Dichters Neid und Kleinlichkeit der Mitwelt gegenüber, er wirft Antonio vor: »ein selbstisches Gemüt/Kann nicht der Qual des engen Neids entfliehen« (v. 2318f.). In der *natürlichen Tochter* konstatiert der Herzog den Neid als Ursache für die gewaltsam zerstörte Ordnung: »Der Neid verhetzt ein fieberhaftes Blut« (v. 469). BJ

Neptunismus: Der milesische Vorsokratiker Thales in der »Klassischen Walpurgisnacht« von *Faust II*

äußert seinem vulkanistischen Kontrahenten ↗Ana-xagoras gegenüber seine Ansicht der Erdentstehung: »Nie war Natur und ihr lebendiges Fließen/Auf Tag und Nacht und Stunden angewiesen./Sie bildet regelnd jegliche Gestalt,/Und selbst im Großen ist es nicht Gewalt« (v. 7861-7864). G. charakterisiert damit die eine Position einer zeitgenössischen, heftig umstrittenen Frage: Ob die Erde denn aus dem Feuer oder aus dem Wasser entstanden sei. G. neigte in diesem Streit dem von ihm geschätzten Freiberger Mineralogen Abraham Werner (1750-1817) zu, der die neptunistische Theorie begründet hatte. Die »Klassische Walpurgisnacht« läßt G. in dieser Frage hymnisch gemäß der antiken Vier-Elemente-Lehre enden: »ALL-ALLE! Heil den mildgewogenen Lüften!/Heil geheimnisreichen Grüften!/Hochgefeiert seid allhier,/Element' ihr alle vier!« (v. 8484-8487).   BL

Neri, Filippo (1515-1595), florentinisch-römischer Mönch, 1622 heiliggesprochen, dessen Lebensbeschreibung G. 1787 in Neapel kauft und dem er den Aufsatz widmet *Philipp Neri, der humoristische Mönch* (1829). Wenn es in den *Zahmen Xenien* heißt: »Wornach soll man am Ende trachten?/Die Welt zu kennen und sie nicht verachten«, so geht das zurück auf Neris Wahlspruch »spernere mundum, spernere te ipsum, spernere te sperni« - die Grundhaltung auch des alten G.   PO

Nero, Claudius Caesar (37-68), Römischer Kaiser in den Jahren von 54 bis 68. G. plante vermutlich im Jahre 1777 ein Drama, in dem die Person des Kaisers agieren sollte. Von dem Vorhaben des Monodramas ist aber nichts Weiteres bekannt. Im Zentrum des Stückes sollte die Nero übermittelte Nachricht einer Verschwörung gegen ihn stehen.   DO

Neuber, Friederike Caroline geb. Weißenborn (1697-1760), Schauspielerin in Leipzig und Prinzipalin einer dortigen Theatertruppe. Neuber war zeitweise radikale Parteigängerin Gottscheds, trat ein für die Reinigung der deutschen Bühne etwa von Hanswurst-Figuren und für das regelmäßige Theater im französischen Geschmack. Sie ist Autorin einer großen Zahl von Lust- und Trauerspielen.   BJ

Neue Liebe, neues Leben: *Herz, mein Herz*, entstanden Februar 1775, Erstdruck im Märzheft von *Iris* 1775. Das Gedicht aus der ersten Zeit der Liebe zu Lili Schönemann (↗*Lili-Lyrik*) zeigt bereits alle Anzeichen der starken Gefühlsambivalenz dieser Beziehung. Zwischen Anziehung und Freiheitsbedürfnis

schwankt das Ich, das in ratloser Entfremdung von sich selbst sein Herz befragt: »Ich erkenne dich nicht mehr«. Mit dem Bildbereich von »Zauberfädchen« und »Zauberkreise« schließt das Gedicht an die Tradition der volksliedhaften Liebeslyrik an. Durch die vertraute Vorstellung vom Jüngling, der wider seinen Willen dem Zauber des Mädchens erliegt und sich selbst abhanden kommt, wird die persönlich bedrängende Erfahrung zu einer allgemeinen, überindividuellen Erfahrung der ambivalenten Macht der Liebe.
                           IW

Neue Lieder, in Melodien gesetzt von Bernhard Theodor Breitkopf, entstanden 1767-1769. Diese erste gedruckte Gedichtsammlung G.s erschien ohne Nennung des Autors unter dem Namen des Komponisten in Leipzig 1769, vordatiert auf 1770. Die Gedichtsammlung wurde in Frankfurt fertiggestellt und enthält einige überarbeitete Gedichte aus den früheren handschriftlich überlieferten Sammlungen der Leipziger Studienzeit: *Annette, Oden an meinen Freund* und *Lieder mit Melodien*. Die 20 Gedichte umspielen den Themenkreis erotischer Situationen, von Liebe, Vergänglichkeit und ironischer Warnung vor der Ehe. Ausdrucksformen der zeitgenössischen Lyrik (↗Rokokolyrik) werden talentvoll, teilweise souverän erprobt. Daneben zeigen sich erste Ansätze von Neuem, so v.a. in *Die Nacht* und *An den Mond*. Intensive künstlerische und literarische Eindrücke, das Scheitern der Liebesbeziehung zu Anna Katharina Schönkopf sowie die Freundschaft zum kritischen Mentor Ernst Wolfgang Behrisch verdichten sich in der Leipziger Zeit zu einer physischen und psychischen Krise. Der dadurch ausgelöste Reifeprozeß bereitet eine neue, subjektivere Form lyrischen Sprechens vor.   IW

Neue Melusine, Die: Ein Märchen, das ein Barbier vor Mitgliedern des Auswandererbundes in den *Wanderjahren* erzählt (III.6). G. gibt in *Dichtung und Wahrheit* (10. Buch) an, er habe das Märchen schon während seines Straßburger Aufenthalts in Sesenheim erzählt, die schriftstellerische Arbeit am Text aber wird erst am 4.2. 1797 gegenüber Schiller erwähnt; diktiert wird erstmals 1807 an der *Melusine*, die Reinschrift folgt 1812; Erstdruck in zwei Teilen 1817/19 im *Taschenbuch für Damen*, dann erscheint das Märchen in beiden Fassungen der *Wanderjahre* (1821/29). G. greift mit dem Märchen auf einen Volksbuchstoff aus dem Spätmittelalter zurück, der ihm schon seit frühester Kindheit geläufig war: die Geschichte um eine Frau, deren samstägliche Nixennatur von ihrem Ehemann ausgespäht wird, womit dieser das Familienglück zerstört; Melusine muß zurück ins Wasser. – Der Barbier der *Wanderjahre* erzählt das Märchen als selbsterlebte Geschichte. Vor langer Zeit habe er eine schöne Frau kennengelernt, die immer ein rätselhaftes ↗Kästchen bei sich getragen und es, nach besserem Kennenlernen, in seine Obhut gegeben habe: An jeder Reisestation habe dem Kästchen ein eigenes Zimmer zugewiesen werden müssen, Abend für Abend sei dann die Frau aus dem nämlichen Zimmer herausgekommen. Nach lange so verbrachter Reise sieht der nächtlich Reisende plötzlich einen Lichtschein aus dem Kästchen fallen, der Blick durch einen kleinen Riß zeigt ihm einen köstlichen Saal, in dem die Angebetete en miniature sich bewegt. Später zur Rede gestellt, offenbart sie ihre Doppelnatur und bietet ihm die Heirat an – unter der Bedingung, daß er ebenfalls Zwerg werde. Begeistert willigt er ein, ein Ring verwandelt ihn, er wird als Retter der immer weiter schrumpfenden Zwergenwelt gefeiert. Aus Sehnsucht nach dem vorigen Zustand aber feilt er schließlich den Ring auf und verläßt ohne Abschied die zwergische Welt. Seine Taschen, bis dahin immer mit reichlichem Gold versorgt, sind nun versiegt, einzig ein kleines Schlüsselchen liegt noch darin – zu dem jedoch das Schloß fehlt, das Kästchen ist verloren. – Mit den Requisiten des Kästchens und Schlüssels schließt g. die Erzählung an verschiedene Hauptstränge der Wilhelm-Handlung an (↗Felix, ↗Hersilie), die so in der Märchenerzählung gespiegelt werden; gleichzeitig vervollständigt die *Neue Melusine* den Kreis der unterschiedlichen Erzählformen, die als Novellen in die *Wanderjahre* eingefügt sind, um das Genre der phantastischen Erzählung.   BJ

Neueröffnetes moralisch-politisches Puppenspiel, ein Prolog, den G. 1774 für die Veröffentlichung mehrerer kleiner Stücke schrieb: *Des Künstlers Erdewallen, Das Jahrmarktsfest zu Plundersweilern, Ein Fastnachtspiel vom Pater Brey.* Wie bei einem Schattenspiel werden Würdenträger, Bürger, die Autoren und das Publikum präsentiert, es gibt Krieg, ein Titanensohn läßt die Erde wanken und wird von Jupiters Blitz getroffen, Jupiter wird von Juno gescholten. Groß und klein vereint im Weltenlauf.   NH

Neueste von Plundersweilern, Das: Der fiktive Ort war nach dem Erfolg des *Jahrmarktsfest zu Plundersweilern* am Weimarer Hof zu einem Kürzel für die satirische Aufbereitung aktueller Kulturerscheinungen geworden, und offenbar wurde immer wieder

nach einer Fortsetzung verlangt. Zu Weihnachten 1781, anläßlich der traditionellen Bescherung bei der Herzogin Anna Amalia, trug G. das Gedicht vor. Es kommentierte im Kostüm des Marktschreiers von Plundersweilern ein Aquarell von Georg Melchior Kraus, auf dem karikierende Szenen dargestellt waren: Ein Straßenmädchen personifiziert den Handel mit Raubdrucken, ein Leichenzug schwelgt im Wertherfieber, ein Herausgeber von Anthologien als Barbier, der Ohren und Nasen mit abschneidet, Klopstock als Eule, dessen Odentränen gierig aufgesammelt werden etc. Anna Amalia war von dem Vortrag angetan und ließ das Scherzspiel noch zweimal vor Gästen wiederholen.   NH

Neureuther, Eugen Napoleon (1816–1882), Maler und Radierer, Schüler von Peter Cornelius in München. Neureuther hatte G. 1828 zwei (von 46) »Randzeichnungen zu Goethe's Balladen und Romanzen« zugeschickt, die G. begeisterten. Er lobte Neureuthers ›erfreuliches Talent‹ überschwenglich (Eckermann, 5.4.1831); ein lockerer Briefwechsel folgte bis zu G.s Tod. Neureuther veröffentlichte seine »Randzeichnungen« mit G.s ausdrücklichem Wohlwollen von 1829–1839, 1845 folgten Holzschnitte zum *Götz*.   BJ

Newton, Isaac (1643–1727), englischer Physiker, entdeckte die Erdschwerkraft, entwickelte die mathematisch-exakte Physik entscheidend weiter und formulierte eine Theorie des Lichts, nach der alle Farben im weißen Licht enthalten seien. Neben seiner Ablehnung der mathematisch dominierten Naturbetrachtung sah G. vor allem im Bereich der Farbenlehre in Newton seinen Hauptgegner. Newton und seinen Anhängern wirft G. »Starrsinn, Selbstbetrug und Unredlichkeit« vor (an Schiller, 10.2.1798), er hält Newtons Physik für längst überwunden: »Jene Lehre ist schon ausgelöscht« (an Zelter, 28.2.1811). G.s gesamter Umgang mit ↗Natur und ↗Naturwissenschaft sträubte sich gegen Newtons Methodik: »Die Natur ist ganz praktisch, deswegen müssen ihre Maximen ganz einfach seyn. Brauchte sie soviele Umstände als Newton zu seiner Optik, so wäre nie ein Weltchen zu Stande gekommen, ja kein Steinchen wäre vom Himmel gefallen« (an Schultz, 24.11.1817). Gegen Newtons theoretische Physik der Abstraktion steht G.s Konzept von ↗Erfahrung und ↗Empirie; v.a. im historischen und im polemischen Teil der *Farbenlehre* setzt G. sich ausführlich mit Newton auseinander.   BJ

Nibelungenlied s. **Altdeutsche Literatur**

Nicolai, Christoph Friedrich (1733–1811), Verleger und einflußreicher Publizist der Spätaufklärung; verfaßte neben einem satirischen Roman und verschiedenen Reisebeschreibungen eine Parodie auf G.s *Werther,* in der Werther von der Vernunft geleitet glücklich wird (*Freuden des jungen Werthers,* 1775). Im Gegenzug richtete G. mehrere Spottgedichte »zur stillen und unverfänglichen Rache« (*DuW,* 13. Buch) gegen Nicolai und schrieb die *Anekdote zu den Freuden des jungen Werthers.* Den Appell an die Vernunft betrachtete G. als verengte Sichtweise des Spätaufklärers. Noch zwanzig Jahre später verfaßten G. und Schiller allein neununddreißig Xenien gegen Nicolai: »Nicolai reiset noch immer, noch lang' wird er reisen,/Aber ins Land der Vernunft findet er nimmer den Weg« (↗Arsch).   BS

Niederländische Kunst kannte G. seit frühester Jugend, wenngleich anfänglich in Form von Nachahmungen durch zeitgenössische Frankfurter Maler, die im Elternhaus verkehrten und denen G.s Vater Werke abkaufte. In Leipzig und Dresden ergötzte sich G. 1768 dann an Originalen von Rembrandt, Jacob van Ruysdael, Anton van Dyck, Breughel und Rubens. Noch 1774 nannte G. Rembrandt und Rubens in einem Atemzug mit seinem mittlerweile zum Lieblingsmaler avancierten Raffael (*Nach Falconet und über Falconet*). Anhand der ↗Boisseréeschen Sammlungen beschäftigte sich G.1814/15 mit der älteren niederländischen Kunst, die, wie er seiner Frau am 27./28.9.1814 berichtete, »wohl eine Wallfahrt werth« sei, und die er im *Heidelberg*-Kapitel von *Über Kunst und Altertum* parallel zur altdeutschen abhandelte. In den 1820er Jahren bemängelte G. dann, »daß die ausgeführtesten Bilder der niederländischen Schule, bei allem großen Reichtum, womit sie ausgestattet sind, doch manchmal etwas an geistreicher Erfindung zu wünschen übrig lassen« (*TuJ,* 1806).   DF

Nietzsche, Friedrich (1844–1900), verbeugte sich tief vor G., indem er ihn in einer Zeit, die diesen nicht besonders beachtete, ein »europäisches Ereignis« nannte und Eckermanns *Gespräche mit Goethe* als »bestes deutsches Buch« pries (dabei den bis weit ins 20.Jh. üblichen Fehler machend, das Werk als eines von G. anzusehen). Nietzsche schätzte G.s »apollinische« Kunst als »Überschuß einer weisen und harmonischen Lebensführung« und rühmte sich selbst, mit seinem *Zarathustra* den – nach Luther und G. – notwendigen dritten Schritt zur Vollendung der deutschen Sprache getan zu haben. Nietzsches Aphoris-

mensammlung *Der Wanderer und sein Schatten* greift im Titel G.s Wander-Thematik auf, *Scherz, List und Rache,* das »Vorspiel« zur *Fröhlichen Wissenschaft,* ist auch der Titel eines Singspiels von G., auf seinen berühmt-berüchtigten »Übermenschen« könnte Nietzsche in G.s *Faust* gestoßen sein. Das in G.s Tagebuch 1778 vermerkte »Muthgen« war allem Anschein nach eine Vorfahrin Nietzsches, was dieser 1887 stolz herumposaunte.   DF

Norden/Süden s. **Süden/Norden**

Nostradamus, Michel de Nôtredame (1503–1566), französischer Arzt (in königlichen Diensten), Astrologe und Weissager. Ein »geheimnisvolle[s] Buch« mit astrologischen Zeichenspekulationen, worauf Fausts Worte (*Urfaust,* v. 66; *Faust I,* v. 419) hindeuten, ist nicht bekannt, es wäre denn ein verschollene Handschrift (»eigner Hand«). Wohl eher steht der Name für jene Schwarzkünste überhaupt, ohne Bezug auf einen konkreten Namen.   GG

Not, als gesellschaftliche Erfahrung G. in der verarmten Umgebung Weimars wohlbekannt – während der Abfassung der *Iphigenie* schreibt er etwa an Charlotte von Stein: »Hier will das Drama gar nicht fort, es ist verflucht, der König von Tauris soll reden, als wenn kein Strumpfwürcker in Apolda hungerte« (6.3.1779). Beim Rückzug aus Frankreich gerät G. mit dem Heer in eine Notlage (*CiFr,* Trier 29.10.1792). Angesichts des Emigranten-Elends vor den Toren der Stadt sagt Hermann: »Groß sind Jammer und Noth, die über die Erde sich breiten« (v. 104), Gretchen betet in ihrer Not im Zwinger: »Ach neige,/Du Schmerzenreiche,/Dein Antlitz gnädig meiner Not!« (v. 3587ff.). Iphigenie beklagt ihr schweres (Familien-) Schicksal als mythische Not (v. 1689ff.), schließlich tritt die Not als allegorische Figur im 5. Akt von *Faust II* gemeinsam mit Mangel, Schuld und Sorge auf.   BJ

Noten und Abhandlungen zu besserem Verständnis des West-östlichen Divans, erschienen 1819 als Anhang zum *West-östlichen Divan.* Da die Vorabpublikation einiger Gedichte u.a. in Cottas *Taschenbuch für Damen auf das Jahr 1817* Unverständnis ausgelöst hatte, führte G. 1818/19 den bereits zuvor gefaßten Plan einer erläuternden Abhandlung aus, die sich zu einer kultur- und literaturgeschichtlichen Gesamtschau ausweitete. G. widmete sich einem intensiven Studium von Werken der europäischen Orientalistik; er nahm Kontakt zu Orientforschern auf, so zu dem Jenaer Professor für Orientalistik, Johann Friedrich Ludwig ↗Kosegarten, an dessen Berufung er mitgewirkt hatte. Das Ergebnis war ein Prosatext mit 59 Kapiteln, der deutlich in der Tradition von Johann Gottfried ↗Herders kulturphilosophischen Schriften steht. Herder war bereits zu Beginn der 1770er Jahre der Initiator von G.s Beschäftigung mit östlichen Kulturen; auch die Sicht der Bibel als kulturhistorische und poetische Quelle ist ihm zu verdanken. Die *Noten* behandeln in ihrem ersten Teil die Kultur- und Literaturgeschichte des vorderen Orients; sie geben Einzelporträts persischer Dichter, darunter das von ↗Hafis. Im Kapitel »Vergleichung« wird ↗Jean Paul als westlichem Autor Affinität zur orientalischen Dichtkunst, »Orientalität«, bescheinigt; nach der langjährigen ablehnenden Haltung gegenüber Jean Paul ist dies ein Zeichen für G.s gewandeltes Dichtungsverständnis, die Integration neuer eigen- und fremdkultureller Vorstellungswelten.

Grundsätzliche Aussagen zur Dichtkunst schließen sich an. Der zweite Teil wird von dem wichtigen Kapitel »Künftiger Divan« eingeleitet, in dem G. eine Charakteristik aller 12 Bücher des *West-östlichen Divan* gibt. Danach werden Reisende und Forscher von den Kreuzzügen bis zur Gegenwart sowie Autoren und Werke der Orientforschung vorgestellt. In ihrer interkulturellen Perspektive, der Einbettung von Literatur in das kulturelle Umfeld sind die *Noten* ein wichtiges Dokument für die Verwissenschaftlichung des Weltbildes seit dem 18.Jh. Der Orient, das Morgenland, war für das christliche Abendland seit jeher kultureller Gegenpol und Projektionsraum verschiedenartigster Phantasien. Der *Divan* und die *Noten* zeigen in ihrem wechselseitigen Bezug sowohl die Resistenz dieser exotischen Phantasien als auch ihre Füllung mit kulturhistorischen Fakten.   IW

Nötigung s. **Urworte. Orphisch**

Notwendigkeit/Freiheit s. **Freiheit/Notwendigkeit**

Novalis, eigentlich Georg Philipp Friedrich Freiherr von Hardenberg (1772-1801), bedeutendster Dichter der Jenaer Romantik. Am 29.3.1798 besuchte Novalis gemeinsam mit seinem Freund August Wilhelm Schlegel G. in Jena. Sein Urteil über G. und dessen Werke schwankte zwischen Bewunderung und Mißachtung. Während er in den *Blütenstaubfragmenten* G. als den »wahren Statthalter des poetischen Geistes auf Erden« feierte, lehnte er die Lektüre von

Wilhelm Meisters Lehrjahren mit den vernichtenden Worten »ein fatales und albernes Buch – so prätentiös und preziös – undichterisch im höchsten Grade« vollständig ab (*Fragmente und Studien*, 11.2.1800). Als 1802 geänderte und gekürzte Teile von Novalis' G.-Aufzeichnungen in den von F. Schlegel und Tieck herausgegebenen *Schriften* von Novalis veröffentlicht wurden, empfand G. tiefe Abneigung gegen Novalis.   HM

Novelle, Erzählung, an der G. seit 1797 immer wieder arbeitete, Erstveröffentlichung 1828. Als der Fürst einer wohlhabenden Stadt zur Jagd ausreitet, besucht die zurückbleibende Fürstin mit ihrem Junker Honorio und einem Oheim das verfallende Stammschloß der Familie. Auf dem Weg dorthin bemerkt man, daß auf dem Jahrmarkt der Stadt ein Feuer ausgebrochen ist. Der Oheim reitet zur Stadt, Honorio muß seine angebetete Herrin gegen den vermeintlich gefährlichen Tiger einer Schaustellerfamilie, der durch den Brand frei gekommen ist, beschützen und tötet das Tier. Frau und Kind des Schaustellers kommen hinzu, entsetzt über den Tod des gezähmten Tieres, das Kind kann schließlich den ebenfalls entsprungenen Löwen, der in das alte Schloß geflohen ist, mit Gesang und Musik besänftigen. G. gestaltet in der *Novelle* das Verhältnis des Menschen zur Natur, zu Landschaft, Wildheit und Leidenschaften; die Schlußszene läßt sich deuten als Bild der Versöhnung von Mensch und Natur durch die Kunst.   BJ

Nur wer die Sehnsucht kennt s. **Aus Wilhelm Meister**

Obelisk, hohe schlanke Steinsäule ursprünglich ägyptischer Herkunft, Denkmal, von römischen Eroberern nach Rom gebracht und vielfach nachgeahmt – z.T. in sekundärer Funktion als riesige Sonnenuhr. G. nimmt in Rom viele Obelisken wahr, ist während des römischen Karnevals von der ungeheuerlichen Größe des Obelisken auf der Piazza del Popolo beeindruckt.   BJ

Oberlin, Jeremias Jakob (1735-1806), elsässischer Philologe; tätig als Gymnasiallehrer, seit 1778 Professor in Straßburg: Vorlesungen zu Literaturgeschichte, Denkmalkunde, Heraldik und Diplomatik. G.

verdankt ihm sein Interesse für Minnesang und Heldendichtung sowie die Bekanntschaft mit der elsässischen Geschichte und ihren Denkmälern. Er gedenkt des »wackeren Mannes« im 11. Buch von *Dichtung und Wahrheit.*   PO

Obermann, Johann Wilhelm (1713–1784), Kaufmann in Leipzig, in dessen und Breitkopfs Hause Lessings *Minna von Barnhelm* als Lieberhaberaufführung einstudiert wurde, wobei G. den Wachtmeister gab (vgl. an Behrisch, 11.11.1767). Die locker-freundschaftliche Bindung an die Familie Obermann hielt G. von Frankfurt aus noch eine Weile aufrecht, er läßt mehrfach, etwa in Briefen an Käthchen Schönkopf, herzlich grüßen (vgl. 30.12.1768).   BJ

Oberroßla, 3 km westlich von Apolda. In »Rossel« erwirbt G., »der damaligen landschaftlichen Grille« folgend, im Frühjahr 1798 ein Gut: ca. 50 ha Acker- und Gartenland, steuerfrei, mit Lerchenstrich, Recht auf Schafhaltung und Landstandschaftsrecht (Sitz und Stimme im Landtag), Gutsübergabe im Juni mit Kirchgang, Fest und Schmaus. Die Kaufsumme – 13 125 Reichstaler mit Zinsen – leiht G., das Gut wird verpachtet: für 450 Reichstaler jährlich, ein Teil ist in Naturalien zu entrichten: 100 Stück Maibutter, 192 Käse, 24 Schock Eier, 3 Schweine, 12 Gänse, 4 Schock Lerchen, dazu Enten, Tauben, Truthühner, Schöpsenfleisch. Als Universalerben für das Gut setzt G. seinen Sohn ein (4.7.1800), er selbst weilte in fünf Jahren ganze 58 Tage dort. Nachlassendes Interesse am geselligen Landleben, Ärger mit Pächter und Wirtschaft waren der Grund dafür, das »Verhältnis zu den Erdschollen« aufzugeben. Im Mai 1803 verkaufte G. das Gut für 15500 Reichstaler.   CS

Oberweimar, Dorf an der Ilm südöstlich oberhalb Weimars, zwischen der Stadt und Oberweimar legten G. und Carl August den Weimarer Park an. Der Bergrat Johann August von Einsiedel hatte in Oberweimar sein Labor, das auf G.s Rat hin für das Herzogtum erworben wurde.   BJ

Objekt s. **Subjekt**

Ode, im 18. Jh. häufig synonym gebraucht mit Hymne. Form feierlichen, getragenen lyrischen Sprechens, die v.a. auf die Tradition des griechischen Chorlyrikers Pindar und auf die politischen oder gesellig-privaten Oden des Horaz zurückgeht. Formbildend für die Entwicklung der Gattung im 18. Jh. sind die Oden Friedrich Gottlieb ↗Klopstocks in anti-

ken Odenstrophen oder in freien Rhythmen, die wir nach heutiger strengerer Gattungsabgrenzung eher ›Hymnen‹ nennen würden. 1771 publizierte Klopstock seine erste Sammlung freirhythmischer religiöser Oden, die für den jungen G. ebenso zum Vorbild wurden wie die Odentheorie Johann Gottfried Herders, der in der Ode den »Pulsschlag des Genies« hörte. Herders Auffassung von Naturpoesie und seine Abwehr artifizieller Dichtung war einer der Gründe dafür, daß sich G. von antiken Odenmaßen, die sich dem natürlichen Fluß der deutschen Sprache nur schwer fügen, fernhielt (↗Versmaß, klassisches).

Die Leipziger *Oden an meinen Freund* sind bereits freirhythmisch und weisen in ihrer sprachschöpferischen Kraft auf die von G. ebenfalls ›Oden‹ genannten ↗Frankfurter Hymnen voraus. Diese sind in ihrer Neigung zum emphatischen, inspirierten und preisenden Sprechen Pindar verpflichtet, so insbesondere *Wandrers Sturmlied*. Eine Reihe von späteren Gedichten G.s werden wegen ihres feierlich-lehrhaften Inhaltes ebenfalls häufig als ›Oden‹ bezeichnet, so *Grenzen der Menschheit* und *Das Göttliche.*   IW

Oden an meinen Freund, entstanden im Oktober 1767 anläßlich der Entlassung des Freundes Ernst Wolfgang Behrisch, der G.s dichterische Versuche in Leipzig mit satirischem Geist und kritischer Sympathie begleitet hatte, aus seiner Hofmeisterstelle. 1818 kaufte G. die Handschrift aus dem Nachlaß seines 1809 gestorbenen Freundes für 4 Louisdor zurück; Erstdruck 1836. Der hochpathetische Stil und die freirhythmischen, strophisch gegliederten Verse zeigen Anklänge an Klopstock und Ossian. In düsteren Naturbildern, die Spiegelfunktion für die psychische Bedrängung bekommen, und in der Lakonie der Sprache werden Zorn und Abschiedsschmerz eindrucksvoll abgebildet. Die sprachschöpferische Potenz (»Prachtfeindin«, »Flammengezüngte Schlange«) weist zusammen mit dem Freiheitspathos der Dritten Ode (»Da springen die Riegel, frei bin ich wie du«) auf G.s kraftvolle ↗Frankfurter Hymnen voraus.   IW

Odysseus, Held der homerischen *Odyssee*, der »Listenreiche«, dessen berühmter Trick mit dem trojanischen Pferd den Griechen schließlich die Eroberung der Stadt und den Sieg über die Trojaner ermöglichte. Seine Heimfahrt wurde zu einer abenteuerlichen 10jährigen Irrfahrt. Durch die sizilische Landschaft angeregt, konzipierte G. 1787 ein Drama um Odysseus und die phäakische Königstochter ↗Nausikaa. Dieses sollte Odysseus als »seltsamen Fremdling« und »Abenteurer«, als »schuldig-unschuldigen« Auslöser der tragischen Liebe Nausikaas darstellen (*IR*, 8.5.1787). BJ

Oehlenschläger, Adam Gottlob (1779-1850), aus Dänemark gebürtiger romantischer Schriftsteller, der im Dezember 1808 u.a. mit Werner und Brentano Weimar besucht. Eine Vorlesung seiner Künstlertragödie *Correggio* lehnte G. ab, worüber er Zelter, der im Oktober 1828 eine Berliner Inszenierung des Stükkes gesehen hatte, berichtet: »Er ist einer von den Halben, die sich für ganz halten und für etwas drüber. Diese Nordsöhne gehen nach Italien und bringen's doch nicht weiter, als ihren Bären auf die Hinterfüße zu stellen; und wenn er einigermaßen tanzen lernt, dann meynen sie, das sey das Rechte« (30.10.1828). BJ

Oels, Karl Ludwig (1771-1833), von G. ausgebildeter Schauspieler, der 1803 ans Weimarer Theater kam, zu den bedeutendsten Darstellern während G.s Theaterdirektion gehörte und z. T. auch selbst Regie führte. Oels - stattliche Figur, sonore Stimme - paßte hervorragend in klassische Rollen. Triumphe feierte er als Max Piccolomini, Don Carlos, Orest und Mortimer. G. bescheinigte ihm »hinreichende höhere Bildung, um der besten Gesellschaft Ehre zu machen« (Eckermann, 22.3.1825). PO

Oeser, Adam Friedrich (1717-1799), Maler, Kupferstecher und Bildhauer; Vater Friederike Oesers. Oeser, Lehrer und Freund Winckelmanns, war »ein abgesagter Feind des Schnörkel- und Muschelwesens und des ganzen barocken Geschmacks« (*DuW*, 8. Buch). 1759 kam er nach Leipzig, wo er 1764 Direktor der Kunstakademie wurde. Der junge G. nahm bei ihm Unterricht, was sein Schönheitsempfinden entscheidend prägte: »Sein Unterricht wird auf mein Leben Folgen haben. Er lehrte mich, das Ideal der Schönheit sey Einfalt und Stille« (an Philipp E. Reich, 20.2.1770). 1775 konsultierte der Weimarer Minister Friedrich von Fritsch Oeser beim Neubau seines Stadtpalais (späteres Wittumspalais) und führte Oeser am Weimarer Hof ein. Der war fortan ein gerngesehener Gast und Ratgeber: Erwerb von Kunstgegenständen, Fertigung der Theaterdekoration, Raumgestaltung und Deckenmalerei im Wittumspalais. Mit G.s Italienreise bricht die Verbindung zu Oeser ab: G. war über Oesers Frühklassizismus hinausgewachsen und hatte Probleme mit der »wundersamen Individualität« des Künstlers (an Charlotte von Stein, 30.6.1780). PO

Oeser, Friederike (1748-1829), Tochter Adam Friedrich Oesers und G.s Freundin während seiner Leipziger Zeit. Zum Abschied schenkte er ihr im August 1768 die Sammlung *Lieder mit Melodien. Mademoiselle Friederiken Oeser gewiedmet von Goethen* - zehn Gedichte, vertont von Breitkopf - darin auch das Gedicht *Die Nacht*: »Schauer, der das Herze fühlen,/Der die Seele schmelzen macht,/Wandelt im Gebüsch im Kühlen./Welche schöne, süße Nacht!/Freude! Wollust! Kaum zu fassen!/Und doch wollt' ich, Himmel, dir/Tausend deiner Nächte lassen,/Gäb mein Mädchen eine mir«. PO

Offenbach: Die am Main gelegene kleine, aber aufstrebende Frankfurter Gartenvorstadt mit ihren »schöne[n], für die damalige Zeit prächtige[n] Gebäuden« (*DuW*, 17. Buch) zog den jungen G. durch ihr geselliges, gesellschaftliches Leben an, das sich unter anderem in den Häusern von Nicolas Bernard und seinem Schwiegersohn Jean George d'Orville abspielte - beide mit Lili Schönemann verwandt, mit der G. hier zärtlichen Kontakt suchte. Häufig wohnte G. in Offenbach bei seinem Jugendfreund, dem Komponisten und Musikverleger Johann ↗ André. AR

Offenbacher Mädchen: Neben Lili ↗Schönemann gab es ein weiteres »Offenbacher Mädchen«, bei dem nicht nur G. ein und aus ging und die Nächte »verliebte« (an Auguste von Stolberg, 17.9.1775): »Zürnen Sie ja nicht mit mir«, bittet Johann Christian Ehrmann G., »wenn ich Sie im jetzigen Ehestande an ein schönes Mädchen von Offenbach namens [Charlotte] Nagel erinnere - an welchem Sie, Klinger, Haugwitz, Stolberg, Jacobi, Willemer - und ich im Vielkampf berühmt wurden« (12.12.1812). AR

Offenbar Geheimnis: *Sie haben dich, heiliger Hafis*, entstanden in Jena am 10.12.1814. Es ist eine ironische Pointe, daß dieses Schelt- und Spottgedicht des *West-östlichen Divan* gegen die »Wortgelehrten« zu einer gelehrten Kontroverse insbesondere über die Deutung des Wortes »mystisch« geführt hat, das in allen drei Strophen erscheint. Der arabische Beiname für den persischen Dichter ↗Hafis, »mystische Zunge«, ist für G., sein westliches alter ego, Ausdruck einer falschen, mystifizierenden Deutung der Poesie. In den *Noten und Abhandlungen* beschreibt er die Mystik dagegen als »Vereinigung mit Gott schon in diesem Leben«; sie kann auch im Genuß von Liebe und Wein und erst recht in dessen poetischer Gestaltung, die in der Hafisschen Lyrik häufig ist, erfahren werden. G. verteidigt also in diesem Gedicht eine diesseitige Sinnenfreude, wie sie in Abwehr christlicher Askese ein Grundthema seines Lebens war. In der orientalischen

Maske des Redens über Hafis spricht er auch über sich selbst, wenn er jede Orthodoxie zurückweist: »Der du, ohne fromm zu sein, selig bist!«

Mit einer solchen diesseitigen ›Mystik‹ setzt er sich auch von zeitgenössischen Tendenzen einer romantisch-mystischen Weltflucht ab. Das Gedicht *Wink*, das wohl zwischen dem 10. und 12.12.1814 entstand, ist das ironische Gegenstück zu *Offenbar Geheimnis*. Es betont den Verweisungcharakter des Wortes und faßt den schwierigen poetologischen Sachverhalt der Metaphern- und Symbolbildung in ein erotisch-spielerisches Bild: »Das Wort ist ein Fächer! Zwischen den Stäben/Blicken ein Paar schöne Augen hervor«. Mit beiden Gedichten verwahrt sich G. gegen die Entsinnlichung der Poesie, war es doch gerade die Poetisierung von Sinnenfreude als Vorschein und irdisches Abbild geistiger Freuden, welche der Begegnung mit der persischen Lyrik ihren befreienden Charakter gegeben hatte.   IW

Offenbarung: »Die Natur [hat] kein Geheimnis […], was sie nicht irgendwo dem aufmerksamen Beobachter nackt vor die Augen stellt« (*TuJ*, 1790). G. sprach gerne vom »offenbaren Geheimnis« (z.B. *Maximen und Reflexionen*; *Faust*, v. 10093) und polemisierte gegen die Aufstellung von absoluten Erkenntnisgrenzen (»*Ins Innre der Natur...*«). Einfordern oder gar erzwungen läßt sich aber Offenbarung nicht, weder mit »Hebeln« noch mit »Schrauben« (*Faust*, v. 674f.). Offenbarung – oder wissenschaftlich gesprochen: Erkenntnis – ist weniger eine Frage der Dinge als eine der Einstellung des Forschers: Es gilt, sich der Dinge würdig (zulänglich, wahr, rein) zu erweisen, damit sie sich uns ganz offenbaren, bzw. wir ihr offenbares Geheimnis erst verstehen können (Eckermann, 13.2.1829). G. entnahm der Natur als seiner großen und untrüglichen Lehrmeisterin die Offenbarungen über mikro- und makrokosmische Zusammenhänge und über das Göttliche (an Lavater, 9.8.1782; *MuR*; Eckermann, 13.2.1829).   DH

Oken, Lorenz (eigentl. Ockenfuß, L.; 1779–1851), studierte Medizin in Würzburg und Göttingen; er war zunächst ab 1807 Professor der Medizin, von 1812 bis 1819 Professor für Naturgeschichte und Naturphilosophie an der Universität Jena. Oken begründete und gab die enzyklopädische Zeitschrift *Isis* heraus, die 1816–48 erschien. Oken versammelte dort zunächst naturhistorische und naturwissenschaftlich-spekulative Arbeiten, die sich mit entwicklungsgeschichtlichen Fragestellungen befaßten. G. hatte den in Jena neuen Lehrstuhlinhaber Oken im November 1807

kennen und schätzen gelernt, arbeiteten beide doch an verwandten Fragestellungen, wenngleich gewisse Eifersüchteleien auf das Erstrecht des Entdeckers der Wirbeltheorie der menschlichen Schädelbildung nicht ausblieben (*TuJ*, 1807). Oken tat ein weiteres. Aufgrund der im Herzogtum Sachsen-Weimar-Eisenach bestehenden Pressefreiheit veröffentlichte er staatskritische Artikel, die seinem radikalen vormärzlichen Liberalismus entsprachen. G. als sein Dienstherr war davon überhaupt nicht erbaut und sah in Okens Haltung ein weiteres Argument für seine negative Auffassung von der ↗Pressefreiheit: Er sprach sich deshalb 1816 für das sofortige Verbot der Zeitschrift aus. Oken, durch Carl August schließlich vor die Wahl gestellt, gab 1819 seine Jenenser Professur auf, um das Fortbestehen der Zeitschrift zu sichern. Die Verärgerung G.s mag umso größer gewesen sein, als Oken mit Veröffentlichungen wie *Die Zeugung* (1805), *Über das Universum als Fortsetzung des Sinnensystems* (1808) oder die Abhandlung *Entstehung des ersten Menschen* (1819) G. in seiner neptunistischen Auffassung des Lebensgrunds mehr als bestärkt hat (↗Homunculus).   BL

Okkultismus heißt der Gesamtzusammenhang der Geheimwissenschaften (↗Magie, ↗Alchimie), deren Techniken und Verfahren darauf abzielen, dem wissenschaftlichen Erkennen entzogenes oder (noch) nicht Zugängliches erkennbar und beherrschbar zu machen. Der Okkultismus basiert auf der Annahme verborgener Beziehungen und Kräfte in der Natur (↗Makrokosmos/Mikrokosmos), die etwa Medizin oder Naturerklärung sich nutzbar machen wollen. G.s Heilung von der schweren Erkrankung, die ihn zum Abbruch des Studiums in Leipzig zwang, mit Hilfe eines geheimnisvollen, »kristallisierten trockenen Salzes« brachte ihn mit dem Okkultismus in Kontakt (*DuW*, 8. Buch), dem er immer wieder einmal Aufmerksamkeit schenkte (↗Cagliostro, ↗Swedenborg).   BJ

Ökonomie, einerseits das Interessen- und Arbeitsgebiet des Ministers G., schon im Elsaß 1770/71 hatte er Bergwerke und Fabrikanlagen besichtigt. Andererseits ist Ökonomie immer wieder literarisches Motiv: Die *Lehrjahre* thematisieren den Handelsstand ebenso wie Vorschläge für eine wirtschaftliche Selbstreformierung des Adels, Wilhelm soll zum Handelsmann ausgebildet werden, Werner wird's, Therese hat eine Ausbildung in Landesökonomie und Finanzwesen absolviert. Die *Wanderjahre* berühren wirtschaftliche Belange sowohl bei der Vorbereitung des amerikanischen Gemeinwesens als auch bei der Organisation der Binnenkolonisation; »Lenardos Tagebuch« berichtet ausführlich vom Heimwerker- und Verlagswesen der Schweizer Textilindustrie. Ein Motiv der *Novelle* ist die kameralistische Vernunft und wirtschaftlich heilsame politische Ordnung im Fürstentum, ↗Eduard aus den *Wahlverwandtschaften* sieht sich fatalerweise veranlaßt, Teile seines Grundbesitzes zu kapitalisieren, um den feudalen Schmuck des Hauptsitzes zu erhöhen; Mephistos Trick mit der ↗Papiergeldschöpfung im *Faust II* zeigt deutlich die großen historischen und prinzipiellen Kenntnisse G.s auf dem Gebiet der Ökonomie – vor allem auch, da er genau vorführt, warum dieser Trick Inflation und wirtschaftlichen Zusammenbruch nach sich zieht.   BJ

Olearius, Figur aus *Götz von Berlichingen*. Der Rechtsgelehrte am Bamberger Hof vertritt äußerst gewissenhaft die Vorteile des neuen einheitlichen römischen Rechts. 1495 war beim Reichstag von Worms die Fehde als Mittel zur Selbsthilfe durch das Reichskammergericht ersetzt worden. Das gerade abgeschlossene Jurastudium hatten G.s Interesse an den mittelalterlichen Konflikten um Faustrecht, Fehden, Naturrecht und Gerichtsbarkeit geweckt. In der Figur des Olearius zeigen sich die Auswüchse des Schriftgelehrtentums, das die realen Probleme nicht mehr fassen kann und dessen Interesse nur dem eigenen Vorteil gilt.   WM

Omen, vorausbedeutendes Zeichen, das G. oft als literarisches Motiv einsetzt. Adelbert von Weislingen deutet das Scheuen seines Pferdes als böses Omen, die *Wahlverwandtschaften* sind voll davon: die Rettung des Glases an ↗Ottilies Geburtstag, die stehenbleibende Uhr des Majors u.v.a.m. Zu Beginn der Erzählung seines eigenen Lebens inszeniert G. ein Omen: Die Gestirnkonstellation während seiner Geburt wird als begünstigendes Zeichen ausgelegt – auch wenn G. dafür seine Geburt um eine halbe Stunde vorverlegen muß.   BJ

Oper, Operette s. **Singspiel**

Opernhaus s. **Comödien-, Redoutenhaus**

operosere: Mit diesem deutschen Komparativ zu *operosus* (lateinisch für *geschäftig, tätig, mühevoll* aber auch *kunstreich* und *wirksam*) umschreibt der bedauernswerte G. in der *Geschichte seiner botanischen Studien* sein schweres Leben in Italien: »ich habe in meinem Leben nicht leicht operosere, mühsamer beschäftigte Tage zugebracht.«   AK

Opfertod: G. übernimmt das Motiv aus der antiken und christlichen Mythologie in vielfachen Gestalten: ↗Helena spricht von der Praxis der Tieropfer (*Faust*, v. 8587f. u.ö.), ↗Thoas verzichtet auf den Brauch, die in Tauris ankommenden Fremden der Diana zu opfern, ↗Iphigenie sollte vor Troja den Opfertod sterben, die Schlange im *Märchen* opfert sich für die neue Weltordnung. Werther interpretiert seinen ↗Selbstmord provokanterweise als Opfertod in der Christusnachfolge, ↗Ottilie versucht, mittels völliger Entsagung einen Opfertod zu sterben. Der Opfertod spielt auch in G. ästhetischen Überlegungen eine Rolle: der *Nachlese zu Aristoteles Poetik* zufolge sterben die tragischen Helden einen Opfertod zugunsten des Publikums, dem dadurch eine Katharsis ermöglicht wird.   BJ

Optik: Der Gesamtbereich der naturwissenschaftlichen Arbeiten G.s, die sich mit Lichtphysik, Farbentstehung und Farbwahrnehmung befassen. Frühe Beobachtungen zu Einzelphänomenen und vorbereitende Studien sind in seinen insgesamt 43 kleineren *Beiträgen zur Optik* und Schriften zur Farbenlehre vor 1810 aufgearbeitet, das Hauptwerk, in welchem auch die Auseinandersetzung mit der Optik Newtons auf ihren Höhepunkt geführt wird, ist die *Farbenlehre* (1810). Den frühen *Beiträgen* (1791) wie auch der späteren Hauptschrift wurde nur selten Aufmerksamkeit, noch seltener Anerkennung zuteil, sie wurden »mit schlechtem Dank und hohlen Redensarten der Schule beiseitegeschoben« (*TuJ*, 1791), wie G. verbittert feststellte – eine der wenigen Ausnahmen: der Berliner Philosoph Leopold Dorotheus ↗Henning. – In G.s ↗Sammlungen umfaßte der Bereich der Optik und der Farbenlehre 1100 Objekte.   BJ

Oranien, Wilhelm von, Figur aus *Egmont*, niederländischer Oppositioneller gegen die spanische Krone an der Seite Egmonts – der historische Oranien lebte von 1533–1584. Im Gegensatz zu Egmonts im Vertrauen auf das Schicksal naivem Politikverständnis steht Oraniens Einsicht in fremdes Kalkül und die Notwendigkeit, selbst strategisch zu denken und zu handeln. Folgerichtig tappt Wilhelm von Oranien auch nicht in Albas Falle, sondern flieht rechtzeitig aus dessen Machtbereich.   BJ

Orden/Titel: 25.6.1776: Ernennung zum Geheimen Legionsrat (Carl August). 5.9.1779: Ernennung zum Geheimen Rat (Carl August). 10.4.1782: Adelsnominierung (Joseph II.). 13.9.1804: Beilegung des Ehrenworts Excellenz (Carl August). 14.10.1808: Ritterkreuz des Kaiserlichen Ordens der Ehrenlegion (auf Weisung Napoleons). 15.10.1808: Orden 1. Klasse der heiligen Anna (Zar Alexander I.). 1.8.1815: Kommandeurkreuz des Österreichisch-Kaiserlichen Leopold-Ordens (Franz I.). 18.10.1815: Vier Großkreuze des Weißen Falkenordens (Carl August). 12.12.1815: Ernennung zum Staatsminister mit der Oberaufsicht über die unmittelbaren Anstalten für Wissenschaft und Kunst in Weimar und Jena (Carl August). 27.9.1818: Goldenes Kreuz der französischen Ehrenlegion, 27.12.1818 Beförderung zum Offizier (Ludwig XVIII.). 28.8.1827: Großkreuz des Civil-Verdienst-Ordens der Bayerischen Krone (Ludwig I.). DF

Ordnung: Wenn G. von Ordnung spricht, ist damit oft Bürgerlichkeit und Reinlichkeitsliebe gemeint (»In einem feinen Bürgerhause erzogen, war Ordnung und Reinlichkeit das Element, worin er atmete«, *Lj*, I.15). Um Gretchen herum weht ein »Geist der Ordnung« (*Faust*, v. 2702f.), in der *Campagne in Frankreich* unterscheidet G. zwischen »Ordnung und Unordnung, zwischen Erhalten und Verderben, zwischen Rauben und Bezahlen« als gefährlichen Extremen im Krieg, und in *Maximen und Reflexionen* schreibt er: »Der Kampf des Alten, Bestehenden, Beharrenden mit Entwicklung, Aus- und Umbildung ist immer derselbe. Aus aller Ordnung entsteht zuletzt Pedanterie; um diese los zu werden, zerstört man jene, und es geht eine Zeit hin, bis man gewahr wird, daß man wieder Ordnung machen müsse. Klassizismus und Romantizismus, Innungszwang und Gewerbsfreiheit, Festhalten und Zersplittern des Grundbodens: es ist immer derselbe Konflikt, der zuletzt wieder einen neuen erzeugt.« AV

Orest: Sohn des Agamemnon und der Klytämnestra, wird der griechischen Sage nach von den Erinnyen mit Wahnsinn geschlagen, weil er den Mord an seinem Vater an seiner eigenen Mutter rächt. Geheilt werden kann er nur, wenn er – so das Orakel in Delphi – das geraubte Kultbild der Artemis, Schwester des Apoll, von Tauris nach Griechenland zurückbringt. In G.s Bearbeitung des antiken Stoffs segelt Orest mit seinem Gefährten ↗Pylades nach Tauris, wird dort von der Artemis-Priesterin ↗Iphigenie als ihr Bruder erkannt und von ihr auf der Stelle geheilt. Den landesüblichen Opfertod von Orest und Pylades – sie sind fremde Eindringlinge – auf dem Altar der Artemis verhindert Iphigenie durch einen flammenden Appell an die Menschlichkeit des ↗Thoas, der auf Tauris regiert. Thoas gewährt Iphigenie, Orest und Pylades die Freiheit. Bei der Uraufführung der ↗*Iphi-*

genie auf Tauris am 6.4.1779 hat G. selbst den Orest gespielt. NvS

Organismus: Ein von G. selten verwendeter Begriff für einen Gegenstand, der ihn brennend interessierte: den lebenden Tier- und Pflanzenkörper, der sich einem jeweiligen ↗Bildungstrieb gemäß entwickelt, dabei teilweise eine ↗Metamorphose durchläuft und eine bestimmte, zu untersuchende Organisationsform hat. Eine solche zu erkennen, schien G. auf anatomischem Wege nicht möglich, und er machte auf »eine höhere Maxime des Organismus« aufmerksam: »Jedes Lebendige ist kein Einzelnes, sondern eine Mehrheit; selbst insofern es uns als Individuum erscheint, bleibt es doch eine Versammlung von lebendigen, selbständigen Wesen«.

Diese Wesen, andernorts von G. auch als ↗Entelechien oder ↗Monaden bezeichnet, »sind teils ursprünglich schon verbunden, teils finden und vereinigen sie sich« (*Zur Morphologie*, Die Absicht eingeleitet). Organismen zu bilden, ist nach G.s Ansicht nicht nur der Natur möglich, sondern auch – und zwar durch »Komposition« – der Kunst (*IR*, Dezember 1787). Genaugenommen ist die eigentliche Aufgabe des Künstlers die, »wetteifernd mit der Natur etwas Geistig-Organisches hervorzubringen und seinem Kunstwerk einen solchen Gehalt, eine solche Form zu geben, wodurch es zugleich natürlich und übernatürlich erscheint« (*Einleitung in die Propyläen*). DF

Orient/Okzident: Im Lauf seines Lebens entwickelte sich G. zu einem richtiggehenden Orient-Fanatiker, wobei ihm der Begriff gleichbedeutend war mit den vom ↗Islam beherrschten Gebieten: Vorderasien, Persien, Syrien, Palästina, Arabien, Ägypten. Dabei war jedoch der vorislamische Orient der Ausgangspunkt des Interesses: Seit der frühesten Jugend hatte sich G., veranlaßt durch die Lektüre der Bibel, »in den Paradiesen des Orients […] ergangen« (*Noten und Abhandlungen*, Alttestamentliches). Insbesondere das *Hohelied Salomos*, das G. 1775 teilweise übersetzt hatte, war geeignet, sich »in jene Zustände hineinzuahnden, in welchen die Dichtenden gelebt« (*Noten und Abhandlungen*, Hebräer). G. studierte auch die orientalischen Dichtungen späterer Zeiten (in Übersetzungen, wessen er sich bewußt war), verschaffte sich geographische Kenntnisse anhand von Reisebeschreibungen, verfolgte und unterstützte in den 1810er Jahren die Emanzipationsbestrebungen der Orientalistik von der Theologie, beschäftigte sich auch mit verschiedenen Sprachen (Hebräisch, Türkisch, Persisch, Chinesisch, Sanskrit u.a.).

Die prominentesten Früchte seiner Orient-Begeisterung dürften der *West-östliche Divan* und die erklärenden *Noten und Abhandlungen* sein, in denen sich G. zum Botschafter östlicher Weisheit, Lyrik und Lebensart für die »Westländer« machte. Doch im Falle des *Divan* war die Beschäftigung mit dem Orient (vergangener Zeiten, wohlgemerkt!) für G. auch eine Abwendung von den politischen und kriegerischen Wirren in Europa: »In schrecklichen und unerträglichen Zeiten, denen ich persönlich nicht entfliehen konnte, floh ich in jene Gegenden, wo mein Schatz und auch mein Herz ist« (an Uwarow, 18.5.1818). Einen wichtigen Vermittler zwischen Orient und Okzident sah G. in Calderón. DF

Orientalische Dichtung: Lebenslange Begleiterin und Anregerin G.s, von ihm eingehend behandelt in den *Noten und Abhandlungen*. Stoffe aus der Bibel, der ältesten Sammlung »orientalischer Poesie« (*Hebräer*), hat er mehrmals bearbeitet, 1775 übersetzte er das *Hohelied Salomos*. Die arabischen Märchen aus *Tausendundeiner Nacht* hatten Mutter und Großmutter bereits erzählt, G. übernahm formale wie inhaltliche Elemente für eigene Werke. 1783 übersetzte er nach englischer Vorlage aus den alt-arabischen *Moallakat*. Der *West-östliche Divan* wurde durch den *Diwan* des persischen Dichters ⟋Hafis angeregt, doch auch dessen Landsmann Saadi, der Türke Nischani und der Osmane Rumi standen Pate. Dem *Papageienbuch* des Persers Nechschebi widmete G. eine Rezension. Indisches vermittelten Olfert Dapperts *Asia* und Pierre Sonnerats *Reise nach Ostindien und China*, Werke wie *Gita-Govinda*, *Sakuntalâ* und *Meghaduta* nahmen G. für Indien ein (vgl. G.s Aufsatz *Indische Dichtungen*). Die Beschäftigung mit China resultierte in Gedichtübertragungen und dem Zyklus *Chinesisch-deutsche Jahres- und Tageszeiten*. DF

Originalgenie: In einer Besprechung der Aufführung von Haydns Schöpfung (1826) rühmt G. Haydn als »ein echtes Originalgenie [...], das sich nach Form und Gehalt aus seiner Vorzeit wie ein Phönix erhebt«. Andererseits hat er kritisiert, daß die Produktionen vieler Originalgenies, genau besehen, meistens Reminiszenzen an andere Worte oder Künstler seien, die man mit einiger Erfahrung einzeln nachweisen könne (*MuR*). G. verwendet den pleonastisch wirkenden Begriff Originalgenie sonst kaum, während er viel über Genie geschrieben hat und seine Hymnen geradezu als »Höhepunkt der Genie-Zeit« bezeichnet werden können (Jochen Schmidt). DH

Originalität war in der Zeit des jungen G. unbedingte Forderung: Der Bruch mit den alten Regeln, die autonome Selbstsetzung erst erzeugte das Originalgenie. Diese Verabsolutierung der Originalität relativierte G. schon seit der Mitte der 1770er Jahre, er setzte den Anspruch auf Originalität in vermittelnden Kontakt zur Tradition, die Behauptung ›reiner Originalität‹ sei Narretei, das ⟋Genie erkenne die Notwendigkeit der Überlieferung. Und mit dieser könne man ›original‹ umgehen: »Die originalsten Autoren der neusten Zeit sind es nicht deswegen, weil sie etwas Neues hervorbringen, sondern allein weil sie fähig sind, dergleichen Dinge zu sagen, als wenn sie vorher niemals wären gesagt gewesen« (*Makariens Archiv*). In diesem Sinne müssen auch die ›Originalproduktionen‹ G.s aus den frühen 1770er Jahren interpretiert werden, verarbeiten sie doch eine Fülle unterschiedlichster Traditionen: Shakespeare, Pindar, Klopstock u.v.m. – denen sie aber je etwas noch Unerhörtes hinzufügen. BJ

Orkus: Unterwelt, Reich der Toten in der griechischen und römischen Mythologie. G. verwendete das Motiv mehrfach: »Töne, Schwager, in's Horn,/Raßle den schallenden Trab,/Daß der Orcus vernehme, wir kommen« (*An Schwager Kronos*, v. 37ff.). In der 7. und der 10. *Römischen Elegie* führt Hermes den Dichter in den Orkus hinab, wo die Großen der Welt schmachten – ein antikes Motiv. In seinem kleinen Text *Von Knebels Übersetzung des Lucrez* spricht G. dem Orkus »Flammenqualen« zu. BJ

Ornithologie: Eckermann zufolge kannte sich G. mit Vögeln nicht sonderlich gut aus. Bei einem gemeinsamen Ausflug soll G. seinen Adepten gefragt haben, ob es sich bei hinter einer Hecke flatternden Vögeln denn um Lerchen handele, woraufhin dieser erst sprachlos war – »Du Großer und Lieber, dachte ich, der du die Natur wie wenige andere durchforscht hast, in der Ornithologie scheinst du ein Kind zu sein!« (26.9.1827) –, dann jedoch zu einem langen, zwei Wochen später fortgesetzten Referat anhob und endlich einmal so richtig glänzen durfte.

G. hörte geduldig zu, streute hin und wieder Rückfragen und bedeutungsschwangere Interpretationen wie »offenbares Geheimnis« ein und bagatellisierte sein fehlendes Detailwissen mit der Behauptung, die Ornithologen könnten mit ihren Kategorisierungen die Natur sowieso nicht erfassen, denn diese treibe »ihr freies Spiel« und kümmere sich wenig »um die von beschränkten Menschen gemachten Fächer« (8.10.1827).

Eckermanns Verblüffung ist nachvollziehbar, denn G. hatte in seinen *Morphologie*-Heften 1820 einen *Ersten Entwurf einer allgemeinen Einleitung in die vergleichende Anatomie* veröffentlicht und darin auch den Körperbau der Vögel analysiert, weshalb Eckermann annehmen mußte, daß G. sich in der behandelten Materie auskenne.   DF

Orpheus, für die Griechen ein mythischer Sänger und Stifter geheimnisvoller Mysterien, deren Hauptmotiv das Ineinsfallen von Dichtung und religiöser Praxis war. Dieser Orphik ordnet man ein literarisch-kosmogonisches Werk aus dem 7. oder 6. Jh. v. Chr. zu: die »Heiligen Worte«. G. lehnt sich einerseits an dessen Titel an, wenn er 1817 die fünf Strophen *Urworte. Orphisch* schreibt, übernimmt andererseits aber auch Hauptmomente der diffusen Lehre.   BJ

Orphik s. **Urworte, orphisch**

Ossian: Name des wohl gelungensten Literatur-Betrugs des 18. Jh.s. Der junge Schotte James Macpherson publizierte ab 1760 mehrere eigens erfundene, angeblich aus dem gälischen Mittelalter übersetzte Texte, deren Autor ein blinder Sänger namens Ossian gewesen sein sollte. Die beiden heroischen Epen *Fingal* (1762) und *Temora* (1763) und über 20 Kurzdichtungen hatten wegen ihrer gewaltigen, naturhaften Sprache einen ungeheuren Erfolg in ganz Europa – Werther etwa liest, in Verwirrung und dem Tod schon nahe, Ossian statt Homer. Zwischen 1797 und 1805 erkannte eine Kommission die Texte als mittelmäßige Fälschungen, die Bruchstücke der gälischen Überlieferung, der Bibel, der homerischen Epen und anderem mehr vermischten.   BJ

Oßmannstedt, thüringisches Dorf an der Ilm, wohin 1797 Wieland mit seiner Familie zog. Nach einem Besuch dort schrieb G. an Schiller: »Vorgestern habe ich Wieland besucht, der in einem sehr artigen, geräumigen und wohnhaft eingerichteten Hause, in der traurigsten Gegend von der Welt, lebt, der Weg dahin ist noch dazu meistentheils sehr schlimm« (21. 6. 1797).   BJ

Osteologie, gr. Lehre vom Knochenbau. Schon bei der Zuarbeit zu den *Physiognomischen Fragmenten* Lavaters beschäftigte G. sich 1775 mit dem Knochenaufbau v. a. tierischer Schädel. Die Entdeckung des ↗Zwischenkieferknochens beim Menschen ist einer der wichtigsten Beiträge G.s zur Osteologie. Die Studien zum Wirbel, den G., wie das ↗Blatt bei den

Pflanzen, als Ausgangsorgan einer Metamorphosenreihe verstand, mündeten in den *Versuch einer allgemeinen Knochenlehre* von 1794, in dem der ›osteologische Typus‹ das zoologische Pendant zur ↗Urpflanze darstellte.   BJ

Ostern, wichtigstes christliches Fest, im *Faust* als dramaturgisches Mittel eingesetzt. Faust, im Begriff, seinem Leben nach unfruchtbarem Bücherstudium und frustrierender ↗Erdgeist-Beschwörung mit Gift ein Ende zu setzen, wird von den Osterglocken gestört, läßt von seinem Plan ab und feiert mit Christus symbolisch Auferstehung. Beim Osterspaziergang – »die Erde hat mich wieder!« (v. 784) – richtet Faust seinen Blick deshalb auf die Menschen und die erwachte Natur. Ein ↗Pudel erregt seine Aufmerksamkeit, und er nimmt ihn mit nach Hause.   DF

Österreich/Wiener Hof, G.s Beziehung zu Österreich resultierte weitgehend aus Karlsbader Bekanntschaften (↗Maria Ludovica), den Fürsten ↗Metternich lernte er am 26. Oktober 1813 kennen, als dieser nach der Leipziger Völkerschlacht Weimar besuchte, den österreichischen Schriftsteller Friedrich von Gentz (1764–1832), einen Vertrauten Metternichs, hatte er bereits 1801 in Weimar kennengelernt, traf ihn dann dortselbst und in verschiedenen Bädern wieder.   BJ

Osterspaziergang, Szene »Vor dem Tor« (nach v. 807) in *Faust I*, in der Faust der Gelehrtenwelt entflieht. Die Klänge der Ostergesänge haben ihn vom Schritt in den Tod abgehalten, jetzt sucht er das festliche und bunte Treiben der diversen gesellschaftlichen Gruppen. Die Menschen dringen im aufblühenden Frühjahr aus der Enge der Stadt in die Natur. Begleitet vom philisterhaften Famulus ↗Wagner, wird sich Faust aber bald des Scheincharakters der Befreiung bewußt, den dieser Spaziergang verspricht. Nach Hause zurück verfolgt die beiden jener ↗Pudel, als dessen »Kern« sich ↗Mephisto erweist.   GG

Ottilie, Figur in den *Wahlverwandtschaften*, jugendliche Tochter einer Freundin ↗Charlottes. Sie entstammt dem niederen Adel, nach dem Tod der Eltern ist sie der Fürsorge Charlottes anvertraut, sie zeigt den Wunsch, die adlige Schicht in Richtung einer bürgerlichen, pädagogischen Betätigung zu verlassen. G. gestaltet Ottilie, eine seiner Lieblingsfiguren, als ein Mädchen, daß sich der Rationalität der traditionellen Bildung entzieht, sich durch Langsamkeit und Bedachtsamkeit auszeichnet, in ihrem geselligen Umgang stets zurückhaltend auftritt und auffällt durch eine stille, demutsvolle Gestensprache, durch die sie an ↗Mignon erinnert. Ottilie wird einer anderen, jenseitigen Welt zugeordnet, sie erscheint als »himmlisches Wesen«, das eigentlich im ›goldenen Zeitalter eines verlorenen Paradieses‹ beheimatet sei. Ottilie ist die Trägerin des Geheimnisvollen, Mythischen im Roman: Von ihr gehen schon zu ihren Lebzeiten Wunder aus, ↗Eduards Liebe oder die Verwirrung des ↗Hauptmanns. Auch die negative Seite des Mythischen, die Schuld, ist an Ottilie gebunden, Schuld an der Zerstörung der Ehe wie am Tod des Kindes, für die sie schließlich den freiwilligen Opfertod stirbt. »Ich bin aus meiner Bahn geschritten, ich habe meine Gesetze gebrochen, ich habe sogar das Gefühl derselben verloren [...]. Auf eine schreckliche Weise hat Gott mir die Augen geöffnet, in welchem Verbrechen ich befangen bin« (II.14). Dem Tod folgt die legendenhafte, mythische Verklärung. Noch der Leichnam Ottilies tut Wunder, er heilt Kranke und Versehrte.   BJ

Ottilienberg, Berg im Elsaß (826 m), auf dessen Höhe sich Ruinen einer alten Befestigungsanlage sowie das Ottilienkloster befinden, das vom Alemannenfürsten Eticho I. zu Ehren seiner Tochter Ottilie gegründet worden war und der schnell ein Wallfahrtsort wurde. G. beschreibt im 11. Buch von *Dichtung und Wahrheit* den Ottilienberg und das Kloster – der Name der Klosterpatronin mag sich so tief eingegraben haben, daß G. der Heldin der *Wahlverwandtschaften* diesen Namen gab.   BJ

Ottiliens Tagebuch, im 2. Buch der *Wahlverwandtschaften* an mehreren Stellen eingeschaltetes Tagebuch der Hauptfigur Ottilie (II.2; II.4; II.5; II.7; II.9). Das Tagebuch greift einerseits von Ottilie tief empfundene Tagesanlässe auf, um weitergehende Gedanken zu formulieren: Nach dem Besuch des Friedhofs im nahegelegenen Dorf läßt Ottilie eine unbewußte Vorausschau aufs Romanende formulieren: »Neben denen dereinst zu ruhen, die man liebt, ist die angenehmste Vorstellung, welche der Mensch haben kann« (II.2). Zur Romanerzählung der lauten Festtage zum Besuch von Charlottes Tochter Luciane erzählt Ottilies Tagebuch das leise Gegengeschichte der stillen Demut, das Tagebuch tendiert hier ganz stark zu Formulierung von Sentenzen, Sinnsprüchen in der Qualität der *Maximen und Reflexionen*. Im 7. Kapitel nutzt der Erzähler Ottiliens Tagebuch, um ein ihm entgangenes Gespräch zwischen dem Gehülfen und Ottilien wenigstens in Grundzügen nachzuliefern: Insgesamt entspricht Ottiliens Tagebuch, das der Erzähler

im Hinblick auf seine Sinneinheit unter dem Bilde des ↗roten Fadens anmoderiert, in seinem Stil ganz dem demutsvollen Gestus der Figurengestaltung, der Erzählung der Romanhandlung wird damit eine ausführlich zu Wort kommende Zweitperspektive hinzugesellt.   BJ

Overbeck, Johann Friedrich (1789–1869), Maler, der 1809 in Wien den *Lukasbund* gründete: eine Vereinigung deutscher Künstler, die dem Programm der Romantik folgte und 1810 nach Rom übersiedelte. Die Anhänger wurden – ursprünglich abwertend gemeint – ↗»Nazarener« genannt. Der Name beruht auf Overbecks Langhaarigkeit, Christusverbundenheit bezeugend und nach Raffaelbildnissen des Jesus von Nazareth bereits im 17. Jh. als »alla nazarena« bezeichnet. G. lehnte die Nazarener ab.   PO

Ovid, römischer Dichter, dessen *Metamorphosen*, 250 Verwandlungssagen der griechischen Mythologie in Hexametern, bereits der kleine G. las. Ovid inspirierte G. vielfältig, z.B. Anspielungen auf die *Metamorphosen* in seinen Elegien und Epigrammen oder das greise Ehepaar Philemon und Baucis im *Faust II*. Die *Italienische Reise* beschließt G. mit einem Zitat aus Ovids *Tristien*, Klagelieder des verbannten, sich nach Rom sehnenden Ovid.   PO

Pädagogik: Zur Zeit G.s als aufklärerisch-philantroper Impuls so dominant, daß vom »pädagogischen Jahrhundert« die Rede war. G., weitgehend durch Privatunterricht erzogen und dem öffentlichen Schulsystem gegenüber skeptisch eingestellt, wurde als Erzieher des acht Jahre jüngeren Herzogs Carl August mit pädagogischen Fragen konfrontiert, die sich in der Folge in seinem Werk niederschlugen. Ausgehend von einem Mentor-Zögling-Verhältnis und basierend auf leidenschaftlichem Interesse an handwerklich-künstlerischer Ausbildung, entwickelt G. in der *Pädagogischen Provinz* eine Erziehungsidee, die den Menschen einerseits in seiner individuellen Entwicklung fördert, ihn anderseits aber auch zu einem tätigen Organ in der Gemeinschaft befähigt. Pädagogik ist bei G. angewiesen auf eine sowohl landschaftlich als auch zwischenmenschlich harmonische Umgebung, in welcher Landleben, Arbeit, Spiel und Sport, Gesang und Musik, den jungen Menschen fördern. Kurz vor seinem Tod, am 15.3.1832, schreibt G. an W. v. Humboldt: »Je früher der Mensch gewahr wird daß es ein Handwerk, daß es eine Kunst gibt, die ihm zur geregelten Steigerung seiner natürlichen Anlagen verhelfen, desto glücklicher ist er; was er auch von außen empfange, schadet seiner eingebornen Individualität nichts.«   AV

Pädagogische Provinz: Wortschöpfung G.s, mit welcher er in *Wilhelm Meisters Wanderjahren*, (II.1, 2 und 8) eine malerische Gegend beschreibt, in welcher Wilhelms Sohn Felix zusammen mit anderen Jünglingen nach hohen Weisheitsidealen religiös, handwerklich und musisch erzogen wird. Gesang und Musik sind »die erste Stufe der Bildung, alles andere schließt sich daran und wird dadurch vermittelt«, außerdem stehen drei verschiedene Ehrfurchten und die dazugehörigen Ehrfurchtsgebärden im Mittelpunkt der Ausbildung. Die in manchen Aspekten an Johann Heinrich Pestalozzi, in anderen an dessen Antipoden Wilhelm von ↗Humboldt erinnernde Pädagogische Provinz ist eine genuine Schöpfung G.s, die wegen ihrer zahlreichen Andeutungen und dreigliedrigen Entwicklungsschritte bis heute zu immer neuen Interpretationen anregt. Insgesamt erscheint die Darstellung der Pädagogischen Provinz ironisch gebrochen, da fraglich bleibt, ob die hehren Ziele ihrer Macher bei ihren Zöglingen, etwa bei Felix, anschlagen.   AV

Padua, norditalienische Stadt, in der G. sich am 26./27.9.1786 aufhält. Neben Besuchen in Universität und Botanischem Garten zeigt er sich begeistert von den Gemälden des Renaissancemalers Mantegna in der Kirche der Eremitaner, dessen Bilder einer »derben, reinen, lichten, ausführlichen, gewissenhaften, zarten, umschriebenen Gegenwart« er als beeindruckenden Ausgang aus dem »barbarischen« Mittelalter deutet (*IR*, 27.9.1786).   BJ

Paestum: Dorische Tempelruinen südlich von Neapel sowie Überreste einer versunkenen griechischen Stadt. G. besucht Paestum von Neapel aus am 23.3. und 27.5.1787. Sein an ›schlankerer‹ Baukunst geschulter ästhetischer Sinn läßt ihn zunächst Befremden gegen »diese stumpfen, kegelförmigen, enggedrängten Säulenmassen« empfinden, das allerdings durch die lichte Eleganz des architektonischen Aufrisses relativiert werden kann (*IR*, 23.3.1787).   BJ

Paganini, Niccolò (1782–1840), gefeierter und von sensationellen Gerüchten begleiteter Violinvirtuose. 1828 begab er sich auf eine triumphale Konzerttournee, die ihn im April 1829 in Berlin mit Carl Friedrich Zelter zusammenbrachte. Am 30.4. berichtete dieser an G.: Paganini sei »ein vollkommener Meister seines Instruments in höchster Potenz«. Da der Virtuose am 30.10.1829 in Weimar eines jener

umworbenen öffentlichen Konzerte gab, das wegen des großen Publikumsandranges im Hoftheater stattfand, hörte ihn G. und wurde Zeuge eines unbestrittenen Glanzpunktes des Konzertlebens vor dem Auftritt Franz Liszts. Sein Urteil fiel indessen verhalten aus, in dem es an Zelter am 9.11.1829 heißt, ihm mißfielen die »Wunderlichkeiten«, zum Genuß fehle ihm »eine Basis zu dieser Flammen- und Wolkensäule«. Statt dessen wünschte er in Berlin sein zu können, um dort das »vernünftige« Zusammenspiel der vier Streicher im Quartett des Konzertmeisters Möser erleben zu können. Paganini hatte ihm dagegen »nur etwas Meteorisches« geboten, einen augenblicklichen Rausch für die Ohren. Diese Einschätzung ist bezeichnend für G.s Musikanschauung und dessen Wunsch, stets etwas hören zu wollen, was »Geist und Ohr« gleichermaßen beschäftigt.   WS

Paläophron und Neoterpe, Festspiel zur Nachfeier des Geburtstags der Herzogin Anna Amalia im Wittumspalais am 31.10.1800; am 1.1.1808 mit neuem Schluß öffentlich im Weimarer Hoftheater aufgeführt. G. führt in dem Stück eine vorbildliche Auseinandersetzung zwischen den beiden allegorischen Titelfiguren vor. Er gesellt ihnen zunächst jeweils zwei stumme Charaktermasken bei: Paläophron, der Altgesinnte, wird von Griesgram und Haberecht unterstützt, Neoterpe, der Neuvergnügte, durch Naseweis und Gelbschnabel. Neoterpe wird auf der Flucht von Paläophron gestellt. Der Feststellung der Gegensätze der Kontrahenten folgt ein Streitgespräch. Man nähert sich danach erneut einander an und endet mit gegenseitiger Anerkennung. Der Austausch von Kränzen besiegelt die Versöhnung und geht über in einen Lobgesang auf die Herzogin Amalie. G. genoß die Ausführung dieser theatralischen Gelegenheitsarbeit in antikisierender Ausstattung und Sprachgestaltung. Der idealisierende Blick auf das klassische Griechenland ließ G. die Wirklichkeit nicht vergessen: »Paläophron und Neoterpe lösen den Conflict des Alten und Neuen auf eine heitere Weise, die freylich in dieser zerspaltenen Welt nicht denkbar ist« (an Sulpiz Boisserée, 27.9.1816).   WM

Palast s. **Hütte**

Palermo, Hauptstadt Siziliens, in der G. sich vom 2.–17.4.1787 aufhält und der er in der *Italienischen Reise* ausgreifende wie hinreißende Stadt- und Landschaftsbeschreibungen widmet. Neben dieser Begeisterung, die den über der Stadt liegenden Monte Pellegrino und die Gedenkstätte der hlg. Rosalia einschließt, weckt Palermo im Reisenden eine Fülle homerischer Erinnerungen, die den emphatischen Gestus seiner Beschreibungen erklären.   BJ

Palladio, Andrea (1508–1580), italienischer Baumeister der Renaissance, der sich um die Erneuerung der Baukunst aus dem Geiste der Antike verdient gemacht hatte. G. verehrte seine Bauwerke, etwa die Palastbauten in Vicenza und Venedig (*IR*, September/Oktober 1786), in fast sprachlosem Staunen. »Je mehr man den Palladio studirt, je unbegreiflicher wird einem das Genie, die Meisterschaft, der Reichthum, die Versatilität und Grazie dieses Mannes. Im einzelnen mag manches gegen seine Kühnheit zu erinnern seyn, im Ganzen sind seine Werke eine Grenzlinie die niemand ausfüllt und die so bald überschritten ist« (an Meyer, 30.12.1795). In Rom erwarb G. den Nachdruck der Erstausgabe von Palladios *I quattro libri dell' architettura*. Im Tagebuch von 27. Mai 1807 notierte er den spöttischen Aphorismus: »Palladio, sagten die Italiener, baute bloß aus Haß gegen den Adel, um ihn zu ruinieren«.   BJ

Pallagonia, Don Fernando Francesco Gravina, Prinz von Pallagonia (1722–1788), sizilianischer Landadliger, dessen übersteigert barocken, mit Schwulst und Tand verunzierten Palast bei Palermo G. als »Unsinn«, »Torheiten« und »Tollheit« verspottet (*IR*, 9.4.1787).   BJ

Palme, Symbol der Tugend und der Herrschaft, von G. in diesem Sinn auch emblematisch eingesetzt (*Wj*, Die Flucht nach Ägypten) und im Verlauf der *Geschichte seiner botanischen Studien* immer wieder Gegenstand der Betrachtung. In Padua war G. 1786 von den unterschiedlichen Entwicklungsstufen einer Fächerpalme derart fasziniert, daß er Teile von ihr mitnahm. Sie befinden sich heute noch in seinen Sammlungen. In seiner letzten römischen Wohnung zog G. selbst einige Dattelpalmen, die nach seiner Abreise an der Via Sistina eingepflanzt wurden.   DF

Pan, Hirtengott Arkadiens mit Bocksfüßen, der, stets lüstern, zu Scherzen aufgelegt ist und dessen Welt von Satyrn, Nymphen und Faunen belebt ist. Als Figur taucht er, mit seinem Gefolge, in der ↗»Mummenschanz« im 1. Akt von *Faust II* auf, ein Bild für die lüsterne Oberflächlichkeit des Kaiserhofes. Später, im 3. Akt (Innerer Burghof), ist er es, dessen »furchtbare Stimme« im Säuseln und Donnern der Naturlaute erklingt (v. 10002 f.).   BJ

Pandora, Festspiel von 1808, eine Auftragsarbeit zur Eröffnung der Zeitschrift *Prometheus*, in der 1808 auch der Erstdruck erfolgte. G. wählte das Festspiel als eine dem Thema angemessene Form. Erhalten ist nur der erste Akt »Pandoras Wiederkehr«, in dem Pandora selbst noch nicht in Erscheinung tritt. Sie wird lebendig in den Beschreibungen des ↗Epimetheus, des liebenden Gatten, den sie verlassen hat, und des ↗Prometheus, der in der strahlend schönen Frau ein von göttlichen Handwerkern zur Strafe seines Geschlechts erzeugtes Kunstprodukt sieht. G. übernimmt zwar die Beschreibungen des Hesiod, seine Interpretation der Pandora, die im Kontext einer allgemeinen Entwicklung in der Neuzeit steht, sieht aber in der Frau nicht mehr die Geißel der Menschheit, sondern den Inbegriff der Schönheit. In der nicht vollendeten, als Skizze vorliegenden Fortsetzung sollte sie selbst auftreten. Anders als die verderbenbringende Büchse des Mythos sollte ihr Geschenk eine Lade sein, welche die Gabe enthält, »Vergangenes in ein Bild zu verwandeln.« Damit meinte G. eine künstlerische Gestaltungskraft, die auf einer höheren Stufe mit Wissenschaft und Technik in Verbindung tritt und dem rastlosen Schaffen des homo faber eine neue Würde verleiht und fast religiös-göttliche Züge trägt. Die historische Wirklichkeit von 1808, u. a. die Erfahrung der preußischen Niederlage bei Auerstedt und Jena gegen Napoleon, und die Konfrontation mit dem eigenen Altern, nahm G. wohl den hoffnungsvollen Glauben an eine solche Versöhnung; er hat den Text nie abgeschlossen.   WM

Panoptikum: G. hielt es für einen wichtigen Ort der Belehrung und der Erschütterung über die Großen der Welt, die leibhaftig vor Augen traten, und die Mißbildungen der Natur; Ort des Monströsen, der anatomisch korrekt und drastisch Anomalien, organische Erkrankungen, Verletzungen und Altersdeformationen zeigt. Im Verlauf des 19.Jh.s ist G. selber zum Ausstellungsgegenstand geworden. Das Hamburger Panoptikum an den Spielwiesen z. B. zeigt ihn noch heute, wenig realistisch, als schlanken Mittsechziger neben Voltaire.   BL

Pantheismus, die Auffassung von der Einheit und Übereinstimmung von Gott und allem Existierenden – der Natur –, im abendländischen Denken seit der Antike vertreten (Xenophanes, Neuplatonismus), am konsequentesten dann im 17.Jh. von Spinoza. Im Zuge der Aufklärung mit ihrer Religions- und Gotteskritik sowie der Hinwendung zur Natur gewann der Pantheismus im 18.Jh. an Bedeutung. G.s Werke – er kannte die Lehren Giordano Brunos und Spinozas – sind von der Jugend bis ins hohe Alter von einem pantheistischen All-Einheitsgefühl und damit einer Absage an den jüdisch-christlichen, unabhängig von der Welt existierenden Gottvater geprägt. In den *Leiden des jungen Werthers* wird die Naturerfahrung mit der erlebten »Gegenwart des Allmächtigen«, des »unendlichen Gottes« gleichgesetzt (1. Buch, 10.5., 18.8). Die Konzeption der Gott-Natur ist G.s Antrieb bei seinen naturwissenschaftlichen Studien – er sucht »das göttliche in herbis et lapidibus«, also in Pflanzen und Steinen (an Jacobi, 9.6.1785). In den *Tag- und Jahresheften 1811* gründet G. gar seine ganze Existenz darauf, »Gott in der Natur, die Natur in Gott zu sehen«.

DF

Pantheismusstreit: 1785 durch Friedrich Heinrich ⁊Jacobis Buch *Über die Lehre des Spinoza in Briefen an den Herrn Moses Mendelssohn* ausgelöste Kontroverse um den von ihm abgelehnten Spinozismus – also im 18. Jh. gleichbedeutend mit ⁊Atheismus – der Aufklärer ⁊Lessing und ⁊Mendelssohn. Jacobi hatte mit Mendelssohns Briefpartner Lessing 1780 Gespräche geführt und ihm den unveröffentlichten *Prometheus* G.s vorgelegt, woraufhin sich Lessing als Freund Spinozas zu erkennen gab und Jacobi das Gedicht seinem Buch beifügte. Dies erboste G., der jedoch öffentlich an dem Streit nicht teilnahm und nur brieflich versuchte, Spinoza und sich selbst gegen den Vorwurf des Atheismus zu verteidigen. Mendelssohn, der ohnehin anderen antisemitischen Angriffen ausgesetzt war, reagierte mit der Entlastungsschrift *Moses Mendelssohn an die Freunde Lessings*, die allerdings erst nach seinem – mancherorts mit Jacobis Denunziation in Verbindung gebrachten – Tod 1786 erschien.

DF

Pantomime, stummes szenisches Spiel, im 18. Jh. von französischen und englischen Wanderbühnen und Clowns auf Jahrmärkten gezeigt. G. empfiehlt in den *Regeln für Schauspieler* die Pantomime als Übung für Anfänger: seine Rolle ohne Text mit Gebärden verständlich zu machen.

NH

Paoli, Pasquale (1725–1807), korsischer Freiheitskämpfer, der 1755–1769 eine zunächst siegreiche Volksbewegung gegen die genuesische Besatzung, später gegen die Franzosen anführte, dann aber nach England fliehen mußte; auf der Durchreise durch Frankfurt 1769 Bekanntschaft mit G. Dieser war beeindruckt von Paolis »patriotischem Vorhaben«, bei dem »ein ganzes Volk sich zu befreien Miene machte«,

so daß »Korsika [...] lange der Punkt gewesen, auf den sich aller Augen richteten« (*DuW*, 17. Buch).

PO

Papageienbuch: Das *Touti Nameh* des persischen Dichters Sijai eddîn Nechschebi (14. Jh.), von Muhamad Kaderi im 17. Jh. bearbeitet, von Carl Jacob Ludwig Iken übersetzt und G. 1820 zugesandt. In *Kunst und Altertum* veröffentlichte G. eine begeisterte Rezension des Werkes, in der es darum geht, daß ein »dämonisch-weiser Papagei« durch nächtelanges Märchenerzählen eine – wie G. betont – »schöne junge« Frau in Abwesenheit ihres Gatten vom beabsichtigten Seitensprung ablenkt. Beim Vergleich der beiden Fassungen kam G. zu dem Schluß, daß die jüngere im Gegensatz zur ursprünglichen vieles an »orientalisch-poetischen Vorstellungsarten« eingebüßt habe und »prosaischer« sei, dem »Westländer« – dem Europäer – dadurch möglicherweise aber »mehr zusage«. Die »Favoritform der Orientalen«, ihre »gränzenlosen Mährchen in eine Art von Zusammenhang zu bringen«, also eine Rahmensituation zu schaffen, die das eingeflochtene Erzählungen motiviert, hatte G. bereits in *Tausendundeine Nacht* schätzen gelernt: Diese Form diente ihm – unter Verzicht auf die erotische Komponente – zur Gestaltung seiner *Unterhaltungen deutscher Ausgewanderten* und von *Wilhelm Meisters Wanderjahren*.

DF

Papiergeld: G. hat sich intensiv mit wirtschafts- und finanzpolitischen Fragen befaßt – seine Bibliothek enthielt 46 Schriften mit nationalökonomischen Themen. Deutlich standen ihm die politischen Gefahren der künstlichen Geldschöpfung (Assignatendruck während der Französischen Revolution) vor Augen, die Gefahr des Staatsbankrotts und der politischen Instabilität. Vor diesem Hintergrund agieren Kaiser, Marschalk, Schatzmeister, Kanzler und Mephisto in der Szene »Lustgarten« in *Faust II*. Mit der Unterschrift des Kaisers sind über Nacht Banknoten gedruckt worden: »Du zogst sie (die Unterschrift) rein, dann ward's in dieser Nacht/Durch Tausendkünstler schnell vertausendfacht./Damit die Wohltat allen gleich gedeihe,/ So stempelten wir gleich die ganze Reihe,/ Zehn, Dreißig, Fünfzig, Hundert sind parat./ Ihr denkt euch nicht, wie wohl's dem Volke tat« (v. 6071-6076). Diesem Bericht des Schatzmeisters über die segensreiche Wirkung des neuen Papiergelds (Marschalk: »Rechnung für Rechnung ist berichtigt,/ Die Wucherklauen sind beschwichtigt«) fügt der Kanzler beruhigend die fadenscheinige Erklärung hinzu, daß das neue Papiergeld durch die ungehobenen Bodenschätze des Kaiserreichs mehr als gedeckt sei. Seinen »alchimistischen« Trick der Wandlung von Gold in Papier macht Mephisto den Umstehenden, denen dennoch unheimlich zu Mute ist, mit unüberbietbarem Zynismus schmackhaft: »Ein solch Papier, an Gold und Perlen Statt,/ Ist so bequem, man weiß doch, was man hat« (v. 6119–6120). Einzig der hinzukommende Narr hat begriffen, worum es in Zukunft geht. Die »Zauberblätter« verwendet er sofort zum Grundstückskauf, er flüchtet angesichts der vorhersehbaren Inflation in die Sachwerte: Der Spekulant ist geboren. BL

Pappenheim, Jenny, von, verh. Baronin von Gutstedt, (1811–1890), illegitime Tochter von Jerome Bonaparte, König von Westfalen und Diane von Pappenheim, geb. von Waldner-Freundstein. Sie kam 1814 mit ihrer verwitweten Mutter (1817 zweite Ehe mit dem Weimarer Staatsminister von Gersdorff) nach Weimar, wurde Spielgefährtin und Freundin der Prinzessinnen Augusta und Marie und erhielt 1822–26 eine sorgfältige Erziehung in einem Straßburger Internat.

In den Jahren danach gehörte Jenny zu den jungen Damen, die in enger Verbindung zum Hof lebten, und war, neben Adele Schopenhauer, Ottilie von G.s vertrauteste Freundin. Sie hütete und bemutterte Alma, war Walthers und Wolfgangs Französischlehrerin und zugleich die schwärmerisch geliebte Freundin und Vertraute der Jungen. Jenny war ein reizendes, außergewöhnlich schönes Mädchen, dabei geistvoll-anmutig. War sie zuweilen albern, unvernünftig und exaltiert, glaubten die Damen des Hofes, Ottilies Schule durchleuchten zu sehen.

G. sah das liebenswürdige Frauenzimmerchen gern in seinem Haus und bedachte sie mit liebevoller Zuwendung. Sie hingegen verehrte den (groß-)väterlichen Freund fast abgöttisch. Erinnerungen und G.s Werke blieben ihr lebenslang Quelle geistiger Erquickung. Im März 1838 heiratete Jenny den wohlhabenden Baron Werner von Gutstedt und folgte ihm auf dessen Gut in Westpreußen.

Als Witwe kehrte sie, immer noch schön, liebenswürdig und geistvoll, nach Weimar zurück, freundlich aufgenommen von alten und neuen Freunden, zu denen die G.-Familie und Großherzog Carl Alexander gehörten. Ihre letzten Lebensjahre mußte sie aus finanziellen Gründen bei ihrem jüngsten Sohn in Lablacken (Ostpreußen) verbringen. Dort, wo sie nie heimisch werden konnte, schrieb sie auf eine Bitte Carl Alexanders hin ihre Erinnerungen an G. und die bedeutende Zeit Weimars nieder. *Baronin Jenny von*

Gutstedt: Aus Goethes Freundeskreis. Erinnerungen. 1892). CS

Paracelsus, d. i. Theophrastus Bombastus von Hohenheim (1493–1541). Auf Paracelsus, Arzt, Gegner der Schulwissenschaft und Alternativheiler (Erfinder des Laudanums – einer Opiumtinktur), stößt G. 1771, vom Jurastudium enttäuscht und wegen eines Blutsturzes ins Elternhaus zurückgekehrt, dann aber mit einem für ihn geheimnisvollen Salz kuriert, in Gottfried Arnolds *Unpartheyischer Kirchen- und Ketzerhistorie* (1666–1714). Paracelsus – Zeitgenosse des wirklichen Faust – befördert G.s Faust-Studien. Wie die Bibelübersetzung des Faust an Luther erinnert, so Fausts Kampf gegen die Pest – mit einem »Gift« aus der »schwarzen Küche« – an Paracelsus (v. 1034–1049 und v. 675ff.). Ebenfalls von Paracelsus stammt das Motiv des »Retorten«-Menschleins ↗Homunculus. PO

Paria-Trilogie: *Des Paria Gebet; Legende; Dank des Paria.* Der Stoff war G. lange vertraut, bevor er ihn zwischen 1821 und 1823 gestaltete. Erstdruck 1824 in G.s Periodikum *Über Kunst und Altertum* IV; im nächsten Heft publizierte er einen kurzen, erläuternden Essay, *Die drei Paria*, in dem er auch auf zwei zeitgenössische Tragödien zum gleichen Thema eingeht und auf sein Gedicht *Der Gott und die Bajadere* verweist, das aus der gleichen Quelle wie die indische Legende stammt. Die Beschäftigung mit fremden Kulturen und Literaturen war für G. immer ein Element seines dichterischen Selbstverständnisses (vgl. z.B. *West-östlicher Divan, Chinesisch-deutsche Jahres- und Tageszeiten*). Zwar blieb ihm die indische Kultur relativ fremd, doch ist die Trilogie eine eindrucksvolle Gestaltung dieses fernöstlichen Kulturkreises. G. nivelliert das Befremdende dabei nicht, sondern eignet es sich dadurch an, daß er es mit Elementen seiner eigenen Weltsicht durchsetzt.

Im mittleren Teil der Trilogie, der *Legende*, wird ein grausiges Geschehen erzählt. Die Frau eines vornehmen Brahmanen ist so rein, daß Wasser sich beim Schöpfen in ihrer Hand ballt. Im Gedicht *Lied und Gebilde* war diese Fähigkeit Ausweis des dichterischen Genies. In der *Legende* wird die Frau verstört durch das Spiegelbild eines göttlichen Jünglings im Wasser; so mit ihrer Sexualität konfrontiert, zerfließt ihre streng gefaßte Persönlichkeit wie das Wasser in ihren Händen. Ihre ›Schuld‹ wird von ihrem Ehegatten sofort erkannt und durch Enthauptung bestraft.

Empört über diesen archaischen Akt patriarchaler

Macht erwirkt der Sohn das Recht, die Mutter wieder zum Leben zu erwecken, setzt jedoch – ein fataler Irrtum – den abgeschlagenen Kopf auf den Körper einer hingerichteten Paria-Verbrecherin. Aus dieser Zusammenfügung reiner Geistigkeit und schuldhafter Körperlichkeit ersteht ein »Riesenbildnis«, eine mächtige Paria-Göttin, welche die Verheißung ausspricht, sich beim höchsten Gott Brahma für die niedrigste und entrechtete Kaste der Paria einzusetzen: »Ihm ist keiner der Geringste.«

G. war sich bewußt, daß diese Geschichte nach europäischem Geschmacksempfinden abstrus war, doch entspricht ihre Gestaltung der spätromantischen Ästhetik des Häßlichen, die im Unterschied zum klassischen Schönheitsideal das Schöne und das Häßliche als gleichrangige Gegenstände der Kunst etablierte. G. vermittelte das Thema zudem wirkungsvoll mit der europäischen Tradition. Das »Riesenbildnis« symbolisiert den Dualismus des christlich-abendländischen Menschenbildes zwischen Körper und Geist, der nur in der göttlichen Gnade aufgehoben werden kann. Zugleich gestaltet die Trilogie die christliche Vorstellung der Gleichheit des Menschen vor Gott und der Aufhebung sozialer Unterschiede, die dem strengen indischen Kastendenken fremd ist. Ein sozialkritisches Verständnis des Paria-Themas als Spiegel zeitgenössischer Probleme, wie in den beiden Tragödien, weist G. in seinem Essay zurück; er verweist auf ein »Höheres«, »von wo aus ganz allein befriedigende Versöhnung zu hoffen ist«.

Diese Kommentierung paßt in das politische Klima der Restaurationsepoche und entspricht G.s Abwehr aller revolutionären Umbrüche. So entschärft er auch das grausige Geschehen; es wird von zwei Gebeten des Paria umrahmt und damit in einen Sinnzusammenhang gestellt, der im Bild des erbarmenden Gottes zugleich einen Ausgleich sozialer Spannungen verspricht. Die bleibende Attraktivität des Stoffs beweist Thomas Manns Erzählung *Die vertauschten Köpfe. Eine indische Legende* von 1940, die trotz der erheblichen thematischen Variation im Gegen- und Zusammenspiel von Geist und Körper deutliche Bezüge zu G.s Trilogie hat. Jedenfalls gilt der anfängliche Erzählerkommentar auch für G.: »Fast mehr Mut noch gehört dazu, eine solche Geschichte zu erzählen, als sie zu vernehmen«. IW

Paris hat G. nie besucht, auch nicht, als er im Oktober 1808 mit Napoleon zusammengetroffen war und ihn dieser zu einem Besuch der Stadt eingeladen hatte. Zwar las G. interessiert die Berichte über Paris, die ihm v.a. Wilhelm von Humboldt zukommen ließ,

beschäftigte sich mit dem Kulturleben der Stadt und dachte ernsthaft über einen Besuch nach, verwarf aber schließlich diesen Plan. CA

Paris, Der neue, mit dem Untertitel »Knabenmärchen« in G.s Kindheitsschilderung im 2. Buch von *Dichtung und Wahrheit* eingefügt, Entstehung und Erstveröffentlichung 1811. Aus der Ich-Perspektive berichtet ein kindlicher Erzähler von einem märchenhaften Erlebnis, im Verlauf dessen ihm drei verschiedenfarbige Äpfel überreicht werden, die er den Schönsten überreichen soll – Äpfel, die sich aber schnell in junge Frauen verwandeln und verschwinden. Der Knabe findet in der Stadt eine bisher übersehene Pforte, durch die ihn ein geheimnisvoller Alter in eine märchenhafte Welt hineinläßt. Hinter einem Wasserlauf und einem goldenen Tor findet er einen köstlichen, musikerfüllten Garten, dessen Wärterin jenes mädchenhafte Geschöpf ist, das nach dem Verschwinden der Apfel-Damen kurzzeitig auf seinen Fingerspitzen getanzt hatte.

Die drei verschwundenen Frauenzimmer und die Wärterin musizieren, bevor letztere den Knaben zum Spiel einlädt: Man spielt die Eroberung Trojas, die Zerstörung des Spielzeugs durch den Knaben läßt das Mädchen ihn zornig ohrfeigen und aus dem Garten werfen. Weil er die mittlerweile draußen befindlichen Spielfiguren wiederum zerstört, bedrängen ihn plötzliche Wasserfluten, der geheimnisvolle Alte droht dem Wütenden, der wiederum die eigene Macht dadurch zur Geltung bringt, daß er die mythische Aufgabe habe, den drei Frauenzimmern zum Gatten zu verhelfen. Der Alte kriecht zu Kreuze und entläßt den Knaben, der immer wieder vergeblich versucht, den geheimnisvollen Ort hinter einer alltäglichen Mauer seiner Stadt wiederzufinden. Über die möglichen symbolischen Bedeutungen des Märchens für die soziale oder präsexuell-libidinöse Sozialisation des Knaben G. hinaus dient diese Erzählung vor allem dem Nachweis, daß schon im Kind G. der große Erzähler geschlummert habe: Als Kind habe er schließlich diese Geschichte den Spielkameraden erzählt. BJ

Park an der Ilm: Im Frühjahr 1778 begann G. mit der Umgestaltung des Ilmparks nach seinen Vorstellungen und Zeichnungen, die sich am Vorbild der Wörlitzer Gartenanlage orientierten.

1786/96 wurde das gesamte Ilmtal in die Parkgestaltung einbezogen: Der Herzog kaufte hierzu die Ländereien bis nach ↗Oberweimar hinzu. G.s Begriff von der Parklandschaft als einer »Folge von ästhetischen Bildern« drückt das Ziel der Parkgestaltung

Ansicht der Schloßbrücke im Herzoglichen Park bei Weimar. Kolorierte Radierung von Georg Melchior Kraus, um 1800

aus – harmonisches Miteinander von Wiesenflächen, Baum- und Gesträuchgruppen, Pfaden und Wegen, die den Flußbiegungen angepaßt sind, sowie an historische Vergänglichkeit erinnernde architektonische Elemente. Unter seiner Mitwirkung sind entstanden: Januar 1778: Felsentreppe und Nadelöhr am Naturbrunnen (»Gesundbrünnchen«) als erste »empfindsame« Anlage am linken Ilmufer. Juli 1778: Errichtung des »Luisenklosters« im Bereich der »Kalten Küche«, zugleich Ausgangspunkt der Anlage eines englischen Parks am linken Ilmufer 1779/83. 1782 entstand das Gedicht *Einsamkeit* an der Felsentreppe am damals noch nicht vorhandenen ↗Römischen Haus. 1792/97 Erbauung des Römischen Hauses nach G.s Ideen und unter seiner Oberleitung. September 1816 und April 1823 Mitwirkung am Umbau des Gewächshauses zum Tempelherrenhaus. SS

Parma, Margarete von, Figur aus *Egmont*, Statthalterin von Spanien in den Niederlanden 1559-1567, später durch ↗Alba abgelöst. In ihrem Palast spielt die zweite Szene des 1. Aktes. Sie läßt sich über die »Greuel« von Reformationsbestrebungen und Bilderstürmern aus und setzt die Macht der eigenen Mittel, der Inquisition, dagegen. Ihr Gesprächspartner Machiavell erwägt eine taktische Liberalität, die die Greuel besser steuern könne, doch sie bleibt bei ihrer Haltung und kennzeichnet Egmont und Oranien als die feindliche Partei. BJ

Parodie, als deren »Todfeind« sich G. 1824 erklärte (*Über die Parodie bei den Alten*), war ihm ungeachtet dieser späten Erkenntnis in jungen Jahren ein beliebtes literarisches Mittel. So bezog sich 1774 seine an Euripides angelehnte Farce *Götter, Helden und Wieland* parodistisch auf die *Alkestis* des damals berühmtesten deutschen Dichters (Wieland verstand Spaß und lobte das kleine Werk im *Teutschen Merkur*). Für G. war eine Parodie dann gelungen, wenn sie nicht nur den Gegenstand ihrer Betrachtung in den Schmutz zog, sondern berechtigte Kritik anbrachte und sich durch eigene Kreativität auszeichnete (*DuW,*

7. Buch). Von G.s Werken wurde vor allem der immens erfolgreiche *Werther* parodiert – von Christoph Friedrich Nicolais *Freuden des jungen Werthers* (1775) bis zu Ulrich Plenzdorfs *Neuen Leiden des jungen W.* (1973) –, eine parodistische Besonderheit verursachten *Wilhelm Meisters Lehrjahre*, deren Fortsetzung bereits erschien, bevor G.s eigene publik wurde: Johann Friedrich Pustkuchen war der Verfasser der 1821 anonym veröffentlichten, aufsehenerregenden falschen *Wanderjahre*.   DF

Partei. Die heute so bezeichnete politische Institution gab es im Deutschland der G.-Zeit noch nicht, das Wort meinte organisierte oder auch unorganisierte Interessengruppen. Partei ergreifen bedeutete jedoch auch damals schon, sich einer Meinung, Strömung oder Bewegung anzuschließen. Letzteres hielt G. nicht für sinnvoll, da die Meinungsbildung und -äußerung des Einzelnen leide, zudem dem Parteiengezänk keine befriedigenden Resultate folgten. Was im normalen Leben galt, galt erst recht in der Kunst: »Der Dichter steht viel zu hoch, als daß er Partei machen sollte« (*Noten und Abhandlungen*, Eingeschaltetes). Die Eigenständigkeit und Originalität der eigenen Person verteidigte G. noch im Gespräch mit Friedrich Christoph Förster: »Die Leute wollen immer, ich soll auch Partei nehmen; nun gut, ich steh auf *meiner* Seite« (August 1831).   DF

Parzenlied s. **Lied der Parzen, Das**

Pathologisches läßt sich sowohl in G.s Werken als auch in seiner Person ausmachen. Mignon, das androgyne, nervöse, erwachsene Kind, der manischdepressive Harfner, der schizophrene Graf, die nymphomanische Philine (alle in den *Lehrjahren*), die paranoide Titelheldin in *Lila*, der melancholisch-liebeskranke Werther, dessen »Krankheit zum Tode« nur im Selbstmord Heilung findet – dies sind nur einige wenige Figuren, die G.s »pathologischem Interesse« (an Schiller, 9.12.1797) zu verdanken sind. In viel stärkerem Ausmaß als heute wurden Geistesgestörte und Wahnsinnige im 18.Jh. als Bedrohung empfunden, auch weil man Ursprünge und Behandlungsformen von Geisteskrankheiten nicht kannte, diese zudem mit einem aufklärerischen Vernunftdenken nicht in Einklang zu bringen waren. Zu G.s Zeit erwachte jedoch allgemein das Interesse am »Abnormen« bzw. dessen Heilung, brachte die Aufklärung doch auch den Glauben an die Perfektibilität des Menschen (im Zuge dessen wurden um die Jahrhundertwende immer mehr Irrenhäuser in Heilanstalten umgewandelt).

G. selbst fand ein Studium von Fehlentwicklungen äußerst fruchtbar hinsichtlich der Erkenntnis eines jeweiligen »Musterbilds« bzw. ↗Typus (*Nacharbeiten und Sammlungen*; vgl. *Betrachtungen über eine Sammlung krankhaften Elfenbeins*). Für Pathologisches bei G. begann man sich seit Ende des 19.Jh.s zu interessieren; er selbst hatte mehrfach psychopathologische Momente bei sich selbst festgestellt, so z.B. Schuldgefühle, Depressionen und Erregungszustände, denen nur durch Schreiben beizukommen war (*DuW*, 13. Buch). In G.s Leben ist eine regelmäßige Abfolge von Erkrankungen und Gesundungen festzustellen, den Zusammenhang zwischen künstlerischer Kreativität und psychopathologischem Hintergrund berücksichtigt verstärkt K.R. Eisslers G.-Studie (1963).   DF

Patriotismus verdient für G. »Gebühr und Ehre«, wenn eine regionale Eigenart hervorgehoben wird oder zum Ausdruck kommt. Zu einer derartigen Vaterlands- oder Heimatliebe ist »jedes Reich, Land, Provinz, ja Stadt berechtigt« (*KuA*, Heidelberg). Der ideologisch-politischen Dimension steht G. allerdings kritisch gegenüber: Dies betrifft den im Zuge der Französischen Revolution entstehenden Patriotismus ihrer Anhänger ebenso wie die nach 1800 im von Napoleon besetzten Deutschland aufkeimende chauvinistisch-nationale Deutschtümelei. In der Kunst hat jedweder Patriotismus schließlich gar nichts verloren (vgl. Joh. H. Meyers *Neu-deutsche religiös-patriotische Kunst*).   DF

Paulinzella, thüringisches Dorf jenseits von Ilmenau, dessen Kirchen- und Klosterruine aus dem frühen 11. und 12.Jh. G. erst an seinem Geburtstag 1817 mit seinem Sohn August und dem Oberforstmeister von Fritsch besichtigte (*Tb*, 28.8.1817).   BJ

Pawlowna s. **Maria Pawlowna**

Pedanterie, für G. das genaue Gegenteil von Scharlatanerie. Beides sind Unarten, ganz besonders in Kombination: »Es gibt Pedanten, die zugleich Schelme sind, und das sind die allerschlimmsten« (*MuR*). Dem einen fehlt die Flexibilität zur Weiterentwicklung, dem anderen der nötige Ernst, um – besonders in der Wissenschaft – mit den Dingen angemessen umzugehen. Ungerecht fand G., daß »Menschen, die in ihrer Lebensweise eine gewisse Regelmäßigkeit und feste Grundsätze besitzen, die viel nachgedacht haben und mit den Angelegenheiten des Lebens kein Spiel treiben«, leichtfertig als »Pedanten« abgetan werden (Soret/Eckermann, 3.2.1830), wobei er mit dieser Aussage möglicherweise auch seine eigene Person rechtfertigte. Bei ihm selbst machten sich nämlich im Alter zunehmend pedantische Züge bemerkbar: Seine Verteidigung der *Farbenlehre* z.b. war geprägt von Rechthaberei und Starrsinn. DF

Pempelfort: Sommersitz der Familie Friedrich Heinrich ↗Jacobis bei Düsseldorf, unmittelbar am Rhein gelegen. G., der auf seiner Rheinreise 1774 erstmalig in Pempelfort war, schrieb am 5. Mai 1796 an Jacobi: »An dir ist überhaupt vieles zu beneiden! Haus, Hof und Pempelfort, Reichthum und Kinder, Schwestern und Freunde und ein langes pppp.« Bei der Darstellung seines Aufenthalts anläßlich der Rückreise aus Frankreich 1792 möchte G., »um die Anmut des Pempelforter Aufenthalts vollkommen darzustellen, auch die Örtlichkeit, worin dies alles vorging, klar vergegenwärtigen […]. Ein freistehendes geräumiges Haus, in der Nachbarschaft von weitläufigen wohlgehaltenen Gärten, im Sommer ein Paradies, auch im Winter höchst erfreulich. Jeder Sonnenblick ward in reinlicher, freier Umgebung genossen; abends oder bei ungünstigem Wetter zog man sich gern in die schönen großen Zimmer zurück, die behaglich, ohne Prunk ausgestattet, eine würdige Szene jeder geistreichen Unterhaltung darboten« (*CiFr*, Nov. 1792). Nach Jacobis Flucht aus Pempelfort vor den Ausstrahlungen der Französischen Revolution bedauerte G. ihn, der sein Paradies habe verlassen müssen (an Jacobi, 31.10. 1794). BJ

Pentagramm: Was der Knoblauch dem Vampir, das ist der Drudenfuß, das magische Fünfwinkelzeichen, den bösen Geistern. So kommt es, daß Mephisto im *Faust*, v. 1395, die Türschwelle nicht überschreiten kann – dort ist nämlich ein Pentagramm aufgezeichnet. DF

Persien: Mit dem mittelöstlichen Reich machte G. sich vor allem durch die Lektüre von Reiseberichten bekannt. Im Mai 1814 las er eine 700 Gedichte umfassende persische Liedersammlung, den *Divan* des ↗Hafis. Die Begeisterung für diese literarische Tradition führte zu intensiven Studien zu Geschichte und Kunst Persiens zwischen 1000 und 1800, in den *Noten und Abhandlungen* zum *West-östlichen Divan* berührt G. auch die persische Frühzeit und Religiosität. Über die Dichtkunst hinaus interessierten ihn u.a. Handwerk und Fischerei Persiens, Teppich-, Juwelen- und Goldschmiedekunst. BJ

Persische Dichtung s. **Orientalische Dichtung**

Persönlichkeit ist ein Begriff, den G. in großer Nähe zu seiner Vorstellung von ↗Individualität verwendet. Persönlichkeit erscheint als Fundament dessen, was der Mensch kann, was er ist und was er wirkt. »Nicht die Talente, nicht das Geschick zu diesem oder jenem machen eigentlich den Mann der Tat, die Persönlichkeit ist's, von der in solchen Fällen alles abhängt. Der Charakter ruht auf der Persönlichkeit, nicht auf den Talenten« (*Noten und Abhandlungen zu besserem Verständnis des West-östlichen Divans*). Persönlichkeit ist, stärker noch als Individualität, ganzheitlich konzipiert: In Wilhelm Meisters Brief an seinen Freund Werner über die geplante Theaterlaufbahn erscheint dem Helden die Persönlichkeit als Ziel einer ganzheitlichen Ausbildung aller Anlagen – was dem Bürgertum in seiner äußeren Beschränkung verwehrt, nur dem Adel und dem Schauspieler vergönnt sei (*Lj*, V.3). Diesen Gedanken konsequent fortsetzend, notiert G. im 16. Buch von *Dichtung und Wahrheit*, der gesellschaftliche Zwang zur ↗Entsagung müsse als Nötigung verstanden werden, »unsere Persönlichkeit erst stückweis und dann völlig aufzugeben«. BJ

Perthes, Friedrich Christoph (1772–1843), Hamburger Verleger und Buchhändler, Herausgeber des wissenschaftlichen Zeitschrift *Vaterländisches Museum*, für deren Zusendung G. ihm am 16. Oktober 1810 dankt. Perthes war u.a. befreundet mit Runge, Jacobi, Claudius, den Gebrüdern Stolberg und Auguste zu Stolberg. BJ

Peucer, Heinrich Carl Friedrich (1779–1849), Weimarer Regierungsbeamter, Schriftsteller und Übersetzer. Peucer übersendet G. Gedichte und Aufsätze, die dieser wohlwollend beurteilt. Auf Peucers Übersetzung Voltairescher Dramen stützt sich G. bei der Aufführung am Weimarer Theater; gemeinsam arbeiten sie an einem Nachspiel zu Ifflands *Hagestolzen*. Der gebildete und sprachgewandte Peucer wird zum gerngesehenen Gast bei »Goethe der Vater, Goethe der Sohn, und Goethe der heilige Geist (nämlich Frau und Schwägerin des Sohnes)« (Peucer an Böttiger, 9.5.1828). PO

Pfeffel, Gottlieb Conrad (1736–1809), elsässischer Dichter und Pädagoge. Obwohl 1758 erblindet, begründete er 1773 in Kolmar seine berühmte *Académie militaire* – eine Erziehungsanstalt zur Vorbereitung auf die Militärlaufbahn. G. schätzte den Verfasser didaktischer Verserzählungen und Fabeln gegen moralische und soziale Unvollkommenheiten sehr. G.s Gedicht *Gefunden* lehnt sich in Rhythmus und Moral an Pfeffels *Nelke* an. Pfeffel hingegen begegnete G. mit Distanz: So war der Werther für ihn ein »Lotterbube«.

PO

Pfeil, Leopold Heinrich (1725/26–1792), Sekretär bei G.s Vater und G.s Französischlehrer, der etwa 1755 am Großen Hirschgraben in Frankfurt die *Pfeilische Pension* eröffnete: eine Privatschule, sprachlich-musisch ausgerichtet und bald sehr angesehen. Pensionsschüler Harry Lupton – »an Englishman« – wird G.s Freund, Cornelias Verehrer und also goldene Brücke für englische Sprache und Literatur. PO

Pflanzschule nannte man die 1800 gegründete Schauspielschule, die eine Ausbildung ermöglichen sollte, die G.s Ansprüchen an den ↗ Weimarer Stil jenseits von Naturalismus und individueller Eitelkeit gerecht wurde. 1824 dokumentierten zwei ehemalige Schüler dies in den *Regeln für Schauspieler*. Einer von ihnen, Karl Friedrich Moritz Paul Graf von Brühl wurde später Nachfolger von Iffland als Intendant des Berliner Nationaltheaters. WM

Phänomen: G. benutzt den Begriff vornehmlich im Sinne von »Naturerscheinung«. Er mißt der natürlichen Erscheinungsform etwa von Pflanzen, Tieren, Farben und Licht höchste Bedeutsamkeit bei: »Was ist doch ein Lebendiges für ein köstliches, herrliches Ding! Wie abgemessen zu seinem Zustande, wie wahr, wie seiend« (*IR*, 9.10.1787). Aus der naturhaften Formung der Phänomene lassen sich für G. grundlegende Gesetzmäßigkeiten natürlicher Entstehungs- und Entwicklungsprozesse ableiten. BJ

Phänomen: *Wenn zu der Regenwand*, entstanden aufgrund eines Natureindrucks am 25.7.1814, dem ersten Tag der Reise von Weimar nach Wiesbaden, damit eines der frühesten Gedichte des *West-östlichen Divan*. In der dynamischen Eingangsmetaphorik: »Wenn zu der Regenwand/Phöbus sich gattet,/Gleich steht ein Bogenrand/Farbig beschattet« wird das flüchtige Phänomen des ↗ Regenbogens nach dem wissenschaftlichen Kausalitätsprinzip erklärt, zugleich aber auch durch die knappe Anspielung auf den antiken Sonnengott Phöbus Apollon zum poetischen Bild und Gleichnis überhöht. Somit kann das ephemere Wahrnehmungsbild zum Auslöser der Reflexion über allgemeine Phänomene der Natur und mensch-

licher Erkenntnis- und Wandlungsprozesse werden. Diese Abfolge von präziser Naturbeobachtung, poetischer Verdichtung und symbolischer Deutung ist typisch für G.s Alterslyrik. Mit »So sollst du, muntrer Greis/Dich nicht betrüben« wird das Gleichnis aufgelöst und auf das wahrnehmende Subjekt bezogen; die nahezu provozierende Heiterkeit der Anrede erlaubt es, sie als ironische Selbstanrede des alten Dichters G. zu verstehen. Das durchgängige Verjüngungsmotiv des *Divan*, die gegenseitige Potenzierung von Jugendlichkeit, Poesie und Liebe in verschiedenen Erscheinungsformen wird mit dem Naturphänomen des Regenbogens gekoppelt, das für G. im Kontext seiner Studien zur *Farbenlehre* von besonderem Interesse war. In der sprachlichen Leichtigkeit, der vielschichtigen Verflechtung der motivlichen, thematischen und sprachlichen Anspielungen, dem Klangreichtum und der Variation der Bilder »Regenwand«, »Bogenrand«, »Himmelsbogen« zeigt sich der hohe Kunstcharakter des Gedichts. IW

Phidias, 5. Jh. v. Chr., bedeutender Bildhauer des klassischen Griechenland. Erstmals kam G. 1787 in Rom mit Phidias durch von Sir Richard de Worthley in Griechenland angefertigte Zeichnungen in Berührung und befand: »Man kann sich nichts Schöneres denken als die wenigen einfachen Figuren« (*IR*, 23.8.1787). Eine noch größere Phidias-Begeisterung lösten bei G. die 1816 vom Athener Parthenon – Phidias war unter Perikles an dessen Gestaltung beteiligt – nach London gebrachten, »Elgin Marbles« genannten Skulpturen aus, benannt nach Thomas Bruce, dem Earl of Elgin, von dem im gleichen Jahr ein Buch darüber erschien. G. studierte es und war so fasziniert, daß er fortan keine Gelegenheit ausließ, Zeichnungen und Abgüsse der Figuren zu erwerben. Eifrig beschäftigte er sich auch mit dem Problem der Rekonstruktion der verlorenen Goldelfenbeinstatue des Zeus von Olympia – eines der sieben Weltwunder der Antike. AR

Philemon und Baucis: Ein hochbetagtes Ehepaar aus der griechischen Überlieferung, dessen Geschichte seit Ovids *Metamorphosen* (VIII, 620–724) immer wieder Gegenstand literarischer Bearbeitung war. Die Bewohner eines Tales verweigern Zeus und Hermes, die als erschöpfte Wanderer auftreten, die Gastfreundschaft; schließlich aber werden die beiden Götter von Philemon und Baucis in ihrer Hütte, der ärmlichsten in der ganzen Gegend, freundlich aufgenommen. Zur Strafe für Land und Leute schicken die Götter eine alles vernichtende Flutwelle; nur die Hütte von Philemon und Baucis erhebt sich aus den Wasserfluten, zum Tempel umgestaltet; hier dienen die beiden nun als Priester. Bei ihrem Tode werden die beiden alten Leute in eine Eiche und eine Linde verwandelt, deren Äste sich liebevoll verschränken; so entsteht ein kultisch verehrter, idyllisch-lauschiger Ort.

G. greift in seinem *Märchen* auf das Motiv der zum Tempel umgewandelten Hütte zurück; im 5. Akt von *Faust II* treten Philemon und Baucis als in liebevollem Glück gealtertes Paar auf, das neben einer Kapelle in bescheidener Hütte unter Lindenbäumen lebt – auf einer Anhöhe. Die idyllische Hütte steht Faust im Weg, weil er von dort aus in Zukunft sein Reich wohlgefällig überblicken will. Mephisto und die drei Gewaltigen Gesellen brennen Linden, Hütte und Kapelle nieder; die beiden Alten sterben, der bei ihnen eingekehrte Wanderer wird im Kampf getötet, Faust triumphiert. G. verleiht damit in pessimistischer Perspektive dem Sieg des aufgeklärt-industriellen Eigennutzes über das Mythische, Idyllische das verzerrte Antlitz des Mordes.　BJ

Philhellenismus s. **Griechenland-Begeisterung**

Philine: Figur in den Wilhelm-Meister-Romanen, Mitglied der wandernden Theatertruppe, der ↗Wilhelm begegnet, singt häufig Arien aus schlüpfrigen Schäferspielen. Philine ist eine sinnlich-verführerische junge Frau, ihr Auftreten in Pantöffelchen und Negligé, ihr schmuddliger Charme zieht den Kaufmannssohn an. Philine hat viele Affären, einmal überrascht sie den Helden mit einem erotischen Abenteuer, wird die Geliebte ↗Serlos und verschwindet schließlich mit einem Unbekannten. Philine pflegt Wilhelm nach dem räuberischen Überfall gesund und tritt in den *Wanderjahren* als bekehrte Sünderin und Schneiderin wieder auf.　BJ

Philipp Hackert: Größere biographische Skizze über den Maler, italienischen Künstlerfreund und zeitweiligen Zeichenlehrer Hackert, die G. 1811 meist nach dessen eigenen Aufzeichnungen und mit einigen Zusätzen durch H. Meyer publizierte. Er hatte Hackerts Testament entsprechend dessen sämtliche Aufzeichnungen erhalten – die allerdings wohl nur mit großer Mühe redaktionell in eine einigermaßen befriedigende Form zu bringen waren und G. überdies von Hackerts Erben streitig gemacht wurden. Der Schrift, die ganz aus dem Geiste eines späten Klassizismus geschrieben war, war keine wohlwollende Anteilnahme beschieden; selbst G. teilte nicht mehr unbedingt die ästhetischen Ansichten des Verstorbenen, faßte die Redak-

tionsarbeit eher als versprochenen Freundschaftsdienst auf.　BJ

Philister. »Was ist ein Philister?/Ein hohler Darm,/ Mit Furcht und Hoffnung ausgefüllt,/Daß Gott erbarm!« So zu lesen in einem Brief an Zelter vom 4.9.1831, ursprünglich aber in den *Zahmen Xenien*.　AK

Philosophie. Von der Universitäts-, Schul- oder Kathederphilosophie hat sich G. eigenen Angaben zufolge »stets immer frei erhalten«; sein Standpunkt war der »des gesunden Menschenverstandes« (Eckermann, 4.2.1829). Einem abstrakten Denken, das von einer Praxisbezogenheit absieht bzw. eine solche ignoriert, konnte er nur bedauernd eine Absage erteilen: »Armer Mensch, an dem der Kopf alles ist!« (an Herder, Mitte Juli 1772). Doch der Umstand, daß G. logischen Haarspaltereien und ins Theologische übergreifenden Weltkonstruktionen nicht zu folgen bereit war, hieß nicht, daß er sich überhaupt nicht mit Philosophie und philosophischen Fragen beschäftigte. Im Gegenteil, er interessierte sich genauso für aktuelle Problemstellungen und neue Strömungen im Geistesleben wie für Entwicklungen in anderen Natur- und Geisteswissenschaften.

Besonderes Augenmerk schenkte er dabei von Jugend an den Zusammenhängen von Mensch und Natur. So rezipierte er die hermetische Tradition der Naturmystik, begeisterte sich an Spinoza, spürte den dunklen Gedankengängen Johann Georg Hamanns nach und ließ sich auf die neuere ↗Naturphilosophie von Herder, später von Schelling ein. Auch dem produktiv-kritischen Umgang mit der Philosophie, wie ihn Kant pflegte, konnte G. etwas abgewinnen. Die in den 1780er Jahren von Königsberg ausgehende Kritik der herkömmlichen Metaphysik fand in Jena ein wichtiges Zentrum, da hier die Kantianer Karl Leonhard Reinhold und Christian Gottfried Schütz lehrten. G. hatte im Rahmen seiner ↗amtlichen Tätigkeit auch für die Universität Jena Verantwortung zu tragen und sich im Zuge dessen in die jeweiligen Lehrinhalte einzuarbeiten. So berichtete er seinem Freund Knebel, er müsse, bei »der speculativen Tendenz des Kreises«, in dem er lebe, »wenigstens im Ganzen Antheil daran nehmen« (28.3.1797). Im Gespräch mit Gustav Parthey sprach G. Kant das Verdienst zu, der erste Philosoph gewesen zu sein, »der ein ordentliches Fundament gelegt« habe (28.8.1827). Dennoch war er kein Kantianer, was auch dazu führte, daß es in der Auseinandersetzung mit Schiller, der stark von Kant beeinflußt war, öfters zu Meinungsverschiedenheiten kam.

Mit Fichtes Berufung nach Jena ging die kritische Philosophie ab 1794 immer mehr in eine idealistische, auf das Subjekt gerichtete über, der G. im Alter dankte, daß sie ihn auf sich selbst aufmerksam gemacht habe (an Ch.L.F. Schultz, 18.9.1831). 1799 erhob er jedoch den Vorwurf, es sei der falsche Weg, »in sich selbst hinein zu gehen, seinen eignen Geist über seinen Operationen zu ertappen, sich ganz in sich selbst zu verschließen«; eine bessere Erkenntnis der Gegenstände sei dadurch nicht gegeben (*Der Sammler und die Seinigen*, 2. Brief). G. sympathisierte eher mit der Natur und Geist in Einklang bringenden, pantheistisch anmutenden Identitätsphilosophie, wie sie Hegel und Schelling während ihrer Jenaer Jahre 1801–1803 entwickelten. Er begrüßte deren Versuche, »unsere ursprüngliche Empfindung *als seyen wir mit der Natur eins*« zu erhöhen, zu sichern und »in ein tiefes, ruhiges Anschauen« zu verwandeln (an Jacobi, 23.11.1801). Als beide Philosophen sich von der Natur abwandten und den Anspruch ihrer Philosophie dahin verlagerten, mittels Spekulation und Dialektik das Absolute bzw. den Geist – also Gott – auszumachen, distanzierte sich G. Er war überzeugt, »daß mancher dialektisch Kranke im Studium der Natur eine wohltätige Heilung finden könnte« (Eckermann, 18.10.1827).

Für G. hatte die Philosophie also das große Problem, daß sie die Natur als wichtigsten Gegenstand der Untersuchung weitgehend aus den Augen verlor. Doch er sah noch eine zweite Schwierigkeit: »Philosophie deutet auf die Geheimnisse der Vernunft und sucht sie durchs Wort zu lösen« (*MuR*). Dies schafft sie jedoch nur unter Zuhilfenahme »uneigentlicher Ausdrücke und Gleichnisreden« (*Geschichte der Farbenlehre*, Intentionelle Farben), was sie wiederum in die Nähe von Poesie und Theologie rückt. Eine Trennung der Disziplinen, wie sie in der Neuzeit unternommen wurde, hielt G. dementsprechend noch im Rückblick auf seine Jugend für überflüssig: »An den ältesten Männern und Schulen gefiel mir am besten, daß Poesie, Religion und Philosophie ganz in *eins* zusammenfielen, und ich behauptete jene meine erste Meinung nur um desto lebhafter, als mir das Buch Hiob, das Hohe Lied und die Sprüchwörter Salomonis ebenso gut als die Orphischen und Hesiodischen Gesänge dafür ein gültiges Zeugnis abzulegen schienen« (*DuW*, 6. Buch).   DF

Philostrats Gemälde, Aufsatz G.s für seine Zeitschrift *Ueber Kunst und Alterthum* (Bd. II.1, 1818), an dem er im Frühjahr 1818 arbeitete. Gegenstand des Aufsatzes sind Beschreibungen von Gemälden in einer römischen Villa nahe Neapel durch den römischen Schriftsteller Flavios Philostratos (ca. 170–250). Ob Villa und Gemälde tatsächlich existiert haben, ist unsicher. Nach einem würdigenden und die Bilder nach inhaltlichen Gesichtspunkten ordnenden Vorwort gibt G. einen Gesamtüberblick über die literarische Galerie und beschreibt sodann die einzelnen Darstellungen mythologischer Szenen sowohl in nüchtern-präzisem wie als oft einfühlend-expressivem Stil – und liefert damit einen wichtigen Beitrag zur Rezeption Philostrats in der Moderne.   BJ

Phorkyaden: Im *Faust II* (↗Klassische Walpurgisnacht) treten sie zu dritt als alte, graue Weiber auf, nennen sich Töchter des Chaos und Schwestern der Parzen (»In Nacht geboren, Nächtlichem verwandt«, v. 8010), verfügen gemeinsam nur über ein Auge und einen Zahn, reihum verliehen, wenn eine von den Dreien sehen oder essen will. In G.s Helena-Konzept verkörpern die Phorkyaden die Häßlichkeit an sich.   BL

Phorkyas: Maske Mephistos, der die häßliche Gestalt einer der Phorkyaden annimmt. Der christliche Teufel verwandelt sich in ein heidnisch-antikes Monstrum, um auf glaubwürdiger mythologischer Ebene Helena in Angst und Schrecken vor der Rache ihres Gatten Menelas zu stürzen: »Fallen wirst du durch das Beil« (v. 8925); »Gräßlich! Doch geahnt; ich Arme!« (v. 8926).   BL

Physik: In der G.-Zeit in einem viel umfassenderen Sinne als heute die gesamte Naturkunde. Die Physik war für G. ein Feld heftiger Auseinandersetzungen. In der Erklärung der Entstehung der Farben focht er einen wohl aussichtslosen Kampf gegen die Spektral-Theorie des Lichts, wie ↗Newton sie vertrat. Wenn G.s *Farbenlehre* auch vom modernen physikalischen Standpunkt her bezweifelt werden mag, so erscheint ihre naturwissenschaftliche Moral als modern: Der Physiker G. stellt sich uns als »Grüner« dar. Er bekämpfte vor allem die Vereinzelung des Naturgegenstandes im ↗Experiment und den grundsätzlichen Zwang der Newtonschen Physik, das Naturphänomen in Begriff und Formel zu bringen. G. wollte den Physiker verpflichten, auch philosophisch an seinen Erkenntnisgegenstand heranzutreten: »Er soll sich eine Methode bilden, die dem Anschauen gemäß ist; er soll sich hüten, das Anschauen in Begriffe, den Begriff in Worte zu verwandeln und mit diesen Worten, als wärens' Gegenstände, umzugehen und zu verfahren« (*MuR*). G. stand mit einer großen Zahl bedeutender Physiker seiner Zeit in engem Kontakt, seine physikalischen Forschungen aber wirkten eher in der Philosophie als in der Naturwissenschaft nach.

BJ

Physiognomische Fragmente, vierbändiges Werk (1775–1778) von J.C. Lavater, der in der Tradition antiker Physiognomie aus der Bildung der äußerlichen Körpermerkmale, vor allem des Gesichts und der Profillinie Seelen- und Charaktereigenschaften herauszulesen versuchte, was er mit viel Enthusiasmus und schwärmerischer Intuition betrieb. G. war anfangs sehr angetan von Lavaters Projekt, sammelte selber Schattenrisse, zeichnete Gesichter und Profile und steuerte kleine Beiträge zu den *Physiognomischen Fragmenten* bei. So etwa einen kleinen Aufsatz über Tierschädel und die daraus ableitbaren Charaktereigenschaften, physiognomische Charakteristiken von Personen aus Antike und Gegenwart: Homer, Scipio, Caesar, Brutus, Klopstock u.a. Allerdings lehnte G. schon in der frühen Weimarer Zeit, erst recht aber nach dem Bruch mit Lavater, die Physiognomie als Selbstbetrug ab.

BJ

Pietismus, gegen Ende des 17.Jh.s aufgekommene, im 18.Jh. weit verbreitete und auf mit Tätigkeit gekoppelte verinnerlicht-subjektive Frömmigkeit gerichtete Bewegung zur Erneuerung des Protestantismus. G.s Vater war eher orthodoxer Protestant, umso mehr interessierte sich – wie auch die Mutter – der Sohn für pietistisches Gedankengut z.B. der ⟋Herrnhuter Brüdergemeine, das ihm 1768–1770, in der sogenannten pietistischen oder Bekehrungsphase G.s, vor allem Susanna Katharina von ⟋Klettenberg – Vorbild für die *Schöne Seele* in *Wilhelm Meisters Lehrjahren* – vermittelte. In den 1770er Jahren hatte G. engen Kontakt mit Pietisten wie ⟋Lavater und ⟋Jung-Stilling sowie Personen mit pietistischem Hintergrund wie ⟋Lenz, und das pietistische Inspirations- und Subjektivitätsdenken wirkte sich auf die Poetik des ⟋Sturm und Drang aus. Doch obwohl G. sich selbst bis ins hohe Alter als ⟋fromm bezeichnete, war er kein Pietist im strengen Sinne.

DF

Pindar (522/18 – nach 446), griechischer Lyriker, der vor allem den jungen G. prägte. Unter dem Eindruck Herders begeisterte sich G. für den Griechen (»Ich wohne jetzt in Pindar«, an Herder, 10.7.1772) und versuchte, Herders Forderung nach dithyrambischer Dichtung zu verwirklichen – zum Beispiel in der Hymne *Wandrers Sturmlied* (1772). Mit Herder mißverstand G. Pindars Lyrik als Ausdruck von Emotion, den er emphatisch begrüßte.

JAS

Piranesi, Giovanni Battista (1720–1778): Trotz des starken Eindrucks, den die italienische Malerei insgesamt auf G. gemacht hat (*DuW*, 1. Buch), verhielt er sich gegenüber den Veduten des römischen Architekten, Druckers, Zeichners und Kupferstechers reserviert. Dessen phantasievolle architektonische Auflösung des antiken Rom in einem modernen Konstruktivismus erschienen G. als pathetische bildnerische Rhetorik.

BL

Plastik. »Der Hauptzweck der Plastik, welches Wortes wir uns künftighin zu Ehren der Griechen bedienen, ist, daß die Würde des Menschen innerhalb der menschlichen Gestalt dargestellt werde«, betont G. 1817 (*Verein der deutschen Bildhauer*) und unterstreicht damit seine humanistische Haltung. Diese hat neben antiken bzw. klassizistischen auch aufklärerische Wurzeln. Rousseaus Zivilisationskritik folgend, kann G. der Bildhauerkunst Lob zollen, »weil sie den Menschen von allem, was ihm nicht wesentlich ist, entblößt« (*Über Laokoon*). Doch obgleich die Plastik in der Hierarchie der ⟋Bildenden Künste von G. ganz oben angesiedelt wird – ist sie doch »das Höchste, was uns vom Altertum übrig blieb« (*IR*, 10.1.1788) –, erkennt er qualitative Unterschiede innerhalb der Disziplin und schränkt ein: »*Plastik* wirkt eigentlich nur auf ihrer höchsten Stufe« (*MuR*). Dieses in der Antike beinahe durchgängig auszumachende Niveau schätzt G. für seine Zeit bedauernd als kaum erreichbar ein, »ohne aus den Gränzen des guten Geschmacks zu schreiten« (an Meyer, 27.4.1789).

DF

Platen, August Graf von (1796–1835), Schriftsteller, der G. im April 1821 seine *Ghaselen* - Nachdichtungen antiker und orientalischer Werke - sandte, von G. als »wohlgefühlt und geistreich gelobt« (*Phaeton*), und ihn im Oktober in Jena besuchte. Danach ließ G. Platens Briefe unbeantwortet - bis auf eine Ausnahme: G. schickte ein Dramen-Manuskript aus Zeitgründen zurück. Eckermann gegenüber lobte G. zwar Platens Talent, »allein ihm fehlt - *die Liebe* […] und so wird er auch nie so wirken als er hätte müssen […], er wird der Gott derer sein, die gern wie er negativ wären« (25.12.1825).

PO

Plato (ca. 428/27–348/47 v. Chr.) griechischer Philosoph; war für G. zeit seines Lebens eine zentrale antike Autorität, trotz grundlegender Unterschiede von Platos Ideenphilosophie (Ideen hinter den Dingen) und G.s Anschauung der Phänomene (Ideen in den Dingen); die Vorstellung der Sonnenhaftigkeit des Auges ist aus Platos Dialog *Politeia* (508b) übernommen: »Wär nicht das Auge sonnenhaft,/Die Sonne könnt' es nie erblicken.«   BS

Platonismus: G. war kein Platonist, wenngleich er den antiken Philosophen schätzte und ab und an seine Lehren verarbeitete. Im *Tasso* erkennt beispielsweise Leonore, daß die Liebesgedichte des Hofpoeten Ausdruck einer idealisierenden, später platonisch genannten Liebe sind (v. 205ff.), wie sie Plato im *Phaidros* und im *Symposion* thematisiert hat. In einigen Auffassungen G.s ist eine gewisse Nähe zu denen Platos auszumachen. Beide hielten das ↗Auge für das edelste Sinnesorgan; beiden waren Gegensätze wie Sein/Nichtsein, Hell/Dunkel, Gut/Böse nicht separat existent sondern von graduellem Unterschied; beide sprachen der Schönheit wesentliche Bedeutung für die Erkenntnis des Seins zu. In der *Farbenlehre* berief sich G. des öfteren auf Plato als Gewährsmann. Tiefgreifende Differenzen ergaben sich allerdings hinsichtlich der Ideenlehre: siedelte Plato die Ideen überzeitlich und außerhalb der sinnlich erfahrbaren Welt an, beharrte G. auf der Gegenwart von Idee und Wesen genauso wie auf der Möglichkeit von deren Anschauung.   DF

Plessing, Friedrich Victor Leberecht (1749–1806), ein am ↗Werther-Fieber erkrankter Altersgenosse G.s, der 1776 zwei Briefe nach Weimar schickte, weshalb ihn G. im Jahr darauf bei seiner Reise in den Harz inkognito aufsuchte (in der *Campagne in Frankreich* wird darüber berichtet). Über die rätselhafte Plessing-Episode stolperte K. R. Eissler und begann daraufhin die Arbeit an seiner psychoanalytischen G.-Studie.   DF

Plotin (um 205–270), neuplatonischer Philosoph, dessen Vorstellung zufolge alles Seiende als Emanation, als ›Ausfluß‹ aus dem Einen zu verstehen sei. Diese Auffassung berührt sich mit G.s Konzeption von ↗Allgemeinem und Besonderen – und damit auch mit seinem grundsätzlichen Verständnis ›echter‹ Poesie als ›symbolisch‹. Die *Enneaden* Plotins las G. schon 1764; 1805 regte ihn der Altphilologe F. A. Wolf zu erneuter Lektüre an, die Verse »Wär nicht das Auge sonnenhaft«, die in der Einleitung zur *Farbenlehre* stehen, gehen unmittelbar auf diese Plotin-Lektüre zurück (*Enneaden* VI.9). G. übersetzte einige Passagen aus demselben Werk Plotins und fügte sie später als Sinnsprüche in *Makariens Archiv* ein (17–24), nicht ohne allerdings sofort eigene kritische Anmerkungen anzuschließen (*Makariens Archiv* 25/26).   BJ

Plutarch (um 46–120 n. Chr.), griechischer Schriftsteller und Biograph, dessen Werke G. das ganze Leben hindurch begleiteten. Im Jahre 1811 hatte er die von Friedrich August Wolf entliehenen *Moralischen Abhandlungen* und *Vergleichenden Lebensbeschreibungen* des Plutarch in der Übersetzung von Kaltenwasser nach ↗Karlsbad mitgenommen und wollte sie später nicht wieder herausrücken: »Die kleinen Schriften des Plutarch waren gerade recht am Ort: sie unterhielten uns mehrere Wochen fast ganz allein, und ich habe mich so darein verliebt, daß Sie diese Übersetzung wohl schwerlich wiedersehen werden« (an F. A. Wolf, 28.9.1811). Selbst noch kurz vor seinem Tode, im Januar und Februar 1832, mußte Ottilie ihrem Schwiegerpapa aus seinem geliebten Plutarch vorlesen.   AR

Poesie steht bei G. in Gegensatz zur Prosa: während diese verstandesbezogener Kontrolle unterliegt, fordert jene Genie und Imagination. »Die wahre Poesie kündet sich dadurch an, daß sie, als ein weltliches Evangelium, durch innere Heiterkeit, durch äußeres Behagen, uns von den irdischen Lasten zu befreien weiß, die auf uns drücken« (*DuW*, 13. Buch). Nicht Kunst und Rhetorik machen die Poesie aus, sondern Verbundenheit mit der Welt und dem Seeleninneren des Poeten: »Poesie ist, rein und ächt betrachtet, weder Rede noch Kunst; keine *Rede*, weil sie zu ihrer Vollendung Tact, Gesang, Körperbewegung und Mimik bedarf; sie ist keine *Kunst*, weil alles auf dem Naturell beruht« (*Noten und Abhandlungen zu besserem Verständnis des West-östlichen Divans*). Wichtig für echte Poesie ist, daß sie rhythmisch behandelt wird, keinen Zweck verfolgt, Einbildung und Aberglauben höher schätzt als Tatsachen der unmittelbaren Gegenwart. Wie die Kunst, so ist für G. auch die Wissenschaft vom poetischen Akt zu trennen: »Künste und Wissenschaften erreicht man durch Denken, Poesie nicht, denn diese ist Eingebung; sie war in der Seele empfangen, als sie sich zuerst regte. Man sollte sie weder Kunst noch Wissenschaft nennen, sondern Genius« (*Wj*, Aus Makariens Archiv). Auch wenn G. in seinen späten Jahren durchaus poetische Elemente in seine wissenschaftlichen Arbeiten einfließen ließ und andererseits wissenschaftliche Themen in Poesie verdichtete, galt für ihn zeitlebens, was im *Faust* der Direktor während des Vorspiels auf dem Theater sagt: »Gebt ihr euch einmal für Poeten,/So kommandiert die Poesie« (v. 220f.).   AV

Poetische Gedanken über die Höllenfahrt Jesu Christi. Auf Verlangen entworfen von J.W.G., entstanden 1764/65, zum Ärger G.s 1766 gedruckt. An die Schwester schreibt er am 12.10.1767 über den Druck »in eine vermaledeite Wochenschrift, und noch dazu mit dem J.W.G. Ich hätte mögen toll darüber werden.« Mit der Höllenfahrt Christi nimmt G. ein seit dem Mittelalter und Barock beliebtes Thema religiöser Dichtung auf, das er in bildkräftig-pathetischem Stil und mit einem strafend-heroischen Christusbild konventionell ausformt. Im 4. Buch von *Dichtung und Wahrheit* erwähnt G. das Jugendgedicht lobend, 1830 sieht er es dagegen »voll orthodoxer Borniertheit«. IW

Pogwisch, Ottilie s. **Goethe**, Ottilie von

Pogwisch, Ulrike Henriette Adele Eleonore von (1798-1875), jüngere Schwester der Ottilie von G. In Dessau geboren, kam sie 1809 nach Weimar, wuchs im Umfeld des Hofes auf, immer in der Nähe Ottilies, die sie lebenslang in kritikloser, fast vergötternder Liebe verehrte. Im Sommer 1818 zog Ulrike in die Mansarde des G.-Hauses. »Wenn Du das Schwesterchen einige Zeit bei Dir beherbergen willst, so wird es mir sehr erfreulich sein« (G. an Ottilie, 21.6.1818). Weniger geistvoll als die ältere Schwester, indessen hübsch, munter und natürlich, auf witzig-angenehme Art geschwätzig, gehörte sie zu G.s erklärten Lieblingen, wußte den Vater »mit den Geheimnissen des Hofes, der Stadt, der Zimmer und Kammern, der Säle und Galerien« (G. an Ottilie 1824) vertraut zu machen. G. vermißte sie bei längerer Abwesenheit, verwöhnte sie mit Geschenken, bedachte sie mit väterlich-scherzhaften Briefen. Für Walther und Wolfgang war Ulrike die zärtlich geliebte Tante, von der sie umsorgt und verwöhnt wurden.
1828 verließ Ulrike das G.-Haus (vermutlich auf Grund von Spannungen mit August, doch eher aus Platzmangel nach Almas Geburt) und zog zur Mutter. Nach deren Tod 1850 war sie finanziell nicht mehr in der Lage, die Wohnung an der Esplanade zu halten; sie lebte von da an mit Ottilie und deren Kindern, abhängig von ihrer Schwester, wurde häufig von Migräne und Depressionen geplagt. Erst 1859, im 61. Lebensjahr, entschloß sie sich, ein eigenes Leben zu führen. Sie trat in das adlige Frauenstift St. Johannis zu Schleswig ein, wo sie sich bald zu Hause fühlte. Für 600 Taler ließ sie sich ein eigenes kleines Haus bauen, wurde 1864 zur Priorin gewählt. Ottilie und ihre Söhne, vor allem Ulrikes Patenkind Walther, weilten häufig auf längere Zeit in Schleswig. Ulrike von

Pogwisch starb nach ruhig verlebten Altersjahren am 2.8.1875 in Schleswig. CS

Polarität/Steigerung, ein für G.s naturwissenschaftliches Denken und ebenso für viele literarische Texte und ästhetische Konzepte fundamentales Denkmodell. Im Hinblick auf viele Phänomene der Natur denkt G. in Polaritäten: Konzentration und Expansion, ↗Systole und Diastole, Einatmen und Ausatmen, Mannigfaltigkeit und Einheit, Licht und Schatten, Schaffen und Zerstören, Werden und Vergehen usf. Der Polarität zweier entgegengesetzter Kräfte entspringt die Energie für eine Entwicklung, die durch die Steigerung eine Richtung, eine Zielorientierung erhält. Dadurch bleibt der Entwicklungsprozeß nicht zufällig, sondern wird regelhaft. Polarität und Steigerung sind Grundlage für G.s Deutung etwa der Entstehung der Pflanzengestalt (↗Metamorphose) oder der Farben oder auch bei der Begründung einer Witterungslehre. Die Kräfte von Expansion und Konzentration, von göttlicher Selbstausdehnung und luziferischer Schöpfung, die G. aus dem hermetischen Luzifermythos entnimmt (den er am Ende des 8. Buches von *DuW* erzählt), sind wesentlich an G.s frühem Verständnis des Genies beteiligt: Der expansiven, emphatisch-verströmenden Empfindung ist die konzentrative Verselbstung in dem aus der Empfindung heraus zu schaffenden Kunstwerk polar gegenübergestellt. Und genau deshalb kann Werther kein Genie sein: Sein Element ist ausschließlich die Expansion, er geht ganz in Natur, Literatur und Liebe auf, ihm fehlt jeder Antrieb zum konzentrativen Handeln – seine einzige reale Tat ist der ↗Selbstmord, durch den er wieder ganz in der Natur aufgeht. Auch Faust verliert sich in Expansionsphantasien (z.B. v. 699ff.), er bekommt allerdings Mephisto zur Seite gestellt, der seine fehlende Tatkraft ersetzt. BJ

Polen, das in vielfachen Teilungen zwischen Preußen und Rußland immer wieder zerrissene Königreich ist bei G. einerseits ein Bild für weit entfernte, östliche Gegenden, deren Bewohner durch seltsame, theatralisch wirkende Kleidung auffallen (vgl. *DuW*, 6. Buch). Bei den gesellschaftlichen Ereignissen in den böhmischen Bädern jedoch kam G. mit hochgeschätzten Persönlichkeiten aus Polen zusammen, wie etwa der berühmten Pianistin ↗Szymanowska; der Dichter Adam Mickiewicz besuchte ihn 1829 in Weimar. BJ

Politik: G., der sich selbst als »Royalist« bezeichnete, war Zeitzeuge der »größten Weltbegebenheiten« (Eckermann, 25.2.1824): des Siebenjährigen Krieges, des amerikanischen Unabhängigkeitskampfes, der ↗Französischen Revolution, des Aufstiegs und Falls ↗Napoleons. Als berühmter Autor und hoher Minister lernte er viele der politisch Führenden persönlich kennen: Napoleon, ↗Metternich, die preußischen Staatsmänner Stein und Hardenberg, Zar Alexander I. u.a.m. Ab 1776 war er Mitglied des ↗Geheimen Consiliums, eines Ministerrats, der sich unter der Führung ↗Carl Augusts mit den politischen Fragen des Herzogtums Sachsen-Weimar-Eisenach zu beschäftigen hatte.

G. leitete in der Zeit vor seiner Italienreise mehrere Kommissionen, die sich vornehmlich auf innere Angelegenheiten bezogen, ab 1779 auch die Kriegskommission. Seinen Herzog begleitete er bei außenpolitischen Missionen, z.B. bei der Reise nach Berlin und Potsdam 1778, beim Aufmarsch des preußischen Heeres in Schlesien 1790, beim Feldzug gegen das französische Revolutionsheer 1792 und bei der Belagerung von Mainz 1793. Am Wiener Kongress 1814/15 wollte G. nicht teilnehmen. In der Kunst seiner Meinung nach Politik nichts zu suchen, er war überzeugt, daß ein Dichter, der »politisch« werde, als »Poet verloren« sei (Eckermann, März 1832). ↗Gewalt als politisches Mittel lehnte G. grundsätzlich ab.   DF

Polygnots Gemählde, kurzer Prosatext, den G. im Zusammenhang mit den ↗Weimarischen Kunstausstellungen 1803 verfaßt, Erstdruck 1.1.1804 in einer Extrabeilage der *Jenaischen Allgemeinen Literaturzeitung*. Der Text bezieht sich auf einen Text des griechischen Schriftstellers Pausanias (2.Jh.) über eine Reihe von Gemälden des Polygnotos, einem berühmten Maler des 5.vorchr.Jh.s, in einer nicht erhaltenen Halle zu Delphi. Die Sujets der Bilder stammen aus dem trojanischen Krieg; G. liefert, wie schon Pausanias, Bildbeschreibungen, die er in Übersichtstafeln in ihrer wahrscheinlichen Ordnung präsentiert, auch mit Blick auf zeitgenössische Rekonstruktionen der Bilder. Die Absicht des Textes ist, die künstlerische Annäherung an die Antike als notwendig und gleichermaßen als praktisch möglich hinzustellen.   BJ

Polymetis, alter Diener am Hofe von Lykus, der das schreckliche Geheimnis um ↗Elpenors Herkunft kennt und ahnt, daß er es aller Loyalität zum Trotz verraten wird. In zwei Monologen kämpft er gegen das finstere Wissen an - die Fortsetzung hat G. nicht geschrieben.   NH

Pompeji: Römische Stadt unterhalb des Vesuvs. Die wohlhabende Handelsstadt mit ca. 20000 Einwoh-

nern wurde 63 n.Chr. durch ein Erdbeben zerstört und nach dem Wiederaufbau am 24.8.79 vollständig durch Vulkanasche verschüttet. Die verschollene Stadt wurde seit Beginn des 18. Jh.s ausgegraben. G. empfindet bei seinem Besuch einen »wunderlichen, halb unangenehmen Eindruck dieser mumificirten Stadt« (*IR* 11.3.1787), würdigt trotz der baulichen Enge die heitere Architektur und wundert sich über die unermessliche Gewalt vulkanischer Kräfte.   BJ

Postwesen, öffentliche Einrichtung zur Beförderung von Briefen, Paketen und Personen, in Deutschland wegen der politischen Zersplitterung noch weit über G.s Leben hinaus mangelhaft organisiert, zu teuer, weil zu langsam. An den Poststationen der frühen Neuzeit konnte man die Pferde tauschen, speisen oder übernachten. G. bediente sich für seine ungeheuerliche Korrespondenz wie auch für die Vielzahl größerer Warensendungen reitender Boten sowie der langsameren »fahrenden Post«.   BJ

Potsdam s. **Berlin**

Praxis/Theorie. Mephistos Bonmot: »Grau, teurer Freund, ist alle Theorie,/Und grün des Lebens goldner Baum« (*Faust*, v. 2038) gibt nur bedingt G.s Haltung wieder, sah dieser doch Theorie und Praxis nicht als Gegensatz an, sondern als voneinander abhängig und nur in Kombination geeignet, mit den Fragen des Lebens angemessen umzugehen. Wer nach dem Rat verfährt, den Montan in den *Wanderjahren* erteilt, nämlich »das Tun am Denken, das Denken am Tun zu prüfen«, ist auf dem richtigen Weg zur Weisheit und »kann nicht irren« (II.9). Dies gilt auch in besonderem Maße für die wissenschaftliche Arbeit, und G. kritisiert zugunsten einer ausdauernden praktischen Beschäftigung mit den Forschungsgegenständen eine vorschnelle Theoriebildung: »Theorien sind gewöhnlich Übereilungen eines ungeduldigen Verstandes, der die Phänomene gern los sein möchte und an ihrer Stelle deswegen Bilder, Begriffe, ja oft nur Worte einschiebt« (*MuR*). Die seines Erachtens unbedingte Zusammengehörigkeit von Theorie und Praxis liefert zudem auch die Möglichkeit von Erkenntnis: »Theorie und Praxis wirken immer auf einander; aus den Werken kann man sehen, wie es die Menschen meinen, und aus den Meinungen voraussagen, was sie tun werden« (*DuW*, 7. Buch).   DF

Preisaufgaben für bildende Künstler: Themen der antiken Mythologie wurden von G., Schiller und Meyer von 1799–1805 jährlich als Malwettbewerb ausgeschrieben (Preisgeld, Ausstellung), dessen Themen in der *Allgemeinen Zeitung*, den *Propyläen*, schließlich der *Jenaischen Allgemeinen Literaturzeitung* ausgeschrieben wurden. Das Programm fand wenig Resonanz und scheiterte schließlich an seinem hausgemachten Konservatismus. Die zeitgenössische Malerei um die Jahrhundertwende hatte inzwischen eigene Bahnen eingeschlagen. BL

Preise für Lebensmittel, Luxusgüter, Waren unterschiedlichster Art, Dienstleistungen und vielerlei mehr, u.a. in Ausgabenbüchern sowie Rechnungen über G.s Haushalt von 1776-1832 erhalten, lassen Preisvergleiche zwischen damals und heute kaum zu. Einfacher ist es, Aussagen über die Kaufkraft des Geldes zu machen. Preisangaben in Weimar erfolgten in Talern. Ein Taler (tlr) wurde zu 24 Groschen, dieser zu 12 Pfennigen gerechnet. Häufig gab man Preise in Reichstalern (rtlr) an. Dieser, eine seit 1566 im Reichsgebiet als Leitwährung anerkannte gute Silbermünze, war im 18./19.Jh. ein Rechnungswert und kaum als Münze in Umlauf.

Aus heutiger Sicht erschwerend ist die Vielfalt der kurranten Münzsorten und variierenden Kurswerte. In Weimar waren 1781-85 u.a. gültig: Konventionstaler (3 rtlr), Louisdors (3-6 rtlr), Laubtaler (1,5 rtlr), Gulden oder Florin (1,5 rtlr), Carolind'or (13-15 rtlr). Die Kaufkraft des Geldes läßt sich in etwa bestimmen, setzt man Preise und Einkommen in Beziehung, wobei letztere in Weimar um 1800 insgesamt eher bescheiden waren. Ein Handwerksmeister, ohne Gesellen, hatte 100-150 Taler im Jahr. Von 26 in Weimar ansässigen Tischlern verdiente 1826 keiner über 200 Taler, etwas höher lag das Einkommen von Bäckern. Ein Handwerksgeselle bekam 60-100 Taler, ein Lehrer höchstens 100 Taler im Jahr, kleine Beamte oft noch weniger. Der Bürgermeister wurde 1811 mit 502 Talern und 18 Groschen besoldet. G.s Besoldung lag weit über dem Durchschnitt (1776: 1200 Taler, ab 1816: 3100 Taler).

Das Existenzminimum für eine Familie (meist gab es nur einen »Verdiener«) dürfte schätzungsweise bei 100 Talern gelegen haben. Weibliche Bediente wie Magd, Lauf- und Nähmädchen erhielten 40-60 Taler Lohn, eine gute Köchin etwas mehr, wobei zu beachten ist, daß, wie z.B. in G.s Haus, Kost, Logis, Biergeld, Zuwendungen für Kleidung und Schuhe, Geschenke an Feiertagen, zu Jahrmärkten und ähnliches hinzukamen. Auch Beamte, G. z.B., erhielten Deputate (Korn, Holz u.ä.). Hinzu kam die Selbsterzeugung vieler Lebensmittel (Anbau von Kartoffeln, Getreide, Obst, Gemüse/Viehzucht), die man nicht kaufen mußte.

Hoch waren in Weimar Mieten, Preise für Häuser und Grundstücke. Miete für ein Quartier mit 3-4 heizbaren Räumen entsprach 1826 dem Jahreseinkommen eines Handwerkers, 100-150 Taler. G. zahlte 1782-1788 für die Wohnung am Frauenplan 144 Taler jährlich. Schillers Haus kostete 1802 4200 rtlr, G.s Krautland an der Lotte 50 rtlr, sein Gut Oberroßla 1798 13125 rtlr.

Vergleichsweise erschwinglich, sieht man von Teuerungen in Kriegs- oder schlechten Erntejahren ab, waren Grundnahrungsmittel. Ein Scheffel (in Weimar 75,29 l) Weizen kostete normalerweise 2-3 tlr, nach guter Ernte, wie 1829 unter 2 tlr, bei Teuerungen mehr, 1816 7 tlr und 1817 11 tlr. War die Hopfenernte schlecht, stieg der Bierpreis. 1 Eymer (70 l) einfaches Stadtbier kostete 1832 2 tlr 2 Gr. 4 Pf., in guten Jahren dagegen nur 1 tlr 13-19 Gr., 1 Schock (60) Eier kostete 3-9 Gr., 1 Liter Milch 4 Pf. Für 1 Pfund (536 g in Weimar) Schweinefleisch bezahlte man 1817 4 Gr. und 6-8 Pf., für 1 Pfund Rindfleisch 3 Gr. und 6 Pf. Billiger waren Hammel- und Kalbfleisch, 2-3 Gr. pro Pfund.

Christiane erwarb 1793 ein »gutes Speckschwein« für über 17 tlr. Einen Festpreis (»Brodtaxe«) gab es für Brot. Bei Teuerungen verringerte man das Gewicht, der Preis blieb gleich. Teuer waren Delikatessen. Laut G.scher Rechnungen kostete eine vom Hofkoch gefertigte Gänseleberpastete mit Trüffel 2-3 tlr, 1 Pfund Kaviar 1 tlr 20 Gr., 1 Pfund geräucherter Rheinlachs 1 tlr 4 Gr., 1 Pfund Kaffee 1 tlr 4 Gr., 1 Pfund Schokolade 1 tlr 8-12 Gr. Luxus waren auch Bücher: Für eine sechsbändige Klopstock-Ausgabe mußte man 1790 47 rtlr aufbringen. Für das Abonnement der *Berliner Zeitung* zahlte G. vierteljährlich 1 tlr 12 Gr. 1820 erhielt G.s Enkel Walther ein Bilderbuch für 1 tlr als Weihnachtsgeschenk. 1825 kosteten 10 Pfund Flachs 3 tlr 24 Gr., 2 Pfund Wachslichter 1 tlr 16 Gr., 1 Eymer Laubenheimer Wein 30 tlr. Zu Neujahr 1829 erhielten u.a. der Nachtwächter 8 Gr. 6 Pf., der Barbier 17 Gr. 4 Pf., der Friseur und die beiden Briefträger je 1 Gr. 10 Pf. als Geschenk.

Anläßlich der Geburt von G.s Enkel Wolfgang wurden »an die Leute Geschenke« für 14 tlr und 16 Gr. ausgegeben, u.a. bekam die Köchin ein Kleid für 4 tlr 4 Gr. Der Lohn für die Anfertigung eines einfachen Anzugs betrug etwa 2 tlr, Stoff dafür kostete 8-9 tlr. Die Botenfrau erhielt für den Weg von Weimar nach Jena 3-4 Gr., die Badefrau 5 Gr. 8 Pf. für »ein Bad zu tragen«. CS

Preller, Ernst Christian (1804-1878), Schüler der Weimarer ↗Freien Zeichenschule, studierte mit G.s ideeller Förderung und mit einem Stipendium Carl Augusts in Dresden, Antwerpen, Mailand und Rom das Fach Malerei. G.s Sohn August starb während seines Aufenthalts in Rom 1830 in Prellers Armen. Inzwischen zum Direktor der Weimarer Zeichenschule und zum Hofmaler avanciert, war Preller es schließlich, der am 23.3.1832 G. auf dem Totenbett zeichnete.   BL

Preß-Anarchie: Am 5. Mai 1816 hat – nach langen Vorbereitungen und Querelen, u.a. dem Abschied von Staatsminister Voigt – Weimar sich eine landständische Verfassung gegeben: *Grundgesetz über die Landständische Verfassung des Großherzogtums Sachsen-Weimar-Eisenach*, Resultat eines »autokratischen Liberalismus« (Fritz Hartung), in dem es um die Interessen Carl Augusts ebenso ging wie um eine wirtschaftliche und soziale Interessenvertretung des Bürgertums, aber noch nicht um eine liberale Opposition zum Feudalismus. Es ist daher deutlich, daß ein entsprechendes Pressegesetz nicht zustande kam. Öffentlich zu schützende Werte waren Religion, Sitte und politische, d.h. landesfürstliche Repräsentanz, von Carl August inkonsequent im ungeregelten Ungewissen gelassen. Der Grad des Mißbrauchs der »Pressefreiheit« ließ sich juristisch nicht fassen. Eine denkwürdige Auseinandersetzung tat sich auf gegen den Jenenser Lehrstuhlinhaber Lorenz ↗Oken – also um Machtbereich Herzog Carl Augusts –, der mit seiner Zeitschrift *Isis* Terrain u.a. auch gegen G.s spekulative Naturphilosophie zu gewinnen suchte. In der Zuständigkeit des Großherzogtums gutachtete G.; für ihn ärgerlich genug, blieb aufgrund der mangelnden Pressegesetzgebung nur die vor Gericht nicht verwendbare Polemik: »Die Form ist wild, frech, ohne Rücksicht auf irgend ein Verhältniß, ohne Geschmack in der Darstellung: wie soll diese Form sich vernünftig gestalten? – Und giebt es denn eine Gränze des Wahnsinns, der Unbescheidenheit, der Verwegenheit?« G. muß sich von einer anarchischen Entwicklung überrollt gefühlt haben, in deren Zug er eine »weise und kräftige Dictatur« gefordert hat, »bis eine gesetzliche Zensur wiederhergestellt ist«, ein deutlicher Schritt zurück hinter eine liberal verfaßte Öffentlichkeit. Die Karlsbader Beschlüsse bestimmten von nun an das presserechtliche Pro und Contra der nächsten Jahrzehnte während der Metternich-Ära, ihre Zensurpraxis und ihre Rechtsprechung.   BL

Pressefreiheit: Im Herzogtum Sachsen-Weimar-Eisenach war sie seit der liberalen Verfassung von 1816 garantiert. Aufgehoben wurde sie mit den Karlsbader

Beschlüssen von 1819 und durch eine streng gehandhabte Zensur ersetzt. Voraus ging eine von Fürst Metternich inszenierte und von der preußischen Regierung unterstützte, bundesweite Kampagne gegen die Pressefreiheit und das Recht auf freie Meinungsäußerung, durch die auch Herzog Carl August in Mißkredit geriet, die Revolutionsangst geschürt, Weimar und die Universität Jena in den Verdacht jakobinischer Umtriebe gerieten. Carl August verlangte von G. in amtlicher Eigenschaft ein Gutachten, namentlich gegen die von Lorenz Oken herausgegebene Zeitschrift *Isis*; G. antwortete am 5.10. 1816 und warf dem Herausgeber inkriminierend vor: »Und noch das Letzte und Schlimmste: er hat den Fürsten innerhalb der Staatsverhältnisse angegriffen«. Er folgerte und forderte Carl August auf: »Die Anfangs versäumte Maßregel muß ergriffen und das Blatt sogleich verboten werden. Man fürchte sich ja nicht vor den Folgen eines männlichen Schritts; denn es entstehe daraus, was da wolle, so behält man das schöne Gefühl, recht gehandelt zu haben, da die Folgen des Zauderns und Schwankens auf alle Fälle peinlich sind. Mit dem Verbot des Blattes wird das Blut auf einmal gestopft; es ist männlicher, sich ein Bein abnehmen zu lassen, als am kalten Brande zu sterben«. Carl August blieb zunächst taub gegenüber dem Rat seines Staatsministers, die »Krankheit auszurotten«, weil er sein liberales Reformwerk insgesamt bedroht sah. Bis der Deutsche Bund unter Führung Preußens und Österreichs sich 1819 veranlaßt sah, den aufkeimenden Liberalismus durch die Karlsbader Beschlüsse, die Wiedereinführung der Zensur, die strenge Beaufsichtigung der Universitäten und das Verbot der Burschenschaften mundtot zu machen.   BL

Preußen: Militärisch aggressives und expandierendes Königreich, in dessen Interessenkonflikte mit Österreich das Herzogtum ↗Sachsen-Weimar-Eisenach immer wieder hineingezogen wurde. Friedrich der Große bestand im Winter 1778/79 darauf, Rekruten auf weimarischem Territorium auszuheben; alternativ dazu solle das Herzogtum solche »freiwillig« stellen. G. als Leiter der Kriegskommission (↗Geheimes Consilium) war mit diesem Vorgang befaßt. In Briefen an Carl August wendete er sich gegen dieses Verlangen, war aber dennoch um ein gutes Verhältnis zu Preußen bemüht (9.2.1779), selbst noch während des französischen Eroberungsfeldzugs von 1806, der auch das Herzogtum in schwere Mitleidenschaft zog; Preußen, behauptet G., habe Weimar und Jena mit seiner Drohung, beide Städte fallen oder zerstören zu lassen, unverhältnismäßig unter Druck gesetzt.   BJ

Prisma: Bestandteil optisch-physikalischer Versuchsanordnungen, den G. vielfach im Zusammenhang seiner Forschungen zur *Farbenlehre* benutzte. Das Prisma, ein Glaskörper, dessen Grund- und Deckfläche parallele Vielecke, meist jedoch Dreiecke sind, benutzte er jedoch grundlegend anders als sein Widersacher Newton: Die Urszene der *Farbenlehre* ist G.s Blick durch das Prisma, dessen Auslegung die Hypothese erbrachte, die Farben entstünden an den Kanten zwischen hell und dunkel. In der *Farbenlehre* referiert G. häufig Wahrnehmungen durchs Prisma (§§ 204/205); er kombinierte Newtons Versuch mit einem zweiten Prisma, durch das der Betrachter schaute, in § 326 berichtet er über die Effekte, die ein ins durchs Prisma gestreute Licht eingebrachtes Puder erzeugt. BJ

Produktivität war für G. eng verwandt mit ↗Genie, wie Eckermann in der ausführlichen Gesprächsnotiz vom 11.3.1828 vermerkte: »Denn was ist Genie anders als jene produktive Kraft, wodurch Taten entstehen, die vor Gott und der Natur sich zeigen können, und die eben deswegen Folge haben und von Dauer sind?« Mozart, Phidias, Raffael, Dürer, Luther, Friedrich II., allen voran Napoleon (und nicht zuletzt sich selbst) attestierte G. produktive Kraft, die mit Jugend einhergeht und zu »göttlicher Erleuchtung« führt. Nur wenige, »vorzüglich begabte Menschen« erleben eine »wiederholte Pubertät« und erfahren so auch im Alter die Gnade einer ungebrochenen Produktivität, wie sie G. bei sich selbst feststellte. Doch ein Mittel, die »Produktivität *höchster Art*« hervorzubringen, kannte er nicht, denn sie »ist dem Dämonischen verwandt«, »steht in niemandes Gewalt und ist über alle irdische Macht erhaben«. Zur Anregung produktiver Kräfte »anderer Art« - solcher nämlich, »die schon eher irdischen Einflüssen unterworfen« sind - empfahl G. unter Vorbehalt Wein, des weiteren Ruhe, Schlaf und Körperertüchtigung an der frischen Luft; am wichtigsten sei, »*nichts zu forcieren*« und alle unproduktiven Tage und Stunden lieber zu vertändeln«. DF

Proktophantasmist: Kunstwort aus dem Griechischen, »Steißvisionär«, mit dem G. Friedrich Nicolai verspottet (u.a. in *Faust II*, v. 4144ff.), der gegen unwillkommene Visionen - gemeint waren wohl Obsessionen - empfahl, Blutegel am After anzusetzen. BL

Prolog. Im Rahmen seiner praktischen Theaterarbeit verfaßte G. eine Reihe von »Theaterreden«, mit denen Aufführungen eingeleitet, erläutert und auf bestimmte Anlässe, meist die Eröffnung neuer oder renovierter Bühnen, bezogen wurden. Der theatralische Vorgang wird an seiner Schwelle unter Einbezug des Zuschauers reflektiert. Die Form variiert von der Ansprache eines Schauspielers als Vertreter des Autors oder des Ensembles bis zum eigenständigen Vorspiel mit mehreren Figuren. Als bedeutende Beispiele gelten: *Was wir bringen* (1784), die Demonstration der Weimarer hohen Form als Synthese verschiedener Genres, Schillers Prolog zu *Wallensteins Lager* (1798), das Programm der gemeinsamen Theaterreform, oder das *Vorspiel auf dem Theater* zu *Faust I*. Die meisten Prologe sind dramaturgische Gelegenheitstexte, literarische Ausnahmen bestätigen die Regel: den *Erlkönig* schrieb G. ursprünglich als Einleitung des Singspiels *Die Fischerin*. NH

Prolog im Himmel: Dem Buch Hiob 1. 6-12 der jüdischen Bibel folgend, hat G. die einleitende Szene in *Faust I* (v. 243-353) gestaltet, der gemäß der Teufel - sprich Mephisto - nichts ohne die ausdrückliche Erlaubnis Gottes unternehmen darf - fürwahr ein armer Teufel. So sehr er sich auch bemüht, letzten Endes liegt alles wieder in Gottes Hand. Er ist in G.s Augen ein Scheiternder. BL

Prometheus: Nach der Arbeit am dramatischen Fragment um 1773, dem nur einseitigen Bruchstück *Die Befreiung des Prometheus* von 1795 (im Anschluß an Aischylos' *Der gefesselte Prometheus*), wird Prometheus 1808 in dem Festspiel *Pandora* erneut zur zentralen Figur. G. entwickelt seine eigene Variation des Mythos: der inzwischen greise Titan steht einer Werkstatt von Schmieden vor. Anstelle des künstlerischen Schöpfens tritt das nützliche Schaffen. Er ist ein Arbeitender geworden und damit selbst den Anforderungen menschlichen Daseins, die er den belebten Statuen im 2. Akt des Fragments von 1773 vorgeführt hatte, unterworfen. Die Hilfe, die Prometheus einst den verzweifelten Menschen gab, geht nun von den Göttern aus: Eos, die Göttin der Morgenröte, und die von ihr geliebte Jugend schaffen einen Ausblick auf eine Versöhnung. WM

Prometheus, dramatisches Fragment in zwei Akten. Wie in der gleichzeitig (1773) entstandenen Hymne (einige Zeilen im 2. Akt stimmen wörtlich überein), tritt Prometheus als schöpferischer Aufrührer gegen die Götter auf. G. macht ihn dabei zu Jupiters Sohn und verschärft bzw. verbürgerlicht den Konflikt, so daß der Eindruck eines halb erhabenen, halb ironischen Schöpfungsdramas entsteht. Prometheus lehnt das Angebot der Götter, ihm den Olymp zu räumen, ab, läßt sich von der ihm gewogenen Minerva im Quell des Lebens zeigen, haucht seinen Lehmfiguren Leben ein und beginnt die Menschen zu erziehen: er zeigt ihnen, wie man eine Hütte baut und nach dem Streit um das erste Eigentum die Wunden pflegt. Seinem Lieblingsgeschöpf ⟋Pandora, die einen Geschlechtsakt beobachtet hat, erklärt er Sexualität als belebende Erfahrung von Tod und Wiedergeburt. So wird in wenigen Szenen aus dem Ur-Rebell ein milder Pädagoge. Unmöglich zu sagen, ob mit den fehlenden Akten daraus eine Tragödie, eine Komödie oder eine Satire geworden wäre.   NH

Prometheus-Ode, entstanden 1773 oder 1774 während der Arbeit an einem gleichnamigen, Fragment gebliebenen Drama. Die von G. nicht autorisierte Publikation der Ode in Friedrich Heinrich Jacobis Schrift *Über die Lehre des Spinoza in Briefen an den Herrn Moses Mendelssohn* 1785 machte Skandal; Jacobi berichtet, er habe die Ode 1780 kurz vor dessen Tode Lessing gezeigt, der sie positiv aufgenommen und daraus sein Bekenntnis zum Spinozismus abgeleitet habe. Nach der Veröffentlichung entwickelte sich eine heftige religiöse und philosophische Grundsatzdebatte, der sogenannte ⟋Spinozismus- oder ⟋Pantheismusstreit. 1789 nahm G. die Ode in die *Schriften* auf, bereits hier und in zukünftigen Publikationen immer gefolgt von der Hymne *Ganymed* als religiösemphatisches Gegengedicht.

Der Titel weist die Ode als Rollengedicht aus; Prometheus, der den Göttern des Olymp das Feuer raubte, wird in den politischen und kulturhistorischen Umwälzungsprozessen des 18.Jh.s zum Inbild des Tyrannenstürzers und als Selbsthelfer, Menschenbildner und Kulturschöpfer zu einer der mythischen Zentralfiguren des Jh.s. In der Genie-Ästhetik des Sturm und Drang ist Prometheus Identifikationsfigur für den Künstler. In G.s Ode redet Prometheus in trotziger Gebärde und in monologischem Sprachgestus Zeus an, den er mit der kraftvoll-imperativischen Eingangszeile »Bedecke deinen Himmel, Zeus« in den himmlischen Bereich verweist, während er die Erde als sein eigenes Territorium reklamiert. Der provozierende Charakter der Ode liegt nicht zuletzt darin, daß sie formale und kommunikative Strukturen des Gebets aufnimmt, sie jedoch in ihr Gegenteil verkehrt. Der von den Zeitgenossen als blasphemisch empfundene Grundton erreicht seine stärkste Akzentuierung in der Usurpation der biblischen Schöpfungsformel: »Hier sitz' ich, forme Menschen/Nach meinem Bilde«.

G. greift damit auf die ikonographische Darstellungstradition des Töpfergottes Prometheus zurück, der sitzend seine Geschöpfe aus Ton formt, wie sie ihm aus Benjamin Hederichs *Mythologischem Lexikon* von 1770 vertraut war. Die Ode spiegelt die zeitgenössischen Erosionsprozesse eines religiös gebundenen Weltverständnisses; sie entwirft das Bild eines neuen Menschen, der sich als autonomes, schöpferisches Ich ins Zentrum der Welt setzt: »Hast du's nicht alles selbst vollendet,/Heilig glühend Herz?« Diese Auflösung alter Ordnungsvorstellungen zeigt sich formal durch freien Umgang mit der Rhythmik, Strophik und Syntax. Der religiöse Protest ist die manifeste, in Figurenkonstellation und Metaphorik am deutlichsten greifbare Thematik des Gedichts. Rebellion gegen religiöse Autorität ist jedoch im 18. Jh. immer auch politischer Protest; die Übertragbarkeit der religiösen und mythologischen Bildersprache der Ode auf weltliche Autorität ist evident. Zeus, traditionell Allegorie göttlicher und weltlicher Macht, wird hier zur Projektionsfigur für die Abgrenzungsimpulse des jungen und politisch noch ungefestigten Bürgertums. Der Bildbereich von Hütte, Herd und Glut, den die Ode in Abgrenzung vom himmlischen Herrschaftsbereich entfaltet, hat zudem im 18.Jh. einen spezifischen sozialhistorischen Bezug; als Gegenbild zum fürstlichen Palast ist die ⟋Hütte eine antifeudale Metapher.

In der Rebellion gegen religiöse, politische und familiäre Autorität – die patriarchale Trias also von Gott, Fürst und Vater – erhob die junge Dichtergeneration des Sturm und Drang den Anspruch, eine neue Gesellschaft zu schaffen (⟋Frankfurter Hymnen). Die Ode ist überzeugender lyrischer Ausdruck dieses kulturhistorisch neuen jugendlichen Lebensgefühls; in der Gestaltung der Kindheit als Leidensgeschichte weist sie väterliche Autorität zurück. In späteren Jahren hat G. mehrmals den Versuch unternommen, den revolutionären Impetus der Ode herabzustimmen. Als das verloren geglaubte *Prometheus*-Dramenfragment 1818 aus dem Nachlaß von J.M.R. Lenz an G. zurückkam, schreibt er am 11.5.1820 an Zelter: »Lasset ja das Manuscript nicht zu offenbar werden, damit es nicht im Druck erscheine. Es käme unserer revolutionären Jugend als Evangelium recht willkommen, und die hohen Commissionen zu Berlin und Mainz möchten zu meinen Jünglingsgrillen ein sträflich Gesicht machen.«   IW

Promotion: G. wurde nach heutigem Verständnis nicht promoviert. Dennoch ist sein juristisches Lizentiat nach damaligen Begriffen mit der Promotion gleichzusetzen – er wurde in Weimar aus Gründen der Etikette als *Dr. iur.* geführt. Als er 1825 aus Anlaß seines 50jährigen Dienstjubiläums durch die Universität Jena zum Ehrendoktor der Medizin und der Philosophie befördert wurde, bedauerte die juristische Fakultät, nicht gleichziehen zu können, weil G. bereits aufgrund seines Studiums den Doktortitel der Jurisprudenz führen dürfe. BL

Prooemion (griech. Vorspruch, Einleitung) erschien erstmals 1817 in *Zur Naturwissenschaft überhaupt.* G. hat mit diesem Gedicht in der Ausgabe letzter Hand die religiös-naturwissenschaftlichen Abteilung »Gott und Welt« eröffnet. Es thematisiert feierlich G.s deistische Naturauffassung, die er in *Faust II* (v. 4695ff.) wiederholt. Das Göttlich-Unvergängliche ist für den Menschen nur durch das Vergängliche, das Vollkommene nur durch das Unvollkommene zu begreifen. BL

Prophet: Er ist G. eine eher suspekte Erscheinung. Zumeist begegnet er ihr mit unverhohlener Ironie und Skepsis. Seinen prophetischen Anspruch generell bezweifelnd, wirft er ihm Selbstgerechtigkeit, Lebens- und Weltfremdheit vor: »Des Propheten tiefstes Wort/ Oft ists nur Scharade« (*Zahme Xenien III*). Doch als Mahner, die redegewandt auf Mißstände der Zeit hinweisen und zur Selbstbesinnung aufzurufen vermögen, zollt er den Propheten auch einigen Respekt. Wie der Dichter gilt ihm der Prophet als ein Mann des begeisternden Wortes, der in einer besonderen Weise über die Gabe der Intuition und ein mitreißendes Naturell verfügt, »beide sind von einem Gott ergriffen und befeuert« (*West-östlicher Divan, Mahomet*). Doch anders als der lebensoffene, intellektuell vielseitige und vom Geist der Toleranz durchdrungene Poet (dem es vor allem um irdischen Ruhm, um den Genuß und die Verbreitung seiner Poesie geht), hat sich der Prophet ganz der Verkündigung göttlicher Gesetze verschrieben, die im Vergleich mit den geistreichen Dichtungen einförmig und einfach anmuten. FT

Propyläen: Zeitschrift, die G. zwischen 1798 und 1800 in drei je zweiteiligen Bänden herausgab. Die *Propyläen* enthielten Beiträge von G. selbst, seinem Kunstfreund Meyer, Schiller, Wilhelm und Caroline von Humboldt. Die sammelnde wie systematische Aufarbeitung der Kunsterlebnisse der Reise nach Italien hatte G. schon unmittelbar nach der Rückkehr nach Weimar beabsichtigt. Zusammen mit dem Freund Heinrich Meyer sollte ein großes enzyklopä-

disches Werk über Italien und seine Kunst verfaßt werden; zur Vorbereitung ließ G. in Wielands *Teutschem Merkur* Aufsätze veröffentlichen, die sich mit Kunst und Volksleben Italiens befaßten. Längere Zeit blieb es jedoch bei solchen verstreuten Veröffentlichungen, die Enzyklopädie kam nicht zustande. Erst in den Jahren nach 1795 wurden die Materialien aus Italien, Zeichnungen, Entwürfe, kleine Aufsätze und Aufzeichnungen unter Mitwirkung Meyers zu einem Projekt vereinigt, das weit über eine bloße Veröffentlichung hinausgehen sollte. Die Zeitschrift *Propyläen* sollte entstehen.

Der Name »Propyläen« bezeichnete ursprünglich die Toranlage der Akropolis, durch welche man zu Tempeln und Heiligtümern gelangte. Allein diese Namenswahl weist schon auf eine spezifische ästhetische Ausrichtung des Projekts hin: Es stellt sich deutlich in die Folge der in Italien getroffenen klassizistischen, an der antiken Kunst ausgerichteten ästhetischen Selbstbestimmung G.s. Der Beginn von G.s »Einleitung in die Propyläen« weist auf eine zusätzliche Bedeutung des Zeitschriftennamens hin: »Der Jüngling, wenn Natur und Kunst ihn anziehn, glaubt mit einem lebhaften Streben bald in das innerste Heiligtum zu dringen; der Mann bemerkt, nach langem Umherwandeln, daß er sich noch immer in den Vorhöfen befindet«. Die Kunst wird hier, mit Hilfe der Tempelmetapher, an den Ort des innersten Heiligtums gesetzt, an die Stelle, die vorher das Gottesstandbild, das Religiöse selbst innehatte. Damit werden der Kunst die Merkmale des Dauerhaft-Wahren, des Verbindlichen und Vorbildlichen zugeschrieben.

Die *Propyläen* sollten in lockerem Abstand als Hefte erscheinen. Als Gegenstände der versammelten Aufsätze waren Kunst *und* Naturwissenschaften geplant, die letzteren immer im Hinblick darauf, was den bildenden Künstler in seiner Praxis fördern könne, was für ihn hilfreich und anwendbar sei: die Kenntnis der Anatomie etwa als Voraussetzung für Statue und Skulptur. Diese Ausrichtung der *Propyläen* zeigt deutlich Absicht und Tendenz des gesamten Projektes an: Die Zeitschrift sollte der ästhetischen Erziehung vor allem bildender Künstler dienen im Sinne der klassizistischen Selbstbestimmung G.s während und nach der italienischen Reise. Die *Propyläen* sind ein künstlerisch-didaktisches Projekt.

Geschichtliche und kunsttheoretische Betrachtungen sollten, als Hilfsmittel schöpferischer Tätigkeit, ebenfalls Gegenstände der Veröffentlichung sein. Verbindlicher Maßstab aller Aufsätze in den *Propyläen* waren Kunst und ›Volksleben‹ des antiken Griechenland. Die kunsthistorisch-betrachtenden Arbeiten, die

Heinrich Meyer zu der Zeitschrift beisteuerte, sind implizit eine harsche Kritik der zeitgenössischen Zustände der G.-Zeit. Hier wird die Kunst als gleichsam ›öffentliches Bedürfnis‹ des griechischen Volkes der Antike definiert: Der Ort der Kunstausübung auf Plätzen und in Tempeln spreche dafür, Kunst und Leben in einem einheitlichen Vollzugszusammenhang zu sehen. Die bürgerliche Gegenwart jedoch beschneide gerade diese öffentliche Wirkungsfunktion von Kunst: »Wir haben unsere Existenz aus dem großen öffentlichen Leben meistens in beschränkte, häusliche Verhältnisse zurückgezogen, alles um uns her ist mehr zum Privateigenthum, ist enger, kleiner, getheilter, unbedeutender geworden« (J.H. Meyer: »Ueber Lehranstalten zu Gunsten der bildenden Künste«, *Propyläen* 2.Jg. 2. Teil, S. 13). Mit dieser Auffassung von antiker Kunst als Lebenszusammenhang und gleichzeitiger Gegenwartskritik rücken die *Propyläen* in die Nähe eines weiteren großen ästhetisch-erzieherischen Projekts der späten 1790er Jahre, zu Schillers *Über die ästhetische Erziehung des Menschen in einer Reihe von Briefen*.

Eine große Zahl verschiedenster Gegenstände der bildenden Künste hatte in den *Propyläen* verhandelt werden sollen, allein blieb die Arbeit an den zur Veröffentlichung vorzubereitenden Aufsätzen auf den Schultern G.s und Meyers liegen – Schiller und W.v. Humboldt konnten nur für kleine Beiträge gewonnen werden. Darüber hinaus stieß die Absicht der Zeitschrift, anhand der Kunst des antiken Griechenlands einen Kanon verbindlicher Regeln für die Verfertigung von Kunstwerken aufzustellen, auf einiges Befremden in der ohnehin kleinen Leserschaft – zumal im Kontext der aufblühenden Frühromantik, die sich in viel höherem Maße dem deutschen Mittelalter zuwandte. Die *Propyläen* und die in ihrem Gefolge abgehaltenen Kunstwettbewerbe und Ausstellungen riefen zwar für kurze Zeit einige Diskussion in kleinstem und elitärem Kreise hervor, die Wirkung sowohl der Zeitschrift als auch der erzieherisch intendierten Preisausschreiben blieb jedoch sehr gering. Das Erscheinen der *Propyläen* wurde nach drei Jahrgängen eingestellt, G.s Projekt der Verbreitung klassizistischer Kunstauffassung und Erziehung des Geschmacks darf damit als gescheitert angesehen werden.   BJ

Prosa, für G. einerseits ein Begriff für das Alltägliche, Normale der Welt, das erst durch die dichterische Behandlung poetisch wird. Andererseits ist Prosa ein literarischer Stilbegriff und steht für die nicht in Versen gesetzte, ungebundene literarische Rede. In einem literaturgeschichtlichen Exkurs in *Dichtung*

und Wahrheit (18. Buch) scheint G. die Prosa der (lyrischen) Poesie unterzuordnen – es sei denn, sie sei rhythmische Prosa wie bei Geßner oder Klopstock. G. faßte einige seiner großen Dramen zunächst in Prosa ab, die Umarbeitung zum Vers – z.B. bei der *Iphigenie* – machte ihm zunächst die größten Schwierigkeiten (vgl. *IR*, 10.1.1787). Gleichzeitig aber vertrat er den Standpunkt, daß ein Versen verfaßtes Kunstwerk, vor allem ein Epos es vertragen können müsse, einmal in Prosa übertragen zu werden – das sei ein Gradmesser der Würde seines Gegenstandes.

                                        BJ

Prosa, rhythmische: Literarische Form etwa in den Dramen Klopstocks und den Idyllen Geßners, die den Versuch machte, sich von der bis dahin unbefriedigenden Nachahmung des antiken Hexameters zu befreien. Ohne strenges Versmaß sollte Sprache mit ihrer natürlichen Betonung rhythmisch komponiert werden, so daß, abweichend von der alltäglichen Prosa-Rede, ein poetischer Eindruck, sogar Pathos erzeugt werden konnte. Vor allem in vielen Werken des jungen G. ist rhythmische Prosa literarisches Gestaltungsprinzip: Viele Stellen im *Werther* sind subtil rhythmisiert, *Clavigo*, *Stella* und *Egmont* sind in rhythmischer Prosa abgefaßt, ebenfalls die erste Fassung der *Iphigenie*. Später, in einem Brief gegenüber Schiller (25.11.1797), lehnte G. diese poetische Zwitterform ab.   BJ

Prosaschriftsteller, G. als: Die Prosaschriften G.s stellen ohne Zweifel den umfänglichsten, komplexesten und vielgestaltigsten Teil seines literarischen Werks dar. Zuallererst müssen natürlich die Romane und Erzählungen genannt werden, die auf je unterschiedliche Weise und in unterschiedlichem Grade innovativ und traditionsbildend auf die zeitgenössische Erzählkunst wirkten. Daneben stehen die großen und kleineren autobiographischen Schriften, die, von *Dichtung und Wahrheit* bis hin zur *Belagerung von Maynz*, eigentlich auch Romane bzw. Erzählungen sind, also den deutlichen Anteil des Fiktionalen am autobiographischen Schreiben betonen; die knapper raffenden, annalistischen *Tag- und Jahreshefte* versuchen, zu schließenden großen Lücken im Erzählprojekt *Aus meinem Leben* wenigstens ansatzweise zu füllen. Die über 14 000 Briefe G.s, die überliefert sind und gewiß nur einen Teil der tatsächlichen Anzahl darstellen, sind einerseits im Hinblick auf ihre stilistische Vielfalt und oft poetische Sprache und andererseits auch mit Blick auf die Vielfalt der behandelten Gegenstände und angeschriebenen Personen literarisches Werk und autobiographische oder historische Dokumente in einem. Rund ein Zehntel der schriftlichen Hinterlassenschaft G.s wird durch seine Tagebücher gebildet, mit denen er, mit Unterbrechungen, rund 60 Jahre seines Lebens schreibend begleitet und reflektiert hat. G.s Schriften zur Naturwissenschaft, die voluminöse Schrift *Zur Farbenlehre* ebenso wie der *Versuch die Metamorphose der Pflanzen zu erklären* und unzählige kleinerer Aufsätze, gehören ebenso zu seinem Prosawerk wie die Unzahl der amtlichen Schriften, die er im Rahmen seiner Weimarer Dienstgeschäfte abfaßte. In diesen Kontext gehören auch die Reden und Ansprachen, die G. in amtlicher Funktion oder auch spontan zu den unterschiedlichsten Gelegenheiten hielt. Rezensionen fremder und Anzeigen eigener Werke illustrieren sowohl das Spektrum von G.s Wahrnehmung seiner zeitgenössischen Literatur und Kunst als auch eigene ästhetische Vorstellungen; in programmatischen Reden und Aufsätzen werden G.s biographisch-historisch unterschiedliche Kunstauffassungen in die theoretischen Diskussionen ihrer Zeit eingefügt (z.B. die Rede *Zum Schäkespears Tag; Einfache Nachahmung der Natur, Manier und Styl; Ueber epische und dramatische Dichtung*), die Texte zu Zeitschriften- (*Propyläen, Kunst und Alterthum* u.a.m.) und Preisausschreiben-Projekten dokumentieren sogar G.s kulturpolitische Absichten. Die meist pointiert-knappen und aphorismenartigen *Maximen und Reflexionen* verdichten Welt- und Gesellschaftserfahrung, Reflexion und ästhetische Programmatik zum oft einprägsamen Sinnspruch. Schließlich müssen auch die Prosaübersetzungen, etwa der Autobiographie Benvenuto Cellinis oder von Diderots *Rameaus Neffe*, zu G.s Prosawerk gerechnet werden. Die Grenze zwischen Prosaliteratur und Lyrik wird von den Versepen markiert, einer erzählenden Gattung, die allerdings in von G. nicht allzu streng gehandhabten sechshebigen Versen, Hexametern, abgefaßt sind. *Reinecke Fuchs* und *Hermann und Dorothea* stellen, nach Wielands *Amadis* und *Oberon* und Voßens *Luise*, gewiß den Höhepunkt der Gattungsentwicklung im 18. Jh. dar. Sein geradezu sensationeller Auftritt als Prosaschriftsteller gelang G. 1774 mit dem Briefroman *Die Leiden des jungen Werthers*, mit dem er einerseits eine beliebte Romanform des 18. Jh.s radikalisierte, andererseits in Sprache und Natur- und Liebesdarstellung derart den Zeitgeist traf, daß das Buch zu *dem* Bestseller der 1770er Jahre wurde; darüber hinaus verleitete der Erfolg des Buches viele Schriftstellerkollegen zur Nachahmung, die Vielzahl der ↗Wertheriaden bezeugt dies. Gleichzeitig war der

Werther der erste deutschsprachige Roman von Weltrang und beendete damit endgültig das Schattendasein des Romans als vermeintlich zweitklassiger Kunstgattung, als die er bis dahin gegolten hatte. G.s zweites großes Romanprojekt, der *Wilhelm Meister*, hat seine Anfänge im selben Jahrzehnt, kam aber erst mit den *Lehrjahren* (1796) zur Veröffentlichung. Die traditionsbildende Wirkung dieses Romans ist viel weiterreichend als die des *Werther*. Das Genre des Bildungs- und Entwicklungsromans bestimmt über Gottfried Kellers *Grünen Heinrich* und Thomas Manns *Felix Krull* bis hin zu Günter Grass' Antibildungsroman *Die Blechtrommel* einen großen Teil deutscher Romanschriftstellerei. Der kleinere, aber hochkomplexe Roman *Die Wahlverwandtschaften* (1809) blieb, trotz einiger begeisterter Kritik von Zeitgenossen, praktisch wirkungslos, ähnlich wie die *Wanderjahre* Wilhelm Meisters (1829), mit denen G. die traditionelle Romanform aufbrach hin zur Moderne, herkömmliches Erzählen vielfach ersetzte durch Techniken der Montage und des technischen Arrangements.

Das Romanmodell des Entwicklungsromans bildete auch die Leitidee von G.s großem autobiographischem Erzählprojekt *Aus meinem Leben*, von dem nur der erste Teil, die Beschreibung seiner ersten zweieinhalb Lebensjahrzehnte in *Dichtung und Wahrheit*, und kleinere Bruchstücke, wie die *Italienische Reise* und die *Campagne in Frankreich/Die Belagerung von Maynz* fertiggestellt wurden. *Dichtung und Wahrheit* ist der Versuch, mit dichterischen Mitteln die Entwicklung der eigenen künstlerischen Identität aus ihren Anfängen und aus ihrer historischen Bedingtheit heraus zu erzählen; G. schrieb in dem genauen Bewußtsein, daß autobiographisches Schreiben in hohem Maße erzählerische wie poetische Sinnstiftung ist – auch wenn im Falle von *Dichtung und Wahrheit* das künstlerische Sinnbildungsprinzip, das eigene Leben formen wollte, schließlich versagte. Mit diesem autobiographischen Roman aber gelang G. ein neuer Typ autobiographischen Schreibens, der sich deutlich von der vorgängigen Tradition der Selbstlebensbeschreibung absetzte.

In seinen Prosaschriften insgesamt, vor allem natürlich wiederum in seinen Romanen, probierte G. eine große Zahl Genres sowie vielfältige erzählerische und sprachliche Kunstmittel aus, die für die Entwicklung deutscher Literatur von nicht zu überschätzender Wirkung waren. Mit der empfindsamen Sprache des *Werther* griff G. zwar auf die Sprache des Pietismus, auf Klopstock und andere zurück, gleichzeitig aber überführte er diesen Ton derart gelungen in erzählerische Sprache, daß einzelne Passagen des Romans etwa dem Kunstgelehrten Karl Philipp Moritz nachgerade als Stilideal erschienen. In den *Lehrjahren* brach er ironisch die auktoriale Erzählhaltung, die erzählte Welt der *Wahlverwandtschaften* wurde auf komplexeste und rätselhafteste Weise symbolisch bedeutend gemacht – jeweils nicht ohne Wirkung auf die zeitgenössische Romanliteratur um 1800. G. erzählt Novellen, Märchen und Gespenstergeschichten, seine *Unterhaltungen deutscher Ausgewanderten* liefern sogar eine Poetik der Novelle, die neben solchen Kleinformen des Erzählens in die *Wanderjahre* eingebauten Briefe und Tagebuchpassagen zeigen an, in wie hohem Maße er auch diese Prosaformen des Alltagsgebrauchs als poetische Formen bewertete – was schließlich auch sein eigenes Brief- und Tagebuchwerk in eindrucksvoller Weise belegt.

BJ

Proserpina: Ein Monodrama, in freien Rhythmen geordneter Monolog der in die Unterwelt entführten und dem Hades vermählten Proserpina. Ihre Gespielinnen, ihre Mutter Demeter und ihren Vater Zeus anrufend, hadert sie mit ihrem Schicksal, ißt dann einen Granatapfel, der nach erster Erquickung die endgültige Bannung ins Schattenreich bewirkt. Als Melodram mit Musikbegleitung ein aufwühlender Auftritt für eine große Actrice: Corona Schröter (1779), später reaktiviert für Amalie Wolf (1815).

NH

Protestantismus. G., am 29.8.1749 evangelisch-lutherisch getauft, bezeichnet sich auch an seinem Lebensabend – allerdings in einem offiziellen Brief – als einen »treuen und anhänglich Gewidmeten der protestantischen Kirche« (an das großherzogliche Staatsministerium, 26.6.1830) und ist zeitlebens Bewunderer von Martin Luther (↗Reformation). Hingegen schreibt er am 22.3.1831: »Des religiosen Gefühls wird sich kein Mensch erwehren, […] deswegen sucht er […], das […] hab ich treulich durchgeführt und, von Erschaffung der Welt an, keine Confession gefunden, zu der ich mich völlig hätte bekennen mögen« (an Sulpiz Boisserée).
    G. stört sich stark an einer »der Hauptlehren des Luthertums, […] das Sündhafte im Menschen als vorwaltend anzusehen«, die die von ihm besuchte Frankfurter Brüdergemeinde (*DuW*, 7. Buch) vertritt. So bildet er sich spätestens zur Wetzlarer Zeit unter dem Einfluß pietistischer Gefühlsfrömmigkeit »ein Christentum zu [seinem] Privatgebrauch« (*DuW*, 15. Buch), was ihn nicht davon abhält, die Zersplitterung

der protestantischen Kirche als Ärgernis zu empfinden: Er führt sie darauf zurück, daß der protestantische Gottesdienst »zu wenig Fülle und Konsequenz« habe, um die Gläubigen verbindlich zu einen. Der Mangel an »Fülle« ergebe sich daraus, daß »der Protestant […] zu wenig Sakramente« habe, und ihm damit »das sinnliche Symbol einer außerordentlichen göttlichen Gunst und Gnade« fehle (*DuW*, 7. Buch). Dennoch hält G. an der Hoffnung fest, das »leidige protestantische Sektenwesen« werde ein Ende finden (Eckermann, 11.3.1832). Das selbstgebildete Christentum der 1770er Jahre wird im *Brief des Pastors zu*** an den neuen Pastor zu**** gerechtfertigt: »Denn wenn man's beim Lichte besieht, so hat jeder seine eigene Religion«. In der kleinen Schrift *Zwo wichtige bisher unerörtete biblische Fragen zum erstenmal gründlich beantwortet, von einem Landgeistlichen in Schwaben* (1793) stellt es sich dar in »der Fühlbarkeit gegen das schwache Menschengeschlecht, […] der einzigen wahren Theologie,« die aber noch in einer protestantisch-pietistisch gefärbten Weltfrömmigkeit aufgeht. Im Verlaufe der Auseinandersetzungen mit Johann Caspar Lavater kommt es um 1780 zu G.s Selbsteinschätzung als »dezidierter Nichtchrist« (29.7.1782). Von Spinoza beeinflußt, glaubt G. nicht an biblische Wunder, sondern noch an den »großen Gott und seine Offenbarung in der Natur« (an Lavater, 9.8.1782).
    Unter dem Eindruck der Konversion zahlreicher Romantiker faßt G. den Protestantismus durchaus polemisch im Kontrast zum Katholizismus: »Der Protestantismus hält sich an die moralische Ausbildung des Individuums, […] Gott tritt in den Hintergrund zurück, der Himmel ist leer. […] Der Katholicismus hat zum Hauptaugenmerk, dem Menschen seine Unsterblichkeit zuzusichern. Der Rechtgläubige ist ganz gewiß, und wegen gewisser kleinerer oder größerer Differenzen setzt er noch einen Mittelzustand, das Fegefeuer, in den wir von der Erde aus durch fromme und gute Handlungen einwirken können […]. Da an eine sittliche Selbstbildung nicht gedacht, […] so ist […] die Spezialbeichte eingeführt, da denn niemand sich mit sich selbst herumzuschlagen braucht […], sondern einen Mann von Metier zurate zieht« (*Tb*, 7.9.1807). Vor dem 300. Reformationsfest äußert er, daß »das Lutherthum mit dem Papsttum nie vereinigt werden kann« (an Zelter, 14.11.1816). Um so befremdlicher mutet der Vorschlag (*Zum Reformationsfest*) an, das »1817 den 31. Oktober zu feiernde Refomationsfest […] auf den 18. Oktober zu verlegen«, also auf den 4. Jahrestag des Sieges über Napoleon in der Völkerschlacht bei Leipzig, um es

dergestalt »als Nationalfest: als Fest der reinsten Humanität« zu begehen (↗Katholizismus). AvG

Proteus tritt in der *Klassischen Walpurgisnacht* im zweiten Teil des *Faust* als Förderer des ↗Homunculus auf. Der Meergott Proteus, die allegorische Verkörperung der Metamorphose, als mythisches Bild auf die ewige Wandlung hinweisend, soll Homunculus zu seiner körperlichen Lebendigkeit verhelfen (*Faust*, v. 8461 ff.). Seine Wandlungsfähigkeit stellt Proteus in v. 8317 ff. unter Beweis, wo er zum Proteus-Delphin wird und Homunculus auf den Rücken nimmt, um ihn durchs Meer zu Galatea zu tragen. AV

Psyche, gr. Name für den Schmetterling, als mythologische Figur Sinnbild für die Seele, auch als Mädchen mit Schmetterlingsflügeln dargestellt. G. kannte Psyche-Darstellungen etwa von römischen Sarkophagen, wo der Schmetterling die Jenseitshoffnung ausdrückte. Er selbst verwendet das Bild in dem Gedicht *Selige Sehnsucht* im »Buch des Sängers« im *Divan*. Mephisto sagt bei der Grablegung Fausts über die Macht der Teufel: »Das ist das Seelchen, Psyche mit den Flügeln,/Die rupft ihr aus, so ist's ein garstiger Wurm« (v. 11660 f.). BJ

Psychoanalyse, G.-Bild der; in Folge der bahnbrechenden Entdeckungen zum Aufbau und Mechanismus des »psychischen Apparates« durch Sigmund Freud am Beginn des 20. Jh.s haben sowohl die klinische Psychoanalyse als auch eine psychoanalytisch ausgerichtete Literaturwissenschaft sich in vielen Hinsichten mit G. befaßt. Dies erscheint als durchaus berechtigt, insofern G. am Ausgangspunkt der Entwicklung des modernen bürgerlichen Individuums steht und in seine Texte eine Vielzahl von Erfahrungen und Reflexionen über Prozesse des Unbewußten eingehen; zur G.-Zeit entsteht auch eine frühe Form der Psychoanalyse in der »Erfahrungsseelenkunde« (K. Ph. ↗Moritz). – Psychoanalytische G.-Forschung legt einerseits den Autor selbst auf die Couch: So interpretiert Freud eine Kindheitserinnerung G.s (das Hinauswerfen des elterlichen Geschirrs auf die Straße) als unbewußte Abwehr der Geschwisterkonkurrenz; die Aufarbeitung einer unbewußt-inzestuösen Liebe zur Schwester wird als geheimer Motivkern des *Werther* angenommen (K.R. Eissler). G. selbst hat sein Schreiben psychotherapeutisch interpretiert: Immer wieder weist er darauf hin, wie gerade literarische Produktionen ihm über seelische Krisen hinweggeholfen haben. Schließlich werden auch G.s Figuren auf die Couch gelegt, und das ist plausibel, denn G.

schreibt in wichtigen seiner Texte die Frühgeschichte bürgerlicher Seelenentwicklung und greift Motiven der psychoanalytischen Theorie vor. Beispielsweise läßt sich, ausgehend von Werthers problematischer Familiensituation und Mutter-Beziehung ein Zentralmotiv des Romans interpretieren: Der Held projiziert Mutter-Bilder auf die Natur und auf Lotte-Projektionen, die zerbrechen müssen, wenn das Gegenüber die narzißtischen Wünsche letztendlich nicht befriedigen kann. BJ

Psychologie: Als Begriff, als wissenschaftliche Disziplin gar, bei G. nicht scharf umrissen, der Sache nach aber unerbittlich angewendet, wenn es um die – vermutete – Darstellung von seelischen Energien und deren Auswirkungen geht; ablesbar u.a. an seinen mehrfachen Äußerungen über seinen Freund Jakob Michael Reinhold ↗Lenz, dem er natürlich aus intimer Beobachtung und Kenntnis heraus auf Schritt und Tritt ein tragikomisch inszeniertes Fehlverhalten, sogar mit dem Fingerzeig auf die von ihm mit den *Leiden des jungen Werthers* aufgedeckten Psychopathologie einer empfindsamen Biographie, »nachweist« (*DuW*, 14. Buch). Der auf Objektivierung bedachte Alltagspsychologe als Opfer eigener Eitelkeiten, Besitzansprüche und Ängste? BL

Publikum. »Das liebe, allerliebste, gegenwärtige Publikum […] hat keinen Begriff, daß man sich zu jedem Neuen und wahrhaft Neuen erst wieder zu bilden habe. Doch wie sollten sie dazu kommen? Werden sie doch immer neu geboren.« Was G. ein Jahr vor seinem Tod an Zelter schreibt, enthält alle Aspekte, die sein Verhältnis zur Öffentlichkeit ausmachten: ironische Gegnerschaft, Bildungsauftrag, Pessimismus. So lange und vielfältig die Geschichte von G. und »seinem« Publikum war, konstant blieben Verletzlichkeit und Mißtrauen, durchsetzt von einigen Momenten der Befriedigung, richtig aufgefaßt worden zu sein. Dabei hatte es ganz anders angefangen. Mit *Götz*, *Werther* und *Stella* hatte G. drei Sensationserfolge, die ihn in kurzer Zeit zum berühmtesten deutschen Dichter machten – in gedruckter Form, für eine gebildete Leserschaft. In einer Zeit, wo es kaum stehende Theater mit einem Repertoire gab, waren Theatertexte ohnehin hauptsächlich Lesedramen. G. war durchaus in der Lage, Erfolg und Verstandenwerden zu unterscheiden, in Bezug auf *Werther* schreibt er: »Man kann von dem Publikum nicht verlangen, daß es ein geistiges Werk geistig aufnehmen solle. Eigentlich ward nur der Inhalt, der Stoff beachtet.«

Als G. nach Weimar ging, wurde er der Öffentlichkeit zunächst entzogen. Seine neuesten Texte zirkulierten am Hof, wurden unter Freunden vorgelesen und die Aufführungen des Weimarer ↗Liebhabertheaters waren für einen kleinen Kreis bestimmt. Für das Publikum hatte sich G. in einen Hof- und Staatsmann verwandelt, von Interesse war jetzt die Ernennung zum Geheimen Rat und die Erhebung in den Adelsstand. Aber auch G.s ästhetische Perspektive wandelte sich. In den Jahren zwischen den *Geschwistern* und der Verfassung der *Iphigenie* war aus dem jungen Genie, das auf erstaunliche Weise den Nerv seiner Zeit getroffen hatte, ein Dichter und Theoretiker geworden, der sein Publikum verändern wollte. Den Glauben an die Erziehbarkeit des Publikums, an die Vermittelbarkeit ästhetischer Parameter teilt G. mit Lessing. Der Dichter als Lehrer verbindet die Aufklärung mit der Klassik. Die Gelegenheit, diesen Anspruch in der Praxis zu erproben, bekam G. mit der Leitung des Weimarer Hoftheaters. Obwohl er »sehr piano zu Wercke« gehen wollte, hatte er gleichwohl ein Programm. Ein Repertoire von literarisch gültigen Stücken sollte aufgebaut werden, um »die Denkweise des Publicums [...] zur Vielseitigkeit zu bilden«. Und »Denkweise« heißt hier nicht nur Wahrnehmung, sondern die Fähigkeit, eine neue Dramaturgie der modellhaften Vorgänge und des Formbewußtseins mitdenken zu können. Der Anspruch war hoch, und G. scheute sich auch nicht, die Zuschauer direkt zu disziplinieren. Als während der Aufführung von Friedrich Schlegels *Alarcos* im Publikum Gelächter über einen allzu hochgestochenen Vers laut wurde, rief er laut: »Man lache nicht!«

Dreimal in der Woche wurde gespielt, über die Hälfte der knapp 500 Plätze waren im Abonnement vergeben. Bürger, Adel und Studenten aus Jena teilten sich Parkett, Balkon und Galerie. Berichte über die mustergültige Konzentration im Zuschauerraum belegen, daß G.s Bemühungen, Repertoire, Ensemble und Besucher in Harmonie zu bringen, erfolgreich waren. Sein beharrlicher Anspruch machte das Weimarer Theater zur eigentlichen Geburtsstätte des Bildungsbürgertums. Trotzdem scheute G. davor zurück, seine beiden großen Stücke *Iphigenie* und *Tasso* anzusetzen. »Die Schauspieler sind nicht geübt, die Stücke zu spielen, und das Publikum ist nicht geübt, sie zu hören.« 1807 wurde er von seinen Schauspielern überlistet. Sie hatten *Tasso* heimlich einstudiert und überraschten ihn mit der Aufführung. Nach der Vorstellung soll G. gesagt haben: »Nun sind wir da angekommen, wohin ich Euch haben wollte: Natur und Kunst sind jetzt auf das engste miteinander verbunden.«

So produktiv und folgenreich G.s Theaterarbeit auch war, einen Widerspruch konnte er naturgemäß nicht auflösen: Die Bühne lebt vom täglichen Neubeginn, von Abwechslung und Sensation. Deshalb verbraucht sich letztlich auch jedes Programm, jeder systematische Anspruch. Das Publikum, sich selber stets erneuernd, kann also auf die Länge nur ›enttäuschen‹: »Ich verwünsche alles, was diesem Publikum irgend an mir gefällt. Ich weiß, daß es dem Tag, und daß der Tag ihm angehört; aber ich will nun einmal nicht für den Tag leben.« NH

Pückler-Muskau, Hermann Fürst von (1785–1871): Viel gereist – Algier, Ägypten, Kleinasien, Griechenland, England) – schuf er den ersten Park in Deutschland nach englischem Vorbild auf seinem Herrensitz Muskau. Beschrieben hat er ihn in seinen *Andeutungen über Landschaftsgärtnerei* (1834). G. erschien ihm seit seinem Besuch am 15.9.1826 als »der schöne Greis mit seinem Jupiterantlitz«. Die in vier Bänden erschienenen *Briefe eines Verstorbenen* (1830–1832) las G. mit sichtlichem Unbehagen, insbesondere dessen Ausführungen über ihn selbst: »Leider begegne ich auf den ersten Schritten mir selbst, und wie man weiß, hat jedes Doppelsehen, vom Schielen und Schwindel an bis zum double sigh, immer etwas Apprehensives, ja Sinnverwirrendes« (an Varnhagen von Ense, 5.1.1832). BL

Pudel, Hunderasse, seit dem 17.Jh. wegen seiner Gelehrigkeit beliebtes Haustier von Studenten. So heißt es im *Faust I* über den im 1. Akt auftauchenden Pudel: »Ja deine Gunst verdient er ganz und gar,/Er, der Studenten trefflicher Scolar« (v. 1176f.). Die Gestalt eines Pudels ist deshalb auch eine gute Tarnung für Mephisto, der sich so geschickt in die Welt des Gelehrten einschleichen kann. Als er in Menschengestalt aus dem Hund hervortritt, ruft Faust die zur Redensart gewordenen Worte: »das also war des Pudels Kern« (v.1323). BJ

Puppenspiel: Vom 17. Jh. bis in unsere Gegenwart der 60er Jahre als moralisch-didaktische Unterhaltung außerordentlich beliebt. Alttestamentarische Stoffe, Themen der Schwankliteratur, des Märchens und der Zoten und Schnurren, die sich um die Figur des Kasperle rankten, Volksstücke wie der *Doktor Faust*, *Hanswurst*-Komödien oder das *Estherspiel* waren die Stoffe, die auf Jahrmärkten, an kirchlichen Feiertagen, aber auch in den Bürgerhäusern um die Weihnachtszeit die meist kindlichen Gemüter erhitzten, begeisterten und in Nachdenklichkeit versetzten. G. be-

Puppentheater aus Goethes Familie. Wahrscheinlich ein Geschenk an August oder an die Enkel

richtet darüber – die Großmutter hatte zu Weihnachten 1753 ihren Enkelkindern Johann Wolfgang und Cornelia ein solches Puppentheater geschenkt – ausführlich im ersten Buch von *Dichtung und Wahrheit*. Kein Zweifel, daß neben dem *Spiel von David und Goliath* der *Doktor Faustus* großen dramatischen Eindruck auf den kleinen G. gemacht hat. Eine anthropologische Dimension hat die Puppe bei G. – auch im dichterischen Kontext – noch nicht. Im Zuge eines materialistischen, mechanistischen Menschenbilds setzt sich dieses desillusionistische Konzept erst mit den Romantikern literarisch durch und wird für Strekken der deutschsprachigen Literatur des 19. Jh.s stilbestimmend. G.s Puppentheater ist noch heute im Frankfurter G.-Haus zu besichtigen.   BL

Pustkuchen, Johann Friedrich Wilhelm (1793–1834), nach einem Theologie-Studium in Göttingen Hauslehrer und Prediger, seit 1827 als freier Schriftsteller v.a. pädagogisch-theologischer Literatur tätig. Zwischen 1821 und 1828 veröffentlichte Pustkuchen in insgesamt fünf Bänden die falschen *Wanderjahre* Wilhelm Meisters, die sich in moralisierend-polemi-

schem Gestus gegen G. richteten. G. wird etwa von Ludwig Tieck in der Novelle *Die Verlobung* (1823) gegen die Angriffe verteidigt, wofür er diesem dankt und die Erzählung mit einer lobenden Anzeige in seiner Zeitschrift *Kunst und Alterthum* ankündigt. In einer der *Zahmen Xenien* spottet G. über das Philiströse der Moral Pustkuchens: »›Der Pseudo-Wanderer, wie auch dumm,/Versammelt sein Geschwister.‹/ Es gibt manch Evangelium,/Hab' es auch der Philister!«.   BJ

Pylades: Der kluge, listige, vor nichts zurückschreckende Gefährte von ↗Orest in G.s ↗*Iphigenie auf Tauris*.   NvS

Pyramidenflügel: Ein senkrecht gestellter Hammerflügel, dessen Gehäuse eine gleichschenklig dreieckige Form hat. Entwickelt wurde dieser Instrumententyp im Jahr 1745 von dem aus Gera stammenden Klavierbauer Christian Ernst Friederici, dessen Instrumente von G. in *Dichtung und Wahrheit* (1. Teil, 4. Buch) als damals »weit und breit berühmt« erwähnt werden. G.s Vater hatte den Flügel, den er

»Giraffe« nannte, 1769 für 60 Gulden erworben. Auf ihm musizierte vor allem G.s Schwester, während er, wie er schrieb, »bei meinem Klaviere« (↗Klavierinstrumente) blieb. Derzeit steht im Elternhaus G.s am Hirschgraben in Frankfurt ein Pyramidenflügel aus der Werkstatt Friederici, den man zuweilen mit »Giraffenflügel« bezeichnet, eine Bezeichnung, die erst 1804 mit der Entwicklung eines neuen asymmetrischen Corpus und vertikalem Saitenbezug durch die Wiener Instrumentenbauer Wachtl und Bleyer in Umlauf kam.   GBS

Quandt, Johann Gottlob von (1787–1859), Kunsthistoriker, der 1815 auf dem Boden der Leipziger Nikolaikirche unter altem Gerümpel Gemälde aus der Zeit um 1500 (u.a. von Lukas Cranach d.Ä. u. d.J.) entdeckte. Er teilte dies G. mit, der darüber im *Morgenblatt* informierte. Publikationen Quandts gehörten auch zu G.s Bibliothek, z.B. *Hinweisungen auf Kunstwerke aus der Vorzeit* (1831). Seine Begegnungen mit G. schildert der G.-Verehrer in *Meine Berührungen mit Goethe* (1870).   PO

Querelle des Anciens et des Modernes, der von Charles Perraults *Le siècle de Louis le Grand* (1687) ausgehende und bis weit ins 18. Jh. geführte Streit um die Bedeutung des Altertums für die Gegenwart, an dem sich in Deutschland Theoretiker wie Bodmer, Breitinger, Gottsched, Winckelmann, Lessing, später Schiller, Friedrich Schlegel und auch G. beteiligten. G.s Gegenüberstellung von »Alten« und »Neusten« in *Shakespeare und kein Ende* wurde dabei aber genausowenig wie in *Antik und modern* und in *Classiker und Romantiker* vorgenommen, um – wie etliche seiner Vorgänger – die einen gegen die anderen auszuspielen bzw. für Neuzeit und Gegenwart eine Nachahmung der Antike normativ zu fordern. Nur durch eine Rückbesinnung auf die ästhetischen Prämissen des Altertums schien es G. allerdings möglich, Klassisches zu erzeugen. Genau dies leistete die romantische Kunst seines Erachtens nicht.   DF

Rabe, Martin Friedrich (1775–1856), Architekt, Assistent von Heinrich Gentz beim Weimarer Schloßbau, beim Anbau an die Herzogliche Bibliothek und beim Bau des Lauchstädter Theaters, 1811 als Nachfolger von Gentz Professor an der Bauakademie Berlin. G. über Gentz und Rabe beim Weimarer Schloßbau: »Sie zeigten sich als Meister der Kunst, und da man bei ihren Beratungen gegenwärtig war, so konnt es nicht fehlen, daß man vom Guten unterrichtet und im

Besten gestärkt wurde« (Paralipomena zu den *TuJ*, 1801).   PO

Rache, vielfach Motiv in G.s literarischem Werk. ↗Beaumarchais will seine Schwester rächen, die Rache ist die stärkste Leidenschaft, die ihn antreibt und die erst erlischt, als er ↗Clavigo sterben sieht: »Wie sein fließendes Blut alle die glühende Rache meines Herzens auslöscht«. Rache ist das Hauptmotiv der Vorgeschichte von ↗Orest und ↗Iphigenie (↗Tantalus), ↗Antiope sieht in ↗Elpenor den Rächer des eigenen Unglücks, die Rache ↗Hamlets wird von Wilhelm Meister nacherlebt. Der Rache als Selbstjustiz gegenüber den aus Mainz abziehenden Besiegten tritt G. entgegen (↗*Belagerung von Mainz*).   BJ

Racine, Jean Baptiste (1639–1699), französischer Tragödienautor des Klassizismus. Angeregt durch Theatervorstellungen, deklamierte der kleine G. Racines Alexandriner und spielte wenig später im Kinderliebhabertheater den Nero im *Britannicus*. Zugleich befaßte sich G. mit den Vorreden zu den Dramen von Racine und Corneille, in denen die Autoren Werke verteidigen, und Corneilles *Abhandlung über die drei Einheiten* (*DuW*, 3. Buch). Einen wirklichen Zugang zu Racines Tragödien und der Regel der *bienséance* erhielt G. erst durch Charlotte von Steins Ethik der Entsagung. 1789 übertrug er die *Chöre aus Racines Athalie* aus Unzufriedenheit mit C.F. Cramers Übersetzung ins Deutsche: »Es ist sonderbar daß die Deutschen mit mancherley Kräften und Talenten so wenig Gefühl vom Gehörigen in den Künsten haben« (an J.F. Reichardt, 15.6.1789). Wilhelm Meister begeistert sich, allerdings bevor er Shakespeare kennenlernt, für den Klassiker (*Lj*, III, 8). G. besuchte immer wieder Racine-Inszenierungen, so 1808 bei seiner Begegnung mit Napoleon, beschäftigt sich allerdings nicht weiter mit seiner Übersetzung. Während Schiller Racines *Phèdre* ins Deutsche übertrug, wandte G. sich Voltaires klassischen Dramen zu.   AvG

Raffael (d.i. Santi, Raffaelo, 1483–1520), bedeutender italienischer Maler und Baumeister der Hochrenaissance. Die Italienreise ermöglichte es G., die Werke des Künstlers im Original zu betrachten. Sein Blick für die Gestaltungsgesetze der Malerei schulte sich v.a. in Rom an den Gemälden und Fresken Raffaels, dessen Werk G. als Ausdruck höchster künstlerischer Vollkommenheit empfand.   CA

Rahmenerzählung: Erzählform, die um meist mehrere kleinere erzählende Texte eine fiktive Situation schafft, innerhalb derer jene erst erzählt werden. G. wendet die Technik der Rahmenerzählung, die in Europa spätestens seit ↗Boccaccios *Decamerone* bekannt war, mehrfach und in unterschiedlicher Ausprägung an. In dem kleinen Roman *Unterhaltungen deutscher Ausgewanderten* sind es tatsächlich rätselhafte oder moralische Novellen, die sich die Figuren der Rahmenhandlung erzählen. Der späte Roman *Wilhelm Meisters Wanderjahre* geht weit darüber hinaus: Zwar erzählen auch hier noch einige Figuren märchen- oder novellenartige Geschichten, die Rahmenerzählung aber erfindet hier einen Herausgeber, der über diese Novellen hinaus Briefe, Tagebücher, Aphorismen und vieles andere als angebliche Dokumente mitteilt. BJ

Ramberg, Johann Heinrich (1763–1840), Kupferstecher und Hofmaler in Hannover; nach Chodowieckis Tod gefragtester Illustrator in Deutschland, der fast alle zeitgenössischen Schriftsteller illustrierte, so auch G. Dieser bescheinigte Ramberg, dessen eigentliche Begabung in der zeichnerischen Improvisation lag, ein »heiteres, glücklich auffassendes, mitunter extemporierendes Talent« (*TuJ*, 1806). PO

Rameau, Jean Philippe (1683–1764), französischer Komponist und Musiktheoretiker. Nach einem Engagement als Violinist bei einer Schauspielertruppe hatte er mehrere Organistenposten in französischen Städten inne, um sich zunehmend der Oper und dem Ballett zu widmen. Berühmt wurde er vor allem durch seine Theorie der Harmonielehre und seine Kompositionen, die fortan den Grundstamm der französischen Oper bildeten. AE

Rameaus Neffe: Am 8.6.1805 schrieb Carl Friedrich ↗Zelter an G.: »*Rameaus Neffen* habe ich gestern zum ersten Male mit großem Genusse gelesen und es hat mich nicht wenig gekränkt, daß Sie und er mehr von der Musik verstehn als ich. Ich habe niemals etwas gelesen, das mir die Augen so mit Zangen aufgerissen hätte, wie diese Schrift. [...] Ihre Anmerkungen über die Personen von denen im Buche die Rede ist, sind so trefflich, daß ich Sie des wegen verehren müßte, wenn Sie auch weiter nichts geschrieben hätten«. Diese rückhaltlose, später von ihm mehrmals wiederholte Bewunderung zollte er der Übersetzung der in Gesprächsform gefaßten satirischen Erzählung: *Le neveu de Rameau* von Denis Diderot (1713–1784), die G. 1805 mit Anmerkungen versehen hatte und 1823/24 erweitert in den Druck gab. Da der Diderottext in Paris erst 1821 publiziert

wurde, fußte G.s Übersetzung, der er sich »mit Neigung, ja mit Leidenschaft« angenommen hatte, auf dem Manuskript. Zu den in den Dialogen genannten »Personen und Gegenständen« verfaßte er »Anmerkungen«, aus denen ablesbar ist, über welche Kenntnisse er etwa von Jean-Baptiste Lully, Jean-Baptiste Rameau oder Voltaire verfügte und was er in kritischer Distanz zu Diderot über »Geschmack« und die Probleme der »neueren Musik« dachte. In diesem Text überprüfte er seine Position in Fragen der Kunstästhetik und stellte sich gleichzeitig Probleme, die später in den Entwurf zu seiner ↗Tonlehre eingingen. Diderot, der Theoretiker und Herausgeber der 35bändigen Enzyklopädie (1772) schrieb seinen *Dialog* zwischen 1761 und 1774 in mehreren Fassungen. Er legte darin seine Vorstellung vom ↗Geniebegriff, von epigonalem ↗Klassizismus, von der Freiheit in der Kunst oder vom Natur- und Kunstwahren nieder. Die fiktive Gestalt eines verkommenen Musikus und Neffen des Komponisten Jean-Philippe Rameau diente ihm dazu als verzerrtes Spiegelbild seiner selbst, der zynisch, sozialkritisch und unbelastet von Vorurteilen die Mißstände der Zeit in Frankreich vor der Revolution bloßstellte. WS

Ramler, Carl Wilhelm (1725–1798), Schriftsteller, ab 1748 Lehrer an der Kadettenschule in Berlin, ab 1793 Leitung des Königlichen Nationaltheaters. Er wurde als einziger Dichter seiner Zeit zum Mitglied der Akademie der Wissenschaften ernannt. Ramler dichtete Horazische Oden, in denen er Friedrich den Großen besang. Vor allem aber arbeitete er zeitgenössische Lyrik um und ließ diese drucken, ohne den Namen des Verfassers zu nennen. G.: »Nun findet er, daß ihm kaum *ein* Gedicht völlig genug tut; er läßt auslassen, redigieren, verändern. Deshalb : »Ramler ist eigentlich mehr Kritiker als Poet« (*DuW*, 7. Buch). In den *Xenien* verspottet ihn G.: »Geht mir dem Krebs in B ..... aus dem Weg! Manch lyrisches Blümchen,/ Schwellend in üppigem Wuchs, kneipte die Schere zu Tod«. PO

Rapp, Gottlob Heinrich (1761–1832), Kaufmann und Bankier in Stuttgart, Kunstsammler. Ein Scherenschnitt Luise Duttenhofers zeigt den Besucher G. im Sommer 1797 auf dem Weg zu seinem zweiten Schweiz-Aufenthalt im Hause Rapp. Bei dem »wohlunterrichteten verständigen Kunstfreund« (*Tb*, 30.8.1797) und dessen Schwager, dem Bildhauer Johann Heinrich Dannecker, fühlte sich G. pudelwohl, so daß er sich zu einer denkwürdigen Lesung seines damals noch nicht veröffentlichten Epos *Hermann* *und Dorothea* entschloß: »Ich hatte alle Ursache mich des Effects zu erfreuen [...] und es sind uns allen diese Stunden fruchtbar geworden« (an Schiller, 12.9.1797). Alle waren begeistert, auch Emilie Charlotte, Rapps fünfjähriges »Töchterle«: »Der Ma soll noh meh lesa!«   AR

Rätsel: G. verkehrte in Kreisen, in denen das Rätselraten ein beliebtes Gesellschaftsspiel war. Er selbst nahm an solchen Spielen meist lebhaft Anteil. 16 Scharaden und Logogryphen (Silben- und Worträtsel) sind aus seiner Feder überliefert. Doch auch in seinen Dichtungen findet man zahllose Beispiele für G.s virtuose (und meist äußerst feinsinnige) Wortspielkunst. Auf die Dezenz G.scher Wortspiele dürfte es dabei zurückzuführen sein, daß G.-Forscher bis heute nach der Auflösung so manch eines (vielleicht ja auch nur vermeintlichen) Rätselverses fragen, von der man sich in einigen Fällen wesentliche Auskünfte über verborgene (z.B. erotische, poetologische, lebens- und naturphilosophische) Sinnzusammenhänge erhofft (↗Hexeneinmaleins).   FT

Rattenfänger (Kinderballett): Ein zwischen 1801 und 1803 entstandenes, im Taschenbuch auf das Jahr 1804 gedrucktes Ballettlibretto, in dem G. die Sage vom Rattenfänger von Hameln, dem als Spielmann alle Kinder zum Opfer fielen, in eine Fabel von der Zauberkraft der Musik verwandelt.   GBS

Rattenlied: Leipziger Studenten singen es in *Faust I* (v. 2125-2149; ebenso *Urfaust*, Szene *Auerbachs Keller in Leipzig*). Der dröhnende Refrain des Lieds auf eine Ratte, der es zu gut ging, nun aber, von der Köchin vergiftet, nicht mehr ein und aus weiß: »Als hätt' es Lieb' im Leibe« - sarkastischer Reflex G.s auf Lili ↗Schönemann und den eigenen Trennungsschmerz (↗*Lilis Park*: »Und kau' und wein' und wälze mich halb tot«)?   BL

Raubdrucke s. **Nachdrucke**

Rauch, Christian Daniel (1777-1857), Bildhauer in Berlin; 1820 G.-Büste, 1823-1825 Entwürfe für das Frankfurter G.-Denkmal (unausgeführt), 1828/29 Statuette *Goethe im Hausrock*. Eckermann notiert für den 22.3.1823: »Man hat heute im Theater Goethes *Tasso* zur Feier seiner Genesung gegeben [...]. Seine Büste [die G.-Büste Rauchs] ward unter lautem Beifall der gerührten Zuschauer mit einem Lorbeerkranze geschmückt«. Ein Schüler Rauchs, Ernst Rietschel (1804-1861), schuf das G.- und Schiller-Denkmal in Weimar.   PO

Rauchen: G. zuwider - wie das Tabakschnupfen -; mit dem leidenschaftlichen Raucher Karl Ludwig von Knebel blieb er ein Leben lang befreundet und scheint seine Unart ertragen zu haben.   BL

Raumer, Friedrich von (1781-1873), Berliner Historiker, dessen hervorragendstes Werk *Geschichte der Hohenstaufen und ihrer Zeit* (1823-1825, 6 Bde.) G. mit Interesse und Hochachtung gelesen hat - mit dem Eindruck, daß »der Unsinn des Weltwesens einige Vernunft zu gewinnen« scheint. G.: »Hätte ich jungen Männern zu raten, die sich höherer Staatskunst und also dem diplomatischen Fache widmen, so würde ich ihnen es als Handbuch anrühmen, um sich daraus zu vergegenwärtigen, wie man unzählige Fakta sammelt und sich zuletzt selbst eine Überzeugung bildet« (*KuA*, 1825).   PO

Realismus: Wirklichkeitssinn, den G. sich selbst als eine Haupteigenschaft zuschreibt, »gegenständliches Denken« im Sinne des kleinen Textes *Bedeutende Fördernis durch ein einziges geistreiches Wort*. G. macht seinen Realismus als Hauptunterschied zu Schiller aus, der immer versuche, sich auf der Ebene abstrakter Ideen zu bewegen (in dem kleinen Text *Glückliches Ereignis* über die Anfänge der Bekanntschaft mit Schiller).   BJ

Rechtschreibreform ist nicht erst in diesen Tagen ein schwieriges Geschäft, denn schon G. wußte in seinem Aufsatz über *Deutsche Sprache*: »Die Muttersprache zugleich reinigen und bereichern ist das Geschäft der besten Köpfe; Reinigung ohne Bereicherung erweist sich öfters geistlos: denn es ist nichts bequemer, als von dem Inhalt absehen und auf den Ausdruck passen. Der geistreiche Mensch knetet seinen Wortstoff, ohne sich zu bekümmern, aus was für Elementen er bestehe, der geistlose hat gut rein sprechen, da er nichts zu sagen hat. Wie sollte er fühlen, welches kümmerliche Surrogat er an der Stelle eines bedeutenden Wortes gelten läßt, da ihm jenes Wort nie lebendig war, weil er nichts dabei dachte.« Eben drum.   AK

Recke, Elisabeth (Elisa) von der (1756-1833), Schriftstellerin; reiselustige, im geistigen und gesellschaftlichen Leben bedeutende Frau; ab 1819 in Dresden. Ende 1784 kam sie für einige Wochen nach Weimar, wo sie G. kennenlernte. In der Folgezeit treffen sich beide öfter im Sommer in Karlsbad. Christiane fühlte sich von ihr angezogen, diese mochte Christiane ebenfalls und begriff, »daß ihr anspruchsloser, heller, ganz natürlicher Verstand Interesse für unsern Goethe haben konnte« (GJb. 1892, S. 143). Gelegentlich schickte ihr G. Lektüre: *Wilhelm Meisters Lehrjahre*, auch Teile von *Dichtung und Wahrheit.* Am 16.5.1820 schreibt er seinem Sohn aus Karlsbad: »Frau Herzogin von Curland [Schwester der Folgenden] und Frau Gräfin von Reck habe einigemal besucht; sie sind so gut, einsichtig und unterhaltend wie immer und auch so klug, jederzeit ein paar frische junge Augen in ihrer Umgebung mitzuführen«.   PO

Recycling im Haushalt. Ein frühes Beispiel dieser heute wieder gepflegten Kunst liefert G. im Umgang mit den Verschlüssen der von ihm häufigst gebrauchten Gefäße (an Christiane, 10.4.1795): »Hiermit, mein Liebchen, schicke ich dir fünf leere Bouteillen und sogar die Stöpsel dazu, damit Du siehst, daß ich ein gut Beispiel in der Haushaltung nachzuahmen weiß.« Neben dem »gut Beispiel« des Hausherren scheint für G.s Personal der praktische Sinn, die Förderlichkeit fürs schnelle Wiederauffüllen die wichtigere Rolle gespielt haben: »Sie werden durch den Fuhrmann Thierolf die Kiste mit 9 Bouteillen erhalten haben nebst den Stöpseln bitte ich ergebenst mir sobald als möglichst gefüllt zu senden da mein Vorrath nur noch 3 1/2 Bouteillen besteht und ich jetzt mehr brauche da immer kleine Frühstückchen stattfinden« (Brief von G.s Kammerdiener Stadelmann an G.s Sekretär aus Jena, 1817).   IA

Reden und Ansprachen: Nach seiner fulminanten, aber vielleicht gar nicht gehaltenen Rede *Zum Schäckespears Tag* (1771) mußte G. v.a. in seiner Funktion als Weimarer Minister und später als Beauftragter für Wissenschaften und Künste sowie als Theaterintendant immer wieder als Redner auftreten – als der er ein reiches rhetorisches Talent an den Tag legte, wie Zeitzeugen berichten. Einige seiner Reden und Ansprachen zu offiziellen Anlässen sind überliefert, so etwa die zur Eröffnung des Ilmenauer Bergwerks vom 24.2.1784, einige der Festreden und Grabreden, wie die *Zum brüderlichen Andenken Wielands* vom 13.2.1813. Viele der Reden und Ansprachen sind aber als spontan extemporierte Gelegenheitstexte nie schriftlich fixiert worden – wie die wohl unzähligen poetischen oder wissenschaftlichen Vorträge in der ⁊Mittwochsgesellschaft, von denen wir nur aus Mitteilungen anderer Anwesender wissen.   BJ

Redner G.: Im Rahmen seines gesellschaftlichen, später auch höfischen und ministerlichen Umgangs hielt G. mehrmals Reden, Ansprachen und Vorträge, die er jedoch in keine der von ihm selbst besorgten Werkausgaben aufnahm. G.s Tätigkeit als Redner stand – bei aller Improvisation – ganz im Zeichen der traditionellen Rhetorik, doch er sprach bevorzugt vor kleinem, vertrautem Publikum wie der ⁊Freitags- und ⁊Mittwochsgesellschaft. Nicht aufgezeichnet wurde die Ansprache, die G. zur Beruhigung der in Panik ausbrechenden Reisenden hielt, als 1787 auf der Rückreise von Sizilien das Schiff bei Capri aufzulaufen drohte. Bei Wiedereröffnung des Ilmenauer Bergbaus erregte G. 1784 als Festredner vor allem deshalb Aufmerksamkeit, weil mitten im Vortrag sein Gedächtnis versagte und er minutenlang schwieg, bevor er weitersprach. Auch als Schreiber von Reden hatte sich G. zu betätigen: Sein Nekrolog *Zum feierlichen Andenken der Durchlauchtigsten Fürstin und Frau Anna Amalia* wurde 1807 als offizieller Nachruf auf die verstorbene Mutter Carl Augusts landesweit verlesen.   DF

Redoute, Redoutenhaus (auch Hofredoute): Redouten waren streng reglementierte ⁊Maskenbälle (»bals en masque«), die am Weimarer Hof während der Ballsaison mit Komödien, Bällen, Freiredouten (zu denen auswärtige Gäste zugelassen waren) oder Aufzügen abwechselten und unverzichtbarer, exklusiver Bestandteil des Hoflebens waren. Bis zum verheerenden Schloßbrand vom 6. Mai 1774 befanden sich die Festsäle, in denen sie stattfanden, im Ostflügel des Schlosses, und es mußten nach der Katastrophe neue Räumlichkeiten für diese Aktivitäten gefunden werden.

Eines der ersten Bauwerke, für das dem Wittumspalais benachbart an der Esplanade der Bauunternehmer und »Entrepreneur« Anton Georg Hauptmann im Jahr 1775 eine Baugenehmigung erhielt, und das über viele Jahre der Ort großer gesellschaftlicher Veranstaltungen blieb, war das Redoutengebäude. Es entstand ein dreigeschossiges, elfachsiges Wohn- und Gesellschaftshaus, das von zwei Dreiecksgiebeln geschmückt war, das den denkbar besten Standort für gesellige Zusammenkünfte des Hofes und der oberen Schichten des Bürgertums hatte. Im Erdgeschoß befand sich der große Saal, der auch für die Aufführungen des ⁊Liebhabertheaters eingerichtet war, das hier seine erste Spielstätte fand. Den jeweiligen Anforderungen gemäß wurde die Bühne vom Bühnenbildner Johann Martin ⁊Mieding eingerichtet, und am 6. April 1779 ging G.s Prosafassung seiner *Iphigenie auf Tauris* in der bemerkenswerten Aufführung mit Corona ⁊Schröter und ihm selbst hier in Szene.

Festlicher Putz für die Redoute: drapiertes Haar, geschnürte Taille und Reifrock waren der letzte Schrei

Den Beschreibungen von Johann Carl August ↗Musäus entnehmen wir, daß dieser Saal keine provisorische Spielstätte gewesen sein kann, denn: »Das Haus ist nun dergestalt angelegt, daß es nur aus einem Stockwerk besteht, das aber so hoch ist als 2 Geschosse zu seyn pflegen, und oben mit einer Gallerie versehen. Dieser Tanzsaal ist nun zugleich bey Comödien das Parterre. Das Theater ist hier unbeweglich und sehr geräumig. Hinter dem Theater gehen zwey große Flügel Thüren nach dem Garten zu, wenn diese geöffnet werden, kann der Prospekt sehr dadurch erweitert, auch allerlei Feuerwerk und Illuminationen außer dem Haus vorgenommen werden.«

Abgelöst wurde dieses Gebäude von dem 1780 eröffneten »Herzoglichen Redouten- und Commödien Haus«, das ebenfalls von Hauptmann als stattliches »Vergnügungs-Etablissement« auf dem Platz gebaut wurde, auf dem heute das Nationaltheater steht.

GBS

Reflexion/Betrachtung: Das »Nachdenken über Gegenstände aller Art« (*DuW*, 14. Buch) und das Fragen nach dem Wesentlichen und Beständigen des Lebens oder der Geschichte, in der Kunst wie der Natur sind bedeutende Elemente des G.schen Œuvres. Wie die Abhandlungen, theoretischen und naturwissenschaftlichen Schriften auch G.s literarische Arbeiten häufig im Zeichen solcher Reflexionen. Je älter G. wurde, desto mehr fühlte er sich der spruchhaft verkürzten und oft widersprüchlich anmutenden Betrachtung zugetan, die gleichwohl fundamentale Lebenszusammenhänge unter ganzheitlichen Aspekten pointiert zu erklären versucht. 1907 hat Max Hecker diese in G.s Werk weit verstreuten und später in unterschiedlichen Zusammenstellungen kursierenden Aphorismen G.s unter dem (auf G.s eigene Terminologie zurückgehenden) Titel *Maximen und Reflexionen* veröffentlicht. Sie gilt heute als allgemein verbindliche Sammlung und ist von erheblicher Bedeutung für das Verständnis der Weltauffassung des alten G.

FT

Reform, als gleitende, allmähliche, vielleicht sogar organische Veränderung dem gewaltsamen Umsturz der ↗Revolution entgegengesetzter Begriff; nicht wie die ↗Reformation im Gebiet von Religion und Konfession, sondern in Politik, Gesellschaft und Ökonomie. G.s Engagement am Weimarer Hof vor allem im ersten Jahrzehnt kann als Versuch einer Reform »von oben« verstanden werden, Fürstenerziehung als Einflußnahme auf politische und ökonomische Strukturen und Vorstellungen. Bei allem Widerspruch G.s gegen die Französische Revolution nahm er sehr deutlich deren Ursachen wahr. Zeitige Reform-Möglichkeiten, auch zur Verhinderung eines gewaltsamen Umsturzes, gestaltete er mehrfach in seinen poetischen Werken: Der Reform-Adel der *Lehrjahre* verzichtet weitgehend auf angestammte Privilegien, er kapitalisiert den Grundbesitz, orientiert sich an bürgerlichen Tugendvorstellungen und bildet somit die modellhafte Alternative zum korrupten *ancien regime*.

BJ

Reformation: G.s Bild von der Reformation ist vielschichtig und widersprüchlich, es reicht von der

Ablehnung bis zum Lob einer »Lehre, deren Geschenk wir feyern wollen« (an Zelter, 14.11.1816). »Reformation hett ihren Schmaus/Und nahm den Pfaffen Hof und Haus,/Um wieder Pfaffen 'nein zu pflanzen/ Die nur in allem Grund der Sachen/Mehr schwätzen, wenger Grimassen machen«, schreibt G. im Fragment gebliebenen Epos *Der ewige Jude.* Dem Weimarer Reformer sind Revolutionen suspekt, und als solche empfindet er auch die Kirchenspaltung: »Was das Luthertum war, ist jetzt das Franztum in diesen/ Letzten Tagen, es drängt ruhige Bildung zurück« (*Xenien*). Trotz seiner Abneigung gegen die protestantische Sündenlehre – die Vorstellung einer Erbsünde befremdet ihn zutiefst, und seine Konfirmationsbeichte bleibt ihm als Erlebnis im Gedächtnis, das seinen »guten Willen und [sein] Aufstreben [...] paralysiert« (*DuW,* 7. Buch) – bewundert G. Martin ↗Luther: »Luther arbeitete, uns von der geistlichen Knechtschaft zu befreien« (*Brief des Pastors zu*** an den neuen Pastor zu****).

Zugleich wirft er dem Kirchenstifter vor, dem Gläubigen zuviel zuzumuten: »Ehemals konnte eine Gewissenslast durch andere vom Gewissen genommen werden, jetzt muß sie ein belastetes Gewissen selbst tragen und verliert darüber die Kraft, mit sich selber wieder in Harmonie zu kommen« (J.H. Voß, *Gespräche,* 1). Als Ursache der religiösen Reformation erkennt G. den Wunsch nach der Befreiung des Geistes, und hierin scheint sie ihm bedingt durch die Renaissance: »die Aufklärung über griechisches und römisches Altertum brachte [...] die Sehnsucht nach einem freieren, anständigeren [...] Leben hervor« (*Wj,* Aus Makariens Archiv). G. versteht die Reformation nicht nur im religionsgeschichtlichen Sinne als Ablehnung von Autoritäten und Kampf um Unabhängigkeit und Wahrhaftigkeit, wenn er dichtet: »Dreihundert Jahre hat sich schon/Der Protestant erwiesen,/Daß ihn von Papst- und Türkenthron/Befehle baß verdrießen,/[...] Auch ich soll gottgegebne Kraft/ Nicht ungenützt verlieren,/Und will in Kunst und Wissenschaft/Wie immer protestieren« (*Dem 31. Oktober 1817*). Den »Vorsatz, dem Reformations-Jubiläum eine Cantate zu widmen« (an Zelter, 14.11.1816), verfolgt er nicht weiter, der Entwurf bleibt unvollendet (↗Protestantismus). AvG

Regeln für Schauspieler: Ein Kompendium von 91 Paragraphen, das G. 1803 begonnen hatte, dann verloren ging und 1824 von Eckermann rekonstruiert wurde. Die »technisch-grammatikalischen Vorschriften« berücksichtigen Aussprache, Rezitation und Deklamation, rhythmisches Sprechen, Gebärdenspiel und Bühnenarrangement. Eigentlich eine Liste von zu vermeidenden Unarten, Verkehrsregeln für die Bühne, die mehr über G.s Regiestil aussagen als über die schauspielerische Arbeit. Statt Naturalismus zählen idealische Erhöhung, Grazie und Harmonie, was sich konkret in der Symmetrie von Positionen und der Analogie von Sinn und Gebärde ausdrückt. Die Akteure haben sich in die Sprachform und das Tableau einzupassen. Von Interaktion, von ›Rollenfindung‹ oder Spieldynamik ist nicht die Rede. Bezeichnend auch die Ermahnung, in der Probe alles zu unterlassen, was nicht zum Stück und zur Rolle passe. Der statuarische ↗Weimarer Stil wurde offenbar nicht ohne Restriktionen erreicht. NH

Regenbogen: Er entsteht – vereinfacht – durch die Brechung des weißen Sonnenlichts an der Oberfläche von Wasser- oder Regentropfen in der Grenzschicht zur Luft und beschreibt einen spektralfarbenen Kreisbogen. Sein Betrachter hat die Sonne im Rücken, sein Mittelpunkt ist der Gegenpunkt zur Sonne; seine Farben von außen nach innen sind Rot, Orange, Gelb, Grün, Blau, Indigo.

G.s Vorstellung vom Regenbogen nährt sich metaphorisch aus dem Alten Testament (1. Mose 9,16: Zeichen der Versöhnung zwischen Gott und Mensch), der griechischen Mythologie (die herabsteigende Göttin Iris als Friedensbotin) und seinen konkreten experimentellen Erfahrungen, u.a. bei prismatischen Versuchsanordnungen, die er im Interesse einer chromatischen Theorie der spektralen Farbentstehung und der künstlerischen Farbanwendung (Farbenpsychologie) durchführt. Die Auseinandersetzung mit den neuzeitlichen Farbtheoretikern ↗Descartes (historisch) und vor allem ↗Newton (polemisch), der die naturwissenschaftliche Basis für das heutige physikalische Farbverständnis geschaffen hat, war dabei ständiger Begleiter. Den Regenbogen hat er wie Newton schließlich als unergiebig für die Entwicklung einer Farbtheorie verworfen; er war seiner Ansicht nach nicht repräsentativ für die Farbtotalität (Rotmangel), nahm aber als naturfromme Chiffre in seiner dichterischen Weltauffassung einen hohen Stellenwert ein.

Die erste Szene (»Anmutige Gegend«) von *Faust II* beschließt er mit dem Vers »Am farbigen Abglanz haben wir das Leben« (v. 4727). Der Passage von v. 4715 an (»So bleibe denn die Sonne mir im Rücken!«) liegt der Eindruck des Schaffhausener Rheinfalls und des über die Gischt zu beobachtenden Regenbogens zugrunde, den G. am 18.9. 1797 »bei heftig innern Empfindungen« in seinem Tagebuch festgehalten hat.

Es kommt ihm ganz entscheidend auf den Begriff ↗Abglanz an, um im Regenbogen, den er als farbtheoretisch interessierter Naturwissenschaftler – wie Newton auch – verwirft, eine Korrespondenz zwischen der natürlichen und der göttlichen Welt herzustellen. Er sieht den Regenbogen als Zeichen einer harmonischen Weltordnung, so auch in dem Gedicht *Regen und Regenbogen* (1813), einem angestrengten Bemühen um Erkenntnis der Wahrheit zugänglich: »Das Wahre, mit dem Göttlichen identisch, läßt sich niemals von uns direkt erkennen, wir schauen es nur im Abglanz, im Beispiel, Symbol, in einzelnen und verwandten Erscheinungen; wir werden es gewahr als unbegreifliches Leben und können dem Wunsch nicht entsagen, es dennoch zu begreifen« (*Versuch einer Witterungslehre*, Einleitendes und Allgemeines). Es bestärkt den theologischen Duktus in G.s naturwissenschaftlichen Studien, wenn er sich bei dem Schweizer Maler Johann Heinrich ↗Meyer für das Deckengemälde im Treppenhaus des Hauses am Frauenplan – es zeigt im Oval eine auf dem Regenbogen herabschwebende Iris – schon im Voraus aus dem Lager von Longwy mit den Worten bedankt: »Ich verfolge im Geist Ihre Arbeiten und freue mich auf Ihren Regenbogen, der mich wie den Noa nach der Sündfluth empfangen soll« (28.8.1792).   BL

Regie: In den Schauspieltruppen des 18. Jh.s leiteten jeweils die Prinzipale oder ersten Schauspieler die Einstudierung eines neuen Stückes. G. wurde als Direktor des Weimarer Theaters einer der ersten Regisseure in heutigem Sinne: ein nach inhaltlichen, sprachlichen, bildnerischen Kriterien wirkender Spielleiter. Allerdings waren die Weimarer Probenbedingungen bei durchschnittlich 153 Spieltagen pro Saison (plus 3monatiger Gastspielzeit) und 7 bis 15 Premieren für das kleine Ensemble nicht gerade komfortabel, und viele Aufführungen wurden nur einmal gespielt. Für G., den Theatergeneralisten mit Hang zum Gesamtkunstwerk, war die Bühne ein Labor zur Entwicklung einer idealistischen Ästhetik. Die gegenseitige Bearbeitung und Inszenierung seiner und Schillers Dramen führten zu einer dynamischen Arbeitsteilung, wie sie für ein Theater wohl einmalig war. Die Arbeit mit den Schauspielern schlug sich in den *Regeln für Schauspieler* nieder.   NH

Regieren: Seinen Entschluß, nach Weimar zu gehen, begründet er nicht nur mit der »untätigen« Langeweile in Frankfurt und Wetzlar, sondern auch mit seiner emphatischen Lust am Regieren: »Hier hab ich doch noch ein paar Herzogthümer vor mir« (*Tb*,

14.2.1776). Nach zehnjähriger Zugehörigkeit zum ↗Geheimen Consilium, der Reise nach Italien und nach der Rückkehr nach Weimar dachte und handelte G. stärker in Richtung einer umfassenden Kultivierung aller Weimarer Lebensbezüge.   BL

Regierung: »Herrschen lernt sich leicht, Regieren schwer« (*MuR*), mußte G. mit der Aufnahme seiner ↗amtlichen Tätigkeit erkennen – im *Götz* hatte er beide Begriffe noch mehr oder weniger gleichbedeutend verwendet. Der emphatische Tagebucheintrag vom 8.10.1777: »*Regieren!!*« läßt sich sowohl als Genugtuung interpretieren, die der Aufsteiger G. als Minister empfand, als auch als Gewahrwerden der Verantwortung und Belastung, welche die Aufgabe mit sich brachte. Die in Sachsen-Weimar-Eisenach praktizierte Regierungsform entsprach dem heute so genannten aufgeklärten Absolutismus, der sich dadurch auszeichnete, daß der Fürst (Herzog Carl August) politische Entscheidungen gemeinsam mit einem Ministerrat (dem ↗Geheimen Consilium) traf und verantwortete. Diese Form der »Ministerregierung« hielt G., wie Riemer von einem Gespräch im Juli 1826 berichtet, für die beste. Ihre vornehmliche Aufgabe sah er in der Aufrechterhaltung der gesellschaftlichen Hierarchie, dies allerdings zur Zufriedenheit aller Beteiligten: »Welches Recht wir zum Regiment haben, danach fragen wir nicht: wir regieren. Ob das Volk ein Recht habe, uns abzusetzen, darum bekümmern wir uns nicht: wir hüten uns nur, daß es nicht in Versuchung komme, es zu tun« (*MuR*).   DF

Rehbein, Wilhelm (1776–1825), seit 1816 Hofmedikus in Weimar, seit 1818 G.s Hausarzt. G. schätzte ihn sehr: als »vorzüglich einsichtigen und sorgfältigen Arzt« (*TuJ*, 1819) und als täglichen Gesprächspartner für »die wichtigsten Angelegenheiten der Menschheit« – »physische, physiologische und pathologische Probleme« (an Carl August, 4.1.1826). Nach Rehbeins Tod unterstützte er dessen Familie und förderte die vernachlässigte Erziehung eines Sohnes.   PO

Reich: Das Heilige Römische Reich deutscher Nation, das formell bis 1806 bestand, ist vor allem in der Darstellung von G.s Kindheit und Jugend in *Dichtung und Wahrheit* präsent. Frankfurt war reichsunmittelbare Stadt und der Ort der Kaiserkrönungen, die Behaglichkeit des alten Reichs wird vor allem in den ständischen Traditionen und Feierlichkeiten sichtbar. Das Wetzlarer Reichskammergericht ist eine der wichtigen Institutionen des Reiches, dessen politische Geschichte G. in *Dichtung und Wahrheit* ausführlich referiert (12. Buch). Das Reich ist mehrfach historischer Hintergrund in G.s Werken: Es ist Spielzeit des *Faust II*, Götz von Berlichingen repräsentiert die alte Reichs-Idee auf dem Hintergrund ihres Zerfalls. In den *Annalen* von 1806 rekapituliert G. die Effekte der napoleonischen Eroberungen als endgültigen Schlußstrich unter das Reich: »Indessen war der deutsche Rheinbund geschlossen und seine Folgen leicht zu übersehen; auch fanden wir [...] in den Zeitungen die Nachricht, das Deutsche Reich sei aufgelöst« (↗Heiliges Römisches Reich deutscher Nation).   BJ

Reich, Philipp Erasmus (1717–1787). Den Leipziger Buchhändler und Verleger u.a. von Gellert und Wieland kannte G. aus seiner umtriebigen Leipziger Studentenzeit und vermittelte ihm den Kontakt zu Lavater, dessen *Physiognomische Fragmente* 1774 bei Reich erschienen sind.   BL

Reichardt, Johann Friedrich (1752–1814), war zur G.-Zeit ein einzigartiges Multitalent. In der Jugend hatte er als Violinvirtuose brilliert und war bereits 23jährig zum hoch geehrten letzten Hofkapellmeister König Friedrichs II. von Preußen avanciert. Zudem war es ihm gelungen, sich in Berlin als bürgerlicher Konzertveranstalter, Sänger, Deklamator und eloquenter, kritischer Journalist ein breites Wirkungsfeld zu erschließen. Seine streitbaren politischen und musikwissenschaftlichen Schriften machten ihn zu einer international geschätzten, aber auch gefürchteten Autorität. Ab 1784 wurde er für ein Vierteljahrhundert der wichtigste musikalische Partner G.s, ein Zusammenwirken, das sich mit der Freundschaft zu Carl Friedrich Zelter später überschnitt. Er (Reichardt) sei der erste gewesen, so G., der »mit Ernst und Stetigkeit meine lyrischen Arbeiten durch Musik ins Allgemeine beförderte.«
Obwohl er in ihm den welterfahrenen denkenden Musiker fand, war seine Beziehung zu dem Komponisten stets von Spannungen begleitet und erfuhr immer wieder längere Unterbrechungen. Zu einer persönlichen Begegnung in Weimar kam es trotz ungeduldigen Drängens erst in der Zeit vom 23.4. bis 5.5.1789. Ging es bei diesem Treffen um die Vertonung des G.schen Singspiels *Claudine von Villa Bella*, das wenig später in Berlin seine denkwürdige

Uraufführung erfahren sollte, so gastierte Reichardt schon wenige Monate später, im November desselben Jahres, erneut in Weimar, um »in Göthes Haus Arienmäßig im Opernstyl« einige Stücke für das projektierte Lustspiel *Der Groß-Cophta* zu komponieren. Man plante gemeinsam eine Schall- und Akustiklehre, erörterte Fragen der Theaterpraxis, und Reichardt lieferte alle von G. gewünschten Musiken zu den angetragenen ↗Singspielen (*Erwin und Elmire, Lila, Jery und Bätely*) oder die Inzidenzmusiken u.a. zu *Faust I* und *Torquato Tasso*.

Er steuerte Tänze für Hausbälle bei und setzte mehr als 140 Solo- und Chorlieder, die er größtenteils (128) in vier Abteilungen in den Jahren 1809 und 1811 gesammelt bei Breitkopf & Härtel in Leipzig herausgab (*Goethe's Lieder, Oden, Balladen und Romanzen mit Musik von J. F. Reichard*, in: *Das Erbe deutscher Musik*, Bd.e 58 u. 59). Bislang ist diese Sammlung das umfangreichste Corpus an G.-Liedern geblieben. Zu den Einzelveröffentlichungen hatten auch die eingestreuten Lieder gehört, die der Erstausgabe von G.s *Wilhelm Meisters Lehrjahren* (1795) beigegeben waren, die man als schlicht-eingängige Melodien zu den geschilderten Gesangsszenen (z.B. Lieder der ↗Mignon) singen sollte.

Als Reichardt im Frühjahr 1794 aus politischen Gründen seine Stellung als Hofkapellmeister verlor, wurde er Salineninspektor in Halle. Im nahen ↗Giebichenstein schuf er sich ein einzigartiges Gartenreich mit gastfreiem Haus, das jene »Herberge der Romantik« wurde, die auch G. und seine Frau mehrmals aufsuchten. Der Verdacht, »Jakobiner« zu sein, in den Reichardt 1795 geriet, auch weil er in der von ihm redigierten Zeitschrift *Frankreich* seinen »Sansculottismus« bekundete, trübte beider Verhältnis nachhaltig (angeheizt durch den von Friedrich Schiller geschürten ↗Xenien-Streit in dem von ihm herausgegebenen *Musen-Almanach für das Jahr 1797*). Erst 1801 gelang es dem Komponisten, G. umzustimmen und ihn erneut als Gast in Giebichenstein begrüßen zu können, eine Vertrautheit und produktive Phase, die durch den Einmarsch der Napoleonischen Truppen 1806 beendet wurde.

Spätere Begegnungen in den Jahren 1808 und 1810 in Weimar fanden keine sonderliche Resonanz mehr. Der hervorragende »Singekomponist« trat gegenüber seinem Konkurrenten Carl Friedrich ↗Zelter in den Hintergrund, auch wenn er mit pathetischen ↗Deklamationsstücken (*Prometheus*) den Weg zu einem erweiterten Liedverständnis geebnet hatte. Seine bis 1811 geschriebenen Lieder blieben jedoch im Hause G.s bis zu dessen Lebensende lebendig. Noch 1823 bemerkte er gegenüber Wilhelm Dorow, einem Neffen Reichardts: »Seine Kompositionen meiner Lieder sind das Unvergleichlichste, was ich in dieser Art kenne«.

WS

Reife, in der Zeit des ↗ Sturm und Drang, im Zusammenhang mit Frucht, Sonne, Natur oder Morgenstimmung Ausdruck tiefer Welt- und Naturverbundenheit, etwa in *Wandrers Sturmlied*, entstanden 1772, oder im Gedicht *Auf dem See*, 15. Juni 1775:

Morgenwind umflügelt
Die beschattete Bucht,
Und im See bespiegelt
Sich die reifende Frucht.

In G.s botanischen Studien spielt der Prozeß der Reife eine bedeutende Rolle, so in der Abhandlung *Die Metamorphose der Pflanzen* und im Lehrgedicht gleichen Titels von 1798; in verwandeltem Sinn wird das Reifen auch auf das Altern des Menschen und die Generationenfolge bezogen, wenn G. im 41. der *Venezianischen Epigramme* über die eine ehemals schlanke Schönheit, die durch Schwangerschaft zwar gereift, in ihrer Jugendlichkeit jedoch verwelkt ist, schreibt: »Sei nur ruhig! es deutet die fallende Blüte dem Gärtner,/ Daß die liebliche Frucht schwellend im Herbste gedeiht.«

AV

Reineke Fuchs: Tierfabel in Form eines Versepos, Entstehungszeit 1793, Erstpublikation als 2. Band von G.s *Neuen Schriften* 1794. Mit dem *Reineke Fuchs* greift G. auf einen alten und schon oft in verschiedenen europäischen Sprachen literarisch behandelten Stoff zurück. Erstmals taucht die große Tierfabel um den Fuchs im 11. Jh. als lateinisches Epos auf, im 12. und 13. Jh. entstehen beliebte französische, niederländische, nieder- und mittelhochdeutsche Versionen. Der niederdeutsche Text *Reinke de vos* von 1498 war die Quelle für eine Bearbeitung des Leipziger Aufklärungsphilosophen, Poetologen und Hobby-Dichters Johann Christoph Gottsched, der 1752 eine Prosaübertragung des Textes nebst eigenen moralisch-lehrreichen Erklärungen, katholischen wie protestantischen tugendhaften Glossierungen und Auszügen des Originals herausgab. In dieser Ausgabe lernte G. schon in seiner Jugend den Stoff kennen – er spielt im Brief an seine Schwester Cornelia vom 13. 10. 1765 auf seine Titelfigur an.

Zur Handlung: Vor Nobel, dem Löwen, dem König der Tiere, wird wortreich Klage geführt über Untaten, Hinterlist und Boshaftigkeit Reinekes; der Fuchs habe zwei seiner Kläger, den Hasen und den Wolf, grausam mißhandelt. Der Löwe befiehlt zunächst dem Bären, dann dem Kater, ausgesandt als königliche Gerichtsboten, den Missetäter zu Gericht zu bringen. Beide kommen entstellt, körperlich versehrt und in erbarmungswürdigem Zustand zurück, erst dem Dachs gelingt es als einem Vetter Reinekes, diesen an den Hof zu bringen. Hier kehrt der Fuchs den Spieß allerdings um: Die Anklage durch Hase und Bär kann er dem König als Verleumdung und Komplott weismachen, beide werden einer harten Strafe überantwortet. Angesichts seiner eingestandenermaßen lockeren Einstellung zum Sittengesetz jedoch gelobt der Fuchs, eine Bußwallfahrt nach Rom und Jerusalem zu unternehmen. Doch schon bei der Einkehr in Reinekes Haus erweist sich die Reumütigkeit als vorgetäuscht. Hase und Widder, seine geistlichen Begleiter, werden zu Opfern: Der Fuchs tötet den einen, stürzt den andern ins Unglück. Dreist tritt er wiederum vor das königliche Gericht, die Opfer seiner Taten klagen ihn an – er aber erlangt erneut einen Aufschub. Seinen Streit mit dem Wolf legt er dem König so dar, daß dieser keinen anderen juristischen Ausweg sieht, als zwischen Fuchs und Wolf einen Zweikampf über die endgültige Wahrheit in der Sache entscheiden zu lassen. Mit den Mitteln eigener List und mit Hilfe von Freunden wie Verwandten gelingt es dem Fuchs, den viel stärkeren Gegner zu besiegen. Zur Bestätigung seiner vollständigen Rehabilitation macht der Löwe ihn zum Kanzler und höchsten Rat seines Reiches.

G. gibt dem Stoff die Form des klassischen Versepos, also eines in Versen erzählenden großen Gedichtes, das in einzelne Gesänge unterteilt ist. Der *Reineke Fuchs* hat 12 Gesänge, die zwischen 265 und 480 Versen lang sind, insgesamt 4323 Verse; die Form des Verses, der ↗ Hexameter, ist in diesem Text ganz leichtfüßig und undogmatisch gehandhabt, was G. wenige Jahre später die Kritik von Friedrich Schlegel und J. Heinrich Voß eintrug. Schon der fast zur Redensart gewordene Textbeginn illustriert den heiteren Charakter der Verse:

Pfingsten, das liebliche Fest war gekommen; es
                                                                grünten und blühten
Feld und Wald; auf Hügeln und Höhn, in Büschen
                                                                und Hecken
Übten ein fröhliches Lied die neuermunterten Vögel;
Jede Wiese sproßte von Blumen in duftenden Grün-
                                                                den,
Festlich heiter glänzte der Himmel und farbig die
                                                                Erde.

Die Heiterkeit der epischen Darstellung wie die einfache Struktur der dargestellten Welt hat viel mit der Gattung der Tierfabel zu tun: Schon Herder hatte am *Reinke de vos* die besondere Eignung der bekannten bestimmenden Charakterzüge der Tiere für ein Epos hervorgehoben. Unterhalb dieser Heiterkeit aber und durch den epischen Vers nur distanzierter erscheinend liefert G. mit seinem Versepos eine satirische Darstellung derjenigen gesellschaftlichen Zustände im *ancien regime*, die zu den Ursachen der Französischen Revolution zu zählen sind. Reineke ist nicht nur der Bösewicht, er ist vielmehr der Listenreiche, der geschickt die Schwächen seiner Opfer auszunutzen weiß. Deren Anlagen werden allein schon in vielen Fällen dadurch relativiert, daß sie selber Raubtiere sind – Bär, Wolf und Löwe –, sich gegenüber dem Fuchs aber als Vegetarier ins rechte Licht setzen wollen.

Das Zentrum seiner Gesellschaftskritik legt G. seinem Helden im Disput mit dem Vetter Dachs (VIII. v. 92 ff.) in den Mund: Reineke kritisiert pointiert die Gewaltausübung der Mächtigen, er klagt das allgültige Recht des Stärkeren an, gegen das Schwächere, wie auch er einer sei, nur ihre durchtriebene List zu setzen hätten; neben dem feudalrechtlichen und politischen Unrecht dieser Gewaltausübung greift er die scheinheilige Doppelmoral der Geistlichkeit an sowie einen alle Glieder der Gesellschaft erfassenden Hang zu Betrug und Machtgier. Hier umreißt der Text den Punkt, von dem aus seine hinreißend gedichtete und heitere Tierfabel als satirische Allegorie auf die krisenhaft gewordene traditionelle Gesellschaft lesbar wird.

BJ

Reinhard, Carl Friedrich von (1761-1837), seit 1815 Graf; gebürtiger Schwabe und französischer Diplomat, den G. 1807 in Karlsbad kennenlernte – freundschaftliche Beziehungen fortan. Beide verband die Begeisterung für Napoleon, für die *Farbenlehre*, für Kunst und Literatur. So übersetzte Reinhard verschiedene Abschnitte von G.s *Farbenlehre* ins Französische. Ihm verdankt G. die Bekanntschaft mit den Brüdern ↗Boisserée. Und: G. wählte ihn zum Paten für seinen Enkel Wolfgang. PO

Reise der Söhne Megaprazons: Romanfragment, entstanden 1792, Erstdruck 1837 posthum. In dem Fragment kommen die Söhne eines Nachfahren von Rabelais' Pantagruel auf ihrer Schiffsreise an verschiedenen Inseln vorbei, denen der Papimanen und Papefiguen, Bilder für katholische bzw. reformierte Länder. Die ersteren werden als glücklich,

reich und wohltätig beschrieben, letztere als unglücklich in einem kargen Land lebend. Es bleibt aber offen, ob nicht die Zustände auf den Inseln genau umgekehrt sind. Einer der Papimanen erzählt den Reisenden von der Zerstörung der schönen und reichen Insel der Monarchomanen – ein Sinnbild für das ancien regime –, die aufgrund eines Vulkanausbruchs, der für die Revolution steht, in drei Teile auseinanderbricht. Bei der Weiterreise geraten die Brüder über einen Krieg in schärfsten Streit, von dem sie erst ein dazukommender Schiffsführer befreien kann. Dieser diagnostiziert den Streit als Symptom der schrecklichen Krankheit »Zeit-« oder »Zeitungsfieber«. G. setzt sich in dem Fragment mit ↗Reformation und ↗Französischer Revolution und deren Folgen in Deutschland satirisch auseinander. BJ

Reisegeschwindigkeit: Zu G.s Lebzeiten kamen über Land Reisende am Tag höchstens 100 km voran: per Kutsche 7-12 km/h, zu Pferd 8-12 km/h, zu Fuß etwa 7 km. Chodowiecki ritt 1773 in 8 Tagen von Berlin nach Danzig (450 km), 1804 fuhr Schiller 3 Tage mit der Post von Weimar nach Berlin. Botenfrauen liefen von Weimar nach Jena (23 km) 5 Stunden, mit 40-50 kg Last, für 9 Groschen Lohn. Nach Kochberg (damals 28 km) benötige G. 4 Stunden zu Fuß und 2,5 Stunden zu Pferd. Von Weimar nach Leipzig, 100 km flache Strecke, ritt er 8,5 Stunden. Per Kutsche fuhr G. nach Jena (23 km) 2,5-3 Stunden, nach Bad Lauchstädt (65 km) 12-15 Stunden, nach Ilmenau (50 km) 5,5-6 Stunden, nach Dornburg von Weimar 4, von Jena aus 2 Stunden. In die böhmischen Bäder (230-250 km) reiste G. gewöhnlich 3-4 Tage mit jeweils 2-3 Übernachtungen.

Meist genutztes öffentliches Verkehrsmittel war die »Thurn und Taxissche Ordinari-Post«: Sie verkehrte nach Fahrplan auf festen Routen von Poststation zu Poststation (3 Postmeilen, etwa 25 km, 3-5 Fahrstunden voneinander entfernt). 2-3stündige Aufenthalte pro »Postwechsel« (Pferdewechsel, Postannahme und -ausgabe, Versorgung, Aus- und Einsteigen der Reisenden) verzögerten das Vorankommen, so daß man mit der Post etwa 50 km pro Tag zurücklegte (Leipzig-Dresden in 2 Tagen). Nach Postmeilen berechnet wurden Entfernung und Fahrpreis. Letzterer betrug 2,5-3,5 Taler pro Postmeile (ohne Übernachtung/Verpflegung) und war für Chaussee-, Schmier-, Trinkgeld, Brückengeld an Flüssen, Vorspann im Gebirge zu entrichten. Von Karlsbad nach München notierte G. 1786 15 Pferdewechsel, zahlte für 21,75 Postmeilen Fahrgeld. Die zu festen Zeiten auf Postrouten verkehrenden Eilposten legten etwa

G.s Reisekutsche mit geöffnetem Verdeck

100 km/Tag zurück (6-8 Pferde, Pferdewechsel ohne Aufenthalt, Teilstrecken wurden auch nachts zurückgelegt).

Bequemer, aber wesentlich teurer war die Reise per Extrapost (der Fahrgast bestimmte die Begleiter, den Reiseweg und die Reisedauer). Gleichen Komfort boten Mietkutschen. Individuell und am angenehmsten reiste man mit eigenem Gespann. Pro Reisetag waren auch dabei mindestens zwei größere Rasten (Mahlzeiten, Füttern der Pferde) nötig. Wenn G. privat reiste, kam es ihm nicht auf Schnelligkeit an; er empfand das Unterwegssein als bildend, belehrend und reizvoll, genoß es mit allen Sinnen. »Man reist ja nicht um anzukommen, sondern um zu reisen« (an Caroline Herder, 4./8.9.1788). Wie zum Beweis legte er die 15 500 km von Karlsbad nach Rom (per Eilpost in 16 Tagen zu bewältigen) 1786 per Post in 57 Tagen zurück (davon 23 Reisetage zu durchschnittlich 62,2 km, Reisegeschwindigkeit 5,5 km/h). Die Heimreise 1788, 1710 km, dauerte 44-45 Tage (23 Reisetage; 76,1 km/Tag, 6,3 km/h).   CS

Reisekutsche G.s, heute noch in der Remise des Weimarer G.-Hauses, eine »Reise-Batarde«, 1810 von

G. in Karlsbad erworben »samt Koffer, Magazin, Vache, Hemmschuh und sonstigen Zubehörs für 1200 Gulden«. Der Zweisitzer mit Behelfssitz, eine Mischform zwischen offenem und steif gedecktem Wagen (von franz. »Bastard«), wurde zweispännig, bei schönem Wetter ohne Verdeck gefahren, bis 1823 auch für größere Reisen, danach für Spazierfahrten und Kurzreisen genutzt. Eine eigene Kutsche besaß G. erstmals 1792 (Geschenk des Herzogs, laut Kammerrechnung eine Halbchaise für 117 Taler). Pferde und Geschirr stellte der Marstall, zur mietfreien Dienstwohnung gehörte eine Remise. Auf Reisen und Dienstfahrten wurde die Kutsche von G.s Bedienten, Paul Götze z.B., gefahren. Erst 1799 kaufte G. selbst eine Equipage nebst eigenen Pferden: »Diese vornehmen Tiere« (Seidel an Goethe, 1799), ohne die »eine nicht gemeine Existenz immer unvollständig bleibt«. Das Tagebuch vermerkt am 24. April: »In Belvedere die Pferde probirt. Abschluß des Pferdekaufes«. Die jährlichen Kosten für das stattliche Gefährt, einen viersitzigen Landauer, zwei Pferde, Geschirr und Kutscher (48 Taler Jahresgehalt) beliefen sich auf etwa 300 Taler. Der Herzog zahlte 175 Taler/Jahr als Zulage für Dienstfahrten. Die Equipage diente G. und Christiane als Reisewagen, u.a. nach Bad Lauchstädt und Karlsbad, wurde häufig für Fahrten nach Jena, Oberroßla und Berka genutzt. Daneben dürfte G. über Jahre eine Droschke für Stadtfahrten besessen haben. Im Tagebuch sind Droschkenfahrten erwähnt, 1828 im Rechnungsbuch deren Verkauf für 55 Taler, 3 Groschen. Von einem Schlitten ist in Briefen die Rede, einen solchen verkaufte Ottilie bei der Auktion 1832, zusammen mit Equipage, Pferden und Geschirr für 325 Taler, 19 Groschen und 6 Pfennige.   CS

Reisen brachten G. bis ins hohe Alter Gewinn an Welterfahrung, Belebung für Körper und Geist. »Für Naturen wie die meine, die sich gern festsetzen und die Dinge festhalten, ist eine Reise unschätzbar: sie belebt, berichtigt, belehrt und bildet« (an Schiller, 14.10.1797). G. ist oft und gern, für seine Zeit auch weit gereist, stets mit Plan und Absicht, niemals ohne tätig zu sein. Die erste Reise unternahm der Vierzehnjährige 1763 von Frankfurt nach Höchst, die letzte der Zweiundachtzigjährige von Weimar nach Bad Berka (31.10.1831). Von Philologen und Statistikern erfaßt sind G.s Reisen von 1765–1831: 43 größere (etwa 32500 km) und über 140 kleinere (etwa 9000 km), wobei er die einer Äquatorumrundung gleichkommende Wegstrecke von über 40000 km zurück legte: Nicht zu zählen waren dabei Tagesreisen ohne Übernachtung, welche die Anzahl der Reisekilometer beträchtlich steigern dürften. Größere Reisen G.s beginnen 1775 mit der Reise in die Schweiz (1150 km), enden mit der Marienbader 1823 und fallen zum größten Teil in die Weimarer Jahre.

G.s weiteste Reise war die Italienreise 1786/88 (4925 km). Es folgten: die Italienreise 1790 (2550 km), die Reisen in die Schweiz 1779 (2400 km) und 1797 (1400 km), zur Campagne nach Frankreich 1792 (1700 km), nach Schlesien 1790 (1140 km). Zu den größeren Reisen werden die Harzreisen 1777, 1783, 1784 sowie die Badereisen gerechnet. Zählt man G.s Reisetage, war er fast 14 Jahre seines Lebens auf Reisen, am längsten während der ersten Italienreise (21 Monate oder 653 Tage). Die Schweizerreise 1779 im Gefolge Carl Augusts dauerte 4 Monate. Räumlich-geographisch gesehen, bewegte sich G. zwischen dem 53. Breitengrad nördlich (Tegel bei Berlin, 1778), dem 37. Breitengrad südlich (Agrigento/Sizilien, 1787), dem 18. Längengrad östlich (Wieliczka, 1790) und dem 5. Längengrad westlich (Somme-Tourbe, 1792).

Häufige Reiseziele waren die böhmischen Bäder (16 Reisen) sowie Orte in Thüringen: Jena (ohne Tagesreisen über 80 Aufenthalte, wozu solche von 3

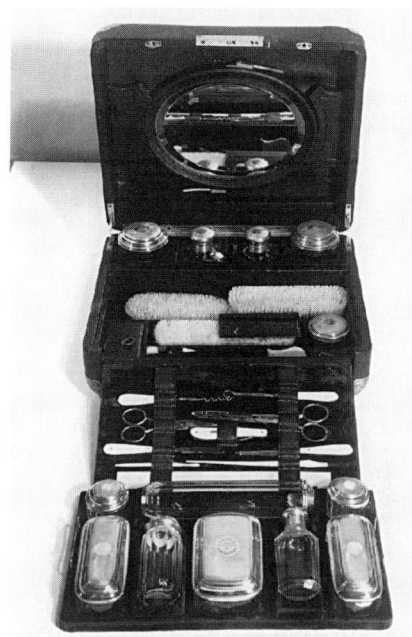

Für seine Reisen war Goethe gut ausgerüstet: Kosmetikkoffer mit Spiegel, Bürsten, Nagelscheren, Seifen und Parfüms

Monaten gehörten), Ilmenau (28, insgesamt 220 Tage), dazu Erfurt, Apolda, Eisenach, Rudolstadt, Oberroßla, Berka, Kochberg, Dornburg. G. reiste mit der ordinären Post, Extra- und Eilpost, Mietkutsche, ab 1792 mit eigener Kutsche, war zu Schiff, mit Boot, Sänfte, zu Fuß und zu Pferd unterwegs. In jungen Jahren ein leidenschaftlicher und geübter Reiter, ritt G. im Winter 1777 allein 400 km durch den Harz, bestieg am 10. Dezember den verschneiten Brocken zu Fuß, brachte 1779 während der Schweizer Reise in 30 Tagen 1500 km im Sattel zu, etwa 50 km/Tag.

G. reiste meist in Begleitung von Bedienten, Kutschern, mit Sekretär, Schreiber, Mitarbeitern, Amtskollegen, Freunden, der Familie, häufig mit dem Herzog. Gemäß dem Grundsatz »die beste Bildung findet ein gescheiter Mensch auf Reisen« (*Lj*, V.2) waren G.s Reisen Privat-, Dienst-, Badereisen, der Repräsentation, diplomatischen oder militärischen Zwecken dienende Reisen im Gefolge Carl Augusts – immer auch Bildungs-, zuweilen Fachstudienreisen. Unterwegs besuchte G. Bergwerke, Steingruben, Erzgießereien,

Manufakturen, Gartenanlagen, bedeutende Bauten, Anstalten der Wissenschaft und Kunst, Privatsammlungen, informierte sich über Straßenbau, Finanzwesen, Gewerbe, Landwirtschaft, Architektur und Volksleben bereiste Regionen, trieb Natur- und Kunststudien, knüpfte unzählige Kontakte zu Wissenschaftlern, Künstlern, Politikern, Natur- und Kunstfreunden. G. sammelte und zeichnete, hielt Reiseeindrücke individuell und als systematisch Beobachtender in Tagebüchern, Briefen und Aufzeichnungen fest, verarbeitete sie in poetischen, natur- und kunstwissenschaftlichen, in biographischen Werken.   CS

Reisetagebuch für Frau von Stein: Von G. nach seiner Abreise aus Karlsbad (3.9.1786) bis zu seiner Ankunft in Rom (30.10.1786) angefertigt, ein Bericht, den er Frau von Stein in Einzelsendungen zuschickte. Er bat Frau von Stein um Abschrift und Redaktion allzu persönlicher Anspielungen (sie sollte z.B. die Anrede »Du« in ein »Sie« verändern), nach seiner Rückkehr jedoch verlor er die geplante Veröffentlichung aus den Augen; erst 1814 wurde das Tagebuch mit zahlreichen Kürzungen, seine persönlichen Gefühle betreffend, neben Briefen zum Ausgangspunkt des ersten Teils der *Italienischen Reise*.   BL

Reiten gehörte im 18. Jh. zu den unverzichtbaren Fähigkeiten eines jeden jungen Mannes von Stand. G. lernte es Anfang 1765 mit Widerwillen, fühlte sich zurückgesetzt, durch den Reitlehrer Carl Ambrosius Runckel lächerlich gemacht und dachte später ungern an diesen Unterricht zurück. Er fand ihn kalten, modrig riechenden Frankfurter Marstall statt, einer städtischen Einrichtung. Der geschlossene Raum bereitete großes Unbehagen, zumal G. immer das schlechteste Pferd bekam. Was ihn nicht davon abhielt, später »leidenschaftlich und verwegen zu reiten«, aber in der freien Natur. So während seiner Straßburger Zeit und der ersten Weimarer Jahre.   BL

Religion, Religiosität: Der gläubige Rückbezug auf ein einziges, wohlmeinendes göttliches Wesen wird schon beim Kind G. tief erschüttert. Das ↗Erdbeben von Lissabon (1.11.1755) läßt ihn am christlichen Gott zweifeln, das 1. Buch von *Dichtung und Wahrheit* inszeniert erzählerisch die Begründung einer Naturreligion des Kindes G., die an die Stelle der monotheistischen getreten sei. Der Kontakt zu einer Freundin der Mutter (Susanna von ↗Klettenberg) brachte G. nach der Rückkehr aus Leipzig mit dem Pietismus in enge Verbindung; seinem Freund Langer

gesteht er in einem Brief vom 17. Januar 1769: »Mich hat der Heiland endlich erhascht, ich lief ihm zu lang und zu geschwind, da kriegt er mich bey den Haaren«. Die orthodoxe Brüdergemeine in Straßburg aber ließ ihn zunehmend auf Distanz zum ↗Pietismus gehen, der *Brief des Pastors zu*** an den neuen Pastor zu**** ist ein Dokument dieser Auseinandersetzung zwischen lebendiger und natürlicher Frömmigkeit und aufgeklärt-starrsinniger Orthodoxie.

Ungefähr von 1770 an beschäftigte G. sich mit ↗Spinoza, dessen ↗Pantheismus die Gottheit ganz in die Natur verlegte – und damit auch den Menschen zum Teilhaber des Göttlichen machte. Stärksten Ausdruck findet diese spinozistische Auffassung z.B. in Werthers Brief vom 10. Mai; der Held selbst liegt im innersten Heiligtum des Waldes, ist ganz Teil der heiligmäßigen Natur und wähnt das Göttliche in seiner Seele abgespiegelt. Das Zusammenfallen von Göttlichem und Natur(phänomen) spielt noch in der *Farbenlehre* eine zentrale Rolle: Hier ist das Licht an die Gottesposition gerückt, die *Farbenlehre* selbst inszeniert sich als Bewahrerin der reinen Lehre vom unteilbaren Licht, die gegen den Häretiker ↗Newton verteidigt werden müsse.

Die Gottesposition der ↗Natur wird, v.a. in der klassizistischen Periode um 1800, häufig mit der Kunst besetzt. Schon der kleine Aufsatz *Von deutscher Baukunst* hatte das Kunstwerk wie ein Naturwesen besungen, den Künstler zum gottgleichen Schöpfer erhoben (vgl. auch ↗*Prometheus*). In der *Einleitung* zu den ↗*Propyläen* wird die Kunst an den Ort des innersten Heiligtums gesetzt, zu dem die Zeitschrift die »Vorhöfe« bilden solle. – In einem Brief an Fr.H. ↗Jacobi bekennt G. offen seine distanzierte Stellung zur christlichen Religion: »Als Dichter und Künstler bin ich Polytheist, Pantheist hingegen als Naturforscher [...]. Bedarf ich eines Gottes für meine Persönlichkeit, als sittlicher Mensch, so ist dafür auch schon gesorgt« (6.1.1813).

Religiöse Motive und Bilder oder religionsgeschichtliche Zusammenhänge oder Konflikte erscheinen vielfach in G.s literarischen Texten: Im 4. Buch von *Dichtung und Wahrheit* referiert G. ausführlich verschiedenste Stationen der Religionsentstehung, ein historischer Rückblick auf Frühgeschichte, Altertum, Judentum und Christentum, der auch in dem späten Aufsatz *Geistesepochen* nochmals thematisiert wird (1817). Eine religionsgeschichtliche Bilderreihe ist im räumlichen Zentrum der ↗Pädagogischen Provinz angesiedelt, die Lehre von den drei ↗Ehrfurchten greift zentrale Motive v.a. der christlichen Religion wieder auf. In der Novelle von »St. Joseph dem Zweiten« (*WJ*, I) versetzt G. einen Stoff aus der christlichen Überlieferung in die Romanwelt; einer der Hauptkonflikte des *Egmont* ist die gewalttätige Auseinandersetzung zwischen den Konfessionen, die brutale Raison der Inquisition. Lediglich Handlungsrollen aus der religiösen Überlieferung werden im *Faust* zitiert: Der Herr und Mephisto sind eben nicht Gott und der Teufel, sind nicht mehr religiös aufzufassende Figuren, sondern gewissermaßen die energetischen Antriebe der *Faust*-Handlung. BJ

Religionsgespräch, Gespräch zwischen Margarethe und Faust (Marthens Garten, *Faust I*, nach v. 3413; *Urfaust* nach v. 1105), in dem das Mädchen, das bereits sein Unheil ahnt (»Meine Ruh' ist hin/Mein Herz ist schwer«, v. 3374f.); in ihrer naiv-schüchternen Art wissen möchte, wie er es »mit der Religion« halte, will sagen, ob er die Absicht habe, sich vor dem Altar zu binden und sie damit vor der Gefahr gesellschaftlicher Ächtung zu schützen (↗Gretchenfrage). Andererseits ist für sie Liebe ohne Glaube nicht denkbar. Seine hohe Rede vom »Allumfasser« ist zugleich überlegen ausweichendes Parlando und kann die Geliebte zwar einschüchtern, ihre Ruhe ist damit aber nicht wieder eingekehrt, zumal ihre Frage auch einer Verunsicherung entspringt, die Fausts Begleiter hervorgerufen hat. GG

Rembrandt, eigentlich R. Harmensz. van Rijn (1606–1669). 1768 sah G. erstmals Originalgemälde des holländischen Malers in der Dresdner Galerie. Seine eigene Kunstsammlung umfaßte einige Zeichnungen, Radierungen und Kupferstiche von und nach Rembrandt. Im August 1775 beschäftigte er sich intensiv mit dessen Werken und schrieb: »[Ich] lebe ganz mit Rembrandt« (an Johanna Fahlmer, Ende August 1775). G. stellte Rembrandt mit Raffael und Rubens auf eine Ebene; sie kamen ihm »in ihren geistlichen Geschichten wie wahre Heilige vor, die sich Gott überall auf Schritt und Tritt [...] gegenwärtig fühlen und nicht des umständlichen Prachts von Tempeln und Opfern bedürfen, um ihm am Herzen herbeizuzerren« (*Aus Goethes Brieftasche*). G. bewunderte an Rembrandt vor allem dessen realistische Darstellung von Gegenständlichem: »Das Haften an ebendenselben Gegenständen, an dem Schrank voll alten Hausraths und wunderbaren Lumpen hat Rembrandt zu dem Einzigen gemacht, der er ist«. (ebd.) HM

Renaissance: Die Epoche der Wiedergeburt der ↗Antike, der intensiven wissenschaftlichen und künstlerischen Wiederaneignung griechischer und römischer Kunst, Literatur und Philosophie, die v.a. vom italienischen Humanismus des 15. und 16.Jh.s ausging. Für G. stand die Kunst der Renaissance praktisch gleichwertig neben der der Antike, beide zusammen bestimmten seine Vorstellung vom ↗Klassischen. Die deutsche Literatur der Reformationszeit, die mittlerweile in engem Kontakt zu Humanismus und Renaissance gesehen wird, rechnete G. der Mittelzeit, dem ↗Mittelalter zu: ↗Faust, ↗Melusine; die Übergangszeit vom Mittelalter zur Neuzeit aber stellte für G.s Werk zentrale Stoffe bereit. *Götz* ist angesiedelt mitten im Zerfallsprozeß des alten Reiches, die historischen Konflikte, die den Hintergrund des ↗Egmont bilden, sind die entscheidenden für das Europa des 16.Jh.s. Der englische Renaissanceautor ↗Shakespeare wurde schon für den jungen G. zum Sinnbild des künstlerischen ↗Genies, mit dem ↗*Tasso* griff G. unmittelbar auf die Lebensgeschichte eines der bedeutendsten italienischen Renaissancedichter zurück.

Die Philosophie der Renaissance war für G. zeitlebens eine unverzichtbare Lektüre: die Humanisten Erasmus von Rotterdam und Giovanni Pico della Mirandola ebenso wie die Alchimisten Agrippa von Nettesheim und Paracelsus oder die Naturwissenschaftler Giovanni Battista Porta oder Francis Bacon. V.a. im historischen Teil der *Farbenlehre* ging G. ausführlich auf die ↗Alchimie, ↗Philosophie und ↗Naturwissenschaft der Renaissance ein.

Auf seiner Italienreise bildeten Kunst und Architektur der Renaissance, neben der der Antike, den wichtigsten Gegenstand von G.s Begeisterung: ↗Palladios Bauten, die Peterskirche, die Gemälde und Fresken etwa ↗Mantegnas, ↗Michelangelos, ↗Cellinis und ↗Tizians, um nur einige zu nennen. Die Autobiographie des Malers Cellini übersetzte G. später ins Deutsche, in seinen ↗Sammlungen befanden sich unzählige Handzeichnungen und Kopien von Werken italienischer, deutscher und niederländischer Renaissancekünstler.

Von der deutschen Literatur der Renaissance erbte G. relativ wenig: Neben dem Fauststoff (den er eher mittelalterlich auffaßte) war es vor allem der ↗Knittelvers des Hans ↗Sachs (*Das Jahrmarktsfest zu Plunderweilen, Hanswursts Hochzeit, Faust*), das Romanfragment *Reise der Söhne Megaprazons* greift auf Motive des Romans *Gargantua und Pantagruel* des französischen Renaissanceautors François ↗Rabelais zurück, ↗Shakespeare spielt in *Wilhelm Meisters Lehrjahren* eine wichtige Rolle, der »Walpurgisnachtstraum« im *Faust I* steht in der Tradition des *Midsummer Night's Dream*. Die Wirkung der italienischen Renaissanceliteratur auf G.s Werk ist immens: Auf ↗Petrarcas Sonette spielt G. in dem Zyklus von 1807/08 an, die Stanzenepik ↗Tassos und ↗Ariosts greift er etwa in den *Geheimnissen* und der »Zueignung« zum *Faust* wieder auf, ↗Boccaccios ↗Rahmenerzählung des *Decamerone* wird zum Vorbild der Erzählanlage in den *Unterhaltungen deutscher Ausgewanderten*, auch in den *Wanderjahren*.   BJ

Reni, Guido (1575–1642), italienischer Maler, über dessen Bilder G. geteilter Meinung ist: »Indem der himmlische Sinn des Guido, sein Pinsel, der nur das Vollkommenste, was geschaut werden kann, hätte werden sollen, dich anzieht, so möchtest du gleich die Augen von den abscheulich dummen, mit keinen Scheltworten der Welt genug zu erniedrigenden Gegenständen wegkehren […] man ist immer auf der Anatomie, dem Rabensteine, dem Schindanger, immer Leiden des Helden, niemals Handlung […]. Unter zehn Sujets nicht eins, das man hätte malen sollen« (*IR*, 19.10.1786).   PO

Republik: Öffentliches Gemeinwesen, in dem nach römischem Vorbild die Staatsgewalt in den Händen gewählter Volksvertreter liegt. G. kannte etwa die Republik Venedig, eines der *Xenien* resümiert: »Republiken hab' ich gesehen, und das ist die beste,/Die dem regierenden Teil Lasten, nicht Vorteil gewährt«. Im 4. Buch der *Lehrjahre* wird die Vorstellung der Republik ironisch gebrochen: Die Theatergesellschaft gibt sich als Republik, der Direktorenposten soll zirkulieren, alle Entscheidungen werden in großen Zusammenkünften getroffen. G. faßte die Aristokratie als Steigerungsform der Republik auf.   BJ

Resignation s. Entsagung

Rettung: Poetisches Motiv, das sich in sehr vielen von G.s Texten findet. ↗Iphigenie berichtet ↗Orest von ihrer Rettung: »Vom Altar/Riß mich die Göttin weg und rettete/Hierher mich in ihr eigen Heiligtum« (v. 1217ff.). Auf Mephistos »Sie ist gerichtet« nach dem Tode Gretchens widerspricht eine Stimme von oben: »Ist gerettet« (v. 4611f.), Rettung erfährt auch ↗Wilhelms Sohn ↗Felix am Ende der *Wanderjahre*. Rettung kann auch ausbleiben: ↗Ottilie kann das ertrunkene Kind nicht retten, der ↗Harfner stirbt.   BJ

Revolution: Eine von G. strikt abgelehnte Möglichkeit gesellschaftlicher Veränderung. »Es ist besser, daß Ungerechtigkeiten geschehen, als daß sie auf eine ungerechte Weise behoben werden«, formulierte er in

den *Maximen und Reflexionen*. Damit erteilte er nicht nur dem gewaltsamen Umsturz eine Absage, sondern unterstrich auch, daß eine Revolution nichts als eine Umverteilung der Repression mit sich bringe. Durch das konkrete Beispiel der Französischen Revolution, die jahrelangen Terror, endloses Blutvergießen und europaweite Kriege nach sich zog, fühlte sich G. bestätigt. Doch die Schuld lag seiner Meinung nach nicht beim Volk, das auf Unterdrückung mit Widerstand reagierte, sondern bei den Herrschenden bzw. Regierungen, die die Zeichen der Zeit ignorierten: »Revolutionen sind ganz unmöglich, sobald die Regierungen fortwährend gerecht und fortwährend wach sind, so daß sie ihnen durch zeitgemäße Verbesserungen entgegenkommen, und sich nicht so lange sträuben, bis das Notwendige von unten erzwungen wird« (Eckermann, 4.1.1824).   DF

Rezensent, G. als: Die kritische Teilnahme an der bürgerlichen Öffentlichkeit v.a. des 18. Jh.s war Praxis der meisten Schriftsteller und Gelehrten. Die Begründung etwa der moralischen Wochenschriften in der ersten Hälfte des Jh.s diente dem bürgerlichen Austausch über ethische Normen und Tugendbewußtsein und bewirkte so die Herausbildung bürgerlicher Identität dort, wo in der politischen Öffentlichkeit noch kein Platz für sie existierte. Die Zeitschriften können insofern als Ersatz-Parlament des Bürgertums gelten, in welchem dem kritischen Räsonnement des Einzelnen Äußerungsmöglichkeiten zur Verfügung gestellt wurden.

Ein wichtiger Teilbereich dieser Öffentlichkeit war die literarische. Die Ausweitung des Buchmarktes wurde begleitet durch das Rezensionswesen in den Zeitschriften, in der zweiten Hälfte des Jh.s wurden sogar Zeitschriften gegründet, die sich fast ausschließlich als Rezensionsorgane verstanden.

Mit den 1770er Jahren machte sich allerdings eine wesentliche Veränderung bemerkbar: Verfügten die Beiträge der früheren Wochenschriften noch immer über einen relativ festgefügten moralischen und ästhetischen Kanon, der sich an Aufklärungsphilosophie oder -ästhetik ausrichtete, wurde eben diese Verbindlichkeit mit dem sogenannten »Sturm und Drang« obsolet: Die Meinungsäußerung, die Kritik bekam oft einen stark subjektivistischen Einschlag.

G.s Beiträge zum Rezensionswesen lassen sich grob in drei Perioden einteilen. Die erste Phase machen seine Beiträge zu den *Frankfurter Gelehrten Anzeigen* von 1772 aus. Die Gegenstände seiner Kritiken waren breit gestreut: Bücher zur Rechtsgelehrsamkeit und zur Lebenshilfe, Kunstdrucke und Kupferstichsammlungen, neuerschienene Zeitschriften, literarische Anthologien, Dramensammlungen oder einzeln veröffentlichte Trauerspiele, Biographien wie Lavaters *Breitinger*-Skizze, Reisebeschreibungen und einzelne Bände der *Allgemeinen Deutschen Bibliothek* gehörten dazu. Seine Kritik war oft scharf und polemisch: Das *Journal für den Liebhaber der Literatur*, eine Anthologie klassischer Texte, verurteilte er als »Schulübungen, und zwar von der elendsten!« Besonders hervorzuheben ist einerseits seine Rezension der zweiten Ausgabe von Geßners *Idyllen* (1772), in der sich ein eigenes Verständnis von Kunst artikuliert, und andererseits die von Sulzers *Die schönen Künste in ihrem Ursprunge, ihrer wahren Natur und besten Anwendung* (1772), in der G. böse Kritik an spätaufklärerischer Ästhetik mit eigener literarischer Programmatik vermischt.

Die eigene Rolle als Rezensent sah G. aus der Rückschau von *Dichtung und Wahrheit* kritisch: »Was mich betrifft, so sahen wir [die Macher der Zeitschrift] wohl ein, daß mir nicht mehr als alles zum eigentlichen Rezensenten fehle. Mein historisches Wissen hing nicht zusammen, die Geschichte der Welt, der Wissenschaften, der Literatur hatte mich nur epochenweis, die Gegenstände selbst aber nur teil- und massenweis angezogen« (12. Buch).

In der zweite Periode seiner Teilnahme am Rezensionswesen schrieb G. von 1798 an für die *Jenaische Allgemeine Literatur Zeitung*. Wichtige Literatur der Frühromantik ist einer der Gegenstände der Kritiken: Tiecks *Sternbald* und Arnims und Brentanos Sammlung *Des Knaben Wunderhorn* finden sich hier wieder – dem letzteren zollt G. höchstes Lob und hebt die eigentliche Unmöglichkeit hervor, ein solches Werk überhaupt zu rezensieren. Darüber hinaus rezensierte er Trauerspiele, Sammlungen von Mundartgedichten, Kunstdrucke u.v.m., Hebels *Alemannische Gedichte* ernten wiederum hohes Lob.

In der dritten Periode verfaßte G. Rezensionen vornehmlich für die eigene Zeitschrift *Kunst und Alterthum*. Etwa die Kritiken zu Manzonis *Il Conte di Carmagnola*, zu Byrons *Manfred* oder zu *Serbischen Liedern* zeigen das programmatische Öffnung zur Literatur des Auslands. G. verstand sich hier als Vermittler, Rezension war nicht mehr Kritik oder Verriß, sondern Empfehlung, die Rezensionen sollten in Richtung auf eine Weltliteratur wirken.

Wenngleich vor allem bei den Rezensionen in den *Frankfurter Gelehrten Anzeigen* gar nicht sicherzustellen ist, daß G. der alleinige Autor der Texte gewesen ist, so spiegelt sich doch in allen drei Perioden seines Rezensierens seine jeweilige ästhetische Programmatik ab. BJ

Rezensent: *Da hatt ich einen Kerl zu Gast*, Entstehung unbekannt, Erstdruck im *Wandsbecker Boten* vom 9.3.1774 und im *Göttinger Musenalmanach* von 1775; seit den *Werken* 1815 mit dem Titel *Rezensent*. Spottgedicht auf die literarische Kritik mit der Schlußzeile im derben Jargon des ↗Sturm und Drang: »Schlagt ihn tot, den Hund! Es ist ein Rezensent.« Im Leipziger *Musenalmanach* von 1775 erschien unter dem Titel *Der Sudelkoch* ein Gedicht (nach heutiger Kenntnis vom Stürmer und Dränger Heinrich Leopold Wagner), das mit der Schlußzeile replizierte: »Schmeiß ihn tot den Hund! es ist ein/ Autor, der nicht kritisiert will sein.« IW

Rhein- und Maingegenden: Landschaft von G.s Kindheit und Jugend, Frankfurt (und Umgebung) als Vaterstadt und die Universitätsstadt Straßburg. Mit Lavater und Basedow unternimmt G. 1774 eine Rheinreise, auf der Rückkreise vom Frankreichfeldzug 1792 macht G. in ↗Pempelfort bei Düsseldorf, dem Wohnort des Freundes ↗Jacobi, Station, die Belagerung von ↗Mainz führt ihn 1793 an Stätten der Kindheit zurück. Von Juli bis November 1814 hält sich G. in ↗Wiesbaden auf, ebenso im Sommer 1815 – die ästhetischen Erfahrungen der Reisen finden ihren Niederschlag in der Zeitschrift *Kunst und Alterthum* (1816ff.). Ebenfalls im Sommer 1815 besuchte G. ↗Köln und bestieg den Dom, vom 12. August bis zum 17. September 1815 wohnte er bei der Familie Willemer auf der ↗Gerbermühle bei Frankfurt bzw. in deren Stadthaus (↗ *West-östlicher Divan*), anschließend besuchte er bis zum 7. Oktober den Freund ↗Boisserée in Heidelberg. BJ

Rheinfall: Den spektakulärsten Wasserfall Europas ließ sich G. auf keiner seiner Schweizer Reisen, zuerst im Juni 1775, entgehen (*DuW*, 18. Buch; *Reise in die Schweiz 1797*). In *Faust II* (v. 4715ff.) schließlich schreibt G. Verse, die – an seinen Zeitgenossen Johann Jacob Wilhelm Heinse und dessen sentimentale Naturschilderungen erinnernd – einen Wasserfall als Sinnbild des Lebens und der Grenzen der menschlichen Naturerkenntnis fassen. »Am farbigen Abglanz haben wir das Leben« (v. 4727) (↗Abglanz, Regenbogen). BL

Rheinwein, alter: Der Geruch von solchem hat G. als Parfüm respektive persönliches Aroma begleitet. »Da er [G.] aber noch keine Wirtschaft hatte, so aß er gewöhnlich in meinem Elternhaus mit meiner Mutter. Seinen Wein brachte er stets mit, nach welchem er selbst in seiner Ausdünstung etwas wie alter Rheinwein roch«, schrieb Carl von Stein über den häufigen Gast seiner Mutter, ohne allerdings weiteres über G.s Odeur zu vermelden.   IA

Rhetorik: Die wirkungsorientierte und zweckgebundene Rede bzw. die Lehre von derselben, im 18. Jh. noch eng mit poetischen sowie moralischen Fragen verbunden und in weit stärkerem Ausmaß als heute Gegenstand der Bildung (wenngleich im undemokratischen Deutschland kaum öffentlich wirksam). Als Kind wurden G. durch seine Hauslehrer rhetorische Kenntnisse in Form von Lese- und Schreibübungen vermittelt, und wenn es nach ihm gegangen wäre, hätte er 1765 in Göttingen ein Rhetorikstudium begonnen. Der Vater plädierte indessen für Jura und Leipzig, und der Sohn fügte sich, ohne jedoch auf den Besuch von Christian Fürchtegott ↗Gellerts und Johann August Ernestis Rhetorik- und Poesievorlesungen zu verzichten (u. a. über Ciceros *De oratore*). Quintilians klassisches Lehrbuch *De institutione oratoria* machte G. ebenso wie die Werke Aristoteles' und Pseudo-Longinos' für sich fruchtbar, wobei er gegenüber dem schulmäßig-trockenen Regelwesen und dem – auch heute noch in Volkshochschulkursen und teuren Managerseminaren angepriesenen – berechnenden Blendwerk die rhetorische Ethiklehre von der Ausbildung des wahrhaften und vollkommenen Menschen, des »vir bonus dicendi peritus«, deutlich bevorzugte und übernahm. Wichtig war ihm dabei die produktionsästhetische Komponente der antiken Lehre von der Beredsamkeit, also die Frage, »wie man beim Hervorbringen zu Werke gehn könnte« (*DuW*, 12. Buch). Doch auch rhetorische Kniffe waren G. geläufig, wie sein vollendeter Schreibstil, der sich - in Briefen wie in amtlichen Schriften - jeder Situation anzupassen vermochte, und sein Auftreten als ↗Redner zeigen.   DF

Rhythmus, durch Betonungen und Takteinteilungen strukturierte bzw. gegliederte Abfolge in Musik und dichterischer Sprache. G. berichtet in *Dichtung und Wahrheit* (7. und 18. Buch) die Geschichte des poetischen Rhythmus in der deutschen Literatur von der trocken-mechanischen Behandlung in Gottscheds Poetik über Klopstocks Erfindung eines freieren Rhythmus bis hin zur eigenen lebendigen poetischen Gestaltung. Ganz in diesem positiven Sinne läßt G. den Dichter im »Vorspiel auf dem Theater« zum *Faust* sprechen: »Wer teilt die fließend immer gleiche Reihe/ Belebend ab, daß sie sich rhythmisch regt« (v. 146 f.).

Diese lebendige, sprachlichen Ausdruck steigernde Wirkung des Rhythmus ist für G. der Anspruch, mit dem er, z. T. unter großen Schwierigkeiten, zunächst in Prosa verfaßte Stücke in Verse umarbeitet (*Iphigenie*, *Tasso*). Die psychologische Ursache dieser Wirkung erklärt G. so: »Jeder rhythmische Vortrag wirkt zuerst aufs Gefühl, sodann auf die Einbildungskraft, zuletzt auf den Verstand und auf ein sittliches vernünftiges Behagen. Der Rhythmus ist bestechend« (*Das Nibelungenlied*). In einer der *Maximen und Reflexionen* heißt es zusammenfassend: »Der Rhythmus hat etwas Zauberisches, sogar macht er uns glauben, das Erhabene gehöre uns an«.   BJ

Richardson, Samuel (1689-1761), englischer Romanschriftsteller und Buchdrucker; ein zu G.s Zeiten vielgelesener Autor: sentimentale Sittenromane in Briefform, welche die Literatur in England, Frankreich und Deutschland beeinflußten. Seine Romane waren ins Deutsche übersetzt. In *Wilhelm Meisters Lehrjahre* werden Richardsons Romane als Beispiele für gute Romane genannt: *Grandison* (1753/54), *Clarissa* (1747/48) und *Pamela* (1770). Richardsons Idee des Briefromans findet sich wieder in G.s *Werther*.   PO

Richtersche Kunstsammlung: Die von Johann Zacharias Richter 1730 in Leipzig begründete, ab 1764 von seinem Sohn Johann Thomas fortgeführte Sammlung von Hunderten von Gemälden, darunter bedeutenden niederländischen, Tausenden von Handzeichnungen, Plastiken, Gemmen und Kupferstichen. Während G.s Studienzeit in Leipzig verschaffte ↗Oeser seinem Zeichenschüler auch zu dieser Kunstsammlung Zugang, einen ersten Besuch stattete G. dem Privatmuseum gemeinsam mit Johann Georg Schlosser ab. Der Eindruck auf den jungen Kunstinteressierten muß gewaltig gewesen sein, denn auch im Alter war ihm die Sammlung »noch immer lebhaft gegenwärtig« (*DuW*, 8. Buch).   DF

Riedesel, Johann Hermann von (1740-1785), preußischer Kammerherr, Gesandter in Wien und Reiseschriftsteller, dessen *Reise durch Sizilien und Großgriechenland* (1771) G. während seiner Sizilienreise »wie ein Brevier oder Talismann am Busen« trug (*IR*, 26. 4. 1787). G. über den mit Winckelmann befreundeten Riedesel: »Sehr gern habe ich mich immer in solchen Wesen bespiegelt, die das besitzen, was mir abgeht, und so ist es grade hier: ruhiger Vorsatz, Sicherheit des Zwecks, reinliche, schickliche Mittel, Vorbereitung und Kenntnis, inniges Verhältnis zu einem meisterhaft Belehrenden, zu Winckelmann«. Und in Girgenti wünscht G. sich: »Möge jener treffliche Mann in diesem Augenblick mitten in dem Weltgetümmel empfinden, wie ein dankbarer Nachfahr seine Verdienste feiert« (ebd.).   PO

Riemer, Caroline Wilhelmine Henriette Johanna, geb. Ulrich (1790–1855). Tochter eines Justizamtmannes, Enkeltochter des von G. geschätzten Weimarer Hofapothekers Dr. Buchholz, lebte mit Mutter und Bruder ab 1794 in der Familie des Großvaters. Als Spielgefährten Augusts waren die »Ulrichgeschwister« häufig in G.s Haus zu Gast. Später verkehrte Caroline, heiter, anmutig, theaterbesessen, in Gesellschaften der Hofschauspieler. 1807 zog Christiane die Siebzehnjährige in ihren Kreis. Von G. als Tischgast erwähnt (*Tb*, ab 1808), begleitet sie 1808 Christiane nach Frankfurt. Danach täglich in G.s Haus (»Schöne Gesellschafterin«, »kleiner Sekretarius«), 30.11.1809 Einzug am Frauenplan. Als »Haustochter«, »Uli«, »Uline«, »Carolinchen«, von August »Nonne«, von G. »artiger Mandarin«, »schöne Juvenile«, genannt, verstand sie es, »sich in die Frau geheimde Rätin von Goethe zu schicken, war deren treue Begleiterin [...] und trug durch ihre liebliche Erscheinung wesentlich dazu bei, den Reiz der Goethischen Häuslichkeit zu erhöhen« (Luise Seidler).

G. ist Caroline der väterliche Freund (verwöhnt sie, sorgt für ihre Bildung, lädt junge Damen ihres Alters ein), mit den »Frauenzimmern« Christiane und Caroline verbringt er manchen Winterabend, läßt sie an seinen Arbeiten teilhaben (z.B. an den *Wahlverwandschaften*); 1811 begleiten ihn beide mit Riemer nach Karlsbad, im Frühjahr 1814 nach Berka. Caroline, dankbar und eifrig, schreibt Anfang 1814, als G.s »ganze Canzeley zum Schwert gegriffen« für ihn nach Diktat (»kleiner Eginhard«/Schreiber Karls des Großen). Am 8.11.1814 heiratet sie Friedrich Wilhelm Riemer. Christiane richtet die Hochzeit aus. Die Riemers wohnen in der Amalienstraße, wenige Meter vom G.-Haus, manches im jungen Haushalt wird von den G.s beigesteuert. G schenkt dem »Frauchen«, einen Teetisch aus dem Holz des 1809 entwurzelten Wacholderbaumes aus dem Garten am Stern. Die Riemers sind häufige Gäste im Hause am Frauenplan. Caroline gehört zu den Frauen, die Christiane in ihrer Todeskrankheit beistehen.

Im Januar 1817 wird Sohn Bruno, das einzige Kind der Riemers, geboren. Abgesehen von einer »Quarantäne« (fast zwei Jahre Bruch mit G. nach heftigem Streit mit August, Juli 1816) blieben die engen Beziehungen zwischen Riemers und G. bis zu dessen Tod erhalten. G. arbeitet mit Riemer, besucht das »kleine

Frauchen«, beschenkt, verwöhnt sie. Caroline bedankt sich mit seinen Lieblingsgerichten, schönen Früchten, Blumen und kunstvoll bereiteten Handarbeiten. Das Verhältnis der jungen G.s zu den Riemers bleibt eher distanziert, Bruno indessen ist Spielgefährte der Enkel.   CS

Riemer, Friedrich Wilhelm (1774–1845), Philologe; ab 1803 Lehrer von G.s Sohn August und G.s Sekretär. Riemer lebte bis 1812 im G.schen Haus und wurde von G. als Ratgeber in literarischen und philologischen Fragen geschätzt. Er sah sich selbst als »Zeuge, Mitgehülfe, [...] Begutachter [...], Korrektor und Revisor der Manuskripte« und mit Blick auf G. als »Schlingpflanze« um den »Stamm«. Nach einer Auseinandersetzung mit G. wegen August mietete der langjährige Hausgenosse 1812 eine eigene Wohnung, arbeitete am Weimarer Gymnasium und als Bibliothekar. 1814 heiratete er Christianes Gesellschafterin Caroline Ulrich. Erst gemeinsame Vorbereitungen zum Empfang der russischen Kaiserin brachten die Verbindung zu G. 1819 wieder ins Lot. Nach G.s Tod empfindet Riemer, daß »nicht nur Er mir, sondern auch ich selbst mir fehle«. G. verfügte in seinem Testament, es solle nichts ohne Riemers Rat gedruckt werden. Zusammen mit Eckermann gab Riemer 1833 G.s Nachlaß in 20 Bänden heraus. Die G.-Forschung verdankt ihm seine *Mitteilungen über Goethe. Aus mündlichen und schriftlichen, gedruckten und ungedruckten Quellen.*   PO

Riese, Johann Jakob (1746–1827), Jugendfreund G.s, Jurist, später Verwalter der Armenkasse in Frankfurt. Der 15jährige G. besuchte mit seinen Freunden Riese, ↗Horn, ↗Moors und dessen Bruder Sonntagszusammenkünfte im Frankfurter Gymnasium: Vorträge wurden gehalten, es wurde diskutiert. In *Dichtung und Wahrheit* (12. Buch) gedenkt G. des Freundes, der seinen »Scharfsinn zu üben und zu prüfen nicht verfehlte, indem er, durch anhaltenden Widerspruch, einem dogmatischen Enthusiasmus [...] Zweifel und Verneinung entgegensetzte«.   PO

Rietschel, Ernst (1804–1861), Bildhauer; Schöpfer des G.- und Schiller-Denkmals vor dem Deutschen Nationaltheater in Weimar, das 1857 zum 100. Geburtstag von Carl August feierlich enthüllt wurde, und der G.-Statue vor dem Dresdner Opernhaus. Rietschel hatte G. 1829 kennengelernt, als er mit seinem Lehrer Christian Daniel ↗Rauch den Dichter besuchte. Grund für den Besuch: Der Dichter befand die von Rauch geschaffene G.-Statuette für zu dick. Rietschel:

»Rauch änderte, modellierte vorn und nahm ab, ich arbeitete an der Rückseite, während der alte Herr zwischen uns stand« (Oppermann, A.: Ernst Rietschel. Leipzig 1863, S. 97).   PO

Riggi, Maddalena (1765–1825), die »schöne Mailänderin« der italienischen Reise, die G. im Herbst 1787 durch Angelika Kauffmann in Castel Gandolfo kennenlernt. Ihr in »blitzschneller Neigung« zugetan, nehmen zwei sich nur »halbbewußt Liebende« im April 1788 in Rom Abschied voneinander – »in zartester wechselseitiger Gewogenheit«.   PO

Ritter, Johann Wilhelm (1776–1810), Physiker, Naturphilosoph und Pionier der Elektrochemie, veröffentlichte 1798 seinen *Beweis, daß ein beständiger Galvanismus den Lebensprozeß im Tierreich begleite.* G. hatte sich schon zuvor mit »Galvanismus und Chemismus« beschäftigt (*TuJ*, 1796) und nahm die Schrift interessiert, wenngleich nicht unkritisch auf – »Ritters Vortrag ist freylich dunkel«(an Schiller, 25.7.1798). Nach persönlichen Treffen bezeichnete er den jungen Forscher, der in Jena lehrte, dann als »einen wahren Wissenshimmel auf Erden«(an Schiller, 28.9.1800).

Ritters in einem Nachlaßfragment dargelegte Methode: »Meine Physik, dazu Mathematik, und ein Herz voll Liebe – das wird einen göttlichen Eierkuchen geben«, fand aufgrund des mystischen Ansatzes vor allem bei Friedrich Schlegel, Novalis und Schelling Beachtung, doch auch G. verfolgte ungeachtet der Tatsache, daß er sich in die »Behandlungsweise« des Physikers »nicht ganz finden konnte«(*TuJ*, 1801), weiterhin sein Wirken, wie er Jacobi noch am 31.3.1808 mitteilte. 1801 hatte Ritter die ultraviolette Strahlung entdeckt, was G. in seiner *Farbenlehre* vermerkte (*Historischer Theil*, Statt des Supplementaren Theils), 1806/07 hatte er sich mit dem Phänomen des Metallfühlens und mit Pendelversuchen beschäftigt. G.s Verwendung des Motivs in den *Wahlverwandtschaften* (II.11) beruht möglicherweise auf seiner Kenntnis von Ritters Forschungen.   DF

Rittertafel: Tischgesellschaft in Wetzlar, zu der G. während seiner Referendarzeit am Reichskammergericht gehörte. Im 12. Buch von *Dichtung und Wahrheit* beschreibt G. diese »romantische Fiktion« ausführlich: »Einem jeden war ein Rittername zugelegt, mit einem Beiworte. Mich nannten sie Götz von Berlichingen, den Redlichen«. Insgesamt tut G. im Rückblick der Autobiographie die Rittertafel als »fabelhaftes Fratzenspiel«, als »Possen« ab, in die sich auch

noch die seltsame Pseudomystik eines Ordens verwob.   BJ

Rochlitz, Johann Friedrich (1769–1842): Musikalisch-künstlerisch begabt und ausgebildet an der Leipziger Thomasschule, wurde Rochlitz nach einem Studium der Theologie zu einem beliebten Schriftsteller und Zeitschriften-Herausgeber (*Allgemeine musikalische Zeitung*). Nach einem ersten Treffen 1798 in Weimar entspann sich ein freundschaftlicher, von gegenseitigem Interesse getragener Briefwechsel zwischen Rochlitz und G., der bis 1831 andauerte. Seine musikalischen Aufsätze, die Rochlitz 1824/25 unter dem Titel »Für Freunde der Tonkunst« in zwei Bänden herausgab, besprach G. lobend in *Kunst und Alterthum* (1824), in seinen Briefen an den interessierten Zeitgenossen machte G. wichtige Aussagen über seine literarischen Projekte (z.B. zu den *Wj*, 23.11.1829).   BJ

Rochusfest s. **Sankt Rochusfest zu Bingen**

Röhr, Johann Friedrich (1777–1848), seit 1820 als Nachfolger Herders Oberhofprediger und Generalsuperintendent in Weimar. Röhr taufte G.s zweiten Enkel Wolfgang und wurde von G. als Geistlicher und Gesprächspartner sehr geschätzt. Sein Wahlspruch: »Die Wahrheit wird euch frei machen.« Zu G.s Bestattung hielt er die Trauerrede – den »hohen Abgeschiedenen« würdigend, dessen Wirken und Schaffen »auf dem Schauplatz allgemeiner Vergänglichkeit ein unvergängliches ist«.   PO

Rokokolyrik. Tendenz der deutschen Lyrik etwa seit den 40er Jahren des 18.Jh.s, mit Höhepunkt zwischen 1760 und 1770, also in G.s Leipziger Zeit. Die Themen und Motive dieses witzig-pointierten literarischen Spiels – Liebe, Wein, Natur, Geselligkeit, Freundschaft, Dichten, sinnlicher Genuß, Erotik – werden mit einem mythologischen Personal, mit Amor, Venus, Faunen, Nymphen, Grazien, Musen oder mit den Motiven und idyllischen Schauplätzen der Schäferdichtung inszeniert. Literarische Vorbilder dieser Dichtung sind antike Idyllen sowie die Tradition der ↗ Anakreontik, einer Lyrik, die unter dem Einfluß einer Sammlung von Oden steht, die 1544 veröffentlicht und dem griechischen Lyriker ↗ Anakreon zugeschrieben wurden. Mit ihrem Bekenntnis zur irdischen Glückseligkeit ist die Rokokolyrik Ausdruck epochaler Veränderungen, der Abwendung von christlichen Traditionen und der Genese eines säkularisierten Weltbildes. Bei seinen ersten lyrischen Versu-

Petersplatz und Peterskirche in Rom. Kupferstich von A.L.R. Ducros und G. Volpato, um 1775

chen schließt sich der junge G. also an aktuelle Lyrik an, wobei sich bereits erste Ansätze zur Überschreitung der noch aristokratisch geprägten Konvention zeigen (*Neue Lieder*).   IW

Rollenfachsystem: Im 18. Jh. sah man aus der Tradition der Wandertheater für bestimmte Schauspieler klar definierte Rollentypen, wie jugendlicher Liebhaber, junge Naive etc. vor. G. engagierte seine Schauspieler ohne Angabe des Rollenfachs. Nicht das Fach, sondern der Charakter bestimmte die Besetzung und die Arbeit an der Rolle. Dies unterstützte sein stilisiertes Konzept der Nachahmung, das er im ↗ Weimarer Stil (*Regeln für Schauspieler*) ausarbeitete.   WM

Rom: In der Hauptstadt Italiens verbrachte G. einen großen Teil seines Italienaufenthaltes; vom 29. Oktober 1786 bis zum 22. Februar 1787 und vom 7. Juni 1787 bis zum 23. April 1788 hielt er sich dort auf.

Die Ankunft verband er, trotz der wachsenden Begeisterung, die er in den durchreisten nördlicher liegenden italienischen Städten empfand, mit größten Erwartungen: »Morgen abend also in Rom. Ich glaube es noch jetzt kaum, und wenn dieser Wunsch erfüllt ist, was soll ich mir nachher wünschen? ich wüßte nichts, als daß ich mit meinem Fasanenkahn glücklich zu Hause landen und meine Freunde gesund, froh und wohlwollend antreffen möge«, notierte er am 28.10.1786 auf dem letzten Stück von Ferrara nach Rom ins Tagebuch (↗ Fasanentraum). Das eigentliche Ziel seiner heimlichen Abreise von Karlsbad am 3. September hatte er vor den Freunden, die er ohne Abschied zu nehmen verließ lange geheimgehalten; am 1.11.1786 atmete er begeistert auf: »Ja, ich bin endlich in dieser Hauptstadt der Welt angelangt!«

Die Ansichten vieler römischer Bauten und Altertümer waren G. von den Kupferstichen aus dem väterlichen Hause seit Kindheit geläufig; der Vater hatte sie von seiner Bildungsreise 1740 mitgebracht, hatte überdies dem Sohn immer wieder eine solche Reise aufdrängen wollen. Bildungsabsichten und touristische Neugier treiben auch G. v.a. in seinen ersten römischen Wochen um: Er besichtigt Bauten und Kunstwerke der Antike und der Renaissance, Villen und Tempel, Paläste und Kirchen, Münzen, Ruinen,

Saal und Galerie im Vatikanischen Museum in Rom. Kupferstich von A.L.R. Ducros und G. Volpato,
um 1775

Inschriften und Kunstsammlungen, immer wieder besucht er das Theater, nimmt, ironisch distanziert, an den pompösen Inszenierungen in den katholischen Kirchen der Stadt teil – allen voran den päpstlichen Schauspielen im Petersdom; Heiligenfeste und vor allem der Karneval im Spätwinter 1788 erscheinen ihm als kunstvolle Festlichkeiten, die tief im Volk verwurzelt sind.

Die Stadt überwältigte ihn zunächst durch ihre Fülle und die Unübersehbarkeit ihrer Schätze: »Rom ist nur ein zu sonderbarer und verwickelter Gegenstand um in kurzer Zeit gesehen zu werden, man braucht Jahre um sich recht und mit Ernst umzusehen« (an Ch. v. Stein, 7.11.1786). Die Wirkung, die von Rom ausging, reichte aber von allem Anfang an weit über ein bloßes Bildungsinteresse hinaus. Im selben Brief an Charlotte von Stein notiert er: »Was aber das Größte ist und was ich erst hier fühle; wer mit Ernst sich hier umsieht und Augen hat zu sehen muß solid werden, er muß einen Begriff von Solidität fassen, der ihm nie so lebendig ward. Mir wenigstens ist es so als wenn ich alle Dinge dieser Welt nie so

richtig geschätzt hätte als hier.« Ähnlich schreibt er am 10. November 1786 an das Ehepaar Herder, nach der ersten Begegnung mit dem Maler ↗ Tischbein: »Was ich aber sagen kann und was mich am tiefsten freut ist die Würckung, die ich schon in meiner Seele fühle: es ist mir eine innre Solidität mit der der Geist gleichsam gestempelt wird; Ernst ohne Trockenheit und ein gesetztes Wesen mit Freude.«

Die unermeßliche Größe der »Trümmer« der ↗ Antike gaben ihm einen erhabenen Begriff von der Größe der antiken Kultur (vgl. an Knebel, 17.11.1786; ebenso an das Ehepaar Herder, 2.12.1786), die Fülle ist zunächst überwältigend: »In Rom kann ich nicht mehr schreiben« (an Charlotte von Stein, 17.1.1787). Erst nach drei Monaten Aufenthalts änderte sich allmählich der Blick auf R.: »Rom fängt nun an sich über mir zu erleichtern, die entsetzliche Masse von Gegenständen sich zu ordnen und Licht in die Tiefen zu scheinen« (an Carl August, 3.2.1787).

G. lebte, für das Publikum ↗ inkognito und nur einem kleinen Zirkel tatsächlich bekannt, in der Künstlerkolonie um ↗ Tischbein, bei dem er schon nach wenigen Wochen eingezogen war. Zu dieser Gruppe gehörten Karl Philipp ↗Moritz, Angelika ↗Kauffmann, ↗Bury, ↗Schütz, Johann Heinrich ↗Meyer, der Bildhauer Trippel, später auch ↗Hackert. Diese Freunde führten ihn durch Rom, vermittelten die tiefere Kenntnis der antiken Kunst, vermittelten sogar mehr: Von ↗Hackert ließ sich G. einige Zeit im Zeichnen unterrichten – um schließlich zu bemerken, doch zum Dichter geboren zu sein. Hier lernte er die prägenden Begriffe klassischer Harmonieauffassung kennen, die sich in eigenen anatomischen Studien niederschlugen. Gleichzeitig versuchte G., die aus dem ersten Weimarer Jahrzehnt liegengebliebenen literarischen Projekte unter dem Eindruck der römischen Gegenwart fertigzustellen: *Iphigenie* und *Faust, Wilhelm Meister* und *Egmont*, was nicht in jedem Fall gelang.

Insgesamt war es vor allem der Aufenthalt in Rom, der G. am 17. März 1788 gegenüber seinem Herzog das selbstbewußte Geständnis ablegen ließ: »Ich darf wohl sagen: ich habe mich in dieser anderthalbjährigen Einsamkeit wiedergefunden; aber als was? – Als Künstler!« Diese künstlerische »Wiedergeburt« (*IR*, 3.12.1786) verklärte er, bald nach seiner Rückkunft in Weimar, kunstvoll in dem Gedichtzyklus der *Römischen Elegien*: Der überwältigende Kontakt zur antiken Kultur *und* die (nicht verifizierbare) erotische Beziehung zu einer Römerin namens ↗Faustina lassen die neue ästhetische Selbstbestimmung G.s programmatisch zu Tage treten: Orientierung an klassischen Formen ebenso wie lebendige Sinnlichkeit.

BJ

Roman: Erzählender Prosatext von großer Länge; literarische Gattung, die sich im Spätmittelalter in Konkurrenz zu den höfischen Versepen des Hochmittelalters entwickelte und die vom 15. bis 18.Jh. die unterschiedlichen Formen des Staats-Romans, des Ritter-Romans, des Abenteuer-Romans, des Schelmen-Romans und schließlich auch des erzieherischen Romans ausbildete. Gerade aber wegen seines oft phantastischen, nur abenteuerlichen Inhalts und wegen der angeblich ungeformten Prosa-Rede war der Roman bis zur G.-Zeit eine minderbewertete literarische Gattung gegenüber Lyrik, Dramatik und (Vers-)Epik.

»Roman« ist, in Anlehnung an die traditionellen Inhalte der Gattung, auch der Name, den G. kleinen Liebesepisoden etwa in *Dichtung und Wahrheit* gibt – die Beziehung zu Gretchen (5. Buch) wie auch die zu Lili Schönemann (15.–20. Buch) werden als ›kleiner Roman‹ bezeichnet.

G. läßt die Figuren seiner Texte häufig über den Roman diskutieren: Werther und Lotte unterhalten sich, unmittelbar nach dem Kennenlernen, über ihre Lesevorlieben: Goldsmiths Idylle *Der Landprediger von Wakefield* wird eigens als guter Roman hervorgehoben. Die Theatergesellschaft der *Lehrjahre* diskutiert ausführlich über die Vorzüge von Drama bzw. Roman – der Erzähler faßt zusammen: »Im Roman wie im Drama sehen wir menschliche Natur und Handlung. Der Unterschied beider Dichtungsarten liegt nicht bloß in der äußern Form, nicht darin, daß die Personen in dem einen sprechen, und daß in dem andern gewöhnlich von ihnen erzählt wird. [...] Im Roman sollen vorzüglich Gesinnungen und Begebenheiten vorgestellt werden; im Drama Charaktere und Taten. Der Roman muß langsam gehen, und die Gesinnungen der Hauptfigur müssen, es sei auf welche Weise es wolle, das Vordringen des Ganzen zur Entwickelung aufhalten. Das Drama soll eilen, und der Charakter der Hauptfigur muß sich nach dem Ende drängen, und nur aufgehalten werden. Der Romanheld muß leidend, wenigstens nicht im hohen Grade wirkend sein; von dem dramatischen verlangt man Wirkung und Tat« (*Lj*, V.7).

In ähnlicher Weise reflektiert G. in einigen *Maximen und Reflexionen* die modernste literarische Gattung, wobei ihn vor allem das Fiktionale interessiert, das Verhältnis der erzählten Welt zur geschichtlichen, der literarischen Erfindung zur tatsächlichen Wirklichkeit: »Roman: der uns mögliche Begebenheiten unter unmöglichen oder beinahe unmöglichen Bedingungen als wirklich darstellt«; noch schärfer betont die folgende Maxime die Fiktionalität des Romans sowie sein Verhältnis zum antiken Epos, der Epopöe: »Der Roman ist eine subjektive Epopöe, in welcher der Verfasser sich die Erlaubnis ausbittet, die Welt nach seiner Weise zu behandeln. Es fragt sich also nur, ob er eine Weise habe, das andere wird sich finden« (*MuR*).

G. leistete mit seinen eigenen Romanen entscheidende Beiträge zur Geschichte der Gattung – wenngleich nur die *Wahlverwandtschaften* tatsächlich im Untertitel »Ein Roman« hießen und der Herausgeber der *Wanderjahre* an versteckter Stelle das Ganze als Roman bezeichnet. G.s erster Roman, *Die Leiden des jungen Werthers*, stellen in der Geschichte der Gattung einen tiefen Einschnitt dar: Erstmalig hatte hier ein deutschsprachiges Werk uneingeschränkt Anteil an dem, was später Weltliteratur heißen sollte. Der *Werther* verzichtete auf alles Phantastische, ja seine Briefform (↗Briefroman) ermöglicht dem Leser die Illusion, er habe hier authentische Texte, Dokumente eines echten Falles vorliegen.

Gleichzeitig weist der *Werther* eine Sprache auf, die, ohne Lyrik zu sein, ganz deutlich als Kunstsprache zu erkennen ist – der Roman wird hiermit zum vollwertigen Kunstwerk. Mit *Wilhelm Meisters Lehrjahre* stiftete G. eine eigene Gattungstradition, die des Bildungs- oder Entwicklungsromans, der eine bestimmende Form weit über das 19. Jh. bleiben sollte. Schließlich sind die fast experimentell erscheinenden *Wanderjahre* ein Vorgriff auf den modernen Roman, indem sie neben das traditionelle Erzählen Techniken der Montage setzen.   BJ

Romantik konnte G. nicht als eine literaturgeschichtliche Epoche verstehen, wie das heutige Verständnis der Literaturgeschichte nahelegt. Die heutigen, meist schiefen und falschen, Epochenbegriffe, existierten in diesem Sinne noch gar nicht. Der Begriff des »Romantischen« wurde im 17. und 18. Jh. auf Dichtung, Malerei, Architektur und Gesellschaft des Mittelalters und der Renaissance bezogen; als »Romantiker« galten ungefähr seit 1800, meist in polemischer Zuspitzung, diejenigen, die sich in ihren Kunstwerken vornehmlich auf Zeit, Gesellschaft und Kunst des ↗Mittelalters bezogen. Damit wurden sie denjenigen entgegengesetzt, die ihre ästhetischen und gesellschaftlichen Vorbilder in der klassischen ↗Antike suchten, die »Klassikern« eben. Die romantische Bewegung um 1800 griff allerdings auf weltanschauliche und kunstphilosophische Quellen zurück, die auch für G., zumindest in seinen Frühwerken, wichtig gewesen waren: auf ↗Shaftesbury und ↗Rousseau, auf ↗Herder und ↗Hamann – ja sogar der Subjektivismus des *Werther* sowie das spätmittelalterliche Ritterwesen des *Götz* dürfen als mittelbare Vorläufer romantischer Auffassungen verstanden werden.

G.s »italienische« Wendung zur objektiveren, gegenständlichen Anschauung der Welt sowie seine programmatische Orientierung an Kunst und Gesellschaft der ↗Antike machen die immer schärfer werdende Abgrenzung gegen die mittelalterlich-subjektivistische, z. T. sogar programmatisch christlich-katholische Kunstauffassung der nächstfolgenden jungen Generation nachvollziehbar. Seine Angriffe gegen die Romantik schießen in einem polemischen Diktum von 1820 zusammen: »Classisch ist das Gesunde, romantisch das Kranke« (*MuR*). Gleichwohl muß trotz solcher Ausfälle sein Verhältnis zur Romantik weit differenzierter betrachtet werden, einerseits in Anbetracht der unterschiedlichsten Beziehungen G.s zu Vertretern der deutschen und europäischen Romantik, andererseits auch im Hinblick auf die Tatsache, daß etwa die Konzeption des Helena-Aktes im

Faust II den Versuch einer Versöhnung zwischen Klassik und Romantik ästhetisch bearbeitet.

G.s persönliches Verhältnis zu Vertretern romantischer Literatur oder Philosophie war durchaus vielseitig und z. T. wechselhaft. Vor allem während der Frühromantik um 1800 unterhielt er zu den Gebrüdern ↗Schlegel und ↗Humboldt, mit Ludwig ↗Tieck und auch mit ↗Novalis auf einem gemeinschaftlichen Interesse beruhende, fast freundschaftliche Beziehungen; Tieck schätzte er zeitlebens, wenngleich er oft sogar polemisch einige seiner literarischen Texte besprach. Vor allem die Auseinandersetzung über den *Wilhelm Meister*, die aus Novalis' hinterlassenen Schriften oder auch aus Friedrich Schlegels Vergleich des Romans mit Novalis' *Heinrich von Ofterdingen* sprach, vertiefte von G.s Seite aus den Graben zwischen ihm und den Romantikern; Sulpiz ↗Boisserée stellte bei G. eine Art narzißtische Kränkung durch die Vertreter der Romantik fest, die ihn nicht so gewürdigt hätten, wie er es wohl gewünscht hätte (*Tb.* vom Mai 1811). Die spätere Entwicklung der romantischen Literatur begleitete G. häufig mit Spott: Achim von ↗Arnim und Clemens ↗Brentano, deren Sammlung *Des Knaben Wunderhorn* er durchaus schätzte, werden angegriffen, da sie das Dilettantisch-Subjektive, phantastisch-frömmelnde Formlose auf die Spitze trieben, über Arnims *Gräfin Dolores* spottet G. in einem Brief an Carl Friedrich von Reinhard: »Wenn ich einen verlorenen Sohn hätte, so wollte ich lieber, er hätte sich von den Bordellen bis zu den Schweinekoben verirrt, als daß ich ihn in den Narrenwust dieser letzten Tage sich verfinge: denn ich fürchte sehr, aus dieser Hölle ist keine Erlösung« (7.10.1810).

Abseits von aller Abgrenzung aber muß konstatiert werden, daß G. sich erst durch die romantische Mittelalterbegeisterung selber der altdeutschen Kunst und Architektur annäherte, der wichtigste Vermittler war hier gewiß Sulpiz Boisserée. Zudem war sein oft persönliches Verhältnis zu nicht-deutschen romantischen Schriftstellern durch innigste Anteilnahme, durch Engagement und großes Interesse gekennzeichnet: ↗Carlyle, ↗Byron und ↗Manzoni erschienen G. als würdige Vertreter einer ↗Weltliteratur, die er allerdings einfach zu »Klassikern« umdeutete.   BJ

Romanze s. **Ballade**

Romeo und Julia: Tragödie von William Shakespeare um die ineinander verliebten Kinder zweier verfeindeter Veroneser Familien. Nach einer Serie von Intrigen findet eine heimliche Heirat statt, Julia wird aus List in einen todesähnlichen Schlaf versenkt, ohne daß der Geliebte davon weiß. Romeo findet sie, hält sie für tot und vergiftet sich. Erwachend sieht Julia den toten Gatten und erdolcht sich. G. bearbeitete das Drama im Jahre 1811 für das Weimarer ↗Hoftheater (G.s Fassung in WA I.9, S. 169–274), wobei er dem Text gravierende Eingriffe zumutete: Er wurde auf Symmetrie und Klarheit hin gestaltet, die Sprache orientierte sich stark an G.s Idealvorstellungen des dramatischen Sprechtheaters. BJ

Römische Elegien, entstanden zwischen Herbst 1788 und Frühjahr 1790; Erstdruck 1795 in Friedrich Schillers Zeitschrift *Die Horen*. Die Elegien sind der eindrucksvollste lyrische Ertrag von G.s Italienaufenthalt in den Jahren 1786–88; in poetischer Verdichtung gestalten sie das breite Spektrum von künstlerischen, intellektuellen und emotionalen Eindrücken, die für das weitere Werk wichtige Impulse lieferten: die Erfahrung der ↗Antike, der Stadt ↗Rom mit ihrer Kunst und Geschichte, befreiter Sexualität, die mit dem Namen einer römischen Geliebten ↗Faustina konkretisiert wird, und der erfüllten, sinnlichen Liebe zu Christiane Vulpius in Weimar. Die Lektüre der römischen Elegiker Catull, Tibull und Properz gab den entscheidenden literarischen Anstoß; die römisch-antike Liebeselegie im Versmaß des elegischen Distichons (↗Versmaß, klassisches) wurde für G. zum Muster für die Aussage allgemeiner, aber auch persönlich-privater Erfahrungen. So wurden die antiken Vorbilder im Bewußtsein der eigenen Modernität produktiv angeeignet und stellten ein reiches Arsenal an Themen und Aussagemöglichkeiten zur Verfügung.

Leitthemen der Elegien sind neben dem antiken Mythos die Verbindung von Rom und Liebe, wie im mehrfach durchgeführten Wortspiel Roma/Amor, der Gegensatz Nord/Süd (»O wie fühl' ich in Rom mich so froh! gedenk' ich der Zeiten,/Da mich ein graulicher Tag hinten im Norden umfing«; VII. Elegie) und die Spannung Natur/Kunst. Der für G.s Lyrik seit jeher konstitutive Zusammenklang von Poesie und Liebe wird in den Elegien deutlich erotisch aufgeladen, so in der V. Elegie: »Aber die Nächte hindurch hält Amor mich anders beschäftigt;/Werd' ich auch halb nur gelehrt, bin ich doch doppelt beglückt./[...] Oftmals hab' ich auch schon in ihren Armen gedichtet/Und des Hexameters Maß leise mit fingernder Hand/Ihr auf den Rücken gezählt.«

Diese Erotisierung der Poesie, die sich der Freizügigkeit der antiken Bilder- und Formensprache souverän zum Ausdruck privater Liebeserfahrungen bedient, wirkte auf Teile des zeitgenössischen Publikums provozierend und skandalös. In einer weitgehend biographischen Lektüre potenzierte sich die Anstößigkeit der ›Erotica Romana‹ durch deren Verbindung mit der ebenfalls als anstößig empfundenen freien Beziehung zu Christiane Vulpius. Charlotte von Stein war empört, Johann Gottfried Herder und Herzog Carl August hatten von der Veröffentlichung abgeraten. Der Weimarer Skandalchronist Karl August ↗Böttiger schreibt in einem Brief vom Sommer 1795, in Weimar seien »alle ehrbaren Frauen empört über die bordellmäßige Nacktheit«, und Herder habe gesagt: »Die ›Horen‹ müßten nun mit dem u geschrieben werden.«

Erst die Zusammenarbeit mit Schiller machte die Publikation von 20 Elegien möglich; Schiller berichtete am 20.9.1794 seiner Frau von einem langen Zusammensein mit G.: »Er las mir seine ›Elegien‹, die zwar schlüpfrig und nicht sehr dezent sind, aber zu den besten Sachen gehören, die er gemacht hat«. Schiller faßt hier die beiden Pole der Rezeption zusammen, das Befremden, ja die Abwehr eines breiteren Publikums und die Hochschätzung von Teilen der literarischen Intelligenz, insbesondere auch der jungen Generation. IW

Römische Carneval, Das: Kleinerer Erzähltext, den G. unmittelbar nach der Rückkehr aus Italien abfaßte und der 1789 in einer illustrierten Prachtausgabe erschien. Der Text orientiert sich einerseits chronologisch genau am Ablauf der Feierlichkeiten, andererseits wird die Wahrnehmung aber auch systematisch gegliedert. G. erzählt den Ablauf des Volksfestes in scheinbar lakonischer Manier, mit hoher, fast ethnologischer Präzision in den Beschreibungen – und liefert schließlich ein Musterstück höchster Erzählkunst. Seine begeisterte Anteilnahme am Karneval, die der Text mitteilt, stimmt mit den Tagebuchnotizen aus der Karnevalszeit 1787, die er in Rom miterlebte, gar nicht überein: »Das Karneval muß man gesehen haben, um den Wunsch völlig loszuwerden, es je wieder zu sehen. Zu schreiben ist davon gar nichts, bei einer mündlichen Darstellung möchte es allenfalls unterhaltend sein« (*IR*, 20.2.1787). Der Enthusiasmus des späteren Interesses ist wohl darauf zurückzuführen, daß sich in dem Fest eine enge Verbindung von Alltag und Kunst zeigte, die G. und Johann Heinrich ↗Meyer später, in den ↗*Propyläen*, nur noch in der idealisierten Antike finden konnten. BJ

Römisches Haus: Entstanden in den Jahren 1792–1797 als klassizistisches Sommerhaus des Herzogs, am linken Ilmufer im Park an der Ilm gelegen,

Das Römische Carneval. Illustration von G. M. Kraus

unter der Leitung G.s von dem Hamburger Architekten Johann August Arens erbaut: Dorischer Unterbau mit als Tempel gestaltetem Oberbau (ionischer Säulenvorbau mit Reliefgiebel), Innenausbau nach römischen Vorbildern, ein gelungenes Ensemble von Stilzitaten der griechischen und römischen Architekturgeschichte. Großherzog Carl August beging hier – von G. frühmorgens um 6 Uhr begrüßt – am 3.9.1825 sein fünfzigjähriges Regierungsjubiläum. Gartengestalterischer Kontrapunkt zum ↗Borkenhäuschen.

BL

Röntgen, David (1743–1807), Kunsttischler aus Neuwied – tonangebend in Deutschland, »Möbellieferant« u.a. für die Schlösser in Berlin, Dessau und Wörlitz. Carl August berief zur Ausstattung seines Schlosses eigens einen Schüler Röntgens nach Weimar, Johann Wilhelm Kronrath. G. würdigt Röntgen im *Wilhelm Meister* und den *Unterhaltungen deutscher Ausgewanderten*. Bei einer Versteigerung von Kunstschätzen aus dem Fürstenhaus Reuß wechselte 1998 ein Schreibtisch von Röntgen für 560 000 DM den Besitzer. PO

Rosenkreuzer: Von den drei wichtigsten Texten G.s, die sich auf rosenkreuzerische Impulse beziehen, wird in der Regel nur das Fragment *Die Geheimnisse* von 1784/5 erwähnt. Die deutsche ↗Freimaurerei steckte 1782 in einer tiefen Krise, welche eine Spaltung dieser Gesellschaft in den ↗Illuminatenorden einerseits, in das Gold- und Rosenkreuzertum andererseits nach sich zog. G., selbst Mitglied der Freimaurer, mochte durch diese Querelen, vielleicht aber noch eindringlicher durch die in dieser Zeit mit Herder geführten Religionsgespräche auf die Rosenkreuzerfrage gekommen sein. *Die Geheimnisse* schildern das unter dem Signum von Kreuz und Rose stehende mönchische Leben einer aus den wichtigsten Religionsströmungen der Menschheit zusammengesetzten friedvollen Bruderschaft.

Der Stoff für dieses unvollendet gebliebene Epos stammt von Johann Valentin ↗Andreae (1586–1654), dem Verfasser der drei ersten öffentlichen Rosenkreuzerschriften überhaupt (Kassel und Straßburg, 1614 ff.). Andreaes Auffassung vom Rosenkreuzertum als einer Erkenntnis des Göttlichen in der Natur, d.h. einer Erkenntnis, die durch die (alchimische) Umwandlung der Natur erreicht und in Form von Symbolen zum Ausdruck gebracht wird, hat G. nachhaltig beeinflußt. Dies schlägt sich nicht nur in *Die Geheimnisse* nieder, sondern ebenso in *Wilhelm Meisters Wanderjahre*, und dort v.a. in der *Pädagogischen Provinz*, wo die Entwicklung der Seele ebenfalls über den Umweg der Arbeit an der Natur geschieht.

Neben diesen Werken sind auch die *Unterhaltungen Deutscher Ausgewanderten* rosenkreuzerisch durchsetzt. Im Brief vom 28. Juni 1786 an Frau von Stein schreibt G. über die *Chymische Hochzeit des Christian Rosenkreuz*, die Hauptschrift von J. V. Andreae: »Christian Rosenkreuz Hochzeit habe ich hinaus [d.h. zu Ende] gelesen, es giebt ein schön Mährgen zur guten Stunde zu erzählen, wenn es wiedergebohren wird, in seiner alten Haut ists nicht zu geniesen.« Einige Jahre später ist die gute Stunde da:

G. schreibt schnell und aus einem Guß das Märchen *Von der grünen Schlange und der schönen Lilie* nieder. Doch nicht nur das abschließende Märchen, vielmehr die *Unterhaltungen Deutscher Ausgewanderten* insgesamt verweisen nachhaltig auf Andreaes Vorlage; ein Vergleich der beiden Texte läßt erkennen, daß G. sich weit tiefer mit den Rosenkreuzern beschäftigt hat, als dies der isolierte Hinweis auf *Die Geheimnisse* vermuten läßt. AV

Roter Faden: Bild für den inneren Zusammenhang eines Textes oder Buches. G. verwendet das Bild im Zusammenhang mit ↗Ottilies Tagebuch in den *Wahlverwandtschaften* und erklärt seine Herkunft: »Wir hören von einer besonderen Einrichtung bei der englischen Marine. Sämtliche Tauwerke der königlichen Flotte, vom stärksten bis zum schwächsten, sind dergestalt gesponnen, daß ein roter Faden durch das Ganze durchgeht, den man nicht herauswinden kann ohne alles aufzulösen, und woran auch die kleinsten Stücke kenntlich sind, daß sie der Krone gehören. Eben so zieht sich durch Ottilies Tagebuch ein Faden der Neigung und Anhänglichkeit, der alles verbindet und das Ganze bezeichnet« (II.2). BJ

Roter Turm: Zunächst im Garten des Wittumspalais erbauter »chinesischer« Pavillon mit Braun-in-Braun-Fresken aus dem chinesischen Landleben von Adam Friedrich ↗Oeser. Abriß 1818/19 nach Anna Amalias Tod, Wiederaufbau wenig später in Belvedere mit den durch Carl August geretteten Fresken Oesers. Arbeitsraum G.s für dessen botanische Studien (samt Fachbibliothek, Herbarien u.a.m.). BL

Rotes Schloß, auch »Mittleres Schloß«; dreigeschossiger Renaissancebau an der Kollegiengasse östlich hinter dem Markt in Weimar, der seinen Namen den roten Fensterrahmen verdankt; 1574–1576 als Alterssitz für Dorothea Susanna (1544–1592), Witwe des Herzogs Johann Wilhelm, errichtet; nach ihrem Tod von der fürstlichen Familie und Beamten der Hofhaltung bewohnt; zu Carl Augusts Zeiten beherbergte es das ↗Geheime Conseil (dessen Mitglied G. seit 1776 war), Hofmarschallamt, Justizverwaltung und Landesdirektion; in einem 1808 abgerissenen Anbau befand sich nach dem Schloßbrand 1774 die herzogliche Küche; 1781–1807 Sitz der Freien Zeichenschule, ab 1815 als Ministerialgebäude genutzt, heute für Dienststellen der Stadtverwaltung. PO

Rousseau, Jean-Jacques (1712–1778). Der französische Schriftsteller und Kulturphilosoph der Aufklärung glaubte, alles Übel der Welt als Folge der Zivilisation zu erkennen und pries daher einen naturhaften Urzustand der Menschheit. Mit seinem *Contrat Social* (1762) forderte er eine radikale Neuordnung der Gesellschaft und gilt vor allem deshalb als Vordenker der ↗ Französischen Revolution. G. setzte sich bereits in jungen Jahren mit Rousseaus Schriften auseinander. Der *Werther* ist beeinflußt von Rousseaus *Nouvelle Héloïse*, die *Wilhelm Meister*-Romane fußen auf der Konzeption der negativen Pädagogik aus dem *Émile*. Direkt wird Rousseau jedoch sehr selten von G. zitiert, vermutlich unter anderem deshalb, weil dieser von Voltaire und Diderot als Wegbereiter der Schreckensherrschaft Robespierres kritisiert wurde und auch, weil es große Unterschiede hinsichtlich politischer und kulturphilosophischer Einstellung der beiden Autoren gab. Obwohl G. sich mehr mit Schriften über Musik und Botanik statt mit gesellschaftskritischen Texten Rousseaus beschäftigte, unterzog er dessen Schaffen einer Gesamtwürdigung. Umgekehrt schenkte Rousseau G.s Werken keinerlei Aufmerksamkeit. BB

Roussillon, Henriette von (1745–1773), Hofdame der Herzogin von Pfalz-Zweibrücken in Darmstadt; gehörte zum Kreis der Empfindsamen (↗ Empfindsamkeit), wo sie »Urania« (die Himmlische) genannt wurde. G. lernte sie im Mai 1772 bei einem Besuch Mercks in Homburg kennen. Er widmete der »teuer geliebten Freundin« sein Gedicht *Elysium an Uranien*: »Wie du das erstemal/liebahndend dem Fremdling/entgegentratst,/und deine Hand ihm reichtest,/fühlt er alles voraus/was ihm für Seligkeit/entgegen keimte«. PO

Rubens, Peter Paul (1577–1640), Maler des Frühbarock. Für G. war Rubens »ein ganz gewaltiger Mensch!« (F. Förster: *Goethes dreiundachtzigster Geburtstag*), dessen Werke er nicht oft genug betrachten konnte. Gegenüber Sulpiz Boisserée befand er: »In Rubens erscheint die Selbständigkeit der Kunst, wo […] der Gegenstand nur der Träger ist – dies ist die höchste Höhe« (15.9.1815). Die ersten Originale des flämischen Künstlers sah G. 1768 in der Dresdner Galerie, wo ihn besonders der *Heilige Hieronymus* beeindruckte. 1774 bewunderte G. in der Kölner Peterskirche *Die Kreuzigung des Heiligen Petrus*, und 1786 stieß er in München erneut auf Zeichnungen von Rubens: »Die Skizzen von Rubens von der Luxemburger Galerie haben mir große Freude gemacht« (*IR*, 6.9.1786). In seiner Graphiksammlung finden sich zahlreiche Stiche nach Rubens, dessen besondere Begabung G. darin sah, »daß er mit freiem Geiste *über* der Natur steht und sie seinen höheren Zwecken gemäß traktiert« (Eckermann, 18.4.1827). HM

Rückert, Joseph (1771–1813): Zisterzienserzögling aus armer Familie, aus Neugier auf die Welt 1794 aus dem Kloster entflohen, reist nach Jena, um Reinhold als Propagator Immanuel Kants zu hören; aber Reinhold war schon gegangen, der radikalere Fichte gekommen. Rückert veröffentlichte darauf hin *Weltgericht der Philosophie* (1801), *Der Realismus oder Grundsätze einer durchaus praktischen Philosophie* (1801) und schließlich *Über den Charakter aller wahren Philosophie* (1805). Bekannt geworden ist er vor allem mit seinen *Bemerkungen über Weimar* (1799), in denen er über G. schreibt: »Das Äußere dieses Mannes macht einen starken Kontrast mit dem Wielandschen. Dieses voll Sanftmut, Bescheidenheit und Freundlichkeit, jenes voll Stolz und Trotz. Aber durch diese herbe Außenseite scheint eine Festigkeit und Erhabenheit des Charakters hindurch, denen bei näherer Kenntnis keiner seine Achtung versagen kann. Goethe hält ebenfalls wie Wieland im allgemeinen wenig von den Menschen. Nur scheint, was in diesem Verdruß ist, in jenem zur entschiedenen Verachtung geworden zu sein, die sich durch nichts mehr in der einmal gefaßten Meinung irre machen läßt. Der Mensch interessiert ihn und zwar bloß von der Seite, von welcher er ihn zur Poesie gebrauchen kann«. BL

Rudolstadt: Residenz des Fürstentums Schwarzburg-Rudolstadt an der Saale, unweit Jenas. Auf seinen Dienstreisen im ersten Weimarer Jahrzehnt lernte G. Rudolstadt kennen (vgl. an Carl August, 5.7.1781; an Charlotte von Stein, 12.5.1782 u.ö.). Im Hause der Familie von Beulwitz in Rudolstadt fand am 7.9.1788 das erste Treffen G.s mit Schiller statt – ohne daß sich schon die sechs Jahre später einsetzende Freundschaft abzeichnete: Schiller war eher tief enttäuscht von G. Das Weimarer Theater veranstaltete mehrfach Gastspiele in Rudolstadt, wenn auch anscheinend nicht immer erfolgreich (vgl. an Schiller, 4.9.1799). Im Schloß von Rudolstadt standen seit 1805 Gipsabgüsse der Köpfe zweier Kolossalstatuen antiker Roßbändiger, zu deren lange geplanter Besichtigung sich G. im Herbst 1817 auf den Weg macht (vgl. an Boisserée, 17.10.1817). BJ

Ruhe: Bei G. zunächst im herkömmlichen Sinne: »Ich höre sie auf einmal leise sprechen,/Des Jünglings Ruhe nicht zu unterbrechen« (*Ilmenau*, v. 78 f.), im psychologisch-moralischen Sinne dann in Gretchens »Meine Ruh' ist hin« (*Faust I*, v. 3374), schließlich im erhabenen Sinn: »Über allen Gipfeln ist Ruh'«. Zentral ist bei G. die Polarität zwischen Ruhe und Bewegung, etwa in einer Passage des *Granit*-Aufsatzes heißt es: »Ja man gönne mir, der ich durch die Abwechslungen der menschlichen Gesinnungen, durch die schnelle Bewegungen derselben in mir selbst und in andern manches gelitten habe und leide, die erhabene Ruhe, die jene einsame stumme Nähe der großen, leise sprechenden Natur gewährt«. BJ

Rührstück, deutsches Pendant zur »comédie larmoyante«, auch als »Familienschauspiel« bekannt. Eine verbürgerlichte, trivialisierte Form der Tragödie mit versöhnlichem Ausgang, die heute, um als schauspielerisches Fach, verschwunden ist. Der zürnende, weinende Vater Miller in Schillers *Kabale und Liebe* stammt z. B. aus diesem Genre. »Wie gute Menschen, durch Schwächen und Vorurteil sich das Leben verderben«, definierte ⁊ Iffland, neben ⁊ Kotzebue dessen fruchtbarster Verfasser, das Rührstück. Am Weimarer Theater waren Iffland und Kotzebue die meistgespielten Autoren. G. war als Intendant Realist genug, um mit diesen Stücken Publikum und Einnahmen zu gewinnen, und er schätzte Iffland als Schauspieler. Seine Arbeit am idealen Repertoire hatte zwar die Überwindung solch leerer Erregungen zum Ziel, er verkannte aber nicht ihre Wirkung: »Wenn die Deutschen nicht real zu rühren sind, so sind sie ideal schwer zu rühren.« NH

Ruine: Romantischer Ruinenkult, einfühlsame Trauer über das Zerstörte, Untergegangene waren G. fremd: »Nur aus der Ferne, nur von allem Gemeinen getrennt, muß das Altertum uns erscheinen. Es geht damit wie wenigstens mir und einem Freunde mit den Ruinen: wir haben immer einen Ärger, wenn man eine halb versunkene ausgräbt; es kann höchstens ein Gewinn für die Gelehrsamkeit auf Kosten der Phantasie sein« (*Winckelmann*, Kap. »Rom«). BL

Runckel, Elisabeth Katharina (geb. 1752), gen. Lisette, Tochter von G.s Reitlehrer Carl Ambrosius Runckel in Frankfurt, Jugendfreundin G.s und seiner Schwester. Sie bezauberte G. durch ihre Schönheit und ihr »charmant génie«. Bis Mitte Oktober 1766 klingt dies immer wieder in den Briefen an, die er seiner Schwester schreibt: »mille, mille compliments à la chère Runkel« (31.5.1766). Als Käthchen ⁊ Schönkopf in sein Leben tritt, spricht G. in seinen Briefen nicht mehr von der »lieben«, sondern nur noch von der »kleinen« Runckel. PO

Runge, Philipp Otto (1777-1810), Maler und Schriftsteller in Hamburg. Die Beteiligung an G.s Weimarer Preisausschreiben für bildende Künste mit der Zeichnung *Achill und Skamandros* endet 1801 mit einem Mißerfolg, da Runge den klassizistischen Idealen der ⁊ Weimarer Kunstfreunde nicht folgt. 26jährig begegnet er G. 1803 beim Weimarer Regierungsrat Christian Gottlob Voigt. Wenig später schickt er G. Zeichnungen, Scherenschnitte und Radierungen. G.s Anerkennung bleibt zwiespältig: »Zwar wünsche ich nicht, daß die Kunst im Ganzen den Weg verfolge, den Sie eingeschlagen haben, aber es ist doch höchst erfreulich zu sehen, wie ein talentvolles Individuum sich in seiner Eigenart dergestalt ausbilden kann, daß es zu einer Vollendung gelangt, die man bewundern muß« (an Runge, 2.6.1806). Runges Untersuchungen über das Wesen der Farben nahm G. in den *Didaktischen Teil* seiner *Farbenlehre* auf, »weil man das, wovon ich überzeugt bin, nicht besser sagen kann« (an Zelter, 15.8.1806). PO

Saarbrücken: Hauptstadt der Grafschaft Saarbrücken. Während seiner Reise durch das Elsaß und Lothringen (22.6.-4.7.1770) mit Johann Conrad Engelbach und Friedrich Leopold Weyland besuchte G. im Juni 1770 die Residenz Saarbrücken. In *Dichtung und Wahrheit* hielt er fest: »Wir gelangten über Saargemünd nach Saarbrück, und diese kleine Residenz war ein lichter Punkt in einem so felsig waldigen Lande. Die Stadt, klein und hüglig, [...] macht sogleich einen angenehmen Eindruck« (10. Buch). Dort wurden die Reisenden vom Regierungspräsidenten Hieronymus Max von Günderode empfangen und dessen Haus freundlich bewirtet. Während ihres dreitägigen Aufenthalts besichtigten G. und seine Begleiter die lutherische Kirche sowie das Schloß und flanierten durch den Park. Anschließend erkundeten sie das reiche industrielle Gebiet um Saarbrücken. HM

Sachs, Hans (1494-1576): Meistersinger aus Nürnberg, dessen Werk am Ende 34 Bände umfaßte. G. empfand es schon in jungen Jahren als einen »Zauberkasten« der Fabeln, Schwänke, Fastnachtspiele, bodenständige Dichtung, die den ihr vertrauten Lebenskreis nicht verließ und dies in kräftigen Rhythmen ausdrückte. Sachs hat in G.s Werk zahlreiche Spuren hinterlassen: »Hans Sachs, der wirklich meisterliche Dichter lag uns am nächsten. Ein wahres Talent, freilich nicht wie jene Ritter und Hofmänner, sondern ein schlichter Bürger, wie wir uns auch zu sein rühmten. Ein didaktischer Realism sagte uns zu, und wir benutzten den leichten Rhythmus, den sich willig anbietenden Reim, bei manchen Gelegenheiten« (*DuW,* 18. Buch)   BL

Sachse, Johann Christoph (1761–1822). Vagabundierender Diener und Handwerksgeselle, der auf G.s Intervention 1800 Bibliotheksdiener in Weimar wurde. Dort entstand Sachses Autobiographie *Der deutsche Gil Blas, eingeführt von Goethe. Oder Leben, Wanderungen und Schicksale Johann Christoph Sachses, eines Thüringers. Von ihm selbst verfaßt,* für deren Druck (1822) sich g. lebhaft eingesetzt hatte. Anläßlich Sachses Tod schrieb G. einen *Nekrolog des deutschen Gil Blas* und verwies ausdrücklich auf diese Autobiographie als ein »menschlich bedeutendes Naturwerk«, als eine »Bibel der Bedienten und Handwerksburschen«.   BL

Sachsen-Weimar-Eisenach: Bei G.s Eintritt in den Staatsdienst besteht das Fürstentum als Teil des Herzogtums Sachsen und gehört zum ↗»Heiligen Römischen Reich deutscher Nation«. Die Regierungsgeschäfte nimmt zu diesem Zeitpunkt Carl August wahr, der wie alle regierenden ernestinischen Fürsten den Titel ›Herzog‹ führt. Dieses Herzogtum bildet als Territorium kein Ganzes. Es umfaßt 36 Quadratmeilen, d. h. etwa 2000 Quadratkilometer; Kernlande sind das Fürstentum Sachsen-Weimar und Sachsen-Eisenach, dazu sind als Enklaven die Ämter Ilmenau, Kaltennordheim, Jena, Allstedt und Großrudestedt zu zählen. Der ersten Volkszählung von 1765 nach hat das Herzogtum 106 398 Einwohner. Davon leben 63 Prozent auf dem Land, 37 Prozent in kleineren Städten. Der Adel macht 1 Prozent, die Bauern 63 Prozent, das städtische Bürgertum 23 Prozent der Gesamtbevölkerung aus, etwa 13 Prozent stellten Handwerkergesellen, Manufakturarbeiter, Tagelöhner und Dienstboten in Stadt und Land.

Den Haupterwerbszweig bildete die Landwirtschaft mit meist kleinbäuerlichen Betrieben und einer rückständigen Dreifelderwirtschaft; das Handwerk war noch in Zünften organisiert; Handelsbetriebe waren relativ selten, ebenso Industriebetriebe: der Erzbergbau lag darnieder, es gab kleine Papier- und Porzellanmanufakturen, eine Glasbläserei im Amt Ilmenau, eine Strumpfwirkerei in Apolda, Wollspinnereien und Gerbereien kamen hinzu. Größtes Unternehmen im Lande war das 1791 in ↗Weimar gegründete »Industrie-Comptoir«, ab 1802 »Landes-Industrie-Comptoir«, das zeitweise bis zu 400 Personen beschäftigte.

Die politische Führung beider Fürstentümer lag in den Händen des Herzogs. Das ↗Geheime Consilium (1756 begründet; Mitglieder G., von Fritsch, von Schnauß) wirkte als Ministerrat für beide Landesteile in politisch wichtigen Regierungsgeschäften. Als ausführende Organe waren auf dem Weimarer und dem Eisenacher Gebiet tief gegliederte Landesverwaltungen mit hohem bürokratischem Aufwand tätig, die erst 1802 zusammengeführt wurden.

Nach der Auflösung des Reichsverbands im Sommer 1806 bestand Sachsen-Weimar-Eisenach zunächst noch als souveränes Fürstentum, nach der Doppelschlacht bei Jena und Auerstedt im Oktober 1806 war es feindliches Gebiet, weil Herzog Carl August auf Seiten der preußischen Armee gegen Napoleon gekämpft hatte. Erst mit dem Friedensvertrag von Posen, der am 15.12. 1806 nach schwierigen Verhandlungen, die Friedrich von Müller geführt hatte, war die bis dahin gefährdete Existenz des Fürstentums gesichert. Sachsen-Weimar-Eisenach wurde als ein Herzogtum vereinigt und zum Mitgliedsstaat des von Napoleon geführten Rheinbunds erklärt.

1813, nach dem Sieg der Alliierten (Preußen, Österreich, Rußland) in der Völkerschlacht bei Leipzig gegen Napoleon, galt Sachsen-Weimar-Eisenach erneut als besiegtes, herrenloses Land. Durch den Beitritt zum alliierten Bündnis sicherte Carl August den Fortbestand des Staats und tat sich militärisch hervor: Im November 1813 führte er als Kommandierender General das III. Deutsche Armeekorps, eroberte Belgien und Holland. Er nahm am Wiener Kongreß teil, schließlich wurde Sachsen-Weimar-Eisenach Großherzogtum, das Staatsterritorium erweiterte sich um 31 Quadratmeilen, die Bevölkerung wuchs um 75 000 Köpfe. Das Großherzogtum war damit der größte und bedeutendste Staat in Thüringen.

Grundsätzliche Reformen von Verwaltung und Behörden begleiteten dieses Wachstum des Staats. Im Mai 1816 sanktionierte Großherzog Carl August eine neue landständische Verfassung. Nach Wahlen im Herbst 1816 konstituierte sich im Februar 1817 der erste Landtag, dem erstmals Vertreter aller drei Stände (Rittergutsbesitzer, Bürger, Bauern) angehörten. Damit war der Übergang zur konstitutionellen Monarchie frei. In der Folge wurden durch eine Reihe von Gesetzen (Auflösung von Zwangsgesindediensten, Hand- und Spannfronen, neue Steuerordnung) günstige Voraussetzungen für die Landesentwicklung geschaffen.   CS

Saint-Simonismus: Der im Frankreich des 19.Jh.s aufkommende religiöse Sozialismus, benannt nach dem Philosophen und d'Alembert-Schüler Claude Henri de Rouvroy, Graf von Saint-Simon (1760–1825), der die Lösung der sich ankündigenden Arbeiterfrage gekoppelt mit einer Reform des Religionswesens als zentrale Aufgabe der Gesellschaft postuliert hatte. G. war mit den Grundzügen der Lehre vertraut; 1826 hatte er in der Zeitschrift *Le Globe*, die sich ab 1831 ganz offiziell als »Journal de la doctrine de Saint-Simon« bezeichnete, einen Nachruf auf den Verstorbenen mit höchstem Interesse studiert; 1830 las er die mehrbändigen *Mémoires complètes* des Grafen und ließ sich auf Gespräche mit Frédéric Soret ein. Nach dessen Definition war das Hauptanliegen des Saint-Simonismus, »daß jeder für das Glück des Ganzen arbeiten solle, als unerläßliche Bedingung seines eigenen Glückes«, was konkret bedeutete, daß die Produktionsmittel entprivatisiert und tiefgreifende Änderungen im Erbrecht vorgenommen werden sollten. G. hielt dies für »durchaus unpraktisch und unausführbar« und behauptete, es widerspreche »aller Natur, aller Erfahrung und allem Gang der Dinge seit Jahrhunderten« (Soret/Eckermann, 20.10.1830). G.s tiefsitzende Angst vor einem Umsturz der gesellschaftlichen Verhältnisse war ausschlaggebend für seine Ablehnung der Sozialutopien des »Secte«; immerhin mußte er zugeben, daß an ihrer Spitze »sehr gescheite Leute« mit einem Auge für »die Mängel unserer Zeit« standen (an Zelter, 28.6.1831). Als in Paris Anhänger Saint-Simons verhaftet wurden, bezeichnete G. dies als einen »großen Sieg über die Anarchie« (an Zelter, 4.2.1832).   DF

Saint George, schweigsamer Begleiter und Zeuge des wütenden Beaumarchais, der ↗Clavigo zu Hause aufsucht und zur Rede stellt. St. George tritt nur in einer Szene auf, hat nur zwei unbedeutende Repliken und wird hinausgeschickt, bevor zum Degen gegriffen wird. Deshalb wird er oft gestrichen oder mit ↗Buenco zusammengelegt.   NH

Sakuntalâ: Drama des altindischen Dichters Kâlidâsa (um 400 n.Chr.) in sieben Akten, 1790 von Georg ↗Forster ins Deutsche übertragen. G., der den Band von Forster zugesandt bekommen hatte, schrieb 1791 ein begeistertes Epigramm: »Will ich die Blumen des frühen, die Früchte des späten Jahres,/Will ich, was reizt und entzückt, will ich, was sättigt und nährt,/Will ich den Himmel, die Erde mit einem Namen begreifen,/Nenn' ich, Sakontala, dich, und so ist alles gesagt.« In seinem kleinen Aufsatz *Indische*

und chinesische Dichtung würdigte G. 1821 das Drama nochmals als alles umfassendes Muster literarischer Kunst.   BJ

Salieri, Antonio (1750–1825), italienischer Opernkomponist, seit 1774 Leiter der Italienischen Oper in Wien. G. besuchte am 13. August 1797 eine Aufführung von Salieris Oper *Palmira, Prinzessin von Persien* in Frankfurt und zeigte sich begeistert. Er sandte einen langen Aufführungsbericht an Schiller (14.8.1797), einen Tag später auch an den Herzog – wobei er allerdings praktisch ausschließlich über die Ausstattung durch den Mailänder Bühnenbildner Giorgio Fuentes (1756–1821) berichtete, den er vergeblich für das Weimarer Hoftheater zu gewinnen suchte. G. inszenierte am Weimarer Hoftheater mehrfach Opern von Salieri (*La cifra* 1793, *Palmira, Prinzessin von Persien* 1799 und *Tarare* 1800).   BJ

Salomo: Dem alttestamentarischen Propheten und Prediger widmet G. ein Prosa-Stück *Salomons Königs von Israel und Juda güldne Worte von der Ceder bis zum Isop*, Parabeln, welche die Zedern des Libanon verherrlichen, von G. mit dem Akzent auf der neuzeitlichen, freien (dichterischen) Subjektivität belegt (um 1775). Einem kabbalistischen Gemeinplatz folgend, gilt Salomo aber auch für G. als Inbegriff verschlüsselter Weltweisheit (Pentagramm, Sigillum Salomonis), den er im *Faust I* (1257f.) als pansophischen Zeugen zitiert (s.a. ↗Hohelied Salomos).   BL

Salzmann, Christian Gotthilf (1744–1811), Pädagoge und Schriftsteller; angeregt durch ↗Basedow, einen der Hauptvertreter des Philanthropismus; Leiter der Erziehungsanstalt Schnepfental, die G. 1786 und 1801 besuchte. Salzmann schuf mit *Conrad Kieser* (1796) das deutsche Gegenstück zu Rousseaus *Émile*. G. teilte sein Konzept einer lebendigen, naturgemäßen, an praktischer Arbeit orientierten Erziehung. Skeptisch war er jedoch gegenüber der strikten Pädagogisierung und Moralisierung der kindlichen Welt, wie dies in Salzmanns Erziehungsanstalt geschah. Salzmanns Typen des geschickten und ungeschickten Erziehers und des naturgemäß entwickelten Kindes übernahm G. in sein Epos *Hermann und Dorothea*. Auf Salzmann bezieht sich auch die Elegie *Hermann und Dorothea*, wenn es heißt: »Wo sich, nah der Natur, menschlich der Mensch noch erzieht«.   PO

Sammler und die Seinigen, Der: Essay in Form eines kleinen novellistischen Briefromans, den G. 1798/99 für den zweiten Band der *Propyläen* schrieb.

Die Briefe werden von Mitgliedern der Familie eines Kunstsammlers geschrieben und thematisieren unterschiedliche Arten des künstlerischen Umgangs mit der Natur, der künstlerischen Darstellung sowie der unterschiedlichen Motivation, eine Sammlung anzulegen. So diskutiert bzw. erzählt man über Naturnachahmung, Exaktheit und Geschmack, über »trompel'œuil«-Kunst und Wachsfigurenkabinette, über Mignaturen, Vignetten, Porträts und Landschaften, über Nachahmer, Skizzisten und Karikaturisten – eine Diskussion, die im achten und letzten Brief in eine Übersicht mündet, welche die breite ästhetische Diskussion zusammenfaßt.   BJ

Sammlungen anzulegen begann G. schon in den 1770er Jahren. Im Kontext seiner Zuarbeit zu ↗Lavaters Physiognomik sammelte er Schattenrisse von Bekannten und Freunden, sozusagen Schnellportraits, in denen wenigstens in der Profillinie des Gesichts die Eigenart der jeweiligen Person aufbewahrt war. An die Stelle der physiognomischen Sammlung trat aber bald die von Handschriften – den Status der Autographen drückte G. in einem Dankschreiben an Jacobi für die Zusendung mehrerer Handschriften aus: »Denn da mir die sinnliche Anschauung durchaus unentbehrlich ist, so werden mir vorzügliche Menschen durch ihre Handschrift auf eine magische Weise vergegenwärtigt« (10.5.1812).
Hiermit ist schon G.s Theorie der Sammlung bezeichnet, die er im Gespräch mit Kanzler von Müller am 23. Oktober 1812 ausführlicher artikuliert: »Mir ist der Besitz nötig, um den richtigen Begriff der Objekte zu bekommen. Frei von den Täuschungen, die die Begierde nach einem Gegenstande unterhält, läßt erst der Besitz mich ruhig und unbefangen urteilen. Und so liebe ich den Besitz, nicht der besessnen Sache, sondern meiner Bildung wegen.« Die Sammlungen dienten G. also vor allem zur unmittelbaren, eigenen ↗Anschauung dessen, von dem er Kenntnis wünsche. Wie ungehemmt die Sammelleidenschaft G.s allerdings war, zeigt sich an dem ungeheuren Umfang der Sammlungen.
G.s Kunstsammlungen umfaßten insgesamt mehr als 26500 Einzelstücke, darunter über 2500 Zeichnungen, 50 Gemälde, über 9000 Kupferstiche, Radierungen und sonstige graphische Arbeiten, über 2000 Münzen, 76 Gemmen und über 8600 Gemmenabdrücke, ungefähr 350 kleinere Plastiken, über 300 Gefäße und andere Sammelstücke aus Ton und Porzellan, über 1200 Silhouetten und Schattenrisse und 93 größere, zum Teil kolossalische Skulpturen. Einige der Stücke hat G. stets zur Ausstattung seines Wohn-

hauses genutzt. Er bemühte sich, von geschätzten Künstlern Handzeichnungen zu erwerben; in seinen Sammlungen finden sich immerhin Werke u.a. von Rembrandt und Rubens, Bernini, Tintoretto und Veronese, von Watteau, Cranach und Altdorfer, von Zeitgenossen besaß er Zeichnungen beispielsweise von Tischbein, Oeser, Chodowiecki, Schinkel und Cornelius.   BJ

Sammlungen, naturwissenschaftliche: Im Zusammenhang mit umfangreichen Naturstudien, Naturinteressen und reger Sammeltätigkeit 1780–1832 entstanden. Überliefert etwa 23000 Einzelstücke. Vorhanden sind Objekte aus allen »drei Reichen« der Natur (Steine, Pflanzen, Tiere/Mensch), auch einiges Ethnographische, sowie Apparate und Materialien aus dem Gebiet der Physik und Chemie. Umfangreichste Sammlung ist die zur Mineralogie und Geologie: etwa 17800 Einzelstücke an Mineralien, Gesteinen, Tier- und Pflanzenfossilien. Eine der wenigen erhaltenen Privatsammlungen aus dieser Zeit. Zur Botanik gehören 2000 Herbarblätter – darunter Beispiele zu seiner Lehre von der ↗Metamorphose der Pflanzen –, mehr als 200 Früchte, Samen und Abnormitäten, mehrere kleine Holzsammlungen. Zur vergleichenden Anatomie und Zoologie existieren Tierschädel und Kleintierskelette (insbesondere von Vögeln) – sie stehen im Zusammenhang mit G.s Studien zum ↗Zwischenkieferknochen und osteologischen ↗Typus –, Präparate von Vögeln und Reptilien, eine Conchyliensammlung und vieles andere mehr. Weitgehend überliefert sind die seit 1791 angeschafften Apparate, Demonstrationsobjekte und Materialien für die Farbenstudien, manche von ihm selbst entworfen bzw. gefertigt. Bei den Gerätschaften zur Physik dominieren die für elektrische Versuche, darunter einige aus dem Physikalischen Kabinett des Herzogs Carl August. Zugänglich im Naturwissenschaftlichen Kabinett des ↗G.-Nationalmuseums und im »Stein«-Pavillon.   M-LK

Sammlung, ur- und frühgeschichtliche: Sie stammt vorwiegend aus kleinen Grabungen. Initiator Christian August Vulpius (prähistorische Grabhügel bei Kapellendorf, Kleinromstedt, Pfiffelbach, Guthmannshausen, Willerstedt, Wohlsborn und Ködderitzsch). Besonderes Interesse zeigte G. für die Skelette; Altertümer betrachtete er als Originale, die Einblick in den Geist längst vergangener Zeiten vermitteln. Feuersteingeräte, Äxte und Beile, ein Gefäß der jüngeren Steinzeit; Beile und Ringe der Bronzezeit; Hals- und Armringe, zwei Fibeln, Beil der frühen

Sprudelsteine bzw. Mineralienproben aus der Umgebung von Karlsbad. Sammlung von Joseph Müller

Eisenzeit; germanische Fibel; eiserne Armbrustbol-zenspitzen und mittelalterliche Schlüssel; römische Gefäße sind Geschenke von Freunden aus dem Rheinland. Die Sammlung umfaßt 42 Stücke im ↗G.-Nationalmuseum und 24 Stücke »aus G.s Besitz« im Vorgeschichtlichen Museum der Friedrich-Schiller-Universität Jena. G. beschäftigte sich 1809–19 mit ur- und frühgeschichtlichen Problemen gemäß allgemei-nem romantischem Interesse an »heidnischer Vor-zeit«, vor allem mit Anthropologie. Darüber 1809 an Christian Gottlob von Voigt: »Dergleichen Dinge haben kein sonderlich Ansehen; indessen sind sie immer ein Glied in der Kette der Altertumsforschung, die unsere Enkel so gut als uns […] interessieren wird«. Mit seinen Ansichten über Bodenfunde war G. auf der Höhe der Erkenntnis seiner Zeit. WT

Sänger, Der: *Was hör' ich draußen:* Entstanden wahrscheinlich 1783, Erstdruck 1795 als Liedeinlage in *Wilhelm Meisters Lehrjahre*, als eigenständiges Gedicht mit leichten Varianten und dem Titel *Der Sänger* 1800 in *Neue Schriften*. Im Roman singt der Harfner diese Ballade bei seinem ersten Auftreten. Sie gestaltet in balladeskem Erzählton mit Rede und Gegenrede eine mittelalterliche Szenerie, das Auftreten eines Sängers an einem Königshof. In selbstbewußter Haltung will er für seinen Gesang nicht materiell entlohnt werden: »Das Lied, das aus der Kehle dringt,/ Ist Lohn, der reichlich lohnet.« Der fahrende Spielmann präfiguriert den modernen Dichter, der die Freiheit der Kunst beansprucht: »Ich singe, wie der Vogel singt,/Der in den Zweigen wohnet«. Welchen Preis der Künstler dafür zu zahlen hat, macht die Ballade deutlich: Der Sänger tritt der Hofgesellschaft als der von außen Kommende, Einsame entgegen, der nicht integriert werden will. In mittelalterlicher Verkleidung trifft das Gedicht ins Zentrum von G.s eigener ambivalenter Rolle am Weimarer Hof zwischen autonomer Dichtung und Repräsentationskunst für eine adlige Hofgesellschaft, zwischen Außenseitertum und Anpassung.   IW

St. Joseph der Zweite: Autobiographische Erzählung einer Nebenfigur der *Wanderjahre*, die G. am Anfang des Romans als eigenständige Novelle einbettet (Entstehungszeit Sommer 1807). Wilhelm trifft auf seiner Wanderung auf eine »sonderbare Erscheinung« im Gebirge, ein Nachbild der biblischen Flucht nach Ägypten. Wie sich herausstellt, heißen die Eheleute Joseph und Marie und wohnen in einem verfallenen Kloster, das dem hl. Joseph geweiht ist. Joseph erzählt, wie er als junger Zimmermann Teile des verfallenen Klosters bewohnbar gemacht habe, wie er in Kriegeswirren eine junge hochschwangere Frau aufgefunden habe, deren Mann bei einem Überfall getötet wurde, seine Mutter Elisabeth der Wöchnerin bei der Geburt zur Seite stand und er schließlich die junge Mutter geheiratet habe. Diese typologischen Figuren, die im weiteren Roman keine Rolle mehr spielen, haben dennoch einiges Gewicht: Sie stellen ein Alternativmodell zu Wilhelms Lebensweg dar; in einem Brief an seine Frau ↗Natalie vergleicht Wilhelm das Schicksal Maries und Josephs mit dem ihrigen.   BJ

St. Rochus-Fest zu Bingen: Kleiner autobiographischer Erzähltext über ein Ereignis auf der Rheinreise 1814, geschrieben im Spätsommer 1814, erstmals publiziert 1817 im 2. Heft von *Kunst und Alterthum*. Die alljährliche Wallfahrt zum Tag des Hl. Rochus wird hier zur Feier des wiedergewonnen linken Rheinufers, G. vermischt in seiner Erzählung religiöse Historie, Volksbrauchkunde und Autobiographie; er demonstriert in dem kleinen Text seine epische Kraft und die Anschaulichkeit seiner Landschaften in beeindruckender Weise.   BJ

Sanskrit: Altindische Literatur- und Gelehrtensprache. In der Hinwendung zu Literatur und Kultur des Orients, Indiens und Chinas seit der Arbeit am *West-östlichen Divan* (1815 ff.) ist Sanskrit ein Sinnbild für eine ungeheure Erweiterung von G.s historischem, literarischem und mythologischem Gesichtskreis – weit über die Grenzen der abendländischen Überlieferung hinaus. In den *Noten und Abhandlungen zu besserem Verständnis des West-östlichen Divans* dankt G. den englischen Vermittlern des Sanskrit und lobt, wie große »Schritte Geist und Fleiß Hand in Hand getan haben, um aus dem beschränkten hebräisch-rabbinischen Kreise bis zur Tiefe und Weite des Sanscrit zu gelangen«.   BJ

Sanvitale, Eleonore: Freundin von ↗Leonore von Este, stammt aus Florenz und sieht im eskalierten Konflikt zwischen ↗Tasso und ↗Antonio die Chance, den Dichter in ihre Heimatstadt, an den Hof der Medici abzuwerben. Sie scheitert an Tassos Mißtrauen und Antonios Kalkül. Sie gilt als sinnliches Pendant zur hinfälligen Prinzessin, ein Exemplar aus der Reihe der höfisch-trügerischen Erotikerinnen.   NH

Sartorius, Georg (1765–1828), seit 1827 Freiherr von Waltershausen; der 52jährige G. lernt den 36jährigen Göttinger Professor für Geschichte und Politik kennen, als er während seiner Pyrmonter Badereise Station in Göttingen macht – fortan freundschaftliche Beziehungen aufgrund einer gewissen Geistesverwandtschaft bei der Beurteilung von Geschichte und Politik: Kritik am Feudalabsolutismus, Ablehnung revolutionärer Umgestaltungen, Vertrauen in Reformen und politische Vernunft. Sartorius wurde von G. in die Weimarische Verhandlungsdelegation für den Wiener Kongreß berufen, konstatiert jedoch schließlich verbittert: »Seitdem ich in die verdammte Wirklichkeit eingegriffen habe, sehe ich wohl den großen Unterschied zwischen der geträumten und wirklichen politischen Welt«.   PO

Satire: Neben der »Kritik« eine »von den beiden Erbfeinden alles behaglichen Lebens«, schreibt G. im siebten Buch von *Dichtung und Wahrheit*. Sei es aus Rücksicht auf Hof und Adel, sei es wegen seiner auf Ausgeglichenheit bedachten Person, G. schreibt selten mit »satirischen Waffen«; die *Xenien*, die er selbst »zum Herbsten und Schärfsten« zählt, was aus seiner Feder stammte, enthalten zwar ironisch-satirische Invektiven gegen seine Zeitgenossen, sie entwickeln ihre Kraft jedoch zuletzt im Hinblick auf das zeitlos Übergeordnete, z.B.: »Ob die Menschen im ganzen sich bessern? Ich glaub' es, denn einzeln, /Suche man, wie man auch will, sieht man doch gar nichts davon« (*Xenien*). Das Gespräch zwischen Mephisto und dem Schüler im ersten Teil des *Faust* ist weitgehend Satire, ebenso die Szenen unmittelbar darauf in der Hexenküche. Berühmtheit erlangte die 1774 erschienene Schrift *Götter, Helden und Wieland, eine Farce*, die G. gegen den berühmten Zeitgenossen richtete und »bei einer Flasche guten Burgunders« in einem Zug niederschrieb; er vergaß während des Schreibens allerdings die Satire und begeisterte sich statt dessen an der griechischen Sprache. AV

Satyros oder der vergötterte Waldteufel: Drama, entstanden 1773, erstmals gedruckt 1817. Satyros ist eine vielfältig-zwiespältige Erscheinung von abstoßender Gestalt und anziehendem Selbstbewußtsein: »Mir geht es in der Welt nichts über mich./ Denn Gott ist Gott, und ich bin ich« (II. Akt). In 5 kurzen Akten zeigt G. Aufstieg und Fall des wortgewaltigen Fauns. Nachdem er einem Einsiedler den Lendenschurz von dessen Jesusbild gestohlen hat, trifft er an einem Brunnen, wo er sich zum einsamen Gesang niedergeläßt, auf Psyche und Arsinoe. Nach einem frechen Geplänkel mit Hermes, den seine Tochter Arsinoe dazu geholt hat, hält Satyros aus dem Stand eine Rede an die Menschheit: »Habt eures Ursprungs vergessen,/Euch zu Sklaven versessen,/Euch in Häuser gemauert,/Euch in Sitten vertrauert,/Kennt die goldene Zeiten,/Nur als Mährgen von weiten«(III. Akt).

So leistet der junge G. seinen ironischen Beitrag zu der aktuellen Diskussion über die vergangenen goldenen Zeiten, wie sie z.B. Rousseau entwarf. Deren Wiederbelebung durch Satyros verursacht allerdings Magenschmerzen. Das Volk folgt dem neuen Propheten. Der IV. Akt zeigt das Volk »in einem Kreise gekauert wie die Eichhörngen, (sie) haben Castanien in den Händen, nagen daran«. Als der Einsiedler auf der Suche nach dem Dieb erscheint, wird er fast gesteinigt. Hermes erklärt ihn zum ersten Opfer, das Satyros in dem neuen Tempel gebracht werden soll. Mit Eudora, der Frau Hermes' und erklärter Gegnerin Satyros, der ihr als anzüglicher Sexprotz entgegengetreten war, gelingt es dem Einsiedler, Satyros als »Thier« (V. Akt) zu entlarven. Die derbe Darstellung der Hauptfigur, blasphemisch, anzüglich, geil, eitel und frech, wird gebrochen durch die treffenden Worte, die G. ihm zur Charakterisierung des menschlichen Daseins zwischen Einsamkeit und kosmischer Vereinigung in den Mund legt. So entstand ein abgründiges und witziges Szenarium, in dem das Volk keine gute Rolle spielt. WM

Savigny, Friedrich Carl von (1779–1861), bedeutender Rechtshistoriker, seit 1808 Professor in Landshut, seit 1810 in Berlin, wo er 1817 Staatsrat und 1843 preußischer Minister wurde. Savigny war verheiratet mit Kunigunde Brentano, einer Tochter Maximiliane von La Roches. Mehrfach besuchte Savigny mit Frau oder ganzer Familie Weimar, G. schätzte den Gelehrten sehr, vor allem im Zusammenhang mit dem eigenen Antike-Interesse wegen der mannigfachen Arbeiten Savignys zur Geschichte des römischen Rechts im Mittelalter. BJ

Schachspiel: Ihm spricht G. eine fatale Wirkung zu: »Zugleich hat man aus derselben (indischen) Quelle das Schachspiel erhalten, welches in Bezug mit jener Weltklugheit allem Dichtersinn der Garaus zu machen völlig geeignet ist. Setzen wir dieses voraus, so werden wir das Naturell der späteren persischen Dichter, sobald sie durch günstige Anlässe hervorgerufen wurden, höchlich rühmen und bewundern« (*Noten und Abhandlungen zu besserem Verständnis des Westöstlichen Divans,* Geschichte). Gelegentlich gebraucht G. das Bild des Schachspiels oder -bretts, um unbewußtes Tätigsein, Empirie und Wissenschaft, Erkenntnisfortschritt zu fassen: »Die Natur hat uns das Schachbrett gegeben, aus dem wir nicht hinauswirken können noch wollen, sie hat uns die Steine geschnitzt, deren Wert, Bewegung und Vermögen nach und nach bekannt werden: nun ist es an uns, Züge zu tun, von denen wir uns Gewinn versprechen; dies versucht nun ein jeder auf seine Weise und läßt sich nicht gern einreden« (*MuR*). BL

Schadow, Johann Gottfried (1764–1850), Bildhauer (u.a. Quadriga auf dem Brandenburger Tor) und Graphiker, seit 1816 Direktor der Berliner Akademie der Künste; für eine naturgetreue, zeitgemäße Darstellung der Person und gegen G.s antikisches Ideal. Mit Bezug auf G.s »Homeride zu sein, auch nur als letzter, ist schön« kontert Schadow: »Homeride sein zu wollen, wenn man Goethe ist! hätte ich doch die Macht, diese unverzeihliche Bescheidenheit zu verbieten«. Und Schadow weiter: »Anstatt zu geben und auszubilden, was in uns ist, quälen wir uns etwas hervorzubringen, was dem von diesen Fremden Gemachten ähnlich ist« (*Eunomia* 1801). Nach zeitweiliger Verstimmung fertigt Schadow 1815–1818 unter G.s Begutachtung das Blücher-Denkmal in Rostock – durch Zugeständnisse Schadows hatte man sich »nach lehrreichen Gesprächen […] treulich vereinigt« (*TuJ*, 1816). PO

Schäferdichtung, eine seit der Antike gepflegte literarische Tradition. Der Grieche Theokrit und der Römer Vergil waren, in der Renaissance wiederentdeckt, die Vorbilder einer Literatur, die im 17. und 18. Jh. große Mode war. In einfache ländliche Szenen, meist eine schäferliche oder bäuerliche Umgebung, waren die Figuren ganz unentfremdet und naiv in die Natur eingebettet, Liebe, Sinnlichkeit, Freundschaft und Kunstausübung waren zentrale Motive (Hagedorn, Geßner). G. schreibt in seiner Jugend, 1767 in Leipzig, ein Schäferspiel: *Die Laune des Verliebten*; in den Eingangsszenen zum *Tasso* zeigt die schäferliche Maskerade der beiden Leonoren allerdings, in wie hohem Maße die Schäferdichtung die naturnahe Wunschwelt der höchst gekünstelten höfischen Gesellschaft darstellt.   BJ

Schardt, Sophie Friederike Eleonore von, geb. von Bernstorff (1755–1819), war seit dem Mai 1788 mit dem Weimarer Beamten Ernst Carl Konstantin von Schardt verheiratet, dem ältesten Bruder Charlottes von Stein. Er war 1768 zum Regierungskollegium an den Weimarer Hof berufen worden, 1802 wurde er zum Geheimen Rat ernannt. Sophie von Schardt war am Musenhof der Herzoginmutter Anna Amalia eine beliebte, geistvolle, zierliche und anziehend lebhafte Frau, die G. in Briefen an Charlotte von Stein häufig als »die kleine« grüßen läßt (5.6.1780 u.ö.).   BJ

Schatzgräber, Der: *Arm am Beutel, krank am Herzen:* Entstanden im Mai 1797 als erste Ballade des ↗Balladenjahrs; Erstdruck in Schillers *Musen-Almanach für das Jahr 1798*. Die in der Volksdichtung immer wieder gestaltete abergläubische Vorstellung, dem Teufel die Seele verkaufen zu müssen, um einen Schatz zu gewinnen, wird in dieser Ballade durch das Auftreten eines schönen Knaben ins Heitere gewendet. Der Knabe spendet dem Schatzgräber einen Trank und gibt ihm zugleich die Lehre, von magischen Ritualen abzulassen: »Tages Arbeit, abends Gäste!/ Saure Wochen, frohe Feste!/Sei dein künftig Zauberwort«. Der Schatzgräber, der in der Ballade als Ich spricht, ist möglicherweise eine selbstironische Rolle G.s, der am 20. Mai bei der Hamburger Lotterie ein Los gekauft hatte; seine Hoffnung, den ersten Preis, ein Landgut in Schlesien, zu gewinnen, erfüllte sich nicht.   IW

Schauen: G. war ein Augenmensch (↗Auge). Das belegen zur Genüge nicht nur seine suggestiven und bildhaft-prägnanten Dichtungen. Auch seine ästhetischen und naturwissenschaftlichen Schriften betonen immer wieder die große Bedeutung des lebhaften, des sinnlich-unmittelbaren Anschauens. Es stellt für G. den Ausgangspunkt und die Grundvoraussetzung einer jeden verallgemeinernden Betrachtung und Reflexion dar. Denn alle größeren Zusammenhänge des Lebens lassen sich für ihn nur unter Aufbringung aller dem Menschen verfügbaren Sinneskräfte (der sinnlichen wie der intelligiblen) fassen. Schon in jungen Jahren war G. davon überzeugt, daß die Natur Organ des Göttlichen sei. Später behauptet er, daß verborgene Lebensgesetze in epiphanisch anmutenden Momenten als »lebendig augenblickliche Offenbarung des Unerforschlichen« geschaut und dabei Göttliches unmittelbar erfahrbar werden könne (*MuR*). Für G., der sich damit gegen eine Grundüberzeugung des Christentums stellt (vgl. 2. Kor. 5,7) ist ein Glaube, der nicht auch direkt erfahrbar ist, weitgehend inakzeptabel, wohingegen im Naturschönen, im symbolischen Naturding – wie z.B. der Rose – seiner Meinung nach »Schaun und Glauben« unmittelbar zum Einklang gelangen können (*Chinesisch-deutsche Jahres- und Tageszeiten*, X).   FT

Schauer: Heftige Gemütsbewegung gegenüber dem Erhabenen. Vor allem in seinen Texten aus der ↗Sturm-und-Drang-Zeit verwendet G. das Motiv des Schauers. *Wandrers Sturmlied* beginnt: »Wen nicht verlässest, Genius,/Nicht der Regen, nicht der Sturm/Haucht ihm Schauer übers Herz«. Werther empfindet mehrfach, etwa angesichts des fürchterlichen Naturschauspiels im Brief vom 12.12.1772, einen Schauer, ebenso Faust angesichts des ↗Erdgeistes (v. 473). Die Zueignung zum *Faust* bekennt: »Ein Schauer faßt mich, Träne folgt den Tränen« (v. 29), Gretchen, nachdem Faust und Mephisto in ihrer Kammer waren, »läuft ein Schauer warmen Leib« (v. 2757); ein Eintritt in den Kerker ruft Faust: »Mich faßt ein längst entwohnter Schauer,/Der Menschheit ganzer Jammer faßt mich an« (v. 4405 f.). Der Schauer zeigt darüber hinaus die Intensität *künstlerischer* Wahrnehmung an: »Wer ist nicht einmal bei'm Eintritt in einen heiligen Wald von Schauer überfallen worden? Wen hat die umfangende Nacht nicht mit einem unheimlichen Grausen geschüttelt? (*Nach Falconet und über Falconet*).   BJ

Schauspieler: In einem Brief an Sabine Wolff versichert G., daß ihr Sohn, Pius Alexander Wolff (der spätere ↗Tasso), als Schauspieler nicht aus der guten Gesellschaft verstoßen sei und daß seine Begabung viel erhoffen lasse. So konziliant sich G. für den Beruf ausspricht, so ambivalent war sein eigenes Verhältnis dazu. An der Seite der von ihm verehrten Corona ↗Schröter als ↗Iphigenie spielte er selber erfolgreich den ↗Orest. Seine Beschreibungen von ↗Ifflands Kunst zeichnen ihn als sensiblen Kenner aus. Als Theaterdirektor ging er energisch gegen den »abscheulichen Schlendrian, in dem die mehrsten deutschen Schauspieler bequem hinleiern« vor, er erteilte Wilhelmine ↗Maas Hausarrest wegen unerlaubten Gastierens, sorgte umgekehrt für die ersten anständigen Gagen in Weimar und war untröstlich über den frühen Tod seiner begabtesten Schauspielerin Christiane ↗Becker. Und schließlich zog er sich vom Theater zurück, als Caroline ↗Jagemann, Actrice und Mätresse des Herzogs, 1817 ein Stück durchsetzte, in dem ein dressierter ↗Pudel die Hauptrolle spielte.　　NH

Schein: »Schönheit kommt von Schein«, heißt es in *Der Sammler und die Seinigen*, und im Aufsatz *Von Deutscher Baukunst* (1772) wird, zusätzlich zur Schönheit, die Wahrheit als zum Schein gehörig genannt. Im Gespräch *Über Wahrheit und Wahrscheinlichkeit der Kunstwerke* wird der Zusammenhang zwischen Schein und Wahrem zentral abgehandelt: Künstler und Künste, hier dargestellt am Schauspiel auf der Bühne, bringen durch den Schein das Wahre, Gute und Schöne zu den Menschen. »Der Schauspieler,« heißt es in *Wilhelm Meisters Lehrjahre*, »wenn er sich und andern nicht etwas scheint, so ist er nichts. Zum Schein wird er berufen« (VII.3). In *Dichtung und Wahrheit* schreibt G.: »Die höchste Aufgabe einer jeden Kunst ist, durch den Schein die Täuschung einer höheren Wirklichkeit zu geben« (11. Buch).　　AV

Schellhaffer, Johann Tobias (1715-1773), Schul-, Sprach- und Rechenmeister, der eine Schule unweit des Großen Hirschgrabens in Frankfurt leitete, die G. 1755/56 besuchte. Er war bekannt wegen seiner schönen Schrift und bleibt G. im Gedächtnis wegen einiger »Schläge und Püffe« (*DuW*, 2. Buch). Schellhaffers Schule war G.s erste und letzte öffentliche Schule – danach hatte er nur noch Privatlehrer.　　PO

Schelling, Friedrich Wilhelm Joseph (1775-1854), Philosoph, der, von Schiller empfohlen, 1798 an die Universität Jena berufen wurde. Seine *Ideen zu einer Philosophie der Natur* (1797) regten G. und Schiller zu einer erkenntnistheoretischen Diskussion an und beeinflußten die weitere Ausarbeitung der *Farbenlehre* vor allem im Hinblick auf die Wahrnehmung der Farben. Von der ersten Begegnung mit Schelling

Ende Mai 1798 war G. sehr eingenommen; bald regte sich der Wunsch, Schelling als Nachfolger Fichtes nach Jena zu berufen. Naturphilosophische Nähe und Freundschaft kennzeichneten die Beziehung G.s zu Schelling. G. vermittelte die Scheidung Augusts von Schlegel und seiner Frau Caroline sowie deren Heirat mit Schelling. Dieser wechselte 1805 nach Würzburg, bis 1827 reicht der lockere, freundschaftliche Briefwechsel mit G.　　BJ

Schembart: Mittelhochdeutscher Ausdruck für eine bärtige Maske (von lat.: *Schema*), bei Fastnachtsumzügen, dem sogenannten Schembartlaufen, im 15. und 16. Jh. eingesetzt, im 16. Jh. zu Schönbart umgedeutet. G. gab seiner Farce *Das Jahrmarktsfest zu Plundersweilern* den Untertitel »Ein Schönbartspiel« und stellte sich auch dadurch in die Tradition der Fastnachtsspiele von Hans Sachs. Im *Faust II* bereitete G. durch die Vorfreude des Kaisers auf den Moment, in dem er und die Gäste »Schönbärte mummenschänzlich tragen« (v. 4767), nicht nur die folgende Szene *Weitläufiger Saal* vor, er etablierte damit auch den historischen Zeitpunkt der Ereignisse.　　DF

Scherbius, Johann Jakob Gottlieb (1728-1804), Lehrer in Frankfurt; Hauslehrer G.s, der ihn ab 1756 in Latein, ab 1759 für ca. ein Jahr auch in Griechisch unterrichtete. G.s Neigungen und Sprachbegabung erkennend, trimmte er ihn weniger in grammatischer Formenbildung als vielmehr sprachpraktisch: Briefe Friedrichs des Großen wurden übersetzt, aktuelle Begebenheiten in Frankfurt, auch Vogelnamen, man formulierte Dialoge und übersetzte Morgengrüße – von G. unter dem Titel notiert *An jedem Tage des ganzen August 1758 hindurch ausgedacht und dem teuersten Vater gewünscht*.　　PO

Scherer, Alexander Nikolaus von (1771-1824), 1794 an der Jenenser Universität promovierter, aus Rußland stammender Chemiker, Assistent von ↗Göttling, wurde durch die Humboldts als hoffnungsvolles Talent nach Weimar empfohlen. G. entwarf für ihn einen Karriereplan (Bildungsreise, Laboratorium in Belvedere, Anstellung als Bergrat von 1797-99); Scherer selbst gründete 1796 ein *Allgemeines Journal der Chemie*, mit einem durch Carl August gewährten Stipendium reiste er nach England und Schottland. Nach seiner Rückkehr wurde er vom Herzog mit chemischen Vorlesungen (sonnabends von 16 bis 17 Uhr) für alle Stände beauftragt. Das Interesse war wohl groß, selbst der Herzog samt Prinz nahmen an den Vorlesungen teil. Aber auch die damit verbundenen Belästigungen und Gefahren scheinen nicht gering gewesen zu sein. Seine Mitbewohner reichten eine Bittschrift beim Herzog um die Erhaltung ihres Lebens ein, konnten aber, nach dem Zeugnis Joseph ↗Rückerts, den Sturm nicht aufhalten: »Alle Weimaraner und Weimaranerinnen schienen Chemiker und Weimar ein großer Schmelzofen werden zu wollen […], endlich liefen einige seiner Versuche so übel ab, daß ein großer Teil der Umstehenden mit verbrannten Gesichtern und Kleidern nach Hause zu gehen den Verdruß hatten«. Scherer erhielt im September 1800 zur Erleichterung seines Weimarer Publikums einen Ruf nach Halle auf den Lehrstuhl für Physik und setzte seine Karriere als Chemie-Professor in Dorpat und Petersburg fort.   BL

Scherz, List und Rache: Nachdem das neu errichtete Weimarer ↗Redouten- und Comödienhaus ab dem 1.1.1784 wieder von einem festen Ensemble bespielt wurde und zum Repertoire der engagierten Theatergesellschaft Joseph ↗Bellomos italienische Buffoopern gehörten, faßte G. den Plan, sich selbst in diesem Genre zu versuchen. »Ich bin immer für die Opera buffa der Italiäner und wünschte wohl, einmal mit Ihnen ein Werckchen dieser Art zu Stande zu bringen«, so hatte er in einem Brief vom 28.6. 1784 an seinen Jugendfreund und Komponisten Philipp Christoph Kayser geschrieben. Er regte ihn an, ein Stück zu vertonen, das »über den engen Weimarer Horizont« hinaus wirken sollte. Um »eine anhaltend gefällige, melodische Bewegung von Schalkheit zu Leidenschaft, von Leidenschaft zu Schalkheit« mit den nur drei der italienischen Stegreifkomödie oder Commedia dell'arte entlehnten Personen (Scapin, Scapine und Doctor) hatte es gehen sollen, und trotz der intensiven mehrjährigen Zusammenarbeit scheiterte das vieraktig angelegte Singspiel im Jahr 1789. Noch 1786 war G. vom Zustandekommen überzeugt (5.5.1786: »Gewiß, ich bin Ihnen recht viel Dank schuldig, an einem glücklichen Ende zweifle ich nicht«), es mochte sich jedoch schon das Erlebnis des Mozartschen Singspiels angekündigt haben, über das G. im November 1787 resümierend schrieb: »Die Entführung aus dem Serail schlug alles nieder, und es ist auf dem Theater von unserm so sorgsam gearbeiteten Stück niemals die Rede gewesen.« Das war aber nicht der einzige Grund, der eine Aufführung der Kayserschen Komposition vereitelte. Vielmehr hatte er die Partitur zu einer auskomponierten Opera buffa mit Rezitativen, Arien und längeren Aktfinali vorgelegt, die wohl die Anlage einer italienischen Komödie bei weitem sprengte, mit deren Topoi: dem geldgierigen,

lüsternen Dottore, der den Verstellungskünsten der Scapine und ihres Mannes Scapin erliegt, G. spielt. Das ahnend hatte ihm G. in einem Brief vom 18. Oktober 1789 noch einmal vorgeschlagen: »Vielleicht liese man gar die Recitation weg und die prosaischen Deutschen möchten den sanglosen Dialog deklamiren wie sie könnten.« Auf diese Änderungen ließ sich Kayser offenkundig nicht mehr ein, und so blieb das Werk bis zu seiner Wiederentdeckung im Jahr 1993 unaufgeführt. Vertont wurde das Libretto nach seinem Erscheinen (1790) nur noch wenige Male. Das Sujet und die Machart entsprachen nicht mehr der Entwicklung des deutschen Singspiels. 1801/1802 ist die Vertonung E.T.A. Hoffmanns aufgeführt worden (nicht erhalten); weitere Komponisten, die sich des Textes annahmen, sind Peter von Winter, Max Bruch und Carl Loewe.   GBS

Schicksal: Für G. ein Element der ↗Notwendigkeit, die zusammen mit der ↗Freiheit »unser Leben auf unbegreifliche Weise« bestimmt (*DuW*, 11. Buch); ein Begriff, der im Verlauf seines Schaffens unterschiedliche Färbungen annimmt. So ist das Schicksal dem jungen G. eine geheimnisvolle Macht, die unsere Leben »mit Mutterhand« freundlich leitet (an J. Fahlmer, 16.11.1777). Der religiöse Einschlag tritt jedoch - mit der Erfahrung der Liebe - bald zurück. Frau von Stein wird ihm der »Grund, worauf sein Schicksal gestickt ist« (28.5.1783), sie wird der »Inbegriff seines Schicksals«. Die grundsätzliche Annahme seines Schicksals behält er jedoch bei - bis ins hohe Alter. In den *Lehrjahren* wird es bezeichnet als »gütige Macht, die über uns waltet und alles zu unserm besten lenkt« (I.16); eine Auffassungsweise, die der »des Islams und der reformierten Religion am meisten verwandt« sei (an Kanzler von Müller, 28.3.1819).

Dazu tritt - vor allem in der zweiten Hälfte seines Lebens - ein heidnischer Schicksalsbegriff, der durch das Vertrauen auf sich selbst, Wirken in der Gegenwart, und in der Ergebenheit in ein übermächtiges Schicksal gekennzeichnet ist. »Mir stellt sich, sobald die Gefahr groß ward, der blindeste Fatalismus zur Hand«. *Egmont* scheint dieser Idee G.s am meisten zu entsprechen: »Im Trauerspiel kann und soll das Schicksal oder, welches einerlei ist, die entschiedene Natur des Menschen, die ihn blind da und dorthin führt, walten und herrschen« (an Schiller, 26.4. 1797). Damit berührt sich die Auslegung mit den *Urworten. Orphisch*, wonach »angeborne Kraft und Eigenheit, mehr als alles übrige, des Menschen Schicksal bestimme«. Die Beschäftigung mit Spinoza und seine eigenen naturwissenschaftlichen Arbeiten schließlich führen G. auf einen Schicksalsbegriff, nach dem die Vorsehung nichts anderes ist als die ewige Ordnung der Natur, die aus ihren »ehernen« Gesetzen notwendig entspringt. Diesem naturphilosophischen Begriff stellt sich ein soziologischer zur Seite. Wenige Tage vor seinem Tod errinnert sich G. des Wortes von Napoleon: »Die Politik ist das Schicksal« (Eckermann, März 1832). SM

Schiller, Charlotte von, geb. von Lengefeld (1766–1826): G. lernte sie während einer Reise nach Großkochberg und Rudolstadt kennen. Dort, im Hause ihrer Mutter, machte er auch mit Schiller Bekanntschaft. Nach der Heirat 1790 in Jena und seit 1799 in Weimar pflegte man gegenseitige Gastfreundschaft, ein reger, freundschaftlicher Briefwechsel setzte ein, der erst kurz vor dem Tod Charlottes zum Erliegen kam. BL

Schiller, Friedrich (1759–1805): Im Dezember 1779 war es, als der dreißigjährige schon allseits bekannte G. zusammen mit Herzog Carl August einer Feierlichkeit an der Hohen Carlsschule in Stuttgart beiwohnte. Ein zwanzigjähriger Eleve namens Friedrich Schiller wurde mit drei Preisen ausgezeichnet, doch unter der großen Zahl der anderen Preisträger ist er dem Autor des *Werther* sicherlich nicht weiter aufgefallen. Zwei Jahre darauf erschien mit den *Räubern* Schillers literarischer Erstling. Erst Jahre später nahm G. ihn zur Kenntnis und war über die »wunderliche Ausgeburt« verärgert, »weil ein kraftvolles, aber unreifes Talent gerade die ethischen und theatralischen Paradoxen, von denen ich mich zu reinigen gestrebt, recht im vollen hinreißenden Strome über das Vaterland ausgegossen hatte« (*Glückliches Ereignis*); auch Schillers weitere Dramen *Kabale und Liebe*, *Die Verschwörung des Fiesco zu Genua* und *Don Carlos* sah G. kritisch.

Im Juli 1787 zog Schiller für zwei Jahre nach Weimar, wo er G. – 1788 aus Italien zurückgekehrt – gelegentlich sah. Dieser vermied »Schillern, der, sich in Weimar aufhaltend, in meiner Nachbarschaft wohnte. Die Erscheinung des ›Don Carlos‹ war nicht geeignet mich ihm näher zu führen, alle Versuche von Personen, die ihm und mir gleich nahe standen, lehnte ich ab, und so lebten wir eine Zeitlang nebeneinander fort« (*Glückliches Ereignis*). Im September kam es im Hause Louise von Lengefelds in Rudolstadt zu einem ersten flüchtigen Zusammentreffen; doch eine nähere Bekanntschaft entwickelte sich daraus nicht, obwohl G. Schiller – durch den *Abfall der vereinigten Niederlande von der Spanischen Regie-*

Friedrich Schiller

rung war er als Historiker hervorgetreten – zu einer Geschichtsprofessur in Jena verhalf, die er 1789 mit seiner berühmt gewordenen Vorlesung *Was heißt und zu welchem Ende studiert man Universalgeschichte* antrat. Schillers Meinung über G. war und blieb zwiespältig; mal fühlte er sich von ihm angezogen, mal abgestoßen: »Dieser Mensch, dieser Goethe, ist mir einmal im Wege, und erinnert mich so oft, daß das Schicksal mich hart behandelt hat. Wie leicht ward *sein* Genie von seinem Schicksal getragen, und wie muß *ich* bis auf diese Minute noch kämpfen!« (an Christian Gottfried Körner, 9.3.1789).

Erst 1794 begann zwischen G. und Schiller ein intensiver Gedankenaustausch sowie eine enge literarische Zusammenarbeit. Am 13.6.1794 lud Schiller G. mit der förmlichen Anrede »Hochwohlgeborner Herr, Hochzuverehrender Herr Geheimer Rat« dazu ein, an seiner neugegründeten Zeitschrift *Die Horen* mitzuarbeiten. Freudig sagte G. in seinem ersten Brief an Schiller vom 24.6. die Mitarbeit zu und fühlte alsbald einen »neue[n] Frühling« (*TuJ*, 1794) und eine »zweite Jugend« (an Schiller, 6.1.1798) heraufziehen. Das berühmte Gespräch über die ↗Urpflanze am 20.7.1794 in Jena bildete die erste nähere Berührung – die Gegensätze, die sich an den Stichworten »Erfahrung« und »Idee« festmachen lassen, blieben jedoch offenkundig. Zwei Tage später trafen sie sich bei Wilhelm von Humboldt wieder: Diesmal stimmte man in Fragen der »Kunst und Kunsttheorie« überein, so daß G. »von jene[m] Tage an auch eine Epoche rechne[t]«, und ihm scheint, daß wir »mit einander fortwandern müßten« (an Schiller, 27.8.1794).

Ihre über tausend Briefe sind das schönste Zeugnis der gemeinsamen Arbeit, der gegenseitigen Anregung, Anteilnahme und kritischen Beeinflussung des anderen. Als Schiller 1799 wieder von Jena nach Weimar übersiedelte, vertiefte sich das Verhältnis noch mehr: Durchschnittlich zwei- bis dreimal pro Woche trafen sie nun zusammen, jedoch blieb es bis zuletzt beim förmlichen »Sie«. Für G. war es ein Glück, »daß ich Schillern hatte. Denn so verschieden unsere beiderseitigen Naturen auch waren, so gingen doch unsere Richtungen auf Eins; welches denn unser Verhältnis so innig machte daß im Grunde keiner von dem andern leben konnte« (Eckermann, 7.10.1827). Wie die Kluft zwischen dem »sentimentalischen« Schiller und dem »naiven« G. überbrückt wurde, beschrieb G.: »Mit Schiller, dessen Charakter und Wesen dem meinigen völlig entgegen stand, hatte ich mehrere Jahre ununterbrochen gelebt, und unser wechselseitiger Einfluß hatte dergestalt gewirkt, daß wir uns auch da verstanden wo wir nicht einig waren. Jeder hielt alsdann fest an seiner Persönlichkeit so lange bis wir uns wieder gemeinschaftlich zu irgend einem Denken und Thun vereinigen konnten« (*Biographische Einzelnheiten*).

Bei den *Horen* und dem *Musen-Almanach* wurde Schiller von G. rege unterstützt ebenso wie bei seinen dramatischen Arbeiten vom *Wallenstein* bis zum *Demetrius*; überdies trat G. ihm den Stoff für den *Wilhelm Tell* ab. G. seinerseits profitierte bei der Arbeit an *Wilhelm Meisters Lehrjahre* und *Hermann und Dorothea* von den Anregungen des Freundes, der ferner auf die Vollendung des *Faust* drängte und zur Übersetzung von Diderots *Rameaus Neffe* anregte. Jahrzehnte später schrieb G.: »Ich weiß wirklich nicht, was ohne die Schillerische Anregung aus mir geworden wäre« (an Chr. L. F. Schultz, 10.1.1829). Die *Xenien*, erschienen im *Musen-Almanach für das Jahr 1797*, stellten ein echtes Gemeinschaftswerk dar: »Wir haben viele Distichen gemeinschaftlich gemacht, oft hatte ich den Gedanken und Schiller machte die Verse, oft war das Umgekehrte der Fall, und oft machte Schiller den einen Vers und ich den Andern« (Eckermann, 16.12.1828).

Als Schiller 1805 allzu früh starb, verlor G. den einzigen, ihm ebenbürtigen Freund: »Ich [...] verliere nun einen Freund und in demselben die Hälfte meines Daseyns« (an Zelter, 1.6.1805). Dem Freund gedachte G. in vielfältiger Weise; mit der Herausgabe des gemeinsamen Briefwechsels schuf er ihm ein bleibendes Denkmal (1828/29). An der Seite Schillers wurde G. nach seinem Tode in der Weimarer Fürstengruft beigesetzt. Vereint wie auf dem Weimarer Denkmal sind G. und Schiller heute zum (nicht unproblematischen) Synonym geworden – nicht nur für die Epoche der Weimarer Klassik, sondern für die deutsche Literatur schlechthin.   AR

Schillers Totenfeier: Der Tod Schillers bedeutete einen schmerzlichen Verlust für G., der des Freundes würdig gedenken wollte. Zuerst beabsichtigte er, Schillers *Demetrius*-Fragment zu vollenden, denn dieses Stück »auf allen Theatern zugleich gespielt zu sehen, wäre die herrlichste Totenfeier gewesen, die er selbst sich und den Freunden bereitet hätte« (*TuJ*, 1805). Den Plan gab er indes wieder auf und entwarf für Schillers Geburtstag die große chorische Dichtung *Schillers Totenfeier*, die ↗ Zelter vertonen sollte. Davon kam G. ebenfalls wieder ab, als in Bad Lauchstädt, wo das Weimarer Hoftheater in den Sommermonaten spielte, ein Schiller-Gedenkabend geplant wurde (10.8.1805). Szenisch aufgeführt wurde Schillers *Lied von der Glocke* und im Anschluß daran G.s *Epilog zu Schillers Glocke*, ein Rückblick auf Persönlichkeit und Werk des verstorbenen Freundes; die vorletzte Strophe lautet: »Auch manche Geister, die mit ihm gerungen,/Sein groß Verdienst unwillig anerkannt,/Sie fühlen sich von seiner Kraft durchdrungen,/In seinem Kreise willig festgebannt:/Zum Höchsten hat er sich emporgeschwungen, Mit allem, was wir schätzen, eng verwandt./So feiert *ihn!* Denn was dem Mann das Leben/Nur halb erteilt, soll ganz die Nachwelt geben.«   AR

Schinkel, Karl Friedrich (1781–1841), Berliner Baumeister und Professor der Bauakademie, Maler und Architekt von klassizistischer Prägung, baute u.a. Schauspielhaus und Museum in Berlin. Schinkel war 1798 erstmals in Weimar, verweilte dann mehrfach dort auf Dienstreisen, die er zu Beratungen mit G. nutzte. Dieser schätzte Schinkel sehr und unterhielt eine freundschaftliche Beziehung zu ihm. So berichtet G. etwa dem Staatsrat Schultz, daß ihn »der treffliche Schinkel [...] fleißig« mit »schönen Zeichnungen und Umrissen« versehe und ihn »von Zeit zu Zeit auch der neuesten architektonischen Wunder theilhaft werden« lasse (28.11.1821). Schinkel verhandelte im Auftrag des preußischen Hofes (vergeblich) mit den Gebrüdern ↗Boisserée über den Ankauf von deren Kunstsammlung, worüber G. immer wieder in Kenntnis gesetzt wurde. Die Interessen Schinkels, Boisserées und G.s trafen auch hinsichtlich des Weiterbaus des ↗Kölner Doms zusammen, für den Schinkel einen Entwurf lieferte.   BJ

Schlaf: Ein wiederkehrendes Motiv mit jeweils unterschiedlicher Funktion in G.s Texten. Neben seiner heiter-spielerischen Verwendung in dem frühen Gedicht *An den Schlaf* und den klassischen Versen *Der Besuch* angesichts der schlafenden Christiane gewinnt er als Heil-Schlaf Bedeutung in der *Iphigenie*: Orest erwacht, vom mythischen Wahn befreit (III.2), ähnlich zu Beginn des *Faust II* (v.4679ff.), wo der Schlaf Faust die düstere Schuld am Schicksal Gretchens vergessen läßt und ihn zu neuen Taten erfrischt. Im Gefängnis seine Hinrichtung erwartend, bittet Egmont um den Schlaf – der ihm dann im Traum das Sinnbild der politischen Freiheit vor Augen führt: »Süßer Schlaf! Du kommst wie reines Glück ungebeten, unerfleht am willigsten. Du lösest die Knoten der strengen Gedanken, vermischest alle Bilder der Freude und des Schmerzes; ungehindert fließt der Kreis innerer Harmonien, und eingehüllt in gefälligen Wahnsinn, versinken wir und hören auf zu sein« (V. Gefängnis). Im Aufwachen ruft Egmont dem Schlaf zu: »Alter Freund! immer getreuer Schlaf, fliehst Du mich auch wie die übrigen Freunde? Wie willig senktest du dich auf mein freies Haupt herunter und kühltest, wie ein schöner Myrtenkranz der Liebe, meine Schläfe« (V. Gefängnis). Schließlich ist Schlaf auch Zustand mythisch-düsterer Vorahnung; Ottilie sieht »in meinem halben Todtenschlaf mir meine neue Bahn vorgezeichnet« (II.14).   BJ

Schlager: Komponisten wie Beethoven, Schubert, Schumann und Wolf schufen mit dem Kunstlied *die* romantische Gattung schlechthin und machten durch Verwendung von G.s Lyrik diesen zu einem der meistvertonten Autoren der Welt. Für den klassischen Gesang ist daher der ständige Rückgriff auf G.-Lieder nicht verwunderlich (Prey, Fischer-Dieskau, Kollo, Schreier). Doch auch im Schlagerfach zieht G.: Roy Black, Ivan Rebroff, der Montanara Chor, die Flippers und sogar die Kelly Family nahmen sich des *Heidenrösleins* (»Sah ein Knab'«) an und unterstrichen damit gemeinsam mit der deutschen Vorzeige-Punkette Nina Hagen (*Gretchen*) die Gassenhauer-Qualität G.scher Texte. Auf den Punkt brachte das allerdings – jetzt nicht mehr mit, sondern über G.

artikulierend – Rudi Carell in seinem 70er-Jahre-Schlager *Goethe war gut, Mann, der konnte reimen!* Peter Alexander wiegelte ab, indem er mit *Das hat ka Goethe g'schrieben, das hat ka Schiller 'dicht* anhand einiger Beispiele den Beweis zu erbringen suchte, daß selbst der Durchschnitts-Österreicher imstande sei, lyrische Perlen zu erzeugen.

Rein menschlicher Natur war 1969 das Interesse der Backfisch-Französin France Gall, deren Traummann sich aus *Ein bißchen Goethe, ein bißchen Bonaparte* zusammensetzte. Bei ihrem Wunsch nach »ein bißchen Mut, ein bißchen Geist« blieb allerdings offen, welche der beiden Eigenschaften sie G. zuordnete. Unbestritten ist der geistige Gehalt von G.s Schaffen in der deutschen Fassung von Cole Porters Shakespeare-Adaption *Kiss me Kate*: Das darin 1955 von Wolfgang Neuss und Wolfgang Müller zum Besten gegebene *Schlag nach bei Shakespeare, denn da steht was drin* behandelte neben dem großen Engländer gleichrangig auch G. und wurde derart populär, daß ein großes deutsches Versandhaus mit vier Buchstaben den Slogan später für Werbezwecke einsetzte. Der Amerikaner Dion bewegte sich 1961 mit seinem Welt-Hit *The Wanderer* inhaltlich nahe an G.s Wander-Thematik, wobei ein direkter Einfluß bezweifelt werden muß. Stefan Sulkes *Lotte* (1976) schließlich behandelte, wenngleich es auch hier um unglückliche Liebe geht, nachweislich andere als die Werthers.   DF

Schlampams-Stündchen: In der Briefsprache Christianes sind damit zärtliche Liebesstunden gemeint (13.5.1793 an G.).   BL

Schlegel, August Wilhelm (1767–1845), Schriftsteller, Ästhetiker, Kritiker und Übersetzer, gemeinsam mit seinem Bruder Friedrich Schlegel Wegbereiter der deutschen Romantik. Seit 1796 hielt er sich in Jena auf und kam über die Mitarbeit an Schillers *Horen* in den Weimarer Kreis um G.: »Wilhelm Schlegel ist nun hier und es ist zu hoffen daß er einschlägt. [...] [Er ist] in ästhetischen Haupt- und Grundideen mit uns einig, ein sehr guter Kopf, lebhaft, tätig, gewandt« (G. an J. H. Meyer, 20.[-22.]5.1796). Zwischen G. und Schlegel, durch Vermittlung des Älteren eine Professur für Philologie an der Universität Jena erhalten hatte, kam es in den folgenden Jahren zu einem regen Gedankenaustausch, wobei G. sich oft von Schlegel in metrischen Fragen beraten ließ: »Kein Augenblick ward müßig zugebracht, und man konnte schon auf viele Jahre hinaus ein geistiges gemeinsames Interesse voraussehen« (*TuJ*, 1799).

Das Verhältnis kühlte später spürbar ab, als Schlegels *Schreiben an Goethe über einige Arbeiten in Rom lebender Künstler* erschien, in dem er für die christliche Kunst der ↗Nazarener eintrat und sich wünschte, die deutsche Kunst möge sich über Winckelmanns Ansichten hinaus entwickeln. Auch wenn es immer wieder zu Annäherungen kam, ärgerte sich G. weiterhin über Schlegel; so über dessen ungerechte Beurteilung des Aischylos, Euripides und Molières: »Denn im Grunde reicht doch Schlegels eigenes Persönchen nicht hin, so hohe Naturen zu begreifen und gehörig zu schätzen« (Eckermann, 28.3.1827). Nach der Veröffentlichung des Briefwechsels zwischen G. und Schiller hatte Schlegel G. verhöhnt, worauf dieser vernichtend urteilte: »Die Gebrüder Schlegel waren und sind bey so viel schönen Gaben unglückliche Menschen ihr Leben lang; sie wollten mehr vorstellen als ihnen von Natur gegönnt war und mehr wirken als sie vermochten; daher haben sie in Kunst und Literatur viel Unheil angerichtet« (an Zelter, 20.10.1831).   AR

Schlegel, Caroline (1763-1839), geborene Michaelis, verheiratet mit dem Arzt J.F.W. Böhmer, lebte nach dessen Tod bei Therese und Johann Georg Forster in Mainz, wo die begeisterte G.-Verehrerin 1792 nach dem ersten Kontakt 1783 in Göttingen wieder mit G. zusammentraf. Als Anhängerin der Mainzer Republik saß sie nach deren Niederschlagung monatelang im Gefängnis. Nach Ende der Haftzeit lernte sie Friedrich Schlegel kennen und heiratete 1796 dessen Bruder August Wilhelm, an dessen literarischen Arbeiten sie intensiv mitwirkte, doch nicht namentlich erwähnt wurde. Ihr Haus, in dem auch G. gerne zu Gast war, wurde zum Mittelpunkt der Jenaer Frühromantik: Novalis, Brentano, Tieck und Schelling, den sie nach der Scheidung von August Wilhelm Schlegel heiratete, verkehrten hier. G. war bei der Scheidung behilflich: »Er wird die Sache unmittelbar mit dem Herzog verhandeln, und er ist der einzige, dem sie mitgeteilt worden ist« (Caroline an August Wilhelm Schlegel, September 1802).   AR

Schlegel, Friedrich (1772-1829), Schriftsteller, Ästhetiker, Kritiker und Literaturhistoriker. Als G. in Jena 1797 Friedrich Schlegel kennenlernte, hatte er bereits Umgang mit dessen Bruder August Wilhelm. Doch bald beschäftigte sich G. auch mit Friedrich Schlegels Arbeiten zur Literatur des Altertums *Die Griechen und die Römer* (1797) und *Geschichte der Poesie der Griechen und Römer* (1798), in denen er die klassische ↗Antike als dialektischen Gegenpol zur modernen Literatur Europas bestimmte. Seinen Aufsatz *Über die Homerische Poesie. Mit Rücksicht auf die Wolfischen Untersuchungen* (1797) studierte G. ebenfalls und teilte Schiller mit: »Es ist sonderbar wie er, als ein guter Kopf, auf dem rechten Wege ist und sich ihn doch gleich wieder selbst verrennt« (28.4.1797). Im *Athenaeum*, der führenden Zeitschrift der Frühromantik, die Friedrich zusammen mit seinem Bruder August Wilhelm Schlegel herausgab (1798-1800), stellte er G., Dante und Shakespeare als den »großen Dreiklang der modernen Poesie« dar und veröffentlichte darin auch seinen großen Aufsatz *Über Goethes Meister* (1798).

Nach Schlegels Übertritt zum Katholizismus und der kritischen Rezension der seit 1806 erscheinenden *Werke* G.s flaute die Verbindung zusehends ab. Auch von Schlegels epochemachendem Buch *Über Sprache und Weisheit der Indier* hielt G. nicht viel und charakterisierte es gegenüber Zelter als »hocus-pocus« (22.6.1808). Seine 1815 publizierten *Vorlesungen der alten und neuen Literatur*, in denen er G. als »deutschen Voltaire« bezeichnete, dem es »an einem festen innern Mittelpunkt fehlt«, trugen wesentlich zum Bruch G.s mit der Romantik bei. Negativ war auch G.s letztes Urteil: »So erstickte doch Friedrich Schlegel am Wiederkäuen sittlicher und religiöser Absurditäten, die er auf seinem unbehaglichen Lebensgange gern mitgetheilt und ausgebreitet hätte« (an Zelter, 20.10.1831).   AR

Schlegel, Johann Elias (1719-1749), Dramatiker und Kunstgelehrter, Schüler Gottscheds in Leipzig, wurde kurz vor seinem Tod Professor für Politik und öffentliches Recht in Dänemark. In seinen ästhetischen Überlegungen griff Schlegel schon früh auf Shakespeare zurück, er stellte darüber hinaus wichtige Betrachtungen über den deutschsprachigen Dramenvers an. Sein Drama *Canut* (1747) wurde in Frankfurt in einer Liebhaberaufführung inszeniert, an der G. womöglich mitwirkte, sein *Hermann* wurde zur Eröffnung des neuen Leipziger Komödienhauses gespielt, bei der auch der Student G. anwesend war.

BJ

Schleier: Ähnlich wie ↗Nebel für den Wechsel der Gestalten, nach außen in der Natur (im Gedicht *Howards Ehrengedächtnis*, erschienen 1820), nach innen der seelischen Reifung des Menschen, v.a. in *Wilhelm Meisters Lehrjahren* und in den *Unterhaltungen Deutscher Ausgewanderten*, wo der Schleier in der vierten der sechs Novellen sowie im abschließenden *Märchen* als Schleier der schönen

Schloß Wilhelmsburg nach 1730

Lilie die Verwandlung in den moralischen Menschen ermöglicht. AV

Schleiermacher, Ernst Christian Friedrich Adam (1755–1844), Paläontologe; Geheimer Kabinettsrat, Direktor des Museums und der Bibliothek in Darmstadt. G. hielt sich 1814 bei der Rückkehr von seiner Rheinreise in Darmstadt auf. Die dortigen Sammlungen von Kunstgegenständen, Naturalien und physikalischen Instrumenten erwähnt er lobend. Mit dem »einsichtigen Kustos von Schleiermacher«, durch den die Sammlungen »sorgfältig verwahrt und vermehrt worden« (*Principes de Philosophie zoologique*), wechselte er Briefe – besonders zu mineralogischen Fragen. PO

Schlesien: Provinz des Königreichs Preußen (seit 1742), das G. 1790 besuchte, um Carl August bei seinen preußischen Regimentern anzutreffen, da eine Konfrontation zwischen Preußen, Österreich und Rußland drohte. Nach der Entspannung des Konfliktes hielten sich G. und der Herzog vom 9. August bis zum 19. September in ↗Breslau auf, von wo aus sie kleinere Reisen unternahmen, u.a. um die schlesischen Bergwerke zu besichtigen. BJ

Schlittschuhlauf: Im 18. Jh. beliebte Fortbewegungsart, begünstigt durch die kleine Zwischeneiszeit in der 2. Hälfte des 18. Jh.s; von Klopstock als eine höchste Form des Ästhetischen, des Tanzes gefeiert (*Der Eislauf*). G. selbst liebte den geselligen Zeitvertreib; nach der Trennung von Friederike Brion 1771 erlernte er es »durch Übung, Nachdenken und Beharrlichkeit, so weit […] als nöthig ist, um eine frohe und belebte Eisbahn mitzugenießen« (*DuW*, 12. Buch), immer wieder berichtet er vom Schlittschuhlaufen (*DuW*, 16. Buch); mit Klopstock diskutiert er die Sprachgrenze zwischen Schlittschuh und Schrittschuh. In einer großartigen Szene in der Novelle *Der Mann von funfzig Jahren* aus den *Wanderjahren* tanzen die jugendlichen Hauptfiguren auf dem Eis, das »Eis-Lebens-Lied« vom Winter 1775/76 preist die elegante Fortbewegungsart überschwenglich: »Sorglos über die Fläche weg,/Wo vom kühnsten Wager die Bahn/Dir nicht vorgegraben du siehst«. BJ

Schloß zu Weimar, einstiges Residenzschloß mit wechselvoller Vorgeschichte: um 900 als Wasserburg errichtet, 1424 abgebrannt, als Burg Hornstein neu erbaut, 1618 abgebrannt, als Wilhelmsburg wieder errichtet, 1774 abgebrannt. Als G. 1775 in Weimar eintraf, stand er also vor einer Ruine. Die herzogliche Familie mußte für 28 Jahre umziehen – ins Fürstenhaus – heute Hochschule für Musik »Franz Liszt«. 1789 berief Carl August G. in die Schloßbaukommission. Ihr oblagen die Bauleitung und alle endgültigen baulichen Entscheidungen. Der Wiederaufbau erfolgte 1789-1803. G. hatte dazu so verdienstvolle Architekten nach Weimar geholt wie den Hamburger Johann August Arens, den Stuttgarter Nikolaus Thouret und den Berliner Heinrich Gentz. Heute beherbergt das Schloß die Kunstsammlungen zu Weimar und die Stiftung Weimarer Klassik.   PO

Schlosser, Christian Heinrich (1782-1829), lernte G. 1801 in Jena kennen: »Die drei Schlosser und zwei Voße machen eine der wunderbarsten jungen Gesellschaften, die je zu meiner Kenntnis gekommen sind. Der jüngste Sohn des Schöff Schlosser ist ein kleiner Enragé für die neueste Philosophie und das mit so viel Geist, Herz und Sinn, daß ich und Schelling unser Wunder daran sehn« (an Jacobi, 23.11.1801). Schlosser, von 1808 bis 1812 in Rom lebend, konvertierte zum Katholizismus, brachte G. die Malerei der ↗Nazarener nahe, vor allem Overbeck. Trotz mehrfacher gemeinsamer Unternehmungen und Besuche (Rheinreise 1814, Besuch in Heidelberg bei den ↗Boisserées) erlischt allmählich der anfängliche Enthusiasmus.   BL

Schlosser, Cornelia s. **Goethe**, Cornelia

Schlosser, Friedrich Christoph (1776-1861), Lehrer und Bibliothekar, ab 1817 Professor für Geschichte in Heidelberg, mit G. flüchtig bekannt, Verfasser der *Universalgeschichte der alten Welt und ihrer Kultur*, ab 1826 erschienen, deren ersten Band G. zur Kenntnis nahm und in *Über Kunst und Alterthum* V. 3 (1826) besprach.   BL

Schlosser, Hieronymus Peter (1735-1797), Anwalt, Ratsherr, Bürgermeister in Frankfurt, älterer Bruder von G.s Schwager, schrieb gelegentlich Gedichte; geselliger und amüsanter Unterhalter.   BL

Schlosser, Johann Georg (1739-1799) schildert G. im 4. Buch von *Dichtung und Wahrheit* aus jugendlicher Frankfurter Perspektive. Dem Anwalt, Privatsekretär und Prinzenerzieher des Herzogs von Württemberg verdankt G. die Bekanntschaft mit Merck (1771) und übernimmt als junger Frankfurter Anwalt Rechtsstreitigkeiten aus dessen Praxis. Gegen G.s Willen heiratet Schlosser 1773 dessen Schwester Cor-

nelia; es kommen zwei Mädchen zur Welt (Maria Anna Louise, 1774, und Elisabeth Catharina Julie, 1777), die Ehe verläuft in wenig glücklichen Bahnen, bis Cornelia 1777 stirbt. Danach sind nur noch gelegentliche Treffen G.s mit Schlosser bezeugt.   BL

Schlußstein: Architektonischer Begriff für den als Scheitel eines Bogens zuletzt eingebauten tragenden Stein, von G. als Symbol der Vollendung auch auf andere Bereiche übertragen. So gilt ihm Leonardos *Abendmahl* als »ein rechter Schlußstein in das Gewölbe der Kunstbegriffe« (an Carl August, 23.5. 1788), mit der Entdeckung des ↗Zwischenkieferknochens glaubt er den »Schlußstein zum Menschen« gefunden zu haben (an Herder, 27.3.1784); die Veröffentlichung der mit Schiller gewechselten Briefe macht für G. »einen tüchtigen Schlußstein, meine und Schillers Werke zusammenzuhalten und zu stützen« (an E. von Schiller, 26.1.1827). Der autobiographische Züge G.s tragende *Wilhelm Meister* der *Theatralischen Sendung* fühlt sich auf der Bühne vor Publikum wie »der Schlußstein eines großen Gewölbes« (IV. 1), also als Mittelpunkt der Welt. Die Psychoanalyse schreibt einem derartigen Gefühl einen narzißtischen Ursprung zu. Als ein Schlußstein ist auch die *Farbenlehre* anzusehen, die, ausgehend von »dem endlich gefundenen Punkte, worum sich alles versammeln mußte« (*TuJ*, 1810), in G.s Augen die ultima ratio hinsichtlich dieses Wissenschaftsbereiches darstellt.
                                    DF

Schmerz s. **Lust**

schön s. **häßlich**

Schöne Seele: Ein ästhetisches Konzept oder Lebensideal, das aus der neuplatonischen Philosophie herrührt und vor allem über den englischen Philosophen Shaftesbury in die Vorstellungswelt des 18. Jh.s gelangte und dort eine bedeutende Rolle spielte. In seiner Schrift *Über Anmut und Würde* wählt Schiller die Bezeichnung für eine Seele, in welcher der Gegensatz zwischen Pflicht und Neigung harmonisch ausgeglichen ist.

G. brauchte den Begriff, den er aus der neuplatonischen Philosophie gewiß kannte, häufig in einem zunächst ungenaueren philosophischen Verständnis, gleichsam umgangssprachlich. So schreibt er z.B. an Charlotte von Stein am 6. September 1780 von einer Wanderung auf den ↗Gickelhahn, aus einer Stimmung heraus, in der auch *Wandrers Nachtlied. Ein Gleiches* (»Über allen Gipfeln ist Ruh'...«) entstanden ist: »Die Sonne ist unter. Es ist eben die Gegend von der ich Ihnen die aufsteigenden Nebels zeichnete iezt ist sie so rein und ruhig, und so uninteressant als eine grose schöne Seele wenn sie sich am wohlsten befindet«. Der Herausgeber der Briefe Werthers appelliert bei der Schilderung der Verwirrung des Helden kurz vor seinem Tod an die Leserin des Romans, sich mit Lotte zu identifizieren und ihre Empfindungen angesichts der Krankheit des Freundes nachzuvollziehen: So werde »eine schöne weibliche Seele sich in die ihrige denken und mit ihr empfinden« können. Hier bezeichnet G. mit dem Begriff der Schönen Seele einfach eine im höchsten Maße empfindsame Seele. Höchste ↗Empfindsamkeit auch ist es, die das hervorstechendste Merkmal der Lyrik Klopstocks ist – weswegen G. ihn im 3. Buch von *Dichtung und Wahrheit* mehrfach als Schöne Seele bezeichnet. Das Merkmal der Harmonie (zwischen innen und außen, Neigung und Pflicht) ist in diesen Fällen noch nicht deutlich ausgeprägt.

Das aber ist der Fall in der knappen Notiz, die G. am 1.2.1793 an Friedrich Jacobi schreibt, in der er den Widerspruch zwischen seiner Selbstwahrnehmung als problematischen, eher zerrissenen Menschen und der Fremdwahrnehmung durch die religiöse Münsteraner Princeß Fürstin Gallitzin thematisiert: »Ich wünschte ich käme mir selbst so harmonisch vor wie dieser schönen Seele«.

Das 6. Buch von *Wilhelm Meisters Lehrjahre* trägt den Titel *Bekenntnisse einer Schönen Seele*, in der eine adlige Dame nach gesellschaftlichen Verirrungen und körperlichem Leiden ihre Bestimmung in frommheiterer Beschaulichkeit findet. Die Heldin dieser autobiographischen Schrift, der G. also den Titel der Schönen Seele zubilligen wollte, erschien Schiller allerdings in ihrer religiösen Weltabkehr nicht als die ideale Entsprechung zu seinem Konzept, das er vielmehr in der Figur der ↗Natalie repräsentiert sah. In der Überarbeitung des Romans nach Schillers Kritik hat G. diese Züge der Natalie betont. Diese wird im Roman vollends zur Figur des harmonischen Lebensideals. Die spätere Ehefrau Wilhelms wird von der Freundin Therese wegen ihrer »schönen hohen Seele« geliebt, die sie weit höher schätzt als alle »Klarheit und Klugheit« (VIII. 4). Ihr Bruder charakterisiert sie in einer längeren Passage gerade als Schöne Seele – die ideale Wirkung einer solchen kommt dabei ganz deutlich zum Ausdruck: »Unerreichbar wird immer die Handlungsweise bleiben, welche die Natur dieser schönen Seele vorgeschrieben hat. Ja sie verdient diesen Ehrennamen vor vielen andern, mehr, wenn ich sagen darf, als unsere edle Tante selbst, die zu der

Zeit, als unser guter Arzt jenes Manuskript so rubrizierte [d.h. mit dem Titel »Bekenntnisse einer Schönen Seele« versah«], die schönste Natur war, die wir in unserm Kreise kannten. Indes hat Natalie sich entwickelt, und die Menschheit freut sich einer solchen Erscheinung« (VIII. 10). Hier wird der Begriff zum »Ehrennamen« eines ästhetischen und moralischen Lebensideals, das gleichsam natürlichen Ursprungs ist und im weitem Umkreis eine belebende Wirkung hat – ein Idealzustand, dem vielleicht noch die Figur der Susanne aus den *Wanderjahren*, der Schönen-Guten, wie Lenardo sie nennt, nahekommt: »Beschränktheit und Wirkung in die Ferne, Umsicht und Mäßigung, Unschuld und Tätigkeit« (III.5).   BJ

Schönemann, Anna Elisabeth (Lili) (1758–1817): Tochter eines reichen Frankfurter Bankiers, des 1763 verstorbenen Wolfgang Schönemann, und seiner Frau Elisabeth, geb. d'Orville. Zur Ostermesse 1775 verlobte sie sich mit G., doch schon im Sommer desselben Jahres wurde auf beiderseitigen Wunsch das Verlöbnis wieder gelöst. 1778 heiratete Lili den Bankier Bernhard Friedrich von Türckheim aus Straßburg; G. besuchte die Familie im Jahr darauf im Zuge seiner zweiten Reise in die Schweiz. Den Wirren und dem Terreur während der Französischen Revolution konnte Türckheim, als Maire der Stadt Straßburg und damit Amtsinhaber des *ancien régime* in großer Gefahr, nur knapp entkommen; seiner Frau mit ihren fünf Kindern gelang die abenteuerliche Flucht in deutsche Länder. Der Kontakt zwischen G. und Lili riß nie ganz ab, sie erhielt immer wieder Nachrichten über ihn, 1801 begann sie einen losen Briefwechsel, schickte ihren Sohn Karl nach Weimar zu Besuch.

G. erkannte diesen aber nicht als ihren Sohn, er entschuldigte sich wortreich in einem Brief und fügte diesem Brief ein Geständnis über die Bedeutung, welche die Beziehung zu Lili für ihn habe, bei: »Zum Schluß erlauben Sie mir zu sagen: daß es mir unendliche Freude machte, nach so langer Zeit, einige Zeilen wieder von Ihrer lieben Hand zu sehen, die ich tausendmal küsse in Erinnerung jener Tage, die ich unter die glücklichsten meines Lebens zähle« (14.12.1807). Auch nach Lilis Tod im Jahre 1817 pflegte G. den Kontakt zu ihrer Familie weiter, ihr Sohn Karl war 1821, ihre Enkelinnen 1830 in Weimar. Dieser letzte

Besuch regte G. zur Fertigstellung der Lili-Passagen im vierten Teil von *Dichtung und Wahrheit* an.

Der *Werther*-Liebhaberin und ihm lange unbekannten Briefpartnerin Auguste Gräfin zu Stolberg erzählt G. in einem Brief vom 13. Februar 1775 erstmals von der Bekanntschaft einer »niedlichen Blondine«, der er jüngst auf einem Fest den Hof gemacht habe. Ganz genau mit diesem Fest setzt auch die poetische Aufarbeitung der Beziehung zu Lili in *Dichtung und Wahrheit* an, die vom 16. bis zum 20. Buch der Autobiographie einer der wichtigsten Handlungsstränge der Erzählung ist. G. erwähnt am Anfang des 16. Buches jenes Fest, bei dem er die Sechzehnjährige erstmals sah, ihr Komplimente machte und »eine Anziehungskraft von der sanftesten Art zu empfinden glaubte«. Er schildert die Freuden des häufigeren Beisammenseins und den vertrauter werdenden Umgang und fügt die Gedichte ein, die er für oder an Lili geschrieben hatte: *Neue Liebe, neues Leben, An Belinden, Sehnsucht, Lilis Park* u.a. (↗Lili-Lyrik)

Der Roman, den G. hier über seine Liebe zu Lili erzählt, trägt zunächst deutlich die Züge einer arkadisch-idyllischen Erzählung, v.a. in den gelungenen Naturskizzen über die Frankfurter Umgebung. Gleichzeitig ist dieser Lili-Roman aber auch auf einen Höhepunkt hin komponiert: den 17. Geburtstag Lilis, zu dessen Feier in Offenbach sie selber nicht kommen wollte, wenn nicht G. mit einer List ihr Ausbleiben und verspätetes Eintreffen humorvoll kaschieren könne. Die Komödie, die G. inszeniert, hat das Fernbleiben ihrer Hauptdarstellerin selbst zum Gegenstand und findet mit Lilis Ankunft eine heitere Auflösung. Noch während des Geburtstagsfestes, unter tätiger Mithilfe einer älteren Dame der Gesellschaft, verloben sich Lili und G.

Die Ernüchterung, die anscheinend unmittelbar folgte, erklärt G. sich rückblickend so: Es habe nach und nach, auf Lilis wie auf seiner Seite, die Wahrnehmung überhand genommen, wie ›inkongruent‹ doch die beiden zu verbindenden familiären Zustände seien, die prächtige großbürgerliche Herkunft mit den entsprechenden Lebensperspektiven von Schönemanns Seite gegenüber der zwar wohlhabenden, doch engeren Bürgerlichkeit der Familie G. Ohne Abschied reist G. schon im Mai in die Schweiz, um zu versuchen, »ob ich Lili entbehren könne«. Gedichte und Beteuerungen beschwören nochmals die Liebe, die allerdings wohl nur aus der Ferne, in der dichterischen Einbildungskraft noch ideal erscheinen. Bei der Rückkehr nach Frankfurt stellt sich heraus, daß Lili wohl von dritter Seite von der Notwendigkeit der

Trennung überzeugt worden sei, einige Zusammenkünfte tragen deutlich die Spuren bloß melancholischer Rückerinnerung an die schöne gemeinsame Zeit.

Die endgültige Trennung liest sich wie eine Szene aus Melodram oder Roman: Der junge Liebhaber steht einsam vor Lilis Fenster, hinter dem diese ein ihr gewidmetes Lied singt. Der junge Mann flieht – die vom Vater vorgeschlagene Italienreise bietet die beste Gelegenheit dazu, die G. allerdings nutzt, um vor Lili und auch dem Vater nach Weimar zu fliehen. In die Schilderung der letzten Begebenheiten seiner Liebesgeschichte mit Lili hat der geschickte Erzähler schon die neue Bekanntschaft mit dem Weimarer Hof eingeflochten, die ausdrückliche Einladung dorthin ist ein erwünschter Vorwand zur Flucht vor dem eigenen Unglück.   BJ

Schönfuß, Herr von: In der Briefsprache Christiane G.s gleichbedeutend mit Penis (9.6.1797).   BL

Schönkopf, Anna Katharina (Käthchen; 1746–1810): G.s erste Liebe in Leipzig, Wirtstochter, laut G.s Freund Johann Adam Horn »wohl gewachsen, obgleich nicht sehr groß«, »ein rundes, freundliches, obgleich nicht außerordentlich schönes Gesicht«, »eine offne, sanfte, einnehmende Miene«, »viel Freimütigkeit ohne Koketterie« und »ein sehr artiger Verstand, ohne die größte Erziehung gehabt zu haben«. Seinem Freund Wilhelm Karl Ludwig Moors gesteht der 17jährige G.: »Ich liebe ein Mädgen, ohne Stand und ohne Vermögen, und jezo fühle ich zum allererstenmale das Glück das eine wahre Liebe macht«. Sie ist die Annette in G.s Leipziger Lyrik: »Warum sollt' ich, Annette/Die Du mir Gottheit, Muse/Und Freund mir bist und alles/Dies Buch nicht auch nach Deinem/ Geliebten Namen nennen?« – gemeint ist das Buch *Annette*.

Wie seine Eifersucht das Verhältnis zu Annette belastete, berichtet G. im 7. Buch von *Dichtung und Wahrheit*. Wie noch öfter beginnt dieses Verhältnis schließlich, G. zu ängstigen und mündet – letztlich – in die Flucht vor dem Gegenstand der Liebe: »Höre Behrisch, ich kann ich will ich das Mädgen nie verlassen, und doch muss ich fort, doch will ich fort [...]. Denn wer einem Mädgen Hoffnung macht, der verspricht. Kann sie einen rechtschaffnen Mann kriegen, kann sie ohne mich glücklich leben, wie fröhlich will ich seyn« (März 1768). Und bald darauf meldet G. seinem Freund Behrisch: »Genug sey Dirs, Nette, ich, wir haben uns getrennt, wir sind glücklich.« Die *Laune des Verliebten* ist gleichsam G.s poetische Beichte –

ein Stück, »sorgfältig nach der Natur copirt«, so G. an seine Schwester. G. ist der eifersüchtige Eridon, Annette die von den Eifersüchteleien geplagte Amine: »Wo keine Freiheit ist, wird jede Lust getötet.« 1770 heiratete Käthchen Schönkopf den Juristen Christian Karl Kanne, der später Ratsherr und Vizebürgermeister von Leipzig wurde.   PO

Schönschreiben: Heute gewiß verpönt, gehörte Schönschreiben bis in die sechziger Jahre unseres Jh.s zu den Kardinaltugenden eines aufstrebenden Menschen, an der Schönschrift wurde man über Jahrhunderte hinweg, als die Kunst der Abschrift noch zum alltäglichen Handwerk gehörte, erbarmungslos gemessen. Nicht nur G.s Schreiber gehören in diesen Umkreis, er selbst genoß ab dem Herbst 1756 den Unterricht des »Magister artis scribendi« Johann Heinrich Thym, der in regelrechte Schönschriftwettkämpfe ausartete, in denen der sprichwörtliche Hausschatz christlich-moralischer Erziehung immer wieder repetiert wurde. Für den Juristen G. gehörte die Schönschrift zu den unmittelbaren beruflichen Voraussetzungen, der Dichter G. bemühte späterhin berufenere ↗Schreiber, die, mit der kalligraphischen Vervielfältigung seines Werks betraut wurden.   BL

Schopenhauer, Arthur (1788–1860): Philosoph, Sohn Johanna Schopenhauers. Er sandte G. 1813 seine Dissertation *Über die vierfache Wurzel des Satzes vom zureichenden Grunde*, die dieser mit großem Lob aufnahm. Als sich Schopenhauer für G.s *Farbenlehre* zu interessieren begann, wurde die persönliche Beziehung enger. Nach Schopenhauers Schrift *Über das Sehen und die Farben* (1816) kühlte sich die Beziehung merklich ab und erlosch 1819 ganz. G. darüber in den *Tag- und Jahresheften* 1816: »Dr. Schopenhauer trat als wohlwollender Freund an meine Seite. Wir verhandelten manches übereinstimmend miteinander, doch ließ sich zuletzt eine gewisse Scheidung nicht vermeiden, wie wenn zwei Freunde, die lieber miteinander gegangen, sich die Hand geben, der eine jedoch nach Norden, der andere nach Süden will, da sie denn sehr schnell einander aus dem Gesicht verlieren«. An Schopenhauers G.-Bewunderung änderte das nichts.   PO

Schopenhauer, Johanna, geb. Trosiener (1766–1838), Schriftstellerin, Mutter Arthur Schopenhauers, 1806–1828 in Weimar, wo sie einen literarischen Salon unterhält, in dem G., Wieland, Knebel, Falk, Zacharias Werner u.a. verkehren. Einen Tag nach der Trauung ging G. mit Christiane zu ihr, um sie dort

einzuführen: »Ich empfing sie«, schreibt Johanna Schopenhauer am 24.10.1810 an ihren Sohn, »als ob ich nicht wüßte, wer sie vorher gewesen wäre, ich denke wenn Goethe ihr seinen Namen gibt, können wir ihr wohl eine Tasse Tee geben«.   PO

Schöpfer, Schöpfung: Begriffe, die G. sowohl in traditionell-mythologischem als auch im auf den Künstler übertragenen Sinne verwendete. In dem Gedicht *Wiederfinden* des *West-östlichen Divan* zitiert G. den monotheistischen Schöpfungsmythos: »Als die Welt in tiefstem Grunde/Lag an Gottes ew'ger Brust,/Ordnet' er die erste Stunde/Mit erhabner Schöpfungslust,/Und sprach das Wort: ›Es werde!‹«. Vor allem im Konzept des ↗Genies übertrug der junge G. die Qualitäten des Schöpfer-Gottes auf den Künstler; ideales Modell für das Genie wird ↗Prometheus: Seine Schöpfer-Worte: »Hier sitz ich, forme Menschen nach meinem Bilde« reklamieren die göttliche Schöpfer-Kraft für den künstlerisch-schaffenden Menschen, den Dichter, den Menschen, literarische Figuren, erschafft. G. interpretiert die Schöpfer-Kraft als Naturkraft, die die Künstlerseele füllt und daraus bildend wirksam wird (*An Kenner und Liebhaber* 1774), die »Schöpfungskraft im Künstler sei aufschwellendes Gefühl der Verhältnisse, Maße und des Gehörigen, und daß nur durch diese ein selbstständig Werk, wie andere Geschöpfe durch ihre individuelle Keimkraft hervorgetrieben werden« (*Aus Goethes Brieftasche*).   BJ

Schreiber G.s hatten vieles zu tun: Manuskripte des Dichters und Wissenschaftlers, Amtliches und Briefe nach Diktat zu schreiben, Reinschriften anzufertigen, umfangreiche Texte zu kopieren, Inventarien, Kataloge und Tabellen zu erstellen, Tagebücher und Rechnungsbücher zu führen. Jeder Diener G.s war zugleich Schreiber, (wurde zum Schreiben nach Diktat »herangebildet«), selbst wenn er, wie der kluge, verläßliche Stadelmann, schwerfällig, ohne Punkt, Komma und Absatz schreibend, »nur über das Nothdürftige« half.

G. schrieb selten mit eigener Hand: »Meine angebohrne Rechte ist so faul als ungeschickt, dergestalt daß sie immer Entschuldigung zu finden weis, wenn ihr ein Briefblatt vorgelegt wird« (an Constanze von Fritsch, Juli 1813). Dem »Gedankenflug« beim Diktat freien Lauf lassend, waren ihm »geschickte, leichte Hände« vonnöten, wie die seiner Diener Seidel und Geist sowie die von Sekretären und Schreibern (zu G.s Zeiten ein Beruf). Für G. schrieben dienstlich und privat herzogliche Beamte: 1782–86 Christian Gottlieb Karl Vogel, Geheimsekretär des Herzogs und Kanzlei-

Goethe, seinem Schreiber John diktierend. Ölgemälde von J.J. Schmeller

beamter, später Johann Michael Christoph Färber, seit 1814 Museums- und Bibliotheksschreiber an der Jenaer Universität, Dr. Christian Ernst Friedrich Weller, seit 1818 an der Jenaer Universität. In den Jahren 1812/13 arbeitete Christian John als Privatsekretär für G., danach Sekretäre/Schreiber, die in der »Oberaufsicht« über die unmittelbaren Anstalten der Wissenschaft und Kunst im Großherzogtum Weimar« und zugleich bei G. angestellt waren (vom Herzog und G. bezahlt): Theodor Kräuter (ab 1814 G.s Sekretär, Akzessist der Bibliothek, 1816 Bibliothekssekretär), Johann August John (1814-1832 Schreiber G.s, 1815 Kopist der »Oberaufsicht«, 1819 Bibliotheksdiener und -schreiber, 1822 Kopist der Oberaufsicht«), Christian Schuchardt (1825-1832 G.s Sekretär, 1825 Registrator, 1829 Sekretär der »Oberaufsicht«). Vor allem Johann August John, im Schmellerschen Gemälde »Goethe seinem Schreiber John diktierend« (1831) verewigt, war G. unentbehrlich als »Haus- und Canzleygenosse« (wohnte 1814-1819 in G.s Haus). Über fünfhundertmal in den Tagebüchern erwähnt, stammen Werkmanuskripte, unzählige Briefe und amtliche Schreiben von Johns Hand. Als »treuer Weggenosse« begleitete er G. auf Reisen (u.a. Karlsbad 1823, Dornburg 1828). »Daß du mir John mitgegeben, ist von der größten Bedeutung« (11.7.1823 an August von G., dem, seit 1816 dem Vater »förmlich beygegeben«, die Beamten der »Oberaufsicht« unterstanden). 1830

führte John, Rinaldo Vulpius unterstützend, das Rechnungswesen des G.schen Haushaltes sowie die Akten der »Oberaufsicht«. G. vermachte ihm »in Anerkennung seiner treuen Dienstleistungen zweihundert Thaler sächsisch«.   CS

Schröter, Corona Elisabeth Wilhelmine (1751-1802): Sängerin, Schauspielerin und Komponistin, die ab November 1776 auf G.s Betreiben zur vielbeschäftigten und bewunderten Vocalistin der Weimarer Hofkapelle wurde. Mit einer jährlichen Gage von 400 Talern war sie für das Ensemble gewonnen worden, und G. mochte sich von ihrem Engagement nicht nur die notwendige professionelle Bereicherung des ↗Liebhabertheaters versprochen haben, dessen Leitung er gerade übernommen hatte. Als eine gewandte Gesellschafterin, fertige Klavier- und Flötenspielerin, Tänzerin, Komponistin, literarisch und künstlerisch ambitionierte Frau war sie ein Gewinn für den ↗»Musenhof« Herzogin ↗Anna Amalias und bei den geselligen Ereignissen des Hofes, den ↗Bällen und ↗Redouten ebenso umschwärmt wie als Darstellerin auf der Bühne.

Corona Schröter kam aus der strengen Schule ihres Vaters sowie des Leiters des Leipziger »Großen Konzerts«, der späteren Gewandhauskonzerte, Johann Adam Hiller, und hatte vor ihrem ersten Hofkonzert in Weimar am 16. 11. 1776 bereits eine bemerkenswerte Bühnenkarriere hinter sich. In Weimar wurde ihre Rolle als vielseitige professionelle Darstellerin so dominant, daß sich ihr Name auf den Programmzetteln nahezu jeder Aufführung findet. Sie war die Fee Sonna in *Lila*, spielte die »Tyrolerin« in G.s Posse *Jahrmarktsfest zu Plundersweilern* (1778), wie sie die großen dramatischen Rollen realisierte, etwa die ↗Iphigenie als Partnerin G.s in dessen *Iphigenie auf Tauris* (1779).

Für sie schrieb G. das Monodrama *Proserpina*, das als Teil seines *Triumphs der Empfindsamkeit* 1778 uraufgeführt wurde, und sie war auch das »Dortchen«, das in dem »auf dem natürlichen Schauplatz zu ↗Tiefurt« uraufgeführten »Wald- und Wasserdrama« *Die Fischerin* am 22.7.1782 die Ballade *Der Erlkönig* anstimmte, die sie selbst komponiert hatte. Ihre Lieder und Balladen machte sie erst zu einem Zeitpunkt einem größeren Interessentenkreis zugänglich, da sie sich von der Bühne zurückgezogen hatte. Nach einigen Einzelnummern, die sie in Christoph Martin Wielands *Teutschem Merkur* veröffentlichte, legte sie 1786, getragen von 56 Weimarer Subskribenten, im Selbstverlag ihre erste Ausgabe von *Fünf und Zwanzig Liedern* vor. Der Erfolg war so groß, daß sie 1794 im Industrie-Comptoir Friedrich Justin ↗Bertuchs eine zweite Sammlung, die *Gesänge mit Begleitung des Fortepianos* folgen ließ, die ebenfalls große Verbreitung fanden. G., der zu ihren uneingeschränkten Bewunderern gehörte, setzte sie in seinem Epitaph-Gedicht *Auf Miedings Tod* ein Denkmal, wenn er schreibt: »Ihr Freunde Plaz! Weicht einen kleinen Schritt!/Seht wer da kommt und festlich näher tritt./ Sie ist es selbst, die Gute fehlt uns nie,/Wir sind erhört, die Musen senden sie./Ihr kennt sie wohl, sie ist's die stets gefällt,/Als eine Blume zeigt sie sich der Welt. [...] Es gönnten ihr die Musen jede Gunst,/Und die Natur erschuf in ihr die Kunst./So häuft sie willig jeden Reiz auf sich,/Und selbst dein Name ziert, Corona, dich«. GBS

Schubarth, Carl Ernst (1796–1861): Philologe und Lehrer. Sein Buch *Zur Beurteilung Göthe's* (1818) stellte den Versuch einer umfassenden, Werke und Biographie G.s einschließenden Darstellung dar. G. reagierte in Briefen freundlich auf die Veröffentlichung, was Schubarth zu einer stark erweiterten Neuausgabe ermunterte (1820). G. wollte Schubarth als Mitarbeiter gewinnen, man traf sich 1820 in Weimar, es kam allerdings nicht zu einer engeren Zusammenarbeit. BJ

Schubart, Christian Friedrich Daniel (1739–1791), Dichter, Journalist und Komponist, von 1777 bis 1787 politischer Gefangener auf dem Hohenasperg; voll Bewunderung schrieb er an G.: »Alles was ich von Ihnen gelesen habe, entzückt mich, schwillt mein Herz im edlen Stolz empor, daß wir dem Auslande einen Mann entgegensetzen können, den sie nicht haben und nach ihrer Versteinerungssucht niemals haben werden« (3.10.1775). Etwas zu dick trug er 1775 seinem Bruder gegenüber auf, als er von einem Besuch G.s in Ulm erzählte: »Goethe war auch hier – ein Genie, groß und schrecklich, wie's Riesengebirg'«. Doch weder 1775 in Ulm noch 1779 auf dem Hohenasperg – wie manchmal behauptet wird – besuchte G. Schubart. Er las jedoch seine *Deutsche Chronik* und hielt ihn als Musiker für »unerreichbar« (*IR*, November 1787). AR

Schubert, Franz Peter (1797–1828), hat zu G. zwar keinen persönlichen Kontakt gewinnen können, sondern dessen Schweigen hinnehmen müssen, wurde indessen zu Lebzeiten des Dichters zu einem der kompetentesten »Vertoner« seiner Lyrik. Eigenständig hatte Schubert aus dem Umfeld der Wiener Klassiker eine individuelle Tonsprache entwickelt und seit seiner Kenntnis der ersten, 1810 bei Anton Strauß verlegten Wiener G.-Ausgabe, dessen Gedichte mit Vorrang, ja sogar dessen Singspiellibretto *Claudine von Villa Bella* zu einem Liederspiel vertont.

Am 17. April 1816 unternahm es der mit Schubert befreundete Josef v. Spaun, »Euer Exzellenz« den »19jährigen Tonkünstler namens Franz Schubert« vorzustellen und ihm »eine auserwählte Sammlung von deutschen Liedern [...]« zu »weihen«, denn ihm verdanke Schubert »wesentlich seine Ausbildung zum deutschen Sänger.« Spaun tat das freilich in der Hoffnung, »den Beifall desjenigen zu erlangen, dessen Beifall ihn mehr als irgendeines Menschen in der weiten Welt ehren würde,« doch G. würdigte die Lieder-Reinschrift keiner Beachtung. Weder *Schäfers Klagelied* noch *An Mignon* oder *Erlkönig* vermochten seinen Aufmerksamkeit zu erregen; vielmehr ließ er die Sammlung kommentarlos nach Wien zurücksenden. Sie entsprach nicht seiner poetologisch begründeten Liedästhetik, die unter dem Primat der strophischen Dichtung die Musikalisierung und Durchkomponierung verbat.

Ein zweites Heft mit dem Titel *Lieder von Goethe/ componirt von Franz Schubert*, das dem ersten folgen sollte, blieb angesichts dieser Mißachtung in Wien und wurde dort in Teilen verkauft (heute Wien, Stadtbibliothek und Paris, Conservatoire). 1825 unternahm Schubert einen weiteren Versuch, G.s Aufmerksamkeit für sein reiches Liedœuvre zu gewinnen. Mit dem Ausdruck der »unbegrenzten Verehrung«, wie es in seinen Widmungszeilen heißt, sandte er dem Dichter zwei mit Goldaufdruck versehene Prachtexemplare seines op. 19, die Vertonungen von *An Schwager Kronos*, *An Mignon* und *Ganymed* (erschienen bei A. Diabelli & Co., Wien, 1825).

Auch diese Sendung blieb ohne Resonanz, ein Verhalten, das nachhaltig für Irritation gesorgt hat. Erst der Vortrag des *Erlkönig* am 24.4.1830 durch die hochdramatische Sängerin Wilhelmine Schröder-Devrient bewog den Dichter zu einem differenzierenden Urteil. G. dankte der Sängerin für ihre »großartige künstlerische Leistung«; dem Komponisten billigte er zu, »das Pferdegetrappel vortrefflich ausgedrückt« zu haben, wiewohl sich »das ganze« nur durch den außergewöhnlichen Vortrag »zu einem sichtbaren Bild« gestalten würde. WS

Schuld/Unschuld: Literarisches Motiv; Unschuld charakterisiert im Sinne von Schlichtheit und Demut die Figur ↗Gretchens, eine Eigenschaft, die sie verspielt, wie ihr der Böse Geist in der ↗Domszene einredet (v. 3776 ff.). ↗Fausts Schuld gegenüber Gretchen wird zu Beginn des *Faust II* von ihm abgewaschen, er häuft allerdings im Verlaufe der Handlung wiederum viel Schuld an. Schuld/Unschuld sind auch Motiv in der *Wanderjahre*-Novelle »Die Pilgernde Törin« und in der »Legende« des *Paria*-Gedichtes von 1821/22; Ferdinand klagt in seinem Schlußmonolog des 3. Aktes der *Stella*: »O meine Schuld, meine Schuld wird schwer in diesen Augenblicken über mir«. Schuld ist Zentralmotiv in der Geschichte des ↗Harfners; sein Lied »Wer nie sein Brot mit Tränen aß«, umkreist dies Zentrum, die Geschichte ↗Orests, ↗Clavigos und vieler anderer Figuren sind von Schuld geprägt – die z. T. wieder in Unschuld verwandelt werden kann.   BJ

Schüler/Meister: Figurenkonstellation etwa in dem Sturm-und-Drang-Rollengedicht *Des Künstlers Vergötterung* (1774), auch in der Ballade *Der Zauberlehrling*, in der Anmaßung und Übermut des Schülers eine kleine Katastrophe heraufbeschwören. Mit Faust und Wagner bzw. Mephisto und dem Schüler werden die Figuren in den Zusammenhang der Universitätssatire im *Faust* gerückt. Auch in den pädagogischen Überlegungen G.s etwa zur Kunsterziehung spielt die Orientierung des Schülers am Meister eine große Rolle; so heißt etwa eine der »Betrachtungen im Sinne der Wanderer«: »In der wahren Kunst gibt es keine Vorschule, wohl aber Vorbereitungen; die beste jedoch ist die Theilnahme des geringsten Schülers am Geschäft des Meisters. Aus Farbenreibern sind treffliche Mahler hervorgegangen«.   BJ

Schülerszene: Satirischer Beschluß der Gelehrtentragödie (*Urfaust*, v. 249 ff., mit deutlichen Abweichungen: *Faust I*, v. 1868 ff.), in dem Mephisto als Faust verkleidet eine Studienberatung abhält. Mephisto lenkt die naive, noch völlig unverbildete Studierfreude des Anfängers von der trockenen Theorie weg und auf die derb-konkreten Erfahrungen des genießenden Lebens hin. Von dieser Satire auf die Universität des 18. Jh.s direkter Übergang in die grobianische Welt von ↗Auerbachs Keller. – Fortsetzung in *Faust II* (Zweiter Akt, v. 6685 ff.) in der Baccalaureusszene, in der der Student als Fortgeschrittener (Baccalaureus) und im Ton einer selbstherrlichen Jugend, die sich im Ich alles ist (satirische Attacken G.s gegen Fichte), gegen den ehemaligen Berater auftritt.   GG

Schultheß, Barbara (Bäbe), geb. Wolf (1745–1818): Züricher Kaufmannsfrau; befreundet mit Lavater, durch den G. von ihr hörte; ab 1774 Briefwechsel mit G., während seiner ersten Reise in die Schweiz 1775 lernt man sich persönlich kennen – Beginn einer Freundschaft bis in die 90er Jahre, der wir die Überlieferung von *Wilhelm Meisters theatralischer Sendung* verdanken. Die ihr von G. zugeschickten Texte schrieb sie vor der Rücksendung gemeinsam mit ihrer Tochter ab – das Original ist verschollen, die Abschrift erhalten.   PO

Schultz, Christoph Ludwig Friedrich (1781–1834): Preußischer Staatsrat, seit November 1819 Bevollmächtigter für die Berliner Universität, dessen rigide konservative Aufsicht u. a. zu seinem schnellen Abschied vom Amt 1825 führte. Der an Altertumswissenschaften, Sprache, Literatur und Naturwissenschaften interessierte Schultz besuchte seit 1817 mehrfach Weimar, ein ausführlicher Briefwechsel mit G. betraf u. a. die eigenen optischen Studien, die in Anlehnung an G.s *Farbenlehre* veranstaltete. Schon in einem Brief vom 11. März 1816 dankte G. ihm für die positive Aufnahme der *Farbenlehre*. 1823 schenkte Schultz G. einen Abguß der Büste der ↗Juno Ludovisi.   BJ

Schulze, Caroline (1743–1815), Schauspielerin in Hamburg, Leipzig und Weimar – verehrt auch vom jungen G., der ihr 1767 die Verse widmete: »O du, die in dem Heiligtum/Der Grazien verdient zu glänzen«; ab 1785 Leiterin der Nähschule in Weimar; 1786 erfand die verwitwete Kummerfeld ein ↗Kummerfeldsches Waschwasser – ein Schönheitsmittel für andere, ein Mittel zum Leben für sie.   PO

Schwab, Gustav (1792–1850), Schriftsteller, Theologe und Herausgeber von *Die schönsten Sagen des klassischen Altertums*. Das einzige Zusammentreffen mit G. fand auf Schwabs Bildungsreise am 21.5.1815 in Weimar statt. Wenige Jahre später kam es zu einer literarischen Zusammenarbeit: Der »geistreiche junge Mann« (*TuJ*, 1821) übersetzte die mittelalterliche Legende *von den Heiligen Drei Königen* (1822) und gab sie heraus; G. steuerte für das Buch einige Verse als Vorrede bei.   AR

Schwan, Christian Friedrich (1733–1815): Hofbuchhändler in Mannheim, den G. 1775 kennenlernte und mehrfach traf.   BL

Schwangerschaft: G. erlebte sechs Schwangerschaften seiner Mutter. Seine Schwester Cornelia heiratete 1773 und wurde unmittelbar danach schwanger, ebenso Charlotte Buff, die G. in dieser Zeit leidenschaftlich liebte (↗Werther). Solche und ähnliche Erfahrungen mit ihm nahestehenden Frauen – Christiane Vulpius erlebte fünf Schwangerschaften und Geburten – schlagen sich in G.s Schaffen nieder. Daß sich mit der Schwangerschaft das äußere Erscheinungsbild einer Frau verändere, bringt G. im 41. der *Venezianischen Epigramme* zum Ausdruck: »Bald verdirbt sie die schlanke Gestalt, die zierlichen Brüstchen,/Alles schwillt nun, es paßt nirgends das neueste Gewand./Sei nur ruhig! es deutet die fallende Blüte dem Gärtner,/Daß die liebliche Frucht schwellend im Herbste gedeiht.« AV

Schwank: Vor allem in der Literatur des Spätmittelalters und der frühen Neuzeit kurze Erzählung in der Volkssprache, die meist einen derb-komischen oder listigen Streich zum Gegenstand hatte. Die *Wanderjahre*-Novelle *Die gefährliche Wette* darf in die Gattung des Schwanks gerechnet werden, wobei allerdings am Ende nicht einfach der gesellschaftlich Mächtigere als Opfer des Scherzes vorgeführt wird, sondern der eher tragische Umschlag der Handlung in moralische Reflexion mündet. BJ

Schwärmerei setzt G. scharf von der Begeisterung und vom ↗Enthusiasmus ab. Das Gedicht *Der Chinese in Rom* (1796) liefert eine polemische Definition: Schwärmer sei der, »der sein luftig Gespinst mit der soliden Natur/Ewigem Teppich vergleicht, den echten reinen Gesunden/Krank nennt, daß ja nur er heiße, der Kranke gesund«. Das ›Luftgespinst‹ der Schwärmerei steht der ruhigen, erkennenden Anschauung gegenüber (*Metamorphose der Tiere*, v. 61); eines der *Venezianischen Epigramme* spottet: »Schüler macht sich der Schwärmer genug, und rührt die Menge,/Wenn der vernünftige Mann einzelne Liebende zählt./Wundertätige Bilder sind meist nur schlechte Gemälde:/Werke des Geists und der Kunst sind für den Pöbel nicht da«. Unter blasphemisch klingender Anspielung auf die biblische Passion heißt es in einem weiteren Epigramm: »Jeglichen Schwärmer schlagt mir ans Kreuz im dreißigsten Jahre«. BJ

Schweiz. »Die Schweiz machte anfänglich auf mich so großen Eindruck, daß ich dadurch verwirrt und beunruhigt wurde; erst bei wiederholtem Aufenthalt, erst in spätern Jahren, wo ich die Gebirge bloß in mineralogischer Hinsicht betrachtete, konnte mich

ruhig mit ihnen befassen.« Mit dem Abstand von Jahrzehnten faßte G. seine drei Schweiz-Aufenthalte so zusammen (Eckermann, 22.2. 1824).

Erste Reise: Einer plötzlichen Flucht vor den Liebeswirren um Lili ↗Schönemann glich G.s erste, etwa einmonatige Schweiz-Reise. Er schloß sich in Frankfurt im Mai 1775 den Brüdern ↗Stolberg und Baron ↗Haugwitz auf ihrer Geniereise in die Schweiz an. In ↗Werthertracht zogen die vier ins ersehnte Land, dem seit Albrecht von ↗Hallers Gedicht *Die Alpen* (1732), Salomon ↗Geßners *Idyllen* (1756/72) und Jean-Jacques ↗Rousseaus *La nouvelle Héloïse* (1761) ein verklärte Bild einer ursprünglich-unschuldigen Hirtenidylle und unbegrenzter Freiheit anhaftete. Es ging von Schaffhausen (↗Rheinfall) nach Zürich, von dort weiter an den Vierwaldstätter See und auf den Gotthard – ohne jedoch nach Italien weiterzureisen – und wieder zurück nach Zürich, wo G. bei ↗Lavater wohnte und gesellige Stunden verbrachte. Lavater zeigte G. und seinen Mitreisenden Stadt und Umland. Johann Jacob ↗Bodmer, Johann Jacob ↗Breitinger und Salomon Geßner, den bedeutenden Persönlichkeiten Zürichs, wurden Besuche abgestattet, ebenso dem »philosophischen Bauer« Klein Jakob Guyer, genannt Kleinjogg (Chlijogg) auf dem Katzrütihof in Wermatschwil. Glücklich trat G. im Juli 1775 über Basel die Rückreise an; er schrieb an Sophie von La Roche: »Mir ist's wohl, dass ich ein Land kenne wie die Schweiz ist, nun geh mir's wie's wolle, hab ich doch immer da einen Zufluchtsort« (27.7. 1775). Wenig Schriftliches ist von dieser ersten Reise erhalten: eine Reihe von Zeichnungen und fragmentarische Notizen, auf die G. bei seiner Arbeit an *Dichtung und Wahrheit* zurückgriff, wo er im 18. und 19. Buch über seinen Schweiz-Aufenthalt berichtet.

Zweite Reise: Zusammen mit Herzog Carl August, dessen Kammerherrn J. A. M. von Wedel und seinem Diener Philipp ↗Seidel brach G. im September 1779 aus Weimar auf, diesmal für eine zweieinhalbmonatige Reise durch die Schweiz. Die Reise führte von Basel über Grindelwald, Bern, Lausanne, Genf wiederum bis auf den Gotthard, doch auch diesmal wurde das gelobte Land Italien nicht betreten, »ohne das zu sehen ich hoffentlich nicht sterben werde« (an Charlotte von Stein, 13.11. 1779). Den Höhepunkt der Reise bildete, wie schon vier Jahre zuvor, ein längerer Aufenthalt bei Lavater in Zürich. Über Winterthur und Schaffhausen machten G. und seine Begleiter sich im Dezember wieder auf den Rückweg. Die *Briefe aus der Schweiz* sind Dokument dieser Wochen; von G. wurden sie schon kurz nach der Rückkehr in Weimar vorgetragen, erstmals erschienen sind sie 1796 unter dem Titel *Briefe auf einer Reise nach dem Gotthard* in den *Horen.*

Dritte Reise: Mit seinem Schreiber Ludwig ↗Geist unternimmt G. 1797 seine dritte Reise in die Schweiz. Wiederum führt sie über Schaffhausen nach Zürich; bei seinen früheren Aufenthalten hatte er aufgesucht, was in der Stadt Rang und Namen besaß, diesmal indes stattete er lediglich Barbara ↗Schultheß einen Besuch ab. Lavater, mit dem es schon vor etlichen Jahren zum Bruch kam, mied er. Als Johann Heinrich ↗Meyer in Zürich eintraf, zogen die beiden gemeinsam in dessen Heimatort Stäfa am Zürichsee, danach weiter über Schwyz und Altdorf wiederum auf den Gotthard und über den Vierwaldstätter See zurück nach Stäfa. G. hatte bereits 1775 eine »Wallfahrt« zu den Stätten Wilhelm Tells unternommen: »Dem Grüdli über wo die 3 Tellen schwuren drauf an der Tellen Platte wo Tell aus sprang. Drauf 3 Uhr in Flüely wo er eingeschifft ward. 4 Uhr in Aldorf wo er den Apfel abschoss« (*Tb*, 19.6. 1775); doch nun, über zwanzig Jahre später, war er »fast überzeugt, daß die Fabel vom Tell sich werde episch behandeln lassen« (an Schiller, 14.10. 1797), ja »ich summte dazu schon gelegentlich meine Hexameter« (Eckermann, 6.5. 1827). Doch »da ich andere Dinge zu thun hatte und die Ausführung meines Vorsatzes sich immer weiter verschob, so trat ich meinen Gegenstand Schillern völlig ab, der denn darauf sein bewundernswürdiges Gedicht schrieb« (zu Eckermann, 6.5. 1827).

War der junge G. bei seiner ersten Schweiz-Reise noch hingerissen von der unberührten Natur, den gewaltigen Gebirgsmassiven, so stellte er 1797 ernüchtert fest: »Der Eindruck [der Gebirge] war im ganzen geblieben, die Theile waren verloschen und ich fühlte ein wundersames Verlangen jene Erfahrungen zu wiederholen und zu rectificiren« (an Schiller, 14.10. 1797). An ↗Cotta schrieb er nun »von den Winterscenen des Gotthards, die nur noch durch Mineralogie belebt werden können« (17.10. 1797)«. Die Sammelwut hatte G. jetzt gepackt: Noch die Hosentaschen wurden mit Steinen vollgestopft, so daß er nach der Rückkehr aus dem Gebirge in Meyers Haus in Stäfa ganze Tage mit Sortieren und Einpacken seiner Schätze beschäftigt war. Neben den Kisten voll Steinen hatte G. ein großes Konvolut von Tagebuchaufzeichnungen, Briefen, kleinen Abhandlungen, Predigten, Kurstabellen und Zeitungen in seinem Reisegepäck, mit dem er im Oktober 1797 die Heimreise antrat – zu Lebzeiten wollte er daraus noch ein Buch machen, doch erst Ende 1832 vollendete Eckermann das Werk unter dem Titel *Schweizerreise vom Jahr 1797*. Auch »Mitbringsel« für seine Lieben zu Hause

hatte G. nicht vergessen: »Einen genähten Musselin für dich von besonderer Schönheit, ein mit Blümchen gewirckter, für Ernestinen, und Halstücher mit allerley Kanten, damit von der Tante an die übrigen Hausgenossen erfreut werden können. Ich habe mir auch kleine Tücher um den Hals gekauft, fürchte aber du wirst mir sie wegkrapseln, denn sie werden auch um den Kopf artig stehen« (an Christiane Vulpius, 25.10. 1797). AR

Schwerdtgeburth, Carl August (1785–1878), von 1805 an in Weimar Kupferstecher, wurde 1822 Hofkupferstecher des Herzogs und später Professor. Schwerdgeburth lieferte eine Fülle kleinformatiger Stiche für Journale, Almanache und Taschenbücher, G. schätzte seine feine und präzise Arbeit in höchstem Maße. 1821 fertigte Schwerdgeburth nach sechs Handzeichnungen G.s eine Serie von Radierungen an (↗*Zu meinen Handzeichnungen*), und 1831 zeichnete er, aus dem Gedächtnis, da der 82jährige G. nicht mehr so gut Modell sitzen konnte, eine Silberstiftzeichnung – die letzte Darstellung G.s nach dem Leben. Diese war als Vorlage für einen Kupferstich gedacht, der aber nach dem Tode G.s unvollendet blieb. BJ

Schwimmen/Baden bedeutete für G. lustvolle Empfindung der idyllischen Naturverbundenheit des Menschen: »In der Schweiz aber, beim Anblick und Feuchtgefühl des rinnenden, laufenden, stürzenden, in der Fläche sich sammelnden, nach und nach zum See sich ausbreitenden Gewässers war der Versuchung nicht zu widerstehen. Ich selbst will nicht leugnen, daß ich mich im klaren See zu baden mit meinen Gesellen vereinte und, wie es schien, weit genug von allen menschlichen Blicken [...] halb nackt wie ein poetischer Schäfer, oder ganz nackt wie eine heidnische Gottheit [...] sich kühnlich den schäumenden Stromwellen entgegen zu setzen; dies geschah freilich nicht ohne Geschrei, nicht ohne ein wildes, teils von der Kühlung, teils von dem Behagen aufgeregtes Lustjauchzen, wodurch sie diese düster bewaldeten Felsen zur idyllischen Szene einzuweihen den Begriff hatten« (erste Reise in die Schweiz mit den Grafen ↗Stolberg und ↗Haugwitz, Sommer 1775, *DuW*, 19. Buch). Die lärmenden Faune, die sich so in den Naturzustand zurückversetzt fühlten, wurden schließlich mit Steinwürfen vom Ufer aus belehrt, daß sie sich auch in der Zivilisation befanden. »Ich bin sehr in der Luft. Schlafen, Essen, Trinken, Baden, Reiten, Fahren, war so ein paar Tage her der selige Inhalt meines Lebens« (5.6. 1775). Auch in späteren

Jahren genußvoll durchlebte Badefreuden, vor allem in der Ilm, frühmorgens oder nachts, auch wenn das Wasser eiskalt war, dies nun nicht mehr halbnackt oder nackt, sondern in ein »Schwimmwams« (Weste und Hose aus Leinen) gekleidet, wie es sich für ein Regierungsmitglied gehörte. Erst 1778 hat G. richtig schwimmen gelernt, genoß auf der zweiten Reise in die Schweiz zusammen mit Carl August das angenehme Wasser des Genfer Sees, schwamm in der Rhone und im Tiber, während seine jungen Weimarer Schwimmzöglinge, u. a. die Söhne der Frau von Stein, sich selbst im Winter in der eiskalten Ilm abhärten mußten. BL

Scott, Walter (1771-1832), englischer Schriftsteller, 1799 Sheriff von Selkirkshire, seit 1811 Schloßherr in Abbotsford; übersetzte 1796 Bürgers *Lenore*, 1799 G.s *Götz von Berlichingen* – dadurch Briefkontakt zu G. Dieser kannte fast alle Werke des »Meisters im historischen Roman«, wobei der *Waverley* »den besten Sachen an die Seite zu stellen ist, die je in der Welt geschrieben« (Eckermann, 9. 10. 1828). PO

Sebus, Johanna (1792-1809), Bauernmädchen aus Brienen bei Cleve. Durch das Hochwasser des Rheins bricht in der Nacht vom 12. zum 13. 1. 1809 bei Cleve ein Deich. Nachdem Johanna ihre Mutter in Sicherheit gebracht hat, versucht sie, eine im Hause der Mutter wohnende Frau und deren Kinder zu retten. Der Versuch scheitert. Die Frau und deren drei Kinder kommen ums Leben, die 17jährige Johanna ertrinkt im eisigen Rhein. Christiane von Vernijoul, eine Bekannte der Humboldts, berichtet G. darüber und bittet ihn: »Möchten Sie die rührende Tat wert finden, von dem ersten Dichter der lebenden Welt in einer Ballade verewigt zu werden, so wäre diesem edlen Mädchen ein Denkmal errichtet, welches in jedes fühlenden Menschen Brust Bewunderung für die Heldin und heißen Dank für den großmütigen Dichter erwecken würde«. G. zögert nicht. In nur zwei Tagen schreibt er die Ballade *Johanna Sebus*. PO

Seckendorff, Carl Friedrich Siegmund, Freiherr von (1744-1785), polyglotter Offizier, Kammerherr Carl Augusts, umtriebiger Akteur des Weimarer ↗Musenhofs, Laienschauspieler, Laienintendant, Schauspieler und Sänger der zahlreichen Redouten, Maskenzüge, Theateraufführungen, Festivitäten und Konzerte, gebildet, sprachkundig, inspiriert und auf Höheres sinnend. In einem Brief vom 17. 3. 1778 an Charlotte von Stein hat ihn G. als den »lieben Jungen, dem Fülle im Herzen ist«, geschildert. BL

Seefahrt: *Taglang nachtlang*, entstanden 1776, Erstdruck in *Deutsches Museum* 1777 mit der Überschrift »G. den 11. September 1776«; in den *Schriften* 1789 mit dem Titel »Seefahrt«. Den seit der Antike vertrauten Topos der Seefahrt als Bild menschlichen Lebens hat G. mehrmals gestaltet, um Stationen seines Lebensweges zu reflektieren und eine allgemeingültige Lebensregel daraus abzuleiten. Der biographische Bezug zu G.s neuer Lebenssituation 10 Monate nach der Ankunft in Weimar, den Fährnissen einer politischen Tätigkeit, die vom Vater und den Frankfurter Freunden sorgenvoll beobachtet werden, liegt nahe. Das Gedicht gestaltet dies in einer dramatischen Szenenfolge, mit einem Rollenwechsel vom Ich des Kaufmanns zum Er des Steuermanns, der das Schiff sicher durch den Sturm führt. Die Perspektive wechselt vom Schiff zum Ufer mit den ängstlichen Freunden und wieder zurück zum Schiff. Der Steuermann als kraftvoll männliches Subjekt ist der eigentliche Held des Gedichts: »Herrschend blickt er auf die grimme Tiefe«. Aus seiner Tätigkeit wird die Lehre abgeleitet, sich auf seine eigene Kraft zu besinnen und das Steuer des Lebens fest in der Hand zu halten. Das Gedicht bewahrt noch die kraftvoll-innovative Sprache der ↗Frankfurter Hymnen (»Feuerliebe«, »Freudetaumel«), ist jedoch rhythmisch durch trochäisches Versmaß gebändigt und zeigt gegenüber dem Selbstbild des weitschweifenden Wanderers der Geniezeit die Konzentration der Kräfte auf ein gesellschaftlich nützliches Ziel. IW

Seele ist der Bereich des menschlichen Innenlebens, der sich dem Zugriff der Vernunft entzieht, der Sitz der begrifflich nicht faßbaren energetischen Vermögen, die allerdings einander auch widerstreiten mögen: »Zwei Seelen wohnen, ach, in meiner Brust« (*Faust*, v. 1112). Die Seele ist die Quelle der echten Empfindung und gleichzeitig der entsprechend authentischen (poetischen) Sprache: G. legt Faust das Programm einer seelenvollen, »hertzrührenden Schreibart« in den Mund, die die Schweizer Ästhetiker ↗Bodmer und ↗Breitinger forderten: »Wenn es nicht aus der Seele dringt/Und mit urkräftigem Behagen/Die Herzen aller Hörer zwingt« (v. 535-537). ›Echte‹ Naturempfindung ermöglicht die Befreiung der Seele von Sorgen und alltäglicher Bedrängnis: »Füllest wieder Busch und Tal/Still mit Nebelglanz,/Lösest endlich auch einmal/Meine Seele ganz« (*An den Mond*); in Werthers Brief vom 10. Mai wird die Seele in der Naturbetrachtung zum Spiegel des Göttlichen. Eine Sonderbedeutung prägt G. mit der Vorstellung der ↗Schönen Seele. BJ

Seher s. **Lynkeus**

Seherin s. **Makarie**

Seidel, Philipp Friedrich (1755–1820), 1775–1788
in G.s Diensten, ab 1785 Rentkammerkalkulator, 1788
Rentkommissär, 1789 Rentamtmann. G.s Beziehung
zu Seidel unterschied sich von dem zu anderen Bedienten (↗Diener G.s). Fast im selben Alter wie sein
Herr, kam Seidel 1775 mit G. nach Weimar (zuvor
Hauslehrer Cornelia G.s, Schreiber des Vaters, G.s
Verehrer, kopierte dessen Manuskripte) und teilte dessen Leben über zehn Jahre als engster Vertrauter: »Mit
meinem Philipp von seiner und meiner Welt ge-
schwäzzt« (an A. v. Stolberg, 17.–24.5.1776).

Zunächst Kammerdiener, bald Sekretär, Gesprächspartner, Hauswirtschafter, zuweilen Berater, enthob
Seidel G. aller Wirtschaftssorgen. Er »dirigierte«, ohne
mit eigentlichen Haus- und Bedientenarbeiten belastet
zu sein, den immer aufwendiger werdenden Junggesellenhaushalt (Gartenhaus, Stadtwohnung) leitete
Köchin, Hauswirtschafterin, Diener und Burschen an,
hielt fast täglich mit der »Steinschen Köchin Konferenz«, leitete den Umbau des Gartenhauses, überwachte Finanzen und Geschäfte, führte Tage- und
Rechungsbücher, erledigte selbständig Korrespondenz,
hielt die Verbindung mit Frankfurt aufrecht (Briefwechsel mit G.s Mutter), schrieb G.s Manuskripte,
begleitete seinen Herrn auf Reisen (z.B. 1779/
Schweiz, Dienstreisen in Thüringen) versorgte unzählige Gäste und zeitweilige Hausgenossen (Lenz,
Peter im Baumgarten, Fritz v. Stein).

Wie kein anderer seiner Bedienten war Seidel in G.s
geistige Welt, in wissenschaftliche, amtliche und literarische Arbeiten integriert, wurde ihm in Geschäften
der Kriegskommission zum Mitarbeiter (1781 Einrichtung der Garnisonsschule/Spinn-Näh- und Strick-
schule für arme Soldatenkinder und Waisen). Intelligent und gewandt nutzte Seidel die Möglichkeiten,
sich in G.s Lebenskreis zu bilden. Er schrieb, zeichnete, sammelte, trieb naturwissenschaftliche Studien,
engagierte sich im ↗Liebhabertheater. Zeitweise
führte Seidel auf eigene Rechnung eine Leinwand-
spinnerei sowie eine Strumpfwirkerei. Welches Vertrauen G. in Seidel setzte, zeigt, daß er ihn in die Pläne
der Italienreise einweihte, ihm Führung von Haushalt,
Finanzen und Geschäften während seiner Abwesenheit anvertraute (u.a. Abwicklung der Geschäfte mit
↗Göschen und ↗Bertuch über die Herausgabe seiner
Werke). Seidel, bereits 1785 bei der Rentkammer
angestellt, hielt die Verbindung zwischen G. und Weimar aufrecht. Aus Italien empfahl G. seinen Philipp

dem Herzog erneut »weil er der Meinige war und im
edelsten Sinne mein Geschöpf ist« (an Carl August,
7.12.1787).

Nach G.s Rückkehr aus Italien und seiner Verbindung mit Christiane verließ Seidel G.s Haus, war
indessen noch weiter für ihn tätig. Das einst so
vertrauensvolle Verhältnis löste sich rasch, bis zur
völligen Entfremdung. Seidel heiratete 1789. Ge-
schäftlich erfolgreich, brachte er es zu Wohlstand,
baute ein Haus, wurde Bürger der Stadt. 1799 zeigten
sich Anzeichen einer schweren seelischen Erkrankung. Er starb 1820 in der Jenaer Irrenanstalt, 65
Jahre alt.   CS

Seidler, Caroline Louise (1786–1866), Malerin in
Jena, die G. seit ihrer Jugend kannte und förderte.
1811 fertigte Louise Seidler ein Pastellporträt G.s an;
ihr Gemälde vom Heiligen Rochus ließ G. nachste-
chen, um es mit dem Aufsatz über das *Sankt-Rochus-
Fest zu Bingen* in *Kunst und Alterthum* 1817 abzu-
drucken. Louise Seidler zeichnete in München nach
Abgüssen des Frieses eines Apollo-Tempels bei Phigalia (Arkadien) und schickte die Darstellung an G., ein
Geschenk, das ihn sehr erfreute (vgl. an August u.
Ottilie v. G., 10.2.1818) und dem ein Dankbrief an die
Malerin folgte (11.2.1818). Louise Seidler, für die
sich G. schon mehrfach um Stipendien gekümmert
hatte, wurde 1823 Zeichenlehrerin der Weimarer
Prinzessinnen, von ihr stammt auch das Pastellporträt
von G.s Enkelin Alma (1832).   BJ

Sein: Bei G. seltenes Wort, oft in Verbindung mit
Schein; Sein als ein flüchtiges Inneres, wird leicht mit
dem Schein verwechselt (*Der Mann von fünfzig
Jahren*); Mephisto sagt über die Undinen im *Faust*, v.
10714f.): »Durch Weiberkünste, schwer zu kennen,/
Verstehen sie vom Sein den Schein zu trennen,/ Und
jeder schwört, das sei das Sein.« Die Flüchtigkeit
des Seins drückt G. im Gedicht *Eins und Alles* (erschienen 1821), aus, wenn er schreibt: »Denn alles
muß in Nichts zerfallen,/Wenn es im Sein beharren
will.«   AV

Sekten: Konfessionelle Absplitterungen von den
großen Kirchen von unterschiedlicher Größe und Bedeutung, von denen G. im ersten Buch von *Dichtung
und Wahrheit* »die Separatisten, Pietisten, Herrnhuter, die Stillen im Lande« erwähnt. Die wichtigste
geschichtliche Darstellung der Sekten, Gottfried Arnolds *Unpartheyische Kirchen und Ketzer-Historie,
vom Anfang des Neuen Testaments Biß auf das
Jahr 1688* (1699–1703), stand in der Bibliothek des

Vaters. Das Buch bildete die Vorlage für G.s polemische Behandlung naturwissenschaftlicher Sekten in der *Geschichte der Farbenlehre*. An verschiedenen Stellen seiner *Noten und Abhandlungen zu besserem Verständnis des West-östlichen Divans* referiert G. über Sekten des Islam. BJ

Selbitz, Hanns von, Figur aus *Götz von Berlichingen*, aus der Autobiographie des Götz entnommen: ein Reichsritter, der denselben Freiheitsidealen verpflichtet ist. Der Kaiser beschreibt die Freunde so: »Der eine hat eine Hand, der andere nur ein Bein, wenn sie erst zwo Hände hätten, und zwo Beine, was wolltet ihr dann thun?« (III.1). WM

Selbstbeherrschung: Das Ich, das Es werden will, im Abwehrprozeß – für die G.-Biographik ein reizvolles Thema, der Frage nachzugehen, wie aus einem in allen Höhen und Tiefen, Ängsten und Bestätigungen, mutigen Erwartungen und Triumphen durchlebtes Leben schließlich in eine Gestalt übergeht, die bis heute von ihrer Faszination kaum etwas eingebüßt hat. Das trivial gewordene Standardzitat jedenfalls (»Von der Gewalt, die alle Wesen bindet,/Befreit der Mensch sich, der sich überwindet«), vermittelt wenig von der konzentrierten Gestaltungskraft, die G.s Leben durchzieht und ihm, seinem Leben schließlich, einen eigenen Werkcharakter verleiht. BL

Selbstmord: ↗Fernando, der Geliebte von ↗Stella, erschießt sich im Off und zieht damit einen dramatischen Schlußstrich unter seine Liebe zu zwei Frauen. Zumindest in der Fassung des gleichnamigen Theaterstücks *Stella* von 1806, das G. programmatisch mit »Ein Trauerspiel« überschreibt. Ließ er die Erstfassung noch mit einer libertinen Dreierbeziehung zwischen Fernando, Cäcilie und Stella enden, die unter öffentlichem Protest abgesetzt werden mußte, so scheint die spätere Fassung noch ein weiteres Opfer zu fordern – Stella: »Alles um Liebe, und so nun auch den Tod«. G. erspart den Zuschauern Stellas Tod, aber: Die Radikalität und Unbedingtheit ihrer Liebe zu Fernando lassen daran keinen Zweifel – Stella stirbt, romantisch überzeichnet, an sich selbst.

G. hat weitere Selbstmörder und Selbstmörderinnen archiviert: Der Harfner Augustin aus den ↗*Lehrjahren* quittiert seine doppelte Schuld schließlich mittels eines Schermessers, mit dem er sich die Kehle durchschneidet; ↗Klärchen, Geliebte des im Gefängnis schmachtenden Grafen Egmont, endet vereinsamt durch Gift, nachdem sie vergeblich zu dessen Befreiung aufgerufen hat. Faust, die Phiole mit dem Gift

bereits an den Lippen, rettet der Chor der Engel: »Christ ist erstanden«. Dabei schneidet G. das Thema, das ihn lebenslang beschäftigt hat, in seinen *Leiden des jungen Werthers* (1774) mit einem Geniestreich an, der ihn mit einem Schlag weltberühmt macht. Von der harmlosen Simulation (»mit einer auffahrenden Gebärde drückte ich mir die Mündung der Pistole übers rechte Aug' an die Stirn«) über ausufernde Rechtfertigungsdiskurse (»Die menschliche Natur […] hat ihre Grenzen: sie kann Freude, Leid, Schmerzen bis auf einen gewissen Grad ertragen und geht zugrunde, sobald der überstiegen ist«) steigert sich in G.s Briefroman die innere Erregung eines jungen Mannes angesichts einer bürgerlichen, einer todbringenden Unmöglichkeit: der schwärmerischen Liebe zu einer verlobten jungen Frau. Zwischen Hoffen und Bangen treibt sein Leben dem Ende entgegen. Eine seiner letzten Äußerungen: »Alles ist so still um mich her, und so ruhig meine Seele«. G.s Bericht: »Als der Medikus zu dem Unglücklichen kam, fand er ihn an der Erde ohne Rettung, der Puls schlug, die Glieder waren alle gelähmt. Über dem rechten Auge hatte er sich durch den Kopf geschossen, das Gehirn war herausgetrieben« Schließlich: »Handwerker trugen ihn. Kein Geistlicher hat ihn begleitet«. Was sich als »große Handlung« ankündigt, findet ihr armseliges Ende.

G. hat mit diesem Roman auf den Selbstmord Karl Wilhelm ↗Jerusalems reagiert, in dessen Leben intellektuelle Reizbarkeit, schwärmerische ↗Empfindsamkeit, gesellschaftliche Ablehnung und eine unerwiderte Liebe zu einer heillosen Allianz zusammengefunden haben – Jerusalem hat sich am 30. Oktober 1772 in Wetzlar erschossen. G. hat sich dabei nicht – auch nicht bei Gelegenheit des Freitods der Christiane von ↗Laßberg – in der Rolle des teilnahmslosen Chronisten befunden: »Der Selbstmord ist ein Ereignis der menschlichen Natur, welches, mag auch darüber schon so viel gesprochen und gehandelt sein als da will, doch einen jeden Menschen zur Teilnahme fordert, in jeder Epoche wieder einmal verhandelt werden muß […]. Da ich selbst in diesem Fall war, und am besten weiß, was für Pein ich darin erlitten, was für Anstrengung es mir gekostet, ihr zu entgehn; so will ich die Betrachtungen nicht verbergen, die ich über die verschiedenen Todesarten, die man wählen könnte, wohlbedächtig angestellt«. Schließlich bekennt G.: »Unter einer ansehnlichen Waffensammlung besaß ich einen kostbaren wohlgeschliffenen Dolch. Diesen legte ich mir jederzeit neben das Bette, und ehe ich das Licht auslöschte, versuchte ich, ob es mir wohl gelingen möchte, die scharfe Spitze ein paar

Zoll tief in die Brust zu senken. Da dies aber nicht gelingen wollte, so lachte ich mich zuletzt selbst aus, warf alle hypochondrische Fratzen hinweg, und beschloß zu leben« (*DuW*, 13. Buch).   BL

Selbstverlag: »Bei Zeit auf die Zäun, so trocknen die Windeln« – mit diesen Worten ermunterte Freund Johann Heinrich ⁄Merck G. zum Selbstverlag seines *Götz von Berlichingen* (1773), mißtrauisch gegenüber dem Geschmack der Verleger und ihrer Gewinnsucht – ein unprofessionelles, gescheitertes Unternehmen, das prompt durch unerlaubte Nachdrucke bestraft wird.   BL

selig, in höchstem Maße beglückend. Faust, erstmalig in Gretchens Kammer, schwärmt: »Wie atmet rings Gefühl der Stille,/Der Ordnung, der Zufriedenheit!/In dieser Armut welche Fülle!/In diesem Kerker welche Seligkeit!« (v. 2691 ff.). Gegenüber Gretchen sagt er über die höchste, religiöse Empfindung: »Und wenn du ganz in dem Gefühle selig bist,/[...] Nenn's Glück! Herz! Liebe! Gott!« (v. 3452 ff.). Im *Divan* heißt es in dem Gedicht *Offenbar Geheimnis* an Hafis' Adresse: »Der du, ohne fromm zu sein, selig bist«; das berühmteste Gedicht im *Buch des Sängers* heißt *Selige Sehnsucht*.   BJ

Selige Sehnsucht: *Sagt es niemand*, entstanden am 31.7.1814 in Wiesbaden; Erstdruck im *Taschenbuch für Damen auf das Jahr 1817* unter dem Titel *Vollendung*. Das Gedicht gilt als eines der tiefsten des *West-östlichen Divan*; sein Anspruch einer Geheimbotschaft: »Sagt es niemand, nur den Weisen« übt auf den Leser bis heute einen besonderen, appellativen Reiz aus und motivierte zu einer Fülle von Deutungen. G.s Vorlage war ein persisches Ghasel; er ging von der Autorschaft des ⁄Hafis aus, die heute als nicht mehr gesichert gilt. Das zentrale Bild des Schmetterlings, der in der Flamme verbrennt, ist aus der orientalischen sowie auch der abendländischen Lyrik und Liebeslyrik vertraut. Dieses Bild der sich verzehrenden Begierde formt G. in einer Metaphorik von Dunkelheit und Licht zu einem Sinnbild von irdischer und geistiger Liebe, von ⁄Polarität und Steigerung um und gibt damit einem seiner wichtigsten intellektuellen und emotionalen Lebensprinzipien eine eindrucksvolle lyrische Gestaltung. Die aus der islamischen und christlichen Religion vertraute Vorstellung von Tod und Wiedergeburt wird pointiert und übersteigert zu einem exklusiven Erfahrungsmodus, zur Hingabe an den Augenblick, der zugleich höchsten Genuß und höchste existentielle Gefährdung

bedeutet; für diese Vorstellungen wählt das Gedicht die Metaphern von Liebesnacht und Zeugung. Auch im Bild der brennenden und sich verzehrenden Kerze findet die Lebensintensität und die schöpferische Potenz des künstlerischen Menschen ihren Ausdruck. Thomas Mann hat in seinem Roman *Lotte in Weimar* die Doppelidentität des Künstlers zutreffend gedeutet, wenn er im Schlußkapitel mit deutlicher Anspielung auf *Selige Sehnsucht* den alten G. zu Lotte sagen läßt: »Du brauchtest ein Gleichnis, das mir lieb und verwandt ist vor allen, und von dem meine Seele besessen seit je: das von der Mücke und der tödlich lockenden Flamme. Willst du denn, daß ich diese sei, worin sich der Falter begierig stürzt, bin ich im Wandel und Austausch der Dinge die brennende Kerze doch auch, die ihren Leib opfert, damit das Licht leuchte, bin ich auch wieder der trunkene Schmetterling, der der Flamme verfällt, – Gleichnis alles Opfers von Leben und Leib zu geistiger Wandlung.« Trotz seines Charakters als Geheimbotschaft ist die letzte Strophe des Gedichts: »Und so lang du das nicht hast,/Dieses: Stirb und werde!/Bist du nur ein trüber Gast/Auf der dunklen Erde.« zu einer sentenzhaften und vielzitierten kulturellen Lebensweisheit geworden.   IW

Senckenberg-Familie: G. porträtiert im 2. Buch von *Dichtung und Wahrheit* den Vater und dessen drei Söhne aus dem unmittelbaren Bekanntenkreis Frankfurts. Den Vater als »wohlhabend«, seine drei Söhne als tölpelhafte »Sonderlinge«, welche die drei »Hasen« (aus der Hasengasse) genannt wurden: Heinrich Christian (1704-1768) wurde Reichshofrat in Wien, Johann Erasmus (1717-1795) ging als Anwalt und Ratsmitglied »auf eine rabulistische, ja verruchte Weise« keinem Streit aus dem Weg, Johann Christian (1707-1772), beliebter Arzt mit einer bizarren Art, sich durch die Straßen zu bewegen, gründete 1763 die bis heute existierende Senckenbergsche Stiftung in der Eschenheimer Gasse, »wo neben der Anlage eines bloß für Frankfurter Bürger bestimmten Hospitals ein botanischer Garten, ein anatomisches Theater, ein chemisches Laboratorium, eine ansehnliche Bibliothek und eine Wohnung für den Direktor eingerichtet ward, auf eine Weise, deren keine Akademie sich hätte schämen dürfen« (ebd.).   BL

sentimental s. **naiv**

Serlo: Figur in *Wilhelm Meisters Lehrjahre*, Theaterdirektor der städtischen Bühne, zu der ⁄Wilhelm stößt, geborener Schauspieler, der seit seiner Kindheit auf der Bühne steht und die Schauspielerei zur höchsten Kunst führt. In seinem alltäglichen Umgang jedoch wird Serlo immer stärker als künstlich, verstellt und ängstlich wahrgenommen. Serlo inszeniert, nach z.T. langen dramaturgischen Erörterungen mit Wilhelm, *Hamlet* und *Emilia Galotti.*   BJ

Sesenheim: Kleines Dorf im Elsaß etwa 30 km nördlich von Straßburg, eine Strecke, die zu Pferde in etwa drei Stunden zu bewältigen war. G. wurde hier am 10. Oktober 1770 von seinem Straßburger Tischgenossen Weyland in die Familie des Pfarrers Brion eingeführt, zu dessen jüngerer Tochter Friederike er eine mehr als freundschaftliche Bindung entwickelte, die er im August 1771 abrupt mit dem Weggang aus Straßburg nach Frankfurt beendete. Der Schilderung der häufigen und länger andauernden Besuche in Sesenheim, der Freundschaft zu Friederike Brion und den Erlebnissen in der begeistert empfundenen Landschaft ist das 11. Buch von *Dichtung und Wahrheit* gewidmet; die poetische Verarbeitung der Liebesbeziehung spricht v.a. aus dem berühmten Gedicht *Mir schlug das Herz, geschwind zu Pferde* (später: *Willkommen und Abschied*) und aus den ↗»Sesenheimer Liedern«, die zu den bedeutendsten Frühwerken G.s gehören. Auf seiner zweiten Reise in die Schweiz 1779 besuchte G. Sesenheim wieder, er verließ es mit dem Gefühl, sich mit Friederike Brion ausgesöhnt zu haben (vgl. Brief an Charlotte von Stein, 25.9.1779).
                    BJ

Sesenheimer Lieder (Friederike-Lieder): Entstanden 1770/71, Erstdruck einzelner Texte in *Iris* 1775 und in *Schriften* 1789. Die 14 überlieferten Gedichte sind lyrischer Ausdruck der Begegnung mit der Sesenheimer Pfarrerstochter Friederike ↗Brion während G.s Straßburger Studentenzeit von April 1770 bis August 1771. Im 11. Buch von *Dichtung und Wahrheit* schreibt er: »Unter diesen Umgebungen trat unversehens die Lust zu dichten, die ich lange nicht gefühlt hatte, wieder hervor. Ich legte für Friederiken manche Lieder bekannten Melodien unter. Sie hätten ein artiges Bändchen gegeben; wenige davon sind übrig geblieben, man wird sie leicht aus meinen übrigen herausfinden.«
Wichtig für die Sicherstellung des Materials war der Student Heinrich Kruse, der 1835 nach Sesenheim reiste und aus dem Nachlaß Friederikes zehn bislang unbekannte Gedichte kopierte, die zum Teil von ihrer Hand geschrieben waren; ein elftes diktierte ihm Friederikes jüngste Schwester Sophie aus der Erinnerung. Inzwischen ist nachgewiesen, daß zwei dieser Texte

von Jacob Michael Reinhold Lenz stammen, der nach G.s Weggang Friederike umwarb. In der Entwicklung des Lyrikers G. markieren die *Sesenheimer Lieder,* traditionell als ↗Erlebnisdichtung verstanden, den Übergang von der ↗Rokokolyrik hin zu einem neuen Ausdruck von Subjektivität und individueller Natur- und Liebeserfahrung.   IW

Sexualität ist in G.s Werken des öfteren thematisiert, doch immer wieder nur, um nicht zur Sache zu kommen. Werthers Liebe zu Lotte schließt Sexualität aus (»alle Begier schweigt in ihrer Gegenwart«; 1. Buch,16.7.); Wilhelm Meister kneift in den *Lehrjahren* angesichts der eindeutigen Offerten der lebensfrohen Nymphomanin ↗Philine und fühlt sich in Gegenwart der Amazone (einem wunderschönen Mannweib – seiner späteren Frau Natalie) oder ↗Mignons (einem androgynen Kind) viel wohler; im Gedicht *Das Tagebuch* schlummert das liebreizende und bereitwillige Stubenmädchen über der Impotenz des Ich-Erzählers ein; in von G. unveröffentlichten Partien der *Venezianischen Epigramme* ist die Furcht vor Geschlechtskrankheiten ausschlaggebend dafür, daß es nicht »zu dem wärmeren Spiel« mit italienischen Freudenmädchen kommt.

Im wirklichen Leben hatte G. fünf Kinder (die bis auf August ganz jung starben) mit Christiane Vulpius, die er 1788 kennengelernt hatte und mit der offensichtlich blitzschnell ein sexuelles Verhältnis zustandegekommen war. K.R. Eissler behauptet in seiner umfangreichen psychoanalytischen G.-Studie, die von der traditionellen G.-Forschung eher kritisch gesehen wird, daß G. die »Freuden des ächten nacketen Amors« (*Römische Elegien*), also Geschlechtsverkehr mit genitaler Befriedigung, erstmalig kurz zuvor in Rom erlebte und führt diesen relativ späten Zeitpunkt (G. war 37) auf tiefgreifende Störungen in G.s Sexualverhalten zurück (Versagens- und Kastrationsängste, vorzeitiger Samenerguß, Minderwertigkeits- und Schuldgefühle).

Er behauptet weiterhin, daß G. einer starken Schwesterfixierung unterlag, die auch dazu führte, daß er unbewußt Situationen aufsuchte, in denen – über Küsse und Berührungen hinausgehende – sexuelle Handlungen gegen die gesellschaftliche Übereinkunft und somit – genau wie mit der Schwester – unmöglich waren, daß er sich also in Frauen verliebte, mit denen zu haben waren und mit denen er nicht ins Bett gehen *mußte* (Friederike ↗Brion: eine Unschuld vom Lande, die bei den Eltern wohnte; Charlotte ↗Buff: verlobt; Charlotte von ↗Stein: bereits verheiratet, Mutter von drei Kindern, im Gedicht

Warum gabst du uns die tiefen Blicke bezeichnenderweise zu »Meine Schwester oder meine Frau« in einem früheren Leben stilisiert; auf Corona ↗Schröter hatte bereits der Herzog ein Auge geworfen etc.).

Eine von ↗Riemer festgehaltene, etwas paradox anmutende, weil Ästhetisches und Gefühlsmäßiges vermengende Bemerkung weist auf G.s Aversion gegen den koitalen Aspekt der Liebe hin: »Die Begattung zerstört die Schönheit, und nichts ist schöner als bis zu diesem Moment« (12.11.1813). Immerhin, zumindest mit Christiane Vulpius konnte G. eine zeitlang in einer erfüllten sexuellen Beziehung leben, womöglich aufgrund ihrer sozial niederen Stellung, ihrer bedingungslosen Ergebenheit, ihrem Verzicht auf gesellschaftliche Anerkennung (Ehe, Hofleben), ihrer ungehemmten, unverbildeten Körperlichkeit und ihrer Sinnesfreudigkeit. G. selbst gab einen Erklärungsvorschlag ab: »Lange sucht ich ein Weib mir, ich suchte, da fand ich nur Dirnen,/Endlich erhascht ich dich mir Dirnchen, da fand ich ein Weib« (*Venezianische Epigramme*). DF

Seylersche Theatertruppe, von 1771 bis 1774 am Weimarer Hoftheater spielende Gruppe, der der Schauspieler Conrad ↗Ekhof angehörte. Die Truppe mußte nach dem Brand des Schlosses 1774, bei dem das ↗Hoftheater zerstört wurde, nach Gotha wechseln. BJ

Shaftesbury, Anthony Ashley Cooper Earl of (1671-1713), engl. Philosoph und Staatsmann. Shaftesbury wertete in seinen anthropologischen Schriften, konträr zu rein rationalistischen Konzepten, Empfindungen und Gefühle stark auf, faßte sie als der Vernunft komplementäre Erkenntnisquelle auf. Das hat entscheidende Konsequenzen für die Auffassung vom Künstler: Dessen im G.schen Sinne ›ahndender‹ Sinn für mikrokosmische Harmonie tritt an die Stelle bloß technisch-rhetorischer Kunstfertigkeit. Der Künstler erschafft im Kunstwerk einen in sich harmonischen Mikroskosmos, der den Makrokosmos der göttlichen Schöpfung abbildet. Gott erscheint hier zwar als der größte Künstler, der menschliche Künstler aber als »second maker, a just Prometheus under Jove« (*Soliloquy*), als zweiter Schöpfer. Über seine Bedeutung für die Entwicklung der ↗Empfindsamkeit hinaus wirkte Shaftesburys Künstler-Vorstellung in die Konzeption des ↗Genies, wie sie von Herder und vom jungen G. entwickelt werden, hinein: G.s Ode *Prometheus* greift unmittelbar auf Shaftesburys Konzept zurück, ähnlich die Konzeption Erwin von

↗Steinbachs als Genie (*Von deutscher Baukunst*). In seiner Trauerrede auf Wieland (1813) feierte G. Shaftesbury als geschätzten Denker, als Wielands »älteren Zwillingsbruder«, ihm an Witz und Toleranzvermögen ebenbürtig. BJ

Shakespeare und kein Ende, kleiner Aufsatz, dessen ersten und zweiter Teil 1813 entstanden, der dritte erst 1816; Erstdruck 1815 bzw. 1816. Gegenüber der jugendlichen Begeisterung, die aus der Rede *Zum Schäckespears Tag* 1771 sprach, spricht G. hier in sachlichem Stil. Der Aufsatz erscheint systematisch gegliedert: Der erste Teil würdigt Shakespeare als Dichter überhaupt, seine Schöpfung durch dichterische Sprache und lebendiges Wort, der allerdings kein Naturstatus mehr zugesprochen wird. Im zweiten Teil vergleicht G. Shakespeare mit den antiken und modernen Schriftstellern; er unterscheidet zwischen Antike und Moderne nach den Kategorien des Sollens und Wollens, des Naiven und Sentimentalischen (nach Schiller). Shakespeare changiere zwischen beidem, verbinde das Alte mit dem Neuen. G. relativiert im dritten Teil seine frühere emphatische Begeisterung für Shakespeare als Theaterdichter: Er spiele zwar in der Geschichte der Poesie eine große Rolle, seine dramatischen Werke aber blieben hinter den modernen Forderungen einer symbolischen Theatralik zurück. BJ

Shakespeare, William (1564-1616), englischer Dichter und Dramatiker der Renaissance, Verfasser bedeutender Tragödien wie *Hamlet, King Lear* und *Macbeth*, beliebter Komödien (*The Taming of the Shrew, Midsummer Night's Dream*) und einer Vielzahl von Sonetten. Shakespeare galt seit der Mitte des 18. Jh.s als alles überragendes Paradigma des ↗Genies, das sich die Regeln seiner Kunst selbst setzte, und stand damit als dramatisches Vorbild gegen die Tradition des französischen Klassizismus. G. lernte Shakespeare schon als Jugendlicher in der Übersetzung ↗Wielands kennen, enthusiastisch reagierte er allerdings erst, als ↗Herder ihm den Engländer nahebrachte. Seine Rede *Zum Skäkespears Tag* (1771) dokumentiert beispielhaft diese Begeisterung, ebenso wie die Dramenästhetik des jungen G.

Später relativierte G. die Emphase gegenüber dem zeitlebens geschätzten Dramatiker (*Shakespeare und kein Ende*). Für das Weimarer ↗Hoftheater bearbeitete G., z.T. in intensiver Zusammenarbeit mit Schiller, viele der Dramen Shakespeares, er läßt seinen Romanhelden ↗Wilhelm Meister in den *Lehrjahren* den *Hamlet* diskutieren, dramaturgisch bearbeiten und mitinszenieren – wobei Wilhelm auf entlarvend identifikatorische Weise die Rolle des Titelhelden übernimmt. BJ

Sickingen, Franz von, historisch belegte Figur aus *Götz von Berlichingen.* Beim Aufstand der Reichsritter 1522/23 zog Sickingen (1481–1523) sich eine tödliche Verletzung zu. G. stellt eine etwas ruppige Figur auf die Bühne, die mit ihrer Politik zwischen Kämpfen und Verhandeln die Ehre des Ritterstandes in zeitgemäßer Weise wiederherstellen will. Sickingen heiratet Götz' Schwester ↗Marie, befreit Götz aus der Gefangenschaft und überlebt das Ende des Dramas. WM

Sieben Siegel, nach einer Formulierung der Johannes-Offenbarung (Apokalypse 5.1) ein poetisches Bild für einen verschlossenen, menschlicher Einsicht und Erkenntnis unzugänglichen Sachverhalt. G. verwendet das Bild in einem Vers in *Faust I*: »Mein Freund, die Zeiten der Vergangenheit/Sind uns ein Buch mit sieben Siegeln« (v. 575f.). BJ

Siebenjähriger Krieg: Auseinandersetzung um den Besitz Schlesiens zwischen Preußen und Österreich 1756–1763. Frankreich kämpfte auf österreichischer Seite und besetzte Frankfurt/M. Im Elternhaus G.s wurde der französische Offizier ↗Thoranc einquartiert, in der Stadt richtete man ein Theater ein, auf dem die französischen Klassizisten gespielt wurden. G. lernte durch den Kontakt zu den Franzosen und ihrem Theater sowohl deren Literatur als auch die Theaterästhetik kennen, wie das 3. Buch von *Dichtung und Wahrheit* darstellt. Die Familie G. wurde durch die Parteinahme für Friedrich den Großen bzw. den Kaiser zeitweise entzweit. BJ

Sievers, Figur aus *Götz von Berlichingen*: Kein historisch verbürgter Name. Ihm gilt bei Beginn des Stücks die Aufforderung ↗Metzlers: »Erzähl das noch einmal, vom Berlichingen« (I.1). Damit verweist G. auf den Kontext des Stückes, das eine alte Geschichte in dramatisierter Form vergegenwärtigt. In den Schilderungen des Bauernkrieges im 5. Akt erscheint Sievers nicht mehr. WM

Silhouettenschneiderei: Eine nach Étienne de Silhouette benannte Kleinkunstform zur – nicht weiter aufwendige, also billigen – Herstellung von Personenporträts in Form von Schattenrissen, die im 18.Jh. und weiter bis zur Erfindung des Paßfotos in Ermangelung besserer Abbildungen beliebte Tauschobjekte und Andenken waren. So ist z.B. Charlotte ↗Buffs Schattenriß in G.s Briefen an sie und ihren Mann häufiges Thema, ↗Werther fertigt selbst einen solchen von Lotte an, um ihr Bild ständig vor Augen zu haben. Wissenschaftlicheren Umgang mit Silhouetten pflegte G. vor allem 1774/75 anläßlich seiner Mitarbeit an ↗Lavaters *Physiognomischen Fragmenten* – auch dies könnte deren große Anzahl in seinem Nachlaß erklären. Nur anhand der Konturen der dargestellten Gesichter vermochte G. tiefgreifende Auskünfte über die betreffenden Personen und Charaktere zu geben. Die Silhouette der Charlotte von ↗Stein, die ihm Johann Georg Zimmermann 1775 neben 100 anderen zur Interpretation vorlegte, faszinierte G. derart, daß er sich Hals über Kopf in die Frau verliebte, die er persönlich erst einige Monate später kennenlernte. Im G.-Museum Düsseldorf ist erhebliches Material zur Silhouettenkunst versammelt. DF

Singet nicht in Trauertönen s. **Aus Wilhelm Meister**

Singspiel: Ein im 18.Jh. so nachhaltig wie kontrovers diskutiertes theatralisches Genre, das die bürgerliche Alternative zur Praxis der repräsentativen Opern an den Höfen war. Es wird gern als eine Vorform der deutschen Oper definiert mit genrehaft heiter-sentimentalen Sujets, gesprochenen Dialogen, in der bisweilen mit spöttisch parodistischen Elementen der englischen »ballad opera«, der Intermezzopraxis oder der französischen »opéra comique« umgegangen wurde. Ihre ersten bedeutenden Repräsentanten waren Johann Adam Hiller und Christian Felix Weiße, deren Operetten während G.s Leipziger Studienzeit überaus beliebt waren. Johann Friedrich ↗Reichardt war einer der G. nahestehenden Komponisten, der sich mit ausführlichen Texten besonders engagiert an der Diskussion um die Entwicklung dieses Genres beteiligte. Bereits als 22jähriger hatte er einen Traktat *Über die Deutsche comische Oper* (Hamburg 1774) vorgelegt, eine Schrift, die G. gekannt haben mochte, als er mit dem Musiker 1784 in Kontakt trat, um von ihm nicht weniger als vier Singspiele in Musik setzen zu lassen und weitere Pläne zu entwickeln.

Während Christoph Martin ↗Wieland mit seinem Traktat *Versuch über das Deutsche Singspiel* sein ambitioniertes Singspiel in 5 Akten *Alceste* untermauerte, ließ sich G. in die theoretische Diskussion nur indirekt ein. Das, obwohl ihn seine zahlreichen Libretti, Entwürfe, Opernkonzepte und Fragmente bis hin zum Plan einer »Faustoper« (↗Faustvertonungen)

Kostümierung zur Aufführung der »Zobeis«

seit der ersten Vertonung von *Erwin und Elmire* durch Johann André (1774/75) fast fünfzig Jahre beschäftigten. Er hatte nicht nur ein vitales Interesse, während seiner ersten Weimarer Jahre – anknüpfend an eine in dieser Residenzstadt schon zur Tradition gewordene Vorliebe – das ⟋Liebhabertheater mit realisierbaren Stücken zu versorgen, sondern er eröffnete sich mit jedem Beitrag ein neues dramatisches Experimentierfeld. Einige der Stücke arbeitete er sogar mehrfach um und paßte sie seinen geänderten Vorstellungen an (*Claudine von Villa Bella, Erwin und Elmire, Jery und Bätely* oder *Lila*).

G.s Bestreben nach einer Symbiose von Dichtung und Musik ließ ihn stets den dichten Austausch mit Komponisten suchen, und er bat sogar den ihm befreundeten Philipp Christoph ⟋Kayser, ihm 1787 nach Rom zu folgen, um den damals bereits mehrere Jahre anhaltenden Vertonungsprozeß seines Singspiels *Scherz, List und Rache* in bestimmter Weise voranzutreiben. Kayser konnte seinen Vorstellungen nur zum Teil folgen, die G. ihm wiederholt mündlich wie auch schriftlich antrug. Dieser Korrespondenz (*Jery und Bätely*) verdanken wir die Skizzierung seines

damaligen Singspielkonzepts, das die »allereinfachsten Umrisse« haben und durch den Komponisten »mit Licht, Schatten und Farben« versehen werden sollte (G. an Kayser, 29.12.1779).

G.s Singspiele durchmessen viele Stadien, sind formal wie terminologisch vielgestaltig schillernd und umfassen die derbe Posse (*Jahrmarktsfest zu Plundersweilern*) ebenso wie seine »Schauspiele mit Gesang« (*Erwin und Elmire*), sein »Feenspiel« (*Lila*), die ersten Versuche eines »Liederspiels« (*Die Fischerin*) oder die Ergänzung von Wolfgang Amadeus Mozarts *Zauberflöte* (⟋Mozart). Zu einem ernüchternden Einschnitt in seine eigenen Bemühungen kam es während seines Italienaufenthaltes. Die Begegnung mit Mozarts *Entführung* faßte er selbst in den Satz: »Alles unser Bemühen daher, uns im Einfachen und Beschränkten abzuschließen, ging verloren, als Mozart auftrat. *Die Entführung aus dem Serail* schlug alles nieder« (*IR*, November 1787).   GBS

Sinnlichkeit: G. war zwar kein Hedonist, doch Sinnesfreuden gegenüber zeigte er sich keineswegs abgeneigt, sei es beim Essen, beim Trinken, in der Liebe.

Auch in erkenntnistheoretischen Fragen war ihm die Sinnlichkeit wichtig: »Die Sinne trügen nicht, das Urteil trügt« (*MuR*), entgegnete er seinen logisch-rationalistischen Zeitgenossen, die vor allem dem Denken (Vernunft und Verstand) das Vermögen zusprachen, die Welt angemessen wahrnehmen und erkennen zu können, und demgegenüber die naturgegebenen Körperfunktionen abwerteten. Für ihn hingegen fielen beide Tätigkeiten, die der Sinnesorgane und die des Gehirns, in eins zusammen, weshalb er sich auch riesig über Johann Christian August Heinroths Äußerung freute, nach der sein, G.s, »Anschauen selbst ein Denken« und sein »Denken ein Anschauen« sei (*Bedeutende Förderniss durch ein einziges geistreiches Wort*). Favorisiertes und immer wieder thematisiertes Sinnesorgan war das ↗Auge, was sich in G.s Bevorzugung der bildenden Kunst gegenüber z.B. der Musik niederschlägt, des weiteren in seiner Beschäftigung mit optischen Fragen, nicht zuletzt in der *Farbenlehre* (mit dem Abschnitt *Sinnlich-sittliche Wirkung der Farben*).   DF

Sirenen: In der griechischen Mythologie weibliche Meerdämonen, halb Mensch, halb Vogel, die für die mittägliche Windstille verantwortlich waren und vorbeifahrende Schiffsbesatzungen mit süßem Gesang in den Tod lockten. Odysseus überlebte bekanntermaßen, worauf die Sirenen sich ins Meer stürzten und zu Felsen wurden. Zwischen Neapel und Palermo gibt es einige am Tourismus interessierte Gemeinden, die heute den Sitz der Sirenen für sich beanspruchen. Für G. waren die »Sirenenfelsen« (an Carl August, 27.-29.5.1787) die Faraglioni von Capri, und der Umstand, daß bei seiner Rückreise von Sizilien das Schiff wegen Windstille und gefährlicher Strömung beinahe an den Felsen von Capri zerschellt wäre (*Meeresstille/Glückliche Fahrt*), könnte für G.s heimliche Identifizierung mit Odysseus, womöglich gar mit Orpheus, dem es als einzigem gelang, noch süßer als die Sirenen zu singen, gesorgt haben (G. konnte durch eine Ansprache das Ausbrechen von Panik verhindern). Im *Faust II* tauchen – neben vielen anderen mythologischen Figuren – auch Sirenen als dramatis personae auf; 1827 entstand im Hinblick auf die Helena-Figur das kleine Gedicht *Die neue Sirene* (von Göttling ins Griechische übertragen); Zeichnungen nach antiken Gemmen hat G. selbst angefertigt.   DF

Sixtinische Kapelle: Hauskapelle des Papstes in Vatikan mit Michelangelos Deckenfresken aus der Schöpfungsgeschichte bzw. dem Altarfresko des Jüngsten Gerichts, das sich G. abzeichnen ließ. Sehr häufig besuchte er die päpstliche Kapelle und war jedes Mal überwältigt: »Ohne die Sixtinische Kapelle gesehen zu haben, kann man sich keinen anschauenden Begriff machen, was ein Mensch vermag« (*IR*, 23.8.1787). Doch ihn August 1787 vermochten es auch die Fresken nicht, G. wachzuhalten: »Ich erinnere mich, ermüdet von großer Tageshitze, auf dem päpstlichen Stuhle einem Mittagsschlaf nachgegeben zu haben« (*IR*, August 1787).   AR

Sizilien, große Insel im Süden Italiens mit der Hauptstadt Palermo. Sizilien bildete zur G.-Zeit zusammen mit Neapel ein eigenes Königreich und gehörte aus der Perspektive der damaligen Italienreisenden nicht zu Italien selbst, sondern war Restbestand des alten Griechenland, dessen westliche Grenze es bildete. G. bereiste Sizilien gemeinsam mit dem Landschaftszeichner ↗Kniep vom 29. März bis zum 15. Mai 1787. Landschaft und Natur sowie die Überreste der griechischen Kultur weckten homerische Erinnerungen, aus denen die Konzeption des nicht ausgeführten Odysseus-Dramas *Nausikaa* herrührte. Die sizilische Stadt Messina, die 1783 durch ein Erdbeben zerstört worden war und sich zur Zeit von G.s Besuch noch immer in einem desolaten Zustand befand, führte G. wieder die unvorstellbaren vulkanischen Gewalten vor Augen – wie der Vulkan ↗Ätna, der die gesamte Insel beherrscht.   BJ

Skepsis: Zweifelnde Haltung, die G. nach dem Realismus des Kindes und dem Idealismus des Jünglings dem reiferen Manne zuspricht: »Dagegen ein Skeptiker zu werden hat der Mann alle Ursache; er thut wohl zu zweifeln, ob das Mittel, das er zum Zwecke gewählt hat, auch das rechte sei. Vor dem Handeln, im Handeln hat er alle Ursache, den Verstand beweglich zu erhalten, damit er nicht nachher sich über eine falsche Wahl zu betrüben hat« (*MuR*). Wenngleich G. Skepsis zuweilen auch negativ als regelrechte Zweifelsucht kritisierte, rechnete er ihr doch im Allgemeinen positive Qualitäten zu: »Eine thätige Skepsis: welche unablässig bemüht ist, sich selbst zu überwinden, und durch geregelte Erfahrung zu einer Art von bedingter Zuverlässigkeit zu gelangen« (*MuR*).   BJ

Skizze: Als Zeichner mit Begabung hielt G. seine Reisen nicht nur in schriftlichen Notizen fest, er fertigte auch Skizzen von Landschaften und Bauten an. Der Vater, der ihn allerdings »nicht zum Maler bestimmt« hatte, förderte G. im Zeichnen von jung auf, »er fragte wohlwollend nach meinen Versuchen, und zog Linien um jede unvollkommene Skizze: er wollte mich dadurch zur Vollständigkeit und Ausführlichkeit nötigen« (*DuW*, 6. Buch). In *Tag- und Jahreshefte* (1805/6) rühmt G. eine Rubensskizze von »meisterhafter« Bedeutung; in Skizzen wie dieser würden in »flüchtigsten Bilder[n] oft die glücklichsten Gedanken« eingefangen. In den Schriften zur Kunst wird eine kritische Einstellung dargestellt: als »Entwerfer«, die die Dinge nur anreißen, jedoch nicht vollenden, wirft G. den Skizzisten eine »gefährliche Einseitigkeit in der Kunst« vor (*Der Sammler und die Seinigen*).   AV

Slawische Literaturen lernte G. durch die Vermittlung ↗Herders kennen; er steuerte 1778 zu dessen *Volksliedern* seine Fassung der deutschen Übersetzung einer serbischen Volksballade bei: den *Klaggesang von der edlen Frauen des Asan Aga*. Im Zuge seiner Beschäftigung mit Volksdichtung und dem Konzept der ↗Weltliteratur, vor allem jedoch aufgrund seiner Kontakte zu Wuk Stephanowitsch Karadschitsch, einem Sammler von serbischen Volksliedern, und der Übersetzungen aus dem Serbischen von Jakob Grimm und Therese Jakob entstand 1823 der Aufsatz *Serbische Lieder.* Trotz des persönlichen Umgangs mit der russischen Zarenfamilie (Maria Pawlowna lebte seit 1803 als Schwiegertochter Carl Augusts in Weimar) beschäftigte sich G. kaum mit russischer Literatur, er kannte nur die Anthologie *Specimens of Russian Poets.* Mit böhmischer Literatur kam G. nicht zuletzt während seiner Badereisen nach Karlsbad und Marienbad in Berührung. Er befaßte sich vor allem mit der 1817 veröffentlichten *Königinhofer Handschrift*, einer Textsammlung, die ihn 1822 wieder zu einer Nachdichtung anregte: *Das Sträußchen. Altböhmisch*, 1827; im Aufsatz *Böhmische Poesie*, bezeugte G. den jüngeren böhmischen Dichtern zwar durchaus seinen Respekt, doch insgesamt galt für die »düsteren« slawischen Literaturen: »Man liest es und interessiert sich wohl eine Zeitlang dafür, aber bloß um es abzutun und sodann hinter sich liegen zu lassen« (Eckermann, 3.10.1828).   DF

So laßt mich scheinen s. **Aus Wilhelm Meister**

Söller, Figur aus der frühen Komödie *Die Mitschuldigen*; ist ein listiger, nur auf eigenen Vorteil bedachter, fauler Verlierertyp: eine grobe, witzige Karikatur, die sich direkt an das Publikum wendet. Das »fleißige Studium der Molierischen Welt« (*TuJ*, 1764 bis 1769) und die Figur des Sganarelle finden hier ihren Ausdruck.   WM

Sommer: G. setzt die Jahreszeit häufig als poetischen Hintergrund oder als Motiv ein. Im 11. Buch von *Dichtung und Wahrheit* schildert er den Sommer in Sesenheim ganz idealisch, im 12. die Zeit mit Lotte und Kestner in Wetzlar: »So lebten sie, den herrlichen Sommer hin, eine echt deutsche Idylle«. In seiner literarischen Idylle *Hermann und Dorothea* ist der Sommer perfekt: »Solch ein Wetter ist selten zu solcher Ernte gekommen,/Und wir bringen die Frucht herein, wie das Heu schon herein ist,/Trocken; der Himmel ist hell, es ist keinen Wölkchen zu sehen/Und von Morgen wehet der Wind! Und überreif ist das Korn schon« (I.45ff.). Im übertragenen Sinne setzt G. das Bild des Sommers in den *Bekenntnissen einer schönen Seele* ein, um die Veränderung in einer Liebesbeziehung auszudrücken: »Nun war fast ein Jahr unserer Verbindung verstrichen, und mit ihm war auch unser Frühling dahin. Der Sommer kam, und alles wurde ernsthafter und heißer« (*Lj*, VI).   BJ

Sömmerring, Samuel Thomas von (1755–1830), Anatom und Physiologe; Professor in Kassel und Mainz, dann praktischer Arzt in Frankfurt. G. lernte ihn 1783 in Kassel kennen. Für Untersuchungen zum Zwischenkiefer schickte er G. Tierschädel, einen ↗Zwischenkieferknochen beim Menschen bestritt er. G.s Farbenlehre beeinflußte er entscheidend. Seine These, daß die Hirnhöhlenflüssigkeit »Sitz der Seele« (*TuJ*, 1795) sei, lehnte G. wegen der Vermischung von Physiologischem und Philosophischem ab. G. – geistig gestreßt – scherzhaft an Schiller: Seine ganze Existenz habe sich innerhalb des »Sömmeringischen Wassers« konzentriert (15.5.1803).   PO

Sonderakte Mazeration G. s. **Fürstengruft**

Sonett/Sonette: Die kunstvolle Gedichtform mit zwei vierzeiligen Quartetten und zwei dreizeiligen Terzetten entstammt der italienischen Lyrik des 13. und 14.Jh.s und wurde besonders durch Dante und Petrarca bekannt. Sie wurde in der deutschen Barocklyrik gepflegt, galt während der Aufklärung jedoch als allzu artifiziell. Erst die jungen Romantiker, darunter August Wilhelm und Friedrich Schlegel, Ludwig Tieck, Novalis dichteten wieder in dieser Form. G. stand der ausbrechenden ›Sonettenwut‹ zunächst kritisch gegenüber; seine distanzierte Haltung wurde wesentlich durch den Kontakt mit August Wilhelm Schlegel gelockert, der zahlreiche Sonette gedichtet hatte, so *Das Sonett* und ein Widmungssonett *Goethe* mit der künstlerisch nicht ganz überzeugenden Zeile: »Uns sandte, Goethe, dich der Götter Güte«.

Dieser Huldigung konnte G. sich nicht entziehen; in *Das Sonett*, entstanden wohl 1800, machte er den wachsenden Druck, auch in dieser Form zu dichten, zum Thema: »Sich in erneutem Kunstgebrauch zu üben,/Ist heil'ge Pflicht, die wir dir auferlegen«. Die skeptische Distanz ist jedoch unüberhörbar: »Ich schneide sonst so gern aus ganzem Holze,/Und müßte nun doch auch mitunter leimen.« G.s zweites Sonett *Natur und Kunst*, das wohl kurz nach dem ersten entstand, kann als Gegengedicht gelesen werden; jetzt geht es um klassischen Ausgleich der Gegensätze: »In der Beschränkung zeigt sich erst der Meister,/Und das Gesetz nur kann uns Freiheit geben.«

Im Winter 1807/1808 entstand der Zyklus *Sonette*. 15 Gedichte wurden 1815 in den *Werken* publiziert; 1827 kamen in der *Ausgabe letzter Hand* zwei weitere hinzu. Die Frage nach den ›Musen‹ dieser Sonette spielte in der Rezeptionsgeschichte eine große Rolle. Im Winter 1807/08 verkehrte G. häufig im gastfreien Haus des Jenaer Verlegers und Buchhändlers Carl Friedrich Ernst ↗Frommann, in dessen Verlag 1806 die Sonette Petrarcas erschienen waren. In diesem gebildeten und geselligen Kreis, dessen emotionaler Mittelpunkt die achtzehnjährige Pflegetochter Frommanns, Christiane Friederike Wilhelmine (Minchen) ↗Herzlieb war, entwickelte sich eine erotisch und poetisch gleichermaßen inspirierende Atmosphäre. G., sein Freund und Sekretär Friedrich Wilhelm ↗Riemer und der Dichter Zacharias ↗Werner begannen einen Wettstreit im Dichten und Vortragen von Sonetten. So ist Sonett XVII, *Scharade*, mit der Auflösung Herz/lieb die Antwort auf ein Rätselsonett Werners an die gleiche Adressatin. In Sonett XVI setzt G. dem Karfreitagserlebnis Petrarcas 1327, das den Beginn von dessen unglücklicher Liebe zu Laura markiert, den eigenen glücklichen »*Advent* von Achtzehnhundertsieben« entgegen.

Literarisch komplexer ist ein zweiter weiblicher Einfluß, die schwärmerisch-enthusiastische Verehrung der jungen Bettine ↗Brentano (spätere von Arnim), die G. 1807 zweimal in Weimar besuchte und einen leidenschaftlichen Briefwechsel mit ihm entfaltete. Motive und Formulierungen aus Briefen Bettines sind mehrfach in die Sonette eingefügt; diese für die Konzeption des Zyklus strukturbildende weibliche Stimme (Sonett IV und die Briefsonette VIII, IX und

X) weist auf die Rolle Marianne von Willemers für den *West-östlichen Divan* voraus. Wichtiger als das Entschlüsseln biographischer Bezüge ist die Art ihrer poetischen Verarbeitung. Sonett I, *Mächtiges Überraschen*, thematisiert im Bild des Stroms, eine in der Lyrik G.s häufige Metapher für menschliches Leben, die doppelte Belebung des alternden Dichters durch die als Naturkraft erfahrene Liebe und die poetisch inspirierende neue Form des Sonetts. Auch in Sonett II wird darauf verwiesen, daß das erotische Spiel in ein literarisches Formenspiel überführt, daß Weiblichkeit von ihrer Individualität gelöst und zum literarischen Bild stilisiert wird: »Ein Mädchen kam, ein Himmel anzuschauen,/So musterhaft wie jene lieben Frauen/Der Dichterwelt«.

Die *Sonette* thematisieren den Wechsel von Ferne und Nähe, Anziehung und Abstoßung, männlicher und weiblicher Stimme, die sich in Sonett XV direkt antworten. In diesem Hin und Wider von Männer- und Frauenrede erfüllen sie die antithetische Pointierung und das argumentative Muster der Gattung Sonett. Der männliche Sprecher bleibt nicht in diesem Dialog eingebunden, er transzendiert ihn, indem er über Dichtung und Liebe, »Sonettenwut und Raserei der Liebe« (Sonett XI), reflektiert. In selbstironischer Weise macht er die Gattung Sonett und den Schreibprozeß zum Thema. Mit diesem modernen poetischen Verfahren demonstriert G. seine souveräne Beherrschung der Form.   IW

Sophie, Figur aus der frühen Komödie *Die Mitschuldigen*. Die Wirtstochter ist mit ↗Söller verheiratet. Die Anwesenheit ihres früheren Liebhabers ↗Alcest führt ihr in größter Deutlichkeit ihre unglückliche Lage zwischen Vater und unfähigem Ehemann vor Augen – ein Konflikt, der trotz aller komischen Verwicklungen deutlich wird.   WM

Sophokles (um 497–406 v. Chr.), bedeutender griechischer Tragiker; den »großen Meister meiner früheren Jahre« (an Ernst Christian August v. Gersdorff, 20.4.1822) las G. seit den 1770er Jahren bis ins hohe Alter. Lange unterhielt er sich mit Eckermann über Sophokles (28.3.1827), dessen *Elektra* ihn einst zur Verfassung seiner *Iphigenie* angeregt hatte, wie er Herder mitteilte: »Nach deinem Abschied laß ich noch in der Elecktra des Sophokles. Die langen Jamben ohne Abschnitt und das sonderbare Wälzen und Rollen des Periods, haben sich mir so eingeprägt daß mir nun die kurzen Zeilen der Iphigenie ganz höckerig, übelklingend und unlesbar werden. Ich habe gleich angefangen die erste Scene umzuändern« (1.9.1786).   AR

Soret, Frédéric Jean (1795–1865), Sohn eines Hofmalers am Zarenhof, Studium der Theologie und der Naturwissenschaften in Genf. Mit Unterstützung G.s wurde er 1822 Erzieher des Sohnes der Erbgroßherzogin Maria Pawlowna in Weimar, später Weimarer Hof- und Staatsrat. Soret ist, bei oft gegensätzlichen Positionen in naturwissenschaftlichen Fragen, häufig zu Gast bei G. Er übersetzt 1831 die *Metamorphose der Pflanzen* ins Französische, seine Gespräche mit G. gibt Eckermann im 3. Teil seiner Gespräche heraus.

BJ

Sorge: Sie ist eine Ausgeburt des Glücks und selbstvergessener Lebensfreude. Je intensiver das Glück genossen wird, desto vehementer tritt im höchsten Punkt seines Genusses die Hinfälligkeit und Unwiederbringlichkeit derartiger Momente und Erfahrungen ins Bewußtsein. Vor der destruktiven Dimension der Sorge, vor dem in Verzweiflung umschlagenden Zweifel, warnt G. eindringlich – auch Faust kann sich des »Phantoms« Sorge allein im Beharren auf die eigene Tüchtigket, den menschlichen Tätigkeitsdrang erwehren (*Faust*, v. 11384– 11498). Nach G. verhilft allein der tätige, der konstruktive Umgang mit dem Zweifel der tieferen Lebenserkenntnis. Wer indes nicht einmal zu solchen Einsichten fähig ist, dem muß auch die Sorge fremd bleiben: »Die Dummheit weiß von keiner Sorge« (Eckermann, 16.8.1824).

FT

Späne: Wo gehobelt wird, fallen sie bekanntlich – und so auch bei G.s ausgedehntem schriftstellerischem Schaffen. Die umfassendste aller G.-Ausgaben, die Weimarer Sophienausgabe, hat eine Auswahl all der herumfliegenden Zettel und Notizen aus G.s Nachlaß am Ende des 38. Bands unter eben dieser Überschrift mitaufgenommen. Ausgedehntes Stöbern sei wärmstens empfohlen!

AK

Spanische Literatur lernte G. bereits in den 1770er Jahren kennen: den *Don Quijote* und die *Novelas ejemplares* von Cervantes. Den *Clavigo* siedelte G. der Vorlage gemäß in Spanien an, 1780 und 1782 kam es zur sporadischen Lektüre der zwei Bände von ↗Bertuchs *Magazin der Spanischen und Portugiesischen Literatur.* Erst Wilhelm von Humboldts Spanienreise, die G. 1800 interessiert verfolgte, und die hochwertigen Übersetzungen der Romantiker führten dann allerdings dazu, daß G. spanische Literatur auch schätzen lernte: 1799–1801 erschien Tiecks *Don Quijote*, 1803–1809 August Wilhelm Schlegels Calderón-Dramen. Friedrich Schlegels begeisterte Besprechung der spanischen Volksliedsammlung der *Romances* lenkte G.s Blick auf dieselben, und er widmete deren Übersetzung durch Beauregard Pandin 1823 den Artikel *Spanische Romanzen.* G.s Kenntnisse bezüglich der spanischen Sprache waren ziemlich karg, seine Haltung zu Kultur und Literatur eines Landes, »von dem wir uns kaum ein Bild machen können« (an Gries, 29.5.1816), war insgesamt eher distanziert bzw. stereotyp. Dennoch: Vergleiche zwischen seinem Roman *Wilhelm Meisters Lehrjahre* und dem *Don Quijote* zogen u.a. Franz Grillparzer und Heinrich Heine.

DF

Sphäre/Element, von G. verwendet im ältesten Sinne von Planetenbahnen, aber auch als Begriff für die einzelnen Stufen eines neuplatonisch gedachten Lichtreichs (*Divan: Höheres und Höchstes*). Die Sphäre ist das Lebenselement – Erdgeist: »Du hast an meiner Sphäre lang gesogen« (v. 483) –, ist gesellschaftliche Umgebung und Wahrnehmungsbereich des Einzelnen. Der Erzähler der *Wahlverwandtschaften* definiert die Sphäre: »Charakter, Individualität, Neigung, Richtung, Örtlichkeit, Umgebungen und Gewohnheiten bilden zusammen ein Ganzes, in welchem jeder Mensch, wie in einem Elemente, in einer Atmosphäre schwimmt«. Sphäre meint auch Bereiche der Kunst bzw. der Wissenschaft, Faust sehnt sich »zu neuen Sphären reiner Thätigkeit« (v. 705), »jene Sphäre« ist die Welt des Jenseits (v. 1669), Mephisto zieht ihn in die »Traum- und Zaubersphäre« (v. 3871). Die Harmonie der göttlichen Schöpfung, die sich in der Sphären-Harmonie ausdrückt, besingen die Engel im »Prolog im Himmel«: »Die Sonne tönt nach alter Weise/In Brudersphären Wettgesang« (v. 243f.).

BJ

Sphinx: Weibliche Kolossalfigur aus der ägyptischen und griechischen Antike; Kopf und Brust stammen von einer Frau, der Körper ansonsten ist der eines Löwen. In der antiken Mythologie gibt die Sphinx Rätsel auf, G. setzt sie als Sinnbild des Überzeitlichen, Unwandelbaren in der ↗»Klassischen Walpurgisnacht« im *Faust II* ein, die eine spricht: »Sitzen vor den Pyramiden,/Zu der Völker Hochgericht;/Überschwemmung, Krieg und Frieden –/Und verziehen kein Gesicht« (v. 7245ff.).

BJ

Spiegel, spiegeln: Als optisches Gerät der Brechung von Licht beschreibt G. den Spiegel im Abschnitt »Physikalische Farben«, § 223 der *Farbenlehre*, als Requisit ist er wichtig in den *Wanderjahre*-Novellen »Wer ist der Verräter« und »Der Mann von funfzig Jahren«. In der »Hexenküche« sieht Faust ein weibliches Idol im Zauber-Spiegel (v. 2430, 2599). Das Naturphänomen sich im Wasser spiegelnder Landschaften o. ä. verarbeitet G. poetisch etwa in *Auf dem See*, in *Mächtiges Überraschen* (↗ Sonette) spiegeln sich mit den Sternen auch die Naturgesetze im Wasser. Die Seele wird als Spiegel Gottes oder ewiger Wahrheit interpretiert (*Faust*, v. 615, *Werther*, 10. Mai). Spiegel ist immer ein Bild für Reflexion, auch im erkenntnistheoretischen Sinne verwendet G. Phänomene des Spiegels als Bild (↗ Abglanz). BJ

Spiel s. **Ernst**

Spieß, Christian Heinrich (1755–1799), Wanderschauspieler, später böhmischer Gutsverwalter, einer der erfolgreichsten Geister-, Ritter- und Räuberromanschriftsteller. Sein Lustspiel *Die drei Töchter* sowie das Ritterdrama *Klara von Hoheneichen* führte G. am Weimarer Hoftheater auf. BJ

Spinoza, Baruch (1632–1677), jüdisch-niederländischer Philosoph, galt den meisten Gelehrten seiner Zeit als Atheist und Pantheist. G. war bereits in jungen Jahren tief beeindruckt von Spinozas Weltsicht der Einheit von Gott und Natur. Sein Hauptwerk *Ethik* studierte er lebenslang und führte es nach eigenen Aussagen immer bei sich. G. fühlte eine »notwendige Wahlverwandtschaft« mit Spinoza (*DuW*, 14. Buch). Jacobi nahm Lessings Reaktion auf G.s Hymne *Prometheus* zum Anlaß, den großen Aufklärer des Spinozismus und Atheismus zu bezichtigen. 1785/86 verfaßte G. eine kleine philosophische *Studie nach Spinoza*. Neben der Wertschätzung Lessings, Herders und der Frühromantiker trug auch G.s Bekenntnis zu dem Philosophen zu einer grundlegenden Neubewertung des Spinozismus bei. BS

Spinozismusstreit s. **Pantheismusstreit**

Spiritus: Johann Ludwig ↗ Geist, von 1795 bis 1804 Kammerdiener und Schreiber G.s. »Seinen Spiritus« nannte ihn G. in Anlehnung an einen Ausspruch Schillers. AK

Sportelfrei, also frei von der Pflicht, Postgebühren entrichten zu müssen, war G. vom Jahr 1817 an – angesichts der langen Listen, die G.s versandte Briefe, Päckchen und Pakete verzeichnen, gewiß keine kleine Erleichterung! AK

Sprache ist für G. »das Organ gewesen, wodurch ich mich während meines Lebens am meisten und lieb-

sten den Mitlebenden mitteilte«. Dabei war ihm klar, daß Sprache als Medium der Verständigung nur unzulänglich funktioniert, weshalb er, um Mißverständnissen vorzubeugen, sich oft genug selbst davon abhielt, »das zu sagen was ich hätte sagen können und sollen« (an Ch. L. F. Schultz, 11. 3. 1816). Sprache ist, wenngleich »göttlichen Ursprungs« und »natürlich« (*DuW*, 10. Buch), ein Werkzeug des Verstandes und wird dementsprechend von unterschiedlichen Menschen unterschiedlich eingesetzt – »man kann sie ebensogut zu einer spitzfindig-verwirrenden Dialektik wie zu einer verworren-verdüsternden Mystik verwenden« (*MuR*). Außerdem ist sie »eigentlich nur symbolisch« (*Farbenlehre*, § 751), darf deshalb nicht unbedingt wörtlich genommen, sondern muß letztendlich immer übersetzt werden. G. kannte etliche Protagonisten der entstehenden Sprachwissenschaften persönlich (Herder, die Schlegels, Humboldts, Grimms), beteiligte sich auch an den zeitgenössischen Debatten um u. a. Ursprung und Entwicklungsstufen der Sprachen. In den *Xenien* höhnte er gar: »Anatomieren magst du die Sprache, doch nur ihr Kadaver;/Geist und Leben entschlüpft flüchtig dem groben Skalpell«. DF

Sprachen: Nach seiner Pockenerkrankung (1758) ging der kleine G. nicht mehr in die öffentliche Elementarschule, sondern wurde zuhause von Privatlehrern unterrichtet; in Latein und Griechisch durch Johann Jacob Gottlieb ↗ Scherbius, in Französisch durch Mlle. Gachet, in Italienisch durch Domenico ↗ Giovinazzi und in Englisch durch Johann Peter Christoph ↗ Schade. Der gewandte, außerordentlich sprachbegabte junge G. lernte auch Hebräisch – bei Johann Georg ↗ Albrecht – doch schärfte dieser Unterricht eher den skeptischen Blick auf die Gestalt des kommenden Erlösers im Alten Testament, der sich mit dessen aktueller, lutherisch-aufklärerischer Auffassung des Neuen Testaments nicht so recht vereinbaren ließ. G.s dichterische Bildlichkeit der Christologie wurde wie die vieler seiner Zeitgenossen (Klopstock, Bodmer, Moser u. a. m.) durch die Lektüre des Alten Testaments nachhaltig beeinflußt. BL

Sprachreinigung: Gegen die Bemühungen einiger seiner Zeitgenossen (z. B. J. H. Campe), die deutsche Sprache von Entlehnungen aus fremden Sprachen, vor allem aus dem Französischen, zu befreien, setzt G. ein ganz pragmatischen Umgang mit eben solchen Fremdwörtern: »Meine Sache ist der affirmative Purismus, der produktiv ist und nur davon ausgeht: Wo müssen wir umschreiben, und der Nachbar hat ein entscheidendes Wort?«(*MuR*). Das kreative Ineinandergreifen von Sprachreinigung und Sprachbereicherung halte die Sprache lebendig, die Angemessenheit des gewählten Wortes an die Aussageabsicht sei das einzige plausible Kriterium. Polemisch wendet er sich gegen die übertriebenen Sprachreinigungstendenzen seiner Zeit: »Ich verfluche allen negativen Purismus, daß man ein Wort nicht brauchen soll, in welchem ein andre Sprache Vieles oder Zarteres gefaßt hat« (*MuR*). Solchen »pedantischen Purismus« begreift er als »absurdes Ablehnen weiterer Ausbreitung des Sinnes und Geistes« (*MuR*), radikale Sprachreinigungsabsicht steht als Beschränktheit gegen die Vorstellung vom ↗Weltbürgertum.   BJ

Sprichwörter haben für G. den Vorteil, daß sie, »statt vieles Hin- und Herfackelns, den Nagel gleich auf den Kopf treffen« (*DuW*, 6. Buch). Die geschätzten Charakteristika Prägnanz, Mutterwitz, Bildhaftigkeit und Urwüchsigkeit gewinnen sie auch dadurch, daß sie wie Denkreime »vom Volke ausgehn« (15. Buch). Schon die Eltern G.s führten Redensarten im Sprachgebrauch, und der Sohn stellte sich in diese Tradition – am auffälligsten in der Zeit des ↗Sturm und Drang, in der der Kopflastigkeit des gelehrten Deutschlands ein urwüchsiger Sprachgestus entgegengesetzt wurde. Im Alter hat sich G. Sprichwörtern richtiggehend als einer literarischen Form zugewandt. Insbesondere 1812–1814 studierte er altdeutsche Spruchsammlungen, und es entstanden u.a. die erstmals in der Werkausgabe 1815 unter der Rubrik *Sprichwörtlich* angeordneten Gedichte. Der Einfluß orientalischer Spruchdichtungen wirkte sich auf den *West-östlichen Divan* (1819) aus. Auch die *Zahmen Xenien* (↗Spruchdichtung) und die *Maximen und Reflexionen* haben oft sprichwortartigen Charakter. Seinen fruchtbaren Umgang mit Sprichwörtern beschrieb er in einem Vierzeiler: »Diese Worte sind nicht alle in Sachsen,/Noch auf meinem Mist gewachsen;/Doch was für Samen die Fremde bringt,/Erzog ich im Lande gut gedüngt«.   DF

Spruchdichtung; Zahme Xenien: G. dichtete Sprüche und kurze, prägnante Spruchgedichte von 1812 an bis zu seinem Lebensende. Die ersten beiden Spruchsammlungen: *Gott, Gemüt und Welt* und *Sprichwörtlich* sowie die sich anschließende Gruppe *Epigrammatisch*, die ebenfalls eine Reihe von Sprüchen enthält, veröffentlichte G. in *Werke* 1815. Sie gehen auf sein frühes Interesse an altdeutschen Sprichwörtern zurück, das im ersten Jahrzehnt des neuen Jh.s durch die romantische Beschäftigung mit

dem deutschen Mittelalter und der Volksdichtung neu angeregt worden war. Ausleihzettel der Weimarer Bibliothek belegen, daß G. sich ab 1807 mehrfach alte Sprichwortsammlungen entlieh. In altdeutscher Tradition dichtete er seine gereimten Zwei-, Vier- und Sechszeiler im ↗Knittelvers. Eine Anzahl von Sprüchen, die durch die Lektüre orientalischer Spruchlyrik motiviert war, ging 1819 in den *West-östlichen Divan* ein. Gruppen von Prosasprüchen wurden in die *Wahlverwandtschaften*, in *Wilhelm Meisters Wanderjahre* und in G.s Zeitschriften integriert.

Die produktivste Zeit von G.s Spruchdichtung begann 1815; im Lauf der Jahre entstand eine große Zahl von Sprüchen, die er in sechs Gruppen unter dem Titel *Zahme Xenien* zusammenfaßte. Die Gruppen I–III wurden 1820, 1821 und 1824 in G.s *Zeitschrift Über Kunst und Altertum* publiziert; 1827 erschienen in der *Ausgabe letzter Hand* zusätzlich zu I–III noch die Gruppen IV–VI mit insgesamt 585 Sprüchen. Weitere Gruppen wurden aus dem Nachlaß herausgegeben. *Zahme Xenien* spielt auf die gemeinsam mit Schiller in dessen *Musen-Almanach für das Jahr 1797* veröffentlichten *Xenien* an, welche die literarische Öffentlichkeit in Aufruhr versetzt hatten. ›Zahm‹ sind die neuen Xenien jedoch nur insofern, als sie nicht mehr direkte Personalsatire sind, sondern allgemeineren zeit- und kulturkritischen Charakter mit dem Gestus der Altersweisheit haben.

Geblieben ist die Vielfalt der Themen, die Naturwissenschaft, Geschichte, Politik, Kunst, Religion, Aktuelles und Alltägliches sowie Beziehungsformen des berühmten Dichters und des alternden Menschen G. umfassen. Im knappen lyrischen Sprechen des Gelegenheitsgedichts komprimieren sich Erfahrungen und Momentaufnahmen eines langen Lebens. Manche Sprüche bieten ein heiter-ironisches Selbstporträt, so der weithin bekannte Spruch: »Vom Vater hab’ ich die Statur,/Des Lebens ernstes Führen,/Von Mütterchen die Frohnatur/Und Lust zu fabulieren«. Witziges Selbstbewußtsein zeigt: »Gott grüß’ euch, Brüder,/Sämtliche Oner und Aner!/Ich bin Weltbewohner,/Bin Weimaraner«. Oner und Aner scherzhaft kategorisieren, wie Kantianer, zurück.

Manche Sprüche sind als anonyme Spruchweisheit in die kulturelle Überlieferung eingegangen, so der vielzitierte kulturkritische Spruch »Amerika, du hast es besser/Als unser Kontinent, das alte, [...]«. Mit zunehmendem Alter und dem ›Historischwerden‹ der eigenen Person nahm die Neigung zur Belehrung des Lesers in einer sentenzhaften Form kontinuierlich zu. Der dialogische oder replikhafte Charakter vieler Sprüche erweist sie als Ausdruck eines imaginären

Gesprächs mit einem Publikum, das belehrt, unterhalten, aber durchaus auch verspottet oder gar grob beschimpft wird. Die Sprüche sind vielleicht das unmittelbarste lyrische Zeugnis von G.s außergewöhnlicher Persönlichkeit, der breiten Skala des von ihm alltäglich Bedachten und Gefühlten, Gelesenen und Besprochenen. Kaleidoskopartig entfaltet sich das Spektrum von Themen, die im umfangreichen Gesamtcorpus der Sprüche in verstärkender Beziehung, häufig aber auch in dialektischem Widerspruch zueinander stehen. Das Prinzip von Rede und Gegenrede, Position und Gegenposition spiegelt die Weigerung des Autors und Menschen G., sich festzulegen zu lassen; in ihrer Mischung von Weisheit, Alltagswitz und Alltagsbanalität ist die Spruchdichtung zutiefst ironisch: »Wer will denn alles gleich ergründen?/Sobald der Schnee schmilzt, wird sich's finden« (*Epigrammatisch*). IW

Spürhund Gottes: Windbeutel, Schwätzer, Philanthrop, herrnhutischer Apostel, Apothekergehilfe, Wunderarzt und blasierter Retter der Menschheit: Christoph Kaufmann (1753–1795), an deutschen Fürstenhöfen – natürlich auch in Weimar und dort eine Hypothek für G. – geschätzt und immer wieder eingeladen, von G. als »Gottesspürhund« in der *Campagne in Frankreich* verspottet und verwünscht. BL

Staat, von G. grundsätzlich als dienende Größe aufgefaßt, als Verwaltung und Polizeiwesen. G. war Gegner des modernen Einheitsstaates – was auch sein Gang nach Weimar nahelegt; die Größe mache den Staat sinnlich unerfahrbar. Für die Auswanderergesellschaft in *Wilhelm Meisters Wanderjahre* ist das »größte Bedürfnis eines Staates eine mutige Obrigkeit«, Polizei und Verwaltung werden hier einem König mit wanderndem Hofe, ohne Residenz unterstellt. BJ

Städel, Johann Friedrich (1728–1816), Kaufmann und Kunstsammler in Frankfurt, über dessen Kunstschätze G. in *Kunst und Alterthum* (I.1) berichtet: »Mehrere Zimmer sind mit ausgesuchten Gemälden aller Schulen geschmückt, in vielen Schränken sind Handzeichnungen und Kupferstiche aufbewahrt, deren unübersehbare Anzahl, so wie ihr unschätzbarer Werth, [...] den Kunstfreund in Erstaunen setzt«. Städel stiftete seine Sammlungen, sein Haus und Vermögen der Einrichtung eines Kunstinstituts. PO

Stadelmann s. **Diener G.s**

Staël-Holstein, Anne Louise Germaine de (1766–1817), Schriftstellerin, Literaturtheoretikerin. Die Tochter von Jacques Necker, Finanzminister unter Ludwig XVI., und Gattin des schwedischen Botschafters in Paris veröffentlicht 1795 den *Essai sur les fictions*, der in Übersetzung G.s als *Versuch über die Dichtungen* 1796 in den *Horen* erscheint. Darin dienen *Die Leiden des jungen Werthers* und Rousseaus *Julie ou La Nouvelle Héloïse* als Beispiele, anhand derer sie ihren Begriff der Eloquenz der Leidenschaften verdeutlicht. In einem Brief an G. vom 29.4. 1800 bezeichnet sie die beiden Werke als die »chef-d'Oevres« der Literatur. Mme de Staëls Schrift *De l'influence des passions sur le bonheur des individues* empfindet er als »sehr interessant [...] und voll von geistreichen, zarten und kühnen Bemerkungen« (an Schiller, 30.11. 1796). Im April 1797 übersendet G. Mme de Staël ein Exemplar von *Wilhelm Meisters Lehrjahren*. Im April 1800 schickt sie ihm ihre soeben erschienene Schrift *De la littérature considérée dans ses rapports avec les institutions*, in der sie die gesellschaftliche Nützlichkeit der Literatur postuliert: Sie soll – hierin zeigt sich der starke Einfluß Rousseaus – nicht nur die Vernunft fördern, sondern auch erzieherisch Einfluß auf die Leidenschaften nehmen. Darüber hinaus formuliert Mme de Staël hier eine erste »Klimatheorie«, indem sie einen nordisch-melancholischen und den südlich-rhetorischen Literaturtyp beschreibt. Damit klingt bereits die Unterscheidung des Romantischen und des Klassischen an, die sie in ihren späteren Schriften wie *De l'Allemagne* (1810) weiter ausführt. Als Beispiele deutscher Literatur zieht sie Werke Schillers, Geßners und Wielands, vor allem aber den *Werther* heran. 1803 wird Germaine de Staël von Napoleon aus Frankreich verbannt und hält sich vom Dezember 1803 bis März 1804 in Weimar auf. Am 24.12. 1803 trifft sie hier erstmals mit G. zusammen. In den folgenden Monaten übersetzt sie *Der Fischer* und *Der Gott und die Bajadere*. Durch Vermittlung G.s lernt sie im März 1803 August Wilhelm Schlegel kennen, der sie als Erzieher ihrer Kinder nach Coppet am Genfer See begleitet. Der Deutschlandaufenthalt findet seinen Niederschlag in der Schrift *De l'Allemagne*, mit der sie die deutsche Kultur in Frankreich bekannt macht und als Vermittlerin der deutschen Romantik auftritt. G. steht hier als Repräsentant deutscher Literatur und Kunst unter Berücksichtigung seines damaligen Gesamtwerks im Mittelpunkt des zweiten Teils. Er liest die Schrift mehrfach und bezeichnet sie rückblickend als »mächtiges Rüstzeug [...], das in die Chinesische Mauer antiquierter Vorurteile, die uns von Frankreich trennte, sogleich eine breite Lücke durchbrach, so daß man über dem Rhein und in Gefolg dessen über dem Kanal endlich von uns nähere Kenntnis nahm« (*TuJ*, 1804). An gleicher Stelle lobt er die »hoch denkende und hoch empfindende Schriftstellerin«, kritisiert jedoch ihre Ungeduld im Gespräch und ihre Exaltiertheit: »sie wollte Leidenschaft erregen, gleichviel welche«, und überliefert ihren Ausspruch: »überhaupt mag ich G. nicht, wenn er nicht eine Bouteille Champagner getrunken hat.« Eine 1808 erfolgte Einladung zu einem Treffen in Dresden lehnte er ab.   AvG

Stand, Stände: Die auf den alten Ständen aufbauende Verfassung Frankfurt und des Reiches illustriert *Dichtung und Wahrheit* vielfach; G. reflektiert sie im Zusammenhang mit der Darstellung des Reichskammergerichts (12. Buch). Das Stände-Spektrum »von dem Höchsten bis zu dem Tiefsten, von dem Kaiser bis zu dem Juden« (*DuW*, 17. Buch) ist in der *Faust*-Szene »Vor dem Tor« repräsentiert: Bürger, Handwerker, Dienstleute und Bettler; im *Götz* treten von der Zigeunerin bis zum Kaiser alle Stände auf. Die Differenz zwischen bürgerlichem und adligem Stand macht Werther größten Verdruß (24.12.1771), in den *Lehrjahren* wird diese Distanz verringert (↗Reform). In seiner Rede an die Auswanderer projektiert ↗Lenardo einen Stände-Staat aus Handwerkern, Händlern, Künstlern, Lehrern, Bauern, Soldaten und Diplomaten, losgelöst von feudalistischer Tradition (*Wj*, III.9).   BJ

Statistik. Die Satzlänge, also die mittlere Anzahl der Wörter je Satz, erreicht bei G. einen Mittelwert von ca. 25; die Wortlänge, das heißt die mittlere Anzahl der Silben je Wort, einen Mittelwert von ca. 1,7. Im Einzelfall von *Wilhelm Meisters Wanderjahren* zum Beispiel handelt es sich um einen Mittelwert von 1,8 bei einer Streuung von 1,0 und einer Häufigkeit von 49 Prozent. Die Reichweite der bindenden Kraft zwischen Sätzen und noch vieles mehr lassen sich nachlesen bei Wilhelm Fucks: *Nach allen Regeln der Kunst*, Stuttgart 1968, der nicht nur bei G., sondern auch bei einer Reihe anderer Schriftsteller und Philosophen zu erstaunlichen statistischen Meßwerten gelangt ist und dem Reimar Lenz sein Gedicht *Quantitative Linguistik* gewidmet hat: »Goethe schrieb eins/Komma sieben drei drei / Silben pro Wort, / Rilke dagegen eins/Komma vier fünf eins.//In Marx' *Kapital* finden sich/durchschnittlich zweiunddreissig/Komma sechs sechs acht /Wörter pro Satz,/in Jüngers ›Marmorklippen‹ hinwiederum vierundzwanzig/Komma null neun null.//Dieses Gedicht,/bis hierher berech-net, hat eins/Komma acht sechs zwei Silben pro Wort/ und achtzehn/Wörter pro Satz.//Es steht damit weit/ über Goethe und Rilke,/aber noch unter/Jünger und Marx.«   AK

Staunen: Im Gedicht *Parabase* (1820 erschienen) stellt G. einen an Aristoteles erinnernden Zusammenhang her zwischen eifrigem Forscherstreben und Staunen; ähnlich verfährt er in *Maximen und Reflexionen*: »Die Wissenschaft hilft uns vor allem, daß sie das Staunen, wozu wir von Natur berufen sind, einigermaßen erleichtere«.   AV

Steigerung s. **Polarität**

Stein, Charlotte Ernestine Albertine, Freifrau von geb. von Schardt (1742–1827), Freundin G.s, engste Vertraute von 1775–1788. Aus dem Hofadel stammend, für das Hofleben erzogen (schöne Künste, Musik, Tanzen, Religion, Französisch, Hofzeremoniell), war Charlotte geistvoll, sanft, beherrscht, dabei elegant, von angenehmen Äußeren. Ohne Vermögen, »die Hofmanieren vollkommen an sich«, wurde sie 1758 Hoffräulein der Herzogin ↗Anna Amalia, im Mai 1764 standesgemäß die Frau von Gottlob Ernst Josias von Stein. Josias, durch Amt und Hofdienst vielbeschäftigt, selten zu Hause, war Charlotte eine gute Ehe- und Hausfrau. Bis 1774 wurden sieben Kinder geboren: Carl (1765–1837), Ernst (1767–1787), Friedrich (1772–1844), vier Mädchen, geb. 1766, 1769, 1770, 1774, starben. Ihrer zarten Gesundheit und ihrer Nervosität wegen empfand Charlotte die häufigen Schwangerschaften als belastend, als »Ungerechtigkeit der Natur gegen ihr halbes Geschlecht«.

Als der 26jährige G. am 11. November 1775 Baronesse von Stein in Weimar kennenlernte, war sie dreiunddreißig Jahre alt, glaubte, ihr Leben bereits hinter sich zu haben und war tief in die Weimarischen Verhältnisse verwebt. Am 6. Dezember ritt G. »allein nach Kochberg« (Tagebuch), »wo ich sie zum ersten Male besuchte und wo sie mich durch ihre Liebe festhielt« (rückblickend, 1785). Von da an hat man sich häufig gesehen, vom Januar 1776 sind die ersten Briefe und »Zettelgen« G.s datiert (bis 1788, nach Fränkel insgesamt 1650). G. umwarb die reife, vornehm-distanzierte Frau mit leidenschaftlicher Liebe.

Charlotte, um Seelenruhe und guten Ruf fürchtend, tropfte »Mäßigung dem heißen Blute«, wurde G., der gewillt war, an der Seite des Herzogs in ihm fremden höfischen Verhältnissen die »Weltenrolle« zu versuchen, im »Häutungs- und Läuterungsprozeß« besänftigende Beraterin, Vermittlerin, Vertraute: »Wenn ich denke, daß du mir bleibst, scheint mir alles in der Welt auszuhalten, habe ich auch Mut zu allem« (9.8.1784). Ihr Verhältnis, von Hof, Gesellschaft akzeptiert, galt als »ganz rein und untadelhaft« (Schiller an Körner, 12.8.1787). In engster geistiger Gemeinschaft lebend, lasen, philosophierten, zeichneten sie zusammen.

G. ließ sie an seinen Arbeiten, Zweifeln, Beschäftigungen, Geschäften teilhaben, widmete ihr Gedichte (↗Lida-Lyrik), verewigte ihr Wesen in Gestalten seiner Werke (↗Iphigenie, ↗Leonore von Este). Charlotte kam »ins Deutschschreiben«, nahm den Reichtum von G.s Gedankenwelt auf, entdeckte ihre geistigen Fähigkeiten. Eine Vertrautheit bis in den Alltag stellte sich ein. Geschenke, Lebensmittel, Gekochtes und Gebratenes ging hin und her. Charlottes Familie wurde zur »Wahlverwandschaft« des Junggesellen. Er sorgte sich um Haus und Kinder der Steins, half »Steinen leben«. Josias von Stein verstand sich gut mit G. und vertraute seiner Frau. Bei aller Nähe war G.s Beziehung zu der geliebten Freundin voller Spannungen, eine Art Krankheit, von der er nicht genesen wollte, im Sinne einer Liebes- und Lebenserfüllung ohne Hoffnung.

Durch die Umstände der Abreise nach Italien schwer belastet, wollte sich das alte Verhältnis nach G.s Rückkehr nicht wieder einstellen, obwohl er »keinen Tag, ja keine Stunde gelebt« (Dezember 1786) hatte, ohne an sie zu denken: »Sie will nicht verzeihen und er nicht um Verzeihung bitten« (Caroline Herder an Herder, 23.2.1789). G. war gereift, mit neuen Lebenserfahrungen und -konzepten nach Weimar aus Italien zurück gekommen. Gelöst wurde das einst innige Verhältnis auch äußerlich, als Christiane Vulpius in G.s Leben trat. Charlotte von Stein, seit 1793 verwitwet, war »durch Goethes Abschied für alle noch bevorstehenden Schmerzen geheilt«.

Von Schicksalsschlägen heimgesucht, Krankheit und Älterwerden als Last empfindend, blieb sie stets »graziös«, betrachtete ihre Umwelt mit kritisch-gesundem Verstand. Sich auf literarische Neigungen besinnend, verarbeitete sie Verdruß über G.s Untreue und den Einfluß »französischer Verhältnisse« dramatisch und schrieb 1794/95 *Dido*, *ein Trauerspiel in fünf Akten*. Das Verhältnis zu G., in der Gesellschaft nie ganz gelöst (beide an den Hof ge-

bunden, gemeinsame Freunde, Bekannte), wurde in den neunziger Jahren wieder enger und gestaltete sich mit zunehmendem Alter freundschaftlich, war von gegenseitiger Verehrung und Achtung bestimmt. Charlotte von Stein starb am 6.1.1827. Ihre Grabstätte befindet sich auf dem Historischen Friedhof in Weimar.   CS

Stein, Gottlob Ernst Josias Friedrich, Freiherr von (1735-1793). Nach seinem Studium in Jena und einer Reise durch die Niederlande und Frankreich begann der spätere Gemahl Charlotte von Steins 1755 seine Karriere am Weimarer Hof zunächst als Kammerassessor, dann Kammerjunker; ab 1760 ist er Stallmeister bei Anna Amalia und seit 1775 Oberstallmeister Carl Augusts. Diese Tätigkeit schließt neben der Verantwortung für den Wagenpark und den 130 Pferde umfassenden Marstall auch die Begleitung des Herzogs auf Reisen sowie die Teilnahme am Hofleben mit ein. 1764 heiratet der in Weimar wegen seiner Bildung und Frömmigkeit, seines Betragens und freundlichen Wesens als vollkommener Kavalier geschätzte von Stein die mittellose, bildungsbeflissene und mit 22 Jahren für die damalige Zeit nicht mehr ganz junge Charlotte von Schardt. Ab 1777 leidet er unter Depressionen, Lähmungen und Kopfschmerzen, die durch einen Knochensplitter im Gehirn hervorgerufen wurden. Die wenigen Briefe, die G. an von Stein richtet, sind knapp, aber freundlich und enthalten meist Bitten um den einen oder anderen kleinen Gefallen; im Tagebuch findet er nur als Gastgeber Erwähnung.   AvG

Stein, Gottlob Friedrich Konstantin, Freiherr von (1772-1844), jüngster Sohn von Josias und Charlotte von Stein. Aufgeweckt, heiter, am Hof, im Elternhaus verwöhnt, wuchs Fritz von großen Hoffnungen begleitet in Weimar auf. »Liebling« G.s, ab 1779 häufig in dessen Nähe (Besuche, Unterricht, Reisen), lebte seit Mai 1783 im Haus am Frauenplan, umsorgt von Diener Paul Götze. G. leitete Unterricht und Erziehung (Vorbereitung auf Staatsdienst/Absprache mit Carl August), zog den Elfjährigen in seinen Lebenskreis »nachahmend, mithelfend« in seine Beschäftigungen (Schreiben nach Diktat, Vorlesen, Zeichnen, Dichten, Naturwissenschaften, Rechnungen durchsehen, Korrespondenz); G.s Reisebegleiter, auch auf Dienstreisen (u.a. 1783 Harz, 1784 Eisenach, mehrmals Ilmenau). 1785 war Fritz in Frankfurt bei G.s Mutter, danach als »lieber Sohn« deren »Correspondent«. Auch aus Italien sorgte G. für Fritz und dessen Erziehung, wünschte ihn oft zu sich. Im Spätherbst 1786 Rückkehr ins

Goethe und Fritz von Stein. Schattenriß, 1781/82

Elternhaus. Die Verbindung zwischen Fritz, dem vielgeliebten »Sohn« und G., dem väterlichen Freund, blieb auch nach dessen Rückkehr erhalten (Briefe, Besuche), die »glücklichste Periode« seiner Jugend nannte Fritz später die Jahre in G.s Nähe. CS

»Stein«-Pavillon: Auch Treuterscher Pavillon genannt, an der Ackerwand in G.s Hausgarten gelegen, schlichter barocker Bau, dreigeschossig, mit wildem Wein bewachsen, Grundfläche rund 4 × 5,8 m. Seit 1808 von der Nachbarin Treuter gepachtet, ab 1817 Eigentum G.s. Zur Aufbewahrung seiner ständig wachsenden Sammlung zur Mineralogie genutzt; winters kaum zugänglich. G. ordnete sommers dort seine Sammlungen, unterstützt von seinem Sohn Au-

gust, führte zahlreiche Gespräche mit Liebhabern der Wissenschaft und mit Fachleuten. Nach 1885 wiederholte Sanierungen, Auslagerungen der Sammlungsschränke. 1970/71 als zu besichtigendes »Magazin« eingerichtet, enthält 15 von 18 überlieferten Sammlungsschränken G.s. Vorhanden rund 100 regionale Suiten, z.B. Sachsen, Harz, Italien, Schweiz, Böhmen usw., Sammlung geschliffener Steine, systematische Sammlungen der Gesteine, der Mineralien (ein Teil davon), der Fossilien – darunter ein stattlicher, 1831 in Weimars Travertinbrüchen gefundener Stoßzahn eines Waldelefanten. M-LK

Steinbach, Erwin von (um 1244-1318), Baumeister des Straßburger Münsters. 21jährig als Student nach Straßburg gekommen, war G. tief beeindruckt vom Münster. Unter diesem Eindruck schreibt er seinen Aufsatz *Von deutscher Baukunst* (1772), »D.M. [= divis manibus, d.h. dem seligen Geiste] Ervini a Steinbach«. Hin- und Rückreise in die Schweiz führen G. 1775 wiederum durch Straßburg. Es entsteht das Prosagedicht *Dritte Wallfahrt nach Erwins Grabe im Juli 1775*, wo er die »Schöpfungskraft im Künstler« als Schaffensprinzip feiert, sein »Gefühl der Verhältnisse, Maße und des Gehörigen« – gleich der »individuellen Keimkraft« in der Natur. PO

Steiner, Rudolf (1861-1925), Naturwissenschaftler, Philosoph und G.-Forscher, Begründer der ↗Anthroposophie. Während seines Studiums an der Wiener Technischen Hochschule (1879-1883) ist Steiner dem Germanistikprofessor Karl Julius Schröer begegnet, der dem damals 21jährigen Studenten die Herausgabe von G.s naturwissenchaftlichen Schriften innerhalb der 36bändigen Goethe-Ausgabe in Joseph Kürschners *Deutsche National-Litteratur* angetragen hat. Steiner publizierte von 1884-1897 in 5 Bänden die *Naturwissenschaftlichen Schriften* einschließlich einer Neuordnung der »Sprüche in Prosa« (*MuR*). In seinen ausführlichen Einleitungen, Anmerkungen und Kommentaren setzte sich Steiner – gegen die damals herrschende Auffassung – für G. als Naturwissenschaftler ein. Er beschrieb dessen einheitliche, monistisch-spinozistische Natur- und Weltanschauung, die ein metaphysikloses, immanentes Erkennen der Welträtsel auf Grundlage von Wahrnehmung und Begriff (Sinnesempfindung und Denken) postuliert. Begleitend zur Kürschnerschen Edition verfaßte Steiner *Grundlinien einer Erkenntnistheorie der Goetheschen Weltanschauung* (1886) und *Goethes Weltanschauung* (1897). 1890-97 arbeitete Steiner in Weimar am ↗G.- und Schiller-Archiv als Mitherausgeber der naturwissenschaftlichen Schriften in der Weimarer Ausgabe (II. Abteilung, Bde. 6–12).

Steiners Orientierung nach und auf G. war zentral; er beschrieb u.a. *Goethe als Vater einer neuen Ästhetik* (Aufsatz 1889) und unternahm eine Deutung des *Märchens* als Inititationsbeschreibung (*Goethes geheime Offenbarung*, 1899). Damit war der Übergang gelegt zum spirituellen Verständnis G.s innerhalb der seit 1901 von Steiner entwickelten Anthroposophie. Hier nahm G. die Stellung eines Kronzeugen ein für den geistig-physischen Monismus, die untrennbare Einheit der materiellen und spirituellen Seite des Menschen und des Kosmos. Als Ausdruck seiner Verbundenheit mit G. hat Steiner das Gebäude für den Hauptsitz der Anthroposophischen Gesellschaft in Dornach bei Basel ↗Goetheanum genannt.

DH

Steißvisionär s. **Proktophantasmist**

Stella, ein Schauspiel für Liebende, entstanden Anfang 1775, führt unter umgekehrten Vorzeichen das Ehe-Thema aus *Die Leiden des jungen Werthers* fort, schließt aber auch an die Dramaturgie des zweifelnden Helden in *Clavigo* an. Das fast hermetische Kammerspiel zeigt die drei Protagonisten, ↗Cäcilie, ↗Fernando und ↗Stella, in einer nach bürgerlichen Maßstäben unauflösbaren Situation, herbeigeführt durch eine abenteuerliche Vorgeschichte und zwei unwahrscheinliche Zufälle.

Fernando hat vor 16 Jahren Cäcilie geheiratet und mit ihr ein Kind, Lucie, gezeugt. Nach glücklichen Ehejahren verliebt er sich in die 16jährige Stella und entführt sie auf ein abgelegenes Landgut. Unruhe und Reue bewegen ihn dazu, nach fünf Jahren auch Stella zu verlassen; vergeblich sucht er nach Cäcilie und Lucie; verzweifelt nimmt er Kriegsdienste an. Drei Jahre nach der Trennung von Stella kehrt er auf das Landgut zurück, genau an dem Tag, als Cäcilie und Lucie dort eintreffen (Zufall 1), die ahnungslose Lucie soll Gesellschafterin Stellas werden (Zufall 2). Je weiter das Stück fortschreitet und die Vorgeschichte rekonstruiert wird, desto spannender wird es, wann sich die drei Liebenden erkennen und ob ihre Psyche diese Verstrickung verkraftet.

Der 1. Akt spielt in einem Posthaus. Die kecke Lucie und Madame Sommer (erst mitten in der Wiedererkennungsszene des 3. Aktes wechselt der Rollenname auf Cäcilie) werden von der Postmeisterin empfangen, die ebenfalls ihren Mann verloren hat. Das Thema der Männerlosigkeit ist etabliert. Daraufhin betritt Fernando das Posthaus. In seinem Monolog

erkennen wir sogleich das Profil des Liebesdesperados, wie er viele literarische Landstraßen der 18. Jh.s bereiste: erschöpft, euphorisch, eitel, zweifelnd, todes- und vergessenssüchtig. Er erfährt durch die Postmeisterin von Stellas stillem Leid, setzt sich dann »tête-à-tête« mit Lucie zu Tisch, ist bezaubert, ohne in ihr die eigene Tochter zu erkennen.

Im 2. Akt rücken wir in den Wohnbereich Stellas vor, ein Reservat, das ganz der Erinnerung ihrer großen Liebe geweiht ist. Sie empfängt Lucie und Madame Sommer, in der sie die verwandte liebende Seele findet. Dann zeigt sie das Portrait ihres geliebten Fernando. Lucie erkennt den Mann vom Mittagessen, Stella eilt, ihn zu finden, während Madame Sommer den Schock, ihren verschwundenen Gatten in diesem ungeheuren Zusammenhang wiederanzutreffen, verdauen muß: »Das trägt mein Herz nicht«.

Die Begegnung von Stella und Fernando im 3. Akt ist durchzogen von der Metaphorik der wiederbelebten Natur: Die Dürstenden werden erquickt, trinken Atem, empfangen Lebenswonne etc. Das Glück verdrängt jeden Gedanken an die vergangene Verletzung. Die Nachricht, daß die beiden Fremden abreisen wollten, unterbricht die Szene. Fernando will Madame Sommer zum Bleiben überreden. Er erkennt ihre Stimme, läßt sie aber ihre Geschichte unerkannt erzählen, bis sie mit der Beteuerung endet, daß der geflohene Gatte unschuldig sei. Nun ist Fernando am Rande des Zusammenbruchs: »Schone mich, schone mich«. Er will jetzt mit Cäcilie und Lucie fliehen, gleichzeitig vergeht er beim Gedanken an Stella.

Im 4. Akt wird die paradoxe Situation weiter gesteigert. Fernando beschwört mit Stella noch einmal ihre Liebe, wird dabei zum Fluchtwagen gerufen und gesteht der Geliebten das doppelte Spiel. Stella wird als letzte und am schwersten getroffen, sie lächelt verwirrt und fällt leblos zu Boden. Cäcilie eilt herbei, der gemeinsame Schmerz vereinigt die Frauen erneut: »An deinem Hals laß mich sterben«.

5. Akt: In der Nacht versucht Stella, Fernandos Portrait mit einem Messer zu zerstören, vergebens. In einem anderen Raum überrascht Cäcilie Fernando, der zur Pistole gegriffen hat. Da erzählt sie ihm die Sage des Grafen von Gleichen, der sein Weib verließ, in den Krieg zog, in Gefangenschaft geriet, von der Tochter des Feindes befreit wurde, mit dieser floh und nach Hause kam, wo er sich und die Geliebte seiner Gattin an Herz legte, worauf alle drei »eine Wohnung, ein Bett und ein Grab« teilten. Erlöst durch diese Geschichte, fallen sich Stella, Cäcilie und Fernando in die Arme, das Stück schließt mit der Aussicht auf eine »menage à trois«.

»Stella« in der Inszenierung von Frank Castorf. Hamburg 1990

Nach der Uraufführung 1776 in Hamburg wurden dort weitere Aufführungen verboten. Für die Weimarer Aufführung 1807 schrieb G. einen neuen, tragischen Schluß: Stella hat Gift genommen und stirbt in der letzten Szene, während sich Fernando erschießt. In dieser Fassung wurde *Stella* im 19. Jh. oft gespielt. Auch im 20. Jh. steht das Stück, entgegen der germanistischen Einschätzung, das Stück sei nur von literarhistorischem Interesse, regelmäßig auf dem Spielplan. Das liegt weniger an dem Skandalon der Dreierehe, sondern an der hochgespannten Emotionalität. Die Vorgeschichte mag noch so konstruiert sein, sie führt zu einer höchst theatralischen Tortur der wechselnden Gefühle, welche die Figuren beinah zerbrechen läßt und gleichzeitig ihre hypertrophe Sprache beglaubigt. 1920 belegte Max Reinhardt mit Helene Thimig und Agnes Straub in Berlin, daß man sich der radikalen Innigkeit dieses Textes nicht entziehen kann. Und 1990 ließ Frank Castorf in Hamburg das Chaos aus dem Innern der Figuren auf das Theater übergreifen und löste so *Stellas* Sprengkraft mit modernen Mitteln ein.   NH

Sternberg, Caspar Maria Graf von (1761–1838), böhmischer Theologe und Naturforscher, den der 73jährige G. auf Drängen Carl Augusts in Marienbad trifft: Beginn einer Freundschaft mit dem zwölf Jahre Jüngeren, dessen »menschliche, welt- und wissenschaftliche Bildung« (an Carl August, 1.8.1822) G. beeindruckt; wichtiger Korrespondenzpartner in G.s letztem Lebensjahrzehnt, vor allem für naturwissenschaftliche Fragen.   PO

Sterne: Das »Übermaß der Sterne« (*Schwebender Genius über der Erdkugel*, 1826), erlebt G. im Sommer 1775 auf seiner Schweizer Reise: »Auf der Welle blinken/Tausend schwebende Sterne« (*Auf dem See*); Werther fühlt sich durch die geliebten »Deichselsterne des Wagens« an Lotte erinnert, und Wilhelm Meister wird auf einer Sternwarte so eindringlich das »Glücksgestirn« Jupiter vorgeführt, daß daraus ein philosophisches Gespräch entsteht, in welchem die moralischen Gefahren des Gebrauchs von ↗Fernrohren thematisiert werden (*Wj*, I. 10).   AV

Sterne, Laurence (1713–1768), englischer humoristischer Erzähler der Empfindsamkeit, Autor der Romane *Leben und Meinungen Tristram Shandys* und *Empfindsame Reise durch Frankreich und Italien*. Die Sterne-Verehrung war zu G.s Zeiten Teil einer Englandmode, so wurde zum Beispiel am 9.8.1772 im Garten der Familie Buff in Wetzlar eine Predigt

Sternes gelesen. Auch von G. zeitlebens sehr geschätzt: »Yorik-Sterne war der schönste Geist, der je gewirkt hat […], sein Humor ist unnachahmlich« (*Aus Makariens Archiv*, 126). G. sah in Sterne den »Mann, der die große Epoche reinerer Menschenkenntnis […] in der zweiten Hälfte des vorigen Jahrhunderts zuerst angeregt und verbreitet hat« (*Lorenz Sterne*, 1827). Zugleich stand G. Sternes empfindsam subjektivierendem Werk und dessen oft einseitiger Rezeption kritisch gegenüber: So habe er im *Werther* vor dem zeitgenössischen »Übel« der »Sentimentalität […], bei deren Ursprung und Fortgang man den Einfluß von Yorick-Sterne nicht verkennen darf«, warnen wollen (*CiFr*).   JAS

Stiftung Weimarer Klassik: 1953 als »Nationale Forschungs- und Gedenkstätten der klassischen deutschen Literatur« (NFG) gegründete wissenschaftliche und kulturelle Institution; erster Direktor Helmut Holtzhauer, seit dem 15.10.1991 unter der Bezeichnung »Stiftung Weimarer Klassik«. Sie fußt auf die vom 19. Jh. ausgehenden, in der Weimarer Republik sich verstärkenden Impulsen, das geistige Erbe der deutschen Klassik zu bewahren, zu erforschen und zu verbreiten. Ihre Tätigkeit umfaßt literatur- und kunstwissenschaftliche, archivarische, museale, bibliothekarische, museumspädagogische und denkmalpflegerische Aufgaben.

Die Stiftung ist in Direktionen und Fachbereiche gegliedert: Das ↗G.- und Schiller-Archiv ist mit nahezu zwei Millionen Handschriften das größte deutsche Literaturarchiv. Zum ↗G.-Nationalmuseum gehören über 20 einzelne Museen und Gedenkstätten in Weimar und in Thüringen, wie die historischen Wohnhäuser Goethes und Schillers mit den angeschlossenen Literaturmuseen, G.s ↗Gartenhaus, das ↗Wittumspalais, Liszthaus, Schloß ↗Tiefurt, die ↗Dornburger Schlösser, die G.-Gedenkstätten Schloß Kochberg, Stützerbach und Jagdhaus Gabelbach sowie die Schiller-Gedenkstätte Bauerbach. Die ↗Herzogin Anna Amalia Bibliothek, die über 800 000 Bände besitzt, blickt auf eine 300jährige Geschichte zurück. In der Direktion für germanistische Editionen und Forschung werden wissenschaftliche Textausgaben, Handbücher und Lexika erarbeitet und herausgegeben. Die Direktion Restaurierung und Denkmalpflege ist für die Erhaltung und Erneuerung der zur Stiftung gehörenden historischen Bestände, Häuser und Anlagen verantwortlich und betreut auch 150 ha historischer Park- und Gartenanlagen in Weimar, Tiefurt und Belvedere sowie in Dornburg und Kochberg.

Die Stiftung Weimarer Klassik erschließt durch Vorträge, Ausstellungen, Spezialseminare, Lehrerkurse und durch eigene Publikationstätigkeit ihre Sammlungen und Bestände einem breiten Publikum. Von ihren Museen und Fachdirektionen werden jährlich rund eine Million Gäste und Besucher betreut. In Zusammenarbeit mit Verlagen des In- und Auslands entstehen bedeutende wissenschaftliche Textausgaben wie die Schiller-Nationalausgabe, Heine-Säkularausgabe, Regestausgabe der an G. gerichteten Briefe, die Gesamtausgaben der Briefe Herders und der Tagebücher G.s sowie wissenschaftlicher Kataloge, Bestandsverzeichnisse und Bibliographien zu Lessing, Wieland, Herder, G., Schiller und anderen. Die Stiftung pflegt vielfältige internationale Beziehungen zu wissenschaftlichen und kulturellen Instituten, Museen und Einrichtungen Deutschlands und vielen europäischen Ländern. Sie betreuen Forscher und Stipendiaten aus aller Welt, wirkt in nationalen und internationalen wissenschaftlichen Vereinigungen und Fachverbänden mit und beteiligt sich als Veranstalter oder durch Beiträge an Tagungen und Kongressen. SS

Stil: Obwohl er die Kunst des Schreibens als »Naturgabe« empfand, bemerkt G. im 15. Buch von *Dichtung und Wahrheit*, daß er »weder in Prosa noch in Versen eigentlich einen Stil hatte«. Die Unsicherheit bezüglich des eigenen Stils mag G., der überzeugt war, daß die Größe eines Kunstwerks vom Stil abhänge, bewogen haben, eingehend die Frage des Stils zu erörtern. Im 1789 erschienenen Essay *Einfache Nachahmung der Natur, Manier, Stil* wird der Stil über die Naturnachahmung und über die Manier gestellt. Erst im Stil sind für G. »die tiefsten Grundfesten der Erkenntnis« (ebd.) künstlerisch so umgesetzt, daß der Künstler darin über sich selbst hinaus wächst: »Der Stil erhebt das Individuum zum höchsten Punct, den die Gattung zu erreichen fähig ist, deßwegen nähern sich alle großen Künstler einander von ihren besten Werken her« (*Diderots Versuch über die Mahlerey*, 1798). AV

Stimme G.s: Sie ist vielfältig als wohlklingender, kräftiger, klarer Baß bezeugt, mit frankfurterischem Unterton. BL

Stoff: Neben ↗Gehalt und ↗Form einer der Zentralbegriffe der Kunstphilosophie G.s, der das rohe Material des Künstlers bezeichnet, den Naturgegenstand, den er zur Bearbeitung vorgesehen hat. »Den Stoff sieht jedermann vor sich, den Gehalt findet nur der, der etwas dazu zu tun hat, und die Form ist ein

Geheimnis den meisten« (*MuR*). Stoff benötigt immer, nicht nur zur künstlerischen Bearbeitung, sondern auch bei der Wissensaneignung, die Form, diese aber auch immer den Stoff: »Stoff ohne Form [führt] zum beschwerlichen Wissen, Form ohne Stoff zu einem hohlen Wähnen« (*MuR*). Die durch fortgeschrittene Naturerkenntnis stetig wachsende Stoffmasse der modernen Welt ist für G. kein Wert an sich, die Fähigkeit zur Behandlung des Stoffes zu Gehalt und Form sei unbedingt erforderlich. BJ

Stoizismus, als philosophische Lehre dem Knaben G. bekannt und dem Studenten wichtig. Der Knabe, dem Märchen und der Fabel mehr zugetan als dem rohen Mutwillen Gleichaltriger, erging sich, wie G. in *Dichtung und Wahrheit* schreibt, in »Übungen des Stoizismus,« in »Duldungen körperlicher Leiden,« um gegen die Jugendspäße der anderen gewappnet zu sein (2. Buch). In der ersten Studentenzeit befaßte sich G. mit den alten Philosophen, die ihn zumeist wenig berührten. Nur zu den Stoikern »hatte ich schon früher einige Neigung gefaßt, und schaffte mir den Epiktet herbei, den ich mit vieler Teilnahme studierte« (6. Buch). AV

Stolberg, Auguste Louise Gräfin zu (1753–1835), seit 1783 verheiratet mit dem dänischen Minister Andreas Peter Grafen Bernstorff, war eine große Verehrerin ↗Klopstocks. Durch ihn und ihre Brüder hörte sie früh von G., der durch die Erfolge seines *Werther* und *Götz* schnell bekannt wurde. Vom *Werther* war die schwärmerisch veranlagte junge Dame hingerissen und wollte deshalb den Verfasser unbedingt kennenlernen. Ihr erster Brief vom Januar 1775 machte derart Eindruck auf G., daß er umgehend antwortete und sogar seinen Schattenriß beilegte. Es folgte ein reger Briefwechsel (↗Briefgedichte), der erst in Weimar vor allem unter dem Einfluß von G.s Beziehung zu Frau von Stein nachließ. Auf 1782 ist der vorerst letzte unbedeutende Brief datiert. Erst 1822 schrieb die Gräfin, die sich inzwischen von der Welt zurückgezogen hatte, besorgt um G.s Seelenheil, wieder an den Dichter. Die Antwort G.s bedeutet den Abschied dieser Jugendfreunde, die sich niemals persönlich kennenlernten. BB

Stolberg, Friedrich Leopold Graf zu (1750–1819). Der Dichter, Übersetzer, Herausgeber, Dramatiker und Reiseschriftsteller war stark geprägt von einer pietistischen Erziehung und beeinflußt von Klopstock. Er war Mitglied im ↗Göttinger Hainbund. Im Dezember 1774 setzten er und sein Bruder Christian sich mit G.

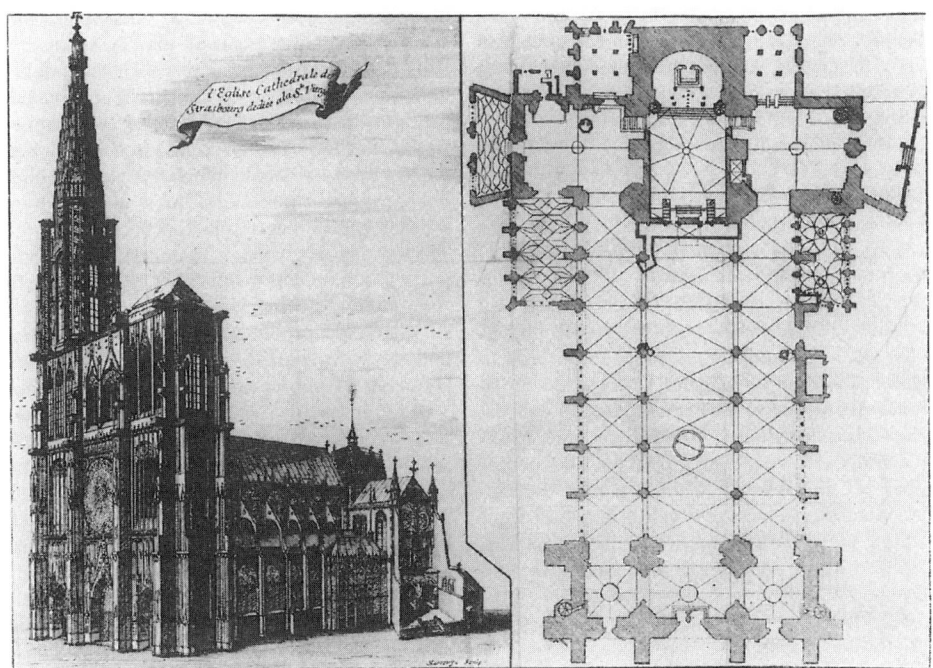

Das Straßburger Münster

schriftlich in Verbindung und lernten ihn im Mai desselben Jahres in Frankfurt kennen. Die darauf folgende gemeinsame Reise in die Schweiz ist von G. in *Dichtung und Wahrheit* geschildert worden. Im November 1774 trafen sie in Weimar am Hofe von Carl August, der, vermutlich auf G.s Betreiben, Friedrich Leopold eine Kammerherrenstelle anbot, wieder zusammen. Nach anfänglicher Zusage lehnte der Graf diese Stellung ab. Die Auswirkungen der Französischen Revolution und die zunehmende geistige Säkularisierung ließen ihn 1800 zum Katholizismus konvertieren.

Trotz seiner dezidierten Abneigung gegen die Konvertiten (↗Katholizismus) verteidigte G. den ihm bereits entfremdeten Freund, der von Johann Heinrich ↗Voß in dem Aufsatz *Wie ward Fritz Stolberg ein Unfreier* (1819) scharf angegriffen worden war: 1820 entstehen das Gedicht *Voß contra Stolberg* und der Aufsatz *Voß und Stolberg*, in dem es heißt: »Stolberg sucht nach einer verlorenen Stütze, und die Rebe schlingt sich zuletzt ans Kreuz«. Jedoch erboste ihn Stolbergs christlich motivierte Kritik an Schillers

Die Götter Griechenlands und dem Weimarer »Heidentum«. G. und Schiller verstanden Stolbergs Ablehnung als Affront gegen ihren klassischen Humanitätsbegriff. G. rächt sich in den *Xenien*: »Als du die griechischen Götter geschmäht, da warf dich Apollo/ Von dem Parnasse; dafür gehst Du ins Himmelreich ein«. Trotzdem gestaltete sich ein Wiedersehen in Karlsbad 1812 sehr harmonisch, und auch der weitere Briefwechsel, der bis zum Tode Stolbergs geführt wurde, war freundschaftlich geprägt.   BB

Straßburg: Im 9. Buch von *Dichtung und Wahrheit* hat G. über seine Straßburger Zeit berichtet, der eine lange Rekonvaleszenz im Frankfurter Elternhaus voranging: »Im Frühjahr [1770] fühlte ich meine Gesundheit, noch mehr aber meinen jugendlichen Mut wieder hergestellt, und sehnte mich abermals aus dem väterlichen Hause, obgleich aus ganz andern Ursachen als das erste mal: denn es waren mir diese hübschen Zimmer und Räume, wo ich so viel gelitten hatte, unerfreulich geworden, und mit dem Vater selbst konnte sich kein angenehmes Verhältnis anknüpfen; ich konnte ihm nicht ganz verzeihen, daß er, bei den Reziven [Rückfällen] meiner Krankheit und bei dem langsamen Genesen, mehr Ungeduld als billig sehen lassen, ja daß er, anstatt durch Nachsicht mich zu trösten, sich oft auf eine grausame Weise über das, was in keines Menschen Hand lag, geäußert, als wenn es nur vom Willen abhinge. Aber auch er ward auf mancherlei Weise durch mich verletzt und beleidigt« (*DuW*, 9. Buch).

G. reist am 1.4.1770 aus Frankfurt ab und trifft wenige Tage später in Straßburg ein, das über 40 000 Einwohner zählt, als Grenzstadt zweisprachig, kosmopolitischer Anziehungspunkt für unruhige Intellektuelle, darunter viele Deutsche. Unmittelbar nach seiner Ankunft besteigt G. das Straßburger Münster, mietet sich am Alten Fischmarkt bei einem Pelzhändler ein und nimmt an der Tischgesellschaft der beiden Damen Lauth in der Knoblochgasse teil, einem Stelldichein der Straßburger Studenten. Er immatrikuliert sich am 18.4. an der Straßburger Universität und reitet Ende Juni bis Anfang Juli bis Zabern und Saarbrücken und durch das untere Elsaß. Am 5.9. begegnet er zum erstenmal ↗Herder im Gasthof »Zum Geist«. Am 25. und 27.9. besteht G. das juristische Vorexamen und hat nun das Recht, eine ↗Dissertation zu verfassen; vom Besuch der Vorlesungen ist er befreit.

In den Tagen zwischen dem 10. und 14. Oktober muß er in Sesenheim zum erstenmal Friederike ↗Brion begegnet sein. Er schreibt ihr am 15. den ersten Brief: »Liebe neue Freundinn, Ich zweifle nicht Sie so zu nennen; denn wenn ich mich anders nur ein klein wenig auf die Augen verstehe; so fand mein Aug, im ersten Blick, die Hoffnung zu dieser Freundschafft in Ihrem, und für unsre Herzen wollt ich schwören; Sie, zärtlich und gut wie ich Sie kenne, sollten Sie mir, da ich Sie so lieb habe, nicht wieder ein Bissgen günstig sein?« Ende des Monats hat er seinen Besuch wiederholt. Noch vor Jahresende beginnt er mit der Ausarbeitung seiner Dissertation und vertieft den Gedankenaustausch mit Herder, der ihm zahlreiche Lesehinweise aus dem breiten Spektrum der Weltliteratur gibt (Homer, Edda, Ossian, Shakespeare, Sterne, Swift, Goldsmith, Hamann, Möser). Im Frühjahr 1771 lehnt die juristische Fakultät der Universität Straßburg G.s Dissertation *De legislatoribus* ab. Er hält sich vom 18.5.–23.6. im ↗Sesenheimer Pfarrhaus auf, beginnt, für Herder oberelsässische Volkslieder zu sammeln. Am 6.8. wird er schließlich zum Lizentiaten der Rechte promoviert. Er verabschiedet sich einen Tag später in Sesenheim, ohne Friederike gegenüber zu erklären, daß es ein Abschied für immer ist. Er reist über Mannheim, wo er erneut die Antikensammlung besichtigt, nach Frankfurt zurück.   BL

Streben: Ein Schlüsselwort in G.s Werk und ebenso in seiner Biographie. Für den ewig strebenden und irrenden Faust singen die Engel am Ende seines Lebens: »Wer immer strebend sich bemüht,/Den können wir erlösen« (*Faust II*, v. 11935f.), in den *Xenien* erkennt G. im Streben den Weg zur Wahrheit und Ganzheitlichkeit. In *Maximen und Reflexionen* wird vor einem Streben gewarnt, welches durch seine unendlich-unerreichbaren Ziele unglücklich mache; der Mensch findet hingegen sein Glück, wenn er dem Streben »seine Begrenzung bestimmt« (*Lj*, VIII.5). Das folgende Spruchgedicht verweist auf G.s eigenes lebenslanges Streben, wenn er schreibt:

»Weite Welt und breites Leben,
Langer Jahre redlich Streben,
Stets geforscht und stets gegründet,
Nie geschlossen, oft gerundet,
Ältestes bewahrt mit Treue,
Freundlich aufgefaßtes Neue,
Heitern Sinn und reine Zwecke:
Nun! man kommt wohl eine Strecke.«

In den *Tag- und Jahresheften* spricht G. von einem »nach innen und außen fortwirkenden poetischen Bildungstrieb«, welchen er in der Folge als den Mittelpunkt für all sein künstlerisches, soziales und wissenschaftliches Streben bestimmt.   AV

Streicher, Nannette (1769-1833): »Ich habe nun einen vieloktavigen Streicherischen Flügel angeschafft, man sagt er sei glücklich ausgefallen und ich hoffe daß mein Winter dadurch etwas musikalischer werden soll«. Mit diesen Worten unterrichtete G. seinen Freund C. F. Zelter am 28. September 1821 von seinem bereits am 15. Juli eingetroffenen Hammerflügel (Nro. 1563) aus der Werkstatt der Nan(n)ette Streicher. Nachdem sie in Augsburg bei ihrem Vater, Johann Andreas Stein, selbst einer der angesehensten Klavierbauer seiner Zeit, gelernt und dem Pianisten und Jugendfreund Friedrich Schillers, Johann Andreas Streicher, geheiratet hatte, avancierte ihre 1802 nach ihrem Wechsel nach Wien gegründete Firma über mehrere Generationen zur erfolgreichsten dieser Stadt. Typisch für die Instrumente war bei einem Umfang von 6 Oktaven ihre fortschrittliche Wiener Prellzungenmechanik und 4 Registerzüge in einer vierpedaligen Lyra (Dämpfung, Verschiebung, Harfe, Fagott), die ein farbenreiches Spiel ermöglichten. Vor dem Kauf dieses Flügels war G. von Carl Eberwein und dem Leipziger Musikschriftsteller Friedrich Rochlitz beraten worden und bezog das durchaus kostspielige Instrument (200 Taler sächsisch) über den Musikalienhändler F. Peters in Leipzig. Es bekam seinen Platz nach seiner Anlieferung am 15. Juli 1821 in dem Raum seines Hauses am Frauenplan, in welchem ab 1823 der beherrschende Gipsabguß der sogenannten ↗Juno Ludovisi stand, der dem Zimmer seinen Namen gab. Dieser Flügel erlaubte es, die neueren Klavierwerke etwa Ludwig van Beethovens zu spielen, und auf ihm ließ sich im November 1821 der zwölfjährige Felix Mendessohn Bartholdy hören, den Zelter angekündigt hatte als seinen »besten Schüler«, dem er gern »Dein Angesicht zeigen« wolle, »ehe ich von der Welt gehe, worin ichs freilich so lange als möglich aushalten will«. Der Kapellmeister Johann Nepomuk Hummel konzertierte ebenfalls gelegentlich im Hause G.s und verstand es, »den Besitz des vorzüglichen Instruments ins Unschätzbare zu erheben«.

GBS

Student/Studium: Auf Drängen des Vaters studierte G. ab dem Wintersemester 1765/66 nicht, wie er selbst vorgehabt hatte, in Göttingen Geschichte und Poesie, sondern in Leipzig ↗Jura. Er hörte Rhetorik- und Poesievorlesungen der Professoren Johann August Ernesti und Christian Fürchtegott ↗Gellert, die ihn alles in allem jedoch genausowenig wie die juristischen Pflichtveranstaltungen befriedigten. Der private Mal- und Zeichenunterricht bei Adam Friedrich ↗Oeser war da schon aufregender, auch die Leipziger und Dresdner Kunstsammlungen boten Abwechslung. 1768 verließ G. Leipzig krankheitsbedingt und ohne Studienabschluß. 1770 nahm er das Studium in Straßburg wieder auf und absolvierte zügig zwei Vorexamina, doch auch hier fand sich viel »Zerstreuung und Zerstückelung« (*DuW*, 9. Buch): G. lernte Herder kennen, verliebte sich in ein Mädchen aus ↗Sesenheim, nahm Tanzunterricht, hörte Chemie und Anatomie, begeisterte sich für Kunst und Architektur. Der Vater bestand auf der Promotion, und G. schrieb eine (verschollene) ↗Dissertation im Bereich Kirchenrecht, welche sich anscheinend mit der Frage beschäftigte, ob Jesus der Gründer der christlichen Religion sei. Sie wurde von der Fakultät abgelehnt. Immerhin konnte er im Sommer 1771 die Würde eines Lizentiaten (entsprach annähernd dem deutschen Doktortitel) erwerben, indem er 56 Thesen (*Positiones Juris*) einreichte und »cum applausu« verteidigte. Dem Vorschlag der Fakultät, nun doch noch zu promovieren, wollte G. nicht entsprechen. Er ging nach Frankfurt, um als Anwalt zu arbeiten; von Mai bis September 1772 setzte er dann die juristische Ausbildung als Praktikant am Reichskammergericht in Wetzlar fort.

DF

Studententumult in Leipzig: 1768, kurz vor G.s Abreise, kam es zwischen den Studenten der Universität, städtischen Häschern und den Stadtsoldaten zu Auseinandersetzungen um den sog. »Thorgroschen«, zu Schlägereien, Sachbeschädigungen, öffentlichem Aufruhr. Mit der Aufforderung »Geht doch nach Erfurt« wurden die Studenten bis in den August hinein von städtischen und universitären Autoritäten disziplinarisch gemaßregelt und bestraft. BL

Sturm und Drang: In *Dichtung und Wahrheit*, beschreibt G., wie sich im letzten Drittel des 18.Jh.s junge Dichter als Gleichempfindende und Gleichstrebende gegenseitig zu großartigen, gegen die engen bürgerlichen Wert- und Verhaltensvorstellungen der Zeit gerichteten Schriften angefeuert hatten: dieses »wechselseitige, bis zur Ausschweifung gehende Hetzen und Treiben gab jedem nach seiner Art einen fröhlichen Einfluß, und aus diesem Quirlen und Schaffen, aus diesem Leben und Lebenlassen, aus diesem Nehmen und Geben, welches mit freier Brust, ohne irgend einen theoretischen Leitstern, von so vielen Jünglingen, nach eines jeden angeborenem Charakter, ohne Rücksichten getrieben wurde, entsprang jene berühmte, berufene und verrufene Literaturepoche«, bekannt als Sturm und Drang (12. Buch). Die Anfänge dieser von G. maßgeblich mitgeprägten und von ihm auf den Stand europäischer Bedeutung emporgehobenen literarischen Bewegung gehen auf das Jahr 1770 zurück.

In Dichterzirkeln, aber auch in breiteren Kreisen der Öffentlichkeit herrschte eine zunehmend offene Opposition gegen die feudalistisch-absolutistischen Fesseln der Zeit. Vor allem in Straßburg und Frankfurt strebten führende Köpfe eine radikale Erneuerung der gesellschaftlichen Kunst- und Lebensauffassung an. Unter dem Leitbegriff des Geniegedankens strebten Herder, G. und Lenz, später Schiller und andere eine literarische Revolution an: »Unbedingtes Bestreben, alle Begränzungen zu durchbrechen« (*TuJ*, 1769-75), Freude am archaisch ursprünglichen Leben, Kritiklust, Polemik und Abwehr gegen bürgerliche Selbstgefälligkeit beherrschten den Ton, wie die *Frankfurter Gelehrten Anzeigen* von 1772, an welchen G. begeistert mitgearbeitet hat, belegen.

G., 1770 Student in Straßburg, ab 1771 wieder in Frankfurt, erlebte und gestaltete die Sturm-und-Drang-Bewegung von Beginn an mit. Herder, als Vordenker und philosophisches Sprachrohr dieser Bewegung, spielte in diesen Anfängen eine überragende Rolle, auch für G. Doch während andere Vertreter des Sturm und Drang bei teils aggressiven, teils diffusen

Oppositionsformen stehen blieben, nutzte G. die Impulse des Sturm und Drang zur Ausgestaltung seines schon damals angelegten, in späteren Jahren immer weiter vertieften Menschenbildes, das, weit über die Zeitereignisse hinausweisend, die Entwicklung des modernen, auf Individualität und Ichbewußtsein gründenden Menschen zum Ziel hat.

Friederike Brion – G. lernte sie im Oktober 1770 in Sesenheim kennen und wurde von ihr in seinen tiefsten Gefühlen getroffen –, dann die in die selbe Zeit fallende Bekanntschaft mit Herder und dessen Auffassung, daß Gefühl, Natürlichkeit, und Einfachheit das neue Ideal hoher Kunst seien, spornten G. zu einem bisher ungekannten lyrischen Ausdruck der individuellen Empfindungen an. Aus den privatim verfaßten ↗ Sesenheimer Liedern wurde für die Nachwelt ein literarischer Schatz, der mit Gedichten wie *Willkommen und Abschied* oder *Mailied* historische, den Sturm und Drang mitbegründende Bedeutung erlangte. Die Anrufung des Genius in *Wandrers Sturmlied* greift den Geniegedanken auf, ebenso die Gedichte *Prometheus* und *Ganymed*. Das ↗ Genie steht nicht mehr länger über den Menschen, vielmehr ist der Mensch befähigt, den Genius in seinem Inneren zu entfachen. In *Prometheus* bearbeitet G. ein altes mythologisches Thema in einer neuartigen, auf das Wesentliche beschränkten und in freien Rhythmen gestalteten Sprache. Damit hebt er die Impulse des Sturm und Drang durch den Hinweis auf das Ich des modernen Menschen in die Sphäre allgemein menschlichen Bewußtseins. Dem alten Schöpfergott ruft Prometheus, damit G.s Sturm-und-Drang-Empfindung Ausdruck gebend, zu:

Ich dich ehren? Wofür?
Hast du die Schmerzen gelindert
Je des Beladenen?
Hast du die Tränen gestillet
Je des Geängsteten?
Hat nicht mich zum Manne geschmiedet
Die allmächtige Zeit
Und das ewige Schicksal,
Meine Herren und deine?

Im *Ganymed* begeistert sich das Ich in freien, reimlosen Versen für die umfassende Gewalt des Frühlings, der im Kleid der Natur die Größe des »alliebenden Vaters« umfängt; diese Worte drücken die andere Seite von G.s Seele aus:

Hinauf, hinauf strebt's,
Es schweben die Wolken

Abwärts, die Wolken
Neigen sich der sehnenden Liebe,
Mir, mir!
In eurem Schoße
Aufwärts,
Umfangend umfangen!
Aufwärts
An deinen Busen,
Alliebender Vater.

Neben den Liedern und Hymnen schrieb G. in der Straßburger und Frankfurter Zeit Balladen wie *Heidenröslein* oder *Der König in Thule*. Obwohl zu Beginn der Sturm-und-Drang-Bewegung erst einundzwanzig, hatte sich G. bereits vom bürgerlich regeltreuen Studenten zum schöpferischen geniehaften Künstler gewandelt. Diese Entwicklung wurde durch den Aufsehen erregenden Roman *Die Leiden des jungen Werthers* (1774) und die Uraufführung des *Götz von Berlichingen* 1774 in Berlin unterstrichen. Mit der Übersiedlung nach Weimar 1775 war für G. die Zeit des Sturm und Drang abgeschlossen, während das Ende dieser Epoche literaturgeschichtlich auf die zweite Hälfte der 1780er Jahre datiert wird.   AV

Stuttgart: In der Residenzstadt des Herzogs von Württemberg hielt sich G. dreimal auf. Vom 11.–18.12.1779 kam er mit Carl August auf der Rückkehr von der zweiten Schweizer Reise in die Stadt (Besuch des Theaters, des Wildparks bei Schloß Solitude, der Stadt und des Schloßes Ludwigsburg, des Schloßes Hohenheim, am 14.12. Teilnahme an Stiftungsfest und Preisverleihung der Hohen Carlsschule, während der noch unbekannte, von G. kaum bemerkte Friedrich Schiller gleich drei Auszeichnungen einheimste). Erneuter Aufenthalt auf dem Weg zur dritten Schweizreise vom 29.8.–7.9.1797. Nach einem »der schlimmsten Wanzenabenteuer im Bauch des römischen Kaisers« (Gasthof außerhalb Stuttgarts, heute Rotebühlstraße) wurde er im Haus des kunstsinnigen Hofbankiers ↗Rapp aufgenommen, sah eine Theateraufführung von Schillers *Don Carlos*, besichtigte mit ↗Dannecker erneut das Schloß Hohenheim, dessen Architektur er als mißlungen betrachtete (»bis zum Sinnen ungeschickt«). Am 2.9. traf er mit dem Architekten ↗Thouret zusammen, der ein Jahr später offiziell zum Leiter des Weimarer Schloßaufbaus berufen wurde, besichtigte das neue Schloß, das ihm als Abgrund von Einfallslosigkeit und kalter Pracht erschien. Nach erneutem, wenig befriedigendem Theaterbesuch (*Fra i due litiganti il terzo gode* von Sarti) reiste er nach Tübingen zu seinem Verleger Cotta weiter. Auf der Rückreise aus der Schweiz schließlich hat G. von 1./2. November 1797 ein letztes Mal in Stuttgart übernachtet. JK

Subjekt/Objekt: Bei G. finden sich die erkenntnistheoretischen Begriffe ab 1794, also dem Zeitpunkt, zu dem er in die Diskussion mit Schiller trat. G. verwendete sie synonym zu Mensch, Beobachter, Ich, Individuum, Geist (Subjekt) bzw. Gegenstand, Ding, Natur, Welt, Phänomen (Objekt). Eine Trennung des Begriffspaars bzw. eine separate Betrachtung der jeweiligen Inhalte hielt G. nicht für möglich, war ihr Verhältnis doch ein dialektisches, also eines der wechselseitigen Bestimmung. »Alles, was im Subjekt ist, ist im Objekt und noch etwas mehr. Alles, was im Objekt ist, ist im Subjekt und noch etwas mehr«(*MuR*), lautet eine nachgelassene Formulierung G.s (wobei das »etwas mehr« einen unbegreiflichen und unerforschlichen Rest bezeichnet). Damit erteilte er einer (objektiven) ↗Wahrheit, die abgelöst von (subjektiver) ↗Anschauung bzw. ↗Erfahrung existiert, eine Absage. Einen rein abstrakten Zugang zum Wesen der Dinge hielt G. überhaupt für ausgeschlossen, eine empirische Annäherung immerhin für problematisch, wie er in dem Aufsatz *Der Versuch als Vermittler von Object und Subject* darlegte. DF

Süden/Norden: Der Gegensatz zwischen dem Süden (Mittelmeerraum) und dem Norden (Mitteleuropa) bzw. die unterschiedliche Entwicklung beider Kulturkreise – »Italien, das formreiche«, versus »das gestaltlose Deutschland« (*Schicksal der Handschrift*) – wurde von G. genau wie von Winckelmann auf das Wetter zurückgeführt. Die im 18. Jh. gängige Klimatheorie, derer sich G. bedient, wenn in den *Römischen Elegien* »die Nebel des traurigen Nordens« gegen Sonnenschein, mediterrane Fröhlichkeit und sogar »südliche Flöhe« ausgespielt werden, wurde im 20. Jh. durch die Entdeckung des Melatonins gefestigt, eines Hormons, das bei fehlender Sonneneinwirkung ausgeschüttet wird und zu erhöhtem Schlafbedürfnis, dem Wunsch nach Isolation und zu Depressionen führt. DF

Suleika-Lieder s. West-östlicher Divan

Sulzer, Johann Georg (1720-1779), Schweizer Ästhetiker und Pädagoge. Sein Hauptwerk *Allgemeine Theorie der schönen Künste* wurde von G. 1772 in den *Frankfurter Gelehrten Anzeigen* einer vernichtenden Kritik unterzogen: »hier sei für niemanden nichts getan als für den Schüler [...] und für den ganz

leichten Dilettante nach der Mode.« Als Stürmer und Dränger kritisiert er Sulzers verharmlosenden Naturbegriff. Für G. ist die Natur gewalttätig, »ist Kraft, die Kraft verschlingt.« Sulzers Ästhetik einer »Verschönerung der Dinge« lehnt er ab. Auch Sulzer ist in seiner Kritik nicht zimperlich: Anläßlich der Aufführung des *Götz von Berlichingen* in Berlin schrieb er an Bodmer, er hätte »das verworrene und verwirrende Schauspiel nicht bis ans Ende aushalten« können (19.11.1774). BS

Sünde: Motiv in einigen Texten G.s. »Am Brunnen« überlegt ↗Gretchen, wie sie sonst selbst über die Sünden anderer herzog, »Und bin doch selbst der Sünde bloß« (v. 3584), von der sie als Büßerin wieder gereinigt erscheint in der letzten Szene von *Faust II*. Die ↗»Schöne Seele« definiert in ihren »Bekenntnissen« die Sünde: »Das Ding, das noch nie erklärte böse Ding, das uns von dem Wesen trennt, dem wir das Leben verdanken, von dem aus alles, was Leben genannt werden soll, sich unterhalten muß, das Ding, das man Sünde nennt«. Die weisen Planer der ↗Pädagogischen Provinz erkennen die Sünde als Realität an, sie betrifft die dritte Ehrfurcht ›vor dem was unter uns ist‹. BJ

Swedenborg, Emanuel (1688-1772), Naturwissenschaftler und Theosoph, dessen 1749 in London erschienene Schrift *Arcana Coelestia, quae in Scriptura sacra seu verbo Domini sunt, detecta (Himmlische Geheimnisse in der Hlg. Schrift wie im Wort des Herrn, aufgedeckt)* schon dem jungen G. bekannt war. Der universal gebildete Swedenborg leitete aus visionären Erlebnissen die Hypothese ab, die menschliche Seele sei mit einer zweiten, geisterhaften Welt verknüpft, er lehnte viele der traditionellen Kirchenlehren ab und schuf damit den Anlaß, die »Neue Kirche« zu gründen. G. spielt mehrfach auf das Geisteruniversum Swedenborgs an (vgl. z.B. an Lavater, 14.11.1781). BJ

Symbol: Ein für G.s gesamtes künstlerisches und erkenntnistheoretisches Selbstverständnis zentraler Begriff, den er mehrfach programmatisch von der ↗Allegorie absetzt. Rätselhaft lautet eine Definition von 1818: »Es ist die Sache, ohne die Sache zu sein, und doch die Sache; ein im geistigen Spiegel zusammengezogenes Bild, und doch mit dem Gegenstand identisch« (*Philostrats Gemählde*). Klarer wird sein Verständnis des Symbols, wo er das Erkenntnisverfahren, das zum Symbol führt, beschreibt als die ›Schau des Allgemeinen im Besonderen‹. Insofern läßt sich sogar seine Suche nach der ↗Urpflanze oder nach einem morphologischen Typus als symbolisches Verfahren kennzeichnen. Das Symbol erscheint ihm als »die Natur der Poesie; sie spricht ein Besonderes aus, ohne an's Allgemeine zu denken oder darauf hinzuweisen« (*MuR*). »Die Symbolik verwandelt die Erscheinung in Idee, die Idee in ein Bild, und so, daß die Idee im Bild immer unendlich wirksam und unerreichbar bleibt« (*MuR*). Ausgangspunkt ist also nicht, wie bei dem allegorischen Verfahren, eine philosophische Abstraktion, sondern die konkrete und sinnliche ↗Anschauung etwa eines Naturdings. In diesem ein Allgemeineres wahrzunehmen, zu ahnen, schafft für den Künstler die Voraussetzung, ein (literarisches) Bild zu schaffen, in dem das Besondere der Erscheinung mit dem Allgemeinen der Idee als identische zusammenfallen.   BJ

Symbolum: *Des Maurers Wandeln* s. **Logengedichte**

Symmetrie, Ebenmaß, optische Proportionalität eines Körpers oder Bauwerkes. In seinem »Baukunst«-Aufsatz von 1795 erklärt G. die Symmetrie als natürliches Empfinden schon der frühesten Baumeister und Handwerker; antike Meister »bezeichneten ihre Kunstwerke als solche durch gewählte Ordnung der Theile; sie erleichterten dem Auge die Einsicht in die Verhältnisse durch Symmetrie, und so ward ein verwickeltes Werk faßlich. Durch eben diese Symmetrie und durch Gegenstellungen wurden in leisen Abweichungen die höchsten Contraste möglich« (*Ueber Laokoon*). Gerade die bekannte Laokoon-Gruppe sei ein »Muster [...] von Symmetrie und Mannichfaltigkeit« (ebd.). In *Kunst und Alterthum am Rhein und Main* definiert G. die Symmetrie sehr präzise: »Alles was uns daher als Zierde ansprechen soll, muß gegliedert sein und zwar im höheren Sinne, daß es aus Theilen bestehe, die sich wechselsweise auf einander beziehen. Hiezu wird erfordert, daß es eine Mitte habe, ein Oben und Unten, ein Hüben und Drüben, woraus zuerst Symmetrie entsteht, welche, wenn sie dem Verstande völlig faßlich bleibt, die Zierde auf der geringsten Stufe genannt werden kann. Je mannichfaltiger dann aber die Glieder werden, und je mehr jene anfängliche Symmetrie, verflochten, versteckt, in Gegensätzen abgewechselt, als ein offenbares Geheimnis vor unsern Augen steht, desto angenehmer wird die Zierde sein« (Heidelberg).   BJ

Sympathie: Mitempfinden, ein vor allem in der Empfindsamkeit sehr prominentes Gefühl. G. läßt die Figur Söller in seinem frühen Drama *Die Mitschuldigen* über die Sympathie spotten: »Wenn ihr zusammen gähnt, das nennt ihr Sympathie« (v. 437). Werther werden im Botschaftsdienst von einem Adligen große Sympathie entgegengebracht (vgl. Brief vom 26.11.1771), ein bürgerliches Gefühl, das allerdings endet, wenn adlige Gesellschaft anwesend ist. Sympathie zwischen sich und Lotte macht Werther als Differenz zu Albert aus, dessen »Herz nicht sympathetisch« schlage »bei der Stelle eines lieben Buches, wo mein Herz und Lottens in Einem zusammentreffen« (29.7.1772).   BJ

Systole/Diastole: Die sich gegenseitig bedingenden Gegensätze in G.s gedanklichem Modell der ↗Polarität, die den Rhythmus dynamischer Prozesse bestimmen, verweisen auf das dialektische Denken des 19. und das binäre des 20. Jh.s. Ein kleines *Divan*-Gedicht erklärt das Prinzip anschaulich: »Im Atemholen sind zweierlei Gnaden:/Die Luft einziehn, sich ihrer entladen./Jenes bedrängt, dieses erfrischt;/So wunderbar ist das Leben gemischt«. Als Systole kann neben dem Einatmen demnach Anziehung, Vereinigung, Kontraktion, ↗Synthese usw. betrachtet werden, als Diastole das jeweilige Gegenteil: Ausatmen, Abstoßung, Trennung, Ausdehnung, ↗Analyse usw.
                                                    DF

Szymanowska, Maria (1789-1831): Polnische, von dem tonangebenden Klavierlehrer John Field ausgebildete Pianistin und Komponistin in kaiserlich-russischen Hofdiensten, die während der Sommermonate in Westeuropa konzertierte. G. hörte sie im Sommer 1823 in Marienbad und widmete ihr am 18. August 1823 die bewegenden Verse: *Aussöhnung: Die Leidenschaft bringt Leiden!* Er hatte sie ihr ins Stammbuch geschrieben und damit zum Ausdruck gebracht, wie sehr ihn gerade zu diesem Zeitpunkt musikalische Eindrücke überwältigen konnten. G. war im Februar dieses Jahres schwer erkrankt und hatte sich nach seiner Genesung Ende Juni nach Marienbad zurückgezogen, auch um der jungen Ulrike von Levetzow wieder zu begegnen, um die er leidenschaftlich warb. Wie sehr ihn die Musik in dieser Zeit traf, spiegelt sich auch in seiner Korrespondenz mit Zelter wider, dem er seine innere Bewegung versucht zu schildern

(24.8.1823): »Nun aber doch das eigentlich Wunderbarste! Die ungeheure Gewalt der Musik auf mich in diesen Tagen! Die Stimme der Milter (Pauline Anna Milder-Hauptmann), das Klangreiche der Szymanowska«. GBS

Tabak, Schnupftabak s. **Rauchen**

Tabulae votivae (Votivtafeln), entstanden 1796, gehören zu den von Schiller so genannten »unschuldigen« Distichen im *Musen-Almanach für das Jahr 1797.* Aus der Sammelhandschrift der *Xenien* bildeten G. und Schiller 103 Epigramme, die eigene Überschriften tragen und neben den eigentlichen Xenien die größte Gruppe des ›Xenien-Almanachs‹ darstellen. Sie behandeln allgemeinere Themen und sind nur in wenigen Ausnahmen polemisch oder personalsatirisch. IW

Tadel s. **Lob**

Tafelrunde: Gesellige Runde der Herzoginmutter ↗Anna Amalia, »wo ein hochgebildeter Kreis sich versammelte und jeder auf seine Weise sich und andere unterhielt. »Bei der Herzogin Mutter wird gewöhnlich Montags gelesen [...]. Einige Shakespearsche Stücke, Lessings Nathan und Emilie, Goethes Iphigenie, Tasso, die Vögel p., Wielands Pervonte, Liebe um Liebe [...] und so fort sind so vorgetragen worden« (Herder an Knebel, 6.3.1791).

Anna Amalia, nach Übergabe der Regentschaft an ihren Sohn Carl August 36 Jahre alt, verlagerte ihre Aktivitäten auf das Gebiet von Kunst und Wissenschaft. Abseits des im Staatsgeschäften wirkenden regierenden Hofes, sich den Musen widmend, lud sie zu kulturvoller Geselligkeit, Gedankenaustausch und künstlerischer Bestätigung. »Sie gefiel sich im Umgang geistreicher Personen und freute sich, Verhältnisse dieser Art anzuknüpfen, zu erhalten und nützlich zu machen« (*Zum feierlichen Andenken der durchlauchtigsten Fürstin und Frau Anna Amalia,* 1807).

Zum geselligen Kreis um Anna Amalia (im ↗Wittumspalais, des Sommers in ↗Ettersburg bis 1781, danach ↗Tiefurt) gehörten in wechselnder Zusammensetzung an Kunst, Literatur und Wissenschaften Interessierte der Hofgesellschaft sowie einheimische und fremde Persönlichkeiten aus dem gebildeten Bürgertum, Gelehrte, Künstler, Dichter: die Kammerherren Hildebrand von Einsiedel und bis 1784 Siegmund von Seckendorff, Anna Amalias Hofdamen, darunter Luise von Göchhausen, Karl Ludwig von Knebel, der

»junge Hof« (Carl August, dessen Cavaliere, seltener Herzogin Luise), Charlotte von Stein, deren Schwägerin Sophie von Schardt, Henriette von Egloffstein, Gräfin Caritas Emilie von Bernstorff (ab 1779), Wieland, G., Herder, Carl August Musäus, Schriftsteller, Märchendichter (bis 1787), Johann Joachim Bode, Verleger, Übersetzer, Musiker (ab 1779), Friedrich Justin Bertuch, der Engländer Charles Gore und dessen Töchter Emilie und Elisa, Carl Ludwig Fernow, Kunstwissenschaftler, Bibliothekar (ab 1804), Heinrich Meyer (ab 1791), Georg Melchior Kraus, Corona Schröter. Gäste waren u.a.: Johann Heinrich Merck, die Brüder Stolberg, G.s Dichterfreunde Klinger und Lenz, der Maler und Kunstwissenschaftler Adam Friedrich Oeser, Ludwig Gleim, Karl Theodor von Dalberg, kurmainzischer Stadthalter in Erfurt, später Kotzebue, Jean Paul und Schiller, dazu eine Vielzahl fürstlicher Verwandter und Gäste des Hofes.

Die Geselligkeit des Anna-Amalia-Kreises, bis zu ihrer Italienreise (1788–90) geistvoll-fröhlich, oft ausgelassen, durch Naturschwärmerei und Aufführungen des Liebhabertheaters (dessen Akteure und »Tafelrunde« im wesentlichen identisch) geprägt, wandelte sich unter dem Eindruck des Italienerlebnisses. Der Kreis wollte möglichst viel »Italien« in Weimar in Erinnerung behalten, also traf man sich zu Kunst- und Sprachstudien, zu Gedankenaustausch, künstlerischer Beschäftigung, freute sich an mitgebrachten Schätzen. G. gehörte bis zu Anna Amalias Tod zum Kreis der Tafelrunde, war gern gesehen, nahm häufig teil und gab den Ton an. CS

Tag- und Jahreshefte: Auch unter dem Titel *Annalen* bekannter autobiographischer Text von ganz besonderer, sachlich-berichtend zusammenfassender, wenig erzählerischer Machart und Form, der G.s Leben von 1749 bis 1822 umfaßt. Im Untertitel »als Ergänzung meiner sonstigen Bekenntnisse« gekennzeichnet, Entstehungszeit 1817–1826, Erstdruck 1830 (ALH Bd. 31/32). G. erarbeitete die *Tag- und Jahreshefte* nicht in chronologischer Ordnung, sondern fast in willkürlicher Reihenfolge, er beginnt etwa mit der Periode nach Schillers Tod. Die *Tag- und Jahreshefte* können kaum als autobiographischer Text gesehen werden, da sie G.s Leben weitgehend ausblenden; vielmehr werden Dienstgeschäfte und amtliche Aufgaben, literarische und naturwissenschaftliche Projekte und öffentlich relevante Ereignisse meist aus dem Herrscherhaus referiert. BJ

Tagebuch, Das: *Wir hören's oft:* Verserzählung in Stanzen, entstanden 1810. Wegen dessen sexueller

Freizügigkeit nahm G. das Gedicht nicht in seine Werke auf, doch rezitierte er es häufig in engstem Kreise; 1810 las er es auch seinem Sohn August vor. 1861 erschien es anonym in einem Privatdruck von 24 Exemplaren. In die Weimarer Ausgabe wurde es erst 1910 aufgenommen; danach entstand eine Reihe zumeist bibliophiler und illustrierter Liebhaberdrucke. Bis heute verzichten einige G.-Ausgaben auf den Abdruck. Die Aura des Obszönen sicherte der Verserzählung einen späten und unerwarteten Publikationsort; 1968 wurde sie für den *Playboy* ins Amerikanische übersetzt.

Das Gedicht erzählt von einem Kaufmann, der auf der Heimreise eine Liebesnacht mit einem jungen Mädchen verleben möchte, aber durch Impotenz daran gehindert wird. Erst der Gedanke an die Ehefrau belebt das sexuelle Begehren neu; der Kaufmann zieht sich jedoch zurück. G. selbst gab diesem Plädoyer für die eheliche Liebe und Treue die treffende Charakteristik »erotisch-moralisch«. Eingebettet in diesen Rahmen ist jedoch die phallische Phantasie des Kaufmanns und die Durchbrechung eines kulturellen Tabus, die ihren Höhepunkt in blasphemischen Versen findet: »Und als ich endlich sie zur Kirche führte:/ Gesteh' ich's nur, vor Priester und Altare,/Vor deinem Jammerkreuz blutrünstger Christe,/Verzeih mir's Gott! es regte sich der Iste.« Ein Reim wie Christe/ ↗Iste ist ein markantes Beispiel für den freien Umgang mit Religion und Sexualität, wie er schon die *Römischen Elegien* und die *Venezianischen Epigramme* prägt und dort zum Ausschluß einiger Gedichte führt. IW

Tagebücher, autobiographische Aufzeichnungen von insgesamt riesigem Ausmaß: rund ein Zehntel des schriftlichen Nachlasses G.s wird von den Tagebüchern gebildet, die G. in über sechzig Jahren verfaßte. Zu den Tagebüchern gehören ganz unterschiedliche Texte: das Reisejournal aus der Schweiz 1775 – das später in die letzten Bücher von *Dichtung und Wahrheit* einging – ebenso wie die noch ausführlicheren Reise-Tagebücher, die G. zu Beginn seiner italienischen Reise mit dem Hintergedanken schrieb, sie nach und nach an die Weimarer Freundin Charlotte von Stein zu schicken. Diese Tagebücher bildeten das Ausgangsmaterial für die autobiographische Erzählung *Italienische Reise*.

Im ersten Weimarer Jahrzehnt beschränkt sich G.s Journal auf knappe Notizen, aus denen aber trotz oder gerade wegen ihrer Kürze die Fülle der amtlichen Aufgaben wie auch der schriftstellerischen Projekte G.s ablesbar ist: »22. Mai 1776. Exerzitium der Hu-

saren. Feuer in Neckerode. 23. Mai Um 2 Uhr. Morgens zurück bei St[ein] gessen pp Geschl[afen]. mit Lenz im Garten. Gut anlassen von Fr[itsch]. [...] 1. Juni. Nachts Brand in Utenbach 2. Juni. Geschlafen in Apolda. gegessen bey Hofe der Stein«. Gleichzeitig finden sich schon hier ausführlichere Kommentare zur eigenen neuen Existenz am Hof, Bekenntnisse eines Machtwillens: [8. Oktober 1777 auf der Wartburg] »Hier nun zum letztenmal, auf der reinen ruhigen Höhe, im Rauschen des Herbst winds. Unten hatt ich heute ein Heimweh nach Weimar nach meinem Garten, das sich hier schon wieder verliert. – Gern kehr ich doch zurück in mein enges Nest, nun bald in Sturm gewickelt, in Schnee verweht. Und wills Gott in Ruhe vor den Menschen mit denen ich doch nichts zu theilen habe. Hier hab ich weit weniger gelitten als ich gedacht habe, bin aber in viel Entfremdung bestimmt, wo ich doch noch Band glaubte. [Carl August] wird mir immer näher und näher u Regen und rauher wind rückt die Schaafe zusammen. – – Regieren!!«

Das Tagebuch als Form schriftlicher Selbstverständigung ist insofern eine wichtige Tradition im deutschen Pietismus, als hier das tägliche schriftliche Bekenntnis, die Selbstschau eine notwendige Form der Selbstprüfung war. G. kombiniert diese bekenntnishafte ausführlichere Schreibart häufig mit der nur knapp notierenden Technik des Journals; in G.s schriftlichem Nachlaß finden sich Vorformen des Tagebuchs etwa in den Serienbriefen des Leipziger Studenten an die Schwester in Frankfurt oder denen an Auguste zu Stolberg: Hier werden, oft viele Tage hintereinander, die Ereignisse, Erlebnisse und Gedanken je Tag für Tag für den entfernten Gesprächspartner aufgeschrieben – eine Form, wie sie G. dann im italienischen Reisetagebuch für Charlotte von Stein wiederholt.

Nach einer Pause zwischen 1788 bis 1795, in der G. kaum Tagebuch führte, setzte schließlich die durchgehende, immer ausführlicher werdende und bis zu seinem Tode reichende Diaristik G.s ein. Die Plünderung durch napoleonische Truppen, der Tod der Ehefrau, eine Unzahl an Besuchern in Weimar, Arbeit an eigenen dichterischen Arbeiten, Lese- oder Übersetzungsarbeit an fremden, Teilnahme an Nachrichten aus aller Welt, langdauernde Kuraufenthalte, Familienereignisse, zumal mit dem späten geborenen Enkeln und nicht zuletzt der 82. Geburtstag 1831 im Kreise der Familie werden zum Teil in großer Ausführlichkeit erzählt. Hier tritt auch der private G. hervor: der hypochondrische, oft in Panik verfallende Halbkranke, der Vielleser, der Großvater.

Spätestens hier aber sind die Tagebücher eben nicht mehr spontan und eigenhändig notierte Tagesereignisse: G. diktiert zunächst Konzepte, Entwürfe, redigiert und korrigiert, diktiert dann das Tagebuch als »Mundum«, als Reinschrift. Die Tagebücher tendieren in diesen letzten fast vier Jahrzehnten also immer mehr zum durchgeplanten, bewußt gestalteten, zum literarischen Text.   BJ

Tages- und Jahreszeiten in der Lyrik. Eng verbunden mit dem bürgerlichen Subjektivitätskonzept, wie es sich im 18. Jh. herausbildet, sind neue, individualisierte Formen der Wahrnehmung der Natur und menschlicher Lebenszusammenhänge im Rhythmus des Tages- und Jahresverlaufs. Mit der zunehmenden Beherrschung durch den Menschen werden Natur und ihre jahreszeitlichen Wandlungsprozesse gleichermaßen zum wissenschaftlichen und ästhetischen Objekt. In einem ›panoramatischen Blick‹ nimmt das betrachtende Subjekt die Gesamtheit der Natur in ihrer Schönheit wahr und transzendiert so ästhetisch die fortdauernde Einbindung in naturale Zwänge. Für diese mentalitätsgeschichtlichen Prozesse ist G.s Lyrik ein aufschlußreicher Indikator, ja sie hat neue Wahrnehmungsweisen mit initiiert und ihnen einen formal vorbildhaften Ausdruck verliehen. Alle Tages- und Jahreszeiten, als Einzelphänomene oder im Gesamtablauf ihrer zyklischen Wiederkehr, waren für G. zeitlebens Themen seiner Lyrik (z.B. *Im Herbst 1775* und *Vier Jahreszeiten*). Ihre poetische Behandlung spiegelt sowohl die Entwicklung seiner individuellen lyrischen Ausdrucksformen als auch Wandlungsprozesse beim Übergang von einem religiös-traditionalen zum modernen Weltbild mit ersten Erfahrungen von Entfremdung.

Der modernen Erfahrung von zeitlicher Beschleunigung korrespondieren neue kulturelle Ordnungsmuster, welche auf den Fixpunkten des christlichen Kalenders aufbauen, die Gestaltung von Tages- und Jahreszeiten jedoch ausdifferenzieren und den verfeinerten Bedürfnissen eines individualisierten Menschenbildes anpassen. Die Einheit von fühlendem Subjekt und Natur, die Gestaltung von Naturbildern als Metaphern für Seelenbilder prägen spätestens seit den *Sesenheimer Liedern* G.s Gedichte, so die neue Wahrnehmung des Frühlings im *Mailied* und die Dramatisierung der Erfahrung von Nacht und Morgen in *Willkommen und Abschied*. Die besondere poetische Qualität des Morgens, häufig analog zu Frühling und Jugend, hat G. in zahlreichen Gedichten gestaltet: »Wie im Morgenrot« (*Ganymed*); »Morgenwind umflügelt« (*Auf dem See*); »Der Morgen kam«/»Aus

Morgenduft gewebt« (*Zueignung*). Eine dynamische Morgenmetaphorik findet sich im *West-östlichen Divan* und ist hier mit dem Thema der Verjüngung verbunden: »Morgenröte« mit dem virtuellen Reim ›Goethe‹ (*Locken haltet mich gefangen*), »mit morgenroten Flügeln« (*Wiederfinden*); »Morgennebelung« (*Liebliches*); »morgentaulich« (*Im Gegenwärtigen Vergangnes*).

Mit der technischen Beherrschung von Natur bekommen auch zuvor bedrohliche Naturphänomene wie Nacht und Winter eine neue ästhetische Erfahrungsqualität (vgl. *Der Musensohn*: »Da blüht der Winter schön«). Die Poetisierung des Winters, zu der G. Entscheidendes beigetragen hat, ist besonders eindrucksvoll gestaltet in der *Harzreise im Winter*, in der mit »Wintergrün« und »Winterströme« eine Ästhetik der winterlichen Natur entfaltet wird. In der *Campagne in Frankreich 1792* schreibt G. über die Entstehungszeit dieser Hymne: »Alles Winterwesen hatte überdies in jener Zeit für mich große Reize«. Die Individualisierung und Psychologisierung kultureller Ordnungsmuster von Zeit erreichen ihren Höhepunkt in der Romantik, zu der G.s Lyrik in einem komplexen Wechselspiel steht. Exemplarisch dafür ist die Behandlung des Abends als Säkularisierung des christlichen Abendlieds und insbesondere der Nacht als exklusives Medium der Selbsterfahrung, die auf den nächtlichen Naturraum projiziert wird. G.s herausragende poetische Gestaltung dieses Motivs in »Über allen Gipfeln« (*Wandrers Nachtlied/ Ein gleiches*) initiiert eine Gestaltung von Nacht, wie sie in Novalis *Hymnen an die Nacht* (1800) als geschichts- und mythenpoetische Reflexion dann voll ausgeformt wird. Auch die Poetisierung des Mondes, der seit der Empfindsamkeit, insbesondere in der Lyrik Klopstocks, zum lyrischen Standardrepertoire gehört, vertieft sich in G.s Lyrik zum reflexiv und erotisch variantenreichen Bildfeld (vgl. ↗Lida-Lyrik, *Vollmondnacht*, *Dem aufgehenden Vollmonde*). Eine dynamische Ausgestaltung der Nacht- und Sternenmetaphorik findet sich insbesondere im *West-östlichen Divan*.

G.s Tages- und Jahreszeitenmetaphorik beschränkt sich nicht auf das eigene geographische und kulturelle Beobachtungsfeld; durch den Italien-Aufenthalt sowie durch die lebenslange Beschäftigung mit fremden Kulturen wird das eigenkulturelle Bildarsenal zeitlicher Muster des menschlichen Lebens wesentlich bereichert. Des weiteren verbinden sich G.s naturwissenschaftliche Studien mit der ästhetischen Wahrnehmung von Natur zu neuen lyrischen Gestaltungen naturhafter zeitlicher Prozesse mit ihrem Spiel von

Farben, Licht und Dämmerung (*Howards Ehrengedächtnis*). In der Alterslyrik verstärkt sich die Einbettung von Bildern des Tages und Jahres in einen symbolischen Verweisungszusammenhang; so die Gestaltung der Mitternacht als herausgehobener Augenblick und Stillstand der Zeit (vgl. *Um Mitternacht, Der Bräutigam*). Die Rhythmisierung menschlicher Wahrnehmungsformen und die kulturelle Formung der Erfahrung von Zeit macht G. nochmals explizit zum Thema seines letzten Gedichtzyklus *Chinesisch-deutsche Jahres- und Tageszeiten*. IW

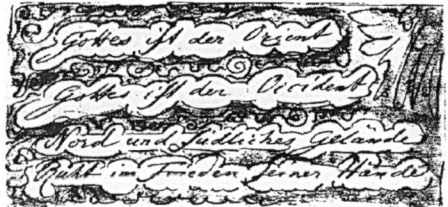

Eigenhändiges Schmuckblatt von Goethe

Talent: Ein angeborenes, meist künstlerisches Vermögen, eine Begabung, die viel verspricht, aber noch lange nicht ↗Künstler, geschweige denn ↗Genie genannt werden darf. Sein eigenes Talent, schnell aufzufassen und mit Leichtigkeit poetische Produktionen hervorzubringen, interpretiert G. in den Kindheitserzählungen in *Dichtung und Wahrheit* organologisch als »Keime« seiner späteren Künstlerexistenz; Talent als Begabung ist gleichsam demokratisch verteilt, nicht exklusiv: »Das poetische Talent ist dem Bauer so gut gegeben wie dem Ritter; es kommt nur darauf an, daß jeder seinen Zustand ergreife und ihn nach Würden behandle« (*MuR*). In dem kleinen Aufsatz *Einfache Nachahmung der Natur, Manier, Stil* ist Talent die Grundvoraussetzung selbst für die unterste Stufe der Naturnachahmung, ↗Genie bildet sich allenfalls mit dem Stil aus. Die Unterscheidung zwischen Talent und Genie wird noch schärfer formuliert: »Das Glück des Genies, wenn es zu Zeiten des Ernstes geboren wird. Das Genie mit Großsinn sucht seinem Jahrhundert vorzueilen; das Talent aus Eigensinn möchte es oft zurückhalten« (*MuR*) – das Genie läßt also die ästhetischen Ansprüche und Kunstformen seiner Zeit weit hinter sich, das bloße Talent bewegt sich innerhalb ihrer Grenzen und Regeln. G. bezeichnet auch häufig Künstler aus der Geschichte und aus seiner Zeitgenossenschaft als Talent: Mantegna, Raffael und Rubens, Shakespeare und Calderon, Hebel, Manzoni und Byron. BJ

Talismane: *Gottes ist der Orient!* Das erste der fünf Spruchgedichte entstand am 1.1.1815, die weiteren in der ersten Hälfte des gleichen Jahres. Sie gehören zu den Gedichten des *West-östlichen Divan*, die in das religiöse Denken der orientalische Kultur initiieren. Eng verwandt sind die Sprüche mit dem Gedicht *Segenspfänder*, das neben Talisman noch Amulett, Inschrift, Abraxas und Siegelring als Gegenstände benennt, die nach orientalischem Glauben durch eine eingravierte oder beigegebene Inschrift – häufig Suren des Koran – dem Träger Schutz und magische Kraft verleihen. Diese Verbindung kulturhistorisch alter magischer Rituale mit einer frühen Schriftkultur faszinierte G., war es doch gerade die Wirkmächtigkeit des Wortes, die ihn an der östlichen Kultur beeindruckte.

Wie die Romantiker fand er in der sprachmystischen Tradition des Orients Impulse für neue lyrische Ausdrucksformen. In Nachahmung arabischer Schriftverzierung fertigte er vom ersten Spruch »Gottes ist der Orient« zwei Schönschriften mit wellenförmiger Umrandung jedes Verses sowie mit Arabesken und einer skizzierten Palmette bei der zweiten Variante an. Der magische Gegenstand, der im orientalischen Talisman eine unlösbare Einheit mit der Inschrift eingeht, wird in G.s Spruchgedichten nur noch durch den Titel *Talismane* herbeizitiert. Damit schreibt er jedoch den Gedichten als lyrische Konzentrate der Poesie eine magische, einprägende Kraft zu. Jedes Gedicht spricht über Gott oder redet ihn an; indem aber Gebetsformeln und Gotteslob nach orientalischen Mustern gestaltet sind, bekommen sie den Charakter eines Zitats, können zum Ausdruck einer säkularisierten, gelassen-heiteren Lebens- und Spruchweisheit werden. Im letzten ›Talisman‹ »Im Atemholen sind zweierlei Gnaden:/Die Luft einziehn, sich ihrer entladen« verbindet G. Aussagen der persischen Dichtung mit einem Grundgedanken seiner eigenen Lebensphilosophie; mehrmals benannte er mit ↗›Systole‹ und ›Diastole‹ einander bedingende Äußerungen des Lebenspulses. IW

Tantalus, Königsfigur in der griechischen Mythologie, begünstigter Teilnehmer olympischer Mahlzeiten. Dafür, daß er den Göttern zum Test ihrer Allwissenheit den eigenen Sohn Pelops zum Mahle vorgesetzt hat, büßt er unendlich in der Unterwelt mit unstillbarem Hunger und Durst. Tantalus ist Stammvater eines Geschlechts ständiger Kinder-, Geschwister- und Elternmorde, der Tantaliden: Atreus und Thyestes, Söhne von Pelops, töten einen Stiefbruder

aus Neid, Atreus vertreibt seinen Bruder wegen Ehebruchs, dieser entführt den Sohn von Atreus und
sendet ihn später als Mörder zu ihm. Atreus entdeckt
das Komplott, tötet den Attentäter, seinen Sohn. Daraufhin entführt er Thyestes' Söhne und setzt sie dem
Vater zum Mahl vor. Atreus ältester Sohn ist Agamemnon, mit seiner Frau Klytemnästra hat er drei
Kinder: Iphigenie, Elektra und Orest. Agamemnon
opfert Iphigenie für den Sieg vor Troja, Diana rettet sie
nach Tauris. Klytemnästra und ihr Liebhaber töten
wegen des Opfertodes der Tochter den Ehemann bei
der Rückkehr aus Troja. Orest rächt den Vater, indem
er die Mutter und ihren Freund tötet. Auf Tantalus'
Geschlecht liegt also ein Fluch, von dem ↗Iphigenie
↗Thoas ausführlich erzählt, mit dem beladen ↗Orest
nach Tauris kommt. G. verwendet den Namen Tantalus auch als Sinnbild für unendliche Höllenqualen
(vgl. *IR*, 27.6.1787).   BJ

Tanzmeister, Hoftanzmeister: Wollte man sich
mit den figuren- und tourenreichen Tänzen vertraut
machen, bedurfte es seit dem 16.Jh. eines ausgebildeten Tanzmeisters. Er war aber auch unverzichtbarer Vermittler der komplizierten gesellschaftlichen
Umgangsformen, und man erwartete von ihm, daß er
à la mode informiert und dazu ein versierter Musiker
war. Für einen Hof wie den Weimarer war es selbstverständlich, einen Hoftanzmeister in Dienst zu nehmen. Jeden Ball, jede ↗Redoute galt es einzustudieren,
eingeübte Praktiken aufzufrischen, neue Tanzformen
zu erlernen, Hofbedienstete und die Angehörigen des
Hofes auf ihre Rollen vorzubereiten. Selbst eine so
geübte Tänzerin wie Christiane G. hatte 1810 an
Nikolaus Meyer geschrieben: »Hier ist alles so tanzlustig, daß Alt und Jung wieder Tanzstunden nimmt,
und wo Sie sich denken können, daß ich auch dabei
bin«.
Bis 1803 hatte Johann Adam ↗Aulhorn als »Hof
Tanzmeister« alle Aktivitäten im Bereich des gesellschaftlichen und theatralischen Tanzes tonangebend
mitbestimmt. Daß seine Position nicht nur wichtiger
Bestandteil des Hofstaates, sondern auch schwierig zu
besetzen war, zeigt ein Brief G.s an Carl Friedrich
Zelter, als es galt, einen Nachfolger für Aulhorn zu
finden. Er bittet am 10. Oktober 1803, er möge sich in
Berlin »um den jungen Locheri, Sohn des königl.
Balletmeisters erkundigen [...]. Wir brauchen in unsern Verhältnissen mehr einen Mann der den Tanz
versteht, als der tanzt, einen, der eine leichte Methode
im Unterricht und Geschmack zu theatral. Arrangements und Divertissements hätte. Er ist hierher empfohlen und ich möchte gerne durch Sie näher von ihm
unterrichtet werden«.   GBS

*Goethe beim Straßburger Tanzmeister. Lavierte Fe-
der- und Pinselzeichnung von F.G. Schlick*

Tartarus: Synonym mit Orkus, Unterwelt, Welt der
Toten; in der *Proserpina* heißt es: »Die schwarze
Hölle des Tartarus« (v. 7). ↗Iphigenie berichtet über
die Geschichte ihres Urvaters ↗Tantalus: »Übermut/
Und Untreu stürzten ihn von Jovis Tisch/Zur Schmach
des alten Tartarus hinab« (v. 323ff.). ↗Orest sieht in
einer der sprachlich schönsten Stellen der *Iphigenie*
die Rachegöttinnen zum Tartarus fliehen: »Es löst
sich der Fluch, mir sagt's das Herz./Die Eumeniden
ziehn, ich höre sie,/Zum Tartarus und schlagen hinter
sich/Die ehrnen Tore fernabdonnernd zu./Die Erde
dampft erquickenden Geruch/Und ladet mich auf ihren Flächen ein/Nach Lebensfreud und großer Tat zu
jagen« (v. 1358ff.).   BJ

Taschenbuch: Zeitschriften, unter ihnen die ca.
einmal jährlich erscheinenden, literarische und nicht-
literarische Texte vereinigenden Taschenbücher sind
zu G.s Zeit ein beliebtes Mittel literarisch-gesellschaft-
licher Kommunikation, das er gern zur Veröffentlichung seiner naturwissenschaftlichen und literarischen Arbeiten nutzt.
Im Oktober 1797 publiziert G. bei Friedrich ↗Vie-
weg in Berlin im *Taschenbuch für 1798* den Erstdruck von *Hermann und Dorothea*, wofür er ein

Honorar von 1000 Taler in Gold erhält. Das Buch erscheint in fünf verschiedenen Ausstattungen, z.T. mit Kupferstichen und Kalender, die in keinem Zusammenhang mit G.s Epos stehen. G. bevorzugt die unbebilderte Ausgabe.

Das *Taschenbuch auf das Jahr 1804* erscheint im Herbst 1803 bei Cotta in Tübingen. Als Herausgeber fungieren G. und Christoph Martin Wieland, der darin zwei Erzählungen veröffentlicht. G. steuert 22 *der Geselligkeit gewidmete Lieder* aus den Jahren 1801–03 bei, die er z.T. für das ∕Mittwochskränzchen gedichtet hat (*Stiftungslied, Tischlied, Zum Neuen Jahr*). Ebenfalls bei Cotta erscheint seit 1798 jährlich das *Taschenbuch für Damen auf das Jahr*, das jeweils im Herbst des vorhergehenden Jahres herauskommt. G. veröffentlicht hier 1801 den auf Bitte des Verlegers entstandenen Prosadialog *Die guten Weiber* und 1817 12 Gedichte, die zwei Jahre später im *Westöstlichen Divan* erscheinen sollten. Ab 1809 läßt G. die Novellen aus *Wilhelm Meisters Wanderjahren* in Cottas Damenkalender abdrucken, um so Interesse an der späteren Buchpublikation zu wecken. Nach der *pilgernden Törin* (1809) erscheint 1810 *Sankt Joseph der Zweite*. Es folgen 1816 *Das nußbraune Mädchen*, 1817 und 1819 *Die neue Melusine* und im Jahr 1818 *Der Mann von funfzig Jahren*   AvG

Tasso, Torquato (1544–1595), italienischer Renaissancedichter. Er war ab 1572 Hofdichter des Herzogs Alfonso II. d'Este, an dessen Hof er 1575 sein Hauptwerk, das Kreuzzugsepos *Gerusalemme liberata*, schuf. Das Stück vereinigt in der Darstellung der Befreiung Jerusalems von den Heiden historische und wunderbare Elemente und will so die anschauliche Wahrheit der Literatur gegen das abstrakte Wahrheitsverständnis der Wissenschaft retten. Im gleichen Jahr wird Tasso Historiograph des Hauses Este. Der schon früh ausbrechende religiöse Wahn, Paranoia und übergroße Sensibilität machen sich in Tobsuchtsanfällen, wüsten Beschimpfungen und grundloser Flucht Luft. Auf eine Schimpftirade gegen den Herzog folgen sieben Jahre Aufenthalt im Irrenhaus Sant'Anna, aus dem Tasso schließlich auf Intervention des Papstes Gregor XIII. entlassen wird. Nach kurzem Aufenthalt am Hof von Mantua flieht Tasso erneut. Er stirbt, einen Tag bevor er auf dem Kapitol zum Dichter gekrönt werden sollte.

Tassos Werk gehörte zu G.s Zeit zum allgemeinen Bildungsgut. *Das befreite Jerusalem* hat er in der Übersetzung von Johann Friedrich Kopp »von Kindheit auf fleißig durchgelesen und teilweise memoriert« (*DuW*, 2. Buch); ∕Wilhelm Meister will einen Teil des

Epos auf die Bühne bringen (*Lj*, I.7). Mit dem Leben Tassos macht sich G. v.a. durch die Biographien von Giovanni Battista Manso *Vita di Torquato Tasso* (1621) und von Abate Pierantonio Serassi *La vita di Torquato Tasso* (1785) vertraut. Die Protagonisten von G.s Drama haben historische Vorbilder, wobei G. in der Figur des Antonio den Staatssekretär Giambattista Pigna und dessen Nachfolger Antonio Montecatino zusammenzieht. Die Maxime von G.s Tasso »Erlaubt ist, was gefällt« und die der Prinzessin Leonore »Erlaubt ist, was sich ziemt« sind Zitate aus Tassos Schäferspiel *Aminta* (1573).   AvG

Tat ist für G. ein Königsweg zur Verbindung des Menschen mit Welt und Leben. Die Tat legitimiert sich als Akt weitgehend aus sich selbst; es kann sogar »aus einem tätigen Irrtum etwas Treffliches entstehen, weil die Wirkung jedes Getanen ins Unendliche reicht. So ist das Hervorbringen freilich immer das Beste« (*MuR*). »Das Sicherste bleibt immer, dass wir alles, was in und an uns ist, in Tat zu verwandeln suchen« (an Zelter, 30.10.1828). Auch das Christentum sollte von einer Religion des Glaubens und des Wortes immer mehr zu einem Christentum der Gesinnung und der Tat werden (Eckermann, 11.3.1832).   DH

Tätigkeit: G.s Leben war von unermüdlicher Tätigkeit geprägt, was sich nicht zuletzt in seinem schier unüberschaubaren Werk zeigt, das neben den poetischen auch zahllose naturwissenschaftliche Arbeiten zu den verschiedensten Disziplinen, des weiteren 14000 erhaltene Briefe und 2700 Zeichnungen umfaßt. Seine vorübergehende Annäherung an pietistisches Gedankengut Ende der 1760er Jahre, demzufolge ein gottgefälliges Leben sich auch durch Tätigkeit auszeichnet, fand sowohl 1774 in ∕Werthers positiver Bewertung der Tätigkeit ihren Niederschlag – sie dient der Überwindung von »Trägheit« und bringt »wahres Vergnügen« (1. Buch, 1.7.) –, als auch zwanzig Jahre später in den *Lehrjahren*. »Tätig zu sein« ist nach Auffassung der ∕Schönen Seele »des Menschen erste Bestimmung« (6. Buch). Worauf sich die Tätigkeit letztendlich richtet, hängt – wie später erörtert wird – von »Neigung«, »Anlage« und »Instinkt« des Einzelnen ab (*Lj*, VIII.3). Im Alter sprach G. der Tätigkeit Bedeutung zu, weil sie »Furcht und Sorgen« (*KuA*, Mainz) verscheuche, und wenige Monate nach dem Tod seiner Frau bekannte er, dass »nur ununterbrochene Thätigkeit nach innen und außen« ihn »lebendig« erhalte (an Willemer, 6.10.1816). Beinahe achtzigjährig fand er dann Trost in der Vorstellung, daß Aktivität zu Lebzeiten auch nach dem

Tod nicht folgenlos bliebe: »Die Überzeugung unserer Fortdauer entspringt mir aus dem Begriff der Tätigkeit; denn wenn ich bis an mein Ende rastlos wirke, so ist die Natur verpflichtet, mir eine andere Form des Daseins anzuweisen« (Eckermann, 4.2.1829).   DF

Taufe: G. wurde am 29.8.1749 in Frankfurt in protestantischem Glauben getauft. Taufpate war sein Großvater Johann Wolfgang Textor.   BL

Tausendundeine Nacht: Arabische Märchen- und Novellensammlung, durch die Rahmenerzählung von der Prinzessin Scheherazade zusammengehalten, die dem König tausendundeine Geschichte erzählt, um ihr Leben zu retten. Schon in einem Brief an Charlotte von Stein vom 9. September 1780 spielte G. mit Namen aus den arabischen Märchen; den Titel der arabischen Sammlung benutzt er etwa in *Dichtung und Wahrheit* oder den *Unterhaltungen deutscher Ausgewanderten* als Bild für eine komplex ineinandergeschachtelte Erzählstruktur, Stoffe und Motive greift er etwa im *Faust* (v. 6032f.) oder im Zusammenhang mit dem *West-östlichen Divan* auf. Von dem Breslauer Verleger und Buchhändler Josef Max bekam G. 1824 eine deutschsprachige Ausgabe der Märchen aus Tausendundeiner Nacht zugeschickt.   BJ

Technik: Für G. einerseits der Inbegriff aller notwendigen Fertigkeiten, handwerklichen Kenntnisse und Kunstgriffe bei der Ausübung eines Handwerks oder einer Kunst. G. diskutiert häufig das Verhältnis von Technik und Kunst, verabsolutiert ist Technik eine Feindin der Kunst, gleichzeitig aber verhalten beide sich komplementär zueinander: »Die Künste sind das Salz der Erde; wie dieses zu den Speisen, so verhalten sich jene zu der Technik« (*Wj*, II.7). Über diese ästhetische Dimension seines Technik-Verständnisses hinaus hatte G. größtes Interesse an moderner Technik, ihren Verfahren, ihren Errungenschaften – und den damit verbundenen Gefährdungen: an Tunnel- und Kanalbauten (z.B. Suez), an mechanischen bzw. dampfgetriebenen Webstühlen, an Telegraphensystemen sowie Eisenbahnen – G.s Enkel bekamen vom Großvater sogar eine Spielzeugeisenbahn geschenkt.   BJ

Teleologie: Die Lehre von der Zweckmäßigkeit des Daseins bzw. dessen Ausrichtung auf ein Ziel hin, bereits in der antiken Philosophie behandelt und in der – noch sehr barock-absolutistisch geprägten – Frühaufklärung (Leibniz, Wolff) bekräftigt: Der

Mensch ist Mittelpunkt der besten aller möglichen Welten, die von Gott nur für ihn geschaffen wurde. Genau dies war auch seit jeher die Position der katholischen Kirche, weshalb gnadenlos gegen Forscher und Denker vorgegangen wurde, die anderes behaupteten. Doch im 18.Jh. griffen exakte Wissenschaften und kritisches Denken immer mehr um sich, und G., als Naturforscher sowie Anhänger ↗Spinozas und des ↗Pantheismus, stand dem Zweckgedanken – genau wie Kant, der dessen spekulative Notwendigkeit zwar akzeptierte, eben deshalb aber kritisierte – skeptisch gegenüber, hielt er doch bereits die – im Zusammenhang mit der Entwicklung bzw. ↗Evolution der Lebewesen gestellte – Frage nach dem Zweck für »nicht wissenschaftlich« (Eckermann, 20.2.1831).   DF

Teplitz: Das älteste böhmische Heilbad mit seinen bis zu 46 Grad heißen alkalisch-salinen Quellen (Indikationen Gicht, Ischias, Rheumatismus, Lähmungserscheinungen der Muskulatur) besuchte G. 1810, 1812 und 1813 und genoß die Landschaft, die illustre Gesellschaft, Theater und Konzert. Er zeichnete viel und schrieb wenig, traf sich mit Carl August und dem Umkreis des Weimarer Hofs, seinen Berliner Freunden, mit Ludwig van Beethoven und der österreichischen Kaiserin Maria Ludovica, den russischen Großfürstinnen Catharina und Maria von Rußland, ein feudales und geistesaristokratisches Stelldichein von europäischem Rang, in dem er gewiß nicht den Mittelpunkt bildete, sich aber doch unter Gleichesgleichen gefühlt haben mag.   BL

Testamente: Im 58. Lebensjahr, vor Antritt seiner dritten Reise in die Schweiz – G.s Mutter hatte zuvor auf ihr Erbe verzichtet (17.6.1797) – errichtete G. am 24.7.1797 ein Testament und setzte »den mit meiner Freundin und vieljährigen Hausfreundin, Christianen Vulpius, erzeugten Sohn August« zum Universalerben ein. Christiane vermachte er »den Nießbrauch alles dessen, was ich in hiesigen Landen zur Zeit meines Todes besitze ohne Einschränkung auf Lebenszeit«. G. traf Vorsorge über Verwendung des ihm im Falle des Todes seiner Mutter zufallende väterliche Vermögen sowie über Herausgabe seiner Schriften und daraus zu erwartende Einkünfte. Zum Vormund des siebenjährigen Sohnes bestellte er seinen Amtskollegen Christian Gottlieb ↗Voigt.

Per Nachtrag vom 4.7.1800 wurde das 1798 erworbene Freigut ↗Oberroßla dem Erbe zugeschlagen. Eine 1806 erwogene Testamentsänderung unterblieb, ebenso eine 1830 aus Anlaß der Italienreise seines

Sohnes geplante Verfügungen, falls er in Abwesenheit des Sohnes sterben sollte. Indessen zwang das unvorhergesehene Ableben Augusts v. G. (26.10.1830 in Rom) den über Achtzigjährigen, ein neues Testament zu errichten.

Nach intensiven Gesprächen mit Kanzler von Müller vom 6.1.1831 datiert, bestimmte dieses den Kanzler zum Testamentsvollstrecker, die unmündigen Enkelkinder, Walther, Wolfgang und Alma zu Universalerben, regelte das »Wittum der Schwiegertochter und traf Verfügungen über Erhaltung und Sicherung des Nachlasses bis zur Volljährigkeit der Enkel: »Meine a.) Kunst- und Naturaliensammlungen, b.) Briefsammlungen, Tagebücher, Kollaktaneen und c.) Bibliothek stelle ich jedoch unter die besondere Kustodie des [...] Bibliothekssekretärs Kräuter [...]. Dieser Kustos soll für Ordnung und Bewahrung derselben auf dem Grund der vorhandenen Kataloge und Inventarien Sorge tragen [...] und nur unter Oberaufsicht meines Herrn Testamentsvollstreckers stehen« (§ 3, WA I, 53, S. 328).

Nachträge vom 22.1. und 15.5.1831 regelten Herausgabe nachgelassener Werke und Honorare: Herausgeber Eckermann, Riemer (Briefwechsel mit Zelter), die Originale seiner Korrespondenz mit Schiller, veröffentlichte und unveröffentlichte Briefe ließ G. bei der Großherzoglichen Regierung niederlegen und bestimmte deren Veröffentlichung für das Jahr 1850.

CS

Teufelspakt: Blutverschreibung Fausts gegenüber Mephistopheles in *Faust I* (anklingend v. 1414; explizit ab v. 1692; fehlt im *Urfaust*) nach dem Vorbild mancher Volksbücher. Mephisto bietet Faust, der sein bisheriges Leben als gescheitert betrachtet, die Inanspruchnahme aller seiner teuflischen Kräfte an, wenn der ihm nach seinem Tod im Jenseits diene (Seelenverschreibung, auch in der Romantik beliebtes Motiv). Faust versieht den Pakt, abweichend von der Tradition, mit einer Bedingung: Die Verschreibung seiner Dienste gilt nur, wenn es Mephisto gelingt, Faust in einen inneren Zustand zu manövrieren, den er als das Absolute unverändert festhalten möchte – also bereit, die ureigene Identität (das »Faustische«) aufzugeben (einseitige Wette).

GG

Teutsche Merkur, Der: Er erschien 1773-89 unter diesem Titel, danach als *Neuer Teutscher Merkur* 1790-1810. Die Vierteljahrsschrift wurde begründet und herausgegeben von Deutschlands damals bekanntestem Dichter, Christoph Martin ↗Wieland, ein Name, der für die Gebildeten der Zeit einen großen

Klang hatte, auch für den jungen G. Die Zeitschrift wurde unter Wielands Leitung zum vielseitigsten und beständigsten Forum der Intelligenz. G. aber war bald von deren »Großsprecherey« enttäuscht. Die wohlwollende Besprechung seines *Götz von Berlichingen* (1773) und der Farce *Götter, Helden und Wieland* (1774) versöhnte G. nur kurze Zeit.

Insbesondere nach ihrer persönlichen Bekanntschaft wußte G. wohl zwischen der Person Wieland, den er überaus schätzte, und dem Herausgeber Wieland zu unterscheiden. G. wurde, wie sehr dieser sich auch bemühte, nicht zum ständigen Mitarbeiter des *Merkur*: Nur wenige Gedichte und Kurzbeiträge, 1778 die *Proserpina*, ließ er drucken. Freund Merck gegenüber, der fleißig mitmachte, drückte sich G. so aus: »In dem Sau Merkur ist's doch, als ob man was in eine Cloake würfe, es ist recht der Vergessenheit gewidmet« (5.8.1778).

1787 besprach Wieland die ersten vier Bände der gerade erschienenen *Schriften Goethe's* überschwenglich (»Genius der Natur und der Kunst«); vielleicht im Gegengeschäft, aber auch nur gegen »Gold oder Silber«, offerierte G. Auszüge aus dem italienischen Reisetagebuch, dann folgten nur noch kleine Beiträge. Der Vorhang fiel vollends, als Friedrich Justin ↗Bertuch und Karl August ↗Böttiger das Ruder übernahmen. Letzterer brachte es 1807 sogar fertig, einen Artikel G.s zum Gedenken an die Herzogin Anna Amalia rundheraus abzulehnen.

BL

Textor: Familienname von G.s Mutter Katharina Elisabeth, alteingesessene Familie, die mit G.s Ururgroßvater, dem Syndikus und Juristen Johann Wolfgang Textor, im 17.Jh. nach Frankfurt kam. Dessen Enkel gleichen Namens wiederum ist G.s Großvater (1693-1771), der Stadtschultheiß, den G. in *Dichtung und Wahrheit* einerseits die Gabe prophetischen Sehens zuschreibt, der ihm in der Rückschau anderseits als behagliches Urbild »eines unverbrüchlichen Friedens und einer ewigen Dauer« erscheint.

BJ

Thales von Milet (ca. 624- ca. 547 v. Chr.), hat weitreichende mathematische (Satz des Thales) und astronomische Kenntnisse, sagt die Sonnenfinsternis vom 28.5.585 v. Chr. voraus, erklärt die jährlichen Nilüberschwemmungen, Magnetismus- und Erdbebenphänomene, steht eventuell im Austausch mit babylonischen und ägyptischen Gelehrten. Er gilt als Begründer der ionischen Naturphilosophie: »Die Erde schwimmt auf dem Wasser welches auf gewisse Weise die Quelle aller Dinge ist«, wird als Kernaussage berichtet. Wie der spätere Aristoteles meint, müssen es physiologische Gründe gewesen sein, die Thales zu dieser Annahme geführt haben. G. führt Thales in der ↗Klassischen Walpurgisnacht des *Faust II* als Gegenspieler des ↗Anaximander ein. Der ↗Neptunist Thales wird zum naturphilosophischen Kronzeugen von G.s eigenen kosmologischen Überzeugungen (↗Homunculus).　　　　　　　　　　　　　　　BL

Theaterdirektor G.: 1791 bat Herzog Carl August G., die Leitung des Weimarer Hoftheaters zu übernehmen. G. hatte sich nicht um den Posten gerissen, aber nach der Entlassung von Joseph ↗Bellomo und seiner Truppe war ein Neuanfang fällig. G., einer der ersten Nichtschauspieler als Theaterleiter, begann behutsam, setzte auf einen gemischten Spielplan und engagierte einen Spielleiter. Bald zeigte sich, daß er sich stärker engagieren mußte, um sein literarisches Theater durchzusetzen, bzw. die Extempore- und Schmieren-Routine aus Bellomos Zeit abzuschaffen. Ende 1792 wechselte er das Ensemble aus und erließ ein strenges Schauspieler-Reglement (*Regeln für Schauspieler*). Der ökonomische und politische Spielraum war eng: Der Herzog war der Meinung, daß mit Theater Geld zu verdienen sei, und dem Hof waren Stücke wie *Die Räuber*, *Kabale und Liebe* oder *Emilia Galotti* nicht genehm. Trotzdem schaffte es G. (zusammen mit Schiller), das Weimarer Theater auf ein neues ästhetisch-literarisches Niveau zu bringen. So markiert das Gastspiel in Leipzig 1807, als innerhalb von zwei Monaten 12 Stücke von G. und Schiller und 3 Mozart-Opern mit großem Erfolg gezeigt wurden, einen Höhepunkt in G.s 26jähriger Intendanz.
　　　　　　　　　　　　　　　NH

Theologie: Die wichtigste der Fakultäten an der frühneuzeitlichen Universität, Studium der Bibelwissenschaft, Glaubenslehre und christlicher Ethik nach Konfessionen unterschieden. Faust klagt frustriert, er habe »leider auch Theologie« studiert (v. 356), Mephisto bringt den naiven Schüler vom Theologiestudium ab: »Was diese Wissenschaft betrifft,/Es ist so schwer, den falschen Weg zu meiden;/Es liegt in ihr so viel verborgnes Gift,/Und von der Arzenei ists kaum zu unterscheiden« (v. 1982–1985). G.s Verhältnis zum ↗Christentum war distanziert, in Kunst und Naturwissenschaft bildete er eine dezidiert eigenständige ↗Religiosität aus, sein »Glaube« an ↗Gott, Götter und Göttliches speiste sich aus unterschiedlichen Götterlehren und Naturphilosophien, nicht nur aus der christlichen Theologie.　　　　　　　　BJ

Theorie s. **Praxis**

Thoas, König von Tauris, bei Euripides barbarischer Anhänger des Menschenopfers, verzichtet bei G. zunächst ↗Iphigenie zuliebe auf dieses Ritual. Als sie sich jedoch weigert, seine Gemahlin zu werden, sollen ↗Orest, Iphigenies Bruder, und ↗Pylades auf dem Altar der Artemis geopfert werden. Iphigenie gesteht Thoas aus Liebe zur Wahrheit ihren Fluchtplan und appelliert an seine Menschlichkeit. Thoas verzichtet auf das Menschenopfer, Iphigenie, Orest und Pylades dürfen die Insel verlassen. Thoas bleibt, ein unglücklicher, einsamer und tragischer König, auf einem unsicher gewordenen Thron zurück.　　　　NvS

Thoranc, François de Théas, Comte de (1719–1794), französischer Offizier, der 1759 zu den Truppen gehörte, die im Siebenjährigen Krieg Frankfurt am Main besetzten und der im Hause G. am Großen Hirschgraben einquartiert war. Thoranc ist die Hauptfigur des 3. Buches von *Dichtung und Wahrheit*, G. schildert ihn als zurückhaltenden, immer seinen Gaststatus betonenden Mitbewohner im Elternhaus. Seine Kunstleidenschaft ließ Thoranc einen großen Kreis Frankfurter Künstler ins Elternhaus G.s ziehen, denen er Gemälde für sein Schloß in Grasse in Auftrag gab – Gelegenheit für den kleinen G. zu einem intensiven Kontakt zur heimischen Kunstszene. Die Dienstpflichten des Offiziers – er hatte Konflikte zwischen Besetzungstruppen und Frankfurter Bürgern zu schlichten – führten allerdings zu einem regen Publikumsverkehr im Hause, was die prinzipielle Abneigung von G.s Vater gegen die Einquartierung entscheidend verschärfte; nach einem Eklat endete die Einquartierung 1761.　　　　　　　　　　　　　　　BJ

Thümmel, Moritz August von (1738–1817), Schriftsteller; 1768–83 Minister in Sachsen-Koburg. Über Nacht berühmt wurde Thümmel mit seinem Epos *Wilhelmine oder Der vermählte Pedant* (1764) – eine Verspottung kleinbürgerlicher Spießeridylle am Beispiel des gelehrten, aber weltfremden und pedantischen Pastors Sebaldus Nothanker. G. nennt es in *Dichtung und Wahrheit* (13. Buch) »eine geistreiche Komposition, so angenehm als kühn«.　　PO

Thüringen, Landschaft zwischen Harz, Saale und Thüringer Wald, in der, neben anderen Kleinfürstentümern, auch das Weimarische lag. Nach seiner Ankunft in Thüringen 1775 entwickelte G. alsbald engere Beziehungen zu der neuen Heimat – was vor allem auch durch die malerische Natur etwa um ↗Ilmenau herum begünstigt wurde. Vielfach bestieg er Berge des Thüringer Waldes, der verschiedentlich

Objekt seiner zeichnerischen Versuche wurde. So schrieb er am 16. Juli 1776 an Charlotte von Stein: »Da fiel mirs auf wie mir die Gegend so lieb ist, das Land! der Ettersberg! die unbedeutenden Hügel! und mir fuhrs durch die Seele – Wenn du nun auch das einmal verlassen musst! das Land wo du soviel gefunden hast, alle Glückseeligkeit gefunden hast die ein Sterblicher träumen darf.« Aus dem Feldlager in Frankreich wünschte er sich zurück »zwischen die Thüringischen Hügel wo ich doch Hauß und Garten zuschließen kann« (an Jacobi, 18.8.1792). Seine Liebe zu der umgebenden Landschaft erhielt sich lebenslang, auch wenn G. in einem späten Brief an Zelter von der »tristen thüringischen Hügelkette« berichtet.   BJ

Thym, Johann Heinrich (1723–1789), Musterschreiber, Schreib- und Rechenmeister; langjähriger Hauslehrer G.s, der den 7jährigen zunächst im Schreiben und Rechnen, später – bis zum Studienantritt 1765 in Leipzig – auch in Geographie, Geschichte u.a. Fächern unterrichtete. Thym ersparte G. nicht nur die »Trübsinnigkeit der an öffentlichen Schulen angestellten Lehrer« (*DuW*, 1. Buch), der vielseitig gebildete, charaktervolle Mann prägte G.s Handschrift, vor allem aber dessen Wesen und Allgemeinbildung entscheidend.   PO

Tieck, Johann Ludwig (1773–1853), romantischer Dichter, der seinen Roman *Franz Sternbalds Wanderungen* 1798 an G. schickte. Dieser reicht ihn mit doppeldeutiger Würdigung an Schiller weiter: »Den vortrefflichen Sternbald lege ich bey, es ist unglaublich wie leer das artige Gefäß ist« (5.9.1798). Der *Sternbald* und die von Tieck und Wackenroder 1797 gemeinsam publizierten *Herzensergießungen eines kunstliebenden Klosterbruders* lieferten G. Vokabeln für die Romantikkritik, er griff sie als »klosterbrudrisierendes, sternbaldisierendes Unwesen« an (*Über Polygnots Gemälde*). Das persönliche Verhältnis G.s zu Tieck war dennoch nicht von Polemik geprägt: Mit Beifall nahm G. eine Lesung Ludwig Tiecks am 5./6.12.1799 aus seiner *Genoveva* auf, er bewunderte Tiecks Shakespeare-Studien; Tieck verteidigte schließlich G. gegen die *Wanderjahre*-Fälschung ↗Pustkuchens 1821, wofür G. sich mit einer wohlwollenden Rezension der Novelle »Die Verlobung« in *Kunst und Alterthum* bedankte. Tiecks G.-Bild konzentrierte sich auf den jungen, ›romantischen‹ G., den klassischen und späten lehnte er ab.   BJ

Tiefurt: Ländlicher Vorort (heute Ortsteil) von Weimar mit Schloß und Park Tiefurt. Das 1765 erbaute Pächterhaus des Kammerguts wurde seit 1775 vom Hof als bescheidenes Landschlößchen genutzt: 1776-81 als Erziehungssitz für Anna Amalias zweiten Sohn, Prinz Constantin und dessen Erzieher Carl Ludwig von Knebel, in den Jahren 1781-88 und 1792-1806 als Sommersitz Anna Amalias genutzt. Während ihrer Italienreise (1788-90) wurde es von Gräfin Bernstorff bewohnt. Nach 1807 kaum genutzt, stellte Carl August 1813-19 das Schlößchen der ökonomischen Anstalt zur Bildung junger Landwirte zur Verfügung.

Der Tiefurter Park entstand in drei Phasen: 1776-81 »erste englische Anlagen« (Knebel/Prinz Constantin). 1782-88 und nach 1792 Gestaltung des englischen Landschaftsparks in heutiger Ausdehnung mit Parkarchitekturen und Denkmälern (Anna Amalia). 1846-50 teilweise Umgestaltung zu heutiger Form nach Plänen Fürst Pücklers durch dessen Schüler Eduard Petzold. Tiefurts große Zeit waren die 25 Jahre, in denen Anna Amalia »Erhabenes verehrend, Schönes genießend, Gutes wirkend« (G.) ohne »Hofmarschall und Casino«, Musen und Freunde zu Gast ladend »daselbst rustizierte«.

Identisch mit dem Weimarer Kreis war die Gesellschaft in Tiefurt. Im »anmutigen Sorgenfrei« wurde in freier Natur gezeichnet, musiziert, Kunst betrachtet, philosophiert, »disputiert«, gelesen, auch eigenes (G. z.B. las aus *Iphigenie* und *Tasso*). Es gab ländliche Feste, Ausflüge, Picknicks, »Illuminierungen«, die Akteure des ↗Liebhabertheaters agierten auf der »Rasenbühne« des »Tiefurter Waldtheaters« zu G.s 32. Geburtstag *Minervens Geburt*, ein pantominisches Schattenspiel von Seckendorff. G.s Singspiel *Die Fischerin* wurde am 22.7.1782 aufgeführt. Literarisches Zeugnis »geistiger Hofhaltung« dieser Jahre war das *Tiefurter Journal*. G. war bis zu seiner Italienreise ständiger Gast in Tiefurt, übernachtete wie Carl August häufig im Schloß (heute G.-Zimmer).

Auch später weilte G. oft in Tiefurt, unternahm Spazierfahrten durch das Webicht. Den Plan, die Tiefurter Zeiten als »Dichtung und Wahrheit, ohne daß Erdichtung dabei wäre« (zu Kanzler v. Müller, 13.6.1825) poetisch darzustellen, gab G. auf: »Ich habe jene bedeutenden Zustände selbst mit durchlebt, ich bin zu sehr darin befangen« (Eckermann, 29.10.1823).   CS

Tiefurter Journal: Interne Zeitschrift des Kreises um die Herzogin ↗Anna Amalia, der sich seit 1781 im Sommer in Tiefurt versammelte. Sie wurde in maximal elf Exemplaren handschriftlich vervielfältigt und brachte es vom August 1781 bis Juni 1784 auf 47 »Stücke«. Auch einige mit dem Kreis verbundene Auswärtige wie Johann Heinrich Merck in Darmstadt oder G.s Mutter in Frankfurt a.M. erhielten zeitweise Exemplare. Vorbilder waren das Unterhaltungsblatt *Journal de Paris* und die ebenfalls nur handschriftlich verbreitete *Correspondance littéraire*, in der wesentliche Texte der französischen Aufklärung erstmals zu lesen waren. In dieser literarischen Dualität bewegte sich auch das *Journal von Tiefurt*, dessen Zusammensetzung Luise von ↗Göchhausen und Friedrich Hildebrand von ↗Einsiedel besorgten. Die anonym bleibenden Beiträge kamen meist von den auch als Mitglieder und Gäste der sogenannten ↗Tafelrunde Anna Amalias bekannten Hofleuten und Schriftstellern. Neben belanglosen Scherzen, Preisfragen, Gedichten, Anekdoten und übersetzten kleinen Geschichten finden sich im *Tiefurter Journal* Beiträge von G., Herder, Wieland, Knebel und anderen. Herder steuerte z.B. Übersetzungen von Liedern und Gedichten fremder Völker bei, G.s umfangreiches Gedicht *Auf Miedings Tod* bildete den gesamten Inhalt des 23. Stücks (März 1782). G.s Ode *Edel sei der Mensch, hülfreich und gut* (später unter dem Titel *Das Göttliche*) im 40. Stück (Ende 1783) wurde zum poetischen Kleinod des *Tiefurter Journals*. Dank solcher Beiträge bezeugt das Journal die lebendige Pflege deutscher Sprache und Poesie an einem Fürstenhof Ende des 18. Jh.s. SS

Tierfabel, -sage: Lehrhafte Kurzgattung der Prosa, in der Tiere mit charakteristischen Eigenschaften für bestimmte Menschentypen stehen; das antike Vorbild Äsops wieder aufgreifend, wurde die Tierfabel im didaktischen 18. Jh. beliebt (La Fontaine, Gellert, Lessing). »Die Thierfabel gehört eigentlich dem Geiste, dem Gemüth, den sittlichen Kräften, indessen sie uns eine gewisse Sinnlichkeit vorspiegelt. Den verschiedenen Charakteren, die sich im Thierreich aussprechen, borgt die Intelligenz, die den Menschen auszeichnet, mit allen ihren Vortheilen: dem Bewußtsein, dem Entschluß, der Folge, und wir finden es wahrscheinlich, weil kein Thier aus seiner beschränkten, bestimmten Art herausgeht und deßhalb immer zweckmäßig zu handeln scheint« (*Skizzen zu Castis Fabelgedicht: Die redenden Tiere* (1817). Vor allem G.s Epos *Reineke Fuchs* steht in der Tradition der Tierfabel. BJ

Tisch-, Tafelgewohnheiten G.s wurden in Briefen, Tage- und Haushaltsbüchern, Rechnungen, durch

Berichte von Gästen und »Tafelfreunden« überliefert. Aufgrund seiner Lebensverhältnisse war G. mit bürgerlicher, adliger und höfischer Tischkultur gleichermaßen vertraut. Er erlebte »Grand Diners«, jene an Fürstenhöfen der Repräsentation dienenden Gastmahle, die der Mode unterworfen waren, nach festen Regeln abliefen. Ihm zu Ehren wurden glänzende Tafeln (private/öffentliche) gehalten.

G. aß an Hoftafeln, erlebte Diplomatenessen, die Bewirtung von Jagdgesellschaften, genoß feine Speisen und Weine bei Gastereien, Bällen, Redouten, am Hof, unterwegs bei Freunden, Bekannten, liebte ↗»Schlampamps- und Hätschelstündchen« mit Christiane, den gutbürgerlichen Tisch seines Elternhauses. Auf Reisen speiste er in Gasthäusern, auch am »table de hot« (feste Speisefolge für alle) oder ließ sich von Speisewirten das Essen in sein Quartier bringen. Ihm selbst genehme Formen des zu Tischseins pflegte G. im eigenen Hause.

In seinem Alltag hatten Mahlzeiten einen festen Platz (Morgentrunk, gegen 6 Uhr, oft im Bett serviert, kräftiges Frühstück am späten Vormittag, Mittagessen nach 1 Uhr, letzte Mahlzeit gegen 6 Uhr, »Franzsemmel«, Obst, Abendessen nur für Familie/Gäste). G.s Hauptmahlzeit lag am Mittag, wobei er selten allein, meist mit Familie/Hausgenossen aß. Gewöhnlich lud er mittags Freunde, Mitarbeiter, Amtskollegen, einheimische Künstler, Gelehrte und durchreisende Fremde zu Tisch, »um bei einem wohlbereiteten, schlichten Mahl und sehr gutem Weine ein paar Stunden frei und heiter zu verleben« (Karl von Holtei, 1827). »Auf den Küchenzettel, den er für gewöhnlich selbst angab, hatte die Anwesenheit von Gästen besonderen Einfluß. Es gab außer der Suppe [...] Fleisch mit Gemüse [...], Fisch [...], Braten (zumeist Geflügel oder Wild) und [...] eine Mehlspeise« (Friedrich Förster, 1821), daneben köstliche Weine, mannigfaltige Tischgespräche. »Stadt- und Hofverhältnisse« wurden durchgenommen, nach Tisch Zeitungen, Korrespondenz gelesen, musiziert, Kunst und Merkwürdigkeiten betrachtet. Neben Mittagstafeln pflegten die G.s Dejeuners, Diners, Soupers, Tee-Schokoladen-Punschgesellschaften, Kaffeekränzchen, Bälle und zuweilen prächtige Gastmahle zu geben. G. galt als freigiebiger, aufmerksamer Bewirter, wußte selbst den schwierigsten Braten zu tranchieren, die Bedienten mit »bedeutsamen Augenwinken« zu dirigieren, Gäste mit seltenen Leckereien zu verwöhnen, ihnen heiter-gesellige Stunden zu bereiten. Es wurde gescherzt, gelacht, deklamiert, die bunte Reihe durch geküßt: »Die Unterhaltung war laut, heiter und bunt durcheinander« (*Tb*, 4.5.1827). »Es gehörte die schöne Sitte, das

Mahl mit Gesängen zu würzen, zu G.s besonderen Tafelfreuden bei festlichen Gelegenheiten« (Ernst Förster, 1825). »Gestern aß ich mit der Laroche bei Goethe. Es war ein empfindsames Diner. [...] Auf dem Tisch standen [...] Blumentöpfe mit raren Gewächsen [...] gegen Ende des Desserts erhob sich eine unsichtbare, sanfte Musik«. Man trug »schöne Früchte und wohlgestaltete Kuchen auf den Tisch« (Charlotte von Stein an Charlotte Schiller, 27.7.1799). Am Abend des fünfzigjährigen Regierungsjubiläums des Herzogs (3.9.1825) eröffnete G. sein Haus gastlich »für Fremde und Einheimische in Unzahl [...] Ottilie muß für 150–200 Personen Erfrischungen vorbereiten [...]. Der älteste Diener des Fürsten« müsse, so G. »auch das Recht haben [...] der froheste und ausgelassenste Wirt zu sein« (Kanzler von Müller an Graf Reinhard, 29.8.1825). Wie Quellen belegen, gehörte kulturvolles Tafeln zu G.s unverzichtbaren Bedürfnissen.

CS

Tischbein, Johann Heinrich Wilhelm (1751–1829), Maler. Tischbein reist mit einem Stipendium der Kasseler Kunstakademie 1779 nach Italien, lebt dann vorübergehend in Zürich und seit 1782 immer wieder in Rom, später in Neapel, dann in Hamburg. Er wird zum wichtigsten Begleiter G.s in der römischen Künstlerkolonie: »Er ist mir unentbehrlich. So einen reinen, guten, und doch so klugen Menschen hab ich kaum gesehen [...], es ist eine Lust sich mit ihm über alle Gegenstände zu unterhalten, Natur und Kunst mit ihm zu betrachten und zu genießen« (12.–16.12. 1786).

Tischbein zeigt G. Rom, verhilft ihm zur Kenntnis der antiken und Renaissance-Kunst und reist mit ihm nach Neapel. Die enge Freundschaft kühlt seit 1789 ab, ohne daß die Gründe dafür genau bekannt wären. G. schätzte Tischbein wohl weiterhin hoch, er baut etwa Briefe Tischbeins in seine *Italienische Reise* ein und verfaßt 1821 den Gedichtzyklus *Wilhelm Tischbeins Idyllen* über eine Sammlung von Skizzen und Aquarellen, die G.s größte Bewunderung erhielten. Tischbein malte 1787 eines der berühmtesten G.-Gemälde, das G. vor Ruinen und italienischer Landschaft sitzend zeigt: *Goethe in der Campagna.*   BJ

Tiziano Vecellio (1477–1576), italienischer Maler. Erste begeisterte Kenntnis nahm G. von Tizian am 17.9.1786 angesichts einer *Himmelfahrt Mariens* im Veroneser Dom. Im Padua (27.9.1786) erkannte G. gerade mit Blick auf Tizian die größere Fortschrittlichkeit der italienischen Renaissance gegenüber der gleichzeitigen deutschen Kunst. Er erkannte die Ange-

messenheit der Malerei Tizians angesichts des italienischen Lichts und Wassers, des Sonnenscheins und der beeindruckenden »Localfarben« (*IR*, 8.10.1786). G. lobte die »unendlich schönen Engel« Tizians (*IR*, 3.11.1786) und stand in Rom ergriffen vor einem seiner Gemälde: »Es überleuchtet alle, die ich gesehen habe« (ebd.). Als Künstler und Zeitgenosse ist Tizian Figur in der Lebensbeschreibung des *Benvenuto Cellini*, auch während seines Venedigaufenthalts 1790 besuchte G. wiederholt »ältere Gemälde«, »dem einzigen Tizian meine Verehrung beweisend« (*Ältere Gemählde*). In seinem späten *Gutachten über die Ausbildung eines jungen Malers* empfiehlt G., die Bilder Tizians zu Übungszwecken zu kopieren.   BJ

Tod: »Es kann die Spur von meinen Erdetagen/Nicht in Äonen untergehn./Im Vorgefühl von solchem hohen Glück/Genieß ich jetzt den höchsten Augenblick« (*Faust II*, v.11583–11586). Mit diesen Worten läßt G. Faust sterben, während Mephisto sich argwöhnisch ereifert: »Ihn sättigt keine Lust, ihm gnügt kein Glück,/So buhlt er fort nach wechselnden Gestalten« (v.11588f.) und in der nächsten Szene »Grablegung« begierig auf den Leichnam starrt, beschwörend und wild gestikulierend auf das Aufsteigen der Seele lauert, um mit ihr getreu des vor langer Zeit geschlossenen Pakts zur Hölle zu fahren. Was er auch an Personal und Maschinerie aufbietet, ob Lemuren oder den greulichen Höllenschlund, die Seele Fausts erscheint nicht. G. zeichnet hier in burlesker Übertreibung ein Bild katholischer Aschermittwochs-Ikonographie (die aus dem toten Körper des Menschen aufsteigende Seele, die entweder gen Himmel schwebt oder vom Teufel, gelegentlich mit einer Holzgabel, geholt wird), die sich in ihrer Komik selbst überlebt hat: Mephisto selbst läßt daher die Dickteufel (»mit kurzem, graden Horne«) und die Dürrteufel (»mit langem, krummen Horne«), die ihm ebenfalls zu Hilfe geeilt sind, »ärschlings in die Hölle« zurückstürzen (v.11738). Mephisto faßt weiter Posten, bis er merkt, daß ein geheimnisvoller Chor der Engel Fausti immaterielles, unsichtbares »Unsterbliches« längst hinter seinem Rücken an einen unbekannten Ort entführt hat.

Über das Unzureichende der christlichen Todesmetaphysik – aus Himmel und Hölle gleichermaßen gibt es kein Zurück ins Leben – war sich G. mit vielen seiner Zeitgenossen (Lessing, Herder) einig. Im Zeitalter der entstehenden vergleichenden Kultur- und Religionswissenschaften genügte der Blick auf die Antike, etwa auf die stoische Palingenesie, oder auf den Hinduismus, um sich mit Gedanken über die

Unsterblichkeit, die Seelenwanderung und die Wiederkehr vertraut zu machen. Der Pantheist G. hielt es mit dem Pantheisten Spinoza. G. war der »Überzeugung, daß unser Geist ein Wesen ist ganz unzerstörbarer Natur; es ist ein fortwirkendes von Ewigkeit zu Ewigkeit« (Eckermann, 2.5.1824).

G. hat im Laufe seines Lebens erschütternde Erfahrungen mit dem Tod gemacht: seine Schwester Cornelia, Friedrich Schiller, Christiane von G., sein Sohn August, sein Freund und Dienstherr Carl August. Gelegentlich hat man von der »Todesneurose« G.s gesprochen. Er hat sich fast nie sofort geäußert und die Teilnahme an Beerdigungen gemieden. Seine Freundin Charlotte von Stein hatte eigens angeordnet, daß ihr Leichenzug nicht an seinem Haus am Frauenplan vorbei geführt werden sollte.

Gegen den Tod als die »ewige Finsternis« setzt G. auf das Natürliche in der Natur und im Menschen und nahm ↗Typus, ↗Bildungstrieb und ↗Metamorphose gleichermaßen als Gesetzmäßigkeiten des Natürlichen und des Menschlichen. Nicht der Tod ist in G. naturwissenschaftlicher Weltsicht das Ziel des Lebens, sondern das Entstehen und Werden im Vergehen. In seinem späten Gedicht *Vermächtnis* (Februar 1829) schreibt er als Einspruch des Menschen gegen den Tod:

Kein Wesen kann zu Nichts zerfallen!
Das Ew'ge regt sich fort in allen,
Am Sein erhalte dich beglückt!
Das Sein ist ewig; denn Gesetze
Bewahren die lebend'gen Schätze,
Aus welchen sich das All geschmückt.

Die Eingangsbedingungen dieser kosmischen und genetischen, d.i. geistigen »unio mystica« des menschlichen Geistes nennen andeutungsweise die *Faust*-Szene und das Gedicht: Erkenntnis muß den Weltkreis möglicher Erfahrung tätig-produktiv, demiurgisch-künstlerisch durchlaufen, Streben und Erlösen bedingen einander, G.s Unsterblichkeitsgedanke beruht auf einer dem mythischen Sisyphos nicht unähnlichen tätigen Vergewisserung und Gewißheit: »Der Mensch soll an die Unsterblichkeit glauben, er hat dazu ein Recht, es ist seiner Natur gemäß, und er darf auf religiöse Zusagen bauen; wenn aber der *Philosoph* den Beweis für die Unsterblichkeit unserer Seele aus einer Legende hernehmen will, so ist das sehr schwach und will nicht viel heißen. Die Überzeugung unserer Fortdauer entspringt mir aus dem Begriff der Tätigkeit; denn wenn ich bis an mein Ende rastlos wirke, so ist die Natur verpflichtet, mir eine andere

Form des Daseins anzuweisen, wenn die jetzige meinem Geist nicht ferner auszuhalten vermag« (Eckermann, 4.2.1829). An anderer Stelle freilich hat G. bemerkt: »Der Tod ist doch etwas so Seltsames, daß man ihn, unerachtet aller Erfahrung, bei einem uns teuren Gegenstande nicht für möglich hält und er immer als etwas Unglaubliches und Unerwartetes eintritt. Er ist gewissermaßen eine Unmöglichkeit, die plötzlich zur Wirklichkeit wird. Und dieser Übergang aus einer uns bekannten Existenz in eine andere, von der wir auch garnichts wissen, ist etwas so Gewaltsames, daß es für die Zurückbleibenden nicht ohne die tiefste Erschütterung abgeht« (Eckermann, 15.2.1830). So gewiß G. damit bezeugt, daß man den Tod nur im Tod des Anderen wahrnimmt, so gewiß ist auch, daß die Natur immer sie selbst bleibt, gleichgültig, ob der Mensch existiert oder nicht und damit der Tod eine natürliche, stets bewußte Grenze des menschlichen Daseins bildet. Auch diese Erkenntnis war G. vertraut. Entscheidend kam es ihm darauf an, den Todesbildern seiner Gegenwart eine neue »heidnische« Verträglichkeit zu verleihen und den Tod in die antike Nähe des Schlafs zu rücken, aus dem man ganz gewiß wieder erwacht, gleichgültig, auf welcher Stufe des Daseins, des Vegetativen oder des Organischen oder gar des Menschlichen.

Pandora: Und nach dem Tod?
Prometheus: Wenn alles – Begier und Freud und Schmerz –
im stürmischen Genuß sich aufgelöst,
Dann sich erquickt in Wonneschlaf, –
Dann lebst du auf, aufs jüngste wieder auf,
Aufs neue zu fürchten, zu hoffen und zu begehren!

(*Prometheus*, Fragment, entstanden im Sommer 1773).   BL

Tod G.s: 22.3.1832, vormittags gegen 11.30 Uhr, wohl nach vorausgegangenem Herzinfarkt. G. ist ohne Todesahnung; er sitzt im Armstuhl, in Filzpantoffeln und weißem Schlafrock, eine Decke über den Beinen, über den Augen einen grünen Schirm. So die Angaben von Clemens Coudray, die wie andere Berichte von Augen- und Ohrenzeugen nicht ganz zulässig und gelegentlich auch zweckdienlich redigiert erscheinen. Nach dem Bericht eines weiteren engen Freundes, des Kanzlers von Müller, bittet G. um Wasser mit Wein (»Es wird doch nicht zu viel Wein darunter sein?«), trinkt, fragt nach dem Datum (»Also der Frühling hat begonnen und wir können uns umso

> Gestern Vormittags halb Zwölf Uhr starb mein geliebter Schwiegervater, der Grofsherzogl. Sächsische wirkliche Geheime-Rath und Staatsminister
>
> # JOHANN WOLFGANG VON GOETHE,
>
> nach kurzem Krankseyn, am Stickflufs in Folge eines nervös gewordenen Katharrhalfiebers.
>
> Geisteskräftig und liebevoll bis zum letzten Hauche, schied er von uns im drei und achtzigsten Lebensjahre.
>
> *Weimar*, **23. März**   OTTILIE, von GOETHE, geb. von POGWISCH,
> **1832.**   zugleich im Namen meiner drei Kinder,
>   *WALTHER*, *WOLF* und *ALMA* von GOETHE.

eher erholen«); er verlangt, daß ein zweiter Fensterladen geöffnet wird: »mehr Licht«. Diese Bitte an die Dienerschaft ist als letztes Wort G.s überliefert, könnte aber auch idealisierende Erfindung seiner Todeszeugen sein. Mit schwächer werdenden Schreibgesten der rechten Hand und schwerer werdendem Atem lehnt G. sich in die linke Seite seines Sessels und stirbt anscheinend schmerzlos. Eckermann, einen Tag später vom Diener Friedrich ins Aufbahrungszimmer gelassen: »Auf dem Rücken ausgestreckt, ruhte er wie ein Schlafender. Tiefer Friede und Festigkeit walteten auf den Zügen seines erhaben-edlen Gesichts. Die mächtige Stirn schien noch Gedanken zu hegen [...], das Entzücken, das ich darüber empfand, ließ mich auf Augenblicke vergessen, daß der unsterbliche Geist eine solche Hülle verlassen«.   JK

Todesstrafe: Im klassischen Fall einer ledigen Kindsmörderin, Anna Catharina Höhn, hat G. während seiner Amtszeit 1783 mit seinen beiden Ministerkollegen für die Todesstrafe gestimmt; u.a. kannte er die Akten der Kindsmörderin Susanna Margaretha Brandt, die am 14.1.1772 in Frankfurt hingerichtet wurde. Über das Aktenstudium hinaus war ihm die Wirklichkeit öffentlicher Exekutionen seit seiner Kindheit und frühen Jugend längst vertraut. Trotz der dramatischen, liberalen Untertöne, die sein Werk bis hin zur Gretchen-Tragödie durchziehen, bleibt er in diesem Punkt als Jurist ein Mann der Staatsraison, der aufgeklärten Vernunft: »Wenn man den Tod abschaffen könnte, dagegen hätten wir nichts; die Todesstrafe abzuschaffen, wird schwerhalten. Geschieht es, rufen wir sie gelegentlich wieder zurück. Wenn sich die Sozietät des Rechtes begibt, die Todesstrafe zu verfügen, so tritt die Selbsthülfe unmittelbar wieder hervor, die Blutrache klopft an die Tür« (*Wj*, Aus Makariens Archiv). G. hat während seines Italienaufenthalts die Diskussion um die Todesstrafe aus nächster Nähe erlebt. Der neapolitanische Rechtswissenschaftler Gaetano ↗Filangieri, mit G. persönlich bekannt, hat mit seiner *Wissenschaft der Gesetzgebung* (1780–1785) nach Cesare Beccaria maßgeblichen reformerischen Einfluß auf italienische Verhältnisse ausgeübt: Im Herzogtum Toscana war die Todesstrafe 1786 abgeschafft; in Weimar vollzog die thüringische Justiz die letzte zivile Hinrichtung wegen Kindsmords am 15.6.1932.   BL

Toleranz, von G. auch synonym mit Duldsamkeit verwendet. Einer der zentralen Programmpunkte des Auswandererbundes der *Wanderjahre* kann stellvertretend für G.s Verständnis der Toleranz stehen: »jeden Gottesdienst in Ehren zu halten, denn sie sind alle mehr oder weniger im Credo verfaßt; ferner alle Regierungsformen gleichfalls gelten zu lassen« (*Wj*, III.9). Religiöse Toleranz, die vor allem die beiden christlichen Konfessionen betraf, kannte G. als Forderung und Lebensmaxime seit Kindheit und Studium, programmatisch diskutiert er sie in seinem *Brief des Pastors zu*** an den neuen Pastor zu**** von 1772. Toleranz gegenüber politisch Andersdenkenden, v.a. in der Zeit politischer Bedrängnis, wird in den *Unterhaltungen deutscher Ausgewanderten* immer wieder eingefordert. Eine der *Maximen und Reflexionen* aus dem Nachlaß, die den Stellenwert der Toleranz deutlich bestimmt, darf heute durchaus als Stellungnahme in der derzeitigen Diskussion um das Ausländerrecht in Deutschland verstanden werden: »Toleranz sollte eigentlich nur eine vorübergehende Gesinnung sein: sie muß zur Anerkennung führen. Dulden heißt beleidigen!« BJ

Tonlehre: »Lassen Sie uns die Akustik angreifen! Diese großen Gegenstände müssen von mehreren, aber zu gleicher Zeit bearbeitet werden, wenn die Wissenschaft vorrücken soll.« Mit diesen Sätzen wandte sich G. 1791 an Johann Friedrich ↗Reichardt und bat ihn um seine Mitarbeit an einem umgreifenden Projekt, das analog zur ↗Farbenlehre den Naturphänomenen des Klanges und Schalls reflektierend auf den Grund gehen sollte. Reichardt war trotz seiner reichen Erfahrung ebensowenig wie G.s spätere Ansprechpartner in der Lage, seine Erwartungen hinreichend zu erfüllen, so daß die Systematik im Ansatz stecken blieb.

Informationen zu physikalischen und physiologischen Zusammenhängen hatte G. aus den Begegnungen etwa mit dem Physiker Ernst Florens Chladni (1756-1827), den er 1803 in Wittenberg traf, oder mit dem Mediziner Christian Heinrich Schlosser (1782-1829) bezogen, mit dem er 1815 in Koblenz Kontakt aufnahm. Ab 1808 tauschte sich G. intensiv auch mit Carl Friedrich Zelter aus. Er sandte ihm seinen aus Gesprächen entwickelten Entwurf zu einer allgemeinen »Tonlehre« am 9. 9. 1826 zur Vervollständigung. 1829 ging diese »punktweis« in Tabellen gefaßte Lehre an den Dichter zurück und fand ihren Platz an exponierter Stelle zusammen mit einer Übersicht über die am Aufbau der Erde beteiligten Gesteinsarten an der Wand seines Schlafzimmers. Er hatte ein System skizziert, das von der menschlichen Wahrnehmung der Klangereignisse, also vom Ereignis der »Erschütterung der Körper«, insbesondere der Luft ausging.

Eng an die Systematik der Farbenlehre angelehnt gliederte G. die Tonlehre in die vier Abschnitte: 1. »Organisch (subjektiv)« mit den Rubriken Gesangslehre – Akustik – Rhythmik, 2. »Mechanisch (gemischt)«, womit die diversen Tonigkeiten der Instrumente gemeint sind, 3. »Mathematisch (objektiv)«, mit den am Monochord dargelegten Schwingungsverhältnissen der Intervalle und 4. »Kunstbehandlung«, worunter er die »Verbindung mit der Sprache beim Gesang überhaupt« verstand. WS

Torquato Tasso: G. hat das Schauspiel *Torquato Tasso* in drei Phasen zwischen 1780 und 1789, während und hauptsächlich nach der Italienischen Reise, geschrieben. Der fragmentarische »Urtasso«, entstanden in den Jahren 1780/81, ist nicht überliefert, doch dienten die zwei in Prosa verfaßten Akte des Fragments G. als Grundlage für die Umarbeitung, mit der er 1787 auf der italienischen Reise begann (2. Phase) und die er am 8.8.1789 in Weimar abschloß (3. Phase). Dem »Urtasso« liegt die Biographie von Giovanni Battista Manso, einem persönlichen Freund des Italieners zugrunde, die *Vita di Torquato Tasso* von 1621, die das Duell mit einem Höfling, der Tassos heimliche Liebe zur Prinzessin Leonore verraten hatte, ebenso beschreibt wie die übertriebene Reaktion auf die von Herzog verhängte Schutzhaft. G. übernimmt aus Mansos Darstellung auch die Charakterzüge der Prinzessin. In der zweiten und dritten Phase bezieht G. sich stark auf *La vita de Torquato Tasso* von Abate Pierantonio Serassi (1785).

Die Figurenkonstellation von G.s Endfassung ist von Serassi angeregt, von dem er auch die Figur des Antonio Montecatino übernimmt, nachdem er die Rolle des Höflings zunächst mit dessen historischem Vorgänger Giambattista Pigna besetzt hatte. Daneben zeigt G.s Tasso auch Züge des modernen Dichters, wie sie Wieland im ersten *Brief an einen jungen Dichter* unter Berufung auf den italienischen Renaissance-Dichter entwirft. Diverse biographische Bezüge sind möglich, so das Schicksal von J.M.R. ↗Lenz oder ↗Klopstocks Zeit am Hof in Kopenhagen, aber auch G.s Verarbeitung der eigenen Rolle am Weimarer Hof und seiner Beziehung zu Frau von Stein. Zu Eckermann bemerkt G., »daß ich in den ersten zehn Jahren meines Weimarischen Dienst- und Hoflebens so gut wie gar nichts gemacht, daß mich die Verzweiflung nach Italien getrieben, daß ich [...] die Geschichte des Tasso ergriffen, um mich [...] von demjenigen frei zu machen, was mir noch aus meinen Weimarischen Eindrücken und Erinnerungen Schmerzliches und Lästiges anklebte. Sehr treffend

»Torquato Tasso«. Aufführung am Schiller-Theater Berlin.

nennt er [der französische Rezensent Jean Jacques Ampère] daher auch den Tasso einen gesteigerten Werther« (Gespräche, 3.5.1827).

Erster Akt. Die Handlung erstreckt sich über einen Tag und beschreibt in akribischer Konsequenz den Zusammenbruch eines Dichters, der an der »Disproportion des Talents mit dem Leben« (zu Caroline Herder, März 1789) scheitert. Der Tag beginnt hell. Prinzessin Eleonore von Este und ihre Freundin Leonore Sanvitale genießen im ländlichen Belriguardo den Sommer. Als Schäferinnen kostümiert, binden sie Kränze, mit denen sie die Hermen von Vergil und Ariost schmücken. Ihr Gespräch dreht sich um Tasso, dessen Verse Leonore gewidmet sind. Alfons, der Herzog von Ferrara und Bruder der Prinzessin, ist ungeduldig: Er möchte Tassos neues Werk, *Das befreite Jerusalem,* endlich in Händen halten. Als Tasso sich zögernd aus der Tiefe des Gartens nähert und seinem Fürsten die Handschrift überreicht, ist der Jubel groß. Widerstrebend läßt sich Tasso mit dem Lorbeerkranz der Virgil-Herme krönen. Dieser Anblick irritiert Antonio Montecatino, Alfons' Staatssekretär, der soeben von einer erfolgreichen diplomatischen Mission aus Rom zurückgekehrt ist. Der Tatmensch, Gegenspieler des Dichters Tasso, kann nicht anders, als sich über Tassos Lorbeer lustig zu machen.

Zweiter Akt. Tasso und die Prinzessin. Er fühlt sich durch Antonio herabgesetzt und entmutigt. Sie verweist ihn auf die gesellschaftliche Realität: Seine Idee eines Goldenen Zeitalters, in dem die Schönheit den höchsten Stellenwert besitzt, muß ins Unglück führen, denn ohne den Schutz der Schwächeren, die Sitte, gibt es kein Zusammenleben. Tasso empfindet die im Gespräch entstandene Nähe, sie ist ihm zugeneigt, und für sie will er sich mit Antonio versöhnen. Er stellt sich ihm in den Weg. Dieser reagiert erst besonnen, dann spöttisch, Tasso zieht den Degen, verletzt das Gastrecht – Alfons geht dazwischen und weist Tasso auf sein Zimmer.

Dritter Akt. Leonore berichtet der Prinzessin den Zwischenfall und schlägt vor, Tasso zur Entspannung in ihre Heimatstadt Florenz zu bringen. Der Prinzessin wird beim Gedanken an eine Trennung klar, daß Tasso das Zentrum ihres Lebens ist, aber sie ist zu schwach, sich dem Plan zu widersetzen. Dann sucht Leonore die Unterstützung Antonios. Der beklagt seinerseits, wie Tasso die Aufmerksamkeit der Frauen absorbiert, ist aber gegen seine Entfernung aus dem Einflußbereich Ferraras.

Vierter Akt. In seinem Zimmer wird Tasso die schlagartige Veränderung seiner Situation klar. Verzweiflung. Vorsichtig nähert sich Leonore ihm und lenkt das Gespräch in ihre Richtung: Florenz. Tasso erkennt ihre Strategie, fühlt sich hintergangen, auch von der Prinzessin. Als Antonio eintritt und die Versöhnung anbietet, ist Tasso ruhig. Er möchte nur entlassen werden, um in Rom weiter an seinem Gedicht zu arbeiten. Das soll Antonio bei Alfons durchsetzen. Antonio rät ab – für Tasso nur die Bestätigung, daß alle sich gegen ihn verschworen haben – auch die Prinzessin!

Fünfter Akt. Herzog Alfons entschließt sich, Tasso für eine Zeit zu entlassen, will aber das Manuskript nicht aus der Hand geben. Noch einmal kann die Prinzessin Tasso seiner Depression entreißen, jetzt will er sich ihr wieder ganz unterwerfen, packt ihr zartes Angebot als letzte Chance der Liebe und umarmt sie. Die Prinzessin schreit, man eilt herbei: Tasso ist nun wirklich von Sinnen. Antonio bleibt bei ihm. Die anderen sind versprengt. Auf den Trümmern seiner Existenz findet Tasso bilderreiche Worte für die Vernichtung und endet mit dem vielinterpretierten Bild von Antonio als Felsen und sich als Schiffbrüchigem.

Für die Uraufführung des *Tasso* 1807 in Weimar kürzte G. das Stück um ein Fünftel und führte Regie. Das Publikum lobte die der französischen Klassik ebenbürtige Form und die neuartig schwebende Zeichnung des Dichters zwischen Genie und Wahnsinn. Bis ins 20.Jh. gilt dann das Diktum, daß es im *Tasso* beinah unmöglich sei, G.'s Reichtum auf der Bühne einzulösen, wobei auch Kritik an der hermetisch-höfischen Welt, die sich ausschließlich um »Dichterreizbarkeit« (Fontane) dreht, laut wurde. In neuerer Zeit sind die Inszenierungen von Peter Stein (1969) und Claus Peymann (1980) zu nennen. Stein zeigte den Dichter in bester Brecht-Tradition als Dekorateur und Emotionslieferant eines verkommenen Machtapparats und erreichte gleichzeitig eine neue direktere G.-Theatralik. Peymann identifizierte sich stark mit Tasso als dem vom gewinnorientierten Staat gegängelten, ruinierten Künstler.

Heute könnte mehr der System-Aspekt im Zentrum stehen: Ferrara scheitert auf dem Höhepunkt seiner politischen und kulturellen Bedeutung an einem Lorbeerkranz. Ab dem Schäferspiel im Garten bedingen sich die sprachlichen und psychologischen Ereignisse derart lückenlos, daß nur der Fünf-Personen-Hof selber der Fehler sein kann. Das System funktioniert auf seinen Untergang zu. In dieser Lesart wird die Prinzessin, die Seele dieses Hofes, zur eigentlichen Leidtragenden und Hauptfigur. NH

Totentanz, Der: *Der Türmer, der schaut,* Erstdruck in den *Werken* 1815. Die Ballade entstand am 18.4.1813 während G.s Reise nach Teplitz, wo er sich bis Mitte August 1813 aufhielt, um Ruhe vor den drohenden Gefahren der beginnenden Freiheitskriege zu suchen. Die Briefe, die er von den einzelnen Etappen als Reisetagebuch an seine Frau Christiane schickte, enthalten immer wieder Hinweise auf die Spuren des Krieges, sprechen aber auch von heiterer Geselligkeit sowie lebhaften landschaftlichen und kulturellen Eindrücken. Aus Leipzig berichtet G. Christiane über die Entstehung der Ballade: »Dagegen schrieben wir zu unserer Lust die von August erzählte Todtentanzlegende in paßlichen Reimen auf.« Der Totentanz war ein seit dem Mittelalter und den krisenhaften Umbrüchen der frühen Neuzeit in Dichtung und bildender Kunst häufig gestaltetes Motiv. In G.s Ballade spielt sich das Geschehen mit zunehmender Dramatik ab; für den beobachtenden Türmer hat der Diebstahl eines Geistergewandes fast tödliche Folgen, doch der Glockenklang der ersten Stunde nach Mitternacht beendet den nächtlichen Spuk. Der tänzerisch-stampfende Rhythmus, die lautmalerischen, altertümlichen Verben geben der Ballade einen Ton ironischer Distanz, zeigen einen spielerischen Umgang mit vormodernen Todesszenarien. Doch war die Erfahrung des Todes, die hier in alten Bildern gestaltet wird, für die Generation der napoleonischen Kriege von schmerzlicher Aktualität und griff auch in G.s Leben tief ein.   IW

Tradition bzw. die Überlieferung tradierter Werte und Vorstellungen, für G. ein bedeutendes Moment in der Entwicklung sowohl der Menschheit als auch des einzelnen Individuums. G. betrachtet die Überlieferung nicht nur in historischer, mythologischer und mystischer Hinsicht als einen »Faden aus der alten Welt in die neue« (*Farbenlehre*, Überliefertes), der je nach Absicht zurückzuverfolgen oder aufzunehmen ist, sondern definiert sie als eine »Autorität«, zu welcher der Mensch sich im Lauf seines Lebens unterschiedlich verhält: »Das Kind bequemt sich meist mit Ergebung unter die Autorität der Eltern; der Knabe sträubt sich dagegen; der Jüngling entflieht ihr, und der Mann läßt sie wieder gelten, weil er sich deren mehr oder weniger selbst verschafft, weil die Erfahrung ihn gelehrt hat, daß ohne Mitwirkung der doch nur wenig auszurichte« (*Farbenlehre*, Autorität).

Nichtsdestoweniger steht auch der erwachsene, kreative Mensch mit der Überlieferung im »Konflikt« und muß ihr »Brust und Stirn bieten« (*Farbenlehre*, Lücke), um, wenn schon nicht »original«, also unabhängig von Einflüssen, zu sein, doch eine eigene Position zu erringen, damit womöglich selbst überliefernswert zu werden und den aufgenommenen Faden fortzuspinnen (*Gern wär' ich Überlieferung los*).   DF

Träne, poetisches Motiv, das vor allem im Kontext der ↗Empfindsamkeit große Bedeutung gewann: Es wurde allenthalben viel geweint – in der Literatur wie im richtigen Leben. Das Lied »Wonne der Wehmut«, 1775 für Lili geschrieben, beginnt mit dem Anruf: »Trocknet nicht, Trocknet nicht/Tränen der heiligen Liebe«. Werther klagt seinem Briefpartner: »Ein Strom von Tränen bricht aus meinem gepreßten Herzen, und ich weine trostlos einer finstern Zukunft entgegen« (21.8.1771). Ein Tränen-Strom ist ebenfalls deutliches Zeichen der Anteilnahme von ↗Werther und ↗Lotte an ↗Ossian. Werther weint über Lottes Hand, ↗Ottilie über dem ertrunkenen Kind, und der ↗Harfner klagt: »Wer nie sein Brot mit Tränen aß …«. Noch in einer der *Zahmen Xenien* thematisierte G. die oft erleichternde, therapeutische Wirkung der Tränen: »Ein Mann, der Thränen streng entwöhnt,/Mag sich ein Held erscheinen;/Doch wenn's im Innern sehnt und dröhnt,/Geb' ihm ein Gott – zu weinen«.   BJ

Transzendieren, in der Philosophie das Überschreiten der Grenzen des rational Erfahrbaren, für G. annähernd gleichbedeutend mit »Mysticisiren« (an Chr. H. Schlosser, 25.11.1814). G. wendet den metaphysischen Begriff – meist abfällig – auch auf Lebenswelt und Kunst an, wenn er der Meinung ist, daß der sprichwörtliche Schuster besser bei seinem Leisten bleiben solle. Als Intendant bedauert G., daß die wenigen »geistreichen Autoren« Deutschlands »nach allen Seiten hin transcendiren« und deshalb keine Theaterstücke zustandebringen, die aufführbar sind (an Arnim, 23.2.1814). Später klagt er dann allgemeiner, alles sei »*ultra*« (also jenseits oder drüber), alles transzendiere »unaufhaltsam, im Denken wie im Thun«, überschreite also die Grenzen des Bestehenden und Althergebrachten. G. entpuppt sich hier als Gegner dessen, was bis heute von Wirtschaft und Politik als Allheilmittel gepriesen wird – Fortschritt –, und seine Analyse trifft im Internet-, Handy- und Transrapid-Zeitalter immer noch zu: »Eisenbahnen, Schnellposten, Dampfschiffe und alle mögliche Facilitäten der Communication sind es worauf die gebildete Welt ausgeht, sich zu überbieten, zu überbilden und dadurch in der Mittelmäßigkeit zu verharren« (an Zelter, 6.6.1825).   DF

Trauer: Eine heftige Gemütsbewegung, die G. verschiedentlich als Handlungsmotiv einsetzt. Über Trauer und Reue anläßlich der abrupten Trennung von Friederike Brion erzählt *Dichtung und Wahrheit* (12. Buch), die Trauer über den frühen Tod der Schwester läßt G. verstummen: »Um neune kriegt ich Brief dass meine schwester todt sey. – Ich kann nun weiter nichts sagen« (an Charlotte von Stein, 16.6.1777). Als *Mensch* kann G. mit Trauer schlecht umgehen: Er verstummt, als *Dichter* gelingt das besser: Zum Tod Cornelias schreibt er an Auguste zu Stolberg: »Alles geben Götter die unendlichen/Ihren Lieblingen ganz/Alle Freuden die unendlichen/Alle Schmerzen die unendlichen ganz« (17.7.1777). G. verfaßte nach dem Tod seines Bühnentischlers die Trauerklage *Auf Miedings Tod*, nach Schillers Tod stellte er Überlegungen zu einer großen Trauerfeier an – ohne sie zu realisieren (*Epilog zu Schillers Glocke*, *Im ernsten Beinhaus wars*). Proserpinas erster Monolog ist eine Trauerklage, die Wüstenei des Orkus bezeichnet sie als »Trauergefilde« (v. 3). Der Weltgeistliche in der *Natürlichen Tochter* beklagt: »Die Trauer wird durch Trauern herber«, der Herzog aber antwortet ihm mit dem Hinweis auf die auch wohlige Selbstbezüglichkeit des Trauerns: »Durch Trauern wird die Trauer zum Genuß« (III.4).　　　BJ

Traum: Poetisches Motiv, das G. in einem Sesenheimer Lied noch in einem stark ↗anakreontischen Sinne einsetzt: »Ach, wie sehn ich mich nach dir,/Kleiner Engel! Nur im Traum,/Nur im Traum erscheine mir«. Traum kann über die Liebessehnsucht hinaus auch menschheitliche Wünsche nach einer versunkenen goldenen Zeit beinhalten: »Aug', mein Aug', was sinkst du nieder?/Goldne Träume, kommt ihr wieder?/Weg du Traum, so gold du bist« (*Auf dem See*). – G. setzt den Traum oft als künstlerisches Mittel ein. Er ist häufiges Motiv in den Gedichten an Charlotte von Stein (↗Lida-Lyrik). Das Knabenmärchen im 2. Buch von *Dichtung und Wahrheit* erscheint als Traumerzählung, in dem Gedicht *Ilmenau* benutzt G. einen Traum für eine Rückblende, Götz träumt von Weislingen und seiner Hand – und greift damit ahnend dem Geschehen voraus, ↗Egmont träumt von ↗Klärchen in der Rolle der Freiheit – und nimmt die Nachgeschichte des Dramas vorweg, schließlich träumt ↗Orest vom friedlichen Beisammensein der Tantaliden im Jenseits – und erwacht geheilt vom Fluch.　　　BJ

Travestie: »Wie ich ein Todfeind sei von allem Parodieren und Travestieren, hab ich nie verhehlt«, schrieb G. 1824 an Zelter. Allerdings war ihm das satirische Überhöhen (oder wörtlich: verkleiden) von literarischen Gegenständen in seinen früheren Werken nicht fremd. Von *Satyros* über *Triumph der Empfindsamkeit* bis zu *Die Vögel* hat G. immer wieder Moden, Motive und Texte zu seinem und des Publikums Vergnügen travestiert.　　　NH

Trebra, Friedrich Wilhelm Heinrich von (1740–1819), Mineraloge und Bergbaufachmann, den G. bei einem Besuch in Ilmenau kennenlernte und der 1776 das Gutachten zur Wiederaufnahme des Ilmenauer Bergbaus lieferte. G. las Trebras mineralogisch-geologische Schriften (z.B. *Erfahrungen vom Innern der Gebirge*), stand mit ihm in freundschaftlichem Briefwechsel und eröffnete in Trebras Gegenwart am 24.2.1784 den neuen Johannisschacht in Ilmenau – mit einem »Glück auf also, daß wir so weit gekommen sind!«.　　　PO

Trennung s. **Abschied**

Treue/Untreue: Literarisches Motiv, das im Zentrum zweier Balladen des jungen G. steht: *Der König in Thule*, *Es war ein Buhle frech genung*. G. beschwört die Treue in dem Gedicht *Für ewig*, wahrscheinlich an Ch. v. Stein gerichtet: »Die Harmonie der Treue, die kein Wanken,/Der Freundschaft, die nicht Zweifelsorge kennt«. Treue/Untreue in der Liebe ist zentrales Thema in der *Laune des Verliebten*, in der Gretchentragödie, in der *Claudine*, im *Clavigo* und wichtiges Motiv in den *Lehrjahren*: Wilhelm und Mariane. Treue kann aber auch die Treue eines Dieners sein, Mignon wäre da zu nennen, oder der Knappe Götzens. Schließlich versteht G. Treue im Sinne von »authentischem Verhalten«; in einem der *Zahmen Xenien* heißt es: »Du sehnst dich, weit hinaus zu wandern,/Bereitest dich zu raschem Flug;/Dir selbst sei treu und treu den andern,/dann ist die Enge weit genug«.　　　BJ

Trilogie der Leidenschaft: *An Werther; (Marienbader) Elegie; Aussöhnung*: *An Werther* entstand am 24./25.3.1824 als Einleitung zum Jubiläumsausgabe zum fünfzigsten Jahrestag der Publikation von G.s weltberühmtem Romanerstling. Die *Elegie* schrieb G. zwischen dem 5. und 12.9.1823 während der Rückreise vom Kuraufenthalt in Marienbad und Karlsbad; die unsicheren Züge der Handschrift lassen darauf schließen, daß sie zumindest teilweise in der Postkutsche geschrieben wurde. Das letzte Gedicht, *Aussöhnung*, wurde vom 16.–18.8.1823 als Stammbucheintrag für die polnische Pianistin Marie Szymanowka verfaßt, von deren Spiel G. in Marienbad tief beeindruckt war und die auch bei einem kurzen Aufenthalt in Weimar im Oktober/November 1823 ihre Zuhörer begeisterte.

Für die *Ausgabe letzter Hand* 1827 stellte G. die Gedichte in umgekehrter Reihenfolge ihrer Entstehung zu einer Trilogie zusammen; deren Anordnung bietet zusammen mit dem Leitwort Leidenschaft wichtige Hinweise für das Verständnis. Den Mittelteil bildet die *Elegie*, unter dem Titel *Marienbader Elegie* häufig allein rezipiert, die als gedankliches Zentrum und Höhepunkt von G.s Alterslyrik gilt. Dem hohen Ton der Liebes- und Weltklage, den das Gedicht anschlägt, korrespondiert eine Deutungstradition, die sich in Superlativen zum einzigartigen Rang des Gedichts in der Weltliteratur überbietet.

Diese Hochstilisierung wurde bereits von G. selbst initiiert. Traditionell wurde die *Elegie* als lyrischer Ausdruck der schmerzlichen Trennung von der damals neunzehnjährigen Ulrike von Levetzow (1804–1899) verstanden, der G. selbst oder über Vermittlung des Großherzogs Carl August einen Heiratsantrag gemacht hatte. Die Marienbader Ereignisse sind nicht genau zu rekonstruieren, jedenfalls machte das Gerücht des Liebesabenteuers des alten Dichters mit einem jungen Mädchen, das wohl durch die von G. ebenfalls verehrte Mutter Amalie von Levetzow in klug-dezenter Weise beendet wurde, in Weimar, Jena und darüberhinaus Furore und schuf auch bei G.s Rückkehr vom Kuraufenthalt nach Weimar gelinde Peinlichkeiten gegenüber Sohn und Schwiegertochter.

Den poetischen Ertrag dieser emotionalen Turbulenzen behandelte G. wie eine Kostbarkeit; zwischen dem 17. und 19.9.1823 fertigte er eine eigenhändige Reinschrift auf schönem Papier an, die in rotes Maroquin-Leder gebunden und in einer blauen Mappe mit goldenem Aufdruck »Elegie. September 1823« aufbewahrt und nur wenigen Freunden gezeigt wurde. Eckermann berichtet unter dem 27.10.1823 von seiner Lektüre: »Stadelmann [G.s Diener] brachte zwei Wachslichter, die er auf Goethes Arbeitstisch stellte. Goethe ersuchte mich, vor den Lichtern Platz zu nehmen, er wolle mir etwas zu lesen geben. Und was legte er mir vor? Sein neuestes, liebstes Gedicht, seine *Elegie von Marienbad*.« Eckermann berichtet weiterhin in zurückhaltender Weise über die in Weimar umgehende »Sage« einer leidenschaftlichen Liebe G.s zu einer »an Körper und Geist gleich liebenswürdigen jungen Dame«, die er im Hinblick auf G.s körperliche und geistige Frische durchaus für glaubhaft halte. »Als

ich ausgelesen, trat Goethe wieder zu mir heran: ›Gelt! sagte er, da habe ich euch etwas Gutes gezeigt‹«. Im November erkrankte G.; nach der Herzbeutelentzündung des Frühjahrs war dies die zweite schwere Krankheit des Jahres 1823. Der alte Freund Karl Friedrich Zelter berichtet anschaulich von G.s Zustand bei seinem Besuch in Weimar im November 1823; glaubwürdig kann er mitteilen, er habe G. durch wiederholtes Vorlesen der *Elegie* geheilt. Das Jahr 1823 war mit diesen Auf- und Abschwüngen ein Schwellenjahr, das den Beginn von G.s letztem Lebensjahrzehnt markiert.

Indem G. das zuletzt entstandene Gedicht *An Werther* an den Beginn stellte, motivierte er zur Lektüre der Trilogie als Rückblick auf Leben und Werk, an dessen Beginn eine Liebestragödie und deren vielfältiger identifikatorischer Nachvollzug durch eine emphatische Rezeption lag. Das Gedicht tritt dazu in eine ironische Distanz und bewahrt doch die Tragik des frühen Gefühls in der unerbittlichen Gleichung »Scheiden ist der Tod!« Werther, der hier als jugendliches zweites Ich wie eine reale Person angeredet wird, bekommt vom Dichter, der sich am Schluß durch eine *Tasso*-Anspielung ins Spiel bringt, bescheinigt, er habe doch sein frühes Hinscheiden »nicht viel verloren«. Gerade in ihrer umgangssprachlichen Formulierung ist diese Sequenz von besonderer Bitterkeit. Das berühmte Zitat aus dem 5. Akt des *Tasso* wird auch der *Elegie* als Motto vorangestellt: »Und wenn der Mensch in seiner Qual verstummt/Gab mir ein Gott zu sagen, was [im Drama »wie«] ich leide.« Die 23 Strophen des Gedichts weisen mit Selbstgespräch, fiktivem Dialog mit der Geliebten sowie Einbeziehung des Lesers durch mehrmaliges »wir« eine hochkomplexe Verweisungs- und immanente Kommunikationsstruktur auf. Die Trennung von der Geliebten wird als Vertreibung aus dem Paradies erfahren; nur in der Erinnerung an sie scheinen die Schönheit der Welt, der Sinnzusammenhang des Universums und die schöpferische Kraft der Phantasie garantiert. Im fiktiven Gespräch wird der Geliebten eine der wichtigsten Lebensmaximen G.s in den Mund gelegt. Sie rät, den Augenblick zu nutzen und das Leben mit Tätigkeit, Freude und Liebe zu erfüllen (Str. 16/17).

Diese Maxime wird jedoch in der Reflexion des Ich negiert: »Du hast gut reden, dacht' ich«. Angesichts der Trennungserfahrung ist der Augenblick leer; was bleibt, ist ein »unbezwinglich Sehnen«, das sich auf »grenzenlose Tränen« reimt. Am Schluß des Gedichts wird deutlich auf G.s naturwissenschaftliche Studien angespielt; doch auch hier wird eine Trennung vollzogen, zieht sich das Ich zurück. Auch das lebenslange Selbstverständnis als Liebling der Götter (vgl. V. 134) ist nachhaltig gestört. Diese Einheit von Ich und Welt war als künstlerisches Lebensgefühl im Vorspruch des Zyklus *Zu meinen Handzeichnungen*, entstanden 1821, nochmals zitiert worden: »Ich sah die Welt mit liebevollen Blicken/Und Welt und Ich wir schwelgten in Entzücken«. Der prekäre Charakter dieser Einheitserfahrung war G. Zeit seines Lebens bewußt, im Alter erfährt er ihn nun mit unerbittlicher Konsequenz. Die Verszeile »Verlaßt mich hier, getreue Weggenossen!« ist Ausdruck der Einsamkeit und Resignation des Alters und klingt wie eine Vorwegnahme des Todes.

In der *Elegie* akzeptiert G. den Beginn des hohen Alters; Liebe und Eros, die als belebende Kraft das ganze Werk grundiert hatten, müssen in eine weitere Stufe der Sublimierung überführt werden. In der Anordnung der Trilogie ist die *Elegie auch* ein Zitat der *Werther*-Stimmung; das Pathos von Trennung, Einsamkeit und Vergeblichkeit ist nicht nur authentischer Ausdruck einer Krisenerfahrung, sondern auch Schmerz-Lust in einer tragischen lyrischen Inszenierung, die den Kreis schließt zum tragischen Roman jugendlichen Weltschmerzes. In beiden Fällen geht die Erfahrung von Tragik weit über das Liebesunglück hinaus, sie impliziert eine Infragestellung der eigenen Identität und der damit eng verbundenen Kreativität. Die *Elegie* ist so Spiegel einer Krise des literarischen Ausdrucks und der sinnstiftenden Kraft von Poesie.

Diese Krise wird jedoch bewältigt durch Literatur; auch in dieser Hinsicht ist die Voranstellung des *Werther* ein Lesehinweis – es geht um Überführung der persönlichen Erfahrung in Literatur, aber auch um das unauflösliche Wechselspiel von Leben und Kunst. Jugend- und Altersdepression berühren sich in der Intensität des Gefühls und seiner literarischen Gestaltung.

Gemäß G.s Auffassung über das Wesen einer Trilogie, die dem Dreischritt von Exposition, Katastrophe und versöhnender Ausgleichung zu folgen habe, wird auch die *Trilogie der Leidenschaft* mit dem Gedicht *Aussöhnung* beschlossen. Die vergänglichste Kunst, die Musik, wird der Erfahrung von Tod und Trennung als Trost entgegengestellt; in ihr allein wird die Utopie des erfüllten Augenblicks realisiert. Die teilweise hymnisch-religiöse Deutung insbesondere der *Elegie* zeigt, daß hier tiefsitzende kulturelle Wünsche nach Ästhetisierung der Erfahrung von Vergeblichkeit und Vergänglichkeit, des ›Daseins zum Tode‹, berührt werden.   IW

Trinkgewohnheiten G.s (spätere Jahre): Morgentrunk, gegen 5 und 6 Uhr »abwechselnd, Kaffee,

Schokolade oder Fleischbrühe« (Riemer an Frommann, 14.10.1807). G. verließ um »6 Uhr das Bett und genoß sofort Kaffee« (Dornburg 1828, Skell »Erinnerungen«). Daneben trank er morgens Mineralwasser, regelmäßig über längere Zeit: Pyrmonter, Egerwasser, Gieshübler Sauerbrunn, Karlsbader Kreuzbrunnen, »schicke mir doch 4 Krüge Seltzer Wasser, es ist mir […] zum Bedürfnis geworden« (an Christiane, 9.6.1797). Frau Rat sendete 50 Bouteillen Spaawasser, zur Nachkur (Juli 1807); Schwalbacher Wasser, »einen Himmelstrank« (an Christiane, 28.7.1814) ließ G. durch Schlosser nach Hause »spediren«. Wassertrinken vermerkte G. im Tagebuch (Juni 1817 z.B.: Fachinger, Geilnauer, Egerwasser). Mineralwasserhändler Mieding belieferte G.s Haus über Jahre, z.B. 400 Krug Kreuzbrunnen (68 Taler, 6 Groschen, 1824), 253 Krug Kreuzbrunnen (38 Taler, 13 Groschen, 1827).

Zum Frühstück, gegen 10 Uhr (meist kalte Küche, reichlich, kräftig), trank G. Wein, über Jahre z.B. Madeira. »Im Laufe des Vormittags trinkt er ein großes Wasserglas Wein« (W. v. Humboldt an seine Frau, 29.12.1826). »Wir verzehrten ein paar gebratene Rebhühner […], tranken dazu eine Flasche sehr guten Wein« (Eckermann, 26.9.1827). Stadelmann bittet Theodor Kräuter, Wein nach Jena zu schicken, »weil ich jetzt mehr brauche, da immer kleine Frühstückchen stattfinden« (11.4.1817). Wein trank G. auch zu Mittag. Waren Gäste zugegen, pflegte er eine Bouteille allein zu leeren: »eine ganze Flasche Rotwein« (Baumeister Wolff, 1808) oder »eine Flasche alten Rheinweins« (Friedrich Förster, 1821). »Ein Gläschen Champagner beim Dessert, verschmähte er auch nicht« (Karl v. Holtei, 1827). Während G. selten zu Abend aß, verzichtete er auf Getränke nicht (Wein, Tee, Punsch, »ein halbes Fläschchen Champagner«). »G. saß in Hemdsärmeln und trank mit Riemer« (Kanzler v. Müller, 6.6.1824). Zu Teegesellschaften wurde in G.s Haus grüner und schwarzer Tee serviert. Rechnungen nennen regelmäßig größere Mengen »Importthee«, daneben Bischoffsessenz, Arrak, Zitronen, Pomeranzen (Zutaten für um 1800 typische Getränke zu winterlichen Teeabenden, wie Bischoff, Punsch, Hippocras).

Bei Schillers in Jena trank G. gern Punsch. »Auf alle Fälle taut er beim Tee auf, wo er eine Zitrone und ein Glas Arrak bekommt und sich Punsch macht« (Funk an Körner, 17.1.1796). Bier (hauptsächlich Getränk unterer Volksschichten, Dienstboten erhielten Biergeld) dürfte G. selten getrunken haben. Eine Ausnahme nennt Wilhelm v. Humboldt: »er lebt von Bier und Semmel, trinkt große Gläser am Morgen aus und delebriert mit den Bedienten, ob er dunkel- oder hellbraunes Köstritzer oder Oberweimarisches Bier, oder wie die Greuel alle heißen, trinken soll« (an seine Frau, 17.11.1823). G. liebte Trinkschokolade (mit Bisquit, Zwieback über Jahre bevorzugtes Morgengetränk). Wenig Vertrauen hatte er zur Jenaer Schokolade: »Wer weiß was sie bei der Fabrikation hineinmischen« (an Christiane 12.2.1799), »ich habe diesen Morgen allerlei Proben gemacht […] mit hiesiger Schocolade, es hat aber nicht gehen wollen« (24.4.1810). »Gute Chocolade« (in Täfelchen, 1 Pfund zu 1 Taler, 12 Groschen, 1794) bezog G. aus der Ferne (Wien, Dresden, Frankfurt), kaufte sie auf Reisen (Karlsbad: »an meine Frau, nebst 1 Pfund Stecknadeln, 1 Pfund Chocolade und 400 Nähnadeln« (*Tb*, 16.5.1806), erhielt sie, bestellt oder unbestellt, von Verehrerinnen gesendet, u.a. von der Wienerin Marianne von Eybenberg, eine seiner »Badebekanntschaften«, »Ihr Frühstücksvorrat muß verzehrt sein, daher geht […] 12 Pfund für Sie ab« (10.12.1803). »Chocolade besorgte ich sogleich […] es befinden sich noch 4 halbe Pfunde mit No.10 bezeichnet dabei, die Gentz Ihnen geschickt hat, weil sie von ganz außerordentlicher Güte sein soll« (2.6.1805). Schokoladenkanne und Schokolade nahm G. mit auf Reisen (Schweiz 1797), wertvolle Schokoladentassen aus seinem Besitz sind im Weimarer G.-Haus erhalten.

CS

Trinksprüche G.s sind wenige überliefert, Zeugen würdigen aber deren vortreffliche Qualität. Einer, von Biedermann aus Karlsbad überliefert: »Nie Mangel des Gefühls und nie Gefühl des Mangels!«   IA

Triumph der Empfindsamkeit, die »geflickte Braut oder die Empfindsamen«, eine dramatische Grille (erste Fassung 1777), entworfen als eine aristophanische Verspottung der »überhandnehmenden schalen Sentimentalität« (G.), die mit dem eingeschalteten Monodrama *Proserpina* am 30.1.1778 (dem Geburtstag der Herzogin Louise) in Schloß Ettersburg aufgeführt wurde. Die »Akteurs« (u.a. Corona ↗Schröter als Mandandane und G. als Andrason) traten »physiognomisch bis zur Karikatur« verfremdet auf. Es geht um den in einer eingebildeten Welt lebenden Prinzen Oronaro, der »von so zärtlichen, äußerst empfindlichen Nerven« ist, daß »er sich gar schwer von der Luft und zu schneller Abwechslung der Tageszeiten hüten muß« und daher den Mondschein, Nachtigallengesang, eine sprudelnde Quelle, eine Laube, vor allem aber eine mit Büchern ausgestopfte Puppe, das Ebenbild seiner angebeteten »Man-

dandane« in seinem Reisegepäck mitführt. Durch Orakelspruch vor die Wahl zwischen der künstlichen Puppe und Mandandane gestellt, wählt er die Puppe, die all seine Empfindungen birgt.

Von der Aufführung dieses eigenwilligen Singspiels sind die Rechnungen des Hofebenisten Johann Martin Mieding erhalten: »Eine Stellage zu einer Laube mit Gehäuse, 6 Tlr., Oben darauf eine Maschine zum Mondschein mit Hülfen zum Drehen und zwei Flügel, 3 Tlr., Eine Stellage mit 4 Kurbeln zu einem Wasserfall, 3 Tlr. 12 Gr.,% St. Kasketts mit Federbüschen wie ein Helm gemacht, 7 Tlr. 12 Gr., 3 Tamburins mit Schellen, 2 Tlr., Eine Puppe in Lebensgröße, 2 Tlr. 12 Gr., 7 Dolche mit Scheiden, groß und klein, 3 Tlr., 11 Gr.« Diese Requisiten, vor allem die erstaunliche Konstruktion einer automatisierten Landschaft standen als ironisierte Allusion am ästhetisierten und literarisierten Umgang mit der Natur im Mittelpunkt des »so toll und grob als möglich« gedachten Stücks (G. an Charlotte von Stein). Deren Realisation gelang ↗Mieding so eindrucksvoll, daß G. dem »Direktor der Natur« in seinem Epitaph-Gedicht zum traurigen Anlaß seines Todes (*Auf Miedings Tod*, 1782) noch einmal ein Denkmal setzte, in dem er auch diese Inszenierung würdigt. Er distanzierte sich jedoch von der »freventlich eingeschalteten« *Proserpina*, deren Wirkung dadurch »vernichtet« worden sei.   GBS

Tugendspiegel, Der: Von dem frühen Komödienversuch ist nur die erste Szene überliefert. Zwei Kaufleute, Melly und Dodo, sind auf der nächtlichen Flucht. Aus Liebe zur schönen Nelly hat Melly sein Unternehmen ruiniert, Dodo war sein Bürge und hängt nun mit drin. Während der Entstehungszeit, Ende 1767, beschäftigte G. sich intensiv mit Lessings *Minna von Barnhelm*, er spielte selber bei einer Liebhaberaufführung mit. *Der Tugendspiegel* sollte ein Einakter in Prosa werden.   NH

Türmerlied s. **Lynkeus**

Turmgesellschaft: Gruppe reformwilliger, aufgeklärter Adliger in dem Roman *Wilhelm Meisters Lehrjahre*. Für die Gesellschaft interessant erscheinende Menschen wie Wilhelm werden im Geheimen begleitet und mehr oder weniger offensichtlich pädagogisch gelenkt. Die Turmgesellschaft archiviert die Lebensläufe ihrer Schützlinge in einem Turm als deren Lehrbriefe, die Aufnahme in die Turmgesellschaft wird mit einem theatralischen Spektakel begangen, wodurch sie an die ↗Geheimgesellschaften des 18.Jh.s erinnert.   BJ

Typus: Bis 1787 hat G. sein Konzept der ↗Urpflanze entworfen und 1790 in seinem *Versuch die Metamorphose der Pflanze zu erklären* zusammengefaßt. Auf der Suche nach einem der Evolution der Pflanze entsprechenden Grundelement der tierischen Evolution entwirft G. in den Jahren 1790–1795 sein Konzept des morphologischen Typus, bei dem er besonders den osteologischen Bauplan der Wirbeltiere im Auge hat und aus seinen Befunden des ↗Zwischenkieferknochens eine Wirbeltheorie der tierischen Entwicklungsgeschichte erarbeitet. Dabei zielt er insgesamt auf eine allgemeine ↗Morphologie der tierischen (↗Urtier) und der pflanzlichen Welt, einen ↗Bildungstrieb des Natürlichen und des Organischen, den er aus der zwangsläufig begrenzten Sichtweise einer vergleichenden Osteologie heraus darlegen will.

Der innere »Trieb auf jenes Urbildliche, Typische« (*Anschauende Urteilskraft*, 1817), auf die »Idee des Tiers« (*Der Inhalt bevorwortet*, aus *Zur Morphologie*, 1817) schlägt sich vor allem in dem 1795 verfaßten *Ersten Entwurf einer allgemeinen Einleitung in die vergleichende Anatomie, ausgehend von der Osteologie* nieder, in der G. spekulativ um die Darstellung eines anatomischen, noch nicht physiologisch darstellbaren tierischen Typus bemüht, der mit »einem allgemeinen Bilde, worin die Gestalten sämtlicher Tiere, der Möglichkeit nach« enthalten sind, die der anatomischen Forschung als Orientierung dienen soll, Gesetzmäßigkeiten der Entwicklung ebenso aufzeigend wie Richtungen ihrer Erforschung. So gesehen repräsentiert der Typus als unbestimmt-bildhafte Konstante der Artenvielfalt gegenüber dem flexiblen Prinzip der Metamorphose der Pflanze einen abstrakteren, empirisch bei weitem ungesicherteren Gegenbegriff. Er ist damit der Evolutionstheorie von Charles Darwin, die sich nicht nur auf genetische, sondern vor allem auf umweltbedingte Faktoren der tierischen Evolution beruft, dem »Kampf ums Überleben« (*The Origin of Species by Means of Natural Selection, or Preservation of Favoured Races in the Struggle for Life*, 1859), noch weit entfernt, obwohl sich Darwin gelegentlich auf G. beruft und dessen genetische in eine soziale Variante der Artenentstehung wenden wird.

»Typus und Metamorphose, die Leitbegriffe von G.s biologisch orientierter Naturforschung, stellen zwei Seiten einer untrennbaren Polarität dar; das eine kann nicht ohne das andere gedacht werden. Wie der Typus nur in individuellen, durch Metamorphose bewirkten Ausgestaltungen in Erscheinung treten kann, so vermag die Metamorphose bestimmte, durch den Typus gesetzte Grenzen nicht zu überschreiten. Die zwischen

diesen beiden Prinzipien herrschende Wechselwirkung macht für G. die Fülle der Erscheinungen der Natur aus, die er schließlich in seiner Morphologie zu fassen sucht« (Manfred Wenzel).   BL/AV

Über allen Gipfeln s. **Wandrers Nachtlied/ Ein gleiches**

Über den Granit/Schriften zur Gestaltung der Erdrinde: G. war grundsätzlich ↗Neptunist, d. h. er erklärte die Entstehung der heutigen Gestalt der Erde gewaltfrei etwa aus Ablagerungsprozessen in Urmeeren und sanften Gletscher-Geschieben in Eiszeiten. Die Beiträge über die böhmischen Gebirge oder die zur Gebirgsgestaltung in seiner Zeitschrift *Zur Naturwissenschaft* überhaupt setzen diese Auffassung immer wieder der konträren der ↗Vulkanisten entgegen. Der Aufsatz *Über den Granit* von 1784 faßt die Gesteinsart als »Grundfeste unserer Erde« auf, als Urgestein, »dem ältesten ewigen Altare, der unmittelbar auf die Mitte der Schöpfung gebaut ist«. In emphatischem Gestus deutet G. hier ein Szenario der Erdentwicklung, der Evolution von Erdrinde und Leben an, in dessen neptunistischer Grundkonzeption auch Vulkane vorkommen – allerdings als Wirkungen sanfterer Wasserkräfte.   BJ

Über die Metamorphose der Pflanzen s. **Versuch die Metamorphose der Pflanzen zu erklären**

Ueber Kunst und Alterthum: Kunstzeitschrift, die G. von 1816 bis 1828 herausgab; das erste Heft bildete die im Auftrag der preußischen Regierung abgefaßte Schrift *Ueber Kunst und Alterthum in den Rhein und Mayn Gegenden*; der Titel erscheint von der zweiten Nummer an gekürzt. Die Beiträge für die Zeitschrift stammten oft von G. und H. Meyer, aber auch von Eckermann, Riemer, Fr. von Müller oder Humboldt. G. publizierte hier neben vielem anderen etwa seine Aufsätze *Philostrats Gemälde, Wilhelm Tischbeins Idyllen* oder *Von deutscher Baukunst 1823*; in den literarischen Arbeiten vertritt er, in Beiträgen z.B. zu Sterne, Byron und Manzoni, sein Konzept einer ↗Weltliteratur. Einen Anteil an der Zeitschrift hat auch G.s Interesse an der romantischen Epoche und Kunstauffassung, namentlich am Beispiel der Sammlung der Gebrüder ↗Boisserée; dieser Anteil aber sollte nicht überschätzt werden.   BJ

Übermensch: Der über das Menschenmögliche hinauswachsende Mensch, der mehr Erkenntnis will als alle exakte Wissenschaft bieten kann, seit dem 17. Jh. im Deutschen vorkommend, mehrfach bei Herder. Faust, mit all seinen Kenntnissen, kann in der Nacht-Szene den ↗Erdgeist zwar rufen, weshalb dieser ihn auch als Übermensch bezeichnet, doch die Kraft, ihn zu halten und mehr zu erfahren, als in den Büchern steht, fehlt dem Stuben-Gelehrten (v. 490). In der *Zueignung* zu G.s Fragment gebliebenem Epos *Die Geheimnisse* erscheint dem Ich-Erzähler inmitten der Natur die Allegorie der Wahrheit, und er wähnt sich als Übermensch, was sie aber als Überheblichkeit abtut. Der im 20. Jh. in bezug auf Ideologie und Politik strapazierte Übermensch Nietzsches hat mit dem G.schen immerhin soviel gemeinsam, daß sein Ziel die Erhebung über »Menschliches, Allzumenschliches« ist.   DF

Überraschen, Mächtiges s. Sonette

Übersetzer, G. als; Interesse an der Übersetzung gewann G. nicht erst im Zusammenhang mit seinem späten Konzept einer ↗Weltliteratur, vielmehr übersetzte er zeitlebens: Aus dem Französischen, Italienischen, Englischen, Lateinischen und Griechischen konnte er seriöse (literarische) Übersetzungen herstellen, aus vielen anderen Sprachen übertrug er Texte mit Hilfe einer Übersetzung Dritter. Die Spannbreite seiner Übersetzungen reicht von der antiken Epik und Dramatik bis hin zum zeitgenössischen Roman, von ↗Homer und ↗Aristophanes bis zu ↗Manzoni. Er übertrug ↗Voltaires *Mahomet* 1799 und den *Tancred* (1800/01) für das Weimarer Theater. Für Schillers *Horen* 1796 übersetzte er eine der wichtigsten Künstler-Autobiographien der italienischen Renaissance, diejenige des Benvenuto ↗Cellini, mit der Übertragung des ↗Diderot-Textes *Rameaus Neffe* (1805) schuf er eine der berühmtesten Übersetzungen der Weltliteratur.   BJ

Übersetzungen G.scher Werke: Fast unmittelbar nach G.s literarischem Erfolg Mitte der 1770er Jahre setzte auch die Übersetzung G.scher Werke ein. Schon 1776 wurde der *Werther* zweimal ins Französische übertragen, von dort aus 1779 ins Englische, 1781 ins Italienische und Russische, 1803 ins Spanische. 1785 wurde *Götz* ins Französische, 1790 *Egmont* ins Holländische und 1793 *Iphigenie* ins Englische übersetzt. Die *Lehrjahre* machten schnell eine internationale Karriere, 1800 wurden sie schon ins Spanische übersetzt, kurz danach ins Dänische, jeweils 1801 und 1803 ins Französische, gemeinsam mit den *Wanderjahren* (1. Fassung) übertrug ↗Car-

lyle den Roman ins Englische, was ihn auch dem amerikanischen Leser nahebrachte. Teile des *Faust I* wurde schon 1808/09 ins Englische übertragen, 1813 ins Französische, vollständig erschien er 1823 in Frankreich, 1833 in England. Erst nach 1850 machte man ernsthafte Versuche, auch G.sche Verse in die unterschiedlichsten Sprachen zu übersetzen, im 20. Jh. schließlich wurden G.sche Werke in unterschiedlichem Umfang in ungefähr 60 Sprachen übersetzt. Sächsische, hessische, schwäbische und bairische Bearbeitungen nicht mitgezählt.   BJ

Übersichtstafeln: Tabellen, Schemata: Hilfsmittel, mit dem G. sich (bei der Arbeit) und teilweise später seinen Lesern komplexere Zusammenhänge anschaulich machen wollte. Gleichzeitig gehören die Übersichtstafeln natürlich zur wissenschaftlichen Methodik der Aufklärung und sind bei G. Ausdruck der systematischen Aneignung eines Gegenstandes. Für G. mußte die geplante Tabelle am besten immer gefüllt und symmetrisch klar gegliedert sein – auch wenn dieses systematisch-ästhetische Moment auf Kosten der sachlichen Richtigkeit ging. In G.s Werken finden sich Übersichtstafeln z. B. zur Literaturgeschichte, Botanik, Osteologie, Farbenlehre und Anatomie, selbst einigen Abschnitten der *Italienischen Reise* sind sie über den weiteren Verlauf des Textes vorangestellt.   BJ

Über Laokoon s. Laokoon

Uhland, Ludwig (1787–1862), Schriftsteller, Politiker und Professor für deutsche Literatur in Tübingen. Seine Gedichte hielt G. für »schwach und trübselig«, seine Balladen dagegen, »wo ich denn freilich ein vorzügliches Talent gewahr wurde« (Eckermann, 21.10.1823), kamen besser weg. Mit der schwäbischen Dichtung (auch etwa eines Justinus Kerner oder Gustav Pfizer) konnte G. aber insgesamt nicht viel anfangen; an Zelter schreibt er, daß aus der Region, worin Uhland walte, »wohl nichts Aufregendes, Tüchtiges, das Menschengeschick Bezwingendes hervorgehen [möchte] [...]. Wundersam ist es wie sich die Herrlein einen gewissen sittig-religios-poetischen Bettelmantel so geschickt umzuschlagen wissen, daß, wenn auch der Ellenbogen herausguckt, man diesen Mangel für eine poetische Intention halten muß« (4.10.1831).   AR

ultra: »Alles aber, mein Teuerster, ist jetzt ultra [...]. Junge Leute werden viel zu früh aufgeregt und dann im Zeitstrudel fortgerissen; Reichtum und Schnelligkeit ist was die Welt bewundert und wonach jeder strebt; Eisenbahnen, Schnellposten, Dampfschiffe und alle mögliche Fazilitäten der Kommunikation sind es worauf die gebildete Welt ausgeht, sich zu überbieten, zu überbilden und dadurch in der Mittelmäßigkeit zu verharren« (an Zelter, 6.6.1825). AK

Um Mitternacht: *Um Mitternacht ging ich:* G. berichtet von einer spontanen Entstehung des Gedichts in der Nacht vom 13. auf den 14.2.1818. Es wurde vom Freund ↗Zelter vertont und erschien zuerst in dessen *Neuer Liedersammlung* von 1821. G. publizierte es 1822 in seiner Zeitschrift *Über Kunst und Altertum*; dort nennt er es ein »Lebenslied«, das ihm »seit seiner mitternächtigen unvorhergesehenen Entstehung immer wert gewesen« sei, und noch 1827 spricht er gegenüber Eckermann von seiner engen Beziehung dazu. In seinem hohen Grad lyrischer Verknappung, seinem assoziativen Sprachgestus mit syntaktischen Verkürzungen und argumentativen Sprüngen bewahrt das Gedicht den spontanen Charakter seiner Entstehung und ist mit diesem zugleich ein typisches Beispiel für G.s Alterslyrik.

In einem Lebensrückblick werden die Entwicklungsstufen des menschlichen/männlichen Lebens in einem Dreischritt entwickelt, dessen Zäsur und Abschluß der Refrain »Um Mitternacht« bildet: Kindheit – Jugend und frühe Mannesjahre – Alter. Diese drei Stufen sind von jeweils bestimmenden Lebenstrieben gekennzeichnet, die sich im Wandel des nächtlichen Lebensgefühls manifestieren.

Das magische Weltbild des Kindes führt zu nächtlicher Angst, während die Nacht in der mittleren Phase des Lebens von erotischen und sexuellen Wünschen überformt ist. Wegen der Ambivalenz von Anziehung und Abstoßung sowie der Metaphorik von »Gestirn und Nordschein« ist diese zweite Strophe immer wieder als ein Erinnerungsbild der Beziehung zu Charlotte von Stein gelesen worden (↗Lida-Lyrik). Die letzte Stufe, das Alter, ermöglicht die Gesamtsicht des Lebens; die Nacht ist jetzt Zeit geistiger Klarheit: »Bis dann zuletzt des vollen Mondes Helle/So klar und deutlich mir ins Finstere drang«.

In diesem lyrisch verknappten Lebenslauf ist am Anfang mit der Angst des Knaben auf dem »Kirchhof« bereits der Gedanke an den Tod präsent. Dies entspricht G.s zyklischem Denken; die Vorstellung, den Anfang mit dem Ende zu verbinden, hat er mehrmals ausgesprochen, so in *Maximen und Reflexionen*: »Der ist der glücklichste Mensch der das Ende seines Lebens mit dem Anfang in Verbindung setzen kann.« Auch in *Um Mitternacht* ist das Altern nicht nur

Verlust, sondern ein Prozeß zunehmender Vergeistigung und Herstellung von Lebenssinn, in dem »der Gedanke willig, sinnig, schnelle/Sich ums Vergangne wie ums Künftige schlang«. IW

Unbegreiflich/unerforschlich war für G. der Bereich des Weltganzen, der durch eine nicht zu überschreitende Grenze von dem Menschen Erfahr- und Erkennbaren abgetrennt ist. G. glaubte weder an Gott noch an seine eigene Beschränktheit – und als Forscher war er so rastlos wie erfolgreich –, doch er verlangte unbedingten Respekt vor einer Weisheit, die dem Menschen niemals zugänglich sein kann. Diese Haltung richtete sich gegen einen im 18. Jh. herrschenden aufgeklärt-abstrakten ↗Rationalismus, auf den auch Kants Kritik abzielte, bedeutender aber ist sie als Ausdruck einer tiefen – nicht mit christlicher Gläubigkeit zu verwechselnden – Religiosität G.s: »Das schönste Glück des denkenden Menschen ist, das Erforschliche erforscht zu haben und das Unerforschliche ruhig zu verehren« (*MuR*). DF

Unbewußt: »Ich glaube, daß alles, was das Genie, als Genie, tut, unbewußt geschehe« (an Schiller, 3.4.1801). Das Geheimnis des Schöpferischen lag für G. in den unbewußten Tiefen der menschlichen Natur und sollte vom Künstler nicht verstanden, sondern nur schaffend hervorgebracht werden. Bei G. ist so die Dichtergabe unwillkürlich, ja sogar wider Willen hervorgetreten (*DuW*, 16. Buch). Kurt Robert Eissler hat eine monumentale, psychoanalytische Studie vorgelegt, die dem Unbewußten in G.s Leben und Schaffen Rechnung trägt (1963, dt. 1983). DH

Und wer franzet oder britet, entstanden im Mai 1818. Mit diesem Unmutsgedicht des *West-östlichen Divan* wendet sich G. gegen politische und kulturelle Nationalismen, die seit den Befreiungskriegen gegen Napoleon Konjunktur hatten. Ihren sprachlichen Ausdruck findet diese Kritik in den Verb-Neubildungen »franzet oder britet,/Italienert oder teutschet«, die in ihrem ungewohnten Klang den Spott transportieren. Im Verb »teutschet« geht die Ironie noch einen Schritt weiter; sowohl *deutsch* als auch *teutsch* waren im zeitgenössischen Sprachgebrauch möglich, doch war *teutsch* sprachliches Signal für eine rückwärtsgewandte, romantisch-verklärende Sicht auf die eigene kulturelle Tradition, die G. als »Teutschtümelei« auch in Briefen dieser Zeit kritisierte. Bereits am 3.2.1814 hatte er gedichtet: »*An die T'. und D..*: Verfluchtes Volk! kaum bist du frei,/So brichst du dich in dir selbst entzwei./War nicht der Not, des Glücks genug?/

Deutsch oder Teutsch, du wirst nicht klug« (*Zahme Xenien*). Dem setzt er – seinerseits vielfach als unpatriotisch gescholten – eine übernationale kulturelle Gegentradition entgegen, die im poetischen Projekt des *Divan* ihre überzeugende Gestaltung fand. Die vielzitierte Schlußstrophe des Gedichts »Wer nicht von dreitausend Jahren/Sich weiß Rechenschaft zu geben,/Bleib im Dunkeln unerfahren,/Mag von Tag zu Tage leben.« hat als Ausdruck dieser kulturellen Weitsicht und Weltläufigkeit nichts von ihrer Aktualität verloren.   IW

unendlich s. **endlich**

Unger, Johann Friedrich (1753–1804), Berliner Verleger, Buchdrucker, Schriftgießer (Unger-Fraktur), Professor an der Berliner Kunstakademie. G. lernte ihn erst 1800 während der Leipziger Messe kennen, als Unger bereits 1789 *Das römische Carneval*, 1792–1800 die *Neuen Schriften* und Einzelausgaben wie den *Groß-Cophta* (1792), *Wilhelm Meisters Lehrjahre* (1795) und *Neueste Gedichte* (1800) gedruckt hatte. Von G. nicht autorisierte und nicht abgerechnete Nach- und Doppeldrucke zerstörten das Vertrauen zwischen Autor und Verleger nachhaltig.
                                          BL

Ungleichen Hausgenossen, Die: Unvollendet gebliebener Text für ein Singspiel, an dem G. vom Herbst 1785 bis zum Sommer 1786 arbeitete und das der Freund Kayser komponieren sollte. Der erste und Bruchstücke des vierten und fünften Aktes sind überliefert, Schemata und Entwürfe geben nicht einmal Aufschluß über den geplanten Handlungsverlauf. Am Beginn steht das galante Spiel zwischen dem Hofkavalier Flavio und dem Kammermädchen Rosette; die Karikatur eines Dichters und ein derber Jäger treten auf, denen als Freunde die Baronesse bzw. der Baron zugeordnet sind. Die Handlung der Operette ist allerdings völlig unausgeführt geblieben, die Schemata geben nur die Auftrittfolge wieder, mit etwaigen Zusätzen wie »Terzett« o. ä. G.s Versuch, den Mißerfolg des ebenfalls unvollendet gebliebenen Singspiels *Scherz, List und Rache* zu vermeiden, schlug fehl, Kayser hat mit der Komposition der *Ungleichen Hausgenossen* nie begonnen.   BJ

Universität: Gehobene Bildungseinrichtung, an der G. studierte, der er einige Arbeitszeit und Förderung widmete, der er aber auch skeptisch gegenüberstand. Nach eigenem Wunsch sollte es die Universität Göttingen sein, an der der junge G. die Schönen Wissen-

schaften studieren wollte; der Vater aber setzte sich durch: Es wurde das Studium der Rechte an der Universität Leipzig (und später Straßburg). In *Dichtung und Wahrheit* berichtet G. über die eher langweiligen bis überflüssigen Veranstaltungen – eine negative Sicht der Institution, die sich auch in der Universitäts-Satire im *Faust I* niederschlägt. Als Aufseher über die Anstalten für Wissenschaften und Künste im Herzogtum Weimar unterstand G. die Universität in Jena, an die er bedeutende Wissenschaftler berufen konnte, nicht zuletzt Schiller, Schelling und Fichte. Auch hinsichtlich der Gründung einer Universität in der Rheinprovinz wird er um ein fachmännisches Gutachten gebeten – in welchem er Bonn gegenüber Köln den Vorzug gibt (an Sack, 15.1. 1816). Für Akademiker hatte G. oft nur Spott übrig: »Was ist der Akademiker anders als ein eingelerntes und angeeignetes Glied einer großen Vereinigung? hinge er mit dieser nicht zusammen, so wär er nichts« (an Zelter, 4.2.1832).   BJ

Universum, Kosmos, All: G. sieht sein eigenes Leben in einem glückhaften Bezug zum Universum: Mit einem Augenzwinkern stellt er den Zeitpunkt seiner Geburt in die astrologische Konstellation. Faust hat angesichts des ↗Makrokosmos-Zeichens eine Vision der Universums-Mechanik: »Wie alles sich zum Ganzen webt,/Eins in dem andern wirkt und lebt!/Wie Himmelskräfte auf und nieder steigen/Und sich die goldnen Eimer reichen« (v. 447). Das Gedicht *Weltseele* von 1802 entführt den Leser in eine Fahrt durchs Universum, der Astronom in den *Wanderjahren* stellt Wilhelm auf der Sternwarte dem Universum gegenüber (I.10) und erzählt ihm vom geheimnisvollen Bezug ↗Makariens zum Universum. Die Doppelstrophe »Was wär' ein Gott, der nur von außen stieße,/Im Kreis das All am Finger laufen ließe!« von 1812/1813 behauptet neben dem All, dem äußeren Universum, auch ein Universum im Innern.   BJ

Unsterblichkeit: G.s Haltung zu Leben und Fortleben war stark von der Vorstellung ↗Spinozas geprägt, nach der der ewige Kreislauf der ↗Natur eben nicht von Anfang und Ende, sondern von Übergängen zwischen Daseinsformen bestimmt ist. Auch der Mensch ist diesem Prozeß unterworfen und landet keineswegs im Paradies (bzw. in der Hölle), sondern löst sich vielmehr mit seinem Tod wieder in das Naturganze auf. Trotzdem sprach ↗Spinoza dem menschlichen Geist als Surrogat der Person die Eigenschaft zu, auch über den Tod hinaus selbständig zu existieren. So sah auch G. ein Fortleben dessen, was für ihn Anlage und Bestimmung des jeweiligen Menschen zusammenfaßte – der dynamischen, von der Zeit unabhängigen ↗Entelechie (↗Erlösung), als gegeben an, wenngleich er qualitative Unterschiede ausmachen wollte: »Wir sind nicht auf gleiche Weise unsterblich, und um sich künftig als große Entelechie zu manifestieren, muß man auch eine sein« (Eckermann, 1.9.1829).

Wenn G. in dem Gedicht *Warum gabst du uns die tiefen Blicke?* vermutete, die angerufene Geliebte sei »in abgelebten Zeiten« irgendwann einmal seine Schwester oder Frau gewesen, bezog er sich auf eine Lehre, die – wenngleich in anderer Form – ebenfalls den Unsterblichkeitsgedanken beschwören wollte, nämlich die von der Seelenwanderung oder Reinkarnation, wie sie Herder, Mendelssohn und Lessing vertraten. Doch G. wußte auch, daß der Glaube an die Unsterblichkeit – in welcher Form auch immer – doch nur ein Glaube ist; den Beweis »muß jeder in sich selbst tragen« (von Müller, 15.5.1822). Außerdem wußte er, daß hinter dem Versuch, den Tod als Übergang zu interpretieren, letztendlich die Angst vor ihm steckte: »›Du hast Unsterblichkeit im Sinn;/Kannst du uns deine Gründe nennen?‹/Gar wohl! Der Hauptgrund liegt darin,/Daß wir nicht entbehren können« (*Zahme Xenien*).   DF

Unterhaltung: Für G., der von seiner Mutter »zur gesellschaftlichen Unterhaltung eigentlich recht ausgestattet« war (*DuW*, 10. Buch), eines der höchsten Güter pfleglichen Umgangs unter den Menschen. Den *Unterhaltungen Deutscher Ausgewanderten* liegt diese Gesinnung zugrunde; verschiedene Formen der Unterhaltung sind in diesem Werk durchgespielt, um im Märchen von der Schlange und der Lilie zur Aussage zu gelangen, das echte Gespräch, d.h. die menschliche Unterhaltung als Wesensbegegnung, sei herrlicher als das Gold und erquicklicher als das Licht.   AV

Unterhaltungen deutscher Ausgewanderten, Roman, Entstehungszeit 1794/95, Erstveröffentlichung 1795. G. schrieb die *Unterhaltungen deutscher Ausgewanderten* als Fortsetzungsroman für die Zeitschrift *Die Horen*, die Schiller herausgab und die im Januar 1795 erstmals erschien. Diese Zeitschrift sollte nach Schillers Vorstellung auf alle Kommentare und Erklärungen zu aktueller Politik verzichten. Damit reagierte Schiller auf die Ereignisse der Schreckensherrschaft der Jakobiner in Paris nach der ↗Französischen Revolution und die immer wieder auch in Deutschland darum entbrennende politische Diskussion (↗Mainz).

Genau diese Leitvorstellung Schillers bei der Planung der *Horen* baut G. in seinen Fortsetzungsroman ein: Eine kleine adlige Gesellschaft, geflohen von ihren Gütern im linksrheinischen Gebiet vor den Auswirkungen der Französischen Revolution, droht immer wieder zu zerbrechen durch den Streit einzelner Mitglieder über politische Fragen. Die Baronesse von C., die in der Gesellschaft das Sagen hat, und ein ihr zustimmender Geistlicher setzen schließlich durch, daß bei den abendlichen Unterhaltungen tagespolitische Stellungnahme und parteiliche Polemik ausgeschlossen werden. Statt dessen könne man sich, so schlagen beide vor, mit einer losen Folge unterschiedlichster spannender und belehrender Erzählungen unterhalten.

In diese Rahmenhandlung baut G. nun eine ganze Serie unterschiedlicher kleiner Erzählungen ein: Gespenster- und moralische Novellen und zuletzt das rätselhafte *Märchen*, das in seinem Schluß eine zerrissene Welt in eine neue, glückliche Gesellschaft verwandelt. Die eingebauten Erzählungen sind nur selten Erfindungen G.s, vielmehr bearbeitet er Stoffe aus der älteren oder jüngeren europäischen Erzähltradition. So stammt die Spukgeschichte um die schöne Krämerin aus den Erinnerungen des französischen Marschalls de Bassompierre aus dem 17.Jh. Mit der Gespenstergeschichte um die »Sängerin Antonelli« griff G. auf eine Anekdote um die Pariser Sängerin und Schauspielerin Hippolyte Clairon aus der *Correspondance Littéraire* zurück, einem handschriftlich vervielfältigten Informationsdienst, der Klatsch und allerlei Neuigkeiten verbreitete und auch in Weimar gelesen wurde. Demgegenüber ist die Erzählung von unheimlichen Klopfen eine Verarbeitung einer zu G.s Zeit in Weimar umlaufenden Spukgeschichte. Aus den *Cent Nouvelles nouvelles*, einer französischen Erzählsammlung aus dem 15.Jh., übernimmt G. die sogenannte »Prokuratornovelle«, die erste der moralischen Erzählungen, in der öffentliche, politische Moral mit einer Geschichte der Entsagung und der Liebe vermischt wird. Die zweite moralische Novelle, die Geschichte um den Kaufmannssohn Ferdinand, der nach einiger leidenschaftlicher Verwirrung zur Ruhe – und zur glücklichen Ehe – kommt, ist eine Erfindung G.s, genau wie das *Märchen*, das den Roman beschließt. Vor allem in den moralischen Novellen und im *Märchen* stehen Themen und Motive im Vordergrund, die sich *auch* politisch verstehen lassen, Fragen der Moral, der Ökonomie oder der märchenhaften Stiftung einer neuen, besseren Zeit. Damit nehmen die kleinen Erzählungen schließlich doch in einer gewissen Weise Stellung zur tagespolitischen Aktualität, allein tun sie dies immer entweder in historischer Entrückung oder poetischer Verfremdung.

Zwischen den einzelnen Erzählungen kommt immer wieder die Rahmenhandlung um die kleine Flüchtlingsgesellschaft zum Tragen: Es werden die rätselhaften Spukphänomene der Geistergeschichte diskutiert – nicht ohne daß plötzlich auch in der Realität etwas Unheimliches geschieht –, man bezieht Stellung zu den moralischen Haltungen und Lebensschicksalen einzelner Figuren. Darüber hinaus aber unterhalten die »Ausgewanderten« sich über das Erzählen selber: Inwiefern die Erzählung unterhalten oder belehren solle, wie wahrscheinlich oder unwahrscheinlich Erzähltes sein dürfe, ob es näher oder ferner zu der Alltagsrealität der Zuhörer liegen sollte. G. legt seinen Figuren unterschiedliche Definitionen dessen in den Mund, was unter einer ↗Novelle verstanden werden kann. Diese zielen insgesamt alle ab auf die Neuheit des zu Erzählenden für die Zuhörer und den knappen, auf den Wendepunkt hinzielenden Handlungsverlauf; Novelle also als »sich ereignete, unerhörte Begebenheit«, wie G. gegenüber Eckermann äußerte (29.1.1827). BJ

Unterricht bekam G. als Kind zunächst vom Vater. Aus Abneigung gegen öffentliche Bildungseinrichtungen unterrichtete Johann Caspar G. seine Kinder in den Anfangsgründen der deutschen Sprache und Literatur, im Mathematischen wie im Lateinischen und Italienischen. Für die vertiefende Ausbildung und für ›Fächer‹ wie Griechisch, Hebräisch und Englisch wurden Hauslehrer zugezogen, ebenso Fecht- und Tanzmeister oder Klavierlehrer. Im Französischen unterrichtete G. sich selbst – einfach im Kontakt zur französischen Besatzung Frankfurts im Siebenjährigen Krieg. Während seines Leipziger Studiums besuchte G. die Kunstakademie Adam Friedrich Oesers, wo er u.a. das Handwerk des Kupferstichs erlernte. Im zweiten Jahr seines Italienaufenthalts ließ G. sich von Hackert im Zeichnen unterrichten – um aber schließlich festzustellen, er sei mit größerer Sicherheit zum Dichter geboren (↗Lehrer G.s). BJ

Unvergänglich/Vergänglich: Immer wieder stößt man in G.s literarischem Werk auf Texte, die von der Vergänglichkeit des Lebens handeln. So klagt Werther: »O, so vergänglich ist der Mensch, daß er auch da, wo er seines Daseins eigentliche Gewißheit hat, […] in der Seele seiner Lieben, daß er auch da verlöschen, verschwinden muß« (*Die Leiden des jungen Werthers*, 2. Buch). Schönheit scheint an die Vergänglichkeit gebunden: »›Macht‹ ich doch', sagte der Gott, ›nur das Vergängliche schön‹« (*Xenien*). Gleichzeitig ist der schöpferische Mensch dazu aufgerufen, »das Vergängliche unvergänglich zu machen« (*MuR*).

Mit zunehmendem Alter betrachtet G. das Vergängliche immer mehr als Gleichnis eines im Verborgenen wirksamen Unvergänglichen, als Abbild eines Allgemeinen, Wahren. Faust begreift im Monolog zu Beginn des *Faust II*, daß der Mensch das Leben nur als »farbigen Abglanz« erkennen kann (v. 4727). Ebenso äußert sich G. in der Einleitung zum *Versuch einer Witterungslehre*: »Das Wahre, mit dem Göttlichen identisch, läßt sich niemals von uns direkt erkennen, wir schauen es nur im Abglanz, im Beispiel, im Symbol«. Der Chorus mysticus am Ende des *Faust II* bringt erneut diese Idee zum Ausdruck: »Alles Vergängliche ist nur ein Gleichnis« (v. 12104f.). Das »Unzulängliche« Fausts wird somit als Teil seines vergänglichen Wesens erklärt, in der ↗Erlösung läßt er Vergänglichkeit und Unvollkommenheit hinter sich. FT/AV

Urfaust: Verbreitete Bezeichnung für die »Frühe Fassung« von G.s Faust-Dichtungen, die eine Abschrift des Weimarer Hoffräuleins Luise von ↗Göchhausen aus den Jahren 1776/77 wiedergibt, wie sie 1887 in deren Nachlaß aufgefunden wurde (auch *Faust in ursprünglicher Form* oder *Frankfurter Faust*). G.s Manuskript selbst ist verschollen; deshalb kann nicht gesagt werden, ob hier die frühesten oder alle bis 1776/77 vorliegenden Szenen vereinigt sind (nicht zu verwechseln mit der ersten veröffentlichten Fassung *Faust. Ein Fragment* (1790), die mit der »Dom«-Szene endet und davor größere Lücken gegenüber der *Faust I*-Version aufweist). Der *Urfaust* beginnt mit dem berühmten Eingangsmonolog Fausts in der Szene »Nacht«, darin die Beschwörung der magischen Kräfte, kurze Passagen mit Wagner und unvermitteltes Einsetzen der Schülerszene (es fehlt der zweite große Monolog Fausts und sein Entschluß zum Selbstmord, die Osterszenen, die sukzessive Einführung Mephistos sowie die ↗Wette). Nach dem direkten Übergang zu »Auerbachs Keller« bietet diese Fassung dann weitgehend das inhaltliche Gerüst für die *Faust I*-Fassung, die Gretchentragödie in den Mittelpunkt rückend, allerdings ohne Fausts Verjüngung, den Mord an Valentin, »Wald und Höhle« und die Walpurgisnacht-Szenen. Bis auf drei Szenen sind bereits alle anderen in gebundener Sprache konzipiert und bedienen sich eines reichhaltigen Formenrepertoires (Knittel-, Madrigalverse, Alexandriner und Abwandlungen). GG

Urlicht: Hinter den Farb- und Lichtphänomenen der Welt nur erahnbares, eigentlich unsichtbares Urphänomen: »Die vom Sonnenlicht durch's Prisma auf irgend einen Gegenstand geworfenen Farben bringen ein gewaltiges Licht mit sich, indem sie das höchst energische Urlicht gleichsam im Hintergrunde haben« (*Fl*, § 337). In G.s *Vorspiel zur Eröffnung des Weimarer Theaters* heißt es, das Urlicht weit über die Lichtphänomene hinaus interpretierend: »So im Kleinen ewig wie im Großen/wirkt Natur, wirkt Menschengeist, und beide/Sind ein Abglanz jenes Urlichts droben,/Das unsichtbar alle Welt erleuchtet« (v. 138 ff.). BJ

Urmeister s. **Wilhelm Meisters theatralische Sendung**

Urpflanze: Genereller Typus der Pflanzengestalt, den G. hinter den sichtbaren Erscheinungen der Pflanzenwelt zu erkennen glaubt (↗Urphänomen); v.a. auf der Reise nach Italien nähert er sich dieser Konzeption stark an. Mit der Urpflanze, die das Geheimnis der lebendigen Form zu Anschauung bringen sollte, wollte G. die Ähnlichkeiten zwischen allen Pflanzen betonen; er grenzte sich damit von dem schwedischen Botaniker Carl von ↗Linné ab, dessen System der Pflanzenwelt die jeweiligen Unterschiede zur Grundlage hatte. Beobachtungen in Italien, v.a. im botanischen Garten von Palermo, nährten G.s Hoffnung auf Erkenntnis eines natürlichen Ordnungsprinzips der Pflanzenwelt. Wieder zurück in Rom, meint er, »daß ich dem Geheimniß der Pflanzenzeugung und Organisation ganz nah bin [...]. Die Urpflanze wird das wunderlichste Geschöpf von der Welt« (*IR*, 8.6.1787). Gleichzeitig fürchtete er berechtigterweise, »daß niemand die übrige Pflanzenwelt darin wird erkennen wollen« (*IR*, Neapel, 25.3. 1787). Später nahm G. das Gedankenmodell der Urpflanze zugunsten des abstrakteren ↗›Typus‹ zurück. BJ

Urphänomen: Zentraler Begriff der naturwissenschaftlichen Anschauung G.s. Gegen die Isolierung eines Naturgegenstandes im Laborexperiment der ↗Newtonschen Physik setzt G. grundsätzlich auf Wahrnehmung und Anschauung des Naturdings in seinem lebendigen Zusammenhang. Nur hier trete hinter dem Sichtbaren etwas Höheres, nicht mehr Erforschbares, nur noch Ahnbares hervor – die grundlegende Gesetzmäßigkeit der Formung und Entwicklung des Naturdings, seine Idee. G. definiert das Urphänomen als hinter dem Phänomen ahnbare

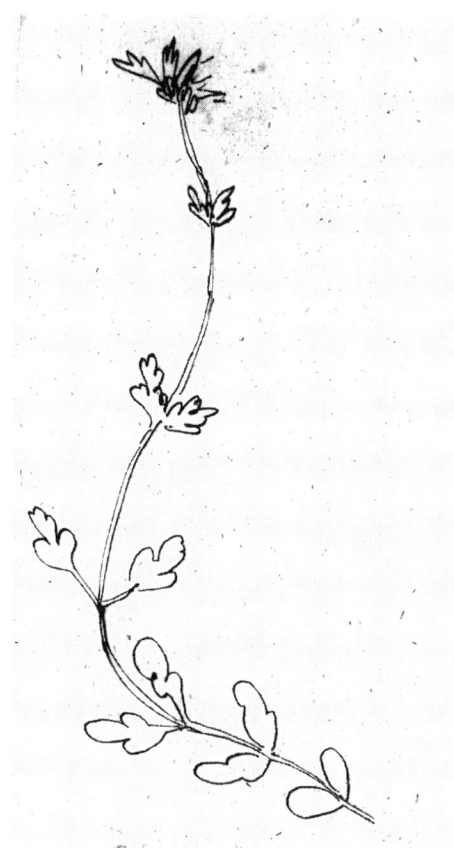

Urpflanze. Zeichnung von Goethe

»Grunderscheinung, innerhalb deren das Mannichfaltige anzuschauen ist«, zu deren ↗Wahrnehmung »schauen, wissen, ahnen, glauben« zusammenwirken müssen (an Buttel, 3.5.1827). Das Urphänomen ist damit auch eine Mahnung G.s an die grundsätzlich unzureichende ↗Erkenntniskraft des Menschen, sozusagen die Denkfigur des ↗Geheimnisses der ↗Natur, das dem Menschen, am wenigsten vielleicht dem ↗Künstler, verschlossen bleibt. BJ

Urreligion: Unmittelbare göttliche Offenbarung der reinen Natur und Vernunft jenseits der Konfessionen, deren »kirchliche« Aufgabe darin besteht, dem Menschen eine angemessene Glaubensrichtung zuzuweisen. »Das Licht ungetrübter göttlicher Offenbarung ist viel zu rein und zu glänzend, als daß es den armen, gar schwachen Menschen gemäß und erträglich wäre« (Eckermann, 11.3. 1832).   BL

Ursache/Wirkung: Zentrales Begriffspaar der philosophischen wie naturwissenschaftlichen Konzeption des Kausalitätsprinzips. Vor allem der englische Aufklärer David Hume hatte die menschliche Gewohnheit, aus einer Reihe von Ereignissen schnell auf Ursache-/Wirkung-Beziehungen zwischen diesen zu schließen, als philosophisch problematische Verfahrensweise reflektiert. G. schloß sich dieser distanzierten Einschätzung an: »Der Mensch findet sich mitten unter Wirkungen und kann sich nicht enthalten, nach den Ursachen zu fragen; als ein bequemes Wesen greift er nach der nächsten als der besten und beruhigt sich dabei; besonders ist dies die Art des allgemeinen Menschenverstandes« (*MuR*). G. dachte Ursache und Wirkung zusammen: »Sie beide zusammen machen das unteilbare Phänomen. Wer das zu erkennen weiß, ist auf dem rechten Wege zum Tun, zur Tat« (*MuR*). Trotz aller Kritik an der vorschnellen Verbindung zwischen beiden hielt G. dieses Verfahren für unumgänglich: »Ein großer Fehler, den wir begehen, ist, die Ursache der Wirkung immer nahe zu denken, wie die Sehne dem Pfeil, den sie fortschnellt; und doch können wir ihn nicht vermeiden, weil Ursache und Wirkung immer zusammengedacht und also im Geiste angenähert werden« (*MuR*).   BJ

Urtier s. **Typus**

Urwesen: Wortbildung G.s, mit welcher er im 12. Buch von *Dichtung und Wahrheit* seine Auffassung vom »Inneren, Eigentlichen« des dichterischen Textes bezeichnet und das er umschreibt als »das Ursprüngliche, Göttliche, Wirksame, Urantastbare, Unverwüstliche«, das als Bedeutung und Gehalt weit jenseits des sprachlichen Textkörpers liege.   BJ

Urworte. Orphisch: Entstanden am 7./8.10.1817, Erstdruck 1820 in G.s Periodikum *Zur Morphologie*; im gleichen Jahr druckte er in *Über Kunst und Altertum* einen Kommentar ab, der den dunklen Inhalt der Strophen erhellen sollte, nicht aber auf dessen kulturhistorische Quelle eingeht. Die »Orphika«, wie G. die fünf Gedichte in der feierlichen Strophenform der Stanze im Brief vom 16.7.1818 an den jungen Freund Sulpiz ⁊Boisserée nennt, gehen auf die altgriechischen orphischen Mysterien zurück. Als Stifter der orphischen Literatur gilt der mythische Sänger

Orpheus, der die Einheit von religiöser und poetischer Inspiriertheit, die Erschaffung der Welt durch den Eros und ihre Verzauberung durch Musik und Poesie verkörpert. G.s Beschäftigung mit der orphischen Geheimlehre stand im Kontext der wissenschaftlichen und romantisch-poetischen Mythendiskussion, die er mit großem Interesse verfolgte.

Aus den *Saturnalia* des spätantiken Autors Macrobius übernahm er als Überschriften die fünf Leitworte des Lebens: daimon, tyche, eros, ananke, elpis mit den Übersetzungen: Dämon, Das Zufällige, Liebe, Nötigung, Hoffnung. Aus diesen Begriffen eines antikmythischen Weltbildes formt er eine säkularisierte Weisheitslehre, die seinem Lebensprinzip der Polarität und Steigerung entspricht. Er sieht das menschliche Leben im Spannungsfeld gegensätzlicher Kräfte, zwischen Bewahrung eines unzerstörbaren Kerns der Identität und der Formung des Ich durch die Besonderheit der Zeit- und Beziehungskonstellation. Der Gedanke der ⁊Metamorphose, den G. in zwei Lehrgedichten für die Pflanzen- und Tierwelt entfaltet hatte (*Die Metamorphose der Pflanzen, Metamorphose der Tiere*) wird in den *Urworten* auf den menschlichen Entwicklungsprozeß übertragen: »Geprägte Form, die lebend sich entwickelt.«

Die Spannung zwischen Begrenzung und Freiheit ist ein Grundthema des G.schen Werkes; im Alterswerk bekommt das ethische Prinzip der Entsagung zunehmendes Gewicht. Dagegen steht in der letzten Stanze das Prinzip Hoffnung; in einer Wolken- und Flugsymbolik werden die für G. typischen künstlerischen Entgrenzungsphantasien entfaltet: »Ein Flügelschlag – und hinter uns Äonen.«   IW

Urzeit, prähistorische Zeit. Im großen Streitgespräch zwischen ⁊Neptunisten und ⁊Vulkanisten in den *Wanderjahren* (II.9) über Erschaffung und Entstehung der Welt geht es um die Urzeit, granitene Gesteinsschichten, Berge und Hügel werden als Relikte der Urzeit interpretiert. G.s Besuche am Rhein regen ihn zu großen Spekulationen über die urzeitliche Landschaft an (*St. Rochus Fest zu Bingen*). Urzeit wird auch im mythologischen Sinne verwendet: Im Kontext des Hebräisch-Unterrichts berichtet G. in *Dichtung und Wahrheit* (4. Buch) über die nachparadiesische Zeit als Urzeit; die philosophiegeschichtliche Typenreihe in dem Aufsatz *Geistesepochen* beginnt in einer Urzeit, die durch »wüste Leerheit« gekennzeichnet ist. Die *Geschichte der Farbenlehre* hat einen Teil »Zur Geschichte der Urzeit«, womit G. die Farbenlehre in vorgriechischer Zeit meint.   BJ

Utopie: Ein Nicht-Ort, ein entrückt-zukünftiger Gesellschaftsentwurf als Wunschwelt. Schon der Reformadel, den G. v.a. in den *Lehrjahren* zeichnet – der auf seine Privilegien verzichtet und seinen Besitz kapitalisiert –, ist utopisch, die Projekte der europäischen und amerikanischen Kolonien, die Wilhelms Freunde in den *Wanderjahren* planen, sind utopische Gesellschaftsentwürfe mit allerdings sehr genau formulierten ökonomischen, innen- und konfessionspolitischen Strukturen. Selbst Fausts Vision (kurz vor seinem Tod, erblindet, im Hintergrund schaufeln die Lemuren sein Grab) vom selbstgeschaffenen Land, das durch Gemeinsinn gegen die Wut der Elemente geschützt wird, ist eine Utopie: »Auf freiem Grund mit freiem Volke stehn!« – die allerdings durch die von Faust mißinterpretierte Wirklichkeit als völlig irreal gekennzeichnet wird. BJ

Vanitas! vanitatum vanitas! s. **Gesellige Lieder**

Varnhagen von Ense, Karl August (1785–1858), preußischer Diplomat und Schriftsteller, seit 1811 mit G. in Verbindung, heiratete 1814 Rahel (Rahel Varnhagen), rezensierte G.s Werke, betätigte sich als G.-Forscher und -Erklärer und wurde als solcher von G. geschätzt. 1823 gab er die Sammlung *Goethe in den wohlwollenden Zeugnissen der Mitlebenden* heraus. Dazu von G. ein *Vorschlag zur Güte*: »Nun würde ich raten, ein Gegenstück zu besorgen: *Goethe in den mißwollenden Zeugnissen der Mitlebenden*«. Damit jeder Geschichtsfreund auf eine bequeme Weise erfahre, »wie es in unsern Tagen ausgesehen und welche Geister darinnen gewaltet«. PO

Varnhagen von Ense, Rahel (1771–1833), Tochter eines jüdischen Kaufmanns, seit 1814 verheiratet mit Varnhagen von Ense, der ihr mit seinem *Rahel. Ein Buch des Andenkens für ihre Freunde* (1833) ein bleibendes Denkmal gesetzt hat. 1795 lernt sie G. in Karlsbad kennen und empfindet ihn als »Vereinigungspunkt für alles, was Mensch heißen kann und will« (an Karl Gustav von Brinckmann, August 1795). Ihr berühmter Salon in Berlin war geselliger Mittelpunkt für Schriftsteller und Gelehrte. Die G.-Verehrerin förderte damit das Verständnis für G. und trat ein für Juden- und Frauenemanzipation. Gegenüber Eckermann äußerte sie 1829, daß sie in Deutschland eine der ersten gewesen sei, die ihn verstanden und erkannt hätten. PO

Vaterland: Von ↗Iphigenie im Eingangsmonolog sehnsüchtig besungen, sieht G. in einem der Spruchgedichte (1815) im Vaterland einen Rückhalt für den Dichter: »Im Vaterlande/Schreibe, was dir gefällt./Da sind die Liebesbande,/Da ist deine Welt«. In *Wilhelm Meisters Wanderjahren* wird die Vaterlandsvorstellung vom engen Bild der heimatlichen Scholle abgenabelt und in den Zusammenhang eines durch den Einzelmenschen zu erringenden Weltbürgertums gerückt, denn, wie Jarno dort begeistert ausführt, der Mensch erlebt überall, wo er sich selbst und den anderen nützt, sein selbsterrichtetes Vaterland: »Suchet überall zu nützen, überall seid ihr zuhause« (*Wj*, III.9). AV

veloziferisch, ein von G. in Anlehnung an ein französisches Wort geprägter Begriff: Das aus dem lat. »velox« (= schnell) abgeleitete »vélocifère« bedeutete »Eilpost, Eilwagen«. G. benutzt das selbsterfundene Adjektiv in einer der »Betrachtungen im Sinne der Wanderer« (*Wj*, II): »Für das größte Unheil unserer Zeit, die nichts reif werden läßt, muß ich halten, daß man im nächsten Augenblick den vorhergehenden verspeist, den Tag im Tage vertut und so immer aus der Hand in den Mund lebt, ohne irgend etwas vor sich zu bringen. Haben wir doch schon Blätter für sämtliche Tageszeiten! […] Dadurch wird alles, ein jeder tut, treibt, dichtet, ja was er vorhat, ins Öffentliche geschleppt. Niemand darf sich freuen oder leiden als zum Zeitvertreib der übrigen; und so springt's von Haus zu Haus, von Stadt zu Stadt, von Reich zu Reich und zuletzt von Weltteil zu Weltteil, alles veloziferisch.« Über die Ursprungsbedeutung hoher Schnelligkeit hinaus spielt G. hier mit dem Anklang seines Wortes an den Namen Luzifer: Den »Segnungen« der ↗Moderne werden gleichermaßen Anteile am luziferisch-prometheischen Schöpferischen wie auch Anteile am Dämonisch-Teuflischen zugeschrieben. Damit gehört »veloziferisch« mit in den Kontext von G.s Stellungnahmen zur ↗Moderne. BJ

Venedig: Auf der Reise nach Italien kommt G. am 28. September 1786 nach Venedig, »diese wunderbare Inselstadt, diese Biberrepublik« (*IR*, 28.9.1786), bleibt, restlos eingenommen von der Stadt, bis zum 14. Oktober. Er empfindet und erzählt die Entstehung der Lagunenstadt nach und resümiert: »Alles was mich umgibt ist würdig, ein großes respektables Werk versammelter Menschenkraft, ein herrliches Monument, nicht eines Gebieters, sondern eines Volks« (*IR*, 29.9.1786). Mit Begeisterung nimmt er die Bauten ↗Palladios, Kirchen und Paläste, Antikensammlungen und Gemälde, Theaterleben und Natur wahr. Besonders beeindruckt zeigt sich G. von den Schiffern, die sich über weite Entfernungen Gedichte ↗Tassos und ↗Ariosts zusingen: »Menschlich aber und wahr wird der Begriff dieses Gesangs, lebendig wird die Melodie, über deren todte Buchstaben wir uns sonst den Kopf zerbrochen haben« (*IR*, 6.10.1786). G.s zweite Reise nach Venedig vom 31.3.–22.5.1790, eine Pflichtreise im Auftrage der Herzoginmutter, geriet zur Enttäuschung. BJ

Venezianische Epigramme: Entstanden 1790; Erstdruck mit dem Titel *Epigramme. Venedig 1790* ohne Nennung des Autors in Friedrich Schillers *Musen-Almanach für das Jahr 1796*. In seiner endgültigen Form erschien der Zyklus 1800 in den *Neuen Schriften*. Wie die *Römischen Elegien* Ertrag der ersten, so sind die *Venezianischen Epigramme* literarischer Ertrag der zweiten Italienreise G.s, die er 1790 unternahm, um die Herzoginmutter Anna Amalia abzuholen.

Die Gedichte, größtenteils während der zweimonatigen erzwungenen Wartezeit in Venedig entstanden, zeigen die Problematik des Versuchs, an einen früheren Glückszustand anzuknüpfen: »Schön ist das Land! doch ach, Faustinen find' ich nicht wieder./Das ist Italien nicht mehr, das ich mit Schmerzen verließ.« Eine Reihe anderer Enttäuschungserfahrungen kam hinzu, die nun gebündelt und wie zuvor die Italien-Euphorie literarisch überhöht wurden. Das Themenspektrum umfaßt in lockerer Gruppierung Politik, Religion und Kirche, Naturwissenschaft, Dichtung, Liebe und Kunst. Deutlich wird G.s ambivalente Haltung zur Französischen Revolution von 1789, der er in der Ausgabe von 1800 kontrapunktisch das Fürstenlob auf Herzog Carl August entgegensetzt: »Klein ist unter den Fürsten Germaniens«. Die Aussagen über Religion und Klerus besitzen eine satirische Schärfe, wie sie in G.s Werk nicht häufig vorkommen. Literarisches Vorbild für diese polemische Zeitkritik ist insbesondere der römisch-antike Epigrammatiker Martial. Indem immer wieder explizit der Dichter benannt und seine Rolle bedacht wird, ist der Zyklus auch Rückblick und Bilanz dichterischer Erfolge und Mißerfolge.

Die größte Dominanz hat das Thema der Liebe, das breiter und provozierender aufgefächert wird als in den *Römischen Elegien*. Eine Reihe von Sehnsuchtsgedichten evoziert die Bilder von Christiane Vulpius und des 1789 geborenen Sohnes August; in diesen Kontext gehören zwei Schwangerschaftsgedichte (101. und 102. Epigramm), die in der deutschen

»Die Venezianischen Epigramme«. Illustration von Max Schwimmer

Lyrik ihresgleichen suchen: »Wonniglich ist's, die Geliebte verlangend im Arme zu halten,/Wenn ihr klopfendes Herz Liebe zuerst dir gesteht./Wonniglicher, das Pochen des Neulebendigen fühlen,/Das in dem lieblichen Schoß immer sich nährend bewegt.« Kontrastiv dazu malt die erotische Phantasie des Einsamen ganz andere Bilder von Weiblichkeit aus, bis hin zum Gauklermädchen Bettine und den »Lazerten«, den Prostituierten Venedigs.

In den zwei Monaten Wartezeit lebte G. in einem Freiraum, der ihm erlaubte, die kulturelle und subkulturelle Realität der Stadt, wie Gauklertum und Prostitution, mit dem unbefangenen Blick des Umherwandernden zu erfassen; der Wanderer der frühen Hymnen wird hier zum Vorläufer des modernen ›Flaneurs‹. Die literarischen Momentaufnahmen städtischen Lebens zeigen eine Analogie zur modernen Großstadtlyrik des 19.Jh.s. Obwohl einige politisch, religiös und erotisch besonders provokante Epigramme ausgeschieden waren, rief der Zyklus beim zeitgenössischen Publikum Befremden hervor. Die Schärfe des Tons, der fragmentarische Charakter führte dazu, daß noch weit bis ins 19.Jh. hinein Eingriffe erfolgten und man einzelnen Gedichten in

den Handschriften G.s auch mit Schere und Radier-
messer zu Leibe rückte.   IW

Verfilmungen *Faust*-Verfilmungen und -Adaptio-
nen: *Faust et Marguerite*, Frankreich 1897, Stumm-
film, Regie: Georges Méliès. – *Faust and Mephisto-
pheles*, Grossbritannien 1898, Stummfilm, Regie:
George Albert Smith. – *Faust and Marguerite*, USA
1900, Stummfilm, Regie: Edwin S. Porter. – *Faust et
Méphistophélès*, Frankreich 1903, Stummfilm, Regie:
Alice Guy. – *Faust*, Frankreich 1910, Stummfilm,
Regie: Henri Adréani. – *Faust*, Deutschland 1926,
Stummfilm, Regie: F. W. Murnau, Emil Jannings als
Mephisto. – *La Leggenda di Faust*, Italien 1948,
Regie: Carmine Gallone. – *La Beauté du diable*,
Frankreich 1950, Regie: René Clair, Doppelrollen: jun-
ger Faust/junger Mephisto: Gérard Philipe; alter
Faust/alter Mephisto: Michel Simon. – *Faustina*, Spa-
nien 1957, nach Goethe und José L. S. de Heredia,
Regie: J. L. S. de Heredia. – BRD 1960, Regie: P. Gorski,
Will Quadflieg als Faust, Gustav Gründgens als Mephi-
sto. – *Faust XX*, Rumänien 1966, Regie: Jon Popescu-
Gopo. – *Doctor Faustus*, GB 1968, Regie und Faust-
rolle: Richard Burton, Liz Taylor als Helena. – *El
extrano caso del doctor Fausto*, Spanien 1969, Regie:
Gonzalo Suarez. – *Doctor Faustus*, BRD 1982, Regie:
Franz Seitz. – *Gretchens Faust*, Fernsehfilm, BRD
1985, Regie: Joachim Roering. – *Faust – Vom Himmel
durch die Welt zur Hölle*, BRD 1988, Regie: Dieter
Dorn, Aufführung der Münchner Kammerspiele. – *Il
Mefistofele*, Italien 1989, Regie: Ken Russell. – *Faust*,
Tschechien/Frankreich/Grossbritannien 1994, nach
Goethe, Chr. Marlowe, Chr. D. Grabbe und Jan Svank-
majer, Regie: Ernst Gossner, J. Svankmajer.
Wilhelm Meister-Verfilmungen und -Adaptationen:
Mignon, USA 1915, Stummfilm, Regie: Alexander E.
Beyfuss. – *Falsche Bewegung*, BRD, 1974, nach Goe-
the u. Peter Handke, Regie: Wim Wenders, mit Hanna
Schygulla als Therese Farner und Nastassja Kinski als
Mignon.
Wahlverwandtschaften-Verfilmungen und -Adap-
tionen: DDR, 1974, Regie: Siegfried Kühn. – *Le affi-
nità elettive*, Italien 1996, Regie: Paolo u. Vittorio
Taviani.
Werther-Verfilmungen und -Adaptationen: Frank-
reich 1910, Stummfilm, Regie: A. Calmettes. – *Wer-
ther*, Frankreich 1938, Regie: Max Ophüls. – *Be-
gegnungen mit Werther*, Deutschland 1949, Regie:
K. H. Stroux. – DDR 1975/76, Regie: E. Günther. –
Spanien 1986, Fernsehfilm, Regie: Pilar Miró. –
Schweden 1990, nach Goethe, Eckermann, Håkan
Alexandersson u. Tomas Norström, Regie: H. Ale-
xandersson.

Reineke Fuchs-Verfilmungen und -Adaptionen: *Le
roman de renard*, Frankreich 1930, Regie: Irene u.
Wladyslaw Starewicz.
Zauberlehrling-Verfilmungen und -Adaptionen:
Fantasia, USA 1940, Walt Disney-Zeichentrickfilm,
ein Teil mit Mickey Mouse als Zauberlehrling zur
Musik von Paul Dukas. – *El Aprendiz de brujo*,
Spanien 1941, Kurz-Trickfilm, Regie: Francisco Tur. –
The Sorcerer's Apprentice, USA/Deutschland 1955,
Tanz-Kurzfilm, Regie: Michael Powell.
Torquato Tasso-Verfilmungen und -Adaptationen:
Italien 1909, Stummfilm, Regie: A. Ambrosio. – Italien
1913.   DH

Verführung: Im *Götz von Berlichingen* verführt
Adelheid den Weislingen, in *Stella*, in *Clavigo* spielt
das Motiv eine zentrale Rolle, im *Faust* verlangt der
Protagonist von Mephisto, er müsse ihm »die Dirne
schaffen« (v. 2618) und, als dieser zögert, trocken
meint: »Hätt' ich nur sieben Stunden Ruh'/ Brauchte
den Teufel nicht dazu,/ So ein Geschöpfchen zu verführen« (v. 2643f.). In den *Wahlverwandtschaften*,
im *Wilhelm Meister*, in den *Unterhaltungen deutscher Ausgewanderten* verführen Männer Frauen
und Frauen Männer, in den Balladen *Heidenröslein*,
Der untreue Knabe, *Der Fischer*, *Die Braut von
Korinth* hat der bürgerliche Kommet ebenfalls sein
Recht verloren.   AV

Vergangenheit s. **Gegenwart**

Vergessen: Poetisches Motiv, das G. mehrfach einsetzt: Faust bekommt in der Szene »Anmutige Gegend« zu Beginn des Zweiten Teils das Vergessen zum
Geschenk, sein schlechtes Gewissen – die Schuld an
der Gretchentragödie – wird wieder rein; der ⟋Orest
der *Iphigenie* wird von dem Fluch geheilt, der, wie er
glaubt, auf dem Geschlecht der Tantaliden liegt, nachdem er im Traum (III.2) aus dem Fluß des Vergessens
getrunken hat.   BJ

Verklärung: Die Entrückung eines Menschen in eine
himmlische oder überirdische Sphäre ist ein genuin
religiöses und auch im Christentum geläufiges Phänomen (Mark. 9, 2–10; Matth 17, 1–9). In der bildenden
Kunst, der Musik, am deutlichsten aber wohl in der
Literatur des 18. und 19. Jahrhunderts fand es vermehrt auch in säkularen Kontexten Verwendung. G.
greift wiederholt auf dieses Motiv zurück, mit dem er
vor allem die Vorstellung einer über alle Schuldhaftig-
keit erhabenen Friedfertigkeit verbindet, das Moment
der Läuterung, der Erleuchtung, oder aber auch die

Vorstellung einer die Grenzen der Erfahrung übersteigenden Wesensverwandlung. So wird die Büßerin Gretchen am Ende des *Faust I* in den Himmel entrückt und erreicht durch ihre selbstlose Liebe die Verklärung des Faust am Ende des zweiten Teils.   FT

Verkleidung s. Inkognito

Verlage/Verleger: G.s erster Versuch, eines seiner Werke drucken zu lassen, schlug 1769 fehl – *Die Mitschuldigen* wurden vom Frankfurter Buchhändler Johann Georg Fleischer abgelehnt. Im Selbstverlag erschienen 1773 in Darmstadt der *Götz* (mit Merck) und 1774 der *Prolog zu den neusten Offenbarungen Gottes*, die G. außer Ruhm nur Schulden einbrachten. Ebenfalls 1774 publizierte dann Christian Friedrich Weygand in Leipzig den *Clavigo*, das *Neueröffnete moralisch-politische Puppenspiel* und den *Werther*, der schnell zum Erfolgsroman avancierte, G. aber trotzdem nicht reich machte, da ein für ihn ungünstiger Vertrag abgeschlossen worden war.

1775 veröffentlichte der Berliner Buchhändler Christian Friedrich ⟋Himburg *J. W. Goethe's Schriften* als dreibändigen Raubdruck – der Autor ging leer aus. Bei Christlob August ⟋Mylius in Berlin erschienen 1776 *Stella* und *Claudine von Villa Bella*, für die G. – in ökonomischer Hinsicht hatte er dazugelernt – nun relativ hohe Honorare verlangte. Nach einer langen Publikationspause erschien die achtbändige Ausgabe der *Schriften* 1787–1790 bei Georg Joachim ⟋Göschen in Bremen; dieser warf auch eine billige Ausgabe in vier Bänden auf den Markt, was mit G. nicht abgesprochen war und zum Abbruch der Geschäftsbeziehungen führte. 1789 war in Kommission bei Carl Wilhelm Ettinger *Das Römische Carneval* erschienen, den Druck hatte der Berliner Friedrich Gottlob ⟋Unger besorgt. Bei diesem erschienen 1792–1800 die sieben Bände von G.s *Neuen Schriften* (G. erhielt etwa 4000 Taler), doch auch mit ihm gab es Unstimmigkeiten (Doppeldrucke und nachträgliche Erhöhung der Auflagen).

Das Versepos *Hermann und Dorothea* bot G. Unger gar nicht mehr an, es erschien 1797 bei Johann Friedrich ⟋Vieweg in Braunschweig. Dieser Verleger war auf ungewöhnliche Art unter den Interessenten ermittelt worden: G. hatte seine Honorarforderung (1000 Taler in Gold; zum Vergleich: 1798 erwarb G. das Gut Oberroßla für 13 000 Taler) in einem versiegelten Billet festgehalten; wer weniger bot, schied aus, wer mehr zu zahlen bereit war, mußte nur die 1000 hinlegen. Für die Zahlung dieses außergewöhnlich hohen Betrags entschädigte sich Vieweg, indem

er jahrzehntelang Nachdrucke des Werkes machte, ohne G. am Gewinn zu beteiligen.

Durch Vermittlung Schillers, des Herausgebers der *Horen*, für die auch G. Beiträge geliefert hatte, kam es ab 1798 (*Propyläen*) zur Zusammenarbeit G.s mit Johann Friedrich ⟋Cotta, der dann von 1802 bis ins Jahr 1832, in dem beide starben, trotz aller Meinungsverschiedenheiten, v. a. wegen des von Cotta unterstützten Wiener Nachdrucks der *Werke* (1816–1822) und der fortwährenden Geldstreitereien, sämtliche Zeitschriften, Einzelwerke und Werkausgaben G.s verlegte.   DF

Vermächtnis s. Eins und alles

Vermächtnis altpersischen Glaubens: *Welch Vermächtnis, Brüder:* Entstanden wohl 13./14.3. 1815 im Kontext intensiver orientalistischer Quellenstudien; Erstdruck *West-östlicher Divan*. In den *Noten und Abhandlungen* beschreibt G. unter der Überschrift »Ältere Perser« die Frühphase der altpersischen oder parsischen Kultur als »edle, reine Naturreligion«, die dann durch Anwachsen einer Priesterkaste einen »umständlichen Kultus« etablierte. In dieser Hochschätzung einer ›ursprünglichen‹, ›unverdorbenen‹ Kultur zeigen sich deutliche Einflüsse der kulturkritischen Schriften von Rousseau und Herder.

In dem langen Gedicht werden die Lehren der parsischen Sonnenreligion als Testament gestaltet, das ein sterbender Parse seinen Brüdern im Ton einer abgeklärt-heiteren Lehre und inspirierten Naturfrömmigkeit übermittelt. Sonnenkult und Reinlichkeitsgebote im Umgang mit den Elementen und Naturkräften sind die zentralen Gebote dieser Religion, die G. im Sinne des damaligen kulturhistorischen Wissens authentisch darstellt, zugleich aber in Analogie setzt zu wesentlichen Aspekten seiner eigenen Lebensprogrammatik. Ordnung und Ästhetisierung von Natur führen auch zur Vergeistigung und zur Veredlung der Sitten: »Werdet ihr in jeder Lampe Brennen/Fromm den Abglanz höhern Lichts erkennen«. Der zentrale Vers dieser verknappten Kulturgeschichte – »*Schwerer Dienste tägliche Bewahrung*« – ist als einziger des *Divan* graphisch hervorgehoben und durch den Anschlußvers mit der lapidaren Aussage »Sonst bedarf es keiner Offenbarung« zusätzlich mit Bedeutung aufgeladen.

In den *Noten* beschreibt G. die parsischen Reinlichkeitsgebote im Umgang mit den Elementen, »Aufmerksamkeit, Reinlichkeit, Fleiß«, als »bürgerliche Tugenden«; das Analogiemodell liefert hier die Frühaufklärung mit ihren lebenspraktischen Zielen, die G.

selbst als Tätigkeits- und Nützlichkeitsideal bewahrte. Der Vers »Schwerer Dienste« hat deutliche Beziehung zur ebenfalls graphisch betonten programmatischen Aussage im 5. Akt von *Faust* II: »*Wer immer strebend sich bemüht,/Den können wir erlösen.*« IW

Verneinen s. Mephisto

Vernunft: Sie wird von Mephisto als »des Menschen allerhöchste Kraft« (*Faust I*, v. 1852) bezeichnet, was ihn nicht daran hindert, eben diese Kraft in Frage zu stellen: »Er nennt's Vernunft und braucht's allein,/ Nur tierischer als jedes Tier zu sein« (ebd., v. 285f.). In *Selbstschilderung (2)* schreibt G. in ähnlich relativierendem Sinne: »Die Vernunft in uns wäre eine große Macht, wenn sie nur wüßte wen sie zu bekämpfen hätte.« Die auf das Lebendige (*MuR*) und Werdende (*Wj*, II, *Betrachtungen im Sinne der Wanderer*) ausgerichtete Vernunft ist durch die Gesetze der Natur und durch die Anbindung des Menschen am Vergangenen dauernd bedroht. Die Vernunft als »die Kunst der Künste« (*MuR*), als Mutter der Poesie (*Sprüche*), verwandt mit Genie und menschlichem Gewissen (*Geschichte der Farbenlehre*) und »mit aller Anmut begabt« (*Wj*, I.5), die Vernunft, durch welche wir Erfahrungen mit Ideen umsetzen können (*MuR*), ist dem Menschen nicht als Geschenk in die Wiege gelegt, sondern als Möglichkeit aufgegeben, als Herausforderung nämlich, »immer vernünftiger zu werden« (*DuW*, 11. Buch): »Der zur Vernunft geborene Mensch bedarf noch großer Bildung, sie mag sich ihm nun durch Sorgfalt der Eltern und Erzieher, durch friedliches Beispiel oder durch strenge Erfahrung nach und nach offenbaren« (*Wj*, II. Betrachtungen im Sinne der Wanderer). AV

Vers, Verskunst s. Lyriker, G. als

Versmaß, klassisches. Insbesondere G.s Lyrik des klassischen Jahrzehnts (1794–1805) ist geprägt von der Orientierung an der ↗Antike und an antiken Versmaßen; G. verwendet den Hexameter, vorwiegend aber das elegische Distichon. Der Hexameter ist ein sechsfüßiger, daktylischer Vers, wobei einzelne Versfüße verkürzt sein können; im elegischen Distichon kommt ein gleichfalls sechsfüßiger, daktylischer Vers mit teilweise verkürzten Versfüßen und Zäsur in der Mitte hinzu. Nach früheren Versuchen beherrscht G. dieses Versmaß größtenteils souverän, so insbesondere in den *Römischen Elegien* und den klassischen Elegien (↗Elegien, klassische). Die *Venezianischen Epigramme* und besonders die gemeinsam mit

Schiller verfaßten *Xenien* riefen jedoch wegen metrischer Unzulänglichkeiten spöttische Reaktionen der zeitgenössischen Kritik hervor. Mitunter ließ G. sich metrisch beraten, so vor allem von August Wilhelm Schlegel. Große Teile von G.s epigrammatischer Dichtung (↗Epigramm; ↗Spruchdichtung) sind in Hexametern, überwiegend jedoch in Distichen verfaßt. Der Hexameter findet sich im lyrischen Werk auch in ↗Gelegenheitsgedichten und Briefepisteln (↗Briefgedichte); ein wichtiges Hexameter-Gedicht ist die *Metamorphose der Tiere*. Den epischen Hexameter nützte G. auch in seinen Versepen, so in *Hermann und Dorothea* und *Reineke Fuchs*. G.s Souveränität zeigt sich, auch im Vergleich zu anderen zeitgenössischen Anverwandlungen des antiken Metrums, nicht zuletzt daran, daß er der Geschmeidigkeit des deutschen Sprachflusses immer Priorität vor einer strengen Regelhaftigkeit einräumte. Darin mag begründet sein, daß er sich nicht an antiken Odenstrophen versuchte, wie vor ihm Friedrich Gottlieb Klopstock und danach Friedrich Hölderlin (↗Ode; ↗Frankfurter Hymnen). IW

Verstand: Bei G. auf das Gewordene ausgerichtet, der Verstand »wünscht alles festzuhalten, damit er es nutzen könne« (*MuR*). Durch Verstand wird Erfahrung zu Begriff (ebd.), »der verständige, kluge Mensch« betrachtet »mit Ruhe« die Gegenstände (*Wj*, I. 8), er bedarf zum richtigen Erfassen der Sinnenwelt »des reinen, /Immer gleichen, ruhigen Sinns und des graden Verstandes« (*HuD*), er braucht »hellen Verstand« (ebd.). Obwohl er wenig Nähe zu Kants *Kritik der reinen Vernunft* spürt, würdigt G. »Pflicht und Verstand« (*Wj*, I. 11, *Das nußbraune Mädchen*) in durchaus kantischem Sinn, ja er möchte die durch Kant eingeleitete Vernunftwissenschaft sogar ausgebaut wissen: »Man hat sich lange mit der Kritik der Vernunft beschäftigt; ich wünsche eine Kritik des Menschenverstandes« (*MuR*), damit das Gewordene, das also, was am Vergangenen sich festzuhalten lohnt (ebd.), mit demjenigen korrespondiert, was dem Menschen durch die Wahrnehmung vermittelt wird, oder, wie G. in dem Gedicht *Vermächtnis* (1829) formuliert: »Den Sinnen hast du dann zu trauen,/Kein Falsches lassen sie dich schauen,/Wenn dein Verstand dich wach erhält«. AV

Versuch als Vermittler von Object und Subject, Der: Kleiner Aufsatz aus dem Frühjahr 1792, erstmalig gedruckt in *Zur Naturwissenschaft überhaupt* (dort steht als Datum 1793), möglicherweise als Einleitung zu einem größeren naturwissenschaftlichen Werk geplant. Der Text ist von großer Bedeutung für G.s ›Ethik‹ der Naturwissenschaften. G. unterscheidet zunächst scharf die natürliche Wahrnehmung der Dinge in Bezug auf das Subjekt von der experimentellen Wahrnehmung der Dinge »an sich selbst und in ihren Verhältnissen untereinander«. Das Experiment habe den Anspruch, das Subjektive der Wahrnehmung auszuschließen. Der Aufsatz liefert eine kluge Definition des naturwissenschaftlichen Versuchs: »Wenn wir die Erfahrung, welche vor uns gemacht worden, die wir selbst oder andere zu gleicher Zeit mit uns machen, vorsätzlich wiederholen und die Phänomene, die teils zufällig, teils künstlich entstanden sind, wieder darstellen, so nennen wir dies einen Versuch. Der Wert eines Versuchs besteht vorzüglich darinne, daß er, er sei nun einfach oder zusammengesetzt, unter gewissen Bedingungen mit einem bekannten Apparat und mit erforderlicher Geschicklichkeit jederzeit wieder hervorgebracht werden könne, so oft sich die bedingten Umstände vereinigen lassen«.

Problematisch erscheint G. aber die Herauslösung des Untersuchungsgegenstandes aus seinem lebendigen Zusammenhang, die das Experiment erzwingt, darüber hinaus plädiert er für eine kollektive Organisation naturwissenschaftlicher Erfahrung, womit eine große Gefährdung naturwissenschaftlicher Erkenntnis abgewehrt werden könne. Der einzelne Versuch verleitet, unter dem Diktat problematischer Theoriesysteme oder Weltanschauungen jenseits der Empirie, zur vorschnellen Schlußfolgerung – ein Gedanke, der für G. hier der Anlaß zu einem kritischen Blick auf die Geschichte der Naturwissenschaften und ihre langlebigen Theoriegebäude ist. Alternativ zu diesem Irrweg empfiehlt er, am empirischen Einzelnen, am Versuchsgegenstand immer möglichst viele von den Verbindungen zum lebendigen Ganzen mitzureflektieren, vor jeder Schlußfolgerung müsse die systematisch geordnete und übersichtlich darstellbare Bewußtmachung all dieser Bezüge stehen. – Den letzten Abschnitt des Aufsatzes nutzt G. als Programm für die eigenen optischen Studien und Schriften, die zumindest annäherungsweise seine Auffassung vom Versuch als Vermittler umzusetzen suchen.   BJ

Versuch die Metamorphose der Pflanzen zu erklären: Naturwissenschaftliche Schrift in 123 Paragraphen, die G. im Herbst 1789 niederschrieb und die Ostern 1790 im Verlagshaus Ettinger in Gotha erschien. Das Interesse G.s an der Botanik und der Pflanzengestalt im Besonderen ging bis in das erste Jahrzehnt in Weimar zurück und schloß die Anlegung

eines eigenen Gartens ebenso ein wie die Lektüre bedeutender botanischer Schriftsteller, allen voran ↗Linné. V. a. angesichts der italienischen Pflanzenwelt entwickelte G. die Vorstellung einer ↗Urpflanze, die nach der Rückkehr nach Weimar durch das Denkmodell der Metamorphose abgelöst bzw. präzisiert wurde.

Die Ausgangshypothese des *Versuchs die Metamorphose der Pflanzen zu erklären* erscheint zunächst ganz einfach: G. versucht, alle Erscheinungsformen der Pflanzengestalt als Metamorphosen, als Gestaltwandlungen eines einzigen Organs zu erklären, des Blattes. Er geht am Beginn der Schrift von der konkreten Beobachtung des Pflanzenwachstums aus, die, aufmerksam durchgeführt, »den regelmäßigen Weg der Natur« erkennen läßt, den Weg über die ↗Metamorphose, die sogleich definiert wird: »Wir lernen die Gesetze der Umwandlung kennen, nach welchen sie [die Natur] einen Teil durch den andern hervorbringt, und die verschiedensten Gestalten durch Modifikation eines einzigen Organs darstellt. […] Man hat die Wirkung, wodurch ein und dasselbe Organ sich uns mannigfaltig verändert sehen läßt, die *Metamorphose der Pflanzen* genannt«. G. unterscheidet zwischen regelmäßigen und unregelmäßigen Metamorphose-Prozessen in der konkreten Beobachtung, wobei ihm die letzteren häufig als diejenigen erscheinen, die das vermutete Grundprinzip deutlicher zutage treten lassen.

Die Paragraphen 10–83 befassen sich in der Folge mit den einzelnen Stufen der Pflanzenentwicklung: von der Ausbildung der Samen- oder Keimblätter, des Stengels und der Stengelblätter, der Bildung des Blütenkelches und der Blütenkrone, der Ausprägung der pflanzlichen Geschlechtsorgane, der Staubgefäße und des Griffels bis hin zur Gestalt der Frucht – womit der Kreis sich schließt. Den Ansatzpunkt des Blattes am Samen bzw. am Stengel bezeichnet G. als Knoten, den Knospenpunkt, aus dem Zweiglein o. ä. hervorgehen können, als Auge; Blatt, Knoten und Augen ermöglichen ihm die vollständige Erklärung der Entstehung der Pflanzengestalt. Ein gesonderter Abschnitt (§§ 94–102) widmet sich den zusammengesetzten Blüten (etwa Löwenzahn oder Sonnenblume), ein weiterer den Sondererscheinungen, bei denen aus der Blüte heraus ein weiterführender Stengel sproßt; abschließend stellt G. den eigenen *Versuch* in den Kontrast zu den Ergebnissen Linnés, gegenüber denen er einige Fortschritt für sich reklamiert. Schließlich fassen die §§ 112–123 die gesamte Schrift noch einmal zusammen.

G. befaßt sich ausschließlich mit einjährigen, d. h.

krautigen Pflanzen, die Paragraphen 109 ff. aber, die sich mit Linné befassen, können die Übertragbarkeit der Beobachtungen und Hypothesen auf mehrjährige und holzige Pflanzen mit bis heute sinnvollen Argumenten plausibel machen. Darüber hinaus ist die generelle Ableitung der Pflanzenorgane aus dem Blatt naturwissenschaftlich immer noch anerkannt, wenngleich etwa die Samenschale, also ein kleines Organ, nicht ausschließlich aus Blatt-Metamorphosen erklärt werden kann. Die grundsätzlich auf der genauen Beobachtung fußende Methodik der Schrift ist ebenso beeindruckend wie die naturwissenschaftsgeschichtlich frühen pflanzenphysiologischen Spekulationen: § 26 berichtet von den »verschiedenen Luftarten«, die die Blätter »einsaugen, und sie mit den in ihrem Innern enthaltenen Feuchtigkeiten verbinden«; G. kommt hier tendenziell dem Gasaustausch der Pflanze durch Photosynthese auf die Spur, er veranstaltete sogar Experimente mit den Pflanzengasen: »Die Luft, welche in den leeren Räumen des Schilfrohrs enthalten ist, löscht brennende Lichter aus«, ist also das Atmungsprodukt Kohlendioxid. Eben im Bereich der physiologischen Spekulationen liegt auch der größte Irrtum des *Versuchs die Metamorphose der Pflanzen zu erklären*. G. nimmt mit steigender Stengelhöhe eine Verfeinerung der Pflanzengefäße an, die durch wachsende Filterkraft den oberen Organen immer feinere, edlere Säfte zuführe (z. B. §§ 28, 30) und somit die Ausbildung der Blüte ermögliche – eine veraltete und nicht verifizierbare Säfte-Theorie.

Die einzelnen Stufenfolgen der Metamorphose der Pflanzen beschreibt G. jeweils als Modifikation des schon Bestehenden: »Die Natur bildet […] kein neues Organ, sondern sie verbindet und modifiziert nur die uns schon bekannt gewordenen Organe, und bereitet sich dadurch eine Stufe näher zum Ziel«, Metamorphosen sind sanfte, langsame Übergänge (vgl. § 51) von einem Gestaltzustand zum folgenden. Nicht zufällig entstand der *Versuch die Metamorphose der Pflanzen zu erklären* genau im Jahr der ↗ Französischen Revolution: Dem von G. abgelehnten gewaltsamen Umsturz gesellschaftlicher Verhältnisse wird in der Metamorphose-Schrift das Denkmodell des sanften Übergangs entgegengestellt. BJ

Versuch einer Witterungslehre: Kleiner meteorologischer Aufsatz, Entstehung Januar bis Mai 1825, Erstdruck erst 1833 posthum. G. arbeitet hier die – heute unverständliche – Hypothese aus, die Entstehung atmosphärischer Schwankungen zwischen Hoch- und Tiefdrucksystemen aus einer rhythmischen Ab- und Zunahme der Erdanziehungskraft zu

erklären. Die einzelnen Witterungsphänomene wie Luftdruck, Temperatur, Wind, Wasser- und Wolkenbildung, Elektrizität und Jahreszeiten werden von einem Pulsieren, einem Aus- und Einatmen des »lebendigen Erdkörpers« abgeleitet, unter Rückgriff auf eine ganze Reihe meteorologischer Spezialliteratur und unter Einbeziehung vieler Einzelbeobachtungen kann G. seine letzte wichtige naturwissenschaftliche Hypothese vermeintlich sicher untermauern. BJ

Vertonungen s. **Lied, Singspiel**

Verzicht: Als Wort im Werk G.s kaum vorkommend, spielt der Verzicht thematisch in vielen seiner Gedichte, Novellen und Romane als Moment der Selbstfindung und persönlichen Entwicklung eine entscheidende Rolle (*Die Wahlverwandtschaften*, *Wilhelm Meisters Wanderjahre*, Entsagung). AV

Verzweiflung: Empfindung, die G. etwa angesichts des sich abzeichnenden Gefühlsumschwungs in ↗ Sesenheim (*DuW*, 11. Buch) erfaßt, nach ↗ Schillers Tod (*TuJ*, 1805) oder auch nach dem napoleonischen Eroberungszug durch ↗ Weimar (*TuJ*, 1806). Als literarisches Motiv setzt G. die Verzweiflung häufig zur Charakterisierung seiner Figuren ein: Lucidor in der »Verräter«-Novelle der *Wanderjahre*, Flavio im *Mann von funfzig Jahren* und ↗ Mignon während ihrer Entführung (↗ *Lj*, VIII.3) sind verzweifelte Figuren; ↗ Aurelie ist aus Liebesnot der Verzweiflung nahe, wie ↗ Wilhelm nach dem vermeintlichen Betrug durch ↗ Mariane; Ottilie verzweifelt nach dem Tod des Kindes wie ↗ Eduard nach ↗ Ottilies Tod oder ↗ Werther nach der Ossian-Nacht; ↗ Tasso wird im letzten Akt von ↗ Antonio aus seiner Verzweiflung gerettet, ↗ Faust will aus Verzweiflung gegenüber den Aporien menschlichen Wissens zur Giftphiole greifen, angesichts des von ihm angerichteten Unheils über ↗ Gretchen verfällt er in »Trüber Tag, Feld« in Verzweiflung. BJ

Vesuv: G. bestieg ihn 1787 dreimal. Im Gegensatz zu heute war der Vulkan aktiv, Rauch und ausbrechende Lava behinderten G. am Aufstieg und faszinierten ihn zugleich, glaubte er doch, eine elementare, ebenso produktive wie zerstörerische Naturgewalt (↗ Ätna, ↗ Erdbeben von Lissabon, ↗ Vulkanismus) vor Augen zu haben (*IR*, 24. 11. 1786, 19. 2. 1787). BL

Vier Jahreszeiten: Der Zyklus erschien 1800 in den *Neuen Schriften*; die 1796 entstandenen 100 Distichen waren in anderer Gruppierung bereits in Schil-

Obgleich kein Anhänger des Vulkanismus, war Goethe vom Vesuv fasziniert. Kupferstich von Pietro Fabris, um 1776

lers *Musen-Almanach für das Jahr 1797*, dem ›Xenien-Almanach‹, erschienen. Aus *Vielen* wurde *Frühling*, eine Gruppe von Epigrammen auf Blumen, die verschiedene Formen von Weiblichkeit symbolisieren; im *Almanach* waren jedem Epigramm Initialen vorangestellt, über deren Zuordnung viel gerätselt wurde. Sicherer scheint dagegen die Adressatin von *Einer*, diese Gruppe, die in den *Vier Jahreszeiten Sommer* benannt wird, ist mit dem Lob der sinnlichen und den Dichter inspirierenden Liebe möglicherweise Christiane Vulpius gewidmet. Die Gruppe *Herbst* versammelt allgemeine Aussagen, bis hin zu politischen, und Formeln der Lebensweisheit; die Gruppe *Winter*, im *Almanach Die Eisbahn* überschrieben, kann als Allegorie der Fahrt durchs Leben gelesen werden.   IW

Vieweg, Johann Friedrich (1761–1835): »Ich habe meine Zeit indessen gut angewendet, das epische Gedicht wird gegen Ostern fertig und kommt auch in Kalenderform bei Vieweg in Berlin heraus«, berichtet G. an Johann Heinrich Meyer aus Jena am 18. März 1797. Mit dem ↗Selbstverlag des *Götz von Berlichingen* (1773) gescheitert, mit dem Verleger ↗Göschen überkreuz, hatte G. bei der Suche nach einem Verleger seines neuen Epos *Hermann und Dorothea* einen originellen Weg eingeschlagen. Er übergab K. A. Böttiger einen versiegelten Umschlag, der G.s be-

trächtliche Honorarforderung für dieses »Gedicht« enthielt: 1000 Taler in Gold für 2000 Verse. Vermutlich hat jemand gegenüber Vieweg geplaudert, jedenfalls bekam er den Zuschlag, weil sein Honorarangebot genau der insgeheim geforderten Summe entsprach. Das Buch erschien im Oktober 1797 als *Taschenbuch auf das Jahr 1798. Hermann und Dorothea* wurde nach dem *Werther* G.s größter Bucherfolg. Man zerstritt sich jedoch auch diesmal, aufgrund einer unklaren Vertragsbestimmung. Jedenfalls druckte Vieweg, ab 1799 in Braunschweig ansässig, ohne vertragliche Befugnis bis 1830 nahezu zwanzig Ausgaben, teilweise unter dem Titel *Göthe's neue Schriften*, und war neben Cotta der einzige Verleger, der mit G.schen Werk sofort und nachhaltig Geld verdient hat.   BL

Vision: Literarisches Motiv. In der ↗»Walpurgisnacht« hat Faust eine Vision Gretchens, die ihn von dem Hexentreiben ablenkt; mittlerweile erblindet, hat er kurz vor seinem Tod (*Faust II*, 5. Akt) und beim Geräusch der Spaten, mit denen sein Grab ausgehoben wird, die Vision eines belebten, von ihm geschaffenen Landes. ↗Egmont sieht in einer Traum-Vision die allegorische Darstellung der Freiheit seiner Heimat, ↗Mignons Mutter (*Lj*, VIII.9) hat eine Traum-Vision ihres totgeglaubten Kindes; schließlich ist auch ↗Makarie fähig zur Vision.   BJ

Vitruv (84 – ca. 27 v. Chr.), römischer Architekt und Architekturtheoretiker. Seine *Zehn Bücher über die Baukunst* sind das einzige architekturtheoretische Werk, das aus der Antike überliefert ist; es prägte wesentlich die Baukunst Andrea ↗Palladios. Die Beschäftigung mit Palladio führte G. auch zur Lektüre Vitruvs, wozu er bemerkte: »Vitruv liest sich nicht so leicht, das Buch [...] fordert ein kritisches Studium. Dessenungeachtet lese ich es flüchtig durch, und es bleibt mir mancher würdige Eindruck. Besser zu sagen: ich lese es wie ein Brevier, mehr aus Andacht als zur Belehrung« (*IR*, 10.10.1786). Vitruv betrachtet die einfache Hütte als architektonischen Ausgangspunkt des Steintempels. G., der griechische und sizilianische dorische Holztempel kannte, wendet sich im Aufsatz *Zur Theorie der bildende Künste* (1788) gegen Vitruvs These.   CA

Vogel, Carl (1798–1864), seit Juli 1826 Hofmedikus in Weimar, Nachfolger des verstorbenen Wilhelm Rehbein. G. über den neuen Arzt: »Angekommen wäre er! uns gefällt er, gefällt sich auch und wird sich gut behagen, wenn nur erst die häuslichen Einrichtungen in Ordnung sind. Er ist klar, offen, heiter, sich selbst deutlich und wird es dadurch bald auch andern. Sein Handwerk versteht er, und so wird alles gut gehn. Er hat keinen Schein von Affektiertem, Anmaßlichem, Zurückhaltendem und so wird er bei uns bald zu Hause sein« (an Zelter, 27.6. 1826). Dem »alles Vertrauens würdigen Leibarzt« (an J.F.C. Hecker, 7.10. 1829) verdankte G., Eckermann zufolge, nach einem Blutsturz in der Nacht vom 25. auf den 26. November 1830 sein Leben – die Nachwelt verdankt Vogel (neben einigen anderen G.-Kleinigkeiten) die Darstellung *Die letzte Krankheit Goethes* (1833).   BJ

Vögel, Die: Bearbeitung der Komödie von Aristophanes, 1780 vom Weimarer ↗Liebhabertheater aufgeführt. G. macht aus ca. einem Drittel der antiken Vorlage einen Einakter. Die Schriftsteller Treufreund (als Scapin, der verschlagene Diener aus der Comédie italienne) und Hoffegut (als Pierrot, der Weißclown) sind aus ihrer Stadt ins Gebirge gestiegen, um bessere (Staats-)Verhältnisse zu finden und kommen ins Reich der Vögel, wo sie mit dem gefrässigen Kritiker Schuhu und dem empfindsamen Leser Papagei über Literatur debattieren. Dann werden sie vom Chor der Singvögel bedroht. Treufreund hält eine große Rede über die Weltherrschaft der Vögel, die von den Göttern und Menschen (Prometheus) zurückerobert werden müsse, und wird zum Schluß zum Führer der Vögel erkoren. Die Literatursatire stammt von G., mit der

Bergwanderung der beiden Clowns spielt er auf seine Schweizerreise mit Herzog Carl August an – wahrscheinlich die komischste Szene in G.s dramatischem Werk.   NH

Voigt, Christian Gottlob (von), (1743–1819), Jurist, seit 1777 in Weimar hoher Verwaltungsbeamter, ab 1783 G.s Mitarbeiter, später auch Freund und Vertrauter, 1815 Staatsminister. Im Rahmen seiner amtlichen Tätigkeit hatte G. am meisten mit Voigt zu tun: 1783 auf G.s Wunsch Berufung Voigts in die Ilmenauer Bergwerkskommission, ab 1789 Mitarbeit in der Schloßbaukommission, 1794 zusammen mit G. Errichtung eines botanischen Instituts im Jenaer Fürstengarten. Gemeinsam mit G. übernahm Voigt 1796 die Direktion und Oberaufsicht über die herzoglichen Bibliotheken, 1803 die Aufsicht über das Fürstliche Museum zu Jena, 1810 über das Chemische Institut, 1812 die Oberaufsicht über die neu gegründete Sternwarte in Jena, 1817 über die dortige Tierarzneischule und die Universitätsbibliothek.

Ab 1815 hatten beide die »Oberaufsicht über die unmittelbaren Anstalten für Wissenschaft und Kunst« in Weimar und Jena« inne – ein elf Institute umfassender Dienstbereich. Gemeinsame Steckenpferde: Münzen, Steine, Autographen, Bücher, Kupferstiche, die Antike. Zum 50jährigen Dienstjubiläum setzte ihm G. »ein Denkmal vieljährigen und mannigfachen Zusammenwirkens« – das Gedicht *Herrn Staatsminister von Voigt/Zur Feier des 27. September 1816.* Der nimmt die »unschätzbare Tabula votiva« mit »gerührtester Seele« auf (an G., 7.10.1816). Voigt starb auf den Tag genau 13 Jahre vor G. »Es bleibt [...] der schönste Teil meines armen Lebenslaufes, mit Ihnen für Vaterland und Wissenschaft gelebt zu haben«, bekannte er G. am 19.7.1816.   PO

Volk: Eine zunächst für die Periode des ↗Sturm und Drang zentrale Kategorie der Gesellschaftswahrnehmung, die v.a. durch ↗Herders Anregung eine große Aufwertung erfuhr und positiv gegen die Bezeichnung »Pöbel« gesetzt wurde. Als Auslöser der Zuwendung zum Volk bei Herder darf seine polemische Wendung gegen das erstarrte, gekünstelte und zeremonielle Wesen der höfischen und höheren bürgerlichen Gesellschaft angesehen werden, Volk wird im Sinne von Rousseaus Naturbegriff verstanden. Sowohl das auserwählte Volk der Juden als auch die Idealvorstellung einer Volksherrschaft in Griechenland standen Pate bei Herders Volksbegriff. Auf der Suche nach Kunstdenkmälern jenseits der gekünstelten höfischen Welt wandte sich Herder – und G. begleitete ihn dabei im

Straßburger Umland – den unteren, vor allem ländlichen Volksschichten zu, in deren Liedern sich die Seele eines Volkes »ächt« ausspreche. Das unmittelbare, sinnliche, alltägliche und tätige Leben des einfachen Volkes war für Herder der Ausgangspunkt von Kultur, Kunst und Poesie. Die schöpferischen Leistungen des Volkes bringen kollektive Metaphern und Bilder, Märchen und Mythen hervor – über die sich das Volk erst als solches zu verstehen lernt. Herders Projekt war es, aus dem Geiste der Volkspoesie eine nationale Dichtkunst erwachsen zu lassen, vielleicht sogar einen deutschen Homer. Für G. lieferte die intensive Beschäftigung mit der ↗Volksdichtung Anregungen für eigene Produktionen: Das *Heidenröslein* ist die perfekte dichterische Inszenierung des Volksliedtones, Gretchens *König in Thule*, die Ballade *Es war ein Buhle frech genung* (*Claudine von Villa Bella*) und viele andere Gedichte dokumentieren dies (↗Volkslied).

Die Aufwertung des Volkes fand ebenso auf der Bühne statt. Schon Lessings »Bürgerliches Trauerspiel« hatte die strenge Ständeklausel des höfischen Theaters hinter sich gelassen, die Dramatik des Sturm und Drang bringt nun tatsächlich ›gemeines Volk‹ in tragenden Rollen auf die Bühne. Einer der Kritiker der Uraufführung des *Götz von Berlichingen* schrieb ganz begeistert: »Ein Schauspiel, in welchem zwey und sechzig Personen auftreten, ohne die stummen Scharen zu rechnen, […] in welchem fast alle Stände des menschlichen Lebens vom Kayser bis auf den Bauer, und noch tiefer, den Zigeuner, hinab erscheinen, […] in welchem die Buhlerin mit der treuzärtlichen Ehefrau, ein klein Kind mit dem wilden Ritter, und aller möglicher Contrast mit einander abwechselt; ein solches Schauspiel macht eine ganz neue Gattung des Drama aus« (*Magazin der Deutschen Critik* 1774, Bd. 3., S. 120). Volk durfte hier nicht nur in großer Masse auftreten, sondern wurde thematisiert, die Volksfiguren etwa im *Götz* oder im *Egmont* beklagen deutlich die Unterdrückung durch die Herren oder artikulieren sehr präzise politische Forderungen. Volk wurde realistisch(er) darstellt – etwa indem G. die Figuren fast mundartliche Alltagssprache reden ließ –, es wurde handlungstreibende Figur: etwa im Bauernaufstand am Schluß des *Götz*.

Für die Dramatik des gesamten Sturm und Drang war Volk nicht nur auf der Bühne interessant, sondern auch im Theatersaal, als ↗Publikum. Das ganze Volk sollte angesprochen werden, noch radikaler als Lessings bürgerliche Theaterkonzeption sollte hier auch das niedere Volk erreicht werden, gewissermaßen politisch erzogen – von den ach so klugen bürger-

lichen Intellektuellen, die natürlich am besten wissen, was fürs Volk gut ist. Und wenn das Volk als Publikum sich abwendet, wird es beschimpft, wie es der ältere G. oft tat.

Daß die Parteinahme für das Volk im Sturm und Drang eine durchaus zwiespältige Angelegenheit war, reflektiert schon G.s früheste *Faust*-Konzeption von 1775: Zwei Menschen fühlen sich dort zueinander hingezogen, Faust und Gretchen, er ganz bürgerlicher Intellektueller, sie das einfache Mädchen aus dem Volk. Faust schwärmt, als er in Gretchens Zimmer steht, als er mit ihr in Marthes Garten redet, und G. legt Faust eine hymnische Sturm-und-Drang-Sprache in den Mund. An Gretchen redet er völlig vorbei, sie versteht ihn nicht, er versteht nicht die kleinen, alltäglichen Sorgen, von denen sie erzählt. Die »Volks«-Sprache der Sturm-und-Drang-Literatur entlarvt sich hier als selbstverliebte rhetorische Geste, auf ein Schein-Volk hin im Dichterkopf entworfen, das einfache Volk, wie Gretchen hier im *Urfaust*, bleibt außen vor. Damit bezog G. schon früh Stellung zur emphatisch überzogenen Bedeutung des Volkes in der Periode seines Frühwerks.   BJ

Volkmann, Johann Jacob (1732–1803), Reiseschriftsteller, dessen *Historisch-kritische Nachrichten von Italien* (1770/71) G.s Reiseführer auf der Italienreise darstellten. Wenn er Gegenstände touristischen Interesses abgehakt hatte, verwies er im Reisetagebuch für Charlotte von Stein einfach mit Seitenangaben auf den Volkmann, den die Korrespondentin auch besaß. Zu Volkmanns nüchtern aufzählendem, auf möglichst große Vollständigkeit bedachtem Reiseführer liefert G.s *Italienische Reise* das genaue Gegenteil: die erzählerische Rekonstruktion einer innerlichen künstlerischen Wiedergeburt.   BJ

Volksbuch: Die in der Romantik von J. ↗Görres eingeführte Bezeichnung für die volkssprachigen Prosadichtungen der frühen Neuzeit, ein Begriff, der wegen seiner geringen Spezifität als Gattungsbezeichnung sowie wegen seiner nationalpolitischen Implikationen problematisch ist. Die »unter dem Titel Volksschriften, Volksbücher« bezeichnete Textgruppe war G. seit seiner frühen Jugend geläufig: »Wir Kinder hatten also das Glück, diese schätzbaren Überreste der Mittelzeit auf einem Tischchen vor der Haustüre eines Büchertrödlers täglich zu finden und sie uns für ein paar Kreuzer zuzueignen. Der Eulenspiegel, die vier Haimonskinder, die schöne Melusine, der Kaiser Oktavian, die schöne Magelone, Fortunatus, mit der ganzen Sippschaft bis auf den ewigen Juden, alles stand uns zu Diensten« (*DuW,* 1. Buch). Neben der Melusine und dem Ewigen Juden war vor allem das Volksbuch vom Dr. Faust, das wohl meist in der Variante als Puppenspiel vorlag, von tiefer Wirkung auf G.s literarische Produktion. G.s Plan zu einem eigenen, historisch-religiosen lyrischen Volksbuch, den er in den *Tag- und Jahresheften* 1807 andeutet, bleibt unausgeführt.   BJ

Volksdichtung: G.s Interesse an Volksliedern ist untrennbar mit dem Namen ↗Herders und der Begegnung beider 1770/71 in Straßburg verknüpft. Im Geiste Rousseaus sah Herder in der Volksdichtung Natürlichkeit, Unverdorbenheit des Gefühls und eine Unmittelbarkeit des sprachlichen Ausdrucks. In seinem *Auszug aus einem Briefwechsel über Ossian und die Lieder alter Völker,* an dem er 1771 arbeitete (erschienen 1773), formuliert Herder seine berühmte Charakteristik, »daß Nichts in der Welt mehr Sprünge und kühne Würfe hat, als Lieder des Volks«. Die ursprüngliche Sprach- und Gefühlskraft der Volksdichtung sei jedoch in der Kunstdichtung mit ihrem ästhetischen Regelwerk verlorengegangen: »Alles ging verloren. Die Dichtkunst, die die stürmendste, sicherste Tochter der Menschlichen Seele sein sollte, ward die ungewisseste, lahmste, wankendste: die Gedichte fein oft corrigierte Knaben- und Schulexercitien«.

Solche »Knaben- und Schulexercitien« hatte der junge G. während seiner Leipziger Studentenzeit talentvoll betrieben (↗ *Neue Lieder*); im Gegensatz zur geistreich-pointierten ↗Rokokolyrik mit ihrer zivilisatorischen Mäßigung der Gefühle erfuhr er nun Herders Rückbindung der Poesie an ein Ideal der Natürlichkeit und Ursprünglichkeit als eine Befreiung seiner lyrischen Ausdrucksmittel. Der junge Adept setzte Herders Theorien eindrucksvoll in poetische Praxis um; die sprachliche Einfachheit verbindet sich mit der Intensität der neuen bürgerlichen Gefühlskultur zu einem suggestiven Aussagemodus. Zunächst sammelte G., wahrscheinlich in der Umgebung von ↗Sesenheim durch Vermittlung Friederikes zwölf Volkslieder, die er, wie er Herder schrieb, »aus denen Kehlen der ältesten Müttergens aufgehascht habe.« Drei dieser Lieder wurden 1778 in Herders Sammlung *Volkslieder* publiziert. G.s frühestes eigenes Gedicht, das die Formelemente des Volksliedes, wie Einfachheit der Sprache und Bildlichkeit, erzählerischen Charakter, Sangbarkeit durch Refrain und Wiederholungsstrukturen, aufnimmt und sie prägnant verdichtet, ist ↗ *Heidenröslein*; andere frühe Gedichte nahm G. in Singspiele, in *Götz von Berlichingen* und als Lieder Gretchens in den *Urfaust* auf (z. B. ↗ *Der König in*

Thule). Die Übergänge zur ↗Ballade sind dabei häufig fließend.

Das Sammeln, Übersetzen und die Bearbeitung internationaler Volksdichtung werden für G. zur lebenslangen Beschäftigung. In seinem Periodikum *Über Kunst und Altertum* schreibt er 1823: »Meine frühere Vorliebe für eigenthümliche Volksgesänge hat späterhin nicht abgenommen, vielmehr ist sie durch reiche Mittheilungen von vielen Seiten her nur gesteigert worden.« G. bleibt dabei der kultur- und literarhistorisch weiten Perspektive Herders verpflichtet. Zwar nahm er lebhaften Anteil an der Beschäftigung der Romantiker mit Volksdichtung, doch wies er romantische Tendenzen zur Verengung auf die eigene poetische Tradition zurück und behielt die Dichtung aller Völker im Blick. In seiner Rezension von Achim von Arnims und Clemens von Brentanos deutscher Volksliedsammlung *Des Knaben Wunderhorn* von 1806, welche die Herausgeber »Sr. Exzellenz des Herrn Geheimerat von Goethe« zugeeignet hatten, plädiert G. für die Herausgabe eines zweiten Bandes, in dem auch Lieder anderer Nationen vertreten sein sollten. Formen und Motive dieser interkulturellen Volksdichtung sind in vielfältiger Weise in G.s lyrisches Werk eingegangen.   IW

Volkslied: Ein 1771 von Johann Gottfried ↗Herder als einem der ersten Protagonisten der Äußerungen des Volkes durchgesetztes und bis heute weltweit gebräuchliches Wort, das als Leitbegriff verstanden werden sollte. Die Benennung »Lied des Volkes« stand ein für eine Erneuerung der Poesie und des Singens aus der Erfahrung von Ursprünglichkeit und »Wildheit« von »lebenden Völkern, [...] denen unsre Sitten noch nicht völlig Sprache und Lieder und Gebräuche haben nehmen lassen, um ihnen dafür etwas sehr verstümmeltes oder Nichts zu geben« (Herder, *Briefwechsel über Ossian,* 1773). Wie sehr G. von der Vorstellung eines bewahrenden Sammelns sowohl längst verklungener Gesänge, als auch vital gesungener Lieder als dem »Stamm und Mark der Nation« (Herder) fasziniert war, geht daraus hervor, daß er sich als Jurastudent in ↗Straßburg vom reifen Herder inspirieren ließ, Lieder und Balladen des Elsaß, »aus denen Kehlen der ältesten Müttergens aufgehascht«, (G.) zu notieren, die er seinem Mentor im Oktober 1771 zuschickte. Seither sind G.s Versuche zahlreich, Strophen aus Volksballaden oder Verse etwa aus neapolitanischen Gesängen in sein dramatisches Werk zu integrieren. Am eindrucksvollsten gelang das in seinem »Wald- und Wasserdrama« *Die Fischerin,* in das er Balladen und Lieder der Herderschen Sammlung einflocht. Den Widmungsversen an das Ehepaar Herder ist die Utopie zu entnehmen, von der er damals beseelt war: »Dies kleine Stück gehört, so klein es ist,/ Zur Hälfte Dein, wie Du beim ersten Blick/Erkennen wirst, gehört Euch beiden zu,/Die Ihr schon lang für Eines geltet./Drum Verzeih', wenn ich so kühn und ohngefragt,/Und noch dazu vielleicht nicht ganz geschickt,/Was er dem Volke nahm, dem Volk zurück/ Gegeben habe«. Dieser aktive Umgang G.s und die Sorge um die Rückführung der Lieder in die Praxis mochte Achim von ↗ Arnim und Clemens ↗ Brentano bewogen haben, die Texte ihrer berühmt gewordenen Sammlung »alter deutscher Lieder«: *Des Knaben Wunderhorn*, die sie im Jahr 1806 in Heidelberg herausgaben, »Sr. Exzellenz dem Herrn Geheimerat von Goethe« zu widmen. Unmittelbar nach dem Erscheinen empfahl er G. seinem Freund Zelter mit den Worten: »Sie haben doch das Wunderhorn im Hause und lassen sich dadurch wohl manchmal aufregen? Teilen Sie mir ja die Melodien mit, die gewiß dadurch geweckt werden.« Im gleichen Jahr schrieb er in seiner enthusiastischen Besprechung, die in der *Jenaischen Allgemeinen Literaturzeitung* erschien: »Von rechts wegen sollte dieses Büchlein in jedem Hause, wo Gesang- und Kochbücher zu liegen pflegen, zu finden sein […]. Am besten aber läge doch dieser Band auf dem Clavier des Liebhabers oder Meisters der Tonkunst, um den darin enthaltenen Liedern entweder mit bekannten hergebrachten Melodien ganz ihr Recht widerfahren zu lassen, oder ihnen schickliche Weisen anzuschmiegen, oder wenn Gott wollte, neue bedeutende Melodien durch sie hervorzulocken«.   GBS

Volkssänger: G. hatte in der ersten Fassung seines *Schauspiels mit Gesang: Claudine von Villa Bella* (1775) den alten Gonzalo klagen lassen: »Ich sage immer: Zu meiner Zeit war's noch anders; da ging's den Bauern wohl und da hatt' er immer ein Liedchen, das von der Leber wegging und einem's Herz ergötzte.« Mit diesem Satz verwies er auf einen Mangel und bekannte sich zu einer Sache, die in der Weimarer Umgebung noch keineswegs von allen geteilt wurde. Wie in den meisten Residenzen auch, wurden erst langsam Aufmerksamkeit und Zuneigung zu den »wahren Stimmen«, zu den »Volksliedern« (J.G. Herder) der Untergebenen entwickelt, deren Weisen erst allmählich nicht mehr als der barbarische Ausdruck von Unbildung angesehen wurde, über die man sich mit ästhetischem Hochmut stolz hinwegsetzen konnte. Wie sehr G. daran interessiert war, genuin Gewachsenes wahrzunehmen, kann man an seiner

Bibliothek ablesen, in der sich u.a. die Ausgaben von »Volksliedern der Serben« befanden. Er selbst hatte Aufzeichnungen aus Italien mitgebracht, wo er gebannt den singenden Fischern zuhörte. Er gehörte darüber hinaus zu den Übersetzern der Lieder aus Brasilien, England, Finnland (vermittelt über eine französische Übersetzung), Sizilien oder Irland, und verwendete immer wieder Strophen aus Volksballaden, Verse aus neapolitanischen Gesängen in seinen Singspielen und Dramen. Die durch Weimar reisenden Sänger und Wandermusikanten lud er stets ein, um sie in seiner Nähe hören zu können. So bat er etwa im Jahr 1826 die Tiroler Sängerfamilie Leo mit den Brüdern Balthasar, Sebastian und Anton Leo gemeinsam mit Creszentia Faidl und Matthias Widmoser in seinen Garten; die »fesche« Creszentia ließ er sogar von Josef Schmeller porträtieren.   GBS

Vollkommenheit: In Darstellung und Ausdruck sollte ein Künstler sie immer anstreben. Denn allein das Vollkommenheitsstreben ist nach G.s Überzeugung Garant künstlerischer Ernsthaftigkeit und vermag ihm die Augen zu öffnen für das Schöne, dessen Wesen und Natur sich nur ganz allmählich erschließen läßt. Darstellerische Vollkommenheit setzt die Beherrschung der tradierten künstlerischen und kunsthandwerklichen Fertigkeiten voraus. Das Gespür für das Schöne indes ist nur bedingt erlernbar, verdankt sich ein jedes vollendet schöne Kunstwerk doch letztlich entschieden der schöpferischen Intuition – und damit dem, was G. immer wieder als ↗ »Genie« bezeichnet hat.   FT

Vollmonde, Dem aufgehenden s. **Dornburger Gedichte**

Vollmondnacht: *Herrin, sag', was heißt das Flüstern?* Entstanden am 24.10.1815, kurz nach der Rückkehr G.s von der zweiten Rhein-Main-Reise und dem Abschied von Marianne von Willemer; Erstdruck 1819 im *West-östlichen Divan*. Das Thema der Trennung und Sehnsucht ist kunstvoll gestaltet in einem szenischen Rollengedicht mit zwei Frauenstimmen. Mit diesem weiblichen Dialog von Dienerin und Herrin über deren fernen Geliebten verwendet G. ein in der östlichen und westlichen Literatur gleichermaßen beliebtes Motiv. Aus einem Ghasel von ↗ Hafis übernimmt er nahezu unverändert eine erotisch drängende Formel, doch wird aus der Männerrede bei Hafis hier Rede der Herrin: »Ich will küssen! Küssen! sagt' ich.« Der Refrain, der beim dritten Mal ins Präsens gesetzt wird (»sag' ich«), zeigt als eigensinnige Fixierung des Gefühls die steigende Intensität ihrer Sehnsucht nach dem Geliebten. Die Gedanken der Herrin finden ebenso wie das nächtliche Ambiente ihren Ausdruck in der Rede der Dienerin; das weibliche Begehren wird anschaulich gemacht in Bildern einer erotisierten Nacht. Im »zweifelhaften Dunkel«, also im Zwielicht – einer für G. besonders wichtigen optischen und emotionalen Zwischenstufe – lösen sich die klaren Konturen der Gegenstände und Erscheinungen auf, wird auch die Trennung der Jahreszeiten aufgehoben; im »Glühen blühend alle Zweige,/ Nieder spielet Stern auf Stern« verbindet sich frühlingshaftes Blühen mit herbstlichem Sternschnuppenfall. Dieses Ineinandergleiten der Phänomene bildet den entgrenzenden Charakter der Liebe und des Begehrens ab. Das in der Liebeslyrik hochbesetzte Bild des Vollmonds wird in der Rede der Dienerin als Erinnerungsbild beschworen: »Euch im Vollmond zu begrüßen,/Habt ihr heilig angelobet,/Dieses ist der Augenblick.« Diese Verszeilen spielen darauf an, daß G. und Marianne von Willemer sich versprochen hatten, jeweils bei Vollmond aneinander zu denken.   IW

Voltaire (1694–1778): Er war für G. der große, vorbildliche Schriftsteller des 18. Jh.s, mit dessen Gedichten, Erzählungen, philosophischen Essays und Theaterstücken er seit seinen Straßburger Studien und Lektüren Zeit seines Lebens umging und gern sah, wenn er an ihnen kritisch gemessen wurde, wie es ihm gefiel, sich Voltaire entschieden entgegenzustellen. G. entwickelte in der Auseinandersetzung mit Voltaire die Idee »einer brüderlichen Gesinnung«, die ihm angemessener erschien als dessen Plädoyer für das republikanische Gemeinwohl. Letzten Endes ging es G. wohl darum, das Menschenbild des »Spötters von Ferney« aus seiner Orientierung auf die bürgerliche bzw. feudale Zivilisation herauszulösen und in ein reines Gegenüber von Mensch und Natur zu überführen.   BL

Von Deutscher Baukunst: Aufsatz über das Straßburger Münster und seinen Baumeister, Erwin von ↗Steinbach, Entstehung 1770–1772, Erstpublikation als Flugschrift anonym 1772, 1773 in Herders Sammlung *Von Deutscher Art und Kunst*. G. nahm im Zusammenhang mit seinem Straßburger Aufenthalt das beeindruckende Bauwerk des Münsters und seinen Baumeister zum Anlaß, eine Programmschrift des ↗Geniekults zu schreiben. Das Kunstwerk wird im Sinne eines Naturdings hymnisch besungen, der Künstler hat Teil am Göttlich-Schöpferischen der Natur: »Denn in dem Menschen ist eine bildende Natur,

die sich gleich tätig beweist, wann seine Existenz gesichert ist«, er wird zu einem zweiten Gott, »der auf solch eine Schöpfung herabschauen, und Gott gleich sprechen kann: es ist gut!« Neben dem Genie-Programm spricht aus dem kleinen Text ebenfalls ein nationaler Impuls, den G. von ↗Herder übernahm: Die ↗Gotik wird, kunsthistorisch natürlich unsachgemäß, als »deutsche« Baukunst der klassizistischantiken entgegengesetzt.   BJ

Vor dem Tor: Faust verläßt die beengende Studierstubenatmosphäre, die ihn, hin und her geworfen zwischen manischen Ausgriffen in magische Erkenntnissphären und Phasen tiefer Depression, bis in den ↗Selbstmordversuch getrieben hatte. »Vor dem Tor« (österliche Szenerie in *Faust I*; nach v. 807) bietet sich ihm nicht nur ein Bild der inneren und äußeren Befreiung (Revue einer typenreichen Bürgerwelt beim Osterspaziergang); auf diesem Gang trifft Faust auch auf den Pudel, in dessen Gestalt sich Mephisto in Fausts Behausung einschmuggelt.   GG

Vor Gericht: *Von wem ich's habe:* Entstanden 1776 oder früher, Erstdruck in *Werke* 1815. Die Ballade nimmt mit der unehelichen Schwangerschaft ein beliebtes Thema der ↗Sturm-und-Drang-Literatur auf; auch G. hat in der ↗Gretchen-Tragödie von *Faust I* die typische Zuspitzung zum Kindesmord und die Opferrolle der Frau gestaltet. Untypisch und auch für den jungen G. singulär ist das selbstbewußte weibliche Rollen-Ich dieses Gedichts, das gegen kirchliche und staatliche Autorität das Recht auf selbstbestimmte Liebe und Mutterschaft einklagt. Einen solch rebellischen Autonomieanspruch gestanden die jungen Stürmer und Dränger ansonsten nur dem männlichen Individuum zu.   IW

Vorsehung, von G. meist nicht im metaphysischen, heute gebräuchlichen Sinne benutzt, sondern im Sinne von Vorsicht, Fürsorge oder Vorkehrung. So schrieb er etwa hinsichtlich eines innenarchitektonischen Projekts an Johann Heinrich Meyer: »Sprechen Sie doch mit Baurath Stein, daß er deshalb Vorsehung treffe« (21.8.1829).   BJ

Vorspiel auf dem Theater: Eventuell unabhängig von der *Faust*-Dichtung entstanden. Werkfremde Figuren erörtern in einem Gespräch die bevorstehende Aufführung unter Aspekten des konkreten Theater-Betriebs vor dem Publikum: Direktor (Prinzipal), (bei der Truppe angestellter Dramaturg und) Dichter sowie Schauspieler (hier als Hanswurst) sprechen von den Bedingungen, Zielen und Hoffnungen, die sie mit ihrer Tätigkeit verknüpfen: ästhetische, wirtschaftliche und Zuschauerinteressen, Kunst und Kommerz, schöpferisches Ich und Unterhaltung suchendes Publikum. GG

Voß, Johann Heinrich (1751–1826), Dichter von Idyllen und Epen (*Luise*, 1795) und wichtigster Übersetzer von Homer und Ovid in der G.-Zeit, Herausgeber des *Göttinger Musenalmanachs* (ab 1775). G. schätzte die Hexameter-Verse der Homer-Übersetzung als unverzichtbares Vorbild für die eigenen epischen Dichtungen, mit denen er sich allerdings in freiem Umgang von den Vorgaben löste (über *Hermann und Dorothea* an Meyer, 5.12.1796). Die Kritik an seinen Epenversen, die immer mit den strengeren von Voß verglichen wurden, wies G. vehement zurück (an Schiller 28.2.1798, an W. v. Humboldt, 16.9.1799). Neben dieser höchsten Wertschätzung der literaturgeschichtlichen Leistung von Voß wandte G. sich später scharf gegen dessen pedantische Auffassung literarischer Formen, gegen seinen klassizistischen Rigorismus (z.B. an Zelter, 22.6.1808). BJ

Vulkan s. **Ätna**, **Vesuv**, **Vulkanismus**

Vulkanismus: »Der allgemeine neuere Vulkanismus ist eigentlich ein kühner Versuch, die gegenwärtige unbegreifliche Welt an eine vergangene zu knüpfen« (*MuR*). G. scheint dennoch kein Anhänger dieser von dem Engländer James Hutton (1726–97) begründeten, außerordentlich populären und heftig umstrittenen Theorie der Erdentstehung gewesen zu sein, er hat sie sogar als »vermaledeite Polterkammer der neuen Weltschöpfung« verflucht (*Geologische Probleme und ihre Auflösung*). In öffentlicher Konkurrenz stand diese Theorie zum ↗Neptunismus. Dem Organologen G. ging die Hypothese, Erdentstehung und Erdformation seien eruptiv dem feurig-flüssigen Erdinnern zu verdanken, gegen den Strich. Dennoch: In der ↗»Klassischen Walpurgisnacht« von *Faust II* hat er ihr durch den Vorsokratiker ↗Anaxagoras Stimme verliehen: »Hier aber war's! Plutonisch grimmig Feuer/Äolischer Dünste Knallkraft, ungeheuer,/ Durchbrach des flachen Bodens alte Kruste,/Daß neu ein Berg sogleich entstehen mußte« (v. 7865–7868). BL

Vulpius, Christian August (1762–1827), Schriftsteller, Bibliothekar, Bruder Christiane G.s. Trotz bitterer Armut der Vulpiusfamilie (der Vater ist schlecht bezahlter fürstlicher Beamter, hat zehn Kinder aus zwei Ehen, sieben starben früh) besucht er – geistig aufgeweckt, begabt – das Weimarer Gymnasium, studiert 1782–86 Jura in Jena und Erlangen, beschäftigt sich daneben intensiv mit Literatur, Geschichte, Numismatik, Heraldik. Sein Studium wird durch ein Stipendium Carl Augusts möglich, das er 1786 abbrechen muß, als er nach dem Tod des Vaters für die Familie zu sorgen hat. 1788 bittet Christiane G. um Anstellung des Bruders, eine schicksalhafte Bitte. G. empfiehlt den fleißigen, gebildeten jungen Mann an Göschen, Breitkopf, Fritz Jacobi, an Professor Hufnagel in Erlangen, allerdings ohne Erfolg. Von 1788–90 lebt Christian als schlecht bezahlter Privatsekretär, 1790 kehrt er nach Weimar zurück. Ab 1791 findet er »Verwendung am Theater« (Sichtung, Bearbeitung von Texten, Übersetzungen). Er wird für G. und ↗Kirms zum unentbehrlichen Helfer und durch Friedrich Justin ↗Bertuch gefördert. 1797 amtiert er als Registrator an der Herzoglichen Bibliothek (100 Taler Jahresgehalt), wird 1800 zum Bibliothekssekretär befördert (1801, 200 Taler Gehalt), wird 1805 zum Bibliothekar ernannt, schließlich zum Inspektor des Münzkabinettes (ab 1810 400 Taler Gehalt) befördert; seine Karriere endet 1816 als Herzoglicher Rat, ab 1817 erwirbt er sich besondere Verdienste bei der Reorganisation der Jenaer Universitätsbibliothek, 1823 schließlich den Doktor der Philosophie und begibt sich 1826 in den Ruhestand. CS

Vulpius, Christiane s. **Goethe**, Christiane von

Wagner, der Assistent (Famulus) des Gelehrten Faust (*Urfaust*, nach v. 168; *Faust I*, nach v. 521 – Unterbrechung der Beschwörungsszene, nach v. 902 auf dem Osterspaziergang); dem Rationalismus, dem Vertrauen auf Quellen und Wissen verpflichteter Kontrepart zu dem sich der Magie verschreibenden »Genie«, wenn man die Perspektive des ↗Sturm und Drang anlegt, dem die Konzeption der ersten Wagnerszene noch zugehört. Das Verständnis Wagners als eines buchfixierten trockenen Philisters, eines Aufklärungsrepräsentanten des 18.Jh.s und einer Humanistenkarikatur (16.Jh.) zugleich, beruht wesentlich auf dieser historischen Perspektive. Faust spiegelt aber auch an Wagners geistigem Horizont und Denkweise den Impetus und die Möglichkeiten seines eigenen Strebens. Dabei stößt ihn die Dürftigkeit jenes Weltbildes durchaus ab, woraus sich fast alle abwertenden Urteile über Wagner speisen; zugleich aber schreibt sich Fausts gelegentlicher Rückgang in selbstkritische Positionen, eine Bedingung innerdramatischer Steigerung, nicht zuletzt aus dieser Konfrontation mit dem »trockne[n] Schleicher« her (↗Homunculus).   GG

Wagner, Heinrich Leopold (1747–1779), Dichter und Anwalt; Jugendfreund G.s – »nicht ohne Geist, Talent und Unterricht« (*DuW*, 14. Buch); als Student der Rechtswissenschaft in Straßburg Bekanntschaft mit G., ab 1774 in Frankfurt. Wegen des Dramas *Die Kindermörderin* (1776) bezichtigte ihn G. des »Gedankenraubs« am *Urfaust*: er habe ihm »die Katastrophe von Gretchen« »weggeschnappt«. Aufregung stiftete Wagners Farce *Prometheus, Deukalion und seine Rezensenten* (1775) – derbe Knittelverse gegen *Werther*-Kritiker, die man G. zuschrieb. Ein öffentliches Dementi G.s in den *Frankfurter Gelehrten Anzeigen* glättete die Wogen nur wenig. Was nun? Werthertracht angezogen und auf in die ↗Schweiz.   PO

Wagner, Richard (1813–1883): Als G. starb, war Wagner 19jährig und dabei, seine 1831 komponierten *Sieben Kompositionen zu Goethes Faust* zu überarbeiten. Sie waren in der Hoffnung auf die Realisation während der Leipziger Faust-Aufführung geschrieben worden, in der seine Schwester Rosalie das Gretchen spielte, mochten mithin als Beginn einer Schauspielmusik gedacht gewesen sein. Die Reinschrift mit repräsentativem Titelblatt deutet auf eine geplante Drucklegung. Wagner gehörte zu den Komponisten des 19. Jh.s, die sich nachhaltig und eigenwillig mit G.s Werk beschäftigten. Neben diesen ersten Versuchen konzipierte er wenig später eine Faust-Symphonie (1. Fassung 1839/40), zu deren Realisation es jedoch nur zum Teil und nach mehrfachen Umarbeitungen kam. Wagner entschied sich zum Fragment einer *Faust-Ouvertüre* (WWV 59), die zu einem intensiv diskutierten Gegenstand mit Franz Liszt wurde, der die endgültige Fassung 1855 in seiner Eigenschaft als Weimarer Kapellmeister (seit 1848) aufführte. Weimar war bereits ein Ort geworden, in dem seine Bühnenwerke musterhafte Aufführungen erfuhren, und Wagner sollte, nicht zuletzt gestützt durch Liszt im Jahr des 100. Geburtstages G.s (1849) aufgesetzte »Helgoländer Denkschrift« nach seiner Amnestierung sogar nach Weimar berufen werden, ein Vorhaben, das hintertrieben wurde. Die Denkschrift war von Liszt zu seiner Schrift *De la Fondation Goethe à Weimar* erweitert worden, in der er seinen Plan zur Reorganisation des Weimarer Kulturlebens darlegte, und Richard Wagner reagierte ausführlich aus seinem Zürcher Exil mit einem skeptischen Brief (8.5.1851): *Über die Goethestiftung.*

Wenn sich das Werk G.s auch durch das Leben Wagners zog, so blieb er dennoch in einem distanzierteren Verhältnis zu dem Dichterfürsten als andere Komponisten. Sein Haus am Frauenplan hatte Wagner 1833 »mit Neugier aber ohne Ergriffenheit« besucht, wie er schrieb.   GBS

Wahlverwandtschaften, Die: Roman, Entstehungszeit v.a. 1808 und 1809, Erstpublikation bei Cotta 1809. Ursprünglich hatte G. die *Wahlverwandtschaften* als Novelle für die Fortsetzung des *Wilhelm Meister* gedacht, nach und nach aber wuchs der Stoff darüber hinaus. Den Begriff der Wahlverwandtschaften übernimmt G. aus der zeitgenössischen ↗Chemie, wo er die gegenseitige Anziehungskraft chemischer Elemente bezeichnete – die zur Auflösung alter und zur Bildung neuer Stoffverbindungen führen kann. Wie in einem Experiment führt G. vier Hauptfiguren zusammen, an denen eine gleichsam naturmagische Anziehungskraft sichtbar wird, die Verbindungen auflöst, aber schließlich nicht zu neuen führt.

Zur Fabel des Romans: Der reiche Landadlige Eduard lebt, nach einer vorteilhaften Ehe verwitwet, mit seiner Jugendliebe Charlotte, die ebenfalls aus erster Ehe verwitwet ist, verheiratet auf seinem großzügigen Landsitz. Um einem Jugendfreund aus einer beruflichen Notlage zu helfen, entschließt sich Eduard, den ↗Hauptmann Otto an den Hof zu ziehen, auch, um mit dessen praktischen Fertigkeiten die Vermessung und Umgestaltung des eigenen Besitzes umsetzen zu können. Im Gegenzug nimmt Charlotte die Tochter einer verstorbenen Freundin, die junge ↗Ottilie, zu sich. Nach kurzer Zeit schon entspinnt sich zwischen Eduard und Ottilie eine zunächst verhaltene, später immer deutlicher werdende leidenschaftliche Liebe. Gleichzeitig entwickeln der Hauptmann und Charlotte eine reife Neigung zueinander, der sie aber, im Unterschied zu den beiden anderen, aus Vernunftgründen nicht nachgeben. Eines nachts sucht Eduard Charlotte auf und beide schlafen mit einander, jedoch in der ehebrecherischen Vorstellung, nicht den Ehepartner, sondern den jeweils andern Geliebten im Arm zu haben. Ein Fest zu Ottilies Geburtstag läßt die Leidenschaften an den Tag kommen: Charlotte will Ottilie entfernen, der Hauptmann ist schon tags zuvor auf eine aussichtsreiche Stelle nach auswärts gewechselt. Eduard verläßt den heimatlichen Landsitz, Ottilie bleibt bei Charlotte, die kurz nach Eduards Abfahrt bemerkt, daß sie schwanger ist.

In der Abwesenheit der beiden Männer führen die beiden Frauen die landschaftsgestalterischen Pläne Eduards zum Teil weiter. Die Ausgestaltung der Dorfkapelle führt einen jungen Architekten heran, der bei der Ausmalung der Kuppel die Engelsgesichter immer stärker Ottilien ähnlich werden läßt. Die Ankunft von Charlottes Tochter aus erster Ehe, Luciane, mit großem Hofstaat, verwandelt den stillen Landsitz zwischenzeitlich in einen adligen Hof mit allen repräsentativen Festivitäten – die leise Gegengeschichte hierzu erzählt Ottiliens Tagebuch, das der Erzähler immer wieder einflicht. Ottilie entschließt sich, ähnlich wie Charlotte gegenüber dem Hauptmann, zur entsagungsvollen Liebe: Sie verzichtet auf Eduard und will in einer pädagogischen Tätigkeit uneigennützig arbeiten. Charlotte bringt einen Sohn zur Welt, der die Schuld des doppelten Ehebruchs aufs Gesicht geschrieben trägt: Er sieht Ottilie und dem Hauptmann ähnlich. Eduard kehrt erfolgreich und gesund aus einem Feldzug heim und will an seiner Liebe zu Ottilie festhalten. Die Liebenden sehen sich wieder, Ottilie ist verwirrt, eine hastige Kahnfahrt mit dem Neugeborenen gerät zur Katastrophe: Das Kind ertrinkt. Charlotte scheint nun einzuwilligen in eine Scheidung, Ottilie aber entsagt, sie widerstrebt der Verbindung mit Eduard, angesichts der mehrfachen Schuld, die sie sich aufgeladen fühlt. Sie will nun das Haus verlassen, bleibt aber doch, gedenkt die Eheleute zusammenzubleiben und versagt sich Sprechen, Essen und Trinken. Das moralisierende Referat eines Bekannten der Familie über das sechste Gebot führt zur Katastrophe: Ottilie hört ungewollt mit, stürzt sofort aus dem Zimmer und stirbt. Eduard verfällt zusehends, stirbt ebenfalls und wird neben Ottilie in der Kapelle begraben.

In seinem Roman thematisiert G. einerseits die Verfassung des Landadels in Deutschland in den letzten Jahren des 18. Jh.s. Dessen gesellschaftliche Unproduktivität wird vor allem an Eduard deutlich, der als Dilettant musiziert und in seinem Garten wirtschaftet, der Teile seines Besitzes verkauft, um größere und schönere Repräsentationsanlagen zu schaffen. Damit steht er ganz im Gegensatz zum Reformadel aus den *Lehrjahren*, der den Feudalbesitz sozial verantwortlich auflöst.

Das Hauptthema der *Wahlverwandtschaften* aber ist gewiß der Gedanke einer mythischen oder naturmagischen Macht, die v. a. an Ottilie deutlich wird, an der Liebe, die sie irrational auslöst, an ihrer unschuldigen Schuld. Eine mythische Macht, die auch im »Reich der heitern Vernunftfreiheit die Spuren trüber, leidenschaftlicher Notwendigkeit« sichtbar werden läßt, wie G. in der Zeitungsankündigung des Romans selber ausführt. Gerade Charlotte und der Hauptmann sind es, die den Versuch machen, das

eigene Leben, die Leidenschaften, die Natur und den Tod *vernünftig* zu bewältigen – Versuche, die allesamt durchkreuzt werden durch eine nicht rational kontrollierbare Macht. Damit gehören die *Wahlverwandtschaften* in die Geschichte der literarischen Selbstkritik der Aufklärung, indem sie einen mahnenden Einspruch gegen die für allmächtig gehaltene Vernunft im Bilde scheinbar magischer, naturhafter Kräfte formulieren.   BJ

Wahn (und Wirklichkeit): G. verwendet den Begriff des Wahns zunächst als synonym für Traum: Mephisto ruft dem Geisterchor im Studierzimmer zu: »Umgaukelt ihn [den schlafenden Faust] mit süßen Traumgestalten,/Versenkt ihn in ein Meer des Wahns« (v. 1510 f., vgl. auch v. 8838 ff.). Wahn ist irrige Annahme und Aberglaube: Der Harfner etwa hält sich für einen Unglücksbringer (*Lj*, VII.4); als ›süßer Wahn‹ ist er überzogene Selbsteinschätzung, die schroff mit der harten Wirklichkeit konfrontiert wird (»Der Mann von funfzig Jahren«). G. identifizierte einen kranken Wahn der Jugend als Voraussetzung für den überragenden Erfolg seines *Werthers* in dieser Lesergruppe. Wahn kann aber auch poetisch produktiver Aberglaube sein, der beim Poeten sozusagen nur »mentale Gültigkeit« habe und den er sich so zunutze machen könne (Justus Möser). – Der Wahn stellte in der Auffassung G.s eine nicht zu unterschätzende Wirklichkeit dar: »Wie in Rom außer den Römern noch ein Volk von Statuen war, so ist außer dieser realen Welt noch eine Welt des Wahns, viel mächtiger beinahe, in der die meisten leben« (*MuR*).   BJ

Wahnsinn: Poetisches Motiv, das G., als Steigerungsform der ↗Verzweiflung, verschiedentlich zur Charakterisierung seiner Figuren einsetzt. In seiner Diskussion mit ↗Albert über den ↗Selbstmord (12.8. 1771) behauptet ↗Werther die Nähe der Leidenschaften zum Wahnsinn, er fühlt sich mit psychologischem Verständnis in Menschen in seelischer Not und äußersten Grenzsituationen ein; der Wahnsinnige, von dem Werther am 31.11.1772 berichtet, dient als Spiegelfigur des Helden selbst. Wahnsinn ist ein Leitmotiv in den Liedern des ↗Harfners, der Wahnsinn Ophelias wird in der Hamlet-Auslegung ↗Wilhelms breit thematisiert. Die pilgernde Törin ist durch Wahnsinn gekennzeichnet, ↗Gretchen fällt im Kerker in Wahnsinn, ↗Orest wird aus seinem Wahnsinn angesichts des mythischen Fluchs gerettet. Hinsichtlich der bevorstehenden Trennung von Rom notierte G.: »In jeder großen Trennung liegt ein Keim von Wahnsinn, man muß sich hüten, ihn nachdenklich auszubrüten und zu pflegen« (*IR*, 22.3.1788). BJ

Wahres, Gutes, Schönes: G.s Formel für die Einheit von Wahrheit, Ästhetik und Moral, die entweder vollständig oder in Abänderungen und Verkürzungen immer wieder in G.s Werk auftritt. So heißt es programmatisch in dem *Epilog zu Schiller Glocke*: »Indessen schritt sein Geist gewaltig fort/In's Ewige des Wahren, Guten, Schönen,/Und hinter ihm, im wesenlosen Scheine,/Lag, was uns alle bändigt, das Gemeine«. Das Zusammenstimmen der äußerlichen Form in Harmonie, Symmetrie und Maß hat G. spätestens seit der Italienreise als Ausdruck einer inneren Gesetzmäßigkeit, als Wahrheit verstanden, die, als Kunstwerk anschaulich werdend, gleichzeitig das Gute befördern könne. In Variation findet sich die Formel als Leitspruch in dem philanthropischen Schloß des Oheims in den *Wanderjahren*: »Vom Nützlichen durchs Wahre zum Schönen«(I.6), die Figur des lange gesuchten »nußbraunen Mädchens« wird in ↗»Lenardos Tagebuch« zur »Schönen-Guten« stilisiert – eine Reminiszenz an das antike Ideal der Kalokagathia, des Zusammenfallens von ↗Schönheit und moralischer ↗Vollkommenheit. BJ

Wahrheit/Irrtum ist eines der polaren Begriffsfelder in G.s Denken, das zunächst in seiner Unentschiedenheit ein Charakteristikum noch unreifer Jugend ist: In dem Gedicht *Ilmenau* (1783) heißt es in einer Rückschau auf die Jugend Carl Augusts: »Noch ist, bei tiefer Neigung für das Wahre,/Ihm Irrtum eine Leidenschaft.« Daß meist vor der Erkenntnis einer Wahrheit eine lange Reihe Irrtümer liege, ist eine anthropologische Grundannahme G.s. Der Herr des »Prologs im Himmel« bezeichnet mit seiner Formel »Es irrt der Mensch, solang er strebt« (v. 317) den Irrtum als unumgängliches Menschliches, in der *Xenie* »Trost« formuliert G. ähnlich: »Irrtum verläßt uns nie; doch ziehet ein höher Bedürfnis/Immer den strebenden Geist leise zur Wahrheit hin«. G. reflektiert die Schwierigkeiten, zwischen Wahrheit und Irrtum zu unterscheiden, zumal der Irrtum den leichter gangbaren Weg darstellt: »Die Wahrheit widerspricht unserer Natur, der Irrtum nicht, und zwar aus einem sehr einfachen Grunde: die Wahrheit fordert, daß wir uns für beschränkt erkennen sollen, der Irrtum schmeichelt uns, wir seien auf ein- oder die andere Weise unbegrenzt« (*MuR*); selbst eine schmerzliche, »schädliche Wahrheit« sei dem »nützlichen Irrtum« vorzuziehen: »Wahrheit heilet den Schmerz, den sie vielleicht uns erregt« (*Xenien*: »Was nützt«). BJ

Wahrheitsliebe: Eine Tugend, die G. zufolge sowohl grundsätzlich vom Menschen als auch besonders vom Künstler gefordert sei: »Wahrheitsliebe zeigt sich darin, daß man überall das Gute zu finden und zu schätzen weiß« (*Wj*, »Betrachtungen im Sinne der Wanderer«); »Das erste und letzte, was vom Genie gefordert wird, ist Wahrheitsliebe« (*MuR*). BJ

Waiblinger, Wilhelm (1804–1830), schwäbischer Dichter, der Nachwelt vornehmlich wegen seines Berichtes über den kranken Hölderlin im Gedächtnis, studierte mit Eduard Mörike am Tübinger Stift Theologie. Ein großer Verehrer G.s (sein Spitzname am Stift war »Faust«), wandte er sich mit seinem ersten Roman *Phaeton* durch Vermittlung Sulpiz Boisserées 1823 an den Olympier, doch dieser reagierte nicht. Waiblinger ging 1826, wie viele andere Romantiker, nach Rom, wo er Anfang 1830 starb und auf dem protestantischen Friedhof beerdigt wurde, auf dem wenige Monate später auch die Beisetzung August von G.s erfolgte. DF

Waitz, Johann Christian Wilhelm (1766–1796), Zeichner in Weimar, ausgebildet an der Weimarer ↗Freien Zeichenschule, bekannt durch seine für G. gefertigten anatomischen Blätter zum Zwischenkieferproblem. PO

Waldhorn, seit dem Beginn des 18. Jh.s umgangssprachliche Bezeichnung für ein engmensuriertes, zweiwindiges Blechblasinstrument mit weiter Stürze, das ab 1750 durch Aufsteckbögen flexiblere Stimmtonhöhen bekam. Es gehörte zu den Klanggeräten vor allem der Stadtpfeifer und Jagdpostillons und wurde schließlich zur romantischen Naturmetapher. G. verwendete das Wort »Waldhorn« in zwei verschiedene Instrumente. Gemäß seines Frankfurter Sprachgebrauchs nannte er am 18.6.1775 etwa die Rindentrompete (Alphorn), die ihm beim Aufstieg zum Rigi bei Luzern auffiel, ebenso »Waldhorn« wie die Instrumente, die später zum besonderen Flair der Freiluftaufführungen auf den Naturbühnen von ↗Ettersburg und ↗Tiefurt oder zur Klangaura der Weimarer Parks gehörten. G. beschäftigte sich mit dem Waldhorn so intensiv, daß er zu den Materialien für die analog zur ↗Farbenlehre geplante ↗»Tonlehre« ein Blatt mit dem Notat der ersten 16 »Naturtöne des Waldhornes« anfertigte. Bereits in den *Materialien zur Geschichte der Farbenlehre* hatte er im Gefolge der synästhetischen Ermittlungen des Hallenser Physikers Johann Leonhard Hoffmann (1786) mit den Tönen des Waldhorns die Farbe purpurrot assoziiert. GBS

Walldorf, Adelheid von: Figur aus *Götz von Berlichingen*. Sie ist eine selbständige Witwe und die interessanteste Frauenfigur im Stück. Sie erlaubt sich eigene Interessen und entwickelt ungewöhnliche Willenskräfte, um diese durchzusetzen. Die Männer sind ihrem Auftreten nicht gewachsen, selbst G., der die Figur frei erfunden hatte, mußte bemerken: »Ich hatte mich, indem ich Adelheid liebenswürdig zu schildern trachtete, selbst in sie verliebt« (*DuW*, 13. Buch). Im Kampf mit Adelbert v. ↗Weislingen verlieren beide: Er stirbt durch ihr Gift, sie durch ein Femegericht.   WM

Walpurgisnacht: Die Nacht zum 1. Mai (Tag der Schutzheiligen der Hexen, Walburga), in der sich auf dem ↗Blocksberg (↗Brocken) die Hexen- und Teufelsgesellschaft zum Tanz trifft. In *Faust I* die Szene direkt im Anschluß an den Zusammenbruch Gretchens (Dom) mit extremem inhaltlichen Kontrast. Mephisto entführt Faust in eine sich in Wandelbildern steigernde Orgie völlig ungezügelter und äußerst derber und pervertierter Sexualität – ohne Erfolg: eine Vision Gretchens entreißt Faust den mephistophelischen Verführungskünsten (nach v. 3834). – G. hat eine konzeptionell bedeutende Satansmesse, eine zentrale Szene unterschlagen (Selbstzensur). Erst unter Berücksichtigung dieser Passagen (Paralipomena) erhält die Walpurgisnacht ihre wahrhaft teuflische Kraft – auch als Gegenbild zu den Gretchen-Szenen.   GG

Wandel, sozialer s. **Maschinenwesen, Zukunft**

Wandelnde Glocke, Die: *Es war ein Kind:* Erstdruck in *Werke* 1815. G. schickte das Gedicht am 22.5.1813 zusammen mit der Ballade *Der Totentanz* an seinen Sohn August und schrieb dazu, er solle sich seiner »Erfindung in diesem Gewande freuen«. Wie Friedrich Wilhelm Riemer, Hauslehrer von August und Mitarbeiter G.s, in seinen *Mitteilungen über Goethe* berichtet, beruht die Ballade auf einem Scherz, den er und August mit einem kleinen Jungen trieben, dem sie weismachten, die Glocke könne ihn abholen, wenn er den Kirchgang versäume: »Diese wackelnde einbeinige Bewegung bildete der humor- und scherzreiche August mit einem aufgespannten Regenschirm dem Kinde vor und brachte es dadurch, wo nicht zum Glauben, doch zur Vorstellung einer Möglichkeit der Sache.« Riemer wundert sich darüber, daß G. nach langen Jahren »aus einer kindischen Fabelei eine lehrreiche Kinderfabel« entwickelt habe. Diese »Kinderfabel« steht in der Tradition der aufgeklärten Warn- und Beispielgeschichte; kindliches Fehlverhalten wird

zunächst durch die Mahnung der Mutter, dann durch die wandelnde Glocke, Symbol kindlicher Gewissensangst, in Wohlverhalten transformiert. Die Kenntnis der Entstehungsgeschichte relativiert die heute befremdliche Vorstellung G.s als eines strengen Pädagogen.   IW

Wandrer, Der: Entstanden Frühjahr 1772, Erstdruck September 1773 im Göttinger *Musen-Almanach auf das Jahr 1774* und mit stilistischen und metrischen Glättungen in den *Schriften* 1789. Das szenisch-dialogische Gedicht resultiert aus der Verbindung biographischer und literarischer Erfahrungen. Im 12. Buch von *Dichtung und Wahrheit* schildert G. seine Wanderungen zwischen Frankfurt, Darmstadt und Homburg; der empfindsame Freundeskreis in Darmstadt nannte ihn, wegen seines »Umherschweifens in der Gegend«, den »Wanderer«. Im Winter 1771/72 beschäftigte sich G. mit der antiken Idyllendichtung (Theokrit, Anakreon, Vergil), in der die Begegnung eines Fremden mit dem einfachen, ländlichen Leben vorgebildet ist. In Anlehnung an antikes Versmaß gestaltete G. ein freirhythmisches Gedicht, in dem die Dialoge Wanderer/Frau mit Monologen des Wanderers durchsetzt sind.

Die von Zeit und Natur zerstörten Zeugnisse der Antike verbinden sich in seiner Wahrnehmung mit Merkmalen einer überzeitlichen Idylle. Eindrucksvoll ist der Kontrast zwischen der einfachen Rede der Frau, ihrer gedanklichen Konzentration auf das Materielle, Naheliegende und den Monologen des Wanderers, in denen die Wahrnehmung zum Bild überhöht wird. Später sieht G. in dieser Figuration eine Vorwegnahme seiner Beziehung zu Charlotte Buff (Briefe an Lottes Verlobten Kestner vom Mai und September 1773). Im Gedicht stellt sich erst in der Imagination des modernen, reflektierenden Subjekts eine neue Einheit von Natur, Mensch und Kultur her, in welcher der unbehauste Wanderer jedoch im »Fremdlingsreisetritt« seinen »Schutzort« noch finden muß. Im utopischen »Götterselbstgefühl«, dem Segenswunsch an den Knaben, ist das Gedicht eine Vorwegnahme der Italienerfahrung und der klassischen Versöhnung von Antike und Moderne.   IW

Wandrers Nachtlied: *Der du von dem Himmel bist/Ein gleiches: Über allen Gipfeln:* Das erste Nachtlied mit der Unterschrift »Am Hang des Ettersberg d. 12. Febr. 76 G.« war Beilage eines Briefes an Charlotte von Stein vom gleichen Tag; Erstdruck 1780 mit dem Titel *Um Friede* in *Christliches Magazin* und 1789 in den *Schriften* mit dem Titel *Wandrers*

Nachtlied. Das Gedicht spiegelt die Erfahrung von Ruhe und Frieden in der Natur, die als Rückzugsort vom gesellschaftlichen »Treiben« benannt wird. Dieses Ruhebedürfnis hat durchaus einen Oberton von Lebensüberdruß und religiöser Weltabgewandtheit. Zwar wird nicht Gott angeredet, dennoch hat das Gedicht einen säkularisierten Gebetscharakter, der im Schlußappell »Süßer Friede,/Komm, ach komm in meine Brust!« seinen Ausdruck in der Sprachhaltung pietistischer Frömmigkeit findet.

Das zweite Nachtlied, »Über allen Gipfeln«, schrieb G. wohl am 6.9.1780 auf die Bretterwand einer Jagdhütte auf dem Berg ↗Gickelhahn. Nach mehreren unautorisierten Drucken wurde es zuerst in den *Werken* von 1815 und ab da immer zusammen mit *Wandrers Nachtlied* gedruckt. Dieses zweite Nachtlied, mit *Ein gleiches* scheinbar nachgeordnet, ist zweifellos eines der bekanntesten und berühmtesten Gedichte G.s. Als Quintessenz des Lyrischen, als vom Stofflichen gereinigtes ästhetisches Gebilde ist es gerühmt worden. Der suggestive Charakter des Gedichts liegt in seiner Lakonie und scheinbaren Schlichtheit, die für Deutungen offen ist und das lyrische Postulat der Einheit von Gehalt und Form überzeugend realisiert. Eine Reihe von a-, u- und au-Vokalen bilden das Leitthema, die Ruhe, lautlich ab, die allerdings eingebettet ist in eine rhythmisch variationsreiche Sprachmelodie und das wechselnde Reimschema der acht Verse.

Auch der kontinuierliche Übergang von der Weit- zur Naheinstellung des Blicks bringt Bewegung in das Gedicht; die Ruhe ist erst am Schluß durch die innere Konzentration des beobachtenden Ich ganz erreicht. Dieses Zusammenziehen des Blicks von einem weiten Panorama, das sich wie durch zunehmende Dunkelheit immer mehr auf das Nahe und Nächstliegende begrenzt (Gipfel – Wipfel – Vögelein – Ich), spiegelt die nächtliche Abschließung; die Ruhe der Nacht evoziert aber auch eine Vorahnung des Todes.

G. selbst dachte an seinen Tod, als er 1831 bei seinem letzten Aufenthalt auf dem Gickelhahn die schwachen Spuren des Eintrags besah. Die Assoziation liegt nahe, doch ist die Todessehnsucht so sublimiert, daß sie nur unterschwellig im Sprachpathos von »Warte nur, balde« und in »Ruhest du«, das die Balance zwischen Schlaf und Tod hält, erkennbar ist. Das Gedicht bezieht seine appellative Kraft auch aus dem zweimaligen »du«, das als Selbstanrede, zugleich aber auch als intime Leseranrede verstanden werden kann. Das zweite Nachtlied gestaltet die Utopie des erfüllten Augenblicks; die vollkommene Ruhe der Natur wird auch dem Menschen versprochen. Daß

sich bei diesem Bild der Ruhe auch der Gedanke an den Tod einstellt, verweist auf ein Grundgefühl der Resignation und ↗Entsagung, das G. schon in den 80er Jahren in Auseinandersetzung mit den emotionalen und politischen Gegebenheiten des Weimarer Kreises herausgebildet hatte.

Die zeitlos-suggestive Aussage des Gedichts hat dazu geführt, daß zahlreiche G.-Touristen im 19. Jh. die Hütte auf dem Gickelhahn besuchten, ehe sie im August 1870 abbrannte; von seiner Wirkungsintensität zeugen aber auch zahlreiche Parodien, von denen Bertolt Brechts *Liturgie vom Hauch* die wohl bekannteste ist. IW

Wandrers Sturmlied: *Wen du nicht verlässest, Genius*: Entstehungszeit unsicher; erster Entwurf wahrscheinlich 1772, eine handschriftliche Kopie schickte G. am 31.8.1774 an den Freund Friedrich Heinrich Jacobi. Nach unautorisiertem Druck 1810 Erstdruck in der Werkausgabe 1815. Im 12. Buch von *Dichtung und Wahrheit* beschreibt G. das Gedicht, das als eines seiner schwierigsten gilt, als Produkt seiner Wanderungen zwischen Frankfurt, Darmstadt und Homburg: »Ich sang diesen Halbunsinn leidenschaftlich vor mich hin, da mich ein schreckliches Wetter unterweges traf, dem ich entgegen gehn mußte.«

Dieser »Halbunsinn« ist jedoch in Wahrheit reflektierte Poesie, welche Elemente der literarischen und gattungspoetischen Diskussion der Zeit spiegelt. Die chaotische Syntax und andere extreme Sprachmanipulationen sind Ausdruck des ›Pindarisierens‹ (↗Pindar, Frankfurter Hymnen). Das scheinbar chaotische Gedicht ist nach dem Muster der Pindarischen Ode in vier Triaden strukturiert: Anrufung des Genius – der Musen und Charitinnen – der Götter Bromius (Bacchus), Apollo, Jupiter – der Dichter Anakreon, Theokrit und Pindar, die jeweils verschiedene Dichtungsauffassungen repräsentieren. Die Hymne war für G. eine Geheimbotschaft, die er nur wenigen Freunden zeigte; dem heutigen Leser ist sie doppelt verschlossen und nur mithilfe gelehrter Kommentare zu entschlüsseln.

Das leidenschaftlich bewegte Schreiten mit dem Leitwort »Wen du nicht verlässest, Genius« und die durchgängige Metaphorik des Feuers und Glühens bildet psychische Extremsituationen des genialischen Menschen ab, dessen Subjektivität sich zwischen Gefährdung und Geborgenheit (↗Hütte/Palast) in einer zuvor literarisch nicht gekannten, mitreißenden Weise ausspricht. IW

Wappen G.s. Mit G.s Adelsnominierung 1782 ging auch die rechtmäßige Führung eines Wappens einher. Einem Entwurf Carl Augusts folgend, stellt das Wappen G.s einen blauen Schild dar, der silbern gefaßt ist und in der Mitte einen silbernen sechseckigen Stern trägt. Es handelt sich hierbei um die Venus, den Morgenstern, »den ich mir von nun an zum Wappen nehme«, wie G. schon lange vor der Erhebung in den Adelsstand entschieden hatte (an Carl August, 24.12.1775). DF

Wartburgfest, am 18.10.1817 von den deutschen ↗Burschenschaften zur Feier der Reformation (1517) und der Leipziger Völkerschlacht (1813) auf der Wartburg bei Eisenach veranstaltete Kundgebung, die der Forderung nach Freiheit und Einheit Deutschlands Nachdruck verleihen sollte. G. hatte – genau wie der verantwortliche Minister Voigt – erwogen, die Demonstration nicht genehmigen zu lassen, doch Carl August unterstützte die Burschenschaften, ließ sogar dafür sorgen, daß die Räume der Burg geöffnet wurden und genügend Brennholz vorhanden war, und das Happening durfte auf sachsen-weimarischem Territorium stattfinden (daraufhin wurde der Herzog von ↗Metternich als »Altbursche« verunglimpft).

Das Wartburgfest endete – womöglich dem Beispiel Luthers folgend, der die päpstliche Bulle angezündet hatte – in einer spektakulären Bücherverbrennung, in deren Verlauf auch der *Code Napoléon* (das in Teilen Deutschlands geltende Recht), ein preußischer Gendarmerie-Codex sowie Kotzebues *Geschichte des Deutschen Reiches* den Flammen überantwortet wurden. Bezüglich Kotzebues – dem Autor von immens erfolgreichen Theaterstücken und üblen Verrissen G.scher Werke – konnte sich G. der Schadenfreude nicht enthalten und reimte das auf den Tag des Wartburgfestes datierte Spottgedicht »Du hast so lange genug getrieben«. Dem jugendlichen Aufbegehren scheint er insgesamt positiv gegenübergestanden zu haben. Die Älteren unter den Festteilnehmern – so die Jenenser Professoren ↗Oken und ↗Fries – kritisierte er jedoch scharf, verletzten sie doch seines Erachtens ihre pädagogische Pflicht, und als die ↗Karlsbader Beschlüsse dem studentischen Treiben 1819 per Verbot ein Ende machten, erhob G. keinen Einspruch. DF

Warum gabst du uns die Tiefen Blicke: Beilage zum Brief an Charlotte von Stein vom 14.4.1776; erstmals publiziert 1848 aus deren Nachlaß. Auffällig ist die Zeitstruktur dieses ebenso berühmten wie rätselhaften Liebesgedichts an Charlotte von Stein, das

Familienwappen Goethes

durch zweimaliges »Ach« eine elegische Grundtönung bekommt und bereits in der Frühphase der Beziehung von einem vergangenen Glückszustand spricht. Die Vergangenheitsform muß hier eintreten für den Verzicht- und Entsagungs-Charakter dieser Beziehung; die rasche Eroberung der verheirateten Hofdame und Mutter erwies sich als unrealisierbar. Die Schlüsselwörter »Traumglück«, »Traumgefahr«, »leerer Traum«, »Traum« und »Ahndung«, mit denen ›normale‹, als illusionär abgewertete Liebesbeziehungen beschrieben werden, sind ein Indiz für den wunschgesteuerten Charakter dieser Beziehung, die ihre Exklusivität aus dem Verzicht ableitet (↗Lida-Lyrik).

Die Geliebte soll daher nicht durch die Intensität der Liebesbeteuerungen gewonnen werden, sondern durch die Darstellung des komplexen und hochreflexiven Charakters der Beziehung, die vor der Folie anderer, ›harmloser‹ Beziehungen eine besondere Aura bekommt. Das Gedicht formuliert – und das ist eine neue Erfahrung für den Liebenden G. – eine geistige Einheit zwischen Mann und Frau; die Liebe ist so *auch* eine intellektuelle Diskursform (»Uns einander in das˜Herz zu sehn«; »Konntest mich mit

Einem Blicke lesen«). Die Rollenangebote für die Frau bleiben aber mit »Schwester oder Frau« im Rahmen des kulturell Vorstellbaren. Mit der Schwester Cornelia wurde eine geistige Beziehung bereits realisiert, die andere Beziehungsform, die sexuelle, wird mit »Frau« angesprochen, ist aber der zur Schwester durch das »oder« eigentümlich nachgeordnet. Es markiert einen doppelt unerfüllbaren Wunsch: Weder konnte eine erotische Beziehung zur geliebten Schwester aufgenommen werden, noch kann die jetzige Beziehung durch die Ehe sanktioniert werden.

Das Gedicht wurde häufig mit dem Glauben an Seelenwanderung in Verbindung gebracht, der in Weimarer Zirkeln diskutiert wurde und der auch Charlotte von Stein vertraut war. Die Vorstellung von anderen Beziehungsformen in »abgelebten Zeiten« ist jedoch viel eher poetischer Ausdruck einer tiefen Vertrautheit, die auch in die Vergangenheit projiziert wird und so das kulturelle Ideal der immerwährenden Liebe spiegelt. Die 4. Strophe ist eine Huldigungsstrophe an Charlotte; in ihr wird ein Prozeß der Heilung, Erziehung und Zivilisierung des Mannes beschrieben, der mit den biographischen Fakten der ersten Weimarer Zeit – den Exzessen des jungen Stürmers und Drängers und dem mäßigenden Einfluß Charlottes – in Einklang steht: »Tropftest Mäßigung dem heißen Blute«.

Die Frau, von der mütterliche, schwesterliche und weiblich-erotische Anziehungskräfte ausgehen, hat folgerichtig die starke, der Mann der schwache Rolle. Im Auge der geliebten Frau liest er seinen Wert ab. Nach dieser Huldigung bringt die letzte Strophe Ernüchterung. Das »ungewisse Herz«, der schmerzliche »neue Zustand« zeigen die Gefühlsambivalenz des Gegenwärtigen; es erweist sich, daß die Sublimierung der heftigen, auch erotisch drängenden Liebe der ersten Zeit noch nicht gelungen, daß die erreichte emotionale Balance jederzeit gefährdet ist.   IW

Wasser: In den Balladen ein Element, das den Menschen vor den Gewalten der Natur (*Johanna Sebus*), vor ihrer Magie (*Zauberlehrling*), aber auch vor ihrer Anziehungskraft und Schönheit erschaudern läßt (*Der Fischer*). In den *Wahlverwandtschaften* spielt das Wasser zweimal eine entscheidende Rolle an der Grenze zwischen Leben und Tod. Die Rahmenhandlung der *Unterhaltungen Deutscher Ausgewanderten* beginnt mit der Übersetzung einer Gesellschaft über einen Fluß (den Rhein), dieses Bild wiederholt sich am Schluß des Textes im *Märchen*. *Faust II* beginnt, im Gegensatz zur Nachtszene im ersten Teil der Tragödie, mit blumiger Frühlingsluft, im Hinter-

grund rauscht ein »Wassersturz, das Felsenriff durchbrausend« (v. 4716). Die *Klassische Walpurgisnacht* spielt am Wasser, und in den Bergschluchten, wo Fausts Unsterbliches emporgetragen wird, »stürzt, liebevoll im Sausen,/Die Wasserfülle sich zum Schlund« (v.11876f.). Die Nähe von Wasser und Seelenverwandlung ist paradigmatisch im 1779 niedergeschriebenen Gedicht *Gesang der Geister über den Wassern* ausgedrückt:

»Des Menschen Seele
Gleicht dem Wasser:
Vom Himmel kommt es,
Zum Himmel steigt es,
Und wieder nieder
Zur Erde muß es,
Ewig wechselnd [...]
Seele des Menschen,
Wie gleichst du dem Wasser!
Schicksal des Menschen,
Wie gleichst du dem Wind!«   AV

Wasserbaukommission s. **Amtliche Tätigkeiten**

Wechsel s. **Dauer**

Wegebaukommission s. **Amtliche Tätigkeiten**

Weib, das Weibliche: Von G. nicht nur in biologischer oder soziologischer (Frau/Mann), sondern auch metaphysisch anmutender Hinsicht dem Männlichen, das von Tätigkeit, Kreativität und Verstand geprägt ist, konträr entgegengesetzt. Die Abgrenzung zeigt sich in Aussagen wie der des Vaters in *Hermann und Dorothea*: »Sind doch ein wunderlich Volk die Weiber so wie die Kinder!/Jedes lebt so gern nach seinem eignen Belieben,/Und man sollte hernach nur immer loben und streicheln« (III.62-64). Vor allem in den Gesprächen mit Riemer zieht G. ordentlich vom Leder: »Die Weiber, auch die gebildetsten, haben mehr Appetit als Geschmack«(29.1.1804); »Die Weiber sind rechte Egoisten« (13.8.1807); »Weiber haben keine Ironie«(7.12.1808); »Weiber scheinen keiner Idee fähig« (30.5.1809); und überhaupt sind sie »alle Kotzebues, das heißt, sie haben dieselbe Eitelkeit, die auf dem Dünkel beruht« (24.5.1811).

Doch all dies wird aufgewogen durch einen einfachen Umstand: Das Weib ist schön, und in der Schönheit berühren sich Wahrheit und Ewigkeit. Bei aller Scheu vor dem Andersartigen wirkt das Weib-

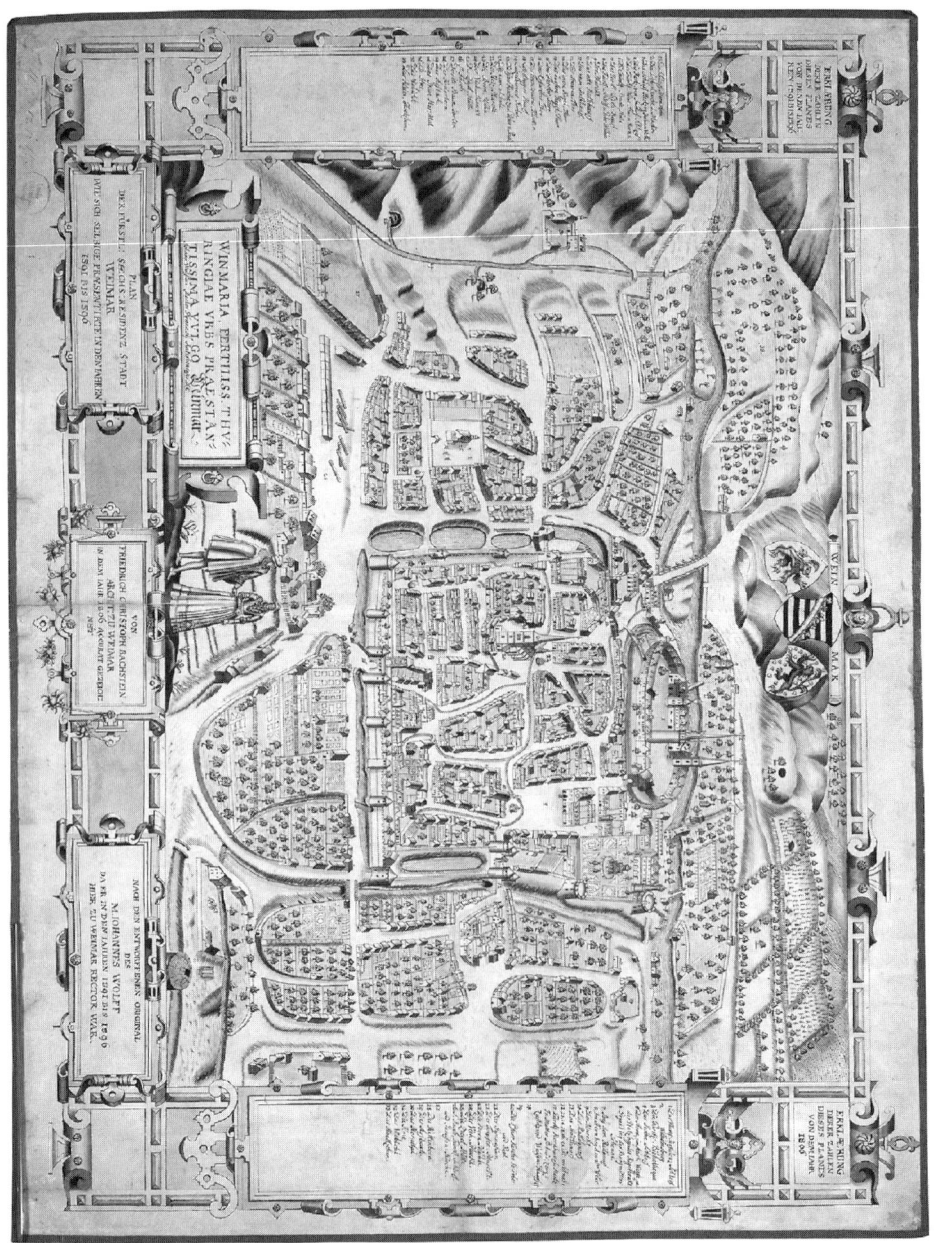

»Plan der Fürstlich Saechsischen Residenz Stadt wie sich selbige præsentierte in den Jahren 1591–1596«.
Karte von F. Chr. Bachstein, 1806

liche, dessen Inbegriff Mutterfiguren wie Eva und Maria sowie vor allem ⟋Helena, das »Muster aller Frauen«(*Faust*, v. 2601), sind, auf den Mann wie ein Magnet. Doch entgegen der katholischen Lehre, nach der das Weib des Teufels ist, ruft G. am Schluß des *Faust II* ehrfürchtig das »Ewig-Weibliche« an, das »uns hinan« zieht: die allumfassende, bedingungslose Liebe.　　　　　　　　　　　　　　　　DF

Weimar: G. betritt die Residenzstadt des Herzogs von Sachsen-Weimar-Eisenach erstmals am 7.11. 1775: das 1774 abgebrannte Residenzschloß am Rand der Stadt, von Mauern umgebene, nur dem Hof zugängliche fürstliche Gärten in französischem Stil, das Gelbe Schloß, das Rote Schloß, das Grüne Schloß, der Marstall, zwei Kirchen (Jakobskirche, St. Peter und Paul), ein Rathaus aus der Renaissance (1837 abgebrannt), wenige bürgerliche Prachthäuser, die mittelalterliche Stadtbefestigung erst an wenigen Stellen durchbrochen (am Frauentor z.B.), mit Schindeln gedeckte zweigeschossige Bürgerhäuser und Bauernhöfe, die Straßen durch die Stadt schlecht oder garnicht gepflastert und miserabel beleuchtet, Nachtgeschirre dürfen ab 23 Uhr aus dem Fenster nach draußen entleert werden, über Bachläufe wird der Unrat entsorgt.

Der Hofadel ist unter sich, Hofbeamten- und Hofdienerschaft ebenso, zahlenmäßig ohnedies eine kleine Gruppe; wenige handeltreibende Stadtbürger, Ärzte, Juristen, Geistliche, Gelehrte; die Handwerkerschaft zünftig organisiert und kaum konkurrenzfähig; Stadtbauern mit Knechten und Mägden haben einen erheblichen Anteil an der Bevölkerung; daneben Tagelöhner, von den etwa 6000 Einwohnern lebt jeder Zwanzigste von Almosen. Umliegend wenig Wald, große Ackerlandflächen, die nach der veralteten Methode der Dreifelderwirtschaft bestellt werden, Fisch- und Jagdrechte liegen in herzoglicher Hand und werden allenfalls teuer verpachtet. Da man überwiegend bei kleinen Einkommen nach dem Prinzip der Bedarfsdeckung lebt, die Beschädigungen des Siebenjährigen Kriegs spürbar nachwirken, kommt die Stadt nicht so richtig voran, Manufakturbetriebe wie im benachbarten Apolda (Strumpfwirkereien) gibt es nicht, Fernverkehrs- und Fernhandelsstraßen liegen weit ab, die Landesstraßen sind in schlechtem Zustand, die Ilm ist nicht schiffahrttauglich.

Der alles bestimmende Wirtschaftsmotor ist der ⟋Hof, und von dort gehen auch die wichtigen, zukunftsweisenden Impulse aus. Zunächst durch die Herzogin ⟋Anna Amalia, die ein reges höfisch-kulturelles Leben entfacht (⟋Hoftheater, Hofkapelle) und

bedeutende Persönlichkeiten des deutschen Kulturlebens nach Weimar an ihren Musenhof zieht. Als erster kommt 1763 Johann Karl August ⟋Musäus (1735–1787), zuerst als Pagenhofmeister, dann Professor am Gymnasium, ein spöttisch-ironischer Kritiker der ⟋Empfindamkeit, der auch Lavater nicht verschont und sich am ⟋Liebhabertheater in komischen Rollen hervortut. Er steht bis zu seinem Tod im herzoglichen Sold. 1772 folgt Christoph Martin ⟋Wieland, der sich in Deutschland seinen literarischen Platz neben Lessing längst erobert hat, als Prinzenerzieher für ⟋Carl August. Nach dem Regierungsantritt des Herzogs 1775 kann Wieland von einer herzoglichen Pension leben, ist häufiger Gast bei fürstlichen Tafelrunden und Veranstaltungen des ⟋Musenhofs. 1775 folgt G., den der Erfolg seines Romans *Die Leiden des jungen Werthers* (1774) in wenigen Wochen in ganz Europa bekannt gemacht hatte – im selben Jahr war sein *Götz von Berlichingen* in Berlin und Hamburg uraufgeführt worden. G. wiederum zieht Johann Gottfried ⟋Herder, mit dem er seit seiner Studienzeit in Straßburg in lebhaftem geistigem Austausch steht, als höchsten geistlichen Würdenträger im Rang des Generalsuperintendenten des Herzogtums Sachsen-Weimar-Eisenach nach. Er beaufsichtigt das gesamte Schul- und Kirchenwesen, er bekleidet u.a. auch das Amt des Oberhofpredigers. Auch Herder inzwischen ein weithin bekannter kulturphilosophischer Schriftsteller, der sich allerdings schlecht in der Weimarer Gesellschaft zurecht findet.

Die beiden bedeutenden Dramatiker des ⟋Sturm und Drang, ⟋Lenz und ⟋Klinger, rücken nach, können aber weder am Theater noch am Hof Fuß fassen und verlassen Weimar wieder. In der Person Friedrich ⟋Schillers deutet sich der lebhafte Austausch des Weimarer Hofes mit erstrangigen Gelehrten der aufblühenden Universität Jena an. Schiller zieht schließlich, nachdem er von 1787 bis 1789 geraume Zeit in Weimar verbracht hat (von G. allerdings kaum bemerkt), im Zeichen der Freundschaft und der gemeinsamen Arbeit 1799 von Jena nach Weimar um. Seit 1790 bezieht er jährlich 200 Taler vom Hof, die 1799 auf 400 Taler erhöht werden; dennoch lebt er von seinen Veröffentlichungen und trägt sich 1804 aufgrund entsprechender Angebote mit dem Gedanken, nach Berlin zu gehen, als der Herzog sein Jahreseinkommen nochmals auf 800 Taler verdoppelt. Damit ist Schiller an Weimar gebunden. 1798 schließlich ist ⟋Jean Paul auf eigene Kosten gekommen, zur Probe, der die Stadt aber 1800 wieder verläßt. Sein Roman *Titan* zeugt von seinem Aufenthalt und von seinen Differenzen mit G. und Schiller. In Weimar kann man sich inzwischen als Künstler oder Dichter auf Dauer halten, wenn man mit dem literarisch-künstlerisch-wissenschaftlichen Klima konform geht und das Mäzenatentum des Herzogs in Anspruch nehmen kann.

Die für ganz Europa inzwischen augenfällig gewordene Zusammenballung von Geist und Kultur hat sich im Stadtleben von Weimar nur geringfügig bemerkbar gemacht. 1797, mitten im »klassischen Jahrzehnt«, wurden bei einem Großbrand allein 42 Scheunen vernichtet; erst allmählich gelang es, die landwirtschaftlichen Betriebe, teilweise durch Neuansiedlung, aus der Stadt zu drängen. 1820 waren immer noch 18 landwirtschaftliche Anwesen mit all ihren Geräuschen und Gerüchen in der Stadt tätig. In den ↗Mittwochs- und ↗Freitagsgesellschaften bleibt die Geistesaristokratie unter sich, auch bei Redouten und Empfängen. An bürgerlichen Vereinigungen waren die »Freimaurerloge Anna Amalia«, die »Club-Gesellschaft« und die »Ressource« zu verzeichnen, Kleinbürgertum und Handwerker teilten sich in zwei Schützenvereine, die traditionalistischen Armbrustschützen und die fortschrittlicheren Büchsenschützen, die bei offiziellen Anlässen für das nötige Salutfeuer sorgten. Daß im Mai 1813 zwei Diebe auf dem Marktplatz öffentlich hingerichtet wurden und wenige Monate später einem Mörder zum warnenden Beispiel für alle der Kopf abgeschlagen, der Torso aufs Rad geflochten und erst drei Jahre später nicht etwa aus Pietät, sondern aus Anlaß einer fürstlichen Hochzeit wieder abgenommen wurde, zeigt den kulturellen Abstand zwischen dem aufklärerisch-humanitären Glanz, der von der höfischen Gesellschaft weit über die Grenzen des Landes ausstrahlte, und der sozialen Wirklichkeit in der Stadt, die hinterherhinkte.

Es wurde viel um- und angebaut, Bestehendes verändert. Es wurden aber doch zahlreiche markante, neue städtebauliche Akzente gesetzt. 1775 wurde ein dem Bürgertum zugängliches ↗Redoutenhaus für Bälle, Maskenbälle, Theateraufführungen (Uraufführung der Prosafassung von G.s *Ipigenie auf Tauris*, 1779) errichtet. 1779 entstand das ↗Komödienhaus gegenüber dem ↗Wittumspalais, das im Zuge der Schloßsanierung 1798 nach Plänen des Baumeisters Thouret von einem klassizistischen Logentheater zu einem bürgerlichen Rangtheater umgebaut wurde, bis es in der Nacht vom 21./22.3.1825 abbrannte und innerhalb von 6 Monaten durch einen Neubau am selben Ort ersetzt wurde. 1789 wurde mit dem aufwendigen Wiederaufbau des Schlosses begonnen, der sich über einen langen Zeitraum erstreckte und zum großen Teil erst 1803 abgeschlossen war. Seit 1780 waren die Mauern der französischen Parkanlagen im

Zuge einer Öffnung und Umgestaltung zu einer englischen Parklandschaft niedergerissen worden, in die schließlich nach großzügigem herzoglichem Landkauf das gesamte Ilmtal einbezogen werden konnte, Arbeiten, an denen Friedrich Justin ↗Bertuch maßgeblich beteiligt war, und Neubauten (Louisenkloster, Römisches Haus) die Umgestaltung des Großen Sterns sowie Illusions- und Gedenkstätten (Dessauer Stein, Künstliche Ruine, Schlangenstein, Sphinxgrotte, Duxbrücke, Euphrosyne-Denkmal, Pan-Statue u.a.m.) einschloß. Mit dieser Parkanlage wurde ein offenes städtebauliches Konzept verwirklicht, in dem – charakteristisch für Weimar – Stadtbereich, Schloßbereich und Park unmerklich und nahtlos ineinander übergingen, ein Ensemble, das heute trotz aller straßenbaulichen »Notwendigkeiten« besonders sorgfältig bewahrt wird (↗Park an der Ilm).

Bertuch hat – als »Kaufmann der Goethe-Zeit« – durch seinen Unternehmergeist viele Verdienste um die Stadt erworben. Er war nicht nur größter Arbeitgeber im Land, sondern auch schriftstellerisch und als Verleger tätig (↗Wielands *Teutscher Merkur*, seit 1773; Mitbegründer der ↗ *Allgemeinen Literaturzeitung*; mit Melchior ↗Kraus Herausgeber des ↗*Journals des Luxus und der Moden*, einer *Blauen Bibliothek aller Nationen*, des philantropischen *Bilderbuchs für Kinder*, das von 1790 bis 1822 in 190 Fortsetzungsheften erschien). Sein ehrgeizigstes Projekt, das 1791 gegründete »Industrie-Comptoir«, in dem er seine Unternehmeraktivitäten zusammenfaßte (Satz, Druck und Bindung seiner Verlagsproduktion, manufakturelle Produktion) erforderte eine Baulichkeit, die sich zwischen 1780 und 1803 zu einem fünfteiligen Wohn- und Geschäftshaus mit einer 90 Meter langen Straßenfront auswuchs, der bedeutendste bürgerliche Neubau während der klassischen Ära. Zeitweilig beschäftigte er bis zu 400 Personen, darunter auch Christiane ↗Vulpius.

Unter Kriegseinwirkungen hat Weimar immer wieder zu leiden gehabt, so auch während der ↗Napoleonischen Kriege. Nach der Doppelschlacht von Jena und Auerstedt wurde die Stadt am 14.10.1806 von den französischen Truppen mit Kanonen beschossen und anschließend tagelang ausgeplündert – der Schaden war kaum zu verschmerzen. Nach der Völkerschlacht bei Leipzig verhinderten die siegreichen Alliierten, u.a. russische Kosacken, am 22.10. 1813, daß die zurückflutenden Franzosen die Stadt in Schutt und Asche legten. Die Lebenswirklichkeit der großen, der höfischen Feste, der Um- und Einzüge der Fürstlichkeiten, und der kleinen Geschichte, der Unglücksfälle, Notlagen, Verbrechen, Hinrichtungen, holte die Stadt immer wieder ein. So manche bittere Not wird die mildtätige ↗Maria Pawlowna aus ihrer Großfürstlichen Privatschatulle gelindert haben.

Im Laufe des 19. Jh.s ist Weimar zunehmend zum festen Bestandteil deutscher Repräsentationskultur geworden, die an die lebendige Welt Carl Augusts und G.s nur noch schemenhaft erinnerte. Der in der Bewahrung des klassisch-humanistischen Erbe zwangsläufig innewohnende konservative Grundzug verstärkte sich während des Deutschen Kaiserreichs ganz entscheidend im auftragsgemäßen Blick zurück, der sich den neuen Wirklichkeiten verschließen mußte: »Tatsächlich aber geriet die Stadt als kulturelles Zentrum unter den Bedingungen der wilhelminischen Ära in eine Lage, in der ihr Name für unterschiedliche Bestrebungen instrumentalisiert und zum Inbegriff nicht nur einer klassischen Vergangenheit, sondern einer vom Fortschritt abgekehrten Anti-Moderne wurde. Der Name Goethe spielte in diesem Spannungsfeld eine herausragende Rolle« (Hans-Dietrich Dahnke). Diese Richtung verstärkte sich unmerklich, trotz der vielen Künstler, die nach G. das Weimarer Klima mitzubestimmen suchten: Franz Liszt, Richard Strauss, Henry van de Velde, Harry Graf Kessler, Walter Gropius (Stattliches Bauhaus Weimar), Lyonel Feininger, Paul Klee, Wassilij Kandinski, Gerhard Marcks, Oskar Schlemmer. Walter Gropius mußte bereits 1925 sein Bauhaus auf politischen Druck nach Dessau verlegen.

Einen traurigen Höhepunkt erlebte Weimar unter der starken thüringischen Fraktion der Nationalsozialisten (1930 bereits Beteiligung an der Landesregierung Thüringen) und des Dritten Reichs mit der Errichtung des Konzentrationslagers Buchenwald auf den nahegelegen Ettersberg; dieser brutalen Außenansicht der Macht entsprach der von Nietzsches Schwester Elisabeth Foerster-Nietzsche schon vor dem Tod ihres Bruders entfachte Nietzsche-Kult, der im Namen des »Willens zur Macht« Weimar zum geistigen Wallfahrtsort der neuen Machthaber erhob. Die Geschichte verzeichnet dankbar, daß Buchenwald das einzige Konzentrationslager war, in dem sich die Gefangenen - nach 56000 Ermordeten - selbst bewaffneten und befreiten, ehe die amerikanischen Truppen eintrafen. Unter sowjetischer Besatzungshoheit wurde Buchenwald in ein Internierungslager umgewandelt, in dem abermals mehrere Tausend Häftlinge umkamen. Die Frage, die man sich in dieser Hinsicht heute in Weimar stellt, lautet denn, ob »Buchenwald« zu »Weimar« gehöre oder nicht. Eine Antwort ist noch nicht gefunden. BL

Weimaraner nannte man zu G.s Lebzeiten die Bewohner Weimars, heute bezeichnet man damit eine Hunderasse. »Grüß Gott, euch Brüder,/Sämtliche Oner und Aner!/Ich bin Weltbewohner,/Bin Weimaraner, (*Zahme Xenien* V). »Die Weimaraner sind gewiß eines Enthusiasmus fähig, vielleicht gelegentlich eines falschen« (*TuJ*, 1804). »Die Weimaraner sind größtenteils betriebsam, zufrieden und aufgeklärt« (Oertel, *Briefe eines ehrlichen Mannes bei einem wiederholten Aufenthalt in Weimar*). »Der Weimaraner ist gebildet, aber kleinstädtisch« (Joseph Rückert), »Weimaraner sind viele hier« (Christiane an G., Karlsbad, 19. 7. 1815). CS

Weimaraner: Eine in der Regel glatthaarige Jagdhundrasse, zu den Vorstehhunden gehörig (vom 1897 gegründeten »Weimaranerklub« als Reverenz an Weimar und Carl August benannt). Vorfahren (Urweimaraner) der »modernen Weimaraner«, ein langhaariger Thüringer Landschlag, wurden an Carl Augusts Hof als Jagdhunde gezogen, des Herzogs Lieblingshunde, auf zeitgenössischen Abbildungen mehrfach dargestellt. Als Abgrenzung von den als »gehorsam, freundlich und mutig, sensibel und anhänglich« geltenden vierbeinigen Weimaranern nennt man die zweibeinigen Weimaraner heute »Weimarer«. CS

Weimarer Stil: Ausdruck für eine Theaterspielweise, die mit formalen Vorgaben wie Versen, stilisierter Gestik und Mimik eine Distanz zwischen Rolle und Darsteller schaffen wollte, um einen allgemeinen Anspruch an die Ausdrückbarkeit von Vorgängen zu verwirklichen. Die Aufgabe des Regisseurs liegt in der Bändigung der individuellen Eitelkeiten der Schauspieler. G. entwickelte diese »Verfremdungseffekt«, der Distanz anstelle von Identität, Kunst anstelle von Natur setzt, den er auch in der Commedia dell'arte angelegt fand, gegen die naturalistische Bühnenkunst seiner Zeit. WM

Weimarische Kunstausstellungen: Im Kontext der *Propyläen*-Zeitschrift machten v.a. G. und sein Kunstfreund Johann Heinrich ↗Meyer den Versuch, durch Preisausschreiben und anschließende Ausstellungen der eingesandten Werke eine ganz praktische Kunsterziehung im Sinne einer klassizistischen Ästhetik zu betreiben. 1799 fand der Wettbewerb erstmals statt; G. verfaßte für die *Propyläen* die Ankündigung, ein Motiv aus Homers *Ilias* sollte bildnerisch gestaltet werden. Bis zur letzten Ausschreibung 1805 bestanden die Ankündigungen G.s stets aus einer Vorstellung des Themas, im Nachhinein wurden jeweils

Bewertung und schriftliche Schilderung der eingesandten Werke veröffentlicht. Insgesamt wollte G.
wohl eine Übersicht über die gegenwärtige Kunst um
1800 gewinnen, mußte aber feststellen, daß v. a. in der
jüngeren Künstlergeneration, zu der die Romantiker
und Wettbewerbsteilnehmer ↗ Runge und C. D. ↗ Friedrich gehörten, die eigenen, klassizistischen Überzeugungen keinen Widerhall fanden.   BJ

Weimarische Kunstfreunde nannte sich ab 1801
die Vereinigung kunstinteressierter Weimarer – G. und
Johann Heinrich ↗ Meyer (auch Schiller wirkte im
Hintergrund, später dann Carl Ludwig Fernow) –, die
1799–1805 durch Preisaufgaben die zeitgenössische
Kunst zu fördern trachtete, dabei wegen ihres streng
klassizistischen Programms jedoch vor allem junge
Künstler enttäuschte. G. und Meyer veröffentlichten
gemeinsame Aufsätze in den *Propyläen*, mit dem
Kürzel W. K. F. unterzeichneten sie allerdings erst ab
1803 ihre Beiträge für die *Jenaische Allgemeine Literatur-Zeitung*. Hier wollte G. auch einen Text ↗ Zelters veröffentlichen und fragte beim Autor an, ob er
»W. K. F.« drunter setzen« dürfe, »Wodurch wir die Aufsätze bezeichnen, die von uns, oder ganz in unserm
Sinne sind« (28. 3. 1804). Die ab 1816 in *Über Kunst
und Altertum* mit W. K. F. markierten Aufsätze stammten größtenteils von Meyer, waren aber oft, wie im
Falle von *Neu-deutsche religios-patriotische Kunst*,
von G. angeregt und redigiert.   DF

Wein: G. galt als Liebhaber, Kenner von Wein. Von
Jugend an mit Weinbau, Wein vertraut. Aufgewachsen
in einer Weingegend, mit Weinberg und Weinkeller
der Eltern, schätzte G. in späteren Jahren die »produk-
tivmachenden« Kräfte des Weins, dessen Geselligkeit
befördernde Wirkung als Würze der Mahlzeiten, die
Erhöhung des Lebensgefühls, hütete sich aber vor
übermäßigem Weingenuß. Indessen trank er regelmäßig Wein, in heute eher unüblichen Mengen,
abends, zum Frühstück (gegen 11 Uhr ein Wasserglas); mittags pflegte er gewöhnlich »eine Bouteille
allein zu leeren«.

G. bezog seinen Wein über Weinhändler seines
Vertrauens: u. a. Gebrüder Ramann (Erfurt), Nicolaus
Kraeger (Eisenach), Zapf (Suhl), Valckenberg
(Worms), Thaler und Döring (Dettelsbach) und andere
über die Herzogliche Hofkellerei, Weimarer Gasthäu-
ser (»Elephant«, »Stadthaus«) und Händler. Teure
Weine, Champagner, in Bouteillen, wurden in Kisten
geliefert, sonstige in Eymern (ca. 70 Liter) oder Ohm-
fässern (ca. 160 Liter), im Weinkeller des Hauses auf
kleinere Fässer abgezogen und sorgsam gepflegt.

In Weinbüchern wurde der Ein- und Abgang notiert, geordnet nach Sorten: Burgunder, Erlauer,
Würzburger, Wert-, Hoch-, Rüdesheimer, Aßmannshäuser, Lünel, Stein-, Franz-, Rhein-, Frankenwein,
Mallaga, Madeira, Portwein, Champagner, ab 1815
eine Spalte »Eilfer«. In Haushaltsbüchern/Rechnungen
wurden Weinmenge und Kosten erfaßt. Fünf Lieferun-
gen von Kraeger (Eisenach) 1826–30: 3 Ohm Aß-
mannshäuser, $2\frac{1}{2}$ Ohm Würzburger, je $\frac{1}{2}$ Ohm Mosel-
wein und Eschendorfer, dazu in Kisten je 6 Bouteillen
feinster Burgunder, 1822er Aßmannshäuser, 42
große, 176 kleine Bouteillen Champagner. Aus Dettelsbach, September 1829, 890 Liter Wein: 6 Eymer
Frankenwein, $5\frac{3}{4}$ Eymer Muskateller, 1 Eymer Würzburger, alles Jahrgang 1827.

In G.s Haushalt wurden bedeutende Summen für
Wein ausgegeben (1776: 200 Taler/bei Einnahmen
von 1600 Talern; 1829: 2184 Taler/Einnahmen 10 000
Taler). Die Kosten wurden unterteilt in »Wein selbst«,
»Fracht p. p. von demselben« (Fracht, Verpackung,
Tranksteuer, letztere, für ausländische Weine zu zahlen, war beträchtlich und an die herzogliche Kammer
zu entrichten). G.s stets gut gefüllter Weinkeller
wurde seiner edlen Tropfen wegen gelobt: »auser-
lesen, köstlich, von trefflicher Güte« nennen Gäste
ihnen reichlich servierte Weine. G.s Lieblingswein
wechselte von Zeit zu Zeit (»sehr gute Rheinweine«,
köstlicher Burgunder«, »ein gutes Glas Bordeaux-
wein«, »Eilfer« ab 1815).

Wein, Weinbau, Weingespräche beschrieb G. im
↗ *Sankt-Rochus-Fest zu Bingen* (1817, *Über Kunst
und Altertum*), *Im Rheingau Herbsttage* (1818). In
↗ *Dornburg* (Juli-September 1828) las G. J. S. Kechts
Verbesserten Praktischer Weinbau, 4. Auflage, 1827,
in dem eine neue Anbaumethode und verbesserter
Weinschnitt beschrieben wurden. G. beschäftigte sich
im Freien »vorzüglich mit näherer Betrachtung des
Weinstocks«, zeichnete Weinreben und Knoten, ent-
warf eine *Einleitung zu einem Aufsatz über den
Weinbau* (5. 8. 1828), das *Schema der Weinstock-
lehre* am 8. 8. 1828, die beide erst nach dem Tod des
Weinfreunds veröffentlicht wurden.   CS

Weingeschenke erhielt G. in jüngeren Jahren aus
dem Elternhaus (»alte Burschen« von besten Jahrgängen, kostbaren Rüdesheimer, Hochheimer z. B.),
später von Freunden und Verehrern. Wertvolle »Aus-
länder« sandte Nicolaus Meyer, in Norddeutschland
lebender Arzt, Familienfreund: »Ein Kistchen Kran-
kenwein«: »Da ich nicht das Glück habe, Ihr Arzt zu
sein, habe ich mir die Freiheit genommen Ihr Apotheker zu sein« (1803), als »Arznei«, zum Geburtstag

1805, ein Dutzend kleiner Bouteillen des »ältesten Malaga, der vielleicht zu finden ist« (40 Jahre alt). 1823 (Anlaß Genesung und Geburtstag) zwölf kleine Bouteillen des 192 Jahre alten »Roseweins« (kostbarer Rheinwein, im Normaljahr 1624 im Bremer Ratskeller eingelagert, nicht käuflich zu erwerben, Geschenk des Bremer Rates, Antrag Kanzler von Müller, Vermittlung Meyer), ein Nektar von seltener Güte, »Lebenselixier«, das »wirklich nur Tropfenweise verabreicht wird«.

Ab 1814 bedenken die Willemers den »trefflichen Freund« mit Geistern, »welche die Weltkinder in Flaschen aufbewahren«, vor allem mit »flüssigem Gold«, dem »köstlichen Eilfer« (Rheinwein aus dem Kometenjahr 1811, ein Spitzenwein, davon bis 1819 z.B. 84 Bouteillen in sieben Sendungen). G. bedankt sich für Übersendung der »zwölf Apostel«, willkommenen »Missionarien«, »Spätlinge des 51. Grades«, »Boten des Herrn«, die am »Familientischlein«, zuweilen mit besonderen »Tafelfreunden« genossen werden. 1819, zum 70. Geburtstag, senden die Willemers neben »Eilfer« einen Schoppen »Geburtsjahrgangswein«, im August 1824 Laubenheimer 1806. Frankfurter Verehrer und Freunde senden im August 1830 24 Flaschen »Steinwein und sonstigen edlen Frankenweines«, nebst silbernem Pokal, im August 1831 einen »Reichtum von Flaschen«, vier Dutzend edle Bouteillen. G. bedankt sich mit Versen: »Den verehrten altvaterstädtischen Gönnern und Freunden die Feyer des 28. August 1830 dankbar erwiedernd« und »Den verehrten dreizehn Frankfurter Festfreunden am 28. August 1831« (»Heitern Weinbergs Lustgewimmel«).

CS

Weislingen, Adelbert von, Figur aus *Götz von Berlichingen*: G. nimmt Bezug auf das im ↗Sturm und Drang beliebte Motiv der ungleichen Brüder und erfindet diesen Gegenspieler des ↗Götz, der mit ihm zusammen aufgewachsen ist. Im persönlichen Konflikt der beiden Ritter wird der gesellschaftliche Wandel gezeigt: Götz anerkennt als freier Reichsritter nichts als Gott und den Kaiser über sich und seiner Freiheit, Weislingen dagegen stellt sich in den Dienst der Fürsten gegen die Auswüchse des in der Figur des Götz idealisiert gezeigten Rittertums. Er hat sein Rittergut verlassen und sich an den Hof begeben, um dort Karriere zu machen. Beide scheitern: Götz an den neuen gesellschaftlichen Verhältnissen, Weislingen an seiner inneren Konstitution. Er ist ein schwankender Charakter, angezogen von der Macht und den Frauen, zudem wissend, daß der Ritterstand, wie Götz ihn verkörpert, mit den modernen Entwicklungen nicht mehr vereinbar ist.

WM

Weissagungen des Bakis: Entstanden kurz vor der Jahrhundertwende und im Jahr 1800, Erstdruck in *Neue Schriften* 1800. Sammlung von 32 Orakel- und Rätselsprüchen, die dem antiken Seher Bakis in den Mund gelegt werden. Wie G.s Sekretär Friedrich Wilhelm Riemer berichtet, wollte G. nach dem Muster der Bibellosungen für jeden Tag des Jahres einen Spruch dichten, doch schreibt er am 20.3.1800 an August Wilhelm Schlegel: »Die Weissagungen des Bakis sollten eigentlich zahlreicher sein damit selbst die Masse verwirrt machte. Aber der gute Humor, der zu solchen Torheiten gehört, ist leider nicht immer bei der Hand.« Diese Selbstaussage verweist darauf, daß die Sprüche wohl weniger als Ausdruck kulturhistorisch tradierter Weisheit gelesen werden sollten, sondern eher als ironisches und selbstironisches Spiel mit einer alten literarischen Form und mit der Funktion des Dichters, seiner Zeit einen Spiegel vorzuhalten: »Seht den Vogel! er fliegt von einem Baume zum andern./Nascht mit geschäftigem Pick unter den Früchten umher./Frag' ihn, er plappert auch wohl, und wird dir offen versichern,/Daß er der hehren Natur herrliche Tiefen erpickt« (Spruch 28).

IW

Welscher Garten: Garten im französischen Stil bezeichnet 1. einen älteren, beim Bau des ↗Grünen Schlosses (1562–1569) angelegten Lustgarten, 2. den jüngeren, ca. 6 ha großen Welschen Garten südlich der Ackerwand, zwischen Marienstraße und Oberweimarer Weg – heute Teil des ↗Parks an der Ilm. Er wurde ab 1648 durch Herzog Wilhelm als Renaissancegarten angelegt, dann als Barockgarten. Nach seinem Regierungsantritt läßt ihn Carl August nach dem Vorbild englischer Landschaftsgärten umgestalten, der unverkünstelten Natur nachempfunden. – Völlig d'accord mit dem Freiheits- und Naturempfinden des jungen G., der begeistert in sein Tagebuch schreibt: »Die Mauer vom welschen Garten eingeworfen« (23.7.1777).

PO

Weltbürgertum, eine der wichtigen politischen Vorstellungen des alten G. Er überschreitet mit dem Konzept des Weltbürgertums programmatisch die sprachlich-literarischen, bewußtseinsmäßigen und politischen nationalen Grenzen (↗Nation). Es gründet auf einer Vorstellung allgemeiner aufgeklärter Humanität, wie sie G. vor allem nach dem für die »Nationen« Europas desaströsen Durchmarsch Napoleons notwendig erschien. So interpretierte G. die eigenen Bemühungen um eine Anregung der Kunst durch die Beschäftigung mit der ↗Antike in der *Einleitung in die Propyläen* 1798 in »einem wahren weltbürger-

lichen Sinne«: Vor allem die Kunst der Antike überschreitet alle Grenzen.

Am Beginn der *Tag- und Jahreshefte* 1802 bezeichnet G. sich zwar etwas abfällig als »verwöhnten Welt-
bürger« im Gegensatz zur »artigen Existenz«, die ihm
die Bewirtschaftung eines kleinen Gutes hätte gewähren können; insgesamt konzipiert er das Weltbürgertum aber in emphatischer Weise. So läßt er ↗Lenardo,
einen der Anführer der Auswanderergesellschaft in
den *Wanderjahren* sagen: »Man hat gesagt und wiederholt: ›Wo mir's wohl geht, ist mein Vaterland!‹
Doch wäre dieser tröstliche Spruch noch besser ausgedrückt, wenn es hieße: ›Wo ich nütze, ist mein
Vaterland!‹ Zu Hause kann einer unnütz sein, ohne
daß es eben sogleich bemerkt wird; außen in der Welt
ist der Unnütz gar bald offenbar. Wenn ich nun sage:
›Trachte jeder, überall sich und andern zu nutzen‹, so
ist dies nicht etwa Lehre noch Rat, sondern der
Ausspruch des Lebens selbst«. In *Dichtung und
Wahrheit* (12. Buch) charakterisiert G. schon die
Wirkung des auf internationale Literatur be-
ziehenden Rezensionswesens der *Frankfurter Gelehrten Anzeigen* als Förderung des Weltbürgertums.   BJ

Weltfrömmigkeit gilt als Wortschöpfung G.s. Gemeint ist damit das Gebot einer welt- und gesell-
schaftsbezogenen christlichen Nächstenliebe. Aus dieser Haltung heraus wird Aufklärung zur praxisbezo-
genen, weltbürgerlichen Maxime, der Bourgeois zum
Citoyen. »Wir wollen der Hausfrömmigkeit das ge-
bührende Lob nicht entziehen: auf ihr gründet sich
die Sicherheit des Einzelnen, worauf zuletzt denn
auch die Festigkeit und Würde des Ganzen beruhen
mag; aber sie reicht nicht mehr hin, wir müssen den
Begriff einer Weltfrömmigkeit fassen, unsre redlich
menschlichen Gesinnungen in einen praktischen Bezug ins Weite setzen und nicht nur unsre Nächsten
fördern, sondern zugleich die ganze Menschheit mit-
nehmen« (*Wj*, II. 7).   BL

Weltgeist: Für Hegel realisiert sich im »Weltgeist«
die Vernunft der Geschichte, ihr natürlicher End-
zweck. ↗Napoleon war für den Berliner Philosophen
die Inkarnation dieser sich selbst vollendenden Geschichte. Für G. ist der Weltgeist religiöse Instanz, die
als innere Gewißheit in jedem Menschen allmächtig
und allgegenwärtig ist, das Unzerstörbare und Unsterbliche an ihm bildet, das nicht der menschlichen
Natur, der Zeitlichkeit und dem Tod unterworfen ist.
G. gebraucht für diesen »Übergang« des Menschen in
das Reich des Geistes gelegentlich ein schwimmendes
Bild: »Wirken wir fort bis wir, vor oder nacheinander,

vom Weltgeist berufen in den Äther zurückkehren!«
(an Zelter, 19.3. 1827). An anderer Stelle bemüht er
die alttestamentarische Vorstellung des allwissenden
und allgegenwärtigen, des rächenden Gottes, dem die
künstlerische Produktivität nahe kommt: »Shakespeare gesellt sich zum Weltgeist; er durchdringt die
Welt wie jener; beiden ist nichts verborgen; aber
wenn des Weltgeists Geschäft ist, Geheimnisse vor, ja
oft nach der Tat zu bewahren, so ist es der Sinn des
Dichters, das Geheimnis zu verschwätzen und uns vor
oder doch gewiß in der Tat zu Vertrauten zu machen
[…]. Genug, das Geheimnis muß heraus, und sollten
es die Steine verkündigen. Selbst das Unbelebte drängt
sich hinzu […], die Elemente, Himmel-, Erd- und
Meerphänomene, Donner und Blitz, wilde Tiere erheben ihre Stimme, oft scheinbar als Gleichnis, aber ein
wie das andre Mal mithandelnd« (*Shakespeare und
kein Ende*). »Weltgeist« also auch als empfindliches
Barometer für einen durch menschliches Unrecht aus
den Fugen geratenden Kosmos, der mit allen Mitteln
der Natur eingreift und zurechtweist: »Faust: Der du
die weite Welt umschweifst,/ Geschäftger Geist, wie
nah fühl' ich mich dir!« – »Geist: Du gleichst dem
Geist den du begreiffst,/ Nicht mir!« (v.510–513).
                                                          BL

Weltgeschichte: Bei G. ein einfacher, beschreiben-
der Begriff, der keinerlei geschichtstheologische oder
-teleologische Akzente setzt: »Daß Moskau verbrannt
ist, thut mir gar nichts. Die Weltgeschichte will künftig auch was zu erzählen haben«, schreibt er nach der
Wende im Feldzug Napoleons gegen Rußland am
14.11. 1812 an Reinhard.   BL

Weltharmonie s. **Universum**

Weltliteratur: Für den alten G. ein die Grenzen der
Nationalliteraturen weit überschreitendes Konzept,
dessen historisches Eintreffen er sich schon ankündigen sah. G. beschäftigte sich immer wieder mit den
verschiedensten Literaturen, neben antiker, französischer, italienischer und englischer auch böhmische,
serbische u.a.m. Natürlich sah G. auch die eigenen
literarischen Arbeiten im Rang der Weltliteratur – die
internationalen Reaktionen auf seine Texte schienen
ihm dies zu bescheinigen. G. pflegte intensiven Umgang mit französischen, italienischen und englischen
Schriftstellern, gegenüber dem höchstgeschätzten
englischen Autor Thomas ↗Carlyle begründet G. seine
Hoffnung auf die Bildung einer Weltliteratur: »Offenbar ist das Bestreben der besten Dichter und ästhetischen Schriftsteller aller Nationen schon seit ge-

raumer Zeit auf das allgemein Menschliche gerichtet. In jedem Besondern, es sei nun historisch, mythologisch, fabelhaft, mehr oder weniger willkürlich ersonnen, wird man durch Nationalität und Persönlichkeit hindurch jenes Allgemeine immer mehr durchleuchten und durchschimmern sehen«(20.7.1827).

BJ

Weltordnung s. **Dämon, Dämonisches, Napoleon**

Weltschicksal(e): Historische Ereignisse mit weitreichenden politischen, gesellschaftlichen und individuellen Konsequenzen, auf die mitteleuropäische Situation bezogen, die G. gern mit Naturmetaphern ausdrückt: »Und so wollen wir schließen, um nicht in Betrachtung der Weltschicksale zu geraten, die uns noch zwölf Jahre bedrohten, bis wir von eben denselben Fluten uns überschwemmt, wo nicht verschlungen gesehen« (*Belagerung von Mainz*, Schluß).

BL

Weltschöpfung s. **Kosmos**

Weltseele: *Verteilet euch nach allen Regionen:* Das Gedicht entstand wohl im Umfeld eines geplanten großen Naturgedichts um 1800(*Metamorphose der Tiere*). Erstdruck im von Christoph Martin Wieland und G. herausgegebenen *Taschenbuch auf das Jahr 1804* mit dem Titel *Weltschöpfung*; in *Werke* 1806 unter dem endgültigen Titel *Weltseele* in der Gruppe *Gesellige Lieder.* Der zeitgenössisch vertraute Begriff ›Weltseele‹ hat einen konkreten Bezug zu ↗ Schellings Schrift *Von der Weltseele*, die G. 1798 mit kritischem Interesse las. Das Gedicht erinnert in seinem enthusiastischen Duktus an die frühen ↗ Frankfurter Hymnen G.s. Zwar sind die freien Rhythmen in einem Strophen- und Reimschema gebändigt, doch übertrifft die Kühnheit des Gedankenflugs zu außerirdischen Räumen noch frühere Allmachtsphantasien.

Am 20.5.1826 äußerte G. gegenüber dem Freund Zelter, das Gedicht schreibe »sich aus der Zeit her, wo ein reicher jugendlicher Mut sich noch mit dem Universum identifizierte, es auszufüllen, ja es in seinen Teilen wieder hervorzubringen glaubte«. Hintergrund der poetischen Ausgestaltung des planetaren Raums, die sich wie ein frühes und lyrisch verknapptes Beispiel für Science fiction liest, ist die Genesis. Das Grundmuster des alttestamentarischen Schöpfungsmythos wird jedoch mit modernen naturwissenschaftlichen Vorstellungen und Begriffen ausgefüllt und so säkularisiert. Strukturprinzip des Gedichts ist

die Ordnung und Formung des Chaos; der Blick geht aus von dem »Labyrinth der Sonnen und Planeten« und wird von den kosmischen Weiten stufenweise zurückgelenkt auf die Erde.

Die Vision des Paradieses steht im Einklang mit G.s Einheitserfahrung von Mensch und Natur, wie er sie seit den frühen Gedichten immer wieder gestaltet hat; die Energie des Schöpfungsaktes kulminiert im liebenden Paar. Diese Apotheose des Paars erinnert an die Schlußstrophe der *Metamorphose der Pflanzen.* Eine ironische Sicht auf das philosophisch-weltanschauliche Gedicht erlaubt eine Anekdote, die aus einem Bericht des Schriftstellers und Lehrers Friedrich Christoph Förster über eine Tischgesellschaft bei G. (wahrscheinlich 1820) hervorgeht. Wie die göttliche Stimme der ersten Strophe habe G. seine Tischgenossen entlassen: »und mögt Ihr Euch nun als Cherubim, Äone oder dergleichen weltschöpferische Urgeister bezeugen«. Die auch für G.s Vertraute rätselhafte kosmische Phantasie spiegelt seine Beschäftigung mit den Naturwissenschaften in den 90er Jahren in einer zeittypischen Vermischung von modernem und traditionalem Weltbild.

IW

Welttheater: Eine intensive internationale Orientierung trat für G. nach der Auseinandersetzung mit dem ↗ Nationaltheater-Gedanken immer mehr in den Vordergrund: »Ich sehe mich daher gerne bei fremden Nationen um und rate jedem es auch seinerseits zu tun. Nationalliteratur will jetzt nicht viel sagen, die Epoche der Weltliteratur ist an der Zeit, und jeder muß jetzt dazu wirken, diese Epoche zu beschleunigen« (Eckermann, 31.1.1827).

WM

Wer ist der Verräter? Novelle in *Wilhelm Meisters Wanderjahre* (I.8f.), eine Prosa-Komödie, die Wilhelm zu lesen bekommt. Lucidor liebt Lucinde, ist aber von Jugend auf deren Schwester versprochen. In einem großen Monolog in seinem Schlafzimmer macht er seinem Unmut darüber Luft. Daraufhin tritt ein Nebenbuhler bei Lucinde auf den Plan, in operettenhafter Manier werden Szenen arrangiert, in denen Lucidor gleichsam ins offene Messer läuft, um dann vermeintlich allein wiederum lauthals zu klagen. Schließlich wird der Knoten gelöst: Lucinde heiratet Lucidor, die Schwester den Nebenbuhler, Lucidor selber wird als Verräter seiner wahren Liebe entlarvt: in seinen lauten Selbstgesprächen im Ungestüm. Die heiter-schäferhafte Erzählung bildet einen deutlichen Kontrast zu der *Wanderjahre*-Novelle »Der Mann von funfzig Jahren«.

BJ

Werkausgaben G.s: Zu seinen Lebzeiten erschienen bereits 1789 *Goethes Schriften* in 8 Bänden beim Verleger Georg Joachim ↗ Göschen in Berlin; von 1792 bis 1800 erschienen *Goethe's neue Schriften* in 7 Bänden bei Friedrich Gottlieb ↗ Unger, ebenfalls Verleger in Berlin. Wegen eines unerlaubten Doppeldrucks fiel Unger in Ungnade; die nächste, noch größere Ausgabe kam von 1806 bis 1810 unter dem Titel *Goethe's Werke* in dreizehn Bänden beim Klassiker-Verleger Johann Friedrich ↗ Cotta (Stuttgart und Tübingen) heraus; ihr folgten von 1815 bis 1819 in 20 Bänden nochmals *Goethe's Werke*, ebenfalls bei Cotta, schließlich die *Vollständige Ausgabe letzter Hand* in den Jahren 1827 bis 1830. Bereits wenige Monate nach G.s Tod – im September 1832 – kündigt der Cotta-Verlag *Goethes nachgelassene Werke* an, die in zwanzig Bänden von 1832 bis 1842 veröffentlicht worden sind. Mit dieser Druckgeschichte der Werke G.s, in deren Verlauf bei neuen Abdrucken der Gedichte, Dramen und Prosastücke immer wieder Veränderungen der Texte und Anordnungen von G. vorgenommen wurden, Irrtümer, Flüchtigkeiten und Druckfehler zu verzeichnen sind, ergab sich – auch aufgrund des immensen handschriftlichen Nachlasses – eine außerordentlich komplizierte philologische Aufgabe.

Die Geschichte der kritischen Ausgaben der Werke G.s beginnt mit der testamentarischen Übereignung des gesamten schriftlichen Nachlasses durch G.s Enkel Walther Wolfgang an die Großherzogin Sophie im Jahr 1885. Im selben Jahr wurde das G.-Archiv gegründet und die *Weimarer* oder *Sophien-Ausgabe* G.s begonnen. Sie erschien ab 1887 und wurde 1919 mit dem 143. Band abgeschlossen. Diese *Weimarer Ausgabe* ist bis heute die größte Textsammlung G.s geblieben. Sie ist in vier Abteilungen gegliedert: Werke – Naturwissenschaftliche Schriften – Tagebücher – Briefe. Die Editionsgeschichte verzeichnet als nächstes groß angelegtes Unternehmen *Der junge Goethe* in 6 Bänden (als Überarbeitung der 3-bändigen Ausgabe von S. ↗ Hirzel, 1875, 1909–1912; neubearbeitet von Hanna Fischer-Lamberg 1973–1974). Hier wurden in chronologischer Abfolge die Werke und Briefe des jungen G. bis zu seiner Übersiedlung nach Weimar versammelt.

Nach Ende des Zweiten Weltkriegs versuchte man, mit neuem Blick auf den handschriftlichen Nachlaß G.s die einzelnen Abteilungen der Weimarer Ausgabe zu erneuern und zu verbessern. Die Akademie-Ausgabe mit ihren 22 Textbänden, 9 Apparat- und Registerbänden und den 6 Ergänzungsbänden präsentierte den Werkbereich, von 1952 bis 1986 erscheinend,

neu. Die *Leopoldina-Ausgabe*, 1947 begründet, war dem naturwissenschaftlichen Werk G.s gewidmet. G.s Veröffentlichungen zu Lebzeiten erschienen dort in einer ersten Abteilung mit 11 Bänden in den Jahren 1947 bis 1970. In einer zweiten Abteilung mit Materialien, Zeugnissen und Erläuterungen liegen bisher (1961–1997) 9 Bände vor, geplant sind weitere fünf Bände und ein Registerband. Von besonderem historischem Wert ist die Neuausgabe der *Tagebücher* G.s, deren 20 Bände (10 Textbände, 10 Kommentarbände) von der Stiftung Weimarer Klassik erarbeitet werden. Die ersten beiden Bände sind 1998 erschienen. Aufgrund seines enormen Umfangs bildet der Briefwechsel G.s ein besonderes editorisches Problem. Bietet die *Weimarer Ausgabe* insgesamt 13 362 Briefe *von* G., so sind inzwischen weitere 1020 Briefe durch Paul und Mechtild Raabe bekannt gemacht worden (1990). Damit ist ein Grundstein für eine Gesamtausgabe des Briefwerks gelegt. Dagegen: Es sind insgesamt etwa 21 500 Briefe *an* G. bekannt, die in Form einer Regestausgabe (kurze Angabe des Inhalts mit den üblichen Daten) in 5 Bänden (1980–1991) dokumentiert werden. G.s *Amtliche Schriften* liegen in 5 Bänden vor (1950–1987), ihre Kommentierung steht noch aus. Das Corpus der G.-Zeichnungen ist in zehn Bänden (1958–1973) präsentiert, bedeutende Briefwechsel (mit ↗ Schiller, mit ↗ Cotta, mit ↗ Zelter) sind erschienen oder in Vorbereitung (↗ Knebel).

An Leseausgaben, sämtlich der historisch-kritischen Methode verpflichtet, müssen erwähnt werden: Die *Jubiläumsausgabe* in 40 Bänden (1902–1912), die *Propyläen-Ausgabe* in 45 Bänden (1909–1932), die Hamburger Ausgabe in 14 Bänden und 6 Briefbänden (1962–1967); kommentiert und durch zahlreiche Neuauflagen auf dem neuesten Forschungsstand die Berliner Ausgabe in 23 Bänden (1960–1978); ebenfalls kommentiert; die Frankfurter Ausgabe (in vierzig Bänden – noch nicht abgeschlossen) und schließlich die Münchner Ausgabe (kommentiert in dreißig Bänden – abgeschlossen). Keinem anderen deutschen Schriftsteller ist je so viel editorischer Eifer von Tausenden von fasziniertenen Philologen gewidmet worden. BL

Werner, Abraham Gottlob (1749–1817), Mineraloge und Geologe; G.s geistiger Lehrer auf diesen Gebieten; ab 1775 Professor der Mineralogie und Bergbaukunde in Freiberg, wo ihn G. 1776 kennenlernte. G. war wie Werner Neptunist (↗ Neptunismus, Vulkanismus). Mit seiner neptunistischen Erklärung des ↗ Basalts löste Werner 1789 den Neptunistenstreit aus, widergespiegelt bei G. im Gespräch zwischen Thales und Anaxagoras in der ↗*Klassischen Walpurgisnacht* des *Faust II.* PO

Werner, Friedrich Ludwig Zacharias (1768–1823), Jurist und Kammersekretär, romantischer Dichter erfolgreicher, schicksalhaft-düsterer Stücke und hochartifizieller Sonette. G. traf W. 1807 in Jena, Werner besuchte ihn am Ende des Jahres bis zum März 1808 und genoß G.s Wohlwollen, regte gar dessen Sonetten-Zyklus an. Ein freundlicher Briefwechsel folgte, Werners Besuch in Weimar von Dezember 1808 bis Juni 1809 bereitete den Bruch vor: Die Stimmung wurde getrübt durch Werners immer schwärmerischer vorgetragenes ↗Christentum, sein Übertritt zum ↗Katholizismus besiegelte den Bruch der Beziehung. 1814 wurde Werner zum Priester geweiht, G. lehnte ihn später ab wie die gesamte katholische Romantik. BJ

Wertherfieber: Durch G.s Erstlingsroman ausgelöste Reaktion vor allem in der bürgerlichen Jugend. Symptomatisch war die umfassende Nachahmung des Romanhelden: Man kleidete sich wie Werther, trug blauen Rock und gelbe Weste; wie der Romanheld lief die oder der empfindsam-bürgerliche Jugendliche in melancholisch nachempfundener Einsamkeit durch den Wald, zeichnete oder las im Homer; Aussprüche Werthers wurden zu Spruchweisheiten umgemünzt, seine gegen die gemessenen Formen bürgerlichen Umgangs gerichtete enthusiastische Redeweise wurde zum Plauderton der Jugend, zur Sprache heißempfundener Liebe; ein Bekannter, der zu sehr den bürgerlich-herkömmlichen Verhaltensnormen entsprach, wurde als »Herr Albert« denunziert. Empfindsamkeit, Enthusiasmus und antibürgerliche Revolte aber waren bloßes Rollenklischee, Wertherfieber war chic und bewirkte nichts. Auch keine Selbstmorde: Kein einziger Selbstmord in der Werther-Nachahmung konnte nachgewiesen werden. BJ

Wertheriaden: Die Masse der Essays, Gedichte, Dramen und Romane, die in satirischer, polemischer oder ernstgemeinter Absicht zum *Werther* Stellung beziehen, ihn um- und weiterdichten oder sich an das literarische *Werther*-Muster anlehnen. Zu den moralisierenden Wertheriaden gehören die 1775 von Johann Christian Ribbe verfaßten *Gespräche Ueber die Lei-*

den des jungen *Werthers* oder die *Briefe an eine Freundin über die Leiden des jungen Werther* (Johann August Schlettwein, 1775). Im selben Jahr noch erscheinen *Die Leiden der jungen Wertherin* von August Cornelius Stockmann, der ganze Roman aus Lottes Perspektive. Die berühmteste Überarbeitung und Fortsetzung ist der Roman *Freuden des jungen Werthers. Leiden und Freuden Werthers des Mannes* von Friedrich Nicolai (1775): Einem pädagogischen Gespräch über den Helden folgt die ›bessere‹ Fortsetzung, die mit Werthers Rettung einsetzt. Darüber hinaus folgen dem *Werther* eine Reihe empfindsamer Romane, die den sprachlichen Gestus des Romans zu ihrem Stilideal machen und so in seine Nachfolge gehören: *Siegwart. Eine Klostergeschichte* (Joh. Martin Miller, 1776), *Henrich Stillings Jugend* (Joh. Heinrich Jung-Stilling) (1777). BJ

Werthertracht: Blauer Rock und gelbe Weste. Kleidungsstücke, die Carl Wilhelm ↗Jerusalem, ein Wetzlarer Bekannter G.s, bei seinem Selbstmord trug. Nach seinem Vorbild kleidete G. auch seinen Romanhelden ein – und setzte damit einen modischen Trend. Die begeisterten *Werther*-Leser kleideten sich wie ihr literarisches Idol. BJ

West-östlicher Divan: Entstanden ab 1814, Erstdruck 1819, um 43 Gedichte erweiterte Fassung in der *Ausgabe letzter Hand* 1827; diese Fassung liegt den meisten Ausgaben zugrunde. Im Sommer 1814 liest G. eine Sammlung orientalischer Gedichte: *Der Diwan von Mohammed Schemsed-din Hafis. Aus dem Persischen zum erstenmal ganz übersetzt von Joseph von Hammer.* Diese Lektüre macht Epoche in seinem Leben; andere Eindrücke schließen sich an, die den *Divan*-Jahren den Charakter eines besonderen Lebensabschnittes geben. Das Ende der Napoleonischen Kriege und der Beginn der Restaurationsepoche war für G. zugleich der Beginn des Alters, dessen äußere Ruhe nicht mehr von politischen Umbrüchen gestört wurde. Zum erstenmal seit 1797 reiste er im Sommer 1814 in die Rhein-Main-Gegend; diese Reise, unternommen als Flucht aus der Zeit der langanhaltenden politischen und kriegerischen Verstörung des Lebens, wird zugleich zur Reise in eine andere Kultur – die Gedichtsammlung (persisch ›Diwan‹) des Hafis führt er mit sich. An den Freund Karl Ludwig von Knebel schreibt er am 8.2.1815: »Ich segne meinen Entschluß zu dieser Hegire, denn ich bin dadurch der Zeit und dem lieben Mittel-Europa entrückt, welches für eine große Gunst des Himmels anzusehen ist«.

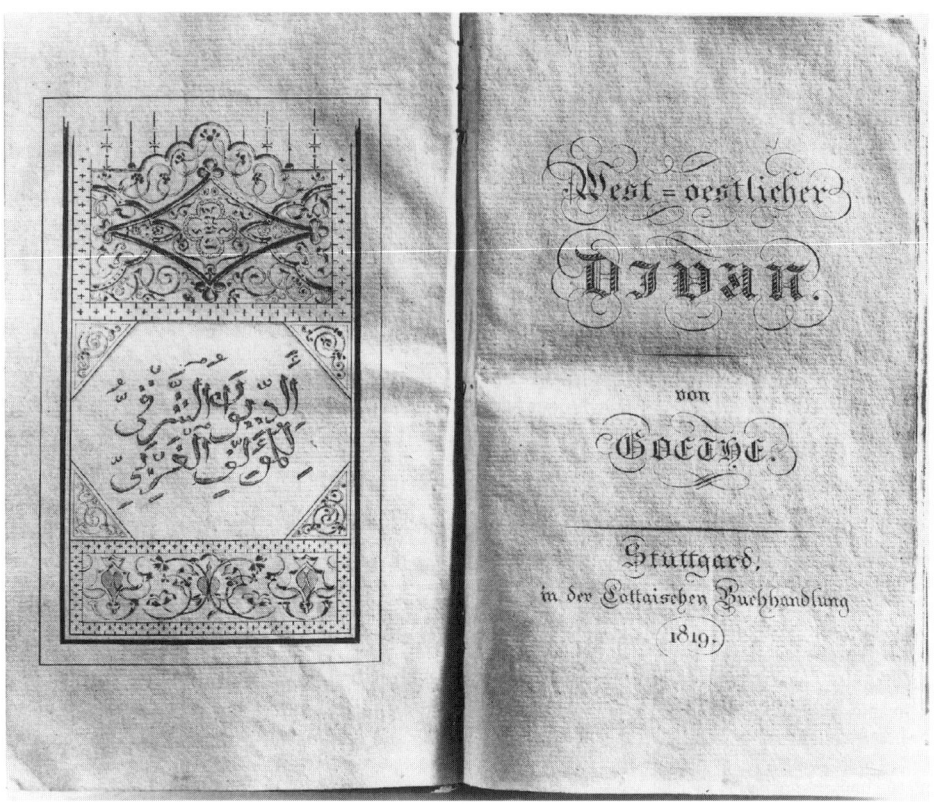

Schmucktitel von C. Ermer nach einem Entwurf Goethes

Die Begegnung mit dem persischen Dichter des 14. Jh.s hat für G. fast einen intim-persönlichen Charakter, er sieht in ihm ein lyrisches alter ego, dessen Dichtung ihm näher scheint als die zeitgenössische Literatur, der er vielfach mit Ablehnung begegnet. Orientalische Dichtung war G. seit seiner Jugend vertraut, die Lyrik des Hafis wird nun aber zu einer Art Initialzündung, die eine enorme lyrische Produktivität freisetzt. Das erste Gedicht wird kurz nach der Lektüre geschrieben, weitere Gedichte entstehen nach Antritt der Reise am 25. 7. 1814 in rascher Folge, jeweils mit Datum versehen, in der Postkutsche. Der Produktivitätsschub hatte also bereits eingesetzt, ehe G. im August 1814 Marianne Jung kennenlernte, die Ende September den 26 Jahre älteren reichen Frankfurter Bankier Johann Jakob von ↗Willemer heiratete, der G. seit langem bekannt war. Auf der ↗Gerber-mühle, dem Landhaus der Willemers, war G. 1814 und auf der zweiten Sommerreise 1815 wochenlang zu Gast. Diese Begegnung integriert in die *Divan*-Jahre einen Liebesroman, der mit schmerzlicher Entsagung bei den Abschiedstagen in Heidelberg vom 23.–26. 9. 1815 endet.

Die Rolle Marianne von ↗Willemers beschränkt sich nicht auf die der Muse, sie nimmt aktiven und schließlich auch produktiven Anteil an der Entstehung des *Divan*; ihrer Autorschaft, die erst 1869 enthüllt wurde, sind Gedichte zu verdanken, die sich nahtlos in das *Buch Suleika* einfügen, wie: *Hochbeglückt in deiner Liebe; Sag du hast wohl viel gedichtet; Was bedeutet die Bewegung; Ach! um deine feuchten Schwingen.* Das Gespräch der beiden Liebenden im Wechsel von Dialog- und Monologgedichten ist konstitutiv für das gesamte Buch, das G. in seiner Ankündigung des *Divan* im *Morgenblatt* von 1816 ein »Duodrama« nennt. In einer kurzen Suleika-Replik charakterisiert Marianne von Willemer treffend die Rolle ihrer Gedichte im poetisch-erotischen Wechselspiel: »War Hatem lange doch entfernt,/Das Mädchen hatte was gelernt,/Von ihm war sie so schön gelobt,/Da hat die Trennung sich erprobt./Wohl, daß sie dir nicht fremde scheinen;/Sie sind Suleikas, sind die deinen!«

Die Faszination des *Divan* ist nicht nur in der Fremdheit und Exotik der Gedichte, sondern auch in den Entstehungsbedingungen begründet, die Merkmale einer besonderen Epoche in einem langen Dichterleben aufweisen: Reise, Liebe, gedankliche Aneignung einer fremden Kultur, Dichten. Antithetisch zur vaterländischen Lyrik der Befreiungskriege führt die Begegnung mit einer fremden Literatur zu einer neuen, bisher nicht gekannten lyrischen Schreibart; sie verändert G.s Dichtungsverständnis und eröffnet neue Vorstellungswelten und Ausdrucksformen. Vorbereitet war diese lyrische Initiation auch durch das Interesse der Romantik an östlicher Dichtung.

G.s Leistung besteht in dem hohen Grad an poetischer Anverwandlung der fremden Tradition. Bilder der real erlebten eigenen Kultur mischen sich untrennbar – häufig als west-östliche Wortneuschöpfungen – mit den visionären orientalischen Bildern; auch darin besteht die ›Zumutung‹, die der *Divan* mitunter für den Leser bedeutet. Dazu gehört weiterhin das Spiel, das G. hier mit Dichtung treibt, die bewußt gesetzte Lässigkeit, ja Nachlässigkeit des lyrischen Sprechens, die mit hoher Artifizialität, Ironie und Selbstironie verbunden ist. Der *Divan* ist geprägt von einer Reihe lyrischer Formen, wobei die gereimte Vierzeiler überwiegt. Wenige Gedichte nähern sich der persischen Ghasel-Form an (*Nachbildung*; *In tausend Formen*), die G. ebenso wie die Neigung der orientalischen Dichtung zu rhetorischem Schmuck als allzu künstlich empfand. An Hafis fasziniert ihn die Mischung von Sinnenfreude, heiter-abgeklärter Lebensphilosophie und Zeitkritik. Gerade die Zeitkritik des *Divan* ist ein Beispiel dafür, was die kulturelle Maskerade leistet.

Die Kritik wird nicht direkt geäußert, wie in den zeitgleich entstehenden Sprüchen (↗ *Spruchdichtung*), sondern in fremdkultureller Verkleidung und damit in ironischer Brechung. Auch die Liebe des alten Dichters zu einer jungen Frau wird im kulturellen Rollenspiel als Hatem und Suleika poetisiert und damit sublimiert. Durch die Begegnung mit dem Morgenland erlebt G. eine »wiederholte Pubertät«, wie sie nach seiner Aussage »geniale(n) Naturen« beschieden

sei (Gespräch mit Eckermann am 11.3.1828). Verjüngung ist denn auch eines der Zentralmotive des *Divan*. Physische, emotionale und poetische Neubelebung treten dabei in ein produktives Zusammenspiel. An Zelter schreibt er am 11.5.1820 die vielzitierte Charakteristik des *Divan* als »einer Poesie, wie sie meinen Jahren ziemt. Unbedingtes Ergeben in den unergründlichen Willen Gottes, heiterer Überblick des beweglichen, immer kreis- und spiralartig wiederkehrenden Erdetreibens, Liebe, Neigung zwischen zwei Welten schwebend, alles Reale geläutert, sich symbolisch auflösend. Was will der Großpapa weiter?« Das orientalische Phantasiespiel bekommt ein solides Fundament durch G.s wissenschaftliche Beschäftigung mit dem Orient, die um die Jahreswende 1814/15 verstärkt einsetzt und zur Abfassung der *Noten und Abhandlungen zu besserem Verständnis des West-östlichen Divans* führt.

Die 12 Bücher, die sich zum Zyklus zusammenschließen, sind ungleich gefüllt; manches blieb fragmentarisch, jedoch besteht zwischen den Gedichten ein Netz dichter Bezüge und Verweisungen. Das *Buch des Sängers* und das *Buch Hafis* thematisieren Dichter, Dichtung und die Begegnung mit dem Orient. Das *Buch der Liebe* präsentiert ein Spektrum von Frauen und berühmten Liebespaaren. Das *Buch der Betrachtungen* enthält lehrhafte Gedichte zur Welt und zum Leben. Das *Buch des Unmuts* zeigt G.s Neigung zur Polemik; dem Motiv politischer ›Übermacht‹ tritt der ›Übermut‹, die Selbstbehauptung des Dichters entgegen. Das *Buch der Sprüche* enthält Maximen oder Spruchgedichte weitgehend orientalischer Herkunft. Im *Buch des Timur* ist der Mongolenherrscher des 14./15. Jh.s Spiegelgestalt zu Napoleon. Das *Buch Suleika* ist das umfangreichste Buch des *Divan*, ein Zyklus – innerhalb des Zyklus – von Liebesgedichten, in deren Abfolge eine Liebesgeschichte erzählt wird. Die Töne des Liebesgesprächs sind vielfältig: zärtlich, scherzhaft, erotisch-fordernd, wobei immer wieder die Liebe eine Überhöhung findet, der spielerische Ton fast unbemerkt in Ernsthaftigkeit moduliert wird, bis zum großen, durchaus sakral übersteigerten Hymnus an die Geliebte im Gedicht *In tausend Formen*. Im *Schenkenbuch* wird nach orientalischem Vorbild die homoerotische Neigung zu einem schönen Knaben dargestellt. Die Einheit von Liebes- und Weinrausch entgrenzt die zivilisatorischen Schranken und zugleich die poetische Phantasie. In den *Noten und Abhandlungen* wird Homoerotik mit der pädagogischen Funktion des Eros begründet, die der griechischen Antike entlehnt ist. Das *Buch der Parabeln* vermittelt allgemeine Wahrheiten in erzählender und belehrender Form. Das *Buch des Parsen* ist der alt-persischen Religion, das *Buch des Paradieses* dem islamischen Paradies gewidmet, das als Ort heiteren Genusses dargestellt wird. Die Verbindung von Liebe und Poesie mit einer heiteren Religiosität, die als Grundmuster den *Divan* durchzieht, wird hier noch-mals vorgeführt.

Am 16.5.1815 schreibt G. an seinen Verleger Cotta: »Diesen deutschen Divan wünscht' ich, in Form eines Taschenbuchs, in viele Hände«. Dieser Wunsch hat sich nicht erfüllt, der *Divan* löste beim zeitgenössischen Publikum vielfach Befremden aus; bis heute ist er eine Lyriksammlung für Kenner geblieben. Wenige deutsche Dichter, darunter August von Platen, Friedrich Rückert, Heinrich Heine, ließen sich von G.s orientalischer Poesie, die ein früher Ausdruck der Orientbegeisterung des 19. Jh.s ist, inspirieren. Als interkultureller und intertextueller Dialog ist der *Divan* jedoch ein wichtiger Baustein zu G.s Konzept einer ↗Weltliteratur.

[*Divan*-Gedichte in diesem Lexikon: *An Suleika, An vollen Büschelzweigen, Es ist gut, Gingo biloba, Hatem: Locken haltet mich, Hegire, Hochbild, Höheres und Höchstes, Im Gegenwärtigen Vergangnes, In tausend Formen, Ja, in der Schenke, Lesebuch, Liebliches, Lied und Gebilde, Nachbildung, Offenbar Geheimnis, Phänomen, Selige Sehnsucht, Talismane, Und wer franzet, Vermächtnis altpersischen Glaubens, Vollmondnacht, Wiederfinden, Winter und Timur, Der*].   IW

Wette s. **Teufelspakt**

Wetzlar s. **Buff, Jurist G., Kestner**

whimsical, der englische Ausdruck für *launisch, schnurrig, grillenhaft, verrückt*, war der nach G.s Dafürhalten angemessene Begriff für die Seltsamkeiten seines Jugendfreundes Jakob Michael Reinhold ↗Lenz.   AK

Whist, das englische Kartenspiel, das als fester Bestandteil der bürgerlich-galanten Welt zu G.s Zeit gelten darf, lernte er in Leipzig kennen. Wie sehr er ihm oft zugeneigt war, läßt sich anhand seiner Tagebücher nachprüfen, zum Beispiel im Jahr 1811: 8. Oktober »Abends Whist«, 11. Oktober »Abends Whist«, 22. Oktober »Abends Lorzings Whist«, 25. Oktober »Nach Tische Unterhaltung mit August. Whist gespielt.«, 1. November »Gegen Abend die Frauenzimmer Whist«, und so fort.   AK

Widmung, bittere. Eine solche fand sich an G.s zerbombtem Geburtshaus in Frankfurt nach dem Zweiten Weltkrieg in Form eins Schildes, auf dem zu lesen war: »Unser Hitler unserem G.«. Prophetisches hierzu findet sich in Kurt Tucholskys *Hitler und G. Ein Schulaufsatz* von 1932.   IA

Wiederfinden: *Ist es möglich!* Entstanden am 24.9.1815, einen Tag nach dem überraschenden, letzten Wiedersehen mit Marianne von Willemer in Heidelberg; eines der berühmtesten Gedichte des *West-östlichen Divan*. Nach dem Eingang, der die Begrüßungsformel der unerwarteten Begegnung wiedergibt, wird die persönliche Erfahrung in einem hohen lyrischen Pathos übersteigert: »Ach, was ist die Nacht der Ferne/Für ein Abgrund, für ein Schmerz!« Diese Stilisierung und emphatische Überhöhung des Gefühls setzt religionsphilosophische Reflexionen frei – das Liebesgedicht wird moduliert in einen Schöpfungsmythos. In einer kühnen und großartigen Zusammenschau, die vom Mikrokosmos der Liebenden ausgeht und die Makrokosmos in den Blick nimmt, erzählt das Gedicht eine lyrisch verknappte Schöpfungsgeschichte und präsentiert damit zugleich einen Höhenflug künstlerischer Vorstellungs- und Gestaltungskraft. Am Ende des 8. Buchs von *Dichtung und Wahrheit* hatte G. bereits eine persönliche Kosmogonie entworfen. In *Wiederfinden* übernimmt er aus der Genesis die Schöpfungsformel »Es werde« und die Trennung von Licht und Finsternis. Mit der Nennung von »Allah« bleibt das östliche Element des *Divan* gewahrt, in gleicher Weise jedoch die west-östliche Perspektive, ist doch die Genesis eine für Christentum und Islam gleichermaßen verbindliche Überlieferungstradition. G. kombiniert diese mit den Einsichten und Bildmustern seiner *Farbenlehre*; die schmerzliche, unproduktive Trennung der Elemente wird durch das Hinzutreten der »Morgenröte« aufgehoben. »Ein erklingend Farbenspiel« ist Ausgangspunkt der Belebung und der liebenden Vereinigung, womit die Thematik wieder in den menschlich-persönlichen Bereich überführt wird. Liebe wird gefeiert als produktive Kraft des Universums, welche Trennungserfahrungen, auch die Trennung der Geschlechter, aufhebt. Die letzte Strophe gehört wieder, wie die erste, dem liebenden Paar, doch verbietet auch hier der hohe Grad an sprachlicher Stilisierung eine allzu eilfertige Gleichsetzung mit G. und Marianne von Willemer: »So, mit morgenroten Flügeln,/Riß es mich an deinen Mund,/Und die Nacht mit tausend Siegeln/Kräftigt sternenhell den Bund.« Die Metaphorik ist deutlich auf Überhöhung und Verallgemeinerung angelegt; zelebriert wird die Idee des liebenden Paars, das wie in der *Metamorphose der Pflanzen* Höhepunkt der Schöpfung ist. Auch die Analogie von Schöpfergott und prometheischem Künstler, die in der Geniephase (↗Frankfurter Hymnen) mehrfach hergestellt wurde, wird in *Wiederfinden* auf das Paar hin sozialisiert: »Allah braucht nicht mehr zu schaffen,/Wir erschaffen seine Welt.« IW

Wiedergeburt, Reinkarnation, eine für G. selbstverständliche Auffassung, die ihm aus dem Begriff der Tätigkeit entsprang. »Wenn ich bis an mein Ende rastlos wirke, so ist die Natur verpflichtet, mir eine andere Form des Daseins anzuweisen, wenn die jetzige meinen Geist nicht ferner auszuhalten vermag« (Eckermann, 4.2.1829). Ausführlich sprach G. an ↗Wielands Begräbnistag (25.1.1813) zu Johann Daniel ↗Falk über die Reinkarnation und bekannte: »Ich bin gewiß, wie Sie mich hier sehen, schon tausendmal dagewesen und hoffe wohl noch tausendmal wiederzukommen.« – In einem ganz innerweltlichen Sinne faßte G. auch die für ihn neuartige Selbsterfahrung als Künstler, die das Ergebnis seiner italienischen Reise war, als »Wiedergeburt« auf (↗Italienische Reise, ↗Renaissance, ↗Rom). DH

Wieland, Christoph Martin (1733–1813), Schriftsteller. Er kam 1772 als Erzieher Carl Augusts nach Weimar, wo G. dann 1775 in ein freundschaftliches Verhältnis mit ihm trat. G. spottet als junger Mann über Wielands Zeitschrift *Teutscher Merkur*, ein Spott, der auch aus der Satire *Götter, Helden und Wieland* spricht. Die persönliche Bekanntschaft aber ist sofort innige Freundschaft: »Wieland ist gar lieb, wir stecken immer zusammen, und gar zu gerne bin ich unter seinen Kindern« (an Johanna Fahlmer, 22.11.1775), »Mit Wielanden hab ich göttlich reine Stunden« (an Charlotte von Stein, 2.–9.6.1776). G. flicht manchen »Lorbeerkranz« für Wielands literarische Produktionen (an Merck, 3.4.1780), dessen gesellschaftliche Umgangsformen aber die Weimarer Gesellschaft mehr und mehr abschrecken. Nach Wielands Umzug nach Oßmannstedt bleibt der Kontakt locker, aber abgekühlt; in ausladenden Briefnekrologen zollt G. dem 1813 Verstorbenen jedoch höchstes Lob, zeitlebens hält die Anerkennung an, wie schon ein früher Brief G.s bekannte: Neben Oeser sei »Wieland noch der einzige, den ich für meinen ächten Lehrer erkennen kann« (an Reich, 20.2.1770). BJ

Wiener Kongreß/Heilige Allianz: Nach dem Ende der ↗Befreiungskriege, die zum Sturz Napoleons geführt hatten, verhandelten die europäischen Monarchen und Staatsmänner vom 1.11.1814 bis zum 11.6.1815 in Wien über eine Restauration und zugleich Neuordnung Europas. Treibende Kraft war dabei ↗Metternich, dessen Politik G. schätzte und dem er zutraute, Ordnung in das »Wirrwarr« (an Carl August, 27.12.1814) zu bringen (G. verfolgte das Geschehen anfänglich äußerst gespannt). Wichtigstes Anliegen des Kongresses war der Ausgleich der Mächte bzw. ihrer Gebietsansprüche, außerdem stand die deutsche Verfassungsfrage zur Klärung an. Sie führte zur Gründung des Deutschen Bundes, innerhalb dessen nicht nur die großen Staaten wie Preußen und Österreich, sondern auch kleinere wie ↗Sachsen-Weimar ihre Souveränität behielten.

Da Carl August als General der sächsischen und thüringischen Kontingente zur Rückeroberung Belgiens und Hollands beigetragen hatte, nahm er auch am Kongreß teil (G. hätte mitreisen sollen, er distanzierte sich jedoch und mußte erleben, daß an seiner Stelle der junge Freiherr von ↗Gersdorff in politischen Fragen für den Herzog immer wichtiger wurde). Carl August ging aus den Verhandlungen zwar nicht wie erhofft als neuer König von Sachsen hervor, immerhin wurde sein kleines Land – mit annähernd verdoppelter Grundfläche – zum Großherzogtum erhoben (G. avancierte im Zuge dessen zum Staatsminister).

Nach dem Wiener Kongreß formierten sich Rußland, Österreich und Preußen am 26.9.1815 zur Heiligen Allianz, der sich fast alle anderen europäischen Staaten anschlossen. Dieses europaweite Friedensbündnis sollte für Stabilität und die Einhaltung der Kongreßvereinbarungen sorgen, außerdem garantieren, daß Einmischungen von Staaten in die Angelegenheiten anderer unterblieben bzw. im Falle von Umsturz (Revolution) oder Eroberung gegenseitige Hilfestellung gewährleistet sei. Laut Eckermann schätzte G. die Heilige Allianz hoch ein, nie sei »etwas Größeres und für die Menschheit Wohltätigeres erfunden worden« (3.1.1827). DF

Wiesbaden: Die Taunusstadt, die auf dem Weg zu einem renommierten Badeort war, lernte G. 1765 kennen, auf einer Taunuswanderung mit seinem Vater. 1793 logierte er in Wiesbaden nach der Belage-

Der Wiener Kongreß 1814/1815. Gemälde von J. Godefroy, 1819

rung von Mainz. 1814 und 1815 kurte er für mehrere Sommermonate, unterbrochen von Ausflügen in die nähere Umgebung, begegnete dort 1814 zum ersten Mal der späteren Marianne von ↗Willemer, schrieb der Niederlage Napoleons bei Waterloo zum Trotz im Wiesbaden von 1815 am *West-östlichen Divan*, empfing zahlreiche Freunde und hochgestellte politische Persönlichkeiten wie den Freiherrn vom Stein, Carl August natürlich, und ließ es sich an der Tafel des Herzogs Friedrich August von Nassau gut gehen.   BL

Wilhelm, Briefpartner des Helden in *Die Leiden des jungen Werthers*, den Werther im Sinne des Freundschaftskultes des 18. Jh.s oft als »liebsten Freund« anschreibt und dem er sein Herz ausschüttet. Wilhelm bleibt, da im Roman ja ausschließlich Werthers Briefe und nicht auch Wilhelms Antworten abgedruckt werden, praktisch konturlos – und vertritt gewissermaßen die Stelle des Romanlesers im Roman.   BJ

Wilhelm Meisters Lehrjahre: Roman. Entstehungszeit 1775-1796, Erstveröffentlichung 1795/96.

Während seiner Reise nach Italien 1786-1788 hatte G. das Romanfragment *Wilhelm Meisters theatralische Sendung*, wie viele andere Projekte aus den ersten zehn Jahren in Weimar (*Iphigenie, Tasso, Faust*), vollenden wollen. Wie beim *Faust* gelingt ihm das aber erst später, u.a. unter tätiger Mithilfe Friedrich ↗Schillers. Erst 1793 nahm er sich den Stoff wieder intensiv vor, Buch für Buch wird an Schiller geschickt, der in ganz ausführlichen Briefen Kritik übt, auf kleinere Fehler in der Figurenzeichnung hinweist und immer wieder die Gestaltung allgemeiner Ideen fordert, die hinter den Individualitäten der Gestalten sichtbar werden sollen. Im Juni 1796 konnte G. den Roman endlich abschließen.

Wilhelm Meister, ein durch das elterliche Handelshaus wirtschaftlich abgesicherter, aber unerfahrener Kaufmannssohn, ist in die Schauspielerin Mariane verliebt, die seine Gefühle erwidert. Mit der Schauspielerin liebt Wilhelm auch das Theater, so sehr, wie er den Kaufmannsstand seines Vaters haßt. Nach einem Mißverständnis fühlt Wilhelm sich von der Geliebten betrogen, bricht alle Beziehungen zu ihr ab und erkrankt. Eine im Dienste des Vaters durchzuführende Handelsreise soll ihm zugleich das Kaufmannsdasein schmackhaft machen. Nachdem er ausstehende Schulden eingetrieben hat, trifft er auf eine Schauspielertruppe, der er zunächst als Geldgeber dient und zu der auch ein wunderlicher alter ↗Harfner sowie ein knabenhaftes Mädchen namens ↗Mignon gehören. Um sie kümmert sich Wilhelm wie um ein eigenes Kind. Bei einem Überfall auf die Schauspielergruppe wird Wilhelm im Kampf schwer verletzt, ihn rettet eine rätselhafte Schöne. Den Höhepunkt seiner Theaterlaufbahn bildet Wilhelms Engagement bei einer stehenden städtischen Bühne, an der er Shakespeares *Hamlet* mitinszeniert und die Hauptrolle spielt. Auf diesem Höhepunkt schreibt Wilhelm einen Brief an den geschäftstüchtigen Nachbarssohn Werner, in dem er das Schauspielerdasein als einzige Möglichkeit einer ganzheitlichen Ausbildung deutet, die von der bürgerlichen Erwerbswelt verhindert werde; der Bürgerliche könne nur auf der Bühne einen der adlig-ganzheitlichen Selbstdarstellung ähnlichen Schein von Identität erfahren. Während seiner Zeit am Stadttheater erfährt Wilhelm vom Tode Marianes nach der Geburt des gemeinsamen Sohnes Felix.

Wilhelm kommt durch zufällige Begegnungen in Kontakt zu einer Gruppierung erzieherisch-aufgeklärter Adliger, die sich als ↗»Turmgesellschaft« bezeichnet und deren Familiengeschichte das 6. Buch mit den pietistischen »Bekenntnissen einer schönen Seele« erzählt. Mitgliedern der Turmgesellschaft gelingt es, Wilhelm vom Theater zu entfremden und seine selbsterzieherischen Hoffnungen zu enttäuschen. Wilhelm lernt die lebenstüchtige Therese kennen, die er bald heiraten will. Seine Abwendung vom Theater trennt ihn von Mignon und dem Harfner; Sie sterben schließlich, nachdem ihre verhängnisvolle Herkunft und Verwandtschaft erzählt ist. Überraschend findet Wilhelm endlich die lang gesuchte rätselhafte Schöne des Überfalls wieder – ↗Natalie, auch ein Mitglied der Turmgesellschaft; Wilhelm steht jetzt zwischen ihr und Therese, der er ein Heiratsversprechen gegeben hat; ein Konflikt kann vermieden werden, da Therese zufällig ein anderes Mitglied der Gesellschaft heiraten will, man entlobt sich, und für Wilhelm und Natalie ist der Weg frei.

G. demonstriert in den *Lehrjahren* anschaulich ein theatergeschichtliches Panorama von der Puppenbühne über Gauklertruppen und Wanderbühne bis hin zum festen städtischen Theater. Wilhelms Idee individueller Ausbildung und ganzheitlicher Selbstverwirklichung im Theater wird im Kontext gesellschaftlicher Wertvorstellungen und Lebenskonzepte korrigiert. Indem die *Lehrjahre* die Bildungsidee als individuellen Anspruch mit den realen Möglichkeiten der bürgerlichen Wirklichkeit vermitteln, bilden sie den Auftakt zur Geschichte des Bildungs- und Entwicklungsromans, dessen klassisches Muster sie darstellen.   BJ

Wilhelm Meisters theatralische Sendung: Unvollendet gebliebener Roman, Entstehung 1776–1786, Erstdruck 1911. Die erste Version des *Wilhelm Meister*-Romans ist im ersten Jahrzehnt G.s am Weimarer Hof entstanden, stilistisch und inhaltlich gehört sie aber eher zum Sturm und Drang. Behindert durch die großen administrativen und gesellschaftlichen Verpflichtungen am Hof konnte G. zehn Jahre lang nur mit großen Unterbrechungen an dem Roman arbeiten – in Italien nahm er sich den Stoff wieder vor, erst in der ersten Hälfte der 1790er Jahre gelang schließlich die Umarbeitung zu den *Lehrjahren*. Die *Theatralische Sendung* war bis 1910 unbekannt, als eine Abschrift der Barbara Schulthe▸ in Zürich aufgefunden und im Jahr darauf publiziert wurde.

Der Beginn der *Theatralischen Sendung* erzählt von der frühen Kindheit und Jugend Wilhelms: Mit dem Puppentheater, einem begeistert aufgenommenem Weihnachtsgeschenk der Großmutter, beginnt die Theaterleidenschaft des Helden, die sich über das eigene Spiel mit den Puppen, kindliche Arbeit an dramatischen Stoffen, Entwürfe und Projekte des Jugendlichen, über Aufführungen und Mißerfolge entwickelt. Die Theaterbegeisterung wird durch die Liebe zu Mariane komplettiert, einer Schauspielerin, die Wilhelm schließlich heiraten möchte. Er wähnt sich durch die Geliebte betrogen, was ihn in eine tiefe Krankheit stürzt. Mit Werner, dem Nachbarssohn, Freund und späteren Schwager, diskutiert Wilhelm über Theatertheorie und -praxis – wobei sich Wilhelms poetische Emphase schärfstens von Werner pragmatischem Eintreten für die Kaufmannswelt absetzt.

Wilhelm, wieder gesundet, trifft zufällig auf die verschiedensten Theaterleute, eine von dem Freund vorgeschlagene Handelsreise nutzt Wilhelm zur Flucht in die Welt des Theaters. Zuerst bleibt er bei einer umherziehenden Gaukler- und Schaustellertruppe, dient daraufhin einer zusammengewürfelten Theatergesellschaft als Geldgeber, später als Theaterautor und sogar als Schauspieler. Zur Unterhaltung mit den Schauspielern auf ein gräfliches Schloß geladen, betätigt sich der Held wiederum als Theaterautor und als Dramaturg, hier lernt er erstmals die

Werke Shakespeares kennen, in denen er begeistert versinkt.

Die weiterziehende Theatergesellschaft wird von Räubern überfallen, der schwer verwundete Wilhelm wird gerettet von einer schönen Amazone, über die er nichts in Erfahrung bringen kann. Schließlich kann er in der großen Handelsstadt H* bei der städtischen Bühne des befreundeten Theaterdirektors ↗Serlo, der ebenfalls Shakespeare-Verehrer ist, als Schauspieler unterkommen.

Hier bricht die *Theatralische Sendung* abrupt ab. Ihr Held Wilhelm trägt noch deutlich die Züge von G.s Sturm-und-Drang-Figuren. Vergleichbar mit Werther geht auch Wilhelm von früher Kindheit an identifikatorisch in den literarischen Texten auf, die er liest und inszenieren will. Er überträgt in scheinbar unmittelbarem Kurzschluß die Welt der Texte auf Lebenssituationen des Alltags, er identifiziert sich restlos mit Shakespeares dramatischem Helden Hamlet, den er schließlich selber spielen soll.

Wilhelm bleibt, trotz einiger hart formulierter Kritik an seinen dilettantischen theatralischen Bemühungen, dem Theater in emphatischer Zuwendung treu – zumindest bis zum Ende des Fragments. Vor dem großen theatergeschichtlichen und dramentheoretischen Panorama, das die *Theatralische Sendung* als Theaterroman aufreißt, kann Wilhelm, im Gegensatz zum Gesellschaftsroman der *Lehrjahre*, im Bereich des Theaters eine positiv gewertete Identität gewinnen.   BJ

Wilhelm Meisters Wanderjahre oder Die Entsagenden

Wilhelm Meisters Wanderjahre oder Die Entsagenden, Roman. Entstehungszeit 1797–1829, Erstveröffentlichung 1829, erste Fassung 1821. Die *Wanderjahre* sind nur zum Teil die Fortsetzung der Geschichte Wilhelm Meisters. Diese wird im Roman immer wieder unterbrochen durch Novellen, Märchen, Briefe, Tagebücher, Aphorismensammlungen und anderes mehr; der Roman wird auch nicht mehr von einem Erzähler dargeboten, vielmehr werden die unterschiedlichsten Texte, zu denen eben auch die Geschichte Wilhelms gehört, von einem Herausgeber, der Zugang zu großen Archiven hat, montiert. Damit werden die *Wanderjahre* zu einem modern und manchmal befremdlich erscheinenden Roman.

Zunächst jedoch zur Fortsetzung der Geschichte des Titelhelden. Wilhelm, am Schluß der *Lehrjahre* mit Natalie verheiratet, ist von der ↗Turmgesellschaft verpflichtet worden, sich getrennt von seiner Ehefrau auf eine Wanderschaft zu begeben, auf der er sich in einem für die Gesellschaft nützlichen Beruf ausbilden soll. Sein Sohn ↗Felix begleitet ihn am Romanbeginn

auf seiner Wanderung, im Hochgebirge treffen die Wanderer auf St. Joseph den Zweiten, sodann auf Jarno-Montan, der sich ganz in die Geheimnisse der Natur vertieft hat. Als sie Station machen im Schloß eines älteren Adligen, kommt Wilhelm in Kontakt zu einer Gesellschaft von Auswanderungswilligen, zu der auch die frühere ↗Turmgesellschaft gehört und die in Amerika ein von den Traditionen und Herrschaftsstrukturen Europas unbehindertes Staatswesen begründen will. Wilhelm bringt Felix in die ↗Pädagogische Provinz, eine seltsame Erziehungsutopie, in der eine Ausbildung nach den Neigungen des Zöglings möglich sein soll. Nach und nach kommt Wilhelms langgehegter Wunsch zu Tage, den Beruf des Wundarztes auszuüben, mit dem er in den Dienst des amerikanischen Gemeinwesens treten will. Am Ende des Romans, unmittelbar bei der Vorbereitung der Auswanderung, kann Wilhelm sein Meisterstück ablegen und seine beruflichen Qualitäten als Lebensretter beweisen: Er rettet seinem Sohn Felix durch einen Aderlaß das Leben, nachdem dieser in einen Fluß gefallen ist und fast ertrunken wäre.

Die Novellen und Erzählungen, die G. in die *Wanderjahre* montiert, sind ganz unterschiedlicher Art und Herkunft: ›St. Joseph der Zweite‹ erzählt seine Lebensgeschichte, Handwerker aus dem Auswanderbund erzählen schwankartige oder märchenhafte Geschichten, moralische Novellen werden Wilhelm als Texte zu lesen gegeben, ebenso wie das Reisetagebuch des Anführers der Auswanderer, Lenardo, das dessen frühere Erzählung vom ›nußbraunen Mädchen‹ fortsetzt, Briefe und Tagebucheinträge der verschiedensten Figuren werden eingeschaltet. Diese unterschiedlichsten Texte verhalten sich als moralische Exempel oder alternative Bildungsgänge oft kontrastierend zu Wilhelm Lebensweg. Umfangreiche Sammlungen sentenzenhafter Weisheiten schließen das zweite und das dritte und letzte Buch der *Wanderjahre* ab. Alle diese Texte sind Bestandteile großer Archive: das Archiv des Auswandererbundes, dem auch die Tagebücher und Briefe Wilhelms, Natalies, Lenardos usf. zugehören, das Archiv ↗Makaries u. a. stehen dem ›Erzähler‹ der *Wanderjahre* zur Verfügung. Dieser gibt sich die Rolle des Herausgebers, Redakteurs, der die Archive insgesamt zu einem Roman umarbeiten soll. Jedes Wort der *Wanderjahre* wird durch archivierte Dokumente als ›echt‹ ausgegeben; der Herausgeber hat nichts mehr zu erzählen, darf nur noch montieren und redigieren.

Diese Form des Romans erscheint im Verhältnis zur in sich geschlossenen Erzählweise der *Lehrjahre* als offen und modern – und hat den *Wanderjahren* noch

bis weit ins 20. Jh. hinein Ablehnung und Kritik eingetragen. Daß G. in seinem letzten Roman aber praktisch den *einen* Helden stark in den Hintergrund
drängt und auf die traditionelle Erzählform verzichtet,
läßt die *Wanderjahre* tatsächlich modern erscheinen:
An die Stelle *einer* Lebensgeschichte treten viele kon-
kurrierende Geschichten, Lebensentwürfe, soziale
Utopien und mehr; mit der Vorstellung eines Ar-
chives, aus dem ein Herausgeber montierend schöpft,
nimmt G. die Erfahrung der Moderne vorweg, daß die
Welt nicht unmittelbar, sondern nur durch Texte,
durch Medien erkennbar oder ›erfahrbar‹ ist. In ihrer
modernen, offenen Form versteht G. die *Wanderjahre* als eine literarische Arbeit, die »erlaubt, ja
fordert mehr als eine andere daß jeder sich zueigne
was ihm gemäß ist« (an Rochlitz, 28.7.1829).   BJ

Wilhelm Tell: Schillers letztes abgeschlossenes,
1804 in Weimar uraufgeführtes Drama, entstand, wie
G. behauptete, auf seine Anregung hin. Er hatte bei
seiner Schweizreise 1797 die historischen Tell-Stätten
besucht, den Plan zu einem Hexameterepos gefaßt
und Schiller davon erzählt. G. betrieb intensive Studien u.a. des *Chronicum Helveticum* von Aegidius
Tschudi, ließ 1798 das Projekt jedoch fallen und hatte
nichts dagegen, daß Schiller sich an den Stoff machte.
Rückblickend erzählte G., daß er den Tell als einen
»Lastträger« und den Landvogt Geßler als »einen von
den behaglichen Tyrannen« plante, das Werk also
»von beiden Seiten etwas Läßliches hatte und einen
gemessenen Gang erlaubte, welcher dem epischen
Gedichte wohl ansteht« (*TuJ*, 1804). Damit distanzierte er sich von Schillers Dramatisierung des politisch brisanten Stoffes. Immerhin hatte er zur Uraufführung das Bühnenbild beigesteuert.   DF

Wilhelm Tischbeins Idyllen: Die 15 Gedichte zu
Aquarellskizzen des Malers Wilhelm ↗Tischbein entstanden vom 16.–22.7.1821; mit dem Vorspruch *Ti-
telbild* veröffentlichte G. sie zusammen mit einem
Prosakommentar in seiner Zeitschrift *Über Kunst
und Altertum* 1822. In der *Ausgabe letzter Hand* von
1827 erschienen sie, um sechs Gedichte erweitert, als
eigenständiger Gedichtzyklus in der Rubrik »Kunst«.
Das Skizzenbuch Tischbeins, das »grüne Buch«, in das
G. seine Gedichte eingetragen hatte, ist im Zweiten
Weltkrieg verschollen, Tischbeins Ölgemälde, die er
nahezu identisch mit den Skizzen für den Herzog von
Oldenburg anfertigte, befinden sich heute in der Gemäldegalerie Oldenburg.
    Die Beziehung zwischen G. und Tischbein war
wechselvoll; nach seiner Ankunft in Rom im Novem-

ber 1786 nahm G. zunächst bei ihm Quartier. In der
Italienischen Reise berichtet er unter dem 7. November, Tischbein habe lange in Rom gelebt mit dem
Wunsch, ihm die Stadt zu zeigen. Sogleich entwickeln
beide den Plan zu einem malerisch-poetischen Idyl-
lenbuch; unter dem 20.11.1786 erwähnt G., Tischbeins Gedanke sei »höchst beifallswürdig, daß Dichter
und Künstler zusammen arbeiten sollten, um gleich
vom Ursprunge herauf eine Einheit zu bilden«. Dieser
Plan wurde nach jahrzehntelanger Entfremdung erst
wieder belebt, als Tischbein 1821 seine Idyllen-Skiz-
zen schickte, von denen G. sofort angetan war. Durch
seine Begeisterung wurde im Sommer 1821 in den
geselligen Weimarer Kreisen ein lebhaftes Idyllen-
Gespräch angeregt.
    G. hatte mit dem Versepos *Hermann und Doro-
thea* zur Verbürgerlichung der Gattung Idylle beigetragen, durch die Zeichnungen Tischbeins trat ihm
nun wieder die antike Idee der Idylle näher, das Ideal
eines einfachen, natürlichen und reinen Lebens in
einer arkadischen Landschaft, das aber in der künstlerischen Gestaltung, wie er im Prosakommentar zum
VI. Bild schreibt, von allem »Lästigen, Unreinen, Widerwärtigen« gereinigt sei. Die Arbeit am Idyllen-Buch
ist für G. Erinnerungsarbeit in mehrfacher Hinsicht:
Erinnerung an die eigene, arkadische Italien-Erfah-
rung, Erinnerung an die eigenen Versuche gerade in
Italien, sein malerisches Talent auszubilden (*Zu meinen Handzeichnungen*), und Reminiszenz an die
Wiederbelebung der Antike mit Schiller im klassischen Jahrzehnt (1794–1805).
    Für seine Gedichte gruppierte G. die Zeichnungen
Tischbeins um und erreichte so eine symbolische
Stufung und Steigerung. Im ersten Teil versammelt er
die Gedichte zu den typisch idyllischen Szenerien von
Menschen und Tieren in harmonischer Einheit mit
der Natur, die mit mythischen Elementen wie Faun,
Satyr und Zentaur durchsetzt sind, im zweiten Teil
(ab XI) kommentiert er die Bilder der schwebenden
weiblichen Gestalten: Aurora, die Göttin der Morgenröte, Nymphen und Sylphiden. Die antik-idyllische
Stimmung ist jedoch eigentümlich gebrochen durch
einen mitunter unüberhörbar ironischen Ton, der in
den später hinzugefügten Gedichten noch deutlicher
hervortritt. Dieses Element ironischer Distanz, das
sich vordergründig gegen Tischbein richtet, ist auf
einer tieferen Ebene auch Ausdruck des eigenen Un-
behagens an der Wiederbelebung einer antikisierenden Poesie, die angesichts von historischen Umbrüchen und Modernitätserfahrungen inzwischen als
anachronistisch empfunden wird und die Vergeblichkeit des Versuchs spiegelt, die Vergangenheit poe-

tisch und biographisch durch die Anknüpfung an das Rom-Erlebnis neu zu beleben.   IW

Wille, für G. nur als guter Wille (im Sinne von Absicht), den »innern Menschen« betreffend, in Betracht kommend und als solcher frei. Einen metaphysischen Willen, wie ihn ↗Schopenhauer 1818 in seinem Hauptwerk entwickelte, hatte G. bereits 1810 in seiner *Farbenlehre* (Newtons Persönlichkeit) ausgemacht und vom Willen des Einzelnen unterschieden, allerdings unter der Bezeichnung »Wollen«, welches der Natur eignet und sich notwendig vollzieht.
DF

Willemer, Johann Jakob von (1760–1838): Bankier, Schriftsteller, königlich-preußischer Geheimrat seit 1789, preußischer Hofbankier seit 1793, geadelt 1816. Engagiert im öffentlichen Leben Frankfurts: Senator (Bau-, Wohlfahrtsamt), Mitglied der Freimaurerloge, Oberdirektion des Theaters, der gesetzgebenden Versammlung; »Freund der Wissenschaften«, Förderer von Kunst, der enge Verbindung zum Schweizer Historiker Johannes Müller, zu Pestalozzi, zu Freiherr vom Stein, Graf Reinhard, zu den Schlossers, Brentanos, Arnims hält, mit Sulpiz Boisserée befreundet ist. Willemer heiratet am 27.9.1814 in dritter Ehe Marianne Jung (ab 1800 seine Pflegetochter, dann Lebensgefährtin).
G. kannte Willemer seit der Jugendzeit, geschäftliche, gesellschaftliche Verbindung zu G.s Eltern sind in Briefen der Mutter erwähnt. 1777 und 1781 besuchte Willemer G. in Weimar, gab 1788 Merck ein Darlehen; die Verhandlungen führte G., als Bürge stellte sich Carl August zur Verfügung. 1810/11 reisen Willemer und Marianne auf G.s Spuren durch Italien. Seit G.s Rheinreisen 1814/15 gelten sie als »Freunde, […] die im edelsten Sinne mit mir verbunden sind« (Eckermann, 26.9.1830). Persönliche Treffen 1814/15: Willemer besucht G. in Wiesbaden am 4.8. zusammen mit Marianne; 26.8.1814, 12.–24.9. und 11.–20.10.1814 wohnt G. in Frankfurt bei den Schlossers und trifft immer wieder mit den Willemers zusammen, vom 12.8.–17.9.1815 wohnt G. bei den Willemers, vom 23.–26.9. besuchen die Willemers G. in Heidelberg. Danach »stets lebhaftes Verhältnis«, Briefwechsel, Geschenksendungen, 1815 entsteht das Gedicht *An Geheimrat von Willemer* (»Reicher Blumen goldne Ranken«), 1818 wird Willemer Patenonkel des G.-Enkels Walther, 1819 erfolgt ein Besuch Willemers in Weimar, die letzte persönliche Begegnung. Kontakt hält man über die Familie, Freunde, Bekannte (u.a. Ottilie, Adele Schopenhauer, Boisse-

rée, Felix Mendelssohn, Eckermann). Ab 1834 schwerkrank, stirbt Willemer im Oktober 1838.   CS

Willemer, Marianne von (1784–1860): Uneheliche Tochter der Schauspielerin Anna Maria Elisabeth Pirngruber. Aufgewachsen in Wien, musisch begabt, kam 1798 mit ihrer Mutter nach Frankfurt, etwa 40 Auftritte am Frankfurter Nationaltheater (Opern, Sing-, Schauspiele), daneben als Tänzerin. April 1800: Johann Jacob Willemer bat die Mutter, Marianne von der Bühne zu nehmen (Abfindung, Rente), nahm sie als Pflegetochter ins Haus, Erziehung mit seinen Töchtern Meline (geb. 1788) und Maxe (geb. 1792), musikalische Ausbildung (Gesang, Gitarre, Klavier), wenige Jahre später Lebensgefährtin des vierundzwanzig Jahre älteren Willemer, ab 27.9.1814 dessen Frau.
Marianne verehrte G. als Dichter; sie kannte bereits Christiane und August von G. durch deren Besuche in Frankfurt, G.s Mutter natürlich auch, G. selbst am 4.8.1814 in Wiesbaden persönlich kennen. Danach besuchte G. sie in Frankfurt, mehrmals sah er sie bis zu seiner Abreise (20.10.) in Gesellschaft. Am 18.10. hatte man in Erinnerung an die Völkerschlacht bei Leipzig gemeinsam mit Freunden ein Freudenfeuer »beschaut«: »Wir waren sehr lustig und blieben sehr lange zusammen« (an Christiane, 18.10.1814). Fast ein Jahr später sah man sich wieder, G. wohnte bei den Willemers vom 12.8.–17.9.1815 in der ↗Gerbermühle bzw. in der Stadtwohnung. G.s 66. Geburtstag feierte man auf der Mühle. Die »Teilnahme geistreicher, liebender Freunde gedieh zur Belebung und Steigerung eines glücklichen Zustandes« (*Tuf*, 1815); Marianne wurde für G. zur Geliebten des entstehenden *West-östlichen Divan*, beider tief empfundene Liebe zueinander wurde im Dialog zwischen Hatem (G.) und Suleika (Marianne) poetisch verewigt. Im »Buch Suleika« des *Divans*, der 1819 erschien, wurden Mariannes Gedichte *Hochbeglückt in deiner Liebe* (16.9.), *Ostwind* (»Was bedeutet die Bewegung?« (23.9.) und *Westwind* (»Ach! um deine feuchten Schwingen« 26.9.) abgedruckt. Am 18.9. reiste G. nach Heidelberg ab, wo man sich vom 23.–26.9. zum letzten Mal traf.
Der Briefwechsel zwischen G. und beiden Willemers (Marianne dachte sich u.a. einen ↗Chiffren-Briefwechsel aus) ersetzte von nun an das persön-

liche Gespräch. Leidenschaft, Entsagung, Schmerz wurden mit diesen Briefen überspielt, beglückt durch die geistige Nähe tauschte man Gedanken, Gedichte und Geschenke. Bei der Lektüre des soeben erschienenen *Divan* erschien Marianne das Erlebte nun »wie ein beseligender Traum«.

Die Hauptthemen dieser Briefe waren indessen Alltägliches, die Wiedergabe von Ereignissen im Familien- und Bekanntenkreis, gegenseitige Gefälligkeiten, Austausch »geistiger Produkte« und persönlicher Gaben. Marianne versorgte G.s Haushalt mit Artischokken, Kastanien, Schwartenmagen, Konfekt, Honig, Ingwer u.a.m.: »Haben Sie den gar keinen Auftrag für mich? [...]. Es macht mir große Freude, wenn ich Ihnen nützlich sein kann« (17.12.1831). Mit der Bitte, sie bis zu »unbestimmter Stunde« »uneröffnet« zu lassen, sandte G. Marianne im Februar 1832 ihre Briefe als »Zeugen allerschönster Zeit« (Begleitverse von 1831) zurück. »Dergleichen Blätter geben uns das frohe Gefühl, daß wir gelebt haben« (10.2.1832). Nach dem Tod Willemers (1838) lebte Marianne im großen Familien- und Bekanntenkreis und wurde als »Großmütterchen« verehrt.

Das sorgsam gehütete Suleika-Geheimnis vertraute Marianne Ende der vierziger Jahre Herman Grimm an, der es neun Jahre nach ihrem Tod preis gab (*Goethe und Suleika*, Preußische Jahrbücher, 1869). Der Briefwechsel zwischen G. und Marianne von Willemer wurde erstmals 1877 durch Theodor Creizenach veröffentlicht.   CS

Willensfreiheit: Im Anschluß an ↗Spinoza für G. mit einem göttlichen Plan, einer Vorsehung, unvereinbar. Die Natur (»das Ganze«) hat nach G. ihre Ordnung und geht ihren vorgeschriebenen, »notwendigen Gang«, und der Mensch, wenngleich mit Vernunft ausgestattet, ist Teil der Natur. Immerhin sind nicht alle Menschen gleich, deshalb kann G. »das Eigentümliche unsres Ichs« mit der »Freiheit unsres Wollens« gleichsetzen, auch diese ist jedoch »prätendiert«, also vorherbestimmt und somit nicht wirklich frei (*Zum Schäkespeares Tag*). Auf Kosten der im 18. Jh. mit verbissenem Ernst geführten Diskussion konnte G. allerdings auch scherzen, wenn er für seinen Brief an Zelter vom 9.8.1828 das »Eingreifen der Atmosphäre in unsere Willensfreyheit« verantwortlich machte, also nur wegen Schlechtwetters seinem Freund schrieb.   DF

Willkommen und Abschied: *Es schlug mein Herz*: Niederschrift der ersten zehn Zeilen, die nach Kruses Abschrift (*Sesenheimer Lieder*) überliefert

sind, wohl 1771; Umarbeitung und Erstdruck 1775 in *Iris* (»Mir schlug das Herz«), mit weiteren Änderungen 1789 in *Schriften* mit dem Titel *Willkomm und Abschied* und 1806 in den *Werken* mit der Titelvariante *Willkommen und Abschied*. Das Gedicht galt traditionell als überzeugendster Ausdruck der ↗Erlebnislyrik und der Liebe zu Friederike ↗Brion; der uns heute vertraute Text ist jedoch das Ergebnis mehrmaliger Überarbeitung und der Stilisierung zu einem der Herzstücke des ›Friederike-Romans‹, wie er im 10. und 11. Buch von *Dichtung und Wahrheit* eindrucksvoll und mit mehrmaliger Anspielung auf das Gedicht erzählt wird, so im 11. Buch: »Als ich ihr die Hand noch vom Pferde reichte, standen ihr die Tränen in den Augen, und mir war sehr übel zu Mute.« Erst diese Kombination von authentischem Erlebnis und bewußter Formarbeit haben das Gedicht zu einem der berühmtesten Liebesgedichte der deutschen Literatur gemacht.

Der jugendliche Elan spiegelt den Aufbruch zu einer neuen Gefühlskultur. Gleich die erste Verszeile führt ins Zentrum der Persönlichkeit und benennt mit »Herz« eine der Zentralmetaphern der Genieästhetik des ↗Sturm und Drang. In der *Iris*-Fassung drückt sich das jugendliche Stürmen in der Verszeile »Und fort, wild, wie ein Held zur Schlacht!« aus; diese für die Gattung Liebeslyrik allzu kriegerische Metaphorik ist in den Überarbeitungen gemäßigt: »Es war getan fast eh gedacht«; doch bewahrt auch diese Formulierung den Sieg des Herzens über den Kopf. Mäßigung ist dem Gedicht auch als Einfluß des Weiblichen, wie G. es zeitlebens dachte, eingeschrieben.

Die Opposition männlich/weiblich ist strukturbildend: Die ersten beiden Strophen gehören dem Mann, die dritte ist von dem Mädchen geprägt, die vierte thematisiert den Abschied und die abschließende reflektierte Gefühlsemphase des Mannes, womit sich der Kreis zum Gefühlsaufbruch des Anfangs schließt. Das starke männliche Ich ist so in seiner Bewegung, seinem raschen Forteilen, das sich auch durch die Liebe nicht an einem Ort bannen läßt, die beherrschende Kraft. Diese innere Dynamik des Gedichts findet ihren Ausdruck in Naturbildern, welche die bipolare Struktur abbilden. Der Mann erlebt die ↗Natur in ihrer ganzen Ambivalenz von bergenden und bedrohlichen Aspekten; Feuer und Glut in seinem Innern strahlen nach außen und schaffen das Phantasma einer belebten Natur, in der innere Ängste und Wünsche Gestalt anzunehmen scheinen. Bilder wie das von der Eiche als »aufgetürmter Riese« und die »tausend Ungeheuer« der Nacht spiegeln das Gefühlspathos und die Größenphantasien des ↗Sturm und Drang.

Die Naturbilder, die dem weiblichen Bereich zuge-ordnet sind, erscheinen demgegenüber als eine helle, ruhevolle Enklave. So reproduziert das Gedicht kul-turhistorisch alte Raumzuweisungen vom geschütz-ten weiblichen Innenbereich und vom männlichen Außenbereich. Mit »Ein rosenfarbnes Frühlingswetter« werden Sprachmuster der ↗Rokokolyrik aufgenom-men, doch wird das scherzhafte erotische Spiel, das in G.s Leipziger Lyrik noch vorherrschend war, abgelöst von einer neuen Intensität lyrischen Sprechens: »Ganz war mein Herz an deiner Seite/Und jeder Atemzug für dich.« Für diesen Übergang und für die innovatorische Leistung des Lyrikers G. ist dieses Gedicht gerade auch in seinem spannungsvollen Wechsel ein eindrucks-volles Beispiel.

Eine viel diskutierte Variante ist die Einführung der »Morgensonne« seit der Fassung in den *Schriften*; das Gedicht wird damit der seit der mittelalterlichen Lie-beslyrik bekannten Gattung Tagelied angenähert, zu deren Motivkonstanten die Klage über das zu schnelle Anbrechen des Morgens nach einer Liebesnacht ge-hört. Diese gattungsgeschichtliche Anspielung hat ins-besondere in der biographisch orientierten Rezep-tionsgeschichte des Gedichts immer wieder Anlaß zu Spekulationen über den erotischen Charakter der Be-ziehung G.s zu Friederike gegeben. Im Unterschied zur mittelalterlichen Tradition mit ihrem Wechsel von Männer- und Frauenrede hat in G.s Gedicht nur der Mann eine Stimme. Weitere Varianten in den ver-schiedenen Überarbeitungen zeigen, daß das Gedicht Ausdruck einer biographisch tief einschneidenden Er-fahrung von Schuld ist. Heißt es in der *Iris*-Fassung noch »Du gingst, ich stund und sah zur Erden«, so kehren die späteren Fassungen die innere Logik von Bleiben und Verlassenwerden um: »Ich ging, du standst und sahst zur Erden«. Ein subtileres Einge-ständnis von Schuld verbirgt sich im Titel, mit dem das Gedicht seit den *Schriften* überschrieben ist. Die neuere Forschung hat nachgewiesen, daß »Willkomm und Abschied« bzw. »Willkommen und Abschied« eine juristische Formel ist, welche die damals übliche und dem Juristen G. bekannte Praxis des Strafvollzugs bezeichnet, die Delinquenten bei Antritt und Ende ihrer Zuchthausstrafe auszupeitschen. Der Titel hat also neben der neutral beschreibenden Funktion der beiden Pole, zwischen denen sich die Handlung des Gedichts bewegt, eine verborgene Bedeutung. Das Eingeständnis von Schuld, das sich erst in deren Entschlüsselung durch den Leser realisiert, wird in den resümierenden Schlußzeilen mit dem Einsatz »Und doch« wieder neutralisiert. Liebe, Abschieds-schmerz und Schuld werden in einer generellen, ich-

zentrierten Liebesfähigkeit aufgehoben, die sich als schöpferische Potenz ausspricht: »Und lieben, Götter, welch ein Glück!« Die individuelle Liebesgeschichte ist damit zum ästhetischen Material geworden.   IW

Willkür: Ungeregeltes, jedem Gesetz zuwiderlaufen-den Handeln oder Gestalten, das G. sowohl mit posi-tiver als auch negativer Bewertung versieht. Positiv kennzeichnet Willkür das Selbstgefühl des ↗Sturm und Drang, als Ablösung von überlebten Gesetzen; in dem Gedicht *Metamorphose der Tiere* stellt G. die Willkür in eine Reihe komplementärer Bestimmun-gen: »Dieser schöne Begriff von Macht und Schran-ken, von Willkür/und Gesetz, von Freiheit und Maß, von beweglicher Ordnung,/Vorzug und Mangel er-freue dich hoch«. Willkür bezeichnete aber auch den durch Gewalt, Tyrannei oder Revolution aufgelösten bürgerlichen Zustand (vgl. *HuD*) oder geschmacklose ästhetische Gestaltung: Das Schloß des Prinzen ↗Pal-lagonia ist ein Abbild dieser Willkür. Eines der *Vene-zianischen Epigramme* verhält sich polemisch zu umstürzlerischen politischen Ansprüchen: »Alle Frei-heits-Apostel, sie waren mir immer zuwider,/Willkür suchte doch nur jeder am Ende für sich«.   BJ

Winckelmann, Johann Joachim (1717-1768), Ar-chäologe, bedeutendster Theoretiker des europäi-schen Klassizismus und Begründer der neueren Kunstgeschichte. Mit seinen Schriften kam G. durch seinen Zeichenlehrer A. F. ↗Oeser in den 1760er Jah-ren in Leipzig in Berührung: »Bei allen Bemühungen [...], welche sich auf Kunst und Altertum bezogen, hatte jeder stets Winckelmann vor Augen« (*DuW*, 8. Buch). Zwar las G., der Winckelmanns Ermordung »grenzenlos beklagte« (ebd.), schon in Leipzig die *Gedanken über die Nachahmung der Griechischen Werke in der Malerei und Bildhauerkunst*, doch eine intensive Beschäftigung mit Winckelmann, der von nun an zu seiner leitenden Instanz bei der Rezep-tion der ↗Antike wurde, begann erst 1786 in Rom mit der Lektüre der *Geschichte der Kunst des Altertums* und dessen Briefen aus Italien. Ein Leben lang ver-ehrte G. Winckelmann: Das Werk *Winckelmann und sein Jahrhundert*, das auch G.s essayistische Skizze *Winckelmann* enthält, gab er heraus (1805), er nahm regen Anteil an der großen Winckelmann-Ausgabe und erteilte Eckermann noch im hohen Alter den Ratschlag: »Man lernt nichts, wenn man ihn lieset, aber man wird etwas« (16.2.1827).   AR

Winckelmann und sein Jahrhundert. In Briefen und Aufsätzen herausgegeben von Goethe: Prosaschrift, die zwischen 1799 und 1805 entstand, Erstdruck 1805. In ausgreifenden Darstellungen skizziert G. zunächst die Geschichte der Kunst nach Michelangelo, des 17. und 18. Jh.s. Landschaften und andere Sujets, künstlerische Techniken und Kunsttheorie werden in großen Kapiteln behandelt. Bei der Darstellung der zweiten Hälfte des 18. Jh.s langt G. bei eigenen Bekannten an, etwa bei A. Kauffmann, Hackert, Tischbein und Trippel. Hier nun, im Konzept des zeitgenössischen Klassizismus, macht G. die Rolle Winckelmanns fest. Die »Skizzen zu einer Schilderung Winckelmanns« sind ein biographischer Versuch, der schließlich die Rolle des Kunstgelehrten in seinem römischen Kreis und seine Verdienste als Kunsthistoriker und Philologe würdigt. Die Schrift insgesamt beschwört als Programmschrift ein klassizistisches Kunstverständnis angesichts der heraufkommenden Romantik.   BJ

Wink: *Und doch haben sie recht* s. **Offenbar Geheimnis**

Winter und Timur, Der: *So umgab sie nun der Winter:* Entstanden vom 11.–13.12.1814, Erstdruck 1819 im *West-östlichen Divan*. Der Mongolenherrscher Timur Leng (1336–1405), der in Eroberungsfeldzügen Mittelasien unterworfen hatte, bis nach Indien vorgedrungen war und schließlich in einem Winterfeldzug gegen China den Tod fand, wird für G. Spiegelfigur zu Napoleon, der 1812 im winterlichen Rußland mit seinem Heer vernichtend geschlagen worden war. Das *Buch des Timur* sollte nach G.s Ankündigung des *Divan* im *Morgenblatt für gebildete Stände* von 1816 »ungeheure Weltbegebenheiten wie in einem Spiegel auf(fassen), worin wir, zu Trost und Untrost, den Widerschein eigner Schicksale erblicken«. Diese Schicksale, die Napoleonischen Kriege, lagen jedoch nach G.s Aussage in den *Noten und Abhandlungen* noch »allzunah«, so daß das Buch mit nur zwei Gedichten (↗*An Suleika*) Fragment blieb.

Vorlage für das Winter-Gedicht war eine arabische Timur-Biographie; G. übernimmt die Episode des Kampfes gegen die winterlichen Gewalten in getreuer Wiedergabe, gestaltet sie aber in vierhebigen, reimfreien Trochäen zu einem kurzen Epos mit erzählendem Eingang und anschließender Drohrede des Winters, der sich in Saturnus personifiziert, gegen den Kriegsgott Mars. Die Kraft der Sprache mit Neologismen wie »Gewaltkraft« und »frostgespitzten Stür-

men«, die Dramatik der Szene beschwören in einem im *Divan* einmaligen Ton die Geniesprache der frühen Hymnen herauf (↗Frankfurter Hymnen). G.s Auffassung, daß der dämonische Mensch, als dessen Verkörperung ihm Napoleon galt, nur »durch das Universum selbst« überwunden werden könne (*DuW*, 20. Buch), findet in diesem Gedicht ihren Ausdruck im Kampf der personifizierten Naturgewalten.   IW

Wirklichkeit: G. unterschied bei der Wirklichkeit das Zufällig-Wirkliche, das Gemeine, von dem tatsächlich, wahrhaft Wirkenden, in dem sich die Gesetze der Natur und der Freiheit ausdrücken (*MuR*). Demgemäß ist er auch beim Verfassen seiner Autobiographie vorgegangen: »Ich nannte das Buch Wahrheit und Dichtung, weil es sich durch höhere Tendenzen aus der Region einer niedern Realität erhebt. [...] Ein Faktum unseres Lebens gilt nicht, insofern es wahr ist, sondern insofern es etwas zu bedeuten hatte« (Eckermann, 30.3.1831). Dies hatte früh schon Johann Heinrich ↗Merck erkannt, der zu G. sagte: »Dein Bestreben, deine unablenkbare Richtung ist, dem Wirklichen eine poetische Gestalt zu geben« (*DuW*, 18. Buch).   DH

Wirkung s. **Ursache**

Wissen: Den Möglichkeiten menschlichen Wissens stand G. durchaus skeptisch gegenüber: »Eigentlich weiß man nur, wenn man wenig weiß; mit dem Wissen wächst der Zweifel« (*MuR*), gleichwohl behauptete er hinter der Bruchstückhaftigkeit des Wissens die Möglichkeit seiner Vollständigkeit: »Wir würden unser Wissen nicht für Stückwerk erklären, wenn wir nicht einen Begriff von einem Ganzen hätten« (*MuR*). »Das Wissen wird durch das Gewahrwerden seiner Lücken, durch das Gefühl seiner Mängel zur Wissenschaft geführt, welche vor, mit und nach allem Wissen besteht« (*MuR*). G. setzt das Wissen ganz scharf vom Glauben ab: »Das Wissen fange vom Einzelnen an, sei endlos und gestaltlos und könne niemals, höchstens träumerisch, zusammengefaßt werden« (*DuW*, 14. Buch). Skeptisch verhält sich G. auch gegenüber den Umgangsformen mit dem Wissen: »Was ich recht weiß, weiß ich nur mir selbst; ein ausgesprochenes Wort fördert selten, es erregt meistens Widerspruch, Stocken und Stillstehen« (*MuR*).   BJ

Wissenschaft, neben der Vernunft »des Menschen allerhöchste Kraft« (*Faust*, v. 1852), für G. zeitlebens Gegenstand intensiver theoretischer und praktischer

Festsaal des Wittumspalais, heutiger Zustand

Beschäftigung, dabei stets als In- und Miteinander der beiden Ebenen praktiziert und befürwortet: »Ich denke, Wissenschaft könnte man die Kenntnis des Allgemeinen nennen, das abgezogene Wissen; Kunst dagegen wäre Wissenschaft zur Tat verwendet; Wissenschaft wäre Vernunft, und Kunst ihr Mechanismus, deshalb man sie auch praktische Wissenschaft nennen könnte. Und so wäre denn endlich Wissenschaft das Theorem, Kunst das Problem« (*MuR*). Eine grundsätzlich positive Haltung zur Wissenschaft äußert bereits ↗Clavigo: Sie kann »uns mit anderen Nationen verbinden« und »aus den entferntesten Geistern Freunde machen« (II, Haus des Clavigo), ist also Gegenstand eines völkerübergreifenden Interesses und eine Kulturleistung der gesamten Menschheit. Viele Jahre danach unterstreicht G. ein anderes Qualitätsmerkmal, ist doch »die Geschichte der Wissenschaften mit der Geschichte der Philosophie innigst verbunden, aber ebenso auch mit der Geschichte des Lebens und des Charakters der Individuen sowie der Völker« (*Farbenlehre*, Römer).

Der wahre Wissenschaftler hat also eine umfassende, fächerübergreifende Bildung, die jedoch erst und ganz besonders in der wissenschaftlichen Praxis fruchtbar werden kann. Versuchsanordnungen dürfen nicht voreilige Schlüsse nach sich ziehen (*Der Versuch als Vermittler von Object und Subject*), und überhaupt ist vor übertriebener Theoriebildung zu warnen: »Theorien sind gewöhnlich Übereilungen eines ungeduldigen Verstandes, der die Phänomene gern los sein möchte und an ihrer Stelle deswegen Bilder, Begriffe, ja oft nur Worte einschiebt« (*MuR*). Gerade die wissenschaftliche Terminologie sieht G. als problematisch an, und er empfiehlt für die Darstellung von Sachverhalten die Verwendung einer lebendigen, anschaulichen Sprache, ist ihm doch klar, »daß Wissenschaft sich aus Poesie entwickelt habe« (*Schicksal der Druckschrift*). G. selbst hat sich sein Leben lang wissenschaftlich betätigt; die meisten seiner Ergebnisse gelten heute allerdings als falsch oder überholt (↗Naturwissenschaften).   DF

Wittumspalais: 1774–1807 Stadtpalais der Herzoginmutter ↗Anna Amalia. Auf dem Gelände eines ehemaligen Franziskanerklosters (1453–1533), unter Verwendung von Gebäudeteilen einer Schönfärbe (16./Anfang 17. Jh.) für den Sachsen-Weimarischen Geheimrat Jakob Friedrich von Fritsch, nach Plänen des Sächsischen Landbaumeisters Johann Jakob Schlegel 1767–69 erbaut. Nach dem Schloßbrand 1774 bezog Anna Amalia das Palais, das 1775 von der herzoglichen Kammer für sie als »Witthums Sitz« erworben wurde, »wo sie sich von Kunst und Wissenschaft […] umgeben glücklich fühlte« (1807). Ihren Bedürfnissen und dem Geschmack der Zeit folgend, ließ Anna Amalia das Palais einrichten und verändern. Berater: Adam Friedrich Oeser (u.a. Deckengemälde nach seinen Entwürfen), später Heinrich Meyer (u.a. Festsaal, 1804) und zeitweise G. Wie heute auch, lagen die Repräsentationsräume im zweiten Obergeschoß, Wohnräume Anna Amalias, Gesellschaftszimmer in der Beletage, die Bibliothek im Dachgeschoß. Bis 1807 befanden sich in der Mansarde Hofdamenzimmer, in den Nebengebäuden und dem Erdgeschoß Küche, Konditorei, Menagerie, Zehrgarten, Vorratsräume, Arrestkammer, Scheuerbude, Garderobenzimmer, Stuben der Hofbedienten. Um das Palais entstand zu Anna Amalias Zeiten eine »sentimentale« Gartenanlage.

Im Wittumspalais versammelte Anna Amalia kunst- und literaturinteressierte Mitglieder der herzoglichen Familie, der Hofgesellschaft, Dichter, Künstler und Gelehrte aus dem gebildeten Bürgertum sowie Gäste wie nah und fern (↗ Tafelrunde) zu kulturvoller Geselligkeit: Teegesellschaften, Tafeln, Konzerte, Abendmusiken, Kartenspiel, Tanz, Gespräch, zum Vorlesen und künstlerischer Betätigung. G. gehörte bis zu Anna Amalias Tod zu ihren Gästen, besonders häufig vor der Italienreise. 1791–1797 tagte die ↗ Freitagsgesellschaft, eine von G. ins Leben gerufene Gelehrtengesellschaft, zeitweilig im Palais. Nach 1807, unter Administration des Hofmarschallamtes, wurde Anna Amalias Einrichtung zum größten Teil ausgelagert, das Palais nur teilweise, vor allem der Saal genutzt: 1808–1848 als Sitz der Freimaurerloge. Das Wittumspalais, ab 1875 Museum, vermittelt Zeitcolorit und Atmosphäre der Zeit um 1800, Möbel, Gebrauchsgegenstände, Kunstwerke, Wand- und Raumgestaltung erinnern an Lebensweise und Geschmack der Zeit, Porträts, Büsten und Silhouetten an Bewohner und Gäste des Palais.   CS

Witz: Der ist für G. ein Produkt des menschlichen Spieltriebs und ein genuin soziales Phänomen: »Für sich allein ist man nicht witzig« (an Riemer, 20.2.1809). Der geistreich-witzige Erzähler droht oft – und zumeist ohne es sich zu merken – ins ›Witzeln‹ abzugleiten. Der mit den tradierten literarischen Formen und Stoffen vertraute Dichter hingegen läuft gerne Gefahr, sein dichterisches Vermögen einer gefälligen, anspielungsreich-witzigen Poesie zu verschreiben: den geistreichen Effekt, fintenreiche Poin-

ten und den sicheren (Dichter-) Ruhm über alles zu stellen und dabei aus lauter Selbstgefälligkeit meist allzu rasch das Wesentliche aus dem Blick zu verlieren (↗ West-östlicher Divan).   FT

Wohlgemeinte Erwiderung: Kleiner Aufsatz, den G. einem Brief an den jungen Dichter Melchior Meyr vom 22.1.1832 hinzufügt. Meyr hatte G. eigene Texte zugesandt mit der Bitte um Beurteilung. Obwohl G. die Möglichkeit treffender subjektiver Ausdrücke in der Poesie der jüngsten Dichter einräumt, warnt er vor überspannten Erwartungen und einer notwendig eintretenden sozialen Desillusion. Er schließt mit den altersweisen Versen: »Jüngling, merke dir in Zeiten,/Wo sich Geist und Sinn erhöht:/Daß die Muse zu *begleiten,*/Doch zu *leiten* nicht versteht«.   BJ

Wohnsitze in Weimar, G.s: 7.11.1775–18.3.1776 beim Kammerpräsidenten Carl Alexander von Kalb, wahrscheinlich im »Sächsischen Hof«. 21.4.1776–1.6.1782 im Gartenhaus am »Stern«, daneben Absteigequartier in der Stadt: Johanni 1776 bis Ostern 1777 im 2. Stock eines Hauses am Burgplatz. Ostern 1776–2.8.1779 im Erdgeschoß des Fürstenhauses. August 1779–2.6.1781 in der Seifengasse neben dem Haus der Frau von Stein. 2.6.1782–November 1789 im Haus am Frauenplan (G.-Haus) als Mieter von Paul Johann Friedrich Helmershausen. November 1789 bis Spätsommer 1792 im »Jägerhaus« in der Marienstraße. Vom Spätsommer 1792 bis zu seinem Tode am 22.3.1832 im Haus am Frauenplan, seit 17.6.1794 als Besitzer.   WST

Wolf, Friedrich August (1759–1824): Von 1783–1807 Professor in Halle, danach in Berlin, gilt als Begründer der klassischen Altertumswissenschaft. Seine 1795 erschienenen *Prolegomena ad Homerum* liest G. im Mai des selben Jahrs, kurz vor dem Besuch Wolfs bei ihm in Weimar. Wolf wirft in diesem Buch die viel diskutierte Frage nach der Verfasserschaft der beiden Großepen *Ilias* und *Odyssee* (»Homerfrage«) auf; mehrere Sänger hätten im Laufe der Zeit an der Entstehung der beiden Großepen, die wir nur in textlichen Überlieferungen aus der hellenistischen Spätzeit bzw. der römischen Kaiserzeit kennen, mitgewirkt. Im Laufe der Jahre kommt es immer wieder zu gegenseitigen Besuchen und freundschaftlichen Unterredungen, G. besucht sogar heimlich Wolfs Vorlesungen in Halle. Dabei teilt G. dessen Ansicht keineswegs (Brief an Schiller, 17.5. 1795), sondern betont die Einheitlichkeit der homerischen Dichtung. Als Carl Ernst Schubarth, klassischer Philologe, der 1818 mit *Zur Beurteilung Goethes mit Beziehung auf verwandte Literatur und Kunst* eine erste Gesamtdarstellung des G.schen Werks leistet, in seinen *Ideen über Homer und sein Zeitalter* (1821) Wolf widerlegt, fühlt sich G. in seiner Ansicht über Homer als einer einzigen dichterischen Persönlichkeit des 8.Jh.s v. Chr. bestätigt: »Lese ich heute den Homer so sieht er anders aus als vor zehen Jahren; würde man dreihundert Jahre alt, so würde er immer anders aussehen. Um sich hievon zu überzeugen blicke man nur rückwärts, von den Pisistratiden bis zu unserm Wolf schneidet der Altvater gar verschiedne Gesichter« (an Zelter, 8.8. 1822). BL

Wolke: Ab 1815 zentrales Phänomen in G.s meteorologischen Forschungen. Die Wolken, welche er wie die Pflanzen nach Metamorphose- und Steigerungssetzen betrachtete und auf eine allen Erscheinungen zugrunde liegende Urform hin systematisierte, studierte G. an der 1803 erschienenen Wolkenklassifikation des Engländers Luke ↗Howard, dem er einige seiner wissenschaftlichen Gedichte widmete und von welchem er in den *Tag- und Jahresheften* 1815 sagte: »Über meiner ganzen naturhistorischen Beschäftigung schwebte die howardische Wolkenlehre«. AV

Wolkengedichte s. **Howards Ehrengedächtnis, Metereologie**

Wollen/Tun: G. behandelte die beiden Begriffe meist als Gegensatzpaar, das sowohl in seinem Menschenbild als auch für die Gestaltung einiger Figuren wichtig war – auch wenn folgender Aphorismus aus den *Maximen und Reflexionen* dem zu widersprechen scheint: »Wollen und Vollbringen ist nicht der Mühe wert oder verdrießlich, davon zu sprechen«. Die folgende Maxime heißt nämlich: »Das ganze Leben besteht aus/Wollen und Nicht-Vollbringen,/Vollbringen und Nicht-Wollen«. Der Gegensatz soll einen bestimmten Menschentypus zu charakterisieren: »Die Botaniker haben eine Pflanzenabteilung, die sie Incompletae nennen; man kann eben auch sagen, daß es inkomplete unvollständige Menschen gibt. Es sind diejenigen, deren Sehnsucht und Streben mit ihrem Tun und Leisten nicht proportioniert ist« (*MuR*).

Genau dieser Typus ist als literarischer Held interessant: ↗Werther und ↗Tasso gehören dazu, auch ↗Wilhelms Hamletauslegung ordnet den dramatischen Helden dieser Gattung zu. BJ

Wolzogen, Wilhelm Ernst Friedrich Freiherr von (1762–1809): Seit der Carlsschule Schillers Freund, »Bruder«, ältester Sohn Henriette von Wolzogens, die Schiller 1782/83 in Bauerbach aufnahm. Architekt, Legationsrat in Württemberg, Leiter des Schloßbaus Hohenheim. Ab 1794 Schillers Schwager. 1797 Anstellung im Weimarischen Staatsdienst, unterstützt von G. (an Schiller, 9.12.1796), Kammerherr, Kammerrat, Mitglied der Schloßbaukomission, 1801 Oberhofmeister, Geheimer Rat und Mitglied des ↗Geheimen Consiliums, 1803 Wirklicher Geheimer Rat. Intelligent, nüchtern, von Carl August geschätzt und in diplomatischen Geschäften verwendet, im Consilium für »Auswärtiges« zuständig: 1799 und 1801 Petersburg, Anbahnung der Ehe zwischen der Zarentochter Maria Pawlowna und Carl Friedrich, Erbprinz von ↗Sachsen-Weimar-Eisenach, 1802 Begleitung des Erbprinzen nach Paris, 1806/07 schwierige Verhandlungen um Erhaltung von ↗Sachsen-Weimar-Eisenach nach der Schlacht bei Jena und Auerstedt. Ab 1797 Wohnsitz Weimar, freundliche und amtliche Beziehungen zu G. G. verkehrte in Wolzogens Haus, beide Wolzogens sind »harmonisierende Freunde« seines Hauses. G.s Bitte um eine Ehegenehmigung ohne Aufgebot (Oktober 1806) trägt neben der Voigts auch Wolzogens Unterschrift. CS

Wörlitz s. **Dessau**

Wort, Wortmagie: »Ein ausgesprochenes Wort tritt in den Kreis der übrigen, notwendig wirkenden Naturkräfte mit ein«, meint G. in den *Maximen und Reflexionen* und schreibt damit dem gesprochenen Wort Wirkungsmächtigkeit auch dann zu, wenn es sich nicht wie im *Zauberlehrling* um eine explizite Beschwörungsformel oder gar im *Faust* (v. 1224) um den »logos« des Neuen Testaments, den Anfang aller Dinge, handelt. Zwar ist der Mensch gezwungen, mit Worten, jenen »höchst unzulänglichen Zeichen«, zu kommunizieren (an Zelter, [13.-]15.7.1831), doch kann sich »seines eigenen Wirkens erfreuen«, wer »Gesinnung, Wort, Gegenstand und That immer möglichst als Eins« betrachtet (an Danz, 17.6.1826), wenn also das Ausgesprochene so unverfälscht als möglich das Empfundene oder Gedachte wiedergibt. Dies gilt auch für den Dichter, sind Worte doch seine einzigen »Waffen« (*Deutscher Parnaß*). Größte

Hochachtung zollt G. dabei der persischen Dichtung und ganz besonders ↗Hafis: »Sei das Wort die Braut genannt,/Bräutigam der Geist;/Diese Hochzeit hat gekannt,/Wer Hafisen preist« (*West-östlicher Divan*, Motto zum »Buch Hafis«).   DF

Wortschatz: G.s Wortschatz umfaßte, so hat man nachgezählt, mehr als 90 000 Wörter (zum Vergleich: der Rechtschreib-Duden verzeichnet 115 000 Stichwörter, ein durchschnittliches Taschenwörterbuch weniger als die Hälfte). Den Versuch, G.s Wortschatz und dessen Verwendung zu dokumentieren, unternimmt das großangelegte Projekt des *Goethe-Wörterbuchs* (1978 ff.), das 1998 bis zu dem Eintrag *Gesäusel* vorgedrungen ist. Der reichhaltige Wortschatz G.s umfaßt neben Ausdrücken aus Fremd- und Fachsprachen (Theologie, Philosophie, Medizin, Natur- und Geisteswissenschaften, Jurisdiktion) sowie dem Deutschen in all seinen historischen Stufen und soziologischen Ebenen auch unzählige eigene Wortschöpfungen, z. B. »Knabenmorgenblütenträume« (*Prometheus*), »Feuchtgefühl« (*DuW*, 19. Buch), »fernabdonnernd« (*Iphigenie* v. 1361), »Nebelkleid«, »Wolkenhügel« (*Willkommen und Abschied*), »Blumenfüße«, »blumenglücklich« (*Wandrers Sturmlied*).   DF

Wunderlichen Nachbarskinder, Die: Novelle in den *Wahlverwandtschaften*, entstanden 1809, vom Begleiter eines englischen Lords erzählt, der zu Besuch bei ↗Charlotte und ↗Ottilie weilt (II.10). Zwei Nachbarskinder, von Kind auf füreinander bestimmt, doch in der Kindheit in spannungsvoller Entfremdung lebend, kommen als junge Erwachsene wieder zusammen – der Junge als erfolgreicher Soldat, das Mädchen, nach schöner, stiller Wandlung, allerdings mit einem Dritten verlobt. Das Wiedersehen offenbart die tiefe Zuneigung, auf einer Schiffsreise mit großer Gesellschaft unternimmt das Mädchen einen verzweifelten Selbstmordversuch, der junge Mann rettet sie aus den Wellen, und beide versprechen einander als ein Paar. Die Novelle liefert eine gelingende Parallel- oder Gegengeschichte zu den tragisch oder entsagungsvoll verlaufenden Paarbildungs-Geschichten des Gesamtromans.   BJ

Wünschelrute: Eine meist von einer Weide geschnittene Rute, die, kunstvoll verschlungen gehalten, zur Auffindung von Metallen und Wasseradern unter der Erde dient. Götzens treuer Diener Lerse etwa schlägt vor: »Wir vergrüben Geld und Silber, wo sie's mit keiner Wünschelrute finden sollten« (*Götz von Berlichingen*, III.19); auch im *Faust* wird die Wünschelrute als geognostisches Gerät erwähnt (v. 5900). In einer der *Weissagungen des Bakis* weist G. darauf hin, daß die Spürkraft nicht in der Rute selber liege, sondern eine Besonderheit des Wünschelrutengängers sei: »Wünschelruten sind hier: sie zeigen am Stamm nicht die Schätze,/Nur in der fühlenden Hand regt sich das magische Reis«. G. vertraute dieser magischen Kraft aber nicht in hohem Maße: »Erfahrung bleibt die beste Wünschelrute« (Maskenzug zum 30.1.1828: *Die ersten Erzeugnisse der Stotternheimer Saline*); Montan (*Wj*, II.9) stellt ausdrücklich Empirie und Naturerkenntnis an die Stelle der Wünschelrute. Das magische Gerät wird für G. zur Metapher für nichtbegriffliche menschliche Vermögen, für Ahnungen etwa auch weit über den Bereich der Naturerkenntnis hinaus: »Lichtenbergs Schriften können wir uns als der wunderbarsten Wünschelrute bedienen: wo er einen Spaß macht, liegt ein Problem verborgen« (*MuR*).   BJ

Xenien: Entstanden 1796; Erstdruck in Schillers *Musen-Almanach für das Jahr 1797* (›Xenien‹-Almanach). Die *Xenien*, ein Gemeinschaftswerk G.s und Schillers, sind eine Reaktion auf die zurückhaltende, teilweise kritisch-abwertende Aufnahme der Schillerschen Periodika, insbesondere der *Horen*. 1795 initiierte G. den Plan zur Anfertigung von Spottversen; nach anfänglichem Zögern beteiligte sich Schiller mit großer Begeisterung. In der ersten Hälfte 1796 entstanden mehr als 900 Distichen (↗Versmaß, klassisches); sie wurden in eine Sammelhandschrift eingetragen, die zwischen Jena und Weimar kursierte. Nach dem Willen beider Autoren sollte die jeweilige Urheberschaft nicht entschlüsselt werden. Für die Publikation übernahm Schiller die Aufteilung in verschiedene Gruppen; die umfangreichsten sind die *Xenien*, die *Tabulae votivae* und die Gruppen, die G. später zu den *Vier Jahreszeiten* zusammenstellte. Die 414 eigentlichen *Xenien* bilden den Abschluß des *Almanachs*; in ihnen konzentriert sich die scharfe Polemik im Unterschied zu den »unschuldigen« Distichen, wie Schiller sie im Brief vom 1.8.1796 an G. nannte.

Literarisches Vorbild waren die *Xenia* des römischen Epigrammatikers Martial, erschienen 85 n. Chr. ›Xenia‹ ist der griechische Name für kleine Geschenke des Gastgebers an seine Gäste. Die ›Geschenke‹, die G. und Schiller mit diesem Gemeinschaftswerk ihrem Publikum machten, waren ein Rundumschlag gegen die gesamte literarische Szene. Schiller schreibt am 29.11.1795 an G.: »Hier habe ich Lust, eine kleine

Xenien-Streit

Hasenjagd in unserer Literatur anzustellen und besonders etliche gute Freunde, wie Nicolai und Konsorten zu regalieren.« Mit Friedrich ↗Nicolai, dem wichtigsten Vertreter der Spätaufklärung, ist bereits eine wichtige Stoßrichtung der Polemik benannt; ein weiteres Zentrum der Kritik war die sich in den neunziger Jahren abzeichnende Hinwendung zu religiösen und schwärmerischen Positionen, wofür besonders G.s Jugendfreund Friedrich Leopold zu ↗Stolberg einstehen mußte. Kritisiert wurden weiterhin neben vielen anderen der alte Dichter ↗Gleim, ↗Claudius, Friedrich ↗Schlegel und sogar, mit vorsichtigem Spott, der hochgeachtete Weimarer Dichter ↗Wieland. Das Spektrum der Themen reicht von der Französischen Revolution und der Kantschen Philosophie bis zu literarischen Neuerscheinungen. Zentralthema ist der Vorwurf der Mittelmäßigkeit, von der beide Autoren in durchaus elitärer Weise ihre eigene Position abgrenzten: »Eine große Epoche hat das Jahrhundert geboren,/Aber der große Moment findet ein kleines Geschlecht.« Der Riesenskandal nach der Publikation führte dazu, daß der *Musen-Almanach* noch im Erscheinungsjahr zwei weitere Auflagen erlebte.

Es erschien eine Anzahl von ›Anti-Xenien‹, so bereits 1796 die »Gegengeschenke gegen die Sudelköche in Jena und Weimar«. Die lustvoll-polemische *Xenien*-Produktion mit dem Gestus der Überlegenheit führte zur psychischen Entlastung der nicht unproblematischen Beziehung zwischen G. und Schiller und

legte so das Fundament ihrer Zusammenarbeit. Nach dem »tollen Wagestück« wollten sich beide wieder der Produktion »großer und würdiger Kunstwerke« zuwenden (an Schiller, 15.11.1796) – ein Vorsatz, der mit der Balladen-Produktion von 1797 (↗Balladenjahr), mit G.s Arbeit an *Hermann und Dorothea* und mit Schillers Arbeit am *Wallenstein* in der Tat ausgeführt wurde.   IW

Young, Edward (1683–1765), englischer Dichter und Kunstschriftsteller, dessen *Conjectures on original composition* (1759) entscheidend zur Bildung des ↗Genie-Begriffs beitrugen. Schon Young sah in Shakespeare das begeistert gefeierte Vorbild des Genies, Herder und der junge G. folgten ihm darin. Im 13. Buch von *Dichtung und Wahrheit* verweist G. auf Youngs Elegien *Nachtgedanken* (1742–45), deren melancholisch-dunkle Grundstimmung deutlich auf den 2. Teil seines *Werther* abgefärbt habe.   BJ

Zahme Xenien s. **Spruchdichtung**

Zähne gehörten zu den »Quälgeistern« G.s, »Zahnweh«, »geschwollene Backen« zu seinen häufig erwähnten »Gebresten«. Vermutlich waren G.s Zähne häßlich. »Der Mund ist sehr schön […] nur entstellen ihn, wenn er lächelt, seine gelben äußerst krummen Zähne« (David Veit an Rahel Levin, 20.3.1793). Mit zunehmendem Alter kam Zahnverlust hinzu, »der

Mund [...] voll Seele und Gemüt, aber sehr verfallen durch die fehlenden Oberzähne« (Tagebuch August Kestner, 30.8.1815). »Der ganz zahnlose Mund war das einzige, an dem die 78 Jahre ihr Recht geltend machten« (Gustav Parthey, 30.8.1827). Veränderungen der Mundpartie zeigen, daß G. bereits in den sechziger Jahren Schneide- und mehrere Oberkieferzähne verloren und dies als schmerzlichen Makel empfunden haben dürfte: »Ich neide nichts, ich laß es gehn,/Und kann mich manchem gleich erhalten;/Zahnreihen aber, junge, neidlos anzusehn,/Das ist die größte Prüfung mein, des Alten« (*Zahme Xenien* IV). Um das achtzigste Lebensjahr trug G. prothetische Oberkieferzähne (den damaligen Möglichkeiten entsprechend, aus Porzellan, eher Optik als Funktion verbessernd). So zeigt das Stielerporträt (1828) die Mundpartie wieder jüngeren Jahren ähnlich.   CS

Zauberband: Wortneuschöpfung G.s, mit der er eine geheimnisvolle Bindung, etwa an einen Ort oder an Personen, bezeichnet. So heißt es in dem 1776 in Weimar geschriebenen Gedicht *Dem Schicksal*: »Was weiß ich, was mir hier gefällt,/In dieser engen kleinen Welt/Mit leisem Zauberband mich hält«. Als »Zauberfädchen« taucht das Zauberband in dem Lili-Gedicht *Neue Liebe, neues Leben* (1775) schon auf.   BJ

Zauberei: In *Die neue Melusine* wird ein Mann in einen Zwerg verzaubert, damit er seine Geliebte, die aus einem Zwergenreich stammt, heiraten kann; in den *Unterhaltungen Deutscher Ausgewanderten* ist, zum Ärgernis der damaligen Leserschaft, wiederholt von Zauberei die Rede; im *Faust* sind mehrere Szenen ganz der Zauberei gewidmet, etwa die Zusammenkünfte in ↗Auerbachs Keller, in der ↗Hexenküche oder der Aufmarsch an Hexen und anderen Spukgestalten in der ↗Walpurgisnacht.   AV

Der Zauberlehrling: *Hat der alte Hexenmeister*. Entstanden Anfang Juli 1797; Erstdruck in Schillers *Musen-Almanach für das Jahr 1798* (↗Balladenjahr). Dem aus antiker Überlieferung und der Volksdichtung vertrauten Motiv der Geister, die sich nicht mehr bannen lassen, hat G. in dieser Ballade eine einprägsame Form gegeben. Die Verse »Die ich rief, die Geister,/Werd' ich nun nicht los«, wurden schon bei den Zeitgenossen und blieben bis heute sprichwörtlich. Das Bild des hilflosen Zauberlehrlings und des außer Kontrolle geratenen Besens ist nicht frei von Komik, die mit ständig steigender Dramatik entfaltet wird.
Zur Spannungssteigerung trägt auch der Wechsel von erzählendem Monolog des Zauberlehrlings und Kurzstrophen im Tonfall eines formelhaften Beschwörungs- und Abwehrzaubers bei. Am Ende stoppt der herbeigerufene Meister mit seiner Bannungsformel die Bewegung und stellt die natürliche Ordnung der Dinge wieder her: »In die Ecke,/Besen! Besen!« In der Ballade wird der alte Wunschtraum eines naturmagischen Weltbildes gestaltet, unbelebte Gegenstände für den Menschen dienstbar zu machen. Diese Phantasie ist jedoch zugleich offen für moderne Deutungen; so wurde bereits von den Zeitgenossen die nicht mehr beherrschbare Naturkraft in Analogie gesetzt zu den entfesselten gesellschaftlichen Kräften der Französischen Revolution.
Ein weiteres Erklärungsmuster ist die Erschütterung eines statischen Weltbildes durch Wissenschaft und ↗Technik. Die Problematik des sich differenzierenden Wissens wurde von G. und Schiller auch in einem Fragment gebliebenen Versuch über den ↗Dilletantismus bedacht. In der Ballade werden allgemeine Auflösungs- und Beschleunigungserfahrungen am Beginn der Moderne in anschauliche Bildlichkeit überführt; in der Bannungsformel des Meisters spiegelt sich der klassische Versuch, nochmals die Ordnung eines geschlossenen Weltbildes herzustellen.
    IW

Zauberspiegel s. **Spiegel**

Zauper, Joseph Stanislaus (1784–1850), von 1809 an Professor für Poetik am Gymnasium zu Pilsen. Briefpartner G.s und einer seiner ersten wissenschaftlichen Deuter: Seine Schrift *Grundzüge zu einer deutschen praktischen Poetik, aus Göthe's Werken entwickelt* (1821), der schon 1822 ein ausführlicher Nachtrag folgte, versuchte, einen Ausgleich zwischen Zaupers begeistertem ↗Katholizismus und G.s Heidentum zu stiften. In seinen Briefen an Zauper ging G. charmant auf dessen Katholizismus ein.   BJ

Zeichen: Die Talismane und Amulette als »Segenspfänder« im »Buch des Sängers« des *West-östlichen Divans* sind ebenso Zeichen wie die Vorzeichen auf drohendes Unglück, wie etwa das Scheuen von Weislingens Pferd (↗Omen), oder vermeintliches Glück: Die Übereinstimmung der Handschrift Eduards und Ottiliens, ihre Initialen auf dem nicht zersprungenen Glas. Das Zeichen steht nicht selten für etwas gewaltsam Größeres, die der Mensch nur im Zeichen, nicht in seiner Realität, begreifen kann: Makrokosmos- und Erdgeistzeichen. In der *Farbenlehre* warnt G. davor, das Zeichen, die Formel, an die Stelle des

Bezeichneten zu stellen, wie es die von Newton sich herleitende mathematische Physik leider oft tue (§ 754).   BJ

Zeichenschule s. **Freie Zeichenschule**

Zeichnungen: Das gewaltige Corpus von ca. 2700 Zeichnungs- und Skizzenblättern (ediert in 9 Bänden von Gerhard Femmel; Auswahlausgabe in einem Bd. von Petra Maisak) darf nicht darüber hinwegtäuschen, daß G. in diesem Bereich Dilettant war und zeitlebens geblieben ist, worüber er sich, nach anfänglichen Hoffnungen, auch keinen Illusionen hingegeben hat (*IR*, 6. und 22.2.1788; Eckermann, 10.4. 1829). Dennoch ist G.s zeichnerisches Schaffen in Thema, Ausmaß und Spektrum absolut außergewöhnlich und stellt ein konstitutives Element und Lebenselixier seines gesamten künstlerischen Wesens und Schaffens dar. Seinen Jugendtraum, Künstler zu werden, verwirklichte G. in seiner Phantasie: Auf der Harzreise 1777 gab er sich als Wilhelm Weber, Maler aus Darmstadt aus, und die Italienreise trat er unter dem Pseudonym Johann Philipp Möller, Maler aus Leipzig, an.

Mit neun Jahren wurde G. im Elternhaus einem Zeichenmeister anvertraut, gemäß des Vaters Devise, »Zeichnen müsse jedermann lernen«. Daneben genoß G. als Knabe auch Kalligraphieunterricht (↗ Schönschreiben), der den geschwungenen Duktus seines Striches bis in die Zeichnung beeinflußte. Auch in Leipzig, Frankfurt und Weimar und vor allem in Italien suchte G. Anleitung und Inspiration bei Meistern der bildenden Kunst.

Der junge G. übte sich zunächst ganz im Kopieren von Frankfurter Malern und niederländischen Vorbildern. Diese Muster prägten auch seine Landschaftswahrnehmungen, bis sich G. zu eigenen, selbständigen Sehweisen durchringen konnte, wie er überhaupt alle Einflüsse seiner Lehrer schnell und eklektisch in sein eigenes Schaffen umschmolz und nie Muße und Ausdauer für ein systematisches Erlernen des eigentlichen ↗ Handwerks aufwenden konnte.

Die Zeichnungen G.s haben weitgehend Skizzencharakter, auch wenn es sich um ausgeführtere Kompositionen handelt. Als Technik überwiegen Bleistift, Feder und Pinsel, dazu auch Kreide, Kohle und Rötel, oft sind die Zeichnungen laviert, seltener aquarelliert. G. setzte ganz auf Linie und Strich, wobei er sich eine beachtliche Fertigkeit in der Auslassung, Andeutung und in abstrahierenden Kürzeln angeeignet hatte. Die Farbe, die den Übergang zur Malerei markiert hätte, fehlt in G.s Zeichnungen ganz (abgesehen von den vielfach verwendeten farbigen Papieren und der tönenden Lavierung). Sie war ihm nur in der ästhetischen und theoretischen Auseinandersetzung (↗ Farbenlehre) ein Thema.

Bei den Sujets dominiert die Landschaftsdarstellung (zuerst bloß wirklichkeitsgetreu, seit der Italienreise mehr komponierend und idealisierend, eine poetische Wahrheit suchend). Weiter kommen Portraits, figürliche Szenen, Architektur und Plastik und unzählige naturwissenschaftliche Skizzen dazu.

Für G. hatte die Tätigkeit des Zeichnens zunehmend größeres Gewicht als das eigentliche Resultat der Zeichnung. Es ging ihm um den im Prozeß des künstlerischen Schaffens erst entstehenden »schöpferischen Blick«, um die neue, der Naturschöpfung kongenial verwandte Erlebens- und Sehweise, um eine Seh- und Gedächtnisschule als Mittel der Erkenntnis und Weltaneignung (P. Maisak). Deshalb war auf Ausflügen und Reisen das »Portefeuille« stets dabei.

Wichtig war auch die emotionale Bedeutung des Zeichnens: als Kontemplation, als Trost und Stütze nach seelischen Erschütterungen, als eine erotischsinnliche Verbindung mit dem Modell (z.B. mit seiner geliebten Christiane) oder als Sublimation der Sinnlichkeit (Nacktstudien in einem Bordell in Genf, *Briefe aus der Schweiz*) und als Ausdruck seelischer Empfindungen (Zeichnungen für Frau von Stein, z.B. *Dampfende Täler bei Ilmenau*).

Die Bedeutung des Zeichnens in seinem Leben hatte G. in der Formel zusammengefaßt: »Mir ists als wenn das Zeichnen mir ein Saugläppgen wäre, dem Kind in den Mund gegeben, daß es schweige und in eingebildeter Nahrung ruhe« (an Charlotte von Stein, 14.9.1777). Als der Zeichner und Kupferstecher Carl August Schwerdtgeburth 1821 sechs Zeichnungen G.s als Radierungen veröffentlichen wollte, verfaßte G. unter dem Titel *Zu meinen Handzeichnungen* sechs kurze erklärende und den Dilettantismus entschuldigende Gedichte dazu. Poetische Niederschläge von G.s Reflexionen über seine Kunst finden sich in Gedichten (*An Kenner und Liebhaber*, *Lied des physiognomischen Zeichners*), im *Werther* (10. Mai, 26. Mai, 11. Juni), in den *Briefen aus der Schweiz* (I. Abt.) und im *Wilhelm Meister* (*Lj*, VI).   DH

Zeitalter s. **Epoche**

Zeitgeist: »Es ist ein großes Glück, wenn man bei zunehmenden Jahren sich über den Wechsel der Zeitgesinnung nicht zu beklagen hat. Die Jugend sehnt sich nach Teilnahme, der Mann fordert Beifall, der

Greis erwartet Zustimmung, und wenn jene meist ihr beschieden Teil empfangen; so sieht sich dieser gar oft um seinen Lohn verkürzt: denn wenn er sich auch nicht selbst überlebt, so leben andere über ihn hinaus, sie eilen ihm vor, es entwickeln, es verbreiten sich Denk- und Handelsweisen die er nicht ahndete«, beschreibt der 68jährige G. die stufenförmige Teilhabe am Zeitgeist (*Zur Morphologie*, Andere Freundlichkeiten). Grad und Intensität der Partizipation messen sich an der Fähigkeit des Menschen, Vergangenes, das durch fremde Autorität angeeignet wird, mit Gegenwärtigem, durch das man subjektiv gefordert ist, erkennbar miteinander in Beziehung zu setzen (*Materialien zur Geschichte der Farbenlehre*, Zwischenzeit). Dies stellte ein Plädoyer für die lebhafte, fundierte Anteilnahme am Geist der Zeit, dessen man sich nicht erwehren, den man aber positiv nutzen kann, dar. - G. hat diese Fähigkeit immer wieder reichlich an den Tag gelegt; aber gegen eine kurzatmige Kritik, gegen eine Positionsbestimmung aus dem Handgemenge heraus, die sich an Gegenwärtigem und Vergangenem verschätzt: »Dieses Büchlein [...] ist [...] doch äußerst widerborstig gedacht und geschrieben, sodaß es einem auch nicht einmal in der Reflexion wohl wird, wo sich denn doch zuletzt alles Verdrießliche des Lebens und Daseins freundlich auflösen müßte. Hier, wie in so manchen anderen Fällen, kommt einem die Empirie, die sich mit der Empirie herumschlägt, ganz lächerlich vor. Es ist immer als sähe man indianische Götter, wo einer zehn Köpfe, der andere hundert Arme, und der dritte tausend Füße hätte, und diese här'ten sich nun miteinander herum, flickten sich am Zeuge wo sie könnten und keiner würde der andern Herr« (an F.V. Reinhard, 22.1. 1811, anläßlich der Lektüre des Buchs von Ernst B. Brandes, *Betrachtungen über den Zeitgeist in Deutschland in den letzten drei Dezennien des vorigen Jahrhunderts*, 1808). Lieber aber dann schon, wie G. in den »Anderen Freundlichkeiten« bekennt, »Voreil und Übertreiben als Krebsgang und Stillstand«.   BL

Zeitlos: Eine Eigentümlichkeit G.schen Denkens und Forschens (und immer wieder auch seiner Dichtungen) ist das stete Dringen auf urtümliche Gestaltungs- und Wachstumsprinzipien, auf die alles Lebendige - zumindest in der gedanklichen Abstraktion - zurückgeführt werden könne (wie z.B. das Prinzip der ⁊Metamorphose). Diese Annahme von urtümlich-ideellen, wenn auch oft nur vage zu erahnenden Zusammenhängen oder verborgen wirksamen Gesetzmäßigkeiten führte G. zu einer heute eher be-

fremdlich anmutenden Deutung des Lebens und der Natur: Wie z.B. die Tages- und Jahreszeiten oder das organische Werden und Vergehen zwar allem Lebendige zwar einem fortwährenden Wandlungsprozeß unterworfen und somit eindeutig zeitverhaftet, doch weisen für ihn der stets gleiche Verlauf, die Beständigkeit, Regelmäßigkeit und Konstanz derartiger Wandlungen diese zugleich als Erscheinungen des Zeitlosen in der Zeit aus.   FT

Zeitschriften: Ihrer raschen Verbreitung wegen waren sie für G. ein wichtiges Publikationsinstrument. Er veröffentlichte Aufsätze, meist aber Rezensionen und Anzeigen in den *Sichtbaren*, in den *Frankfurter Gelehrten Anzeigen*, dem *Wandsbecker Bothen* (Matthias Claudius), der *Iris*, dem *Teutschen Merkur* (Christoph Martin Wieland), dem *Journal des Luxus und der Moden* (Friedrich Justin Bertuch/ Georg Melchior Kraus), der *Allgemeinen Literatur-Zeitung*, der *Jenaischen allgemeinen Literaturzeitung*, Schillers *Horen*, Cottas *Morgenblatt für gebildete Stände* und den *Jahrbüchern für wissenschaftliche Kritik*; als Herausgeber und Autor trat er auf mit den ⁊ *Beiträgen zur Optik und zur Farbenlehre* (1791-92), den ⁊ *Propyläen* (1798-1800), ⁊ *Über Kunst und Altertum* (1816-32), ⁊ *Zur Naturwissenschaft überhaupt, besonders zur Morphologie* (1817-24).   BL

Zeitungen: Medium der Aufklärung, der öffentlichen Meinungsbildung, einer raschen und argumentierenden Verbreitung von Neuem und Wissenswerten, von bürgerlicher, republikanischer, an den menschlichen Grundrechten orientierter Aufklärung, die sich gegen den feudalen Despotismus richtete, von G. aber nicht geschätzt. Er schimpft laut über den »Narrenlärm unserer Tagesblätter« und ihr »Sittenverderberisches«, freut sich 1830 über den Zeitgewinn, den er durch die Abschaffung aller Zeitungen in seinem Haus gemacht habe - seine Gegnerschaft zur ⁊Pressefreiheit damit nur flüchtig kaschierend.   BL

Zelter, Carl Friedrich (1758-1832), Komponist, Pädagoge, Kulturpolitiker, Begründer der preußischen staatlichen Musikpflege und der Musikerziehung. »Wenn ich irgend jemals neugierig auf die Bekanntschaft eines Individuums war, so bin ichs auf Herrn Zelter. Gerade diese Verbindung zweier Künste ist so wichtig. Das Originale seiner Compositionen ist, so viel ich beurtheilen kann, niemals ein Einfall, sondern es ist eine radicale Reproduction der poetischen Intentionen.« Mit diesen Worten drückte G. in einem Brief

vom 18. Juni 1798 an August Wilhelm Schlegel seine Ungeduld auf die Begegnung mit einem Mann aus, von dem er sich die Fortführung und Intensivierung des Austauschs erhoffte, den er stets mit seinen musikalischen Partnern gesucht, aber nicht in der Unmittelbarkeit und Stetigkeit gefunden hatte. Von Philipp Christoph ↗Kayser hatte er sich trennen müssen, weil er dessen Fähigkeiten überschätzt hatte, und auch von Johann Friedrich ↗Reichardt distanzierte er sich wegen politischer Differenzen. Da es ihm jedoch ein ungebrochenes Bedürfnis war, einen musikalischen Berater und Komponisten in seiner Nähe zu wissen, der seine Lyrik »ins Allgemeine zu befördern« verstand, konnte nach dem ersten Brief, den ihm Zelter am 11. August 1799 sandte, eine bemerkenswerte Altersfreundschaft entstehen, die häufig ungerecht beurteilt und bis heute unterschätzt wird.

Sie währte 32 Jahre, begleitet von einer mit dem erklärten Ziel der späteren Veröffentlichung verfaßten, mehr als 875 Briefe zählenden Korrespondenz. G.s Werke seien längst seine »Hausgötter«, so stellte er Zelter dem Dichter vor, er könne seine Gedichte nicht anders loben, »als durch den unvermischten Widerklang« seines »innersten Gemüts; Und ich darf sagen, daß ich an diesen Ihren Gedichten mit heiliger Sorge gearbeitet habe« (11. August 1799). Das mit so ungeteiltem Enthusiasmus Begonnene entwickelte sich zu einer großen Vertrautheit (G. bot ihm 1812 das freundschaftliche Du an), die sich vor allem in beider Briefwechsel niederschlug, da sie sich relativ selten persönlich sahen. Die Verbindung zu G. hatte für Zelter zu einem Zeitpunkt begonnen, da bereits 8 Jahre an der Berliner Singakademie seines Lehrers und Freundes Carl Friedrich Fasch tätig war, die er im Jahr 1800 als Leiter übernahm und zu einem tonangebenden Institut für die Pflege älterer Kirchenmusik und der Werke Johann Sebastian Bachs machte. Auf seine Initiative ging die Wiederaufführung der *Matthäuspassion* (1829) zurück, die von seinem Schüler Felix Mendelssohn-Bartholdy geleitet wurde.

Bevor er sich ganz der Musik widmen konnte, hatte er eine Maurerlehre abgeschlossen, da er das väterliche Baugeschäft hätte übernehmen sollen. Über die Spannungen, die sich schon früh aus Pflicht und Neigung ergaben, berichtet Zelter in seinen selbstbiographischen Schriften, die sich wie Episoden aus einem Schelmenroman lesen. Sie zeigen aber auch, wie schnell er sich als Violinist, Klavierspieler, Komponist und Organisator zu profilieren verstand. Zelter war für G. der kritische Partner in allen Musikfragen (siehe z.B. ↗Tonlehre), auch wenn ihm Reichardt manche Erfahrung eines weltgewandten Musikjournalisten und Kapellmeisters voraushatte. Wie sehr Zelter in der Lyrik seines Freundes zu leben vermochte, schilderte er besonders eindringlich am 9. Juni 1820: »Indem ich ein Gedicht ansichtig werde und mich auf seine Individualität beschränke setzt sich eine Totalempfindung fest die ich nicht los werde und nach langer Zeit oft erst den Ton finde den sie verlangt. Dieser Ton aber ist das Haupt einer Familie von Tönen; und geht man zu Tische ehe sich das liebe Gut alles beisammen findet so wird die ganze Mahlzeit lückenhaft. Nun kommt es endlich erst an die Beschränkung welche aus der Wortstellung entsteht, da oft genug gerade wo eine Sylbe zu viel ist eine Bedeutung liegt, oder das Hauptwort malerisch an einem Orte liegt wohin die Melodie geführt werden muß wenn das Gedicht bleiben soll was es ist. Das ist nun besonders in Deinen Gedichten ein Punkt der beachtet sein will, wenn das Gedicht Musik und nicht was anderes werden soll«.

In diesem Sinne gehören seine Vertonungen von *Trost in Tränen* (1812), *Rastlose Liebe* (1812), *Um Mitternacht* (1818) (↗Abend- und Nachtlieder) und seine wohl bekannteste Ballade vom *König in Thule* (vor 1812) zu Meisterwerken. Ein besonderes Talent hatte er für Lieder und Chöre, die der Geselligkeit gewidmet waren, die G. am 4.1.1810 ausrufen ließen: »Die Gunst des Augenblicks, Herr Urian u so manches andere erhebt und erfreut uns jedes in seiner Art; ich wüßte nicht, wo ich das Kernhafte mit dem Gefälligen so verbunden angetroffen hätte, als in Ihren Arbeiten.«

Insgesamt wurde G. nicht müde, die Arbeiten des Freundes zu loben, sie zu beleuchten als Kompositionen, die er »sogleich mit meinen Liedern identisch« fühlen konnte, denn »die Musik nimmt nur, wie ein einströmendes Gas, den Luftballon mit in die Höhe.« (G. an Zelter, 11.5.1820). Ihm gelang es mithin, der G.schen Liedästhetik zu entsprechen. So sehr miteinander verbunden, gingen die ahnungsvollen Worte, die Zelter 1832 vor der Büste seines gerade verstorbenen Freundes aussprach: »Excellenz hatten natürlich den Vortritt; aber ich folge bald nach«, rasch in Erfüllung. Er überlebte ihn nur um 54 Tage.   GBS

Zeus s. **Jupiter**

Ziegesar, Silvie von (1785–1855), Tochter von August Friedrich Carl Freiherr von Ziegesar (1746–1813), Minister in Sachsen-Gotha-Altenburg, wohnhaft auf einem Landsitz bei Jena. In näheren Kontakt mit der Familie Ziegesar kam G. 1802/03; während der gemeinsamen Bäderaufenthalte in Karls- und Franzensbad 1808 entflammte der ältere Herr in leidenschaftlicher Liebe zu Fräulein Silvie. Ein empfindsamer, gegenseitig freundwilliger Briefwechsel dauerte bis 1810, alle Versuche, hinter der ↗Ottilie der *Wahlverwandtschaften* (1809) Silvie von Ziegesar zu sehen, sind allerdings reine Spekulation.   BJ

Zimmermann, Johann Georg (1728–1795), geb. in der Schweiz, seit 1768 kurfürstlicher Leibarzt in Hannover, Schriftsteller, der 1756 die kleine Schrift *Betrachtungen über die Einsamkeit* veröffentlichte, 1784/85 ausgeweitet zu *Über die Einsamkeit* in vier Bänden. Zimmermann wurde durch Albrecht von Haller gefördert, nach seiner positiven Aufnahme des *Werther* kam es im Juli 1775 zu einem Treffen mit G. in Straßburg auf dessen Rückreise aus der Schweiz. Zimmermann war im September 1775 zu Gast bei G., wie das 15. Buch von *Dichtung und Wahrheit* berichtet, wahrscheinlich 1779 brach die Beziehung ab. Zimmermann scheint nicht ganz ohne Einfluß auf G. geblieben zu sein, das »Einsamkeits«-Lied des ↗Harfners in den *Lehrjahren* mag auf Motive seiner Schriften zurückgreifen.   BJ

Zitate fremder Autoren verwendete G. recht ungenau, was nicht an seinem schlechten Gedächtnis lag, sondern vielmehr dem zu seiner Zeit üblichen Umgang mit geistigem Eigentum entsprach. Zudem war eine Neuformulierung für G. ein Mittel gegen Pedanterie. Zitate im Sinne von geflügelten Worten, wie sie im 19. Jh. populär wurden, nehmen, da aus dem Zusammenhang gerissen, nach G.s Auffassung einen ganz anderen Sinn als den ihnen ursprünglich zugedachten an bzw. verlieren ihn (was ist die ↗Gretchenfrage?; was des ↗Pudels Kern?), dennoch lehnt er sie nicht ab. Immerhin hatte G. selbst seinen Lieblingsdichter in Leipzig über die von William Dodd zusammengestellte Anthologie *The beauties of Shakespeare* kennengelernt und keineswegs über dessen vollständige Dramen. In den *Noten und Abhandlungen* (Chiffer) erläutert G. seinen Umgang mit »klassischen Worten«. Er selbst hat der Nachwelt unzählige solche hinterlassen, wie heute jedes Zitate-Lexikon belegt. In den *Maximen und Reflexionen* finden sich viele Übersetzungen von Kernsätzen aus den Werken von Sterne, Diderot u.a.   DF

Zoologie: Das Prinzip, welches G. in der ↗Urpflanze gefunden hat, dehnt er später auf die Tierwelt aus. In der 1795 entstandenen, 1820 erschienenen Schrift *Erster Entwurf einer allgemeinen Einleitung in die vergleichende Anatomie* verfolgt er das Ziel, einen Tier-Typus oder ein Urtier aufzustellen (↗Types). Auf der Suche nach einem solchen Schema findet G. u.a. den ↗Zwischenkieferknochen beim Menschen und die Wirbeltheorie der Schädelknochen. Im 1830 entbrannten ↗Akademiestreit zwischen ↗Cuvier und ↗Geoffroy de Saint-Hilaire ergreift G. Partei für den synthetisierenden und in G.s Sinn einen tierischen Grundtypus suchenden Geoffroy, während er Cuvier als Analytiker ablehnt. Der zur gleichen Zeit entstandene Aufsatz *Principes de Philosophie zoologique* bringt unmißverständlich G.s Parteinahme zum Ausdruck: »Geoffroy de Saint-Hilaire hingegen ist im stillen um Analogien der Geschöpfe und ihre geheimnisvollen Verwandtschaften bemüht; [er] hegt das Ganze im innern Sinne und lebt in der Überzeugung fort: das Einzelne könne daraus nach und nach entwickelt werden.« G.s Beiträge zu einer systematischen Zoologie sind in genau diesem Sinne zu verstehen.   AV

Zu meinen Handzeichnungen: Entstanden vom 23.–25.9.1821. Zwei Weimarer Künstler, Carl Wilhelm Holdermann und Carl Wilhelm Lieber, hatten Skizzen G.s malerisch ausgearbeitet, die dann vom Weimarer Kupferstecher Carl August Schwerdgeburth gestochen wurden und 1821 zusammen mit den Begleitgedichten G.s erschienen: *Radierte Blätter, nach Handzeichnungen (Skizzen) von Goethe, herausgegeben von C. A. Schwerdgeburth.* 1822 druckte G. die Gedichte ohne Radierungen nochmals in *Über Kunst und Altertum* und fügte ihnen eine erläuternde Vorbemerkung hinzu, in der er sich selbst mehrmals herabstimmend als »Liebhaber« der Malerei bezeichnet.

Obwohl er in Italien mit schmerzlichem Verzicht erkennen mußte, daß seine malerischen Fähigkeiten über einen talentierten Dilettantismus nicht hinausgingen, gehörte Malen und Zeichnen zu seinen lebenslangen Beschäftigungen. Bereits im Zyklus *Wilhelm Tischbeins Idyllen* hatte er den Reiz der Einheit von Bild, Gedicht und Gedichtbeschreibung erprobt. Dies wiederholte er nun mit der kleinen Gruppe seiner eigenen Zeichnungen aus verschiedenen Lebensaltern, doch hebt er in der Einführung zu dem kleinen Ensemble von sechs Gedichten hervor, wegen ihrer »Unzulänglichkeit« wolle er nicht den Inhalt der Bilder kommentieren, sondern deren innerste Idee wiedergeben, damit der Leser gleichsam ein eigenes ›Bild im Kopf‹ erzeugen könne.

Eine solche Offenheit der lyrischen Aussage ist ein Aspekt von Modernität, der als Absetzung von der Integrität des klassischen Kunstwerks generell G.s Alterslyrik kennzeichnet. Eine biographisch reizvolle Anspielung bietet das zweite Gedicht *Hausgarten* zu einer Skizze aus dem Jahr 1792, die Christiane Vulpius und den dreijährigen Sohn August an der Gartenseite eines Hauses zeigt, das an G.s Haus am Frauenplan erinnert. Am Schluß der *Campagne in Frankreich 1792*, an der er 1821 arbeitete, rückt G. das Gedicht nochmals ein und beschwört die schmerzlichen Gefühle bei der Trennung von seiner jungen Familie herauf, als er sich 1793 auf Aufforderung von Herzog Carl August zu den alliierten Truppen nach Mainz begeben mußte (vgl. *Belagerung von Mainz*). Auch die anderen Gedichte verweisen in verschlüsselter Form auf Erinnerungsmomente des Lebens und Werks.   IW

Zucker: Heutzutage billiger Süßstoff, zu G.s Zeit und noch bis weit ins 20. Jh. äußerst wertvoll, wenngleich ab Mitte des 18. Jh.s durch die Gewinnung aus einheimischen Rüben nicht mehr ausschließlich Importartikel und zunehmend erschwinglicher.

In Anlehnung an die Verwendung von Zucker als Metapher für süße Poesie in der persischen Dichtung und vor allem bei ↗Hafis wünschte G. hinsichtlich seines *West-östlichen Divans* in dem Vierzeiler *Tut ein Schilf*, daß seiner Schreibfeder genau wie dem Zuckerrohr »Liebliches« entfließen möge, das Werk also süß und kostbar werde. In Sachen Ernährung stand G. einer immer weiter um sich greifenden Verzuckerung ablehnend gegenüber, wie er – ohne das Aufkommen der ›Light‹-Produkte gegen Ende des 20. Jh.s ahnen zu können – in einem ironisch-geschichtsphilosophischen Exkurs deutlich machte: »Die Menschheit, merke ich, mag noch so sehr zu ihrem höchsten Ziele vorschreiten, die Zuckerbäcker rucken immer nach; indem sich Geist und Herz immerfort reinigt, wird, wie ich fürchte, der Magen immer weiter seiner Verderbniß entgegengeführt« (an Marianne von Willemer, 13. 1. 1832).   DF

Zueignung: *Der Morgen kam:* Entstanden am 8. 8. 1784 während einer Reise mit dem Herzog Carl August, eröffnet 1787 den ersten Band der *Schriften*, als Vorspann zu den *Leiden des jungen Werthers*. Mit einer Ausnahme erscheint das Gedicht, ursprünglich als erster Abschnitt des Fragment gebliebenen Epos *Die Geheimnisse* gedacht, in allen späteren Werkaus-

gaben jeweils im ersten Band als Einleitung des Gesamtwerks. Das lange Gedicht hat damit in der Intention des Autors den Charakter eines poetischen Programms, einer Begründung und Rechtfertigung seiner Kunst. Wie in der frühen Lyrik ist der Ausgangspunkt ein initiatorisches Naturerlebnis, der Einklang von morgendlicher Natur und Ich: »Und alles war erquickt, mich zu erquicken.« Die eigene Naturerfahrung wird jedoch jetzt allegorisch überhöht durch eine Vision, ein »göttlich Weib«, mit dem der Dichter in einen Dialog über sich selbst und seine bisherige Kunstpraxis tritt.

Ihre Ermahnungen führen ihn dazu, sich von seiner frühen, ich-zentrierten Kunst zu verabschieden und mit seinem Talent »den Brüdern« den Weg zu zeigen: »Für andre wächst in mir das edle Gut«. Trotz dieser neuen sozialen Bestimmung von Kunst bleibt die herausgehobene Stellung des Dichters bestehen, sie steigert sich noch zu einer Art ›Dichterweihe‹. Die göttliche Frau, in der biographischen Deutungstradition immer mit Charlotte von Stein und ihrer veredelnden Wirkung auf den jungen G. identifiziert, hat eine nicht genau festgelegte Rolle zwischen Muse und Göttin der Wahrheit. In wechselnden Naturbildern von Sonnenklarheit, nebelhafter Verschleierung und Durchdringung des Trüben vermittelt das Gedicht eindrucksvoll die philosophische und ästhetische Grundüberzeugung G.s, die Erkenntnis der Wahrheit sei dem Menschen nur vermittelt möglich. Mit dem Geschenk der Göttin: »Aus Morgenduft gewebt und Sonnenklarheit/Der Dichtung Schleier aus der Hand der Wahrheit« wird die Auffassung, daß die Poesie ein besonders privilegiertes Medium der Erkenntnis ist, überzeugend ins Bild gesetzt.

In den letzten beiden Strophen ist die Rolle der Dichtung emphatisch überhöht. Sie ermöglicht die poetische Transformation der Wirklichkeit durch die Kraft der Phantasie, sie evoziert »Blumen-Würzgeruch und Duft«; in einem nahezu christologischen Gestus wird ihr trost- und heilbringenden Kraft zuerkannt: »So kommt denn, Freunde, wenn auf euren Wegen/des Lebens Bürde schwer und schwerer drückt«. Im imaginierten Nachruhm trägt die Kunstmphase den Dichter und seine ›Gemeinde‹ noch über den Tod hinaus und verheißt Unsterblichkeit. Die schwierige Strophenform der Stanze, bei G. häufig Formsignal für eine besondere poetische Aussage, wird in diesem Gedicht mit großer poetischer Könnerschaft realisiert; die Reime des komplizierten Reimschemas gleiten mühelos ineinander. Die Verbindung von bedeutsamer Aussage, hohem Ton und Leichtigkeit der episch-erzählerischen Sprachmelodie rechtfertigt die herausgehobene

Stellung als ›Zueignung‹ an das Publikum, die G. selbst dem Gedicht in seinen Werkausgaben zuerkannte.   IW

Zufällige, das s. **Urworte. Orphisch**

Zu Howards Wolkenlehre s. **Howards Ehrengedächtnis**

Zukunft: Der politische Restaurator des alten Europa, der Inspirator der ↗Karlsbader Beschlüsse, Fürst ↗Metternich, hat 1815 nach Abschluß des ↗Wiener Kongresses als seinen geheimsten Gedanken geäußert, das alte Europa sei trotz des glänzenden Kongreßergebnisses bereits an sein Ende gelangt. Bis es so weit sei, werde er allerdings seine Pflicht tun. Das neue Europa sei erst noch im Werden, zwischen Ende und Anfang jedoch werde ein Chaos liegen. So die schneidende Einschätzung der europäischen Lage durch den Machtpolitiker.

Möglicherweise hat Metternich, von dem man es am wenigsten erwartet hätte, nur ausgesprochen, was man im Deutschen Bund unter dem Schutzschild der ↗Heiligen Allianz mehr oder weniger vorbewußt in der Zeit von 1815 bis 1830 als ängstigend empfand. Zu tief hatten die Erschütterungen gewirkt, welche die ↗Französische Revolution und ↗Napoleons großartig begonnener, zuletzt kläglich gescheiterter Versuch einer hegemonialen Neuordnung Europas ausgelöst hatten (↗Napoleonische Kriege). Wie bei vielen führenden Köpfen in Europa rief die Pariser ↗Julirevolution von 1830 auch in G. eine weitere Verunsicherung des eigenen Selbstverständnisses hervor; die politische und gesellschaftliche Zukunft Europas war nach Jahren einer trügerischen Stabilität plötzlich wieder ins Wanken geraten: »Das Pariser Erdbeben hat seine Erschütterungen durch Europa lebhaft verzweigt; ihr habt davon ja auch einen Fieberstoß empfunden. Alle Klugheit der noch Bestehenden liegt darin, daß sie die einzelnen Paroxysmen unschädlich machen, und das beschäftigt uns denn auch an allen Orten und Enden. Kommen wir darüber hinaus, so ist's wieder auf eine Weile ruhig. Mehr sag ich nicht« (an Zelter, 5.10. 1830). Unterdessen arbeitet G. aber ruhig an der Fertigstellung seines *Faust II*. Es war nun endgültig klar, daß über kurz oder lang in Europa eine industrielle, demokratische Gesellschaft an die Macht kommen würde – G. hat sie erst in den siebziger Jahren des 19. Jh.s erwartet. Barthold Georg Niebuhr schickt ihm am 17.12. 1830 kurz vor seinem Tod den Zweiten Teil seiner *Römischen Geschichte*: »Das Urteil in meiner Vorrede über die Zukunft hat Vielen

Ärgernis gegeben, die da glauben, es sei eine herrliche Zeit: ich glaube nicht, daß Sie es irrig finden, noch zweifeln, daß wir der rohsten und widerlichsten Barbarei grade entgegengehen«. G. hatte dieser Ansicht nichts entgegenzusetzen.

Er hatte allerdings schon früher die Zeiten- und Kulturwende, die Gefahr der Nivellierung, Demokratisierung und Industrialisierung, des sozialen Abstiegs des Schöpferischen und dessen Ablösung durch die Reproduktion geahnt (↗Maschinenwesen) und sie naturphilosophisch verträglich gemacht: »Laß die Menschheit dauern, solange sie will, es wird ihr nie an Hindernissen fehlen, die ihr zu schaffen machen, und nie an allerlei Not, damit sie ihre Kräfte entwickle. Klüger und einsichtiger wird sie werden, aber besser, glücklicher und tatkräftiger nicht, oder doch nur auf Epochen. Ich sehe die Zeit kommen, wo Gott keine Freude mehr an ihr hat und abermals alles zusammenschlagen muß zu einer verjüngten Schöpfung [...] aber bis dahin hat es sicher noch eine gute Weile, und wir können noch Jahrtausende und aber Jahrtausende auf dieser lieben alten Fläche, wie sie ist, allerlei Spaß haben« (Eckermann, 25.10. 1828). Wie tief ihn aber der Umsturz der auch in Frankreich nur mühsam stabilisierten Verhältnisse in Paris verletzt hat, zeigt ein wütender Brief des einundachtzigjährigen G. an den alten Weggefährten Zelter über die neueste französische Literatur: »Es ist eine Literatur der Verzweiflung [...]. Das Häßliche, das Abscheuliche, das Grausame, das Nichtswürdige, mit der ganzen Sippschaft des Verworfenen, ins Unmögliche zu überbieten ist ihr [der Schriftsteller] satanisches Geschäft« (18.6. 1831). Für G. eine nicht nur gesellschaftlich und politisch, sondern auch literarisch-künstlerisch auf dem Kopf stehende Welt, von der er sich emotional distanziert, weil sie allem widerspricht, was er Zeit seines Lebens als persönliches Credo mitteilen wollte und vorgelebt hatte (56 Jahre zuvor: »Meine Lage ist vorheilhaft genug, und die Herzogthümer Weimar und Eisenach immer ein Schauplatz, um zu versuchen, wie einem die Weltrolle zu Gesichte stünde«, an Merck, 22.1. 1776). Dieses Credo inmitten des Schiffbruchs auszudrücken, ist ihm noch einmal – Zeugnis seiner Beharrlichkeit – mit seinem letzten Brief kurz vor seinem Tod an Wilhelm von Humboldt gelungen: »Je früher der Mensch gewahr wird daß es ein Handwerk, daß es eine Kunst gibt, die ihm zur geregelten Steigerung seiner natürlichen Anlagen verhelfen, desto glücklicher ist er; was er auch von außen empfange, schadet seiner eingeborenen Individualität nichts. Das beste Genie ist das, welches alles in sich aufnimmt, sich alles anzueignen weiß, ohne daß es der eigentlichen Grundbestimmung, demjenigen was man Charakter nennt, im mindesten Eintrag thue, vielmehr solches noch erst recht erhebe und durchaus nach Möglichkeit befähige«. Seine »sehr ernsten Scherze« setzt er im selben Atemzug mit dem emblematischen Bild des gescheiterten Schiffs fort: »Der Tag aber ist wirklich so absurd und konfus, daß ich mich überzeuge meine redlichen, lange verfolgten Bemühungen um dieses seltsame Gebäu würden schlecht belohnt und an den Strand getrieben, wie ein Wrack in Trümmern daliegen und von dem Dünenschutt der Stunden zunächst überschüttet werden. Verwirrende Lehre zu verwirrtem Handel waltet über der Welt [...]. Verzeihung diesem verspäteten Blatte! Ohngeachtet meiner Abgeschlossenheit findet sich selten eine Stunde, wo man sich diese Geheimnisse des Lebens vergegenwärtigen mag« (15.3. 1832). Die Zukunft von G.s Welt endet mit dessen Tod. Was danach in seinem Namen gefolgt ist, hat zwangsläufig musealen Charakter angenommen.   BL

Zum Schäkespears Tag: Kurze Prosaschrift des jungen G., verfaßt zum 14.10.1771, dem Namenstag Wilhelms/Williams, geplant als Rede in Straßburg, die aber erst im väterlichen Hause in Frankfurt gehalten wurde. Druck erst 1854. G. spricht weniger über ↗Shakespeare als vielmehr über eigene Vorstellungen von ↗Natur, Dramatik und ↗Künstler, die er am Beispiel des Engländers entwickelt. Mit dem Ausruf »Natur! Natur! nichts so Natur als Shakespeares Menschen« setzt er ein ungekünsteltes Menschenbild polemisch gegen die vom höfisch-bürgerlichen Zeremoniell zugerichteten Menschen seiner Gegenwart.

Im gedanklichen Anschluß an die Kulturkritik Rousseaus redet er einer natürlichen, von den gekünstelten Zwängen befreiten Menschennatur das Wort, eine Wendung gleichermaßen wider die artifiziellen Moden der Zeit wie auch gegen die starren und beengenden ständischen Verhältnisse. Natur wird auch zum Kampfbegriff gegen die in Deutschland adaptierte französische Dramenästhetik: »Ich zweifelte keinen Augenblick, dem regelmäßigen Theater zu entsagen. Es schien mir die Einheit des Orts so kerkermäßig ängstlich, die Einheiten der Handlungen und der Zeit lästige Fesseln unsrer Einbildungskraft«. Die ästhetischen Imperative des ↗Klassizismus werden als gekünstelte Fesseln erfahren, deren der schöpferische Mensch *als Natur* sich entledigen müsse.

Mit dem Naturbegriff wird ein neues Verständnis vom ↗Ich, vom ↗Subjekt erzeugt, das sich selbst als Urheber einer Welt verstehen darf: »Ich! Da ich mir

alles binn, da ich alles nur durch mich kenne!« Die künstlerische Selbstschöpfung der Welt wird zum zentralen Merkmal des Künstlerischen, der Künstler ist ein zweiter Schöpfer – und dafür ist Shakespeare das Vorbild: »Er wetteiferte mit dem Prometheus, bildete ihm Zug vor Zug seine Menschen nach, nur in Colossalischer Grösse«. Prometheus-Shakespeare wird zum Bild des Aufbegehrens für die junge Generation um G. gegen die ästhetischen, sozialen und politischen Zwänge der feudalen und kirchlich-religiös bestimmten Gesellschaft und ihrer den französischen Klassizismus nachäffenden Kultur.   BJ

Zur Morphologie: Reihe der Zeitschrift *Zur Naturwissenschaft überhaupt, besonders zur Morphologie*, die von 1817 bis 1824 erschien und die oft noch nicht veröffentlichten Beiträge G.s zur Gestaltkunde bei Pflanzen und Tieren präsentieren sollte – ein Projekt, das G. seit 1806 immer wieder in Auge faßte. Das Zentrum des ersten Heftes ist der große Aufsatz *Versuch die Metamorphose der Pflanzen zu erklären*, dem in kleinen Notizen Entstehungs- und frühe Rezeptionsgeschichte des Aufsatzes nachgestellt sind. Die weiteren Hefte enthalten die älteren Aufsätze zur vergleichenden Anatomie (1795) und zum Zwischenkieferknochen (1786), Vorträge, kleinere Arbeiten und Rezensionen (*Bedeutende Fördernis*, Bd. II, Heft 1) sowie Beiträge befreundeter oder bekannter Wissenschaftler. G.s Beiträge zur morphologischen Forschung erfuhren einige Anerkennung in der Wissenschaft, etwa durch den französischen Zoologen ↗Cuvier.   BJ

Zur Naturwissenschaft überhaupt: Reihe der Zeitschrift *Zur Naturwissenschaft überhaupt, besonders zur Morphologie*, die von 1817 bis 1824 erschien und in der G. seine naturwissenschaftlichen Forschungen versammelt präsentieren wollte. Die vier Hefte des ersten und die zwei des zweiten Bandes enthalten Beiträge zu Farbenlehre, zu entoptischen Farben, Chromatik und Farbwahrnehmungen, zur (böhmischen) Gebirgskunde, Geologie, Erdentstehung und Gebirgsgestaltung, zu Mineralogie, Meteorologie und zur Wolkengestalt; schließlich fügte G. auch noch den älteren Aufsatz *Der Versuch als Vermittler von Object und Subject* (1793) ein. Die Zeitschrift hatte nur eine geringe Resonanz im Publikum, schließlich verschickte G. die Exemplare nur noch an ausgesuchte teilnehmende Freunde, die sein Interesse, wenn nicht seine Meinung teilten.   BJ

Schematische Wolkendarstellung. Kupferstich von L. Heß

Zweifel: Philosophisches Prinzip und poetisches Motiv. In einem philosophiegeschichtlichen Rückblick in der *Campagne in Frankreich* charakterisiert G. ↗Voltaire als den Auslöser einer »Zweifelsucht«, dem aufgeklärt-kritischen Verhalten gegenüber althergebrachten Vorurteilen und Wertschätzungen. In einem ähnlichen Sinne zweifelt auch Faust an den Möglichkeiten traditioneller Wissenschaften – und ergibt sich der ↗Magie. Das Kanzler am Kaiserhof in *Faust II* erklärt den Zweifel sozusagen genetisch: »Natur ist Sünde, Geist ist Teufel,/Sie hegen zwischen sich den Zweifel,/Ihr mißgestalt Zwitterkind« (v.4900ff.).

BJ

Zwerge: in der klangmalerisch virtuosen, burlesk frohen Ballade *Hochzeitslied* (entstanden 1802) schildert G. in dreireimigen Strophen, mittels schneller Rhythmen und zierlicher Wortspiele das Leben der Zwerge:

»So rennet nun alles in vollem Galopp
Und kürt sich im Saale sein Plätzchen;
Zum Drehen und Walzen und lustigen Hopp
Erkieset sich jeder ein Schätzchen.
Da pfeift es und geigt es und klinget und klirrt,
Da ringelt's und schleift es und rauschet und wirrt,
Da pispert's und knistert's und flüstert's und
schwirrt.«

In *Wilhelm Meisters Wanderjahre* (III. 6) wird im Märchen *Die neue Melusine* die Beziehung zwischen einem Mann und einer schönen Frau, die sich als Zwergin entdeckt, erzählt. Das Märchen, in welchem viel vom Zwergengeschlecht mitgeteilt wird, behandelt in ergreifender Weise das Thema von Liebe und Entsagung und erlangt dadurch zentrale Bedeutung für den Roman selbst. AV

Zwischenkieferknochen: Die erste bedeutende naturwissenschaftliche Entdeckung G.s, die er am 27.3.1784 begeistert an ↗Herder meldete: »Ich habe gefunden – weder Gold noch Silber, aber was mir eine unsägliche Freude macht – das os intermaxillare am Menschen! Ich verglich [...] Menschen- und Thierschädel, kam auf die Spur und siehe da ist es. [...] Es

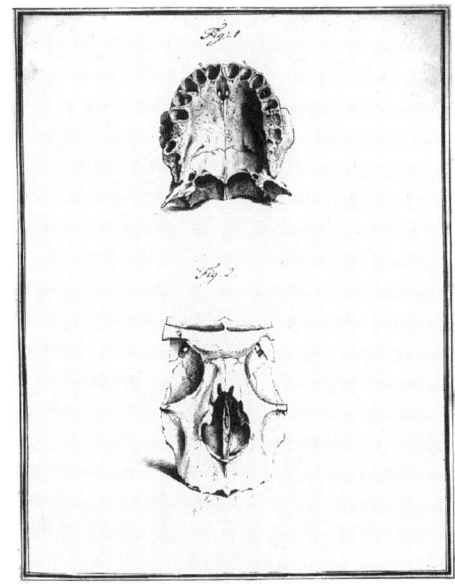

Zwischenkieferknochen. Tuschezeichnung nach W. Waitz

ist wie der Schlußstein zum Menschen, fehlt nicht, ist auch da«. Der bald nach der Geburt des Menschen mit dem Oberkiefer verwachsende Knochen galt bis dahin als nicht existent. Damit erschien fast allen Naturforschern und Theologen die Sonderstellung des Menschen in der göttlichen Schöpfung als bewiesen. G.s Entdeckung wird bedeutsam im Kontext der Naturphilosophie der Zeit, die alle Wesen als eine ›Kette des Lebendigen‹ zu deuten versuchte – was erst mit dem Nachweis des Zwischenkieferknochens beim Menschen möglich wurde. Allen Wirbeltieren schien damit ein vergleichbarer Knochentypus zuzugehören.

BJ

Zyklisch, d.h. in einer Abfolge von Geschichten oder Gedichten, ging G. im Spätwerk zunehmend vor, da sich »manches unserer Erfahrungen nicht rund aussprechen« lasse und »der geheimere Sinn« sich – ganz analytisch-dialektisch gedacht – nur durch Aufsplitterung in Einzelpositionen offenbare (an Iken, 27.9.1827). So sind die *Unterhaltungen deutscher Ausgewanderten* als Aneinanderreihung von »Parallelgeschichten« angelegt, worüber im Text selbst diskutiert wird. Der *West-östliche Divan* folgt noch am ehesten dem eigentlich zyklischen, dem Kreis-

Prinzip, dessen sich schon das persische Vorbild ↗ Hafis rühmte und das auch von G. thematisiert wird: »Dein Lied ist drehend wie das Sterngewölbe,/Anfang und Ende immerfort dasselbe,/Und was die Mitte bringt, ist offenbar/Das, was zu Ende bleibt und anfangs war« (*Unbegrenzt*). Hinsichtlich einer – der griechischen Tri- oder Tetralogie nachgebildeten – Fortsetzung seines *Iphigenie*-Dramas blieb G. allerdings pessimistisch: »Eine cyklische Behandlung hat viele Vortheile, nur daß wir Neuern uns nicht recht darein zu finden wissen« (an Zelter, 23.2.1817).   DF

Zypresse: »Nach dem Äther steigendes« (*Faust II*, v.10009), im Mittelmeerraum weitverbreitetes Nadelgewächs, im Altertum überwiegend der weiblichen Gottheit zugeordnet, von G. in Italien bewundert und in Rom gar als »respektabelster Baum« bezeichnet. Auffällig fand er, daß die Veroneser ihm nachsahen, als er mit einem Zypressenzweig über einen Gemüsemarkt ging. Bei Behandlung der »tausend Formen«, in denen G. im *West-östlichen Divan* die allgegenwärtige Natur »erkennt«, ist die Zypresse an erster Stelle genannt; ihre Verwendung als Metapher für die Geliebte – wie im Gedicht *Was alle wollen, weißt du schon* – übernahm G. von ↗ Hafis.   DF

Chronik: Goethes Leben und Werk

1749 *28. August*: Johann Wolfgang G. kommt mittags als Erstgeborener von Johann Caspar G. und dessen Frau Elisabeth Katharina, geb. Textor, in Frankfurt am Main zur Welt – *29. August*: G. wird lutherisch getauft.
1750 *7. Dezember*: Schwester Cornelia wird geboren.
1752 G. besucht die Spielschule (Kindergarten) der Maria Magdalena Hoff in der Frankfurter Weißadlergasse.
1753 Protestantischer Religionsunterricht – Bibelstellen werden von den Kindern Wolfgang und Cornelia auswendig gelernt und rezitiert – Die Großmutter schenkt ihren beiden Enkelkindern zu Weihnachten ein Puppentheater.
1754 Geldausgaben des Vaters für Lesefibeln und Katechismen im väterlichen Haushaltsbuch bedeuten: G. lernt lesen.
1755 Umbau und Erweiterung des Hauses am Großen Hirschgraben – G. besucht eine öffentliche Elementarschule – *1. November*: Nachricht vom Erdbeben in Lissabon, die den 6jährigen G. verstört – Anspruchsvolle Lektüre weltliterarischer Autoren, Volksbücher, phantastischer Literatur setzt ein.
1756 G. erhält Unterricht in Schreiben, Rechnen, in Geschichte, Geographie und Latein – Ausbruch des Siebenjährigen Kriegs
1757 G. wird in Französisch unterrichtet – Teilnahme an Schönschreibwettbewerben – Neujahrsgedicht an die Großeltern Textor – Übersetzungen aus dem Lateinischen und Griechischen (Aesop, Phaedrus) – Übungen in Judendeutsch.
1758 G. erkrankt im Frühjahr an den Pocken – Im Sommer Griechischunterricht, ab September Zeichenunterricht – Französische Truppen marschieren im Zug den Siebenjährigen Kriegs durch Frankfurt – Lektüre des Neuen Testaments, Übersetzungsübungen.
1759 Besetzung Frankfurts durch die Franzosen – Einquartierung des Königsleutnants Thoranc bei den Goethes – G. besucht häufig das Theater am Junghof (französische Schauspieltruppe).
1760 Tanzunterricht der Geschwister durch den Vater – Italienischunterricht – Latein-, Griechisch- und Schönschreibunterricht werden beendet.
1761 Unterricht in Judendeutsch bei Karl Christian Christfreund – Abschluß des Zeichenunterrichts – G. verfaßt eine *Anweisung zur teutsch-hebräischen Sprache*.

1762 Religionsunterricht, Englisch-, Hebräischunterricht – G. besucht regelmäßig das Theater (französische Stücke).
1763 Die französischen Truppen verlassen Frankfurt – *3. April*: Konfirmation – Klavierunterricht – Erste Liebe zu »Gretchen« – *18. August*: G. besucht ein Violinkonzert des siebenjährigen Mozart und ist von dessen musikalischem Genie begeistert – G. fertigt Liebesgedichte für seine Freunde auf Bestellung, überreicht dem Vater einen Band mit eigenen, seriöseren Gedichten; der Vater meint: »Weiter so«.
1764 Landschaftszeichnungen entstehen – Das »Gretchen« verläßt Frankfurt – Ein Hofmeister wird eingestellt, um G. den letzten großbürgerlichen »Schliff« zu geben – Intensive Beschäftigung mit antiker und neuplatonischer Philosophie (Platon, Aristoteles, Stoa, Plotin) – *23. Mai*: Ältester erhaltener Brief G.s, mit dem er um Aufnahme in die Offenbacher »Arkadische Gesellschaft zu Phylandria« bittet.
1765 Fecht- und Reitunterricht – *30. September*: G. reist zum Jurastudium nach Leipzig ab, kommt dort am 3. Oktober an – G. besucht Theatervorstellungen der Kochschen Schauspieltruppe – Zeichenunterricht bei Oeser.
1766 Erstmals Shakespeare-Lektüre – G. verliebt sich in Käthchen Schönkopf; die unter diesem Eindruck entstandenen Gedichte wird G. ihr 1767 unter dem Titel *Annette* widmen.
1767 Autodafé: G. verbrennt zahlreiche Manuskripte, Briefe etc. aus seiner Jugendzeit – G. spielt die Flöte bei Hauskonzerten des Leipziger Verlegers Breitkopf – G. erlernt Kupferstechen, Radieren und den Holzschnitt – Autodafé – G. stürzt vom Pferd – Arbeit an *Die Laune des Verliebten*.
1768 *Ende Februar*: Reise nach Dresden, Besuch der Gemäldegalerie – *26. April*: Trennung von Käthchen Schönkopf – *Juli*: Lebensgefährlicher Blutsturz, am Monatsende Abreise nach Frankfurt, um sich dort erneut in ärztliche Behandlung zu begeben – *Dezember*: Schwerer Rückfall, Behandlung durch Dr. Metz.
1769 *Januar*: Erneute, dramatische Verschlechterung des Gesundheitszustands – Beschäftigung mit Alchimie – Genesung im April/Mai – *Oktober*: Besuch des Antikensaals in Mannheim (Laokoongruppe) – Entstanden: *Die Mitschuldigen* – Im Druck erschienen: G.s erste Gedichtsammlung *Neue Lieder, in Melodien gesetzt von Bernhard Theodor Breitkopf* (Leipziger Liederbuch).

1770 *März:* Autodafé weiterer früher Entwürfe und Schriften – *1. April:* Abreise nach Straßburg, um dort auf Geheiß des Vaters das Studium abzuschließen – *5. September:* Erste Begegnung mit Herder – *25./27. September:* Juristisches Vorexamen bestanden – *10.–14. Oktober:* Besuch im Sesenheimer Pfarrhaus; G. lernt dort die Tochter des Pfarrers, Friederike Brion, kennen; am Monatsende erneuter Besuch – G. hört in Straßburg nebenbei medizinische Vorlesungen – Die *Sesenheimer Lieder* entstehen – Nähere Beschäftigung mit dem Faust-Stoff – *Ephemerides*-Aufzeichnungen werden begonnen.

1771 Enger Kontakt mit Herder bis Anfang April (Lektüreanregungen) – G. reicht im Frühjahr seine Dissertation ein, die abgelehnt wird – *Ende April:* Bekanntschaft mit Lenz – G. sammelt im Elsaß Volkslieder für Herder – *6. August:* Promotion zum Lizentiaten der Rechte – *7. August:* Abschied von Friederike Brion; G. verschweigt, daß es ein Abschied für immer ist – *Anfang September:* G. wird in Frankfurt als Anwalt tätig – Entstanden: *Heidenröslein, Maifest, Mir schlug das Herz (Willkommen und Abschied), Zum Schäkespears Tag.*

1772 Reisen nach Darmstadt zu Merck (29.2.–3.3.; 6.4.–13.4.; 7./8.5.; 15.11.–12.12.) – *Mai:* In Wetzlar als Rechtspraktikant am Reichskammergericht – G. lernt Charlotte Buff, die Verlobte Kestners, kennen und lieben; G. geht dabei vermutlich zu weit; Abschiedsbrief an die beiden Verlobten vom 10.9., Abreise von Wetzlar am 11.9. – Pindar- und Homer-Lektüre – *September:* Rückkehr nach Frankfurt am 19.9.; lernt Johanna Fahlmer kennen – *30. Oktober:* Selbstmord Jerusalems in Wetzlar – *November:* Erste Prosaveröffentlichung: *Von deutscher Baukunst* – G. wird Rezensent der *Frankfurter Gelehrten Anzeigen* – Entstanden: *Der Adler und die Taube; Wandrers Sturmlied; Künstlers Morgenlied; Mahomet.*

1773 Fußwanderung nach Darmstadt (16.4.–3.5.) – Herder heiratet in Darmstadt Caroline Flachsland (2.5.) – Ab *Anfang Mai* beschäftigt sich G. intensiv mit der Philosophie Baruch Spinozas – *Ende Juli/Anfang August:* Sopie von La Roche und ihre Tochter Maximiliane in Frankfurt – *1. November:* Schwester Cornelia heiratet Johann Georg Schlosser – Entstanden: *Ein Fastnachtspiel von Pater Brey; Das Jahrmarktsfest zu Plundersweilern; Satyros oder Der vergötterte Waldteufel;* die Farce *Götter, Helden und Wieland; Des Künstlers Erdewallen; Prometheus* (Dramenfragment); *Erwin und Elmire* – Im Druck erschienen: *Brief des Pastors zu *** an den neuen Pastor zu ***; Zwo wichtige bisher unerörterte Biblische Fragen zum ersten Mal gründlich beant-*

wortet, von einem Landgeistlichen in Schwaben; Götz von Berlichingen mit der eisernen Hand (erscheint anonym, Selbstverlag).

1774 *Januar:* G. läuft mit Sophie und Maximiliane von La Roche Schlittschuh auf dem zugefrorenen Main – *6. Mai:* Brand des Weimarer Schlosses – G. lernt Lavater kennen – *Juli:* Reise mit Lavater, Schmoll und Basedow entlang der Lahn und dem Rhein (Pempelfort, Bensberg, Köln, Neuwied, Düsseldorf, Koblenz, Ehrenbreitstein, Bad Ems); Besuch bei Jung-Stilling; Bekanntschaft mit den Brüdern Jacobi – *29. September:* Besuch Klopstocks in Frankfurt – *November/Dezember:* Unterricht in Ölmalerei durch Nothnagel; Besuch Knebels; G. wird den Prinzen Carl August und Constantin von Sachsen-Weimar-Eisenach vorgestellt, besucht diese wenig später in Mainz (13.–16.12.) – Entstanden: *Prolog zu den neuesten Offenbarungen Gottes; Der König von Thule; An Schwager Kronos; Ganymed; Der ewige Jude* – Im Druck erschienen: *Götter, Helden und Wieland; Clavigo; Die Leiden des jungen Werthers* (Oktober) – Uraufführungen: *Clavigo* (Hamburg, 20.5.); *Götz von Berlichingen,* Berlin, Komödienhaus, 14.4. (durch die Kochsche Truppe); Hamburg, 24.10. (durch F.L. Schröder).

1775 *Januar/Februar:* Begegnung mit der Bankierstochter Lili Schönemann – *April:* Verlobung (19. oder 20.4.) – *Mai/Juli:* Erste Reise in die Schweiz (Treffen u.a. mit Carl August, Schwester Cornelia, Lavater, Bodmer, Herder, Merck) – *Sommer:* Entlobung von Lili Schönemann – *Oktober/November:* G. reist am 30.10. nach Weimar ab, Ankunft am 7.11. frühmorgens; am 11.11. erste Bekanntschaft mit Charlotte von Stein; Gespräche mit Wieland; Einrichtung des Liebhabertheaters an der Esplanade in Weimar – Entstanden: *Stella; Claudine von Villa Bella; Lili's Park; Hanswursts Hochzeit oder Der Lauf der Welt; Auf dem See; Hohelied Salomos; Jägers Nachtlied* – Im Druck erschienen: *Erwin und Elmire; Neue Liebe neues Leben; An Belinden; Mir schlug das Herz.*

1776 *Januar:* Briefwechsel mit Frau von Stein beginnt – G. will dauerhaft in Weimar bleiben – Herzog Carl August bezahlt ein Gehalt von 1200 Talern jährlich – *22. April:* Herzog Carl August schenkt G. das Gartenhaus an der Ilm – *26. April:* G. erwirbt das Weimarer Bürgerrecht – *Anfang Mai:* Aufenthalt in Ilmenau, Besichtigung des Bergwerks – *21. Mai:* Bruch mit Klopstock – *11. Juni:* G. wird zum Geheimen Legationsrat ernannt – *1. Oktober:* Herder trifft mit seiner Familie in Weimar ein – *2.–19. Dezember:* Reise nach Wörlitz und Dessau; Besuch des

Philantropin von Basedow – Entstanden: *Wandrers Nachtlied*; *An Lili*; Briefgedicht an Frau von Stein: *Warum gabst du uns die Tiefen Blicke*; *Seefahrt*; *Die Geschwister* – Uraufgeführt: *Stella. Ein Schauspiel für Liebende* (Hamburger Nationaltheater am 8.2.); *Erwin und Elmire* (Liebhabertheater am 24.5.); *Die Mitschuldigen* (Liebhabertheater am 28.11.).

1777 Intensive Beschäftigung mit den Problemen des Ilmenauer Bergwerks – Schwester Cornelia stirbt am 8.6. – *29. November*: Erste Harzreise zu Pferd (Sondershausen, Nordhausen, Ilfeld, Elbingerode – Baumannshöhle –, Wernigerode – Besuch des Sonderlings Plessing – Clausthal – Brocken – Beobachtung von Farbphänomenen – Lauterberg, Duderstadt, Mühlhausen, Eisenach) – *16. Dezember*: Rückkehr nach Weimar – Aristophanes-Lektüre – Im Entstehen: *Wilhelm Meisters theatralische Sendung*; *Der Triumph der Empfindsamkeit*; *Harzreise im Winter* – Aufführungen: *Lila* (30.1., Redoutenhaus an der Esplanade), *Die Mitschuldigen* (Ettersburg am 9.1.), *Lila* (30.1.); *Erwin und Elmire* (1.3.); *Die Mitschuldigen* (30.12.).

1778 *16. Januar*: Das Hoffräulein von Laßberg sucht den Tod in der Ilm – Beginn der Umgestaltung des Parks an der Ilm nach Vorstellungen G.s – *15.-20. Mai*: Mit Herzog Carl August zu Besuch in Berlin – Entstanden: Erstes Buch von *Wilhelm Meisters theatralischer Sendung*; *Der Fischer*; *An den Mond* (für Frau von Stein); erste Weimarer Gedichtsammlung – Aufführungen: *Der Triumph der Empfindsamkeit*; *Proserpina* (Ettersburg am 28.1.); *Das Jahrmarktsfest zu Plundersweilern* (20.10. in Ettersburg).

1779 *Mai.* Interimstheater im Redoutensaal eingerichtet – *7. August*: Autodafé – *5. September*: Ernennung zum Geheimen Rat – *12. September*: Aufbruch zur zweiten Schweizer Reise mit Herzog Carl August, die Mitte Januar 1780 beendet wird – Entstanden: Prosafassung von *Iphigenie auf Tauris*; *Gesang der Geister über den Wassern*; *Jery und Bätely*; *Grenzen der Menschheit* – Aufführungen: *Iphigenie auf Tauris* (Liebhabertheater am 6.4.); *Die Laune des Verliebten* (Ettersburg am 20.5.); *Jahrmarktsfest zu Plundersweilern* (Ettersburg am 3.6.); *Proserpina* (Ettersburg am 10.6.); *Iphigenie auf Tauris* (Ettersburg am 12.7.).

1780 *Januar*: Das Weimarer Comödienhaus wird eröffnet – *März*: Euripides-Studien – *Mai*: Beaufsichtigung des Straßenbaus im Raum Erfurt und Gotha – *23. Juni*: G. wird in die Loge »Anna Amalia zu den drei Rosen« aufgenommen – *September*: Aufenthalt in Ilmenau – Entstanden: Konzept *Torquato*

Tasso, *Die Vögel* (nach Aristophanes), *Wandrers Nachtlied. Ein Gleiches* (in der Nacht vom 6./7.9. eingeritzt in die Bretterwand der Jagdhütte auf dem Gickelhahn), Prosafassung des *Torquato Tasso*, Abschluß der Umarbeitung der *Iphigenie* (22.12.) – Aufführungen: *Jery und Bätely* (12.7. in der Vertonung von Seckendorf); *Die Vögel* (Ettersburg am 18.8.); *Jery und Bätely* (24.11.).

1781 *20. Februar*: Nachricht vom Tod Lessings – *28./29. Oktober*: G. hört in Jena Vorlesungen über Anatomie bei Loder und beschäftigt sich mit dem menschlichen und tierischen Knochenbau – Entstanden: *Nachricht von dem Ilmenauischen Bergwerk*, *Elpenor*-Ausarbeitung beginnt – Erschienen: *Journal oder Tagebuch von Tiefurt* u.a. mit anonymen Beiträgen G.s in elf handschriftlichen Exemplaren – Aufführungen: *Iphigenie* (Geburtstag der Herzogin am 30.1.); *Aufzug des Winters* (Redoute am 16.2. mit G. als Schlaf und Charlotte von Stein als Nacht); *Das Neueste von Plundersweilern* (Anna Amalia zu Ehren; G. in der Rolle des Marktschreiers, am 24.12.).

1782 *27. Januar*: Tod des Theatermeisters Mieding – *2. März*: G. wird Meister der Freimaurerloge »Anna Amalia zu den drei Rosen« – *10. April*: G. wird durch Joseph II. in den Adelsstand erhoben – *2. Juni*: G. zieht in das Haus am Frauenplan ein – *Frühjahr/Sommer*: Neuordnung der Naturalienkabinette in Jena und Weimar – *September*: Mehrfache Besuche in Großkochberg im Hause Stein – Entstanden: *Auf Miedings Tod*; 2. Buch von *Wilhelm Meisters theatralischer Sendung* (August), drittes Buch (November); Umarbeitung der *Leiden des jungen Werthers* (November) – Aufführungen: *Pantomimisches Ballett* (Geburtstag der Herzogin Luise am 30.1.); *Die weiblichen Tugenden* (1.2.) und *Aufzug der vier Weltalter* (12.2., Redoute); *Die Fischerin* (22.7. im Tiefurter Park, Corona Schröter singt die Ballade vom *Erlkönig*).

1783 *17. Februar*: G. wird in den Illuminatenorden aufgenommen – *25. Mai*. G. nimmt Fritz von Stein endgültig in sein Haus auf – *August*: Aufenthalt in Ilmenau – Denkschrift: *Nachricht von dem ehemaligen Bergbau bei Ilmenau in der Grafschaft Henneberg und Vorschläge ihn durch eine neue Gewerkschaft wieder in Aufnahme zu bringen* – *September/Oktober*: zweite Harzreise mit Fritz von Stein (Treffen mit Gleim, dem Herzog von Braunschweig, Lichtenberg, Sömmering, Forster) – Entstanden: *Ilmenau*; *Wer sich der Einsamkeit ergibt*; *Wer nie sein Brot mit Tränen aß*; *Mignon*; *Über die Bestrafung von Kindstötung*; *Das Göttliche*; *Die Mitschuldigen* (3. Fassung); *Der Sänger*.

1784 *Januar*. Die Bellomosche Schauspieltruppe

spielt dreimal wöchentlich in Weimar – G. eröffnet das Ilmenauer Bergwerk – *Ende März*. Entdeckung des Zwischenkieferknochens – *1. Juni*. Versuche mit einer Montgolfière in G.s Garten – *6. Juli*: G. in der Sonderkommission für das Ilmenauer Steuerwesen – *September* (2.–15.): dritte Harzreise (mit Melchior Kraus) – Entstanden: *Abhandlung über den Granit; Zueignung; Scherz, List und Rache; Wilhelm Meisters theatralische Sendung* (5. Buch); *Versuch aus der vergleichenden Knochenlehre, daß der Zwischenkieferknochen der obern Kinnlade dem Menschen mit den übrigen Thieren gemein sey; Studie nach Spinoza* – Aufführung: *Planetentanz* (Geburtstag der Herzogin Luise am 30.1.)
1785 *15. Februar.* G. nimmt künftig nicht mehr ständig an den beratenden Versammlungen des Geheimen Consiliums teil – *25.–27. April*: Botanische Untersuchungen, Gebrauch des Mikroskops – Im Juni Beginn eines Briefwechsels mit Jacobi über Spinozismus und Naturreligion – *6.7.–18.8.*: Zum ersten Mal zur Kur in Karlsbad (mit den Herders, Voigt, Auguste Gräfin von Bernstorff, Frau von Stein; in den Jahren nach der Italienischen Reise ein beherrschendes gesellschaftliches Sommerereignis) – *Herbst*: Halsbandaffaire am Versailler Hof – *November*. G. liest die *Philosophia botanica* von Carl von Linné – Entstanden: *Geologisches Reisetagebuch; Nur wer die Sehnsucht kennt; Wilhelm Meisters theatralische Sendung* (6. Buch) – Im Druck erschienen: *Erste Nachricht von dem Fortgang des neuen Bergbaues zu Ilmenau.*
1786 Mehrere Aufenthalte in Gotha, Jena und Ilmenau – *24./25. Juli*: Abreise zur Kur nach Karlsbad – *3. September*. Heimliche Abreise von Karlsbad nach Italien (Regensburg 4.9., München 6.9., Mittenwald 7.9., Innsbruck 8.9., Brenner 8.9., Bozen 10.9., Trient 11.9., Malcesine 13.9., Verona 14.–16.9., Vicenza 19.–25.9., Padua 26./27.9. – Venedig 28.9.–14.10., Ankunft in Rom über Ferrara, Cento, Bologna, Florenz, Perugia, Assisi am 29.10. – Entstanden: *Die Leiden des jungen Werthers* (2. Fassung); G. beginnt mit der Verfassung der *Iphigenie auf Tauris* – Italienisches Reisetagebuch in Briefen an Frau von Stein.
1787 *Februar/März*: Teilnahme am Karneval in Rom; Abreise nach Neapel; G. lernt Ph. Hackert und Chr. H. Kniep kennen; der Vesuv wird bestiegen; weitere Stationen: Pompeji, Caserta, Herculaneum, Paestum – *April/Mai*: Überfahrt nach Sizilien, Palermo (»Urpflanze«), Agrigento, Caltanisetta, Catania, Taormina, Messina; auf der Rückfahrt nach Neapel (11.5.–14.5.) Gefahr durch »völlige Windstille«; ab

6.6. wieder in Rom – *Oktober*: Freundschaft mit Johann Heinrich Meyer und Maddalena Riggi – Entstanden: Verfassung der *Iphigenie auf Tauris*,; Neufassungen von *Erwin und Elmire* und *Claudine von Villa Bella*; *Egmont*; *Amor ein Landschaftsmaler*; *Cupido, loser eigensinniger Knabe*.
1788 *Januar/Februar*. Karneval in Rom – Verzicht auf die Zukunft als bildender Künstler (*IR*, 2.2.1788) – *Ende April/Juni*: Beginn der Rückreise (24.4.), Florenz (Mediceische Venus), Bologna, Modena, Parma, Mailand, Como, Riva, Chiavenna, Splügen, Chur, Vaduz, Konstanz, Weimar (18.6.) – *11. Juli*: Begegnung mit Christiane Vulpius – *12./13. Juli*: Beginn der Lebensgemeinschaft mit Christiane – Mehrfache Reisen nach Jena – Schiller wird als Professor nach Jena berufen – Brief an Herzog Carl August mit Rechenschaft über Italienaufenthalt – Entstanden: *Lila* (3. Fassung); *Torquato Tasso*; Beginn der *Römischen Elegien*.
1789 23. März: G. wird Mitglied der Schloßbaukommission – *Ende April/Anfang Mai*: Der Komponist Reichardt führt seine Vertonung von G.s *Claudine von Villa Bella* vor – *8. Juni*: G. trennt sich mit einem vorläufig letzten Brief von Charlotte von Stein – *14. Juli*: Die Französische Revolution nimmt ihren Lauf mit der Erstürmung und Zerstörung des Pariser Staatsgefängnisses, der Bastille – Herzog Carl August beauftragt G., den Fürstengarten zu Jena in eine botanische Anstalt umzuwandeln – *25. Dezember*. Geburt des Sohns August – Entstanden: *Einfache Nachahmung der Natur, Manier, Stil; Versuch die Metamorphose der Pflanzen zu erklären*.
1790 *Januar*. G. macht erste Dunkelkammerversuche für seine Theorie der Farbenlehre – *März*: Aufbruch zur zweiten italienischen Reise; G. soll die Herzoginmutter Anna Amalia auf ihren Wunsch in Oberitalien abholen (Stationen: Nürnberg, 15.3.; Innsbruck, 21.3.; Verona, 25.–28.3.; Vicenza, 29.3.; Padua, 30.3.; Venedig, 31.3.; durch den Fund eines Schafschädels am Lido, 22.4., glaubt sich G. in seiner Theorie der Metamorphose der Wirbelknochen bestätigt) – *6. Mai*: Anna Amalia trifft in Venedig ein, Abreise am 22. – *18. Juni*: Rückkehr nach Weimar – *Juli/Oktober*: Reise nach Schlesien (Dresden, Breslau; Besichtigung von Dampfmaschinen in Tarnowitz aus Anlaß der im Bergwerk Ilmenau bestehenden technischen und geologischen Förderprobleme; Krakau, Breslau, Riesengebirge, Besteigung der Schneekoppe, Breslau, Dresden) – Entstanden: *Venezianische Epigramme; Versuch über die Gestalt der Tiere* – Erschienen: *Torquato Tasso; Lila; Versuch die Metamorphose der Pflanzen zu erklären; Faust. Ein*

Fragment; *Jery und Bätely*; *Scherz, List und Rache* (innerhalb von *Goethe's Schriften* bei Göschen).
1791 *11. Januar*: G. faßt den Plan zum Weimarer Hoftheater – *7. Mai*: Eröffnung des Hoftheaters – *26. Juni*: Freund Merck begeht Selbstmord – *9. September*: Erstes Zusammentreffen der »Freitagsgesellschaft« im Wittumspalais mit G.s *Einleitung in die Lehre des Lichts und der Farben* – *14. Oktober*: Totgeburt eines Kindes im Hause Goethe – Entstanden: *Über das Blau, Beiträge zur Optik* – Erschienen: *Vierte* und *Fünfte Nachricht von dem Fortgang des neuen Bergbaues zu Ilmenau*; *Beiträge zur Optik* (mit 27 Tafeln) – Uraufgeführt: *Egmont* (am 31.3. durch Bellomos Truppe am Hoftheater); *Der Groß-Cophta* (17.12. am Hoftheater) – Erschienen: *Venezianische Epigramme*.
1792 Januar: G. plädiert für die Abschaffung des Duells – *Ende Juni*: Umzug vom Jägerhaus in das Haus am Frauenplan – Newton-Studien – *8. August*: Aufbruch G.s zur Campagne in Frankreich – *27. August*: Ankunft im Feldlager von Longwy – *31. August–2. September*: Vor Verdun – G. beobachtet während des militärischen Feldlagers prismatische Farbbrechungen in einem Goldfischglas – *Anfang bis Mitte September*: Preußische Besetzung Verduns, Vormarsch in die Champagne – *20. September*: Kanonade von Valmy – danach Rückzug (Verdun, Luxemburg) – Besichtigung des Igeler Monuments – Fahrt auf dem Rhein bis nach Düsseldorf, Pempelfort, Stationen in Paderborn, Kassel, Eisenach – Entstanden: *Der Versuch als Vermittler von Object und Subject*; *Wirkung auf Leuchtsteine*; *Von den farbigen Schatten* – Erschienen: *Der Groß-Cophta, Beiträge zur Optik* (2. Stück), *Goethe's neue Schriften* (bei Unger in Berlin, 7 Bände).
1793 *Mai*: Belagerung von Mainz, G. trifft am 12. im Feldlager Carl Augusts ein – *30./31. Mai*: Französischer Überfall auf das Lager während der Nacht – *19. Juni*: Mainz wird beschossen – *22. Juli*: Waffenstillstand – *August*: Reise nach Mannheim, Heidelberg, Frankfurt – Homer-Lektüre, Übersetzungen – *21. November*: Geburt der Tochter Caroline, die am 3.12. stirbt – Entstanden: *Der Bürgergeneral*; Schemaentwurf zu *Wilhelm Meisters Lehrjahre*; *Versuch die Elemente der Farbenlehre zu entdecken*; *Über die Farbenerscheinungen*; *Die Aufgeregten* – Erschienen: *Sechste Nachricht von dem Bergbaue zu Ilmenau*.
1794 *16. Januar*: G. inszeniert Mozarts *Zauberflöte* – *Anfang Februar*: Verhandlungen in Jena über den neuen botanischen Garten – *13. Juni*: Einladung Schillers zur Mitarbeit an den *Horen* – *17. Juni*:

Herzog Carl August schenkt G. das Haus am Frauenplan – *24. Juni*: Beginn des Briefwechsels mit Schiller – *20.–23. Juli*: Aufenthalt in Jena, Gespräch mit Schiller über die Metamorphose der Pflanzen, Beginn der Freundschaft beider Dichter – Aufenthalt in Wörlitz, Dessau, mehrfach in Jena – Entstanden: *Inwiefern die Idee: Schönheit sei Vollkommenheit mit Freiheit, auf organische Naturen angewendet werden könne*; *Wilhelm Meister* (1., 2., 3. Buch); *Unterhaltungen deutscher Ausgewanderten* begonnen – Erschienen: *Siebente Nachricht von dem Bergbaue zu Ilmenau*; *Reineke Fuchs in zwölf Gesängen*.
1795 *Jahreswechsel*: Erster Besuch Hölderlins; erneutes Treffen in Jena am 18.1. – Bei Loder in Jena Pathologie des menschlichen Gehirns – *24. April*: G. lernt den Verleger Cotta in Jena kennen – *22.–28. Mai*: Friedrich August Wolf kommt zu Besuch; Diskussion der »Homerfrage« – *4. Juli/8. August*: Kuraufenthalt in Karlsbad – *30. September*: Geburt des Sohns Karl, der am 18.11. stirbt – Entstanden: *Erster Entwurf einer allgemeinen Einleitung in die vergleichende Anatomie, ausgehend von der Osteologie*; Arbeit am *Wilhelm Meister* (6. Buch) und an *Wilhelm Meisters Lehrjahre* (5. Buch); *Nähe des Geliebten*; *Meeres Stille/Glückliche Fahrt*; *Märchen*; *Das Mädchen von Oberkirch* – Erschienen: *Unterhaltungen deutscher Ausgewanderten* in: *Horen* (in Fortsetzung); *Literarischer Sansculottismus* in: *Horen*; *Römische Elegien* in: *Horen*; *Wilhelm Meisters Lehrjahre* (1.–6. Buch) – Aufführung: *Claudine von Villa Bella* in der Vertonung von Reichardt (30.5.).
1796 *Jahresbeginn*: G. hört anatomische Vorlesungen bei Loder in Jena – *23. März/20. April*: Besuch Schillers – Gastspiel Ifflands in Weimar, die Verhandlungen über die Direktion des Weimarer Hoftheaters durch Iffland scheitern – *24./25. September*: Stollenbruch im Ilmenauer Bergwerk, Stilllegung – Entstanden: *Xenien*; *Briefe aus der Schweiz*; *Alexis und Dora*; *Hermann und Dorothea* – Erschienen: *Xenien*, gemeinsam mit Schiller verfaßt, im *Musenalmanach für das Jahr 1797*, *Wilhelm Meisters Lehrjahre* – Aufführung: *Egmont* in der Bearbeitung durch Schiller, Iffland in der Hauptrolle, am 25.4 (Hoftheater).
1797 *Januar*: Caroline Jagemann wird als Schauspielerin und Sängerin am Weimarer Hoftheater engagiert – G. liest Homers große Epen – *Anfang Juli*: G. verbrennt alle Briefe, die er zwischen 1772 und 1792 empfangen hat – Gespräch über Ballade mit Schiller – *30. Juli*: Dritte Reise in die Schweiz mit Stationen in Frankfurt (letztes Treffen mit Hölderlin am 22.8.), Stuttgart (29.8.–7.9.), Tübingen (bei Cotta, 7.–

16.9.), Schaffhausen (17./18.9.), Zürich (19./20.9.), Gotthardt-Wanderung (28.9.-8.10.), Stafä (8.-21.10.), Zürich (22.-26.10.), Tübingen 29.10.-1.11.), Nürnberg (6.-15.11.), zurück in Weimar am 20.1. – Das Jahr über anatomische Studien (Frösche, Insekten, Maikäfer, Schnecken, Regenwürmer) – Entstanden: Farbtafeln der *Farbenlehre*; Überarbeitung von *Hermann und Dorothea; An Mignon; Der Schatzgräber; Legende, Die Braut von Corinth, Der Gott und die Bajadere, Der Zauberlehrling* – diese fünf Balladen erschienen in Schillers *Musenalmanach für 1798*, dem sog. »Balladenalmanach«; *Der Edelknabe und die Müllerin; Der Müllerin Reue; Amyntas*; Plan zur *Achilleis* – Erschienen: *Hermann und Dorothea* als *Taschenbuch für 1798.*

1798 G. wendet viel Zeit für die Schloßbaukommission auf – Weimarer Bibliothek und Mineralienkabinett werden von G. neu geordnet – Gut Oberroßla wird erworben – G. lernt Novalis (29.3.) und Schelling kennen (28.5.) und liest dessen *Von der Weltseele* (7./8.6.) – *Juli*: Umbau des Weimarer Theaters beginnt (Leitung Thouret) – Schiller bei G. zu Gast (10.-15.9.) – *12. Oktober*: Neueröffnung des Weimarer Theaters mit Schillers *Wallensteins Lager* – Entstanden: Intensive Arbeit an der *Farbenlehre*, Weiterarbeit am *Faust; Der Zauberflöte Zweiter Teil; Schema der magnetischen Phänomene; Achilleis; Euphrosyne; Deutscher Parnaß; Die Musageten; Die Metamorphose der Pflanzen* – Anfang Oktober erschienen: *Propyläen* (1. Band).

1799 *30. Januar*: Schillers *Die Piccolomini* im Weimarer Hoftheater uraufgeführt – *20. April*: Schillers *Wallensteins Tod* im Weimarer Hoftheater uraufgeführt – G. ist stark mit dem Schloßneubau beschäftigt – G. lernt Ludwig Tieck kennen (21.7.) – Wiedersehen mit Sophie von La Roche – Aufenthalt im Gartenhaus – Erste Ausstellung der Weimarischen Kunstfreunde – *10. August*: Mondbeobachtung mit einem Spiegelteleskop – G. beschäftigt sich mit Winckelmann und philosophiert mit Schelling über die Natur – *3. Dezember*: Schiller zieht nach Weimar um – Entstanden: *Der Sammler und die Seinigen; Die erste Walpurgisnacht; Vorspiel auf dem Theater* zum *Faust* – Erschienen: *Diderots Versuch über die Mahlerey.*

1800 *28. April-15. Mai*: Mit Herzog Carl August in Leipzig zur Frühjahrsmesse, Treffen mit den Verlegern Bohn, Campe, Cotta, Fleischer, Unger, Vieweg – *14. Juni*: Schillers *Maria Stuart* wird am Weimarer Hoftheater uraufgeführt – G. liest die naturphilosophischen Arbeiten Franz von Baaders – Zweite Ausstellung der Weimarischen Kunstfreunde – Entstan-

den: *Das Sonett; Die guten Frauen, als Gegenbilder der bösen Weiber; Alte und neue Zeit* (*Paläophron und Neoterpe*); *Tancred*; Arbeit an *Faust; Farbenlehre* – Erschienen: Gedichtzyklus *Vierjahreszeiten, Weissagungen des Bakis; Propyläen (3. und letzter Band)* – Aufführung: *Iphigenie*, 7.1. am Wiener Burgtheater.

1801 *3.-13. Januar*: G. erkrankt schwer: Gesichtsrose, Fieberphantasien, Erstickungsanfälle – *März/April*: G. auf seinem Gut in Oberroßla – *6.-12. Juni*: G. wird in Göttingen, seinem Wunschstudienort, den er auf Geheiß seines Vaters nicht aufsuchen durfte, von den aufbrechenden Romantikern (Achim von Arnim, Clemens Brentano) stürmisch gefeiert – *13. Juni-17. Juli*: Zur Kur in Bad Pyrmont – *3. September*: Dritte Weimarische Kunstausstellung – *Oktober*: Gründung des »cour d'amour« (d.i. das Mittwochskränzchen, nach dem Theater, alle 14 Tage) – Weiterarbeit am *Faust*, neues Schema der *Farbenlehre*, Weiterarbeit an der *Natürlichen Tochter* – Uraufführung: *Tancred* am 31.1.

1802 *29. Mai*: Schiller zieht in sein Haus an der Esplanade um – G. hält sich in Bad Lauchstädt wegen des Theaterneubaus auf – *29. August*: Vierte Weimarer Kunstausstellung – *Mitte Oktober*: G. befreundet sich mit Johann Heinrich Voß – *16. Dezember*: Tochter Kathinka wird geboren und stirbt am 19.12. – Entstanden: *Weimarisches Hoftheater; Frühzeitiger Frühling; Frühlingsorakel; Nachtgesang; Sehnsucht; Ritter Curts Brautfahrt* – Aufführungen: *Iphigenie* (Bearbeitung durch Schiller, Weimarer Hoftheater am 15.5.); Vorspiel *Was wir bringen* bei Eröffnung des Lauchstädter Theaters, 26.6. (darin das Sonett *Natur und Kunst*).

1803 *Februar*: Studien zur Klangphysik und Akustik – *19. März*: Schillers *Die Braut von Messina* wird uraufgeführt (Weimarer Hoftheater) – *1. August*: Das neue Schloß wird bezogen – *1. Oktober*: Fünfte Weimarische Kunstaustellung – *11. November*: Das Jenaer Museum der mineralogischen, anatomischen, zoologischen und physikalisch-chemischen Sammlungen wird künftig von Voigt und G. geführt – *24. Dezember*: Madame de Staël besucht G. – Entstanden: *Polygnots Gemälde; Dauer im Wechsel* – Erschienen: *Paläophron und Neoterpe; Benvenuto Cellini; Taschenbuch auf das Jahr 1804* mit Gedichten G.s – Uraufführung: *Die natürliche Tochter*, Hoftheater am 2.4. – G. gründet die *Jenaische Allgemeine Literatur-Zeitung.*

1804 *Januar/Februar*: G. trifft wiederholt mit Madame de Staël zusammen – *17. März*: Uraufführung von Schillers *Wilhelm Tell* am Weimarer Hoftheater –

Mai/Juni: G. ordnet in Jena die von Herzog Carl August erworbene Mineraliensammlung – *13. September:* G. wird zum Wirklichen Geheimen Rat ernannt, darf sich künftig mit »Exzellenz« ansprechen lassen – Sechste Weimarische Kunstausstellung – *22. Oktober:* G. übernimmt das Präsidentenamt der »Mineralogischen Societät« in Jena – *9. November:* Das Erbprinzenpaar Carl Friedrich und Großfürstin Maria Pawlowna ziehen mit großem Pomp in Weimar ein – Aufführungen: *Götz von Berlichingen* (Neubearbeitung), 22.9., am 8.12. nochmals in veränderter und stark gekürzter Bearbeitung – Erschienen: *Weltschöpfung (Weltseele).*
1805 *Januar/März:* G. mehrfach erkrankt – *Ende Januar:* Schwere Erkrankung Schillers – *1. Mai:* Letzte Begegnung mit Schiller, der am 9.5. stirbt – *Juli:* G. hört bei Gall Vorträge über Schädellehre, lernt Friedrich Schleiermacher kennen (21.7.) – *10. August:* Feierliches Gedenken an Friedrich Schiller in Bad Lauchstädt (Aufführung des *Epilogs zu Schillers Glocke*) – Siebte Weimarische Kunstausstellung – *Jahresende:* Die Mittwochsgesellschaft entsteht in G.s Haus (Vorträge über allgemeine Naturlehre, Farbphysik) – Entstanden: *Skizzen zu einer Schilderung Winckelmanns*; Arbeit an der *Geschichte der Farbenlehre*; *Wär nicht das Auge sonnenhaft*; Aufsatz über Polarität und Steigerung – Erschienen: Rezensionen in der *Jenaischen Allgemeinen Literatur-Zeitung*; *Rameaus Neffe*; *Winckelmann und sein Jahrhundert.*
1806 *2. Juli–4. August:* G. in Karlsbad zur Kur – *2. Oktober:* Johanna Schopenhauer hat G. zu Gast – *14. Oktober:* Die siegreichen Franzosen ziehen plündernd und brandschatzend durch Weimar, Christiane Vulpius kann das Haus am Frauenplan vor Plünderungen durch die Franzosen schützen; G. ist erkrankt – *19. Oktober:* G. und Christiane Vulpius heiraten in der Schloßkirche – Entstanden: *Vanitas! Vanitatum vanitas!*; Umarbeitung der *Stella* zum Trauerspiel abgeschlossen, ebenso *Faust. Erster Teil*; Didaktischer Teil der *Farbenlehre* – Die Cottasche Werkausgabe (13 Bände) beginnt zu erscheinen.
1807 *29. Januar:* Herzog Carl August kehrt nach den Kriegshandlungen gegen Napoleon als militärischer und politischer Verlierer nach Weimar zurück – *10. April:* Herzoginmutter Anna Amalia stirbt – *23. April:* Bettina Brentanos erster Besuch bei stürmisch verehrten G. – *28. Mai–7. September:* Zur Kur in Karlsbad (dort u.a. Lektüre von Kleists *Amphitryon*) – *1.–10. November:* Bettina Brentano zum zweiten Besuch in Weimar – Während des wiederholten Besuchs bei der Jenaer Verlegerfamilie From-

mann im Winter 1807/1808 verliebt sich G. in die Pflegetochter Minchen Herzlieb – Entstanden: Zahlreiche Sonette, u.a. *Mächtiges Überraschen, Freundliches Begegnen, Das Mädchen spricht, Sie kann nicht enden* – Nekrolog *Zum feyerlichen Andenken der verwittweten Herzogin Anna Amalia*; erste Kapitel von *Wilhelm Meisters Wanderjahre*; *Die gefährliche Wette*; *Der Mann von funfzig Jahren*; *Vorspiel zur Eröffnung des Weimarer Theaters am 19. September 1807 nach glücklicher Wiederversammlung der Herzoglichen Familie* – Uraufführung: *Tasso* (überarbeitete Fassung, Weimarer Hoftheater, 16.2.).
1808 *29. Januar:* G. erhält das erste Heft der von Heinrich von Kleist herausgegebenen Zeitschrift *Phöbus* mit dem Fragment des *Penthesilea*-Dramas – *2. März:* Uraufführung des Kleistschen Lustspiels *Der zerbrochne Krug* – ein Mißerfolg – *15. Mai–30. August:* Zur Kur in Karlsbad (u.a. Besteigung des Kammerbergs von Eger) – *2. Oktober:* Napoleon gewährt G. Audienz in Erfurt – *6. Oktober:* Napoleon spricht mit G. und Wieland während des Hofballs in Weimar – *14./15. Oktober:* Das französische Kreuz der Ehrenlegion und der russische Sankt-Annen-Orden werden G. verliehen – Entstanden: *Der Kammerberg bei Eger*; Weiterarbeit an der *Geschichte der Farbenlehre* – Erschienen: *Faust. Eine Tragödie* (Band 8 der Cottaschen Werkausgabe).
1809 *13. Januar:* Johanna Sebus ertrinkt bei einem Rettungsversuch im Rhein; G. ist tief beeindruckt und schreibt für sie im selben Jahr ein elegisches Gedicht – Die Anstalten für Wissenschaft und Kunst in Sachsen-Weimar werden künftig von G. und Voigt geleitet – Entstanden: *Johanna Sebus* (Vertonung von Zelter); *Geschichte meiner chromatischen Arbeiten*; Schemaentwurf zur Autobiographie *Dichtung und Wahrheit* – Erschienen: *Wahlverwandtschaften* (Oktober).
1810 *19. Mai–4. August:* G. kurt in Karlsbad und lernt die österreichische Kaiserin Maria Ludovica kennen– *9.–11. August:* Besuch Bettina Brentanos in Weimar – Entstanden: *Ergo bibamus!*; *Das Tagebuch*; Weiterarbeit an *Wilhelm Meisters Wanderjahre* – Erschienen: *Farbenlehre* (Frühjahrsmesse); *Goethe's Werke* (1806 bei Cotta begonnen) in 13 Bänden abgeschlossen.
1811 *17. Mai–26. Juni:* G. kurt in Karlsbad – *25. August:* Zar Alexander besucht Weimar – *25. August–21. September:* Bettina und Achim von Arnim in Weimar, Streit zwischen Christiane von G. und Bettina (13.9.), Bruch G.s mit Bettina – Erschienen: *Aus meinem Leben. Dichtung und Wahrheit* (Erster Teil, Oktober).

1812 *Frühjahr*: Versuche in Farbphysik – *3. Mai–13. Juli*: G. kurt in Karlsbad – *12. August–12. September*: G. erneut in Karlsbad – *15. Dezember*: Napoleon kommt auf dem Weg nach Paris durch Weimar; G. ist abwesend – Entstanden: *Die neue Melusine* – Erschienen: *Dichtung und Wahrheit* (Zweiter Teil) – Uraufführung: *Romeo und Julia* von William Shakespeare in der Bearbeitung G.s (1.2.).

1813 *20. Januar*: Wieland stirbt und wird in Oßmannstedt begraben (25.1.) – *18. Februar*: Trauerloge »Anna Amalias zu den drei Rosen« aus Anlaß von Wielands Tod – *17. April*: G. reist der unsicheren militärischen Lage wegen vorzeitig nach Teplitz ab und hält sich dort – mit Unterbrechungen – bis 10.8. auf – Danach Aufenthalt in Dresden (10.–17.8.) u.a. zum Besuch der Antikengalerie – *13. August*: G. trifft in Dresden ein letztes Mal mit Napoleon zusammen – *Anfang Oktober*: G. liest die Reiseberichte Marco Polos – *21. Oktober*: In der Nähe von Weimar kommt es zu Kampfhandlungen zwischen Kosacken und Franzosen, Weimar wird von den sich zurückziehenden französischen Truppen übel heimgesucht – *24. November*: Herzog Carl August ruft zur Bildung eines Freiwilligenkorps gegen die Franzosen auf – *13. Dezember*: Der liberale Publizist Heinrich Luden erörtert mit G. den Plan einer antinapoleonischen Zeitschrift *Nemesis* – Entstanden: *Zu brüderlichem Andenken Wielands*; *Die entoptischen Farben*; *Der getreue Eckart*; *Der Totentanz*; *Gewohnt getan*; *Gefunden* – Ständige Arbeit an *Dichtung und Wahrheit*; die beiden ersten Abschnitte von *Shakespeare und kein Ende* entstehen; G. beginnt mit der Ausarbeitung der *Italienischen Reise*.

1814 *28.–31.* Januar: Die russische Zarin hält sich in Weimar auf – *9. April*: Paris ist von den Alliierten eingenommen worden – *13. Mai–28. Juni*: G. kurt in Bad Berka – *Mitte Mai*: G. liest den gerade herausgekommenen *Divan* des Hafis in der Übersetzung von Joseph von Hammer und ist begeistert – *25. Juli*: G. bricht zu einer Reise den Rhein entlang auf und liest immer wieder im *Divan* des Hafis (Stationen sind Eisenach, Fulda, Hanau, Frankfurt, Wiesbaden, Gerbermühle, Heidelberg – dort Besichtigung der Boisseréeschen Sammlung niederdeutscher Malerei –, Mannheim, Darmstadt, Frankfurt) – Bis zur Heimreise im Oktober mehrere Begegnungen mit Marianne von Willemer – Entstanden: *Versunken* (»Voll Locken kraus ein Haupt so rund«) als frühestes Gedicht des späteren *West-östlichen Divan* im Mai, weitere fünfzig Gedichte in der zweiten Jahreshälfte; Festspiel *Des Epimenides Erwachen*, aus Anlaß der Rückkehr des preußischen Königs und des russischen Zaren aus

dem Feldzug gegen Napoleon (wird nicht aufgeführt); *Willkommen! Weimar 1814* aus Anlaß der Rückkehr des Herzogs Carl August aus dem Krieg gegen Napoleon – Aufführungen: *Egmont* mit Ouvertüre und Zwischenaktmusik von Ludwig van Beethoven im Weimarer Hoftheater zum Besuch der russischen Zarin – Weiterarbeit an der *Italienischen Reise*.

1815 *4. Februar*: G.s Frau Christiane erkrankt schwer – *11. Februar*: Sachsen-Weimar-Eisenach wird Großherzogtum – *10. Mai*. Gedenken an Schiller und Iffland im Hoftheater – *24. Mai*: Zweite Reise an Rhein, Main und Neckar (Stationen: Eisenach, Fulda, Frankfurt, Wiesbaden, Nassau, Köln mit Besichtigung der Wallraffschen Sammlung altdeutscher Kunst, Bonn, Maria Laach, Koblenz, Wiesbaden, Frankfurt – dort und in der Gerbermühle Beisammensein mit den Willemers, tiefe Zuneigung zu Marianne – Weitere Stationen: Darmstadt, Heidelberg Abschied von Marianne von Willemer – Mannheim, Karlsruhe – G. trifft Hebel – Techtelmechtel mit Genofee Battista (»Offenburger Abenteuer«) – Heidelberg, Rückkehr nach Weimar (11.10.) – Angeregt durch die Lektüre von Howards *Versuch einer Naturgeschichte und Physik der Wolken*, beginnt G. mit der Ausarbeitung einer eigenen Wolkenlehre – *12. Dezember*. G. wird zum Staatsminister ernannt – Entstanden: Plan zur Oper *Feradeddin und Kolaila*; weitere *Divan*-Gedichte (u.a. *An Suleika*, *Vermächtnis altpersischen Glaubens*, *In tausend Formen magst du dich verstecken*, *Unbegrenzt*, *Ja, in der Schenke hab ich auch gesessen*, *Gingo Biloba*, *Die schön geschriebenen*, *Geheimschrift*, *Wiederfinden*, *Vollmondnacht*, *Hochbild*); *Ueber Kunst und Altertum in den Rhein und Mayn Gegenden*; erste *Zahme Xenien*; *Symbolum* – Erschienen: *Über das deutsche Theater*; *Goethe's Werke* (20 Bände bei Cotta) – Aufführungen: *Proserpina* (4. und 6.2., Vertonung Eberwein); *Des Epimenides Erwachen* (Berlin am 30.3.).

1816 *Januar*: Clemens Wenzeslaus Coudray wird Weimarer Oberbaudirektor – *27. Januar*. Aufgrund des G.schen Votums wird Schelling nicht nach Jena berufen – *30. Januar*: G. erhält das Großkreuz vom Falkenorden – *Ende Mai*: Byron-Lektüre – Gespräche mit Arthur Schopenhauer, chemische Versuche mit Döbereiner – *6. Juni*: G.s Ehefrau Christiane stirbt nach schwerer Krankheit – *20. Juli*: Ein Kutschenunfall beendet vorzeitig die Fahrt zum Kuraufenthalt nach Baden-Baden – *25. September*: Wiedersehen mit Charlotte Buff – *31. Dezember*: Sohn August verlobt sich mit Ottilie von Pogwisch – Entstanden: *Shake-*

speare und kein Ende (dritter Abschnitt); *Prooe-mion*; *Sankt Rochus Fest zu Bingen*; *Herrn Staats-Minister v. Voigt zur Feier des sieben und zwanzig-sten Septembers 1816*; *Einleitung zur Morphologie* – Aufführungen: *Des Epimenides Erwachen* (Wei-marer Uraufführung, 7.2.); *Faust* (in Teilen, Musik Radziwill, Berlin, 18.2.); *Des Epimenides Erwachen* (19.10.) – Erschienen: *Ueber Kunst und Althertum in den Rhein und Mayn Gegenden*; zwölf *Divan*-Gedichte im *Taschenbuch für Damen auf das Jahr 1817*; *Italienische Reise* (erster Teil, Oktober).

1817 *11.–13. März*: G. arbeitet ein Regelwerk für Schauspieler und Theaterregisseure aus – *13. April*: G. wird als Theaterintendant entlassen – Lektüre von Immanuel Kants *Kritik der Urteilskraft* – *17. Juni*: G.s Sohn August heiratet Ottilie von Pogwisch – Entstanden: *Der Verfasser teilt die Geschichte seiner botanischen Studien mit*; *Schicksal der Hand-schrift*, *Schicksal der Druckschrift*; *Glückliches Er-eignis* (Freundschaft mit Schiller erinnernd); *Entop-tische Farben*; *Weite Welt und breites Leben*; *Ein-wirkung der neueren Philosophie*; *Bedenken und Ergebung*; *Anschauende Urteilskraft*; *Urworte. Or-phisch* – Arbeit an *Italienische Reise* (2. Teil); *Tag und Jahreshefte*; Übersetzung von Byrons *Manfred* – Erschienen: *Zur Naturwissenschaft überhaupt, be-sonders zur Morphologie*; *Ueber Kunst und Al-terthum in den Rhein und Mayn Gegenden* (*Neu-deutsche religiös-patriotische Kunst*); *Italienische Reise* (2. Teil), im Oktober bei Cotta.

1818 *Februar*: G. beginnt mit Wetterbeobachtungen und Studien zur Wolkenbildung – *9. April*: Enkel Walther Wolfgang kommt zur Welt – *10.–19. Juli*: G. wird lebensgroß von Jagemann porträtiert – *26. Juli–13. September*: G. kurt in Karlsbad – *Ende Septem-ber*: Besuch Zar Alexanders und des Ehepaars Hegel – Gegen Ende des Jahres: Hamann-Studien, Koran-Lek-türe – Entstanden: *Joseph Bossi über Leonardo da Vincis Abendmahl zu Mailand*; *Relief von Phigalia*; *Um Mitternacht ging ich, nicht eben gern*; *Auch endlich ward ich Großpapa*; *An Hafis*; *Klassiker und Romantiker in Italien sich heftig bekämpfend*; Weiterarbeit am *West-östlichen Divan* und den *Noten und Abhandlungen zu besserem Verständnis des West-östlichen Divans*.

1819 G. liest Schopenhauers gerade erschienenes Hauptwerk *Die Welt als Wille und Vorstellung* – *22. März*: Tod Christian Gottlob von Voigts – *19./20. August*: Besuch Arthur Schopenhauers – *28. August*: Frankfurt begeht G.s Geburtstag mit einer offiziellen Feier – *28. August–26. September*: G. Kurt in Karlsbad (wegen der sog. »Karlsbader Beschlüsse« Umgang mit

zahlreicher politischer Prominenz, u.a. mit Fürst Met-ternich) – *Jahresende*: Osteologische Studien – Ent-standen: Erster Brief an Marianne von Willemer (26.3.); G. setzt die Arbeit an den *Tag- und Jahres-heften* fort – Aufführungen: *Paläophron und Neo-terpe* am 3.2. in G.s Haus; *Iphigenie* am 10.5. in Berlin; *Faust*-Szenen (Musik Fürst Radziwill) am 24.5., ebenfalls in Berlin; Die Aufführung des *Egmont* wird am 28.10. in Berlin verboten – Erschienen: *West-östlicher Divan* und *Noten und Abhandlungen zu besserem Verständnis des West-östlichen Divans*, bei Cotta.

1820 *Januar*: G. denkt über einen Theaterneubau nach Entwürfen von Coudray nach – *23. April*: Ab-reise nach Karlsbad über Eger und Marienbad - Mete-reologische, geologische und mineralogische Unter-suchungen – *28. Mai*: Abreise von Karlsbad und erneute Besteigung des Kammerbergs– *31. Mai–14. Oktober*: Aufenthalt in Jena – G. befaßt sich mit den Chladnischen Klangfiguren – *18. September*: Der En-kel Wolfgang Maximilian wird geboren – *Dezember*: Homer-Lektüre – Entstanden: *Campagne in Frank-reich*; *Belagerung von Mainz*; Weiterarbeit an den *Tag- und Jahresheften*; fünf weitere *Divan*-Gedichte; G. nimmt die Arbeit an *Wilhelm Meisters Wander-jahre* wieder auf; Nachträge zur *Farbenlehre* – Er-schienen: *Entoptische Farben* in: *Zur Naturwissen-schaft überhaupt*; *Wolkengestalt nach Howard* und *Howard's Ehrengedächtnis* in: *Zur Naturwissen-schaft überhaupt*; *Zahme Xenien* (erste Gruppe) in: *Ueber Kunst und Alterthum*; *Metamorphose der Tiere*, *Parabase*, *Epirrhema*, *Antepirrhema* in: *Hefte zur Morphologie*.

1821 *Mitte Februar*: G. liest indische Literatur – *Juli*: Euripides-Studien – *26. Juli*: Abreise nach Ma-rienbad über Eger, freundschaftlicher Umgang mit der Familie von Levetzow, Rückreise am 25.8. – *15. September–4. November*: In Jena – *November*: Zelter zu Besuch mit dem jungen Klaviervirtuosen Felix Mendelssohn-Bartholdy, der G. mehrfach vorspielt – Entstanden: Kommentar zu *Harzreise im Winter*; erweiterte Fassung von *Howard's Ehrengedächtnis*; *Über die Entstehung der zwei und zwanzig Blätter meiner Handzeichnungen*; *Wilhelm Tischbeins Idyllen*; *Zu meinen Handzeichnungen*; *Eins und Alles* – Erschienen: *Wilhelm Meisters Wanderjahre oder Die Entsagenden* (1. Fassung Ende Mai); *Zahme Xenien* (zweite Gruppe) in: *Ueber Kunst und Alterthum*.

1822 *21. Mai*: Ludwig van Beethoven schickt seine Vertonungen von *Meeres Stille/Glückliche Fahrt* – *16. Juni*: Abreise nach Marienbad über Eger, freund-

schaftlicher Umgang mit der Familie von Levetzow, Besteigung des Kammerbergs – *September*: Kräuter beginnt mit einem Verzeichnis sämtlicher Handschriften und Drucke G.s – *Dezember*: Shakespeare-Lektüren – Entstanden: *Julius Cäsars Triumphzug, gemalt von Mantegna*; *Des Paria Gebet*; Arbeit an einer neuen Werkausgabe (Ausgabe letzter Hand), an den *Tag- und Jahresheften* – Erschienen: *Die Belagerung von Mainz*; *Campagne in Frankreich*; *Howard's Ehrengedächtnis* mit den neuen Gedichten *Atmosphäre* und *Wohl zu merken* erscheint in: *Zur Naturwissenschaft überhaupt*; *Wilhelm Tischbeins Idyllen* in: *Ueber Kunst und Alterthum*.
1823 *12. Februar*: G. erkrankt an einer lebensgefährlichen Herzbeutelentzündung, von der er sich erst Anfang März erholt – *10. Juni*: Eckermann besucht G. zum ersten Mal und beginnt kurz darauf mit den Aufzeichnungen seiner Gespräche mit G. – *26. Juni*: Abreise nach Marienbad (2.7.–20.8.) über Eger – *25. August–5. September*: G. in Karlsbad · Er läßt dort durch Herzog Carl August um die Hand der 19jährigen Ulrike von Levetzow anhalten; die junge Dame mag nicht so recht, mit der Begründung, sie würde die vorhandene Familie G. empfindlich stören, Doch wenn Mama es verlange; aber die verlangt es nicht – G. in Weimar zurück am 17.9. – Eckermann läßt sich Ende September in Weimar nieder – *Ende Oktober/ Anfang November*: Maria Szymanowska spielt G. mehrfach auf dem Klavier vor – Entstanden: *Wiederholte Spiegelungen*; *Von deutscher Baukunst*; *Bedeutende Fördernis durch ein einziges geistreiches Wort*; *Dank des Paria*; *An Lord Byron*; *Leidenschaft bringt Leiden!*; im August sechs Gedichte an Ulrike von Levetzow; *Marienbader Elegie* (auf der Rückfahrt von Karlsbad) – Aufführung: *Tasso*, aus Anlaß von G.s Gesundung, am 22.3. am Weimarer Hoftheater.
1824 *10. April*: Charlotte von Schiller übergibt G. dessen Briefe für die geplante Ausgabe des Briefwechsels – *2. Oktober*: Begegnung mit Heinrich Heine – *19./20. Oktober*: Besuch Bettina von Arnims – *Dezember*: Lektüre von *Tausendundeine Nacht* – Entstanden: *Die Externsteine*; Skizze der Unterredung mit Napoleon in Erfurt 1807; *Das nußbraune Mädchen* und *Leonardos Tagebuch* für *Wilhelm Meisters Wanderjahre*; *Vergleichende Knochenlehre* in den Heften *Zur Morphologie*; *Die Skelette der Nagetiere, abgebildet und verglichen von d'Alton*; *Gestaltung großer organischer Massen, Gebirgsgestaltung im ganzen und im einzelnen* – Erschienen: *Paria*-Trilogie in: *Ueber Kunst und Alterthum*; *Die drei Paria*; *Zahme Xenien* (dritte Gruppe); Rezensionen für *Ueber Kunst und Alterthum*.

1825 *8. Januar*: G. beauftragt den Philologen Carl Wilhelm Göttling mit der Zusammenstellung der Ausgabe letzter Hand – *13. März*: Felix Mendelssohn-Bartholdy gibt in G.s Haus ein Konzert – *21./22. März*: Das Weimarer Hoftheater brennt bis auf die Grundmauern nieder; obwohl Coudrays mit G. abgesprochene Pläne längst vorliegen, erhält der Architekt Johann Friedrich Rudolf Steiner von Großherzog Carl August den Auftrag für den Neubau – *20. Mai*: Felix Mendelssohn-Bartholdy gibt wiederum ein Konzert in G.s Haus – *16. Juni*: Der junge Wiener Komponist Franz Schubert schickt seine Liedfassungen der Gedichte *An Schwager Kronos*, *An Mignon* und *Ganymed*; G. antwortet nicht – *3. September*: 50jähriges Regierungsjubiläum von Großherzog Carl August mit G.s Gedicht *Zur Logenfeier des dritten Septembers 1825* im Neubau des Hoftheaters – *7. November*: Auf Anordnung Großherzog Carl Augusts wird der Tag als goldenes Dienstjubiläum G.s gefeiert – Entstanden: *Versuch einer Witterungslehre*; *Stark von Faust, gewandt im Rat*; *Der Bräutigam* – G. arbeitet an der Novelle *Das nußbraune Mädchen*, an den *Tag- und Jahresheften*, an seinem Briefwechsel mit Schiller und an der großen Werkausgabe. Der vierte Teil von *Dichtung und Wahrheit* wird ausgeführt, die Arbeit am *Faust* (Helena-Akt) wieder aufgenommen. G. nimmt die Neubearbeitung des Romans *Wilhelm Meisters Wanderjahre* (Erstdruck 1821) in Angriff und schreibt daran bis in den Dezember.
1826 *Januar*: Regelmäßige Lektüre der französischen Zeitschrift *Le Globe*, die sich mit dem philosophisch-literarischen Leben in Frankreich befaßt – *29. Januar*: G. vereinbart mit seinem Verleger Cotta nach zähen Verhandlungen einen Honorarvorschuß von 60 000 Talern für die Ausgabe seiner Werke letzter Hand – Shakespeare-Lektüren – Zahlreiche Besucher: u.a. Alexander Turgenjew, Friedrich von Matthisson, Ferdinand Hiller, Boisserée, Zelter, d'Alton, Bettina von Arnim, Fürst Pückler-Muskau, Franz Grillparzer, Alexander und Wilhelm von Humboldt – *19. September*: Schillers Schädel wird anläßlich der Exhumierung und Umbettung in der Herzoglichen Bibliothek gezeigt. G. nimmt ihn für zwei Tage zu sich nach Hause (25./26.9.) – Mit Coudray bespricht G. seinen Plan einer gemeinsamen Grabstätte mit Schiller – Entstanden: *Im ernsten Beinhaus war's* (*Bei Betrachtung von Schillers Totenschädel*); *Nachlese zu Aristoteles' Poetik*; Arbeit an der Werkausgabe (Anzeige der vierzig Bände im *Morgenblatt für gebildete Stände* am 19.7.), am Briefwechsel mit Schiller, an den *Tag- und Jahresheften*, an *Wilhelm Meisters Wanderjahren* und am *Faust* (»Hauptgeschäft«, 11.2.).

1827 *6. Januar*: Tod Charlotte von Steins (in G.s Tagebuch kein Vermerk) – Beschäftigung mit chinesischer Dichtkunst, mit den Oden und Balladen Victor Hugos, über indische Literatur mit August Wilhelm Schlegel – G. liest im Mai die Schiller-Biographie von Thomas Carlyle – *27.–29. August*: König Ludwig I. von Bayern besucht G. aus Anlaß seines Geburtstags und zeichnet ihn mit dem Hausorden der Bayrischen Krone aus – *Oktober*: Besuche Zelters (12.–18.10.), Hegels (16.–18.10.) und Reinhardts (21.10.) – *29. Oktober*: G.s Enkelin Alma wird geboren – *16. Dezember*: Erneute Beisetzung Schillers in der Fürstengruft – Entstanden: *Teilnahme Goethes an Manzoni*; *Amerika, du hast es besser*; zahlreiche Rezensionen für *Ueber Kunst und Alterthum* – Überarbeitungen: *Novelle*; *Zahme Xenien*; *Der Mann von funfzig Jahren* fertiggestellt; Weiterarbeit an *Chinesisch-deutsche Jahres- und Tageszeiten*; *Faust* – Erschienen: Die ersten zehn Bände der Ausgabe letzter Hand (Frühjahrsmesse).

1828 *22. März*: G. erhält eine Luxusausgabe der französischen *Faust*-Übersetzung mit den Lithographien von Eugène Delacroix – Lektüren: *Oliver Cromwell* von Hugo, *Waverley* von Walter Scott, die Romane von Lawrence Sterne, Werke von Francis Bacon – Zahlreiche Besucher: Karl von Holtei, Ferdinand Nicolovius, Sartorius, Prinz Wilhelm und Prinzessin Anna von Preußen, Ludwig Tieck, die Chemiker Berzelius, Mitscherlich und Rose, Ehepaar Cotta, Prinz Carl und Prinz Wilhelm von Preußen – *14. Juni*: Großherzog Carl August stirbt auf der Rückreise von Berlin bei Torgau – *3. Juli*: Das im Auftrag von König Ludwig I. von Bayern gefertigte Porträt G.s von Johann Karl Stieler ist vollendet – G. lebt zurückgezogen in Dornburg (7.7.–11.9.) und treibt botanische Studien, genießt den Tag im Freien – Entstanden: *Maskenzug*; *Die ersten Erzeugnisse der Stottermheimer Saline*; *Novelle*; *Dem aufgehenden Vollmonde*; *Dornburg, September 1828*; *Tischlied* (für Zelter zum 70. Geburtstag; Vertonung Felix Mendelssohn-Bartholdy); Rezensionen und Aufsätze für *Ueber Kunst und Alterthum* mit Gedanken zum Konzept von Weltliteratur – G. arbeitet am *Faust*, an *Wilhelm Meisters Wanderjahren*, an der *Italienischen Reise* (Zweiter römischer Aufenthalt), *Der Verfasser teilt die Geschichte seiner botanischen Studien mit* (1831 als Einleitung der *Metamorphose der Pflanzen*) – Erschienen: Zwei erste Bände des Briefwechsels mit Schiller, König Ludwig I. von Bayern gewidmet (1829 drei weitere Bände); *Italienische Reise* (in allen drei Teilen).

1829 *Februar*: G. liest den utopischen Roman *Insel*

Felsenburg von Schnabel – *26. April*: G. erhält die *Huit Scènes de Faust* von dem französischen Komponisten Hector Berlioz; der bleibt ohne Antwort – *28. August*: G.s 80. Geburtstag wird feierlich begangen – *ab August*: G. liest die *Memoiren* des Herzogs von Saint-Simon – *Dezember*: Erneute Beschäftigung mit Martius' Theorie der Spiraltendenz der Pflanzen – Besucher: Kronprinz Wilhelm von Preußen aus Anlaß seiner Verlobung, Staatsminister Ernst von Gagern, Ivan Turgenjew, Auguste Jacobi, Varnhagen von Ense, Adam Mickiewicz, Zelter, Niccolò Paganini, Graf Reinhard – Entstanden: Zweite Fassung von *Wilhelm Meisters Wanderjahre*; *Italienische Reise* (Zweiter römischer Aufenthalt) – Erschienen: *Wilhelm Meisters Wanderjahre oder Die Entsagenden* (Ausgabe letzter Hand); *Chinesisch-deutsche Jahres- und Tageszeiten* in: *Berliner Musen-Almanach für das Jahr 1830*; *Italienische Reise* (dritter Teil; Ausgabe letzter Hand) – Erstaufführung: *Faust. Der Tragödie erster Teil*. Inszenierung August Klingemann, in Braunschweig am 19.1.; weitere Aufführungen: Hannover (8.6.), Dresden (27.8.), Leipzig (28.8.), Weimar (29.8. aus Anlaß von G.s 80. Geburtstag).

1830 *14. Februar*: Tod der Großherzoginmutter Louise – *7. Mai und später*: G. verfolgt den sog. Akademiestreit zwischen Georges de Cuvier und Etienne Geoffroy de Saint-Hilaire über die Entstehung der Arten so intensiv, daß er die in Frankreich ausgebrochene Juli-Revolution erst Anfang August wahrnimmt – *23. Juni*: G. wird Ehrenmitglied der Loge »Anna Amalia zu den drei Rosen« – Lektüren: *Hernani* von Victor Hugo, Rousseaus Schriften zur Botanik, *Briefe eines Verstorbenen* von Pückler-Muskau, *Tristram Shandy* von Sterne, Schiller-Biographie von Caroline von Wolzogen, *Le Rouge et le Noir* von Stendhal – Besucher: Wilhelmine Schröder-Devrient (singt den *Erlkönig* in der Liedfassung Franz Schuberts), Felix Mendelssohn-Bartholdy, William Makepeace Thackerey, Graf und Gräfin Reinhard, Ludwig Devrient – *3. August*: G. erfährt vom Ausbruch der Juli-Revolution in Frankreich – *26. Oktober*: G.s Sohn August, der am 24.4. nach Italien gereist war, stirbt in Rom – *25. November*: G. bricht mit einem Blutsturz zusammen – Entstanden: Vorwort zur deutschen Übersetzung von Carlyles Schiller-Biographie; Szene aus *Faust II* »Klassische Walpurgisnacht« (14.6.); *Dichtung und Wahrheit* (vierter Teil); Rezensionen, Aufsätze zu Naturwissenschaft und Kunst – Erschienen: *Tag- und Jahreshefte als Ergänzung meiner sonstigen Bekenntnisse* (Ausgabe letzter Hand).

1831 *6. Januar*: G. bestimmt testamentarisch seine

Enkelkinder Walther, Wolfgang und Alma zu seinen Erben – *22. Januar*: G. verfügt über seinen literarischen Nachlaß und bestimmt Eckermann und Riemer als Herausgeber der nachgelassenen Schriften – *26./27. Januar*: Besuch Alexander von Humboldts, Gespräche über die politischen Ereignisse in Frankreich – Lektüren: Lord Byrons Tagebücher und Briefe, *Ivanhoe* von Walter Scott, *Notre-Dame de Paris* von Victor Hugo, Lebensbeschreibung von Plutarch, *Le peau de chagrin* von Balzac, die Trauerspiele des Euripides – Besucher: Graf und Gräfin Reinhard, Ehepaar Holtei, Friedrich Preller, der Wiener Zauberkünstler Ludwig Döbler tritt privat im Haus am Frauenplan auf, zum Entzücken des Enkels Wolfgang; König Wilhelm I. von Württemberg, der französische Gesandte Graf Alfred de Vaudreuil, Zelter kommt, ebenso Staatsrat Schultz, die Königin von Bayern; die 12jährige Clara Wieck spielt G. am Klavier vor – *vor Mitte August*: G. siegelt das Manuskript von *Faust II* ein; der Druck soll erst nach seinem Tod erfolgen – *26.-31. August*: Zum Geburtstag in Ilmenau mit den Enkeln Walther und Wolfgang – *27. August*: Besteigung des Gickelhahn; G. entdeckt sein 1780 in die Bretterwand der Jagdhütte eingeritztes Gedicht *Über allen Gipfeln ist Ruh* wieder – *28. August*: G.s von David d'Angers geschaffene Büste wird in der Großherzoglichen Bibliothek feierlich enthüllt – *1. Oktober*: G. verbrennt Teile seiner Korrespondenz – Entstanden: Aufsatz über die Spiraltendenz der Pflanzen; *Faust II* (vierter und fünfter Akt); Dankgedicht: *Den fünfzehn englischen Freunden*; *Dichtung und Wahrheit* (vierter Teil) im Oktober abgeschlossen und erst aus dem Nachlaß veröffentlicht; Revision des *Historischen Teils* der *Farbenlehre*; Rezension der *Principes de Philosophie zoologique* – Aufführung: G.s Enkel und deren Freunde inszenieren im Haus am Frauenplan das Singspiel *Die Fischerin* (Leitung und Vertonung Franz Karl Eberwein).

1832 *19. Januar*: Die neu gegründete französische Zeitschrift *Revue des deux mondes* wird G. zugeschickt – 20. Februar: Aufenthalt im Gartenhaus am Stern – 29. Februar: G. schickt Marianne von Willemer ihre Briefe zurück (Begleitverse: *Vor die Augen meiner Lieben*) – 11. März: G. spricht mit Eckermann über »Urreligion« – 15. März: Besuch der Großherzo

gin Maria Pawlowna; Brief an Wilhelm von Humboldt (der letzte Brief überhaupt) – 16. März: G. bricht zusammen – 22. März: Tod durch Herzversagen mittags gegen 11.30 Uhr – 26. März: Feierliche Aufbahrung im Haus am Frauenplan und anschließende Beisetzung in der Fürstengruft.

Und was geht 1832 außerhalb Weimars vor, was bleibt vielleicht oder dauert an? Der preußische Staatsphilosoph Georg Friedrich Wilhelm Hegel, Ordinarius der neuen Berliner Universität, der dem *Ancien Régime* im Namen einer Selbstbewegung des »absoluten Geistes« eine eigene rechts- und geschichtsphilosophische Legitimation zugestanden hatte, ist seit einem Jahr tot; seine philosophischen Erben haben längst begonnen, sich zu polarisieren und einander erbittert zu bekämpfen; ein außeruniversitärer, libertiner, die kommenden Jahrzehnte erregender Status der Philosophie entsteht – *Februar*: Bauernbefreiung in Sachsen – *27.-30 Mai*: Massenkundgebung liberaler Bauern, Bürger, Handwerker und Studenten vor dem Hambacher Schloß: Forderung eines längst überfällig gewordenen wirtschaftlich und politisch einheitlichen und freien Deutschland, dem die territorialen Besitzverhältnisse und Machtansprüche der deutschen Fürsten, im Deutschen Bund noch einig, entgegen stehen. – In Nordamerika wird unter dem ungemein hoch gehandelten demokratischen Einfluß der während der Französischen Revolution ausgesprochenen Deklaration der Menschenrechte die Abschaffung der Sklaverei gefordert (u.a. Thomas Paine, Thomas Jefferson). Militärische Auseinandersetzungen zwischen den Nord- und den Südstaaten sind – neben der Vernichtung und Vertreibung der indianischen Stämme und Völker – die Folge. Mit diesen widersprüchlichen menschen-, gesellschafts-und staatsrechtlichen Veränderungen ist die »westliche Welt« – der Okzident im Unterschied zum Orient – seit geraumer Zeit auf dem Weg in die zweite industrielle Revolution, die so gut wie nichts vom humanitären Alltag der Goethe-Zeit bestehen läßt. Es sei denn die faszinierende Erinnerung an ein Leben, das G. unter den ihm zur Verfügung stehenden Möglichkeiten von Herkunft, Begabung, Geschmack, Vermögen und unverhoffter Protektion als ein eigenwilliges Werk der Poesie und Liebe gestaltet hat.   BL

Weiterführende Bibliographie

Werkausgaben

Ausgabe letzter Hand

Goethe's Werke. Vollständige Ausgabe letzter Hand. Erster – Vierzigster Band. Unter des durchlauchtigsten deutschen Bundes schützenden Privilegien. Stuttgart und Tübingen, in der J.G. Cotta'schen Buchhandlung. 1827-1830. (Die Ausgabe erschien parallel im Taschen- [Sigle: C^1] und im Oktavformat [Sigle: C^3].) Ergänzt durch: Goethe's Nachgelassene Werke. Hg. von Johann Peter Eckermann und Friedrich Wilhelm Riemer. Bd. 1-20 [Bd. 41-60 der Ausgabe letzter Hand]. Stuttgart, Tübingen 1832-1842. Ergänzt durch: Inhalts- und Namenverzeichnisse über sämmtliche Goethe'schen Werke, nach der Ausgabe letzter Hand und des Nachlasses verfertigt von Carl Theodor Musculus. Stuttgart 1835. Reprint Leipzig 1970 [u.ö.].

Weimarer oder Sophienausgabe (WA)

Werke. Hg. im Auftrage der Großherzogin Sophie von Sachsen. Abt. I-IV [Werke, Naturwissenschaftliche Schriften, Tagebücher, Briefe]. 133 Bde. in 143 Tln. Weimar 1887-1919. Reprint München 1987. [nebst] Bd. 144-146: Nachträge und Register zur IV. Abt.: Briefe. Hg. von Paul Raabe. Bd. 1-3. München 1990.

Jubiläumsausgabe (JA)

Sämtliche Werke. Jubiläumsausgabe. Hg. von Eduard von der Hellen u.a. 40 Bde. Stuttgart 1902-1907. Registerband 1912.

Gedenkausgabe (GA)

Artemis-Gedenkausgabe der Werke, Briefe und Gespräche. Hg. von Ernst Beutler. 24 Bde. Zürich 1948-1954. 3 Ergänzungsbände 1960-1971.

Hamburger Ausgabe (HA)

Werke. In 14 Bdn. Hg. von Erich Trunz. Hamburg 1948-1960. Neubearb. Aufl.: München 1981. Taschenbuchausgabe: München 1982 u.ö.

Akademie-Ausgabe (AA)

Werke. Hg. vom Institut für deutsche Sprache und Literatur der Deutschen Akademie der Wissenschaften zu Berlin. 22 Text-, 9 Apparat- und Register- sowie 6 Ergänzungsbände. Berlin 1952-1986.

Berliner Ausgabe (BA)

Poetische Werke. Kunsttheoretische Schriften und Übersetzungen. Hg. von einem Bearbeiterkollektiv unter Leitung von Siegfried Seidel. 22 Bde. Berlin, Weimar 1960-1978.

Frankfurter Ausgabe (FA)

Sämtliche Werke. Briefe, Tagebücher und Gespräche. Hg. von Hendrik Birus u.a. 40 Bde. Frankfurt/M. 1987 ff.

Münchner Ausgabe (MA)

Sämtliche Werke nach Epochen seines Schaffens. Hg. von Karl Richter in Zusammenarbeit mit Herbert G. Göpfert, Norbert Miller und Gerhard Sauder. 20 Bde. in 32 Teilbänden und 1 Registerband. München 1985 ff.

Leopoldina-Ausgabe (LA)

Die Schriften zur Naturwissenschaft. Vollständige mit Erläuterungen und Kommentar vers. Ausgabe im Auftrage der Deutschen Akademie der Naturforscher (Leopoldina) zu Halle. Begr. von Lothar Wolf und Wilhelm Troll. Hg. von Dorothea Kuhn und Wolf von Engelhardt. 17 Text- und 11 Kommentarbände. Weimar 1947 ff.

Goethes Amtliche Schriften (AS)

Veröffentlichung des Staatsarchivs Weimar. Goethes Tätigkeit im Geheimen Consilium. Bearb. von Willy Flach und Helma Dahl. 5 Bde. Weimar 1950-1987.

Goethes Briefe. Hamburger Ausgabe (HAB)

Textkritisch durchges. und mit Anmerkungen vers. von Karl Robert Mandelkow. 4 Bde. Hamburg 1962-1967. Ergänzungsbände: Briefe an Goethe. 2 Bde. Hg. von Robert Mandelkow. München 1965-1969. vereinigt als: Goethe Briefe und Briefe an Goethe. Hg. von Karl Robert Mandelkow. München 1988.

Briefe an Goethe

Gesamtausgabe in Regestform. Hg. von Karl-Heinz Hahn, ab Ergänzungsbänden zu den Bdn. 1-5 von der Stiftung Weimarer Klassik. 5 Bde. und 1 Ergänzungsband. Weimar 1980-1995.

Nachschlagewerke

Biedrzynski, Effi: Goethes Weimar. Das Lexikon der Personen und Schauplätze. Zürich 1992.

Dobel, Richard (Hg.): Lexikon der Goethe-Zitate. Zürich 1968. Taschenbuchausgabe München 1972.

Fischer, Paul: Goethe-Wortschatz. Ein sprachgeschichtliches Wörterbuch zu Goethes sämtlichen Werken. Leipzig 1929. Reprint Köln 1968 [u.ö.].

Goethe-Wörterbuch. Hg. von der Akademie der Wissenschaften der DDR, der Akademie der Wissenschaften in Göttingen und der Heidelberger Akademie der Wissenschaften. Bd. 1 ff. Berlin, Stuttgart 1978 ff.

Goethe-Handbuch: in fünf Bänden. Hg. von Bernd Witte, Theo Buck, Hans-Dietrich Dahnke, Regine Otto und Peter Schmidt. Stuttgart/Weimar 1996–1999.

Johann Wolfgang Goethe. Tagebücher. Band I, 1 und 2. Stuttgart/Weimar 1998.

Wilpert, Gero von: Goethe-Lexikon. Stuttgart 1998.

Rezeptionsgeschichte

Gille, Klaus F.: Goethes *Wilhelm Meister.* Zur Rezeptionsgeschichte der *Lehr- und Wanderjahre.* Königstein/Ts. 1979.

Leppmann, Wolfgang: Goethe und die Deutschen. Der Nachruhm des Dichters im Wandel der Zeit und der Weltanschauungen. Bern, München 1982.

Mandelkow, Karl Robert (Hg.): Goethe im Urteil seiner Kritiker. Dokumente zur Wirkungsgeschichte Goethes in Deutschland. Teil I: 1773–1832. München 1975. Teil II: 1832–1870. München 1977. Teil III: 1870–1918. München 1979. Teil IV: 1918–1982. München 1984.

Mandelkow, Karl Robert: Goethe in Deutschland. Rezeptionsgeschichte eines Klassikers. Bd. 1: 1773–1918. München 1980. Bd. 2: 1919–1982. München 1989.

Mayer, Hans (Hg.): Goethe im zwanzigsten Jahrhundert. Spiegelungen und Deutungen. Frankfurt/M. 1987.

Müller, Peter (Hg.): Der junge Goethe im zeitgenössischen Urteil. Berlin 1969.

Scherpe, Klaus: Werther und Wertherwirkung. Zum Syndrom bürgerlicher Gesellschaftsordnung im 18. Jahrhundert. Bad Homburg 1970.

Segebrecht, Wulf: Johann Wolfgang Goethes Gedicht *Über allen Gipfeln ist Ruh* und seine Folgen. Zum Gebrauchswert klassischer Lyrik. Text, Materialien, Kommentar. München 1978.

Gesamtdarstellungen

Boyle, Nicholas: Goethe. Der Dichter in seiner Zeit. Bd. 1: 1749–1790. Aus dem Engl. übers. von Holger Fliessbach. München 1995.

Conrady, Karl Otto: Goethe. Leben und Werk. Bd. 1: Hälfte des Lebens. Königstein/Ts. 1982. Bd. 2: Summe des Lebens. Königstein/Ts. 1985.

Eissler, Kurt Robert: Goethe. Eine psychoanalytische Studie. [1963] Bd. 1: Basel 1983; Bd. 2: Basel 1985.

Friedenthal, Richard: Goethe. Sein Leben und seine Zeit. München 1963.

Jeßing, Benedikt: Johann Wolfgang Goethe. Stuttgart/Weimar 1995.

Keller, Werner: Goethes dichterische Bildlichkeit. Eine Grundlegung. München 1972.

Michel, Christoph (Hg.): Goethe. Sein Leben in Bildern und Texten. Frankfurt/M. 1982.

Steiger, Robert: Goethes Leben von Tag zu Tag. Eine dokumentarische Chronik. 8 Bde. Zürich 1982–1996.

Allgemeine Literatur

Arnold, Heinz Ludwig (Hg.): Johann Wolfgang Goethe. Sonderband Text und Kritik. München 1982.

Barner, Wilfried u.a. (Hg.): »Unser Commercium.« Goethes und Schillers Literaturpolitik. Stuttgart 1984.

Blessin, Stefan: Goethes Romane. Aufbruch in die Moderne. Paderborn u.a. 1996.

Borchmeyer, Dieter: Höfische Gesellschaft und Französische Revolution bei Goethe. Adliges und bürgerliches Wertsystem im Urteil der Weimarer Klassik. Kronberg 1977.

Borchmeyer, Dieter: Weimarer Klassik. Portrait einer Epoche. Weinheim 1994.

Bürger, Christa: Der Ursprung der bürgerlichen Institution Kunst im höfischen Weimar. Literatursoziologische Untersuchungen zum klassischen Goethe. Frankfurt/M. 1977.

Busch-Salmen, Gabriele u.a.: Der Weimarer Musenhof. Literatur – Musik und Tanz – Gartenkunst – Geselligkeit – Malerei. Stuttgart/Weimar 1998.

Emrich, Wilhelm: Die Symbolik von *Faust II.* Sinn und Vorformen. Berlin 1943.

Grimm, Reinhold/Hermand, Jost (Hg.): Die Klassik-Legende. Königstein/Ts. 1971.

Henkel, Arthur: Entsagung. Eine Studie zu Goethes Altersroman. Tübingen 1954.

Hinderer, Walter (Hg.): Goethes Dramen. Neue Interpretationen. Stuttgart 1980.

Krätz, Otto: Goethe und die Naturwissenschaften. München 1993.

Kreutzer, Leo: Mein Gott Goethe. Essays. Reinbek 1980.

Krippendorf, Ekkehard: »Wie die Großen mit den Menschen spielen«. Versuch über Goethes Politik. Frankfurt/M. 1988.

Lützeler, Paul Michael/McLeod, James E. (Hg.): Goethes Erzählwerk. Interpretationen. Stuttgart 1985.

Matussek, Peter: Naturbild und Diskursgeschichte. *Faust*-Studie zur Rekonstruktion ästhetischer Theorie. Stuttgart u.a. 1992.

Müller, Klaus-Detlef: Autobiographie und Roman. Studien zur literarischen Autobiographie der Goethezeit. Tübingen 1976.

Muschg, Adolf: Goethe als Emigrant. Auf der Suche nach dem Grünen bei einem alten Dichter. Frankfurt/M. 1986.

Rothe, Wolfgang: Der politische Goethe. Dichter und Staatsdiener im deutschen Spätabsolutismus. Göttingen 1998.

Salmen, Walter: Johann Friedrich Reichardt, Komponist, Schriftsteller, Kapellmeister und Verwaltungsbeamter der Goethezeit. Zürich 1963.

Sauder, Gerhard (Hg.): Goethe-Gedichte. Zweiunddreißig Interpretationen. München, Wien 1996.

Schadewaldt, Wolfgang: Goethestudien. Natur und Altertum. Zürich 1963.

Schlaffer, Hannelore: *Wilhelm Meister.* Das Ende der Kunst und die Wiederkehr des Mythos. Stuttgart/Weimar 1980.

Schlaffer, Heinz: *Faust Zweiter Teil.* Die Allegorie des 19. Jahrhunderts. Stuttgart/Weimar 1981.

Schöne, Albrecht: Götterzeichen, Liebeszauber, Satanskult. Neue Einblicke in alte Goethetexte. München 1982.

Schöne, Albrecht: Goethes Farbentheologie. München 1987.

Sengle, Friedrich: Das Genie und sein Fürst. Die Geschichte der Lebensgemeinschaft Goethes mit dem Herzog Carl August von Sachsen-Weimar-Eisenach. Ein Beitrag zum Spätfeudalismus und zu einem vernachlässigten Thema der Goethe-Forschung. Stuttgart/Weimar 1993.

Trunz, Erich (Hg.): Studien zu Goethes Alterswerken. Frankfurt/M. 1971.

Unseld, Siegfried: Goethe und seine Verleger. Frankfurt/M. 1991.

Vaget, Hans Rudolf: Dilettantismus und Meisterschaft. Zum Problem des Dilettantismus bei Goethe. München 1971.

Voßkamp, Wilhelm (Hg.): Klassik im Vergleich. Normativität und Historizität europäischer Klassiken; DFG-Symposium 1990. Stuttgart/Weimar 1993.

Wachsmuth, Andreas B.: Geeinte Zwienatur. Aufsätze zu Goethes naturwissenschaftlichem Denken. Berlin 1966.

Wild, Reiner: Goethes klassische Lyrik. Stuttgart/Weimar 1999.

Witte, Bernd (Hg.): Gedichte von Johann Wolfgang Goethe. Interpretationen. Stuttgart 1998.

Wittkowski, Wolfgang (Hg.): Goethe im Kontext. Kunst und Humanität, Naturwissenschaft und Politik von der Aufklärung bis zur Restauration. Tübingen 1984.

Wittkowski, Wolfgang (Hg.): Verlorene Klassik. Ein Symposium. Tübingen 1986.

Zimmermann, Rolf-Christian: Das Weltbild des jungen Goethe. Studien zur hermetischen Tradition des deutschen 18. Jahrhunderts. 2 Bde. München 1969, 1979.

Verzeichnis der Abbildungen und Bildquellen

Siglen:
FDH = Freies Deutsches Hochstift
FGM = Frankfurter Goethemuseum
GNM = Goethe-Nationalmuseum
GSA = Goethe-Schiller-Archiv
SWK = Stiftung Weimarer Klassik

»*Der junge Goethe auf dem Eise*«. Karton von Wilhelm von Kaulbach (1805–1874). Archiv für Kunst und Geschichte, Berlin, S. III.

Aus dem Laboratorium eines Alchimisten. Geräte für die Magia naturalis. SWK/GNM/Märkisches Museum Berlin; Foto: Sigrid Geske, Angelika Kittel, S. 7.

Ritter, Tod und Teufel. Kupferstich von Albrecht Dürer. SWK; Foto: S. Geske, A. Kittel, S. 10.

Herzogin Anna Amalia. Gemälde von J.E. Heinsius. SWK/GNM; Foto: S. Geske, S. 18.

Äolsharfe – vermutlich Mittte des 19. Jahrhunderts. Deutsches Museum München, S. 22.

Anna Elisabeth (Bettina) von Arnim, geb. Brentano. Bleistiftzeichnung von L.E. Grimm, 1809. Museum Hanau, Schloß Philippsruhe, S. 25.

Das Auge Goethes (?) Holzschnitt nach einer Zeichnung von Goethe. SWK/GNM, Naturwissenschaftliche Sammlung; Foto: S. Geske, A. Kittel, S. 32.

Der Neubrunn in Karlsbad. Gemälde von L. Graf Buguoy, ca. 1815–1820. Archiv Werner Neumeister, München, S. 36.

Tanzsaal mit Tanzmeister und Übenden. Stich aus Paris, frühes 19. Jh. Paris, Bibliothèque nationale, Est.Rés. danse 23 (2), S. 39.

Die »Beireis'sche« Ente. Deutsches Museum, Photoarchiv, S. 45.

Salzbergwerk Wieliczka in Polen. Deutsches Museum, Photoarchiv, S. 48.

Goethes Bibliothek. September 1954. SWK; Foto: S. Geske, A. Kittel, S. 50.

Sulpiz Boisserée. Kreidezeichnung von J. Schmeller. SWK/GNM/Goethes Kunstsammlungen; Foto: S. Geske, A. Kittel, S. 56.

An der Klause im Herzogl. Park bey Weimar. Stich von G.M. Kraus. GMD, S. 57.

Friederike Brion. Nach einer alten Postkarte aus dem Goethe-Nationalmuseum. FDH/FGM, S. 63.

Scherenbrille aus Goethes Besitz. SWK; Foto: S. Geske, S. 64.

Charlotte Buff, verh. Kestner. Gemälde von J.H. Schröder. FDH/FGM, S. 65.

Carl August von der Jagd zurückkehrend. Tuschezeichnung von Carl August Schwerdgeburth. SWK/GNM; Foto: S. Geske, A. Kittel, S. 71.

Clavigo in der Inszenierung von Fritz Kortner. Hamburg 1970. Archiv Bettina Clausen; Foto: Rosemarie Clausen, S. 81.

Die Dornburgur Schlösser. Zeichnung von Goethe. SWK/GNM; Foto: S. Geske, A. Kittel, S. 98.

Vue de Dresde, prise du jardin de Brühl. Kupferstich von C.G. Hammer nach T. Thieme, um 1810. SWK; Foto: S. Geske, A. Kittel, S. 103.

Franz Karl Adalbert Eberwein. Kohlezeichnung von J.J. Schmeller, 1824–1832. SWK; Foto: S. Geske, A. Kittel, S. 103.

Johann Peter Eckermann. Kreidezeichnung von J.J. Schmeller, um 1828. SWK; Foto: S. Geske, A. Kittel, S. 104.

Christiane von Goethe. Gemälde von F. Bury. SWK; Foto: S. Geske, S. 107.

Johann Wolfgang von Goethe. Gemälde von F. Bury. SWK; Foto: S. Geske, A. Kittel, S. 107

Eisenbahnmodell der ersten englischen Eisenbahn von Liverpool nach Manchester, 1826. SWK, Goethes Sammlungen; Foto: S. Geske, A. Kittel, S. 112.

Der Erlkönig von Goethe »in Musik gesetzt« von Corona Schröter. 1782 aus: Fünf und Zwanzig Lieder … von C. Schröter, Weimar 1786, Nr. 17. GMD, S. 124.

Demoiselle Huber als Elmire in Goethes Singspiel »Erwin und Elmire«. Farbige Pinselzeichnung von Daniel Nikolaus Chodowiecki., 1775. FDH/FGM, S. 126.

Johannes Falk. Gemälde von H. Westermeyer, 1805. SWK/GNM; Foto: S. Geske, S. 131.

Versuch Goethes, den Kopf einer Frau in Komplementärfarben zu malen: »Das Bild eines Mädchens in umgekehrten Farben«. Goethe-Museum Weimar, S. 132.

Faust und Mephisto – Pakt-Szene. *Faust* in der Inszenierung von Claus Peymann. Stuttgart 1977. Deutsches Theatermuseum, Archiv Abisag Tüllmann, S. 134.

Osterspaziergang: Faust und Wagner mit dem Pudel. Lithographie von E. Delacroix. SWK, Herzogin Anna Amalia-Bibliothek, Faust-Sammlung; Foto: S. Geske, A. Kittel, S. 135.

Praxis cabulan nigran Doctoris Joannis Fausti. Handschrift, handkoloriert, Passau 1612. SWK, Hezogin Anna Amalia Bibliothek, Faust-Sammlung; Foto: S. Geske, S. 140.

Die Fischerin. Aquarell von G.M. Kraus, 1782. SWK; Foto: S. Geske, A. Kittel, S. 147.

Caroline Flachsland. Gemälde, anonym, um 1770. SWK; Foto: S. Geske, S. 148.

Johann Georg Adam Forster. Radierung, anonym, nach Anton Graff (1784), undatiert. Deutsche Staatsbibliothek Berlin, S. 150.

Der Freiheitsbaum. Aquarell von Goethe. GMD, S. 154.

Goethes Gartenhaus. Stammbuchblatt Ulrike v. Pogwisch, 1.Mai 1827. SWK/GSA; Foto: S. Geske, A. Kittel, S. 162.

»Rosenkreuz« aus dem anonymen Werk »Geheime Figuren der Rosenkreuzer aus dem 16ten und 17ten Jahrhundert«. Deutsches Museum, Photoarchiv, S. 166.

Teestunde bei Herzogin Anna Amalia, Weimar. Aquarell von G.M. Kraus, um 1795. SWK/GNM; Foto: S. Geske, S. 175.

Ansicht von Reichardts Gut Giebichenstein bei Halle mit Blick in den Talgarten. Stich, anonym, um 1800. Halle, Stadtarchiv, S. 177.

Ginkgo biloba. Gedicht an Marianne von Willemer. SWK; Foto: S. Geske, A. Kittel, S. 179.

Luise von Göchhausen. Zeichnung von Goethe. SWK; Foto: S. Geske, S. 182.

Christiane Vulpius und der kleine August. Gemälde von J.H. Meyer, 1792/93. FDH/FGM; Foto: Ursula Edelmann, S. 183.

Catharina Elisabeth Goethe. Gemälde von G.O. May. FGM, S. 183.

Cornelia Goethe. Anonym. FDH/FGM, S. 185.

Johann Caspar Goethe. Gemälde von H. Junker, 1779. SWK/GNM; Foto: S. Geske, A. Kittel, S. 185.

Ottilie von Goethe, geb. von Pogwisch. Pastellgemälde von L. Seidler. SWK/GNM; Foto: S. Geske, S. 186.

Goethes Enkel im Juno-Zimmer des Hauses am Frauenplan. SWK; Foto: S. Geske, A. Kittel, S. 187.

J.W. Goethe. Ölgemälde von A.J. Kern, 1765. SWK; Foto: S. Geske, A. Kittel, S. 190.

J.W. Goethe. Ölgemälde von G.O. May. SWK; Foto: S. Geske, A. Kittel, S. 190.

Goethe in der Campagna. Ölgemälde von W. Tischbein, 1786–88. Städelsches Kunstinstitut Frankfurt/M., S. 190.

J.W. Goethe. Ölgemälde von G. Dawe, um 1819. SWK; Foto: S. Geske, A. Kittel, S. 190.

J.W. Goethe. Ölgemälde von J. Stieler, 1828. SWK; Foto: S. Geske, A. Kittel, S. 190.

Goethes letztes Bildnis. Zeichnung von F. Preller, 1832. SWK; Foto: S. Geske, A. Kittel, S. 190.

Goethe-Denkmal. Kartonstich von C. Funke nach B. v. Arnim. SWK; Foto: S. Geske, A. Kittel, S. 191.

Goethes Haus am Frauenplan. Lithografie, um 1850. GNM, S. 195.

Goethe-Schiller-Denkmal. (Vorstudie von 1849, bisher nicht der Öffentlichkeit vorgestellt). InterDuck Braunschweig, S. 196.

Entwurf zum Goethe- und Schiller-Denkmal. Erstes Modell von Ch. D. Rauch, 1849. SWK; Foto: S. Geske, A. Kittel, S. 200.

Goethe- und Schiller-Denkmal in San Francisco im Golden Gate Park. SWK, S. 200.

Ur-Götz in der Inszenierung von Einar Schleef. Frankfurt 1989. Deutsches Theatermuseum; Archiv Abisag Tüllmann, S. 206.

Groß-Cophta in der Inszenierung von Augusto Fernandes im Hamburger Operettenhaus 1983. Foto: Elisabeth Henrichs, S. 211.

Goethehaus in Frankfurt am Main. Kupferstich nach F.W. Oelkeskamp. FDH/FGM, S. 212.

Kollektion von Duft-Aromastoffen in Essenzfläschchen. Kästchen in Buchform. SWK; Foto: S. Geske, S. 220.

Georg Friedrich Wilhelm Hegel. Stich auf Papier, um 1820. Stadtmuseum Berlin, S. 223.

Johann Gottfried Herder. Kupferstich von J.H. Lips. SWK/GNM; Foto: S. Geske, S. 227.

Das Weimarer Hoftheater. Druck nach Federzeichnung von »S.W.«, undatiert. SWK; Foto: S. Geske, S. 233.

Deckengemälde über dem Proszenium im Großherzoglichen Hoftheater zu Weimar. James Marshall. SWK, S. 234/235.

Alexander von Humboldt. Mezzotinto von F.J. Freidhoff nach F.G. Weitsch. SWK/GNM; Foto: S. Geske, A. Kittel, S. 243.

Wilhelm von Humboldt. Relief von M.G. Klauer, 1796. Schiller Nationalmuseum/Deutsches Literaturarchiv Marbach, S. 244.

Iphigenie auf Tauris in der Inszenierung vn Claus Peymann, Stuttgart 1978. Deutsches Theatermuseum; Foto: Abisag-Tüllmann, S. 253.

Vesta-Tempel in Tivoli. Aquarell von J.P. Hackert, 1769. SWK; Foto: S. Geske, A. Kittel, S. 256.

Route der ersten italienischen Reise. Zeichnung von A. Stieler. SWK/GNM; Foto: S. Geske, S. 259.

Friedrich Heinrich Jacobi. Stich von E.K.G. Thelott, undatiert. GMD, S. 260.

Jahrmarktsfest zu Plundersweilern oder die grosse Buchhändler-Messe, auch unter dem Titel: »Der

entfesselte Markt«. Anonymer Kupferstich in J.D.
Falks ›Taschenbuch für Freunde des Scherzes und
der Satire‹. Weimar 1801. GMD, S. 263.
Pariser Mode-Caricaturen, 1801. Abgedruckt als Ta-
fel 27 im Septemberheft des »Journals des Luxus
und der Moden«. FDH/FGM, S. 266.
Charlotte von Kalb. Gemälde, anonym, 1780. FDH/
GNM, S. 269.
Angelika Kauffmann. Scherenschnitt von Luise Dut-
tenhofer. Schiller-Nationalmuseum/Deutsches Lite-
raturarchiv Marbach, S. 273.
Reineke Fuchs. Zeichnung von W. von Kaulbach.
Verlagsarchiv, S. 273.
Tafelklavier von Johann Georg Schenck. Zeichnung
aus: Journal des Luxus und der Moden Bd. 15
(1800), Tafel 15. SWK/Herzogin Anna Amalias
Bibliothek, Foto: S. Geske, S. 278.
Reisemantel Goethes. SWK; Foto: S. Geske, S. 278.
Friedrich Gottlieb Klopstock. Gemälde, anonym.
Schiller Natonalmuseum/Deutsches Literaturarchiv
Marbach, S. 280.
Carl Ludwig Knebel. Rötelzeichnung von Goethe,
1776/77. SWK/GNM Kustodie, S. 280.
Herakles-Tempel in Agrigent. Zeichnung von Ch. H.
Kniep, 1787. SWK; Foto: S. Geske, A. Kittel, S. 281.
Der unvollendete Dom zu Köln. Kol. Radierung von
J. Ziegler, um 1800. SWK; Foto: S. Geske, A. Kittel,
S. 284.
Laokoon-Gruppe im 1. Bd., 1. Stück der *Propyläen.*
Kupferstich von J. Ch.E. Müller. GMD, S. 290.
Johann Caspar Lavater. Zeichnung von G., 1774.
SWK/GNM; Foto: S. Geske, A. Kittel, S. 292.
Werther erschießt sich. Aquarell, anonym, um 1780
(?) GMD, S. 295.
Der Marktplatz in Leipzig. Kol. Radierung von Ch.G.
H. Geisler. SWK/GNM. Graphische Sammlung,
S. 296.
Jakob Michael Reinhold Lenz. Kupferstich von G. F.
Schmoll, um 1775. SWK/GNM; Foto: S. Geske, A.
Kittel, S. 297.
Theodore Ulrike Sophie Levetzow. Pastellgemälde,
anonym. SWK; Foto: S. Geske, A. Kittel, S. 300.
*Innenaufnahme vom Liebhabertheater auf Schloß
Großkochberg.* SWK/GNM; Foto: S. Geske, S. 302.
Goethe's Lieder... von J.F. Reichardt, Leipzig 1809,
S. 304.
*Genera plantarum eorumque characteres natura-
les»* von Carl von Linné. SWK/GNM. Goethes Biblio-
thek, S. 307.
*Description des expériences de la machine aéro-
statique de MM. de Montgolfier...* von B. Faujas
de Saint-Fond. Paris 1783. SWK; Foto: S. Geske, A.
Kittel, S. 311.

Marienbad mit Kreuzbrunnen. Zeichnung von Goe-
the. SWK/GNM; Foto: Sigrid Geske, S. 322.
Metamorphose der Pflanze. Zeichnung J. Ch. W.
Waitz, 1790. SWK/GSA; Foto: S. Geske, A. Kittel,
S. 330.
Johann Heinrich Meyer. Selbstbildnis, um 1810.
SWK/GNM. Graph. Sammlung, S. 332.
Musen-Almanach für das Jahr 1797. SWK; Foto: S.
Geske, A. Kittel, S. 344.
Kniefall Petris vor Napoleon. Aquarell von Th.
Goetz, 1806. SWK; Foto: S. Geske, A. Kittel, S. 351.
Die natürliche Tochter in der Inszenierung von Ruth
Berghaus. Bonn 1992. Archiv Thilo Beu, Bonn,
S. 355.
Goethes Mikroskop. SWK; Foto: S. Geske, A. Kittel,
S. 357.
Georg Friedrich Philipp Freiherr von Hardenberg.
Ölgemäde von F. Gareis. Städtisches Museum Weiß-
enfels, S. 365.
*Ansicht der Schloßbrücke im Herzoglichen Park bei
Weimar.* Kol. Radierung von G. M. Kraus, um 1800.
SWK/GNM; Foto: S. Geske, A. Kittel, S. 377.
Puppentheater aus Goethes Familie. Wahrscheinlich
G.s Geschenk an August oder an die Enkel. Goethe-
Museum Düsseldorf; Foto: Walter Klein, S. 397.
Redoutenkleid. Kolorierter Kupferstich. Aus: »Pan-
dora oder Kalender des Luxus und der Moden für
das Jahr 1788«, taf.2. Privatsammlung, S. 402.
Johann Friedrich Reichardt. Kupferstich von D. H.
Bendix, 1796. SWK; Foto: S. Geske, A. Kittel,
S. 405.
Goethes Reisekutsche. SWK; KustodieFoto: S. Geske,
A. Kittel, S. 408.
Goethes Kosmetikkoffer. SWK; Foto: S. Geske, A.
Kittel, S. 409.
Petersplatz und Peterskirche in Rom. Kupferstich
von A.L.R. Ducros und G. Volpato, um 1775,
S. 417.
*Saal und Galerie im Vatikanischen Museum in
Rom.* Kupferstich von A.L.R. Ducros und G. Vol-
pato, um 1775. SWK/GNM; Graph. Sammlung;
Foto: S. Geske, A. Kittel, S. 418.
Das Römische Carneval. Illustration von G. M. Kraus.
GMD; Foto: Walter Klein, S. 422.
Philipp Otto Runge. Kreidezeichnung. Selbstbildnis,
um 1806. SWK/GNM; Graph. Sammlung; Foto: S.
Geske, A. Kittel, S. 425.
Sprudelsteine bzw. Mineralienproben aus der Um-
gebung von Karlsbad. Sammlung von Joseph Mül-
ler. Foto: Archiv Günther von Voithenberg, Mün-
chen, S. 429.
Friedrich Schiller. Pastellgemälde von L. Simanowiz,
1793. Schiller-Nationalmuseum Marbach, S. 435.

Schloß Wilhelmsburg nach 1730. Aquarell von einem unbekannten Künstler. SWK; Foto: S. Geske, A. Kittel, S. 439.

Anna Elisabeth (Lili) Schönemann. Pastellbild von F.B. Brey, 1782. SWK; Foto: S. Geske, A. Kittel, S. 441.

Goethe, seinem Schreiber John diktierend. Ölgemälde von J.J. Schmeller. SWK/Herzogin Anna Amalia Bibliothek; Foto: S. Geske, A. Kittel, S. 444.

Corona Schröter. Selbstbildnis um 1780. SWK/GNM, Graph. Sammlung, S. 444.

Kostümierung zur Aufführung der »Zobeis« von C. Gozzi/F. H. v. Einsiedel. »Sommer 1784«. Aquarell von G.M. Kraus. SWK; Foto: S. Geske, A. Kittel, S. 456.

Samuel Thomas Sömmering. Kupferstich, anonym. SWK/GNM; Foto: S. Geske, A. Kittel, S. 458.

Charlotte von Stein. Zeichnung von Goethe. SWK/GNM; Foto: S. Geske, A. Kittel, S. 464.

Goethe und Fritz von Stein. Schattenriß, 1781/82. Archiv Christoph Michel, S. 466.

Stella in der Inszenierung von Frank Castorf. Hamburg 1990. Foto: Elisabeth Henrichs, S. 468.

Das Straßburger Münster. GMN, S. 471.

Marie Szymanowska. Lithographie von J. Oleszkiewicz, undatiert. SWK; Foto: S. Geske, A. Kittel, S. 476.

Eigenhändiges Schmuckblatt von Goethe. FAI, Band 3.1, S. 480.

Goethe beim Straßburger Tanzmeister. Lavierte Feder- und Pinselzeichnung von F. G. Schlick. SWK; Foto: S. Geske, A. Kittel, S. 481.

Todesanzeige Goethes. SWK; Foto: S. Geske, A. Kittel, S. 490.

Torquato Tasso. Aufführung am Schiller-Theater Berlin. Deutsches Theatermuseum München, S. 492.

Urpflanze. Zeichnung von Goethe. SWK/GSA; Foto: S. Geske, A. Kittel, S. 505.

Die Venezianischen Epigramme. Illustration von von Max Schwimmer, 1957. SWK; Foto: S. Geske, A. Kittel, S. 508.

Der Vesuv. Kupferstich von Pietro Fabris, um 1776. Bayrische Staatsbibliothek, München, S. 514.

Familienwappen Goethes, S. 526.

Plan der Fürstl. Saechs. Residenz Stadt wie sich selbige… Karte von F. Chr. Bachstein, 1806. SWK/Herzogin Anna Amalia Bibliothek; Foto: S. Geske, A. Kittel, S. 528.

Zacharias Werner. Tuschezeichnung, anonym. SWK/GNM, Graph. Sammlung; Foto: S. Geske, A. Kittel, S. 537.

Schmucktitel von C. Ermer nach einem Entwurf Goethes, 1819. SWK/Herzogin Anna Amalia Bibliothek; Foto: S. Geske, A. Kittel, S. 538.

Christoph Martin Wieland. Farbige Zeichnung von Goethe. SWK/GNM; Foto: S. Geske, A. Kittel, S. 541.

Der Wiener Kongreß 1814/15. Gemälde von J. Godefroy, 1819. SWK; Foto: S. Geske, A. Kittel, S. 542.

Marianne von Willemer. Kreidezeichnung von A. Radl, 1819. SWK/GNM; Foto: S. Geske, A. Kittel, S. 546.

Das Wittumspalais in seiner heutigen Gestalt. SWK; Foto: S. Geske, A. Kittel, S. 550.

Ernst Wilhelm Wolf. Kupferstich von Liebe nach Heinsius. GMD, S. 551.

Titelblatt zu C. F. Fuldas »Trogalien zur Verdauung der Xenien«. Anonym. FDH, S. 554.

Carl Friedrich Zelter. Kopie des Gemäldes von J. E. Wolff, 1823/28. GMD, S. 558.

Zur Naturwissenschaft überhaupt von Goethe. Schematische Wolkendarstellung. Kupferstich von L. Heß. GMD, S 563.

Zwischenkieferknochen. Tuschezeichnung nach W. Waitz, 1784. SWK/GSA, S. 563.